INHALTSVERZEICHNIS

VORWORT

Das vorliegende Buch wendet sich in erster Linie an Auszubildende und Umschüler in der Reisebranche, eignet sich aber auch für Quereinsteiger in die Touristik oder als Nachschlagewerk für die Praxis. Es orientiert sich genau an dem 1998 in Kraft getretenen KMK-Rahmenlehrplan für die Berufsausbildung zur/zum Reiseverkehrskauffrau/-mann und deckt weitgehend die geographischen Inhalte der Lernfelder 2, 4, 8, 9, 12 und 13 ab. Den einzelnen Länderkapiteln sind Fragenkomplexe vorangestellt, die einen Bezug zu praktischen Fällen im Reisebüroalltag herstellen und als optimale Vorbereitung auf den ungebundenen Fragenteil der Abschlussprüfung dienen.

Es war mir ein besonderes Anliegen, die Fragenkomplexe sowie das gesamte Buch sehr praxisorientiert, wenig „theoretisch“ und leicht verständlich zu konzipieren, wobei mir meine langjährige Reisebürotätigkeit und meine mehrjährige Tätigkeit als Dozentin an der Schule für Touristik zugute kamen.

Sehr bemüht habe ich mich auch um hohe Aktualität in Bezug auf Themen wie Anreise, Infrastruktur, Einreisebestimmungen, Veranstalterangebote auf dem deutschen Markt sowie die aktuelle politische Lage in einzelnen Reiseländern. Für den uneingeschränkten Zugriff auf alle relevanten aktuellen Informationen und Daten danke ich dem DER Reisebüro Aschaffenburg und meinen dort tätigen, stets hilfsbereiten Kolleginnen.
Für die Aktualität der Informationen kann keine Gewähr übernommen werden. Im Kapitel II. wird genau erläutert, wie und wo man im Bedarfsfall ganz aktuelle Informationen einholen kann.

Klimatabellen und Landkarten zu den im Lehrplan enthaltenen Zielgebieten sind im separaten Kartenteil zu finden und jeweils mit der Nummer des Länderkapitels versehen. Für die gute Zusammenarbeit bei der Erstellung der Karten danke ich der Firma BITmap, Mannheim, für die Bereitstellung der Klimatabellen der Firma Airtours International, Frankfurt.

Mein ganz besonders herzlicher Dank gilt meinem Freund Theo Dimopoulos, der mich unermüdlich auf jede nur erdenkliche Art und Weise unterstützt hat und mir eine überaus große Hilfe war. Herzlich bedanken für die moralische und praktische Unterstützung bei der Erstellung des Buches möchte ich mich auch bei meiner Mutter, meiner Schwester Karin, meiner Freundin Dr. Anja Grimm und meiner Freundin Doris Jaksch.

Außerdem danke ich den Herausgebern meines Buches, dem Schule für Touristik Verlag und der DRV Service GmbH.

Anregungen, Kritiken und Verbesserungsvorschläge nehme ich jederzeit gerne unter der E-Mail-Adresse „geobuch@web.de“ entgegen.

Aschaffenburg, im Juni 2001 — Renate Ortlepp

VORWORT ZUR 2. AUFLAGE

Nachdem die erste Auflage dieses Buches erfreulicherweise bereits nach einem Jahr ausverkauft war, ist es nun möglich, eine aktualisierte Neuauflage herauszubringen. Die Aktualisierungen betreffen vor allem statistische Daten bzw. Zahlen, Anreise/Infrastruktur und die politische Lage in einzelnen Reiseländern, aber auch konkrete Veränderungen in bestimmten Zielgebieten.

Ich bedanke mich für die vielen Rückmeldungen und nehme diese natürlich auch weiterhin gerne unter der E-Mail-Adresse „geobuch@web.de“ entgegen.

Aschaffenburg, im Dezember 2002 — Renate Ortlepp

[1] Die erste zu den Länderkapiteln angegebene Seitenzahl bezieht sich auf den jeweiligen Fragenkomplex, die zweite Seitenzahl auf den Beginn des Textteils.

I. DIE ERDE / GEOGRAPHISCHE HILFSMITTEL

Die **Erde** ist einer von neun Planeten unseres Sonnensystems, das vor knapp fünf Milliarden Jahren aus einer Gaswolke entstanden ist. Ihr kugelförmiger, an den Polen abgeplatteter Körper wird als Geoid bezeichnet. Im Laufe eines Jahres läuft die Erde, deren Achse um 23,5 Grad gegenüber der Ebene ihrer Umlaufbahn (Ekliptik) geneigt ist, einmal von Westen nach Osten um die etwa 150 Millionen Kilometer entfernte Sonne. Dadurch kommt es, wie im folgenden Text erläutert wird, zum Wechsel der Jahreszeiten. Die Erde hat einen Umfang von gut 40.000 Kilometern und einen Durchmesser von rund 12.700 Kilometern.

Über 70 % der Erdoberfläche werden von Meerwasser bedeckt, wobei sich der größere Teil dieser Wasserbedeckung auf die Südhälfte konzentriert. Durch die Festlandmassen der sieben Erdteile (**Kontinente**) wird das Weltmeer in drei große Abschnitte (**Ozeane**) mit kleineren Neben- und Randmeeren unterteilt. Die Landfläche der Erde beträgt etwa 150 Millionen qkm, die Gesamtfläche des Meeres umfasst rund 362 Millionen qkm, wovon gut 10 % auf Nebenmeere entfallen.
Derzeit leben etwa sechs Milliarden Menschen auf unserem Planeten.

1. GRADNETZ

Um die Lage von Orten auf der Erde genau bestimmen und beschreiben zu können, wurde nach einem gedachten Gitternetz eine Einteilung der Erdkugel nach Längen- und Breitengraden vorgenommen. Zur besseren Veranschaulichung und zum leichteren Verständnis des folgenden Textes ist es ratsam, einen Globus zu Hilfe zu nehmen.

BREITENGRADE

Die Erde ist in **180** imaginäre, parallel verlaufende Breitengrade (= Breitenkreise, Parallelkreise) unterteilt, die jeweils rund 111 Kilometer voneinander entfernt sind. Der Breitengrad mit dem größten Umfang ist der **Äquator**, der die Erde in zwei gleich große Hälften, nämlich Nord- und Südhalbkugel, teilt. Von der Äquatorlinie (Breitengrad 0) ausgehend werden 90 Breitenkreise in nördliche und 90 Breitenkreise in südliche Richtung gezählt. Den jeweils 90. Breitengrad bilden Nord- und Südpol. Je weiter die Breitenkreise vom Äquator entfernt liegen, desto geringer ist ihr Umfang. Die Breitenkreislage eines Ortes ist neben weiteren Faktoren für sein Klima verantwortlich.

Der jährliche Umlauf der Erde um die Sonne bewirkt, dass die Sonne am selben Ort im Laufe eines Jahres unterschiedlich hoch steht. Wann die Sonne ihren höchsten Stand erreicht, hängt davon ab, ob sich der jeweilige Ort auf der Nord- oder der Südhalbkugel befindet. Die Nordhalbkugel hat den höchsten Sonnenstand am 21.06. (Sommersonnenwende) über dem **Wendekreis des Krebses** (23 Grad 27 Minuten Nord). Dann ist die Nordhalbkugel der Sonne zugewandt und es ist dort Sommer. Die Südhalbkugel erreicht den höchsten Sonnenstand am 21.12. (Wintersonnenwende) über dem **Wendekreis des Steinbocks** (23 Grad 27 Minuten Süd). Zu diesem Zeitpunkt ist auf der Nordhalbkugel der tiefste Sonnenstand erreicht und es ist Winter. Jeweils am 21.03. und am 23.09. „wandert“ die Sonne über den Äquator. An diesen Terminen sind Tag und Nacht überall gleich lang, mit Herbst bzw. Frühjahr beginnt eine neue Jahreszeit. Somit ist das Jahr in vier astronomische Jahreszeiten aufgeteilt, zu denen die klimatischen Jahreszeiten jedoch meist eine gewisse zeitliche Differenz aufweisen. Der Ablauf der Jahreszeiten erfolgt auf der Nord- und der Südhalbkugel jeweils genau entgegengesetzt.

In den Gebieten zwischen den Wendekreisen sind die Tage das ganze Jahr über fast gleich lang, der Übergang von Tag und Nacht (Dämmerung) ist hier stets relativ kurz. Je weiter ein Ort vom Äquator entfernt ist, desto länger dauern im Sommer die Tage und im Winter die Nächte. Nördlich des **nördlichen Polarkreises** (66 Grad 33 Minuten Nord) und südlich des **südlichen Polarkreises** (66 Grad 33 Minuten Süd) ist die Sonne im jeweiligen Sommer für einen gewissen Zeitraum auch nachts sichtbar und es wird nicht dunkel; man spricht dann vom Polartag (Mitternachtssonne). Entsprechend gibt es im Winter in diesen Gebieten die Polarnacht, in der es für eine gewisse Zeit überhaupt nicht hell wird. Das Phänomen der durchgehenden Helligkeit des Polartages ist bereits in Orten ab dem 59. Längengrad bemerkbar. Zu diesen Gebieten zählen auf der Nordhalbkugel Teile von Alaska, Kanada, Skandinavien und Russland sowie Island und Grönland, auf der Südhalbkugel Antarktika.

LÄNGENGRADE

Die Längengrade (= Meridiane, Längenkreise) sind **360** imaginäre, von Pol zu Pol verlaufende, jeweils gleich weit voneinander entfernte Linien. Die Entfernung zwischen den Meridianen beträgt am Äquator etwa 111 Kilometer, an den Polen geht sie gegen null. Als Ausgangspunkt der Nummerierung dieser Linien wurde nach internationaler Vereinbarung ein **Nullmeridian** ausgewählt, der durch die Sternwarte in Greenwich bei London verläuft. Von hier aus wurden 180 Längengrade in östliche und 180 Längengrade in westliche Richtung eingeteilt.

Um zu einer ganz präzisen **Messung** zu gelangen, werden die Breiten- und Längengrade in Minuten (eine Minute entspricht etwa 1,85 Kilometer) und Sekunden (eine Sekunde entspricht etwa 31 Meter) unterteilt. Frankfurt am Main beispielsweise liegt auf 50 Grad 6 Minuten Nord (nördliche Breite) und 8 Grad 41 Minuten Ost (östliche Länge).

2. LANDKARTEN UND MASSSTAB

LANDKARTEN

Mithilfe des Gradnetzes können Orte nicht nur genau bestimmt, sondern auch dargestellt werden. Die genaueste und anschaulichste Abbildung der Erde stellt ein **Globus** dar. Die entsprechende Ausrichtung eines Globus durch ein ringförmiges Gestell zeigt auch sehr gut die Neigung der Erde um 23,5 Grad gegenüber ihrer Ekliptik auf. Da ein Globus jedoch wenig handlich ist und häufig die vergrößerte Darstellung eines Gebietes benötigt wird, ist es üblich, die Erde auf andere Flächen zu übertragen (projizieren). Meist sind dies Ebenen, auf die Landkarten projiziert werden. Für solche Kartenprojektionen werden bestimmte Umwandlungstechniken genutzt, da die gekrümmte Erdoberfläche nicht einfach als die gewünschte, ebene Fläche dargestellt werden kann. Gewisse, mehr oder weniger weitgehende Veränderungen und Verzerrungen sind bei der Übertragung nicht zu vermeiden. Die Wissenschaft, die sich mit der graphischen Umsetzung der Gestalt der Erde und der Herstellung von Landkarten beschäftigt, heißt **Kartographie**. Die systematische, gebundene Sammlung topographischer (ortsbeschreibender) Karten wird als **Atlas** bezeichnet. Atlanten enthalten in der Regel ein Ortsregister, das in Verbindung mit einer Karteneinteilung in Suchfelder zum schnelleren Auffinden eines Ortes hilfreich ist.

Eine **topographische Landkarte** enthält meist folgende Daten: Gradnetz, Gewässer, Relief (Oberflächengestaltung) mit Höhen- und Tiefenangaben, Grenzverlauf und Siedlungen (teilweise mit Größenabstufungen). In touristisch genutzte Karten sind außerdem oft Sehenswürdigkeiten, Straßen, Flughäfen und Strände sowie National- und Freizeitparks eingezeichnet. Ein speziell auf touristische Belange abgestimmter Atlas ist der jährlich aktualisierte „Columbus World Travel Atlas“.

Alle in den Karten dargestellten Informationen werden durch Beschriftung (evtl. mit verschiedenen Schriftarten), Symbole, unterschiedliche Farbgebung und Schraffierung kenntlich gemacht. Häufig werden Landkarten mit anderen raumbezogenen Informationen wie wirtschaftlichen, ökologischen, politischen, klimatischen, physischen und ethnologischen Daten verknüpft. Solche Karten werden als **thematische Landkarten** bezeichnet. Weitere besondere Formen der Landkarte stellen beispielsweise **Straßenkarten**, **Wanderkarten** und **Stadtpläne** dar.

MASSSTAB

Alle Landkarten bilden die Erde oder einzelne Gebiete der Erde in einem bestimmten Maßstab ab. Dieser Maßstab gibt in Zahlen an, welches Verhältnis die dargestellten Strecken auf der Karte zur entsprechenden tatsächlichen Länge in der Natur haben. Der Maßstab wird auf Karten durch eine Messstrecke mit Zentimeterstricheinteilung (Maßstabbalken) und der entsprechenden Maßstabzahl angegeben. Findet man hier die Angabe 1 : 100.000, bedeutet dies, 1 Zentimeter auf der Karte entspricht 100.000 Zentimetern (1 Kilometer) in der Natur. Die Abbildung ist also auf ein Hunderttausendstel verkleinert. Ein großer Maßstab zeigt Einzelheiten des entsprechenden Gebietes genau auf, während ein kleiner Maßstab stark verallgemeinert.

3. KLIMA

KLIMAELEMENTE

Als Klima bezeichnet man den typischen jährlichen Witterungsverlauf eines Ortes, der über mindestens 30 Jahre hinweg beobachtet wurde. Die dabei berücksichtigten wichtigsten meteorologischen Erscheinungen (Klimaelemente) sind **Sonneneinstrahlung**, **Temperatur**, **Luftfeuchtigkeit**, **Wind**, **Bewölkung** und **Niederschlag**.

KLIMAFAKTOREN

Das Klima eines Ortes entsteht durch verschiedene geographische Gegebenheiten, die als Klimafaktoren bezeichnet werden. Die wichtigsten Klimafaktoren sind: **Breitenkreislage** (Entfernung zum Äquator), **Höhenlage** (absolute Höhe über dem Meeresspiegel), **Relief** (Verlauf von Gebirgen), **Lage zum Meer** (Küsten- oder Kontinentallage, Verteilung der Landmassen) sowie **Meeres- und Luftströmungen**. Teilweise spielt auch die **Bodenbeschaffenheit** eine Rolle.

KLIMAZONEN / KLIMAREGIONEN

Da die Breitenkreislage ein ganz entscheidender Klimafaktor ist, der die Klimaelemente „Sonneneinstrahlung“ und „Temperatur“ prägt, wird die Erde in mehrere große, durch bestimmte Breitengrade getrennte **Klimazonen** (Klimagürtel) aufgeteilt, in denen gleichartiges oder ähnliches Klima herrscht. Diese Zonen, deren Grenzen meist fließend sind, stellen jedoch nur eine grobe Unterteilung dar; sie werden nochmals in kleinere **Klimaregionen** aufgeteilt. Auch innerhalb dieser Regionen herrschen nicht immer identische Klimaverhältnisse, da sich die übrigen Klimafaktoren wie Relief, Lage zum Meer etc. ebenfalls auswirken und teilweise zusätzliche Differenzierungen – die in diesem Kapitel jedoch nicht näher erläutert werden – notwendig machen.

3.1 KLIMAZONEN UND IHRE HAUPTREISEZEITEN

TROPISCHE ZONE

Etwa zwischen den Wendekreisen, also beiderseits des Äquators, liegt die tropische Zone (Tropen), die etwa 40 % der Erdoberfläche einnimmt. In diesem Gebiet herrschen aufgrund der starken senkrechten Sonneneinstrahlung ganzjährig hohe Temperaturen, deren Schwankungen innerhalb von 24 Stunden größer sind als die Schwankung der Durchschnittstemperatur innerhalb eines Jahres. Deshalb wird das tropische Klima auch als **Tageszeitenklima** bezeichnet. Tag und Nacht sind das ganze Jahr über fast gleich lang, die dazwischenliegenden Dämmerungen nehmen nur einen kurzen Zeitraum ein. Typisch für die Tropen ist hohe Luftfeuchtigkeit aufgrund kurzer – besonders zum Sonnenhöchststand auftretender – starker Regenfälle.

Die tropische Zone wird in die **Klimaregionen** „innere Tropen" (immerfeuchtes Gebiet zwischen 10 Grad nördlicher und 10 Grad südlicher Breite), „äußere Tropen" (wechselfeuchte Gebiete, deren Trockenheit mit der Entfernung zum Äquator zunimmt) und „randtropische Trockengebiete" (die bereits so weit vom Äquator entfernt sind, dass der Niederschlag nur sehr gering ist) unterteilt. Eine Unterscheidung nach der Höhenlage teilt die tropische Zone außerdem in „warme Tropen" und „kalte Tropen" (im Hochgebirge, wo die Durchschnittstemperatur mit zunehmender Höhe niedriger wird, jedoch ebenfalls kaum jahreszeitliche Schwankungen aufweist). Die Landschaft der Tropen ist geprägt von üppigem, tropischem Regenwald (im Durchschnitt 40 Meter hoch und sehr artenreich; über die Hälfte des Regenwalds liegt in Amerika) oder Savanne (tropisches Grasland, unterteilt in Feucht-, Trocken- und Dornstrauchsavanne). Die Savanne bildet den Übergang zu den aus Wüsten und Halbwüsten bestehenden randtropischen Trockengebieten.

In den Tropen gibt es keine Jahreszeiten im Sinne von warm und kalt, sondern man unterscheidet zwischen Regen- und Trockenzeit. Die beliebteste **Reisezeit** stellt die Trockenzeit dar, Badetemperaturen herrschen jedoch das ganze Jahr über. In der Regenzeit ist die Wärme mit großer, durch hohe Luftfeuchtigkeit bedingter Schwüle und häufiger Wolkendecke verbunden. In den Inneren Tropen (das Gebiet mit dem meisten Niederschlag der Erde) sind die Zeiten des höchsten Niederschlags Frühjahr und Herbst, wenn am 21.03. und am 23.09. die Sonne am Äquator am höchsten steht. Somit gibt es hier zwei feuchte Jahreszeiten, die einen Großteil des Jahres einnehmen. In den wechselfeuchten Tropen – also zu den Tropenrändern hin, wo die Sonne im Norden am 21.06. und im Süden am 21.12. ihren höchsten Stand hat – sind die Niederschläge auf eine ausgesprochene Regenzeit eingeschränkt, die auf den Sommer der jeweiligen Erdhalbkugel fällt. Im jeweiligen Spätsommer kommt es am häufigsten zu tropischen Wirbelstürmen (darunter Hurrikanes, Taifune, Zyklone). Da es in den randtropischen Trockengebieten nur selten oder gar nicht regnet, eignen sich diese Gebiete oft ganzjährig als Urlaubsziele.

Reisende in die Tropen sollten sich hinreichend über **Tropenkrankheiten** informieren und bestmöglich dagegen schützen. Da in dieser stets warmen Klimazone Krankheitserreger leicht überleben können, Ungeziefer und Insekten Krankheiten übertragen und in vielen Gebieten relativ schlechte hygienische Bedingungen herrschen, sind verschiedene Tropenkrankheiten weit verbreitet, teilweise aber auch auf bestimmte Gebiete begrenzt. Zu den am häufigsten auftretenden Krankheiten, gegen die man sich durch Impfungen bzw. Prophylaxe (Einnahme von Tabletten) schützen sollte, gehören Gelbfieber, Malaria, Cholera und Typhus. Die einzige Tropenkrankheit, für die teilweise ein Impfnachweis zur Einreise erforderlich ist, ist Gelbfieber. Schutz gegen andere Krankheiten ist nicht vorgeschrieben, sondern „nur" empfohlen.
Gerade während der ersten Tage des Aufenthalts sollten Reisende in tropischen – wie auch in vielen subtropischen – Gebieten außerdem darauf achten, sich nicht zu sehr der Sonne auszusetzen, nur abgekochtes Wasser zu trinken und kein rohes Obst und Gemüse zu essen. Quellen und Nachschlagewerke, die über Tropenkrankheiten, Impfungen und Schutzmaßnahmen informieren, werden im Kapitel II ausführlich behandelt.

SUBTROPISCHE ZONE

Nördlich des nördlichen Wendekreises und südlich des südlichen Wendekreises beginnt jeweils eine subtropische Zone (Subtropen), die etwa bis zum 40. bis 45. Breitengrad verläuft. In den Subtropen sind die Sommer meist sehr warm und die Winter mild. Die Temperaturschwankungen im Laufe des Jahres sind hier größer als die Tagesschwankungen (**Jahreszeitenklima**). Die Tage dauern im Sommer merklich länger als im Winter, die Übergangszeiten von Tag und Nacht sind ausgeprägter als in den Tropen.

Auch in den Subtropen gibt es eine Unterteilung in **Klimaregionen**. Man unterscheidet auf die Tropen folgende, um die Wendekreise gelegene „subtropische Trockengebiete" mit Wüstenklima (die wegen der schwierigen Abgrenzung teilweise zu den Tropen und zu den Subtropen gezählt werden), „subtropische Winterregengebiete" mit heißen, trockenen Sommern und milden, regenreichen Wintern (mediterranes Klima; meist im Westen der Kontinente zu finden) und „subtropische Sommerregengebiete", in denen die Sommer heiß und feucht und die Winter relativ trocken und mild sind (diese Gebiete liegen meist im Osten der Kontinente). Auch in den Subtropen sind die Temperaturen in höheren Lagen und Gebirgen allgemein niedriger, im Winter ist hier Schneefall keine Seltenheit. Die Trockengebiete der subtropischen Klimazone sind von Wüste und Halbwüste geprägt, während die Winterregengebiete mediterrane Vegetation aufweisen. In Sommerregengebieten findet man subtropisches Grasland oder sommerfeuchte Regenwälder, die häufig gerodet und durch Kulturpflanzen (Plantagen) ersetzt sind.

Obwohl die Subtropen auch im Winter oft angenehme, milde Temperaturen aufweisen, sind nur wenige Gebiete dieser Klimazone als ausgesprochene Badeziele für die Wintermonate geeignet. Ganzjährige Reiseziele sind subtropische Trockengebiete mit Wüstenklima, die große Trockenheit, heiße Tage und kalte Nächte aufweisen. Ideale **Reisezeit** für die subtropischen Winterregengebiete ist die jeweilige Sommersaison (auf der Nordhalbkugel etwa Mai bis Oktober, auf der Südhalbkugel etwa November bis April), wobei der Hochsommer sehr heiß und schwül sein kann. Ein typisches subtropisches Winterregengebiet ist der Mittelmeerraum, der den Begriff „mediterranes Klima" geprägt hat. Subtropische Sommerregengebiete sind selten ausgesprochene Urlaubsgebiete; als beste Reisezeiten bieten sich dafür Frühjahr und Herbst an. Eine Besonderheit stellen die subtropischen Inseln im Atlantik, darunter die Kanaren dar, die das ganze Jahr über recht ausgeglichene, angenehme Temperaturen und wenig Niederschläge aufweisen. Sie werden deshalb häufig als „Inseln des ewigen Frühlings" bezeichnet und gelten als Ganzjahresbadeziele.

GEMÄSSIGTE ZONE

Auf die subtropischen Klimazonen folgt auf beiden Erdhalbkugeln eine gemäßigte Zone, die etwa bis zu den Polarkreisen verläuft. Die Subtropen werden teilweise als „warmgemäßigt" dieser Klimazone zugerechnet (in touristischer Hinsicht ist es jedoch sinnvoll, sie gesondert zu betrachten) oder als Übergang von den Tropen zur gemäßigten Zone bezeichnet. Typisch für die gemäßigte Klimazone sind vier ausgeprägte Jahreszeiten mit auffallenden Temperaturunterschieden zwischen kühlen bis kalten Wintern mit häufigem Schneefall und warmen bis heißen Sommern. Da die jahreszeitlichen Schwankungen wesentlich größer sind als die täglichen, spricht man auch hier vom **Jahreszeitenklima**. Im Sommer sind die Tage in der gemäßigten Zone wesentlich länger als im Winter (am 21.06. auf der Nordhalbkugel etwa doppelt so lang wie am 21.12.), die Dämmerungen nehmen einen noch längeren Zeitraum ein als in den subtropischen Gebieten. Typisch für die gemäßigte Zone – in der die meisten Industriestaaten liegen und fast die Hälfte der Weltbevölkerung auf knapp 15 % der Erdoberfläche lebt – sind häufiger Witterungswechsel und über das Jahr verteilte Niederschläge. In der gemäßigten Klimazone erreichen niedrigere Breiten das ganze Jahr über wesentlich höhere Durchschnittstemperaturen als höhere Breiten. Auf der Südhalbkugel befindet sich in der gemäßigten Klimazone nur wenig Landfläche (kleine Teile Südamerikas und Australiens/Ozeaniens).

Man unterscheidet in der gemäßigten Klimazone die **Klimaregionen** im Wesentlichen nach der Lage zum Meer. Die eine große Klimaregion bilden „ozeanische Gebiete" mit ganzjährig gemäßigten Temperaturen, kräftigen Winden und häufigem Niederschlag, der seinen Höhepunkt im Winter erreicht. Diese Gebiete liegen meist an den Westseiten der Kontinente. Die zweite große Region sind weiter vom Meer entfernte „kontinentale Gebiete", in denen die Jahreszeiten mit sehr warmen Sommern und kalten Wintern noch ausgeprägter sind (meist umso mehr, je weiter man ins Innere der Kontinente vordringt). Niederschläge sind hier relativ gleichmäßig über das ganze Jahr verteilt. Im ozeanischen Bereich spielen Höhenstufen keine große Rolle, während im kontinentalen Bereich die Temperatur mit steigender Höhe abnimmt. Die Landschaft der gemäßigten Zone prägen Laub- und Mischwälder, teilweise auch Graslandschaften (Steppen). In höheren Breiten findet man häufig reine Nadelwälder, die den Übergang zur Taiga (riesige Waldgebiete aus frostbeständigen Nadelbäumen) bilden.

Die Gebiete der gemäßigten Zone, zu der ein großer Teil Europas – darunter auch Deutschland und seine Nachbarländer – gehört, haben zwei ganz unterschiedliche **Saisonzeiten**. Die Sommermonate Juni bis September werden häufig für Bade- und Erholungsreisen an Küsten und Seen oder in Hoch- und Mittelgebirge genutzt. Auch Mai und Oktober können attraktive Reisemonate für die gemäßigte Zone sein, während der beginnende Frühling und der Spätherbst meist zu kühl und zu trüb für einen Erholungsaufenthalt sind. In den Wintermonaten Dezember bis März fährt man vorrangig ins Gebirge, um Wintersport zu treiben. Hierzu eignen sich am besten Gebiete, die im Übergangsbereich zwischen ausgeprägtem kontinentalem und ozeanischem Klima liegen; dazu gehören die Alpen. Wettermäßig ideal für Städtereisen sind die Übergangszeiten Frühling und Herbst. In der gemäßigten Zone liegen zahlreiche, äußerst sehenswerte Metropolen.

POLARZONE

Nördlich des nördlichen Polarkreises und südlich des südlichen Polarkreises beginnen die Polarzonen (kalte Zonen), die sich bis zu den jeweiligen Polen erstrecken. Die Landfläche dieses Gebiets beschränkt sich auf der Südhalbkugel auf Antarktika, auf der Nordhalbkugel haben Teile Eurasiens und Nordamerikas Anteil an der Polarzone. Das Klima der Polarzone wirkt sich auch auf niedrigere Breiten – wie die Südspitze Südamerikas und Neuseelands sowie einige Gebiete südlich des nördlichen Polarkreises – aus. In der ganzjährig kalten Polarzone weisen die Jahreszeiten sehr krasse Gegensätze auf (**Jahreszeitenklima**). Im Sommer, wenn es 24 Stunden lang hell ist, herrscht „Polartag", im Winter „Polarnacht", die 24 Stunden Dunkelheit bewirkt. Die Dauer von Polartag und Polarnacht beträgt an den Polen selbst jeweils genau ein halbes Jahr und nimmt zu den Polarkreisen hin, wo sie nur wenige Tage beträgt, stetig ab. Trotz langer Sonneneinstrahlung sind auch die Sommer recht kühl, die Winter gelten wegen der völlig fehlenden Sonne als extrem kalt. Niederschläge sind selten und treten meist als Schnee auf.

Auch die Polarzone wird in verschiedene **Klimaregionen** unterteilt. Die den Polen am nächsten gelegenen Gebiete bezeichnet man als „hochpolare Zone", es folgen eine „polare Zone", zu der die meisten arktischen und antarktischen Inseln gehören, und eine „subpolare Zone", die in etwa die Gebiete um die Polarkreise umfasst. Die Temperaturen sinken mit der Entfernung zum Meer und zunehmender Höhe. Die Polarzone ist von einer Landschaft ewigen Eises (Arktis und Antarktis), Tundra (artenarme, karge Kältesteppe jenseits der polaren Baumgrenze) oder Taiga geprägt. Tundra und Taiga kommen fast ausschließlich auf der Nordhalbkugel vor.

Als **Reisezeit** in die Polarzonen eignet sich nur der jeweilige Hochsommer. Auf der Nordhalbkugel sollten Reisen in die Polargebiete – Touren zur Mitternachtssonne ans Nordkap, nach Island oder nach Spitzbergen – idealerweise zwischen Mitte Juni und Mitte August stattfinden. Reisen in die Polarzone der Südhalbkugel werden meist nur in Form von Kreuzfahrten durch die Antarktis durchgeführt. Die beste Reisezeit in dieses Gebiet sind die Monate Dezember bis Februar.

3.2 KLIMATABELLEN

INHALTE

Klimatabellen und Klimadiagramme sind übersichtliche Kurzbeschreibungen des Klimas eines Ortes im Verlaufe eines Jahres in tabellarischer bzw. graphischer Form. Die angegebenen Daten beziehen sich meist auf Durchschnittswerte. Die am häufigsten in den von Veranstaltern oder Verlagen herausgegebenen Klimastatistiken enthaltenen Informationen sind: **Tagestemperatur**, **Nachttemperatur**, **Wassertemperatur** (Angabe jeweils in Grad Celsius), **Sonnenscheindauer** (Angabe in Stunden pro Tag), **Niederschlagstage** (Angabe der Tage pro Monat), **Niederschlagsmenge** (Angabe in Millimeter pro Monat) und **Luftfeuchtigkeit** (Angabe in Prozent).

BEISPIELE

Anhand der Klimatabelle eines Reiseziels kann man meist relativ leicht die Zugehörigkeit zur jeweiligen Klimazone bestimmen:

Liegen die durchschnittlichen Tagestemperaturen das ganze Jahr über um 30 Grad, während die Nachttemperaturen kontinuierlich rund zehn Grad niedriger sind, kann man davon ausgehen, dass sich das Reiseziel in den **Tropen** befindet. Ein weiteres Zeichen hierfür ist eine relativ hohe Luftfeuchtigkeit. Aufschluss über die genaue Lage (innere bzw. wechselfeuchte Tropen) geben die Anzahl und die Verteilung der Regentage.

Wenn keine oder nur extrem wenig Regentage ausgewiesen werden, die Temperaturen tagsüber ganzjährig hoch und nachts deutlich niedriger sind, liegt der gesuchte Ort sicherlich in tropischen oder subtropischen Trockengebieten (**Wüste**). Weiteres Indiz für die Lage in der Wüste ist eine niedrige Luftfeuchtigkeit.

Erkennt man in einer Klimatabelle, dass die Tagestemperaturen eines Ortes von Mai bis Oktober etwa zwischen 25 und 30 Grad und von November bis April etwa 10 bis 15 Grad niedriger liegen, kann man davon ausgehen, dass es sich um einen Ort in den **Subtropen** der nördlichen Halbkugel handelt. Die Verteilung der Regentage kann Aufschluss über die Zugehörigkeit zu Winter- bzw. Sommerregengebieten geben.

Ganzjährig milde Temperaturen (etwa zwischen 20 und knapp 30 Grad) mit relativ geringen Unterschieden zwischen Tag und Nacht sowie ganzjährig wenigen Regentagen weisen auf das Klima einer **subtropischen Insel im Atlantik** hin.

Wenn gleichmäßig über das Jahr verteilte Niederschläge feststellbar sind und die Tagestemperatur im Zeitraum Juni bis September zwischen 20 und 30 Grad liegt, während die Monate Dezember bis Februar Temperaturen um 0 Grad aufweisen, befindet sich der gesuchte Ort sicherlich in der **gemäßigten Zone der Nordhalbkugel**.

Bei einem Reiseziel, dessen Temperatur 15 Grad in den Monaten Juni bis August kaum überschreitet und dessen Temperatur von November bis Februar weit unter 0 Grad Celsius liegt, handelt es sich mit großer Sicherheit um ein Reiseziel in der **nördlichen Polarzone**.

4. WELTZEITSYSTEM

Der Wechsel von Tag und Nacht entsteht dadurch, dass die Erde sich innerhalb von 24 Stunden einmal um ihre eigene Achse dreht. Auf der Seite der Erde, die gerade der Sonne zugewandt ist, herrscht Tag, während auf der entgegengesetzten Erdseite Nacht ist. Der höchste Stand der Sonne wird also an den verschiedenen Orten der Erde zu unterschiedlichen Tageszeiten erreicht. Die Zeit des höchsten Sonnenstandes (12 Uhr mittags) ist für alle Orte eines Längengrades gleich.

ZEITZONEN

Die Zeitdifferenz des höchsten Sonnenstandes zwischen benachbarten Längengraden beträgt vier Minuten. Es würde jedoch das praktische Leben und auch den Reiseverkehr sehr komplizieren, wenn jeder der 360 Längengrade tatsächlich seine eigene, sich nach dem höchsten Sonnenstand richtende Uhrzeit hätte. Allein in Deutschland gäbe es dann zehn verschiedene Ortszeiten. Deshalb wurde die Welt in **24 Zonen**, analog zu den 24 Stunden der Erdrotation, eingeteilt. Eine Zeitzone umfasst jeweils **15 Längengrade** und weist zur benachbarten Zeitzone eine Zeitdifferenz von einer Stunde auf (15 Längengrade multipliziert mit vier Minuten ergibt 60 Minuten). Basis für die Einteilung der Zeitzonen und Ausgangspunkt der Zeitrechnung ist der durch Greenwich bei London verlaufende Nullmeridian. Die Zeitzone „0", die dieser Längengrad markiert, bezeichnet man deshalb als **Greenwich Meantime (GMT)**, als westeuropäische Zeitzone oder auch als **Weltzeit**.

Deutschland liegt in der mitteleuropäischen Zeitzone (MEZ), die sich östlich an die westeuropäische Zeitzone anschließt und ihr eine Stunde voraus ist (GMT +1). Die folgende Zone ist die osteuropäische Zeitzone, die zur GMT zwei Stunden Unterschied aufweist (GMT +2, MEZ +1).

Für Flugreisende, die zwischen zwei Ländern mit großer Zeitdifferenz unterwegs sind, bringt diese meist einige Tage der Umstellung mit sich, während deren sich der Körper an den neuen zeitlichen Rhythmus gewöhnt. Dieses Problem der Umgewöhnung, das sich meist durch Schlaflosigkeit in der Nacht und große Müdigkeit tagsüber bemerkbar macht, wird als „**Jetlag**" bezeichnet.

ABWEICHUNGEN

Aufgrund internationaler oder innerstaatlicher Verwaltungsgrenzen wird die 15-Grad-Einteilung der Zeitzonen meist nicht exakt eingehalten. Manche Zeitzonen umfassen deshalb erheblich mehr oder weniger als 15 Längengrade. Einige Staaten (darunter China) beteiligen sich aus **politischen Gründen** nicht am Weltzeitsystem. Sehr große Staaten erstrecken sich oft über mehrere Zeitzonen (die USA beispielsweise haben sechs verschiedene Zeitzonen). Andere Länder legten für ihre Staatsgebiete oder Teile davon eine Abweichung von 30 Minuten fest (Beispiel: Indien GMT +5.30).

Durch die in vielen Ländern herrschende **Sommerzeit** (Vorstellen der Uhr um eine Stunde, um das Tageslicht besser nutzen zu können) kommt es zu zeitweiliger Abweichung vom Zeitzonensystem.

DATUMSGRENZE

Am 180. Längengrad, der mitten durch den Pazifik verläuft, treffen sich die Zeitzonen MEZ +11 und MEZ –12. Hier verläuft die internationale Datumsgrenze. Das bedeutet, dass es auf den Fijiinseln, die in der Zeitzone MEZ +11 liegen, beispielsweise bereits 0 Uhr am 01.01. ist, während es auf den rund 1000 Kilometer östlich, in der Zeitzone MEZ –12 gelegenen Samoainseln 1 Uhr am 31.12. ist. Überschreitet man also die Datumsgrenze von Osten nach Westen, „verliert" man einen Tag, während bei der Überschreitung von Westen nach Osten ein Tag „gewonnen" wird.

II. INFORMATIONSQUELLEN ÜBER REISEZIELE

Zur Reiseberatung über ein bestimmtes Reiseziel gehören Informationen unterschiedlichster Art sowie Ratschläge zur Reiseplanung und zu Vorbereitungen, die es vor der Abreise zu treffen gilt. Dieses Kapitel beschäftigt sich mit den verschiedenen Arten von Informationen, die ein Reiseunternehmen im Bedarfsfall erteilt und mit den Institutionen und Quellen, bei denen diese Informationen eingeholt werden können.

Die meisten der entsprechenden Informationen sind in den Kapiteln über die einzelnen Reiseländer unter den jeweiligen Stichpunkten – gekennzeichnet durch die unter Punkt II. 1 erklärten Piktogramme – enthalten.

Den jeweiligen Länderkapiteln sind Fragenteile vorangestellt, die durch nebenstehendes Piktogramm gekennzeichnet sind. In diesen Fragenteilen sind teilweise ebenfalls unten erklärte Piktogramme zu finden. Dies ist ein Hinweis darauf, dass die entsprechenden Informationen mithilfe der in den Punkten II. 2 und II. 3 genannten Informationsquellen nachgeschlagen werden sollen.

1. ARTEN DER INFORMATIONEN

GEOGRAPHISCHE LAGE / LÄNDERSTECKBRIEF

KLIMA / REISEZEIT

KULTUR / GESCHICHTE / POLITISCHE ENTWICKLUNG

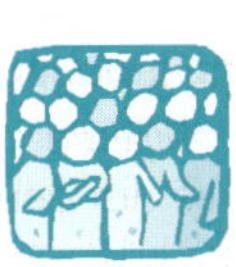

BEVÖLKERUNG

SPRACHE / BENÖTIGTE SPRACHKENNTNISSE

RELIGION

Ein wichtiges Thema in vielen Reiseländern ist die Religion, auf der oft Kultur, Traditionen und empfohlene Verhaltensweisen (z. B. Kleidervorschriften) basieren.

In diesem Zusammenhang sind besonders Länder, in denen der **Islam** viele Anhänger hat (der Vordere Orient, Nord- und Ostafrika sowie ein Teil des südlichen Asiens) zu erwähnen. Hier sollte man auf FKK und allzu freizügige Kleidung außerhalb von Ferienzentren verzichten, Moscheen (islamische Gotteshäuser) nicht während des Gebets betreten und als Frau während eines Moscheenbesuches ein Kopftuch tragen. In moslemisch geprägten Ländern ist der wöchentliche Feiertag der Freitag; es werden islamische Feste gefeiert und der Fastenmonat Ramadan eingehalten. Während des Ramadan (sein genauer Zeitpunkt richtet sich nach dem Mondkalender) dürfen Moslems tagsüber nicht essen, trinken und rauchen. Touristen müssen in dieser Zeit mit Einschränkungen im Servicebereich rechnen, Restaurants und Geschäfte sind tagsüber oft geschlossen. Nach den Regeln des Islam ist es verboten, Schweinefleisch zu essen und Alkohol zu trinken. Alkohol ist jedoch in vielen islamischen Ländern mit internationalem Tourismus erhältlich.

Kurze Erläuterungen zu weiteren Weltreligionen sind in entsprechenden Länderkapiteln zu finden (**Judentum** ➔ Kapitel III. 1.7 Israel, **Buddhismus** ➔ Kapitel III. 6.2 Thailand, **Hinduismus** ➔ Kapitel III. 6.4 Bali). Auch zur Entwicklung des Christentums, das sich in zahlreiche Konfessionen aufteilt (die größten darunter stellen Katholiken, Orthodoxe und Protestanten dar), sind in mehreren Länderkapiteln Informationen enthalten (darunter ➔ Kapitel III. 1.4 Italien, Kapitel III. 1.7 Israel). Das in Europa sehr stark vertretene **Christentum** ist heute auch in vielen ehemaligen europäischen Kolonien in der ganzen Welt (darunter Amerika und Australien) weit verbreitet.

EINREISE- / VISAVORSCHRIFTEN

Im Rahmen der Reiseplanung ist es wichtig, frühzeitig Informationen über Einreise- und Visavorschriften des Reiselandes einzuholen. Für deutsche Staatsangehörige ist es völlig problemlos, innerhalb der **Europäischen Union** zu reisen, da dann ein gültiger Personalausweis ausreicht. Deshalb werden in den Kapiteln über EU-Länder keine weiteren Angaben über Einreisebestimmungen gemacht. Informationen über Einreise- und Visavorschriften, die (vereinzelt) in Kapiteln über Nicht-EU-Länder enthalten sind, beziehen sich grundsätzlich auf deutsche Staatsangehörige, die im Besitz von gültigen Rück- bzw. Weiterreisepapieren und ausreichenden Geldmitteln sind und deren Urlaubsaufenthalt eine gewisse Zeitdauer nicht übersteigt. Alle weiteren Informationen (Bestimmungen für andere Staatsangehörige, Einreise aus geschäftlichen Gründen, zur Arbeits- oder Studienaufnahme, eine die angegebene Frist übersteigende Aufenthaltsdauer) sowie kurzfristige Änderungen sind individuell einzuholen. Wenn aus dem Fragenteil hervorgeht, dass Einreise- und Visabestimmungen für ein Reiseland nachgeschlagen werden sollen, ist dies in der Regel ebenfalls auf deutsche Staatsangehörige bezogen.

IMPFVORSCHRIFTEN / GESUNDHEITSHINWEISE

Ebenfalls frühzeitig geklärt werden sollte, ob für das Reiseland bestimmte **Impfvorschriften** gelten. In diesem Fall kann ohne die entsprechende Impfung keine Einreise erfolgen (heute meist nur noch bei Gelbfieber der Fall). Viele Länder unterliegen der Regelung, dass Reisende, die sich innerhalb der letzten Tage vor der Ankunft im Zielland in einem Gelbfieberinfektionsgebiet aufgehalten haben, ebenfalls eine entsprechende Impfung nachweisen müssen.

Außerdem ist es wichtig, zu prüfen, ob **Gesundheitshinweise** (empfohlene Impfungen, bestimmte Vorsichtsmaßnahmen im Urlaubsland bezüglich Sonnenschutz oder Ernährung) bestehen. Dies ist meist der Fall bei Reisezielen, die in der tropischen und subtropischen Klimazone liegen (➔ Kapitel I. 3.1). Allgemein wird Auslandsreisenden eine Überprüfung ihres Tetanus-, Polio- und Diphtherie-Impfschutzes empfohlen.

Unbedingt sollte auch überprüft werden, ob zwischen dem Reiseland und Deutschland ein **Sozialversicherungsabkommen** besteht. Dies ist bei EU-Ländern sowie weiteren Ländern Europas und des Mittelmeerraums der Fall; deshalb werden in den Kapiteln über die EU-Länder grundsätzlich keine weiteren Angaben gemacht. Nur wenn ein solches Abkommen besteht, trägt die Krankenkasse die bei einer vergleichbaren Behandlung in Deutschland anfallenden Kosten. Wenn mit dem Reiseland kein Sozialversicherungsabkommen besteht, ist der Abschluss einer Auslandsreisekrankenversicherung dringend anzuraten. Da die gesetzlichen Krankenkassen grundsätzlich keine Kosten für Krankenrücktransporte übernehmen, ist der Abschluss einer entsprechenden zusätzlichen Versicherung immer empfehlenswert.

In den Länderkapiteln werden nur in Ausnahmefällen Angaben über Impfvorschriften, Gesundheitshinweise und Versicherungsfragen gemacht. Teilweise werden Sie im Fragenteil darauf hingewiesen, sich mithilfe der entsprechenden Quellen über diese Punkte sowie über die **medizinische Versorgung** im Reiseland zu informieren.

DEVISENBESTIMMUNGEN / WÄHRUNG

Zum Thema **Devisenbestimmungen** gehören Angaben über Ein- und Ausfuhr von Landes- und Fremdwährung, Informationen über die **Währung** des jeweiligen Reiselandes und deren Umtauschmöglichkeiten sowie dort gängige **Reisezahlungsmittel**. Dies sind je nach Reiseziel Bargeld, EC-Karte (die den Euroscheck weitgehend ersetzt hat), Kreditkarten (weltweit am meisten verbreitet sind Eurocard/Mastercard, Visa, American Express und Diner´s Club) und Reiseschecks. EC- und Kreditkarten können in vielen Ländern sowohl zur Bargeldabhebung an Geldautomaten (in der Regel fällt hierfür eine Gebühr an) als auch als direkte Zahlungsmittel genutzt werden. Auch Reiseschecks dienen häufig als direktes Zahlungsmittel. In vielen Ländern kann man außerdem an bestimmten Automaten mit der Postbank-Sparcard Bargeld abheben, wobei vier Abhebungen im Jahr gebührenfrei sind. In den Ländern der EU außer in Großbritannien, Dänemark und Schweden entfällt für deutsche Urlauber seit 2002 durch den Euro der Geldumtausch während des Urlaubs. Auch zum Thema Devisenbestimmungen/Währung werden in den Länderkapiteln nur vereinzelt Angaben gemacht. In einigen Fragenteilen finden Sie den Hinweis darauf, sich gezielt über die Bestimmungen und Gegebenheiten einzelner Reiseländer zu informieren.

ZOLLBESTIMMUNGEN

Zollbestimmungen umfassen Informationen über Ein- und Ausfuhr von Tieren, Pflanzen, Nahrungs- und Genussmitteln, Luxusartikeln, elektronischen Geräten, Waffen/Munition, Medikamenten, Antiquitäten, Kunstgegenständen sowie weiteren Waren und Gütern.
Angaben über Zollbestimmungen werden in den Länderkapiteln nur in besonderen Fällen gemacht.

Zu den internationalen Zollbestimmungen gehört das „**Washingtoner Artenschutzabkommen**", das die Aus- bzw. Einfuhr von Tieren, die bedrohten Tierarten angehören, oder Produkten dieser Tierarten (Elfenbein, Schildpatt, Felle, Krokodil- und Schlangenleder) untersagt.

ZEITZONE

Detaillierte Informationen zum Weltzeitsystem und der Zeitzoneneinteilung beinhaltet das ➔ Kapitel I. 4. Angaben über Zeitzonen werden in den Länderkapiteln nur gemacht, wenn sich ein Land über mehrere Zeitzonen erstreckt bzw. wenn besondere Regelungen zur Sommerzeit gelten. Ansonsten ist es häufig Bestandteil des Fragenteils, sich über die Zeitzone eines Reiseziels zu informieren; dazu gehört auch die Information, ob das Reiseland Sommerzeit hat.

BESONDERHEITEN / FEIERTAGE / VERANSTALTUNGEN

ANREISE / REISEN INNERHALB DES LANDES

„Anreise/Reisen innerhalb des Landes" umfasst Informationen zu Anreisemöglichkeiten und zur Infrastruktur des jeweiligen Reiselandes. Obwohl das Piktogramm nur ein Flugzeug zeigt, bezieht sich dieser Punkt auch auf Anreise bzw. Reisen innerhalb des Landes per Pkw, Bahn und Schiff.

UNTERBRINGUNGSMÖGLICHKEITEN

ATTRAKTIONSFAKTOREN / REISEMOTIVE

BEDEUTUNG DES TOURISMUS

Dieser Punkt informiert über die wirtschaftliche, ökologische und soziale Bedeutung des Tourismus für das jeweilige Reiseland. Die Statistiken zur wirtschaftlichen Bedeutung sind der Broschüre „Compendium of Tourism Statistics 2002 Edition“ der World Tourism Organization (WTO) entnommen. Außerdem werden weitere für das Land wichtige Wirtschaftsfaktoren genannt und allgemeine Angaben zur Wirtschaftslage gemacht. Die Angaben zum Bruttosozialprodukt[1] – sowie zu Bevölkerungszahl und Bevölkerungsdichte – der Reiseländer stammen aus dem „Fischer Weltalmanach 2003“ des Fischer-Verlages.

Im Punkt „Bedeutung des Tourismus“ – sowie teilweise unter dem Punkt „Bevölkerung“ – sind auch eventuell bestehende Reisehinweise des Auswärtigen Amtes zu besonderen Situationen im Land (politische Unruhen, Sicherheitslage, gesundheitliche Gefahren, spezielle Hinweise etc.) enthalten. Den Sicherheitshinweisen wird gerade nach den Ereignissen des 11. September 2001 besondere Aufmerksamkeit zugewandt.

Die Auszüge aus den Reisehinweisen sind auf dem Stand vom September 2002. Über aktuellere Entwicklungen können Sie sich gegebenenfalls mithilfe der nachfolgend genannten Quellen, am besten über die Homepage www.auswaertiges-amt.de, informieren.

2. ÖFFENTLICHE INSTITUTIONEN ALS INFORMATIONSQUELLEN

2.1 BOTSCHAFTEN / KONSULATE

Die zuverlässigste Informationsquelle über detaillierte Einreise-, Visa- und Impfvorschriften für ein bestimmtes Land sind dessen in Deutschland ansässige Botschaften und Konsulate. Die Botschaft des zu vertretenden Landes wird in der Regel in der Hauptstadt bzw. am Regierungssitz des Gastlandes unterhalten. Viele Länder sind außerdem durch Konsulate in größeren Städten des Gastlandes vertreten (in Deutschland oft in den Hauptstädten der Bundesländer). Die Botschaften/ Konsulate sind für die Ausstellung von Visa zuständig; Antragsunterlagen, Voraussetzungen, Kosten und Bearbeitungsdauer der Visaerteilung sind von Land zu Land ganz unterschiedlich. Die Botschaften informieren auch über aktuelle Situationen und Veränderungen in ihrem Land.

---

[1] Das Bruttosozialprodukt (BSP) gibt die jährliche von den Bürgern eines Staates erbrachte volkswirtschaftliche Gesamtleistung an; in den folgenden Länderkapiteln wird jeweils das BSP pro Kopf genannt (absoluter Betrag des BSP geteilt durch die Zahl der Einwohner des Staates).

2.2 FREMDENVERKEHRSÄMTER

Einige Botschaften/Konsulate erteilen weitergehende, allgemeine Informationen über ihr Land, viele haben diesen Bereich jedoch Fremdenverkehrsämtern übertragen, die Reisebüros und Kunden – meist kostenlos – Informationsmaterial wie Reiseführer, Landkarten, Klimatabellen, Stadtpläne, Fahrpläne, Routenvorschläge, Unterkunftsverzeichnisse etc. zur Verfügung stellen. Große Länder wie die USA oder Australien unterhalten in Deutschland sogar spezielle Fremdenverkehrsämter für einzelne Regionen. Im Reiseland selbst gibt es natürlich ebenfalls Touristeninformationen.

2.3 MINISTERIEN

BUNDESMINISTERIUM FÜR WIRTSCHAFT UND TECHNOLOGIE

Auch Deutschland unterhält im Ausland Fremdenverkehrsämter namens **DZT** (Deutsche Zentrale für Tourismus), die dem BMWI unterstellt sind; dieses Ministerium ist bei Tourismusfragen in Deutschland federführend. Informationen und Unterkunftsverzeichnisse über Feriengebiete in Deutschland erhalten deutsche Urlauber und ausländische Touristen, die sich hier über ein Reiseziel erkundigen wollen, in den regionalen Fremdenverkehrsämtern und -vereinen (die Vereine sind jedoch nur teilweise öffentliche Institutionen).

AUSWÄRTIGES AMT

Im Falle von Unruhen, Naturkatastrophen und gesundheitlichen Problemen in einem Reiseland, also immer wenn deutsche Reisende gefährdet sein könnten, informiert das Auswärtige Amt (Bundesaußenministerium) über aktuelle Vorkommnisse und rät gegebenenfalls von der geplanten Reise ab. Viele Reiseveranstalter orientieren sich an diesen Empfehlungen, indem sie ihren Kunden in einem solchen Fall kostenlose Umbuchung oder Stornierung ermöglichen. Außerdem gewährleisten die deutschen Botschaften und Konsulate des Auswärtigen Amts im Ausland konsularischen Schutz und Betreuung für deutsche Urlauber im jeweiligen Land.

BUNDESZENTRALE FÜR GESUNDHEITLICHE AUFKLÄRUNG

Gesundheitstipps und Impfauskünfte erteilt die Bundeszentrale für gesundheitliche Aufklärung, die dem Bundesministerium für Gesundheit unterstellt ist. Mit der Broschüre „Gesundheit!“ hat diese Institution einen nützlichen Reisegesundheitsratgeber herausgebracht. Dem Ministerium untersteht auch das deutsche Kur- und Bäderwesen. Informationen über empfohlene Impfungen erteilen außerdem auch Gesundheitsämter, Tropeninstitute, Ärzte und Apotheken.

BUNDESMINISTERIUM FÜR VERKEHR

Bei konkreten Fragen bezüglich Verkehrsunternehmen (beispielsweise Verkehrsrechte einer Fluggesellschaft) kann man sich an das Bundesministerium für Verkehr oder nachgestellte Institutionen wie das Luftfahrtbundesamt wenden. Dem Bundesministerium für Verkehr ist auch der deutsche Wetterdienst unterstellt.

BUNDESMINISTERIUM DES INNEREN

Für Visaerteilung und Aufenthaltsgenehmigungen für Ausländer in Deutschland, für Ein- und Ausreiseregelungen sowie für deutsche Zoll- und Passvorschriften sind das Bundesministerium des Inneren und der nachgestellte Bundesgrenzschutz zuständig.

2.4 VERBÄNDE

Viele Tourismusunternehmen in Deutschland sind in teilweise privaten, überbetrieblichen Interessenverbänden organisiert, die ihre Mitglieder betreffende Informationen und Auskünfte über Statistiken erteilen. Zu den größten Verbänden gehören **DTV** (Deutscher Tourismusverband), **DRV** (Deutscher Reisebüro- und Reiseveranstalterverband), **ASR** (Bundesverband mittelständischer Reiseunternehmen), **BARIG** (Board of Airline Representatives in Germany), **BDO** (Bundesverband Deutscher Omnibusunternehmer), **RDA** (Internationaler Bustouristik Verband), **Dehoga** (Deutscher Hotel- und Gaststättenverband), **DHBV** (Deutscher Heilbäderverband), **DGFR** (Deutsche Gesellschaft für Reiserecht) und **IATA** (International Air Transport Association).

3. PRIVATE INSTITUTIONEN ALS INFORMATIONSQUELLEN

3.1 REISEVERANSTALTER / LEISTUNGSTRÄGER

Privatwirtschaftliche Unternehmen, die Informationen zum Thema Reisen und zu Zielgebieten erteilen, sind zunächst die Anbieter, die die entsprechenden touristischen Leistungen verkaufen.

REISEVERANSTALTER

Zu den Anbietern von Reiseleistungen gehören die Reiseveranstalter, die auch in gewissem Umfang über die Zielgebiete, in die sie Reisen organisieren, sowie über die entsprechenden Anreise- und Unterkunftsmöglichkeiten, die sie im Programm haben, informieren.

In einigen Fragenteilen weist dieses Piktogramm Sie darauf hin, sich einen Überblick über die Reiseveranstalter zu verschaffen, die das jeweilige Reiseziel anbieten und sich mit deren Angeboten – vor allem mit den darin enthaltenen Rundreisen – besonders vertraut zu machen.

LEISTUNGSTRÄGER

Detailliertere Auskünfte zu Beförderung und Unterbringung erteilen die einzelnen Leistungsträger: **Transportunternehmen** (Flug- und Eisenbahngesellschaften, Busunternehmen, Reedereien, Autovermieter etc.) und **Beherbergungsunternehmen** (Hotels, Hotelketten und -kooperationen, Vermieter von Ferienhäusern und Ferienwohnungen etc.).

Konkrete Informationen über spezielle Bedingungen vor Ort können häufig auch über **Zielgebietsagenturen**, die die deutschen Reiseveranstalter im Zielland vertreten, eingeholt werden. Leistungsträger, die am besten über Reiseversicherungen (Reiserücktrittskostenversicherung, Reisekrankenversicherung, Reisegepäckversicherung etc.) informieren können, sind die entsprechenden **Versicherungsunternehmen**. Bei besonderen Reiseformen (Kultur-, Sport- und Sprachreisen) können im Einzelfall auch hier die einzelnen Leistungsträger wie Theater, Veranstaltungsstätten und Schulen Auskunft erteilen.

3.2 CRS (COMPUTER-RESERVIERUNGSSYSTEME)

Viele Veranstalter und Leistungsträger vertreiben ihre Produkte und dazugehörige Informationen auch über CRS (Computer-Reservierungssysteme, häufig auch als GDS = General Distribution System bezeichnet). Die CRS dienen aber nicht nur dem Vertrieb touristischer Leistungen, sondern stellen auch eigenständige Informationsquellen dar. So bietet beispielsweise das in Deutschland führende Reservierungssystem **START/Amadeus** in der AMA-Maske die Möglichkeit, im AIS (Amadeus Information System) Länder-, Flughafen- und Wetterinformationen sowie im TIMATIC unter anderem Einreise- und Gesundheitsbestimmungen abzurufen. Ähnliche Funktionen bieten auch die meisten anderen CRS wie **Merlin, Sabre**, **Galileo** und **Worldspan** (Reihenfolge entspricht den Marktanteilen in Deutschland laut einer DRV-Erhebung von 1999). Die Informationsseiten der CRS sind meist in englischer Sprache abgefasst. Großer Vorteil der den CRS entnommenen Informationen ist ihre Aktualität, da etwaige Änderungen sofort eingegeben werden können.

3.3 ARBEITSUNTERLAGEN / NACHSCHLAGEMÖGLICHKEITEN

Diverse Verlage sind auf den Druck von Arbeitsunterlagen, denen man touristische Informationen entnehmen kann, spezialisiert. Teilweise sind die nachfolgend genannten Nachschlagewerke außer in gedruckter Form auch als PC-Version erhältlich. Diese Nachschlagewerke sind sehr hilfreich, da im Bedarfsfall nicht verschiedene Institutionen kontaktiert werden müssen, sondern die wichtigsten – unter Punkt II. 1 genannten – Informationen für einzelne Länder sowie Adressen diplomatischer Vertretungen und Fremdenverkehrsämter komprimiert nachgeschlagen werden können. Falls eine spezielle Information nicht vorhanden, nicht aktuell oder ausführlich genug ist, wendet man sich natürlich nach wie vor an die jeweils zuständige Institution. Nachfolgend werden einige ausgewählte Nachschlagewerke vorgestellt.

LÄNDERBUCH FINK / TIP

Das **Länderbuch der Verlagsgruppe Fink-Kümmerly + Frey** (auch „Blauer Fink" genannt) ist ein aus drei Bänden bestehendes, über 3000 Seiten umfassendes Nachschlagewerk in Form von handlichen Ordnern. Für diese Ordner versendet der Verlag einmal pro Monat automatisch aktuelle Einbesserungen, die gegen überholte Informationen ausgetauscht werden.

Die Daten werden auch unter dem Namen **TIP** (Touristik-Informations-Programm) über START/Amadeus vertrieben und können über die INFO-Maske abgerufen werden. Großer Vorteil hierbei ist – wie bei der Nutzung der CRS selbst – die hohe Aktualität der Informationen. Außerdem entfallen zeitaufwendige Einbesserungen und Blättern in den Ordnern sowie eventuelles Abschreiben oder Kopieren einzelner Punkte, da die Daten ausgedruckt werden können.

COLUMBUS

Im über 600 Seiten umfassenden Columbus Reiseführer, der einmal pro Jahr in einem großen Band erscheint, werden Sehenswürdigkeiten und Urlaubsorte aller Staaten der Erde vorgestellt. Auf den letzten Seiten des Reiseführers, der auch EDV-Codes für START/Amadeus (TIMATIC) als Hilfestellung zum Abruf ganz aktueller Informationen enthält, befinden sich Informationen zu Behindertenreisen und zu einzelnen Religionen.

LÄNDERINFO DER INFOX

Die Länderinfo der INFOX, die zweimal pro Jahr in einem handlichen Band mit etwa 800 Seiten erscheint, weist neben den üblichen, hier recht knapp gehaltenen Informationen spezielle Impfstellen in Deutschland aus.

OAG WORLDWIDE

Die Firma OAG Worldwide erstellt hilfreiche Nachschlagewerke, die bis vor einigen Jahren unter dem Namen „ABC“ vertrieben wurden. Dazu gehört der monatlich erscheinende, aus zwei Bänden bestehende **OAG World Airways Guide**, der neben Länderinformationen vor allem weltweite Flugdaten von über 800 Fluggesellschaften sowie Gepäckbestimmungen, Mindestumsteigezeiten und Sitzplatzpläne einzelner Flugzeugtypen enthält. Die Reihe beinhaltet unter anderem auch den **OAG Cruise & Ferry Guide**, der vierteljährlich erscheint und Informationen zu Kreuzfahrtschiffen und -routen, weltweite Fährverbindungen, Frachtschiffe mit Passagierbeförderung und Kontaktadressen umfasst. Aufschluss über mehr als 28.000 Hotels und Ferienanlagen (mit Telefonnummern, Kategorie etc.) sowie dazugehörige Buchungsinformationen gibt der einmal pro Jahr erscheinende **Official Hotel Guide**.

TID-TOURISTIKKONTAKT

Der von der Fachzeitschrift „fvw“ herausgegebene TID-Touristikkontakt ist eine hilfreiche Nachschlagemöglichkeit bei der Suche nach Kontaktadressen und Ansprechpartnern. In dem einmal jährlich erscheinenden, umfassenden Nachschlagewerk findet man keine konkreten Bestimmungen und Informationen zu einzelnen Ländern, sondern die (Internet-)Adressen, Telefon-/Faxnummern und Betätigungsfelder touristischer Unternehmen. Neben politischen Institutionen (Botschaften, Konsulate und Ministerien), Verkehrsbüros, Veranstaltern, Leistungsträgern, Flughäfen, CRS, Tourismusmessen, Aus- und Fortbildungseinrichtungen und der Fachpresse enthält der TID die Anschriften von Dienstleistungsbetrieben wie Werbeagenturen, Einrichtungsfirmen und Unternehmensberatungen, die auf die Tourismusbranche spezialisiert sind.

3.4 INTERNET

Eine auch im Tourismus immer wichtiger werdende Informationsquelle ist das Internet. Viele Botschaften, Fremdenverkehrsämter, Veranstalter, Leistungsträger, Verlage etc. haben eigene Homepages und sind über Links in anderen Webseiten zu erreichen. Wie bei den CRS ist auch hier der Vorteil der großen Aktualität gegeben. Weiterhin ist es meist sehr einfach, im Bedarfsfall über die Homepage per E-Mail Kontakt zur jeweiligen Informationsquelle herzustellen.

III. TOURISTISCH BEDEUTSAME ZIELGEBIETE

1. DER MITTELMEERRAUM

1.1 GLIEDERUNG DES MITTELMEERRAUMS

Als Mittelmeere bezeichnet man Neben- oder Randmeere, die durch größere Landmassen oder Inselketten vom offenen Ozean abgetrennt sind. Das zwischen Südeuropa, Nordafrika und Vorderasien gelegene **europäische Mittelmeer** ist ein rund drei Millionen Quadratkilometer großes **Nebenmeer des Atlantischen Ozeans**.

Das Mittelmeer hat eine maximale **Ausdehnung** von knapp 3.900 Kilometer Länge und rund 1.600 Kilometer Breite. Es erstreckt sich etwa zwischen dem 30. und 46. Grad nördlicher Breite. Die durchschnittliche **Tiefe** des Gewässers beträgt 1.500 Meter; sein tiefster Bereich liegt mit 5.150 Metern vor der griechischen Westküste.

STAATEN

Insgesamt haben **21 Staaten** Küstenanteile am Mittelmeer. Im Westen beginnend und im Uhrzeigersinn weitergehend ergibt sich folgende Aufteilung: Spanien, Frankreich, Monaco, Italien, Slowenien, Kroatien, Bosnien-Herzegowina, Jugoslawien, Albanien, Griechenland, Türkei, Zypern, Syrien, Libanon, Israel, Ägypten, Libyen, Tunesien, Malta, Algerien und Marokko.

Häufig werden dem Mittelmeerraum **weitere Länder** zugerechnet, die zwar keine Anrainerstaaten sind, jedoch in deren Nähe liegen und klimatische sowie kulturelle Übereinstimmungen zu den Mittelmeerländern aufweisen. Dazu gehören Portugal und Jordanien.

NATURRAUM

Die europäische Küste weist drei große, ins Mittelmeer ragende Halbinseln auf. Im Westen liegt die **Iberische Halbinsel** mit den Ländern Spanien und Portugal, in der Mitte die italienische **Apenninenhalbinsel**, die die Form eines Stiefels aufweist, und im Osten die **Balkanhalbinsel**, die sich mehrere südosteuropäische Staaten teilen (ihre südlichste Spitze nimmt Griechenland ein).

Durch die über 1.000 Kilometer lange Apenninenhalbinsel wird das Mittelmeer in einen **westlichen Abschnitt** und einen **östlichen Abschnitt** aufgeteilt.

Durch die Spanien und Marokko trennende Meerenge „Straße von Gibraltar“ besteht im Westen eine **Verbindung des Mittelmeers** mit dem Atlantik, durch den Suez-Kanal im Südosten (Ägypten) mit dem Roten Meer, einem Nebenmeer des Indischen Ozeans.

Zum nördlich der Türkei gelegenen Schwarzen Meer, einem **Nebenmeer** des Mittelmeeres, besteht eine Verbindung durch das Marmarameer, ein kleines Binnenmeer in der Türkei. Anrainerstaaten des Schwarzen Meeres sind neben der Türkei Bulgarien, Rumänien, die Ukraine, die Russische Föderation und Georgien.

Einzelne **Randmeere** bzw. Teile des Mittelmeers haben eigene Namen: Ligurisches Meer (zwischen Frankreich/Italien und Korsika), Tyrrhenisches Meer (zwischen Italien und Sardinien), Adriatisches Meer (zwischen Italien und der Balkanhalbinsel), Ionisches Meer (zwischen Italien und Griechenland) und Ägäisches Meer (zwischen Griechenland und der Türkei).

Im Mittelmeer liegen zahlreiche **Inseln**, von denen die meisten touristisch stark frequentiert sind. Die größten Mittelmeerinseln sind Sizilien (25.700 qkm), Sardinien (gut 24.000 qkm), Zypern (9.250 qkm), Korsika (knapp 8.700 qkm), Kreta (etwa 8.300 qkm) und Mallorca (gut 3.600 qkm).

Die meisten Mittelmeerländer weisen mehr oder weniger hohe Gebirge auf, die oft bis nahe an die **Küste** verlaufen oder steil ins Meer abfallen. Im Verlauf der Küsten findet man die verschiedensten Arten von **Stränden**, darunter viele langgezogene, feine Sandstrände, aber auch felsige Buchten mit Kieselsand. Meist ist das Baden relativ ungefährlich, da es so gut wie keine gefährlichen Meerestiere, selten sehr starke Brandung und kaum Strömungen gibt. Gezeiten (Ebbe und Flut) sind in der Regel kaum spürbar.

Einige Mittelmeerländer, besonders im östlichen Mittelmeerraum, sind aufgrund „aneinander reibender“ Erdplatten **erdbebengefährdete Gebiete**. Ein besonders starkes Beben, das große Schäden anrichtete, fand im Sommer 1999 im Nordwesten der Türkei statt.

Im Mittelmeerraum herrscht subtropisches **Klima** mit ganz eigener Ausprägung und großen jahreszeitlichen Gegensätzen. Dieses typische Mittelmeerklima kommt auch in anderen, weit vom europäischen Mittelmeer entfernten subtropischen Gebieten vor, darunter Teile Südafrikas, Südaustraliens und Kaliforniens.

MEDITERRANES KLIMA

Das Mittelmeerklima, das auch als mediterranes Klima oder Winterregenklima bezeichnet wird, prägen lange, trockene, heiße Sommer und kurze, relativ milde, feuchte, manchmal auch stürmische Winter. Schnee und Frost gibt es – außer in Höhenlagen – selten. In hoch gelegenen Regionen, beispielsweise in den spanischen Hochgebirgen, kann man im Winter jedoch sogar gut Ski fahren. Frühjahr und Herbst dauern oft nur kurz. Im Spätherbst beginnt in vielen Gebieten, vor allem im nördlichen Mittelmeerraum, die Regenzeit.

REISEZEIT

Wegen relativ niedriger Temperaturen und hoher Niederschläge während der Wintersaison sind in vielen Mittelmeerländern etwa von November bis April die Hotels geschlossen. Auch im Sommer sehr lebhafte Badeorte wirken dann wie ausgestorben. Für einige südliche – und somit wärmere und trockenere – Gebiete findet man jedoch auch zur Winterzeit Angebote für Erholungsreisen und „Überwintern“ in Mittelmeerländern in den Katalogen der Reiseveranstalter. Zu diesen Zielen gehören das südliche Spanien, Zypern, die Türkei, Israel, Ägypten, Malta, Tunesien und Marokko. Allerdings sind auch dort im Winter die Temperaturen kaum zum Baden im Meer geeignet (Ausnahme: Israel und Ägypten am Roten Meer sowie die im Atlantik gelegenen, zu Spanien gehörenden Kanarischen Inseln). Das Wasser des Mittelmeeres erwärmt sich dank starker Sonneneinstrahlung jedoch im Frühling rasch und erheblich.

Frühjahr und Herbst sind in allen Mittelmeerländern wegen der angenehmen, gemäßigten Temperaturen die ideale Reisezeit für Rundreisen und Kreuzfahrten. Wegen der meist großen Hitze finden im Hochsommer häufig gar keine Rundreisen statt. Ab Februar/März beginnt die farbenprächtige Blütezeit. Die Badesaison startet vielerorts im Mai und endet im Oktober. Im Hochsommer ist bedingt durch Ferientermine und die „Schönwettergarantie" absolute Hochsaison in den Mittelmeerländern. Die Monate mit den meisten Besuchern und der größten Hitze sind Juli und August. Da es dann meist auch recht wenig Wind gibt, ist es oft sehr schwül und gerade in größeren Städten kommt es häufig zu Smogbildung.

VEGETATION

Die ursprüngliche Vegetation der Mittelmeerländer besteht aus immergrünen Gebüschformationen (Macchie) und Hartlaubgewächsen, die der sommerlichen Hitze gut standhalten können, darunter Pinien, Zypressen, Stein- und Korkeichen sowie Oleander. Das typischste Gewächs dieser Region ist der Ölbaum, der nur in Ländern mit echtem Mittelmeerklima gedeiht; auch Zitrusbäume sieht man sehr oft. Im Laufe der Zeit wurden im Mittelmeerraum zahlreiche, teils auch exotische Gewächse „importiert", die hier sehr gut gedeihen. Viele Mittelmeergebiete sind für ihre phantastische Blütenpracht bekannt. Im Spätsommer sehen jedoch viele Landstriche nach der sommerlichen Dürre bräunlich aus. In den meisten Mittelmeerländern wird viel Landwirtschaft betrieben; neben zahlreichen weiteren Getreide-, Obst- und Gemüsesorten baut man häufig Zitrusfrüchte, Mandeln, Oliven und Wein an.

LEBENSWEISE

Das sommerlich heiße Klima prägt vielfach die Lebensweise der Bewohner der Mittelmeerländer. Zur Mittagszeit (etwa 13 Uhr bis 16 Uhr) ziehen sich die Menschen in ihre Häuser zurück. Geschäfte und Büros sind dann oft geschlossen und die Straßen wenig belebt. Nachdem die größte Mittagshitze vorüber ist, „erwachen" die Städte und Orte wieder, die Geschäfte öffnen erneut für mehrere Stunden und auf den Straßen geht es bis spät in die Nacht hinein sehr lebhaft zu. Die Hitze beeinflusst häufig auch andere Dinge des Alltags, beispielsweise die Temperatur der Mahlzeiten; man muss damit rechnen, das Essen in südlichen Ländern lauwarm serviert zu bekommen. Die Bauweise und die Inneneinrichtung der Häuser sind darauf ausgerichtet, es im Sommer möglichst kühl zu haben (durch Marmorfußböden, besondere Baustile etc.).

Das Mittelmeergebiet ist ein uralter Kultur- und Siedlungsraum. Zahlreiche Kulturdenkmäler, historische Stätten und Kunstschätze, die heute als touristische Attraktionen gelten, stammen aus mehreren Jahrtausenden.

Obwohl die Mittelmeeranrainerstaaten natürlich keine einheitliche Geschichte aufweisen, waren für die Entstehung vieler Sehenswürdigkeiten im gesamten Mittelmeerraum bestimmte Epochen und historische Ereignisse prägend. Der folgende kurze Abriss soll einen groben Überblick über geschichtliche Zusammenhänge in den für den Tourismus bedeutendsten Gebieten des Mittelmeerraums und über die entsprechenden kulturellen „Hinterlassenschaften" geben. Weitere Informationen über die Geschichte, die politische Entwicklung und die Kultur einzelner Länder folgen in den jeweiligen Länderkapiteln.

Nachdem der Mensch über Jahrtausende hinweg Sammler und Jäger gewesen ist, entwickelte sich verstärkt ab etwa 10.000 v. Chr. das Bauerntum, die Sesshaftigkeit von Völkern nahm zu. In den ersten vorchristlichen Jahrtausenden entwickelten sich in einigen besonders fruchtbaren Gebieten auf der Welt aus Stammesverbänden erste HOCHKULTUREN. Kennzeichen einer Hochkultur sind differenzierte Göttervorstellungen, religiöse Kulte, gottunmittelbares Herrschertum, Erfindung einer Schrift und Entwicklung eines Rechtssystems sowie große Fähigkeiten und Kenntnisse in Bezug auf Architektur, Handwerk, Kunst und Naturwissenschaften. Das Zeitalter der frühen Hochkulturen gilt auch als Beginn der ANTIKE, deren bedeutendster Schauplatz der Mittelmeerraum mit angrenzenden Gebieten war.

Die erste Hochkultur im Mittelmeerraum entstand um 3000 v. Chr. im Niltal in **Ägypten**. Weitere frühe Hochkulturen gab es unter anderem in Mesopotamien (der heutige Irak), Pakistan, Indien und China. Aus der großen, weit über 2000 Jahre währenden Zeit Ägyptens stammen zahlreiche Sehenswürdigkeiten, unter denen die Pyramiden wohl die bekanntesten sind.

Die ersten europäischen Hochkulturen entwickelten sich in Griechenland. Auf der Insel Kreta entstand etwa ab 2500 v. Chr. die **minoische Kultur**, auf dem Peloponnes folgte um 1600 v. Chr. die **mykenische Kultur**. Zahlreiche Ausgrabungsstätten stammen aus dieser Epoche, die etwa bis ins 15. bzw. 11. Jh. v. Chr. andauerte.

In Kleinasien, der heutigen Türkei, dominierten zu dieser Zeit (etwa 2000–1200 v. Chr.) die **Hethiter**.

Nach Palästina, ins Gebiet des heutigen Staates Israel, kam im 2. Jhtsd. v. Chr. das Volk der **Israeliten**. Im Gegensatz zu ihren Nachbarn glaubten die Israeliten, die Vorfahren des jüdischen Volkes, nur an einen einzigen Gott. Die jüdische Religion beeinflusste die Entwicklung des Christentums (ab dem 1. Jh. n. Chr.) und des Islam (im 7. Jh. n. Chr.), die für die Geschichte und Kultur des Mittelmeerraumes – und der ganzen Welt – von großer Bedeutung sind. In Israel liegen vielbesuchte Wallfahrtsstätten aller drei Weltreligionen.

Im frühen 1. Jhtsd. v. Chr. begann der Aufstieg der **Phönizier**, ein Handels- und Seefahrervolk aus dem heutigen Libanon. Sie gründeten Siedlungen im westlichen Mittelmeerraum, darunter Karthago (im heutigen Tunesien gelegen), das allmählich zur bedeutenden Machtzentrale wurde.

Einen weiteren großen Teil des Mittelmeerraumes, darunter die türkische Küste und einige Gebiete in Süditalien, beherrschten ab dem 9. Jh. v. Chr. **Griechen**. Hier wurde Athen zum Zentrum eines aus Stadtstaaten bestehenden Reiches. Das antike Griechenland, aus dem viele Meisterwerke der Architektur, Bildhauerei, Literatur, Philosophie und große Erkenntnisse in Bezug auf Naturwissenschaften stammen, wurde zur „Wiege der abendländischen Kultur“. Die politische Organisation der Stadtstaaten gilt als Vorbild moderner Demokratien. Im 4. Jh. v. Chr. dehnten die Griechen ihren Einflussbereich vom Mittelmeerraum bis weit in den Nahen Osten, auch auf die heutigen Staaten Ägypten und Israel, aus. Diese Ausbreitung der griechischen Kultur wird als **Hellenismus** bezeichnet. Ab dem 3. Jh. v. Chr. zerfiel das griechische Weltreich. An diese Epochen erinnern zahlreiche Baudenkmäler im gesamten östlichen Mittelmeerraum und in Italien.

Ab dem 5. Jh. v. Chr. waren **Kelten** von Nord- nach Südeuropa vorgedrungen und hatten vor allem in Italien große Zerstörungen angerichtet. Sie galten dort als „Barbaren“, ungebildete Wilde.

Im 3. Jh. v. Chr. wurden die Kelten von den Römern, die bereits zuvor eine wichtige Macht in Italien dargestellt hatten, vertrieben. Nachdem die **Römer** im 2. Jh. v. Chr. Karthago zerstört und Griechenland besetzt hatten, beherrschte ihr „Imperium Romanum“ bald den gesamten Mittelmeerraum sowie Teile des Mittleren Ostens und Westeuropas.

Die Römer entwickelten eine bedeutende Kultur, in der Kunst, Philosophie, Wissenschaft und Technik eine große Rolle spielten; zahlreiche Elemente wurden aus der griechischen Kultur übernommen, die von den Römern sehr verehrt wurde. Noch heute wirkt die römische Kultur in vielen Bereichen abendländischer Kultur weiter: Die lateinische Sprache der Römer ist die Grundlage der romanischen Sprachen (darunter Italienisch, Französisch und Spanisch), das lateinische Alphabet wird in zahlreichen Ländern auf der ganzen Welt verwendet, das römische Recht ist Grundlage der Gesetze vieler moderner Staaten. Die Römer, die auch große Baumeister waren, errichteten unzählige Städte, Häfen, Brücken, Aquädukte, Thermen, Befestigungen und weitere Monumente im Mittelmeerraum. Noch heute sind hier zahlreiche römische Baudenkmäler und Ruinen zu sehen. Nachdem die Römer die frühen Christen bis ins 4. Jh. n. Chr. verfolgt hatten, wurde das Christentum Staatsreligion im Römischen Reich.

MITTELALTER

Der Zerfall des Römischen Reiches im 3./4. Jh. n. Chr., der mit der Teilung in „Ostrom" und „Westrom" begann, stellte das Ende der Antike dar. Das 5. Jh. n. Chr. gilt als Beginn des rund 1000 Jahre währenden Mittelalters. Während des Mittelalters veränderte sich die kulturelle und politische Ordnung im Mittelmeerraum grundlegend.

Im östlichen Mittelmeerraum dominierte viele Jahrhunderte lang das Oströmische Reich, dessen Zentrum Kleinasien war. Das nach seiner Hauptstadt Byzanz (später Konstantinopel, heute Istanbul) als **Byzantinisches Reich** bezeichnete Ostrom umfasste unter anderem Griechenland, den südlichsten Teil Italiens, die Türkei, Israel und Ägypten. Die Fundamente des Byzantinischen Reiches waren römisches Recht, griechische Sprache und Kultur sowie christlicher Glaube. Aus byzantinischer Zeit existieren noch viele Basiliken in Griechenland, Kleinasien und Süditalien.

Im Gegensatz zum Byzantinischen Reich war das Weströmische Reich, das den größten Teil Italiens, Frankreich und Spanien umfasste, nur von kurzer Dauer. Der westliche Mittelmeerraum wurde ab dem 5. Jh. von den Wirren der **Völkerwanderung** erfasst. Vor allem germanische Völker (Westgermanen, Goten, Wandalen, Langobarden) drangen nach Spanien, Frankreich und Italien vor. Nach einer Zeit des kulturellen Niedergangs vermischte sich hier die römische Kultur allmählich mit germanischem Volkstum. Teile Frankreichs und vor allem Italiens gehörten während der folgenden Zeit zum Frankenreich und zum Heiligen Römischen Reich Deutscher Nation. Auch der westliche Mittelmeerraum wurde stark von der christlichen Religion dominiert.

Nachdem im 7. Jh. in Arabien die islamische Religion durch den Propheten Mohammed begründet worden war, breitete sich der **Islam** rasch über Zentralasien, den Nahen Osten und Nordafrika aus. Zu den von Arabern eroberten Gebieten gehörten auch Palästina und Ägypten. Im 8. Jh. drangen arabische Stämme auch nach Südspanien vor. Das Volk der Mauren blieb hier über 700 Jahre; in Andalusien sind prächtige Bauten aus dieser Zeit erhalten.

Zunächst lebten im Nahen Osten Moslems und Christen meist friedlich zusammen. Ab dem 9. Jh. kam es jedoch zu Konflikten zwischen den Anhängern der beiden Religionen. Dies führte zu den **Kreuzzügen** aus Europa, die zwischen dem 11. und 14. Jh. stattfanden und zum Ziel hatten, heilige christliche Stätten in Palästina zurückzuerobern und vor den Arabern zu schützen sowie das Vordringen des Islam zu verhindern. Aus dieser Zeit stammen zahlreiche Festungsanlagen, Burgen und Kirchen, die man im östlichen Mittelmeerraum sehen kann.

Nach vorübergehenden Erfolgen der Kreuzfahrtritter eroberten die Araber viele Gebiete zurück. Seit Ende des 13. Jh. bildeten die türkischen **Osmanen** die aufstrebende Macht im östlichen Mittelmeer. Mitte des 15. Jh. hatten sie das Byzantinische Reich endgültig erobert. Das islamische, türkisch-osmanische Großreich beherrschte in den folgenden Jahrhunderten von der Türkei aus Griechenland, Israel, Ägypten, weitere Gebiete auf der Balkanhalbinsel und im Nahen Osten.

NEUZEIT

Das 15./16. Jh. gilt als Beginn der Neuzeit. Da diese Epoche für die Mittelmeerländer ganz unterschiedlich verlief, wird an dieser Stelle die historische und kulturelle Entwicklung sehr kurz gefasst; es werden nur einige wenige markante Punkte erwähnt. Für weitergehende Informationen zu Geschichte und politischer Entwicklung wird auf die entsprechenden Länderkapitel verwiesen.

Eine prägende Epoche der Neuzeit war der **Imperialismus**, der nach der Entdeckung Amerikas durch Kolumbus 1492 einsetzte. Während der folgenden Jahrhunderte gründeten europäische Nationen in zahlreichen Gebieten in aller Welt Kolonien. Zu den wichtigsten Kolonialmächten gehörten Spanien, Portugal, Frankreich, Großbritannien und die Niederlande.

Der östliche Mittelmeerraum, der bis ins 19. bzw. 20. Jh. zum Osmanischen Reich gehörte, entwickelte sich im Vergleich zum westlichen Mittelmeerraum kulturell nur wenig; eine große Ausnahme bildete die osmanische Metropole Istanbul, wo prächtige Bauten entstanden. Die westlichen europäischen Mittelmeerländer hingegen erlebten während der folgenden Jahrhunderte eine große kulturelle Blüte. Hier entstanden für ganz Europa bedeutende Kunststile wie **Renaissance** (die „Wiedergeburt" der Antike im 14./15. Jh.) und **Barock** (im 17. Jh.) und es kam zu bedeutenden politischen Entwicklungen wie der **Französischen Revolution** 1789.

Zu Beginn des 19. Jh. eroberte der französische Kaiser **Napoleon** weite Teile Europas, darunter auch die Mittelmeerländer Spanien und Italien. Nach dem Ende seiner Herrschaft kam es zu einer Neuordnung Europas. Die Französische Revolution führte zum Zeitalter der **Aufklärung** im 19. Jh., das in Europa vom Einsetzen der **Industrialisierung** geprägt war.

Die meisten Mittelmeerländer waren in die beiden **Weltkriege** des 20. Jh. verwickelt bzw. von deren Auswirkungen betroffen.

Die europäischen Mittelmeerländer sowie die Türkei und Israel haben jeweils eigene **Sprachen**. Ausnahmen sind Monaco (offizielle Landessprache Französisch), Zypern (offizielle Landessprache Griechisch) und Malta (offizielle Landessprache ist neben Maltesisch auch Englisch).

In Syrien, Libanon, Ägypten, Libyen, Tunesien, Algerien und Marokko sowie in Jordanien ist die offizielle Amtssprache Arabisch.

Geschichte, Kultur, Tradition und Politik der einzelnen Länder sind häufig stark geprägt von der vorherrschenden **Religion**.

Spanien (sowie Portugal), Frankreich, Italien, Slowenien, Kroatien und Malta sind größtenteils katholische Gebiete. Griechenland, Zypern und Jugoslawien sind vom orthodoxen Glauben geprägt, während die Bewohner der übrigen Mittelmeerländer vorwiegend moslemischen Glaubens sind. Eine Ausnahme stellt das jüdische Land Israel dar. In fast allen Ländern gibt es mehr oder weniger große religiöse Minderheiten.

Die Hauptattraktionen der Mittelmeerländer sind heute die vielen lebhaften oder auch ruhigen und ursprünglichen **Badeorte** sowie die schönen **Küstenlandschaften**. Viele Gebiete haben eine sehr gute touristische Infrastruktur, zu der oft auch hervorragende **Sportmöglichkeiten** wie Wassersport, Wandern, Bergsteigen und Golf gehören.

Der von langer, bewegter Geschichte geprägte Mittelmeerraum ist mit Sehenswürdigkeiten aus mehreren Jahrtausenden, herausragenden Kulturdenkmälern und bedeutenden religiösen Stätten traditionell auch ein beliebtes Ziel von Bildungsreisenden. Hierher werden sehr viele **Studien- und Rundreisen**, aber auch **Pilgerreisen** unternommen. Klassische Rundreiseländer sind seit vielen Jahren Spanien, Italien, Griechenland, die Türkei, Israel und Ägypten.

Kreuzfahrten durch das Mittelmeer erfreuen sich ebenfalls großer Beliebtheit. Diese besondere Form der Rundreise bietet die Möglichkeit, auf sehr komfortable Weise – und ohne ständiges Ein- und Auspacken – die kulturellen und landschaftlichen Eigenheiten mehrerer Regionen und Länder während eines einzigen Urlaubs zu erleben. Sowohl das westliche als auch das östliche Mittelmeer eignen sich ganz hervorragend als „Reviere" für Kreuzfahrten. Ein häufiger Ausgangs- bzw. Endpunkt für beide Großräume ist das zentrale Italien.

Die meisten Kreuzfahrten durchs Mittelmeer finden in den Monaten April bis Juni bzw. September und Oktober statt. Im Hochsommer kreuzen viele Schiffe in der Nord- und Ostsee, im Winter in der Karibik und anderen Fernzielen. Häufige Stationen auf Kreuzfahrten durch das westliche und das östliche Mittelmeer werden in den nachfolgenden Länderkapiteln genannt. Daneben werden oft auch weitere Häfen, z. B. auf Malta, auf Zypern, in Tunesien und Marokko angelaufen. Manche Schiffstouren durch das westliche Mittelmeer führen durch die Straße von Gibraltar auch zu Häfen am Atlantik (in Portugal, Marokko und auf den atlantischen Inseln, darunter die Kanaren und Madeira). Weitere allgemeine, auch für den Mittelmeerraum und weitere Fahrtgebiete gültige Informationen über Kreuzfahrten, Schiffe, Bordeinrichtungen, Buchungsmöglichkeiten etc. enthält das ➔ Kapitel III. 4.4 Karibik. Die Angaben sind in diesem Kapitel zu finden, weil die Karibik eines der beliebtesten Kreuzfahrtziele weltweit ist.

Der Tourismus ist in den einzelnen Mittelmeerstaaten ganz unterschiedlich stark entwickelt. Die beste **touristische Infrastruktur** haben die Länder Spanien, Frankreich, Italien, Griechenland, Türkei, Zypern, Malta und Tunesien (sowie Portugal). Hierher bieten zahlreiche deutsche Reiseveranstalter Pauschalreisen an.

Die Pauschalreiseziele der touristisch ebenfalls sehr gut entwickelten Länder Israel, Ägypten und Marokko liegen vorwiegend an den Küsten anderer Meere (Totes Meer, Rotes Meer, Atlantik). Spanien und Frankreich haben neben den Mittelmeerküsten ebenfalls große, am Atlantik gelegene Küstenteile (Spanien außerdem die atlantische Inselgruppe der Kanaren), der nördliche Teil der Türkei liegt an den Nebenmeeren Marmarameer und Schwarzes Meer.

Die Länder Slowenien, Kroatien und Bosnien-Herzegowina, die bis Anfang der 90er Jahre zur ehemaligen Volksrepublik Jugoslawien gehörten, sowie die derzeit zur Bundesrepublik Jugoslawien gehörenden Gebiete werden momentan wegen der politischen Lage bzw. wegen noch nicht behobener Schäden aus der Krisenzeit touristisch weniger frequentiert. Gerade Kroatien, das eine sehr gute touristische Infrastruktur hatte, wendet sich jedoch wieder verstärkt dem Tourismus zu.

Während es nach Jordanien Studien- und Kurtourismus gibt, haben die Länder Albanien, Syrien, Libanon, Libyen und Algerien – vor allem im Sinne eines Badeurlaubs – kaum Fremdenverkehr. Dies hat hauptsächlich politische Gründe.

Aufgrund der vielen Attraktionsfaktoren, der vielerorts hervorragenden touristischen Infrastruktur, der Eignung für nahezu alle Zielgruppen und der relativen Nähe zu Mitteleuropa (nur wenige Flugstunden) zieht das Mittelmeer große Besucherscharen aus den Industriestaaten Nord- und Mitteleuropas an. Viele Mittelmeerländer gehören seit Jahrzehnten zu den **beliebtesten Auslandsreisezielen deutscher Touristen**. In der Broschüre „Fakten und Zahlen zum deutschen Reisemarkt" des DRV (Sonderausgabe zur ITB 2002) wird angegeben, dass im Jahr 2001 35,7 % aller Reisen der Deutschen in den Mittelmeerraum führten. An der Spitze der dortigen Reiseländer lagen in diesem Jahr Spanien, Italien, die Türkei, Frankreich und Griechenland.

Während man innerhalb Deutschlands und in die Nachbarländer häufiger auf eigene Faust reist, werden Buchungen für die Mittelmeerländer sehr oft über die Reiseindustrie getätigt. Dies liegt unter anderem daran, dass Reiseveranstalter und Reisebüros sehr günstige Pauschalreisen anbieten, in denen in der Regel Anreise, Transfer, Unterkunft, Verpflegung und zum Teil weitere Leistungen wie Rundreisen, Mietwagen und Ausflüge enthalten sind. Da der Mittelmeerraum für die deutsche Reisebranche somit einen herausragenden Stellenwert hat, werden in den nachfolgenden Kapiteln häufig besuchte Reiseziele in den beliebtesten Mittelmeerländern besonders ausführlich vorgestellt.

ÖKOLOGIE

Ein **Problem** der Mittelmeerländer, vor allem auch für die Landwirtschaft, ist die oft große Wasserknappheit in der trockenen Hochsaison. Der hohe Wasserverbrauch der Besuchermassen und die Bewässerung der Grünanlagen von Hotels und Golfplätzen verstärkt die Wasserknappheit. Im Hochsommer kommt es häufig auch zu verheerenden Waldbränden.

In den Reiseländern des Mittelmeerraums – wie in vielen anderen touristischen Gebieten überall auf der Welt – verursacht der Fremdenverkehr mitunter weitere ökologische Probleme wie starke Bebauung, Zersiedlung und Zerstörung des Naturraums, naturgerechte Entsorgung der großen Müllmengen, hohes Verkehrsaufkommen, Luftverschmutzung sowie Überlastung von Kanalisation und Kläranlagen.

SPANIEN

1.) ***Als Reisebüroexpedient/-in beraten Sie eine Familie mit zwei nicht schulpflichtigen Kindern, die einen zwei- bis dreiwöchigen Sommerurlaub auf einer spanischen Insel plant. Welches Reiseziel empfehlen Sie bei folgenden Kundenwünschen:***

a) *Die Familie legt großen Wert auf einen besonders schönen, langen Sandstrand und sehr gute Wassersportmöglichkeiten. Die Unterkunft soll direkt am Strand liegen und Unterhaltungsprogramm sowie Kinderbetreuung bieten. Kultur und Besichtigungen spielen für die Kunden keine allzu große Rolle, da sie sich erholen und vorrangig einen Badeurlaub verleben möchten. Trotzdem erkundigt sich der Familienvater nach ein bis zwei organisierten Tagesausflügen, die im Zielgebiet gebucht werden können.*

b) *Die Familie wünscht sich ein Reiseziel mit abwechslungsreichem Hinterland, das gute Bade- und Ausflugsmöglichkeiten bietet, die auch für Kinder interessant sind. Hierzu sowie zu kulturellen Besichtigungen erbitten sie einige Vorschläge. Die Unterbringung soll in einem Apartment in einem Ort mit Restaurants und Einkaufsmöglichkeiten erfolgen.*

2.) ***Nach der Rückkunft aus dem Sommerurlaub ist die Familie so zufrieden mit Ihrer kompetenten Beratung, dass sie Ihr Reisebüro den Großeltern empfiehlt, die für den kommenden Winter ein Reiseziel mit ganzjährig mildem Klima für einen Langzeitaufenthalt suchen. Das Rentnerehepaar stellt sich zum „Überwintern" ein Reiseziel mit verschiedenen Unterhaltungsmöglichkeiten, abwechslungsreicher Landschaft und guten Wandermöglichkeiten vor. Bitte machen Sie den Kunden zwei konkrete Vorschläge zu ihren Reisewünschen und erläutern Sie diese. Das Ehepaar möchte außerdem wissen, wie lange die Reise zum jeweiligen Urlaubsort dauert (Flug- und Transferdauer) und ob ein Zeitunterschied zu Deutschland besteht.***

3.) ***Freunde der Familie, ein Ehepaar mittleren Alters, wenden sich ebenfalls an Sie, um sich über ein geeignetes spanisches Reiseziel für Golfurlaub zu informieren. Die anspruchsvollen Kunden legen Wert auf individuellen Urlaub in ländlicher Umgebung abseits touristischen Trubels. Sie sind sehr interessiert an Landschaftsgenuss und Landesgeschichte und möchten ihr Reiseziel gerne mit einem Mietwagen erkunden. Bitte empfehlen Sie den Kunden ein geeignetes Ziel unter Angabe der klimatisch günstigsten Reisezeit und begründen Sie Ihre Empfehlung.***

4.) **Welches spanische Reiseziel empfehlen Sie zwei jungen Damen, die nach bestandenem Abitur einen Badeurlaub in einem lebhaften Ort mit langem Strand, zahlreichen Unterhaltungsmöglichkeiten und vielen Diskotheken unternehmen möchten? Schlagen Sie den Kundinnen einen konkreten Urlaubsort vor, der per Bus erreichbar ist, und nennen Sie als Alternative ein Flugreiseziel (ebenfalls mit genauem Ferienort). Informieren Sie sie bitte außerdem über die jeweilige Reisedauer ab Frankfurt.**

5.) **Ein kulturell interessiertes Ehepaar plant für das kommende Frühjahr eine Studienreise nach Spanien, die von Madrid nach Andalusien führen soll.**

a) *Welche Reisezeit empfehlen Sie den Kunden und aus welchem Grund?*

b) *Die ersten vier Tage möchte das Ehepaar in Madrid verbringen. Nennen Sie ihnen einige Sehenswürdigkeiten in der Stadt und Ausflugsziele in der Umgebung, die sie in dieser Zeit besichtigen können.*

c) *Welche Verkehrsmittel können für die Reise von Madrid nach Südspanien genutzt werden?*

d) *Stellen Sie den Kunden eine Reiseroute durch Andalusien zusammen und nennen Sie die wichtigsten Sehenswürdigkeiten, die auf dieser Route besichtigt werden können. Die Kunden möchten wissen, wie viel Zeit sie für diese Rundreise durch Andalusien einplanen sollten.*

e) *Nach der Rundreise möchten Ihre Kunden gern eine Woche Badeurlaub in Andalusien verbringen. Beraten Sie das Ehepaar über die infrage kommenden Küstenabschnitte und deren Vorzüge. Informieren Sie sie bitte auch über den jeweiligen Rückflughafen nach Deutschland.*

1.2 SPANIEN

Spanien liegt im Südwesten Europas, zwischen dem 36. und 44. Grad nördlicher Breite, und nimmt etwa vier Fünftel der **Iberischen Halbinsel** ein. Inklusive der zugehörigen Inseln umfasst Spanien knapp 505.000 qkm Fläche – wovon auf das Festland gut 493.000 qkm entfallen – und ist nach Frankreich das zweitgrößte Land Westeuropas. Ein Großteil der Grenzen wird durch das Meer gebildet. Im Osten und Südosten liegt das **Mittelmeer**, im Südwesten und Westen der **Atlantik** und Portugal, im Nordwesten der Golf von Biscaya (Teil des Atlantiks), im Nordosten Frankreich und Andorra.

Die zu Spanien gehörenden Inseln sind die **Balearen** im Mittelmeer und die **Kanaren** im Atlantik, (vor der westafrikanischen Küste, etwa auf dem 28. Breitengrad gelegen). Winzige spanische Gebiete, die **Enklaven** Melilla und Ceuta, liegen auf dem nordafrikanischen Festland, das nur durch die 14 Kilometer breite Meerenge **Straße von Gibraltar** von Spanien getrennt ist. Im äußersten Süden des spanischen Festlands wiederum befindet sich die britische Enklave Gibraltar.

Spanien ist nach der Schweiz das gebirgigste Land Europas. Die bekanntesten Gebirge sind die im Nordosten gelegenen **Pyrenäen** (ein Hochgebirge, das die Grenze zu Frankreich bildet und für die lange Isolation Spaniens vom restlichen Europa „verantwortlich" ist) und die **Sierra Nevada** im Süden. Die oft bis nahe an die Küsten reichenden Gebirge umgeben das in Zentralspanien gelegene, durchschnittlich etwa 600 Meter hohe **Hochland** Meseta, das rund drei Viertel des Landes einnimmt. Der höchste Berg Spaniens, der 3.718 Meter hohe **Pico de Teide** liegt auf der Kanareninsel Teneriffa. Der mit über 900 Kilometern längste Fluss ist der **Ebro** in Nordostspanien.

Das Königreich Spanien ist in 17 Autonome Regionen unterteilt. Hauptstadt und größte Stadt des Landes ist das im Zentrum gelegene **Madrid** mit gut drei Millionen Einwohnern. Im gesamten Land leben etwa 40 Millionen Menschen.

Das spanische Festland hat **gemäßigtes bis subtropisches Klima**. Der Norden und Nordwesten werden von ozeanischem Klima dominiert, das ganzjährig für reichlich Niederschlag und eine sehr grüne Landschaft sorgt. In der zentralen Hochebene herrscht Kontinentalklima mit relativ kurzen, heißen, trockenen Sommern und kalten Wintern. In den Hochgebirgen gibt es im Winter häufig Schnee. Der Süden und Osten sowie die Baleareninseln weisen typisch mediterranes Klima auf, wobei es im Süden im Winter wärmer und trockener ist als im Osten. Ebenfalls subtropisch ist das Klima auf den wesentlich weiter südlich gelegenen Kanarischen Inseln. Die jahreszeitlichen Temperaturschwankungen sind hier geringer, die Winter wärmer, die Sommer milder als auf dem Festland und auf den Balearen.

Die beste **Reisezeit** für die meisten spanischen Urlaubsgebiete ist die Sommersaison. Dieser Punkt wird in den einzelnen Regionskapiteln noch genauer erläutert.

Im 1. Jhtsd. v. Chr. kamen verschiedene Völker ins bis dahin von Iberern besiedelte Spanien. Im Süden gründeten die **Phönizier** Handelsniederlassungen (die erste war die heutige Hafenstadt Cadiz), bald folgten **Griechen**. In den Norden des Landes drangen **Kelten** ein, die sich mit der iberischen Bevölkerung vermischten. Um 200 v. Chr. übernahmen die **Römer** für fast 600 Jahre die Herrschaft in Spanien.

Im 5. Jh. n. Chr. gründeten die **Westgoten** ein mächtiges, christliches Reich in Spanien, das im 8. Jh. von den aus Nordafrika nach Südspanien vordringenden **Arabern** (Mauren) gestürzt wurde. Das orientalische Volk verhalf Europa in den unterschiedlichsten Bereichen zu neuen Technologien und großem Wissen. Die Macht der moslemischen Mauren erreichte im 10. Jh. ihren Höhepunkt. In den katholischen Königreichen des Nordens formierte sich jedoch Widerstand gegen die Araber, die allmählich verdrängt wurden. Als letzte maurische Bastion fiel 1492 die Stadt Granada.

Ende des 15. Jh. entstand durch die Heirat der „Katholischen Könige“ (Ferdinand von Aragon und Isabella von Kastilien) das **Königreich Spanien**. Ziel der Katholischen Könige war es, aus Spanien eine katholische Einheit zu machen. Deshalb kam es zu dieser Zeit mit Unterstützung des Papstes zur „Heiligen Inquisition“, bei der die Untertanen – oft durch Folter – auf ihre religiöse Gesinnung hin „geprüft“ und bei „Nichtbestehen“ auf grausame Weise getötet wurden.

Ab 1492 – nach der Entdeckung Amerikas durch Kolumbus – entwickelte sich Spanien zu einer großen **Kolonial- und Weltmacht**. Noch heute sprechen, zurückgehend auf die früheren Kolonien, über 300 Millionen Menschen außerhalb Spaniens Spanisch, vor allem in Amerika. Ab dem 17. Jh. verlor Spanien jedoch durch verschiedene Kriege, die Besetzung durch Napoleon sowie Aufstände viele Kolonien, die letzten 1898 im spanisch-amerikanischen Krieg.

1931 wurde der spanische König gestürzt und das Land **Republik**. 1936 kam es zum **Bürgerkrieg** zwischen faschistischen Nationalisten (angeführt von General Franco) und linksgerichteten Gruppierungen. Der blutige Krieg endete 1939 mit dem Sieg Francos, der hier bis zu seinem Tod 1975 einer **Diktatur** vorstand. Anschließend wurde Spanien zur **parlamentarischen Monarchie** mit König Juan Carlos I., der noch heute regiert. Im Laufe der folgenden Jahre entwickelte sich Spanien zum modernen, liberalen Land, das seit 1982 der NATO und seit 1986 der **EU** angehört.

Die **Bevölkerung** setzt sich aus Spaniern (etwa 70 %), Katalanen (etwa 20 %), Galiziern (etwa 7,5 %) und Basken (etwa 2,5 %) zusammen, da die Regionen Katalonien im Osten, Bascara im Nordosten und Galizien im Nordwesten historische und kulturelle Unterschiede zum übrigen Spanien aufweisen. Innerhalb dieser Bevölkerungsgruppen gibt es mehr oder weniger starke Autonomiebestrebungen, teils auch durch radikale Gruppierungen wie die baskische ETA, die gerade in jüngster Zeit auch Anschläge auf touristische Einrichtungen verübte bzw. solche androhte. Die spanischen Sicherheitskräfte bemühen sich jedoch sehr, die Sicherheit im Lande zu gewährleisten.

Fast drei Viertel der knapp 40 Millionen Menschen zählenden spanischen Bevölkerung leben in Städten und Küstengebieten, eine Folge hoher Landflucht. Aus diesem Grund ist die **Bevölkerungsdichte** von durchschnittlich 78 Einwohnern/qkm sehr unterschiedlich verteilt.

Offizielle Landessprache in Spanien ist Kastellan, das allgemein als Spanisch bezeichnet wird. Außerdem sprechen die Bewohner der oben genannten Regionen jeweils ihre eigenen **Sprachen**: Katalanisch, Galizisch und Baskisch. In den jeweiligen Regionen sind diese Sprachen ebenfalls als Amtssprachen anerkannt. In vielen Touristengebieten und Hotels Spaniens wird recht gut Deutsch gesprochen; ansonsten kommt man oft mit Englisch oder Französisch zurecht. In kleineren Dörfern im Hinterland wird jedoch meist nur Spanisch oder die jeweilige regionale Sprache verstanden.

In Spanien sind offiziell 99 % der Menschen katholisch, der Anteil der tatsächlich praktizierenden Gläubigen ist jedoch stark zurückgegangen. Der verbleibende kleine Teil von 1 % der Bevölkerung gehört der protestantischen, moslemischen oder jüdischen **Religion** an.

Nationalfeiertag ist der als „Tag des Spaniertums“ bezeichnete 12. Oktober, der Jahrestag der Entdeckung Amerikas durch Kolumbus.

Einen Besuch wert sind die zahlreichen spanischen Feste (**Fiestas**), die zu den verschiedensten Gelegenheiten, auch regional unterschiedlich, gefeiert werden. Sehr große Feiern finden fast überall – vor allem in Andalusien – zu Ostern („Semana Santa“) und in der darauf folgenden Woche („Feria de Abril“) statt, im ganz großen Stil in Sevilla.

Häufig werden von den Touristen Folkloreveranstaltungen, bei denen hauptsächlich der bekannte Tanz **Flamenco** vorgeführt wird, besucht. Eine weitere spanische Tradition, die für viele Urlauber interessant, jedoch wegen des Vorwurfs der Tierquälerei sehr umstritten ist, sind **Stierkämpfe**, denen man in einer der vielen speziellen Arenen beiwohnen kann.

In vielen spanischen Feriengebieten sind in den letzten Jahrzehnten „künstliche“ Feriensiedlungen, so genannte **Urbanisationen** mit eigener Infrastruktur entstanden, was zur Folge hat, dass die Urlauber oft völlig abgetrennt von den Einheimischen wohnen.

Viele deutsche Touristen fliegen nach Spanien. Einen Großteil des *FLUGVERKEHRS* von Deutschland nach Spanien macht der **Charterflugverkehr** aus, der hauptsächlich an die Küsten und zu den Inseln geht, die in den folgenden Kapiteln ausführlich beschrieben werden. Direktflüge von Deutschland nach Spanien dauern zwei bis drei Stunden.

Linienflugverbindungen unterhalten Lufthansa sowie die spanischen Liniengesellschaften Iberia (IB) und Spanair (JK), die ab verschiedenen deutschen Städten direkt nach Madrid (MAD), Barcelona (BCN), Malaga (AGP) und Bilbao (BIO) fliegen und von dort gute Umsteigeverbindungen ins ganze Land bieten. Vom Drehkreuz Madrid gibt es sehr gute Iberia-Verbindungen in alle Welt.

BAHNVERKEHR

Natürlich kann man auch mit der Bahn nach Spanien fahren. Deutsche Bahnreisende nutzen in der Regel **Verbindungen** über Frankreich oder die Schweiz, in deren Rahmen man in Paris oder Zürich bzw. Genf umsteigen muss. An der französisch-spanischen Grenze wird meist der Zug gewechselt, da die spanischen Gleise eine andere Spurweite haben.

Viele deutsche Spanien-Urlauber nehmen **Autoreisezüge**, die ab mehreren deutschen Verladestationen nach Bordeaux oder Narbonne an der spanisch-französischen Grenze verkehren, und fahren von hier mit dem Pkw weiter. In Spanien selbst gibt es ebenfalls Autoreisezüge.

Innerhalb des Landes bietet die nationale Bahn **RENFE** gute Verbindungen. Spanische Hochgeschwindigkeitszüge, die eine schnelle Verbindung zwischen Madrid und weiteren Großstädten herstellen, sind der AVE und der Talgo.

STRASSENVERKEHR

Weiterhin verkehren **Linienbusse** der Touring/Eurolines in verschiedene Teile Spaniens, die – wie Reisende mit dem Pkw – ebenfalls meist durch die Schweiz und Frankreich fahren. Auch innerhalb Spaniens und in den Städten gibt es gute Busverbindungen.

Die Autobahnen und Schnellstraßen, die die großen spanischen Städte verbinden, sind gut ausgebaut (und teilweise gebührenpflichtig), kleinere Landstraßen oft in weniger gutem Zustand. Eine Fahrt mit dem **Pkw** von Madrid nach Barcelona in den Norden sowie nach Malaga in den Süden dauert jeweils etwa acht Stunden. Flugreisende haben vielerorts in Spanien die Möglichkeit, einen Leihwagen anzumieten (Buchung von Deutschland aus oft günstiger).

SCHIFFSVERKEHR

Große spanische Mittelmeerhäfen sind Barcelona, Valencia, Almeria, Malaga, Algeciras und Cadiz. Von hier gibt es unter anderem **Fährverbindungen** zu den Inseln und nach Nordafrika (Marokko und Enklaven). Eine wichtige Reederei im spanischen Fährverkehr ist Trasmediterranea.

Häufig sind spanische Häfen auch Ziele von **Kreuzfahrtschiffen**. Die Häfen an der Süd- und Ostküste des Festlands sowie auf den Balearen werden oft auf Touren durch das westliche Mittelmeer, die Häfen Vigo und La Coruna an der Nord- und Westküste des Festlands auf Kreuzfahrten rund um Westeuropa, die Häfen auf den Kanaren auf Reisen zu den atlantischen Inseln oder auf saisonbedingten Überführungsfahrten von Europa nach Amerika angelaufen.

In Spanien gibt es Hotels, Hostals (kleinere Hotels/Pensionen), Apartments und Ferienhäuser aller Kategorien. Die meisten **Unterkünfte** befinden sich in den Ferienzentren an der Küste. Eine Besonderheit der spanischen Hotellerie sind die etwa 80 „Paradores“, staatliche Hotels, die – meist untergebracht in restaurierten Schlössern, Burgen, Herrenhäusern und Klöstern – in landschaftlich und historisch interessanten Gebieten des Landes liegen. Die Paradores sind auch bekannt für gute traditionelle Küche. Eine besondere Unterkunftsart sind auch „Fincas“, um- und ausgebaute Bauern- und Landhäuser abseits des touristischen Rummels. Diese Reiseform wird auch als „Agroturismo“ bezeichnet.

Hauptattraktion Spaniens sind die Küsten mit ihren schönen **Stränden** und hervorragenden Gegebenheiten für ruhigen – oder, je nach Geschmack – turbulenten **Badeurlaub**. Am Mittelmeer liegen Costa Brava, Costa Dorada, Costa del Azahar, Costa Blanca, Costa de Almeria, Costa del Sol und Costa de la Luz (vom Nordosten bis zur Grenze zu Portugal). Hinzu kommen natürlich die Atlantikküste und vor allem die Inseln.

Zahlreiche Spanien-Besucher ziehen auch die vielfältigen **Sportmöglichkeiten** des Landes an. Neben Wassersportmöglichkeiten an den Küsten gibt es in den Bergen gute Möglichkeiten zum Wandern, Klettern und im Winter zum Ski fahren. Vielerorts bietet Spanien Golfplätze; besonders die Costa del Sol hat sich in den letzten Jahren zu einer der beliebtesten Golfregionen Europas entwickelt.

Auch **Bildungsreisende** kommen im kulturträchtigen Spanien mit seiner langen, wechselhaften Geschichte auf ihre Kosten. Die meisten historischen „Spuren“ haben die Mauren und die Römer hinterlassen. Das beliebteste spanische Rundreiseziel ist die ehemalige Maurenhochburg Andalusien im Süden. Seit Jahrhunderten ist Spanien auch Ziel von **Pilgerreisenden**, die auf dem Jakobsweg in den Wallfahrtsort Santiago de Compostela im Nordwesten des Landes pilgern (➔ Kapitel 1.3.3).

Naturliebhaber können einen der elf Nationalparks – davon sechs auf dem Festland, vier auf den Kanaren und einer auf den Balearen – und über 500 Naturschutzgebiete besuchen. Im Landesinneren gibt es auch touristisch noch fast unberührte Gegenden zu entdecken.

Nicht zuletzt lohnen auch die **Metropolen** Spaniens eine Reise. Vor allem die größten Städte Madrid und Barcelona bieten sich mit ihrem südländischen Flair, berühmten Museen, Bauwerken und guten Einkaufsmöglichkeiten für Kurzreisen an.

Spanien mit seiner landschaftlichen und kulturellen Vielfalt liegt seit vielen Jahren bei den Auslandsreisezielen der Deutschen auf Platz eins und war mit knapp 48 Millionen internationalen Besuchern im Jahr 2000 eines der drei Hauptreiseziele weltweit (neben Frankreich und den USA).

Während der letzten Jahrzehnte hat sich der **Tourismus** in Spanien mit über einer Million Hotelbetten und Einnahmen von fast 31,5 Milliarden US-Dollar (im Jahr 2000, international Rang 2) zu einem der wichtigsten Wirtschaftszweige entwickelt. Die beliebtesten **Reiseziele** des Landes sind Mallorca, Ibiza, die Costa Brava, die Costa del Sol, Gran Canaria und Teneriffa.

Der Dienstleistungssektor, zu dem der Tourismus gehört, ist der wichtigste Wirtschaftszweig des Landes. Weitere bedeutende **Wirtschaftsfaktoren** sind Industrie (vor allem Auto-, Textil- und Stahlindustrie) und Landwirtschaft/Fischerei. Das Bruttosozialprodukt betrug 2000 in Spanien 15.080 US-Dollar pro Einwohner.

Als in den 60er- und 70er-Jahren des 20. Jh. der **Massentourismus** einsetzte, wurden mit staatlicher Förderung an vielen Küstenabschnitten Spaniens riesige Hotels („Bettenburgen") gebaut, die die Landschaft verschandelten und schließlich ein Überangebot bewirkten. Viele Orte und Regionen haben unter den Folgen dieses Baubooms zu leiden, denn heute, wo der **Trend** eher zum sanften Tourismus und einer Bauweise im landestypischen Stil geht, haben solche Orte schlechtere Chancen. Um die großen Hotels zu füllen, müssen oft Billigangebote aufgelegt werden.

Zu den **ökologischen Problemen** Spaniens gehört große sommerliche Wasserknappheit, gerade auf den niederschlagsarmen Kanarischen Inseln. Der hohe Wasserbedarf wird hier mit Hilfe von Meerwasserentsalzungsanlagen gedeckt. Einige Hotels haben eigene Anlagen, deren Betrieb natürlich großen Energieaufwand erfordert. Deswegen ist dort der sparsame Umgang mit Wasser besonders wichtig.

1.2.1 BALEAREN

Die Balearen sind eine Inselgruppe im westlichen Mittelmeer, etwa 100 bis 250 Kilometer vor der Ostküste des spanischen Festlands gelegen. Der Archipel besteht aus den vier größeren Inseln **Menorca, Mallorca, Ibiza** und **Formentera** und mehreren kleinen Eilanden; die südlichsten Inseln Ibiza und Formentera werden auch als **Pityusen** bezeichnet. Die Balearen bilden eine der spanischen Verwaltungsregionen mit der Hauptstadt **Palma de Mallorca** auf der größten Insel Mallorca. Die Inselgruppe umfasst eine Fläche von rund 5.000 qkm und hat gut 760.000 Einwohner. Geologisch gesehen sind die Inseln Ausläufer der andalusischen Gebirgsketten und mit Ausnahme von Mallorcas Nordwesten nur einige hundert Meter hoch. Höchste Erhebung der Inselgruppe ist mit etwa 1.440 Metern der **Puig Major** auf Mallorca. Die Inseln sind größtenteils recht grün, haben eine abwechslungsreiche Vegetation und werden landwirtschaftlich stark genutzt.

Die sommerliche Hitze des mediterranen **Klimas** wird auf den Balearen durch Winde etwas abgeschwächt, die Winter sind meist relativ mild. Im Norden des Archipels (Menorca) regnet es etwas häufiger als im Süden (Ibiza). Für Mallorca und Ibiza ist nicht nur der Sommer eine begehrte **Reisezeit**, sondern auch der Winter (eher für Erholungs- als für Badeaufenthalt). Im Winter ist es jedoch auch dort wesentlich ruhiger. Gerade Mallorca ist ein beliebtes Ziel für Langzeiturlaub, den vor allem viele Rentner zum Überwintern buchen. Menorca und Formentera dagegen sind fast ausschließlich Sommerziele.

Die **Geschichte** der Inseln verlief weitgehend wie die des spanischen Festlands. Ab dem 13. Jh. n. Chr. standen die Balearen stark unter dem Einfluss Kataloniens. Neben Spanisch werden hier die umgangssprachlichen Dialekte Mallorqui, Menorqui und Ibizenc gesprochen, die auf der katalanischen Sprache basieren; Ortsschilder und andere Beschilderungen sind heute häufig zweisprachig angebracht. Die Inseln, die im 16. Jh. oft Ziel von Piratenübergriffen waren (aus dieser Zeit stammen viele Wehranlagen), entwickelten sich während der letzten Jahrhunderte zu wichtigen Mittelmeerhäfen.

Die **Flugverbindungen** von Deutschland zu den Balearen sind sehr gut. Nach Mallorca gibt es ab den meisten deutschen Flughäfen viele direkte Charter- und auch einige Linienflüge, nach Menorca und Ibiza direkt nur Charterflüge. Formentera hat keinen eigenen Flughafen, die Anreise erfolgt per Fähre ab Ibiza. Während Mallorca und teilweise Ibiza auch im Winter angeflogen werden (jedoch nicht so häufig wie im Sommer), gibt es nach Menorca nur im Sommer direkte Charterflüge. Durch Linienflüge sind die Inseln ganzjährig untereinander und mit dem Festland verbunden.
Vom spanischen Festland aus sind die Balearen am besten mit (Auto-)**Fähren** von Barcelona und Valencia bzw. Denia erreichbar. Die Fahrtdauer von Barcelona beträgt 3,5 bis 10 Stunden, von Valencia/Denia 3 bis 16 Stunden. Auch zwischen den Inseln bestehen gute Schiffsverbindungen. Auf den Balearen gibt es recht gut ausgebaute Straßen, auf Mallorca auch zwei **Eisenbahnlinien**.

Die Balearen, besonders Mallorca, spielen für den spanischen **Tourismus** eine herausragende Rolle. Die Inseln gelten als klassische, relativ preiswerte Badeziele mit schönen Stränden. Mallorca und Ibiza sind auch als „Vergnügungszentren" mit lebhaften Stränden und regem Nachtleben bekannt. Bestimmte Orte werden diesem Ruf sicherlich gerecht und sind besonders beliebt bei jungen Leuten oder für Vereinsausflüge. Außerhalb dieser Zentren jedoch findet man vielerorts ruhige, idyllische Flecken und ganz „normale" Ferienziele, die sich auch gut für Familienurlaub und Wassersportler eignen. Gerade Mallorca entfernte sich in den letzten Jahren von seinem preisgünstigen Image als „Putzfraueninsel" und wendet sich nun auch exklusiven, ursprünglichen und sportlichen Reiseformen wie Luxus-, Finca-, Golf-, Wander-, Bergwander- und Fahrradurlaub zu. Das ruhigere Menorca ist sehr gut für Familienurlaub geeignet. Auch die kleine, beschauliche Insel Formentera ist weniger ein Ziel für diejenigen, die sich turbulente Ferien wünschen, sondern eher etwas für Ruhesuchende, Naturfreunde und Strandfanatiker.

MENORCA

Mallorcas Schwesterinsel Menorca ist die nordöstlichste und mit gut 700 qkm die zweitgrößte Insel der Balearen. Ihre Hauptstadt **Mahon** (Mao) liegt an der Südostküste; hier leben etwa 22.000 der über 60.000 Inselbewohner. Die höchste Erhebung der leicht hügeligen Insel misst gut 350 Meter und befindet sich in der Inselmitte. Menorcas Landschaft ist zweigeteilt: Der ursprünglichere Norden ist felsig und geprägt von schroffen, zerklüfteten, teilweise fjordartigen Küsten, der Süden wirkt sanfter, die Küste ist weniger zerklüftet, hat bessere Strände und deshalb mehr Tourismus. Insgesamt ist die Insel sehr grün und waldreich und es wird intensiv Landwirtschaft betrieben. 1993 erklärte die UNESCO Menorca zum Biosphärenreservat. Da etwa zwei Drittel der Bevölkerung in den Städten Mahon und Ciutadella leben, ist die Insel streckenweise nur sehr dünn besiedelt.

Die Insel weist viele Zeugnisse langer Geschichte auf, darunter zahlreiche Wachtürme (Talaiots), Grabstätten (Navetas) und Höhlen aus dem 2. Jhtsd. v. Chr. In Mahon und Umgebung kann man viele englische Einflüsse – beispielsweise an der Bauweise – erkennen, da die Insel fast 100 Jahre lang unter britischer Herrschaft stand und einen der wichtigsten Flottenstützpunkte der Engländer im Mittelmeer bildete. Noch heute kommt man deshalb mit Englisch auf Menorca gut zurecht.

Der Tourismus ist auf Menorca weniger stark ausgeprägt als auf Mallorca oder Ibiza. Die Bauweise der Touristenunterkünfte ist im Vergleich zu den Touristenzentren der Nachbarinseln großzügig und weniger klotzig. Obwohl die Insel fast eine Million Besucher pro Jahr hat (den größten Anteil an dieser Zahl haben die Briten), sind Natur und Umwelt noch so intakt, dass die ganze Insel zum Biosphärenreservat erklärt wurde. Fast die Hälfte der Landfläche steht zudem unter Naturschutz. So kommen nach Menorca viele Natur- und Kulturbegeisterte, die Insel ist aber auch erklärtes Badeziel, besonders beliebt bei Familien mit kleineren Kindern. Die meisten Touristenunterkünfte sind Apart- und Clubhotels im Bereich der Mittelklasse und gehobenen Mittelklasse; Spitzenhotels (5-Sterne-Kategorie) gibt es keine. Es werden auch einige Ferienhäuser vermietet, der Finca-Urlaub hat sich auf Menorca jedoch noch nicht allzu stark durchgesetzt. Auf der Insel gibt es neben den Freizeitprogrammen der Hotelanlagen mit mehreren Yachthäfen, guten Gegebenheiten für Wassersport und einem Golfplatz auch diverse Sportmöglichkeiten.

MAHON

Die wichtigste Stadt der Insel ist Mahon, auf einer steil aufragenden Felsplatte gelegen. Menorcas Flughafen (MAH) liegt knapp zehn Kilometer südwestlich von Mahon, die Stadt selbst hat einen der größten Naturhäfen der Welt, in dem Fähren und Kreuzfahrtschiffe ankern. Die Gegend um die heutige Hauptstadt war schon sehr früh besiedelt, wovon die etwas außerhalb gelegenen alten Siedlungen **Trepuco** mit dem größten Talaiot-Bau der Balearen und **Talati d´Alt** zeugen. Zur Hauptstadt wurde Mahon erst im 18. Jh. von den Briten gemacht (vorher war es Ciutadella, etwa 50 Kilometer entfernt, im Westen der Insel gelegen). In der lebhaften Inselmetropole findet man vielfältige Unterhaltungs- und Einkaufsmöglichkeiten sowie verschiedene Sehenswürdigkeiten: die alte Stadtmauer mit gotischen Festungstürmen, mehrere Kirchen, die schöne Altstadt sowie verschiedene kleine Museen. Sehr lohnenswert ist auch ein Abstecher zum – in einer fünf Kilometer langen Bucht gelegenen – Hafen mit Restaurants, Kneipen und Diskotheken. Hier kann man Wassersport treiben, eine von den Engländern gegründete Gin-Destillation sehen und ein Aquarium besuchen. Häufig werden auch Hafenrundfahrten unternommen, in deren Rahmen man eine Festungsanlage und kleine vorgelagerte Inseln sieht. Als Wohnort für Badeurlauber ist Mahon weniger geeignet, da es selbst keine Strände hat, es gibt jedoch – teilweise auch etwas außerhalb – einige kleinere Hotels. Auf der **Halbinsel La Mola** nördlich der Hafenbucht bestehen Bademöglichkeiten; in der Nähe liegt mit der **Golden Farm** im englischen Kolonialstil (um 1800 der Herrensitz von Lord Nelson) ein beliebtes Ausflugsziel. Auf der Südseite der Bucht liegt **Es Castell**, ein Vorort Mahons, in dem sich ein Teil des Nachtlebens der Hauptstadt abspielt.

SÜDOSTEN

Die Mahon am nächsten gelegenen Urlaubsorte befinden sich im Südosten der Insel. Zunächst erreicht man **S´ Algar**, eine der ältesten Urbanisationen der Insel im menorquinischen Stil. Hier gibt es eine gute touristische Infrastruktur, jedoch – wie häufig an der Südostküste – nur einen kleinen, felsigen Strandabschnitt. Bekannt ist der Ort für sein großes Wassersportzentrum (die Südostküste ist ein lohnendes Tauchrevier) und weitere hervorragende Sportmöglichkeiten, darunter auch eine Fußballschule, in der Bundesligaprofis das Training leiten. Es folgen der weniger touristische Fischerort **Cala Alcaufar** und das in einer Bucht gelegene **Punta Prima** mit feinem, flach abfallendem Sandstrand. Man findet hier vor allem Ferienhäuser, aber auch einige Hotels sowie eine Promenade mit Restaurants und Einkaufsmöglichkeiten.

Im folgenden Verlauf der Küste erreicht man weitere kleine Urlaubsorte, darunter das malerische **Binibeca**, das nach dem Muster eines alten Fischerdorfes angelegt wurde. Hier kann man hübsche Apartments und Ferienhäuser mieten. Badestrände gibt es kaum, da die Küste recht felsig ist. Eher ruhige Ferienziele sind die nicht weit entfernten kleinen Sandbuchten **Es Canutells** und **Cala n´ Porter**, dessen Urbanisation mit Apartmentanlagen auf einer Hochfläche gebaut wurde. Sehenswert sind hier eine zur Diskothek umfunktionierte Höhle mit phantastischem Blick aufs Meer sowie eine kleine Bucht, in deren Felsen Wohnhöhlen aus prähistorischer Zeit liegen.

Die Entfernung vom Flughafen zu den genannten Badeorten beträgt 10 bis 25 Kilometer.

SÜDEN

An der folgenden mittleren Südküste liegen die schönsten Strände und größten Hotels der Insel. Außerdem wird das Gebiet wegen besonders vieler prähistorischer Spuren oft als „archäologisches Freilichtmuseum" bezeichnet. Einen drei Kilometer langen, feinsandigen, flach abfallenden Strand mit Dünenlandschaft hat **Son Bou**; an den Strand schließt sich ein Naturschutzgebiet an. In der Umgebung liegen Urbanisationen mit Touristenunterkünften und guter touristischer Infrastruktur, oft ganz in der Nähe des Strandes. Im Westen folgt der ruhigere Urlaubsort **Santo Tomas**, ebenfalls mit schönem, von Dünen begrenztem Strand. Hier gibt es nur wenige Hotels und Apartments. Einige Kilometer entfernt liegt in einer schönen Bucht mit etwa 500 Meter langem Sandstrand der lebhaftere Ort **Cala Galdana**, der von pinienbewachsenen Felsen umschlossen wird. Die Felsen und die idyllische Umgebung laden zu Spaziergängen ein. Auch in Cala Galdana gibt es gute Sport-, Wassersport-, Einkaufs- und Unterhaltungsmöglichkeiten.

Die Entfernung vom Flughafen zu den Orten dieses Küstenabschnitts beträgt 25 bis 40 Kilometer.

SÜDWESTEN

Im weiteren Verlauf der Küste in Richtung Südwesten passiert man einsame, schöne Buchten und Strände ohne größere Urbanisationen; teilweise sind sie nur schwer zugänglich. Eine der malerischsten Buchten dieses Küstenabschnitts ist die **Cala en Turqueta**. Am südwestlichen Ende der Küste erreicht man eines der großen Touristenzentren Menorcas, das aus den fast ineinander übergehenden Orten **Son Xoriguer** und **Cala n´ Bosch** besteht. Auch hier liegt der Strand mit guten Wassersportmöglichkeiten in kleinen, feinsandigen Buchten und fällt flach ins Meer ab. Sehr beliebt ist der Yachthafen, an dem eine Promenade mit Restaurants und Geschäften zum Bummeln einlädt. In dieser Gegend gibt es viele Clubhotels und einige Ferienhäuser. Knapp zehn Kilometer nördlich von Cala n´ Bosch, an der Westküste, folgen die gut zum Tauchen geeigneten Ferienorte **Cala Blanca** und **Cala Santandria** in einer fjordartigen Doppelbucht mit kleinen Sandstränden.

Die Entfernung vom Flughafen zur Südwestküste beträgt 50 bis 65 Kilometer.

WESTEN

Von Cala Santandria ist es nur ein Katzensprung nach **Ciutadella** im Westen, der ehemaligen Hauptstadt und zweitgrößten Stadt der Insel. Ciutadella, nur wenig kleiner als Mahon, steht diesem in Bezug auf Sehenswürdigkeiten, Einkaufs- und Unterhaltungsmöglichkeiten in nichts nach. Die Stadt ist jedoch eher maurisch als britisch geprägt. Sehenswürdigkeiten sind eine gotische Kathedrale (auf dem Fundament einer Moschee), alte palastartige Villen, die zentrale Placa d´es Born und die alte Stadtmauer. Als sehr malerisch gilt der Hafen mit vielen Restaurants und Cafes.

In Ciutadella und Umgebung findet man kleinere Touristenunterkünfte und Fincas. Kleine Strände und gut erschlossene Badeorte, darunter **Cala en Blanes** und **Cala en Forcat**, liegen westlich von Ciutadella.

DAS INSELINNERE

Ciutadella im Westen und Mahon im Osten verbindet die knapp 50 Kilometer lange Hauptstraße, die quer durch das Inselinnere führt. Von der Hauptstraße zweigen Nebenstraßen in die Küstenorte ab; gut ausgebaute Küstenstraßen existieren auf Menorca nicht, um von einem Strandort zum anderen zu gelangen muss man teilweise zurück auf die Hauptstraße fahren, ein Boot benutzen oder zu Fuß gehen.

Die Hauptstraße führt an **Es Mercadel** vorbei, in dessen Nähe der höchste Inselberg liegt. Der Gipfel mit Christusstatue und Wallfahrtskirche bietet schöne Ausblicke, bei gutem Wetter bis nach Mallorca. Auch im Landesinneren befinden sich viele prähistorische Ausgrabungsstätten, die bekannteste darunter liegt vier Kilometer entfernt von Ciutadella: **Naveta d´es Tudons**, eines der ältesten Bauwerke Europas.

NORDEN

Der recht raue Norden Menorcas ist touristisch wenig erschlossen. Im nordwestlichen Teil gibt es nur wenige Urbanisationen, darunter das Feriendorf **Cala Morell** mit einer kleinen Badebucht. Im weiteren Verlauf der Nordküste findet man kleine, touristisch kaum erschlossene „Calas" (Buchten) mit rotem Korallensand.

Das folgende **Cap de Cavalleria** stellt die äußerste Nordspitze Menorcas dar. Östlich davon liegen größere Ortschaften und touristischere Gebiete wie die **Cala Tirant**, es folgen die größten der fjordartigen Buchten des Nordens und der malerische Fischerort **Fornells**. In der Nähe liegt eine nur vom Wasser aus zugängliche Tropfsteinhöhle. Einen sehr schönen Strand mit anschließender, kiefernbewaldeter Dünenlandschaft sowie einen Golfplatz hat die gepflegte Urbanisation **Son Parc**. An Son Parc schließt sich der Haupttouristenort des Nordens, **Arenal d´en Castell**, an. Hier ist die Bauweise der Hotels für Menorcas Verhältnisse relativ klotzig; es gibt eine schöne Sandbucht und in der nahen Feriensiedlung **Addaya** einen Yachthafen. Die Nordostspitze der Küste bildet die karge, abgeschiedene Felslandschaft des **Cap de Favaritx**, dessen Leuchtturm schöne Panoramen bietet. Über **Es Grau**, einen kleinen Fischerhafen mit Bademöglichkeiten, gelangt man zurück nach Mahon.

Die Entfernung vom Flughafen zu den Badeorten im Nordosten beträgt etwa 20 Kilometer.

MALLORCA

Mallorca, südwestlich von Menorca gelegen, ist mit 3.640 qkm und knapp 630.000 Einwohnern die größte Baleareninsel. Die Hauptstadt **Palma de Mallorca**, kurz Palma, befindet sich im Südwesten. Hier leben über 320.000 Menschen. Die Landschaft Mallorcas ist sehr abwechslungsreich. Im Nordwesten, dem touristisch am wenigsten erschlossenen Teil, liegt das Gebirge „Sierra del Norte" mit tiefen Schluchten, Klippen und kleinen Stränden; Ausläufer des Gebirges ziehen sich bis hinunter zur Hauptstadt. An der Ostküste mit zahlreichen Buchten verläuft das niedrigere Gebirge „Sierra de Levante". Zwischen den Gebirgszügen liegen weite, fruchtbare Ebenen („Es Pla"). Im Süden erstreckt sich die große Bucht von Palma mit schönen Sandstränden. Weitere lange Strände liegen im Nordosten der Insel, in der Bucht von Alcudia. Mallorca bietet große Ferienzentren, kleine Küstenorte und malerische Dörfer im Hinterland. Entgegen dem weit verbreiteten Klischee kann man hier auch große landschaftliche Schönheiten und reichlich Geschichte und Kultur entdecken.

Mallorca gehört – gerade bei deutschen Urlaubern – zu den beliebtesten Reisezielen im Mittelmeerraum. Um der enormen Nachfrage nachkommen zu können, wurden viele Küsten, vor allem die Südküste, im Laufe der letzten Jahrzehnte stark bebaut. Einige Orte haben sich völlig dem Massentourismus verschrieben; da die ganze Insel oft mit diesen Orten „identifiziert" wird, hatte sie in den letzten Jahren gegen einen schlechten Ruf zu kämpfen. Mittlerweile gibt es hier jedoch zahlreiche Urlaubsformen wie Bergwander-, Golf- und Fincaurlaub, die auch abseits der Touristenhochburgen ganz unterschiedliche Kundengruppen anziehen. Die Vielfältigkeit Mallorcas, die hervorragende touristische Infrastruktur mit Unterkünften aller Arten und Kategorien und ein breites Sportangebot machen die Insel somit zu einem Urlaubsziel für nahezu alle Ansprüche. Auch im milden Winter ist die Insel ein beliebtes Reiseziel. Im Januar/Februar werden häufig Sonderreisen zur Mandelblüte nach Mallorca veranstaltet.

PALMA DE MALLORCA

Ein Ausflug zur Hauptstadt Palma de Mallorca lohnt sich von allen Teilen der Insel aus. Die von den Römern gegründete Stadt erlebte bereits unter den Mauren eine Zeit der Blüte und entwickelte sich bald zum wichtigen Mittelmeerhafen. Im 20. Jh. wuchs Palma stark an und wurde zu einer modernen Großstadt mit großem Kulturangebot, zahlreichen Einkaufsmöglichkeiten und Restaurants. Der historische Altstadtkern ist gut erhalten. Mallorcas Flughafen (PMI) liegt einige Kilometer östlich der Hauptstadt, der Fähr- und Kreuzfahrthafen befindet sich im Westen der Stadt.

Wahrzeichen der Balearenmetropole ist die am Ufer gelegene, prächtige gotische **Kathedrale**, deren Bau im 13. Jh. begann. Die Kirche wird wegen ihrer vielen Fenster – darunter die größte Fensterrosette der Welt – auch „Kathedrale des Lichts" genannt. Direkt gegenüber liegt der mittelalterliche **Königspalast**. Zwischen Kathedrale und Meer befindet sich der **„Parque del Mar"** mit kleinem See, modernen Plastiken und von Joan Miró bemalten Keramikfliesen. Weitere Sehenswürdigkeiten sind Reste der alten **Römerstadt** (die durch einen gläsernen Fußboden betrachtet werden können) und der **Festungsmauer**, **arabische Bäder** sowie schöne alte **Adelspaläste** und Stadtvillen. Nördlich der palmengesäumten Hafenpromenade liegt die ehemalige Handelsbörse **Lonja**, die heute als Ausstellungshalle dient. Den Verkehrsknotenpunkt Palmas stellt die „Plaza de Espana" dar, wo sich auch die Abgangsbahnhöfe von Mallorcas beiden Bahnlinien (nach Soller und Inca) befinden. Mitten in der schönen **Altstadt** mit ihren engen Gassen liegen das barocke Rathaus und die Kirche San Francisco mit Europas größtem gotischen Kreuzgang. Palma bietet auch verschiedene interessante **Museen**, darunter das historische „Museu de Mallorca" und das „Miró-Zentrum" in einem Vorort (untergebracht im Wohnhaus des Künstlers, der lange auf Mallorca lebte und der Stadt Palma seinen künstlerischen Nachlass vermachte). Ebenfalls außerhalb liegen die Festung **„Castell de Bellver"** und das **„Pueblo Espanol"**, eine Anlage, in der spanische Sehenswürdigkeiten im Kleinformat nachgebaut wurden.

In Palma selbst gibt es Stadthotels verschiedener Kategorien. Touristenunterkünfte liegen auch in verschiedenen Vororten, darunter die fünf Kilometer entfernte Villensiedlung **Son Vida**, wo in alten Landsitzen Spitzenhotels untergebracht sind. Hier befindet sich der älteste Golfplatz der Insel.

In der großen Bucht von Palma und im Bereich der fast komplett urbanisierten Südwestküste liegt Mallorcas touristisches Zentrum mit weit über der Hälfte der 250.000 Gästebetten der Insel.

SÜDWESTKÜSTE (westlich von Palma)

Palma in Richtung Westen verlassend erreicht man über die Küstenstraße die Strandorte **Cala Mayor** mit der Sommerresidenz des spanischen Königs und weiteren herrschaftlichen Wohnsitzen, **Illetas** (ein ruhiger Wohnort), das aus mehreren Urbanisationen bestehende **Portals Nous** mit mondänem Yachthafen, **Costa d´en Blanes** mit Delphinarium/Aquarium und das lebhafte **Palma Nova** mit Spielcasino, Diskotheken und vielen Restaurants. Palma Nova geht in den dicht bebauten Nachbarort **Magaluf** über, eines der ältesten Urlaubsziele Mallorcas.

Magaluf liegt im Osten der – die Bucht von Palma begrenzenden – Halbinsel **Cala Figuera**. An ihrer Westseite erstreckt sich das Ferienzentrum **Santa Ponsa**. Nördlich folgt die ruhigere Urbanisation **Costa de Calma**. Einer der beliebtesten Ferienorte dieser Gegend ist **Paguera**, in dessen Hinterland sich große Pinienhaine befinden. Der Ort mit feinsandigem Strand ist nicht allzu verbaut und bietet zahlreiche Restaurants, Einkaufs- und Sportmöglichkeiten. Kurz darauf folgen das malerische Feriendorf **Cala Fornells** mit Bungalowanlagen im mallorquinischen Stil, ein fast 200 Hektar großes Naturschutzgebiet und die Touristensiedlung **Camp de Mar**; im Hinterland beginnt bereits das Vorgebirge.

Der nächste größere Ort ist das über eine Panoramastraße erreichbare, mondäne **Puerto de Andraitx**, der malerische Hafenort des landeinwärts gelegenen, alten Städtchens **Andraitx**. Puerto de Andraitx bietet einen exklusiven Yachthafen, Bademöglichkeiten bestehen jedoch nur an ganz kleinen Buchten. Nördlich von Puerto de Andraitx folgt ein fruchtbares Tal, das allmählich zum Gebirge hin ansteigt. Hier ist die Küste kaum urbanisiert und wesentlich ruhiger. Zehn Kilometer entfernt liegt als westlichster Inselort das idyllische **San Telmo**, dem die kleine Insel Dragonera vorgelagert ist.

Zwischen Illetas und Paguera erstrecken sich feinsandige Strände und Unterkünfte im 4-Sterne-Bereich, in Magaluf und Paguera gibt es viele Mittelklassehotels. Westlich von Paguera ist die Küste stärker gegliedert und felsiger. Hier liegen viele Apartmentanlagen und Ferienhäuser, in Puerto de Andraitx auch erstklassige Hotels. Die Transferdauer vom Flughafen zu den Badeorten westlich von Palma beträgt 30 bis 90 Minuten.

SÜDWESTKÜSTE (östlich von Palma)

Verlässt man die Hauptstadt in Richtung Osten, erreicht man nach wenigen Kilometern die Playas de Palma, einen sechs Kilometer langen, bis zu 40 Meter breiten Sandstrand. Die hier gelegenen, mittlerweile vollständig zusammengewachsenen Orte bilden unter dem Namen „**Playa de Palma**" Spaniens größte geschlossene Feriensiedlung. Sie beginnt in **Can Pastilla** und endet in **El Arenal**, einem der turbulentesten Ortsteile. Direkt hinter dem Strand verläuft die Promenade mit unzähligen Geschäften, (Fast-food-)Restaurants, Bars und Diskotheken sowie „privilegierten" Hotels (da in der ersten Strandreihe). Der Strand wird von acht durchnummerierten Strandhäuschen, den „Balnearios", in verschiedene Abschnitte unterteilt. Die zahlreichen deutschen Urlauber haben den Begriff Balneario in „Ballermann" eingedeutscht.

Synonym für den Massentourismus in Playa de Palma ist der zu fragwürdiger Berühmtheit gelangte „Ballermann 6", der heute hauptsächlich als Trinkhalle dient. Die Zone, in der – vor allem auch abends – am meisten los ist, liegt zwischen Balneario 5 und Balneario 8. In Playa de Palma geht es sehr deutsch zu, was man auch an Namen wie „Deutsche Bierstraße", „Deutsche Schinkenstraße" und „Oberbayern" für Straßenzüge oder Vergnügungslokale erkennen kann. Sehr viele jüngere, aber auch ältere Urlauber kommen hierher hauptsächlich wegen der vielfältigen Abendunterhaltung in unzähligen Kneipen und Diskotheken; die größte darunter ist das „Riu Palace" mit Platz für über 4.000 Gäste. In den Diskos treten oft Schlagerstars oder andere „Berühmtheiten" auf. Tagsüber erholt man sich an Strand und Pool vom intensiven Nachtleben.

Nach Playa de Palma fährt man sicherlich nicht als Ruhesuchender oder Kulturbegeisterter. Der Ort ist gerade im Frühjahr und Herbst ein beliebtes Kurzreiseziel für Vereinsausflüge. Das Hotelangebot in Playa de Palma ist enorm; die meisten Unterkünfte liegen im 2–3-Sterne-Bereich, es gibt aber auch einige wenige Hotels der gehobenen Mittelklasse, von denen die meisten im Bereich des Balneario 5 liegen. Im östlichsten Teil von Playa de Palma, in El Arenal, findet man zahlreiche ganz einfache Billigunterkünfte in der 1-Sterne-Kategorie. Viele Hotels sind in älteren Gebäuden klotziger Bauweise untergebracht.

MITTLERE SÜDKÜSTE

Außerhalb von Playa de Palma, an der mittleren Südküste, sieht Mallorca ganz anders aus. Die Küste südlich von El Arenal ist nur mäßig bebaut, es gibt in dieser Ecke keine größeren Ferienorte, sondern ruhige Urbanisationen wie **Cabo Blanco**, das mit seinem Leuchtturm die Bucht von Palma im Osten abschließt, und die idyllische, fjordartige Bucht **Cala Pi**. In der Nähe befindet sich die Ausgrabungsstätte eines vorgeschichtlichen Dorfes aus der Bronzezeit, **Capocorb Vell**. Es folgen die – fast zusammengewachsenen – Küstenorte **S´ Estanyol** und **Sa Rapita** mit Yacht- und Segelhafen, dann der schöne, etwa sieben Kilometer lange Naturstrand von **Es Trenc** mit Dünenlandschaft und ohne größere Bebauung (Entfernung nach Arenal etwa 30 Kilometer).

Im Hinterland liegen inmitten der weiten Mandel- und Aprikosenplantagen der Zentralebene die alten Städtchen **Algaida** (in der Nähe eines Klosterberges), die historische Verwaltungs- und Marktstadt **Llucmajor** und das Landwirtschaftszentrum **Campos**.

Die Entfernung vom Flughafen an die mittlere Südküste beträgt 15 bis 20 Kilometer.

SÜDOSTKÜSTE

Der nächste touristisch bedeutsamere Ort östlich von Es Trenc ist **Colonia Sant Jordi**, das bereits der Südostküste zugerechnet wird. Colonia Sant Jordi war ursprünglich Hafen von Campos und hat sich zum aufstrebenden Ferienzentrum mit schönen Stränden und einem Yachthafen entwickelt. Die Unterkünfte, meist im 3–4-Sterne-Bereich, liegen außerhalb des Ortskerns. Vom Hafen gibt es eine Schiffsverbindung zur vorgelagerten **Insel Cabrera**, die zum Nationalpark erklärt wurde. Im Hinterland von Colonia Sant Jordi liegen ein Salinengebiet und eine von Römern entdeckte Thermalquelle. Sehr sehenswert ist der nahe gelegene „Botanicactus", mit 150.000 qm der größte botanische Garten Europas.

Südlich von Colonia Sant Jordi folgt Mallorcas südlichster Punkt „Cabo Salinas"; auf der anderen Seite des Kaps beginnt die buchtenreiche Ostküste. Die südlichsten Ferienorte dieses Küstenabschnitts liegen in der Nähe des Städtchens **Santanyi**, darunter das idyllische Fischerdorf **Cala Figuera** ohne Badestrand. Man kann hier jedoch auf die Bademöglichkeiten der kleinen Nachbarbuchten **Cala Llombarts**, **Cala Santanyi** und **Cala Mondrago** ausweichen. In diese Region kommen sehr viele junge Urlauber.

Auf das kleine, ruhige **Porto Petro** mit einem Club Med folgt gleich der erste relativ große Touristenort mit guter touristischer Infrastruktur: **Cala d´Or**, das sich über fünf Felsbuchten mit schmalen Stränden erstreckt. Die Bauweise hier ist sehr gemäßigt, die Hotels und Apartments der guten Mittelklasse sind meist in flachen, landestypischen Bauten untergebracht. Wenige Kilometer entfernt, in **S´Horta**, liegt ein Golfplatz, Cala d´Or selbst hat einen Yachthafen. In einer der Buchten, der **Cala Serena** hat sich der Robinson Club niedergelassen. Wenige Kilometer nördlich liegt **Portocolom**, früher Hafen der im Hinterland gelegenen, alten Burgstadt **Felanitx** (in der Nähe ein Klosterberg und prähistorische Stätten). Portocolom bietet eine schöne Altstadt und viele Ferienhäuser. Ein kleiner Zug verbindet den Ort mit Cala d´Or. Im nördlich folgenden Küstenbereich liegen etwa 20 kleine, schmale, teilweise nur schwer zugängliche Felsbuchten mit Urbanisationen, die den Namen **Calas de Mallorca** tragen; zu den bekanntesten gehören **Cala Domingos** und **Cala Mandia**. Man kann auf Spazierwegen zu Fuß von Bucht zu Bucht gelangen.

Die Entfernung vom Flughafen an die Südostküste beträgt zwischen 50 und 80 Kilometer.

OSTKÜSTE

Nördlich der Calas de Mallorca beginnt der Bereich der Ostküste. Hier liegt der lebhafte Badeort **Porto Cristo**, einst Hafen von **Manacor**, der zweitgrößten Stadt der Insel. Die Hauptattraktion von Porto Cristo ist die berühmteste der Tropfsteinhöhlen an Mallorcas Ostküste, die zwei Kilometer lange „Cuevas del Drach“ mit einem großen unterirdischen See. Die nächsten Urlaubsorte – das kleine **S´ Illot** und **Sa Coma**, an einer breiten Bucht gelegen – sind quasi schon Vororte von **Cala Millor**, dem größten Ferienzentrum der Ostküste. Hier, wo gerade viele Familien Urlaub machen, gibt es einen feinsandigen, langen Sandstrand, zahlreiche Geschäfte – unter anderem an der autofreien Strandpromenade – Restaurants, Kneipen und ein reges Nachtleben. Es stehen sehr viele Sportmöglichkeiten zur Verfügung, in der Umgebung gibt es mehrere Golfplätze. Das zweitgrößte Ferienzentrum der Insel mit vielen klotzigen Hotelbauten bietet vorrangig Unterkünfte der Mittelklasse und gehobenen Mittelklasse. Ein beliebtes Ausflugsziel ist das „Reserva Africana“, ein großer Safaripark mit vielen exotischen Tieren.

Nördliche, kleine, wesentlich ruhigere „Vororte“ von Cala Millor sind **Cala Bona**, **Costa de los Pinos** und **Canyamel**, idyllisch inmitten von Pinienwäldern gelegen. In der Nähe von Canyamel befindet sich die Tropfsteinhöhle „Coves d´Arta“, benannt nach der im Hinterland gelegenen, mittelalterlichen Stadt **Arta**; in deren Nähe liegt eine weitere frühgeschichtliche Ausgrabungsstätte Mallorcas.

Nach einigen Kilometern folgt auf die kleine Sandbucht **Font de Sa Cala** mit ausgedehntem Wassersportangebot ein weiterer großer, besonders bei Deutschen beliebter Touristenort: **Cala Ratjada**. In dem ehemaligen Fischerdorf mit großem Hotelangebot (viele Unterkünfte sind sehr einfach) und vielfältigen Freizeit- und Sportmöglichkeiten liegt der schöne, meist jedoch sehr volle Strand Cala Guya mit pinienbewachsener Dünenlandschaft. In der Umgebung gibt es weitere Badebuchten, die man zu Fuß erreichen kann, und einen weiteren Golfplatz. Eine Attraktion Cala Ratjadas ist die in einem großen Park gelegene, in Privatbesitz befindliche „Villa March“. Der Park der Villa mit zahlreichen Skulpturen (darunter Werke von Rodin) wird als Freilichtmuseum genutzt. Im Hinterland liegt das Städtchen **Capdepera** mit der größten Festungsanlage der Insel. Nach ihr ist das Cabo Capdepera benannt, das in der Nähe von Cala Ratjada Mallorcas Ostspitze bildet.

Die Transferentfernung vom Flughafen zu den Orten an der Ostküste beträgt 65 bis 85 Kilometer.

NORDOSTKÜSTE

Anschließend beginnt der Bereich der Nordostküste, die von den beiden großen, durch eine Halbinsel getrennten Buchten von Alcudia und Pollensa dominiert wird. Die Küste nordwestlich von Cala Ratjada ist zunächst touristisch wenig erschlossen, hier liegen steil aufragende Berge, die die Küste in Buchten gliedern. Das Cabo Farrutx bildet die östliche Begrenzung der Bucht von Alcudia; ein kleiner Ferienort in dieser Gegend ist **Colonia de San Pedro**.

Bis zum nächsten großen Ferienort Can Picafort ist die Küste noch recht stark gegliedert, anschließend beginnt ein sehr langer – hier jedoch nicht allzu breiter – Sandstrand, der bis nach Alcudia verläuft. In **Can Picafort** findet man wieder zahlreiche Sport- und Unterhaltungsmöglichkeiten sowie Hotelunterkünfte, die meist der Mittelklasse angehören. Eine interessante Besichtigungsmöglichkeit bildet die nahe, riesige Nekropole „Son Real" mit Gräbern aus anderthalb Jahrtausenden. Nordwestlich von Can Picafort liegt ein 2.500 Hektar großes, von Kanälen durchzogenes Feuchtgebiet – das größte des Mittelmeerraums – aus dem der **Nationalpark „S´Albufera"** entstanden ist, ein Lebensraum für seltene Tier- und Pflanzenarten. Das Gebiet ist durch eine nur wenige hundert Meter breite Sandbank vom Strand getrennt. Im Hinterland liegt das Städtchen **Sa Pobla**, dessen Umgebung für ihre vielen Windmühlen bekannt ist.

Gut zehn Kilometer nördlich von Can Picafort folgt **Alcudia**. Die Stadt hat einen schönen alten Kern, der noch vollständig von mittelalterlichen Stadtmauern umgeben ist. Sehenswert sind hier die Stadttore, die Altstadt mit Häusern aus dem 16. und 17. Jh. und verschiedene Kirchen. Außerhalb stößt man auf Ausgrabungen aus der Römerzeit, darunter ein Theater. Die touristische Zone **Puerto de Alcudia**, das große Ferienzentrum des Nordens, beginnt am Hafen (auch Yachthafen). Hier gibt es zahlreiche Restaurants, Bars und Geschäfte. Am kilometerlangen Sandstrand ziehen sich Urbanisationen mit unzähligen, teilweise sehr großen Hotels der gehobenen Mittelklasse entlang. Neben zahlreichen Sportmöglichkeiten gibt es hier ein umfassendes Freizeitangebot mit Vergnügungsparks, Spielsalons und Diskotheken. Im Norden wird die Bucht von Alcudia von einer Halbinsel begrenzt, an deren Nordseite die ruhigere Urbanisation **Mal Pas** liegt.

Nördlich der Halbinsel folgt die Bucht von Pollensa mit dem weniger lebhaften Ferienort **Puerto Pollensa** mit ebenfalls schönem Strand und großem Sporthafen. Hier gibt es besonders gute Segelmöglichkeiten, in der Nähe einen weiteren Golfplatz. Der Ort hat sich aus dem Hafen der nahe gelegenen, alten Stadt **Pollensa** römischen Ursprungs entwickelt. Das Ende der Bucht von Pollensa stellt die 13 Kilometer lange Halbinsel **Formentor** dar, die mit dem Cap Formentor die Nordspitze Mallorcas bildet. Die bis zu 350 Meter hohe Halbinsel bietet enorme Klippen, Steilküsten und Sandbuchten sowie Aussichtspunkte, von denen man einen grandiosen Blick auf die Küste hat (bei gutem Wetter kann man Menorca sehen). In der hier gelegenen Bucht Cala Pi befindet sich eines der luxuriösesten Quartiere der Insel, das traditionsreiche Hotel Formentor. Am Nordwestende der Halbinsel liegt, knapp zehn Kilometer entfernt von Pollensa, das von Felsen eingerahmte **Cala San Vincente**, auch als Künstlerkolonie bekannt. Cala San Vincente, das sich aus einem Fischerort entwickelt hat, ist ein ruhiger Ferienort mit drei schmalen Sandbuchten.

Die Entfernung vom Flughafen zu den Ferienorten der Nordostküste beträgt 60 bis 80 Kilometer.

NORDWESTKÜSTE

An der folgenden Nordwestküste gibt es kaum touristische Urbanisationen, das Gebiet ist geprägt vom Gebirge Tramuntana, das auf einer Seite ins Meer abfällt, auf der anderen Seite allmählich in die zentrale Ebene übergeht. Hier liegen malerische Dörfer, in denen man Unterkünfte in Fincas, Ferienhäusern und stilvollen Landhotels buchen kann. Obwohl der Nordwesten recht einsam und ursprünglich ist und fast nur felsige Badebuchten aufweist, liegen dort einige der bedeutendsten Attraktionen Mallorcas und abwechslungsreiche Landschaften.

Die kurvenreichen, teilweise schmalen Straßen bieten sehr schöne Ausblicke. Auf der Fahrt von Cala San Vincente in Richtung Westen gelangt man bergauf durch ein Waldgebiet zunächst zum Kloster „**Monastir de Lluc**", einem Wallfahrtsziel. Dann erreicht man auf einer spektakulären, von der Hauptstraße abzweigenden, über 15 Kilometer langen Serpentinenstraße den Küstenort **Sa Calobra**. Die engste Kurven bildende, schmale, 800 Meter Höhenunterschied überwindende Passstraße gilt heute als Attraktion und wird entsprechend stark befahren. Der kleine Ort Sa Calobra ist dem Besucheransturm kaum gewachsen. In der Nähe liegen einige Badebuchten (darunter die **Cala Tuent** mit einer kleinen Feriensiedlung) und die durch Tunnel erreichbare Schlucht **Torrent des Pareis**.

Die Weiterfahrt auf der Hauptstraße führt am Fuße des **Puig Major** entlang, Mallorcas höchstem Berg. Man passiert schöne Bergdörfer – darunter das malerische, inmitten von Orangen- und Olivenhainen gelegene **Fornalutx**, das als eines der schönsten Dörfer Spaniens gilt – und erreicht schließlich **Soller**, südlich des Puig Major gelegen. Von Palma aus besteht hierher regelmäßiger Zugverkehr. Die schöne Stadt und ihr naher Hafen **Puerto de Soller** liegen in einem vom Gebirge abgeschirmten, fruchtbaren Tal, dessen Bewässerungssystem mit Terrassenkulturen von den Arabern angelegt wurde. Hier werden besonders viele Zitrusfrüchte angebaut. Puerto de Soller, das von der Stadt aus mit einer Straßenbahn erreichbar ist, ist heute Bade- und Urlaubsort mit dem einzigen größeren Sandstrand des Westens und schönem Yachthafen. Eine Sehenswürdigkeit südlich von Soller sind die Gärten des Landguts **Alfabia**, einst Sitz der maurischen Eroberer und heute ein Musterexemplar arabischer Gartenkunst. Nicht weit davon entfernt liegt das abgeschiedene Bergdorf **Orient** mit einem sehr exklusiven Hotel, das sich – wie der gesamte Nordwesten und Westen Mallorcas – gut als Ausgangspunkt für Wanderer und Bergsteiger eignet.

Die Entfernung vom Flughafen zu den Orten im Nordwesten Mallorcas beträgt 30 bis 65 Kilometer.

WESTKÜSTE

Bei Orient ist etwa die Mitte der Westküste erreicht. Die Küstenstraße von Soller in Richtung Süden führt zunächst nach **Deya**, das schon früh als Künstlerkolonie bekannt geworden ist. Hier gibt es verschiedene Galerien, im Sommer finden Konzerte statt. Man findet sehr hochwertige Hotels und hervorragende Restaurants. In einigen der prachtvollen Landhäuser wohnen Prominente aus aller Welt, der Ort selbst ist jedoch recht ursprünglich geblieben. Auf der Weiterfahrt in Richtung Süden passiert man weitere, prächtige Herrschaftshäuser und Landgüter und erreicht schließlich einen der bekanntesten Orte Mallorcas, **Valldemosa**, in einem grünen Hochtal gelegen. Mittelpunkt des Ortes mit seinen verschachtelten, ockerfarbenen und teilweise sehr alten Häusern ist ein großes Kartäuserkloster aus dem 14. Jh., dessen Zellen verkauft wurden und heute Privatbesitz sind. Die berühmtesten Bewohner des Klosters waren im 19. Jh. das Liebespaar Frederic Chopin (Komponist) und George Sand (Schriftstellerin), deren Klosterzellen heute als Museum dienen. Auch ein Großteil des restlichen Klosters ist Museum. Zu Ehren des Komponisten wird in Valldemosa alljährlich ein Chopin-Festival veranstaltet. Valldemosa bietet einige Unterkünfte, darunter auch sehr hochwertige.

Südlich liegt **Esporlas** mit dem alten Herrensitz „La Granja", der heute für den Fremdenverkehr als Musterbeispiel eines Fincabetriebs zugänglich ist. An der Küste folgt auf einem steil abfallenden Hang, zwischen Terrassengärten gelegen, das Weindorf **Banyalbufar**. Im Hinterland schließt sich der Naturpark „**Reserva Puig de Galatzo**" mit schönen Wanderwegen durch Höhlen und vorbei an Wasserfällen an. Die folgende steile, kurvenreiche Küstenstraße bietet schöne Aussichtspunkte auf alten Wachtürmen und führt nach einigen Kilometern in den bereits erwähnten Ort Andraitx.

Die Entfernung vom Flughafen zu den westlichen Orten beträgt 20 bis 40 Kilometer.

ES PLA

Die fruchtbare, landwirtschaftlich stark und touristisch kaum genutzte Zentralebene Es Pla ist im Norden hauptsächlich geprägt von Gemüse- und Feldfrüchteanbau, im Süden von Mandel- und Obstplantagen. Die drei großen Hauptstraßen von Palma nach Alcudia, Manacor und Santanyi verlaufen alle durch Es Pla, das Herz der Insel. Ab und zu ragen aus der Ebene Tafelberge, die häufig mit Klöstern bebaut sind. Neben den bereits erwähnten Städten und Dörfern, die im Hinterland von Es Pla liegen (Algaida, Llucmajor, Campos) ist vor allem **Inca**, die drittgrößte Stadt Mallorcas, etwa 30 Kilometer nordöstlich von Palma, erwähnenswert. Die Stadt ist ein Zentrum der Lederindustrie und bietet in zahlreichen Geschäften eine große Auswahl an Lederwaren. Im Mittelpunkt der Insel befindet sich **Sineu** mit einem Palast, der lange als Königsresidenz diente. Im Osten von Es Pla liegt **Petra**, das als Geburtsort des Missionars bekannt wurde, der im 18. Jh. die kalifornischen Missionsstationen gründete. In der zentralen Ebene kann man viele Finca-Unterkünfte und Ferienhäuser anmieten.

IBIZA

Ibiza liegt etwa 100 Kilometer südwestlich von Mallorca und ist mit 572 qkm die drittgrößte Balearen-Insel. Die höchste Erhebung der Insel, deren Hauptstadt **Ibiza-Stadt** (Ciutat Eivissa) an der Südostküste liegt, ist 475 Meter hoch. Auf der Insel leben 73.000 Menschen, davon gut 30.000 in der Hauptstadt. Die Landschaft Ibizas ist geprägt von bewaldeten Höhenzügen und fruchtbaren Tälern. Die am häufigsten vorkommende Baumart ist die Pinie, der die Pityusen (abgeleitet vom griechischen Wort für Pinie) ihren Namen verdanken. An den meisten Abschnitten der zerklüfteten Küsten gibt es gute Bademöglichkeiten – im ruhigen Norden vor allem an kleinen Buchten – und abseits der großen Badeorte noch ganz ursprüngliche Landstriche.

Ibiza wurde etwas später als Mallorca, erst Anfang der 70er Jahre, für den Massentourismus entdeckt. In den 60er-Jahren war die Insel Ziel von Hippies, eine ausgeflippte „Flower-Power-Hochburg". Auch heute sind einige Orte auf Ibiza noch für ihr ausgezeichnetes Nachtleben bekannt. In diesen vorrangig an der Südostküste gelegenen Orten liegen sehr viele Touristenunterkünfte. Die zahlreichen Hotel- und wenigen Apartmentanlagen der Insel gehören vorrangig der Mittelklasse an; es gibt nur wenige Spitzenunterkünfte. Seit Anfang der 90er Jahre rückläufige Besucherzahlen notiert wurden, versucht Ibiza, seinen Tourismus etwas zu wandeln und beginnt, Qualität vor Quantität zu stellen. Mittlerweile werden auch in kleineren Orten im Landesinneren und an der Küste kleine, ursprüngliche Unterkünfte im Finca-Stil, darunter auch einige Ferienhäuser, angeboten. Weiterhin wurden ein Golfplatz und mehrere Yachthäfen angelegt.

IBIZA-STADT UND UMGEBUNG

Ein Zentrum des Tourismus ist IBIZA-STADT. Acht Kilometer südlich der Stadt liegt der Flughafen (IBZ), in der Stadt selbst befindet sich der Fähr- und Kreuzfahrthafen. In der malerischen Altstadt und im Hafenviertel „Sa Penya" gibt es zahlreiche Restaurants und Geschäfte (die Stadt ist bekannt für exklusive und extravagante Boutiquen), viele Unterhaltungsmöglichkeiten und das Nachtleben Ibizas mit bekannten, teuren Diskotheken und Bars. Zentraler Punkt tagsüber und nachts ist die Hafenmole. Die idyllisch an einer weiten Bucht gelegene Stadt, deren Ursprünge bis ins 7. Jh. v. Chr. zurückgehen, bietet aber auch einige Besichtigungsmöglichkeiten: das von alten Stadtmauern umgebene Stadtviertel „Dalt Vila" mit einer Kathedrale aus dem 14. Jh., die eindrucksvolle, 1585 fertig gestellte Befestigungsanlage sowie den Windmühlenberg „Puig des Molins" (eine phönizische Nekropole; Grabungsfunde sind als einzigartige Sammlung in einem Museum zu besichtigen). In der Stadt selbst gibt es keinen Strand und nur relativ wenige, meist kleine Touristenunterkünfte.

Die eigentlichen Ferienzentren haben sich an den Stränden der weiteren UMGEBUNG entwickelt. Der Transfer vom Flughafen hierher dauert 10 bis 20 Minuten.

Südlich der Stadt liegt der Badevorort **Figueretas** mit schmalem Strand und Hotelblocks aus den 70er-Jahren. Man kann nach Ibiza-Stadt sowie zum Ferienort **Playa d´en Bossa** (etwa vier Kilometer entfernt von der Hauptstadt) laufen; die Orte gehen beinahe ineinander über. In Playa d´en Bossa gibt es einen kilometerlangen, flach abfallenden Sandstrand mit guten Wassersportmöglichkeiten. Man findet hier unter anderem zahlreiche, auch auf Familienurlaub eingestellte Ferienclubs. In beiden Orten ist durch viele Diskotheken, Restaurants, Bars und Geschäfte für viel Abwechslung gesorgt. Ganz in der Nähe des Flughafens gelegen, bietet Playa d´en Bossa auch einen Wasserpark und ein Sportcenter. Noch etwas weiter südlich, knapp zehn Kilometer von der Stadt entfernt, befinden sich zwei weitere schöne, beliebte Dünenstrände in der Nähe von **La Canal**, darunter auch ein FKK-Strand. In dieser Gegend liegen alte Salzfelder, die heute Naturpark sind, teilweise aber noch zur Salzgewinnung dienen. La Canal ist der Hafen, von dem aus das Salz verschifft wird. Von hier hat man einen schönen Blick auf Formentera.

Wenige Kilometer nördlich der Hauptstadt liegt der etwas ruhigere Ferienort **Talamanca** an einer weiten Sandbucht. Auch hier gibt es ein großes Wassersportangebot, einen Yachthafen und eine kleine Promenade mit Einkaufs- und Unterhaltungsmöglichkeiten. Verbindungen nach Ibiza-Stadt bestehen unter anderem per Fährboot. An der Playa Talamanca gibt es nicht ganz so viele Hotels und „Bettenburgen“ wie in Figueretas und Playa d´en Bossa.

OSTKÜSTE

Nördlich von Talamanca, an der fast komplett bebauten Ostküste – die Bauten sind jedoch weniger klotzig als im Süden, oft inmitten von Pinienhainen gelegen – folgen weitere Ferienorte. Bei der kleinen Badebucht **Cala Llonga** liegt der einzige Golfplatz der Insel. Nach etwa vier Kilometern gelangt man in den größten Ort der Gegend, **Santa Eulalia**. Obwohl es auch hier Tourismus gibt, hat der Ort noch ein wenig von seiner Ursprünglichkeit als Fischerort behalten. Wahrzeichen des Städtchens ist die auf einem Hügel gelegene Wehrkirche. An der Strandpromenade, die bis zum Yachthafen verläuft, gibt es Restaurants, Geschäfte und ein im Vergleich zum Süden der Insel mäßiges Nachtleben. Die meisten Unterkünfte gehören dem Bereich der gehobenen Mittelklasse an. Nördlich folgen die Orte **Cala Pada**, **Es Cana** (mit dem größten Hippiemarkt der Insel, der in der Anlage des sehr gut für junge Leute geeigneten Ferienclubs Punta Arabi stattfindet), **Cala Llenya** und **Playa Figueral**. Die Badebucht von Playa Figueral gehört zu den größten der Insel. Im Hinterland liegt der Ort **Sant Carlos**, eine Keimzelle der Hippie-Kultur auf Ibiza, heute häufig Schauplatz verschiedener kultureller Veranstaltungen.

Die Transferdauer vom Flughafen zu den Orten an der Ostküste beträgt 30 bis 45 Minuten, die Entfernung von hier nach Ibiza-Stadt 15 bis 30 Kilometer.

NORDEN

Über den stark bebauten Badeort **Cala San Vicente** gelangt man in den ursprünglichen, dünn besiedelten, touristisch nur wenig entwickelten Inselnorden; hierher kommen meist ruhesuchende Urlauber. Die Bademöglichkeiten an den oft felsigen und steilen Küsten sind im Norden weniger gut. Die bekanntesten Urlaubsorte hier sind **Portinatx** und **Puerto de San Miguel**. Bei Puerto de San Miguel, in **Na Xamena**, befindet sich mit dem „La Hacienda“ das beste Hotel der Insel auf einer 200 Meter hohen Klippe. Ansonsten bietet die Gegend Mittelklasseunterkünfte und Ferienclubs; im Hinterland liegen einige Fincas und Ferienhäuser um die alten Orte **San Miguel**, **San Lorenzo** und **San Juan**. Das Nachtleben des Nordens beschränkt sich größtenteils auf die Hotels.
Der Transfer vom Flughafen in den Inselnorden dauert eine gute Stunde.

WESTKÜSTE

Vorbei am kleinen, in einem fruchtbaren Tal gelegenen Ort **Santa Agnes** mit einer unterirdischen Kapelle gelangt man an die Westküste. Hier befindet sich in einer Bucht die Hochburg des Massentourismus, **San Antonio**, der zweitgrößte Ort der Insel. In San Antonio verbringen meist junge Leute, darunter sehr viele Engländer, ihren Urlaub. In dem früheren Fischerdorf wurde fast alles an Ursprünglichkeit – außer einer mittelalterlichen Wehrkirche – in den 60er-Jahren mit Bettenburgen zubetoniert. Im „Westend" genannten Vergnügungs- und Amüsierviertel verbringt man die Abende, tagsüber ist die lange Strandpromenade der Treffpunkt. Da der Ruf des Ortes und sein Niveau durch Billigpreise – die notwendig waren, um die großen Hotels in den 80er-Jahren zu füllen – und jugendliche Randalierer stark gelitten hat, haben viele deutsche Reiseveranstalter nur noch einzelne Unterkünfte in San Antonio im Programm.

Auf halbem Weg zwischen San Antonio und Ibiza-Stadt (15 Kilometer) befinden sich bei **San Rafael** einige berühmte Diskotheken; außerdem ist der Ort für sein Kunsthandwerk bekannt.

SÜDWESTEN

In der Nähe von San Antonio, im Südwesten der Insel, liegen schöne, mehr oder weniger gut besuchte Badebuchten mit Hotelunterkünften, darunter im nördlichen Teil **Cala Gracio**. Im Süden folgen die Orte **Port d´es Torrent, Cala Tarida**, **Calo d´en Real**, **Cala Moli**, **Cala Vadella** und **Cala d'Hort**. Vor Cala d'Hort liegt die fast 400 Meter hohe Felsinsel „**Es Vedra**", eines der Wahrzeichen Ibizas. Sie hat die Form eines Drachenrückens und gilt als sagenumwobener, „verzauberter" Ort. In der Nähe kann man ein altes, punisch-römisches Landhaus aus dem 5. Jh. v. Chr. besichtigen. An diesem schönen Küstenabschnitt gibt es außerhalb von San Antonio viele kleinere Ferienanlagen sowie ursprüngliche, idyllische Orte und Strände.

Im Hinterland, bei **San Jose**, liegen der Atalayasa (der höchste Inselberg, in dessen Umgebung man schöne Wanderungen unternehmen kann) und eine Tropfsteinhöhle. In dieser Gegend werden häufig Ferienhäuser und Fincas angeboten. An der kleinen Bucht **La Caleta**, einem der ältesten Orte der Insel, und an den bereits erwähnten Salinen vorbei gelangt man wieder nach Ibiza-Stadt.

Die Transferdauer vom Flughafen zu Orten der West- und Südwestküste beträgt 30 bis 60 Minuten.

FORMENTERA

Das nur 82 qkm große, wenige Kilometer südlich von Ibiza gelegene Formentera ist die kleinste und beschaulichste der Baleareninseln. Das Erscheinungsbild der Insel, deren längste Ausdehnung 18 Kilometer beträgt, ist geprägt von langen, recht einsamen Dünenstränden, kleinen, ursprünglichen Orten, Pinienwäldern und den typischen Windmühlen. Formentera ist größtenteils völlig flach, die höchste, im Osten gelegene Erhebung beträgt knapp 200 Meter. Auf der ganzen Insel leben etwa 5.000 Menschen. Hauptort der oft als „kleine Schwester Ibizas" bezeichneten Insel ist **San Francisco Javier**, etwa in der Inselmitte gelegen. Im Norden der Insel liegen zwei von Meerwasser gespeiste Seen sowie Salinen, die lange Zeit zur Salzgewinnung dienten und heute Naturschutzgebiet sind. Die hellen Sandstrände und das türkisblaue Meer vermitteln vielerorts fast ein „karibisches" Gefühl. Die flache Landschaft zwischen dem Hochplateau „La Mola" im Osten (knapp 200 Meter hoch) und dem Cap de Barbaria im ruhigen Südwesten läßt sich sehr gut per Fahrrad und zu Fuß erkunden. Fahrräder, Mopeds und Vespas können vielerorts gemietet werden.

Formentera selbst hat keinen Flughafen, die Urlauber fliegen nach Ibiza. Der Fährhafen **La Sabina**, der ab Ibiza-Stadt angefahren wird, liegt an der Nordküste Formenteras; hier gibt es auch einen Yachthafen. Die Überfahrt dauert etwa eine Stunde, mit dem Jetfoil 30 Minuten. Der Transfer vom Flughafen Ibiza zu den Hotels auf Formentera nimmt insgesamt ungefähr drei Stunden in Anspruch. In Ausnahmefällen, beispielsweise bei späten Ankünften oder frühen Abflügen, ist eine Zwischenübernachtung auf Ibiza notwendig. In den Preisen der Pauschalreisen deutscher Reiseveranstalter ist der Transfer enthalten und wird von der örtlichen Reiseleitung organisiert.

Obwohl auch Formentera hauptsächlich vom Fremdenverkehr lebt, zeigt sich der Tourismus hier in wesentlich gemäßigterer Form als auf der Nachbarinsel Ibiza. Vorreiter des Tourismus waren auch hier in den 60er-Jahren die Hippies der Flower-Power-Bewegung. Heute kommen nach Formentera meist Ruhesuchende, Natur- und Strandliebhaber sowie Familien. Die Unterkünfte liegen fast alle direkt am Strand, sind meist relativ klein und nicht allzu hoch und dicht aneinander gebaut.

BADEORTE / STRÄNDE / AUSFLUGSZIELE

Der am meisten touristische BADEORT der Insel – jedoch nicht mit den Hochburgen im übrigen Spanien zu vergleichen – ist **Es Pujols**, ursprünglich ein Fischerhafen, der sich zur Urlaubersiedlung mit Hotelanlagen (vorrangig einfach oder Mittelklasse), Diskotheken, Restaurants und Geschäften entwickelt hat. Der an der Nordostküste, in einer langen, feinsandigen Bucht gelegene Ort bietet gute Bade- und Wassersportmöglichkeiten. Etwa ein Kilometer westlich liegt die Bucht von **Sa Roqueta,** im Osten wird Es Pujols vom Wehrturm von **Punta Prima** begrenzt.

Wenige Kilometer südlich von Es Pujols liegt mit **Playa Mitjorn** der längste Strand Formenteras (etwa fünf Kilometer). Auch hier gibt es vereinzelt Hotelanlagen und Ferienclubs, die größtenteils der gehobenen Mittelklasse angehören. Sehr gute Wassersportmöglichkeiten inklusive Surf- und Tauchschule bietet ein hier gelegenes Clubhotel; Ausflüglern stehen Strandbars zur Verfügung.

An der Nordostküste liegt der idyllische Fischerort **Es Calo** mit einigen einfacheren, kleineren Touristenunterkünften und Restaurants. Obwohl der Ort direkt am Meer liegt, hat er keinen Badestrand, die Küste ist eher schroff. Strände sind in der näheren Umgebung vorhanden.

Der Transfer vom Hafen zu den Hotels in den Badeorten dauert 15 bis 30 Minuten, die Entfernung nach Es Pujols beträgt vier Kilometer, nach Playa Mitjorn und Es Calo acht bis fünfzehn Kilometer.

Weitere schöne STRÄNDE liegen in **Cala Sahona** an der Westküste und auf einer schmalen Landzunge im äußersten Inselnorden (**Playa de Llevant** und **Playa de ses Illetes**, ein FKK-Strand). Durch die Nähe zum Hafen kommen sehr viele Tagesausflügler von Ibiza aus hierher. Da es an diesen Stränden kaum Hotels gibt, sind sie selten in den Veranstalterprogrammen enthalten.

Trotzdem die Insel so klein ist, bietet sie auch einige interessante AUSFLUGSZIELE. In der Hauptstadt **San Francisco Javier** kann man die älteste Kapelle der Insel (aus dem 14. Jh.), das Heimatmuseum und eine Wehrkirche besichtigen. In Boutiquen, Andenkenläden und kleinen Kunstgalerien bestehen gute Einkaufsmöglichkeiten. Historisch Interessierte erkunden vor allem die archäologischen Stätten **Ca na Costa** im Norden (ein Megalithgrab) und **Ca´n Blai** im Westen (ein Kastell aus der Römerzeit). In der Nähe von **San Fernando**, einer ehemaligen Hippie-Hochburg, liegt eine Tropfsteinhöhle. Bei Es Calo kann man einen Spaziergang auf dem „**Camino antiguo**“ unternehmen, der in der Römerzeit als Straße zum Hafen diente. Der weitere Weg gen Osten führt vorbei am abgelegenen Ort **El Pilar** – der für seine Märkte bekannt ist – über Serpentinen zur Hochebene **La Mola** im Osten der Insel. Von hier hat man schöne Aussichten über die Insel; das Ende des Plateaus bildet ein Leuchtturm auf steilen Klippen. Davor steht eine Gedenktafel für den Schriftsteller Jules Verne, der auf Formentera gelebt und gearbeitet hat. Auch den Süden der Insel, den das an einer Steilküste gelegene **Cap de Barbaria** bildet, markiert ein alter Leuchtturm.

1.2.2 KANARISCHE INSELN

Die Inselgruppe der Kanaren liegt westlich der afrikanischen Küste im Atlantischen Ozean, gut 100 Kilometer vom südlichen Marokko und mehr als 1.000 Kilometer vom spanischen Festland entfernt. Der Archipel umfasst die Inseln **Lanzarote, Fuerteventura, Gran Canaria, Teneriffa, Gomera, La Palma** und **Hierro** sowie einige kleine, teils unbewohnte Eilande. Die Kanaren bilden zwei spanische Verwaltungsregionen (Teneriffa mit Gomera, Hierro und La Palma, Hauptstadt Santa Cruz de Tenerife sowie Gran Canaria mit Fuerteventura und Lanzarote, Hauptstadt Las Palmas). Die Fläche des Archipels mit etwa 1,6 Millionen Einwohnern beträgt rund 7.500 qkm. Die Inseln sind vulkanischen Ursprungs und weisen unterschiedlich hohe, meist im Inselzentrum gelegene Gebirge auf. Die höchste Erhebung ist der **Pico de Teide** (3.718 Meter) auf der größten Insel Teneriffa.

Das **Klima** auf den Kanarischen Inseln ist subtropisch. Da es weder große jahreszeitliche noch allzu große tageszeitliche Schwankungen gibt, werden die Kanaren auch oft „Inseln des ewigen Frühlings" genannt. Die Stärke der Sonneneinstrahlung sollte jedoch nicht unterschätzt werden. Das konstante Klima verdanken die Inseln dem ständig wehenden Passat (ein meist trockener Wind) und dem Golfstrom. Vor allem im Sommer gibt es wenig Niederschlag. Allgemein fällt auf den Nordseiten der Inseln mehr Regen als im Süden, da die Wolken an den Bergen der Inselmitte „hängenbleiben" und abregnen können. Entsprechend unterschiedlich ist die Vegetation: der Norden grün mit abwechslungsreicher Flora, der Süden eher karg und wüstenhaft. Die niedrigeren Inseln sind trockener als die gebirgigen und weisen keine so krassen Nord-Süd-Gegensätze auf. **Reisezeit** auf die Kanaren-Inseln ist dank des günstigen Klimas das ganze Jahr über, die Hochsaison liegt um Weihnachten und Ostern.

Schon im Altertum waren die Kanaren für ihr gesundes Klima bekannt, sie spielten jedoch in der **Geschichte** keine große Rolle. Jahrhundertelang stellten sie das „westliche Ende der Welt" dar. Im 15. Jh. eroberten die Spanier die Inseln, deren Ureinwohner Guanchen hießen. In der folgenden Zeit entwickelten sie sich zu wichtigen Häfen auf dem Seeweg von Europa nach Afrika/Amerika.

Bis auf Gomera haben alle Kanaren Flughäfen, die linienmäßig untereinander und mit dem spanischen Festland verbunden sind. Ab mehreren deutschen Flughäfen gibt es direkte **Charterflüge** auf alle Inseln (außer nach Hierro). Die Flugdauer beträgt etwa viereinhalb Stunden. Gomera ist ab Teneriffa per Schiff erreichbar. Auch zwischen den anderen Inseln bestehen gute **Fährverbindungen**, ab Cadiz auf dem spanischen Festland gibt es große Autofähren (die Überfahrt dauert etwa zwei Tage). Oft werden die Kanaren – außer Fuerteventura und Hierro – auch im Rahmen von **Kreuzfahrten** zu den Inseln im Atlantik, entlang der Westküste Afrikas oder auf „Überführungsfahrten" zwischen Karibik und Mittelmeer angelaufen.
Das Straßennetz auf den einzelnen Inseln ist meist gut ausgebaut.

Die für den spanischen **Tourismus** sehr bedeutenden Kanareninseln haben einen jeweils eigenen Charakter und unterschiedliche Vorzüge und können somit ganz verschiedene Ansprüche von Urlaubern erfüllen. Je nach Insel kommen Strandliebhaber, Nachtschwärmer, (Wasser-)Sportler, Wander- und Naturfreunde mit großem Ruhebedürfnis und diejenigen, die das abwechslungsreiche Hinterland erkunden wollen, auf ihre Kosten. Sowohl Familien als auch Singles und Paare sowie junge Leute, denen auch turbulentere Badeorte zur Verfügung stehen, können je nach Geschmack erholsame oder aktive Ferien verbringen. Auch für Rentner – die hier häufig überwintern – sind die Kanaren mit ihrem milden Klima ein attraktives Reiseziel. Besonderes Ereignis auf den Inseln ist der Karneval, der vielerorts tagelang mit prachtvollen Umzügen im karibischen Stil gefeiert wird. Für Kultur- und Besichtigungsreisende sind die Inseln als Urlaubsziel nicht sehr gut geeignet, da es weder wesentliche archäologische Ausgrabungsstätten, noch herausragende Baudenkmäler, noch weltberühmte Kunstschätze gibt. Die Kanarischen Inseln haben einen anderen Zollstatus als die übrige EU, weshalb man hier preiswerter Zigaretten, Spirituosen und Kosmetika einkaufen kann.

LANZAROTE

Lanzarote ist die nordöstlichste, niedrigste und mit 836 qkm die viertgrößte Insel der Kanaren. Hier leben gut 77.000 Menschen. Die Hauptstadt **Arrecife** an der Ostküste hat über 40.000 Einwohner. In Arrecife befinden sich der Flughafen (ACE) und der Fähr- und Kreuzfahrthafen. Die ganze Insel ist stark geprägt von dem schwersten Vulkanausbruch der neueren Erdgeschichte, der hier von 1730 bis 1736 andauerte: Feuerberge, Lavafelder, dunkle Strände und Palmenoasen, dazu Dörfer mit kubischen Häusern in den für Lanzarote typischen Farben Grün-Weiß. Dies ergibt ein sehr eindrucksvolles und einzigartiges Landschaftsbild.

Man findet auf Lanzarote nur ein einziges Hochhaus (in der Hauptstadt), denn hier darf kein Gebäude mehr als drei Stockwerke haben. Dadurch, dass der Tourismus auf Lanzarote etwas später einsetzte als auf anderen Inseln, konnten Bausünden, wie sie in vielen anderen spanischen Urlaubsregionen begangen wurden, vermieden werden. So gibt es auf Lanzarote besonders viele Apartment- und Bungalowanlagen im 2–4-Sterne-Bereich, natürlich aber auch Hotels aller Preisklassen, darunter einige wenige hochwertige Häuser der 4–5-Sterne-Kategorie. In jüngster Zeit geht hier der Trend auch zum Finca-Urlaub mit landestypischen, idyllischen Unterkünfte in kleinen Dörfern im Landesinneren und unberührten Küstenorten.

BADEORTE

Das Touristenzentrum der Insel ist das etwa zehn Kilometer südlich von Arrecife gelegene, lebhafte **Puerto del Carmen**. Das ehemalige Fischerdorf hat sich weit über seine ursprünglichen Ortsgrenzen hinaus ausgedehnt, ist mit **Playa de los Pocillos** und **Playa Matagorda** mehr oder weniger zusammengewachsen und bietet Unterkünfte aller Kategorien. Man kann hier an der kilometerlangen, von Cafés, Restaurants und Geschäften gesäumten Strandpromenade bummeln oder am langen, hellbraunen Sandstrand, der sich in drei Abschnitte gliedert, baden. Für Abendunterhaltung ist durch Bars, Tavernen und Diskotheken gesorgt; im alten Ortskern finden sich noch malerische Flecken rund um den Hafen.

Das etwa 25 Kilometer von Puerto del Carmen entfernte, ganz im Süden der Insel gelegene Örtchen **Playa Blanca** hat etwas später eine ähnliche Entwicklung erlebt. Es geht hier zwar bei weitem nicht so lebhaft zu wie in Puerto del Carmen, aber es gibt ebenfalls eine schön angelegte Promenade mit Geschäften, Restaurants und Diskotheken. Durch die südliche Lage ist Playa Blanca der sonnigste Ort der Insel. Der zum Teil künstlich angelegte Strand ist hell, aber nicht sehr breit. In einiger Entfernung (etwa eine Stunde zu Fuß) befindet sich Lanzarotes schönster Strand, die einsame **„Playa de Papagayo“**, die ein Naturschutzgebiet ohne befestigte Zufahrtsstraße ist. Von Playa Blanca aus kann man per Schiff in einer guten halben Stunde Fuerteventura erreichen; ein Tagesausflug ist durchaus lohnenswert.

Eine reine Urlaubersiedlung aus der Retorte ist die etwa 15 Kilometer nördlich von Arrecife gelegene Urbanisation **Costa Teguise**, konzipiert mit 40.000 Betten, gebaut auf 11 qkm Lavafeld. Es gibt hier kleine, natürliche und künstlich angelegte Badebuchten mit Surf- und Tauchstationen, Einkaufszentren, einen Yachthafen und einen 18-Loch-Golfplatz. Somit bestehen ideale Voraussetzungen für Sportbegeisterte. Die meisten der hier gelegenen Unterkünfte gehören der gehobenen Mittelklasse an, es gibt jedoch auch eines der Spitzenhotels der Insel in Costa Teguise.

An der Nordwestküste steht im Gegensatz zu den größeren Touristenzentren der ruhige Ort **Playa de Famara** mit schönem Strand und kleinen Bungalowanlagen für Individualisten und Surfer.

Zu keinem der Orte dauert der Transfer vom Flughafen länger als 40 Minuten.

AUSFLUGSZIELE

Die nicht allzu große Insel kann in relativ kurzer Zeit problemlos erkundet werden. Um die wichtigsten Sehenswürdigkeiten Lanzarotes kennen zu lernen, bietet es sich an, eine Süd- und eine Nordtour sowie einen Abstecher in die Hauptstadt mit ihren Einkaufs- und Unterhaltungsmöglichkeiten zu machen. Wahrzeichen von **ARRECIFE** ist die auf einer vorgelagerten Insel gelegene Festung (heute Inselmuseum), zu der ein Damm führt.

Auf der Tour in den **SÜDEN** ist die Hauptattraktion Lanzarotes **Nationalpark Timanfaya**, der mehr als ein Viertel der Gesamtfläche der Insel einnimmt. Hier liegt das vulkanische Zentrum der Insel, auch „Feuerberge" genannt. Am Eingang des Parks befindet sich eine Dromedarstation, von der aus Touristen Ausritte am Fuß der Feuerberge unternehmen können. Im Park selbst darf man nicht mit dem eigenen Wagen fahren; man nimmt an einer knapp einstündigen, sehr beeindruckenden Bustour durch die triste, öde „Mondlandschaft" teil. Am Ende der Tour wird auf anschauliche Weise verdeutlicht, dass die Temperatur in einigen Metern Tiefe noch über 400 Grad liegt: Wasser wird in ein in den Boden führendes Rohr gegossen und schießt wenig später als Dampffontäne in die Luft.

In der Nähe des Parks kann man eine halbkraterförmige, grüne Lagune namens **„El Golfo"** und Lanzarotes größte Saline besichtigen. Sehenswert in der Umgebung des Parks ist auch der malerische Ort **Yaiza** mit mehreren Fincaunterkünften. Auf der Straße nach Norden schließen sich das Weinanbaugebiet **La Geria** (Weinproben möglich) und der Ort **San Bartolomé** an.

Der **NORDEN** der Insel bietet ein anderes Bild: Da es hier häufiger regnet, ist die Landschaft grüner und es wird mehr Landwirtschaft betrieben. Auf dem Weg zur Nordspitze kann man die alte Hauptstadt **Teguise** mit einem Palacio, zahlreichen Kirchen und Herrensitzen besuchen. Nördlich schließen sich **Haria** mit dem Tal der 1000 Palmen und **Guatiza** mit artenreichem Kaktusgarten an.

Außerdem empfiehlt sich hier ein Besuch der Höhlen „**Cueva de los Verdes**" und „**Jameos del Agua**", die zum längsten Lavatunnel der Welt gehören und ursprünglich den Inselbewohnern als Versteck vor Piraten dienten. Jameos del Agua, wo sich ein Salzwassersee mit nur hier vorkommenden Albino-Krebsen befindet, wurde mit Restaurant, Konzertsaal und – nicht zur Benutzung freigegebenem – Swimmingpool touristisch ausgebaut.

Im äußersten Norden befindet sich mit dem „**Mirador del Rio**" – eine Art verglaster Turm – ein besonderer Aussichtspunkt. Von hier hat man einen wunderschönen Blick auf vorgelagerte kleine Kanareninseln, vor allem auf **La Graciosa**.

Der Mirador, der Ausbau der Höhlen, der Kaktusgarten sowie verschiedene Plastiken und Monumente, die auf der Insel verstreut sind, sind Werke von Cesar Manrique. Dieser Sohn der Insel versuchte als Künstler und Architekt unermüdlich, Ursprünglichkeit und Tradition seiner Heimat mit dem Tourismus in Einklang zu bringen.

FUERTEVENTURA

Fuerteventura, die zweitgrößte Insel des Archipels, liegt südwestlich von Lanzarote und ist dem afrikanischen Festland am nächsten. Trotz der Größe von 1.660 qkm ist Fuerteventura mit etwa 41.000 Einwohnern die am dünnsten besiedelte Kanareninsel. In der Hauptstadt **Puerto del Rosario** wohnen knapp 20.000 Menschen. Nahe der Hauptstadt liegt der Flughafen (FUE), im Zentrum der Stadt befindet sich der Hafen. Auf der geologisch ältesten Insel der Kanaren gibt es schon seit Jahrtausenden keine Vulkantätigkeit mehr. Von den Kratern sind nur noch Reste vorhanden, die wie Wüstensand, wenige Palmenhaine und Bergdörfer die Landschaft prägen.

Auf Fuerteventura fällt, bedingt durch die Nähe zum Festland und die relativ niedrigen Erhebungen (der höchste Berg misst etwa 800 Meter) noch weniger Niederschlag als auf den anderen Inseln. Die hieraus resultierende mangelnde Vegetation verstärkt das relativ eintönige Landschaftsbild. Reizvoll allerdings sind die Küsten mit phantastisch langen, feinen und hellen, oft noch sehr einsamen Stränden, deren Sand vermutlich größtenteils aus der Sahara hierher geweht wurde. Da die Strände die Hauptattraktion Fuerteventuras darstellen, befinden sich die meisten Hotels und Apartments in unmittelbarer Strandnähe. Die Ferienorte liegen fast ausschließlich an der Ostküste der Insel. Es gibt Unterkünfte aller Kategorien, jedoch nur einige wenige Hotels im oberen 4-Sterne-Bereich und kaum Ferienhäuser/Fincas. Fuerteventura ist die Insel des Club-Urlaubs: Robinson und Aldiana unterhalten hier Clubdörfer und auch in den meisten Hotelanlagen wird Sport- und Animationsprogramm angeboten. Wassersport (Tauchen, Segeln, Hochseeangeln, Wasserski) wird hier groß geschrieben; der ständig wehende Wind und die Brandung bieten besonders gute Voraussetzungen für Surfer (auf Fuerteventura fanden bereits mehrere Weltmeisterschaften statt).

NORDEN / INSELMITTE

Eines der touristischen Zentren befindet sich im NORDEN Fuerteventuras: der einstige Fischerort **Corralejo**, ungefähr 30 Kilometer von der Hauptstadt entfernt, mit der benachbarten **Playa de Corralejo**, die ein 20 qkm großes Dünengebiet umfasst. Die Ortsgrenzen Corralejos haben sich durch den Tourismus stark verschoben. Um den alten Ortskern mit Hafen und Häusern der Einheimischen sind zahlreiche Apartmentanlagen – vorwiegend der Mittelklasse – entstanden. Der Ort selbst hat nur einen kleinen Strand, wenige Kilometer entfernt liegt jedoch die lange, teilweise mehrere hundert Meter breite Playa de Corralejo, die unter Naturschutz steht. Hier dürfen keine neuen Hotels gebaut werden. Die beiden, die bereits seit den 70er-Jahren existieren (ein sehr hochwertiges Hotel und eine 3-Sterne-Hotel-/Apartmentanlage), bleiben die einzigen. Hier kann man perfekten Strandurlaub verleben, abends ist es allerdings sehr ruhig. Unternehmungslustige sind auf die Fahrt nach Corralejo angewiesen. Dort gibt es eine Fußgängerzone mit vielen Geschäften, Restaurants und Diskos sowie Cafés rund um den alten Dorfplatz. Tagesausflüge nach Lanzarote und zur vorgelagerten Insel Lobos sind eine empfehlenswerte Abwechslung.

Die Transferdauer vom Flughafen in den Inselnorden beträgt etwa 30 bis 45 Minuten.

Sieben Kilometer südlich des Flughafens liegt – landschaftlich relativ unattraktiv – etwa in der INSELMITTE das Feriengebiet **Caleta de Fustes**. Der weit geschwungene, flach abfallende Sandstrand wird auch **Playa del Castillo** genannt. Hier findet man hauptsächlich von Familien besuchte Apartmentanlagen. Unterhaltungs- und Einkaufsmöglichkeiten bestehen in der nahe gelegenen Hauptstadt. Besondere Sehenswürdigkeiten hat **Puerto del Rosario** kaum zu bieten.

SÜDEN

Das nächste bedeutende Touristenzentrum liegt ungefähr 60 Kilometer entfernt, bereits im Süden der Insel: die **Costa Calma**, die während der letzten zehn Jahre als „künstliche" Urlaubersiedlung entstand und noch immer erweitert wird. Es gibt hier viele gepflegte, meist nicht allzu klotzig gebaute (Club-)Hotels im 3–4-Sterne-Bereich. Die große Attraktion ist auch hier ein kilometerlanger Sandstrand, der je nach Stand der Gezeiten unterschiedlich breit ist. Er geht in die **Playa Barca** über, an der es nur ein einziges, älteres Hotel gibt, das hauptsächlich Surfer anlockt, da sich hier eine sehr renommierte Surfschule befindet.

Auf dem Weg in Richtung Süden folgen zwei hohe Sanddünen (die als „Wanderdünen" bezeichnet werden), der recht einsame Club Aldiana und an der aufstrebenden **Playa de Esquinzo** unter anderem ein Robinson-Club.

Nach rund 20 Kilometern erreicht man **Jandia**, Fuerteventuras Haupttouristenzentrum. Der Name stammt von der Halbinsel, die Fuerteventuras Süden bildet. Der Touristenort Jandia besteht aus **Morro Jable**, ursprünglich ein Fischerort, und dem nahen Strand **Playa de Jandia**, an dem sich in den letzten Jahren eine ausgedehnte Feriensiedlung entwickelt hat. „Morro“ konnte sich etwas Ursprünglichkeit bewahren, obwohl es mit der Feriensiedlung nahezu zusammengewachsen ist. Die Urbanisation umfasst mittlerweile unzählige Hotels und Apartmentanlagen aller Kategorien, weist teils recht klotzige Bauten auf und wächst ständig weiter. Die terrassenförmig an Hänge gebauten Hotelanlagen sind meist nur durch die Uferstraße vom herrlichen, langen Sandstrand getrennt. Es gibt hier ein großes Einkaufszentrum mit Restaurants und Bars, in denen auch Abendunterhaltung geboten wird. Die Ruhe und Einsamkeit, die zu Fuerteventuras großen Vorzügen zählen, findet man hier allerdings nicht mehr.

Der Transfer vom Flughafen in den Süden der Insel dauert etwa 60 bis 90 Minuten.

INSELTOUR

Trotz seiner Größe bietet Fuerteventura lange nicht so viele Besichtigungsmöglichkeiten wie das kleinere Lanzarote; dennoch ist es auch hier lohnenswert, eine Inselrundfahrt zu machen.

Im nördlichen und mittleren Landesinneren liegen die ältesten Orte Fuerteventuras: **Antigua** mit einer weißgetünchten Windmühle, die alte Hauptstadt **Betancuria** mit schönen Kolonialbauten und dem Inselmuseum sowie **La Oliva**, das schöne, alte Kirchen bietet. Die Straßen im Landesinneren führen auf Serpentinen durch die Berge. Zwischen den Orten sind teilweise lange, völlig öde Strecken zurückzulegen. In der Nähe von La Oliva taucht plötzlich, einsam in der Wüste, ein großes Standbild des spanischen Dichters Unamuno auf, der 1924 hierher ins Exil geschickt wurde.

Sehenswert ist auch die raue Westküste, an der wegen starker Strömung und Brandung kaum Badeorte liegen. Touristisch in den Kinderschuhen steckt hier der kleine Ort **Cotillo**. Teilweise sind die Westküstenorte nur über Sandpisten erreichbar.

Den beliebtesten Ausflug im Südteil stellt eine geführte oder auf eigene Faust unternommene Jeep-Safari durch die Wüste dar. Man fährt nach Punta de Jandia, der äußersten Spitze der Insel mit einem alten Leuchtturm, und weiter zur unter Naturschutz stehenden **Playa de Cofete** mit einem schönen Aussichtsplateau. Baden und Surfen sind hier allerdings – wie an der gesamten Westküste – wegen der sehr starken Strömung gefährlich.

GRAN CANARIA

Gran Canaria, zwischen Fuerteventura und Teneriffa gelegen, bildet mit 1.560 qkm die drittgrößte Kanareninsel und ist am dichtesten besiedelt. Allein in der Hauptstadt **Las Palmas** im Norden der Insel leben gut 400.000 Menschen; insgesamt hat Gran Canaria über 714.000 Einwohner. In Las Palmas, der größten Stadt und Hauptstadt des Archipels, liegt der bedeutende Hafen, der Flughafen (LPA) befindet sich etwa 20 Kilometer südlich der Hauptstadt. Die nahezu runde Insel besteht aus einem großen, erloschenen Vulkan. 25 große Schluchten verlaufen vom Inselzentrum zu den Küsten. Der höchste Berg, in der Inselmitte gelegen, ist fast 2.000 Meter hoch, was die typischen Vegetationsunterschiede zur Folge hat: grüne Nordhälfte und karge Südhälfte. Man nennt Gran Canaria auch „Miniaturkontinent“, weil mehrere Klimazonen hier ganz nahe beieinander liegen. Beispielsweise sonnen sich Touristen im Winter bei gut 20 Grad am Strand, während auf nahen Gipfeln in über 1.800 Meter Höhe Schnee liegt. Entsprechend sind die Vegetation und das ganze Landschaftsbild sehr abwechslungs- und kontrastreich.

Die „Costa Canaria“, Spaniens zweitgrößtes Urlaubszentrum, das sich fast 15 Kilometer entlang der Küste erstreckt, prägt weitgehend das Image der Insel. Hier geht ein Ferienort fast nahtlos in den nächsten über. Unter den Bauten sind sehr viele Betonklötze und „Bettenburgen“ (die Insel beherbergt fast die Hälfte aller Kanarenurlauber). Abseits des Trubels, im Landesinneren sowie an den übrigen Küsten kann man aber noch eine sehr ursprüngliche Insel entdecken. Auch hier geht der Trend zu alternativen Urlaubsformen wie Fincas.

COSTA CANARIA

Eine Autobahn verbindet Las Palmas und den Flughafen mit der etwa 25 Kilometer entfernten, von der Ost- zur Südküste verlaufenden Costa Canaria. Sie beginnt mit dem Ferienort **San Agustin**, in dem es nicht ganz so lebhaft zugeht wie im benachbarten Playa del Ingles. Trotzdem sind zahlreiche Einkaufs- und Unterhaltungsmöglichkeiten, außerdem ein Spielcasino vorhanden. Die großzügigen Hotels und Bungalowanlagen (vorrangig 3–4-Sterne-Bereich) sind meist terrassenförmig zum Meer und zum dunkelsandigen Strand hin gebaut.

Hinter San Agustin beginnt das Haupttouristenzentrum der Insel, **Playa del Ingles**. Hier wird alles geboten, was sich der vergnügungssüchtige Urlauber nur wünschen kann, vom langen Sandstrand mit Promenade über Einkaufszentren, Diskotheken und Bars bis zu vielfältigen Sportmöglichkeiten (Wassersport, Squash-Center, Go-Cart-Bahn, Fitnesscenter). Für deutsche Urlauber gibt es hier sogar spezielle Zeitungen und Radiosendungen. Natürlich ist eine große Auswahl an Unterkünften aller Arten und Kategorien vorhanden. Der Strand von Playa del Ingles ist mehrere Kilometer lang, feinsandig und schließt eine phantastische, unter Naturschutz stehende Dünenlandschaft ein, die sich weiter bis nach Maspalomas zieht.

Der folgende Ort **Campo Internacional**, etwa drei Kilometer vom Meer entfernt, bietet fast nur Bungalowanlagen, die sich mit ihren Gärten harmonisch an den 18-Loch-Golfplatz von Gran Canaria anschließen. Hier liegen außerdem mehrere Vergnügungsparks und Einkaufszentren.

Südlich von Campo Internacional folgt **Maspalomas**. Das Wahrzeichen des Ortes – einer Oase mit Lagune, Vogelschutzgebiet und Palmenhainen – stellt der Leuchtturm „El Faro“ dar, der den äußersten Süden Gran Canarias bildet. Bis hierher verläuft der Strand, der oberhalb von Playa del Ingles beginnt; die Dünen haben bei Maspalomas mit 30 Metern ihre höchsten Gipfel. Die Hotellerie von Maspalomas beschränkt sich auf mehrere Häuser der Luxusklasse und wenige Apartmentanlagen. Es gibt eine kleine Promenade mit Geschäften und Restaurants, Nachtleben findet hier aber kaum statt. In der Nähe des Ortes liegt der Parque Palmitos, eine herrliche, exotische Gartenanlage mit Vogel- und Naturpark.

WESTEN

Bei Maspalomas endet die eigentliche Costa Canaria, aber auch im weiteren Verlauf der Küste in Richtung Westen haben sich Urlaubsorte entwickelt. Der nächste ist **Arguinegin**, zehn Kilometer von Maspalomas entfernt, ein Fischerort mit kleinen Badebuchten. Die Touristenunterkünfte – ein Spitzenhotel und mehrere Mittelklasseanlagen – liegen mitten im aufstrebenden Ort.

Einige Kilometer weiter folgt **Puerto Rico**, eine Apartmentsiedlung mit 25.000 Gästebetten auf relativ geringer Fläche. Es gibt einen schmalen Strand, zwei Yachthäfen, Surf- und Segelschulen sowie einen Minigolfplatz, Tennisplätze, Schwimmbäder und Bowlingbahnen. Neben den vielen Freizeitangeboten findet man ein Ortszentrum mit Gärten, Restaurants und Geschäften.

Nach weiteren zehn Kilometern Fahrt erreicht man **Puerto de Mogan**, einen ruhigen, kleinen Urlaubsort, der sich um den Hafen mit Tavernen und kleinen Geschäften herum entwickelt hat. Mit bunten Reihenhäusern im kanarischen Stil, engen Gassen und Brücken stellt der Ort eine neue, angenehm überraschende Art von Urlaubsgebiet auf den Kanaren dar. Der kleine Strand ist künstlich angelegt und dunkel, die Unterkünfte – meist kleine Apartmentanlagen – gehören hauptsächlich der Mittelklassekategorie an. Einige Kilometer entfernt im Landesinneren liegt das Bergdorf **Mogan**, in der Nachbarschaft von Puerto de Mogan urbanisiert sich die **Playa de Taurito**.

Der Transfer vom Flughafen zu den Badeorten Gran Canarias dauert zwischen 30 Minuten (San Agustin) und 90 Minuten (Puerto de Mogan). Von Las Palmas bis Maspalomas gibt es eine Autobahn entlang der Küste, die schnelles Vorankommen ermöglicht.

NORDEN / INSELZENTRUM

Viele Touristen kennen nur die genannten Küsten, es ist aber sehr lohnenswert, auch „das andere Gran Canaria“ zu erkunden. Interessant ist vor allem ein Abstecher in den NORDEN mit der direkt am Meer gelegenen Kanarenmetropole **Las Palmas**, die auch Strände bietet. Neben allen Vorzügen, die die Großstadt mit ihren hochwertigen Hotels, Einkaufs-, Unterhaltungs- und Kulturmöglichkeiten aufweist, ist besonders die malerische Altstadt „Vegueta“ mit Kathedrale, Kolumbus-Haus und kanarischem Museum erwähnenswert.

Von Las Palmas ist es nicht weit zu den schönsten Orten im grünen Norden, der „Bananengegend“ mit imposanten Landgütern. Hier liegen **Santa Brigida**, eine wohlhabende, malerische Kleinstadt mit Golfplatz, der Wallfahrtsort **Teror** sowie das koloniale **Arucas.** Sehr sehenswert ist auch die ehemalige Inselhauptstadt **Galdar** mit Barockkirche und kanarischen Kunstschätzen. In der Umgebung liegt eine bunt bemalte Höhle, in der vermutlich vor über 2000 Jahren eine altkanarische Königsfamilie lebte. Auf dem Weg zum Fischerdorf **Agaete** – das sich mit seinem kleinen, schwarzsandigen Badestrand zu einem neuen Touristenort entwickeln soll – passiert man eine Reptilienfarm. In dieser Gegend verstreut liegen viele Fincaunterkünfte, die über deutsche Reiseveranstalter gebucht werden können.

Im INSELZENTRUM gibt es hervorragende Möglichkeiten zum Bergwandern, beispielsweise in der Gegend um den höchsten Gipfel **Pozo de las Nieves** und um **Artenara**, dem mit 1.250 Meter höchstgelegenen Inselort; hier leben viele Menschen in komfortablen Höhlenhäusern. Der am häufigsten besuchte Ort der Inselmitte ist **Tejeda**, wo sich auch Gran Canarias einziger Parador befindet. Wer vom Süden aus keine großen Touren unternehmen möchte, kann einen Abstecher in das von Playa del Ingles nur 25 Kilometer entfernte **Fataga**, ein ursprüngliches kanarisches Dorf in den Bergen, machen. Auf dem Weg dorthin sieht man eine spektakuläre, canyonartige Schlucht.

TENERIFFA

Teneriffa, das in der Landessprache Tenerife heißt, umfasst 2.034 qkm und ist die größte Insel des kanarischen Archipels. Ihre Hauptstadt **Santa Cruz de Tenerife** (etwa 200.000 Einwohner) liegt an der Nordostküste. Auf Teneriffa leben insgesamt 665.000 Menschen. In Santa Cruz befindet sich der Hafen, den Kreuzfahrtschiffe sowie die Fähren vom Festland und von den östlichen Kanareninseln anlaufen. 15 Kilometer westlich der Stadt liegt der Flughafen Teneriffa-Nord (TFN), der hauptsächlich im Linienverkehr angeflogen wird. Der zweite Flughafen (TFS), über den vorrangig der Charterflugverkehr abgewickelt wird, liegt im Süden. Ebenfalls im Süden befindet sich der Ort Los Christianos, von dessen Hafen die Fähren zu den westlichen Inseln ablegen.

Teneriffa ist die Kanareninsel mit der abwechslungsreichsten Landschaft und den auffälligsten Gegensätzen zwischen Norden und Süden. Grund hierfür ist der in der Inselmitte gelegene Pico del Teide, der höchste Berg Spaniens, der Teneriffas allgegenwärtiges, im Winter oft schneebedecktes Wahrzeichen darstellt. Er bildet die Wetterscheide und teilt die Insel in vielfältige Klima- und Vegetationszonen. Die Durchschnittstemperaturen liegen im Inselsüden um gut zwei Grad höher als im Norden; im Süden gibt es auch wesentlich weniger Niederschlag. Die landschaftliche Vielfalt macht Teneriffa zu einem beliebten Ziel für die verschiedensten Urlaubsarten. Die Küsten, hauptsächlich die Nordwest- und die Südwestküste, bieten große Ferienorte und Urbanisationen, in denen man in Hotels und Apartmentanlagen aller Kategorien Erholungs- und Badeurlaub verleben kann (allerdings sind Teneriffas Strände nicht vergleichbar mit denen der östlichen Nachbarinseln). Im Hinterland und im Gebirge gibt es viele ursprüngliche Unterkunftsmöglichkeiten wie kleine Pensionen und Fincas, die von den vielen Bergsteiger- und Wanderurlaubern genutzt werden.

NORDEN

Eines der beiden großen Touristenzentren Teneriffas ist **Puerto de la Cruz**, der älteste Urlaubsort der Insel. Puerto de la Cruz, etwa in der Mitte der Nordküste gelegen, hat etwa 27.000 Einwohner, wirkt aber größer, da eine Vielzahl an Urlaubsunterkünften, hauptsächlich 3–4-Sterne-Hotels, vorhanden ist. Viele der Unterkünfte sind klotzige „Betonburgen" aus den 60er- und 70er-Jahren. Die Hotels erstrecken sich auch auf Vororte wie San Fernando, La Paz und San Antonio. Puerto de la Cruz bietet ein Casino, unzählige Geschäfte, Bodegas, Diskotheken und eine lange Uferpromenade, die bis zu den Meerwasserschwimmbädern verläuft. Da es im Norden Teneriffas hauptsächlich Steilküste und kaum natürliche Strände gibt, wurden mit diesen acht Schwimmbädern und künstlichen Stränden Bademöglichkeiten geschaffen. Puerto de la Cruz hat einen gut erhaltenen, alten Stadtkern mit verwinkelten Gassen, schattigen Plätzen, malerischem Hafen, kleinen Kapellen und einer Festung. Weiterhin gibt es schöne Grünanlagen wie den botanischen Garten, in dem Gewächse aus aller Herren Länder gedeihen, und den Freizeitpark „Loro Parque" mit der größten Papageiensammlung der Welt. Puerto de la Cruz eignet sich – bedingt durch die Kombination von Urlaubs- und Stadtatmosphäre – besonders gut zum Überwintern. Viele der Gäste hier sind ältere Leute. Auch für Wanderer und Mountainbiker ist der Ort durch die Nähe zu den Bergen empfehlenswert, weniger allerdings für Wassersportler.

Ursprünglich war Puerto de la Cruz der Hafen des wenige Kilometer entfernten, malerischen Städtchens **Orotava** aus der Kolonialzeit. Beide Orte sind eingebettet in das für weitläufige Bananenplantagen bekannte **Orotava-Tal**. Das kilometerbreite, unterhalb des Teide gelegene Tal gelangte durch üppige, besonders farbenprächtige Vegetation zu Berühmtheit.

Weitere, ruhigere Urlaubsorte an der Nordküste sind **Santa Ursula**, sieben Kilometer östlich und **Los Realejos**, sieben Kilometer westlich von Puerto de la Cruz.

Der Norden bietet viele interessante Ausflugs- und Besichtigungsmöglichkeiten: Auf der Fahrt von Puerto de la Cruz die Küste entlang in Richtung Westen gelangt man nach **Icod de los Vinos**, ein Weinort, dessen Hauptattraktion ein uralter kanarischer Drachenbaum darstellt. Es folgen der hübsche Ferienort **Garachico**, auf Lavagestein gebaut, sowie eine einsame Küstenregion, an die in Richtung Inselmitte das 1.000 Meter hohe, schluchtenreiche Tenogebirge mit dem malerischen Ort **Masca** anschließt.

Der Transfer vom Flughafen TFS zu den Badeorten an der Nordküste dauert 60 bis 90 Minuten.

NORDOSTEN

Von Puerto de la Cruz aus gelangt man auch schnell in die beiden sehenswerten Inselhauptstädte im Nordosten. Zunächst erreicht man die im Landesinneren gelegene alte Hauptstadt **La Laguna** (über 100.000 Einwohner), die 1497 gegründet wurde und viele alte Häuser, Paläste, Herrensitze und eine Kathedrale mit wertvollen Kunstschätzen besitzt. In La Laguna befindet sich die Zentraluniversität der Kanaren, was ein reges Kulturleben mit sich bringt.

Zehn Kilometer entfernt liegt an der Nordostküste die neue Hauptstadt **Santa Cruz de Tenerife**, ursprünglich der Hafen von La Laguna. Hier kann man eine Burg, die barocke Empfängniskirche und einen Palast aus dem 18. Jh. sowie das archäologische Museum besichtigen. Ansonsten bietet Santa Cruz alle Vorteile einer modernen Großstadt, darunter sehr gute Einkaufsmöglichkeiten.

Nördlich der beiden Städte liegt in einer ländlichen, einsamen Gegend das bis zu 1.000 Meter hohe, grüne Anagagebirge. Touristisch interessant sind hier das idyllische Küstenörtchen **Bajamar** mit schmalem, dunklem Strand und Meerwasserpools sowie das Fischerdorf **Punta del Hidalgo** mit Unterkünften im Mittelklassebereich, die häufig von Wanderern in die nahe gelegenen Berge gebucht werden. In der Nähe gibt es einen mit Saharasand künstlich angelegten, langen Strand.

Südlich von La Laguna liegt das Gebirge Cumbre Dorsal, durch das eine von 600 Meter auf über 2.000 Meter ansteigende Aussichtsstraße führt. Auf etwa 900 Meter Höhe erreicht man den kleinen Ort **La Esperanza** mit verschiedenen Finca-Unterkünften. Hier gibt es Eukalyptus- und Kiefernwälder, je weiter man jedoch fährt, desto spärlicher wird die Vegetation. Auf der Strecke befinden sich mehrere Aussichtspunkte (Miradores), von denen man phantastische Ausblicke auf Teneriffas Nord- und Südhälfte sowie die Nachbarinseln Gran Canaria und La Palma genießt.

INSELMITTE

Von La Esperanza, Orotava, dem Teno-Gebirge und vom Süden führen Straßen in Richtung Inselmitte. Hier befindet sich der **Nationalpark Canadas del Teide**, dessen Besuch ein „Muss“ für Teneriffa-Urlauber ist. Am Parkeingang gibt es ein Besucherzentrum, in dem man sich über den Park informieren kann: Er besteht aus einem 2.000 Meter hoch gelegenen alten Vulkankegel, der den **Teide** umschließt. Man vermutet, dass der Krater vor über 300.000 Jahren entstanden ist. Auf dem Weg durch den mehr als 13.000 Hektar umfassenden Nationalpark sieht man Lavafelder in den unterschiedlichsten Farben, meterhohe Basaltbrocken und eigenartige Gesteinsformationen. Es gibt verschiedene Pflanzen, die ausschließlich hier vorkommen, darunter das Teideveilchen und Teideginster. Auf 2.300 Meter Höhe erreicht man die Talstation, von der eine Drahtseilbahn zur Bergstation des Teide führt (an der Talstation liegt ein Parador). Von oben kann man bei klarer Sicht den ganzen Archipel überblicken. Die Bahn braucht ungefähr zehn Minuten, fährt aber nur bei entsprechenden Windverhältnissen. Alternativ gibt es auch die Möglichkeit, den Teide zu Fuß zu erklimmen, was ungefähr vier Stunden dauert. Auf dem Weg passiert man eine „Eishöhle“ mit Minusgraden und gelangt schließlich zum Teidekrater, dem schwefeliger Dampf entsteigt.

OSTEN

An der Ostküste Teneriffas gibt es kaum Tourismus. Die meisten Urlauber sind hier nur auf der „Durchreise“, denn auf dieser Seite der Insel verläuft die Autobahn, die Nord- und Südhälfte verbindet. Im Osten findet man viele ruhige, malerische Städtchen. Hervorzuheben sind **Güimar** mit dem gleichnamigen, landwirtschaftlich genutzten Tal, der Wallfahrtsort **Candelaria**, **Vilaflor**, der höchstgelegene Ort der Insel und Luftkurort, sowie **Arico** mit einigen ursprünglichen Unterkünften.

SÜDEN

Teneriffas von der Sonne verwöhnter Süden mit seiner wüstenhaften Landschaft und kargeren Vegetation ist das Urlaubsziel der meisten Touristen, die einen reinen Badeurlaub verbringen oder Wassersport treiben wollen. Hier liegt mit dem turbulenten Ferienort **Playa de las Americas** das zweite große Touristenzentrum Teneriffas. Playa de las Americas wurde Anfang der 60er-Jahre an einem fünf Kilometer langen Küstenstreifen als Urbanisation angelegt. Heute bietet es unzählige Unterkünfte der gehobenen Mittelklasse; viele der klotzigen Hotelbauten haben sehr schöne Gartenanlagen. Für Unterhaltung ist tagsüber und abends mit Einkaufszentren, Bars, Diskotheken, Restaurants und Sportmöglichkeiten aller Art bestens gesorgt. Es gibt hier unter anderem einen Yachthafen und fünf Golfplätze (in drei bis zehn Kilometer Entfernung). Bademöglichkeiten bieten der Sandstrand mit verschiedenen Buchten und ein Badepark am Ortsrand.

Die palmengesäumte Uferpromenade von Playa de las Americas führt in den südlichen Ferienort **Los Christianos**, mit dem Playa de las Americas mittlerweile zusammengewachsen ist. Dieser einstige Fischerort hat sich ebenfalls zu einem lebhaften Touristenzentrum entwickelt, das alte Fischerviertel existiert aber noch. Im geschäftigen Hafen ankern Fischerboote, Yachten und Ausflugsschiffe sowie Fähren und Tragflächenboote zu den westlichen Nachbarinseln. In Los Christianos gibt es eine schöne Fußgängerzone und den „Cactus Park“ mit mehr als 1.000 Kakteenarten, tropischen Pflanzen und exotischen Tieren.

In Richtung des nördlichen Adeje hat sich Playa de las Americas ebenfalls ausgedehnt. Diese exklusivere, moderner und flacher gebaute Hotelzone mit einigen der hochwertigsten Unterkünften der Insel sowie Einkaufs- und Unterhaltungsmöglichkeiten hat den Beinamen **Costa Adeje**. Sie wird aber auch nach einem hier künstlich angelegten Sandstrand **Playa Fanabe** genannt.

Ruhiger als in Playa de las Americas ist es im äußersten Süden, in **Las Galletas** (Costa del Silencio) sowie im Surferparadies **El Medano** mit einem drei Kilometer langen, hellen Sandstrand.

Ausflugsziele im Süden sind die „**Barranco del Infierno**“ (Höllenschlucht, ein tiefer Abgrund mit Wasserfällen und riesigen Farnpflanzen) und der Kolonialort **Adeje**. Ebenfalls beliebt sind Jeep-Touren durch unwegsame Gebiete des Südens oder in unberührte Dörfer im Landesinneren.

Der Transfer vom Flughafen TFS zur Urlaubsregion Playa de las Americas dauert gut 30 Minuten.

WESTEN

Fährt man von der Costa Adeje aus in Richtung Norden, erreicht man nach etwa 20 Kilometern an der Westküste die Feriengebiete **Puerto de Santiago, Los Gigantes** und **Playa de la Arena**. Diese ruhigeren Orte mit dunklen Stränden und vielen Apartments eignen sich sehr gut für Familienurlaub. Die Entfernung zum Flughafen TFS beträgt etwa 40 Kilometer.

LA GOMERA

Westlich von Teneriffa folgt die nur 370 qkm große Insel Gomera. Ihre Hauptstadt **San Sebastian** liegt an der Ostküste; hier leben 6.000 der 17.000 Inselbewohner. Gomera hat keinen Flughafen und ist nur per Fähre ab Teneriffa erreichbar; die Fahrtdauer Los Christianos–San Sebastian beträgt 90 Minuten, mit dem Jetfoil 45 Minuten. Der Transfer vom Flughafen TFS zu den Hotels auf Gomera dauert in der Regel gut vier Stunden. In Ausnahmefällen, z. B. bei späten Ankünften und frühen Abflügen, muss auf Teneriffa übernachtet werden. In den Pauschalpreisen deutscher Veranstalter ist der Transfer meist enthalten und wird von der örtlichen Reiseleitung organisiert.

Das wildromantische Landschaftsbild der fast runden Insel bestimmen Täler, Ebenen und zahlreiche Schluchten, die vom Garajonay – dem mit knapp 1.500 Meter höchsten Berg der Insel – ins Meer abfallen. Gomera ist eine größtenteils grüne Insel mit unzähligen Palmen, viel Landwirtschaft und einem seltenen Lorbeerwald im Landesinneren. Durch die großen Höhenunterschiede auf der zerklüfteten Insel ist es seit jeher schwierig gewesen, Straßen zu erschließen. Deshalb liegen zwischen den vielen kleinen, einsamen Dörfern ganz unberührte Regionen. Die Bewohner leben hauptsächlich von Landwirtschaft und Fischfang und sind weniger vom Tourismus abhängig als ihre Nachbarn auf den großen Inseln; auf Gomera geht es gemächlicher zu. Hier wird noch an vielen alten Traditionen festgehalten; beispielsweise existiert noch immer eine alte Signalsprache aus Pfeiftönen, mit der man sich früher zwischen den Schluchten verständigte.

Durch die fehlende Flugverbindung ist Gomera vom Massentourismus noch weitgehend verschont geblieben. Die Insel ist im Vergleich zu den Hauptinseln noch recht ursprünglich und unverdorben. Die Touristen, die hierher kommen, wollen vorrangig wandern, Fahrrad fahren, die ursprüngliche Natur genießen und sich erholen. Reine Strandurlauber und Wassersportler kommen weniger auf ihre Kosten. Schon vor Jahren wurde die Insel von Aussteigern entdeckt und galt eine Zeitlang als „Hippieparadies“, ist jetzt aber eher für alternativen und sanften Tourismus bekannt. Es werden hier hauptsächlich Unterkünfte der Mittelklasse und Fincas angeboten. Gomera ist auch ein beliebtes Ausflugsziel ab Teneriffa, jedoch kann man die Insel an einem Tag nur wenig kennen lernen. Deswegen kombinieren viele Touristen während ihres Kanarenurlaubs Teneriffa und Gomera.

FERIENORTE / AUSFLUGSZIELE

Der Ort mit den meisten Touristenunterkünften, darunter das größte Hotel der Insel, ein 4-Sterne-Haus, ist der Fischerort **Playa de Santiago** an der Südostküste. Es gibt hier einen kleinen, dunklen Kieselstrand und einen Marktplatz mit einigen Restaurants, Geschäften und Supermärkten. Der Transfer vom Hafen San Sebastian hierher dauert eine knappe Stunde.

Valle Gran Rey an der Südwestküste ist das größte Tal Gomeras. Hier findet man viele Apartmentunterkünfte im „touristischen“ Teil namens Vueltas, nahe dem Hafen und drei kleiner, dunkler Steinstrände gelegen. An einen Hang schmiegt sich der Ortsteil Calera, in dem die Einheimischen wohnen. Geschäfte und Restaurants sind in großer Zahl vorhanden. Das Valle Gran Rey umgibt eine grandiose Bergwelt mit terrassenförmig angelegten Feldern und Palmenhainen, wo vor allem Bananen und Datteln angebaut werden. Die Transferdauer ab San Sebastian hierher beträgt etwa 90 Minuten. Neben Bussen gibt es auch Fähren in die Hauptstadt. Beliebtes Ausflugsziel ab Valle Gran Rey ist das für seine Töpferwaren bekannte Dörfchen **Chipude**.

Auch in der sehenswerten Hauptstadt **San Sebastian** gibt es Unterkünfte im Mittelklassebereich und einen Parador. Die meisten Häuser in dem geschäftigen Städtchen sind im typisch kanarischen Stil gebaut. Es gibt hier eine hübsche Promenade, die am dunklen Kieselstrand entlang führt. San Sebastian war der Ort, von dem aus Kolumbus zur Entdeckung Amerikas aufbrach. Man kann hier das Haus, in dem er wohnte und die Kirche, in der er den Reisesegen erhielt, besichtigen.

Die größte Attraktion Gomeras ist der **Nationalpark Garajonay**, der um den höchsten Berg herum im Landesinneren liegt. Vom Gipfel aus hat man einen schönen Blick auf die Nachbarinseln. Im Nationalpark, der ungefähr 10 % der Inselfläche einnimmt, gibt es eine üppige Vegetation. Ein Besucherzentrum unterrichtet über die Besonderheiten des Parks; dazu gehören der seltene Lorbeerwald „Laurisilva“, durch den schöne Wanderpfade führen, und endemische Pflanzen.

Nördlich des Parks erstrecken sich malerische, grüne Dörfer und zahlreiche Finca-Unterkünfte. Besonders hervorzuheben sind **Hermigua**, der zweitgrößte Ort der Insel mit Dominikanerkloster, und **Vallehermosa** inmitten von Plantagen. In der Nähe gibt es eine 80 Meter hohe Steinformation aus Basaltsäulen, die wegen ihrer an eine Orgel erinnernde Form „**Los Organos**“ heißt

LA PALMA

Die nordwestlich von Teneriffa und Gomera liegende Insel La Palma umfasst 708 qkm. Hier leben gut 80.000 Menschen und somit hat La Palma nach Gran Canaria und Teneriffa die meisten Einwohner. Etwa 18.000 wohnen in der Hauptstadt **Santa Cruz de la Palma** an der Ostküste. Direkt in der Hauptstadt befindet sich der Hafen, der Flughafen (SPC) liegt südlich von Santa Cruz. La Palma wird wegen seiner üppigen und dichten Vegetation – die dem häufigen, vor allem im Winter auftretenden Niederschlag zu verdanken ist – auch „die grüne Insel" genannt. Hier ist nicht, wie auf den übrigen Inseln, der Norden die Regen- und der Süden die Trockenzone, sondern der meiste Niederschlag fällt im Ost-, wenig im Westteil. Der Grund dafür ist der Nord-Süd-Verlauf des Gebirgszuges Cumbre, an dessen Ostseite die von Norden kommenden Wolken hängenbleiben. In ihrer Größenordnung ist La Palma die höchste Insel auf dem Globus; ihr höchster Berg, der im Nordwesten gelegene Roque de los Muchachos, misst über 2.400 Meter. Der Roque und weitere über 2.000 Meter hohe Berge bilden die Nordgrenze der Caldera de Taburiente in der Inselmitte; diese Caldera ist mit 1.500 Meter Tiefe, 10 Kilometer Durchmesser und 28 Kilometer Umfang der größte Erosionskrater der Welt und bildet La Palmas Nationalpark.

La Palma hat sich weit weniger dem Tourismus verschrieben als die Hauptinseln, auch hier gibt es jedoch zahlreiche Touristenunterkünfte. Darunter sind sehr viele Ferienhäuser, -apartments und Fincas auf dem Land, die sich bestens als Quartiere für Wandertouristen eignen. Finca- und Wanderurlaub sind die beliebtesten Urlaubsformen auf La Palma. Auch hierher kommen weniger Strand- und Wassersporturlauber – obwohl einige schmale, vorrangig dunkle Strände vorhanden sind – sondern Naturbegeisterte und Wanderer verschiedener Schwierigkeitsgrade. Besonders gut zum Wandern geeignet sind die Camino Reales (Königspfade), befestigte Wege zwischen den Siedlungen im Osten und im Westen, die die Einheimischen nutzten, bevor es richtige Straßen gab.

BADEORTE

Auf La Palma gibt es zwei größere Badeorte – nicht zu vergleichen mit den Touristenzentren auf den größeren Inseln –, in denen sich der Hauptteil des touristischen Lebens abspielt.

An der Ostküste liegt, genau zwischen Hauptstadt und Flughafen, die Urbanisation **Los Cancajos** mit zwei schmalen, schwarzen Sandstränden, Restaurants, Geschäften, Folklore-Bars und am Wochenende Diskothek. Los Cancajos bietet viele 2–3-Sterne-Apartment- und Hotelanlagen sowie eines der wenigen 4-Sterne-Hotels der Insel.

Das zweite Hauptziel **Puerto Naos** liegt an der Westküste und bietet ebenfalls dunklen Sandstrand. Im Ortszentrum gibt es eine Strandpromenade mit guten Einkaufs- und Unterhaltungsmöglichkeiten. Auch hier wohnt man meist in Unterkünften der Mittelklasse oder in einem 4-Sterne-Hotel. In der Nähe von Puerto Naos bieten die ruhige Bucht **Charco Verde** und der Ort **Las Manchas** ursprüngliche Unterkünfte inmitten von Lavafeldern. Der Transfer vom Flughafen nach Puerto Naos dauert eine knappe Stunde.

OSTEN

Los Cancajos liegt nur vier Kilometer entfernt von der Hauptstadt **Sta. Cruz de la Palma**, in der es ebenfalls Touristenunterkünfte, darunter einen Parador, gibt. Das über 500 Jahre alte Städtchen, das während der Renaissance einer der wichtigsten spanischen Häfen war, bietet eine schöne Altstadt mit Kolonialbauten und alten Kirchen. Wenige Kilometer landeinwärts liegt in **Las Nieves** eine alte Kapelle mit La Palmas Heiligtum, einer Statue der „Schneejungfrau", zu deren Ehren alle fünf Jahre ein großes Fest gefeiert wird.

NORDEN

Im Nordosten La Palmas befindet sich das Biosphärenreservat **Los Tilos**, ein Farn- und Lorbeerwald mit sehr schönen Wanderwegen. Ganz im Norden liegt im touristisch relativ unberührten, hübschen Ort **Barlovento** ein 4-Sterne-Hotel. Bademöglichkeiten bieten natürliche Meerwasserschwimmbäder in der Nähe. Im Westen der einsamen, ursprünglichen und teilweise unzugänglichen Nordküste folgen die Orte **Garafia** und **Puntagorda**. In dieser hervorragend zum Wandern geeigneten Gegend kann man schöne, kleine Landhäuser mieten. Da die Küste recht steil ist, liegen diese „Casas" meist oberhalb des Meeres mit wunderschönem Blick, aber ohne Bademöglichkeiten im Meer – dafür jedoch häufig mit Pool.

WESTEN

Knapp 30 Kilometer südlich liegen im Westen die zweitgrößte Stadt der Insel, **Los Llanos de Ariadne** mit guten Einkaufs- und Unterhaltungsmöglichkeiten, und das idyllische **El Paso**. Diese Gegend ist durch viel Landwirtschaft, Seiden- und Zigarrenmanufakturen, Kunsthandwerk sowie durch den Tourismus – im Südwesten werden die meisten Fremdenquartiere angeboten – recht wohlhabend. Strandziele in der Nähe sind **Tazacorte** und das bereits beschriebene **Puerto Naos**.

SÜDEN

Auf dem weiteren Weg in Richtung Süden wird die Insel mit erloschenen Vulkankegeln und Lavafeldern immer karger. Die südlichste Gemeinde der Insel ist **Fuencaliente**, am Abhang der Cumbre gelegen. Fuencaliente ist sowohl von Los Llanos als auch von Santa Cruz ungefähr 30 Kilometer entfernt. Unterhalb des Dorfes liegt der **Vulkan Teneguia**, der 1971 den letzten Vulkanausbruch auf den Kanaren verursachte; die Felsen um den Krater herum sind hiervon noch warm. Bademöglichkeiten sind mit Stränden wie **Playa Nueva** in der Nähe des südlichsten Punktes der Insel, der Punta de Fuencaliente mit Leuchtturm, vorhanden.

INSELZENTRUM

Die Attraktion der Insel, den im Landesinneren gelegenen **Nationalpark Caldera de Taburiente**, erreicht man am besten von Los Llanos bzw. El Paso aus. In El Paso befindet sich das Besucherzentrum, das über Wanderwege, Ausrüstung und Verhaltensregeln sowie Camping im Park Auskunft erteilt und bei Bedarf Wanderführer zur Verfügung stellt. Das Vegetationsbild des Nationalparks wird auf den ersten Blick von der kanarischen Kiefer dominiert, es gibt hier jedoch unzählige Pflanzenarten; sogar innerhalb des Kraters findet man verschiedene Vegetationsstufen. Im Park ist ein sehr reiches, unterirdisches Wasserreservoir vorhanden, von dem ein Teil durch Kanäle der Landwirtschaft zugute kommt. Zwischen den Wanderwegen stößt man auf kleine Wasserfälle, Bäche und Quellen. Es gibt viele Aussichtspunkte, von denen man die Caldera bewundern kann, darunter der **Cumbrecita** in 1.200 Meter Höhe. Am Nordrand des Parks, auf dem Roque de los Muchachos, liegt eines der weltweit wichtigsten astro-physikalischen Observatorien.

EL HIERRO

Die kleinste, nur 269 qkm Fläche umfassende Kanareninsel ist das südwestlich von La Palma und La Gomera gelegene Hierro. Auch die Einwohnerzahl ist mit gut 8.000 Menschen die niedrigste. In der Hauptstadt **Valverde** im nordöstlichen Landesinneren wohnt knapp die Hälfte der Bevölkerung; der Westen der Insel ist fast unbevölkert.

Hierros Flughafen (VDE), der als der kleinste Spaniens gilt, wird nur vom Flughafen Teneriffa-Nord aus angeflogen. Direktflüge von anderen Inseln, dem Festland oder gar von Deutschland gibt es nicht. In Puerto de la Estaca, dem Hafen von Hierro, legen Fähren aus Teneriffa an.

Hierro hat kaum Strände, sondern eher kleine Buchten und zerklüftete, wilde Küsten und ist deshalb nicht sehr gut für Strandurlaub geeignet. Die Gestalt der Insel wird vom – im Norden gelegenen – Tal El Golfo bestimmt; es umfasst 25 Kilometer und ist von hohen Felswänden umgeben. Hier wird viel Landwirtschaft betrieben, unter anderem baut man Wein, Bananen, Papayas und – einzigartig auf den Kanaren – Ananas an. Anschließend steigt die Insel innerhalb weniger Kilometer von einem auf 500 Meter, zum Berg Pico Malpaso, an. Das Landesinnere ist bergig und grün mit fruchtbaren Tälern, Wäldern und hübschen Dörfern. Es gibt viele, schöne Wanderwege, auf denen Naturfreunde und Ruhesuchende die touristisch kaum erschlossene Insel erkunden können. Bis zum Mittelalter galt Hierro als das westliche Ende der Welt und auch heute noch fällt es leicht, sich auf der einsamsten Kanareninsel weit weg vom Rest der Welt zu wähnen. Die Bewohner der Insel leben sehr geruhsam und pflegen viele alte Traditionen. Es gibt kein eigentliches Touristenzentrum, sondern über die ganze Insel verteilt Urlaubsunterkünfte wie kleine Mittelklassehotels, Ferienhäuser und Fincas. Die Insel ist nur selten in den Katalogen von Pauschalreiseveranstaltern zu finden.

FERIENORTE / AUSFLUGSZIELE

In der 600 Meter hoch gelegenen, malerischen Hauptstadt **Valverde** gibt es urige Restaurants, Einkaufs- und Unterhaltungsmöglichkeiten.

Im nordöstlichen Küstenort **Tamaduste** befinden sich zwei außergewöhnliche natürliche Schwimmbecken, die vom Meer gespeist werden; hier bestehen auch gute Tauchmöglichkeiten. Ebenfalls an der Nordküste liegt auf einer Landzunge **Las Puntas** mit hübschen Apartments.

In der Nähe von **Frontera** und **Tigaday**, die – etwa im Inselzentrum gelegen – zusammen den zweitgrößten Ort Hierros bilden, leben in einer schlecht zugänglichen Küstenregion riesige Eidechsen, die lebende Fossilien darstellen.

Im Westen gibt es bei **Sabinosa** den letzten überlebenden Wald aus Sadebäumen, einem Wacholdergewächs. In der Nähe befindet sich eine Heilquelle mit Kurhotel. An der Westspitze, auf den Felsen des **Kaps Orchilla**, steht Europas westlichster Leuchtturm.

Im Süden ist die Landschaft eher karg und von wüstenartigen, rötlichen Schlackefeldern geprägt. An der Südostküste liegt die malerische Bucht **Las Playas**; hier befindet sich am Steinstrand nur Hierros Parador. Im äußersten Süden folgt das typische Fischerdörfchen **La Restinga**.

1.2.3 KATALONIEN

Die in vier Provinzen aufgeteilte Autonome Region Katalonien liegt mit knapp 32.000 qkm im äußersten Nordosten Spaniens und ist eine der am dichtesten besiedelten Regionen des Landes. Hauptstadt ist **Barcelona**, die zweitgrößte Stadt Spaniens. Hier lebt knapp ein Drittel der sechs Millionen umfassenden Bevölkerung Kataloniens. Im Norden grenzt Katalonien an das Nachbarland Frankreich sowie an den Zwergstaat Andorra; im Osten liegt das **Mittelmeer**, dessen katalonische Küstenlinie in die **Costa Brava** (nördlich von Barcelona) und die **Costa Dorada** (südlich von Barcelona) aufgeteilt wird. Nicht zuletzt durch den an diesen Küsten sehr stark ausgeprägten Tourismus ist Katalonien eines der wirtschaftlich stärksten Gebiete Spaniens. Katalonien hat Anteil an den **Pyrenäen**, wo sich mit dem 3.143 Meter hohen **Pica d´Estats** der höchste Berg der Region befindet. Parallel zur Küste verlaufen Mittelgebirge, die eine maximale Höhe von etwa 1.700 Meter erreichen. Im Süden Kataloniens liegt das Tal des Flusses **Ebro**, der aus nordwestlicher Richtung nach Katalonien kommend hier ins Mittelmeer mündet. Das Hinterland der Region ist mit zahlreichen weiteren Wasserläufen grün und fruchtbar.

Das **Klima** der katalanischen Küste ist mediterran, die Sommer sind jedoch etwas kürzer und nicht so trocken wie in südlicheren Teilen Spaniens. Im Landesinneren fällt weniger Niederschlag, die Temperaturen liegen dort etwas höher (jedoch nicht in den hochgelegenen Teilen der Pyrenäen, die im Winter häufig verschneit sind). Beste **Reisezeit** für Katalonien ist Mai bis September. Der Winter eignet sich – außer zum Wintersport im Gebirge – für einen Urlaub weniger. Deshalb ist Katalonien in der Regel nur in Sommerkatalogen zu finden.

Durch das große Unabhängigkeitsstreben der Katalanen weist die **Geschichte** Kataloniens verschiedene Abweichungen von der spanischen Geschichte auf. Die Region wurde im 9. Jh. unabhängig und entwickelte sich im Laufe der folgenden Jahrhunderte zur bedeutenden Seemacht, die unter anderem die Balearen, Teile der Provinz Valencia und Sardinien eroberte. Mit der Entstehung des Königreichs Spanien im 15. Jh. verlor Katalonien seine Selbstständigkeit und einen Großteil der wirtschaftlichen Macht. Aufstände und Kriege Kataloniens gegen Spanien führten zu Niederlagen und Repressionen. Dennoch blieb das Unabhängigkeitsstreben der Katalanen bestehen. 1932 erhielt das Land das erste Mal Autonomiestatus.

Katalonien hat mit Katalanisch eine eigene romanische **Sprache**. Im Laufe der Geschichte wurde der Gebrauch dieser Sprache sowie anderer Traditionen immer wieder unterdrückt und verboten. Heute ist Katalanisch neben Kastilisch Amtssprache und wird wieder verstärkt gesprochen, teilweise auch in der südlichen Region Valencia, auf den Balearen und vereinzelt auf Sardinien.

Die meisten **Direktflüge** von Deutschland nach Katalonien sind Linienflüge mit LH und IB nach Barcelona (BCN), dessen Flughafen ein wichtiges Drehkreuz der Iberia ist. Charterflughafen der Costa Brava ist Gerona (GRO), gut 100 Kilometer nordwestlich von Barcelona, als Charterflughafen der Costa Dorada dient Reus (REU) bei Tarragona, etwa 100 Kilometer südlich von Barcelona.
Eine **Bahnfahrt** von Frankfurt nach Barcelona dauert knapp 20 Stunden. Die Verbindungen verlaufen meist über Lyon und den französisch-spanischen Grenzübergang Cerbere/Portbou. Das Streckennetz der RENFE innerhalb Kataloniens ist gut ausgebaut.
Ab Deutschland gibt es neben preisgünstigen Linienbusverbindungen auch zahlreiche pauschale **Bustouren** nach Katalonien. Beispielsweise ist man ab Frankfurt mit dem Bus je nach Ziel 17 bis 21 Stunden unterwegs. **Pkw-Fahrten** nehmen – durch den Wegfall häufiger Zwischenstopps und ein höheres Tempo – etwas weniger Zeit in Anspruch als Busfahrten.
Der **Kreuzfahrthafen**, der in Katalonien am häufigsten angelaufen wird, ist Barcelona.

Hauptanziehungspunkte Kataloniens sind die Küsten Costa Brava und Costa Dorada. Die Küsten gelten häufig als billige, gerade von jungen Gästen stark frequentierte Vergnügungsziele, zu denen viele Busreiseveranstalter extrem günstige Pauschalreisen anbieten.

Dieser Ruf trifft auf bestimmte Orte – beispielsweise Lloret de Mar an der Costa Brava oder Salou an der Costa Dorada – sicherlich zu. Es gibt jedoch auch kleinere, weniger verbaute Orte, in denen man ursprüngliche Unterkünfte und gut für Familienurlaub geeignete Ferienhäuser findet. Exklusive, hochwertige Hotelanlagen gibt es an den Küsten Kataloniens kaum. Die meisten Küstenorte bieten gute Wassersportmöglichkeiten; gerade an der nördlichen Costa Brava finden Windsurfer gute Gegebenheiten. Außerdem kommen Wanderer und Bergsteiger sowie Kajak- und Kanufahrer im gebirgigen Hinterland auf ihre Kosten. Im Winter bilden die Pyrenäen ein hervorragendes Skigebiet. Studien- und Rundreisen, bei denen man ausschließlich Katalonien bereist, werden selten angeboten, oft ist es aber Teil einer Rundreise durch mehrere Gebiete Spaniens. Städtereisenden und Ausflüglern von den Urlaubsgebieten an der Küste bietet die Metropole Barcelona vielfältige Besichtigungs-, Unterhaltungs- und Einkaufsmöglichkeiten. Auch im Landesinneren liegen interessante Städte und Orte, die alte Burgen, Kirchen und Klöster aufweisen. Das katalanische Hinterland und unberührte Küstenabschnitte bieten Naturfreunden viel Ursprünglichkeit; vielfältige Landschaften sind durch Naturparks geschützt.

PYRENÄEN

Das Hochgebirge Pyrenäen, 440 Kilometer lang und 140 Kilometer breit, liegt auf dem Gebiet der Länder Spanien, Frankreich und Andorra. Da die Pyrenäen nicht das Hauptreiseziel in Katalonien sind, werden hier nur einige der wichtigsten Anziehungspunkte erwähnt. Im Sommer stellt das Hochgebirge ein beliebtes Ausflugsziel von der Küste aus, im Winter ein gutes Skigebiet dar.

Touristisch interessant sind vor allem das Verwaltungszentrum **La Seu d´Urgell** mit schöner Altstadt, Wintersportorte mit gut zum Abfahrtslauf geeigneten Hochtälern – darunter das Skigebiet **Llesiu** mit über 20 Pisten – und der einzige **Nationalpark** Kataloniens, der **Aigües Tortes**. Der gut 5.000 Hektar große Park liegt mitten im Hochgebirge und eignet sich sehr gut zum Wandern und Bergsteigen. Vor der Kulisse 3.000 Meter hoher Berge erstrecken sich hier bewaldete Täler und idyllische Seen. Ein Besuch des Nationalparks sollte wegen der Wetterverhältnisse am besten zwischen Mai und Oktober unternommen werden.

Häufig werden auch Touren in den winzigen Staat **Andorra** (50.000 Einwohner, knapp 500 qkm) unternommen. Sehenswert ist hier vor allem die Hauptstadt Andorra la Vella. Andorra, ebenfalls ein gutes Wintersportgebiet, ist Freihandelszone und zieht durch günstige Preise viele „Einkäufer" an.

COSTA BRAVA

Die „wilde Küste" macht ihrem Namen – gerade im ruhigeren Norden, der zerklüftete Küsten, schöne Buchten und Strände aufweist – alle Ehre. Hier liegen sehr gute Surfreviere. Der südliche Teil der Costa Brava, der häufig auch als „Costa del Maresme" bezeichnet wird, steht seit den 50er Jahren im Zeichen des Massentourismus und lässt nicht mehr allzu viel Ursprünglichkeit erkennen.

NÖRDLICHER TEIL

Die Costa Brava beginnt im Nordosten Spaniens, an der Grenze zu Frankreich. Am Beginn des Küstenabschnitts liegen der Ort **Portbou** mit hübscher Altstadt und die Halbinsel **Cap de Creus**, der östlichste Punkt Spaniens. Hier kann man die Ruine eines alten Klosters und das Künstlerdorf **Cadaques** besuchen. Bademöglichkeiten bestehen an Steinstränden, Abendunterhaltung bieten viele Restaurants, Kneipen und Diskos in der Altstadt. Kulturell steht der Ort ganz im Zeichen des surrealistischen Malers Dali, der hier wohnte; in einem Museum sind Werke Dalis ausgestellt.

Südwestlich von Cadaques liegt mit **Rosas** der lebhafte Haupttouristenort der nördlichen Costa Brava. Im dem bereits im 8. Jh. v. Chr. gegründeten Städtchen gibt es einen langen, feinsandigen Strand und gute Unterhaltungsmöglichkeiten. Einige Hotels liegen auch in Vororten wie **Sta. Margarita**. Etwa fünf Kilometer südlich von Rosas folgt **Ampuriabrava**, das in den 70-er Jahren als Urlaubersiedlung entstand und eine gute touristische Infrastruktur aufweist. Ampuriabrava wird von Kanälen durchzogen, die über 30 Kilometer Wasserstraße bilden. Der Ferienort liegt eingebettet in den Naturpark **Aiguamolls de l´Emporada**, der zum Schutz der Mündungsgebiete der Flüsse Muga und Fluvia in das Mittelmeer entstand; das Marschland des Naturparks ist eine Brutstätte seltener Vogelarten. Wenige Kilometer südlich folgen der Strand von **San Pedro Pescador** und die Ausgrabungsstätte **Ampurias** mit Ruinen einer 2.500 Jahre alten, griechisch-römischen Stadt. An Ampurias schließt sich das Fischerdorf **La Escala** an. Hier wird die Küste ebener, es gibt breite Sandstrände, die flach ins Meer abfallen und deshalb gut für Familien mit Kindern geeignet sind.

Die Entfernung vom Flughafen Gerona zur nördlichen Costa Brava beträgt 55 bis 65 Kilometer.

MITTLERER TEIL

Der mittlere Teil der Costa Brava beginnt mit dem lebhaften Badeort **Estartit** mit kilometerlangem Sandstrand. Wie La Escala bietet auch Estartit viele Ferienwohnungen und Apartmentanlagen. Estartit vorgelagert ist die Inselgruppe **Illes Medes**, die zum Naturschutzgebiet erklärt wurde und nicht betreten werden darf. Man kann hier jedoch tauchen und schnorcheln sowie die prächtige Unterwasserwelt um die Inseln auf einer Fahrt mit dem Glasbodenboot bewundern. Südlich von Estartit folgen die Badeorte **Playa de Pals** mit Dünenstrand, **Aiguablava**, das malerische Fischerdorf **Tamariu** und **Llafranc**.

Das nächste große Touristenziel, **Playa de Aro**, liegt knapp 20 Kilometer weiter südlich. Das lebhafte Playa de Aro bietet einen langen Sandstrand und mehrere kleine Badebuchten. Für Unterhaltung ist mit zahlreichen Einkaufsstraßen und regem Nachtleben gesorgt. In der Umgebung von Playa de Aro und dem folgenden, flachgebauten **S´Agaro** befinden sich die exklusivsten Hotels der Costa Brava und mehrere Golfplätze. Es folgt der frühere Haupttouristenort **Sant Feliu**, der inzwischen relativ ruhig ist. Hier wird die Landschaft wieder „wilder“, die Straße in Richtung Süden verläuft in Serpentinen entlang der felsigen Küste und bietet wunderbare Ausblicke.

Die Orte an der mittleren Costa Brava sind vom Flughafen Gerona 35 bis 55 Kilometer entfernt.

SÜDLICHER TEIL

Im Süden der Costa Brava folgt **Tossa de Mar**, ein quirliges Touristenzentrum mit schöner Altstadt, die sich durch verwinkelte Gassen zu einer mittelalterlichen Festung hinaufzieht. Die vielen Touristenunterkünfte (meist 2–3-Sterne Kategorie) weisen im Verhältnis zu anderen Küstenorten keine allzu klotzige Bauweise auf, der Hauptstrand ist relativ schmal und grobsandig. Im kleinen Museum des Ortes kann man unter anderem Werke von Marc Chagall sehen, der hier gemalt hat.

10 Kilometer entfernt liegt **Lloret de Mar**, die Touristenhochburg der Costa Brava, die einen krassen Gegensatz zu Tossa de Mar bildet. In dem besonders bei jungen Leuten beliebten Touristenort gibt es unzählige ältere Hotels – häufig in der Kategorie der unteren Mittelklasse, etwas außerhalb liegen auch hochwertigere Unterkünfte – die fest in der Hand von Pauschalveranstaltern sind. Lloret de Mar bietet ein äußerst reges Nachtleben, Spielhallen, Geschäfte, Schnellrestaurants und einen langen Strand mit vielen Wassersportmöglichkeiten. In der Nähe liegt der ebenfalls touristische, aber etwas ursprünglichere Ort **Blanes**. Hier gibt es eine malerische Altstadt, eine Burgruine und einen botanischen Garten mit 3.000 Pflanzenarten. Den langen, grobsandigen Strand säumt eine Promenade. Bei Blanes endet die eigentliche Costa Brava.

Die Transferstrecke vom Flughafen Gerona zur südlichen Costa Brava beträgt 35 bis 45 Kilometer.

HINTERLAND

Etwa 20 Kilometer von Rosas entfernt liegt **Figueres**, mit etwa 30.000 Einwohnern die größte Stadt dieser Gegend und ein beliebtes Ausflugsziel von Urlaubern an der Costa Brava. Hauptattraktion der Stadt ist das „Teatre Museu Dali“, das von dem großen Maler zum Museum umfunktioniert und mit seinen Werken ausgestattet wurde. Salvador Dali wurde hier 1904 geboren, nach seinem Tod 1989 wurde er in Rosas begraben. Gut 10 Kilometer entfernt von Figueres gibt es in **Navata** einen Golfplatz und Unterkünfte der gehobenen Kategorie.

Ebenfalls 20 Kilometer von der Küste entfernt liegt, in der Nähe von Estartit, **Poblat Iberic**, die Ausgrabungsstätte einer iberischen Siedlung aus dem 7. Jh. v. Chr.

Auch **Gerona**, Provinzhauptstadt mit etwa 90.000 Einwohnern und Charterflughafen der Costa Brava, wird häufig besucht. Die im 5. Jh. v. Chr. gegründete, westlich von Tossa de Mar gelegene Stadt ist ein alter Bischofssitz, der an vier Flüssen liegt. Sehenswert sind unter anderem das Judenviertel „Call“ aus dem 9. Jh., eine Kathedrale, eine Stadtmauer und arabische Bäder.

COSTA DEL MARESME

Südlich von Blanes beginnt der als Costa del Maresme bezeichnete Küstenabschnitt, der sich bis zum gut 80 Kilometer entfernten Barcelona erstreckt. Dieses Gebiet ist sehr touristisch, die Orte weisen wenig besondere Eigenheiten und kaum alte Stadtkerne auf. Sie ähneln sich mit ihren vielen „Bettenburgen“ zumeist sehr. Großenteils verlaufen die Hauptstraße sowie Bahnschienen direkt an der Küste mit teilweise aufgeschütteten Stränden. Aus diesem Grund führt der Weg zum Wasser häufig durch Unterführungen. Trotzdem ist diese Gegend bei vielen deutschen Touristen und bei Tagesausflüglern aus Barcelona sehr beliebt. Nördlichster Ort der Costa del Maresme ist das nur wenige Kilometer von Blanes entfernte **Malgrat de Mar**, das mit dem benachbarten **Santa Susana** zu einem Ferienzentrum zusammengewachsen ist. Es folgen das ruhigere **Pineda de Mar**, **Callela de la Costa** mit kilometerlangem Sandstrand, **Canet de Mar**, **Arenys de Mar** und **Mataro**, etwa 40 Kilometer von Barcelona entfernt.

Die Transferstrecke vom Flughafen Gerona zu den Orten an der Costa del Maresme beträgt zwischen 35 Kilometer (Malgrat de Mar) und 75 Kilometer (Mataro).

BARCELONA

Die etwa 2000 Jahre alte Stadt Barcelona war immer Mittelpunkt der wesentlichen historischen und politischen Ereignisse in Katalonien. Die in einer Bucht gelegene, von Hügeln umrahmte Hauptstadt der Region entwickelte sich im Laufe der Jahrhunderte zu einem der wichtigsten Häfen im Mittelmeer und ist heute nach Madrid die zweitgrößte Stadt Spaniens. In der Stadt selbst leben knapp zwei Millionen Menschen, der Großraum Barcelona hat etwa drei Millionen Einwohner. Da Barcelona keine allzu große Fläche einnimmt, ist es möglich, sich relativ leicht zurechtzufinden und die Stadt großenteils zu Fuß zu erkunden. Es gibt aber auch ein gut ausgebautes Netz öffentlicher Verkehrsmittel, zu dem unter anderem eine U-Bahn gehört.

Keimzelle der Metropole ist das **BARRI GOTIC** (Gotisches Viertel). Hier liegen viele historische Baudenkmäler. Das bekannteste ist die gotische **Kathedrale**, die aus drei Schiffen und 29 Kapellen besteht; im Kreuzgang befinden sich Gräber, die aus Tradition von Gänsen „bewacht“ werden.

Weitere bedeutende Bauten im Barri Gotic sind der **Bischofspalast**, der in einem Palast untergebrachte Sitz der katalanischen Regierung, das Rathaus und der königliche Palast. Im Gotischen Viertel finden sich auch noch viele Spuren der Römer, darunter einige **Säulen**, die Reste eines Augustustempels darstellen. Der größte Teil des Barri Gotic ist heute Fußgängerzone.

Herzstück der Stadt ist die Flaniermeile **RAMBLA**, die von der großen **Plaza de Catalunya** über einen guten Kilometer bis ans Meer verläuft. Die lebendige, für den Autoverkehr gesperrte Straße erstreckt sich auf einem ehemaligen Flussbett und zieht mit Cafés, fliegenden Händlern, Straßenkünstlern, Geschäften, Hotels und Souvenirshops sowohl Einheimische als auch Touristen bei Tag und Nacht an. An der Rambla liegen Museen, Kirchen, das Opernhaus und die riesige Markthalle „La Boqueria". Von der Rambla aus gelangt man über ein Pflastermosaik von Miró auf die **Placa del Pi** und auf den von Arkadengängen durchzogenen, palmengesäumten **Placa Reial**. Am südlichen Ende der Rambla steht ein 60 Meter hohes **Kolumbusdenkmal**, auf das man hinauffahren und einen schönen Rundblick über die Stadt und den Hafen genießen kann; in Barcelona wurde Kolumbus von den Katholischen Königen im Jahre 1493 nach der Rückkehr von der Entdeckung Amerikas empfangen. Im Hafen liegt eine Nachbildung der **Karavelle Santa Maria**, mit der Kolumbus seine große Reise unternahm.

In der Nähe des am **HAFEN** gelegenen Denkmals starten Hafenrundfahrten mit kleinen Booten. Hier liegen auch das **Seefahrtmuseum**, die Gebäude des alten **Hafenamtes** und das über eine Brücke erreichbare Einkaufszentrum „**Maremagnum**" mit Aquarium, Kino und weiteren Freizeitangeboten. Anläßlich der Olympischen Sommerspiele, die 1992 in Barcelona stattfanden, restaurierte man das alte Hafenviertel. Es wurden ein Yachthafen, Strände und eine von Kneipen gesäumte Promenade, die bis ins eingemeindete Fischerdorf **Barceloneta** verläuft, angelegt.

Einen guten Überblick über den Hafen hat man von einer Seilbahn, die zum 200 Meter hohen Hügel **MONTJUIC** führt. Hier befinden sich die Sportanlagen der Olympischen Spiele 1992, ein Vergnügungspark und Museen. Eines der bekanntesten Museen auf dem Montjuic ist die Stiftung „**Fundacio Joan Miró**", in der Werke des berühmten Malers ausgestellt sind. Im unteren Bereich des Hügels liegen an der **Plaza d´Espana** Bauten aus der Zeit der Weltausstellung 1929 (heute Messegelände). Im Hauptgebäude befindet sich das **Museu Nacional d´Art de Catalunya**.

Ein weiteres bedeutendes Museum liegt im Viertel **LA RIBERA**. Hier sind im **Museu Picasso** – untergebracht in einem alten Adelspalast – mehr als 3600 Werke Picassos, der hier studierte, ausgestellt. Sehenswert in diesem Stadtteil ist auch die gotische **Kirche Santa Maria del Mar**.

Im Norden der Stadt liegt das Viertel **EIXAMPLE**, das im 19. Jh. im Zuge einer Stadterweiterung entstand. Hier erstrecken sich mehr als 150 prächtige Jugendstilbauten. Die „Hauptstraße" Eixamples ist der Prachtboulevard **Passeig de Gracia**, den einige der bekanntesten Bauwerke säumen: der „**Mancana de la Discordia**" (Block der Zwietracht), der die Werke dreier gegensätzlicher Künstler – darunter Gaudi – umfasst, und die „**Casa Mila**" von Antonio Gaudi. Gaudi ist der berühmteste Baumeister des Jugendstils (spanischer Modernismus), dessen über ganz Barcelona verteilte Werke aus der Stadt nicht wegzudenken sind. Dazu gehören auch der Stadtpalast Palau Güell an der Rambla und der Parc Güell im Nordosten. Für Gaudis Baustil typisch ist die Vermeidung von geraden, rechteckigen Formen zugunsten unkonventioneller, wellenförmiger bzw. runder und farbenfroher Strukturen. Gaudis größtes, jedoch unvollendetes Werk ist die nördlich von Eixample gelegene Kirche **Sagrada Familia**, die heute mit ihren eigenwilligen Türmen als Wahrzeichen Barcelonas gilt. Bis zu seinem Tode 1926 hatte Gaudi über 40 Jahre an der gigantischen Basilika, die über 150 Meter hoch werden sollte, gearbeitet. Nach seinem Tod wurde er hier begraben. Seit den 50er-Jahren wird mit Unterbrechungen an der Kirche weitergebaut.

Eines der von Barcelona am häufigsten – auch im Rahmen von Landausflügen auf Kreuzfahrten – besuchten **AUSFLUGSZIELE** ist das Kloster **Montserrat**. Dieses etwa 50 Kilometer außerhalb, in den gleichnamigen Bergen zwischen Felsspitzen gelegene, bedeutende Wallfahrtsziel wurde im 9. Jh. n. Chr. zu Ehren einer Marienstatue gegründet. Die heutigen Bauten stammen jedoch weitgehend aus dem 19. Jh., da das ursprüngliche Benediktinerkloster zerstört wurde. In der gebirgigen Umgebung des Klosters kann man sehr gut wandern oder eine Seilbahnfahrt zu umliegenden, bis zu 1.200 Meter hohen Gipfeln unternehmen.

Ein weiteres beliebtes Ziel von Ausflügen ist der über 500 Meter hohe Hügel **Tibidabo** im Norden Barcelonas, der auch mit der einzigen noch verkehrenden Straßenbahn und einer Zahnradbahn erreichbar ist. Neben einem Vergnügungspark zieht vor allem der hervorragende Rundblick die Besucher an. Bei gutem Wetter kann man von hier sogar Mallorca und die Pyrenäen sehen.

COSTA DORADA

Die „Goldene Küste" bietet neben großen Touristenorten viele ursprüngliche, nicht erschlossene Strandabschnitte, vor allem im südlichen Teil, an den sich das Naturschutzgebiet des Ebro-Deltas anschließt. Die Strände sind meist breiter, die Buchten weiter als an der Costa Brava.

KÜSTE

Der erste größere Badeort der Costa Dorada ist das etwa 25 Kilometer von Barcelona entfernte **Castelldefels** mit kilometerlangem, von einer Promenade gesäumtem Strand. Nach Castelldelfels und zu kleineren Badeorten südlich Barcelonas kommen gerade am Wochenende viele Einwohner und Urlauber aus Barcelona. 20 Kilometer hinter Castelldefels folgt **Sitges**, ein traditioneller Badeort mit schöner Altstadt. Hier gibt es eine hervorragende touristische Infrastruktur mit Yachthafen, zahlreichen, auch hochwertigeren Hotels, Restaurants, Bars, Diskotheken und Kneipen an der Promenade. Wenige Kilometer entfernt liegt **Vilanova** mit altem Fischerviertel und historischen Bauten (Renaissancekirche, Kastell und römische Ausgrabungen). Auch hier gibt es vielfältige Unterhaltungs- und Sportmöglichkeiten sowie einen schönen, langen Sandstrand. Die anschließenden kleineren Badeorte **Cubelles**, **Cunit**, **Segur de Calafell** und **Comarragua** sind ebenfalls bekannt für gute Strände.

Die Entfernung vom Flughafen Reus zu diesem Küstenabschnitt beträgt 40 bis 65 Kilometer.

Die Provinzhauptstadt **Tarragona** (etwa 120.000 Einwohner), 15 Kilometer vom Flughafen Reus entfernt, war eine bedeutende Römerstadt und die wichtigste Stadt Kataloniens, bis sie nach dem Abzug der Römer an Bedeutung verlor und vom etwa 100 Kilometer entfernten Barcelona abgelöst wurde. Auf einem 70 Meter hohen Hügel, direkt am Meer gelegen, ist Tarragona auch heute noch eine wichtige Hafenstadt. Hauptattraktionen sind die Altstadt römischen Ursprungs und römische Ausgrabungen (Stadttore, Stadtmauer, Augustuspalast, Forum, Aquädukt, Amphitheater für 12.000 Zuschauer und eine Nekropole). Herz der Stadt ist heute die „Rambla", wie in Barcelona die Hauptverkehrsstraße und Flaniermeile. Eine weitere Sehenswürdigkeit ist die im 14. Jh. fertig gestellte Kathedrale.

Südlich von Tarragona liegt **Salou**, <u>die</u> Touristenhochburg der Costa Dorada. Der Badeort mit langen Stränden und unzähligen Hotels bietet alles, was sich der vergnügungssüchtige Urlauber wünschen kann und ist – wie Lloret de Mar – bevorzugtes Ziel von Busreiseveranstaltern. Salou ist mehr oder weniger mit dem folgenden Ort **Cambrils** zusammengewachsen; Cambrils mit seiner schönen Altstadt ist jedoch noch ein wenig ursprünglicher als Salou.

Neben einem Aquapark in Salous nördlichem Vorort **La Pineda** ist die Hauptattraktion dieser Gegend der Freizeitpark **Universal´s Mediterranea**, nach Disneyland Paris der größte Freizeitpark Europas. Ähnlich wie in den Disney-Resorts gibt es auch hier verschiedene „Länder“: mediterranes Dorf, Südsee, China, Mexiko und Westernstadt. Südlich von Cambrils folgen lange, flache Strände und ruhigere Badeorte, die teilweise erst in den letzten Jahrzehnten entstanden sind. Südlich erstrecken sich das Urlaubsdorf **Montroig**, **Miami Playa** mit kleinen, feinsandigen Buchten und **Pino Alto**. In dieser Gegend, die sich gut für Familienurlaub eignet, gibt es viele Ferienhäuser und Apartments.

Vom Flughafen Reus sind die genannten Urlaubsorte 15 bis 50 Kilometer entfernt.

Südlich dieses Küstenabschnitts wird die Costa Dorada wesentlich ruhiger und beschaulicher. Knapp 50 Kilometer südlich von Miami Playa folgt die maurisch geprägte Stadt **Amposta**, am Fluss Ebro gelegen. Östlich der Stadt liegt das Mündungsgebiet des Flusses, dessen Feuchgebiet als **Delta de'l Ebre** unter Naturschutz steht. Auf dem salzhaltigen Sandboden gibt es eine ganz eigene Fauna und Flora; das Naturschutzgebiet ist besonders als Vogelparadies (über 300 Arten) bekannt. Im Ebro-Delta liegen lange, breite Sandstrände und Dünenlandschaften, im Hinterland wird Landwirtschaft, vor allem Obst- und Gemüseanbau, betrieben. Durch das Naturschutzgebiet führen schmale Sraßen, die hier liegenden Ortschaften sind aber auch durch eine Fähre miteinander verbunden. Der Fischerort **Sant Carles de la Rapita** hat sich auch touristisch entwickelt, in der Siedlung **Riomar** können Ruhesuchende und Naturliebhaber Häuser mieten. Südlich des Ebro-Deltas beginnt der Küstenabschnitt Costa del Azahar in der Autonomen Region Valencia.

Die Entfernung vom Flughafen Reus nach Riomar beträgt etwa 120 Kilometer.

HINTERLAND

Auch von der Costa Dorada aus kann man schöne Ausflüge ins Hinterland unternehmen, unter denen nur zwei besonders beliebte erwähnt werden sollen.

Westlich von Sitges liegt das Weinanbaugebiet **Penedes**, aus dem der berühmte spanische Sekt „Cava“ stammt. Hier kann man in zahlreichen Kellereien Wein- und Sektproben machen.

Etwa 40 Kilometer entfernt von Tarragona befinden sich die aus dem 12. Jh. stammenden, sehr sehenswerten Zisterzienserklöster **Santes Creus** und **Santa Maria de Poblet** (einer der bedeutendsten Klosterbauten Europas).

1.2.4 ANDALUSIEN

Mit gut 87.000 qkm Fläche stellt die zweitgrößte Region Andalusien den Süden Spaniens dar. Hauptstadt und größte Stadt Andalusiens ist **Sevilla** mit etwa 700.000 Einwohnern. In Andalusien leben insgesamt knapp sieben Millionen Menschen; die Besiedlung konzentriert sich vorrangig auf die Küsten und die Großstädte im Landesinneren. Andalusien grenzt im Osten und Südosten ans Mittelmeer, im Südwesten an den Atlantik und im Westen an den Nachbarstaat Portugal (den Küstenabschnitt Algarve). Die **Straße von Gibraltar** trennt Andalusien vom nordafrikanischen Marokko. Die Küste Andalusiens wird in drei Abschnitte aufgeteilt. Von der portugiesischen Grenze bis Gibraltar erstreckt sich am Atlantik die **Costa de la Luz**, am Mittelmeer beginnt bei Gibraltar die **Costa del Sol**, die dann in die **Costa de Almeria** übergeht. Parallel zur Mittelmeerküste verlaufen die nördlichen und südlichen andalusischen Gebirgsketten, die zusammen die **Betische Kordillere** bilden, den Osten der Region einnehmen und teilweise bis an die Küsten heranreichen. Zum südlichen Teil des Gebirges gehört die **Sierra Nevada** mit dem 3.478 Meter hohen **Mulhacen**, dem höchsten Berg des spanischen Festlands. Zwischen den nördlichen und südlichen Gebirgsketten liegt ein fruchtbares Tal, in dem sich auch die Stadt Granada befindet. Im Norden trennt die 600 Kilometer lange **Sierra Morena** Andalusien von der Meseta. Zwischen der Sierra Morena und den andalusischen Gebirgsketten liegt die Senke des **Guadalquivir**. Dieser Fluss, mit 650 Kilometern einer der längsten Spaniens, entspringt in den andalusischen Gebirgsketten und mündet in den Atlantik. Auf seinem landschaftlich abwechslungsreichen Weg verbreitert das Flusstal sich von zehn Kilometer auf 300 Kilometer zu einem weiten Delta.

An den Küsten Andalusiens ist das **Klima** typisch mediterran; die Winter sind relativ kurz und mild. Während die Costa de Almeria sehr trocken ist, regnet es in Teilen des Guadalquivir-Tals im Frühjahr und Herbst häufiger. Im Landesinneren sind die Sommer heißer und die Winter etwas kühler, in den Gebirgsregionen, wo auch Wintersport betrieben wird, kann es im Winter sehr kalt werden. In der Sierra Nevada sind die Gipfel sogar im Sommer oft schneebedeckt. Wegen des milden Klimas hat sich die **Reisezeit** für Andalusien auch auf den Winter ausgedehnt, Hochsaison ist jedoch der Sommer.

Geschichte, Architektur und Kultur Andalusiens sind stark geprägt von den Mauren, die hier zwischen dem 8. und 15. Jh. n. Chr. herrschten. Nach der Rückeroberung durch die Katholischen Könige vermischten sich viele Elemente islamischer und christlicher Kultur, beispielsweise wurden Moscheen in Kirchen umgewandelt. Diese Kunstrichtung wird als „Mudejar-Stil" bezeichnet.

Ziel der meisten **Direktflüge** von Deutschland nach Andalusien ist – sowohl im Linien- als auch im Charterverkehr – Malaga (AGP), das Zentrum der Costa del Sol mit dem größten Flughafen Andalusiens. Direkte Charterflüge gibt es, jedoch nicht so häufig, auch nach Sevilla (SVQ) im Landesinneren, Jerez de la Frontera (XRY) an der Costa de la Luz und nach Almeria (LEI) an der Costa de Almeria. Es besteht aber auch die Möglichkeit, per Linie über die Iberia-Drehkreuze Madrid und Barcelona in die genannten Städte und nach Granada (GRX) zu fliegen.
Eine **Bahnfahrt** von Frankfurt nach Andalusien dauert, je nach Verbindung und Ziel, etwa 30 Stunden. Die Zugverbindungen zwischen Andalusien und Madrid sind sehr gut. Der Hochgeschwindigkeitszug AVE bewältigt die Strecke Madrid–Sevilla in nur knapp drei Stunden; außerdem gibt es AVE/TALGO-Verbindungen von Madrid nach Cordoba, Malaga und Granada. Von Barcelona und Bilbao in Nordspanien verkehren Autoreisezüge nach Malaga und Cadiz.
Ab vielen deutschen Städten gibt es preisgünstige **Linienbusverbindungen** in mehrere Städte und Orte Andalusiens. Ab Frankfurt ist man mit Touring/Eurolines zwischen 28 und 36 Stunden unterwegs. Mit dem **Pkw** braucht man für die gleiche Strecke in der Regel etwas weniger Zeit.
Die **Kreuzfahrthäfen**, die in Andalusien am häufigsten angelaufen werden, sind Malaga und Cadiz.

Ein wichtiger **Anziehungspunkt** Andalusiens sind die Strände und Badeorte an den Küsten, deren Charaktere von ganz ursprünglich über turbulent bis mondän reichen. An der Costa del Sol befinden sich einige der exklusivsten Hotel- und Golfanlagen Europas. Neben Golfern kommen aber auch zahlreiche weitere Sportbegeisterte nach Andalusien. An den meisten Küstenabschnitten gibt es gute Wassersportmöglichkeiten und in den Gebirgen beste Voraussetzungen zum Wandern und Bergsteigen, im Winter sogar zum Ski fahren. Neben Erholungs- und Sporttourismus wird in Andalusien auch Kulturtourismus – Studien- und Rundreisen in das interessante Hinterland und die großartigen Städte aus der Maurenzeit – ganz groß geschrieben. Eine besondere Art der Rundreise ist eine Fahrt mit dem komfortablen Nostalgiezug „Al Andalus Express", der den ganzen Sommer über jeweils fünf Tage zwischen Sevilla, Cordoba, Granada, Ronda und Jerez de la Frontera unterwegs ist. Weiterhin ist Andalusien ein Gebiet mit vielen Schulen, in denen man Spanisch lernen kann. Viele Sprachurlauber – von Schülern bis Senioren – kommen gerade nach Malaga und Granada, wo sich renommierte Sprachschulen befinden.

COSTA DE LA LUZ

Der westlichste, am Atlantik gelegene Küstenabschnitt „Küste des Lichts" ist der ursprünglichste und am wenigsten touristische Andalusiens. Die Sandstrände der Costa de la Luz gelten als besonders schön und feinsandig. Hier ist es meist windiger als an der Mittelmeerküste.

WESTLICHER TEIL

Der äußerste Westen der Costa de la Luz grenzt an Portugal. Zwischen der portugiesischen Grenze und Huelva, der größten Stadt dieser Gegend, liegen touristisch interessante Gebiete: die Halbinsel **Isla Canela** und der Ort **Islantilla** auf der Halbinsel Isla Antilla mit langen Sandstränden. Hier gibt es einige Hotels der guten Mittelklasse, dennoch ist die Gegend noch ziemlich ruhig und einsam. Durch seine Nähe zu Portugal ist dieser westlichste Bereich der Costa de la Luz schneller von Faro (FAO), dem Zielflughafen der Algarve, zu erreichen als von den spanischen Flughäfen.

In der Nähe der Stadt **Huelva** liegen das Kloster **Palos de la Frontera** und der Ort **Moguer**, der Ausgangspunkt von Kolumbus´ erster Fahrt nach Amerika. Östlich schließt sich der Wallfahrtsort **El Rocio** an. Beim bekanntesten Strandort der Costa de la Luz, **Matalascanas**, beginnt der **Nationalpark Coto de Donana**, mit 50.000 Hektar eines der größten und ökologisch empfindlichsten Naturschutzgebiete Europas. Das ehemalige Jagdrevier im Mündungsdelta des Guadalquivir besteht aus Lagunen, Dünen, Salzmarschen und Wäldern; Fauna und Flora sind hier sehr vielfältig. Dieses Naturparadies wird durch den großen Wasserverschleiß von Landwirtschaft und Tourismus sehr belastet; der Grundwasserspiegel ist bereits stark gesunken. Um das Gebiet so gut wie möglich zu schützen, können hier nur geführte Touren gemacht werden.

MITTLERER TEIL / WEISSE DÖRFER

Östlich des Nationalparks liegt die drei Kilometer breite Mündung des Guadalquivir in den Atlantik. Direkt an der Flussmündung, im MITTLEREN TEIL der Costa de la Luz, befindet sich die alte Hafenstadt **Sanlucar de Barrameda** mit traditionsreichen Bauten, nur wenige Kilometer entfernt sind die Badeorte **Chipiona** und **Rota** mit langen Sandstränden.

Die Entfernung vom Flughafen Jerez de la Frontera zu den Badeorten an der westlichen und mittleren Costa de la Luz beträgt 70 bis 130 Kilometer.

Im Hinterland dieser Küstenorte liegen das etwa 100 Kilometer entfernte Sevilla und **Jerez de la Frontera**, die größte Stadt der Provinz (190.000 Einwohner). Jerez wurde als Ursprungsort des Sherry-Weins weltberühmt, weshalb zum Besuch der Stadt die Besichtigung einer Bodega (spezielle Weinkellerei) mit Weinprobe gehört. Die Stadt selbst besitzt einen sehenswerten alten Kern mit einem hoch gelegenen Alcazar (Palastmoschee aus der Maurenzeit). Sehenswert ist auch die „Königliche andalusische Schule der Reitkunst", die Dressurvorführungen mit den bekannten andalusischen Kartäuserpferden durchführt. Die Pferde verdanken ihren Namen einem nahe gelegenen Kartäuserkloster, dem ein Gestüt angeschlossen war.

Auch die Gegend um Jerez de la Frontera ist stark geprägt vom Weinanbau. Ein bekannter Ort im Landesinneren ist das auf einem Felsrücken gelegene **Arcos de la Frontera**, das viele historische Gebäude und eine malerische Altstadt mit engen, steilen Gassen aufweist. Mit seinen strahlend weißen, an einen Hang gebauten Häusern ist Arcos eines der schönsten der „WEISSEN DÖRFER", die weit verstreut in der Berglandschaft Andalusiens liegen. Es gibt eine „Straße der weißen Dörfer" genannte Route, die über 200 Kilometer von Jerez de la Frontera über Arcos de la Frontera, Olvera, Setenil und Ronda nach San Pedro de Alcantara an die Costa del Sol verläuft.

Etwa 30 Kilometer westlich von Jerez de la Frontera liegt die Küstenstadt **Cadiz**, vor 3.000 Jahren von den Phöniziern als älteste Stadt Spaniens gegründet. Cadiz hat sich im Laufe der Jahrtausende zur wichtigen Handels- und Hafenstadt entwickelt. Sehr sehenswert ist hier der alte Stadtkern mit vielen Kirchen, historischen Bauwerken und interessanten Museen.

SÜDÖSTLICHER TEIL

Auf die Bucht von Cadiz folgt der Südosten der Costa de la Luz. Hier liegen – nahe der kleinen Stadt **Chiclana** – die bekanntesten aufstrebenden Badeorte der Costa de la Luz an langen, relativ ruhigen Sandstränden: das Urlaubsdorf **Novo Sancti Petri**, das hochwertige Hotelanlagen und reichlich Sportmöglichkeiten (darunter Golf) bietet, und der Fischerort **Conil**, der besonders bei jungen Gästen beliebt ist. Nach dem „Weißen Dorf" **Vejer de la Frontera** folgen die Küstenorte **Barbate** und **Zahara de los Atunes** (Zentrum des Thunfischfangs) mit einigen Mittelklassehotels.

Auf der Weiterfahrt entlang der Küste erreicht man bei **Tarifa** (etwa 100 Kilometer von Cadiz) den südlichsten Punkt des europäischen Festlands, markiert durch einen Leuchtturm an der Punta Marroquai. Die **Straße von Gibraltar** – also die Entfernung zu Marokko – misst hier nur knapp 14 Kilometer. Das afrikanisch anmutende Tarifa hat einen alten Kern, der durch eine Stadtmauer aus der Maurenzeit geschützt ist. Heute zieht es viele Surfer in die Stadt, in der ein ständiger Wind weht. Mehrere Aussichtspunkte bieten bei gutem Wetter schöne Ausblicke auf die Straße von Gibraltar und das marokkanische Küstengebirge Rif. Wer von hier einen Abstecher nach Marokko machen möchte, kann die Fährverbindung von Tarifa nach Tanger nutzen (Überfahrtsdauer etwa 40 Minuten). In diesem Gebiet endet die eigentliche Costa de la Luz bzw. die Atlantikküste.

Etwa 20 Kilometer nordöstlich von Tarifa liegt **Algeciras**, der Hauptfährhafen nach Marokko und zur Enklave **Ceuta** (Überfahrtsdauer ein bis zwei Stunden), die verwaltungsmäßig zur Provinz Cadiz gehört. Nach weiteren 20 Kilometern Fahrt um die Bucht von Algeciras erreicht man **Gibraltar**, seit dem spanischen Erbfolgekrieg Anfang des 18. Jh. durch Grenzposten markiertes, britisches Hoheitsgebiet. Das auf einer Halbinsel gelegene Gebiet um den gleichnamigen, 425 Meter hohen Felsen wirkt mit einer anglikanischen Kathedrale, englischen Pubs und den typischen roten Telefonzellen sehr britisch. Für EU-Bürger genügt zur Einreise in die Kronkolonie Gibraltar, die auf etwa 6,5 qkm gut 30.000 Einwohner hat, ein gültiger Personalausweis. Attraktionen hier sind außer dem Felsen, auf den man mit einer Schwebebahn hinauffahren kann, die maurische Burg „Moorish Castle", die Hauptstraße „Main Street" mit Duty-Free-Shops und die berühmten, frei lebenden Gibraltar-Affen. Etwa 15 Kilometer östlich liegt das exklusive Feriendorf **Sotogrande** mit zahlreichen Sportmöglichkeiten in üppig-grüner Landschaft.

COSTA DEL SOL

Östlich von Gibraltar beginnt das Gebiet der „Sonnenküste", an der der Fremdenverkehr stark entwickelt und die Küste dicht bebaut ist. Der folgende Küstenabschnitt bis Marbella, an dem die einzelnen Orte fast ineinander übergehen, wird häufig auch als „Costa Marbella" bezeichnet. Sandstrände ziehen sich bis nach Malaga ohne Unterbrechung die Küste entlang.

COSTA MARBELLA

Der erste größere Ferienort hier ist – nach dem kleineren **Manilva** – das knapp 50 Kilometer von Gibraltar entfernte **Estepona**, ein noch nicht allzu überlaufener Fischerort mit schöner Altstadt. Im Ort selbst gibt es einen Fischer- und Yachthafen, viele Restaurants, Bars und Geschäfte. Am langen Sandstrand liegen exklusive Resorthotels mit Wassersportmöglichkeiten und Golfplätzen. Östlich folgen der Urlaubsort **San Pedro de Alcantara** und der bereits zu Marbella gehörende, mondäne Yachthafen **Puerto Banus**. Hier liegen – an einer Promenade mit eleganten Restaurants und Geschäften – an fast 1.000 Ankerplätzen viele der nobelsten Yachten der Welt. In der Nähe des Hafens befindet sich das exklusive Hotel- und Villenviertel **Nueva Andalucia**.

Puerto Banus ist etwa sechs Kilometer entfernt vom Zentrum von **Marbella** (knapp 100.000 Einwohner), das seit Jahrzehnten als das Urlaubszentrum der europäischen und arabischen High Society und des Jetsets gilt. Neben einigen der luxuriösesten Hotels des Mittelmeerraums sieht man hier viele prachtvolle Privathäuser und -villen. Günstigere Unterkünfte liegen im Viertel „El Barrio". Die neueren Ferienkomplexe sind im andalusischen Stil gehalten, während ältere Gebäude oft sehr klotzig gebaut, jedoch meist von wunderschönen Parkanlagen umgeben sind. Im Großraum Marbella gibt es viele Golfplätze, die teilweise auch an Hotels angeschlossen sind. Zum Flanieren laden die lange Promenade und die maurisch-spanische Altstadt ein. Hier findet man um die zentrale „Plaza de los Naranjos" teure Designerboutiquen und Restaurants.

WESTLICH VON MALAGA

Östlich von Marbella folgt ein längerer Strandabschnitt mit vielen kleineren Bungalowanlagen. Die nächsten größeren Ferienzentren sind die Orte **Fuengirola** und **Torremolinos** (30 bzw. 50 Kilometer östlich von Marbella), die mit riesigen, meist preiswerten „Bettenburgen" regelrechte Zentren des Massentourismus sind. Durch das dazwischen gelegene **Benalmadena** gehen die beiden Orte fast nahtlos ineinander über. Es gibt hier lange, lebhafte Strände, ein umfangreiches Freizeitangebot (darunter Bade- und Vergnügungsparks, Kasino und Aquarium) sowie zahlreiche Diskotheken und Kneipen. Fuengirola und Torremolinos haben alte Stadtkerne, die noch heute die Ortszentren bilden. Der alte Teil von Benalmadena (Benalmadena Pueblo) liegt wenige Kilometer entfernt vom Küstenort (Benalmadena Costa) in den Bergen des Hinterlandes.

Torremolinos liegt knapp 20 Kilometer entfernt von **Malaga**, Provinzhauptstadt, wichtige Hafenstadt und Küstenmetropole Andalusiens mit knapp 600.000 Einwohnern. In Malaga, das von den Phöniziern gegründet wurde, kann man geschichtsträchtige Bauwerke aus verschiedenen Epochen besichtigen: Ruinen eines römischen Theaters, die maurische Burg Alcazaba mit wunderschöner Gartenanlage, die hoch über der Stadt gelegene Festung Gibralfaro und die unvollendete Kathedrale aus dem 16. Jh. Sehenswert sind auch das Geburtshaus Picassos (heute Museum), die Hafenpromenade „Paseo del Parque" und eine große Stierkampfarena aus dem 19. Jh. Sehr beliebt sind auch die vielen Einkaufsstraßen und das rege Nachtleben Malagas.

Die Entfernung vom Flughafen Malaga zu den Badeorten der westlichen Costa del Sol beträgt zwischen 10 Kilometer und 100 Kilometer.

HINTERLAND

Im gebirgigen Hinterland der beschriebenen Gegend liegen lohnende Ausflugsziele. Auf der bereits erwähnten „Straße der Weißen Dörfer“ gelangt man von San Pedro de Alcantara ins Gebirge und ins etwa 50 Kilometer entfernte **Ronda**. Die Stadt zeichnet sich durch ihre außergewöhnliche Lage aus. Sie erstreckt sich auf zwei Felsplateaus, beiderseits einer bis zu 160 Meter tiefen und 40 bis 90 Meter breiten Schlucht. Die von den Arabern gegründete Altstadt und die Neustadt aus dem 16. Jh. sind durch drei spektakuläre Brücken – die höchste über 100 Meter hoch – miteinander verbunden. Weitere Sehenswürdigkeiten Rondas sind die älteste Stierkampfarena Spaniens aus dem Jahr 1785 sowie die Altstadt mit vielen historischen Bauten, darunter die Kirche Santa Maria, vormals Moschee. Man kann in die Schlucht hinabsteigen; hier fließt der Rio Guadalevin, an dessen Ufer die Mauren eine noch teilweise erhaltene Badeanstalt errichtet haben.

Das touristisch am meisten entwickelte der vielen kleinen Bergdörfer im Hinterland ist **Mijas**, nur acht Kilometer von Fuengirola entfernt. Das Städtchen wurde vor über 2000 Jahren in Form eines Amphitheaters an einen Hang gebaut und bietet phantastische Aussichten auf die Küste. In den engen, malerischen Gassen von Mijas wimmelt es von Andenkenläden und Restaurants.

Etwa 65 Kilometer nördlich von Malaga befindet sich das Städtchen **Antequera**, das größtenteils unter Denkmalschutz steht. In der Nähe liegen prähistorische Gräber, in der Stadt selbst gibt es eine maurische Alcazaba, alte Paläste und Kirchen. In der Nähe Antequeras liegen der knapp 20 qkm große **Nationalpark Torcal** (ein Felslabyrinth auf einem über 1.000 Meter hohen Plateau) und das Naturschutzgebiet **Garganta del Chorro** (eine drei Kilometer lange, 200 Meter tiefe Schlucht).

ÖSTLICH VON MALAGA

Die Küste östlich von Malaga ist zerklüfteter als der westliche Teil; die einzelnen Orte liegen hier nicht ganz so nahe beieinander. An Malaga schließen sich Vororte und kleinere Strandorte an. Der erste große Badeort, der nach gut 30 Kilometern Fahrt erreicht wird, ist **Torre del Mar**, eine lebhafte, aus Hochhäusern mit preiswerten Hotels bestehende Urlaubssiedlung. Nach weiteren 20 Kilometern erreicht man **Nerja**, einen hübschen, im Vergleich zur restlichen Küste wenig verbauten Ferienort, der auf einem Hochplateau über der Küste liegt. Hier findet man viele, meist kleinere Unterkünfte der (gehobenen) Mittelklasse. Der Strand besteht aus einzelnen Buchten, die durch Felsen voneinander getrennt sind. An das Zentrum des Ortes schließt sich die große Aussichtsterrasse „Balcon de Europa“ an, von der man wunderschöne Ausblicke aufs Meer und die Berge im Hinterland hat. Weitere Attraktion Nerjas ist eine außerhalb gelegene Tropfsteinhöhle, die aus vier „Sälen“ besteht und eine Gesamtlänge von 800 Metern aufweist. Neben prachtvollen Stalaktiten sieht man hier auch steinzeitliche Höhlenmalereien. In der Höhle herrscht eine ganz besondere Akustik, weswegen hier im Sommer häufig Konzerte stattfinden. Im Landesinneren, knapp 10 Kilometer entfernt, liegt das malerische Bergdorf **Frigiliana**.

COSTA TROPICAL

Hinter Nerja beginnt die Costa Tropical, die ihren Namen der tropisch anmutenden Vegetation verdankt. Dieser östliche, zerklüftete Küstenabschnitt mit beeindruckenden Steilküsten grenzt an die Costa de Almeria. Hier wird die Küste vor dem Hintergrund der Sierra Nevada wieder ursprünglicher. Gut 20 Kilometer von Nerja entfernt liegt **Almunecar**, eine phönizische Gründung, die römische und maurische Spuren aufweist. In und um die Stadt gibt es viele, teils auch klotzige Hotelbauten. Der Strand ist von Felsvorsprüngen in kleine Abschnitte unterteilt. Es folgen **Salobrena** mit schneeweißen Häusern und einer arabischen Festung und die Hafenstadt **Motril**.

COSTA DE ALMERIA

Die Costa de Almeria ist der östlichste Küstenabschnitt Andalusiens. Auch diese Gegend ist sehr fruchtbar und wird landwirtschaftlich stark genutzt, oft mit Hilfe von Gewächshäusern. Die Costa de Almeria ist die trockenste Gegend Spaniens; sie weist durchschnittlich 3.000 Sonnenstunden pro Jahr auf und trägt deshalb den Beinamen „Afrika in Europa". An der Costa de Almeria gibt es einige große Touristenzentren und viele ursprüngliche Küsten- und Bergdörfer.

Der erste Badeort hier ist **Adra**, etwa 50 Kilometer entfernt von Motril. Obwohl das Städtchen eine schöne Altstadt mit historischen Bauten, einen langen Strand und einige Hotels bietet, ist es nicht so lebhaft wie die östlich folgenden Orte. Zu diesen gehört **Almerimar**, eine grüne, ruhige Feriensiedlung mit langem, hellem Sandstrand. Almerimar bietet hervorragende Bedingungen für Surfer und weitere gute Sportmöglichkeiten (Golf, Reiten und ein großer Yachthafen). Etwa 15 Kilometer östlich folgt mit **Roquetas de Mar** der größte und bekannteste Touristenort der Costa de Almeria. Der Ortskern ist ein altes Fischerdorf, das stark angewachsen ist. Es gibt hier einen kilometerlangen, hellen Sandstrand, an dem eine Promenade mit vielfältigen Einkaufs- und Unterhaltungsmöglichkeiten, Bars und Restaurants verläuft. Auch Roquetas hat mit Golf, Minigolf, Tennis, Reiten, Fahrradverleih, Surfen und Segeln ein großes Sportangebot. Viele klotzige Großhotels des Ortes stammen aus den 50er- und 60er-Jahren, der Trend geht aber auch hier zu Ferienanlagen im landestypischen Stil; die Unterkünfte gehören größtenteils der Mittelklasse an.

Zehn Kilometer weiter folgt die gepflegte Urlaubssiedlung **Aguadulce** mit gehobenen Hotels. Auch Aguadulce bietet gute Unterhaltungsmöglichkeiten, schöne Strände, einen Yachthafen und ein reges Nachtleben mit zahlreichen Bars und Diskotheken; gerade junge Leute fühlen sich hier wohl. Aguadulce ist fast schon ein Vorort von **Almeria**, der größten Stadt dieses Küstenabschnitts. Die in einer weiten Bucht gelegene, afrikanisch anmutende Stadt weist eine lange Geschichte auf. Ihre Blütezeit erlebte Almeria zur Zeit der Mauren, wovon heute noch die hervorragend erhaltene Alcazaba und die Altstadt Almedina zeugen. Sehenswert sind auch die Kathedrale, die Plaza Vieja mit dem Rathaus, das Zigeunerviertel „La Chanca" und ein archäologisches Museum. Almeria ist eine bedeutende Hafenstadt, von der Fähren zur nordafrikanischen Enklave **Melilla** verkehren (weitere Fährverbindungen nach Melilla bestehen ab Malaga).

Die Küste östlich von Almeria wird nun immer ruhiger. Nach einer Fahrt um das Cabo de Gata gelangt man in das arabisch anmutende Dorf **Mojacar**, das als einer der schönsten Orte der Costa de Almeria gilt und viele Unterhaltungsmöglichkeiten bietet. Die Entfernung zum lebhaften Strand, wo es viele große Hotels, Geschäfte, Restaurants und Diskotheken gibt, beträgt rund drei Kilometer. Einige Kilometer weiter liegt das Dorf **Vera**, an dessen Strand eine FKK-Urlaubersiedlung entstanden ist. Die Küste um Mojacar, die von Almeria etwa 100 Kilometer entfernt ist, bietet kilometerlange Sandstrände. Der weitere Verlauf der Küste führt an die Costa Blanca in der Autonomen Region Murcia.

HINTERLAND

Etwa 25 Kilometer nördlich von Almeria liegt Europas einzige Wüste, die **Sierra de Alhamilla** mit zerklüfteten Canyons. Sie diente als Kulisse für einige Westernfilme, weshalb man hier richtige kleine Westernstädte („Mini-Hollywood") sieht.

Östlich von Almeria liegt auf einem Kap der bereits erwähnte Naturpark **Cabo de Gata** mit einer kargen Landschaft aus Vulkanen, Wanderdünen und Salinen. Hier gibt es noch ganz ursprüngliche Fischerdörfer, einsame Buchten und Strände sowie einen großen Reichtum an Pflanzen- und Tierarten, darunter Seehunde und Flamingos. Der bekannteste Ort auf dem Kap ist **San José**; hier bestehen sehr gute Möglichkeiten für Unterwassersport.

GRANADA

Granada ist etwa 70 Kilometer von der Costa Tropical und gut 150 Kilometer von Malaga entfernt, also für Strandurlauber in Andalusien – je nachdem, in welchem Badeort sie wohnen – in wenigen Stunden erreichbar. Von der Costa de Almeria und der Costa Tropical aus fährt man hierher durch die beeindruckende, einsame Berglandschaft der **Sierra Nevada**. Die Provinzhauptstadt mit etwa 280.000 Einwohnern, malerisch vor der Kulisse des oft schneebedeckten Hochgebirges gelegen, war das letzte islamische Reich in Spanien, das 1492 von den Katholischen Königen zurückerobert wurde. Unter der jahrhundertelangen Maurenherrschaft entwickelte sich Granada zu einer Kunst- und Kulturmetropole, die auch Moslems aus anderen Gebieten – die schon seit dem 13. Jh. von den Christen zurückerobert worden waren – Zuflucht gewährte.

Das herausragende Bauwerk aus dieser glanzvollen Zeit und Wahrzeichen von Granada ist die **ALHAMBRA**. Die mächtige, von einer über 2.000 Meter langen Mauer umgebene maurische Palastanlage wurde von der Herrscherdynastie der Nasriden auf einem Hügel gegenüber der Stadt als Sultansresidenz erbaut. Der Komplex – bestehend aus prachtvollen Palästen, kunstvollen Parkanlagen, eindrucksvollen Festungsbauten sowie wunderschönen Plätzen und Innenhöfen – ist die meistbesuchte Sehenswürdigkeit Spaniens. Die mit reichen Ornamenten verzierten Mauern und Wände der Alhambra bestehen aus Tonziegeln und leuchten – je nach Lichtverhältnissen – mehr oder weniger rötlich. Den ältesten Teil stellt die Festungsburg **Alcazaba** aus dem 9. Jh. n. Chr. dar, von der aus man einen sehr guten Blick auf die Stadt hat. Künstlerischer Höhepunkt des **Nasridenpalastes** ist der „Löwenhof" mit einem marmornen Löwenbrunnen; um den Löwenhof erstreckten sich der prächtig ausgestattete königliche Privatbereich und der Harem. Die christlichen Eroberer begannen Anfang des 16. Jh., mitten in den Komplex der Alhambra einen Renaissance-Palast, den **Palast Karl V.**, zu bauen; dieser blieb jedoch unvollendet. Im fertig gestellten Teil sind heute zwei Museen untergebracht. Zur Alhambra gehört auch die erhöht liegende Sommerresidenz **Generalife** mit kunstvoller Gartenanlage, großzügigen Springbrunnen und Wasserläufen. Am Rande der Alhambra liegt ein luxuriöser Parador, der in einem ehemaligen Franziskanerkloster untergebracht ist. Falls keine Eintrittskarten vorreserviert wurden, ist am Eingang zur Alhambra in der Regel mit längeren Wartezeiten zu rechnen.

Der älteste Teil der Stadt Granada, **ALBAICIN**, liegt gegenüber der Alhambra auf einem Hügel, dazwischen fließt der Fluss Rio Darro. Das Viertel Albaicin wirkt mit unzähligen weißen – teilweise etwas heruntergekommenen – Häusern und engen Gassen sehr arabisch und strahlt viel Atmosphäre aus. Für Fremde ist das Gassengewirr ein regelrechtes Labyrinth, in dem es keine Beschilderung gibt. Vor der **Kirche San Nicolas** liegt eine Terrasse, die – vor allem während des Sonnenuntergangs – als <u>der</u> Aussichtspunkt zur Alhambra gilt. Sehenswert sind außerdem kleine Kirchen, ein **Renaissancepalast** und das **„Banuelo"**, eine gut erhaltene arabische Badeanstalt.

Unterhalb von Albaicin liegt die **UNTERSTADT** mit der größten spanischen **Kathedrale** im Renaissance-Stil, der die **Capilla Real** (königliche Kapelle) angeschlossen ist. Hier sind die Katholischen Könige bestattet. In der Nähe liegen viele weitere historisch interessante Gebäude und die **Alcaiceria**, ein alter maurischer Basar, in dem heute hauptsächlich Souvenirs und Kleidung verkauft werden. Sehenswert in der Unterstadt ist auch die einzige erhaltene **Karawanserei** Spaniens aus der Nasridenzeit, in der reisende Händler Unterkunft fanden. Heute dient sie unter anderem als Freilichtbühne. In der Unterstadt gibt es auch zahlreiche moderne Einkaufsstraßen.

Auf einem dritten Hügel liegt das als Zigeunerviertel geltende **SACROMONTE** mit zahlreichen Höhlenwohnungen. Hier finden oft Flamencovorführungen statt.

Für eine ausführliche Besichtigung Granadas und der Alhambra sollte man mindestens zwei Tage einplanen, natürlich kann man aber auch einen Tagesausflug von der Küste aus hierher unternehmen.

CORDOBA

Auf der Fahrt ins nordwestliche, etwa 160 Kilometer entfernte Cordoba passiert man das größte zusammenhängende Olivenanbaugebiet der Welt mit der sehenswerten Stadt **Jaen** (über 100.000 Einwohner). Ein häufiger Abstecher auf dieser Route führt in die etwa 50 Kilometer nordöstlich von Jaen gelegenen Schwesterstädte **Baeza** und **Ubeda**, die fast geschlossene Stadtbilder aus prachtvollen Renaissancebauten aus dem 16. Jh. aufweisen und vom Europarat als Musterstädte für Denkmalpflege ausgezeichnet wurden. Weitere 50 Kilometer entfernt liegt die **Sierra de Cazorla**, ein gebirgiges, waldreiches Naturschutzgebiet, in dem der Guadalquivir entspringt.

Cordoba, mit etwa 300.000 Einwohnern in den Ausläufern der Sierra Morena und am Guadalquivir gelegen, ist Hauptstadt der Provinz gleichen Namens. Es wird geschätzt, dass die Stadt in ihrer Glanzzeit im 10. Jh. – als Zentrum des mächtigsten maurischen Kalifats der Omaijaden – etwa 500.000 Einwohner hatte. Schon nach der Eroberung im 8. Jh. n. Chr. wurde Cordoba zur maurischen Hauptstadt Andalusiens und galt als sehr kultivierte, fortschrittliche Metropole, in die die Mauren unter anderem ein ausgeklügeltes Bewässerungssystem brachten. Im 11. Jh. zerfiel das Kalifat in einzelne Teile, im 13. Jh. wurde es von den Christen zurückerobert.

Das bedeutendste Gebäude aus der Maurenzeit ist die **MEZQUITA**, die damals die Hauptmoschee des westlichen Islam darstellte und zu den größten Moscheen der Erde zählt. Ihr Bau wurde 785 n. Chr. begonnen und dauerte etwa 200 Jahre. Auch danach wurde die Mezquita ständig erweitert und vergrößert, bis sie ihre derzeitige Größe von etwa 180 x 130 Meter erreicht hatte. Ab Ende des 14. Jh. wurde ein Teil der Mezquita durch Umbauten in eine christliche Kathedrale umgewandelt, wobei viele ursprüngliche Elemente verloren gingen. Das Innere der Moschee, das durch eine bis zu 20 Meter hohe, kunstvolle Mauer umgeben ist, durchziehen über 850 Säulen, die jeweils mehr als vier Meter hoch und untereinander durch rot-weiße Bögen verbunden sind. Insgesamt umfasst der **Gebetsraum** 19 einzelne Schiffe und die gen Mekka gerichtete, prachtvolle **Gebetsnische** „Mihrab". Sehenswert ist auch der **Patio de los Naranjos** („Orangenhof"), ein Arkadenhof, auf dem rituelle Waschungen durchgeführt wurden. Eines der Zugangstore zur Mezquita stellt die **Puerta de Palacio** dar, die den benachbarten Herrscherpalast direkt mit der Moschee verband. Beim Bau verschiedener Kapellen und der neuen **Kathedrale** in die Moschee hinein wurden verschiedene Teile des Betsaals zugemauert bzw. abgerissen. Besonders sehenswert in der Kathedrale ist das Chorgestühl aus der Barockzeit. Anstelle des arabischen Minaretts wurde ein über 90 Meter hoher **Glockenturm** errichtet. Direkt neben der Mezquita befindet sich der Bischofspalast.

Hinter der Mezquita beginnt das alte, quirlige Judenviertel **JUDERIA** mit verwinkelten, malerischen Gassen und Häusern. Beliebter Aussichtspunkt zur Mezquita ist die blumengeschmückte Gasse **Calleja de las Flores**. Die wichtigste Sehenswürdigkeit des Viertels ist eine Synagoge aus dem 14. Jh. In Juderia befinden sich auch ein **Stierkampfmuseum** sowie am Stadttor **Puerta de Almodovar** ein Denkmal des römischen Philosophen Seneca, der in Cordoba geboren wurde.

In der Altstadt **MEDINA** kann man Reste **arabischer Bäder** und den **Alcazar de los Reyes Christianos**, der den Katholischen Königen während der Eroberung Granadas als Residenz diente, besichtigen. In der Nähe führt eine alte römische Brücke, die sechzehnbogige **Puente Romano**, über den Guadalquivir zum Festungsturm **Torre de la Calahorra**, der heute das andalusische Kulturmuseum beherbergt. Cordoba bietet neben vielen weiteren interessanten Bauten und Museen auch gute Einkaufsmöglichkeiten.

Beliebtes **AUSFLUGSZIEL** ab Cordoba stellt **Medina Azahara** dar, eine alte Palaststadt, die die Mauren etwa 10 Kilometer außerhalb der Stadt als Sommerresidenz errichteten. Heute sind von der einst prachtvollen Stadt, in der über 20.000 Menschen gelebt haben sollen, nur noch Ruinen zu sehen.

SEVILLA

Die Entfernung von Cordoba nach Sevilla beträgt etwa 150 Kilometer. Sehenswerte Städte auf dem Weg sind **Ecija** (wegen seiner vielen Kirchen „Stadt der Türme“ genannt) und **Carmona** mit gut erhaltenem, altem Stadtkern und den Ausgrabungen einer römischen Begräbnisstätte aus dem 4. Jh. v. Chr. Zur „Necropolis Romana“ mit etwa 1.000 Gräbern gehört auch ein Amphitheater.

Von den Küstenorten an der Costa de la Luz ist Sevilla 60 bis 100 Kilometer entfernt. Die Direktverbindung Granada–Sevilla beträgt gut 250 Kilometer und verläuft über **Antequera**, **Osuna** (lange Sitz eines alten Adelsgeschlechts mit schönen Palästen) und **Alcala de Guadaira** mit einer großen Festung zur Verteidigung des nur 20 Kilometer entfernten Sevilla.

Sevilla, die Hauptstadt und größte Stadt Andalusiens, hat rund 700.000 Einwohner. Der Fluss Guadalquivir, an dem Sevilla liegt, stellt eine Verbindung zum fast 90 Kilometer entfernten Meer dar und macht die Einfahrt großer Hochseeschiffe in den Hafen der Stadt möglich. Nicht zuletzt durch den bedeutenden Hafen kann Sevilla auf eine lange Geschichte als Handelsstadt zurückblicken, die vermutlich bereits vor der Einnahme durch die Römer bestand. Nach der Eroberung durch die Mauren 712 n. Chr. gehörte Sevilla zum Kalifat Cordoba, wurde nach dessen Zusammenbruch eigenständig und erlebte im 12. Jh. als Hauptstadt der Almohaden ihre Glanzzeit. Mitte des 13. Jh. wurde die Stadt wieder christlich, bekam während Spaniens großer Ära als Kolonialmacht das Handelsmonopol mit den Kolonien in Übersee und wurde zum wichtigsten Hafen des Landes. Die typisch andalusische Metropole diente als Schauplatz verschiedener Dichtungen und Opern, darunter „Carmen“ und „Der Barbier von Sevilla“. Nach dem Zusammenbruch des spanischen Weltreichs verlor Sevilla an Bedeutung. Heute ist es die viertgrößte Stadt Spaniens nach Madrid, Barcelona und Valencia. Die Ausrichtung der Weltausstellung EXPO 1992 brachte viele Modernisierungen, neue Infrastruktur und eine zusätzliche touristische Attraktivität mit sich.

Die bedeutendste Sehenswürdigkeit Sevillas ist die gotische **KATHEDRALE SANTA MARIA**, eine der größten Kirchen der Welt. Mit dem Bau der Kathedrale wurde Anfang des 15. Jh. an der Stelle der ehemaligen Hauptmoschee begonnen. Von dieser Moschee sind heute nur noch das prächtige Minarett, die berühmte **Giralda** (die der Kathedrale als 97 Meter hoher Glockenturm dient), und der Innenhof „**Orangenhof**“ erhalten. Von einem Aussichtspunkt auf der Giralda hat man einen wunderbaren Blick auf die Stadt. Die Kathedrale selbst, die man durch eines der beeindruckenden **Portale** betritt, besteht aus fünf einzelnen Schiffen und verschiedenen Seitenkapellen, die in einer großen Hauptkapelle zusammenlaufen. Außer vielen **Kunstschätzen** ist in der Kathedrale das **Grabmal von Kolumbus** sehenswert. Gegenüber der Kathedrale liegt das **Kolonialarchiv**, in dem man Kolumbus´ Tagebücher, Landkarten und Stadtpläne der Stadtgründungen in Übersee sieht.

Unweit der Kathedrale liegt der **ALCAZAR**, ursprünglich Residenz der Mauren, später der spanischen Könige. Zum Alcazar gehört eine wunderschöne Gartenanlage mit exotischer Flora.

WEITERE SEHENSWÜRDIGKEITEN Sevillas sind das Stadtviertel **Barrio de Santa Cruz** (ehemals Judenviertel mit schmalen, malerischen Gassen und vielen kleinen Restaurants), das **Rathaus** im Renaissancestil und die **Casa de Pilatos**, ein Privatpalast aus dem 15. Jh.

An der Uferpromenade des **GUADALQUIVIR** liegen eine große **Stierkampfarena** und der **Torre del Oro**, ein ursprünglich goldener Wachturm aus der Zeit der Almohaden, der heute als Marinemuseum dient. Weiter nördlich, auf der per Boot, Kabinenbahn und über Brücken erreichbaren **Cartuja-Insel**, befindet sich mitten im Fluss das mehr als 200 Hektar umfassende EXPO-Gelände, das seit Ausstellungsende als Technologiepark genutzt wird.

Ein beliebtes **AUSFLUGSZIEL** ist die etwa zehn Kilometer von Sevilla entfernte, interessante Ausgrabungsstätte von **Italica** mit Ruinen der ältesten römischen Siedlung in Spanien.

1.2.5 MADRID

Madrid, die Hauptstadt und größte Stadt Spaniens, liegt in der gleichnamigen Verwaltungsregion im Zentrum der Iberischen Halbinsel, im südlichen Teil der Hochebene **Meseta**. Das fast 650 Meter hoch, am Fuße des Gebirges **Sierra de Guadarama** gelegene Madrid ist die höchste Hauptstadt Europas. Durch Madrid fließt der Fluss **Manzanares**. Das Stadtgebiet von Madrid hat gut drei Millionen Einwohner, im Großraum leben weit über vier Millionen Menschen.

Madrid weist mit kalten Wintern (Dezember bis März) und heißen Sommern (Juni bis September) kontinentales **Klima** auf. Die idealen **Reisezeiten** sind somit Frühjahr und Herbst.

Die eigentliche **Geschichte** Madrids, das bereits im 9. Jh. gegründet worden war, begann 1561, als König Philipp II. es aufgrund seiner zentralen Lage zur spanischen Hauptstadt machte; zuvor war das etwa 80 Kilometer entfernte Toledo Hauptstadt gewesen. Im Laufe der folgenden Jahrhunderte wuchs Madrid stark an. Vor allem im 17. und 18. Jh. wurden viele Kirchen, Klöster und Schlösser, im 19. Jh. prächtige Boulevards und Häuser erbaut. Zu Beginn des 20. Jh. war die Stadt bereits eine moderne Metropole. Während des Bürgerkrieges wurden viele Gebäude zerstört; unter Franco entstanden neue Großbauten und zahlreiche Vorstädte. Seit dem Ende der Diktatur erlebte die Stadt einen kulturellen Aufschwung in Bezug auf Kunst, Mode und Nachtleben, der als Kulturbewegung „La Movida“ bekannt geworden ist.

Von mehreren größeren deutschen Flughäfen gibt es täglich – teilweise sogar mehrere – direkte **Linienflugverbindungen** nach Madrid (MAD) mit LH oder IB. Madrid ist das wichtigste Drehkreuz der IB; von hier gibt es außer nationalen und europäischen Flügen Verbindungen in alle Welt. Der Flughafen liegt gut zehn Kilometer außerhalb des Zentrums.
Eine **Bahnfahrt** von Frankfurt nach Madrid, zum Bahnhof Chamartin im Norden oder zum Bahnhof Atocha im Süden der Stadt, dauert etwa 25 Stunden.
Madrid ist ein bedeutender Bahn-, Bus- und Straßenverkehrsknotenpunkt in Spanien und bietet sehr gute Verbindungen in alle Landesteile. Ab Deutschland gibt es auch **Linienbusverbindungen** der Touring/Eurolines nach Madrid; die Fahrt von Frankfurt beispielsweise dauert etwa 30 Stunden.
Innerhalb des **Stadtgebiets** von Madrid bilden U-Bahn, Busse und Nahverkehrszüge ein gutes Netz öffentlicher Verkehrsmittel.

Madrid ist **touristisch** meist das Ziel von Städtereisen oder Ausgangspunkt bzw. Station einer Studien- oder Rundreise. Neben vielen sehenswerten Bauwerken ziehen berühmte Museen und kulturelle Veranstaltungen im Stadtzentrum selbst Besucher an. Sehr interessante Städte und Ausflugsziele liegen jedoch auch in der weiteren Umgebung. Für Bade- und Erholungsurlauber ist Madrid kaum geeignet, da es mehrere hundert Kilometer vom Meer entfernt liegt. Aus diesem Grund werden auch selten Ausflüge von den Küsten aus hierher gemacht.

SEHENSWÜRDIGKEITEN

ALTSTADT

Das Zentrum Madrids bildet die lebhafte, geschichtsträchtige **Puerta del Sol**, der Verkehrsknotenpunkt der Metropole. Hier ist der für alle spanischen Straßen gültige Kilometerpunkt 0 markiert.

Den Mittelpunkt der mittelalterlichen Altstadt bildet die nahe **Plaza Mayor** aus dem 17. Jh. Auf dem großen, von Arkaden umrahmten Platz fanden jahrhundertelang öffentliche Veranstaltungen wie Märkte, Stierkämpfe, Hinrichtungen, Prozessionen und Theateraufführungen statt. Noch heute werden hier häufig Märkte abgehalten, weiterhin findet man unter den Arkaden verschiedene alte Geschäfte und Souvenirläden. In der Mitte des Platzes steht ein Reiterdenkmal König Philipps III., um die Plaza herum liegen verschiedene historische Gebäude, darunter die **Casa de la Panaderia** (ehemalige Hofbäckerei) mit einem großen Balkon, auf dem häufig Festreden gehalten werden. Über einen der in großen Hallen stattfindenden Märkte gelangt man zur **Plaza de la Villa**. Hier liegt das barocke **Rathaus**, das von alten **Palästen** flankiert wird. Südlich des Rathauses folgt das alte Maurenviertel **Moreria** mit engen, verwinkelten Gassen. Die Altstadt bietet auch zahlreiche Kirchen, darunter die gotische **Capilla del Obispo** und die **Kathedrale San Isidro** aus dem 17. Jh., und weitere sakrale Gebäude (Klöster und das Erzbischöfliche Palais).

NORDWESTLICH DER ALTSTADT

Nordwestlich der Altstadt liegt der klassizistische, fast 500 Meter lange Königspalast **Palacio Real** aus dem 18. Jh. Der riesige, vierflügelige Palast mit 2.000 Sälen wurde an der Stelle der früheren maurischen Festung erbaut. Heute dient das Schloss nur noch zu Repräsentationszwecken; die spanische Königsfamilie wohnt außerhalb. Der Palacio Real und die darin befindlichen Museen, darunter eine riesige Waffensammlung, können im Rahmen von Führungen besichtigt werden. Westlich des Schlosses liegt der großzügige Schlosspark, südlich die 1993 geweihte Kathedrale **La Almudena**. Östlich folgen die **Plaza de Oriente** mit Statuen verschiedener Monarchen, das Opernhaus **Teatro Real** aus dem 19. Jh. und das **Kloster** „Monasterio de las Descalzas Reales“ mit großer Gemäldesammlung.

Modernere Gebäude befinden sich nördlich des Schlosses an der **Plaza de Espana**. Hier stehen zwei monumentale, aus der Franco-Ära stammende **Wolkenkratzer**, von denen man einen guten Rundblick auf die Stadt genießen kann. Hier steht auch ein **Cervantes-Denkmal** (Figur des spanischen Dichters Cervantes und seiner beiden bedeutenden Helden Don Quichote und Sancho Pansa). In der Nähe liegt im Parque de Oeste der **Templo de Debod**, ein ägyptischer Tempel aus dem 2. Jh. v. Chr., den Spanien von Ägypten als Geschenk erhielt. Vom Park aus führt eine Seilbahn über den Fluss zum **Casa de Campo**, einem Vergnügungspark mit Zoo. Hinter dem Parque de Oeste liegt die Kapelle **Ermita San Antonio de Florida**, deren Deckengemälde von dem berühmten spanischen Maler Goya gestaltet wurden, der hier auch begraben ist.

ÖSTLICH DER ALTSTADT

Östlich der Altstadt verlaufen die „Paseos“, breite Boulevards mit prächtigen, neoklassizistischen Stadthäusern, Kaufhäusern und Geschäften. Die Hauptstraße ist die **Gran Via**, die stattliche Gebäude wie das „Edificio Telefonica“, Madrids erstes Hochhaus aus dem Jahr 1929, säumen.

Nördlich der Gran Via liegen Wohnviertel aus dem 19. Jh., die sich in den letzten Jahren zum Mittelpunkt des Nachtlebens entwickelt haben, darunter das Viertel **Malasana**. In Richtung Osten führt die Gran Via zur verkehrsreichen **Plaza de la Cibeles**, in deren Zentrum ein der Naturgöttin gleichen Namens gewidmeter Springbrunnen prangt. Ein auffälliges Bauwerk hier ist das an eine Kathedrale erinnernde Postamt. Es folgen der Triumphbogen **Puerta de Alcala** aus dem 18. Jh. und der 150 Hektar große **Parque del Retiro**, die im 17. Jh. angelegte grüne Lunge Madrids. Der Park bietet nicht nur Ruhe und Natur, sondern auch verschiedene Monumente (darunter der **Kristallpalast**) sowie Sport- und Unterhaltungsmöglichkeiten im Rahmen ganz unterschiedlicher Veranstaltungen. Nördlich der Plaza de la Cibeles liegen das **Archäologische Museum** (Dokumentation spanischer Vorgeschichte) und die **Plaza de Colon** mit einem Kolumbus-Denkmal. Etwas weiter entfernt folgt das futuristische Geschäftsviertel **Azca** mit modernen Wolkenkratzern.

Südlich der Plaza de la Cibeles beginnt die Prachtstraße **Paseo del Prado**, in deren unmittelbarer Nähe weltberühmte Museen liegen. Das bekannteste unter den zahlreichen Museen Madrids ist der **Prado**, eine der wertvollsten und größten Kunstsammlungen der Welt. Das Museum mit über 100 Sälen, das jährlich eine Million Besucher anzieht, befindet sich in einem lang gestreckten, klassizistischen Gebäude, das 1830 fertig gestellt und auch danach ständig erweitert wurde. Das Kernstück der Sammlung geht auf die Besitztümer der spanischen Könige zurück; neben verschiedenen europäischen Schulen sind sehr viele Gemälde spanischer Künstler zu besichtigen. In der Umgebung des Prado befinden sich das ebenfalls herausragende, private Kunstmuseum **Museo Thyssen-Bonemisza**, der **botanische Garten** und das **Museum und Kunstzentrum Reina Sofia**. Hier ist im Rahmen der spanischen Moderne auch das bekannteste Gemälde des 20. Jh. zu sehen, Picassos „Guernica".

AUSFLÜGE

EL ESCORIAL

50 Kilometer nordwestlich Madrids liegt das Klosterschloss El Escorial. König Philipp II., der Madrid zur Hauptstadt gemacht hatte, errichtete den gewaltigen Renaissancebau aus grauem Granit im 16. Jh. am Fuß der Sierra de Guadarrama. Das extrem nüchtern wirkende El Escorial gilt als steinernes Symbol der großen Sittenstrenge, mit der der mächtige, streng katholische König herrschte. Der als Kloster konzipierte, düstere und trotzdem großartige Bau diente Philipp II. und seinen Nachfolgern als Residenz. El Escorial hat auf einem rechteckigen, von vier über 50 Meter hohen Ecktürmen begrenzten Grundriss Ausmaße von 208 x 162 Meter und beinhaltet Palast, Kirche, Kloster und Klosterschule. Zu besichtigen sind hier königliche Wohnräume – die luxuriösen Gemächer der Könige des 18. Jh. stehen im krassen Gegensatz zu den spartanischen Räumen Philipps II. –, ein Mausoleum, in dem die meisten spanischen Könige bestattet sind, eine umfangreiche Kirchenbibliothek und ein Museum mit wertvollen Kunstgegenständen.

SEGOVIA / AVILA

Etwa 100 Kilometer nordwestlich von Madrid liegen die historischen Städte SEGOVIA (mit einem römischen Aquädukt, Kathedrale, Alcazar und Adelspalästen) und das vor dem Hintergrund der Berge gelegene AVILA mit einer 2.500 Meter langen Stadtmauer aus dem 11. Jh.

TOLEDO

Ein besonders schöner Ausflug führt ins etwa 80 Kilometer südwestlich von Madrid gelegene Toledo, das von der Römerzeit bis ins 16. Jh. Hauptstadt sowie geistiges und kulturelles Zentrum Spaniens war. Toledo erstreckt sich auf einem Felsen über dem Tajo, dem längsten Fluss der Iberischen Halbinsel. Im Mittelalter galt es als Schmelztiegel verschiedener Kulturen und Religionen, die hier friedlich zusammenlebten. Heute hat die unter Denkmalschutz stehende Stadt mit geschichtsträchtigen Bauten und wertvollen Kunstschätzen knapp 50.000 Einwohner. Wichtige Sehenswürdigkeiten sind ein Alcazar auf dem höchsten Punkt der Stadt, eine Kathedrale mit Gemäldesammlung, eine römische Brücke, die historische Stadtbefestigung und eine alte Synagoge. Das bekannteste Museum ist die „Casa Museo de El Greco", das Wohnhaus des großen griechischen Künstlers, der lange in Toledo lebte und dort auch starb; viele seiner Werke kann man heute in Toledo bewundern.

FRANKREICH

1.) ***Ein langjähriger Kunde Ihres Reisebüros spielt mit dem Gedanken, für sich und seine Familie ein Ferienhaus an der französischen Atlantikküste zu mieten. Als Termine kommen die nächsten Oster-, Sommer- oder Herbstferien infrage.***

a) *Nennen Sie Ihrem Kunden zwei Regionen in Frankreich, für die in vielen deutschen Reisekatalogen eine besonders große Auswahl an Häusern vorhanden ist. Zu den Katalogen welcher Veranstalter greifen Sie zuerst?*

b) *Welche Möglichkeiten zur Anreise haben die Kunden in beide Regionen, wenn sie vor Ort ein Fahrzeug für Ausflüge zur Verfügung haben möchten? Nennen Sie bitte auch die jeweilige Dauer der Anreise.*

c) *Welche interessanten Besichtigungsmöglichkeiten bzw. Ausflugsziele können die Kunden vor Ort besuchen?*

d) *Beraten Sie den Familienvater über den Ferientermin, der ideal ist, wenn die Familie Wert darauf legt, im Meer baden zu können.*

e) *Welches der Reiseziele empfehlen Sie letztendlich, wenn der Kunde Feinschmecker und Weinliebhaber ist und gerne eine der bedeutendsten französischen Weinregionen kennen lernen möchte?*

2.) ***Ein Kunde, der sich sehr für die Formel-1 interessiert, würde gerne eine Flugreise zum Großen Preis von Monaco unternehmen. Im Anschluss an das Event möchte er einige Tage in einem mondänen Küstenort in der Umgebung verbringen.***

a) *Da der Kunde nicht genau weiß, wann das Rennen stattfindet, bittet er Sie, den Termin für ihn zu ermitteln. Wo finden Sie die entsprechende Information?*

b) *Zu welchem Zielflughafen buchen Sie den Flug für den Kunden und welchen Alternativflughafen bieten Sie an, wenn dorthin alle Flüge ausgebucht sind?*

c) *Welche Badeorte kommen für den Anschlussaufenthalt infrage? Nennen Sie Ihrem Kunden zwei bis drei Alternativen und beschreiben Sie kurz die Vorzüge der einzelnen Orte. Welche Ausflugsmöglichkeiten bestehen von dort aus?*

d) *Welche deutschen Reiseveranstalter bieten Buchungsmöglichkeiten für die gewünschte Reise?*

3.) ***Ein Französisch-Anfängerkurs (18 Personen) der Volkshochschule Heidelberg beauftragt Sie mit der Organisation einer mehrtägigen Reise nach Paris.***

a) *Beraten Sie die Gruppe über die verschiedenen Anreisemöglichkeiten nach Paris und über deren jeweilige Vor- und Nachteile. Welche Zielflughäfen bzw. welchen Zielbahnhof geben Sie auf der Suche nach Verbindungen in die EDV ein?*

b) *Vor Ort möchte die Gruppe einen Tag lang eine Stadtrundfahrt zu den bedeutendsten Sehenswürdigkeiten von Paris unternehmen, einen Tag für einen Streifzug durch zwei bis drei wichtige Kunstmuseen nutzen und am dritten Tag einen Ausflug in die Umgebung der Stadt unternehmen. Machen Sie konkrete Vorschläge für alle drei Tage.*

c) *Unter den Kursteilnehmern sind auch italienische und türkische Staatsangehörige, die von Ihnen wissen möchten, ob sie besondere Einreisebestimmungen für Frankreich beachten müssen. Wo finden Sie die entsprechende Information?*

1.3 FRANKREICH

Frankreich liegt in **Westeuropa**, zwischen dem 42. und 51. Grad nördlicher Breite, und dehnt sich von Norden nach Süden und von Westen nach Osten über jeweils etwa 1.000 Kilometer aus. Mit knapp 544.000 qkm Fläche ist es der größte Staat Westeuropas. Im Nordosten grenzt Frankreich an Belgien und Luxemburg, im Osten an Deutschland, die Schweiz und Italien. Nahe der italienischen Grenze umgibt französisches Staatsgebiet das kleine Fürstentum Monaco am **Mittelmeer**, welches das Land im Südosten begrenzt; im Südwesten bildet das Pyrenäengebirge die Grenze zu Spanien und Andorra. Im Westen Frankeichs liegt der **Golf von Biscaya**, im Nordwesten ist das Land durch den **Ärmelkanal** von Großbritannien getrennt (beides Teile des Atlantiks).

Zum französischen Staatsgebiet gehören auch die knapp 8.700 qkm Fläche umfassende Mittelmeerinsel **Korsika** südöstlich des Festlands sowie etliche Gebiete in Übersee. Diese werden unterteilt in vier **Überseedépartements** (darunter die Französischen Antillen in der Karibik und La Réunion im Indischen Ozean) und vier **Überseeterritorien** mit eingeschränkter Selbstverwaltung (darunter Neukaledonien und Französisch-Polynesien in der Südsee).

Frankreichs Landschaft ist sehr vielfältig und reicht von **Tiefland** (Beckenlandschaften im Westen und im Landesinneren, aber auch im Süden) über **Mittelgebirge** (im Nordosten und Osten die Ardennen, Vogesen und Jura, im Süden das Massif Central) bis zu den **Hochgebirgen**, an denen Frankreich Anteil hat (die Alpen im Osten und die Pyrenäen im Südwesten). Den höchsten Berg Frankreichs und ganz Europas stellt der in den Alpen, an der italienischen Grenze gelegene **Montblanc** (gut 4.800 Meter) dar. Das längste der zahlreichen Binnengewässer ist der gut 1.000 Kilometer lange Fluss **Loire**, der im Massif Central entspringt und in den Atlantik mündet.

Die Republik Frankreich ist in 22 Regionen aufgeteilt, die wiederum in 95 Départements untergliedert werden. Hauptstadt und größte Stadt des zentralistisch orientierten Landes ist **Paris**, im nördlichen Landesinneren gelegen. Während in der Metropole selbst etwa 2,2 Millionen Menschen wohnen, liegt die Einwohnerzahl des Großraums Paris bei über zehn Millionen. Insgesamt leben in Frankreich knapp 59 Millionen Menschen.

Auf dem französischen Festland herrscht **gemäßigtes bis subtropisches Klima**. Der Norden und Westen werden von ozeanischem Klima dominiert, das bis weit ins Landesinnere reicht und ganzjährig für reichlich Niederschlag sorgt. In Richtung Osten nehmen die ozeanischen Klimaeinflüsse ab, dort überwiegt Kontinentalklima mit geringeren Niederschlägen und größeren jahreszeitlichen Temperaturunterschieden. Im Nordosten Frankreichs, vor allem in den Alpen, fällt im Winter häufig Schnee (➔ Kapitel III. 3.1). Die Niederschläge in Frankreich nehmen von Norden nach Süden hin ab, die Temperaturen nehmen zu. Im bereits zu den Subtropen zählenden, am Mittelmeer gelegenen Süden Frankreichs überwiegt – wie auf Korsika – mediterranes Klima. Eine klimatische Besonderheit Frankreichs ist der Mistral, ein kalter, trockener Fallwind, der aus nördlicher Richtung kommend in Südfrankreich („Midi") weht und gerade im Winter und Frühling Sturmstärke erreichen kann.

Es gibt keine für ganz Frankreich gültige, ideale **Reisezeit**, es muss von Region zu Region unterschieden werden. Während für einen Badeurlaub an den Küsten der Sommer optimal ist, eignet sich der Winter gut zum Skifahren in den Alpen. Eine Paris-Reise kann man das ganze Jahr über unternehmen, besonders ideal für Städtetrips sind jedoch Frühling und Herbst. Diese Jahreszeiten sind auch für Rundreisen und Erholungsaufenthalte sehr empfehlenswert.

Im 1. Jhtsd. v. Chr. gründeten **Griechen** Handelskolonien an der Mittelmeerküste, der nördliche Teil des Landes wurde von **Kelten** dominiert. Im 2. Jh. v. Chr. eroberten die **Römer** das Gebiet, das unter dem Namen Gallien jahrhundertelang eine blühende römische Provinz war. Besonders viele römische Baudenkmäler sind in der südfranzösischen Provence erhalten.

Nach dem Niedergang des Römischen Reiches eroberten die Franken Ende des 5. Jh. das Land. Das **Fränkische Reich**, das bedeutendste Großreich des frühen Mittelalters, erlebte seine Blütezeit unter der Herrschaft Karls des Großen im 8. und 9. Jh. Nach dessen Tod wurde das Reich in die Königreiche **Westfranken** (Frankreich) und Ostfranken (Deutschland) geteilt.

In den folgenden Jahrhunderten prägten das aufstrebende **Königreich** Frankreich die Teilnahme an den Kreuzzügen, politische Konflikte und Kriege (vor allem gegen England), Machtstreitigkeiten mit dem Papsttum und die Verfolgung der Hugenotten (französische Protestanten). Zu Beginn des 17. Jh. wurde die erste französische **Kolonie** in Übersee (Kanada) gegründet. Im 17. Jh. erreichte die Königsmacht unter dem „Sonnenkönig" Ludwig XIV. ihren Höhepunkt. Diese Zeit des **Absolutismus**, in der Königshof und Adel enormen Prunk entfalteten, dauerte knapp 130 Jahre.

Der Widerstand des Bürgertums gegen den Absolutismus sowie die Ideen der Aufklärung führten 1789 zur **Französischen Revolution**, die großen Einfluss auf ganz Europa hatte. Wichtige Elemente der neuen Verfassung von 1791, die als Basis moderner Staaten gilt, waren die Gewaltenteilung und die Erklärung der Menschenrechte. 1792 wurde in Frankreich die **erste Republik** gegründet, kurz darauf richtete man König Ludwig XVI. durch die Guillotine hin.

Ende des 18. Jh. erlangte General Napoleon durch einen Staatsstreich die Macht. Er machte Frankreich zum **Kaiserreich**, sich selbst zum Kaiser und erlangte durch Kriege die Vorherrschaft in großen Teilen Europas. Nach Napoleons Niederlage 1815 regierten in Frankreich im 19. Jh. reaktionäre Könige, dann folgten die **zweite Republik**, das **zweite Kaiserreich** (Kaiser war ein Neffe Napoleons) und schließlich die **dritte Republik**. In der zweiten Hälfte des 19. Jh. dehnte Frankreich seine Kolonialmacht auf Gebiete in Südostasien sowie in Nord- und Zentralafrika aus.

In beiden **Weltkriegen** war Frankreich ein wesentlicher Kriegsschauplatz und gehörte zu den siegreichen Alliierten. Während des zweiten Weltkrieges war das Land jahrelang von deutschen Truppen besetzt. Nach Kriegsende wurde eine **vierte Republik**, dann die noch heute bestehende **fünfte Republik** gegründet. Diese wurde maßgeblich von Präsident de Gaulle geprägt, der im Krieg für die Befreiung Frankreichs gekämpft hatte und später die Aussöhnung mit Deutschland vorantrieb. Nach einer Krise Ende der 60er-Jahre, die durch Studenten- und Arbeiterrevolten ausgelöst worden war, entwickelte sich Frankreich, Mitglied der NATO und ein Gründerstaat der **EU**, zu einer der bedeutendsten Wirtschaftsnationen der Welt und ist heute ein **G8**-Staat.

Knapp 10 % der **Bevölkerung** Frankreichs sind Ausländer bzw. Einwanderer, von denen die meisten aus früheren französischen Kolonien und aus Südeuropa stammen. Das französische Volk selbst, das aus der Verschmelzung von Kelten, Römern, Germanen und Normannen „entstanden" ist, weist keine größeren ethnischen Unterschiede auf. Jedoch leben gerade in Randlagen verschiedene Minderheiten, die eigene Kulturen und Sprachen bewahrt haben. Dazu gehören die Bretonen in der Bretagne (im Nordwesten) und die Korsen auf Korsika, wo einzelne Gruppen sogar Autonomie anstreben.

Über 75 % der Franzosen leben in Städten, darunter auch viele Kleinstädte. Etwa ein Sechstel der Bevölkerung wohnt im Großraum Paris, der in jeder Hinsicht das Kernland Frankreichs bildet. Weitere größere Ballungszentren sind die südfranzösischen Städte Lyon und Marseille. Die durchschnittliche **Bevölkerungsdichte** liegt in Frankreich bei 108 Einwohnern/qkm.

Landessprache in Frankreich ist Französisch, eine romanische **Sprache**. Regional sprechen verschiedene Bevölkerungsgruppen eigene Sprachen bzw. Dialekte. Dies sind – neben dem keltischen Bretonisch und dem italienisch gefärbten Korsisch – Katalanisch und Baskisch im Grenzgebiet zu Spanien, Provenzalisch in Teilen Südfrankreichs sowie Deutsch bzw. Alemannisch in den Grenzgebieten Elsass und Lothringen. Touristen, die kein Französisch sprechen, kommen je nach Reiseziel häufig mit Englisch, teilweise auch mit Deutsch zurecht.

Gut 80 % der Franzosen sind katholisch, etwa 2 % gehören anderen christlichen Konfessionen an. Rund 5 % der französischen Bevölkerung sind Moslems, eine weitere kleine Minderheit von gut 1 % gehört der jüdischen **Religion** an. Die verbleibenden gut 10 % der französischen Einwohner sind konfessionslos.

Nationalfeiertag in Frankreich ist der 14. Juli, der Tag, an dem im Jahr 1789 die Französische Revolution mit dem Sturm auf die Bastille – das ehemalige Staatsgefängnis, das damals zerstört wurde – begann. Dieser Tag wird im ganzen Land mit großen Festen, Umzügen und Feuerwerken gefeiert.

Regional unterschiedlich werden zu den verschiedensten Anlässen zahlreiche Feste gefeiert. Viele dieser Feste sind geprägt von den speziellen Kulturen der einzelnen Regionen, die häufig eigene **Folklore** in Form von Bräuchen, Trachten, Musik und Tänzen haben.

Der *FLUGVERKEHR* zwischen Deutschland und Frankreich ist mit **Linienflügen** der Airlines LH und Air France (AF) sowie kleineren Fluggesellschaften wie Air Littoral (FU) sehr gut ausgebaut. Direktflüge zwischen Deutschland und Frankreich dauern ein bis zwei Stunden.

Direkt ab Deutschland erreichbare französische Flughäfen sind Paris (PAR, mehrere Flughäfen), Straßburg (SXB), der Gemeinschaftsflughafen Basel/Mülhausen – auch Euroairport genannt – (MLH bzw. EAP), Lyon (LYS), Bordeaux (BOD), Nizza (NCE), Marseille (MRS) und Toulouse (TLS). Von diesen Städten, vor allem vom Drehkreuz Paris, bestehen gute Umsteigeverbindungen zu kleineren Flughäfen in ganz Frankreich mit den genannten sowie mehreren kleineren Fluggesellschaften.

Charterflüge von Deutschland nach Frankreich gibt es saisonal zum Pilgerort Lourdes (LDE) in Südfrankreich und nach Korsika. Größere Flughäfen hier sind Bastia (BIA) und Ajaccio (AJA).

BAHNVERKEHR

Sehr gute **Verbindungen** zwischen Deutschland und Frankreich bietet auch die Bahn. Ab zahlreichen deutschen Städten verkehren direkte Züge nach Frankreich, darunter viele EC- und D-Züge. Köln und Paris verbindet auch der Hochgeschwindkeitszug Thalys.

Die wichtigsten **Bahngrenzübergänge** von Deutschland nach Frankreich sind Forbach (bei Saarbrücken) und Kehl (bei Straßburg). Je nach Abgangs- und Zielbahnhof kann die Fahrt auch über Belgien, Luxemburg oder die Schweiz verlaufen.

Ab mehreren deutschen Verladestationen fahren **Autozüge** vor allem nach Südfrankreich (Avignon, Bordeaux, Fréjus, Narbonne). Auch innerhalb des Landes verkehren Autoreisezüge.

Häufig ist Frankreich für Bahnreisende aus Deutschland **Transitland** nach Spanien und Portugal oder Großbritannien. Nach Großbritannien nutzen viele Zugreisende den EST (Eurostar), der durch den Tunnel unter dem Ärmelkanal ab Paris – sowie ab Brüssel – nach London verkehrt. Die Fahrzeit des EST beträgt ab Paris gut zwei, ab Brüssel eineinhalb Stunden.

Das Bahnnetz innerhalb Frankreichs ist sehr gut ausgebaut. Die staatliche französische Eisenbahngesellschaft **SNCF** betreibt den Hochgeschwindigkeitszug TGV, der zu den schnellsten Zügen der Welt gehört und optimale Verbindungen zwischen Paris, der Bretagne, Nord- und vor allem Südfrankreich (von dort gute Verbindungen auf die Iberische Halbinsel) bietet.

STRASSENVERKEHR

Ab verschiedenen deutschen Städten fahren auch **Linienbusse** der Touring/Eurolines nach Paris/Disneyland und Lyon, wo man auf französische Linienbusse in viele weitere Regionen des Landes umsteigen kann. Die Fahrt mit Touring von Frankfurt nach Disneyland bzw. Paris dauert acht bis neun Stunden und nach Lyon knapp elf Stunden.

Die Straßenverbindungen von Deutschland und den übrigen Nachbarstaaten nach Frankreich sowie das **Straßennetz** innerhalb des Landes sind sehr gut ausgebaut. Das französische Straßennetz ist wie das Bahnnetz stark auf Paris ausgerichtet. Die meisten Autobahnen sind gebührenpflichtig. Fernbuslinien innerhalb Frankreichs gibt es nur wenige, im Stadt-, Nah- und Regionalverkehr sind die Busverbindungen jedoch meist gut. Fast überall in Frankreich gibt es die Möglichkeit, einen Pkw anzumieten (Buchung von Deutschland aus oft günstiger).

SCHIFFSVERKEHR

In Frankreich, das über 3.000 Küstenkilometer und zahlreiche Flüsse aufweist, spielt auch die Schifffahrt eine wichtige Rolle.

Bedeutendster Mittelmeerhafen Frankreichs ist Marseille, am Atlantik hat Bordeaux einen großen Hafen. Für den Verkehr durch den Ärmelkanal sind Le Havre, Dünkirchen (Dunkerque) und Calais besonders bedeutend. Die französischen Hochseehäfen bieten sehr gute **Fährverbindungen**: von Marseille, Toulon und Nizza nach Korsika (sowie zur italienischen Mittelmeerinsel Sardinien, die wie Korsika auch ab dem italienischen Festland angefahren wird), von Marseille und Sète nach Nordafrika (Marokko, Algerien, Tunesien) sowie von zahlreichen Häfen an der Nordküste nach Großbritannien, Irland und auf die Kanalinseln. Wichtige ab Frankreich verkehrende Fährreedereien im Mittelmeer sind SNCM und Corsica-Sardinia-Ferries. Über den Kanal fahren P & O Stena Line, Hoverspeed, Brittany Ferries und Irish Ferries.

Französische Häfen sind oft auch Ziele von Kreuzfahrtschiffen, Mittelmeerhäfen auf Touren durch das westliche Mittelmeer, Häfen am Atlantik und am Ärmelkanal auf **Kreuzfahrten** rund um Westeuropa. Häfen, in denen besonders häufig im Rahmen von Kreuzfahrten angelegt wird, sind Nizza, St. Tropez, Marseille und Ajaccio (Korsika) am Mittelmeer sowie Bordeaux, St. Malo und Honfleur bei Le Havre (ab hier Landausflüge nach Paris) am Atlantik.

Wichtige Binnenwasserstraßen, die auch häufig für **Flusskreuzfahrten** und Bootstouren genutzt werden, sind die Seine, die Loire und die Rhone.

Fast überall in Frankreich gibt es Hotels verschiedenster Kategorien sowie Ferienhäuser und Ferienwohnungen. Üblicherweise sind die Gästezimmer mit – für deutsche Begriffe oft relativ schmalen – französischen Betten (grand lits) ausgestattet. Viele Hotels gehören internationalen oder nationalen Ketten an. Die meisten **Unterkünfte** liegen in und um Paris und andere Großstädte, in Feriengebieten an den Küsten, in Wintersportzentren, Kurorten sowie weiteren touristisch interessanten Regionen im Landesinneren, darunter das Elsass und Burgund.

Großer Beliebtheit erfreut sich in Frankreich Urlaub in exklusiven, zu Hotels umgebauten Schlössern (Relais-Chateau) und in zu Ferienhäusern, Apartments und Pensionen umgestalteten Bauern- und Gutshöfen („Tourisme rural"; häufig in der Provence zu finden). Kleinere Hotels und Pensionen werden auch als „Auberge" bezeichnet. Eine Besonderheit der französischen Hotellerie sind zahlreiche Clubdörfer, vor allem die des weltweit größten Clubreiseveranstalters „Club Med", dessen Prinzip Vorbild für Ferienclubs in aller Welt war und ist. Außerdem gibt es viele familienfreundliche Ferienanlagen mit Apartments, die ebenfalls Club- bzw. Hotelcharakter haben; dazu gehören die Anlagen der Kette „Pierre & Vacances".

Zu den größten Attraktionen Frankreichs gehören seine vielfältigen, oft noch ganz ursprünglichen **Landschaften**, die von Hoch- über Mittelgebirge bis zu reizvollen Küsten reichen und teils in Nationalparks geschützt sind. Sie bieten hervorragende Möglichkeiten für abwechslungsreiche Ferien.

Eines der französischen Hauptreiseziele, das große Anziehungskraft auf Besucher aus aller Welt ausübt, ist die pulsierende Metropole **Paris**. Die Stadt bietet berühmte Sehenswürdigkeiten und Museen, hervorragende Unterhaltungs- und Einkaufsmöglichkeiten, ein breites Kulturangebot und eine interessante Umgebung. Hier besuchen gerade viele Familien den größten Vergnügungspark Europas, das **Disneyland Paris** (vormals unter dem Namen Euro-Disney bekannt).

Ein weiterer wichtiger Anziehungspunkt sind die Küsten am Mittelmeer (vor allem die Côte d´Azur und die Insel Korsika) und am Atlantik (vor allem die Côte d´Argent und die Bretagne). Die Küsten mit ihren schönen **Stränden** bieten hervorragende Möglichkeiten für ruhigen oder auch mondänen und turbulenten **Badeurlaub**. Vielerorts bestehen sehr gute Wassersportmöglichkeiten.

Auch **Bildungsreisende** kommen in Frankreich mit seiner langen Geschichte, der großartigen Kultur, den Baudenkmälern, Kirchen, Schlössern, Museen und Kunstwerken aus vielen Epochen auf ihre Kosten. Paris, wo viele erstklassige Künstler tätig waren, galt über Jahrhunderte hinweg als Welthauptstadt der Kunst. Klassische französische Rundreiseziele sind die Provence (wo besonders viele Spuren aus römischer Zeit erhalten sind), das Tal der Loire (mit zahlreichen Renaissance-Schlössern), Nordfrankreich (wo es besonders viele gotische Kathedralen gibt) und Burgund (Schwerpunkt der romanischen Kunst).

Eine besondere Form der Rundreise durch Frankreich stellen die bereits erwähnten **Flusskreuzfahrten** dar.

Auch für **Pilgerreisende** ist Frankreich – vor allem das südfranzösische Lourdes mit seinem Marienheiligtum – sehr interessant.

Die bedeutendsten **Weingegenden** Burgund, Champagne, Elsass und das Gebiet um Bordeaux sind mit ihren legendären **kulinarischen Genüssen** auch ein Anziehungspunkt für Feinschmecker.

Neben Wassersport am Meer bietet Frankreich zahlreiche weitere **Sportmöglichkeiten**: Bergwandern im Hochgebirge, Golfen auf zahlreichen Plätzen im ganzen Land und im Winter Ski fahren. Auf den Flüssen kann man raften, angeln und Touren mit Hausbooten unternehmen.

Weiterhin hat Frankreich an die 100 **Kurorte** – die teilweise schon seit der Römerzeit bestehen –, in denen die verschiedensten Krankheiten behandelt und Wellness-Programme angeboten werden.

Frankreich mit seiner landschaftlichen und kulturellen Vielfalt rangiert seit Jahren unter den sechs beliebtesten Auslandsreisezielen der Deutschen und war 2000 mit fast 75,6 Millionen internationalen Besuchern das mit Abstand beliebteste Reiseziel weltweit.

Der **Tourismus** brachte Frankreich 2000 Einnahmen von knapp 30 Milliarden US-Dollar (international Rang drei) und ist ein bedeutender Wirtschaftsfaktor.

Weitere wichtige **Wirtschaftszweige** sind Stahl-, Elektro- und Textilindustrie (für die Frankreich berühmt ist), chemische Industrie (die auch Parfümherstellung umfasst), Kraftfahrzeug- und Flugzeugbau. Die französische Industrie konzentriert sich – abgesehen von dem Gebiet um Lyon und einigen weiteren Ausnahmen – auf den Großraum Paris. Frankreich ist das bedeutendste Agrarland der EU und neben Italien der weltgrößte Weinerzeuger. Das Bruttosozialprodukt in Frankreich betrug 2000 24.090 US-Dollar pro Einwohner.

Nachdem in den 60er- und 70er-Jahren des 20. Jh. der **Massentourismus** eingesetzt hatte, wurden an einigen Küstenabschnitten Frankreichs – hauptsächlich am Mittelmeer – große Hotels, regelrechte „Bettenburgen“ hochgezogen. In den Alpen stampfte man ganze Wintersportorte aus dem Boden, um eine der Nachfrage entsprechende touristische Infrastruktur zu schaffen. Da der Trend heute eher zum sanften Tourismus und kleineren Touristenunterkünften im landestypischen Stil geht, leiden einige dieser Orte und Gebiete heute unter den früheren „Bausünden“.

Größere **Probleme** für den Tourismus haben sich in Frankreich in den letzten Jahren nur auf Korsika ergeben, wo separatistische Gruppierungen Autonomie forcieren wollen. Mitte/Ende der 90er-Jahre wurden in diesem Zusammenhang Bombenanschläge verübt. Da die Kriminalitätsrate in Südfrankreich recht hoch ist, wird Besuchern geraten, hier besonders vorsichtig zu sein.

1.3.1 PARIS

Die französische Hauptstadt liegt im nördlichen Binnenland, im Zentrum des nach ihr benannten **Pariser Beckens**, zu beiden Seiten der **Seine**, Frankreichs drittlängstem Fluss. Keimzelle der Stadt war die **Ile de la Cité**, eine in der Seine gelegene Insel. Paris umgeben einige Hügel, deren höchster der knapp 130 Meter hohe **Montmartre** ist. Die französische Metropole, die mehr als jede andere europäische Hauptstadt das politische, wirtschaftliche und kulturelle Zentrum ihres Landes ist, wächst stetig an und dehnt sich auf das weitläufige, als **Ile-de-France** bezeichnete Umland aus. Das gut 100 qkm große eigentliche Stadtzentrum – der Großraum Paris umfasst fast 2.000 qkm – bildet das Département **Ville-de-Paris**, eines der acht Départements der Verwaltungsregion Ile-de-France. Die Innenstadt ist wiederum in 20 **Arrondissements** (Bezirke) aufgeteilt.

Das gemäßigte, ausgeglichene **Klima** von Paris ist sowohl von ozeanischen als auch kontinentalen Einflüssen geprägt. Mit Niederschlägen muss das ganze Jahr über gerechnet werden. Obwohl Frühjahr und Herbst die beliebtesten **Reisezeiten** für Paris darstellen, hat die Stadt das ganze Jahr über ihre Reize. Im Winter gibt es besonders viele kulturelle Veranstaltungen, im Sommer, gerade in den französischen Ferienmonaten Juli und August, ist die Stadt angenehm leer.

Paris geht auf eine fast 2.500 Jahre alte keltische Gründung zurück, die sich zunächst auf die Ile de la Cité beschränkte. Die Römer eroberten und erweiterten die Siedlung, die sie Lutetia nannten. Im 5. Jh. wurde Paris Hauptstadt; seither ist die Stadt Mittelpunkt des historischen und kulturellen Geschehens ihres Landes. Im Laufe der **Geschichte** der französischen Hauptstadt entstanden weltberühmte Baudenkmäler. Reste aus keltischer und römischer Zeit sowie aus dem frühen Mittelalter sind jedoch nicht oder nur wenige erhalten. Das Stadtbild mit vielen historischen Gebäuden ist heute maßgeblich geprägt von prächtigen Boulevards aus dem zweiten Kaiserreich.

Flüge von Deutschland nach Paris (PAR) landen meist auf dem Flughafen Charles-de-Gaulle (CDG) 23 Kilometer nordöstlich der Stadt. Ein weiterer internationaler Flughafen liegt mit Orly (ORY) 14 Kilometer südlich von Paris. Von beiden Flughäfen bestehen gute Bus- bzw. Zugverbindungen zum Zentrum (Fahrtdauer 30 bis 60 Minuten). Auch zwischen den Flughäfen verkehren Busse. CDG ist einer der größten Flughäfen Europas und ein wichtiger internationaler Verkehrsknotenpunkt.
Züge aus Norddeutschland und dem Ruhrgebiet kommen am Pariser Nordbahnhof (Gare du Nord) an, zum Ostbahnhof (Gare de l´Est) fahren Züge aus südlicheren Teilen Deutschlands (z. B. ab Frankfurt; Fahrtdauer gut sechs Stunden). Weitere Fernbahnhöfe in Paris sind Gare d´Austerlitz, Gare de Lyon, Gare St. Lazare und Gare Montparnasse. Von hier gelangt man in alle Teile des Landes. Bei Umsteigeverbindungen ab Deutschland muss man in Paris oft den Bahnhof wechseln.
Das **Stadtgebiet** von Paris hat ein sehr gutes öffentliches Verkehrsnetz mit der U-Bahn „Métro“, Bussen und der RER, deren Vorortzüge das Zentrum mit der Ile-de-France verbinden. Man kann bereits in Deutschland die Netzkarte „Paris visite“ für die Pariser Verkehrsmittel kaufen und über Veranstalter Stadtrundfahrten buchen, auch per Ausflugsboot (Bateau Mouche) auf der Seine.
Den **Verkehrsknotenpunkt** Paris umgibt ein 35 Kilometer langer, bis zu zehn Spuren breiter Autobahnring (Périphérique), der Ausgangspunkt nahezu aller französischer Autobahnen ist.

Die multikulturelle Metropole Paris ist ein ideales Städte- und Kurzreiseziel, das für nahezu alle Zielgruppen **Attraktionen** bereit hält. So ist Paris, das häufig auch als „Stadt der Liebe“ bezeichnet wird, ein beliebtes Reiseziel von Paaren. Mit zahlreichen Sehenswürdigkeiten und viel Kultur eignet es sich aber auch gut für Bildungsreisende und Reisegruppen wie Schulklassen. Besondere Veranstaltungen in Paris sind neben Konzerten und Ausstellungen auch Sportevents wie das Grand-Slam-Tennisturnier „French-Open“ im Juni. Außerdem bietet die für schicke Mode und andere Luxusartikel bekannte Stadt vielfältige Einkaufs- sowie hervorragende Unterhaltungs- und Vergnügungsmöglichkeiten; das Nachtleben mit Shows und Cabarets ist weltberühmt. Wie fast überall in Frankreich kann man auch in zahlreichen Pariser Restaurants und Bistros sehr gut essen und trinken. Allerdings sollte angemerkt werden, dass die Preise in Paris ziemlich hoch sind.

SEHENSWÜRDIGKEITEN

ILE DE LA CITÉ

Das eigentliche Zentrum von Paris bildet die häufig von Touristen besuchte Ile de la Cite. Das bekannteste Bauwerk der Seine-Insel mit ihren alten Häusern und imposanten Verwaltungsgebäuden ist die Kathedrale **Notre-Dame-de-Paris** aus dem 12. Jh. Die Kirche mit drei Portalen und zwei fast 70 Meter hohen Türmen (von oben hervorragende Aussicht) ist eines der bedeutendsten gotischen Bauwerke Frankreichs. Im fünfschiffigen, von Rosettenfenstern geschmückten Inneren der Kirche fanden im Laufe der Geschichte zahlreiche historisch bedeutsame Zeremonien wie Krönungen, darunter auch die Kaiserkrönung Napoleons, statt. Victor Hugo diente die Kathedrale als Handlungsort seines berühmten Romans „Der Glöckner von Notre-Dame“. Weitere Sehenswürdigkeiten der Ile de la Cité sind Reste des mittelalterlichen Königspalastes, die innerhalb des weitläufigen, mächtigen Komplexes des **Justizpalastes** liegen: die **Conciergerie**, während der Revolution Gefängnis, und die Schlosskapelle **Sainte-Chapelle**.

Die Seine-Insel ist durch eine Brücke mit der kleineren **Ile St. Louis** verbunden. Diese bildet mit schönen, alten Häusern ein exklusives, ruhiges Wohnviertel. Weitere Brücken verbinden die Ile de la Cité – wie auch die Ile St. Louis – mit beiden Ufern der Seine, auf die sich Paris nach und nach ausgedehnt hat. Die Uferseiten werden als Rive gauche (linkes Flussufer) und Rive droite (rechtes Flussufer) bezeichnet. Nahe der Inseln bieten sich die Uferpromenaden der **Seine Quais** für reizvolle Spaziergänge an.

QUARTIER LATIN / SAINT-GERMAIN-DES-PRES / MONTPARNASSE

Die älteste erhaltene Brücke der Stadt ist die **Pont Neuf** aus dem frühen 17. Jh. Überquert man sie in Richtung Süden, gelangt man ans Rive gauche, in das als QUARTIER LATIN bezeichnete Universitätsviertel. Herz des Stadtteils ist der **Boulevard St. Michel** mit zahlreichen Cafés, Buchhandlungen, Geschäften und fliegenden Händlern. Im südlichen Teil des Boulevards kann man Reste römischer Thermen besichtigen. Auf dem Gelände der Ausgrabungen liegt auch das **Musée de Cluny**, das mittelalterliche Kunst zeigt. Im weiteren Verlauf des Boulevards gelangt man zur im 13. Jh. gegründeten **Sorbonne**, der bekanntesten und ältesten Universität von Paris. Das Quartier Latin ist aber auch Sitz verschiedener weiterer Universitäten und Schulen. Unweit der Sorbonne liegt das **Panthéon**, ein gewaltiger klassizistischer Kuppelbau aus dem 18. Jh.; es dient als Mausoleum bzw. Ruhmeshalle für große Franzosen wie Politiker, Dichter, Denker, Revolutionäre und Widerstandskämpfer. Unweit des Panthéons liegt der schöne Park **Jardin du Luxembourg** mit dem gleichnamigen Palais aus dem 17. Jh., heute Sitz des französischen Senats.

Westlich des Quartier Latin schließt sich SAINT-GERMAIN-DES-PRES an, das als Intellektuellen- und Künstlerviertel bekannt geworden ist. Hier lebten große Literaten wie Sartre, Camus und Hemingway. Die „Hauptstraße“ des Viertels ist der **Boulevard St. Germain**, der bei den römischen Thermen den Boulevard St. Michel schneidet. In St.-Germain-des-Prés gibt es mehrere sehenswerte Kirchen, darunter die älteste von Paris, die **Eglise Saint-Germain-des-Prés**, deren Ursprünge auf das 6. Jh. zurückgehen. In der Nähe der Kirche liegen die Treffpunkte der großen Schriftsteller, das **Café de Flore** und das **Café Les Deux Magots**. In dem schönen und recht exklusiven alten Stadtviertel gibt es zahlreiche Geschäfte, Galerien, Restaurants, Bars und auch Hotels. Das Quartier Latin und St. Germain des Prés eignen sich sehr gut zum Flanieren und Ausgehen am Abend.

Südlich der beiden Stadtteile liegt MONTPARNASSE, das ebenfalls lange als Künstlerviertel galt. Heute wird Montparnasse von Gebäuden aus den 70er-Jahren wie dem Wolkenkratzer **Tour Montparnasse**, dem zweithöchsten Gebäude von Paris, dominiert. Das gut 200 Meter hohe Bürohochhaus bietet eine hervorragende Aussicht auf die Stadt. Häufig wird in dem Viertel auch der Friedhof **Cimetière de Montparnasse** besucht, auf dem Berühmtheiten wie Sartre und seine Lebensgefährtin Simone de Beauvoir begraben sind.

FAUBOURG ST. GERMAIN / EIFFELTURM

Weitere bedeutende Sehenswürdigkeiten folgen westlich von St.-Germain-des-Prés. Direkt an der Seine liegt das in einem ehemaligen Bahnhof untergebrachte Kunstmuseum **Musée d´Orsay**. Hier kann man zahlreiche herausragende Kunstwerke aus der zweiten Hälfte des 19. Jh. bewundern, darunter vor allem impressionistische Werke.

Unweit des Museums schließt sich das Nobelviertel FAUBOURG ST. GERMAIN an, dessen pompöse Palais aus dem 18. und 19. Jh. heute vielfach als Ministerien und Botschaften dienen. Eine der Attraktionen dieses Viertels ist der **Invalidendom** mit der Grabstätte Napoleons. Der über 100 Meter hohe Dom mit vergoldeter Kuppel ist Teil des Gebäudekomplexes „Hotel des Invalides“, das Ludwig XIV. für Kriegsveteranen errichten ließ. Hier sind heute auch mehrere Museen untergebracht. Ein weiteres häufig besuchtes Museum, das **Musée Rodin**, liegt in unmittelbarer Nachbarschaft. In einem alten Palais und dem dazugehörenden Park kann man hier Werke des großen Bildhauers des frühen 20. Jh. sehen. Nahe des Hotel des Invalides kann man über die breiteste und – mit goldenen Kandelabern verziert – pompöseste Brücke der Stadt, die **Pont Alexandre III** auf die gegenüberliegende Seite der Seine gelangen.

Westlich des Hotel des Invalides liegt in einem mächtigen klassizistischen Gebäude die **Ecole Militaire** (Militärakademie), an die sich die weitläufige Grünanlage des **Champs de Mars** (Marsfeld, früher Exerziergelände) anschließt. Am Ende des Marsfeldes liegt, direkt an der Seine, die wohl berühmteste Sehenswürdigkeit und das Wahrzeichen von Paris: der **Eiffelturm** (Tour Eiffel). Der nach seinem Erbauer Gustave Eiffel benannte, 320 Meter hohe Turm wurde anlässlich der Weltausstellung 1889 errichtet; damals war er das höchste Gebäude der Welt. Heute ist die das Stadtbild maßgeblich prägende, mächtige Stahlkonstruktion – die Seitenlänge des quadratischen Unterbaus beträgt 130 Meter – mit mehreren Millionen Besuchern jährlich die meistbesuchte Sehenswürdigkeit Frankreichs. Die drei Plattformen des Eiffelturms können zu Fuß und per Lift erklommen werden, um den hervorragenden, bis zu 70 Kilometer weit reichenden Ausblick zu genießen. Oben informiert ein Kino über die Geschichte des Turms, im zweiten und dritten Stock gibt es Restaurants, darunter ein sehr exklusives. Einen Panoramablick auf den Eiffelturm – über eine Grünanlage mit Wasserspielen hinweg – bietet die Terrasse des **Place du Trocadéro** auf der gegenüberliegenden Seite der Seine. Die Aussichtsterrasse liegt zwischen den beiden weitläufigen Flügeln des Palais de Chaillot, in dem verschiedene Museen untergebracht sind.

PLACE-CHARLES-DE-GAULLE / CHAMPS-ELYSEES

Vom Place du Trocadéro führt eine lange Avenue in nordöstliche Richtung direkt zum PLACE-CHARLES-DE-GAULLE, auf dem sich mit dem **Arc de Triomphe** (Triumphbogen) eine weitere berühmte Pariser Sehenswürdigkeit befindet. Das etwa 50 Meter hohe, 45 Meter breite und 22 Meter tiefe, reich mit Skulpturen und Reliefs verzierte Bauwerk ließ Napoleon erbauen, um seine Siege zu feiern. Unter dem Bogen, in dessen Mauern die Namen französischer Kriegshelden und Schlachtfelder verewigt sind, liegt das Grab eines unbekannten französischen Soldaten aus dem ersten Weltkrieg. Auf die Plattform des Triumphbogens kann man hinauffahren und von oben besonders gut erkennen, dass die Place-Charles-de-Gaulle Ausgangspunkt von zwölf sternförmig auseinander laufenden Avenuen ist; deshalb heißt der Platz auch „Place de l´ Etoile“ (Sternplatz).

Eine der Straßen führt in westliche Richtung über das **Palais des Congrès** (Kongresszentrum) ins Viertel **La Défense**, eine futuristische Bürostadt mit zahlreichen Hochhäusern. Auf dem Place de la Défense steht – in einer Achse mit dem Arc de Triomphe – ein weiterer, doppelt so großer Bogen, der marmorverkleidete **Grande Arche**. Das imposante, moderne Bauwerk wurde 1989 eingeweiht.

Die Avenue, die vom Arc de Triomphe aus in genau die entgegengesetzte Richtung führt, ist die berühmte AVENUE DES CHAMPS-ELYSEES. Seit die breite, fast zwei Kilometer lange Straße in den 90er-Jahren gründlich verschönert worden ist und Autos in Tiefgaragen parken müssen, lässt es sich auf dem Prachtboulevard wie in alter Zeit nett bummeln und flanieren. Die berühmte Straße wird durch die große Kreuzung des „Rond Point" in zwei Hälften geteilt. Im oberen Teil der Champs-Elysées liegen zahlreiche Geschäfte, Restaurants, Cafés, Kinos, Banken und Büros von Fluggesellschaften. Am Rond Point zweigt von den Champs-Elysées die exklusive **Avenue Montaigne** ab, durch die Paris-Besucher schlendern, um die Schaufenster berühmter Couturiers wie Dior anzuschauen. Den unteren Teil der Champs-Elysées säumen weite Grünflächen mit einigen freistehenden Gebäuden. Auf einer Seite erstrecken sich das riesige, prachtvolle **Grand Palais** und das kleinere **Petit Palais** bis zum Ufer der Seine (wo die Pont Alexandre III über den Fluss führt). Die beiden heute für Kunstausstellungen genutzten Gebäude wurden anlässlich der Weltausstellung im Jahr 1900 erbaut. Das bedeutendste Gebäude auf der anderen Seite der Champs-Elysées ist das von einem Park umgebene **Palais de l'Elysées**, der Amtssitz des französischen Präsidenten.

PLACE DE LA CONCORDE UND UMGEBUNG

Die Avenue des Champs-Elysées endet am prachtvollen Place de la Concorde, einem der schönsten und größten Plätze der Welt. Den Mittelpunkt des Platzes markiert der 23 Meter hohe, von Brunnen flankierte **Obelisk von Luxor**, der aus dem Ägypten des 13. Jh. v. Chr. stammt und im 19. Jh. den Franzosen zum Geschenk gemacht wurde. Im Zeitalter der Revolution stand auf der Place de la Concorde die Guillotine, mit der zahlreiche Menschen, darunter König Ludwig XVI. und Königin Marie-Antoinette, geköpft worden sind. Die Place de la Concorde ist umgeben von prachtvollen Gebäuden, der gleichnamigen Seinebrücke und dem **Jardin des Tuileries**, einer der größten Parkanlagen der Stadt. Der Tuileriengarten wurde als Park des gleichnamigen Schlosses aus dem 16. Jh. angelegt, das 1871 zerstört wurde.

Durch die Tuilerien und den **Arc du Carrousel**, einen weiteren von Napoleon erbauten Triumphbogen, gelangt man zum weltberühmten Louvre, der im 14. Jh. von einer mittelalterlichen Festung zum Schloss umgebaut wurde. Bis zum Umzug Ludwig XIV. nach Versailles diente der riesige, sich entlang dem Flussufer erstreckende **Louvre** als Königspalast, der ständig erweitert und umgebaut wurde. Heute beherbergt er das größte Museum der Welt. Ende der 80er-Jahre wurde im Innenhof des Louvre eine moderne, gläserne Pyramide errichtet, die einen reizvollen Kontrast zu dem alten Gebäude darstellt und den Hauptzugang zum darunter gelegenen Museumsfoyer bildet. Die Auswahl und Qualität der Kunstwerke, die im Louvre-Museum zu sehen ist, sind schier überwältigend. Neben Gemälden aus vielen Epochen und Ländern sind unter anderem orientalische und ägyptische Altertümer sowie Kunst der Griechen und Römer, Möbel, Schmuck und Kunsthandwerk zu sehen. Zu den berühmtesten Kunstwerken des Louvre gehören die „Mona Lisa" von Leonardo da Vinci und die Skulptur „Venus von Milo".

Nördlich der Place de la Concorde und des Louvre liegt ein Luxusviertel mit exklusiven Geschäften und Hotels der Spitzenklasse. Von der Place de la Concorde führt eine Straße direkt zur Kirche **Madeleine** aus dem 18. und 19. Jh., die durch korinthische Säulen an der Vorderseite wie ein griechischer Tempel wirkt. Der die Kirche umgebende gleichnamige Platz ist mit mehreren noblen Feinkostgeschäften und Restaurants ein Mekka für Gourmets. Von der Madeleine führt ein Boulevard direkt zur **Opéra**, dem prunkvollen alten Opernhaus aus dem zweiten Kaiserreich (eine neue Oper wurde 1989 an der Bastille eröffnet).

Nördlich der Oper verläuft der lange Boulevard Haussman, dessen Attraktion die großen, prachtvollen Kaufhäuser **Galéries Lafayette** und **Printemps** sind. Die ältesten Teile der Kaufhäuser stammen aus der Zeit der Jahrhundertwende. Eine Straße in Richtung Süden verbindet die Oper mit dem eleganten **Place Vendome**, wo es zahlreiche teure Juweliergeschäfte gibt und das „Ritz“ liegt, eines der besten Hotels von Paris. Dieser exklusive Platz ist durch die noble Rue St. Honoré mit dem **Palais Royale**, dem arkadengesäumten Palast des Kardinals Richelieu aus dem 17. Jh., verbunden. Neben dem gegenüber dem Louvre gelegenen Palais befindet sich die **Comédie Francaise**, das bedeutendste Staatstheater Frankreichs.

MARAIS / HALLENVIERTEL

Hinter dem Louvre führt die Pont Neuf zur Ile de la Cité und zum Rive gauche. Folgt man weiter dem Rive droite, erreicht man das Pariser Rathaus, das **Hôtel de Ville**, gegenüber der Ile de la Cité gelegen. Nachdem der ursprüngliche Renaissancebau aus dem 16. Jh. zerstört worden war, wurde das Rathaus in Anlehnung an das Original Ende des 19. Jh. wiederaufgebaut und vergrößert.

Nördlich des Rathauses liegt das alte, gediegene Stadtviertel MARAIS mit schönen Adelspalästen (Hôtels) aus dem 16. und 17. Jh. Als die Adligen im 17. und 18. Jh. wegzogen, siedelten sich hier „normale“ bis arme Bürger an. Heute gilt Marais, das großenteils unter Denkmalschutz steht, als In-Viertel mit schicken Läden, Cafés und Restaurants. Herz des Viertels ist der elegante, zu Beginn des 17. Jh. angelegte **Place des Vosges**. Im Marais liegen auch das **jüdische Viertel** von Paris und einige in alten Palais untergebrachte Museen, darunter das **Musée Picasso** und das **Maison de Victor Hugo** (der Dichter wohnte mehrere Jahre an der Place des Vosges). Im Osten wird Marais durch die **Place de la Bastille** begrenzt, wo einst das gefürchtete Gefängnis stand, das am 14. Juli 1789 im Zuge der Französischen Revolution gestürmt wurde. Von der Bastille sind nur noch einige Mauerreste erhalten.

Einen krassen Gegensatz zu den alten Häusern des angrenzenden Marais-Viertels bildet das ebenfalls nahe dem Rathaus gelegene, futuristisch anmutende **Centre Pompidou** (nach einem französischen Präsidenten benannt). Das 1977 eröffnete, viel besuchte Gebäude aus Glas und Stahl dient als staatliches Zentrum für Kunst- und Kulturveranstaltungen und beherbergt unter anderem Bibliotheken, Ausstellungsräume und das Nationalmuseum für moderne Kunst. Vom Dach des über 40 Meter hohen Centre Pompidou, zu dem man mit – durch Plastikröhren fahrenden – Rolltreppen gelangt, hat man einen phantastischen Ausblick auf Paris. Neben dem Centre Pompidou, auf dessen Vorplatz häufig Straßenkünstler Darbietungen geben, liegt die **Fontaine Stravinsky**, ein aus mehreren knallbunten, originellen Figuren konzipierter Brunnen.

Nur wenig westlich des Centre Pompidou schließt sich das HALLENVIERTEL an, das nach den legendären Markthallen benannt ist, in denen bis 1969 der traditionsreiche Pariser Großmarkt stattfand. Auf dem Gelände der abgerissenen Hallen liegt heute der moderne Komplex **Forum les Halles** aus den 70er-Jahren; der größte Teil des riesigen Einkaufszentrums verläuft unterirdisch. Die Métrostation dieses Viertels namens „Chatelet-Les Halles“ ist eine der größten der Welt. Zahlreiche Geschäfte, Cafés und Bistros, von denen viele auf junge Leute eingestellt sind, aber auch einige urtümliche Kneipen liegen in der Fußgängerzone um Forum les Halles. In unmittelbarer Nähe zu den Hallen erstreckt sich die zweitgrößte Kirche von Paris, **Saint-Eustache**, die aus dem 16. Jh. stammt. Nördlich dieses Viertels, im Gebiet der Rue St. Denis, beginnt ein Rotlichtbezirk.

MONTMARTRE

Ein weiterer, häufig von Touristen besuchter Stadtteil liegt mit Montmartre im Norden von Paris. Das Stadtviertel auf der gleichnamigen, höchsten Erhebung der Stadt ist als Künstler- und Vergnügungsviertel bekannt.

Montmartre war bis ins 19. Jh. als ländliches Gebiet mit Weinbergen – einer ist noch vorhanden – und Windmühlen ein beliebtes Ausflugsziel der Pariser Bevölkerung. Dann zogen zahlreiche Bohèmes und Künstler hierher. Darunter waren auch einige, die zu großer Berühmtheit gelangten, wie Van Gogh, Picasso und Toulouse-Lautrec. Am Fuße des Hügels entstanden damals Revuetheater, Tanzlokale und Amüsierbetriebe. Ein Relikt aus dieser Zeit ist das **Moulin Rouge**, ein Revuetheater in einer Mühle mit roten Flügeln, wo noch immer Tanzvorführungen – vor allem des berühmten Can-Can – stattfinden. Diese Gegend Montmartres mit dem nahen, berühmten **Place Pigalle** ist ein Zentrum des „sündigen" Nachtlebens von Paris.

Auf dem Hügel selbst lag das alte Dorf, heute ist hier die 83 Meter hohe Kirche **Sacré-Coeur** die Hauptattraktion. Das Stilgemisch der Architektur des schneeweißen Gotteshauses, mit dessen Bau Ende des 19. Jh. begonnen wurde, wird häufig etwas abfällig als „Zuckerbäckerstil" bezeichnet. Zu Sacré-Coeur, dem höchsten Ort von Paris, kann man auf einem etwas anstrengenden Fußmarsch über steile Treppen oder per Seilbahn gelangen. Von oben hat man – vor allem bei Nacht – einen phantastischen Ausblick auf die Stadt. Unterhalb von Sacré-Coeur liegt der alte Dorfplatz **Place du Tertre**, der heute vollständig in der Hand des Tourismus ist. Hier verkaufen zahlreiche Maler ihre Werke und porträtieren Touristen. Häufig wird auch der große Friedhof des Stadtviertels, der **Cimetière de Montmartre** besucht, auf dem berühmte Künstler wie Heinrich Heine begraben sind.

AUSFLÜGE

GRÜNANLAGEN

Nach einem ausführlichen Besichtigungsprogramm zieht es viele Paris-Besucher ins Grüne, in – neben den zahlreichen Grünanlagen des Stadtzentrums – als „grüne Lungen" geltende, am Stadtrand gelegene große Parks. Diese sind Reste eines riesigen Waldgebietes, von dem Paris einst umgeben war: **Bois de Boulogne** (im Westen) und **Bois de Vincennes** (im Südosten). Beide Parks sind fast 1.000 Hektar groß und schön angelegt mit Spazierwegen, Seen, Schlösschen und Theatern. Sie dienten lange als königliche Jagdgebiete, wurden aber im 17. Jh. der Öffentlichkeit zugänglich gemacht und entwickelten sich in der folgenden Zeit – nicht zuletzt durch hier gelegene Pferderennbahnen – zu wichtigen Treffpunkten der Gesellschaft. Im Bois de Vincennes mit dem gleichnamigen Schloss liegen auch der Pariser Zoo und ein botanischer Garten.

VERGNÜGUNGSPARKS

Ideal für Familienausflüge sind die Vergnügungsparks in der Umgebung von Paris. Der wichtigste ist das in den 90er-Jahren eröffnete **Disneyland Paris**, der größte Freizeitpark Europas. Nach amerikanischem Muster gibt es im 2.000 Hektar großen Disneyland Paris verschiedene Themenparks (wie Wilder Westen, Märchen und High-Tech), Shows, Paraden und Festivals. Zum Resort gehören mehrere, ganz unterschiedliche Hotels, die am Parkeingang oder ganz in der Nähe liegen. 2002 wurde Disneyland der **Walt Disney Studios Park** mit vier spektakulären Themenländern zum Thema Film und Fernsehen angeschlossen. Disneyland und Walt Disney Studios Park befinden sich in Marne-La-Vallée gut 30 Kilometer östlich des Stadtzentrums und sind mit diesem durch die RER verbunden.

Knapp 40 Kilometer nördlich von Paris liegt der wesentlich kleinere **Parc Astérix**, in dem sich alles um den Comic-Helden und seine Freunde dreht.

SCHLÖSSER

Weitere beliebte Ausflugsziele sind die zahlreichen Schlösser der näheren und weiteren Umgebung von Paris. Am häufigsten wird der berühmte, etwa 20 Kilometer südwestlich der Hauptstadt gelegene Palast von **Versailles** besucht. Ludwig XIV. ließ die riesige, in einem großen Park gelegene Schlossanlage, die bis zur Revolution als Regierungssitz diente, im 17. Jh. erbauen. Sein Hofstaat umfasste zur Spitzenzeit des Absolutismus etwa 30.000 Menschen. Besonders sehenswert in der größten Königsresidenz Europas, deren Fassade eine Länge von knapp 700 Metern aufweist, ist der 73 Meter lange, prunkvolle Spiegelsaal.

Zwei weitere bedeutende Königsschlösser der Ile-de-France sind **Fontainebleau** (60 Kilometer südlich der Stadt), dessen Anlage auf ein Jagdschloss aus dem 12. Jh. zurückgeht, und **St.-Germain-en-Laye** aus dem 16. Jh. im gleichnamigen Pariser Vorort.

SONSTIGES

Eine sehr sehenswerte Kirche liegt mit der **Cathédrale St. Denis** im gleichnamigen, nördlichen Vorort von Paris. Die Kathedrale gilt als Gründungsbau der Gotik und diente seit dem 7. Jh. als Grabstätte fast aller französischen Könige.

Der größte Pariser Friedhof, der **Cimetière Pere Lachaise** im Osten der Stadt, stellt ebenfalls eine Touristenattraktion dar. Hier sind zahlreiche Prominente bestattet. Mit Lageplänen bewaffnet besuchen Touristen in der parkartigen Anlage die Gräber von Berühmtheiten wie Molière, Chopin, Oscar Wilde, Edith Piaf, Yves Montand und Jim Morrison.

1.3.2 BRETAGNE

Als 250 Kilometer lange und bis zu 150 Kilometer breite **Halbinsel**, die in den **Atlantik** ragt, nimmt die Bretagne den westlichsten Teil Frankreichs ein. Die stark gegliederte bretonische Küste umfasst etwa 1.100 Kilometer. Vor vielen Millionen Jahren war die Halbinsel ein mächtiges Gebirgsmassiv, das durch die starke Brandung abgetragen wurde; übrig blieb das bis zu 400 Meter hohe **Armorikanische Gebirge**. In der Bretagne sind die **Gezeiten** des Ozeans besonders stark ausgeprägt. Der Höhenunterschied zwischen Ebbe und Flut beträgt hier bis zu 14 Meter. Während die am **Ärmelkanal** gelegene Nordküste sehr rau ist, steile Klippen und kleine Buchten aufweist, ist die Südküste flacher und bietet breitere Buchten und lange Sandstrände. Die westliche Spitze der bretonischen Halbinsel, der mehrere Inseln vorgelagert sind, ist geprägt von fjordartigen, als **Abers** bezeichneten Landeinschnitten. Wald, Heide und mauerartige Hecken dominieren das bretonische Binnenland. Als Kulturlandschaft umfasst die Bretagne neben der Halbinsel, die die gleichnamige Verwaltungsregion mit gut 27.000 qkm Fläche und etwa 3,5 Millionen Einwohnern bildet, auch Teile umliegender Regionen. Hauptstadt der Bretagne ist **Rennes** im Landesinneren, die größte Stadt der Gegend bildet das südlich gelegene, offiziell nicht mehr zur Bretagne gehörende **Nantes**. Der Fremdenverkehr gewinnt in der Bretagne zunehmend an Bedeutung, traditionell lebt die Region jedoch von Fischfang und Landwirtschaft.

In der Bretagne herrscht **gemäßigtes Seeklima** mit ganzjährigen Niederschlägen. Die jahreszeitlichen Temperaturschwankungen sind hier relativ gering. Das Klima der südlichen Bretagne ist – beeinflusst durch den Golfstrom – etwas milder als im Norden. Mit starkem Wind muss überall ganzjährig gerechnet werden. **Hauptreisezeit** für die Bretagne sind die französischen Ferienmonate Juli und August, die Saison dauert jedoch vom späten Frühjahr bis zum Frühherbst.

Von der langen **Geschichte** und frühen Besiedlung der Bretagne zeugen Megalithmonumente wie Hinkelsteine und Dolmen, kultische Steindenkmäler, die wohl aus dem 4./3. Jhtsd. v. Chr. stammen. Man weiß jedoch nur wenig über die Zivilisation, die die bis zu 350 Tonnen schweren Steine aufstellte. Im 5. Jh. n. Chr. kamen keltische Bretonen aus England hierher, auf die der Name „Bretagne", Sprache und Kultur zurückgehen; im 9. Jh. folgten Normannen. Von da an wechselte die Zugehörigkeit der Bretagne mehrfach zwischen Großbritannien und Frankreich, bis sie 1532 endgültig Frankreich zufiel. Während der folgenden Jahrhunderte kam es immer wieder zu Aufständen der autonomiebestrebten Bretonen; diese sind stolz auf ihre eigene Sprache, Kultur und Traditionen wie besonders innige Heiligenverehrung.

Die lange Zeit verbotene keltische **Sprache** Bretonisch wird heute häufig gesprochen.

Direktflüge von Deutschland in die Bretagne gibt es nicht. Flugreisende fliegen nach Paris und reisen von dort auf dem Landweg oder per Inlandsflug weiter. Größere bretonische Flughäfen sind Nantes (NTE), Rennes (RNS) und Brest (BES).
Von Paris bestehen mit dem TGV ab dem Bahnhof Montparnasse gute Verbindungen in die Bretagne; die Fahrtdauer beträgt zwei bis fünf Stunden. Bei **Bahnfahrten** von Deutschland in die Bretagne muss in der Regel mindestens einmal umgestiegen werden (Bahnhofwechsel in Paris). Eine Bahnfahrt von Frankfurt nach Rennes über Paris dauert neun bis zehn Stunden. Französische Buslinien ergänzen die Verbindungen der SNCF.
Pkw-Fahrten von Deutschland verlaufen in der Regel ebenfalls über Paris. Eine Autofahrt von Frankfurt nach Rennes dauert etwa neun Stunden.
Von den bretonischen Häfen Roscoff und St. Malo gibt es **Fährverbindungen** nach England, Irland und auf die Kanalinseln. Die wichtigsten **Kreuzfahrthäfen** der Bretagne sind St. Malo und Lorient.

Der **Hauptanziehungspunkt** der Bretagne ist die großartige, abwechslungsreiche, vielerorts noch sehr ursprüngliche Küstenlandschaft mit schönen Buchten, Badeorten und kleinen Fischerdörfern. Massentourismus gibt es hier kaum. Mit schönen Stränden, vielen Ferienhäusern und Ferienwohnungen stellt die Bretagne gerade für Familien ein ideales Reiseziel dar. Auch an Kultur hat die Region einiges zu bieten. Neben ausgedehnten, alten Megalithfeldern gibt es hier zahlreiche Kulturdenkmäler, Schlösser und Kirchen sowie zahlreiche Museen. Interessant ist auch das Kennenlernen bretonischer Kultur und Folklore, das unter anderem auf vielen regionalen Festen und einer der zahlreichen Prozessionen möglich ist. Außerdem hält die Bretagne verschiedene Sportmöglichkeiten bereit: Wanderwege, Golfplätze, gute Gegebenheiten für Segeln, Surfen, Radfahren, Pferdesport sowie für Bootsurlaub auf Binnenkanälen. Einige Ziele bzw. Hotels eignen sich auch gut für Kur- und Wellnessaufenthalte.

RENNES UND UMGEBUNG

Die Hauptstadt der Region, wirtschaftlicher und kultureller Mittelpunkt der Bretagne, stellt für Besucher hauptsächlich einen Verkehrsknotenpunkt dar. **Rennes** (rund 200.000 Einwohner) bietet aber neben guten Einkaufs- und Unterhaltungsmöglichkeiten auch Sehenswürdigkeiten. Dazu gehören die Altstadt mit Kathedrale, mittelalterlichen Gassen und schönen Fachwerkhäusern, die Place de la Mairie mit klassizistischen Gebäuden aus dem 18. Jh., das Palais-St.-Georges (früher ein Kloster) sowie das historische Musée de Bretagne und das Musée des Beaux-Arts.

In der Umgebung von Rennes (im als „Argoat“ bezeichneten Landesinneren; das Land am Meer heißt „Armor“) liegen Kleinstädte mit alten Kirchen, mittelalterlichen Häusern, trutzigen Burgen und Schlössern. Südöstlich von Rennes befindet sich eines der größten bretonischen Megalithmonumente, „**Roche-aux-Fées**“, 20 Meter lang und sechs Meter breit. Etwa eine Autostunde westlich stellt der sagenumwobene Wald „**Foret de Paimpont**“ ein beliebtes Ausflugsziel dar; nach Überzeugung der Bretonen soll hier der Schauplatz der keltischen Artus-Sage gewesen sein.

NORDKÜSTE

MONT-SAINT-MICHEL / UMGEBUNG

Rund 60 Kilometer nördlich von Rennes liegt am Beginn der bretonischen Halbinsel – bereits in der Nachbarregion Normandie – eine der meistbesuchten Sehenswürdigkeiten Frankreichs: das dem Erzengel Michael geweihte, mittelalterliche Kloster MONT-SAINT-MICHEL, dessen Ursprünge bis ins 8. Jh. n. Chr. zurückgehen. Die heutigen Bauten stammen vorwiegend aus dem 11. – 16. Jh. Das sehenswerte Kloster, das wie eine Burg auf der gleichnamigen Felseninsel liegt, gilt seit Jahrhunderten als bedeutendes Pilgerziel. Vom Festland führt ein zwei Kilometer langer Damm zur Insel, die bei Ebbe zu Fuß in etwa eineinhalb Stunden umrundet werden kann, bei Flut aber völlig vom bis zu 14 Meter hohen Wasser umgeben ist.

An der Küste westlich von Mont-Saint-Michel beginnt die Verwaltungsregion Bretagne, in der UMGEBUNG folgen kleine Küstenorte, deren Hauptattraktion die weltberühmte Aussicht auf das weithin sichtbare Felsenkloster mit seiner 150 Meter hohen Turmspitze ist. Diese Küstengegend ist berühmt für ihre hervorragenden Austern; eines der Austernzentren ist das Städtchen **Cancale** an der gegenüberliegenden Seite der Bucht von Mont-Saint-Michel. Im Hinterland liegt die alte Bischofsstadt **Dol-de-Bretagne** auf einer 20 Meter hohen Klippe, die vor mehreren hundert Jahren noch vom Meer umspült war.

ST. MALO

Gut 40 Kilometer westlich des Klosters und 70 Kilometer nördlich von Rennes folgt das berühmte Seebad St. Malo (50.000 Einwohner). Die vom Meer umgebene, mittelalterliche Hafenstadt wurde im 12. Jh. als Schutzwall gegen Normannen und Engländer auf einen Felsvorsprung gebaut. Die Altstadt ist von einem gewaltigen Mauerring umgeben, auf dem man St. Malo zu Fuß umrunden kann; mehrere Tore führen in die Stadt mit ihren engen Gassen und hohen Granithäusern. Zu den Sehenswürdigkeiten von St. Malo gehören ein mächtiges Schloss aus dem 14./15. Jh. (heute Sitz von Museen), mehrere Bastionen, die ehemalige Kathedrale und eine vorgelagerte Insel, auf der der Dichter Chateaubriand bestattet ist. Östlich der Altstadt liegt der Hafen, unterhalb der westlichen Ummauerung, in Stadtteilen und Vororten, erstrecken sich Badestrände. Ab St. Malo werden häufig Schiffstouren in die Umgebung und zu den britischen Kanalinseln unternommen.

Etwa 30 Kilometer südlich von St. Malo liegt – hoch über dem Fluss Rance – das alte, ebenfalls von mittelalterlichen Mauern umgebene Städtchen **Dinan** mit zahlreichen historischen Gebäuden. Die Rance, die bei St. Malo in den Atlantik mündet, bildet zwischen den beiden Orten eine lange, fjordartige Bucht. Hier verkehren zahlreiche Schiffe und Hausboote, die für Fahrten auf dem Kanalsystem der nördlichen Bretagne angemietet werden können.

COTE D´EMERAUDE / COTE DE GRANIT ROSE

Gegenüber von St. Malo, jenseits der hier zwei Kilometer breiten, trichterförmigen Mündung der Rance, liegt **Dinard**, das mit St. Malo als Beginn der gut 30 Kilometer langen COTE D´EMERAUDE (Smaragdküste) gilt. Zwischen St. Malo und Dinard liegt ein Kraftwerk, das die Gezeiten zur Stromgewinnung nutzt und einen Damm zwischen beiden Orten bildet. Das elegante Seebad Dinard, einer der größten Badeorte der Bretagne, bietet schöne Strände, Grandhotels, Sportanlagen, ein Kasino, eine Promenade und ein Aquarium. Entlang der stark gegliederten Smaragdküste verläuft eine Küstenstraße über Badeorte wie **St. Lunaire**, **St. Briac** und **St. Jacut** bis zum über 70 Meter hohen, phantastische Aussichten bietenden **Cap Fréhel**.

Etwa 80 Kilometer entfernt von St. Malo folgt ein Küstenabschnitt, der wegen seiner rosafarbenen Granitfelsen COTE DE GRANIT ROSE heißt. Er beginnt in der Stadt **St. Brieuc** (50.000 Einwohner), deren Bucht für hervorragende Jakobsmuscheln bekannt ist. Westlich folgt eine ursprüngliche Küste mit Fischerhäfen, Badeorten und alten Kirchen. Zu den meistbesuchten Orten hier gehören **Saint-Quay-Portrieux**, **Paimpol** (mit der vorgelagerten, von roten Granitfelsen geprägten Insel **Ile de Bréhat**) und die Gegend um das traditionsreiche Seebad **Perros-Guirec**.

Westlich schließen sich die prachtvolle Aussichten bietende, knapp 15 Kilometer lange Küstenstraße **Corniche bretonne** und schöne Wanderwege entlang bizarr geformter Felsen an. Die Côte de Granit Rose verläuft etwa bis zur Stadt **Morlaix**, hoch über einer engen, fjordartigen Bucht gelegen. Die Entfernung von St. Brieuc hierher beträgt auf direktem Weg knapp 100 Kilometer, entlang der stark gegeliederten Küste etwa 300 Kilometer.

FINISTERE

NORDEN

Bei Morlaix beginnt der als Finistère (Ende des Landes) bezeichnete, westlichste Teil Frankreichs. In dessen Norden liegen, etwa 30 Kilometer entfernt von Morlaix, die einstige Bischofsstadt **St. Pol-de-Leon** mit einer prachtvollen gotischen Kathedrale und das Seebad **Roscoff**, von wo gute Fährverbindungen nach Irland bestehen.

Nach weiteren 50 Kilometern folgt – auf die Badeorte **Plouescat** und **Brignogan** mit langen Sandstränden – die zur Westküste überleitende **Côte des Abers**, die nach den von den Gezeiten gefüllten Meereseinschnitten benannt ist. Hier kann man phantastische Aussichten über die Küste genießen, durch Dünenlandschaften spazieren und in kleinen, verwinkelten Orten bummeln.

Dem nördlichsten Abschnitt der Westküste sind einige Inseln vorgelagert, darunter die gut zum Wandern geeignete **Ile d´Ouessant** mit wilder Klippenlandschaft und mehreren Leuchttürmen. Einer der Türme bildet den französischen Eingang zum Ärmelkanal, dem auf britischer Seite „Land´s End" gegenüberliegt. Ab dem Fischerort **Le Conquet** und der Hafenstadt **Brest**, die man nach der Umrundung der Nordwestspitze der Bretagne erreicht, bestehen gute Fährverbindungen zur Insel. Der Weg von der Côte des Abers nach Brest, der größten Stadt des Finistère (170.000 Einwohner), umfasst etwa 150 Kilometer. Sehenswürdigkeiten von Brest sind der große Naturhafen, ein Schloss aus dem 13. Jh. (heute Marinemuseum), die größte Hebebrücke Europas und das Zentrum für Meeresforschung „Océanopolis".

HINTERLAND / HALBINSEL CROZON

Im HINTERLAND dieses Küstenabschnitts liegen der Wallfahrtsort **Le Folgoet** und das Chateau de Kerjean, ein Renaissanceschloss aus dem 16. Jh. In der Umgebung sind im 16. und 17. Jh. monumentale Sakralbauten in Form von ummauerten Kirchhöfen entstanden. Typisch für die als „Enclos Paroissiaux" bezeichneten Anlagen sind Granitdenkmäler, die die Kreuzigung Jesu darstellen. Südöstlich von Brest beginnt das etwa 90.000 Hektar umfassende Naturschutzgebiet **Parc Régional d´Armorique**, ein bewohntes Gebiet, in dem Naturschutz, Tradition und Kunsthandwerk geschützt und gefördert werden. Durch den Park führen schöne Wanderwege.

Zum Naturpark gehören ein Großteil des Hinterlandes von Finistère, die Inseln um die Ile d´Ouessant und die südlich von Brest ins Meer ragende HALBINSEL CROZON. Die verzweigte Halbinsel bietet abwechslungsreiche, felsige Landschaften, spektakuläre Aussichtspunkte am Meer, alte Kirchen und einige Seebäder mit schönen Stränden, darunter **Morgat**.

SÜDEN / HINTERLAND

Südlich schiebt sich eine weitere Landzunge ins Meer, die Halbinsel der Landschaft **Cornouaille**, die den SÜDEN des Finistère bildet. Hier liegen Seebäder und Fischerorte wie **Douarnenez** mit einem Museumshafen. An der äußersten Spitze der Halbinsel befindet sich mit **Pointe du Raz** der westlichste Punkt des französischen Festlands. Die 70 Meter hohe, von der Brandung umtoste Felsspitze des stürmischen Pointe du Raz ragt weit ins Meer und bietet phantastische Aussichten, auch auf die vorgelagerte, flache Fischerinsel **Ile de Sein**.

Von der Pointe du Raz führt die **Côte de Cornouaille** mit weiten Stränden, Fischer- und Badeorten am südlichsten Teil der Westküste entlang. An der Südküste setzt sich die Côte de Cornouaille, die optimale Bade-, Wassersport- und Freizeitmöglichkeiten bietet, fort. Hier liegen größere Seebäder wie **Bénodet** und der bedeutende Fischereihafen **Concarneau**, der – umgeben von einer alten Festung – an St. Malo erinnert. Nahe der östlich folgenden Küste liegt **Port Aven**, das nicht zuletzt durch den Maler Gauguin, der hier Ende des 19. Jh. arbeitete, als Künstlerdorf bekannt geworden ist. Im Museum des Ortes kann man Werke der Maler der „Schule von Port Aven" bewundern. Ein weiterer Künstler- und Badeort folgt östlich mit dem malerischen **Le Pouldu**.

Im HINTERLAND der Küste liegt **Quimper**, die größte Stadt der Landschaft Cornouaille. In Quimper, das für seine Spitzen bekannt ist, kann man unter anderem eine mächtige gotische Kathedrale, die Altstadt und ein Museum für bretonische Volkskunst besichtigen. Zwei weitere Museen, die sich mit der bretonischen Kultur befassen, liegen in **Pont l´Abbé** nahe Bénodets.

SÜDKÜSTE

LORIENT / QUIBERON / CARNAC

Bei Le Pouldu endet das Finistère. Von hier sind es nur wenige Kilometer bis Lorient, das mit seinem bedeutenden Hafen an zwei Flussmündungen etwa die Mitte der Südküste bildet. LORIENT verdankt seinen „orientalischen“ Namen der Tatsache, dass es im 17. Jh. als Sitz der Ostindischen Kompanie gegründet wurde. Hieran erinnert das „Musée de la Compagnie des Indes“, das zu den Sehenswürdigkeiten der – nach großen Zerstörungen im zweiten Weltkrieg – modern geprägten Stadt gehört. Lorient vorgelagert ist die Insel **Ile de Groix** mit einem rosafarbenen Sandstrand. Östlich von Lorient folgen hübsche, recht ruhige Orte und schöne Sandstrände.

Ein schöner Dünenstrand zieht sich bis zur schmalen, weit ins Meer ragenden Halbinsel QUIBERON. Vom Seebad **Quibéron** an der Spitze der landschaftlich sehr abwechslungsreichen Halbinsel verkehren Schiffe zur vorgelagerten, größten bretonischen Insel **Belle-Ile**. Attraktionen hier sind die Inselhauptstadt Le Palais mit einer Zitadelle, eine Steilküste im Westen, Strände und mehrere Grotten.

Knapp 40 Kilometer entfernt von Lorient liegt CARNAC, ein altes Städtchen, das sich zum viel besuchten Badeort mit schönen Stränden und einem Thalassotherapiezentrum entwickelt hat. Die Hauptattraktion dieser Gegend stellt jedoch das umliegende Megalithgebiet dar, die weltweit größte Ansammlung steinzeitlicher Monumente. Auf einer Rundfahrt durch das Gebiet kann man Tausende von aufrecht stehenden, teils bearbeiteten meterhohen Steinen (Menhire), Steintische (Dolmen) und Hügelgräber (Tumuli) sehen. Das Alter der rätselhaften Steine, mit deren Geschichte sich ein Museum in Carnac beschäftigt, wird auf über 5.000 Jahre geschätzt.

GOLFE DU MARBIHON / LOIRE-ATLANTIQUE

Hinter Carnac folgen Badeorte wie **St. Philibert** und weitere gewaltige Menhire, darunter bei **Locmariaquer** der mit 350 Tonnen Gewicht und 21 Meter Höhe größte Menhir der Welt. Östlich schließt sich die landschaftlich reizvolle Bucht des GOLFE DU MARBIHON an, der ein 20 Kilometer langes Binnenmeer mit zahlreichen kleinen Inseln bildet. Der Golfe du Marbihon, zu dem auch ein Vogelschutzgebiet gehört, ist ein Paradies für Segler. Größte Stadt dieser Gegend ist das auf die Römer zurückgehende **Vannes** (50.000 Einwohner) mit sehr schöner Altstadt.

Östlich des Golf du Marbihon endet offiziell das Gebiet der Bretagne. Man erreicht die Nachbarregion Pays de la Loire, deren Département LOIRE-ATLANTIQUE mit etwa 150 Küstenkilometern historisch gesehen zur Bretagne gehört. Auch hier gibt es schöne Buchten, lange Sandstrände, lebhafte Seebäder und ein interessantes Hinterland. Sehr sehenswert ist eine auf Dämmen verlaufende Straße durch die Salzgärten **Marais Salants** mit Salinen, Muschel- und Austernzuchten. Die Straße führt in die ineinander übergehenden Badeorte **La Baule** (das den Beinamen „Nizza des Nordens“ trägt), **Pornichet** und **Le Pouliguen** mit feinen Stränden und Dünenlandschaften. Das mondäne La Baule gehört zu den größten und schönsten französischen Seebädern am Atlantik. Unweit von hier liegt, an der Mündung der Loire in den Atlantik, die Hafenstadt **St. Nazaire** mit großen Werften, die den Vorhafen der rund 50 Kilometer westlich gelegenen Großstadt **Nantes** bildet. Die alte Stadt an der Loire mit etwa 500.000 Einwohnern war während ihrer bewegten Geschichte zeitweise Hauptstadt der Bretagne. Hier sind vor allem das alte Herzogsschloss, die Altstadt und eine Kathedrale sehenswert.

Im Hinterland des Küstenabschnitts von La Baule und St. Nazaire befindet sich der 40.000 Hektar große **Parc Naturel de Brière**, eine spektakuläre Moorlandschaft, die als bedeutendes Vogelschutzgebiet gilt. An die Bretagneküste schließt sich südlich die „Côte d´Amour“ an.

AUSFLÜGE

KANALINSELN

Von St. Malo kann man mit der Fähre in ein bis zwei Stunden die im Ärmelkanal gelegenen Kanalinseln (Channel Islands) erreichen. Obwohl die Inseln sehr nah an der französischen Nordwestküste im Golf von St. Malo liegen, gehören sie seit langem politisch zu Großbritannien.

Zu dem knapp 200 qkm Landfläche umfassenden Archipel gehören fünf größere und zahlreiche kleinere Inseln. Die größten, bekanntesten und touristisch am meisten entwickelten Inseln sind **Jersey** und **Guernsey**. Die bereits von den Römern besiedelten Inseln – die auf reizvolle Weise sowohl französisch als auch britisch geprägt sind – besitzen schöne Landschaften und Strände, hübsche Städte und Orte sowie interessante historische Kulturdenkmäler. Deshalb sind sie ein lohnendes Ziel sowohl für Kurztrips als auch für einen längeren Urlaub.

NORMANDIE

Auch die Nachbarregion Normandie ist ein beliebtes Ausflugsziel. Neben dem bereits beschriebenen **Mont-Saint-Michel** gibt es in der Normandie zahlreiche weitere sehenswerte Klöster, Kathedralen und Schlösser.

Besonders interessante Besucherziele der Westnormandie (Basse Normandie) sind **Bayeux** mit einem 70 Meter langen Wandteppich aus dem 11. Jh., der die Eroberung Englands durch die Normannen 1066 abbildet, die schöne Stadt **Caen**, die als Zentrum der berühmten normannischen Spezialitäten Cidre, Calvados und Camembert gilt, das für Pferderennen bekannte, mondäne Seebad **Deauville** und die „**Calavadosküste**“ zwischen der Hafenstadt Cherbourg und Caen. Die Calvadosküste war im Juni 1944 Schauplatz der für den zweiten Weltkrieg entscheidenden Invasion der Alliierten. An die größte Invasion der Weltgeschichte erinnern Soldatenfriedhöfe, Denkmäler und Museen.

1.3.3 AQUITANIEN

Die im **Aquitanischen Becken** gelegene Region Aquitanien nimmt Frankreichs Südwesten ein und umfasst zwischen der Mündung der Gironde und der spanischen Grenze etwa 250 Küstenkilometer am **Atlantik** (am **Golf von Biscaya**). **Gironde** heißt der bis zu zehn Kilometer breite, rund 80 Kilometer lange Mündungstrichter, den die Flüsse Garonne und Dordogne nach ihrem Zusammenfluss bei Bordeaux bilden. Entlang der als **Côte d´Argent** (Silberküste) bezeichneten Küste Aquitaniens reihen sich phantastische Strände, die zu den längsten Europas gehören und über 100 Meter hohe Dünen aufweisen. Der gut 30 Kilometer lange, südlichste Küstenabschnitt Aquitaniens liegt im französischen **Baskenland** und bildet die eher felsige und buchtenreiche, sich in Spanien fortsetzende **Côte Basque**. Das nördliche Binnenland Aquitaniens ist geprägt von ausgedehnten Wäldern, Weinanbaugebieten, Strandseen und Heidelandschaften (**Landes**). Im Hinterland des Südens erstrecken sich die mittelgebirgsähnlichen **Westpyrenäen**. Die historische Landschaft zwischen Atlantik, Pyrenäen und Garonne wird als **Gascogne** bezeichnet. Hauptstadt der gut 41.000 qkm umfassenden Region Aquitaine mit etwa 2,8 Millionen Einwohnern ist **Bordeaux**, die Metropole des französischen Südwestens. Bedeutende Wirtschaftsfaktoren Aquitaniens sind Landwirtschaft (vor allem Weinbau) und Tourismus.

Das **Seeklima** der südfranzösischen Atlantikküste weist im Vergleich zur nördlichen Küste geringere Niederschläge und deutlich höhere Temperaturen auf und hat mediterrane Züge. **Hauptreisezeit** für Aquitanien ist die Sommersaison, die Weingegenden um Bordeaux werden aber auch häufig im Herbst besucht.

„Besonderheit" der **Geschichte** Aquitaniens sind die Basken. Dieses Volk mit ganz eigener Kultur und Sprache kam im 6. Jh. n. Chr. aus Nordspanien über die Pyrenäen nach Aquitanien. Noch heute leben im Baskenland, das einen Teil Nordostspaniens und den südwestlichsten Teil Frankreichs umfasst, rund 2,8 Millionen Basken, davon gut 200.000 auf französischer Seite. Vom 12. bis 15. Jh. gehörte Aquitanien zu England. Aus dieser Zeit, in der das Gebiet zwischen England und Frankreich stark umkämpft war, stammen zahlreiche Bastiden. 1453 kam die Region schließlich wieder zu Frankreich. Der Tourismus setzte in Aquitanien im 19. Jh. ein, zunächst in Winterkurorten, später in den sich allmählich entwickelnden Seebädern.

Derzeit gibt es im Sommer direkte **Flüge** von München nach Bordeaux (BOD) sowie ganzjährig von den meisten deutschen Flughäfen sehr gute Umsteigeverbindungen über Paris und Lyon.
Auf **Bahnfahrten** von Deutschland nach Aquitanien muss man in der Regel mindestens einmal umsteigen; je nach Verbindung verläuft die Fahrt über Paris oder über die Schweiz. Eine Bahnfahrt von Frankfurt nach Bordeaux dauert zehn bis elf Stunden. **Autoreisezüge** verbinden mehrere deutsche Verladestationen direkt mit Bordeaux (Fahrtdauer ab Neu-Isenburg gut 15 Stunden). TGVs bieten schnelle Verbindungen zwischen Paris und Bordeaux (etwa drei Stunden).
Pkw-Fahrten von Frankfurt nach Bordeaux über Paris dauern etwa elf Stunden.
Die in Aquitanien am häufigsten angelaufenen **Kreuzfahrthäfen** auf einer Tour rund um Westeuropa sind Le Verdon-sur-Mer direkt an der Gironde-Mündung und Bordeaux.

Die **Hauptattraktion** Aquitaniens sind lange, dünengesäumte Sandstrände mit zahlreichen – im Vergleich zum Mittelmeer relativ ruhigen – Seebädern und sehr sauberem Wasser. Die Küsten und Strandseen der Aquitaine eignen sich gut für Badeaufenthalte mit der ganzen Familie und sind ein ideales Wassersportrevier, besonders zum Surfen. Häufig werden in den Seebädern, in denen teilweise Thermalquellen vorhanden sind, auch Kur- und Wellnessprogramme angeboten; an der Küste Aquitaniens soll die Thalassotherapie ihren Ursprung haben. Das Hinterland bietet mit schönen Dörfern, interessanten Städten und reizvollen Landschaften ideale Ausflugsmöglichkeiten. Höhepunkt einer Reise nach Aquitanien ist häufig eine Fahrt in eines der um Bordeaux gelegenen – auch für besondere kulinarische Genüsse bekannten – Weinanbaugebiete mit Weinbergen, Weingütern und -schlössern.

Vom Süden Aquitaniens sind Ausflüge in die nahen Pyrenäen und Abstecher nach Spanien möglich. Vielen Pilgerreisenden nach Lourdes oder Santiago de Compostela (durch Frankreich und Nordspanien auf dem Jakobsweg) dient Aquitanien als reizvolle „Durchgangsstation“. Nicht zuletzt machen zahlreiche Feste, darunter viele Weinfeste, Festivals und Veranstaltungen, in deren Rahmen auch Folklore und alte Traditionen gepflegt werden, einen großen Teil des Charmes dieser Region aus. Altes Brauchtum wird vor allem im Baskenland gepflegt, wo häufig auch Stierkämpfe im spanischen Stil stattfinden.

NÖRDLICHE COTE D´ARGENT

Aquitanien und die nördliche Côte d´Argent beginnen an der Mündung der Gironde in den Atlantik, mit der Landspitze **Pointe de Grave** und dem Hafenort **Le Verdon-sur-Mer**. Von hier bestehen Fährverbindungen zum gegenüberliegenden Ende der Mündungsspitze, wo sich das mondäne Seebad Royan befindet. In der Nähe des Pointe de Grave liegt der traditionsreiche Ferienort **Soulac-sur-Mer** mit lebhafter Promenade; Soulac bietet herrliche Sandstrände, an die sich Dünenlandschaften und Waldgebiete anschließen. Südlich folgen die Badeorte **Montalivet** (Europas größtes FKK-Zentrum), **Hourtins-Plage**, **Carcans-Plage** und **Lacanau-Océan**, einer der beliebtesten und lebhaftesten Badeorte der Region mit zahlreichen Freizeit- und Sportmöglichkeiten. Nur wenige Kilometer entfernt von der Küste erstrecken sich der **Lac de Carcans** und der **Lac de Lacanau**, beliebte Bade- und Wassersportseen mit weiteren Ferienorten und der Freiluftsportanlage „Bombannes“.

BORDEAUX / BORDELAIS

Etwa 50 Kilometer westlich der Atlantikküste und gut 80 Kilometer südöstlich der Girondemündung liegt **Bordeaux**, mit über 200.000 Einwohnern die unumstrittene Metropole des französischen Südwestens. Die Stadt an der Garonne wurde von den Römern gegründet und ist seither ein bedeutendes und wohlhabendes Weinhandelszentrum. Der Fluss verbindet die Hafenstadt mit dem Meer. Das heutige Stadtbild von Bordeaux mit seiner prächtigen Architektur wurde maßgeblich im 18. Jh. geprägt; Hochhäuser gibt es in der weitläufigen Stadt kaum. Zu den Sehenswürdigkeiten von Bordeaux gehören eine Kathedrale aus dem 12. Jh., einer der größten Plätze Europas („Esplanade des Quinconces“), die elegante „Place de la Bourse“ und der prächtige Bau des „Grand Theatre“. Unter den Museen ist das historische Musée d´Aquitaine besonders sehenswert.

Das Binnenland zwischen Pointe de Grave, Gironde und Bordeaux ist geprägt vom Weingebiet **Médoc**, wo hauptsächlich Rotweine produziert werden; Médoc ist Teil des 100.000 Hektar Fläche umfassenden Weinanbaugebiets Bordelais. Im **Médoc** kann man zahlreiche, als „Chateaux“ bezeichnete Weingüter, in denen teilweise auch Museen untergebracht sind, besichtigen. Dazu gehört das prächtige, weltberühmte „Chateau Mouton-Rothschild“. Neben Médoc gehören zum Bordelais die Weinanbaugebiete **Entre-Deux-Mers** südöstlich und **Graves** südlich von Bordeaux.

SÜDLICHE COTE D´ARGENT

BASSIN D´ARCACHON

Der südliche Teil der Côte d´Argent beginnt an der 250 qkm großen Bucht Bassin d´Arcachon, die durch eine drei Kilometer breite Öffnung mit dem Atlantik verbunden ist.

An der nördlichen Spitze des Bassins, das ein gutes Wassersportrevier bildet, liegt der Badeort **Cap Ferrat** mit vielen Apartments und Ferienhäusern. In der Bucht mit wunderschönen Sandstränden reihen sich weitere Ferienorte aneinander. Im Südwesten liegt der „Parc Ornithologique", wie die inmitten der Bucht gelegene **Ile aux Oiseaux** ein Vogelschutzgebiet.

Einer der bekanntesten Ferienorte am Atlantik ist das im Süden der Bucht, gut 60 Kilometer südwestlich von Bordeaux gelegene, traditionsreiche **Archachon**. Das beliebte Seebad teilt sich auf in die „Ville d´été" (Sommerstadt mit schönem Sandstrand, kilometerlanger Promenade, Hafen, Kasino, Geschäften und zahlreichen Hotels) und die „Ville d´hiver" (Winterstadt mit prachtvollen Belle-Epoque-Villen). Arcachon bietet optimale Unterhaltungs-, Sport- und Einkaufsmöglichkeiten sowie ein reges Nachtleben. In der Umgebung des Ortes liegen Pinienwälder und hübsche, kleine Badeorte wie **Pyla-sur-Mer**. Die Attraktion des Ortes ist die nahe „Dune du Pyla", mit bis zu 114 Meter Höhe, 500 Meter Breite und knapp drei Kilometer Länge die größte Sanddüne Europas. Vom Gipfel der Düne hat man einen schönen Rundblick auf das Bassin d´Arcachon.

LES LANDES

Südlich von Arcachon folgt die dünn besiedelte Heide- und Dünenlandschaft „Les Landes", deren Großteil durch den „Parc Naturel des Landes de Gascogne" geschützt ist. Die Landes sind geprägt vom größten zusammenhängenden Waldgebiet Frankreichs (etwa 10.000 qkm Fläche, vor allem Pinien und Kiefern), das im 19. Jh. aufgeforstet wurde, um die Ausbreitung der Dünen zu verhindern. An der Küste reihen sich Badeorte mit meist gut der Landschaft angepassten Unterkünften und schönen Stränden aneinander. Im Hinterland liegen Strandseen.

Etwa 30 Kilometer südlich von Arcachon liegt **Biscarosse-Plage**, die aufstrebende Feriensiedlung des etwa zehn Kilometer landeinwärts gelegenen Städtchens **Biscarosse**. Südlich folgt das lebhafte **Mimizan-Plage** mit wunderschönen Stränden, einer der Haupttouristenorte des Küstenabschnitts. Das Seebad mit hervorragender touristischer Infrastruktur liegt einige Kilometer entfernt vom gleichnamigen alten Städtchen im Binnenland. Hier kann man den Glockenturm einer von Dünen versandeten, alten Benediktinerabtei besichtigen. Im weiteren Verlauf der Küste folgen – relativ weit voneinander entfernt – die kleineren Feriensiedlungen **Contis-Plage** und **St. Girons-Plage**, das aufstrebende **Moliets-Plage** mit großem Freizeitangebot und Golfmöglichkeiten, **Vieux-Boucau** mit altem Ortskern und **Seignosse** mit einem Wasservergnügungspark. Von hier sind es nur wenige Kilometer bis zum nächsten großen Touristenzentrum, das aus den durch einen Kanal voneinander getrennten Orten **Hossegor** und **Capbreton** besteht. Dort gibt es schöne Strände, zahlreiche Touristenunterkünfte, einen Yachthafen, Uferpromenaden, Sportanlagen, ein Kasino und prächtige Villen im baskischen Stil. Hossegor ist besonders als ein Mekka der Surfer bekannt.

HINTERLAND

Das Hinterland dieses Küstenabschnitts bietet interessante Ausflugsmöglichkeiten. 40 Kilometer östlich von Mimizan-Plage liegt bei **Sabres** ein Freiluftmuseum, in dem auf 70 qkm Fläche das Leben des 19. Jh. im Gebiet der Landes nachgestellt wird.

Östlich von St. Girons-Plage und wenige Kilometer von der Küste entfernt liegt das schöne, alte Dorf **Levignacq**, das zu den am besten erhaltenen Frankreichs gehört. Weiter landeinwärts folgt **Mont-de-Marsan**, die sehenswerte Hauptstadt von Les Landes mit kleinen Gassen, alten Häusern, einer Stierkampfarena und mehreren interessanten Museen.

Etwa 40 Kilometer östlich von Hossegor befindet sich **Dax**, ein vielbesuchter Kurort mit Thermalquellen. Besonders sehenswert sind hier Ruinen aus der Zeit der Römer, die bereits in Dax kurten, und eine gotische Kathedrale.

COTE BASQUE

Etwa 30 Kilometer südlich von Capbreton geht die Côte d´Argent in die felsige Côte Basque über. Als Beginn der Côte Basque gilt das berühmte, mondäne Seebad Biarritz, knapp 200 Kilometer von Bordeaux entfernt. In **Biarritz** entwickelte sich im 19. Jh. durch Kaiserin Eugénie, der Kaiser Napoleon III. hier das Schloß „Ville Eugénie“ bauen ließ, der Tourismus. Zuvor war die Stadt mit heute 30.000 Einwohnern nicht viel mehr als ein Fischerdorf. Biarritz ist geprägt von prächtigen Belle-Epoque-Bauten, der Uferpromenade, Kasinos, dem alten Hafen und schönen Stränden. Das Seebad bietet hervorragende Einkaufs-, Unterhaltungs- und Sportmöglichkeiten, darunter auch Golfplätze. Der zentrale Strand „Grande Plage“ ist ein ideales Surfrevier. Besonders sehenswert in Biarritz sind die Villa Eugénie (heute Luxushotel), das Musée de la Mer auf einer ins Meer ragenden Klippenkette und das vorgelagerte Felsenriff „Rocher de la vierge“ mit einer Marienstatue. Einige Aussichtspunkte in Biarritz bieten phantastische Ausblicke über die Küste bis hin zur spanischen Grenze.

Nur wenige Kilometer landeinwärts von Biarritz liegt die Hauptstadt des französischen Baskenlandes, **Bayonne**, mit etwa 40.000 Einwohnern und bedeutendem Hafen. Durch den Fluss Nive wird sie in die Altstadt „Grand Bayonne“ und die Neustadt „Petit Bayonne“ unterteilt. Bayonne war lange Zeit ein strategisch bedeutender Zugang zu den westlichen Pyrenäen und deshalb stark befestigt. Hiervon zeugen eine Zitadelle aus dem 17. Jh. und die Bastionen der Altstadt, die zu Grünanlagen und Spazierwegen umgebaut wurden. Sehenswert sind hier auch einige Museen, darunter das Musée Basque. Bayonne gilt als Herkunftsort des Bajonetts und als Zentrum der Schokoladenherstellung mit zahlreichen Konfiserien.

Ein weiteres größeres, elegantes Seebad mit schönen Stränden liegt mit **St.-Jean-de-Luz** etwa 20 Kilometer südlich von Biarritz. Die Altstadt von St.-Jean-de-Luz (etwa 13.000 Einwohner), bereits im Mittelalter ein wichtiges Hafenstädtchen, ist geprägt von baskischen Häusern. Besonders sehenswert sind hier eine Kirche aus dem 13. Jh., in der der Sonnenkönig Ludwig XIV. heiratete, und das Palais, in dem er seine Hochzeitsnacht verbrachte (heute Museum). Im eingemeindeten Ort **Ciboure** kann man das Geburtshaus des Komponisten Maurice Ravel besichtigen.

Der weitere Weg in Richtung Süden verläuft auf der spektakulären „**Corniche Basque**“ an einem stark zerklüfteten Küstenabschnitt entlang. Nach etwa 20 Kilometern erreicht man beim großen französischen Seebad **Hendaye** die Grenze zum spanischen Ort Irun.

WESTLICHE PYRENÄEN

Im Hinterland der Côte Basque liegen die Westlichen Pyrenäen (Pyrénées Atlantiques) mit ausgedehnten Waldgebieten, die mehr Mittelgebirgs- als Hochgebirgscharakter haben. Die Berge steigen vom Atlantik über mehrere Pässe zu einer Höhe von bis zu 2.500 Meter an. Auf einer Fahrt von Biarritz über Bayonne in Richtung Westen erreicht man über das malerische, alte Städtchen **Orthez** – eine Pilgerstation des Jakobswegs – nach etwa 120 Kilometern **Pau**, die Hauptstadt der Pyrénées Atlantiques. Die Stadt mit über 80.000 Einwohnern, die seit dem 19. Jh. ein beliebtes Erholungsziel ist, liegt wunderschön auf einem Plateau über dem gleichnamigen Fluss. Zu Paus bedeutendsten Sehenswürdigkeiten gehören ein Schloss aus dem 14. Jh. und der etwa zwei Kilometer lange „Boulevard des Pyrénées“, der hervorragende Ausblicke auf das Gebirge bietet.

Durch den südlichen Teil der Pyrenäen führt – entlang der spanischen Grenze – die in St.-Jean-de-Luz beginnende **Route des Pyrénées**, die über etwa 700 Kilometer bis zum Mittelmeer führt. Ausflüge von der Küste führen zum 900 Meter hohen Gipfel **La Rhune** und ins malerische Städtchen **St.-Jean-de-Pied-de-Port** mit einer Festung (eine weitere Station des Jakobsweges).

AUSFLÜGE

LOURDES

Knapp 40 Kilometer südöstlich von Pau – und etwa 150 Kilometer entfernt von der Küste – liegt das bedeutende katholische Pilgerziel Lourdes, das alljährlich von mehreren Millionen Gläubigen besucht wird. Die Wallfahrt ist auf Marienerscheinungen in einer Grotte Mitte des 19. Jh. zurückzuführen; in dieser Grotte existiert eine Quelle, der Heilkräfte zugesprochen werden. Heute gehört die große unterirdische Basilika, die Platz für 25.000 Menschen bietet, neben weiteren Kirchen und religiösen Stätten zu den bedeutendsten Zielen von Lourdes. Allabendlich findet in der alten Stadt am Fuß der Pyrenäen eine Lichterprozession durch den heiligen Bezirk statt.

JAKOBSWEG

Durch Teile Aquitaniens führt der mittelalterliche, von Klöstern, Kirchen und Wallfahrtsorten gesäumte Pilgerpfad Jakobsweg. Er beginnt südwestlich von Lyon bei Le-Puy-en-Velay und führt nach Santiago de Compostela in Galizien (Nordwestspanien), zum Grab des heiligen Jakobus. Nicht nur Pilger, sondern auch Wanderer nutzen gerne die landschaftlich schöne Strecke.

1.3.4 COTE D´AZUR

Die im äußersten Südosten Frankreichs gelegene Côte d´Azur (himmelblaue Küste), kurz „Côte", beginnt östlich von Marseille und erstreckt sich über mehr als 300 Kilometer bis zur italienischen Grenze. Sie liegt an der als Riviera bezeichneten Küste des **Ligurischen Meeres** und ist deshalb auch als **französische Riviera** bekannt. Nur wenige Kilometer von der Grenze zu Italien entfernt liegt das kleine Fürstentum **Monaco**, wie zahlreiche weitere Orte an der Côte d´Azur bekannt als mondäner Treffpunkt der Reichen und Schönen. Der landschaftlich reizvollen, stark gegliederten Côte d´Azur sind Inseln, Halbinseln und Kaps vorgelagert; lange Sandstrände findet man seltener. Die französische Riviera mit ihren etwa 1,5 Millionen Einwohnern gehört zur Verwaltungsregion Provence–Alpes–Côte d´Azur (vier Millionen Einwohner, knapp 31.500 qkm Fläche) mit dem Zentrum **Marseille**. Die bedeutendste Stadt der Côte d´Azur selbst ist **Nizza** (Nice). Das relativ dünn besiedelte Hinterland des schmalen Küstenstreifens der Côte bilden die bis zu 2.000 Meter hohen Berge bzw. Vorgebirge der **Seealpen** sowie die berühmte Landschaft der **Provence**.

Das **Klima** der Côte d´Azur – das sowohl vom Mistral als auch vom heißen Wüstenwind Schirokko beeinflusst wird – ist mit warmen Sommern und milden Wintern mediterran und sehr angenehm. Da die Winter oft recht sonnig und trocken sind, kann die Côte d´Azur das ganze Jahr über bereist werden. Ideale **Reisezeiten** sind Frühjahr und Herbst, im Hochsommer – wenn es sehr heiß werden kann – ist die französische Riviera oft hoffnungslos überlaufen.

Nach dem Ende des Weströmischen Reiches begann für die französische Mittelmeerküste eine wechselhafte **Geschichte**, zu der auch die Besetzung durch Araber gehörte. Im Laufe der folgenden Jahrhunderte wechselte die Zugehörigkeit einiger südfranzösischer Gebiete mehrfach. 1860 kam mit Nizza die letzte Region endgültig zu Frankreich.

Ab mehreren deutschen Flughäfen bestehen täglich **Direktflüge** mit LH und/oder AF nach Nizza (NCE, Frankreichs zweitgrößter Flughafen) und Marseille (MRS). Von hier gibt es Helikopterverbindungen in einige Badeorte, z. B. nach Monte Carlo und St. Tropez.
Deutschland verbinden einige direkte **Zugverbindungen** (meist über Nacht) mit der Côte d´Azur, in der Regel muss man auf der Fahrt hierher jedoch mehrmals umsteigen. **Autozüge** verbinden verschiedene deutsche Verladestationen direkt mit Avignon in der Provence und Fréjus an der Côte d´Azur. Eine Bahnfahrt von Frankfurt nach Nice-Ville dauert 14 bis 16 Stunden, direkte Autozüge von Neu-Isenburg nach Avignon brauchen knapp 12 Stunden. Vom Pariser Gare de Lyon bieten TGVs gute Verbindungen nach Südfrankreich (Fahrtdauer vier bis sieben Stunden).
Eine **Pkw-Fahrt** von Frankfurt nach Nizza nimmt rund zehn Stunden Zeit in Anspruch. Die Fahrtroute verläuft meist über die Schweiz und Lyon.

Die Côte d´Azur, bereits im 19. Jh. als Ferienziel entdeckt, gilt – abgesehen von Paris – als das für den Fremdenverkehr bedeutendste Gebiet Frankreichs. Der **Tourismus** stellt hier einen wichtigen Wirtschaftsfaktor dar. Bekannt ist die Gegend mit ihren vielen Blumen und Kräutern auch als Zentrum der Parfümindustrie sowie der Computerindustrie. Hauptanziehungspunkte der Côte d´Azur sind die von üppiger Vegetation geprägte Landschaft mit reizvollen Küstenstraßen und mondäne Badeorte mit palmengesäumten Promenaden, Jachthäfen und viel Atmosphäre. Obwohl sich einige Orte der stark verbauten Côte d´Azur auch zu Zielen des Massentourismus und zur Winterresidenz von Rentnern entwickelt haben, gilt die „Côte" mit ihren prächtigen Villen noch immer als Ferienparadies der internationalen High Society (was auch an den relativ hohen Preisen feststellbar ist). An der französischen Riviera gibt es luxuriöse, traditionsreiche Hotels, Spitzenrestaurants, Golfplätze, exklusive Designerboutiquen und bunte Märkte. In diesem mondänen Ambiente finden zahlreiche Veranstaltungen und Feste statt, die große Besucherscharen anziehen. Dazu gehören die Filmfestspiele in Cannes, die Formel-1 in Monaco und der Karneval in Nizza.

Auch kulturell hat die Côte d´Azur viel zu bieten. Es gibt zahlreiche Galerien und Museen mit Werken großer Maler, die hier lebten und arbeiteten, darunter Picasso und Matisse. Das malerische Hinterland der Provence ist ein ideales Rundreiseziel; in dem Gebiet – das für im Spätsommer herrlich blühende, duftende Lavendelfelder bekannt ist – kann man zahlreiche römische Bauwerke besichtigen. Neben großem Freizeitangebot, abwechslungsreichem Nachtleben und hervorragenden Einkaufsmöglichkeiten hält die französische Riviera gute Wassersportmöglichkeiten und viele Golfplätze bereit. Die nahen Berge mit Schluchten und Flüssen bieten ideale Voraussetzungen für Bergsteiger, Wanderer und Kanuten.

MARSEILLE / WESTLICHE COTE D´AZUR

Östlich der Côte d´Azur liegt **Marseille**, mit rund einer Million Einwohnern eine der drei größten Städte Frankreichs. Die Hafenstadt ist für die Côte ein wichtiger Verkehrsknotenpunkt und ein beliebtes Ausflugsziel. Das nahe der Rhonemündung, in einer Bucht am Golf von Lyon gelegene Marseille erstreckt sich auf die Hänge der umliegenden Kalkberge. Das Herz der Stadt ist der bedeutendste Hafen Frankreichs. In der bereits im 6. Jh. v. Chr. gegründeten Metropole sind nur wenige antike und mittelalterliche Bauwerke erhalten, darunter einige wenige Reste der griechischen Hafenbefestigung. Zu den Sehenswürdigkeiten Marseilles gehören die Altstadt, der alte Hafen mit zwei Forts, die 160 Meter hoch gelegene Basilika Notre-Dame-de-la-Garde aus dem 19. Jh. sowie mehrere Museen und Schlösser. In Marseille gibt es ein großes arabisches Viertel, in dem mehr als 100.000 Menschen leben. Etwa zwei Kilometer entfernt von der Stadt liegt die Inselfestung **Chateau d´If** aus dem 16. Jh., Schauplatz des Romans „Der Graf von Monte Christo".

Einen etwa 70 Kilometer langen Küstenabschnitt östlich von Marseille dominieren als **Calanques** bezeichnete helle Kalksteinfelsen, die – unterbrochen von reizvollen Buchten, die an kleine Fjorde erinnern – steil ins Meer abfallen. Oberhalb einiger Calanques verlaufen Wanderwege. Im Hinterland liegen die Höhenzüge des **Massif de la Ste-Baume**. Etwa 30 Kilometer östlich von Marseille beginnt bei dem malerischen Hafenstädtchen **Cassis** die Côte d´Azur. Sehr beliebt sind von Cassis, das als gutes Tauchgebiet gilt, Ausflugsfahrten durch die Calanques der Umgebung. Über den Badeort **La Ciotat-Plage**, das traditionsreiche Seebad **Bandol** und den ruhigeren Ferienort **Sanary-sur-Mer** gelangt man in die Hafenstadt **Toulon**. Toulon, der bedeutendste französische Marinestützpunkt, bietet eine schöne Altstadt mit interessanten Kirchen und Museen.

ZENTRALE COTE D´AZUR

Das Hinterland der Küste östlich von Toulon wird vom Massif des Maures dominiert, einem bis zu 800 Meter hohen und 60 Kilometer langen Gebirgsmassiv. Hier gibt es gute Wandermöglichkeiten und schöne Ausflugsziele für Urlauber an der Küste. Die in dieser Gegend verlaufende, etwa 50 Kilometer lange Küstenstraße wird als „Corniche des Maures" bezeichnet.

Etwa 15 Kilometer hinter Toulon erreicht man **Hyères**, das bereits Ende des 18. Jh. von reichen Engländern „entdeckte", älteste Seebad der Côte. Heute ist Hyères mit vielen Ferienwohnungen besonders gut als Familienbadeziel geeignet. Der touristische Betrieb konzentriert sich weitgehend auf eine vorgelagerte Halbinsel, die Stadt selbst bietet eine malerische Altstadt, einen Blumenmarkt und eine große Parkanlage mit exotischen Pflanzen. Hyères mit seinen Palmenalleen war einst ein Zentrum der Palmenzucht und gilt heute als bedeutendes Landwirtschaftszentrum der Côte d´Azur.

Der Küste Hyères vorgelagert ist die Inselgruppe **Iles d´Hyères**. Die größte der drei Inseln, zu denen ein regelmäßiger Fährverkehr besteht, bietet schöne Strände und eine recht unberührte Natur. Eine der beiden kleineren Insel ist seit langem FKK-Gebiet, die andere Naturschutzgebiet.

Zu den auch als „Goldinseln“ bezeichneten Iles d´Hyères gibt es auch Fährverbindungen vom östlich Hyères gelegenen Badeort **Le Lavandou**. Um den alten Fischerort haben sich zahlreiche Feriensiedlungen und Hotelkomplexe entwickelt.

Über mehrere kleinere Badeorte mit schönen Stränden erreicht man nach etwa 30 Kilometern mit **St. Tropez** eines der bekanntesten Ferienziele der Côte d´Azur. In der ersten Hälfte des 20. Jh. entwickelte sich das Fischerdorf zunächst zu einem Künstlertreffpunkt. Nachdem in den 50er-Jahren hier ein Film mit Brigitte Bardot gedreht worden war, gelangte St. Tropez zu Weltruhm als Ferienziel des Jetsets. Noch heute ist der malerische Ort mit seinem Jachthafen, der schönen Promenade, schicken Boutiquen und einem bunten Nachtleben in der Hochsaison stark frequentiert; in der Nebensaison gewinnt St. Tropez seine frühere Idylle zurück. Die Besucher flanieren durch die malerische Altstadt und besuchen die oberhalb thronende Zitadelle aus dem späten 16. Jh. Am Hafen liegt, untergebracht in einer alten Kapelle, das Musée l´Annonciade mit Werken großer Künstler, die in St. Tropez gelebt haben, darunter Matisse.

Die Umgebung von St. Tropez bietet schöne Strände – als bester gilt Pampelonne – und viele Hotels. Die Villen zahlreicher Prominenter liegen abgeschirmt in eigenen Wohngebieten. Unweit von St. Tropez befinden sich die in den 60er-Jahren im provenzalischen Stil angelegte Lagunenstadt **Port Grimaud**, das malerische, alte Dorf **Ramatuelle** und der lebhafte, nicht ganz so mondäne Badeort **Ste. Maxime** mit besonders schönen Stränden, Jachthafen und einem Kasino.

Gut 20 Kilometer nordöstlich von Ste. Maxime, an das sich der Badeort **St. Aygulf** anschließt, folgen die ineinander übergehenden Orte Fréjus und St. Raphael. Die Stadt **Fréjus**, in einer Ebene gelegen, war ein bedeutender Hafen der Römer. Aus deren Zeit können heute ein großes Amphitheater und Reste eines Aquädukts besichtigt werden; sehenswert ist unter anderem auch eine Kathedrale aus dem Mittelalter. Außerhalb des Zentrums von Fréjus hat sich eine Feriensiedlung entwickelt, die wie **St. Raphael** – bereits in römischer Zeit ein Vorort von Fréjus – zu den preiswerteren Badeorten der Côte d´Azur gehört. Die Strände beider Orte, in denen recht klotzige Hotel- und Apartmentbauten entstanden sind, werden von Promenaden gesäumt.

ÖSTLICHE COTE D´AZUR

Östlich der Ebene von Fréjus erhebt sich das bis zu 600 Meter hohe, rötliche Massif de l´Estèrel, das herrliche Landschaften mit Schluchten und bizarren Felsformationen aufweist. Die hoch über dem Meer verlaufende Küstenstraße zwischen Fréjus und Cannes wird als „Corniche de l´Estérel“ bezeichnet. Bei Cannes beginnt der berühmteste Teil der Côte d´Azur. Im weiteren Verlauf der Küste steigt das Hinterland an, der östlichste Abschnitt der Côte (ab Nizza) wird von bis zu 2.000 Meter hohen Ausläufern der Seealpen gesäumt. Von Nizza zur etwa 30 Kilometer entfernten italienischen Grenze führen drei spektakuläre, in Felsen gehauene Küstenstraßen. Durch die Küstenorte verläuft die „Petite Corniche“, etwa auf halber Höhe der Felsen die „Moyenne Corniche“, auf bis zu 500 Meter Höhe die „Grande Corniche“ mit phantastischer Aussicht.

Von St. Raphael führt die Corniche über die Ferienorte **Théoule**, **La Napoule** und **Mandelieu** ins berühmte Cannes. **Cannes**, bereits seit 1834 Seebad, ist eine von Hügeln umgebene Stadt mit fast 80.000 Einwohnern, die zu den meistbesuchten Orten der Côte d´Azur gehört. Das Herz der Stadt bildet die zwei Kilometer lange, palmengesäumte Uferpromenade „Boulevard de la Croisette“ (kurz: Croisette) mit traditionsreichen, prächtigen Großhotels, Kasinos, Restaurants und Geschäften. An der Croisette liegen auch das „Palais des Festivals et des Congrès“ (Veranstaltungsort der berühmten Filmfestspiele) und der alte Hafen, in dem Fischerboote und Jachten ankern. Die meisten Strände an der zentralen Croisette sind privat (gebührenpflichtig) oder gehören zu den gegenüberliegenden Hotels. Sehenswert in Cannes sind die kleine, auf einem Hügel gelegene Altstadt mit Ursprüngen im 11. Jh. und die luxuriöse Einkaufsstraße Rue d´Antibes.

Beliebte Ausflugsziele stellen die vier vorgelagerten Inseln **Iles de Lérins** mit Klosterlagen und Forts dar. Im schönen Hinterland von Cannes ist vor allem **Grasse** mit seiner malerischen Altstadt einen Besuch wert. Die Stadt gilt seit dem 18. Jh. als Zentrum der Parfümindustrie, was ein Museum dokumentiert. Weitere Ausflugsziele im Landesinneren sind mehrere, wie Adlernester auf hohen Felsen gelegene mittelalterliche Dörfer, die als „Villages perchés" bezeichnet werden.

Etwa 15 Kilometer östlich von Cannes liegt die Stadt **Antibes**, die auf eine griechische Gründung zurückgeht. Sehenswürdigkeiten in der von einem alten Mauerring umgebenen Altstadt sind die Festung aus dem 16. Jh., das Schloss (ehemals Besitz der Grimaldis aus Monaco, heute ein Picasso-Museum) und die Kathedrale aus dem 17. Jh. Antibes mit den beiden eleganten, zur Stadt gehörenden Badeorten Juan-les-Pins und Cap d´Antibes hat etwa so viele Einwohner wie Cannes.

Das **Cap d´Antibes**, eine der Halbinseln, die zwischen Cannes und Menton ins Meer ragen, bildet die Spitze einer etwa vier Kilometer langen Landzunge mit schönen Stränden. Hier erstrecken sich luxuriöse Privathäuser und das traditionsreiche Luxushotel Eden Roc. Schöne, weitläufige Sandstrände hat auch der lebhafte Badeort **Juan-les-Pins**; Juan-les-Pins ist bekannt für sein breites Freizeitangebot, darunter das alljährlich stattfindende Jazzfestival. Im Hinterland von Antibes liegen mehrere Freizeitparks, für Kunsthandwerk bekannte Ortschaften, Museen und „Sophia Antipolis", ein riesiger, der Landschaft angepasster Technologie- und Forschungspark, der häufig als das französische Silicon Valley bezeichnet wird.

Die Weiterfahrt von Antibes in Richtung Osten erfolgt über **Cagnes-sur-Mer**, eine aus drei Teilen (Oberstadt, Badeort, Geschäftsviertel) bestehende Stadt. Attraktionen hier sind ein Schloss aus dem 14. Jh., heute Sitz von Museen, und das Musée Renoir in dem Haus, in dem der Maler seine letzten Lebensjahre verbrachte.

Nicht weit entfernt von Cagnes liegt im Hinterland mit dem mittelalterlichen Dorf **St.-Paul-de-Vence** ein weiteres Ziel für Kunstinteressierte. Hier befindet sich die Stiftung „Fondation Maeght", eine bedeutende Sammlung moderner Kunst mit 6.000 Werken. Künstler wie Miro und Chagall waren an der Gestaltung des hervorragend in die natürliche Umgebung eingefügten Gebäudes beteiligt. Sehenswert ist auch das nahe, etwas größere mittelalterliche Städtchen **Vence** mit einer alten Kathedrale. Die meisten Besucher kommen wegen der „Chapelle du Rosaire" hierher, einer von Matisse gestalteten, in Form, Farbgebung und Ausstattung sehr ungewöhnlichen Kapelle.

An der Küste folgt nach 20 Kilometern die Stadt **Nizza**, in einer Bucht an den Ausläufern der Seealpen gelegen. Die mit etwa 400.000 Einwohnern größte und bedeutendste Stadt der Côte d´Azur geht ebenfalls auf eine griechische Gründung zurück. Vom Mittelalter bis 1860 gehörte Nizza mit kurzen Unterbrechungen zu Italien, dann kam es endgültig zu Frankreich. Die italienische Prägung ist noch heute ganz deutlich spürbar. Die touristische Entwicklung begann Ende des 19. Jh., als der englische Adel hier Winterdomizile errichtete; aus dieser Zeit stammen zahlreiche schöne Gebäude. Heute übt Nizza aufgrund der gelungenen Mischung aus Großstadt und Badeort einen besonderen Reiz auf seine Besucher aus und eignet sich sehr gut als Wintererholungsziel. In den letzten Jahren haben sich hier auch Kongress- und Kulturtourismus – durch einen großen Kongresspalast, Oper, Theater, Museen und besondere Veranstaltungen – verstärkt entwickelt.

Entlang dem Ufer mit kieseligem, lebhaftem Strand erstreckt sich über mehrere Kilometer hinweg die Prachtstraße „Promenade des Anglais". An dieser palmenbestandenen Hauptverkehrsstraße Nizzas, die prächtige Bauten wie das berühmte Hotel Negresco säumen, lässt es sich hervorragend bummeln. Sehenswert ist auch Nizzas Altstadt mit malerischen Gassen, alten Kirchen, bunten Märkten und dem Hafen. Nizza bietet mehrere sehenswerte Museen wie das Musée Matisse und das Musée Chagall. Einen Hauch Geschichte spürt man im Musée de Terra Amata; dieses prähistorische Museum erstreckt sich direkt über einer steinzeitlichen Höhle in einem Wohngebiet, wo auch ein römisches Amphitheater und Thermen zu sehen sind. Außerhalb von Nizza liegen verschiedene Freizeitparks.

Zehn Kilometer östlich folgt der alte Fischerort **Villefranche-sur-Mer** mit einer Zitadelle aus dem 16. Jh., Museen, einer schönen Altstadt und einem Jachthafen. Die Bucht, an der Villefranche liegt, wird durch die Halbinsel des gegenüberliegenden **Cap Ferrat** mit dem exklusiven, gleichnamigen Badeort mit zahlreichen noblen Privathäusern gebildet; nur wenige Strände hier sind öffentlich. Ohne den Umweg über das Cap erreicht man auf der Küstenstraße nach nur wenigen Kilometern den Badeort **Beaulieu-sur-Mer** mit palmengesäumten Sandstränden. Beaulieu war um die Jahrhundertwende ein Treffpunkt der Prominenz, woran zahlreiche prächtige Bauten, darunter alte Grandhotels und die Villa Kérylos im griechischen Stil (heute Museum) erinnern. Nächste Station ist das „Village perché“ **Ezé** auf einem über 400 Meter hohen Felsen. An der Küste erreicht man nach kurzer Fahrt durch den beliebten Badeort **Cap d´Ail** mit schönem Strand das Fürstentum Monaco.

MONACO

Das knapp zwei Quadratkilometer große Fürstentum Monaco (30.000 Einwohner) nimmt einen schmalen, fast vollständig bebauten Küstenstreifen ein. Der Zwergstaat mit der höchsten Bevölkerungsdichte der Erde liegt eingebettet in französisches Staatsgebiet, Grenzkontrollen gibt es nicht. Ende des 13. Jh. ging das damals zu Genua gehörende Monaco an die Familie Grimaldi, die das Land bis heute regiert. Die Fürstenfamilie – seit den 50er-Jahren ein beliebtes Thema der Boulevardpresse – stellt einen der Anziehungsfaktoren Monacos dar. Jedes Jahr kommen über drei Millionen Touristen hierher. Seit der Eröffnung des berühmten Kasinos Ende des 19. Jh. ist Monaco ein blühendes Land, das als Steuerparadies, Treffpunkt der internationalen High Society und als Schauplatz glanzvoller Veranstaltungen – wie Autorennen und Bälle – bekannt geworden ist.
Monaco besteht aus der – auf einem 60 Meter hohen Felsvorsprung gelegenen – Altstadt **Monaco-Ville** (Hauptstadt des Fürstentums), der Neustadt **Monte Carlo**, dem Hafenviertel **La Condamine** und dem durch Landaufschüttung gewonnenen **Fontvieille**. Touristen zieht es besonders nach Monaco-Ville, wo man Teile des fürstlichen Palastes besichtigen und die tägliche Wachablösung sehen kann. Im Palast befindet sich das Musée Napoléon, in dem persönliche Dinge des Kaisers ausgestellt sind. Weitere Sehenswürdigkeiten der Altstadt sind die Kathedrale mit dem Grab von Fürstin Gracia und das Musée Océanographique, ein führendes Meereskundeinstitut. Über den Hafen, in dem luxuriöse Jachten ankern, erreicht man Monte Carlo mit zahlreichen Hochhäusern und noblen Einkaufsstraßen; hier liegen auch das Spielkasino und mehrere Grandhotels in schönen Belle-Epoque-Bauten. Monaco bietet außerdem mehrere botanische Gärten und Parks.

Östlich folgen das alte, malerische Dorf **Roquebrune**, ein „Village perché“, und der exklusive Badeort **Cap Martin**, auf einer vorgelagerten Halbinsel gelegen. Kurz vor der italienischen Grenze, zehn Kilometer entfernt von Monaco, erreicht man das stark italienisch geprägte Städtchen **Menton** mit Strand und schöner Altstadt. Hier gibt es interessante Kirchen und Kunstmuseen. Das Klima von Menton, einem beliebten Altersruhesitz, gilt als besonders mild. Genua, das Zentrum der italienischen Riviera (➔ Kapitel 1.4.3), ist etwa 150 Kilometer von hier entfernt.

AUSFLÜGE

Sehr beliebt sind Abstecher ins Hinterland der *PROVENCE*, die schöne Landschaften und Städte sowie bedeutende Kulturdenkmäler aus Römerzeit und Mittelalter aufweist. Besonders sehenswert sind die alte Römerhauptstadt **Aix-en-Provence** mit Thermalbädern, **Arles** mit großem römischem Amphitheater, **Avignon** mit dem Papstpalast und der berühmten Brücke und **Orange** mit einem weiteren gut erhaltenen Amphitheater. Westlich von Arles liegt im Rhonedelta die sehenswerte Sumpflandschaft **Camargue** mit einem Nationalpark, in dem Flamingos und weiße Pferde leben.

ITALIEN

1.) ***Als Mitarbeiter/-in eines Busreiseveranstalters planen Sie für den Leistungskurs Geschichte eines Gymnasiums eine einwöchige Studienfahrt nach Rom. Der Kursleiter stellt sich vor, dass einzelne Tage vor Ort unter einem bestimmten Motto laufen und dass auch Zeit für Ausflüge in die Umgebung zur Verfügung steht.***

a) *Stellen Sie jeweils die wichtigsten Sehenswürdigkeiten zusammen, die im Rahmen von Stadtrundfahrten unter den Mottos „Das antike Rom“, „Das barocke Rom“ und „Das christliche Rom“ besichtigt werden.*

b) *Nennen Sie Ausflugsziele und Badeorte in der näheren Umgebung von Rom.*

2.) ***Ihr Busveranstalter erweitert in der kommenden Saison sein Programm um (Studien-)Reisen zum Golf von Neapel. Schwerpunkte der Reisen sollen die historischen Stätten rund um den Vesuv darstellen, daneben sollen aber auch die reizvollen Landschaften Kampaniens und Zeit für Erholung und Badeaufenthalt enthalten sein. Ihre Aufgabe ist es, zwei Reiseabläufe auszuarbeiten:***

a) *Stellen Sie eine 10-tägige Reise zusammen, die außer historischen Stätten um den Vesuv weitere Besichtigungsziele und anschließenden Badeaufenthalt auf dem Festland umfasst. Welche Orte kommen für den Anschlussaufenthalt infrage und wie sind dort die Bademöglichkeiten?*

b) *Stellen Sie eine 14-tägige Reise zusammen, die außer historischen Stätten um den Vesuv weitere Besichtigungsziele auf dem Festland und anschließenden Badeaufenthalt auf einer vorgelagerten Insel umfasst. Wie erfolgt die Anreise zur von Ihnen vorgeschlagenen Insel und wie lange dauert sie?*

c) *Welches Verlängerungsziel empfehlen Sie, wenn Kunden eine Kur an die Studienreise anschließen möchten, und welche Beschwerden behandelt man dort?*

3.) ***Zwei Rentnerinnen wollen sich nächstes Jahr einen großen Wunsch erfüllen und eine ein- bis zweiwöchige Kreuzfahrt durch das westliche Mittelmeer unternehmen. Welchen Zeitpunkt empfehlen Sie dafür? Welcher italienische Hafen am Ligurischen Meer ist häufig Ausgangs- bzw. Endstation von Kreuzfahrten durch das westliche Mittelmeer und in welcher Urlaubsregion liegt er?***

Welche Länder werden auf Kreuzfahrten durch das westliche Mittelmeer häufig besucht? Nennen Sie 6 bis 7 Häfen, die besonders oft auf diesen Touren angelaufen werden, und erläutern Sie, welche Besichtigungen bzw. Landausflüge dort bzw. von dort aus unternommen werden können.

4.) Ein älterer Herr interessiert sich für eine 14-tägige Studienreise durch Sizilien. Nennen Sie ihm die wichtigsten Stationen einer solchen Rundreise und erläutern Sie die Besonderheiten der Kultur bzw. der Baudenkmäler Siziliens. Informieren Sie den Kunden über Zielflughäfen und empfehlen Sie einen Badeort mit guten Unterhaltungsmöglichkeiten für den Anschlussaufenthalt.

5.) Ein kulturell interessiertes Paar möchte eine Rundreise durch die italienische Region machen, die häufig auch als „Wiege der Renaissance“ bzw. „Hochburg der Renaissance“ bezeichnet wird.

a) *Welche italienische Region ist gemeint? Nennen Sie den Kunden mehrere mögliche Rundreisestationen und erwähnen Sie einige dort vorhandene Sehenswürdigkeiten. Welche Reisedauer sollte man für die von Ihnen vorgeschlagene Reiseroute einplanen?*

b) *Das Ehepaar möchte ab Frankfurt mit dem Zug anreisen. Welchen Zielbahnhof empfehlen Sie? Nennen Sie zwei übliche Routen einschließlich Zwischenstationen und Grenzübergängen, über die die Fahrt verlaufen könnte.*

c) *Im Anschluss an die Rundreise möchten die Kunden mehrere Tage in einem ruhigen Ferienort am Meer oder auch in einer der bedeutendsten italienischen Weinregionen verbringen. Schlagen Sie für beide Varianten eine konkrete Urlaubsgegend vor.*

d) *Wenn sich die Kunden für einen Erholungsaufenthalt in der Weingegend entscheiden, welche besonderen Unterkünfte können Sie dort anbieten? Bei welchen deutschen Reiseveranstaltern finden Sie eine besonders große Auswahl für diese Quartiere?*

6.) Eine Familie mit zwei Kindern im Teenageralter plant für den nächsten Sommer eine etwa 3-wöchige Pkw-Reise an die nördliche italienische Adriaküste.

a) *Die Kunden möchten von Ihnen jeweils einen Tipp für einen ruhigen, beschaulichen Urlaubsort und für ein turbulenteres Ferienziel mit großem Unterhaltungsangebot, wo die Kinder abends auch mal in Diskotheken gehen können.*

b) *In jedem Fall sollte der Urlaubsort sehr gute Ausflugsmöglichkeiten in die Umgebung bieten. Da die Familie einen oder gar mehrere Abstecher nach Venedig unternehmen will, möchte sie gerne wissen, wie weit die von Ihnen genannten Urlaubsziele jeweils von der Stadt entfernt sind. Nennen Sie Ihren Kunden einige Sehenswürdigkeiten Venedigs, die zum „Pflichtprogramm“ jedes Besuchers gehören. Welche anderen Ausflugsziele und historischen Stätten in der Umgebung der nördlichen Adriaküste Italiens empfehlen Sie als weitere interessante Ausflugsziele?*

c) *In der zweiten Urlaubshälfte möchte die Großmutter der Familie gerne für ein paar Tage dazustoßen. Ihre An- und Abreise sollen per Flug erfolgen. Welche Zielflughäfen kommen infrage und wie weit sind diese von den von Ihnen vorgeschlagenen Urlaubsorten entfernt?*

1.4 ITALIEN

Das gut 301.000 qkm umfassende südeuropäische Land Italien erstreckt sich etwa zwischen dem 37. und 47. Grad nördlicher Breite. Einen Großteil seiner Fläche nimmt die über 1.000 Kilometer lange **Apenninenhalbinsel** ein, die ins **Mittelmeer** ragt und dieses in eine östliche und eine westliche Hälfte sowie in mehrere **Rand- und Nebenmeere** teilt. Östlich der italienischen Halbinsel, deren Form stark an einen Stiefel erinnert, liegen das Adriatische Meer (Adria) und das Ionische Meer, westlich das Ligurische Meer und das Tyrrhenische Meer. Im Nordwesten grenzt Italien an Frankreich, im Norden an die Schweiz und Österreich und im Nordosten an Slowenien. Vollständig umschlossen von italienischem Staatsgebiet sind die eigenständigen **Zwergstaaten** San Marino nahe der nördlichen Adriaküste und Vatikanstadt innerhalb der Stadtgrenzen von Rom.

Zu Italien gehören mehrere **Inseln**, darunter die größten Mittelmeerinseln Sizilien (an der „Stiefelspitze") und Sardinien im Tyrrhenischen Meer sowie einige kleine Inseln bzw. Inselgruppen.

Im Norden des Landes liegen die – Italien halbkreisförmig von den Nachbarländern abgrenzenden – **Alpen**, an deren Südrand sich die landschaftlich reizvollen **Oberitalienischen Seen** erstrecken. In den Alpen erhebt sich der **Gran Paradiso**, mit 4.061 Meter der höchste Berg auf rein italienischem Staatsgebiet. Südlich der Alpen folgt die weite, **norditalienische Tiefebene**, durch die der Po fließt. Der **Po**, mit gut 650 Kilometern der längste Fluss des Landes, entspringt in der Nähe von Turin und mündet nahe Venedig in die Adria. An die Poebene schließt sich südlich mit den **Apenninen** ein weiteres, bis knapp 3.000 Meter hohes Gebirge an. Die Apenninen erstrecken sich mit einer Breite von bis zu 150 Kilometern über die gesamte Halbinsel gleichen Namens. Das Gebirge läuft in Richtung der Küsten unterschiedlich steil aus und geht in Beckenlandschaften und vor allem Hügellandschaften, die oft von teilweise noch aktiven Vulkanen geprägt sind, über.

Hauptstadt und größte Stadt der in 20 Regionen unterteilten Republik Italien ist **Rom** (Roma) in Mittelitalien, etwa in der Mitte der Westküste des Stiefels gelegen. Im Großraum der Hauptstadt leben rund 3,5 Millionen der insgesamt knapp 58 Millionen Einwohner des Landes.

In Italien herrscht **gemäßigtes bis subtropisches Klima**. Die Alpen und die Poebene in Norditalien (Oberitalien) werden weitgehend der gemäßigten Klimazone mit kontinentalen Klimaeinflüssen zugerechnet. In den Alpen herrscht Gebirgsklima mit regelmäßigen winterlichen Schneefällen (➔ Kapitel III. 3.1). Die äußerst fruchtbare Poebene bildet den allmählichen Übergang zur subtropischen Zone. An den Küsten und auf den Inseln Italiens herrscht mediterranes Klima, wobei das ganze Jahr über im Süden die Temperaturen höher und die Niederschläge niedriger sind als im Norden. Die klimatischen Verhältnisse im Landesinneren der Apenninenhalbinsel sind abhängig von der Höhe des Gebirges, dessen höchste Gipfel sich in der Mitte des italienischen Stiefels erheben.

Es gibt keine für ganz Italien gültige, ideale **Reisezeit**; sie variiert je nach Region und Reiseform. Beispielsweise eignet sich der Sommer am besten für Badeurlaub an den Stränden, der Winter für Ski fahren in den Alpen, Frühjahr und Herbst sind ideal für Städte- und Studienreisen. Genauere Ausführungen über Klima und Reisezeit sind in den folgenden Kapiteln zu finden.

Im 1. Jhtsd. v. Chr. kamen nach Italien **Kelten** (Norditalien), **Etrusker** (Nord- und Mittelitalien) und **Griechen** (Süditalien). In der zweiten Hälfte des 1. Jhtsd. entwickelte sich die Stadt Rom zum Zentrum des Weltreichs „**Imperium Romanum**", das um 100 n. Chr. seine größte Ausdehnung und Blüte erreichte (➔ Kapitel III. 1.1).

Ab dem 3. Jh. n. Chr. zerfiel das Römische Weltreich allmählich aufgrund innerer Wirren und äußerer Bedrohungen. Um das zu groß gewordene Imperium zu retten, wurde es 395 n. Chr. in Ostrom und Westrom aufgeteilt. Das weströmische Reich, zu dem der größte Teil Italiens fortan gehörte, konnte sich nur knapp 100 Jahre lang halten. In Westrom wuchs die Macht des Bischofs von Rom, der als Papst zum Oberhaupt der christlichen Kirche avancierte.

Im 5. Jh. wurde das geschwächte Rom von **Germanen** erobert. In ganz Italien entstanden Nachfolgereiche germanischer Völker. In den folgenden Jahrhunderten verlief die Geschichte der einzelnen Regionen Italiens recht unterschiedlich. Während die nördliche Hälfte des Stiefels von Langobarden und Franken dominiert war, stand Süditalien unter byzantinischem und arabischem Einfluss. Die Macht der Päpste, die immer wieder Streitigkeiten mit den weltlichen Machthabern hatten, stieg unter anderem durch Territorialbesitz in Mittelitalien stetig an. Nachdem ein großer Teil Italiens bis ins 13. Jh. zum Heiligen Römischen Reich Deutscher Nation gehört hatte, stand das stark zersplitterte Land bis ins 19. Jh. unter ständig wechselnder, regional unterschiedlicher Fremdherrschaft (Normannen, Franzosen, Spanier, Deutsche und Österreicher).

Ab dem 11. Jh. bildeten sich in Ober- und Mittelitalien mächtige, rivalisierende **Stadtstaaten** wie Mailand, Florenz, Genua und Venedig; letztere waren wichtige See- und Handelsmächte und maßgeblich an den Kreuzzügen beteiligt. In diesen Städten, die ab dem 14. Jh. zu großer wirtschaftlicher Bedeutung kamen, entwickelte sich ein modernes Verwaltungs-, Handels- und Bankwesen. Etwa zur gleichen Zeit erlebte Nord- und Mittelitalien eine kulturelle und wissenschaftliche Blütezeit während der **Renaissance** („Wiedergeburt" von Kunst und Kultur der Antike), die hier entstand und sich über ganz Europa ausbreitete.

Nach der napoleonischen Herrschaft stand Italien Anfang des 19. Jh. unter österreichischem Regime, wogegen sich vehementer Widerstand („Risorgimento") mit dem Ziel nationaler Einheit bildete. In der zweiten Hälfte des 19. Jh. hatte die Bewegung Erfolg: 1861 entstand das **Königreich Italien**, das die zersplitterten Gebiete des Landes einte. Nach einigen Jahren löste Rom Turin als Hauptstadt ab. Ende des 19. Jh. verschaffte sich Italien einige Kolonien in Afrika.

Im **ersten Weltkrieg** rang Italien Österreich einige nördliche Gebiete, darunter Südtirol, ab. 1922 erlangte der Faschist Mussolini, der als „Duce" in die Geschichte einging, die Macht im Land; 1940 trat Italien unter seiner Führung an der Seite Deutschlands in den **zweiten Weltkrieg** ein, zu dessen Verlierern es schließlich gehörte (unter anderem mussten die Kolonien aufgegeben werden). Nach dem Krieg löste eine parlamentarisch-demokratische **Republik** 1946 die Monarchie ab. Italien entwickelte sich zu einem westlich orientierten Land, dessen Regierungen in der zweiten Hälfte des 20. Jh. aufgrund innenpolitischer Krisen häufig wechselten. Italien gehört der NATO seit deren Gründung an, ist einer der **G8**-Staaten und Mitglied der **EU**.

Die knapp 58 Millionen Menschen umfassende **Bevölkerung** Italiens „entstand" aus den verschiedenen Völkern, die im Laufe der Geschichte das Land dominierten. Außer 95 % „richtigen" Italienern leben verschiedene minderheitliche Volksgruppen im Land, historisch bedingt meist in grenznahen Regionen. Dazu gehören Friauler in der gleichnamigen Region im Nordosten und Deutsche in Südtirol. Eine weitere Volksgruppe sind die etwa 1,4 Millionen Sarden auf Sardinien. Etwa 30 Millionen Menschen italienischer Abstammung leben im Ausland, was auf die große Arbeitsemigration im 19. und 20. Jh. zurückzuführen ist.

Die **Bevölkerungsdichte** in Italien, einem der bevölkerungsreichsten Länder Westeuropas, liegt mit etwa 191 Einwohnern/qkm recht hoch. Die Besiedlung verteilt sich innerhalb des Landes jedoch ganz unterschiedlich. Während der Siedlungsschwerpunkt in den Großräumen von Rom und Neapel sowie in der Poebene – um die Städte Genua, Turin und Mailand – liegt, sind die italienischen Alpen und vor allem einige süditalienische Gebiete eher dünn besiedelt.

Die offizielle **Landessprache** in Italien ist Italienisch. In einzelnen Regionen gelten daneben die Sprachen anerkannter Minderheiten als weitere Amtssprachen, darunter Französisch im äußersten Nordwesten, Slowenisch im äußersten Nordosten, Deutsch in Südtirol und Sardisch auf Sardinien, wo teilweise auch Katalanisch gesprochen wird. In einigen Touristengebieten und Hotels Italiens, vor allem an der Adriaküste, wird recht gut Deutsch gesprochen. Ansonsten kommt man oft mit Englisch oder Französisch zurecht. In kleineren Dörfern im Hinterland wird jedoch meist nur Italienisch verstanden.

In Italien sind weit über 80 % der Menschen katholisch, der Anteil der tatsächlich praktizierenden Gläubigen ist jedoch in den letzten Jahren stark zurückgegangen. Dennoch spielen die **Religion** und der Katholizismus, der Kultur und Tradition in Italien stark geprägt hat und bis Mitte der 80er Jahre Staatsreligion war, noch immer eine große Rolle. Der verbleibende Teil der Bevölkerung ist konfessionslos oder gehört kleinen protestantischen, moslemischen oder jüdischen Minderheiten an.

Wichtige **Feiertage** in ganz Italien sind der 25. April, der Tag der Befreiung im Jahr 1945, und der Unabhängigkeitstag am ersten Wochenende im Juni.

Regional unterschiedlich werden zu den verschiedensten Anlässen in Italien zahlreiche Feste gefeiert. Viele dieser Feste sind geprägt von den speziellen Kulturen der einzelnen Regionen, die häufig eigene **Folklore** in Form von Bräuchen, Trachten, Musik und Tänzen haben. Außerdem werden viele religiöse Feiern, traditionsreiche **Veranstaltungen** und Kulturfestivals begangen, die auch für ausländische Besucher sehr interessant sind. Höhepunkt darunter ist beispielsweise der Karneval, der in vielen Regionen, vor allem aber in Venedig prächtig gefeiert wird.

In den Tagen um den 15. August herrscht in Italien besonders reger Reiseverkehr, da zu diesem als „**Ferragosto**“ bezeichneten Termin die meisten Italiener die Städte verlassen und an die Küsten oder in die Berge und an die See fahren. Deshalb ist für diese Zeit eine frühzeitige Reservierung von Unterkünften besonders empfehlenswert.

Zwischen dem hochindustrialisierten, wohlhabenden Nord- und Mittelitalien und dem weit weniger entwickelten, ärmeren Süditalien bestehen krasse wirtschaftliche Gegensätze, welche auf die unterschiedlichen geographischen, klimatischen und historischen Gegebenheiten zurückzuführen sind. Man spricht in diesem Zusammenhang vom „**Mezzogiorno-Problem**“ („Mezzogiorno“ ist die Bezeichnung für die Regionen südlich von Rom einschließlich Sizilien und Sardinien).

Im *FLUGVERKEHR* von Deutschland nach Italien gibt es zahlreiche direkte **Linienverbindungen** mit den Fluggesellschaften Alitalia (AZ) und Lufthansa sowie mit kleineren Airlines wie Air Dolomiti (EN) und Air One (AP). Direktflüge zwischen Deutschland und Italien dauern ein bis drei Stunden.

Direkt ab Deutschland angeflogene italienische Flughäfen sind: Rom (ROM, mehrere Flughäfen), Mailand (MIL, mehrere Flughäfen), Turin (TRN), Genua (GOA), Triest (TRS), Venedig (VCE), Verona (VRN), Bologna (BLQ), Rimini (RMI), Pisa (PSA), Florenz (FLR), Ancona (AOI), Neapel (NAP), Bari (BRI), Catania (CTA) auf Sizilien, Olbia (OLB) und Cagliari (CAG) auf Sardinien sowie die Insel Elba (EBA). Von einigen dieser Ziele, vor allem von den wichtigsten Drehkreuzen Rom und Mailand, bestehen gute Umsteigeverbindungen zu weiteren Flughäfen in ganz Italien mit AZ und verschiedenen kleineren Fluggesellschaften wie Meridiana (IG).

Charterflüge von Deutschland nach Italien gibt es saisonal an die Küsten der Adria, auf die Inseln Sardinien und Sizilien, nach Rom und Neapel, Brindisi (BDS) in Apulien und Lamezia Therme (SUF) in Kalabrien (beides Süditalien).

BAHNVERKEHR

Sehr gute **Verbindungen** zwischen Deutschland und Italien bietet auch die Bahn. Ab zahlreichen deutschen Städten gibt es Direktverbindungen mit EC-, IR- und D-Zügen. Die Bahnverbindungen von Deutschland nach Italien verlaufen je nach Abgangs- und Zielort entweder über die Schweiz (häufig genutzte Grenzübergänge Basel/Chiasso) oder über Österreich (häufig genutzte Grenzübergänge Kufstein/Brenner).

Ab mehreren deutschen Verladestationen gibt es Verbindungen mit dem **Autozug** nach Bozen (Südtirol), Verona (Venetien), Rimini (nördliche Adriaküste), Livorno (toskanische Küste) und Neapel. Auch innerhalb Italiens verkehren Autoreisezüge.

Das Bahnnetz innerhalb Italiens ist sehr gut ausgebaut und recht preisgünstig. Die staatliche italienische Eisenbahngesellschaft **FS** betreibt den Hochgeschwindigkeitszug ES (Eurostar Italia), der schnelle Verbindungen zwischen größeren italienischen Städten gewährleistet. Auch auf den Inseln Sizilien und Sardinien gibt es Schienenverkehr.

STRASSENVERKEHR

Weiterhin gibt es **Linienbusverbindungen** der Touring/Eurolines ab verschiedenen deutschen Städten nach Oberitalien, nach Venetien, über die Toskana nach Rom und Neapel, an die Adriaküste, nach Apulien, Kalabrien und nach Sizilien. Fernbuslinien ergänzen das Verkehrssystem Italiens in Gebieten, die nicht an das Schienennetz angeschlossen sind (vor allem im Gebirge). Auch im Stadt-, Nah- und Regionalverkehr gibt es gute Busverbindungen, in den Großstädten ist der öffentliche Nahverkehr allgemein gut ausgebaut.

Die Straßenverbindungen von Deutschland über Österreich oder die Schweiz nach Italien sind sehr gut. Zur Überwindung der Alpen stehen zahlreiche Tunnels und Pässe zur Verfügung (➔ Kapitel III. 3.1). Zu den wichtigsten Alpenübergängen gehören der Brenner und der Reschenpass (Österreich–Italien) sowie der Große-St.-Bernhard-Tunnel, der St.-Gotthard-Tunnel und der Simplon-Pass (Schweiz–Italien). Auch das **Straßennetz** innerhalb Italiens ist sehr gut ausgebaut; Autobahnen sind gebührenpflichtig. Fast überall in Italien gibt es die Möglichkeit, Pkws anzumieten (Buchung von Deutschland aus oft günstiger). Die Versicherungskosten sind in Italien jedoch relativ hoch.

SCHIFFSVERKEHR

In Italien mit seinen langen Küsten und zahlreichen Inseln spielt auch die Schifffahrt eine große Rolle. Zu den wichtigsten Häfen zählen Genua, Livorno, Neapel, Venedig, Triest, Ancona und Bari.

Von Genua, Livorno, Civitavecchia und Neapel gibt es sehr gute **Fährverbindungen** nach Sardinien und Sizilien (nach Sizilien auch ab Häfen in Kalabrien, an der Spitze des Stiefels gelegen), ab Piombino an der toskanischen Küste nach Portoferraio auf Elba und ab Neapel zu den vorgelagerten Inseln, darunter Ischia und Capri. Bedeutende Reedereien im inneritalienischen Fährverkehr sind unter anderem Grandi Navi Veloci, Moby Lines und Corsica-Sardinia-Ferries. Auf den größeren italienischen Seen besteht ebenfalls Schiffsverkehr. Eine große Rolle spielen die italienischen Festlandshäfen auch im internationalen Fährverkehr, vor allem zur französischen Insel Korsika, nach Tunesien, Kroatien, Albanien, Griechenland und in die Türkei.

Die italienischen Häfen sind oft Ausgangsbasis bzw. Ziel von **Kreuzfahrten** durchs Mittelmeer. Bedeutendster Abgangshafen für Kreuzfahrten ins westliche Mittelmeer ist Genua, ins östliche Mittelmeer Venedig. Weitere Häfen, in denen häufig Kreuzfahrtschiffe anlegen, sind Livorno (Landausflüge in die Toskana), Portoferraio auf der Insel Elba, Civitavecchia (Landausflüge nach Rom), Neapel, Sorrent, Salerno und Capri im Golf von Neapel, Messina, Palermo und Catania auf Sizilien sowie Olbia und Cagliari auf Sardinien.

Fast überall in Italien gibt es Hotels verschiedener Kategorien sowie Ferienhäuser und -wohnungen. Viele der Hotels (Alberghi) gehören internationalen oder nationalen Ketten an. Die meisten **Unterkünfte** liegen in Großstädten, in Feriengebieten an Küsten, Seen und auf Inseln, in Wintersportzentren, in Kurorten und weiteren touristisch interessanten Regionen im Landesinneren (darunter die Toskana).

Großer Beliebtheit erfreut sich in Italien auch als „Agriturismo“ bezeichneter Urlaub in zu Ferienhäusern, Apartments und Pensionen umgestalteten Bauern- und Gutshöfen, Schlössern, Burgen oder Weingütern (sehr häufig in der Toskana zu finden). Häufig findet man auch kleine Gasthöfe (Locandas) und Privatunterkünfte.

Italien gilt seit langem als das klassische Reiseland schlechthin und bietet seinen Besuchern neben der angenehmen Lebensart („Dolce vita“) unzählige Attraktionen. Dazu gehören vielfältige, teilweise in Nationalparks geschützte **Landschaften**, die Hochgebirge, mittelgebirgsähnliche Gebiete, Seen und Küsten umfassen.

Besonders wichtige Anziehungspunkte sind die beliebten **Strände** am Mittelmeer, von denen die meisten hervorragende Möglichkeiten für – eher turbulenten als ruhigen – **Badeurlaub** sowie zahlreiche Wassersportmöglichkeiten bieten. Zu den beliebtesten Badezielen Italiens gehören die nördliche Adria, die ligurische Küste (Riviera), die toskanische Küste, die kampanische Küste (Golf von Neapel) und die Inseln (unter denen Sardinien als exklusives Reiseziel ohne Massentourismus gilt) sowie die Oberitalienischen Seen.

Große Anziehungskraft auf Besucher aus aller Welt üben die berühmten italienischen **Metropolen** aus, die mit ihrem südländischen Flair als Kultur- und Shoppingparadiese gelten. Neben Rom, der antiken und heutigen Hauptstadt, ziehen vor allem Venedig, Florenz und Mailand internationale Touristen an. Da alle genannten Städte auch eine sehr interessante und landschaftlich schöne Umgebung zu bieten haben, lohnt es sich, Kurztrips dorthin etwas auszudehnen.

Bildungsreisen nach Italien haben lange Tradition (z. B. Goethes Italienreise, Wallfahrten) und sind überaus beliebt. Die wichtigsten „Themen“, denen sich diese Bildungsreisen widmen, sind das antike Imperium Romanum mit seinen zahlreichen Spuren im ganzen Land (vor allem in der Hauptstadt), Christentum und Katholizismus sowie die Renaissance, deren Hochburgen die großen norditalienischen Metropolen sind. Zu diesen „Themen“ sieht man herausragende archäologische Stätten, Baudenkmäler, Kirchen, Schlösser, Museen und Kunstwerke. Klassische Rundreiseziele sind Oberitalien, Venetien, Toskana, Rom und Umgebung, der Golf von Neapel und Sizilien.

Pilgerreisende zieht es vor allem nach Rom, dem Zentrum des Katholizismus, aber auch zu Wallfahrtsstätten wie Assisi (Toskana) und Turin, in dessen Kathedrale das angebliche Grabtuch Christi aufbewahrt wird.

Einen kulturellen Höhepunkt Italiens stellen Festspiele wie die alljährlich im Juli/August stattfindenden **Opernfestspiele** in der Arena von Verona dar, aus deren Anlass Besucher aus aller Welt nach Venetien reisen.

Außerdem ist Italien mit seinen berühmten, nahezu überall im Land angebauten Weinen (vorwiegend Rotweine) und den legendären **kulinarischen Genüssen** auch ein bedeutender Anziehungspunkt für Feinschmecker. Die Weingegenden werden besonders häufig im Herbst zur Weinlese bereist; zu dieser Jahreszeiten finden dort auch vielerorts Weinfeste statt.

Neben Wassersport bietet Italien zahlreiche weitere **Sportmöglichkeiten**: Bergwandern (ein sehr beliebtes Wandergebiet ist – vor allem im Herbst – Südtirol), im Winter Ski fahren, Golfen (vor allem im Norden und auf Sardinien) und Radfahren. Auch **Sportveranstaltungen** wie Formel-1 in Monza (Lombardei) und das Radrennen Giro d´Italia ziehen zahlreiche Besucher an.

Weiterhin ist Italien mit zahlreichen Heilbädern, deren Heilquellen teilweise schon von den Römern genutzt wurden, ein beliebtes Ziel für **Kurreisen**. Die bekanntesten Kurorte sind Abano Terme/Montegrotto Terme in Venetien, Montecatini Terme in der Toskana und die Insel Ischia im Golf von Neapel. Hier werden verschiedene Erkrankungen behandelt und Wellness-Programme angeboten.

Italien mit seinen herausragenden touristischen Attraktionen liegt seit Jahren bei den Auslandsreisezielen der Deutschen auf Platz zwei hinter Spanien und war 2000 mit über 41 Millionen internationalen Besuchern eines der vier Hauptreiseziele weltweit.

Während der letzten Jahrzehnte hat sich der **Tourismus** in Italien (2000 mit Einnahmen von über 27,5 Milliarden US-Dollar, international Rang 4) zu einem wichtigen Wirtschaftszweig entwickelt.

Weitere bedeutende **Wirtschaftsfaktoren** sind Auto-, Maschinenbau-, Nahrungsmittel-, Elektro-, Textil- und Schuhindustrie (für die Italien weltberühmt ist). Die Industrie konzentriert sich vorrangig auf den Norden, Rom und Neapel; die Industrialisierung des Südens wird zunehmend staatlich gefördert. Landwirtschaft wird im Norden und im Süden betrieben, am meisten jedoch in der Poebene, da der Süden vielfach zu trocken ist. Die wichtigsten landwirtschaftlichen Produkte sind Getreide, Obst, Milchprodukte (vor allem Käse), Oliven und Wein; Italien ist neben Frankreich weltgrößter Weinproduzent. Das Bruttosozialprodukt in Italien betrug 2000 20.160 US-Dollar pro Einwohner.

Nachdem bereits in den 50er-Jahren des 20. Jh. in Italien der **Massentourismus** eingesetzt hatte, wurden an einigen Küstenabschnitten – vor allem an der nördlichen Adria und der Riviera – große Hotels, regelrechte „Bettenburgen“ hochgezogen. Da der Trend heute auch hier eher zum sanften Tourismus und kleineren Unterkünften im landestypischen Stil geht, haben einige dieser Orte und Gebiete, ähnlich wie in Spanien, heute unter den früheren „Bausünden“ zu leiden.

1.4.1 OBERITALIENISCHE SEEN

Die bedeutendsten der zahlreichen, am **südlichen Alpenrand** gelegenen Oberitalienischen Seen sind (Aufzählung von Westen nach Osten): **Lago Maggiore** (Langer See), **Lago di Lugano** (Luganer See), **Lago di Como** (Comer See), **Lago d´Iseo** (Iseosee) und **Lago di Garda** (Gardasee, größter See Italiens). Die westlichen Seen erstrecken sich im Grenzgebiet zur Schweiz, zu der ein kleiner Teil des Lago Maggiore und der größte Teil des Luganer Sees gehören. Die langgestreckten Seen liegen in – oft in die Ebene auslaufenden – Tälern und sind von hohen Bergen mit ewigem Schnee umgeben. Aufgrund der üppig mediterranen, aber auch alpinen Vegetation und des milden Klimas gilt das Seengebiet als Übergang von Mittel- nach Südeuropa. Die beliebten Oberitalienischen Seen haben eine lange Fremdenverkehrstradition und weisen eine hervorragende touristische Infrastruktur auf; für den italienischen Tourismus sind sie von großer Bedeutung. Die genannten Seen liegen – zumindest teilweise – in der knapp 24.000 qkm umfassenden Region **Lombardei** (Lombardia, etwa neun Millionen Einwohner). Hauptstadt und Verkehrsknotenpunkt der Verwaltungsregion, die von den Hochalpen bis zur Poebene reicht, ist **Mailand** (Milano), die zweitgrößte Stadt und das bedeutendste Wirtschaftszentrum Italiens.

Ihr angenehmes **Klima** mit relativ milden Wintern und nicht zu heißen Sommern verdanken die Oberitalienischen Seen dem vor rauen Winden schützenden Hochgebirge im Norden und der ausgleichenden Wirkung der Gewässer selbst. Obwohl das Seengebiet geographisch noch der gemäßigten Klimazone zuzurechnen ist, stellt es eine Klimaoase mit mediterranen Zügen dar, was die üppige Vegetation – hier gedeihen sogar Olivenbäume und Zitrusfrüchte – beweist. Winterliche Schneefälle sind selten, da die Temperatur kaum unter den Gefrierpunkt fällt. Ideale **Reisezeiten** für die Oberitalienischen Seen sind das Frühjahr mit seiner Blütenpracht und der Sommer. Auch der Herbst eignet sich gut für Erholungs- und Wanderaufenthalte.

Zahlreiche Stadtgründungen in der **Geschichte** Oberitaliens gehen auf die Römer zurück. Ab dem 5. Jh. dominierten hier die Langobarden (die der Lombardei ihren Namen gaben), in den folgenden Jahrhunderten deutsche Herrscher. Ab dem 13. Jh. beherrschten Erzbischof Visconti und seine Familie die Lombardei (die Herrschaft eines Geschlechts über eine Stadt ist ganz typisch für das Italien dieser Zeit); ihnen folgte im 15. Jh. die Familie Sforza. Während der Gardasee ab dem 15. Jh. zu Venedig gehörte, fiel die Lombardei im 16. Jh. an Spanien, im 18. Jh. an Österreich. Mit einigen Jahren Unterbrechung zur Regierungszeit Napoleons blieb die Region bis 1861 unter österreichischer Herrschaft und wurde dann Teil des neuen Königreichs Italien.

Von mehreren deutschen Flughäfen gibt es täglich **Direktflüge** mit LH und AZ zu den Mailänder Flughäfen Linate (LIN, 10 Kilometer östlich) und/oder Malpensa (MXP, 50 Kilometer nordwestlich). Außerdem bestehen von einigen wenigen deutschen Städten Direktverbindungen nach Bergamo (BGY, etwa 50 Kilometer nordöstlich von Mailand) und Verona (VRN, etwa 160 Kilometer östlich von Mailand, bereits in Venetien gelegen). Von Malpensa aus erreicht man besonders gut die westlichen Seen (Entfernung zwischen 50 und 120 Kilometer), während es von Verona aus nicht weit zum Gardasee ist (20 bis 80 Kilometer). Der Lago d´Iseo ist wie der Comer See etwa 50 Kilometer von Bergamo und jeweils rund 80 Kilometer von den übrigen Flughäfen entfernt.
Ab Deutschland gibt es sehr gute, teils direkte **Zugverbindungen** nach Mailand (ab Stuttgart fährt regelmäßig der als „CIS“ bezeichnete, moderne Pendelino Cisalpino über die Schweiz und Como nach Milano Centrale, Fahrtdauer knapp sieben Stunden) sowie nach Verona Porta Nuova (z. B. ab München über Österreich fünfeinhalb Stunden). Die Zielbahnhöfe der einzelnen Seen und ihre Erreichbarkeit werden in den entsprechenden Abschnitten behandelt.
Autoreisezüge verbinden verschiedene deutsche Verladestationen mit Verona, die Fahrtdauer ab Neu-Isenburg beträgt beispielsweise elf Stunden, mit regulären Tageszügen – einschließlich Umsteigezeit – gut neun Stunden.

Außerdem gibt es ab Deutschland preisgünstige Verbindungen mit **Linienbussen** nach Como, Mailand und Verona (Fahrtdauer ab Frankfurt zehn, elf bzw. vierzehn Stunden). **Pkw-Fahrten** nehmen durch den Wegfall von Stopps und höheres Tempo weniger Zeit in Anspruch. Die Fahrtroute an die westlichen Seen verläuft meist über die Schweiz, an den Gardasee über Österreich und den Brenner.
Die Orte an den einzelnen Seen sind durch **Fähren**, hervorragende Straßen und ein gutes Busnetz miteinander verbunden. Das Busnetz der gesamten Region ist sehr gut erschlossen.

Hauptanziehungspunkte der Oberitalienischen Seen sind das milde Klima und die von üppiger Vegetation geprägte, reizvolle Berglandschaft mit schönen, traditionsreichen Orten. Hier gibt es vielerorts sehr gute Einkaufs- und Sportmöglichkeiten (vor allem Wassersport), Promenaden, Restaurants und Cafés. Gerade am Lago Maggiore, am Luganer See und am Comer See findet man zahlreiche Nobelquartiere, darunter alte Grand-Hotels und in prachtvollen Villen untergebrachte Unterkünfte. Das Klima, die stilvollen Unterkünfte – die oft auch Kur- und Wellnessprogramme anbieten – und die relativ kurze, bequeme Anreise ab Mitteleuropa ziehen besonders viele ältere Menschen an die westlichen Seen Oberitaliens. Obwohl es auch an den östlichen Seen, vor allem am Gardasee, sehr gute Quartiere gibt, gilt die Hotellerie hier als weniger exklusiv. Der Gardasee ist bekannt für seine guten Unterhaltungsmöglichkeiten sowie als hervorragendes Surf- und Segelrevier und ist nicht zuletzt deshalb ein beliebtes Reiseziel bei jüngeren Leuten und Familien. Die Oberitalienischen Seen bieten aber auch beste Voraussetzungen zum Wandern und zum Golfen. Weitere Attraktionsfaktoren des Seengebietes sind Kunst und Kultur mit Museen und Baudenkmälern, die man direkt hier und auch in der näheren und weiteren Umgebung findet.

LAGO MAGGIORE

Der gut 200 qkm umfassende Lago Maggiore ist der zweitgrößte der Oberitalienischen Seen. Das nördliche Fünftel des maximal 65 Kilometer langen und bis zu gut zehn Kilometer breiten Sees gehört seit dem 16. Jh. zum Schweizer Kanton **Tessin** (Ticino). Dieser Teil des Lago Maggiore mit den Städten Locarno und Ascona wird im ➔ Kapitel 3.2.4 Tessin beschrieben. Das Ostufer liegt auf dem Gebiet der **Lombardei**, während sich das Westufer bereits in der – ebenfalls italienischen – Region **Piemont** befindet. Das Westufer des Lago Maggiore gilt als der schönere Teil und ist touristisch wesentlich interessanter und mehr erschlossen als das Ostufer. Hier und auf den im See gelegenen Inseln erstrecken sich – typisch für die westlichen Seen Oberitaliens – wunderschöne Park- und Gartenlandschaften mit noblen Villen. Der See ist an das italienische und das schweizerische Bahnnetz angeschlossen. Bahnstationen, die direkt von der Schweiz aus angefahren werden, sind Verbania, Baveno und Arona. Gute Bahnverbindungen bestehen auch ab Mailand, von wo man den Lago Maggiore nach einer guten Stunde Fahrt erreicht.

WESTUFER

Der nördlichste Ferienort am italienischen Westufer des Lago Maggiore ist **Cannero Riviera**. Knapp 15 Kilometer südlich liegt die größte Stadt des Lago Maggiore, das auf eine römische Gründung zurückgehende **Verbania** mit gut 30.000 Einwohnern. Ihr nobler Stadtteil **Pallanza** gehört zu den bekanntesten Ferienorten am Lago Maggiore. Hier sind der weitläufige botanische Park der „Villa Taranto“, der alte Stadtkern, ein barocker Palazzo (in dem ein Kunstmuseum untergebracht ist) und eine Kirche aus dem 16. Jh. sehr sehenswert. Verbania-Pallanza liegt am Eingang der Borromäischen Bucht, deren besonders schöne Küste auch als „Riviera“ bezeichnet wird. In der Bucht erstrecken sich die **Borromäischen Inseln** (Isole Borromee). Die vier Inseln, die per Schiff von mehreren Häfen aus angefahren werden, sind vor allem im Sommer außerordentlich beliebte Ausflugsziele mit prächtiger mediterraner Pflanzenwelt, auf denen man alte Palazzi und Fischerdörfer bewundern kann.

Die „Riviera“ verläuft um die Bucht herum über **Baveno** bis zum Städtchen **Stresa**. Beides sind traditionsreiche, beliebte Kur- und Ferienorte. In Stresa, das im 19. Jh. den gekrönten Häuptern und der Prominenz Europas als Kurort diente – an diese Zeit erinnern zahlreiche alte Hotelpaläste –, gibt es eine mondäne Uferpromenade und den Park der „Villa Pallavicino“, in dem auch ein Tiergarten untergebracht ist. Die südlichsten Ferienorte an der Westküste des Lago Maggiore sind **Meina** und das sehr alte Städtchen **Arona** mit sehenswerten Kirchen und einer über 20 Meter hohen Statue des Kardinals Borromäus, der eine wichtige Rolle in der Kirchengeschichte spielte.

OSTUFER

Am oft als rau bezeichneten Ostufer des Lago Maggiore findet man eher Industriestädte als Ferienorte. Im äußersten Süden, bei **Sesto Calende**, verlässt der wichtigste Zufluss Ticino, der bei Locarno in den See eintritt, den Lago Maggiore, um knapp 100 Kilometer südlich in den Po zu münden. Im Austrittsgebiets des Flusses liegt ein Biotop mit zahlreichen Tier- und Pflanzenarten. Wenige Kilometer nördlich, gegenüber von Arona, folgt das Städtchen **Angera** mit einer steinzeitlichen Höhle und einer beeindruckenden Festung aus dem 14. Jh. Über **Reno** mit einer Wallfahrtskirche gelangt man nach **Laveno** (gegenüber Verbania), eine für Keramik bekannte Industriestadt. Bis Laveno ist das Hinterland des östlichen Seeufers relativ flach, ab hier steigen die Berge der Umgebung – die auch beliebte Ausflugsziele darstellen – auf alpine Höhen an. Knapp 20 Kilometer entfernt von Laveno liegt mit **Luino** das wirtschaftliche und touristische Zentrum des östlichen Seeabschnitts. Bedeutendste Attraktion des lebhaften Städtchens ist sein wöchentlich stattfindender Markt, der zu den größten Europas gehören soll.

UMGEBUNG

Das Hinterland und die Umgebung des Lago Maggiore bieten gute Ausflugsmöglichkeiten. Von der Westküste kann man auf einen der zahlreichen umliegenden Gipfel – beispielsweise zum höchsten seenahen Berg **Monte Zeda** (über 2.150 Meter) – fahren, wandern und phantastische Aussichten genießen. Im Gebirge findet man auch noch ganz ursprüngliche sowie verlassene Bergdörfer. Ein beliebter Abstecher führt zum westlichen, in eine Hügellandschaft eingebetteten See **Lago d´Orta**, dessen Orte Pettenasco und Orta San Giulio beliebte Ferienziele sind.

Im östlichen Hinterland des Lago Maggiore kann man den ebenfalls von Hügeln umgebenen See **Lago di Varese** mit einigen Ferienorten sowie die Provinzhauptstadt **Varese** (100.000 Einwohner) besuchen. Zu den Sehenswürdigkeiten Vareses, das auch nicht weit vom Luganer und Comer See entfernt liegt, gehören ein österreichisches Schloss aus dem 18. Jh. (heute Rathaus), die Hauptkirche aus dem 16. Jh. und das Städtische Museum, das sich mit Archäologie und Geschichte beschäftigt. Unweit von Varese stellt der knapp 900 Meter hohe Berg **Sacro Monte** (Heiliger Berg) mit einer Wallfahrtskirche einen phantastischen Aussichtspunkt dar.

LUGANER SEE

Der knapp 50 qkm große Luganer See liegt östlich des Lago Maggiore. Die geringste Entfernung zwischen beiden Seen beträgt rund 15 Kilometer. Größtenteils gehört der See mit seinen steilen Ufern zur **Schweiz**, nur kleine Abschnitte im Westen und Nordosten – insgesamt etwa ein Viertel – liegen auf dem Gebiet der **Lombardei**. Deshalb wird der größte Teil des Luganer Sees mit Lugano im ➔ Kapitel 3.2.4 Tessin beschrieben. Am Ostufer des Sees liegt eine kleine italienische **Enklave** inmitten Schweizer Staatsgebiets. Die Bahnanreise zum italienischen Luganer See erfolgt über Mailand und Varese nach Porto Ceresio (Fahrtdauer knapp zwei Stunden), ab Deutschland ist man jedoch schneller am Ziel, wenn man Lugano als Zielbahnhof nutzt und mit dem Pkw weiterfährt.

Der schmale Weststreifen des Luganer Sees, der zu Italien gehört, ist touristisch nicht von allzu großer Bedeutung. Der wichtigste Ort, in dem es auch Touristenunterkünfte gibt, ist **Porto Ceresio**.

Wesentlich häufiger besucht wird die östliche Enklave **Campione d´Italia**, die wegen ihres beliebten Spielcasinos, der zahlreichen Unterhaltungsmöglichkeiten und Nachtclubs auch als „Las Vegas Italiens“ bezeichnet wird. Da Campione jedoch etwa 1000 Jahre lang unter kirchlicher Herrschaft gestanden hat, gibt es hier auch eine bedeutende Wallfahrtskirche aus dem 14. Jh.

Wichtigster Ort des zu Italien gehörenden Nordostens des Luganer Sees ist **Porlezza**, ein kleines Städtchen etwa 20 Kilometer östlich von Lugano. Nur wenige Kilometer entfernt liegt der reizvolle Ferienort **Cima di Porlezza**. Von hier bestehen sehr gute Ausflugsmöglichkeiten in die nördliche Bergregion mit malerischen Tälern, die sich auch sehr gut zum Wandern eignen.

COMER SEE

Die kürzeste Entfernung zwischen dem Luganer See und dem östlich gelegenen, 146 qkm großen Comer See beträgt nur gut zehn Kilometer. Der ausschließlich auf dem Gebiet der **Lombardei** gelegene See weist eine Länge von über 50 Kilometern und eine Breite von gut vier Kilometern auf; mit etwa 400 Meter Tiefe ist er der tiefste Binnensee Europas. Im Gegensatz zum Lago Maggiore und zum Gardasee läuft der – von bis über 2.000 Meter hohen Bergen umgebene – Comer See mit seinen steilen Ufern nicht in die Ebene aus. Etwa in der Mitte gabelt sich der fjordartige See in einen westlichen und einen östlichen Arm. An der Südspitze des westlichen Arms liegt mit Como (knapp 100.000 Einwohner) die größte Stadt des Sees. Diese bildet zusammen mit dem Westufer das touristische Zentrum des Comer Sees, dessen Bau- und Gartenkunst als besonders schön gilt. Como liegt auf der Bahnstrecke Basel–Mailand und wird unter anderem direkt ab Stuttgart mit dem CIS angefahren (die Fahrt dauert gut sechs Stunden). Die Fahrtdauer von Como nach Mailand beträgt etwa 40 Minuten. Auch der östliche Arm und der Norden des Comer Sees haben Anbindung ans italienische Bahnnetz.

COMO

Der bedeutende Industriestandort Como – in der Region wird etwa ein Viertel der Weltseidenproduktion hergestellt – wurde im 2. Jh. v. Chr. von den Römern an der Stelle einer keltischen Siedlung gegründet. Como bietet interessante Museen und zahlreiche Sehenswürdigkeiten, von denen die meisten in der Altstadt liegen. Unter den zahlreichen Kirchen der Stadt sticht der marmorne Dom (erbaut zwischen dem 14. und dem 18. Jh.) mit zahlreichen Kunstschätzen hervor. In unmittelbarer Nähe liegen das Rathaus und der Stadtturm aus dem 13. Jh. Drei wuchtige Türme erinnern an die mittelalterliche Befestigungsanlage, außerdem sind Reste der römischen Stadtbefestigung vorhanden. Schöne Aussichten bieten eine mittelalterliche Burgruine sowie die Bergterrasse des östlichen Villenvororts **Brunate**, zu dem man per Zahnradbahn gelangt. Vom lebhaften Hafen Comos führt eine von prächtigen Villen gesäumte Uferpromenade zur besonders schönen **Villa dell´ Olmo**, häufig Schauplatz von Kulturveranstaltungen.

WESTARM

Etwa fünf Kilometer von Como entfernt liegt – am Westufer des Westarmes – der noble Ferienort **Cernobbio**, dessen Attraktion die „Villa d´Este“ darstellt. In der prächtigen Renaissance-Villa aus dem 16. Jh. ist heute ein Luxushotel der Spitzenklasse untergebracht. Wie die meisten dieser Landsitze, die auch im eleganten, nördlichen **Moltrasio** folgen, ist die Villa d´Este von einem wunderschönen Park umgeben.

Etwa 20 Kilometer entfernt von Como beginnt der landschaftlich schönste Teil des Comer Sees, die „Riviera della Tremezzina" (kurz: Tremezzina). Dieses Gebiet bildet etwa die Mitte des Sees und bietet hervorragende Aussichten auf die einzige Insel im Comer See. Die bekanntesten Ferienorte der Tremezza sind **Lenno**, **Tremezzo**, **Cadenabbia** und das beliebte **Menaggio**.

Gegenüber von Cadenabbia liegt auf einer Landzunge, direkt an der Gabelung zwischen Westarm und Ostarm des Comer Sees, malerisch der renommierte Ferienort **Bellagio**. Das als schönster Ort des Comer Sees geltende Bellagio bietet eine historische Altstadt, prachtvolle Patriziervillen und luxuriöse Hotels. Die Entfernung von Bellagio nach Como beträgt entlang des Ostufers etwa 30 Kilometer; dieser landschaftlich sehr reizvolle Abschnitt des Comer Sees mit weiteren prächtigen Villen und malerischen Dörfern ist touristisch weniger bedeutsam.

OSTARM / NORDTEIL

Auch der als „Lago di Lecco" bezeichnete OSTARM des Comer Sees spielt touristisch nur eine untergeordnete Rolle. Größte Stadt in diesem Gebiet ist **Lecco** (50.000 Einwohner) im Süden. In der Industriestadt kann man einen Dom, Reste der mittelalterlichen Verteidigungsanlage und verschiedene Museen besichtigen. Lecco ist gut geeignet als Ausgangspunkt für Wanderungen; in den hohen Bergen der Umgebung ist ein dichtes Netz an Wanderwegen vorhanden.

Die Landschaft des NORDTEILS des Comer Sees ist eher alpin als mediterran und wirkt weniger lieblich. Deshalb ist der äußerste Norden des Sees touristisch weniger interessant (außer für Bergwanderer, die hier noch ganz ursprüngliche Landschaften im Grenzgebiet zur Schweiz finden). Die etwa in der Mitte des Sees gelegenen, malerischen Orte **Varenna** (direkt gegenüber von Menaggio; phantastische Aussicht auf die drei Seearme und die Halbinsel von Bellagio) und **Bellano** sind hier die einzigen ausgesprochenen Ferienorte.

UMGEBUNG

Auch am Comer See bieten Hinterland und Umgebung gute Ausflugsmöglichkeiten. Dazu gehören Abstecher in die Landschaft **Brianza** südlich von Como – seit der Römerzeit eine bedeutende Kunstgegend – und ins westliche Tal **Valle d´Intelvi**, Heimat berühmter Steinmetze, die hier ihre Spuren hinterlassen haben. In der Umgebung des Comer Sees liegen zahlreiche Aussichtsgipfel, darunter der knapp 1.700 Meter hohe **Monte San Primo** zwischen West- und Ostarm.

LAGO D´ISEO

Der 62 qkm umfassende Lago d´Iseo liegt etwa 90 Kilometer südöstlich des Comer Sees in der **Lombardei**. Er weist eine Länge von etwa 25 Kilometern und eine Breite von rund vier Kilometern auf. Im Gegensatz zum „benachbarten" Gardasee (Entfernung knapp 50 Kilometer) ist der Lago d´Iseo fast vollständig von Bergen umgeben und läuft nicht in die Ebene aus. Längere Badestrände sind hier eher selten. Der Lago d´Iseo gilt als wärmster unter den Oberitalienischen Seen, ist aber weniger bekannt als die übrigen Seen und hat bei weitem nicht so große touristische Bedeutung. Der Iseo-See selbst ist nicht ans italienische Bahnnetz angeschlossen; die nächsten Bahnstationen sind Rovato und Brescia, gut 20 Kilometer entfernt. Ab Lugano bestehen Busverbindungen hierher.

Größere Orte mit touristischen Unterkünften am Lago d´Iseo sind **Iseo** im Süden und **Lovere** im Norden. Der Fremdenverkehr konzentriert sich hauptsächlich auf das Ostufer des Sees. Im Lago d´Iseo mit seiner lieblichen Landschaft liegt die **Monte Isola**, mit drei Kilometern Länge die größte Insel der italienischen Seen und ein beliebtes Ausflugsziel.

GARDASEE

Der Gardasee umfasst etwa 370 qkm, ist der größte See Italiens und der südöstlichste der großen Oberitalienischen Seen. Der etwa 50 Kilometer lange, von Norden nach Süden breiter werdende See – er verbreitert sich von drei Kilometer im fjordartigen, gebirgigen Norden auf 17 Kilometer im flachen Süden, wo er wie ein Meer anmutet – erstreckt sich in einem Tal zwischen den Regionen **Lombardei** im Westen, **Venetien** (Veneto) im Osten und **Südtirol** (Trentino) im Norden. Im Gegensatz zu den westlichen Seen weist der Gardasee weniger Park- und Gartenlandschaften als vielmehr Kulturlandschaften auf. Beliebte Ferienorte verteilen sich rund um den meistbesuchten See Italiens. Da fast ständig ein Wind weht, stellt besonders der Norden des Gardasees ein optimales Segel- und Surfziel dar; hier bestehen auch sehr gute Wander- und Klettermöglichkeiten. Der Gardasee ist von Deutschland am besten über Österreich und den Brenner erreichbar. Ab München gibt es direkte Bahnverbindungen nach Rovereto und Verona (Fahrtdauer rund fünf Stunden). Von Rovereto an den nördlichen und von Verona an den südlichen Gardasee sind es jeweils etwa 30 Kilometer. Direkt am Gardasee gelegene Orte mit Bahnstationen sind Peschiera del Garda und Desenzano del Garda im Süden (auf der Strecke Verona–Mailand, Fahrtdauer ab Verona 20 Minuten, ab Mailand gut 60 Minuten). Entlang des Sees verlaufen die Panoramastraßen „Gardesana Occidentale“ am Westufer und „Gardesana Orientale“ am Ostufer.

GARDESANA OCCIDENTALE

Die spektakulär ins Gebirge gebaute, teils über Brücken und Tunnels verlaufende Gardesana Occidentale beginnt in **Riva del Garda** (kurz „Riva“) an der Nordspitze des Sees. Das sehr alte Städtchen mit venezianisch geprägter Altstadt ist im Sommer als Badeziel und im Winter als Kurort sehr beliebt. Entlang der Uferpromenade erstrecken sich zahlreiche Hotels, Cafés und Geschäfte. Etwa zehn Kilometer südlich folgt in einer Bucht das frühere Fischerdorf **Limone sul Garda** (kurz „Limone“), eines der beliebtesten Ferienziele am Gardasee. Seinen Namen verdankt das terrassenförmig gebaute Städtchen dem Duft der vielen Zitronen, die hier in besonderen Zitronengärten angebaut werden. Im krassen Gegensatz zu den Gebäuden der schönen Altstadt des Ortes stehen die teils klotzigen Hotelbauten aus den 60er- und 70er-Jahren. Im Hinterland liegt ein Hochplateau mit den Ferienzielen **Tremosine** und **Tignale**, die schöne Aussichten bieten. Nach weiteren 20 Kilometern erreicht man das recht ruhige und ursprüngliche **Gargnano** direkt am Ufer.

Südlich von Gargnano wird die Landschaft sanfter. Beliebte Ferienziele an diesem auch als „Riviera“ bezeichneten Seeabschnitt sind **Bogliaco**, **Toscolano-Mademo**, **Gardone** (ein eleganter, traditionsreicher Kurort mit einem schönen botanischen Garten und prächtigen Villen) und das recht touristische **Salo** mit sehenswertem Dom und Museen. Vor Salo liegt die Isola di Garda, die größte der in Privatbesitz befindlichen Inseln im Gardasee. Im weiteren Verlauf des Ufers folgen weniger stark frequentierte Ferienorte. Das Südende der „Riviera“ bildet die größte Stadt des Sees, **Desenzano del Garda** (gut 20.000 Einwohner) mit einer alten Burg und Resten einer spätrömischen Villa. Ganz im Süden des Gardasees liegt – wunderschön auf einer vier Kilometer in den See ragenden Halbinsel – **Sirmione**. Der Ferienort mit malerischer Altstadt ist seit den Zeiten der Römer als Kurbad mit Thermal- und Schwefelquellen bekannt.

GARDESANA ORIENTALE

Die Gardesana Orientale mit weiteren schönen Ferienorten beginnt im Südosten des Gardasees, bei **Peschiera del Garda**, das von einer alten Festungsanlage überragt wird. Das Ostufer, das die Gardesana orientale säumt, wird wegen zahlreicher Olivenbäume auch als „Riviera degli Olivi“ bezeichnet. Hier folgen das mittelalterliche Städtchen **Lazise**, in dessen Gegend sich der beliebte Freizeitpark „Gardaland“ befindet, und **Bardolino**, bekannt durch seine hervorragenden Rotweine.

Einige Kilometer nördlich liegt in einer schönen Bucht **Garda**, der Ort, der dem See seinen Namen gab. Das malerische, viel besuchte und relativ verbaute Garda bietet eine besonders schöne Uferpromenade, prächtige Villen und Paläste. Vorbei an ruhigeren Ferienorten wie **Brenzone** erreicht man mit **Malcesine** etwa 20 Kilometer nördlich ein weiteres, berühmtes Ferienziel, das bereits Goethe besucht hat. Der malerische, alte Ort mit seiner historischen Altstadt wird von einer Burg überragt, die als Museum dient. Malcesine liegt unterhalb des 2.200 Meter hohen Monte Baldo, auf den eine Seilbahn führt; wegen seiner phantastischen Vegetation wird der Berg häufig als „Garten Europas" bezeichnet. Nach weiteren 15 Kilometern ist das frühere Fischerdorf **Torbole**, der Endpunkt der Gardesana Orientale, erreicht. Das rund vier Kilometer von Riva entfernte Städtchen bietet besonders gute Surf- und Segelmöglichkeiten.

UMGEBUNG

Nördlich des Gardasees liegen das alte Städtchen **Arco** (ideale Ausgangsbasis für Kletterer) und der schöne See **Lago di Tenno**. Auf dem Weg dorthin passiert man den Wasserfall von **Varone**.

Abstecher von der Gardesana occidentale führen zu den westlich gelegenen, hübschen, kleineren Seen **Lago di Ledro** und **Lago d'Idro**.

BEDEUTENDE STÄDTE UM DIE SEEN

In der Umgebung der Seen liegen sehr interessante Städte, deren wichtigste Sehenswürdigkeiten auf Ausflügen erkundet werden können. Neben Verona und der Metropole Mailand sind dies *BERGAMO* etwa 50 Kilometer nordöstlich von Mailand und *BRESCIA* zwischen Mailand und Verona. Alle genannten Städte sind auch gut mit öffentlichen Verkehrsmitteln erreichbar.

MAILAND

Mailand (Milano) wurde im 5. Jh. v. Chr. von Kelten gegründet und später von den Römern zur Provinzhauptstadt ausgebaut. Im Laufe der Jahrtausende spielte die Stadt immer wieder eine große Rolle in der Geschichte Italiens und der katholischen Kirche. Unter den Sforza erlebte Mailand eine große wirtschaftliche Blüte, entwickelte sich zur größten Stadt Europas und galt bereits damals als Modezentrum. Auch Kunst und Kultur wurden zu dieser Zeit stark gefördert; unter anderem schuf hier Leonardo da Vinci seine Hauptwerke. Heute hat die lombardische Hauptstadt etwa 1,5 Millionen Einwohner und ist das Finanz- und Kulturzentrum Italiens sowie eine der ganz großen Modestädte der Welt.

Die wichtigste Sehenswürdigkeit und der Mittelpunkt Mailands ist der gotische **Dom**, mit dessen Bau im 14. Jh. begonnen wurde. Die imposante, über 100 Meter hohe Kirche aus hellem Marmor bietet Platz für 40.000 Menschen und gilt als eine der prächtigsten der Welt. Das Dach des Domes, auf dem man zwischen Marmorformationen und -türmen spazieren kann, bietet einen wunderbaren Blick auf die Kirche und die Stadt. Direkt neben dem Dom liegt die elegante **Galleria Vittorio Emanuele II**, eine großartige, überdachte Einkaufspassage, die Ende des 19. Jh. erbaut wurde.

Eine weitere Attraktion Mailands ist das 3.600 Zuschauer fassende Teatro alla Scala, kurz **Scala**, eines der größten und bedeutendsten Opernhäuser der Welt.

Den wichtigsten Kunstschatz der Stadt beherbergt die Kirche Santa Maria delle Grazie: das berühmte, frisch restaurierte **Abendmahl-Fresko** von Leonardo da Vinci.

Zu den bedeutendsten Sehenswürdigkeiten Mailands gehört außerdem das **Castello**, eine Burganlage, die den Visconti und den Sforza als Sitz diente.

Daneben bietet Mailand zahlreiche weitere Baudenkmäler, Museen und Kulturgenüsse, aber natürlich auch ganz hervorragende Einkaufs- und Unterhaltungsmöglichkeiten.

VERONA

Sehr sehenswert ist auch Verona, zwischen Mailand und Venedig gelegen; Mailand liegt etwa 160 Kilometer westlich, Venedig knapp 100 Kilometer östlich. Verona war ab dem 1. Jh. v. Chr. eine bedeutende römische Stadt, wovon zahlreiche Baudenkmäler zeugen. In den folgenden Jahrhunderten stellte die an den Ausläufern der Alpen gelegene norditalienische Stadt stets einen wichtigen Anlaufpunkt für die Eroberer aus dem Norden dar. Anfang des 15. Jh. ging Verona an Venedig und teilte von da an dessen politisches „Schicksal". Heute ist Verona eine wirtschaftlich und kulturell bedeutsame Provinzhauptstadt mit rund 260.000 Einwohnern.

Das bedeutendste Bauwerk der Stadt ist die **Arena di Verona**, mit Platz für über 20.000 Zuschauer eines der größten und besterhaltenen römischen Amphitheater überhaupt. Seit Anfang des 20. Jh. dient die – im 1. Jh. n. Chr. für Gladiatoren- und Tierkämpfe erbaute – Arena alljährlich im Juli und August als Schauplatz der berühmten Opernfestspiele.

Zu Weltruhm gelangte Verona auch als Handlungsort von Shakespeares tragischer Liebesgeschichte „Romeo und Julia". Als Sehenswürdigkeit in diesem Zusammenhang gilt der mittelalterliche **Palazzo Capuleti** aus dem 13. Jh. mit dem legendären Balkon; angeblich war er das Wohnhaus Julias (Casa di Giulietta).

Die schöne **Altstadt** Veronas bietet zahlreiche Palazzi, Kirchen und weitere Sehenswürdigkeiten. Der zentrale Punkt der Altstadt ist der malerische Marktplatz **Piazza delle Erbe**, der an der Stelle des alten römischen Forums angelegt wurde.

1.4.2 NÖRDLICHE ADRIA

Die **Adria** ist ein 820 Kilometer langes, bis zu 220 Kilometer breites Randmeer des Mittelmeeres mit einer Fläche von etwa 132.000 qkm. Sie wird im Westen von Italien und im Osten von den Balkanländern von Slowenien bis Albanien begrenzt. Als nördliche italienische Adria bezeichnet man die Küste zwischen Triest an der slowenischen Grenze und der über 500 Kilometer entfernten Hafenstadt Ancona. Dieser touristisch sehr beliebte Küstenabschnitt gehört zu den Verwaltungsregionen **Friaul** (Friuli), **Venetien**, **Emilia-Romagna** und **Marken** (Marche). Der äußerste Nordosten der italienischen Adria ist von Steilküste geprägt, die im Westen in eine – bis zur **Po-Mündung** verlaufende – flache Lagunenküste mit kleinen Inseln und Strandseen übergeht. Südlich des Po-Deltas folgen lange, fast ununterbrochene, feine Sandstrände, in Marken rücken Ausläufer des Apennin bis nahe an die Küste heran. Über die gesamte nördliche Adriaküste verteilte, lebhafte Badeorte ziehen seit den 50er-Jahren des 20. Jh. große Besucherströme an. Der Massentourismus führt dazu, dass gerade in der Hochsaison viele Strände hoffnungslos überfüllt sind. Der größte Badeort des Küstenabschnitts und ganz Italiens liegt mit **Rimini** in der Emilia-Romagna. Bei deutschen Urlaubern ist die Region – nicht zuletzt durch die relativ unkomplizierte Anreise – besonders beliebt. Zu den Attraktionsfaktoren der Adriaküste gehören außer Badefreuden das landschaftlich schöne und kulturell interessante Hinterland sowie die Städte der oben genannten Regionen. In diesem Zusammenhang ist besonders **Venedig** (Venezia) in Venetien zu nennen, die größte Stadt und einer der Verkehrsknotenpunkte der nördlichen Adriaküste.

Die italienische Adriaküste hat weitgehend mediterranes **Klima**, das umso ausgeprägter wird, je weiter man nach Süden kommt. Die meisten Niederschläge fallen im Frühjahr und Herbst, wenn teilweise auch heftige Winde wehen. Als gute **Reisezeit** für Städte- und Bildungsreisen in das Gebiet der nördlichen Adria gelten – wie fast überall im Mittelmeerraum – Frühjahr und Herbst. Die Badesaison beginnt Ende Mai und endet Anfang Oktober, in nördlichen Gebieten teilweise bereits im September.

Die genannten Regionen Italiens weisen eine unterschiedliche **Geschichte** auf. Nach römischer und germanischer Zeit unterstand ein Teil der nördlichen Adriaküste ab dem 8. Jh. der Kirche. Im Mittelalter entwickelte sich das im 5. Jh. n. Chr. gegründete Venedig unter der Führung von Dogen – auf Lebenszeit gewählte Oberhäupter – zum selbstständigen Staat und zu einer bedeutenden (Handels-)Macht an der Adria, im Hinterland und in Teilen des östlichen Mittelmeeres. Die Venezianer besetzten während der Kreuzzüge viele byzantinische Gebiete und für kurze Zeit sogar Konstantinopel. Während dieser Zeit wurden große Kunstschätze erbeutet, die sich noch heute in Venedig befinden. Venedig blieb – trotz Schwinden von Macht und Ausdehnung ab Ende des 15. Jh. – ein eigenständiges, bedeutendes Kunst- und Kulturzentrum. Schließlich geriet es unter napoleonische und österreichische Herrschaft, 1866 kam es zum Königreich Italien.

Ab mehreren deutschen Flughäfen bietet LH täglich direkte **Linienflüge** nach Venedig (VCE) und Bologna (BLQ, in der Emilia-Romagna, 150 Kilometer südwestlich von Venedig), mit denen Adriaurlauber ihre Ferienorte erreichen können. Der Zielflughafen Triest (TRS, in Friaul, 150 Kilometer nordöstlich von Venedig) spielt keine große Rolle. **Charterflüge** verbinden Deutschland im Sommer einmal wöchentlich mit Rimini (RMI, direkt an der Küste der Emilia-Romagna).
Ab Deutschland gibt es gute **Zugverbindungen** nach Venezia Sta. Lucia und Bologna Centrale (Direktverbindungen z. B. ab München, Fahrtdauer jeweils etwa sieben Stunden). Eine direkt an der Adriaküste verlaufende Bahnlinie gibt es nur zwischen Ravenna und Ancona (direkte Verbindungen ab Bologna). Während die Bahnlinie Triest–Venedig im Hinterland der Lagunenküste verläuft, ist der Küstenabschnitt zwischen Venedig und Ravenna bahnmäßig kaum erschlossen; im Hinterland gelegene Bahnhöfe sind Padua und Ferrara. **Autozüge** verbinden München mit Rimini, die Fahrtdauer beträgt gut neun Stunden (mit regulären Tageszügen einschließlich Umsteigezeit gut acht Stunden). Außerdem gibt es ab mehreren deutschen Verladestationen Autozüge nach Verona.

Eine besondere Anreiseform nach Venetien ist der nostalgische „**Venice-Simplon-Orientexpress**", der unregelmäßig auch ab Deutschland zu seinem traditionellen Ziel Venedig verkehrt.
Weiterhin bestehen ab Deutschland preisgünstige Verbindungen mit **Linienbussen** nach Venedig, Padua, Bologna, Rimini und Ancona (Fahrtdauer ab Frankfurt 14 bis 17 Stunden). **Pkw-Fahrten** nehmen wesentlich weniger Zeit in Anspruch. Die Fahrtroute ab Deutschland verläuft meist über Österreich und den Brenner bzw. die Tauernautobahn (je nach Ausgangsort teilweise auch über die Schweiz). Das regionale Busnetz der Adria-Region ist sehr gut ausgebaut.
Neben **Fähren** nach Kroatien, Albanien, Griechenland und in die Türkei verkehren im Sommer auch Schiffe zwischen italienischen Adriahäfen sowie Ausflugsboote auf der Adria und im Po-Delta.

TRIEST–VENEDIG

Triest, im Nordosten Italiens direkt am gleichnamigen Golf gelegen und von steilen Felsen umgeben, hat fast 250.000 Einwohner und ist die Hauptstadt der Provinz Friaul. Nur ein schmaler Küstensaum um Triest ist italienisch, das Hinterland gehört zu Slowenien. Triest stand vom 14. Jh. bis zum Ende des ersten Weltkriegs unter österreichischer Herrschaft; im 18. Jh. machten die Österreicher es zum Freihafen und begründeten seine Bedeutung als Adriahafen. Die Stadt, die auch heute noch nicht als „typisch italienisch" gilt, bietet ihren Besuchern kaum herausragende Sehenswürdigkeiten, dafür aber ein reizvolles Stadtbild mit schönen Gebäuden aus dem 18. und 19. Jh., darunter das Rathaus, die Börse, die Oper, prächtige Palazzi und Kirchen. Triest weist auch ältere Zeugnisse seiner bewegten Vergangenheit auf, darunter das römische Theater, die Kathedrale aus dem 14. Jh. und eine venezianische Burg. Unweit der Stadt liegt, hoch über dem Meer, das „Castello di Miramare", das weiße Schloss des österreichischen Erzherzogs Maximilian (der kurze Zeit Kaiser von Mexiko war), heute ein Museum mit wunderschöner Parkanlage.

Da die Adria in der Umgebung von Triest hauptsächlich Steilküste und zerklüftete Felsen aufweist, liegen hier keine touristisch relevanten Badeorte. Die Karstküste bietet jedoch interessante Orte und landschaftliche Besonderheiten. Dazu gehören weitläufige Höhlensysteme und der Fluss Timavo, der über fast 40 Kilometer unterirdisch fließt, bevor er ins Meer mündet. In der Antike wurde er deshalb als Eingang zur Unterwelt angesehen. Bedeutende Ferienziele erreicht man nach einer Fahrt um den Golf von Triest. Hier beginnt die von Inseln und Kanälen geprägte, weit ins Land vordringende Lagunenküste, die meist nur auf Stichstraßen von der – parallel zur Küste im Hinterland verlaufenden – Hauptstraße zu erreichen ist. Direkte Verbindungen zwischen vielen Küstenorten sind nur per Boot möglich.

Etwa 60 Kilometer entfernt von Triest liegt mit dem alten Städtchen **Grado** der erste größere Badeort, der bereits den Römern und der österreichischen Aristokratie als Kurort diente. Die malerische Altstadt Grados mit frühchristlichen Kirchen und dem lebhaften Kanalhafen liegt auf einer – über einen Damm erreichbaren – Insel. Grado hat einen feinsandigen, drei Kilometer langen Strand mit zahlreichen touristischen Unterkünften. Hier gibt es vielfältige Sportmöglichkeiten, außerdem bieten sich Bootsausflüge zu weiteren Inseln in der Lagune oder ins nahe Kroatien an. Im Hinterland von Grado liegt **Aquileia**, während der Römerzeit die führende Großstadt an der Adria, als dessen Außenhafen Grado gegründet worden war. Nach der Zerstörung Aquileias durch Hunnen und Langobarden flüchteten die Bewohner nach Grado. Heute ist Aquileia eine Kleinstadt mit römischen Ruinen und frühchristlichen sowie mittelalterlichen Kirchen.

Die nächsten großen Badeorte Lignano und Bibione liegen gut 50 Kilometer westlich von Grado auf Halbinseln. Zwischen beiden Orten mündet der Fluss Tagliamento, der hier die Grenze zwischen Friaul und Venetien bildet. Während das viel besuchte **Lignano** eine reine Urlaubersiedlung ist, wuchs das ebenfalls sehr lebhafte **Bibione** im Laufe der Zeit aus mehreren kleinen Inseln zusammen. Die Ferienzentren sind von weitläufigen Pinienwäldern umgeben, bieten lange Sandstrände, viele 2–4-Sterne-Unterkünfte und vielfältige Sport- und Unterhaltungsmöglichkeiten.

Im Hinterland liegen hübsche Städte mit Sehenswürdigkeiten aus Antike und Mittelalter. Über 30 Kilometer westlich folgt an der Küste ein weiterer Urlaubsort, das traditionsreiche **Caorle**, auf einer Landzunge gelegen. Sehenswert in dem alten, relativ ursprünglichen Fischerdorf sind die Altstadt mit Fischerhafen, eine Kathedrale aus dem 11. Jh. und eine Lagune, die man auf Bootsfahrten erkunden kann. An den langen Sandstränden von Caorle sind zahlreiche touristische Unterkünfte entstanden; auch die Sport- und Freizeitinfrastruktur ist sehr gut. In der Gegend von Caorle sind für die große Zahl der Touristen in jüngerer Zeit der moderne Ferienort **Porto Santa Margherita** mit einem Jachthafen und das „künstliche" Lagunendorf **Duna Verde** entstanden.

Zum nächsten bedeutenden Badeort besteht eine direkte Verbindung: Über den ruhigeren Ferienort **Eraclea Mare** mit langem Sandstrand erreicht man nach gut 20 Kilometern **Lido di Jesolo**, 1930 als Strandort der alten Stadt Jesolo gegründet. Heute ist das turbulente Seebad das zweitgrößte Italiens mit 15 Kilometer Sandstrand und nahezu perfekter touristischer Infrastruktur. Neben vielen Unterkünften der Mittelklasse gibt es vielfältige Sportmöglichkeiten, Freizeitparks, Kinos, Nachtclubs und Diskotheken sowie unzählige Restaurants und Geschäfte. Sehr beliebt sind Bootsausflüge zu den Inseln der Lagune und nach Venedig. Die Nähe zu Venedig, das auch auf dem Landweg um die Lagune oder auf der Hauptstraße in kurzer Zeit erreichbar ist, gehört zu den Vorzügen von Lido di Jesolo sowie des kleineren, wenig südlich gelegenen **Cavallino**.

VENEDIG

Venedig, mit etwa 330.000 Einwohnern Hauptstadt der Region Venetien, liegt überaus reizvoll in der von Landzungen umgebenen, mit dem offenen Meer verbundenen „Laguna Veneta", die eine Länge von über 50 Kilometern und eine Breite bis zu 12 Kilometern aufweist. Die malerische Stadt mit ihrem Gassengewirr erstreckt sich über fast 120 Inseln, die durch Hunderte von Brücken über zahlreiche Kanäle miteinander verbunden sind. Ab Mestre auf dem etwa vier Kilometer entfernten Festland führt ein Damm zur Lagunenstadt. Die einzigartige Lage Venedigs und seine prächtige Architektur – die aufgrund byzantinischer und orientalischer Einflüsse von der des übrigen Italiens abweicht – sowie die herausragenden Kunstschätze der Stadt ziehen alljährlich mehrere Millionen Besucher an. Auch besondere Events wie die Filmfestspiele, die Biennale (alle zwei Jahre stattfindende Veranstaltungen in den verschiedensten Kulturbereichen) und der berühmte Karneval sind große Attraktionsfaktoren der Stadt. Aufgrund seiner romantischen Atmosphäre ist Venedig außerdem traditionell ein beliebtes Honeymoon-Ziel. Das Preisniveau Venedigs gehört zu den höchsten Italiens. Eine Gefahr für die Stadt, deren Gebäude auf Pfählen stehen, ist der steigende Meeresspiegel und die immer wieder auftretende Bedrohung durch Hochwasser.

Für die meisten Touristen führt die Anreise in die autofreie Stadt Venedig über die Piazzale Roma. Spätestens hier müssen Pkw-Reisende ihr Fahrzeug parken (große Garagen und Parkplätze sind hier wie auch in Mestre vorhanden). Züge fahren – wie die Pkw über den Damm – zum Bahnhof S. Lucia neben der Piazzale Roma. Vom Flughafen kann man direkt mit dem Schiff in die Stadt fahren, es gibt aber auch Busse zur Piazzale Roma. Von dort verkehren motorisierte Linienschiffe und – wesentlich langsamere – Gondeln in die Stadt und zu den Inseln der Umgebung.

Am Bahnhof beginnt die knapp vier Kilometer lange, bis zu 70 Meter breite und fünf Meter tiefe Wasserstraße **CANAL GRANDE**. Der S-förmig verlaufende Kanal teilt als Hauptverkehrsader die Stadt in zwei Hälften. Auf der knapp halbstündigen Fahrt mit dem Motorboot zum Markusplatz, dem Herzen der Stadt, passiert man zahlreiche prachtvolle **Palazzi** verschiedenster Stilrichtungen aus mehreren Jahrhunderten, die Kaufleuten gehörten und einen Eindruck von der früheren Macht und dem großen Reichtum Venedigs vermitteln. In den Palästen sind heute öffentliche und private Institutionen (darunter das Rathaus, Ämter, die Universität, Banken und Fernsehsender), Museen, Luxushotels und ein Spielcasino untergebracht. Teilweise sind die alten Gebäude aber – aufgrund hoher Restaurierungs- und Unterhaltungskosten – auch dem Verfall preisgegeben.

Bei einer Fahrt auf dem Kanal – für Touristen ist noch immer die Gondel, obwohl sündhaft teuer, der „Klassiker“ – sieht man auch verschiedene Märkte und viele schöne **Kirchen**. Unter den drei Brücken über den Canal Grande ist die berühmteste und älteste die **Rialtobrücke** aus dem späten 16. Jh., die einen fast 50 Meter breiten Marmorbogen über die engste Stelle des Kanals spannt und Ladengeschäfte umfasst. Das Gebiet der Rialtobrücke war einst die Keimzelle der Republik Venedig und ihr internationales Handelszentrum. Der Canal Grande findet seinen Abschluss bei der Kirche **S. Maria della Salute**, einem Kuppelbau aus weißem Marmor, der im 17. Jh. zum Gedenken an die Pest, die auch in Venedig zahlreiche Opfer forderte, erbaut wurde.

Der Canal Grande geht schließlich in den zur Lagune offenen Canale di San Marco über. Nahe dessen Ufer erstreckt sich der weitläufige, von prächtigen Arkadenbauten gesäumte, ständig von Tauben „überflutete“ **MARKUSPLATZ** (Piazza di San Marco). Der Platz ist nach dem Evangelisten Markus, dem Schutzheiligen Venedigs, benannt. Für dessen Gebeine wurde hier im 11. Jh. die imposante **Markusbasilika** (Basilika di San Marco) im byzantinischen Stil errichtet und in den folgenden Jahrhunderten ständig erweitert. Die innen und außen reich verzierte Markuskirche und das zugehörige Museum enthalten außerordentlich wertvolle Kunstschätze. Weitere bedeutende Bauwerke auf dem Markusplatz sind der berühmte **Campanile** (fast 100 Meter hoher Glockenturm aus dem 9. Jh., von oben phantastische Aussicht auf Stadt und Lagune) und die monumentale **Markussäule**, auf der das Symbol und Wappentier Venedigs, der geflügelte Markuslöwe, prangt.

Neben der Markusbasilika erstreckt sich der **Dogenpalast** (Palazzo Ducale), ab dem 14. Jh. der prachtvolle Sitz der einstigen Stadtherren, dessen prunkvoll ausgestattete Säle mit Gemälden alter Meister man teils besichtigen kann. Der Palast, der auch als Gerichtsgebäude diente, ist durch die berühmte **Seufzerbrücke** mit dem ehemaligen Gefängnis Venedigs verbunden. Am Markusplatz beginnt die Haupteinkaufsstraße Venedigs, die **Mercerie**, die eine Querverbindung zwischen Markusplatz und Rialtobrücke herstellt.

Neben den genannten Sehenswürdigkeiten bietet Venedig zahlreiche weitere Baudenkmäler und Attraktionen sowie zahlreiche **MUSEEN** der verschiedensten Bereiche, darunter die größte Gemäldesammlung der Stadt „**Galleria dell´Academia**“ mit Werken aus mehreren Jahrhunderten.

In der **LAGUNE VON VENEDIG** liegen weitere Inseln, die beliebte Ausflugsziele darstellen. Dazu gehören die malerischen Ziele **Murano**, weltberühmt wegen seiner traditionellen Glasindustrie, und **Burano** mit ebenso gutem Ruf für hervorragende Spitzenstickereien, nördlich des Zentrums.

Westlich der Stadt liegt mit **Lido di Venezia** der traditionsreiche Badestrand Venedigs auf einer vorgelagerten, langen, schmalen Nehrung. Hier gibt es eine sehr gute touristische Infrastruktur und zahlreiche Unterkünfte verschiedenster Kategorien.

Auch Venedigs **HINTERLAND** bietet schöne Ausflugsmöglichkeiten. Dazu gehört das etwa 30 Kilometer westlich gelegene **Padua**, eine alte Stadt mit traditionsreicher Universität und zahlreichen sehenswerten Bauten. Eine Fahrt hierher ist ab Venedig auch per Schiff auf – von prachtvollen Villen gesäumten – Kanälen möglich.

Südwestlich von Padua erstrecken sich in den Euganäischen Hügeln berühmte Kurorte mit Thermalquellen und hervorragender touristischer Infrastruktur, darunter **Abano Terme**, das größte Fangotherapiezentrum Europas, und **Montegrotto Terme**.

Etwa 30 bzw. 80 Kilometer westlich von Padua liegen **Vicenza**, eine weitere alte Stadt mit zahlreichen prachtvollen Villen, und die Festspielstadt **Verona**.

VENEDIG–RAVENNA

Das Küstengebiet südlich der Lagune von Venedig, auf der Touren mit dem Hausboot sehr beliebt sind, ist ruhiger, die Landschaft geprägt von Flussmündungen. Das Südende der Lagune bildet das mit dem Festland über eine 250 Meter lange Brücke verbundene, schöne, alte Städtchen **Chioggia**, das von Venedig auch über die Nehrungen erreichbar ist. Am langen Strand Chioggas liegt der Badeort **Sottomarina**, der jenseits der Mündung des Flusses Brenta in **Isola Verde**, ein weiteres Ferienziel übergeht. Südlich folgen mit **Rosolina Mare** (neun Kilometer langer Strand) und **Isla Albarella** (zwischen Meer und Lagune gelegene Insel, die Anreise erfolgt über einen Damm) weitere Ferienorte mit zahlreichen Ferienwohnungen/-häusern und guten Sportmöglichkeiten. Im Hinterland kann man die alte Stadt **Adria**, der das Meer seinen Namen verdankt, besichtigen. Heute liegt der einst bedeutende Küstenort mit einem archäologischen Museum etwa 25 Kilometer entfernt vom Meer. Verantwortlich dafür ist die Verlandung durch den in dieser Gegend mündenden Po; der Po teilt sich in seinem Mündungsgebiet in mehrere Arme. Im flachen, ausgedehnten **Po-Delta** gibt es relativ wenig Tourismus. Hier liegt ein Feuchtbiotop, das mit seiner artenreichen Vogelwelt auf Boots-, Fahrrad- und Reittouren entdeckt werden kann.

Das Gebiet südlich der eigentlichen Po-Mündung gehört bereits zur Emilia-Romagna. Hier liegen im Naturpark Po-Delta um die Stadt Ravenna mehrere als **Lidi di Comacchio** bezeichnete Ferienorte (von Lido di Volcano bis Lido di Classe), die mit guter touristischer Infrastruktur und schönen, flach abfallenden Stränden als besonders familienfreundlich gelten. Nur wenige Kilometer vor der Stadt Ravenna entfernt liegt der turbulente Badeort **Marina di Ravenna** mit Jachthafen.

Das rund 150 Kilometer südlich von Venedig gelegene **Ravenna** wurde von den Römern direkt ans Meer gebaut und verlandete, sodass die Entfernung zur Küste heute etwa zehn Kilometer beträgt. Die Stadt ist für die Strandurlauber der Umgebung ein Kunst und Kultur bietendes Ausflugsziel. Ravenna war zwischen dem 5. und 8. Jh. n. Chr. zunächst als Hauptstadt des weströmischen Reiches und des Ostgotenreiches, dann als Sitz des Statthalters von Byzanz politisch sehr bedeutend. Anschließend gehörte es mit Unterbrechungen bis ins 19. Jh. zum Kirchenstaat. Die bedeutendsten Sehenswürdigkeiten der Stadt stellen Kirchen und Kapellen dar, die mit prachtvollen Mosaiken und weiteren wertvollen Kunstschätzen ausgestattet sind. In Ravenna befinden sich außerdem die Gräber des Ostgotenkönigs Theoderich und des bedeutenden italienischen Dichters Dante. Im Sommer finden hier verschiedene Musikfestivals statt.

Im Hinterland liegen mit Ferrara und Bologna – jeweils rund 80 Kilometer von Ravenna entfernt – zwei weitere sehenswerte Städte. Das nördlichere, relativ beschauliche **Ferrara** gilt mit gut erhaltenen Gebäuden als Musterbeispiel für die Baukunst der Renaissance. **Bologna** (Hauptstadt der Emilia-Romagna) ist die älteste Universitätsstadt Europas mit viel Flair, interessanten Bauwerken und berühmter Küche. Die lebhafte Stadt ist bekannt für die arkadengesäumten Straßen der Altstadt und zahlreiche mittelalterliche Türme (bis 100 Meter hoch).

SÜDLICH VON RAVENNA

Am über 100 Kilometer langen Küstenabschnitt um Ravenna, vor allem südlich der Stadt, hat sich in der zweiten Hälfte des 20. Jh. eine der bedeutendsten Ferienlandschaften Europas mit dem Zentrum Rimini entwickelt. Dazu gehören Strände, touristische Unterkünfte und Einrichtungen aller Art, zahlreiche Diskotheken, Wasser- und Vergnügungsparks sowie Sportanlagen. Die Urlauber haben auch die Möglichkeit, schnell ins Hinterland, in die Ausläufer des Apenninengebirges, zu gelangen und dort Ruhe und Besichtigungsmöglichkeiten zu finden oder zu wandern. Aufgrund der ausgezeichneten Unterhaltungsmöglichkeiten, des relativ günstigen Preisniveaus und der ungefährlichen See machen hier neben jungen Leuten auch sehr viele junge Familien Urlaub.

Die bedeutendsten Badeorte zwischen Ravenna und dem gut 60 Kilometer entfernten Rimini sind das gepflegte **Milano Marittima** und das nur durch den Hafen davon getrennte **Cervia** mit schöner Altstadt. Beides sind gewachsene, von Pinienwäldern umgebene Orte mit langen, flach abfallenden Sandstränden. Es folgt das alte Fischerdorf **Cesenatico** mit einem schwimmenden Schiffsmuseum.

Rimini ist mit 130.000 Einwohnern und 20 Kilometer langem Strand das größte Seebad der Adria und ganz Italiens. Die Stadt wurde bereits im 3. Jh. v. Chr. gegründet. Heute gliedert sich Rimini in die – mittlerweile vom Meer etwas entfernt gelegene – Altstadt und das moderne, viel besuchte Seebad direkt an der Küste. Die Anfänge des aus mehreren Ortsteilen bestehenden Seebades werden auf die Mitte des 19. Jh. datiert. Heute reiht sich hier ein Hotel an das andere, darunter auch einige alte Grandhotels. Das Unterhaltungs- und Sportprogramm sowie das Nachtleben Riminis gelten als besonders vielfältig. Zu den Freizeitmöglichkeiten gehören unter anderem ein Delphinarium und der Freizeitpark „Italia in Miniatura", in dem Nachbildungen bedeutender italienischer Attraktionen zu sehen sind. Einen Besuch wert ist auch die Altstadt; Sehenswürdigkeiten hier sind unter anderem eine Brücke und ein Triumphbogen aus römischer Zeit sowie Kirchen und eine Burg aus dem Mittelalter.

Südlich von Rimini folgen mehrere kleinere und zwei größere Ferienorte: **Riccione**, ein recht exklusiver Kurort mit prächtigen Villen aus dem frühen 20. Jh., und das familienfreundliche **Cattolica** mit einem stimmungsvollen Fischerhafen, bereits seit 1823 Ferienort. Beide Orte weisen schöne Strände und eine hervorragende touristische Infrastruktur auf. In und um Riccione liegen einige der „legendärsten" Diskos der Adria, in Cattolica finden häufig Konzerte und andere Kulturveranstaltungen statt. Ein bis ans Meer heranreichender Ausläufer des Apennin bildet bei Cattolica die Grenze zwischen den Regionen Emilia-Romagna und Marken.

Von der Küstengegend zwischen Rimini und Cattolica kann man schöne Ausflüge ins Hinterland unternehmen, wo mittelalterliche Städte mit mächtigen Burgen und Festungen liegen. Besonders häufig wird der gut 20 Kilometer westlich von Rimini gelegene, seit über 1000 Jahren unabhängige Ministaat **San Marino** (61 qkm Fläche, 25.000 Einwohner) besucht. Die gleichnamige, malerische Hauptstadt liegt auf einem Felsen mit drei 750 Meter hohen Gipfeln, die jeweils von Burgen gekrönt werden und phantastische Aussichten auf die Umgebung bis zur Adria bieten.

Ab Cattolica wird die Küstenebene schmaler, der Apennin rückt näher ans Meer heran; dennoch gibt es auch hier noch breite Strände. Südlich folgt der ebenfalls beliebte, für ein reges Nachtleben bekannte, aber dennoch „gemäßigtere" Badeort **Gabicce** am Fuß des gleichnamigen Berges. Badeferien kann man auch an den Stränden der südlich folgenden, schönen Städte **Pesaro**, **Fano** und **Senigallia** verbringen. Diese Städte, die auch interessante Besichtigungsmöglichkeiten bieten, erstrecken sich zwischen Rimini und dem gut 100 Kilometer entfernten Ancona. In diesem Gebiet liegen auch weitere Ferienziele, die kleiner, gemäßigter, ruhiger und individueller sind als im Norden und auch nicht ganz so dicht beieinander liegen. Meist haben sie sich aus ursprünglichen Fischersiedlungen entwickelt.

Ancona ist die Hauptstadt und größte Stadt Markens sowie eine bedeutende Hafenstadt im Fährverkehr nach Griechenland und in die Türkei. Südlich der Stadt erstreckt sich ein als „**Riviera del Conero**" bezeichneter Küstenabschnitt mit weiteren, hübschen Badeorten. Marken bietet aber auch interessante Sehenswürdigkeiten und ein schönes Hinterland. Da das frühere Grenzgebiet lange zum Kirchenstaat gehörte, sieht man hier viele Kirchen, Klöster und Kapellen sowie Festungen.

1.4.3 RIVIERA

Die als „Riviera“ bezeichnete Küste des **Ligurischen Meeres** teilen sich die Staaten Frankreich und Italien. Während man die französische Riviera als „Côte d´Azur“ (➔ Kapitel 1.3.4) bezeichnet, wird die rund 300 Kilometer lange, halbmondförmig verlaufende italienische Riviera in die längere, westliche **Riviera di Ponente** und die östliche **Riviera di Levante** untergliedert. Die „Grenze“ bildet **Genua** (Genova), größte Stadt und Verkehrsknotenpunkt der italienischen Riviera sowie Hauptstadt der nordwestlichen Verwaltungsregion **Ligurien** (Liguria, gut 5.400 qkm Fläche, knapp 1,8 Millionen Einwohner). Hinter dem schmalen Küstensaum der Riviera erstrecken sich bis über 2.000 Meter hohe Berge: Die westliche Riviera di Ponente wird von den **Seealpen** gesäumt, die im Hügelland westlich von Genua auf Ausläufer des **Apennin** treffen. Die Gebirge fallen zur Küste hin meist steil ab. Im dünn besiedelten, alpinen Hinterland liegen ursprüngliche Bergdörfer und Naturschutzgebiete, während die stark bebaute Küste von malerischen Fischerdörfern und mondänen, traditionsreichen Seebädern geprägt ist. Diese haben seit dem 19. Jh. große touristische Anziehungskraft und sind – vor allem seit in den 60er-Jahren des 20. Jh. der Massentourismus einsetzte – sehr wichtig für den italienischen Fremdenverkehr. Die Badeorte der italienischen Riviera sind heute bekannt für ihr typisch italienisches Flair, lebhaftes Strand- und Nachtleben sowie gute (Wasser-)Sportmöglichkeiten. Das Hinterland eignet sich hervorragend zum (Berg-)Wandern. Von der französischen bis zur toskanischen Grenze verläuft beispielsweise der mehrere hundert Kilometer lange Höhenwanderweg „Via Alta“.

Durch das Gebirge, das vor rauen Einflüssen aus dem Norden schützt, ist das mediterrane **Klima** der sonnigen Riviera, besonders der Riviera di Ponente, sehr mild und ausgeglichen. Ihre touristischen Anfänge nahm die Riviera deshalb als Wintererholungsziel reicher Engländer. Da es im Hochsommer an der Riviera sehr voll sein kann, gehören zu den besten **Reisezeiten** das späte Frühjahr und der frühe Herbst.

Bereits im 2. Jhtsd. v. Chr. war die Riviera vom Volk der Ligurer besiedelt. Ab dem 11. Jh. n. Chr. war Genua mit einigen Unterbrechungen ein selbstständiger Stadtstaat, zu dem weite Teile des Hinterlandes gehörten, und eine wirtschaftlich und politisch bedeutende Seefahrernation. Vor allem mit Venedig führte Genua Kämpfe um die Vorherrschaft im Mittelmeer, in denen es schließlich unterlag. Dennoch erlebte die Republik im 16. und 17. Jh. unter der Herrschaft der Familie Doria eine weitere Blüte, bevor es an Bedeutung verlor. Unter Napoleon bildete die Region die Ligurische Republik, Anfang des 19. Jh. wurde sie dem Königreich Savoyen-Piemont angegliedert. Nachdem ligurische Freiheitskämpfer entscheidend zur nationalen Einigung beigetragen hatten, wurde Ligurien 1861 Teil des Königreichs Italien, nachdem Nizza an Frankreich abgetreten worden war.

Ab einigen deutschen Städten gibt es ganzjährig **Linienflüge** nach Genua (GOA). Ziele an der westlichen Riviera di Ponente sind auch über Nizza (NCE), Orte an der östlichen Riviera di Levante über Pisa (PSA) erreichbar.
Ab Deutschland bestehen gute **Zugverbindungen** nach Genova P.P. (Stazione Porta Principe) und zu weiteren Bahnhöfen an der italienischen Riviera, die direkt an der Bahnlinie Nizza–Genua–Pisa liegt. Die Fahrt verläuft je nach Abfahrtsort über die Schweiz bzw. Österreich und Mailand. Die Fahrtdauer nach Genua beträgt ab Frankfurt über die Schweiz knapp elf Stunden.
Außerdem gibt es preisgünstige Verbindungen mit **Linienbussen** nach Genua (Fahrtdauer ab Frankfurt etwa 14 Stunden). **Pkw-Fahrten** nehmen wesentlich weniger Zeit in Anspruch (rund acht Stunden). Das regionale Busnetz innerhalb Liguriens ist gut ausgebaut.
Genua, der größte **Hafen** Italiens und einer der wichtigsten Häfen des Mittelmeeres, ist ein bedeutender Handels-, Kreuzfahrt- und Fährhafen. Von hier besteht Fährverkehr nach Korsika, Sardinien, Sizilien, Spanien (Barcelona) und Tunesien.

RIVIERA DI PONENTE

An der Riviera di Ponente erstrecken sich relativ breite Küstenebenen mit berühmten Seebädern und schönen Stränden. Wegen des besonders milden Klimas gedeiht hier eine üppige, mediterrane Vegetation. Der westlichste Teil der Riviera di Ponente zwischen der französischen Grenze und Alassio wird wegen der hier intensiv betriebenen Blumenzucht – unter anderem auf speziellen Terrassen und in Gewächshäusern – auch als „Riviera dei Fiori" (Blumenriviera) bezeichnet.

Nahe des alten Grenzstädtchens **Ventimiglia** geht die französische in die italienische Riviera über. Sehenswert sind hier zahlreiche Kirchen, die mittelalterliche Altstadt und Ausgrabungen der antiken römischen Stadt. Weithin bekannte Attraktion Ventimiglias, das kein ausgesprochenes Ferienziel ist, stellt der turbulente, bunte Wochenmarkt dar. Von Ventimiglia lohnen Ausflüge in Richtung Westen, wo direkt an der französischen Grenze die steinzeitlichen Höhlen „Balzi Rossi", die zu den weltweit bedeutendsten Stätten der Altsteinzeitforschung gehören, von der langen Besiedlung der ligurischen Küste zeugen. Unweit liegt die „Villa Hanbury" aus dem 19. Jh., in deren weitläufigem botanischem Garten Pflanzenarten aus aller Welt gedeihen, darunter sogar Eukalyptus.

Rund 10 bzw. 20 Kilometer östlich von Ventimiglia folgen die Ferienorte Bordighera und San Remo. Beide sind Seebäder aus dem 19. Jh., zu deren ersten Gästen Künstler, gekrönte Häupter und Adlige aus ganz Europa gehörten. Noch heute haben die traditionsreichen Orte ein mondän-nobles Flair. Während **Bordighera** ein ruhigeres Städtchen ist, ist am moderneren San Remo (60.000 Einwohner) der Massentourismus nicht spurlos vorbeigegangen. **San Remo**, der bedeutendste Blumenumschlagplatz Italiens, verdankt seine Berühmtheit auch den hier alljährlich stattfindenden Schlager- und Jazzfestivals. Wie Bordighera teilt sich San Remo in eine hoch gelegene Altstadt und eine von prächtigen Villen und Gärten geprägte, dem Fremdenverkehr verschriebene Neustadt in der Ebene. Sehenswert in San Remo sind der berühmte Jugendstilbau des Kasinos, eine russisch-orthodoxe Kirche aus dem frühen 20. Jh. – eine von reichen russischen Touristen gestiftete „Miniausgabe" der Moskauer Basiliuskathedrale – und die prächtige, von alten Grandhotels und Palmen gesäumte Flaniermeile „Corse Imperatrice". San Remo bietet neben zahlreichen Einkaufsstraßen auch gute Unterhaltungs- und Sportmöglichkeiten, darunter Golfplätze. Ein beliebtes Ausflugsziel ist der 1.300 Meter hohe Berg Monte Bignone, der per Schwebebahn erreichbar ist und gute Ausblicke – teilweise sogar bis nach Korsika – bietet.

Im Hinterland liegen schöne Bergdörfer wie das viel besuchte **Dolceacqua**. Seine mittelalterliche Altstadt bildet ein regelrechtes Labyrinth, das zur Abwehr von Arabern konstruiert wurde. Hier befindet sich auch eine Burgruine, die der Stammsitz der genuesischen Herrscherfamilie Doria ist.

An der Küste folgt zunächst der kleinere Badeort **Arma di Taggia** mit einem schönen Strand. Etwa 30 Kilometer entfernt von San Remo liegt die aus einem mittelalterlichen und einem modernen Teil bestehende Provinzhauptstadt **Imperia** (gut 40.000 Einwohner), in der der Tourismus keine große Rolle spielt. Die Industrie- und Hafenstadt gilt als Zentrum des Olivenölhandels, für den Ligurien berühmt ist. Neben einem stattlichen klassizistischen Dom, der Altstadt und dem Geburtshaus des Andrea Doria, der sich im 16. Jh. sehr um Genua verdient gemacht hatte, sind hier die Museen für Seefahrt und Olivenanbau sehr sehenswert.

Wenige Kilometer hinter Imperia folgt mit **Diano Marina** ein weiterer beliebter Badeort, dann das malerisch am Berg gelegene Dorf **Cervo**, wo im Sommer Kammermusikfestspiele stattfinden. Den Weg ins gut 20 Kilometer von Imperia entfernte Alassio säumen weitere kleine Ferienorte. Auch **Alassio** ist ein bedeutendes Ferienzentrum, das gute Unterhaltungs- und Freizeitmöglichkeiten bietet und mit einem breiten Strand als besonders familienfreundlich gilt. Sehenswert ist hier außer der Altstadt eine als „Muretto" bezeichnete Mauer, auf deren Kacheln sich Stars, die in Alassio zu Gast waren, verewigt haben. Rund zehn Kilometer entfernt folgt in einer Schwemmlandebene das besonders gut erhaltene mittelalterliche Städtchen **Albenga**.

Im folgenden Küstenbereich liegen die lebhaften Badeorte **Ceriale** mit einem Wasserpark, **Loano** mit einem Jachthafen, **Pietra Ligure** und das aus drei Städtchen bestehende **Finale Ligure**, das wie Pietra Ligure eine besonders schöne Uferpromenade hat. Auch in den Orten dieses Küstenabschnitts, der als guter Ausgangspunkt für Wanderer und Unterwassersportler gilt, sind alte Ortskerne, Burgen, Palazzi, Kirchen und Klöster erhalten. Im Hinterland liegen prähistorische Höhlen und weitere mittelalterliche Dörfer. Besonders schön ist das arabisch anmutende **Verezzi**, auf dessen Piazza im Sommer Theateraufführungen stattfinden. Über **Noli**, das vom 12. bis zum 18. Jh. der kleinste selbstständige Stadtstaat Italiens war, erreicht man Savona.

Die bedeutende Hafen- und Industriestadt **Savona** ist von Albenga knapp 50 Kilometer und von Ventimiglia rund 100 Kilometer entfernt. Hier gibt es eine schöne Altstadt mit Festung, sehenswerte Kirchen, Paläste und Museen. Zwischen Savona und dem knapp 50 Kilometer entfernten Genua liegen **Albisola Marina** (ein Badeort, der für schöne Töpfer- und Keramikarbeiten bekannt ist; die Strandpromenade ist bunt gefliest), das familienfreundliche Ferienziel **Celle Ligure** und das als Winterkurort und Zentrum des Segelschiffbaus bekannte **Varazze** mit einem schönen Strand. Auf das stadtnahe, elegante Seebad **Arenzano** mit Palmenpromenade, schöner Altstadt und Golfplatz folgt Genua, das sich mit Industriegebieten und Vororten insgesamt über 35 Küstenkilometer erstreckt. Einer der eingemeindeten Badeorte ist **Pegli** mit einem Schiffsmuseum.

GENUA

Genua, dessen Hafen bereits seit der Zeit der Ligurer und Römer sehr bedeutend ist, gehört mit gut 700.000 Einwohnern zu den größten Städten Italiens. Die Stadt ist geprägt von dem enormen Naturhafen, über dem sich ein Häusermeer im weiten Bogen an den Hang schmiegt. Hier liegt die ausgedehnte, malerische Altstadt (die größte Europas) mit engen, steilen Gassen. Viele der – oft sanierungsbedürftigen – Altstadtbauten sind noch im mittelalterlichen Originalzustand. Um die Altstadt liegen neuere Viertel mit modernen Gebäuden, darunter auch zwei Wolkenkratzer. Auf der Landseite wurde Genua vor Jahrhunderten von einem kilometerlangen, noch weitgehend erhaltenen Mauerring umgeben. Als zusätzlicher Schutz wurde auf den umliegenden Hügeln im 19. Jh. ein Festungssystem errichtet. Die Mauer und die Festungen, zwischen denen ein Wanderweg verläuft, bilden heute den fast 900 Hektar umfassenden, viel besuchten „städtischen Mauerpark“. Zu einer der Festungen, von denen man schöne Ausblicke genießen kann, führt eine Seilbahn. Obwohl Genua kein typisches Ziel für Städtereisen ist und im Vergleich zu anderen italienischen Städten als weniger attraktiv gilt, bietet die lebendige Stadt äußerst sehenswerte Baudenkmäler und Kunstschätze sowie gute Unterhaltungs- und Einkaufsmöglichkeiten.

Ein „Muss“ für Genua-Besucher ist der lebhafte, weitläufige **HAFEN** mit dem Wahrzeichen der Stadt, einem 76 Meter hohen **Leuchtturm**. Eine Hafenrundfahrt ist sehr empfehlenswert. Einen guten Überblick über den Hafen bietet der am Ufer gelegene **Palazzo San Giorgio**, ein prächtiger Palast aus dem 13. Jh., der jahrhundertelang Sitz einer Großbank war und heute die Hafenverwaltung beherbergt. Unweit des Palazzo liegt eines der größten **Aquarien** Europas.

Die wichtigsten Sehenswürdigkeiten Genuas sind weitere **PALAZZI**, darunter der große **Dogenpalast** (früher Regierungssitz, heute Kulturzentrum) und die Paläste der großen Genueser Familie Doria um die **Piazza San Matteo**. In einer hier gelegenen Privatkirche der Familie ist ihr berühmtestes Mitglied, Andrea Doria, bestattet. Besonders prächtige Adelspaläste aus dem 16. und 17. Jh. säumen auch die **Via Garibaldi**, in der weitere Patrizierfamilien damals Häuser bauten. In einem der Paläste ist heute das Rathaus untergebracht, andere dienen als Museen und Galerien. In einer weiteren Prachtstraße, der **Via Balbi**, liegen der Palazzo Reale (der Könige von Savoyen) und der Palazzo dell´ Universita (die Universität). Der prächtigste Genueser Palast war einst der **Palazzo del Principe** von Andrea Doria. Die großzügige, von einem weitläufigen Park umgebene Anlage wurde jedoch zugunsten von Straßen- und Gleisbau zerstückelt und teils sogar zerstört.

Genua bietet auch zahlreiche alte **KIRCHEN**, darunter die **Kathedrale San Lorenzo**. Der gewaltige Dom aus dem 13. Jh. weist die hellen und dunklen Querstreifen auf, die in Genua ganz typisch und an vielen alten Gebäuden zu finden sind. In einer Domkapelle sind die sterblichen Überreste von Johannes dem Täufer bestattet, im Museum befindet sich der wertvolle Domschatz, zu dem auch der „Heilige Gral" gehört.

WEITERE SEHENSWÜRDIGKEITEN verdankt Genua seinem berühmten Sohn Christoph Kolumbus: die **Casa di Colombo**, das Haus in dem der große Seefahrer als Kind gelebt haben soll, und ein **Kolumbus-Denkmal** vor der Stazione Porta Principe. Beliebte Sightseeing-Ziele Genuas sind außerdem der Verkehrsmittelpunkt **Piazza de Ferrari** (den Dogenpalast, Oper, Kunstakademie und Börse säumen), die zweitürmige **Porta Soprana** (ein gut erhaltenes, über 30 Meter hohes Stadttor aus dem 12. Jh.), die **Torre Embriaci** (von zahlreichen Geschlechtertürmen aus dem 12. Jh. der einzig vollständig erhaltene) und die **Loggia di Mercanti** (das alte Handelszentrum aus dem 16. Jh.; heute finden hier wechselnde Ausstellungen statt).

Neben Galerien in alten Palazzi bietet Genua weitere interessante **MUSEEN**, darunter das im Geburtshaus des Befreiungskämpfers Mazzini untergebrachte **Museo del Risorgimento**, das **Museo Americanistico** (eine Sammlung präkolumbianischer Kunst) und das **Museo Chiossone**, das sich mit ostasiatischer Kunst befasst.

RIVIERA DI LEVANTE

Die Küstenebenen der rund 100 Kilometer langen Riviera di Levante sind meist schmaler als an der Riviera di Ponente, der östlichste Teil besteht weitgehend aus Steilküste. Während an der westlichen Riviera di Levante zunächst weitere noble Badeorte folgen, sind die Ferienziele der östlichsten Riviera weniger traditionsreich und mondän.

Zu den Stadtteilen und Vororten östlich von Genua zählt **Nervi**, der älteste Badeort der Riviera di Levante mit schönen Villen und einem exotischen Stadtpark. Entlang der felsigen Küste des Ortes mit Steinstrand verläuft eine in den Fels geschlagene, fast zwei Kilometer lange Promenade. An Nervi schließen sich zahlreiche weitere kleine Ferienorte an.

Bekanntere Ferienziele erreicht man etwa 30 Kilometer östlich von Genua, wo sich eine Halbinsel mit dem Vorgebirge von Portofino, ein Naturpark mit bis zu 600 Meter hohen Bergen, ins Meer erstreckt. Am Beginn der Halbinsel liegt das malerische Städtchen **Camogli**, das mit dicht gedrängten, schmalen, hohen, bunten Fischerhäusern aus dem Mittelalter ein beliebtes Werbemotiv der Riviera di Levante ist. Besonders vom Meer aus ist der Anblick der „Skyline" sehr reizvoll. An die große Zeit der Stadt im 18. und 19. Jh., als Camogli eine große Seeflotte hatte und Kriegsschiffe vermietete, erinnern der Hafen und ein Schiffsmuseum. Ab Camogli kann man Schiffs- und Wandertouren in den Naturpark machen, in dem ein Kloster aus dem 10. Jh. liegt.

Am anderen Ende der Halbinsel, gegenüber von Camogli, liegt **Sta. Margherita Ligure**, wie das wenige Kilometer entfernte **Rapallo** ein elegantes, traditionsreiches Seebad mit guten Einkaufs- und Sportmöglichkeiten. Beide Orte haben schöne Uferpromenaden, exotische Parks und schöne Villen. Das frühere Fischerdorf Rapallo – das durch den 1922 hier geschlossenen deutsch-sowjetischen Vertrag bekannt wurde – bietet auch sehenswerte Kirchen und ein Kastell aus dem 16. Jh. Ein nobler Treffpunkt der internationalen Highsociety ist das an der Südostspitze der Halbinsel gelegene **Portofino**. Der malerische, idyllisch gelegene Ort ist ein beliebtes Ferien- und Ausflugsziel, das per Boot und nach einer Fahrt auf einer landschaftlich reizvollen Küstenstraße erreicht werden kann. Kern des alten Fischerdorfs ist der Hafen, in dem zahlreiche Jachten ankern. Die Hafenbucht wird von schmalen, bunten Häusern mit Cafés und teuren Boutiquen gesäumt.

Zwischen Rapallo und dem nächsten größeren, rund 20 Kilometer entfernten Seebad Sestri Levante liegen kleinere Badeorte mit schönen Sandstränden wie **Chiavari** (im Mittelalter ein bedeutendes Handelszentrum, wovon noch heute Burg, Stadtmauer und Kathedrale zeugen) und **Lavagna** mit einem der größten Jachthäfen Europas. Das Seebad **Sestri Levante**, das sich relativ viel Ursprünglichkeit bewahren konnte, liegt auf einer Landenge, die das Festland mit einer – von einem weiteren Vorgebirge durchzogenen – Halbinsel verbindet. Das Städtchen erstreckt sich zwischen zwei Buchten mit schönen Stränden; sehr malerisch sind hier die Altstadt und die lange Seepromenade. Auf dem höchsten Punkt der Isola, bei deren Umwanderung man schöne Aussichten auf die Bucht von Portofino genießt, steht eine Kirche aus dem 12. Jh.

Hinter Sestri Levante folgt eine etwa 60 Kilometer lange Steilküste. Die hier gelegenen Orte können meist nur auf Stichstraßen und per Eisenbahn (durch Tunnel) erreicht werden. Einer dieser abgelegenen Küstenorte ist das gut zehn Kilometer von Sestri Levante entfernte **Moneglia** mit einem langen Sandstrand. In dem alten Ort sind verschiedene Kirchen und Burgen sehenswert. Der nächste touristisch bedeutendere Küstenort **Levanto**, in einer Bucht mit Sandstrand gelegen, kann mit dem Pkw nur auf einer Stichstraße erreicht werden. Westlich von Levanto liegt eine weitere reizvolle Bucht in **Bonassola**.

Der Hauptanziehungspunkt dieser Gegend ist die Nähe zum **Cinque Terre** (fünf Orte), einem landschaftlich außerordentlich reizvollen, steilen Küstenabschnitt zwischen Levanto und La Spezia (knapp 20 Kilometer). Seinen Namen verdankt das Gebiet fünf Orten (Monterosso, Vernazza, Corniglia, Manarola und Riomaggiore), die hier mit bunten Häusern und steilen Gassen malerisch zwischen Felsen und Meer „kleben". Auch hierher ist die Zufahrt nur auf schmalen Straßen, per Bahn oder Schiff möglich. Durch die Abgeschiedenheit konnten sich die meisten der Orte viel Ursprünglichkeit bewahren. In jüngster Zeit erfreut sich der Naturpark Cinque Terre jedoch großer touristischer Beliebtheit als hervorragendes Wandergebiet mit guten Wegen zwischen den Orten, durch Weinberge und zu verstreuten Wallfahrtskirchen. Der größte und am stärksten touristisch geprägte Ort Cinque Terres ist Monterosso mit dem einzigen ausgedehnteren Strandabschnitt.

Die letzte größere Stadt Liguriens ist **La Spezia**, gut zehn Kilometer von Riomaggiore entfernt. Die am breiten, tief in das Land einschneidenden Golf von La Spezia gelegene Stadt mit über 100.000 Einwohnern ist Italiens wichtigster Marinestützpunkt und ein Fährhafen nach Korsika. Touristisch ist La Spezia weniger bedeutend.

Ein beliebter Ferienort ist das gut zehn Kilometer südlich gelegene, malerische **Portovenere**, ab dem 12. Jh. ein bedeutender genuesischer Grenzhafen mit festungsartigen Häusern, einem Kastell, einem bunten Hafen und zwei sehenswerten Kirchen. Beliebte Ausflugsziele sind mehrere vorgelagerte Inseln.

Auf der landschaftlich reizvollen Ostseite des Golfes folgen die letzten Küstenorte Liguriens vor der Grenze zur Toskana, das von einer trutzigen Burg aus dem 13. Jh. überragte **Lerici** mit malerischer Altstadt und schönem Strand sowie **Luni Mare** nahe der Ausgrabungsstätte der bedeutenden römischen Handelsstadt Luni. Von diesem östlichsten Teil der Riviera können Tagesausflüge in die benachbarte Toskana unternommen werden.

1.4.4 TOSKANA

Die Kulturlandschaft Toskana im nordwestlichen Mittelitalien bildet mit knapp 23.000 qkm eine der italienischen Verwaltungsregionen. Ihre Hauptstadt sowie größte und bedeutendste Stadt ist das im Norden der Region gelegene **Florenz** (Firenze). Die Toskana erstreckt sich vom gebirgigen **Apennin** im Osten über ausgedehnte, fruchtbare Hügel- und Beckenlandschaften bis zur Küste des **Ligurischen Meeres** und des **Tyrrhenischen Meeres** im Westen. Sie umfasst auch den Archipel der im Tyrrhenischen Meer gelegenen **Toskanischen Inseln**, deren größte die Insel **Elba** ist. Die waldreiche Toskana – ihr „Wahrzeichen" ist die allgegenwärtige Zypresse – bietet eine sehr abwechslungsreiche Landschaft. Neben Stränden und Hochgebirgen besonders erwähnenswert ist das von malerischen Dörfern, zahlreichen Bauernhöfen und Landgütern durchzogene Hügelland mit ausgedehnten Feldern, Olivenhainen und berühmten Weinanbaugebieten. In der Toskana, vor allem im Norden, liegen neben Florenz weitere, schöne, alte Städte voller Atmosphäre, die einen außerordentlich großen Kunstreichtum bieten. Diese Städte und die Küstenebenen bilden den Siedlungsschwerpunkt der Toskana, die rund 3,6 Millionen Einwohner hat.

In der Toskana herrscht mediterranes **Klima**. Die Temperaturen an den Küsten sind etwas ausgeglichener als im Binnenland; mit steigender Höhe nehmen die Temperaturen ab und die Niederschläge zu, im Winter kann es in Höhenlagen zu Schneefall kommen. Obwohl der Herbst relativ regenreich ist, gehört er – nicht zuletzt wegen der dann stattfindenden Weinlese – zu den besten **Reisezeiten** für die Toskana. Auch hier ist der Hochsommer die am stärksten frequentierte Saison. Wegen der Besucherströme, großer Hitze und hoher Luftfeuchtigkeit sollten vor allem die historischen Städte im Landesinneren zu dieser Zeit nach Möglichkeit gemieden werden; an den Küsten wird die Hitze durch frische Brisen etwas gemildert.

Ein Meilenstein in der toskanischen **Geschichte** ist das 12. Jh. Damals erlebten viele Städte eine große Blüte und erlangten zunehmend politische Autonomie. Vor allem Florenz, Siena, Lucca und Pisa wurden zu bedeutenden selbstständigen, untereinander rivalisierenden Stadtstaaten. Ab dem 15. Jh. hatte Florenz, ein wichtiges Zentrum der Geldwirtschaft und des Handels, unter der Herrschaft der Familie Medici die Vormachtstellung inne und entwickelte sich als Wiege der Renaissance zum bedeutendsten Wissenschafts- und Kulturzentrum Europas. Im 16. Jh. wurde die Toskana unter den Medici zum Herzogtum, das ab dem 17. Jh. allmählich seinen Niedergang erlebte und schließlich an Österreich fiel. Mit kurzer Unterbrechung blieb die Region unter österreichischer Herrschaft, bis sie 1860 zum Königreich Italien kam.

Von mehreren deutschen Flughäfen aus gibt es direkte **Linienflüge** nach Pisa (PSA), Florenz (FLR) und auf die Insel Elba (EBA).
Ab Deutschland gibt es gute **Zugverbindungen** nach Firenze S.M.N. sowie in weitere Städte der Toskana, die ein recht gutes Bahnnetz hat. Hauptlinien führen von Norden nach Süden an der Küste entlang und durchs Landesinnere, dazwischen bestehen Querverbindungen. Eine Bahnfahrt von Frankfurt nach Florenz (über die Schweiz) dauert elf bis zwölf Stunden. **Autozüge** verbinden deutsche Verladestationen mit Livorno; die Fahrtdauer ab Neu-Isenburg beträgt rund 14 Stunden. Außerdem gibt es preisgünstige Verbindungen mit **Linienbussen** (Fahrtdauer ab Frankfurt rund 17 Stunden). Das regionale Busnetz innerhalb der Toskana ist gut ausgebaut. **Pkw-Fahrten** ab Frankfurt dauern aufgrund des Wegfalls von Stopps und des höheren Tempos etwa zehn Stunden. Livorno, eine Küstenstadt südlich von Pisa, ist der bedeutendste **Hafen** der Toskana mit Fährverbindungen nach Korsika, Sardinien und Sizilien.

In der Toskana spielt nicht – wie häufig im Mittelmeerraum – der Badetourismus an den Küsten und auf den Inseln die übergeordnete Rolle. Kunst, Kultur und Natur sind für den **Tourismus** in der Toskana, der an Kunstschätzen mit Abstand reichsten Region Italiens, mindestens ebenso wichtig.

Immer beliebter werden Ferien in der ländlichen Toskana, wo viele – als „Fattorie“ bezeichnete – alte Land- und Weingüter als Hotels und Ferienwohnungen bzw. -häuser genutzt werden. Da die meisten dieser ländlichen Unterkünfte ohne Pkw schwer erreichbar sind, fahren viele Urlauber mit dem Auto hierher oder nehmen vor Ort einen Leihwagen. Weitere Anziehungsfaktoren der Toskana, die auch gute Sportmöglichkeiten – vor allem Golf, Wandern und Wassersport – bietet, stellen im Hügelland gelegene Kurorte dar. Außerdem kommen viele Sprachreisende in die Toskana, wo sich die italienische Schriftsprache herausbildete. Die meisten Sprachschulen gibt es in Florenz und Siena.

FLORENZ

Florenz (etwa 450.000 Einwohner) liegt im nördlichen Binnenland der Toskana, rund 80 Kilometer von der Küste entfernt. Das Häusermeer der Stadt mit ihren zahlreichen Kirchtürmen und Palästen erstreckt sich malerisch in einem Tal beiderseits des Arno, des längsten Flusses der Toskana. Nördlich und östlich von Florenz erhebt sich der Apennin, im Süden folgt Hügelland mit dem berühmten Weinanbaugebiet Chianti, im Westen erstrecken sich moderne Vorstädte und Industriegebiete. Über Villen mit prächtigen Gärten, die sich die umliegenden Hänge hinaufziehen, geht die kulturträchtige Großstadt in die ländliche Toskana über. Neben großartigen Kunstschätzen und Renaissancebauten, deretwegen Florenz häufig als „Freilichtmuseum“ bezeichnet wird, bietet die Metropole ganz hervorragende Unterhaltungs- und Einkaufsmöglichkeiten. Die vielen Geschäfte und Märkte der Stadt sind besonders bekannt für hochwertige Mode und Lederartikel. Die Attraktionen von Florenz ziehen alljährlich mehrere Millionen Besucher – Städtereisende, Rundreisende oder Ausflügler aus anderen toskanischen oder italienischen Gebieten – an. Die Stadt kann gut zu Fuß und mit öffentlichen Verkehrsmitteln erkundet werden. Obwohl das Zentrum weitgehend verkehrsberuhigt ist, leidet Florenz, nicht zuletzt durch die Kessellage, unter Luftverschmutzung, Smog- und Ozonproblemen.

Wunderschöne Ausblicke über das rote Dächermeer der Stadt und die Umgebung bieten die umliegenden Hügel. Besonders beliebte **AUSSICHTSPUNKTE** sind die über 100 Meter hoch gelegene **Piazzale Michelangelo**, ein nach dem großen Künstler benannter Platz, den Kopien seiner Statuen säumen, und das **Forte Belvedere**, eine Festung der Medici aus dem 16. Jh.

Nicht nur von oben kann man feststellen, dass der Dom mit seinem gewaltigen roten Kuppeldach das die Stadt dominierende Gebäude ist. Die Kirche, mit deren Bau Ende des 13. Jh. begonnen wurde, bildet mit dem **DOMPLATZ** den Stadtkern und ist das Wahrzeichen von Florenz. Mit über 150 Meter Länge, fast 40 Meter Breite und einer an die 100 Meter hohen Kuppel – zu der man hinaufsteigen kann – gehört der **Duomo Santa Maria del Fiore** zu den größten Kirchen der Welt. Die Innenausstattung des außen sehr farbenprächtigen Doms – die Fassade besteht aus weißem, grünem und rotem Marmor – ist mit schönen Fenstern, Reliefs, Fresken und Gemälden eher schlicht. Neben dem Dom liegt der im 14. Jh. von Giotto erbaute **Campanile**, ein über 80 Meter hoher, reliefverzierter Glockenturm. Auf dem Domplatz befinden sich außerdem das **Dommuseum** und das älteste Gebäude der Stadt, das achteckige **Baptisterium** (Taufhaus) aus dem 11. Jh. Das Äußere des formvollendeten Gebäudes aus weißem und grünem Marmor zieren vergoldete Bronzeportale mit religiösen Szenerien, im Inneren kann man prächtige Mosaiken bewundern.

Eine der Hauptstraßen der Stadt verbindet den Domplatz mit der **PIAZZA DELLA SIGNORIA**, deren Mitte ein imposanter **Neptunbrunnen** ziert. Dass die Piazza jahrhundertelang das politische Zentrum von Florenz war, beweisen die imposanten umliegenden Gebäude. Eines davon ist der **Palazzo Vecchio**, ein mit Zinnen und einem fast 100 Meter hohen Turm an eine Burg erinnernder, wuchtiger Palast. Er wurde im 14. Jh. für die Vorsteher der Zünfte erbaut und dient heute als Rathaus; im Inneren befinden sich prunkvolle, mit kostbaren Gemälden und Skulpturen ausgestattete Säle.

Unweit des Palastes liegen die **Loggia dei Lanzi** – die im 14. Jh. errichtete Empfangshalle der Stadt, „Vorbild" der Münchner Feldherrenhalle – und ein palastartiges Verwaltungsgebäude, das die Medici im 16. Jh. errichteten. Dieser als **Uffizien** bezeichnete Bau dient heute als Museum und beherbergt in 45 Sälen eine der bedeutendsten Gemäldesammlungen der Welt. Neben Werken toskanischer Künstler wie Leonardo da Vinci, Michelangelo, Botticelli und Giotto umfasst sie auch Bilder weiterer italienischer sowie niederländischer und deutscher Meister.

Die Uffizien erstrecken sich bis zum Flussufer. Über den **ARNO** führen mehrere Brücken, unter denen die malerische **Ponte Vecchio** aus dem 14. Jh. die älteste und prächtigste ist. Auf der Brücke reiht sich ein Ladengeschäft an das andere. Die größte Sehenswürdigkeit auf der gegenüberliegenden Flussseite ist der **Palazzo Pitti**, den die gleichnamige, mit den Medici rivalisierende Familie im 15. Jh. erbaute. Bereits im 16. Jh. übernahmen die Medici den Palast. Die prächtigen Räume des – mit einer Länge von über 200 Metern und einer Höhe von knapp 40 Metern – größten Palastes der Stadt beherbergen heute acht Museen. Hinter dem Palazzo erstreckt sich die weitläufige Parkanlage des **Giardino di Boboli** bis zum Forte Belvedere.

Weitere prächtige **PALAZZI** säumen die elegante Einkaufsstraße **Via de Tornabuono** auf der anderen Flussseite. Hier sind noble Boutiquen italienischer Designer, teure Restaurants, Cafés und Bars zu finden. Im nahen **Palazzo Davanzati** kann man die mittelalterliche Originalausstattung eines solch prächtigen Palastes bewundern. Nördlich des Doms liegt der **Palazzo Medici-Riccardi**, der erste Palast der großen Familie und Vorbild für die meisten anderen Palazzi der Stadt.

Außer den genannten Sakralbauten gibt es in Florenz zahlreiche weitere sehenswerte **KIRCHEN**. Dazu gehören die Kirche **Santa Maria Novella** (mit von den großen Familien gestifteten Kapellen), die Kirche **San Lorenzo**, hinter der sich die kunstvoll gestaltete „Cappelle Medicee" erstreckt (die sich die Medici von Michelangelo als Grabstätte erbauen ließ) und die Franziskanerkirche **Santa Croce** mit über 200 Gräbern großer Italiener wie Michelangelo, Galileo Galilei und Macchiavelli.

Neben den bereits genannten kann man in Florenz zahlreiche weitere interessante **MUSEEN** besuchen. Im Hochsommer sind viele darunter auch abends, bis 23 Uhr, geöffnet. Eines der bekanntesten Florentiner Museen ist die **Accademia delle Belle Arti**, die erste Kunstakademie Europas mit dem Original des berühmten David von Michelangelo; Kopien stehen vor dem Palazzo Vecchio und auf der Piazzale Michelangelo. Häufig besucht wird auch die **Casa di Dante**, das angebliche Geburtshaus des großen italienischen Dichters, das heute als Dante-Museum dient.

Im **UMLAND** ist das zehn Kilometer nordöstlich, auf einem Hügel gelegene **Fiesole** ein beliebtes Ausflugsziel. Neben wunderbaren Aussichten auf Florenz bietet das Städtchen – das unter den Römern das Zentrum der Region bildete – Sehenswürdigkeiten wie die etruskische Stadtmauer, ein römisches Amphitheater und ein Franziskanerkonvent. Ausflüge führen auch zu den **Ville Medicee** (prächtige Landhäuser der Medici) und zur **Certosa di Galluzzo** (ein Kartäuserkloster).

FLORENZ–SIENA

CHIANTI

Die hügelige Weinregion Chianti zwischen Florenz und Siena wird häufig als „Herz der Toskana" bezeichnet. Die beiden Städte sind durch die 70 Kilometer lange Weinstraße „Chiantigiana" verbunden. Schöne Landschaften und Weindörfer erreicht man auch auf Abstechern von dieser klassischen Route. In der mit Olivenhainen, Zypressen, Weinbergen, malerischen Dörfern, alten Kirchen, Burgen und Fattorie für die Toskana sehr typischen Landschaft liegen besonders viele ländliche Touristenunterkünfte. Vielerorts kann man hier Weinproben machen und den berühmten Rotwein Chianti Classico direkt beim Hersteller kaufen. Im Herbst finden hier häufig Weinfeste statt.

Der erste Ort der Chiantigiana ist **Grassina**, bald darauf folgt **Greve in Chianti**, der Hauptort der Region. In der Umgebung von Greve liegt die „Villa di Vignamaggio“ aus dem 14. Jh., das Geburtshaus von Leonardo da Vincis berühmter Mona Lisa, nach der der hier angebaute Wein benannt ist. Im folgenden mittelalterlichen Städtchen **Castellina in Chianti** sind ein etruskischer Grabtumulus und eine Burg aus dem 15. Jh. zu besichtigen. Von hier kann man direkt über **Quercegrossa** oder auf einem Umweg – über weitere schöne Weinorte wie **Radda in Chianti**, Sitz der Winzergenossenschaft, **Gaiole in Chianti** mit besonders schönen Kirchen und über die 500 Meter hoch gelegene, imposante Burg **Castello di Brolio** – nach Siena fahren.

SAN GIMIGNANO

Von Florenz nach Siena führt auch ein westlich der Chiantigiana verlaufender „Umweg“ über weitere reizvolle Landschaften und Orte. Höhepunkt der Route ist das malerisch in einer Hügellandschaft gelegene, touristisch sehr beliebte Städtchen San Gimignano (7.000 Einwohner), 30 Kilometer nordwestlich von Siena. Die Silhouette der von hohen Türmen geprägten Stadt ist schon von weitem deutlich erkennbar und erinnert an die Skyline moderner Städte. Die „Wolkenkratzer“ sind mittelalterliche Geschlechtertürme, die den verfeindeten Familien San Gimignanos als festungsartige Wohntürme dienten. Von ursprünglich über 70 Türmen sind noch 13 erhalten. Der höchste Turm ist der 54 Meter hohe Palazzo del Popolo, der heute das Rathaus und die städtische Pinakothek beherbergt. Die Geschlechtertürme erstrecken sich um die stimmungsvolle, zentrale Piazza della Cisterna. Unweit liegt ein romanischer Dom aus dem 12. Jh., der neben den Türmen und weiteren Kirchen zu den wichtigsten Sehenswürdigkeiten der Stadt gehört. San Gimignano ist noch vollständig von einer Stadtmauer mit fünf Stadttoren umgeben.

SIENA

Siena liegt, umgeben von einer Stadtmauer aus der Medici-Zeit, auf drei Hügeln mitten in der Toskana. Die Provinzhauptstadt mit einer weithin sichtbaren Silhouette aus Türmen und Kuppeln hat gut 60.000 Einwohner und wird häufig als schönste Stadt der Toskana bezeichnet. Das viel besuchte mittelalterliche, an Kunstschätzen reiche Siena war jahrhundertelang selbstständig, ehe es Mitte des 16. Jh. vom Rivalen Florenz vereinnahmt wurde. Aus der großen Zeit Sienas im 13. und 14. Jh. stammen prachtvolle gotische Bauten, enge Altstadtgassen und die weitläufige Piazza del Campo (kurz „Campo“), wo im Sommer traditionelle Umzüge und Reiterfeste stattfinden. Der muschelförmige, rot-weiß gepflasterte, harmonisch wirkende Campo gilt als schönster Platz Italiens und ist das Wahrzeichen Sienas. Er wird von gotischen Palazzi gesäumt, darunter der zinnengekrönte Palazzo Pubblico (das Rathaus) mit einem über 100 Meter hohen Turm. Oberhalb des Campo, am mit 360 Metern höchsten Punkt der Stadt, liegt der Dom aus schwarzem und weißem Marmor, eine weitere große Attraktion Sienas. Besonders sehenswert im Inneren der prächtigen Kirche sind der biblische Szenen abbildende Fußboden und eine Marmorkanzel. Neben weiteren Kirchen und Palazzi gehören eine Festung, Museen und die vom Campo ausgehenden Haupt- und Flanierstraßen zu den Sehenswürdigkeiten Sienas.

UMGEBUNG VON SIENA

In der südlichen Umgebung von Siena liegen sehenswerte Klöster, malerische Städtchen, weitere schöne Weindörfer – wie das berühmte **Montepulciano** – und Thermalbäder, darunter **Chanciano Terme** nahe der Grenze zur Nachbarregion Umbrien.

Die Landschaft südöstlich von Siena ist geprägt von „**Crete**“, durch Erosion entstandene, karge, bizarre Mondlandschaften aus Lehm.

ÖSTLICHE TOSKANA

Östlich von Florenz und Siena gibt es im Vergleich zur übrigen Toskana relativ wenig Tourismus. Die größte Stadt dieses Gebiets ist **Arezzo** (knapp 100.000 Einwohner), 80 Kilometer südöstlich von Florenz gelegen. Sehr sehenswert in der als Keramik-, Gold- und Antiquitätenzentrum bekannten Stadt sind Reste eines römischen Amphitheaters und mehrere Kirchen, darunter der Dom mit bunten Glasfenstern und die Kirche S. Francesco mit großartigen Fresken. Auf der von Palazzi gesäumten Piazza Grande finden im Sommer historische Ritterturniere statt.

Nördlich der Stadt liegt die Gebirgslandschaft **Casentino** mit zahlreichen Burgen und Klöstern. Hier befindet sich auch Caprese Michelangelo, der Geburtsort des großen Künstlers.

Südlich von Arezzo erstreckt sich das fruchtbare **Chiana-Tal**, wo häufig das 500 Meter hoch gelegene, malerische, alte Städtchen Cortona besucht wird. Ganz in der Nähe liegt der bereits zu Umbrien gehörende **Trasimener See**.

FLORENZ–LUCCA–PISA

Die Entfernung zwischen Florenz und dem nordwestlichen Lucca, einer weiteren historischen toskanischen Stadt, beträgt rund 80 Kilometer. Die Fahrt verläuft am Rande des Apennin durch den relativ ruhigen Norden der Toskana. Pisa liegt gut 20 Kilometer südwestlich von Lucca, auf direktem Wege beträgt die Entfernung von Florenz nach Pisa ebenfalls 80 Kilometer.

Die Fahrt führt vorbei an schönen, alten Städten wie **Prato** und **Pistoia** sowie durch ländliche Gebiete. Zwischen Florenz und Lucca liegt das mondäne Thermalbad **Montecatini Terme** mit weitläufigen Parkanlagen, palastartigen Kurhäusern und traditionsreichen Hotels im Stil der Belle-Epoque. Im größten Kurort der Toskana werden verschiedene Krankheiten wie Rheuma, Leber-, Magen- und Darmleiden behandelt. Montecatini Terme, wo ganzjährig gekurt werden kann, bietet eine sehr gute touristische Infrastruktur und gute Unterhaltungsmöglichkeiten. In der Nähe befindet sich der kleinere Kurort **Monsummano Terme**, der oft als „kleine Schwester" von Montecatini bezeichnet wird. Rund 20 Kilometer südlich liegt das Dorf **Vinci**, der Geburtsort von Leonardo da Vinci; hier sind das Geburtshaus und zwei dem Universalgenie gewidmete Museen zu sehen. Der weitere Weg von Montecatini Terme nach Lucca führt über die Blumenstadt **Pescia**. Im nahen Collodi gibt es einen **Pinocchio-Freizeitpark**. Der Erfinder der berühmten Holzpuppe stammt aus dem Ort, dessen Namen er sich als Pseudonym zulegte.

Lucca (90.000 Einwohner) liegt 25 Kilometer vom Meer entfernt, in einer von Bergen umgebenen Ebene. Die Provinzhauptstadt, von der aus die Langobarden die Toskana regierten, hat eine sehr malerische, mittelalterliche Altstadt. Lucca war seit dem 11. Jh. Stadtstaat und Rivalin von Florenz. Es konnte sich als einzige toskanische Stadt der florentinischen Herrschaft widersetzen und blieb bis Ende des 18. Jh. selbstständig. Noch heute ist der mächtige, mehrere Kilometer lange, im 16. und 17. Jh. angelegte Schutzwall um die Stadt sehr gut erhalten. Die meterhohe, breite Stadtmauer, die begrünt ist und als Spazierweg dient sowie in die Stadt führende Tore sind Sehenswürdigkeiten für sich. Weitere Attraktionen Luccas sind zahlreiche Kirchen (vor allem der Dom, mit dessen Bau im 6. Jh. begonnen wurde), schöne Palazzi (darunter der Guinigi-Palast mit einem über 40 Meter hohen Turm), die zentrale Piazza Napoleone (mit dem alten Herzogspalast), die Piazza San Michele (das alte römische Forum), die Piazza del Mercato (das frühere römische Amphitheater) und das Geburtshaus des Komponisten Puccini.

In der gut zum Wandern geeigneten Umgebung liegen die „Bagni di Lucca" (mehrere Kurorte mit Schwefelthermen) und die „Grotta del Vento" (die längste Tropfsteinhöhle Europas).

Die an beiden Ufern des Arno gelegene Stadt **Pisa** (100.000 Einwohner) ist ein weiteres beliebtes Reiseziel der Toskana. Die ehemals bedeutende Hafenstadt an der Mündung des Arno, die zu den größten Seemächten Italiens gehörte, liegt mittlerweile durch Verlandung etwa zehn Kilometer von der Küste entfernt. Die Hauptsehenswürdigkeit Pisas ist der Domplatz (auch „Platz der Wunder" genannt), auf dem sich zwischen dem 11. und 13. Jh. errichtete, aus weißem Carrara-Marmor bestehende Gebäude erstrecken: der leicht orientalisch wirkende Dom, das Baptisterium, der Friedhof „Camposanto" und der Campanile. Dieser 55 Meter hohe Glockenturm, der sich bereits während seiner Bauzeit zu neigen begann, erlangte weltweit Berühmtheit als „Schiefer Turm von Pisa" und wurde zum Wahrzeichen der Stadt. Außerdem sehenswert in der Universitätsstadt sind zahlreiche weitere Kirchen, prächtige Palazzi, malerische Gassen, die zentrale Piazza del Cavalieri, der älteste botanische Garten der Welt und das Wohnhaus des in Pisa geborenen Naturwissenschaftlers Galileo Galilei. Von hier aus sind Ausflüge an die nahe Küste sehr beliebt.

TOSKANISCHE KÜSTE

Der nördliche Teil der über 300 Kilometer langen Toskanaküste bis zur Arnomündung wird als Riviera della Versilia oder Toskanische Riviera bezeichnet. In den beliebten Badeorten dieses Küstenabschnitts mit langen Sandstränden ist ein großes Sport- und Freizeitangebot vorhanden. Während die ruhigere Etruskische Riviera um Livorno felsige Badebuchten bietet, sind die Strände der südlichsten Toskanaküste (Maremma) wieder lang und feinsandig.

TOSKANISCHE RIVIERA

Im nördlichsten Teil der Toskanischen Riviera liegt das moderne Seebad **Marina di Carrara**, wenige Kilometer entfernt im Landesinneren **Carrara** mit zahlreichen Steinbrüchen, in denen sehr hochwertiger, weißer Marmor abgebaut wird. Aus den Steinbrüchen stammt das Material für Michelangelos David, für viele italienische Kirchen und weitere Gebäude in aller Welt. Im Marmorumschlaghafen Marina di Carrara befindet sich ein Marmormuseum. Im weiteren Verlauf der Küste folgen die Ferienorte **Marina di Massa**, **Cinquale**, **Forte dei Marmi**, **Marina di Pietrasanta**, **Lido di Camaiore** und **Viareggio** (25 Kilometer westlich von Lucca). Sehr mondän sind die traditionsreichen Orte Forte de Marmi und Viareggio, das größte Ferienzentrum der toskanischen Riviera. In der Nähe liegt ein See, an dessen Ufer man in **Torre del Lago** die Villa von Puccini besichtigen kann; auf einer Seebühne finden hier im August Puccini-Festspiele statt.

Im Hinterland dieses Küstenabschnitts liegen sehenswerte, alte Städte wie **Massa** und **Pietrasanta** zu Füßen der zum Naturpark erklärten Apuanischen Alpen.

An der Küste folgt zwischen Viareggio und Livorno ein Naturpark um die Arno-Mündung. Hier liegen westlich von Pisa die Badeorte **Marina di Pisa** und **Tirrenia** mit schönen, langen Stränden.

ETRUSKISCHE RIVIERA

Etwa 20 Kilometer südlich von Pisa liegt mit der zweitgrößten toskanischen Stadt **Livorno** ein wichtiger Kreuzfahrt- und Fährhafen zu den Toskanischen Inseln, nach Korsika, Sardinien und Sizilien. Südlich erstreckt sich die felsige, buchtenreiche Etruskische Riviera, die ihren Namen zahlreichen Etruskerfunden im Hinterland verdankt. Hier liegen die Badeorte **Quercianella**, **Castiglioncello** und **Rosignano Marittimo** mit guten Sport- und Unterhaltungsmöglichkeiten. In weiteren, kleineren Ferienorten wie **Marina di Cecina** kann man Reste alter Medici-Festungen besichtigen. Im Hinterland erstrecken sich schöne, mittelalterliche Städte wie das von Weinbergen umgebene **Bolgheri**, zu dem die mit knapp fünf Kilometern längste Zypressenallee Italiens führt.

Gut 40 Kilometer von der Küste entfernt liegt **Volterra** auf einem über 500 Meter hohen Hügel. Die malerische Stadt, die als älteste Italiens gilt, weist zahlreiche etruskische und römische Spuren auf.

Im weiteren Verlauf der Küste, die nun wieder lange Sandstrände aufweist, erreicht man über das familienfreundliche **Donoratico**, **San Vincenzo** (eines der beliebtesten Badeziele an der Etruskischen Riviera) und **Populonia** (eine alte Etruskersiedlung mit Archäologischem Museum) die Hafen- und Industriestadt **Piombino**, der die Insel Elba vorgelagert ist.

MAREMMA

Südlich von Piombino erstreckt sich die Maremma, deren „Grenzen" nicht ganz klar sind. Weil in der weiten Sumpflandschaft Malaria verbreitet war, blieb die Gegend bis ins 20. Jh. recht arm und dünn besiedelt. Heute ist ein Großteil der Maremma trockengelegt, an den langen Sandstränden hat sich Tourismus entwickelt und es wurden einige Naturschutzgebiete eingerichtet.

Im nördlichen Hinterland lohnt ganz besonders ein Ausflug ins mittelalterliche **Massa Marittima** mit prächtigen Gebäuden aus dem 13. Jh. Badeorte an der Maremma-Küste sind **Follonica** inmitten von Pinienwäldern, das auf einer Landzunge gelegene **Punta Ala** (ein nobles, „künstliches" Seebad mit langem Sandstrand sowie guten Sport- und Unterhaltungsmöglichkeiten), das lebhafte **Castiglione della Pescaia** mit schöner Altstadt, **Marina di Grosseto** und **Principina Mare**.

Im Hinterland sind die Stadt **Grosseto** mit etruskischem Museum und die etruskische Ausgrabungsstätte **Roselle** einen Besuch wert. An der Küste schließt sich ein artenreicher Naturpark an, der fast bis nach **Monte Argentario** verläuft. Die frühere Insel mit hübschen kleinen Städten ist heute durch Landzungen, die eine vom WWF geschützte Lagune bilden, mit dem Festland verbunden und gilt als sehr nobles Ferienziel. Hinter **Ansedonia** endet die Toskana.

ELBA UND DIE ÜBRIGEN TOSKANISCHEN INSELN

Zu den Toskanischen Inseln gehören die sieben größeren Inseln **Gorgona**, **Capraia**, **Elba**, **Pianosa**, **Montecristo**, **Giglio** und **Giannutri** (von Norden nach Süden) sowie einige ganz kleine Eilande. Der Archipel liegt vor der südlichen toskanischen Küste, zwischen Livorno und der Grenze zu Latium. Während Gorgona und Pianosa (wo sich Strafanstalten befinden) sowie Montecristo (unter Naturschutz) nur mit Sondergenehmigungen besucht werden können, sind die übrigen Inseln „normal" besiedelt. Fährverbindungen bestehen ab Livorno, Piombino und Monte Argentario. Pauschaltouristisch ist nur die größte Insel Elba erschlossen, aber auch Capraia, Giglio und Giannutri bieten gute Bade- und Wassersportmöglichkeiten, vor allem zum Tauchen und Segeln.

ELBA

Elba, mit gut 220 qkm Fläche die drittgrößte italienische Insel nach Sizilien und Sardinien, hat knapp 30.000 Einwohner. Die Entfernung nach Piombino auf dem Festland beträgt zehn Kilometer (die Überfahrt dauert eine Stunde mit regulären Fähren und 30 Minuten mit Schnellbooten), zur französischen Insel Korsika 50 Kilometer. Die Insel lebte seit etruskischer Zeit bis ins 20. Jh. hauptsächlich von großen Erzvorkommen. Die Erzgewinnung wurde jedoch 1982 wegen Unrentabilität weitgehend eingestellt. Heute ist der Tourismus die wichtigste Einnahmequelle Elbas. Landschaftlich ist die Insel mit ihrer üppigen Vegetation sehr abwechslungsreich. Im Westen liegen bis knapp über 1.000 Meter hohe Berge, in der Inselmitte typisch toskanische Landschaften mit Olivenhainen, Weinbergen und ausgedehnten Sandstränden. Der an Bodenschätzen reiche Osten ist weitgehend hügelig.

1814 wurde Napoleon für 300 Tage auf das damals zu Frankreich gehörende Elba verbannt. Dann floh er, unternahm seinen letzten Feldzug und scheiterte schließlich in der Schlacht von Waterloo. Ihm verdankt die Insel einen Ausbau der Infrastruktur und kulturelle Förderung. Der französische Kaiser verhalf Elba zu weltweiter Berühmtheit und hinterließ der Insel einige Touristenattraktionen. Neben den „Spuren“ Napoleons und den Bademöglichkeiten an Stränden und Felsbuchten ziehen gute Tauch- und Wandermöglichkeiten viele Besucher an. Die touristischen Unterkünfte sind zumeist relativ klein und landestypisch, Großhotels gibt es kaum.

Gut ein Drittel der Einwohner Elbas leben in der Hauptstadt **Portoferraio**, die auf einer felsigen Landzunge an der Nordküste liegt. In dem gut geschützten Naturhafen, um den sich die Stadt erstreckt, landen die meisten Fähren vom Festland. Sehenswürdigkeiten der malerischen Kleinstadt, über der sich zwei Medici-Festungen erheben, sind die Altstadt, die „Villa del Mulini“ (die sich Napoleon zur Stadtresidenz ausbauen ließ), die Kirche „Chiesa della Misericordia“ (in der alljährlich am Todestag Napoleons ein Gottesdienst stattfindet), das von Napoleon gegründete „Teatro dei Vigilanti“ und die „Pinacoteca Foresiana“, die in einem alten Kloster untergebrachte Gemäldesammlung der Famlie Foresi. Außerhalb des Städtchens liegen die „Villa San Martino“ (Napoleons Sommersitz), die prächtige „Villa Demidoff“ (Landsitz eines russischen Fürsten aus dem 19. Jh.) und die Ruinen der römischen „Villa Romana“ aus dem 1. Jh.

Schöne, feinsandige Strände befinden sich an der westlichen Nordküste in **Biodola**, das als nobelstes Seebad der Insel gilt, und in **Procchio**, einem der beliebtesten und lebhaftesten Ferienziele. Ebenfalls sehr beliebt ist das noch etwas weiter westlich gelegene **Marciana Marina**, unterhalb des gut erhaltenen, mittelalterlichen Dorfes **Marciana Alta**. Unweit von hier befindet sich Elbas höchster Berg, der 1.018 Meter hohe, gute Aussichten über den Archipel bietende **Monte Capanne**, auf den eine Seilbahn führt. Um den Berg liegen idyllische Dörfer, unter denen besonders häufig **Poggio** besucht wird.

An der Südküste liegen weitere beliebte Badeorte mit breiten Sandstränden wie **Fetovaia** und das lebhafte **Marina di Campo**.

Im Osten der Insel befinden sich mit **Porto Azzurro** und **Rio Marina** weitere Fährhäfen und Badeorte sowie reizvolle Badebuchten.

1.4.5 ROM

Rom, die oft als „**Ewige Stadt**“ bezeichnete Hauptstadt Italiens und der Region **Latium** (Lazio), liegt gut 20 Kilometer vom Tyrrhenischen Meer entfernt in der Landschaft **Campagna Romana**, etwa in der Mitte des italienischen Stiefels. Das etwa 140 qkm umfassende historische Zentrum Roms mit 22 Vierteln (Rioni) erstreckt sich – innerhalb der noch heute großenteils erhaltenen Stadtmauer aus dem 3. Jh. n. Chr. – über sieben Hügel. Der ausgedehnte Großraum der Metropole mit zahlreichen Stadtteilen und Vorstädten umfasst gut 1.500 qkm. Durch die Stadt fließt der Fluss **Tiber** (Tevere); er mündet bei **Ostia**, der etwa 25 Kilometer entfernten Hafenstadt des alten Rom, ins Mittelmeer. Innerhalb des römischen Stadtgebiets liegt westlich des Tibers die **Vatikanstadt** (mit knapp 0,5 qkm der kleinste Staat der Welt und das Zentrum des Katholizismus), während sich die antike und die mittelalterliche Stadt östlich des Flusses erstrecken. Im Großraum Rom leben rund zwei Drittel der etwa 5,2 Millionen Einwohner der Region Latium.

Das mediterrane **Klima** lässt die Temperaturen in Rom im Hochsommer häufig auf bis zu 40 Grad ansteigen. Da dann – nicht zuletzt durch das ständige Verkehrschaos – oft Smog und Schwüle herrschen, ist es empfehlenswert, die Monate Juli und August für eine Reise nach Rom zu meiden. Viele Römer „fliehen“ im Hochsommer aus der auch dann viel besuchten Stadt. Ideale **Reisezeiten** sind Frühjahr und Herbst, wobei Ostern als absolute Hochsaison gilt. Reisen nach Rom „richten“ sich häufig nach dem Kirchenkalender und nach besonderen Veranstaltungen.

Der Legende nach begann die **Geschichte** Roms 753 v. Chr. mit der Gründung durch die Halbgötter Romulus und Remus. Während der jahrhundertelangen Blüte Roms als politisches und wirtschaftliches Zentrum des Imperium Romanum entstanden prachtvolle Bauten, Plätze und eine hervorragende Infrastruktur. In der Antike hatte Rom über eine Million Einwohner, nach dem Zusammenbruch im 5. Jh. n. Chr. lebten hier zeitweise nur noch 20.000 Menschen. Im Mittelalter spielten die Päpste eine große politische Rolle in Rom; im 8. Jh. entstand der Kirchenstaat, der die Stadt mehr oder minder bis ins 19. Jh. dominierte. Während der Renaissance und des Barock verhalfen die Päpste Rom zu neuer Blüte, indem sie große Künstler dieser Zeit Plätze und glanzvolle Bauten errichten ließen. 1870 wurde Rom – trotz Widerstands der Kirche – Hauptstadt Italiens, woraufhin weitere repräsentative Bauten entstanden. Heute ist die geschichtsträchtige Stadt Sitz vieler weltlicher sowie kirchlicher Kultur- und Bildungseinrichtungen.

Zwischen deutschen Flughäfen und Rom (ROM) bestehen sehr gute **Flugverbindungen**. Die meisten Flüge landen auf dem knapp 30 Kilometer westlich des Zentrums gelegenen Flughafen Leonardo da Vinci (FCO, nahe des Hafenortes Fiumicino), es gibt aber auch Charterflüge zum Flughafen Ciampino (CIA) südöstlich der Stadt. Von Fiumicino, dessen Flughafen neben Mailand das wichtigste Drehkreuz der AZ ist, verkehren Züge, von Ciampino Busse in die Stadt.
Auch die **Zugverbindungen** von Deutschland nach Rom – meist zum „Hauptbahnhof“ Stazione Termini – sind gut. Eine direkte Bahnfahrt ab München nach Rom dauert beispielsweise gut zehn Stunden. Roma Termini ist ein bedeutender italienischer Bahnknotenpunkt mit Verbindungen in alle Landesteile, Züge nach Süditalien fahren auch an der Stazione Tirburtina ab. Ein weiterer bedeutender Bahnhof ist die Stazione Trastevere.
Touring/Eurolines bietet **Linienbusverbindungen** nach Rom, mit denen man beispielsweise ab Frankfurt etwa 18 Stunden unterwegs ist.
Rom und seine Umgebung haben mit der U-Bahn „Metropolitana“, Bussen und Straßenbahnen ein gutes **öffentliches Verkehrsnetz**. Über einige Reiseveranstalter können bereits von Deutschland aus Stadtrundfahrten gebucht werden.
Rom bietet touristische **Unterkünfte** aller Kategorien (oft mit wunderschönen Dachterrassen), darunter exklusive Traditionshotels. Aufgrund des auch nachts hohen Verkehrsaufkommens sind ruhige Unterkünfte in Rom außerhalb des historischen Zentrums selten zu finden. Viele preiswerte Hotels liegen um den Bahnhof Termini.

Rom ist mit jährlich mehreren Millionen Besuchern ein wichtiges „Standbein“ des italienischen **Tourismus** und häufig Station oder Ausgangspunkt auf Rundreisen durch Italien. Sehr beliebt ist die Stadt jedoch auch als Ziel von Städte- und Kurztrips. Die an Kunst und Kultur so reiche, vielfältige Metropole hält für fast jede Zielgruppe Sehenswürdigkeiten, Einkaufs- und Unterhaltungsmöglichkeiten sowie die unterschiedlichsten Veranstaltungen bereit. Neben Bildungsreisen werden nach Rom – als Zentrum der katholischen Kirche – sehr oft auch Pilgerreisen unternommen.

SEHENSWÜRDIGKEITEN

Unter den vielen, im Laufe der langen Geschichte entstandenen Sehenswürdigkeiten Roms sollen hier nur die bedeutendsten genannt werden, vor allem unter den fast 1.000 Kirchen und den zahlreichen Museen. Oft werden die Attraktionen der Stadt nach ihrer Entstehungszeit unterteilt in Rom der Antike, der Christenheit, der Renaissance und der Moderne (seit der Einigung Italiens). Vielerorts liegen jedoch Bauten bzw. Ruinen verschiedener Epochen nahe beieinander.

ZENTRUM

Als Zentrum und Verkehrsmittelpunkt Roms gilt die von bedeutenden Bauten umgebene **Piazza Venezia**. Auf der Südseite des Platzes erstreckt sich das für den ersten italienischen König errichtete, imposante **Nationaldenkmal Vittorio Emanuele II.** Das weiße, neoklassizistische, 135 Meter breite und 70 Meter hohe Monument gilt als Symbol des geeinten Italiens. Im Westen der Piazza liegt der – ursprünglich als Papstsitz erbaute – **Palazzo Venezia**, ein burgartiger Renaissancebau, einst Amtssitz Mussolinis, heute Museum. Während nördlich der Piazza Venezia die weitgehend von Renaissance und Barock geprägte Altstadt liegt, erstreckt sich in der entgegengesetzten Richtung das Zentrum der antiken Stadt.

Direkt südlich der Piazza Venezia folgt das **Kapitol**, einer der sieben historischen Hügel Roms, der das religiöse und politische Zentrum des Imperium Romanum bildete. Hier lagen den wichtigsten Göttern Jupiter und Juno gewidmete Tempel, auf deren Fundamenten sich heute eine Kirche und der von Michelangelo konzipierte Kapitolsplatz mit einem Reiterstandbild Marc Aurels befinden. Auf dem Platz erstrecken sich der Senatorenpalast (Sitz des Bürgermeisters) und die **Kapitolinischen Museen** mit bedeutenden Kunstwerken wie der – als Sinnbild Roms geltenden – Bronzeskulptur der säugenden Wölfin, die Romulus und Remus genährt haben soll.

ANTIKE STADT

An den Kapitolsplatz schließen sich unmittelbar die Überreste des Zentrums der antiken Stadt an: die Ausgrabungen des 480 Meter langen und 180 Meter breiten **Forum Romanum**. Ein Rundgang durch das von Triumphbögen, Säulen, Mauerresten und weiteren Ruinen geprägte, weitläufige Gelände verschafft einen guten Überblick über die Bauten aus vielen Jahrhunderten römischer Herrschaft. Das Forum war das Herz des römischen Weltreichs mit Tempeln, öffentlichen Bauten, Versammlungsorten, Gerichtsplätzen und Markthallen. Nach dem Ende des Imperiums verfielen die Gebäude, das einst so großartige Forum Romanum wurde als Steinbruch und Viehweide genutzt und erst ab dem 18. Jh. „wiederentdeckt“. Im Süden begrenzt der Hügel **Palatin** mit schönen, im 16. Jh. angelegten Gärten das Forum. Dieser Hügel, auf dem Kaiser Augustus einen großartigen Palast – der Begriff ist abgeleitet vom Namen „Palatin“ – errichtete, war die noble Wohngegend des alten Roms, wovon ebenfalls Ruinen zeugen.

Entlang der Nordseite des Forums führt eine stark befahrene Straße, die das Gelände von den gegenüberliegenden **Kaiserforen** trennt bzw. auf Ruinen einiger dieser Foren verläuft. Caesar und seine Nachfolger errichteten im Zuge der Stadterweiterung diese weiteren Foren, unter denen das Trajansforum am besten erhalten ist. Östlich des Forum Romanum folgt der besterhaltene Triumphbogen Roms, der **Konstantinsbogen** aus dem 4. Jh. n. Chr. Er steht buchstäblich im Schatten des **Kolosseums**. Die Ruinen des vierstöckigen, im 1. Jh. n. Chr. errichteten, größten Amphitheaters des Imperiums (von dem etwa zwei Drittel erhalten sind), gelten als Wahrzeichen Roms. Hier, wo Platz für mindestens 50.000 Zuschauer war, fanden neben Theater- und Zirkusdarbietungen, Sportveranstaltungen, Gladiatorenkämpfen und Tierhetzen auch Christenverfolgungen statt. Zum Gedenken an die Märtyrer steht im Inneren des Kolosseums, das heute als heiliger Ort der Christenheit gilt, ein großes Kreuz.

In der Nähe des Kolosseums liegen zahlreiche sehenswerte Kirchen, darunter **San Giovanni in Laterano** auf dem gleichnamigen Platz mit dem höchsten Obelisken Roms. Die vermutlich älteste Kirche Roms mit Reliquien Petri und des heiligen Paulus und der benachbarte **Lateranspalast** waren vor dem Vatikan bis ins 14. Jh. Sitz der Päpste. Weitere bedeutende Sehenswürdigkeiten des antiken Rom befinden sich unweit des Kolosseums, so die **Caracalla-Thermen**, eine prächtige, im 2. Jh. n. Chr. errichtete Badeanlage mit einem ausgeklügelten Heiz- und Bewässerungssystem. Hier waren neben kalten und warmen Bädern auch Sauna und Massage, Gärten, Bibliotheken und Versammlungsräume vorhanden. In den Thermen-Ruinen finden Kulturveranstaltungen statt, in deren Rahmen vor einigen Jahren die berühmten Tenöre Pavarotti, Domingo und Carreras erstmals gemeinsam auftraten. In diesem Gebiet liegt auch der **Circus Maximus**, ein enormer Veranstaltungsort aus dem 4. Jh. v. Chr., wo über 300.000 Menschen den beliebten Wagenrennen und Gladiatorenkämpfen zusehen konnten. In der Nähe des Circus Maximus befindet sich die einzige orthodoxe Kirche Roms, **Santa Maria in Cosmedin**. Ihre Attraktion ist der vor dem Eingang befindliche **Bocca della Verita** (Mund der Wahrheit); die große Steinmaske aus dem 4. Jh. v. Chr. soll angeblich Lügnern, die in den Mund der Fratze fassen, die Hand abbeißen.

ALTSTADT

Die Päpste errichteten im 14. Jh. nördlich der Piazza Venezia die heutige Altstadt (Centro Storico) als wirtschaftliches und kulturelles Zentrum Roms. Durch die Altstadt führt von der Piazza Venezia bis zur Piazza del Popolo die **Via del Corso**, eine von prächtigen Palazzi gesäumte Flaniermeile. Einige der Barockpaläste sind heute Museen oder Bildungsstätten. Sehenswürdigkeiten und zahlreiche Geschäfte befinden sich auch in Seitenstraßen des Corso. Westlich liegt das besterhaltene antike Gebäude Roms, das vielbesuchte **Pantheon**; der Kuppelbau des im 1. Jh. v. Chr. errichteten römischen Tempels diente im Laufe der Geschichte auch als Kirche und als Grabstätte der italienischen Könige. In diesem Teil der Altstadt befinden sich stimmungsvolle Plätze wie die malerische, von prächtigen Brunnenanlagen geprägte **Piazza Navona** aus dem 16. Jh. (die – erkennbar an der Ellipsenform – auf den Ruinen des antiken Stadions erbaut wurde) und die als Marktplatz dienende **Piazza Campo dei Fiori**. Beide Plätze sind gesäumt von farbenfrohen Häusern, Palazzi und Kirchen sowie zahlreichen Restaurants, Cafés und Bars. Ebenfalls westlich des Corso hat in alten Palazzi das italienische **Parlament** seinen Sitz.

Sehenswürdigkeiten im weitgehend autofreien Viertel östlich des Corso sind der monumentale, den Meeresgott Neptun abbildende Barockbrunnen **Fontana di Trevi** – der berühmteste der über 1.000 Brunnen der Stadt, in den Rom-Besucher Münzen werfen, um eine Wiederkehr zu „garantieren" – und der **Palazzo del Quirinale**, heute Amtssitz des italienischen Präsidenten. Der Palast liegt auf dem gleichnamigen Hügel, der mit gut 60 Metern der höchste der sieben Hügel Roms ist und eine hervorragende Aussicht über die Stadt bietet. In der Nähe, im nördlichen Teil der Altstadt, liegt an der lebhaften Piazza di Spagna die **Spanische Treppe**, ein Wahrzeichen Roms und beliebter Treffpunkt der internationalen Jugend. Die imposante Treppenanlage, die nach der hier gelegenen spanischen Botschaft benannt ist, führt zu einer Kirche aus dem 16. Jh.

Um die Piazza Spagna erstrecken sich noble Einkaufsstraßen, unter denen die **Via Condotti** und die **Via Veneto** besonders berühmt sind. In dieser Gegend liegen auch einige der luxuriösesten Hotels Roms. Eine weitere Attraktion der nördlichen Altstadt ist das **Augustus-Mausoleum**, in dem der große römische Kaiser und seine Familie bestattet sind. In der Nähe liegt die **Piazza del Popolo**, eine weite, von barocken Kirchen gesäumte Platzanlage mit einem ägyptischen Obelisken (einer der zahlreichen Obelisken, die die alten Römer als „Souvenirs“ aus Ägypten mitbrachten).

Oberhalb der Piazza del Popolo liegt der Hügel **Pincio**, dessen Aussichtsterrasse einen phantastischen Blick über Rom bietet. Der Pincio geht über in die **Villa Borghese** oberhalb der Spanischen Treppe, eine der größten Grünanlagen der Stadt mit Seen, Pferderennbahn, Zoo, Denkmälern, Statuen und Museen. Wie die meisten Parks in Rom wurde die Villa Borghese während der Renaissance von einer Adelsfamilie als Landsitz mit weitläufigem Garten errichtet. Eines der Museen beherbergt die **Galleria Borghese**, die viele herausragende Werke umfassende Antiken- und Gemäldesammlung der Familie Borghese. Weitere in der Parkanlage gelegene Museen sind das **Etruskische Nationalmuseum** und die **Galleria Nazionale d´Arte Moderna**.

VATIKAN

Bei der Besichtigung Roms darf ein Besuch des Vatikans auf der westlichen Flussseite nicht fehlen. Zum Überqueren des Tibers kann eine Brücke nahe der Piazza di Popolo genutzt werden. Als schönste der zahlreichen Tiberbrücken gilt die mit Barockengeln verzierte **Engelsbrücke**, nach deren Überquerung man auf die **Engelsburg**, eine weitere antike Sehenswürdigkeit Roms, stößt. Die Engelsburg wurde im 2. Jh. n. Chr. von Kaiser Hadrian als Grabbau für sich und seine Familie errichtet, diente jedoch ab dem 6. Jh. den weltlichen und päpstlichen Herrschern Roms als Befestigungsanlage, Zufluchtsort, Schatzkammer, Kaserne und Gefängnis. Heute ist in dem imposanten Rundbau ein Museum mit Waffensammlung, Kapellen, Schatz- und Grabkammern untergebracht. Auf der Spitze der Burg thront eine Statue des Erzengels Michael, dem das Gebäude seinen Namen verdankt; der Engel soll im Jahr 590 dem Papst erschienen sein, um ihm das Ende der Pestepedemie zu verkünden.

Von der Engelsburg zum Vatikan führt die von zahlreichen Souvenirgeschäften und Restaurants gesäumte Prachtstraße **Via della Conciliazione**. Der Vatikanshügel war seit dem 14. Jh. zum Zentrum der katholischen Kirche ausgebaut worden. Nach dem Ende des Kirchenstaates 1870 machte man den Vatikan 1929 entschädigungsweise zum souveränen Staat mit dem Papst als absolutem Herrscher. An der Grenze zur Vatikanstadt gibt es keine Kontrollen; ein Schutztrupp ist jedoch mit der „Schweizer Garde“ vorhanden. Amtssprachen im kleinsten Staat der Welt – dessen rund 1.000 Einwohner vorwiegend Männer sind – sind Italienisch und Latein. Es gibt hier eine eigene Post, einen Radiosender, eine Zeitung und eine Bahnstation.

Die knapp 0,5 qkm umfassende Vatikanstadt – zu der auch einige römische Kirchen und die päpstliche Sommerresidenz südöstlich Roms gehören – ist fast vollständig von der **Leoninischen Mauer** aus dem 9. Jh. n. Chr. umgeben. Unterbrochen wird diese nur durch den Petersplatz, den Vorplatz des Petersdoms, auf den die Via della Conciliazione führt. Der 340 Meter lange und 240 Meter breite **Petersplatz**, dessen Mitte ein ägyptischer Obelisk schmückt, wurde im 17. Jh. von dem großen Barockkünstler Bernini gestaltet. Die ovale Platzanlage, die wie ein Rund wirkt, ist halbkreisförmig von aus Säulen bestehenden Kolonnadenreihen umkränzt, auf denen 140 Heiligenstatuen thronen. Auf dem gewaltigen Petersplatz versammeln sich an Sonn- und Feiertagen Tausende von Katholiken, um den päpstlichen Segen zu empfangen. Über dem Petersplatz erhebt sich mit dem **Petersdom** die größte Kirche der Christenheit, die Raum für 60.000 Gläubige bietet (zweieinhalb mal so groß wie der Kölner Dom). Die mächtige Kirche mit einer fünfportaligen Fassade und einer über 130 Meter hohen Kuppel wurde im 16. Jh. – unter Mitwirkung großer Renaissancekünstler wie Michelangelo und Raffael – an der Stelle erbaut, wo bereits im 4. Jh. eine Basilika über dem Grab des Apostels Petrus stand.

Im prachtvollen Petersdom befinden sich große Kunstschätze, darunter der Petersschatz, Reiterstandbilder Konstantins und Karls des Großen – der hier im Jahr 800 zum römischen Kaiser gekrönt worden war – sowie eine Bronzestatue des heiligen Petrus, als dessen Nachfolger die Päpste gelten. Im Hauptschiff sieht man Statuen und Gräber von Päpsten, weitere Papstgräber sowie das Grab Petri enthalten die **Vatikanischen Grotten** unter dem Dom. Direkt über dem Petrusgrab befindet sich im Dom der Hauptaltar mit dem berühmten „Heiligen Stuhl“, von dem aus nur der Papst predigen darf.

Rechts der Peterskirche erstreckt sich auf über 50.000 Quadratmetern der 1.400 Säle umfassende, ab dem 15. Jh. erbaute **Vatikanische Palastkomplex**, in dem sich auch die päpstlichen Wohn- und Arbeitsräume befinden. Den Großteil des Palastes nehmen die **Vatikanischen Museen** ein, die mit 50.000 Kunstobjekten eine der größten und bedeutendsten Kunstsammlungen der Welt sind. Unter anderem gehören dazu das Altägyptische, das Etruskische und das Ethnologische Museum, die Antikensammlungen, die Pinakothek und die Apostolische Bibliothek mit wertvollen Handschriften und Bibeln. Höhepunkt der Vatikanischen Museen ist für die meisten Besucher die kunstvoll gestaltete, komplett restaurierte **Sixtinische Kapelle** mit den berühmten Deckenfresken Michelangelos. In dieser Privatkapelle der Päpste findet traditionell die Papstwahl statt.

Den Hauptteil der Vatikanstadt nehmen die **Vatikanischen Gärten** mit weiteren Bauten und Kirchen ein, die nur im Rahmen von Führungen besucht werden können. Außerhalb besonderer Zonen wie des Doms und der Museen darf man den Vatikan nur mit Sondergenehmigung betreten.

TRASTEVERE / TIBER

Südlich des Vatikans erstreckt sich der – hervorragende Aussichten über die Stadt und die weitere Umgebung bietende – Hügel **Gianicolo** mit einer Parkanlage, in der sich zahlreiche Denkmäler und Büsten bedeutender Italiener wie Garibaldi, einer der Hauptkämpfer des Risorgimento, befinden. Das relativ ursprünglich gebliebene, von kleinen Gassen durchzogene Stadtviertel zwischen Gianicolo und Tiber heißt TRASTEVERE. Ein Spaziergang durch Gianicolo und Trastevere bzw. entlang des Flussufers führt zurück in Richtung antikes Zentrum.

Die Überquerung des TIBERS empfiehlt sich über die Tiberinsel, die mit beiden Ufern durch sehr alte Brücken verbunden ist. In der Gegend um die Insel besteht bereits seit dem 2. Jh. v. Chr. ein **jüdisches Viertel**, das vom 16. bis 19. Jh. teilweise als Ghetto ummauert war. In der Hauptsynagoge befindet sich ein Museum zur Geschichte der Juden in Rom. Die **Tiberinsel** selbst, die durch ihre antike Steinverkleidung wie ein Schiff wirkt, war im Altertum dem griechischen Heilgott Asklepios geweiht und noch heute befindet sich hier ein großes Hospital. Auf den Ruinen des Asklepios-Tempels wurden eine Kirche und ein Kloster errichtet. Am östlichen Flussufer angekommen, erreicht man in Kürze wiederum das Kapitol.

VIA APPIA ANTICA

Südöstlich des Zentrums führt die berühmteste der alten römischen Militär- und Handelsstraßen, die im 4. Jh. v. Chr. angelegte Via Appia Antica, aus der Stadt heraus. Der stark genutzte Verkehrsweg verlief über mehrere hundert Kilometer bis zur Hafenstadt Brindisi im äußersten Südosten Italiens. Die alte, von Pinien und Zypressen bestandene Straße, die durch mehrere **Meilensteine** unterteilt wird, ist über mehrere Kilometer hinweg gesäumt von **Monumenten**, **Ruinen**, **Kirchen** und – da es verboten war, innerhalb der Stadtmauern Tote zu begraben – von zahlreichen **Gräbern**. Direkt an der Via Appia liegen auch zahlreiche **Katakomben**, unterirdische Gräberstädte der frühen Christen. Die bedeutendste Grabanlage sind die 12.000 qm umfassenden „Katakomben von San Calliso“ mit vier Stockwerken und 170.000 bisher entdeckten Gräbern.

MUSEEN

In Italien befindet sich der weltweit größte Bestand – etwa ein Drittel – an Kunstschätzen. Anhand dieser Größe kann man ausrechnen, dass es in der italienischen Hauptstadt zahlreiche Museen gibt. Im obigen Text wurden nur einige der wichtigsten genannt.

AUSFLÜGE

OSTIA

Sehr beliebt sind Abstecher ins etwa 25 Kilometer westlich der Stadt gelegene Ostia. Zur früheren Hafenstadt der Metropole – der Hafen ist mittlerweile größtenteils versandet – werden im Sommer Schiffsausflüge auf dem Tiber angeboten, meist wird jedoch mit Auto, Bus oder Bahn gefahren.

Die alte Stadt Ostia, **Ostia antica**, die zeitweise mehr als 100.000 Einwohner hatte, wurde in der späten Antike verlassen und nicht zerstört oder überbaut. Deshalb sind hier sehr anschauliche Ruinen vorhanden, anhand derer man den Alltag in der Hafenstadt gut nachvollziehen kann. Unter anderem sieht man in der Ausgrabungsstätte Reste von mehrstöckigen Wohnhäusern, Tempeln, Markthallen, Thermen und Theatern. Nahe des Ausgrabungsgeländes liegt der moderne, viel besuchte Badeort **Lido di Ostia**. Von einem Bad am schönen Strand wird jedoch aufgrund der Wasserverschmutzung durch die nahe Millionenstadt und durch die Industrie abgeraten.

TIVOLI

Etwa 30 Kilometer östlich von Rom liegt, umgeben von Bergen, mit Tivoli ein weiteres beliebtes Ausflugsziel. Die Stadt, die heute über 50.000 Einwohner hat, war in der Antike ein vornehmer Villenort, in dem wohlhabende Römer – darunter Kaiser Augustus – Sommersitze unterhielten.

Hauptsehenswürdigkeiten hier sind die **Villa d´Este**, ein überaus prachtvoller Landsitz aus dem 16. Jh., und die grandiose **Villa Adriana**, der in einem weitläufigen Park gelegene Kaiserpalast Hadrians. Der Kaiser ließ hier Miniaturen bedeutender Bauwerke seines Reiches nachbauen.

ALBANER BERGE

Etwa 20 bis 30 Kilometer südöstlich von Rom liegen die bis zu 950 Meter hohen, für gute Luft und erholsame Ruhe bekannten Albaner Berge, in denen viele römische Familien und Päpste Burgen unterhielten.

Besonders sehenswert in diesem Gebiet sind der landschaftlich reizvolle **Albaner See**, über dem sich das **Castelgandolfo** – die Sommerresidenz des Papstes aus dem 17. Jh. – erhebt, sowie das für seinen Weißwein bekannte Städtchen **Frascati**.

1.4.6 GOLF VON NEAPEL

Neapel (Napoli), die größte Stadt des **Mezzogiorno** und drittgrößte Stadt Italiens nach Rom und Mailand, liegt gut 200 Kilometer südlich von Rom, malerisch eingebettet in den gleichnamigen Golf am **Tyrrhenischen Meer**. Neapel ist die Hauptstadt der knapp 13.600 qkm Fläche und fast sechs Millionen Einwohner zählenden süditalienischen Verwaltungsregion **Kampanien**, zu der auch das Küstengebiet und das Hinterland Neapels gehören. Vor dem nördlichen Eingang zum Golf von Neapel (Golfo di Napoli) liegen die **Inseln** Procida und Ischia; der **Halbinsel von Sorrent**, die den Golf im Süden abgrenzt, ist die Insel Capri vorgelagert. Der landschaftlich überaus reizvolle, von einer Steilküste dominierte Golf von Neapel ist geprägt durch umliegende, teilweise noch aktive Vulkane. Besondere Berühmtheit erlangte der sich über Neapel erhebende, knapp 1.300 Meter hohe **Vesuv**, der im Laufe der Jahrtausende mehrere schwere Vulkanausbrüche zu verzeichnen hatte. Der fruchtbaren Vulkanerde verdankt der Golf von Neapel seine üppige Vegetation. Vor allem im südlichen Küstengebiet wird auch intensiv Landwirtschaft betrieben; hier erstrecken sich unter anderem ausgedehnte Zitronen- und Orangenhaine. Da die sonst am Mittelmeer häufigen Bausünden hier weitgehend vermieden werden konnten, sind die meisten Orte am Golf von Neapel recht idyllisch und fügen sich gut in die malerische Landschaft ein.

Der Golf von Neapel weist typisch mediterranes **Klima** auf. Die sommerliche Hitze ist durch ständige Winde meist gut erträglich. Ideale **Reisezeiten** zum Golf von Neapel sind Mai/Juni und September/Oktober.

Ab dem 8. Jh. v. Chr. wurden im Golf von Neapel griechische Kolonien gegründet, darunter die Stadt Neapolis. Zusammen mit Sizilien wurde das Gebiet als „Magna Graecia" (Großgriechenland) bezeichnet. Obwohl der Golf von Neapel im 4. Jh. v. Chr. dem Imperium Romanum zukam, blieb die griechische Kultur noch länger erhalten. Im Laufe der folgenden Jahrhunderte errichteten die Römer hier bedeutende Häfen und prächtige Villengegenden. Im 1. Jh. n. Chr. richtete der erste bekannte Ausbruch des Vesuvs große Schäden an. Nach dem Zusammenbruch des Römischen Reichs fiel Neapel zunächst an Byzanz, war ab dem 9. Jh. ein Herzogtum und wurde im 12. Jh. dem Königreich Sizilien angegliedert, mit dessen **Geschichte** es im Laufe der folgenden Jahrhunderte eng verbunden blieb. Zeitweise war Neapel auch Residenzstadt. Bis zur Eingliederung ins Königreich Italien 1861 stand der Golf von Neapel unter mehrfach wechselnder Fremdherrschaft; besonders lange dominierten hier die Spanier.

Von einigen deutschen Flughäfen gibt es ganzjährig einige wenige direkte **Linienflüge** sowie im Sommer mehrmals wöchentlich **Charterflüge** nach Neapel (NAP).
Nur ab München existieren direkte **Zugverbindungen** nach Napoli Centrale (auch Autozüge), ansonsten muss mindestens einmal umgestiegen werden. Die Fahrtdauer der Direktverbindung beträgt etwa 14 Stunden, mit dem Autozug ist man etwa 16 Stunden unterwegs. Das Bahn- und Busnetz innerhalb der Golfregion sind gut ausgebaut.
Weiterhin gibt es ab Deutschland preisgünstige Verbindungen mit **Linienbussen** nach Neapel (Fahrtdauer ab Frankfurt etwa 23 Stunden). **Pkw-Fahrten** nehmen wesentlich weniger Zeit in Anspruch (etwa 14 bis 15 Stunden).
Vom **Hafen** von Neapel, der häufig auch auf Kreuzfahrten angelaufen wird, legen Fähren zu den Inseln im Golf, zu den – zu Latium gehörenden – Pontinischen Inseln, nach Sardinien, Sizilien, zu den Äolischen Inseln und nach Tunesien ab.

Nicht zuletzt durch Capri und das Kurzentrum Ischia hat der Fremdenverkehr im Golf von Neapel eine lange Tradition. Abgesehen von den Inseln ist heute auch die Halbinsel von Sorrent für den **Tourismus** sehr bedeutsam. Bademöglichkeiten bestehen außer auf Ischia meist nur in kleinen, über Stufen zugänglichen Badebuchten; vom Baden im Meer bei Neapel wird wegen Wasserverschmutzung ganz abgeraten. Neben Kur- und Badeaufenthalten spielt auch der Kulturtourismus im Golf von Neapel, der zahlreiche antike Spuren aufweist, schon lange eine bedeutende Rolle.

NEAPEL

Im Ballungsraum Neapel, der als das dichtbesiedelste Gebiet Italiens gilt, leben über drei Millionen Menschen. Die Stadt selbst hat offiziell etwa 1,3 Millionen Einwohner, Schätzungen zufolge liegt die tatsächliche Bevölkerungszahl jedoch wesentlich höher. Seiner wunderschönen Lage direkt am Golf, zu Füßen des Vesuvs, verdankt die Stadt den berühmten Spruch „Neapel sehen und sterben“. Es ist jedoch nicht zu übersehen, dass die Hafenstadt, die schon Goethe und andere Reisende des 18. Jh. faszinierte, heute mit massiven wirtschaftlichen, sozialen und auch politischen Problemen zu kämpfen hat. Das Alltagsleben der Neapolitaner ist – wie häufig in Süditalien – geprägt von Arbeitslosigkeit und Armut, was auch eine relativ hohe Kriminalitätsrate zur Folge hat. Wie dem gesamten Golf von Neapel droht der Stadt ständige Gefahr durch Vulkanausbrüche und Erdbeben; das letzte schwere Erdbeben fand 1980 statt.

Die – teilweise verwahrlost wirkende, aber überaus lebendige – Altstadt Neapels (Quartieri bassi) mit engen Gassen und hohen Häusern liegt auf dem Gebiet, in dem die Griechen vor etwa 2.500 Jahren die Stadt gegründet hatten. Neapel hat sich jedoch, besonders in der zweiten Hälfte des 20. Jh., stark ausgedehnt und erstreckt sich auch auf umliegende Hänge. Obwohl Neapel viele Sehenswürdigkeiten, interessante Museen sowie gute Einkaufs- und Unterhaltungsmöglichkeiten bietet, ist es selten Ziel ausgesprochener Städtereisen. Vielmehr wird die Stadt als Eingangstor zu den Ferienorten und Inseln genutzt und von dort auf Tagesausflügen besucht und besichtigt.

Das Herz im Gassengewirr der **ALTSTADT** Neapels – in der man auf das zum Klischee gewordene „neapolitanische Flair“ trifft – ist eine lange, im Volksmund **Spaccanapoli** genannte Straße. In der Spaccanapoli und ihren Seiten- und Parallelstraßen liegen malerische Plätze und die interessantesten Sehenswürdigkeiten der alten Stadtviertel. Auch viele der 300 Kirchen Neapels befinden sich hier, darunter die gotische **Kirche Santa Chiara**, in der zahlreiche neapolitanische Könige bestattet sind, und der **Dom San Gennaro**. Der Dom aus dem späten 13. Jh. ist dem heiligen Januarius geweiht, dessen Gebeine und Blut in einer Domkapelle aufbewahrt werden. Aus Anlass des „Blutwunders“ – das in Kristallgefäßen aufbewahrte Blut des Heiligen soll sich zweimal pro Jahr veflüssigen – werden hier besondere Gottesdienste und Prozessionen veranstaltet. Weitere Sehenswürdigkeiten der Altstadt sind mehrere **Palazzi**, das antike, unterirdische Gelände **Napoli sotterranea** (gut erhaltene Reste der griechisch-römischen Stadt), das imposante Stadttor **Porta Capuana** mit zwei wuchtigen Wehrtürmen und das als Gerichtsgebäude dienende **Castel Capuano**, eine der alten Befestigungsanlagen Neapels. Beliebte Souvenirs aus der Altstadt Neapels sind – das ganze Jahr über bei speziellen Krippenmachern erhältliche – Krippenfiguren.

Südlich der Altstadt liegt der weitläufige, lebhafte **HAFEN** Neapels, zu dem ein Hafenbahnhof und ein Hubschrauberlandeplatz gehören. Ab zahlreichen **Hafenbecken** verkehren Kreuzfahrtschiffe und Fähren zu den italienischen Inseln, nach Süditalien sowie saisonal auch nach Rom, Malta und Tunesien. Auf einer kleinen Insel vor dem früheren Fischerhafen liegt die mächtige Seefestung **Castel dell´Ovo** aus dem 12. Jh., heute Kongresszentrum. Unweit des Hafenbahnhofs beginnt mit dem wuchtigen Schloss **Castel Nuovo** aus dem 13. Jh. das politische Zentrum Neapels. In der Nähe bauten die Herrscher des 17. Jh. die modernere Residenz **Palazzo Reale**, dessen lange Frontseite Statuen der neapolitanischen Herrscher vom 11. bis 19. Jh. säumen. Hinter dem Palast liegt das im 18. Jh. erbaute **Teatro San Carlo**, das mit seinen knapp 3.000 Plätzen zu den größten Theatern Europas gehört. Hier fanden Uraufführungen großer italienischer Opern statt und noch heute sind Karten für das Theater sehr begehrt. In dem Viertel liegt auch das Rathaus Neapels.

Nordwestlich dieses Viertels und westlich der Altstadt liegt der schöne Aussichten bietende Hügel **VOMERO**, zu dem mehrere Zugseilbahnen fahren. Auch hier gibt es eine Festung, das mächtige **Castel Sant Elmo** aus dem 14. Jh., heute Kongresszentrum. Daneben liegt das ehemalige Kartäuserkloster **Certosa di San Martino** aus dem 13. Jh., heute ein Museum, in dem unter anderem Krippen, Möbel, Porzellan und Kunstgewerbe ausgestellt werden.

Das bedeutendste **MUSEUM** Neapels ist das **Museo Archeologico Nazionale**, eine der wichtigsten Antikensammlungen der Welt. Hier sind vor allem antike Marmor- und Bronzeskulpturen sowie Mosaiken und Wandmalereien ausgestellt, die aus im 1. Jh. n. Chr. verschütteten Städten um den Vesuv, vor allem aus Pompeji, stammen. Ein weiteres sehr sehenswertes Museum ist die **Galleria Nazionale di Capodimonte**, die im gleichnamigen, von einem großen Park umgebenen Palazzo untergebracht ist. Das Museum umfasst unter anderem eine Pinakothek und eine kostbare Porzellansammlung. In der Nähe liegen unterirdisch die mit Fresken verzierten Katakomben von San Gennaro, vergleichbar mit den römischen Katakomben.

In der Umgebung Neapels liegen mehrere beliebte **AUSSICHTSPUNKTE**, die hervorragende Ausblicke auf die Stadt, den Golf und den Vesuv bieten. Dazu gehören die Villa Floridiana auf dem Vomera und die Certosa di San Marino. Sehr oft wird als Aussichtspunkt der südwestlich gelegene „Hausberg" **Posillipo**, auf dem sich zahlreiche prachtvolle Villen erstrecken, besucht. Eine hervorragende Aussicht auf die Stadt genießt man bei gutem Wetter auch vom Gipfel des Vesuvs.

NÖRDLICHER GOLF VON NEAPEL

Westlich von Neapel, im nördlichen Golf, liegt eine als **Phlegräische Felder** („Brennende Felder") bezeichnete, von einer sehr seltenen Vulkanismusform dominierte Landschaft. Das Gebiet – in dem auch zahlreiche antike Spuren und Überreste wie Ruinen von Villen und Thermen vorhanden sind – ist geprägt von relativ niedrigen Vulkankegeln, Eruptionsfeldern und Kraterseen. Schwefelige Dämpfe und Gerüche, die aus Erdritzen aufsteigen sowie ein brennend heißer Boden (aufgrund noch nicht erstarrter Magma) sind hier keine Seltenheit. In den Phlegräischen Feldern hat die „Nutzung" der Vulkantätigkeit in Form von Thermalbädern lange Tradition. Heute findet man hier jedoch keine international bedeutenden Kur- und Badeorte.

Die größte Stadt dieses Gebiets ist das knapp 30 Kilometer von Neapel entfernte **Pozzuoli**, im 6. Jh. v. Chr. von Griechen gegründet, später einer der wichtigsten römischen Häfen. Heute ist die Stadt mit gut 70.000 Einwohnern ein „Industrievorort" Neapels. Besonders sehenswert sind hier der Dom aus dem 11. Jh. (auf den Ruinen eines römischen Tempels), das Serapeion (Ruinen der römischen Markthalle, die aufgrund der Vulkantätigkeit zeitweise unter Wasser steht) und die Reste des 40.000 Zuschauer fassenden römischen Amphitheaters. Sehr spektakulär ist ein Besuch des nahe gelegenen, halb erloschenen Vulkankraters **Solfatara**, wo man einen Spaziergang durch über 160 Grad heiße Schwefeldampfausstöße, Thermalgrotten, Schlammfontänen und Mineralquellen unternehmen kann. Einige Kilometer weiter folgt der **Monte Nuovo**, ein fast 140 Meter hoher Vulkankrater, der im 16. Jh. innerhalb von nur vier Tagen entstanden ist. In der Umgebung des Bergkegels liegen mehrere Kraterseen, darunter der düstere **Lago d´Averno**, den die Griechen für den Eingang zur Unterwelt hielten. Am Seeufer befindet sich die große römische Thermalanlage „Tempio di Apollo". Zwischen dem See und **Cumae**, der ersten griechischen Gründung auf dem italienischen Festland aus dem 8. Jh. v. Chr., besteht ein unterirdischer Verbindungstunnel aus der Römerzeit. In der Ausgrabungsstätte der antiken Stadt Cumae, die seit etwa 1000 Jahren verlassen ist, sind Reste der griechischen Akropolis mit zwei Tempelanlagen und zahlreiche römische Ruinen zu sehen. Hauptattraktion Cumaes ist die Sibyllengrotte, eine in der Antike überaus bedeutende Orakelstätte, zu der ein über 100 Meter langer, unterirdischer Gang führt.

Südlich Cumaes erstreckt sich eine Halbinsel, die den nordwestlichen Abschluss des Golfs bildet. Hier liegen die Orte **Baia** und **Bacoli**, sechs bzw. neun Kilometer westlich von Pozzuoli. In der Antike waren beide Orte Luxusbadeziele der Römer, wovon die Ruinen antiker Nobelvillen, eines Thermenkomplexes bei Baia und der größten Zisterne des Römischen Reichs bei Bacoli zeugen. Die Südspitze der Halbinsel bildet das Capo Miseno mit dem Badeort **Miseno**.

NÖRDLICHE INSELN

Der Halbinsel von Miseno vorgelagert sind die Inseln Procida und Ischia, die geologisch zu den Phlegräischen Feldern gehören und ebenfalls durch Vulkanismus entstanden sind. Fähren und Tragflächenboote verbinden die beiden Inseln untereinander sowie mit Neapel und Pozzuoli.

PROCIDA

Die nur knapp vier Quadratkilometer große Insel Procida ist noch sehr ursprünglich und kaum touristisch. Heiße Quellen gibt es hier nicht. Die gut 10.000 Einwohner der Insel leben weitgehend vom Fischfang und der Landwirtschaft. Die meisten Menschen wohnen in der gleichnamigen, malerischen Hauptstadt an der Nordküste, der Rest der Insel ist eher dünn besiedelt.

ISCHIA

Im Gegensatz zu Procida ist die 46 qkm große Nachbarinsel Ischia mit heißen Quellen und Thermalbädern ein traditionsreiches, gerade von deutschen Gästen viel besuchtes **Kur- und Ferienziel**. Im Laufe des 20. Jh. entwickelte sich der Tourismus zur Haupteinnahmequelle Ischias. Dank der – in Bezug auf Temperatur, Mineralgehalt und Radioaktivität unterschiedlichen – Quellen können auf Ischia die verschiedensten Krankheiten, darunter Rheuma, Arthritis, Stoffwechselerkrankungen, Bandscheiben-, Haut- und Frauenleiden, behandelt werden. Hier führt man vielfältige Arten der Anwendungen durch, darunter Fango- und Schlammpackungen, Dampf-, Thermal- und Sandbäder, Spülungen, Inhalationen und Massagen. Kuren und Behandlungen auf Ischia werden zum Teil von deutschen Krankenkassen bezuschusst. Vielen Hotels sind eigene Kurbetriebe angeschlossen, in denen neben medizinischen Anwendungen oft auch Wellness angeboten wird. Die meisten Hotels und Kureinrichtungen sind von November bis März geschlossen.

Ischia ist in den Katalogen vieler großer deutscher Reiseveranstalter sowie diverser Spezialveranstalter enthalten; oft können Kuranwendungen bereits mitgebucht werden. Bei Flugpauschalreisen wird der Transfer (Flughafen Neapel–Hafen, Überfahrt per Tragflächenboot, Hafen Ischia–Hotel und zurück) vom Reiseveranstalter organisiert und ist im Preis enthalten. Die Transferdauer beträgt je nach Lage des gebuchten Hotels auf Ischia, wo zahlreiche touristische Unterkünfte aller Kategorien, Größen und Arten vorhanden sind, etwa zwei bis drei Stunden.

Neben hervorragenden Kur- und Wellnessmöglichkeiten sowie Kultur – die Insel wurde bereits im 8. Jh. v. Chr. von Griechen besiedelt und schon von den alten Römern als Kurziel genutzt – zieht auch die schöne **Landschaft** Ischias viele Besucher an. Die fruchtbare, grüne Insel bietet schöne Strände und eine vielfältige, mediterrane Vegetation. Berühmt sind die über die ganze Insel verstreuten, üppigen Thermalgärten mit Kuranlagen und herrlicher Gartenarchitektur. Etwa in der Inselmitte liegt mit dem Bergmassiv des knapp 800 Meter hohen, erloschenen Vulkans Monte Epomeo der höchste Punkt Ischias. Der Gipfel und seine Umgebung bieten gute Wandermöglichkeiten. Während das Binnenland und die relativ steile Südküste Ischias eher dünn besiedelt sind, lebt die Mehrzahl der 50.000 Inseleinwohner in den – fast ineinander übergehenden – Orten der weitgehend flachen Küsten im Norden, Nordosten und Westen.

Die meisten Fähren landen in der lebhaften Hauptstadt Ischia (17.000 Einwohner) im Nordosten. Die Stadt teilt sich in den moderneren Teil **Ischia Porto** mit dem Hafen und den alten Stadtkern **Ischia Ponte** mit schmalen Gassen und bunten Häusern. Auf einer kleinen vorgelagerten Felsinsel liegt die Burg „Castello Aragonese" aus dem 15. Jh., das Wahrzeichen Ischias.

Die Hauptstadt und die an der Nordküste gelegenen Orte **Casamicciola Terme** – am Fuße des Feuerberges Monte Epomeo, wo die meisten Quellen der Insel entspringen – und das elegante **Lacco Ameno**, die älteste Siedlung der Insel, bilden das Kurzentrum und das älteste Touristengebiet Ischias. In der Nähe von Lacco Ameno liegt mit „San Montano" eine der schönsten Badebuchten Ischias.

Ein weiterer beliebter Ferienort befindet sich mit dem malerischen **Forio** an der Westküste. Die Poseidon-Gärten in Forio gelten als größte und schönste Thermenanlage Ischias. In der Umgebung Forios wird sehr viel Landwirtschaft betrieben. Ein Ferienort im schönen, ländlichen Südwesten ist **Panza**. Der einzige wesentliche Touristenort im Süden Ischias ist das kleine, autofreie Fischerdorf **Sant´Angelo** mit den Aphrodite- und Apollo-Gärten. In der Nähe liegen ein vulkanisch aktiver Strand mit römischen Thermen und der schöne, breite Sandstrand „Maronti". Nördlich und östlich von Sant´ Angelo befinden sich mehrere schöne Bergdörfer, darunter das beschauliche **Barano** mit einigen touristischen Unterkünften.

SÜDLICH VON NEAPEL

VESUV

Südlich des Häusermeers der Vorstädte von Neapel liegt der Vesuv, der einzige noch aktive Vulkan auf dem europäischen Festland. Der Berg und die durch einen Vesuvausbruch 79 n. Chr. verschütteten, am Fuße des Vulkans küstennah gelegenen Römerstädte Herculaneum und Pompeji sind neben den Inseln die bedeutendsten Attraktionen des Golfs und per Pkw und Bahn gut erreichbar. Ab dem 18. Jh. wurde mit den Ausgrabungen der beiden Städte begonnen, in denen Asche und Lava Ruinen und viele Kleinigkeiten (Werkzeug, Hausrat, gedeckte Tische) so gut „konserviert" haben, dass das alltägliche Leben der römischen Antike hervorragend nachvollzogen werden kann. Dem ersten bekannten Vesuvausbruch im 1. Jh. n. Chr. folgten weitere kleinere sowie schwere Ausbrüche im 3., 5. und 17. Jh. Der letzte große Ausbruch fand 1944 statt; danach war jahrelang eine Rauchfahne über dem Kegel zu sehen.

Der Vesuv ist der am besten erforschte Vulkan der Erde. Ein Besuch des Vesuvkraters ist nicht zuletzt wegen der von oben hervorragenden Aussicht auf den gesamten Golf von Neapel sehr empfehlenswert. Der höhere der beiden durch ein weites Tal getrennten Gipfel des Doppelvulkans, dessen Höhe sich mit jedem Ausbruch veränderte, misst heute 1.277 Meter. Ausgangspunkt für die knapp 20 Kilometer weite Tour zum Krater ist die Stadt Ercolano nahe dem antiken Herculaneum. Die Auffahrt erfolgt über eine Serpentinenstraße, die im unteren Teil von Olivenbäumen und Weinreben geprägt ist; hier wird der berühmte Wein „Lacrima Cristi" angebaut. Den mittleren Teil säumen Eichen und Kastanien, während der am höchsten gelegene Bereich des Vulkans ohne Vegetation ist. Auf dem Weg liegt ein Observatorium, von dem aus jede „Regung" des Vesuvs überwacht wird; hier ist auch ein Museum untergebracht. Das letzte Stück Weg zum Krater (Durchmesser 600 Meter, Tiefe über 200 Meter) erklimmt man zu Fuß. Kratertouren und Kraterrundgänge sind nur im Rahmen von Führungen möglich.

HERCULANEUM

Die Ausgrabungsstätte der römischen Stadt Herculaneum – wie Pompeji eine ursprünglich griechische Gründung – liegt etwa zehn Kilometer südlich von Neapel, in einer Bucht am Westhang des Vesuvs. Die antike Stadt, die fast 2000 Jahre lang unter einer meterdicken, undurchlässigen und schützenden Lavaschicht verschüttet war, ist nur teilweise ausgegraben. Ein großer Teil ist von der modernen Stadt Ercolano überbaut.

Vor dem Vesuvausbruch hatte Herculaneum etwa 5.000 Einwohner und war ein beliebter Urlaubsort der Römer. Danach blieb es aufgrund der undurchdringbaren Lavaschicht von Plünderungen verschont und gilt seit den Ausgrabungen im 20. Jh. als noch besser erhalten als das spektakulärere, größere und seinerzeit reichere Pompeji. Sehenswert sind in Herculaneum vor allem die Ruinen ganzer Straßenzüge mit zwei- bis dreistöckigen Wohnhäusern – häufig holzverkleidet, mit wunderschön gestalteten Räumen und Fußböden – sowie gut erhaltene Thermen. Mosaiken, Fresken und weitere wertvolle Kunstschätze aus Herculaneum sowie aus Pompeji wurden ins Archäologische Museum nach Neapel gebracht.

POMPEJI

Auf der Weiterfahrt in Richtung Süden über moderne Ortschaften und Badestrände erreicht man gut 20 Kilometer südlich von Neapel die berühmte Ausgrabungsstätte von Pompeji. Die zur Römerzeit blühende Provinzhauptstadt und Hafenstadt hatte im 1. Jh. etwa 20.000 Einwohner. Davon kamen beim – drei Tage andauernden – Vesuvausbruch etwa ein Fünftel ums Leben (Gipsabdrücke von Leichen sowie weitere Funde im Museum). Die übrigen Pompejaner konnten rechtzeitig aus der Stadt fliehen. Da die Lavaschicht über Pompeji nicht so undurchdringlich war wie die Herculaneums, wurde früher mit den Ausgrabungen begonnen, vorrangig jedoch zunächst mit dem Ziel, die antiken Schätze der reichen Villenstadt zu plündern.

Das fast vollständig ausgegrabene Pompeji gibt einen hervorragenden Überblick über römische Stadtstruktur und Wohnkultur: Forum, Tempel, Kurie (Rathaus), Markthalle, Gerichtsgebäude und Thermen bildeten das urbane Zentrum, um das sich zahlreiche, prachtvoll geschmückte und ausgestattete, überwiegend einstöckige Villen und Häuser scharten. Eine vom Forum ausgehende, durch das gesamte Ausgrabungsgelände führende Straße war wohl die „Einkaufsmeile“ Pompejis mit zahlreichen Geschäften, Schänken und Bädern. Am Stadtrand lagen weitere Tempel, Theater und die Nekropole (Gräberstadt). Sehr markant sind an vielen Wänden von Pompejis Häusern sichtbare, antike „Graffitis“, die die unterschiedlichsten Sprüche und Motive abbilden. In der modernen Stadt Pompeji neben der Ausgrabungsstätte sind eine bedeutende Wallfahrtskirche und das Vesuv-Museum sehr sehenswert.

SÜDLICHER GOLF VON NEAPEL

HALBINSEL VON SORRENT

In der Nähe von Pompeji, das heute wegen Verlandung zwei Kilometer von der Küste entfernt liegt, beginnt die wunderschöne, von einer Steilküste geprägte Halbinsel von Sorrent, die den Golf von Neapel im Süden abschließt und vom Golf von Salerno trennt. Die Küsten der Halbinsel von Sorrent – die Sorrentina im Norden und die Amalfitana im Süden – bieten grandiose Panoramen und sind beliebte, touristisch hervorragend erschlossene Ferienregionen. Der Tourismus hat hier eine so lange Tradition, dass er zum Flair der Region „gehört“ und kaum als störend empfunden wird. Die Halbinsel wurde im 19. Jh. – nicht zuletzt durch berühmte Künstler aus Nord- und Mitteleuropa – als Ferienziel entdeckt, woran prächtige Villen und noble Grandhotels erinnern. Wegen der Steile der Küste sind die meisten Orte mit engen Altstadtgassen auf malerische Weise direkt an die Hänge gebaut. Es gibt hier kaum Strände, für ein Bad im Meer können je nach Ziel jedoch kleine Buchten oder Badeplateaus, die teilweise zu Hotels gehören und per Lift erreichbar sind, genutzt werden. Die stellenweise dünn besiedelte Halbinsel mit ihrer üppigen Vegetation bietet auch sehr gute Wandermöglichkeiten, im Meer gelegene Grotten bilden interessante Tauchreviere.

Das touristische Zentrum der Sorrentina bildet **Sorrent** (Sorrento, 15.000 Einwohner). Das malerische Städtchen ist etwa 50 Kilometer entfernt von Neapel, von wo auch eine Bahnlinie herführt. Der 50 Meter hoch, auf einer steil ins Meer abfallenden Hochebene gelegene Ort bietet wunderschöne Aussichten über den Golf, den Vesuv und Ischia. Der Tourismus hat in Sorrent, das bereits in der Antike ein beliebtes Sommerziel war und als einer der schönsten Ferienorte Italiens gilt, eine besonders lange Tradition. Das lebhafte Städtchen bietet eine schöne Uferpromenade, eine malerische Altstadt sowie historische Palazzi und Kirchen. Vom Hafen der von Gärten und Zitronenhainen umgebenen Stadt bestehen gute Fährverbindungen nach Capri und Neapel. Die nahe Bucht Marina Grande bietet Bademöglichkeiten. Beliebte Ausflugsziele sind das Hinterland und die Küste zwischen Sorrent und Punta della Campanelle, der Spitze der Halbinsel (der Sage nach die Heimat der Sirenen, die Odysseus vom „rechten" Weg abbringen wollten). In dem ländlichen Gebiet sieht man schöne, alte Orte und Reste römischer Villen.

Durch das Landesinnere der Halbinsel führt eine rund 15 Kilometer lange, aussichts- und kurvenreiche Straße an die Südküste nach **Positano**, das wie die meisten Orte an der Amalfitana auf eine Seefahrergründung zurückgeht. Das Städtchen ist geprägt von bunten, kubischen Häusern, die sich schachtelförmig direkt an den Hang schmiegen. Als Wahrzeichen Positanos gilt eine am Hafen gelegene, alte Pfarrkirche mit einer grün glänzenden Kuppel. Bademöglichkeiten gibt es an zwei dunklen Stränden. Von Positano führt eine in den Fels gesprengte, schmale Küstenstraße entlang der buchtenreichen Amalfitana in Richtung Osten. Die enge Küstenstraße, die als eine der schönsten und spektakulärsten des Mittelmeeres gilt, ist sehr stark frequentiert.

Wie Positano sind auch die meisten folgenden Badeorte der Amalfitana an den Hang gebaut und weisen eine orientalisch angehauchte Bauweise auf. Auf das ehemalige Fischerdorf **Praiano** folgt ein Küstenabschnitt mit imposanten Schluchten und der „Smaragdgrotte", einer grün schimmernden Tropfsteinhöhle. Rund 20 Kilometer entfernt von Positano erreicht man **Amalfi**, im Mittelalter eine bedeutende, mit Genua und Pisa vergleichbare Seerepublik mit etwa 50.000 Einwohnern; heute hat Amalfi rund 6.500 Einwohner. Hauptsehenswürdigkeiten Amalfis sind der Dom und das Städtische Museum, das sich vor allem mit der großen Seefahrerzeit der Stadt beschäftigt. Der Hafen Amalfis liegt in einer schmalen Bucht mit kleinem Strand. Wie auch von anderen Orten der Amalfitana werden von hier aus im Sommer zahlreiche Bootsausflüge organisiert. Etwa 300 Meter oberhalb von Amalfi liegt das sehr sehenswerte, mittelalterliche Städtchen **Ravello**. Einen relativ langen Sandstrand bietet das östlich von Amalfi gelegene **Maiori**.

GOLF VON SALERNO

Die Halbinsel endet in der Nähe der Provinzhauptstadt **Salerno**, der der Golf von Salerno seinen Namen verdankt. Die größte Attraktion des Golfs liegt mit der gut erhaltenen griechischen Ruinenstätte **Paestum** südlich von Salerno. Die hier gelegenen Tempelruinen aus dem 6. Jh. v. Chr. gelten als bedeutendstes griechisches Monument auf dem italienischen Festland. In dieser Gegend gibt es auch lange Sandstrände; Unterkünfte bieten kleine Fischer- und Badeorte.

CAPRI

Die unter anderem für phantastische Sonnenuntergänge berühmte, vielbesungene Insel Capri liegt vor der Spitze der Halbinsel von Sorrent. Capri ist nicht – wie Ischia und Procida – vulkanischen Ursprungs, sondern besteht aus einem riesigen, hellen Kalksteinfelsen. Nur an zwei Stellen der steil abfallenden Insel konnten natürliche Häfen angelegt werden. Strände gibt es hier nur vereinzelt, diese sind dann sehr klein. Die malerische Insel ist bekannt für eine abwechslungsreiche Landschaft mit schroffen Steilküsten, zahlreichen Grotten und herrliche Panoramen bietenden Aussichtspunkten.

Fähren verbinden das gut zehn Quadratkilometer Fläche umfassende Capri mit Neapel und Sorrent (Fahrtdauer 40 bzw. 25 Minuten). Während der Saison verkehren auch Boote ab anderen Orten der sorrentinischen Halbinsel und ab Ischia. Die im Sommer tagsüber häufig verkehrenden Fähren und Jachten landen im Hafen Marina Grande unterhalb der Hauptstadt Capri an der Nordküste der Insel. Touristen dürfen keine Autos auf die Insel mitnehmen, da Capri – abgesehen von Linienbussen und Taxis – weitgehend autofrei ist; Transporte erfolgen mit Elektrowagen.

Capri diente bereits dem römischen Kaiser Augustus als Sommerresidenz. Sein Nachfolger Tiberius, der 12 Villen auf Capri errichtet haben soll, regierte ständig von hier aus. Nach der Römerzeit war die Insel lange bedeutungslos und wurde erst im 19. Jh. für den Fremdenverkehr wiederentdeckt. Unter den Besuchern waren und sind seit dieser Zeit zahlreiche Künstler und Mitglieder von Highsociety und Jetset. Heute leben fast alle der rund 13.000 Einwohner der Insel – die in den einzigen Orten Capri und Anacapri wohnen – vorwiegend vom Fremdenverkehr. Capri ist ein überaus beliebtes Ferienziel mit zahlreichen Touristenunterkünften, darunter mehrere sehr exklusive Hotels; es kommen jedoch auch zahlreiche Tagesausflügler vom Festland und von Ischia hierher. Capri ist in den Katalogen mehrerer deutscher Reiseveranstalter enthalten; bei Flugpauschalreisen ist in der Regel der Transfer (Flughafen Neapel–Hafen, Überfahrt per Schiff, Hafen Capri–Hotel und zurück) im Reisepreis enthalten und wird vom Reiseveranstalter organisiert. Die Transferdauer beträgt insgesamt etwa zwei Stunden.

Vom Hafen gelangt man per Seilbahn, mit dem Auto auf einer Serpentinenstraße oder zu Fuß über einen steilen Treppenweg in die etwa 140 Meter hoch gelegene Hauptstadt **Capri**. Mittelpunkt der Stadt mit ihrem Gassengewirr bildet die Piazzetta. Dem von der Kathedrale, Cafés und kleinen Läden gesäumten, lebhaften Hauptplatz haftet eine gelungene Mischung aus dörflicher und mondäner Atmosphäre an. Auch in den umliegenden mittelalterlichen Gassen und Straßen gibt es zahlreiche Geschäfte, Restaurants und Bars. Zu den Sehenswürdigkeiten der Stadt gehören die „Gärten des Augustus" mit Aussichtsterrassen und das am Stadtrand gelegene Kloster „Certosa di San Giacomo" aus dem 14. Jh.

Auf schönen Spaziergängen kann man von der Stadt aus den **Osten** Capris erkunden. Der weiteste Weg führt auf einem etwa 45-minütigen Spaziergang in den äußersten Nordosten. Hier kann man das 300 Meter hoch über dem Meer gelegene Ausgrabungsgelände des antiken Kaiserpalastes des Tiberius, der „Villa Jovis", besichtigen. An der Ostküste liegt das herrliche Ausblicke bietende, natürliche Felsentor „Arco Naturale", im Süden ist die Punta Tragara mit den „Faraglioni" – drei mächtige, aus dem Wasser aufragende Felsnadeln, die als Wahrzeichen Capris gelten – ein beliebter Aussichtspunkt. Weiter westlich an der Südküste liegt mit „Marina Piccola" eine der beliebtesten Badebuchten der Insel.

Der zweite Inselort **Anacapri** liegt gut drei Kilometer westlich der Hauptstadt, auf einer etwa 300 Meter hohen Hochebene zu Füßen des Monte Solaro. Der Monte Solaro ist mit knapp 600 Metern der höchste Berg der Insel; auf seinen Gipfel kann man wandern oder mit einem Sessellift fahren. Sehenswürdigkeiten des leicht arabisch wirkenden, weitläufigen Ortes Anacapri sind die prächtige „Villa San Michele", heute ein Museum, sowie die Reste einer Burg aus dem 16. Jh.

Die Hauptattraktion Capris liegt unweit von Anacapri im **Westen** der Insel: die nur mit kleinen Booten erreichbare, 15 Meter hohe und gut 50 Meter lange Blaue Grotte („Grotta Azzurra"). Da die mit Wasser gefüllte, blau schimmernde Höhle einen nur einen Meter hohen Eingang hat, können Besichtigungen nur bei ruhiger See stattfinden.

Sehr empfehlenswert ist eine Bootsfahrt rund um die Insel, die 17 Küstenkilometer aufweist. Im Rahmen einer solchen Bootsrundfahrt werden neben den bereits genannten Sehenswürdigkeiten auch andere der etwa sechzig Grotten Capris – darunter die grüne, die rote und die weiße Grotte – sowie die Ruinen weiterer römischer (Kaiser-)Villen angesteuert.

1.4.7 SIZILIEN

Sizilien, mit gut 25.700 qkm die größte Insel des Mittelmeers, liegt südwestlich der Spitze des italienischen Stiefels und bildet den südlichsten Teil des Landes. Die kürzeste Entfernung zwischen Sizilien und dem italienischen Festland an der Meerenge **„Straße von Messina"** beträgt etwa fünf Kilometer, die Distanz zum nordafrikanischen Festland rund 140 Kilometer. Die Insel, die vom **Tyrrhenischen Meer** im Norden, dem **Libyschen Meer** im Südwesten und dem **Ionischen Meer** im Osten umgeben wird, weist eine dreieckige Form auf. Drei nördliche Gebirgsmassive durchziehen das überwiegend hügelige bis gebirgige Sizilien. Der höchste Berg der Insel, der 3.370 Meter hohe, nahe der Ostküste gelegene **Ätna** ist Europas größter noch aktiver Vulkan und gilt als Wahrzeichen Siziliens. Die Nordküste und die nördliche Hälfte der Ostküste sind recht zerklüftet und fallen meist steil ins Meer ab, während die übrigen Küsten Siziliens eher flach sind und schöne Strände aufweisen. Das Landesinnere der fruchtbaren Insel ist stark von Landwirtschaft geprägt und relativ dünn besiedelt, die größeren Städte konzentrieren sich auf die Küsten. Sizilien bildet die größte Verwaltungsregion Italiens; Hauptstadt und größte Stadt ist **Palermo** an der westlichen Nordküste. In Palermo leben etwa 700.000 der fünf Millionen Sizilianer. Zur Autonomen Region Sizilien gehören auch umliegende Inseln und Inselgruppen: die **Äolischen Inseln** (Liparische Inseln) und **Ustica** im Norden, die **Ägadischen Inseln** im Westen sowie **Pantelleria** und die **Pelagischen Inseln** im Südwesten (die beiden letzteren liegen näher an Tunesien als an Sizilien).

Das **Klima** Siziliens ist bedingt durch die südliche Lage wärmer als in den meisten anderen Teilen Italiens. Im Hochsommer steigen die Temperaturen oft bis auf 40 Grad Celsius an. Die **Hauptreisezeit** nach Sizilien stellen die Monate Mai bis Oktober dar. Die Wintermonate sind relativ mild und gut für Besichtigungs- und Erholungsreisen geeignet, weshalb einige deutsche Reiseveranstalter Sizilien auch in der Wintersaison anbieten. Im Gebirge fällt jedoch im Winter oft Schnee, es gibt sogar einige Skigebiete; der Ätna ist teilweise ganzjährig schneebedeckt.

Aufgrund seiner zentralen Lage am Schnittpunkt des östlichen und westlichen Mittelmeerraums, zwischen Europa und Afrika, hat Sizilien eine besonders bewegte **Geschichte** hinter sich. Zahlreiche Eroberer hinterließen hier ihre Spuren. Die ältesten Sehenswürdigkeiten verdankt die Insel den Phöniziern und vor allem den Griechen, die hier ab dem 8. Jh. v. Chr. Kolonien gründeten. Sie errichteten auf Sizilien zahlreiche, prächtige Tempelanlagen, die oft besser erhalten sind als in Griechenland. Im 3. Jh. v. Chr. folgten Römer, im 6. Jh. n. Chr. Byzantiner und im 9. Jh. Araber. Letztere brachten zahlreiche Kulturpflanzen und ein ausgeklügeltes Bewässerungssystem nach Sizilien. Nach den Arabern, deren Kultur noch länger erhalten blieb, kamen im 11. Jh. Normannen und im 12. Jh. die Staufer an die Macht; an diese Zeit erinnern zahlreiche Paläste und Kirchen im „arabisch-normannischen" Baustil. Die Normannen gründeten das Königreich Sizilien, zu dem auch weite Teile Süditaliens gehörten. 1266 endete die von kultureller Blüte und religiöser Toleranz geprägte normannisch-staufische Herrschaft, vom 13. bis 19. Jh. dominierten vor allem französische, spanische und österreichische Fremdherrscher Sizilien, bevor die Insel 1860 Teil des vereinten Königreichs Italien wurde. Nach einem schweren Ätna-Ausbruch im 17. Jh. begann eine rege Bautätigkeit, in derem Zuge viele sehenswerte Bauten im Barockstil entstanden.

Eine lange Tradition hat auf Sizilien der Großgrundbesitz, auf den der Ursprung der berühmt-berüchtigten **Mafia** zurückgeführt wird. Die Mafiosi haben wohl zunächst – auf nicht gerade zimperliche Weise – Gelder für die Großgrundbesitzer eingetrieben. Auf diese Weise soll sich das als „italienische Mafia" bezeichnete, weltweit tätige System der organisierten Kriminalität mit der „Zentrale" Sizilien entwickelt haben. Entgegen weit verbreiteter Annahmen und Vorurteile haben „normale" Touristen auf Sizilien jedoch keinerlei Bedrohung durch die Mafia zu befürchten und bekommen in der Regel – abgesehen von Zeitungsmeldungen – wenig von den Mafiosi mit.

Ab Deutschland gibt es teilweise direkte **Linienflüge** nach Catania (CTA) an der Ostküste, häufiger sind jedoch – vor allem in der Sommersaison – direkte **Charterflüge** ab mehreren deutschen Flughäfen nach Catania und Palermo (PMO). Beide Flughäfen und Trapani (TPS) im Westen sind ganzjährig auch auf Umsteigeverbindungen über das italienische Festland erreichbar.
Über das Festland gelangt man auch mit der **Bahn** nach Sizilien: Ab Kalabrien bestehen ständige Verbindungen nach Messina mit Fähren, auf die Züge auffahren (Trajektverkehr). Für die Überfahrt über die Straße von Messina benötigt man ab Reggio di Calabria oder Villa San Giovanni etwa 30 Minuten. Eine Bahnfahrt von Rom nach Catania dauert rund zehn Stunden, nach Palermo zwölf Stunden. Von München nach Palermo muss man mehrmals umsteigen (Fahrtdauer 24 Stunden).
Ab einigen deutschen Städten fahren preiswerte **Linienbusse** nach Sizilien (Fahrtdauer München–Palermo rund 26 Stunden). Auch die Linienbusse nutzen die Fähren ab Kalabrien. Das öffentliche Verkehrssystem auf der Insel ist mit Bahn und Bussen gut.
Weitere **Fährverbindungen** bestehen ab Genua, Livorno und Neapel zu den sizilianischen Häfen Trapani, Palermo, Messina, Catania und Siracusa. Fähren verbinden Sizilien auch mit den zur Region gehörenden Inseln, Sardinien, Malta und Tunesien. Die im Rahmen von **Kreuzfahrten** am häufigsten angelaufenen Häfen auf Sizilien sind Catania und Palermo.

Obwohl Sizilien mit seiner vielfältigen Kultur, der schönen Landschaft, einer üppigen Vegetation und guter touristischer Infrastruktur ein überaus lohnenswertes Reiseziel darstellt, ist der **Tourismus** hier bei weitem nicht so stark ausgeprägt wie in anderen Teilen Italiens. Dennoch bildet der Fremdenverkehr eine bedeutende Einnahmequelle für die Sizilianer, deren wirtschaftliche Lage – wie in ganz Süditalien – wesentlich schlechter ist als im reichen Norden des Landes. Industrie gibt es fast nur in den Großräumen von Palermo und Catania. Die Haupttouristengebiete Siziliens bilden die Ost- und die Nordküste, doch auch hier gibt es kaum Massentourismus. Es sind Touristenunterkünfte aller Arten und Kategorien vorhanden, darunter Luxushotels, Pensionen, Ferienclubs und Landgasthäuser (Agriturismo). Die meisten Besucher Siziliens beschränken sich jedoch nicht auf Erholungs- und Badeurlaub in den Ferienorten, sondern unternehmen vorher oder auch im Anschluss Rundreisen, um die kulturellen und landschaftlichen Sehenswürdigkeiten der großen Insel kennen zu lernen. Eine Rundfahrt um die gesamte Insel umfasst über 900 Kilometer. Etwa zehn Prozent der Inselfläche stehen unter Naturschutz und bilden ein hervorragendes Wandergebiet; daneben bietet die Insel zahlreiche weitere gute Sportmöglichkeiten. Häufig wird eine Sizilien-Reise mit einem Abstecher auf die umliegenden Inseln, vor allem auf die Liparischen Inseln, verbunden.

PALERMO

Palermo, die größte Stadt Siziliens und fünftgrößte Stadt Italiens, ist mit einem großen Hafen, dem etwa 30 Kilometer nordwestlich gelegenen Flughafen und zwei Bahnhöfen eines der Verkehrszentren sowie der politische, wirtschaftliche und kulturelle Mittelpunkt Siziliens. Die Stadt liegt in einem Golf an der Nordküste, in einer von Bergen umgebenen, fruchtbaren Ebene. Palermo wurde im Gegensatz zu den meisten anderen sizilianischen Städten im 8. Jh. v. Chr. von Phöniziern – nicht von Griechen – gegründet. Hauptstadt wurde es erst im 9. Jh. n. Chr. unter den Arabern. Eine große Blüte erlebte Palermo als Mittelpunkt der arabisch-normannischen Kultur. Aus dieser Zeit sind viele Sehenswürdigkeiten erhalten. Besonders in den letzten beiden Jahrhunderten hat sich die Stadt stark ausgedehnt, wirkt heute großenteils modern und umfasst einen großen Ballungsraum mit zahlreichen – teilweise auch sehr ärmlichen – Wohnvierteln.

Eine der bedeutendsten Sehenswürdigkeiten der Stadt ist der auf einem Hügel gelegene, auf arabische Ursprünge zurückgehende **Normannenpalast**. Der ehemalige Königspalast der Normannen und Staufer dient heute als Sitz der sizilianischen Regionalregierung. Den Höhepunkt der Palastbesichtigung bildet die prachtvolle, reich mit Mosaiken verzierte, im 12. Jh. gegründete Hofkirche „Cappella Palatina“, ein Musterbeispiel arabisch-normannischer Architektur.

Auch die nicht weit entfernt gelegene zweite große Attraktion Palermos, die mächtige, im 12. Jh. begonnene und im Laufe der folgenden Jahrhunderte häufig veränderte **Kathedrale**, ist geprägt von diesem Stil. Die Hauptsehenswürdigkeit der Kirche stellen die im Inneren befindlichen, monumentalen Kaisergräber dar; hier ist auch der Stauferkaiser Friedrich beigesetzt.

Der Mittelpunkt der schönen Altstadt Palermos ist die **Piazza Pretoria** mit einem großen Brunnen und dem Rathaus; das Verkehrszentrum bildet der in unmittelbarer Nähe gelegene Platz **Quattro Canti**. In diesem Viertel befinden sich weitere der vielen sehenswerten **Kirchen** der Stadt, darunter arabisch-normannische sowie einige im Barockstil, der für Palermo und ganz Sizilien so charakteristisch ist. Weitere Sehenswürdigkeiten Palermos sind prächtige alte **Adelspaläste**, das **Teatro Massimo**, eines der größten Theater Italiens, der **Hafen** mit Uferpromenade und verschiedene Grünanlagen wie der **botanische Garten**. Unter den Museen ist besonders das in einem alten Kloster untergebrachte **Archäologische Nationalmuseum** erwähnenswert, zu dessen größten Schätzen Funde aus griechischen Ausgrabungsstätten gehören. Ein Besuch auf einem der bunten **Märkte** Palermos, die viel orientalisches Flair bieten, rundet die Stadtbesichtigung ab.

Etwas außerhalb des Zentrums liegen zwei **Lustschlösser** aus dem 12. Jh. und ein **Kapuzinerkloster**, in dessen Kellern rund 8.000 mumifizierte Leichen ausgestellt sind.

NORDKÜSTE

WESTLICH VON PALERMO

Ein beliebtes Ausflugsziel ab Palermo ist der 600 Meter hohe, von steinzeitlichen Höhlen durchzogene Berg **Monte Pellegrino**, den Goethe als das „schönste Vorgebirge der Welt" bezeichnete. Der zehn Kilometer von der Stadt entfernte Berg bietet hervorragende Ausblicke.

In der Nähe des Berges liegt der traditionsreiche Badeort **Mondello**, der häufig mit Lido di Venezia verglichen wird. Mondello, auch bei Einheimischen ein beliebtes Ausflugsziel, bietet einen zwei Kilometer langen Sandstrand und eine sehr gute touristische Infrastruktur mit vielen Hotels.

Weitere beliebte Ferienziele befinden sich mit **Terrasini** und dem lebhaften **Castellamare del Golfo** am gleichnamigen Golf westlich von Palermo. In der Umgebung Castellamares liegen weitere Badeorte mit schönen, langen Sandstränden.

Gut 60 Kilometer nördlich von Palermo befindet sich die per Schiff erreichbare, knapp zehn Quadratkilometer kleine, noch recht ruhige Insel **Ustica**, ein Taucherparadies.

Ein weiteres häufig angesteuertes Ausflugsziel liegt mit **Monreale** rund zehn Kilometer südwestlich von Palermo. Die Attraktion des kleinen Städtchens ist ihre mächtige, prachtvolle Kathedrale, die als bedeutendstes normannisches Bauwerk Siziliens gilt.

Ein sehr beliebtes Ausflugsziel im Landesinneren ist die knapp 70 Kilometer südwestlich, einsam gelegene Ausgrabungsstätte von **Segesta**. Von der alten Stadt sind heute nur ein Tempel aus dem 5. Jh. v. Chr. – der als eines der schönsten und am besten erhaltenen antiken Heiligtümer Siziliens gilt – und ein griechisch-römisches Theater erhalten.

ÖSTLICH VON PALERMO

Die Entfernung von Palermo zur Nordostspitze der Insel beträgt rund 250 Kilometer. Dieser Küstenabschnitt und sein Hinterland bieten interessante Orte und Sehenswürdigkeiten (antike Ausgrabungen, Barockvillen, Kirchen und Burgen), vielfältige Landschaften und schöne Strände.

Die erste Etappe führt vorbei an Bade- bzw. Kurorten wie **Trabia** und **Termini Imerese** ins rund 70 Kilometer von Palermo entfernte **Cefalu**. Das sehr alte, malerische Städtchen mit kleinem Fischerhafen ist heute eines der beliebtesten Ferienziele und Seebäder Siziliens. Cefalu liegt am Fuße eines fast 300 Meter hohen Felsens, auf dem sich eine antike Siedlung befand. Das Stadtbild ist geprägt von einer mächtigen normannischen Kathedrale aus dem 12. Jh., um die sich die Häuser der arabisch anmutenden Altstadt erstrecken. Westlich von Cefalu befindet sich eine weite Bucht mit zwei Kilometer Sandstrand, östlich des Städtchens erstrecken sich kleine Badebuchten. Auch die weitere Umgebung bietet sehr gute Bademöglichkeiten und Hotelanlagen, im Hinterland lohnt der Naturpark der bis zu 2.000 Meter hohen **Madonie-Berge** einen Abstecher.

Die Weiterfahrt führt durch **Santo Stefano di Camastra**, das bedeutendste Keramikzentrum Siziliens, und durch zahlreiche nette Badeorte mit guten Stränden. Gut 100 Kilometer entfernt von Cefalu erreicht man mit dem Felsen von **Tindari** ein beliebtes Besichtigungsziel. Attraktionen hier sind die Ausgrabungen einer antiken griechisch-römischen Stadt und eine bedeutende Wallfahrtskirche. In der Nähe bietet der Badeort **Oliveri** touristische Unterkünfte, im Hinterland befindet sich mit **Castoreale** Siziliens größtes Heilbad. Etwa 30 Kilometer entfernt von Tindari liegt auf einer Landzunge das Seebad **Milazzo** (Fährhafen zu den vorgelagerten Äolischen Inseln) mit einem mächtigen Kastell, das hervorragende Aussichten auf die Inseln bietet. In der Umgebung des alten Städtchens erstrecken sich mehrere Badestrände. 50 Kilometer östlich von Milazzo liegt, bereits an der Ostküste, Messina.

ÄOLISCHE INSELN (= LIPARISCHE INSELN)

Der Archipel der Äolischen Inseln, die auch als Liparische Inseln geläufig sind, liegt 30 bis 80 Kilometer vor der sizilianischen Nordostküste und umfasst eine Fläche von insgesamt 117 qkm. Auf den sieben größeren Inseln Vulcano, Lipari, Panarea, Stromboli, Salina, Filicudi und Alicudi leben etwa 15.500 Menschen, weitere zehn kleine Inseln sind unbewohnt. Die landschaftlich sehr reizvollen, ursprünglichen Inseln sind vulkanischen Ursprungs, wovon vor allem der auf der gleichnamigen Insel gelegene Stromboli, einer der aktivsten Vulkane der Erde, sowie Thermal- und Schwefelquellen zeugen. Die meisten Inseln sind gebirgig – die höchste Erhebung auf Salina misst knapp 1.000 Meter – und weisen steile, zerklüftete Küsten auf.

Nachdem die Inseln bereits in der Antike besiedelt gewesen waren, dienten sie als Piratenschlupfwinkel und kamen nach einer wechselhaften Geschichte im 17. Jh. zum Königreich Sizilien. Heute leben die Insulaner vorwiegend von der Landwirtschaft und auf einigen Inseln vom Fremdenverkehr, zu dem viele Tagesausflügler beitragen. Der Archipel ist mit einer vielfältigen Unterwasserwelt gut zum Tauchen und Schnorcheln sowie für andere Wassersportarten geeignet. Tragflügelboote und Schiffe bieten – vor allem im Sommer – eine gute Verkehrsanbindung an die Nordküste Siziliens. Die besten Verbindungen bestehen ab Milazzo; die Dauer der Überfahrt mit dem Tragflügelboot nach Lipari beträgt von hier eine Stunde. Teilweise stoppen auch Fähren vom italienischen Festland auf dem Weg nach Sizilien auf den Äolischen Inseln. Einige wenige deutsche Reiseveranstalter bieten Pauschalaufenthalte auf den Inseln an, häufiger werden sie jedoch auf organisierten Rundreisen besucht. Bei Pauschalreisen wird der Transfer (Flughafen Catania– Hafen, Überfahrt, Hafen–Hotel und zurück) in der Regel vom Veranstalter organisiert und ist im Reisepreis enthalten. Die Gesamttransferdauer beträgt drei bis sechs Stunden.

Die Sizilien am nächsten gelegene Insel **Vulcano** weist mehrere erloschene und einen noch tätigen Vulkan auf. Sein letzter Ausbruch fand Ende des 19. Jh. statt. Aufgrund der günstigen geographischen Lage, des spektakulären Vulkanismus, wegen der Schwefel- und Thermalquellen, – die für Kuranwendungen und Fangopackungen genutzt werden – und nicht zuletzt wegen guter Bademöglichkeiten ist Vulcano eine der am meisten besuchten Inseln des Archipels.

Die größte Insel und Hauptinsel **Lipari**, von Vulcano nur einen Kilometer entfernt, misst knapp 38 qkm, hat etwa 11.000 Einwohner und eine sehr gute touristische Infrastruktur. An der Ostküste Liparis liegt die gleichnamige „Inselmetropole" mit guten Einkaufs- und Unterhaltungsmöglichkeiten. Den Stadtkern bildet der Burgberg, auf dem sich bereits die antike Akropolis befand. Heute steht hier ein Kastell aus dem 16. Jh., das drei Kirchen umschließt. Außerdem sehenswert sind das Äolische Museum mit zahlreichen archäologische Funden sowie der Archäologische Park. Sehr lohnenswert ist eine Rundfahrt um die fruchtbare Insel, die dunkle Strände, bis zu 600 Meter hohe Berge und heiße Quellen bietet.

Stromboli, die abgeschiedenste Insel, liegt nordöstlich von Lipari und misst rund 13 qkm. Die Attraktion der Insel stellt der gleichnamige, noch aktive, gut 900 Meter hohe Vulkan dar. Der letzte große Ausbruch des Stromboli fand 1971 statt, jedoch gibt es hier mehrmals pro Stunde kleine Eruptionen. Sehr beliebt sind – relativ mühsame – Wanderungen auf den Vulkan, dessen Ausbrüche besonders bei Dunkelheit spektakulär sind. Im Nordosten der dünn besiedelten Insel mit schönen, dunklen Sandstränden liegt der gleichnamige Hauptort.

Die nordwestlich von Lipari gelegenen Inseln **Salina**, **Filicudi** und **Alicudi** sowie **Panarea** zwischen Lipari und dem nordöstlichen Stromboli sind landschaftlich ebenfalls sehr reizvoll, spielen aber touristisch im Vergleich zu den drei zuvor beschriebenen Inseln nur eine untergeordnete Rolle

OSTKÜSTE

Die sizilianische Ostküste am Ionischen Meer umfasst gut 200 Kilometer. Der nördliche und mittlere Teil der Küste werden dominiert vom mächtigen, im Hinterland gelegenen Gipfel des Ätna, dessen Umland einen ausgedehnten Naturpark bildet. An der Küste zwischen Messina im Norden und dem etwa 100 Kilometer südlich gelegenen Catania befindet sich mit Taormina das bedeutendste Touristenzentrum der Insel, das häufig auch als Ausgangspunkt organisierter Rundreisen dient.

NÖRDLICHE OSTKÜSTE

Das an der Nordostspitze gelegene, lebhafte **Messina** ist mit fast 300.000 Einwohnern die drittgrößte Stadt der Insel und wegen der kurzen Fährverbindungen über die Straße von Messina für zahlreiche Reisende das Tor nach Sizilien. Die im Laufe ihrer Geschichte häufig von Erdbeben und im zweiten Weltkrieg von Bomben zerstörte Stadt wirkt heute modern, es sind nur relativ wenige alte Sehenswürdigkeiten vorhanden. Vom restaurierten normannischen Dom, der das historische Zentrum der Stadt bildet, sind beispielsweise nur noch wenige Originalelemente erhalten. Sehenswert sind auch weitere Kirchen, ein Renaissance-Brunnen und das Regionalmuseum.

Südlich von Messina folgen an der Küste und im Hinterland sehenswerte Orte und malerische Bergdörfer mit Burgen, Kirchen und Klöstern sowie der Kurort **Ali Terme**, dessen Thermalquellen Rheuma, Haut- und Atemwegserkrankungen lindern sollen. Knapp 50 Kilometer südlich von Messina ist mit **Letojanni** das erste bedeutendere Ferienziel der Ostküste erreicht. Der lebhafte, aufstrebende Badeort bietet schöne Strände und gute Unterhaltungsmöglichkeiten.

Vom traditionsreichen Fremdenverkehrszentrum **Taormina**, das bereits im 19. Jh. zahlreiche Besucher anzog, liegt Letojanni etwa fünf Kilometer entfernt. Das 200 Meter hoch gelegene Taormina (gut 10.000 Einwohner) ist der meistbesuchte Ferienort Siziliens. Die Besonderheit des malerischen Städtchens ist nicht zuletzt seine Terrassenlage, die phantastische Panoramen über das Meer und den Ätna im Hinterland bietet. Der von zahlreichen Hotels und Villen umgebene Stadtkern hat sich mit schönen Palazzi, Kirchen und Häusern ein mittelalterliches Erscheinungsbild bewahren können. In der Hochsaison ist die lebhafte, autofreie Altstadt mit zahlreichen Restaurants und Geschäften jedoch nicht selten überfüllt. Von der Geschichte des seit der Antike besiedelten Städtchens zeugen zahlreiche Sehenswürdigkeiten, darunter die Ruinen eines oberhalb gelegenen, griechisch-römischen Theaters, das bis zu 30.000 Menschen fassen konnte (im Sommer findet hier ein Kulturfestival statt), der Dom aus dem 13. Jh. und ein prächtiges, früheres Dominikanerkloster, in dem heute das Luxushotel „San Domenico Palace“ untergebracht ist. Oberhalb von Taormina bieten ein altes Kastell und das Bergdorf **Castelmola** schöne Aussichten.

Aufgrund der Höhenlage hat Taormina selbst keine Bademöglichkeiten im Meer, unterhalb des Ortes befinden sich jedoch Strände, die per Bus über eine Serpentinenstraße oder per Seilbahn erreichbar sind. Dazu gehört die kieselige, meist gut besuchte Bucht von **Mazzaro**, die auch Taormina Mare genannt wird. Schönere, längere Strände liegen etwas südlich von Taormina. Ein sehr beliebter Fremdenverkehrsort mit zahlreichen Hotels ist das rund fünf Kilometer entfernte **Giardini Naxos** (auch Taormina Naxos genannt), das Taormina als Bahnstation dient. Unweit des modernen Ortes liegt auf einem Kap das antike **Naxos**, die erste griechische Siedlung Siziliens. In einem über 20 Hektar großen Archäologischen Park und einem angeschlossenen Museum kann man hier deren Überreste bewundern.

Der weitere Weg in Richtung Süden zieht sich an den Osthängen des Ätna entlang. Zunächst folgen breite Sand-Kieselstrände, dann schließt sich ein überwiegend felsiger Küstenabschnitt an, der „Zyklopenküste“ genannt wird, da hier der Sage nach Odysseus dem einäugigen Zyklopen begegnet sein soll. An der Felsenküste liegen hübsche Städtchen und Seebäder, unter denen der Kurort **Acireale** am bekanntesten ist. Acireale (etwa 50.000 Einwohner) ist berühmt für schöne Barockbauten, seit der Römerzeit genutzte Thermalquellen und ausgedehnte Zitronenplantagen. Südlich von Acireale liegen vor der Küste sieben Felseninseln, die der Legende nach Lavabrocken sind, die der Zyklop dem flüchtenden Odysseus nachwarf.

Nach gut zehn Kilometern erreicht man das in einer Ebene gelegene **Catania**, mit rund 400.000 Einwohnern die zweitgrößte Stadt und eines der wichtigsten Verkehrszentren Siziliens. Auch Catania, dessen Stadtbild von Barockbauten aus schwarzem Lavastein geprägt ist, wurde im Laufe der Geschichte mehrfach zerstört. Als Musterbeispiel der Barockarchitektur gilt der Domplatz mit dem Dom, zwei Palazzi aus dem 18. Jh. und dem Elefantenbrunnen, der aus einer römischen Elefantenfigur und einem ägyptischen Obelisken besteht. Weitere Sehenswürdigkeiten der Stadt sind ein mächtiges Stauferkastell aus dem 13. Jh., Ruinen eines griechischen und eines römischen Theaters, das Geburtshaus des Komponisten Bellini (dem seine Heimatstadt ein Museum, ein Denkmal, ein Theater und einen Park gewidmet hat) sowie der bunte, lebhafte Fischmarkt.

Das beliebteste Ausflugsziel der Ostküste ist der imposante Vulkan **Ätna** (Etna), der etwa 30 Kilometer nordwestlich von Catania inmitten des gleichnamigen Naturparks liegt. Der Berg mit seinem ständig rauchenden Kegel hat am Fuß einen Durchmesser von etwa 40 Kilometer und nimmt ein Gelände von etwa 1.500 qkm ein. Seit dem 5. Jh. v. Chr. wurden 140 große Ausbrüche gezählt. Haupt- und Nebenkrater weisen jedoch häufige kleinere, ungefährliche Ausbrüche auf, die als grandiose Naturschauspiele gelten. Eine Fahrt auf den Ätna führt durch mehrere Vegetationsstufen: Bis 500 Meter Höhe gedeihen Obst und Gemüse, bis 1.300 Meter Oliven und Wein, bis 2.000 Meter Wälder, die höchsten Regionen sind nahezu vegetationslos. Ab Catania und Taormina kann man Auto- und Bustouren auf und um den Ätna unternehmen, ab Catania ist es auch möglich, den Vulkan in drei Stunden mit der Schmalspurbahn „Ferrovia Circumetnea“ zu umrunden.

Die Strecke um den Ätna umfasst etwa 130 Kilometer und streift schöne, kleine Städtchen zu Füßen und an den Hängen des Berges. Die Straße zum Gipfel endet auf etwa 1.900 Meter Höhe, ab hier führt eine Seilbahn auf 2.600 Meter. Mit Allradfahrzeugen kann man von der Bergstation aus noch 300 Meter höher gelangen. Wanderungen zum Gipfel sind nur in Begleitung von Führern möglich. Deutsche Reiseveranstalter bieten häufig Wanderreisen an, in deren Rahmen der Ätna bestiegen wird. An klaren Tagen reicht die Sicht vom Kraterrand bis nach Malta (200 Kilometer entfernt). An der Nordseite des Ätna liegt ein Skigebiet mit regem Betrieb von Dezember bis März.

SÜDLICHE OSTKÜSTE

Die Fahrt von Catania in Richtung Süden führt vorbei an langen, hellen Sandstränden. Ein Teil der Küste bis zum etwa 70 Kilometer südlich, an der Südostküste gelegenen **Syrakus** (Siracusa) ist von Raffinerien und Industrieanlagen geprägt. Die Stadt, die im Altertum eine Metropole mit etwa 500.000 Einwohnern war (heute 120.000 Einwohner), ist aufgrund ihrer vielen antiken Ruinen eines der bedeutendsten Reiseziele Siziliens. Zur Zeit der alten Griechen war Syrakus das unumstrittene Wirtschafts-, Politik- und Kulturzentrum sowie die größte Stadt Siziliens. Die Altstadt von Syrakus liegt auf einer vorgelagerten Insel. Besonders sehenswert sind hier ein Apollo-Tempel aus dem 6. Jh. v. Chr., der in einen antiken Tempel gebaute Dom aus dem 7. Jh. n. Chr., gotische und barocke Palazzi sowie eine Stauferburg. Auf dem Festland erstreckt sich die Neustadt mit mehreren Kirchen, dem Archäologischen Museum und frühchristlichen Katakomben. Am Rand der Neustadt liegt der ausgedehnte „Parco Archeologico della Neapoli“ mit Ruinen der griechisch-römischen Stadt, die eine wesentlich größere Fläche einnahm als das heutige Syrakus. Zu den bedeutendsten Attraktionen des Grabungsgeländes gehören große Theater der Griechen und Römer. Einige Kilometer außerhalb liegt auf einer Anhöhe eine hervorragend erhaltene antike Befestigungsanlage, die einen guten Überblick über die Ausmaße des antiken Syrakus bietet.

In der Umgebung von Syrakus liegen weitere antike Ruinenstätten. Etwa 50 Kilometer westlich befindet sich die viel besuchte Gräberstadt **Pantalica** mit über 5.000 in den Fels gehauenen Gräbern. Südlich von Syrakus erstrecken sich an der Küste kleine Buchten und ausgedehnte Badestrände mit beliebten Seebädern. Nach rund 40 Kilometern erreicht man das etwas landeinwärts, in einer sehr fruchtbaren Gegend gelegene Städtchen **Noto**, das wie viele Städte im Südosten nach einem schweren Erdbeben 1693 im Barockstil völlig neu aufgebaut wurde. Noto gilt als schönste Barockstadt der Insel und weist zahlreiche sehenswerte Palazzi, Kirchen und Klöster auf. An der Küste folgen weitere Badeorte mit schönen Sandstränden, die jedoch für den internationalen Tourismus keine große Rolle spielen. Den Abschluss der Südküste Siziliens bildet das als hervorragendes Surfrevier bekannte **Capo Passero** mit schönen Dünenstränden.

SÜDKÜSTE

Die Länge der Südküste Siziliens, die ursprüngliche Landschaften und schöne, lange Badestrände aufweist, beträgt etwa 300 Kilometer. Der Küstenabschnitt ist touristisch bei weitem nicht so stark entwickelt wie der Norden und Osten. Es gibt keine Großstädte und nur einige mittelgroße Städte. Mit zahlreichen griechischen Tempeln bildet die Südküste jedoch einen kulturellen Höhepunkt.

Im äußersten Südosten folgen feinsandige, lange Dünenstrände mit besonders bei Italienern beliebten Badeorten wie **Pozzallo** und **Marina di Ragusa**. Im Hinterland liegen weitere Barockstädte nach dem Muster von Noto, darunter das viel besuchte, auf einem Bergplateau gelegene **Ragusa**. Der anschließende mittlere Abschnitt der Südküste, der teilweise stark industrialisiert ist, bietet kaum herausragende Sehenswürdigkeiten. An den wenigen Städten, Ausgrabungsstätten, Burgen und Palästen fahren die meisten Besucher vorbei. Badeorte mit schönen Stränden und touristischer Infrastruktur an dieser Küste sind **Licata** und **Marina di Palma**.

Rund 150 Kilometer westlich von Ragusa erreicht man mit der etwas landeinwärts gelegenen Stadt **Agrigent** (Agrigento) eine weitere bedeutende Station einer Sizilien-Rundreise. Agrigent wurde im 6. Jh. v. Chr. von Griechen auf einem Hügel gegründet. Während ihrer Glanzzeit im 5. Jh. v. Chr. hatte die zweitwichtigste griechische Stadt auf Sizilien mehrere hunderttausend Einwohner (heute gut 50.000). Das jetzige Stadtbild ist dreigeteilt: Die antike Stadt – die zu den am besten erhaltenen und ausgedehntesten Stätten altgriechischer Kultur überhaupt gehört – erstreckt sich mit Resten zahlreicher Tempel unterhalb des Hügels im „Tal der Tempel". Auf dem Hügel befindet sich die mittelalterliche-barocke Stadt mit malerischen Gassen; eine Sehenswürdigkeit hier ist die über einem griechischen Tempel erbaute normannische Kathedrale. Zwischen Altstadt und antiker Stadt liegt die „Skyline" der Hochhäuser des modernen Agrigent. Der obere Teil der Stadt bietet hervorragende Aussichten auf die Tempel, die bei Dunkelheit spektakulär beleuchtet sind.

Etwa zehn Kilometer entfernt liegt an der Küste **Porto Empedocle**, der Hafen von Agrigent. Von hier bestehen gute Fährverbindungen zu den südlich gelegenen **Pelagischen Inseln** (Dauer der Überfahrt sieben bis neun Stunden). Die Inselgruppe ist zwischen 160 und 200 Kilometer von der Südwestküste Siziliens und gut 100 Kilometer von der tunesischen Küste entfernt. Neben der größten Insel Lampedusa (21 qkm) und Linosa gehört auch das kleine, unbewohnte Lampione zum Archipel. Die abgelegenen, relativ kargen Inseln, auf denen insgesamt gut 5.000 Menschen leben, spielen touristisch nur eine sehr untergeordnete Rolle.

Ab Porto Empedocle sowie ab Marsala und Trapani an der Westküste bestehen außerdem Schiffsverbindungen zur südwestlich gelegenen **Insel Pantelleria**. Die isolierte, ebenfalls zwischen Sizilien und Tunesien gelegene, 83 qkm große Insel hat etwa 10.000 Einwohner und ist vulkanischen Ursprungs. Auch das noch relativ unberührte Pantelleria ist – obwohl es eine üppige Vegetation, reizvolle Landschaften und Thermalquellen bietet – kaum von touristischer Bedeutung.

Westlich von Porto Empedocle liegt **Eraclea Minoa**, wo auf einem Hochplateau, das durch 80 Meter hohe weiße Kalkfelsen gebildet wird, ebenfalls Reste einer antiken Siedlung zu besichtigen sind. Das Städtchen ist heute auch eine Feriensiedlung mit langem, feinem Sandstrand. Gut 60 Kilometer westlich von Agrigent folgt mit dem traditionsreichen Thermalbad **Sciacca** ein größerer Badeort, der Baudenkmäler aus Antike, Mittelalter und Barock aufweist. In der Umgebung Sciaccas befinden sich mehrere schöne Sandstrände und -buchten. Nördlich des orientalisch anmutenden Städtchens liegt – fast 1.000 Meter hoch inmitten einer spektakulären Felslandschaft – das alte Bergdorf **Caltabellotta** mit einer arabisch-normannischen Burg, die schöne Aussichten über weite Teile der Insel bietet. Etwa 40 Kilometer westlich von Sciacca liegt mit **Selinunt**, der westlichsten griechischen Gründung auf Sizilien, eine weitere bedeutende antike Stätte mit zahlreichen Resten der alten Stadt und eindrucksvollen Tempelruinen. Der Archäologische Park der nur teilweise ausgegrabenen Stadt Selinunt ist der größte Europas. In der Nähe liegt das Fischer- und Feriendorf **Marinella di Selinunte** mit schönen Sandstränden. Landeinwärts kann man die antiken Steinbrüche besichtigen, aus denen das Baumaterial für die Tempel in Selinunt stammt.

WESTKÜSTE

Die Westküste Siziliens ist mit rund 100 Kilometern relativ kurz. Hier liegen drei bedeutende Hafenstädte, die aufgrund der Nähe zu Nordafrika teilweise recht orientalisch anmuten. Badeorte gibt es an diesem Küstenabschnitt kaum. An der von Lagunen geprägten mittleren Westküste wird viel Landwirtschaft betrieben, man sieht zahlreiche Salinen und Windmühlen. Die dünn besiedelte Nordwestküste Siziliens ist vorwiegend zerklüftet und weist bizarre Felsformationen auf. Um die nordwestliche Spitze der Insel liegt ein Naturschutzgebiet.

Man erreicht die Westküste bei **Mazara del Vallo**, Hafen des antiken Selinunt und noch heute ein großer Fischerei- und Fährhafen. Die Stadt bietet Baudenkmäler aus arabisch-normannischer sowie barocker Zeit. Nördlich liegt **Marsala**, die größte Stadt der sizilianischen Westküste, deren Name arabischen Ursprungs ist. Die Hafenstadt ist ein bekanntes Weinzentrum, vor allem für Dessertweine, die in vielen Keltereien probiert werden können. Zu den Sehenswürdigkeiten Marsalas gehören die von Stadtmauern umgebene, barocke Altstadt, Reste der römischen Stadt sowie das Archäologische Museum mit einem Kriegsschiff der Punier. Marsala geht auf eine punische Gründung zurück, ebenso die im 8. Jh. v. Chr. gegründete Stadt Motya auf der nördlich gelegenen, einen Kilometer vom Festland entfernten Insel **Mozia**, zu der man mit dem Boot übersetzen kann. An die glanzvolle Zeit der Stadt, die bis zum 4. Jh. v. Chr. dauerte, erinnern die Ausgrabungsstätte und ein Museum.

Nördlich folgt mit **Trapani** eine weitere größere Stadt, die aufgrund der Salinen der Umgebung lange ein bedeutendes Handelszentrum war. Von der Glanzzeit der Stadt zeugen die auf einer vorgelagerten Landzunge gelegene, barocke Altstadt, Palazzi und zahlreiche Kirchen, darunter eine bedeutende Marienkirche. Ein beliebter Abstecher führt zum 750 Meter hohen Berg **Erice**, zu dessen Füßen Trapani liegt. Eine Fahrt per Pkw oder Schwebebahn zum gleichnamigen Bergdorf, das bereits in der Antike besiedelt war und Sehenswürdigkeiten aus mehreren Epochen bietet, ist aufgrund des mittelalterlichen Stadtbilds Erices sowie des herrlichen Ausblicks lohnenswert.

Trapani ist mit einem Flughafen und einem Hafen, von dem unter anderem Fähren nach Pantelleria und zu den Ägadischen Inseln verkehren, ein wichtiger Verkehrsknotenpunkt Siziliens. Der Archipel der gegenüber von Trapani gelegenen, sechs bis 30 Kilometer von der sizilianischen Küste entfernten **Ägadischen Inseln** (Isole Egadi) besteht aus drei bewohnten Eilanden. Die seit der Steinzeit besiedelten Inseln weisen schöne Landschaften, prähistorische Grotten sowie gute Bade- und Unterwassersportmöglichkeiten auf. Vor allem die mit 19 qkm größte Insel Favignana ist ein beliebtes Ausflugs- und Urlaubsziel, ruhiger sind noch die beiden kleineren Inseln Levanzo und Marettimo. Die Überfahrt von Trapani zu den Ägadischen Inseln beträgt mit dem Tragflächenboot etwa eine halbe Stunde.

DAS LANDESINNERE

Das hügelige, dünn besiedelte Landesinnere Siziliens gilt seit der Antike als Kornkammer Italiens. Bedeutende Siedlungen und Sehenswürdigkeiten gibt es hier nur wenige. Die meisten Touristen stoßen nur im Rahmen von Touren rund um den Ätna etwas weiter ins Hinterland vor.

Eine Ausnahme ist das Inselzentrum mit dem häufig als „Nabel Siziliens“ bezeichneten Städtchen **Enna**, das auf vielen Rundreisen angesteuert wird. Die Provinzhauptstadt liegt fast 1.000 Meter hoch, auf einem kargen, langgestreckten, aussichtsreichen Felsrücken. Sehenswürdigkeiten hier sind ein Stauferkastell, der Dom aus dem 14. Jh. und der zehn Kilometer entfernte, sagenumwobene **Pergusa-See**.

30 Kilometer südöstlich liegt das mittelalterliche Bergstädtchen **Piazza Armerina**, dessen Hauptattraktion das nahe gelegene, spätantike römische Landhaus „Villa Romana del Casale“ ist. Von der luxuriösen Villa sind Mauern, Marmorsäulen und – besonders spektakulär – 3.500 qm umfassende Bodenmosaiken erhalten.

Südöstlich von Piazza Armerina liegt das Keramikzentrum **Caltagirone**, südwestlich von Enna mit **Caltanissetta** die größte Stadt des Landesinneren, einst ein Zentrum des Schwefelhandels. In der Umgebung erstrecken sich weitere sehenswerte, mittelalterliche Orte mit Schlössern und Befestigungsanlagen.

GRIECHENLAND

1.) **Eine Familie mit zwei Kindern im Alter von 13 und 11 Jahren möchte im kommenden Sommer einen kombinierten Bade- und Besichtigungsurlaub auf dem Peloponnes verbringen und mit dem eigenen Pkw anreisen.**

a) *Beraten Sie die Kunden ausführlich über infrage kommende Anreiserouten und nennen Sie dabei die längste und die kürzeste Fährstrecke, die genutzt werden können. Welche Reedereien bieten Fährüberfahrten auf diesen Strecken an?*

b) *Nennen Sie mindestens sechs bedeutende Stationen einer Rundreise durch das klassische Griechenland, die auf dem Peloponnes liegen bzw. von dort aus schnell erreichbar sind. Erläutern Sie kurz die Bedeutung der Stätten in der Vergangenheit und beschreiben Sie, was man dort sieht.*

c) *Empfehlen Sie den Kunden für den Badeaufenthalt zwei verschiedene Regionen auf dem Peloponnes und nennen Sie dort jeweils einen relativ ursprünglichen Urlaubsort mit besonders schönem Strand.*

2.) **Zwei Ihrer Freundinnen möchten nach bestandenem Examen drei bis vier Wochen „Inselhüpfen" in Griechenland machen. Der Hinflug soll nach Athen gehen, wo die beiden einige Tage verbringen möchten. Von dort wollen sie dann mit dem Schiff auf ägäische Inseln fahren.**

a) *Nennen Sie Ihren Freundinnen einige der wichtigsten Sehenswürdigkeiten im Zentrum Athens und in der Umgebung.*

b) *Ab welchen Häfen im Großraum Athen können Ihre Freundinnen die Schiffsreise in die Ägäis antreten? Was sollte in Bezug auf diese Fahrten mit Fähren innerhalb Griechenlands beachtet werden?*

c) *Nennen Sie zwei Inselgruppen in der Ägäis, die eine sehr gute touristische Infrastruktur aufweisen und für das geplante Inselhüpfen, das eine Mischung aus Erholungs- und Kulturурlaub darstellen soll, infrage kommen. Letzte Station sollte jeweils eine Insel sein, die direkte Rückflugverbindungen nach Deutschland bietet.*

d) *Stellen Sie für beide Inselgruppen eine Route aus drei Inseln zusammen und beschreiben Sie deren Charakter sowie Sehenswürdigkeiten und Ausflugsziele.*

3.) Einer kulturell interessierten Dame mittleren Alters, einer passionierten Wanderin, haben Freunde Kreta als geeignetes Reiseziel empfohlen. Die Kundin informiert sich bei Ihnen über Kreta-Studienreisen, in deren Rahmen auch gewandert wird.

a) *Nennen Sie der Dame die kulturellen und landschaftlichen Höhepunkte einer Rundreise durch Kreta. Welche besondere antike Kultur kann die Kundin auf ihrer Reise kennen lernen?*

b) *Empfehlen Sie gut zum Bergwandern geeignete Regionen Kretas und stellen Sie ein Ziel, das unter Wanderern als „Highlight" der Insel gilt, besonders heraus. Schildern Sie Ihrer Kundin, wie eine organisierte Wanderung in diesem Gebiet aussieht.*

c) *Im Anschluss an Kultur-, Wander- und Landschaftserlebnisse möchte Ihre Kundin einige Tage in einem hochwertigen Hotel in der Nähe eines schönen Ortes mit guten Unterhaltungsmöglichkeiten verbringen. Stellen Sie ihr jeweils einen infrage kommenden Ort im östlichen und im westlichen Teil Kretas vor und informieren Sie sie über die Transferdauer von dort zum jeweiligen Flughafen, von dem aus der Rückflug nach Deutschland erfolgen kann.*

1.5 GRIECHENLAND

Die knapp 132.000 qkm große Republik Griechenland liegt etwa zwischen dem 35. und 42. nördlichen Breitengrad. Sie umfasst den südlichsten Teil der im Südosten Europas gelegenen **Balkanhalbinsel** und eine Vielzahl an Inseln. Auf das Festland, zu dem auch die Halbinseln **Chalkidiki** im Nordosten und **Peloponnes** im Süden gehören, entfallen etwa vier Fünftel der Fläche. Im Norden grenzt Griechenland an Albanien, Mazedonien und Bulgarien, im Nordosten an die Türkei. Das Mittelmeer bzw. dessen Randmeere begrenzen das Land im Westen (**Ionisches Meer**), Süden und Osten (**Ägäisches Meer**).

Von den über 2.000 zum griechischen Staatsgebiet gehörenden Inseln sind rund 150 ständig bewohnt. Die meisten der Inseln sind zu verschiedenen Inselgruppen zusammengefasst. Im Ionischen Meer liegen die **Ionischen Inseln**. In der Ägäis erstrecken sich die **Nord-Ost-Agäischen Inseln**, die **Dodekanes-Inseln** (beide Gruppen vor der türkischen Küste), die **Kykladen** (im Zentrum), **Evia (= Euböa)** und die **nördlichen Sporaden** (im Nordwesten) und die **Saronischen Inseln** (im Südwesten). Ganz im Süden liegt die größte Insel **Kreta**.

Griechenland ist großenteils gebirgig. Das zentrale Gebirgsmassiv heißt Pindos, der höchste Berg des Landes, der **Olymp** (gut 2.900 Meter), liegt im Nordosten des Landes. Die Gebirge verlaufen häufig bis nahe an die stark gegliederten Küsten und fallen teilweise steil ins Meer ab. Nennenswerte Flüsse gibt es kaum; der längste Fluss **Aliakmon** im Norden misst nur 279 Kilometer.

Griechenland ist in zehn Verwaltungsregionen unterteilt. Einen Sonderstatus hat die nur Männern zugängliche, autonome Mönchsrepublik **Athos** im Norden (der östlichste „Finger" des Chalkidiki). Hauptstadt und mit fast vier Millionen Einwohnern weitaus größte Stadt des Landes ist **Athen**, in der südwestlichen Region Attika gelegen. Insgesamt leben in Griechenland gut 10,5 Millionen Menschen, davon rund 15 % auf den Inseln.

Griechenland weist typisch **mediterranes Klima** auf. Temperatur und Trockenheit nehmen von Norden nach Süden hin zu. Die heißen Sommer sind überall nahezu niederschlagsfrei. Ansonsten gibt es im Westen mehr Niederschlag als im übrigen Land; der Nordosten und das Landesinnere unterliegen kontinentalen Klimaeinflüssen (größere tageszeitliche und jahreszeitliche Temperaturgegensätze). Auf den Inseln ist die oft drückende Sommerhitze durch häufige Winde erträglicher. Nachts gibt es meist eine deutliche Abkühlung. Im Gebirge fällt im Winter öfter Schnee.

Die winterliche Regenzeit beginnt im Oktober/November und dauert bis Februar/März, am längsten im Norden. Beste **Reisezeit** für Griechenland sind entsprechend die Monate von April/Mai bis Oktober/November, April und November jedoch vorrangig in südlichen Teilen. Für einen Erholungsurlaub im Winter eignet sich Griechenland kaum, das touristische Angebot beschränkt sich auf den Sommer. Allenfalls Kreta ist in einigen wenigen Katalogen der Wintersaison zu finden.

Im ägäischen Raum entwickelten sich bereits ab dem 3. Jhtsd. v. Chr. die ersten europäischen **Hochkulturen**, die bereits im ➔ Kapitel III. 1.1 Mittelmeerraum erwähnt wurden.

Seit Griechenland ab dem 9. Jh. v. Chr. eine Vormachtstellung im Mittelmeergebiet innehatte, entstand hier eine kulturelle Einheit der einzelnen Stadtstaaten, unter anderem in Form einer gemeinsamen Sprache und Schrift (Altgriechisch). Der religiöse Glaube der alten Griechen galt einem ganzen Götterstaat – als dessen Heimat der Berg Olymp angesehen wurde – mit zahlreichen Haupt- und Nebengöttern, die jeweils für einen bestimmten Lebensbereich „zuständig" waren. Als Verbindung zu den Göttern galten so genannte Orakel, in denen Priester Ratschläge der Gottheiten an die Menschen übermittelten. Zu Ehren des Göttervaters Zeus fanden 776 v. Chr. die ersten Olympischen Spiele statt. Jahrhundertelang erlebte Griechenland eine kulturelle Blüte. Politisch war diese Zeit geprägt von Kriegen gegen die Perser (um die griechischen Städte in Kleinasien) und gegen Sparta (um die innere Vormachtstellung). Im 4. Jh. v. Chr. schuf Alexander der Große durch Zerschlagung des Perserreiches ein von Griechen dominiertes Weltreich. Diese Zeit, in der sich das Griechentum über den Orient ausbreitete, wird als **Hellenismus** bezeichnet.

Zur **Römerzeit** war Griechenland römische Provinz mit dem Verwaltungszentrum Korinth. Nach der Teilung des Römischen Reiches gehörte Griechenland zum christlichen **Byzantinischen Reich**. Die den griechischen Göttern gewidmeten, früheren Kultstätten wurden geschlossen. Im 11. Jh. kam es zur Spaltung des Christentums in die katholische und die griechisch-orthodoxe Konfession. Während des Verfalls des Byzantinischen Reiches wurde Griechenland lange von europäischen Kreuzrittern, vor allem von **Venezianern** und **Franken**, beherrscht.

Mitte des 15. Jh. fiel Griechenland für fast 400 Jahre unter **türkisch-osmanische Herrschaft**. Die griechische Sprache und Kultur wurden durch die Besatzer, die in Griechenland hohe Steuern einforderten, verboten. Kulturell kam es weitgehend zum Stillstand. 1821 begann der Freiheitskampf gegen die Türken, der nach acht Jahren zur griechischen Unabhängigkeit führte. 1830 wurde Griechenland zur **Monarchie**, ein bayerischer Prinz war der erste König. Zwischen 1880 und 1920 erhielt das Land von der Türkei verschiedene Territorien und Inseln zurück und konnte so seine Fläche stark vergrößern. Im griechisch-türkischen Krieg (1920-22) verloren die Griechen jedoch ihre Gebiete auf dem kleinasiatischen Festland.

Während des **zweiten Weltkrieges** war Griechenland von deutschen und italienischen Truppen besetzt. Nach Kriegsende kam es zum **Bürgerkrieg**, 1952 wurde eine konstitutionelle Monarchie gegründet, Griechenland trat der NATO bei. 1967 etablierte sich eine strenge **Militärdiktatur**, nach deren Ende 1974 Griechenland zur Demokratie wurde. 1981 trat das Land der **EU** bei und entwickelte sich zu einem modernen und liberalen, stark westlich orientierten Land.

Über 60 % der gut zehn Millionen Menschen zählenden griechischen **Bevölkerung** lebt in Städten, gut 30 % der Gesamtbevölkerung im Großraum Athen. Im Verhältnis zur Einwohnerzahl leben sehr viele Griechen (etwa drei Millionen) im Ausland. Der Ausländeranteil in Griechenland beträgt knapp 3 % (meist Türken, Bulgaren, Albaner).

Die **Bevölkerungsdichte** liegt bei 80 Einwohnern/qkm. Hohe Landflucht führt dazu, dass gerade viele Bergdörfer langsam entvölkert werden.

Die **Landessprache** in Griechenland ist Neugriechisch, das sich aus dem Altgriechischen entwickelt hat, zu diesem jedoch sehr große Unterschiede aufweist. Das Griechische hat eine eigene, kyrillische Schrift, in der man auch die meisten Beschilderungen findet. Verkehrsschilder gibt es mittlerweile häufig auch in lateinischer Schrift in englischer Sprache. Bis auf ländliche Gebiete kommt man in Griechenland, gerade in größeren Städten, mit Englisch gut zurecht, mit Deutsch hauptsächlich in touristisch stärker entwickelten Ferienzentren.

In Griechenland gehören offiziell 97 % der Bevölkerung der griechisch-orthodoxen **Religion** an, einer christlichen Konfession, die weder den Papst als Kirchenoberhaupt anerkennt noch an der Reformation beteiligt war. Die orthodoxe Kirche hatte großen Anteil daran, dass während der jahrhundertelangen türkischen Besatzungszeit die griechische Sprache und Kultur bewahrt werden konnten. Der verbleibende Teil von 3 % der Bevölkerung sind moslemische, jüdische, protestantische und katholische Minderheiten.

Griechenlands **Nationalfeiertag** ist der 25. März, der Tag, an dem 1821 der Freiheitskampf gegen die Türken begann. Am 25. März 1924 wurde die griechische Republik ausgerufen.

Zu einem großen Anziehungspunkt für Touristen hat sich das **griechische Osterfest** entwickelt, das vom Termin her meist um ein bis zwei Wochen von unserem Ostern abweicht. Aus diesem Anlass finden unter anderem große, fröhliche Straßenfeste statt. Auch zu vielen anderen Gelegenheiten gibt es – oft regional unterschiedlich – fröhliche Feste.

Häufig werden von den Touristen **Folkloreveranstaltungen** besucht, bei denen vorrangig der bekannte Tanz Sirtaki vorgeführt wird.

Die meisten deutschen Touristen fliegen nach Griechenland. Im *FLUGVERKEHR* von Deutschland nach Griechenland bieten LH und die griechischen Fluggesellschaften Olympic Airways (OA) und Aegean Airlines (A3) ganzjährig gute Verbindungen. Direktflüge von Deutschland nach Griechenland dauern zwei bis dreieinhalb Stunden.

Von mehreren deutschen Städten gibt es – oft mehrmals täglich – direkte **Linienflüge** nach Athen (ATH) und Thessaloniki (SKG) sowie vereinzelt nach Heraklion (HER) auf Kreta. OA bietet ab Athen und teilweise auch ab Thessaloniki gute Weiterflugverbindungen in kleinere Städte und auf Inseln. Flugverbindungen zwischen Inseln gibt es kaum.

Ab Deutschland verkehren während der Sommersaison auch zahlreiche direkte **Charterflüge** nach Griechenland (auf Inseln, nach Athen, nach Thessaloniki und auf den Peloponnes).

SCHIFFSVERKEHR

Urlauber, die mit dem Auto nach Griechenland reisen, nutzen meist **Fähren** ab Italien. Die Schiffe fahren von Norditalien (Ancona, Venedig und Triest) bzw. Süditalien (Bari und Brindisi) nach Igoumenitsa (Nordgriechenland) und auf die Ionischen Inseln sowie nach Patras (Peloponnes). Die Fahrtdauer von Norditalien nach Nordgriechenland beträgt 15 bis 25 Stunden, nach Patras 19 bis 40 Stunden. Eine Fahrt von Süditalien nach Nordgriechenland nimmt etwa 7 bis 12 Stunden, nach Patras 14 bis 21 Stunden in Anspruch. Zu den Reedereien, die diese Strecken befahren, gehören Minoan Lines, Anek Lines, Hellenic Med. Lines, Ventouris Lines und Superfast Ferries.

Der wichtigste Fährhafen zu den ägäischen Inseln und in den östlichen Mittelmeerraum ist Piräus, eine große Hafenstadt im westlichen Großraum Athen. Ein weiterer wichtiger Hafen liegt mit Rafina östlich von Athen. In die Nord-Ost-Ägäis gibt es auch ab Thessaloniki gute Verbindungen. Die Ionischen Inseln werden vorrangig von der Westküste des Festlands und des Peloponnes angefahren.

Die Fährverbindungen innerhalb der einzelnen Inselgruppen sind meist sehr gut. Häufig werden im innergriechischen Fährverkehr schnelle Tragflächenboote (Flying dolphins) genutzt. Aus gegebenem Anlass wies das Auswärtige Amt im Oktober 2000 darauf hin, dass für Fährschiffe im innergriechischen Verkehr nicht die international vereinbarten Sicherheitsstandards gelten.

Vor allem Piräus und die Häfen der griechischen Inseln sind häufig Ziele von **Kreuzfahrtschiffen** bei Touren durch die griechische Inselwelt oder das östliche Mittelmeer. Von hier aus werden Landausflüge zu den klassischen Stätten der Antike und Rundfahrten unternommen. Auf dem Festland werden außerdem oft Volos an der Ostküste (für Landausflüge zu den Meteora-Klöstern) und Itea am Golf von Korinth (für Landausflüge nach Delphi) angelaufen.

STRASSENVERKEHR

Reisen auf dem Landweg nach Griechenland dauern lange und sind beschwerlich. Die unruhige politische Situation in Jugoslawien und den ehemaligen Teilrepubliken trug in den letzten Jahren dazu bei, dass der Landweg selten für eine Fahrt nach Griechenland genutzt wurde. Es ist zwar möglich, per **Pkw** über den Balkan nach Griechenland zu fahren, jedoch nicht unbedingt ratsam.

Touring/Eurolines bietet **Linienbusverbindungen** über Österreich/Italien zu mehreren Zielen in Griechenland an. Die Fahrtdauer z. B. von Frankfurt nach Saloniki beträgt rund 40 Stunden.

Das **Straßennetz** in Griechenland ist recht gut ausgebaut, vor allem auf den mautpflichtigen Fernstrecken (von Athen nach Thessaloniki, Igoumenitsa und Patras), und wird ständig verbessert. Innerhalb des Landes, auch auf den meisten Inseln, gibt es ein sehr gut ausgebautes und preisgünstiges Busnetz. Flugreisende haben fast überall die Möglichkeit, einen Pkw anzumieten (Buchung in Deutschland oft günstiger). Sehr häufig werden auch Mopeds und Vespas verliehen.

BAHNVERKEHR

Eine Bahnfahrt von Frankfurt nach Athen dauert mindestens 43 Stunden. Die **Verbindungen** verlaufen durch Österreich, Jugoslawien und die ehemaligen Teilrepubliken oder über Ungarn.

Innerhalb Griechenlands bietet die nationale Bahn **OSE** Verbindungen zwischen den größeren Städten und auf dem Peloponnes. Eine Bahnfahrt von Athen nach Thessaloniki dauert etwa fünf bis sechs Stunden. Das Bahnnetz ist jedoch nicht so gut ausgebaut und komfortabel wie in Mitteleuropa. Für den Fernverkehr haben Linienbusse größere Bedeutung.

Hotels, Apartments und Ferienhäuser gibt es in Griechenland in den verschiedensten Kategorien. Die meisten **Touristenunterkünfte** liegen auf den Inseln, im Großraum Athen sowie an den Küsten der Halbinsel Chalkidiki und des Westpeloponnes. Vor Ort findet man auch zahlreiche Privatquartiere.

Griechenland zieht als klassisches Rundreiseland seit vielen Jahrzehnten große Besucherscharen durch seine zahlreichen **antiken Ausgrabungsstätten** und kulturellen Besichtigungsmöglichkeiten an. Viele Griechenlandreisende machen eine geführte oder individuelle Rundreise zu den klassischen Stätten des Altertums. Gerade der Peloponnes und Kreta bieten sich für Studien- und Rundreisen an. Ausgangsort einer Rundreise über das Festland und den Peloponnes ist meist Athen.

Im Laufe der letzten Jahrzehnte kamen aber auch immer mehr Touristen für einen Bade- und Erholungsurlaub an die griechischen **Küsten** und **Inseln** mit ihren meist kieseligen, teilweise aber auch feinsandigen Stränden und Buchten.

Sehr beliebt ist bei Griechenlandreisenden das **Inselhüpfen**, vor allem auf den relativ nahe beieinander liegenden Kykladen. Per Fähre wechselt man von einer Insel zur anderen und kann so während eines Urlaubs mehrere unterschiedliche Inseln kennen lernen. Weiterhin gibt es die Möglichkeit, Kreuzfahrten oder Segeltörns in der griechischen Inselwelt – teilweise auch bis in die Türkei – zu buchen, bei denen man auf dem Schiff wohnt und vom jeweiligen Anlegehafen Ausflüge oder Badetouren auf den einzelnen Inseln unternimmt.

An den Küsten gibt es verschiedene **Sportmöglichkeiten**, darunter natürlich Wassersport wie Surfen, Schnorcheln und – besonders ideal in der Ägäis – Segeln. Tauchen ist zum Schutz zahlreicher unter Wasser befindlicher Kulturschätze nur in speziellen Revieren erlaubt. Weiterhin bieten Griechenland und seine Inseln gute Gegebenheiten zum Bergwandern und Klettern.

Auch landschaftlich hat Griechenland einiges zu bieten. Herausragende **Landschaften** sind innerhalb von zehn Nationalparks geschützt, die insgesamt eine Fläche von 100.000 Hektar umfassen. Acht der Nationalparks liegen auf dem Festland, einer auf Kreta und einer auf Kefalonia.

Griechenland rangiert seit Jahren unter den sechs beliebtesten Auslandsreisezielen der Deutschen. Im Jahr 2000 hatte das Land über 13 Millionen internationale Besucher (international Rang 13).

Der **Tourismus** brachte Griechenland 2000 Einnahmen von gut 9,2 Milliarden US-Dollar (international Rang 10) und ist ein wichtiger Wirtschaftsfaktor. Zu den **Hauptreisezielen** gehören Athen, die klassischen antiken Stätten, die Inseln Kreta, Rhodos, Kos, Korfu und die Kykladen. Außerdem werden über deutsche Reiseveranstalter oft die nordgriechische Halbinsel Chalkidiki (Zielflughafen Thessaloniki) und die nördlichste Insel Thassos (Zielflughafen Kavala, KVA) angeboten. Außer den in den nachfolgenden Kapiteln beschriebenen Inselgruppen sind in diesen Programmen häufig auch die Sporadeninseln Skopelos und Skiathos (Flughafen JSI) und die Nord-Ost-Ägäischen Inseln Lesbos (MJT) und Samos (SMI) enthalten.

Weitere wichtige **Wirtschaftsfaktoren** Griechenlands sind Landwirtschaft und Industrie, vor allem Schiffsbau, Metall- und Textilindustrie. Große wirtschaftliche Bedeutung hat auch die griechische Handelsflotte, eine der größten der Welt. Das Bruttosozialprodukt betrug im Jahr 2000 in Griechenland 11.960 US-Dollar pro Einwohner.

Der **Massentourismus** setzte in Griechenland Anfang der 70er-Jahre ein. In einigen Gebieten und Inseln wurden große Feriensiedlungen mit klotzigen Hotels gebaut, es kamen aber auch viele Rucksacktouristen. Mittlerweile geht der Trend zu landestypischen, niedriger gebauten und gut in die Landschaft passenden Hotels und Apartmentanlagen sowie zu kleinen Pensionen und Privatunterkünften. Obwohl auch kleinere Unterkünfte oft über Reiseveranstalter buchbar sind, kommen sehr viele Individualtouristen nach Griechenland, die nur den Flug buchen und sich vor Ort um alles weitere kümmern. Begünstigt wird diese Reiseform dadurch, dass Griechenland ein sehr unkompliziertes und gastfreundliches Reiseland ist, in dem viele Privatquartiere vermietet werden. Da sich der griechische Tourismus fast ausschließlich auf die Sommersaison konzentriert – besonders auf die Monate Juni bis September, wenn auch die Griechen Urlaub machen – sind gerade die kleinen Inseln zu diesem Zeitpunkt häufig völlig überlastet. Vielen Rucksacktouristen bleibt zu dieser Zeit nur die Möglichkeit, am Strand zu schlafen. Im Winter hingegen sind die meisten Inseln und Touristenorte so gut wie ausgestorben.

Fachbücher für die Praxis im Reisebüro

AMADEUS – Ein Handbuch für die Praxis, 2. Auflage 2002

Die komplett überarbeitete und erweiterte Auflage des AMADEUS-Handbuches vermittelt dem Leser noch umfassender und praxisnäher alle Funktionen des Reservierungssystems bis hin zum Ausdruck aller Reisedokumente.

Neu aufgenommen wurde ein ausführliches Transaktionsverzeichnis, in dem sich nach Themen geordnet schnell alle wichtigen AMADEUS Eingabecodes nachschlagen lassen. Ebenso wurde das Schlagwortregister wesentlich erweitert und ist somit eine noch größere Hilfe beim schnellen Auffinden der gesuchten Themen.

Das 400 Seiten starke Werk eignet sich sowohl für Anfänger, die das Handbuch als Einarbeitungshilfe nutzen, als auch als Nachschlagewerk für Praktiker im Reisebüro und für Airliner.

Preis: 35,00 Euro inkl. MwSt, zzgl. Versandkosten

Buchführung, Jahresabschluss und Controlling in Reiseverkehrsunternehmen

Die gesamte Konzeption des Buches ist ein Novum für ein Rechnungswesenbuch und beweist, dass das Thema Buchführung nicht langweilig, sondern unterhaltsam präsentiert werden kann. Anhand konkreter Problemstellungen werden alle Bereiche des betrieblichen Rechnungswesens ausführlich und verständlich erläutert.

Das Buch ist nicht nur für Berufsschulen und die Praxis gut geeignet, sondern dient darüber hinaus zur Prüfungsvorbereitung, da es neben konventionellen Übungsaufgaben auch eine Fülle von prüfungsrelevanten Multiple Choice Aufgaben enthält.
Neben der klassischen Buchführung werden auch aktuelle Aspekte wie Yield-Management, Erfolgs-Kennzahlen wie Cash Flow, Rentabilität und Liquidität sowie die Break-Even-Analyse behandelt.

Preis: 23,01 Euro inkl. MwSt, zzgl. Versandkosten

Fachkunde Bustouristik – Reisen Mobil

Dieses Fachbuch bietet auf knapp 115 Seiten einen umfassenden Überblick über alle Facetten des Busreiseverkehrs. Das Werk mit aktuellen Informationen, vielen Fotos und Grafiken beschäftigt sich ausführlich mit dem Verkauf von Busreisen. Fallbeispiele zu verschiedenen Themen erleichtern den Zugang zur Praxis.

Die rechtlichen Rahmenbedingungen werden in einem eigenen Kapitel mit allen aktuellen Entwicklungen ebenso behandelt, wie die ausführliche Darstellung der Reiseleitertätigkeit in diesem Bereich.
Über den Einstieg in die Bustouristik hinaus dient das Buch in der Praxis als Nachschlagewerk und Verkaufshilfe. Es enthält viele hilfreiche Internetadressen zur Informationsbeschaffung sowie zahlreiche Adressen von Herstellern, Fachmedien und Verbänden im Anhang.

Preis: 19,94 Euro inkl. MwSt, zzgl. Versandkosten

Die hier vorgestellten Fachbücher sind Gemeinschaftswerke der **DRV Service GmbH** und der **Schule für Touristik**. Weitere (Bestell-) Informationen finden Sie unter www.drv-service.de sowie www.schule-fuer-touristik.de. Bestellungen per E-Mail an: drv-service@pressup.de.

1.5.1 IONISCHE INSELN

Die Inselgruppe der Ionischen Inseln besteht aus den sieben größeren Inseln **Korfu**, **Paxi**, **Lefkas**, **Ithaka**, **Kefalonia**, **Zakynthos** und **Kithira** sowie mehreren kleinen Eilanden. Die Inseln bilden eine Kette im Ionischen Meer, vor der griechischen Westküste. Nur Kithira liegt südlich des Peloponnes und gehört verwaltungsmäßig zu Attika, wird aber aufgrund der gemeinsamen Geschichte den Ionischen Inseln zugerechnet. Die nördlichste und westlichste Insel Korfu ist nur wenige Kilometer von der albanischen Grenze entfernt, die südlichste Insel Zakynthos liegt westlich des Peloponnes. Die gut 2.300 qkm Landfläche umfassende Inselgruppe, die eine der zehn griechischen Verwaltungsregionen bildet, hat gut 190.000 Einwohner. Der höchste Berg der Ionischen Inseln, der **Ainos**, befindet sich mit gut 1.600 Metern auf der größten Insel Kefalonia (781 qkm).

Das **Klima** auf den Ionischen Inseln ist milder als auf dem Festland oder auf südlicheren Inseln. Die Luftfeuchtigkeit ist höher und die Sommerhitze nicht ganz so extrem, allerdings gibt es hier auch weniger Wind. Durch relativ hohe Niederschläge von Oktober bis März sind die Inseln sehr grün und fruchtbar. Gerade Korfu ist bekannt für riesige, alte Olivenhaine und Obstplantagen.

Im Laufe der **Geschichte** waren die Ionischen Inseln, auf denen ab dem 8. Jh. v. Chr. griechische Städte gegründet worden waren, wichtige Stationen auf dem Weg nach Italien. Die Inselgruppe geriet aufgrund ihrer Lage etwas früher als das übrige Griechenland in römische Hand. Nach dem Zerfall des Byzantinischen Reiches war die Inselgruppe – bis auf Lefkas – mehrere Jahrhunderte lang venezianisches Gebiet und gehörte nie zum osmanischen Reich. Dies ist noch heute spürbar, da die sonst in Griechenland teilweise anzutreffenden orientalischen Einflüsse hier fehlen und häufig eine italienische Prägung festzustellen ist. Ende des 18. Jh. wurde das venezianische Reich von Napoleon zerschlagen, die Ionischen Inseln standen zwischen 1797 und 1815 unter französischer, russischer und britischer Herrschaft, bis sie schließlich zu einer Republik unter britischem Protektorat erklärt wurden. 1864 kamen sie schließlich wieder zu Griechenland.

Im Sommer gibt es ab Deutschland direkte **Charterflüge** nach Korfu (CFU), Kefalonia (EFL) und Zakynthos (ZTH) sowie nach Preveza (PVK) auf dem Festland, von wo eine Brücke nach Lefkas führt. Die häufigsten Verbindungen bestehen nach Korfu. Im Winter erreicht man die Inseln mit OA über Athen. Kithira (KIT) wird nur ab Athen angeflogen, Paxi und Ithaka haben keine Flughäfen.
Wie bereits erwähnt, bestehen zwischen Italien und Korfu hervorragende **Fährverbindungen**. Auch mit dem griechischen Festland sowie teilweise untereinander sind die Inseln durch regelmäßigen Fährverkehr – im Sommer wesentlich häufiger als im Winter – verbunden. Die am häufigsten im Rahmen von **Kreuzfahrten** angefahrenen Inseln sind Korfu und Zykanthos.

Die touristisch und wirtschaftlich bedeutendste Insel der Inselgruppe ist Korfu, das in fast allen Pauschalkatalogen enthalten ist. Eine größere Rolle spielt der **Tourismus** auch auf Zakynthos. Lefkas und Kefalonia sind seltener, Paxi, Ithaka und Kithira so gut wie überhaupt nicht in den Pauschalkatalogen zu finden. Trotzdem gibt es auch auf diesen Inseln meist eine touristische Infrastruktur, die jedoch eher auf Individualtourismus ausgerichtet ist; hierher kommen viele Urlauber, die das „ursprüngliche“ Griechenland suchen. Die Ionischen Inseln eignen sich mit schönen Stränden – besonders Lefkas, Kefalonia und Zakynthos sind für ihre Sandstrände bekannt – gut für Bade- und Familienurlaub. Die meistbesuchte Insel Korfu bietet viele erstklassige Hotels, auf den übrigen Inseln stehen meist kleinere und oft einfachere Hotels und Pensionen zur Verfügung. Die Inseln bieten gute Ausflugsmöglichkeiten, landschaftliche Vielfalt (darunter ein aus Tannenwäldern bestehender Nationalpark auf Kefalonia), Kultur (Ithaka gilt als Heimat des Odysseus) sowie Wander- und Sportmöglichkeiten. Häufig gibt es ein großes Wassersportangebot, speziell Lefkas weist ideale Bedingungen zum Surfen auf.

KORFU

Korfu (griechisch: Kerkira) ist die nördlichste und mit 592 qkm die zweitgrößte der Ionischen Inseln. Ihre Hauptstadt **Kerkira** (Korfu-Stadt) liegt an der Ostküste und hat knapp 40.000 Einwohner. Insgesamt leben auf der Insel über 100.000 Menschen, mehr als die Hälfte aller Bewohner der Ionischen Inseln. Korfus höchster, gut 900 Meter hoher Berg liegt im Nordosten. Die Insel ist knapp 70 Kilometer lang und an der breitesten Stelle – im Norden – etwa 30 Kilometer breit. Der Flughafen (CFU) befindet sich fünf Kilometer südlich der Hauptstadt, in der auch der Hafen liegt. Die Überfahrt zum griechischen Festland, nach Igoumenitsa, dauert etwa zwei Stunden.

Die fruchtbare Landschaft Korfus ist geprägt von Wäldern aus Millionen von teilweise sehr alten Olivenbäumen. Das am stärksten besiedelte Gebiet ist die relativ flache Ostküste. Hier sind die meisten Strände schmal und kieselig, während die Westküste oft steil abfällt oder Buchten mit Sandstränden bietet. Dieser Gegensatz – sanft abfallende Ostküste und Steilküste im Westen – ist auf fast allen Ionischen Inseln zu finden. Die besten und längsten Strände Korfus liegen im gebirgigen Norden und im leicht hügeligen Südwesten. Von der Ostküste aus kann man teilweise das nahe Festland – die griechische Region Epiros sowie Albanien – sehen.

Der Tourismus hat auf Korfu eine lange Tradition; schon Ende des 19. Jh. machten Gäste der gehobenen Gesellschaft Europas hier Urlaub. Deshalb gibt es eine gute touristische Infrastruktur und zahlreiche, auch größere und ältere Hotels, darunter einige sehr hochwertige und renommierte. Die meisten Unterkünfte findet man in den Ferienzentren an der Ostküste, häufig nördlich von Kerkira. In den letzten Jahren hatte Korfu durchschnittlich 800.000 Besucher pro Jahr, von denen etwa 40 % aus Großbritannien und 25 % aus Deutschland kamen. Es gibt Orte, die vorrangig von britischen Urlaubern besucht werden, sowie Orte, die in „deutscher Hand“ sind. Sportbegeisterten bietet Korfu einen Golfplatz, schöne Wandergebiete, Wassersportmöglichkeiten und Jachthäfen.

KERKIRA UND UMGEBUNG

Die am Meer gelegene Hauptstadt KERKIRA wird von einer byzantinischen und einer venezianischen Festung umrahmt. Zwischen den Festungen verlief früher Zeit eine Stadtmauer, von der heute noch Reste zu sehen sind. Die Attraktion Kerkiras ist die sehr gut erhaltene, stark venezianisch geprägte Altstadt mit engen, malerischen Gassen und Arkadenhäusern. Besonders sehenswert sind hier die orthodoxe Kathedrale, das Rathaus und der alte Hafen. Der Hafen und die weitläufige „Esplanade“ – der größte Platz Griechenlands mit einer schönen Parkanlage – bilden die zentralen Treffpunkte der Stadt. Am Rande der Esplanade steht ein Palast, den die Engländer Anfang des 19. Jh. als Regierungssitz erbauten. In Kerkira gibt es viele Hotels, darunter eines der besten der Insel. Die Bademöglichkeiten in der Stadt selbst sind nicht sehr gut, dafür entschädigen jedoch zahlreiche Einkaufs- und Unterhaltungsmöglichkeiten sowie ein reges Nachtleben.

Ein beliebtes Besichtigungsziel in der UMGEBUNG des heutigen Kerkira ist die **antike Stadt** mit Tempelruinen (eines der wenigen Altertümer Korfus), einer Basilika und einem Kloster.

In der Nähe erstrecken sich vor der Küste zwei winzige Inseln, darunter die **„Mäuseinsel“**, die zu einem Wahrzeichen Korfus geworden ist. Die byzantinische Kapelle, die die Insel ziert, ist auf vielen Reiseprospekten für Korfu abgebildet.

Korfus beliebtestes Ausflugsziel, das **Achilleion**, liegt etwa zehn Kilometer südlich der Hauptstadt. Erbauerin der schlossartigen Villa im italienischen Renaissancestil war die österreichische Kaiserin Sissi, die hier viel Zeit verbracht haben soll. Später kaufte der deutsche Kaiser Wilhelm II. das Anwesen. Das Achilleion liegt in einer wunderschönen, weiten Parkanlage, die von zahlreichen Statuen und kleinen Tempeln geschmückt ist und prächtige Aussichten auf das Meer bietet.

Im Inneren des kleinen Schlosses, das heute dem griechischen Staat gehört, erinnert ein Museum an die berühmten Besitzer. Zeitweise diente das Achilleion auch als Spielkasino.

NORDOSTKÜSTE

Nördlich von Kerkira liegt an der Nordostküste eine beliebte Urlaubsregion. Auf den ersten kleinen Ferienort **Kontokali** folgt ein landschaftlich sehr reizvolles Feriengebiet um das knapp zehn Kilometer von der Hauptstadt entfernte Städtchen **Gouvia**. Obwohl in dem früheren venezianischen Hafen kein eigentliches Ortszentrum vorhanden ist, gibt es eine kleine Einkaufsmeile, Restaurants und Unterhaltungsmöglichkeiten sowie einen modernen Jachthafen. Wenige Kilometer entfernt liegt auf einer Halbinsel das Villenviertel **Komeno** mit einem Luxushotel und kleinen Apartmentanlagen, kurz darauf folgt der langgezogene, lebhafte Ferienort **Dassia**. Die Strände in den malerischen Buchten von Gouvia und Dassia sind schmal und kieselig. Die Hotels, die meist der gehobenen Mittelklasse angehören und sehr familienfreundlich sind, bieten schöne Garten- und Poolanlagen. An den Stränden gibt es gute Wassersportmöglichkeiten wie Surfen, Tauchen und Wasserski.

Nördlich folgen die kleineren Ferienorte **Ipsos** (mit Club Med-Hüttendorf), **Pirgi**, **Barbati**, **Nissaki** und **Kalami**, das zu Füßen von Korfus höchstem Berg liegt; vom Gipfel aus kann man an klaren Tagen sogar Italien sehen. Die üppig-grüne Umgebung der Küstenregion mit langen Kieselstränden eignet sich sehr gut zum Wandern. Hier gibt es viele Clubhotels im 4–Sterne-Bereich.

Im nordöstlichsten Teil der Insel liegen – in unmittelbarer Nähe zum albanischen Festland – weitere Strandorte wie **Kouloura** und die malerische Hafenstadt **Kassiopi**. Diese beiden Orte sind jedoch selten über deutsche Reiseveranstalter buchbar.

Die Hotels an der Ostküste sind häufig in Bauten aus den 70er- und 80er-Jahren untergebracht, die zwar teils recht groß, aber nicht allzu klotzig und selten dicht aneinander gebaut sind. Die neueren Bauten sind meist niedrig und im landestypischen Stil gehalten. Die Transferdauer vom Flughafen zu den Badeorten im Nordosten beträgt zwischen 15 Minuten (Kontokali) und 60 Minuten (Nissaki).

NORDKÜSTE

Ein beliebter Touristenort an der Nordküste ist das in ländlicher Umgebung gelegene **Acharavi**, das sich aus einem Fischerort entwickelt hat. Hier gibt es einen schönen, über acht Kilometer langen, kieseldurchsetzten Naturstrand, der bis in den Nachbarort Roda verläuft. In Acharavi findet man Einkaufs- und Unterhaltungsmöglichkeiten sowie viele landestypische Tavernen. Die Gegend um den Ort ist eine der wenigen in Griechenland, in der über deutsche Reiseveranstalter freistehende, teilweise auch recht große, für Familien gut geeignete Ferienhäuser gebucht werden können. Es gibt außerdem zahlreiche einfache Apartmentanlagen und einige relativ neue Hotels der 4-Sterne-Kategorie, die meist landestypisch gebaut sind.

Westlich schließt sich der lebhafte, lang gezogene Ort **Roda** mit fast dünenartigem Sandstrand an. Hier gibt es hauptsächlich Mittelklasseunterkünfte. Auch die Nordküste eignet sich sehr gut für Wassersport, besonders zum Surfen. Den wohl schönsten Strandabschnitt des Nordens bietet der westlich von Roda gelegene, lebhafte Touristenort **Sidari** (eine „britische“ Feriensiedlung). Es folgt eine Steilküste aus weißen Kreidefelsen, bizarren Felsformationen und schmalen Fjorden. Vom Inselnorden kann man Tagesausflüge auf kleine, vorgelagerte Inseln unternehmen.

Die Fahrt vom Flughafen zu den Orten an der Nordküste dauert eine knappe Stunde.

WESTKÜSTE

Entlang der Küste oder über kleine Bergdörfer erreicht man die ruhigere Westküste. Der nördlichste Badeort hier ist das idyllische **Agios Georgios** mit langem, feinsandigem Strand. In dem Ort, der sich gut als Ausgangspunkt für Wanderungen eignet, liegen viele kleinere Mittelklasseunterkünfte.

In den Bergen der Umgebung erhebt sich über 300 Meter hoch die byzantinische Festung **Angelokastro**. Der nächste Ferienort ist das in einer großen Bucht gelegene **Paleokastritsa**. Neben guten Bade- und Sportmöglichkeiten bietet der Ort ein malerisches, auf einem Felsen gelegenes Kloster, von dem man wunderschöne Aussichten hat; auch das angeschlossene Museum wird häufig besichtigt. Südlich folgt der noch ruhigere Ferienort **Liapades** mit Unterkünften der 2–3-Sterne-Kategorie. Der nächste Badeort **Ermones** bietet eine gehobenere Hotellerie und stellt das Golf-Zentrum Korfus dar. Ermones liegt etwa auf der gleichen Höhe wie das etwa zehn Kilometer entfernte Kerkira-Stadt; dazwischen erstrecken sich das venezianische Museumsdorf **Danilia** und die sumpfige **Ropa-Ebene** mit dem Golfplatz von Ermones.

Südlich von Ermones folgt das Bergdorf **Pelekas**, das durch seine schöne Aussicht – und durch Kaiser Wilhelm, der diese häufig genoss – bekannt wurde; nach ihm ist der Aussichtspunkt „Kaisers Thron" benannt. In der Nähe von Pelekas erstrecken sich in Buchten die relativ ruhigen Badeorte **Glyfada** mit weitläufigem, von Steilküsten eingerahmtem Strand, und **Yaliscari**.

Im Südwesten der Insel liegt der nur durch einen Damm vom Meer getrennte, große See **Korission**, den eine Landschaft aus Schilf und Dünen umgibt. Diese ländliche Gegend bietet schöne, kilometerlange Sandstrände mit den Badeorten **Paramonas**, **Agios Georgios** (nicht zu verwechseln mit dem Badeort im Nordwesten) und **Santa Barbara**.

Die Fahrt vom Flughafen zu den Westküstenorten dauert 30 bzw. 90 Minuten (Ermones bzw. Agios Georgios im Nordwesten). Für die Fahrt ins südwestliche Agios Georgios braucht man eine Stunde.

SÜD-/ SÜDOSTKÜSTE

An der SÜDKÜSTE liegt Korfus südlichster Strandort **Kavos**, der recht turbulent ist und hauptsächlich von Briten besucht wird.

An der SÜDOSTKÜSTE folgt an einem kleinen Fluss das Landstädtchen **Lefkimmi** mit venezianischen Häusern. Nördlich liegen die kleineren Badeorte **Molos**, **Vassilatika** und **Boukari**.

Sehr touristisch geprägte Ferienorte der Südostküste sind **Messonghi** und der kleinere Nachbarort **Moraitika**. Hier gibt es zahlreiche Unterhaltungsmöglichkeiten, Diskotheken und Tavernen sowie Restaurants mit englischer bzw. deutscher Küche. Am langen, schmalen Kieselstrand, in dessen Hinterland weitläufige Olivenhaine liegen, werden verschiedene Wassersportarten ausgeübt. Es gibt eine große Auswahl an Unterkünften, darunter einige Hotels mit Clubcharakter.

Wenige Kilometer nördlich bildet **Agios Ioannis** eine weitere, jedoch ruhigere Feriensiedlung mit Hotels der gehobenen Mittelklasse.

Zwischen den genannten Orten und der Hauptstadt folgt, nur wenige Kilometer vom Achilleion entfernt, der Ort **Benitses**, dessen Attraktion Reste einer römischen Badeanlage sind. Der Ort ist mit eng aneinander gebauten, meist klotzigen Hotels stark geprägt vom (britischen) Massentourismus und hat wegen allzu trinkfreudiger Gäste kein sehr gutes Image. Aus diesem Grund findet man Benitses kaum in den Programmen deutscher Reiseveranstalter.

Die Transferdauer nach Messonghi/Moraitika beträgt etwa 30 Minuten, nach Benitses 20 Minuten.

AUSFLÜGE

NACHBARINSELN

Von Korfu aus können Abstecher zur südlichen Nachbarinsel **Paxi** gemacht werden, wo man den Hauptort Gaios sowie kleine, unberührte Fischerorte und die üppig-grüne Landschaft erkunden kann. Auch die schönen Strände von Paxi und Meereshöhlen sind einen Besuch wert.

EPIRUS

Von einigen Reiseveranstaltern werden Touren in das nahe gelegene Albanien oder zum griechischen Festland, in die Provinz Epirus, organisiert. Erste Station in Epirus ist meist der Fährhafen von Igoumenitsa, von wo aus man in die südlich gelegenen Badeorte **Sivota** und **Parga** oder weiter zu den Ruinen der römischen Stadt **Nikopolis** (in der Nähe von Preveza) fahren kann.

Bei einigen Veranstaltern können Pauschalaufenthalte in Epirus mit Fluganreise nach Korfu bzw. Preveza gebucht werden. In Sivota gibt es einen Robinson Club, der per Flug nach Korfu und zweistündigem Transfer mit der Fähre erreicht wird.

THESSALIEN

Ein sehr lohnender, jedoch bedingt durch die relativ große Entfernung als Tagestour etwas anstrengender Ausflug ist die Fahrt zu den **Meteora-Klöstern** in der Provinz Thessalien. Die Klöster in der Nähe der kleinen Stadt **Kalambaka** sind von Igoumenitsa rund 200 Kilometer entfernt. Die mittelalterlichen Klöster und kleinen Kapellen wurden in oder auf mehrere hundert Meter hohe Sandsteinfelsen gebaut, die spitz aus einer weiten Ebene herausragen. Von den ursprünglich über zwanzig Klöstern existieren heute noch sieben. Die früher nur über Leitern und Seilwinden erreichbaren, „in der Luft schwebenden" (Übersetzung von Meteora) Klöster sind heute großenteils durch moderne Straßen und Treppen erschlossen. In den Klöstern kann man wertvolle Kunstschätze wie Ikonen und Wandmalereien besichtigen.

1.5.2 KYKLADEN

Die Inselgruppe der Kykladen liegt im zentralen und südlichen Teil des ägäischen Meeres. Sie besteht aus über 200 Inseln, von denen nur die folgenden größer als 10 qkm sind: **Andros**, **Tinos**, **Syros**, **Mykonos** (nördliche Kykladen), **Kea**, **Kythnos**, **Serifos**, **Sifnos**, **Milos** (westliche Kykladen), **Paros**, **Naxos**, **Amorgos** (mittlere Kykladen), **Ios** und **Santorin** (südliche Kykladen). Insgesamt sind 24 Kykladeninseln besiedelt. Der Name Kykladen stammt vom griechischen Wort „kyklos" (Kreis), da man in der Antike glaubte, die Inseln bildeten einen Ring um die damals als heilig angesehene Insel Delos bei Mykonos. Die maximal 40 Kilometer auseinander liegenden, gebirgigen Inseln stellen eine Fortsetzung der Gebirgskette Mittelgriechenlands dar; ihr mit gut 1.000 Metern höchster Berg **Zas** befindet sich auf der größten Insel Naxos (448 qkm). Insgesamt hat der Archipel eine Fläche von fast 2.600 qkm; hier leben knapp 100.000 Menschen. Verwaltungszentrum der Kykladen, die zur Region „Ägäische Inseln" gehören, ist die Insel Syros.

Die Kykladen haben mediterranes **Klima** mit relativ langen, sehr trockenen Sommern, was häufig zu starker Dürre führt. Bis auf einige Ausnahmen ist die Vegetation hier meist karg, es gibt kaum Wälder. Die Sommerhitze wird durch die fast ständig wehenden, teilweise recht starken Meltemi-Winde erträglicher. Diese Winde tragen zur Klarheit der Luft auf den ägäischen Inseln bei, durch die eine starke Wirkung der Farben zustande kommt (daher auch der Beiname „Inseln des Lichts").

Die Kykladen blicken auf eine lange **Geschichte** zurück. Schon bevor die Inseln zum Einflussbereich der Minoer gehörten, gab es hier die für Keramik- und Marmorbearbeitung bekannte Kykladen-Kultur. Um 1500 v. Chr. fand ein großer Vulkanausbruch auf Santorin statt, der vermutlich die minoische Kultur zerstörte. Im 1. Jhtsd. v. Chr. erreichten die Inseln große wirtschaftliche und kulturelle Bedeutung. Ihr Zentrum war Delos, das im 5. Jh. eine wichtige Rolle im griechischen Bündnis gegen die Perser (attisch-delisches Seebündnis) spielte. Auch die Kykladen gehörten zum Römischen, Byzantinischen, Venezianischen und Osmanischen Reich. Während des russisch-türkischen Krieges (1770–1774) waren einige Inseln von Russen besetzt. 1832 wurden die Kykladen schließlich Teil des neuen Königreichs Griechenland.

In der Sommersaison gibt es von Deutschland direkte **Charterflüge** nach Mykonos (JMK) und Santorin (JTR). Man kann die beiden Inseln sowie Paros (PAS), Naxos (JNX), Syros (JSY) und Milos (MLO) auch per Linienflug ab Athen erreichen.
Von Piräus und Rafina sowie vereinzelt von Thessaloniki bestehen – vor allem im Sommer – sehr gute **Fährverbindungen** auf die Kykladen. Die Fahrtdauer ist abhängig von der Art des Schiffes, dem genauen Ziel, der Route und der Anzahl der Zwischenstopps, die gemacht werden. Auf die nördlichen Kykladen fährt man von Athen aus etwa fünf Stunden (mit dem Flying Dolphin zwei bis drei Stunden) und auf die südlichen Kykladen rund neun Stunden (mit dem Flying Dolphin knapp fünf Stunden). Auch die Fährverbindungen innerhalb des Archipels sind zwischen den größeren Inseln sehr gut, die kleineren Inseln haben zumindest einen regelmäßigen Anschluss an die nächste größere Nachbarinsel. Teilweise gibt es auch Verbindungen nach Kreta und zu anderen Inselgruppen. Die am häufigsten im Rahmen von **Kreuzfahrten** angelaufenen Kykladeninseln sind Mykonos bzw. Delos und Santorin.

Die Kykladen entsprechen mit ihrer typischen Architektur – würfelförmige, schneeweiß gekalkte, kubische Häuser mit blauen und grünen Fenstern, verwinkelten Gassen und kleinen Kirchen – absolut dem gängigen Griechenland-Bild. Auf den meisten Inseln stören keinerlei große, klotzige Bauten die Idylle der Altstädte (Chora). Dass die Kykladen trotz vieler Gemeinsamkeiten auch ganz unterschiedliche Charaktere und Vorzüge haben, trägt dazu bei, dass sie sich zu einem Ziel für „Inselspringer" entwickelt haben; Vorteil hierbei sind die geringen Entfernungen zwischen den Inseln und die guten Fährverbindungen. Die Kykladen haben Strandliebhabern, Nachtschwärmern, Naturliebhabern und Ruhesuchenden, aber auch archäologisch Interessierten einiges zu bieten. Sportbegeisterte können Wassersport treiben; besonders Naxos und Paros sind gute Surfreviere.

Hauptziele des **Tourismus** sind das mondäne Mykonos mit schönen Stränden und hervorragendem Nachtleben sowie das landschaftlich einzigartige Santorin. Die Westseite der Insel mit – direkt am steil abfallenden Kraterrand gelegenen, malerischen Orten – ist auf faszinierende Weise geprägt vom großen Vulkanausbruch vor über 2500 Jahren. Außer diesen beiden Inseln sind am häufigsten Paros und Naxos in den Veranstalterprogrammen enthalten; kleinere Inseln werden teilweise über Spezialveranstalter angeboten. Auf den kleineren Inseln gibt es oft nur wenige oder gar keine Hotels, jedoch kleine Pensionen und Privatquartiere. Diese Inseln sind ein beliebtes Ziel von Individual- und Rucksacktouristen. Die unterschiedliche touristische Prägung der einzelnen Inseln ist auch am Preisniveau erkennbar: So kostet beispielsweise ein Essen auf Mykonos oder Santorin teilweise doppelt so viel wie auf den kleinen und ruhigeren Nachbarinseln.

MYKONOS

Mykonos im nördlichen Bereich des Archipels ist mit knapp 88 qkm die neuntgrößte Insel der Kykladen. Im Hauptort **Mykonos-Stadt** (Chora) im äußersten Westen wohnen die meisten der gut 6.000 Einwohner der Insel. Die höchste Erhebung liegt mit 372 Metern im Inselosten. Der Flughafen (JMK) befindet sich etwa drei Kilometer östlich der Hauptstadt. Hier liegen auch der Kreuzfahrt-, Fähr- und Jachthafen von Mykonos. Mykonos ist eine relativ flache und karge Insel, auf der – unter anderem wegen des hier besonders stark auftretenden Meltemi-Windes – nur wenig Landwirtschaft betrieben wird. Vor allem an der Südküste gibt es hervorragende Strände, darunter feine Sandstrände. Außer Mykonos-Stadt hat die Insel nur einen größeren Ort (im Landesinneren).

Der Tourismus auf Mykonos, das seit den 50er-Jahren zu den meistbesuchten griechischen Inseln gehört, konzentriert sich auf Mykonos-Stadt und die Südwestküste. Die meisten Hotels sind im landestypischen Stil flach gebaut, sodass die besonders schöne Altstadt ursprünglich geblieben ist. In der Altstadt spielt sich das rege Nachtleben von Mykonos mit zahlreichen Tavernen, Restaurants, Diskotheken und flippigen Kneipen ab. Die Insel ist bekannt für ihren kosmopolitischen Charakter und gilt auch als Treffpunkt des internationalen Jetsets. Dies macht sich am relativ hohen Preisniveau bemerkbar. Obwohl die Architektur auf Mykonos so typisch für die Kykladen ist, ist die lebhafte und weltoffene Insel doch anders als die übrigen, meist ruhigeren und ursprünglicheren Inseln des Archipels. Mykonos ist vor allem ein Urlaubsziel für Strandliebhaber und Nachtschwärmer, eignet sich aber auch als Ausgangspunkt für Inselhüpfen und Ausflüge.

MYKONOS-STADT

Der Dreh- und Angelpunkt der Insel ist die malerische, weitgehend autofreie Hauptstadt Mykonos-Stadt, die eine verwinkelte, kykladische Altstadt wie aus dem Bilderbuch bietet. Das Städtchen mit zahlreichen weiß gekalkten Häusern und Kirchen ist – im Gegensatz zu den meisten Kykladenorten, die sich an Hängen hinaufziehen – flach entlang der Küste gebaut. Im Hochsommer herrscht in den engen, kleinen Gassen aufgrund des enormen Besucheransturms häufig großes Gedränge.

Das Zentrum bildet die entlang des malerischen **Hafens** verlaufende Promenade, die zum **Rathaus** führt. Das Ende des 18. Jh. von einem russischen Konsul erbaute Gebäude ist das einzige auf Mykonos, das rote Dachziegel hat. Hinter der Hafenpromenade erstreckt sich das **Altstadtviertel** „Kastro“ mit zahllosen Geschäften, exklusiven Designerboutiquen, Tavernen, Restaurants und Fast-Food-Läden. Besondere Sehenswürdigkeit im Kastro-Viertel ist die weiße Kirche „Panagia Paraportiani“ aus dem 16. Jh., die aus fünf ineinander verschachtelten Kapellen besteht. Als Wahrzeichen von Mykonos gelten auf einem Hügel gelegene alte **Windmühlen**. Von den ursprünglich mehr als zehn Mühlen sind vier erhalten. Zu Füßen des Windmühlenbergs liegt ein Viertel, das wegen seiner direkt ans Wasser gebauten, venezianischen Häuser „**Klein-Venedig**“ genannt wird. Am Ufer bieten teure Tavernen schöne Aussichten auf die Mühlen.

In und um Mykonos-Stadt, das auch einige Museen bietet, gibt es zahlreiche Unterkünfte, darunter viele preisgünstige Pensionen und kleine Hotels aller Kategorien.

SÜDWESTKÜSTE

Viele Touristenunterkünfte bietet auch die Südwestküste, die von Mykonos-Stadt nur wenige Kilometer entfernt und mit Bussen gut erreichbar ist. Hier liegen **Ornos** und **Agios Ioannis** (auf der Ornos-Halbinsel), **Psarou** (wo besonders viel Wassersport getrieben wird), **Plati Yialos** (der bekannteste und am besten erschlossene Strand, der sich auch gut für Familien eignet) und das ruhigere **Paraga**. Sehr turbulent sind die oft von jungen Leuten besuchten, schönen Sandstrände **Paradise Beach** und **Super Paradise Beach** sowie **Agrari** und **Elia**. Diese Strände werden häufig von Plati Yialos per Boot angefahren.

An der Südwestküste gibt es Hotels verschiedenster Kategorien, mehrere 5-Sterne-Hotels liegen in Ornos und Psarou. Die Fahrt vom Flughafen zu den genannten Orten dauert etwa 15 Minuten.

ÜBRIGE KÜSTEN / INSELZENTRUM

An der ruhigeren Südostküste liegen, etwa zwölf Kilometer entfernt von der Stadt, die Ferienorte **Kalo Livadi** und **Kalafati** mit langem, gut zum Surfen geeigneten Strand. Hier ist das Hotelangebot bei weitem nicht so groß wie an der Südwestküste.

In der Nähe befindet sich die zweite größere Siedlung auf Mykonos, **Ano Mera** mit einigen hundert Einwohnern. Sehenswert sind hier zwei Klöster. Die Umgebung des Örtchens im Landesinneren prägen kakteen- und blumenbewachsene Hügel, kleine Bauernhäuser, Kapellen und Windmühlen.

Im kaum erschlossenen Inselnorden liegen die tief ins Land einschneidende Bucht von **Panormos** mit dem gleichnamigen Dünenstrand und der Sandstrand **Ftelia**.

AUSFLÜGE

DELOS

Zehn Kilometer südwestlich von Mykonos liegt die 4 qkm große Insel Delos. Die karge, heute unbewohnte Insel gehört zu den bedeutendsten antiken Stätten Griechenlands. In der Antike war Delos, das als Geburtsort der Götter Artemis und Apollon als heilig galt, jahrhundertelang das wirtschaftliche und kulturelle Zentrum der Ägäis; im 2. Jh. v. Chr. wurde es zum Freihafen. Damals sollen hier fast 30.000 Menschen gelebt haben. Nach Plünderungen und Verwüstungen im 1. Jh. v. Chr. begann der Niedergang, die Insel wurde verlassen. Heute besichtigen Besucher die Ausgrabungen des „Heiligen Bezirks" mit Tempeln, Marktplätze, die Löwenterrasse, eine antike Wohnstadt, ein Theater und ein Museum. Auf Delos landen auch häufig Kreuzfahrtschiffe.

WEITERE KYKLADENINSELN

Von Mykonos werden oft weitere lebhafte Inseln wie **Paros** und **Ios**, ruhige und ursprüngliche Inseln wie **Amorgos**, grüne Inseln wie **Andros** und **Naxos** (das sehr schöne Strände hat), das Wanderparadies **Sifnos**, die Wallfahrtsinsel **Tinos** und das einzigartige **Santorin** besucht.

1.5.3 DODEKANES

Die Inselgruppe des Dodekanes besteht aus den zwölf (griechisch: Dodeka) größeren Inseln **Patmos**, **Leros**, **Kalymnos**, **Kos**, **Astipalea**, **Nissyros**, **Tilos**, **Symi**, **Rhodos**, **Chalki**, **Karpathos**, **Kassos** und mehreren kleinen Inseln. 19 der Inseln sind ständig bewohnt. Die Inseln, die seltener auch als **Südliche Sporaden** bezeichnet werden, liegen nur wenige Kilometer vor der türkischen Südwestküste. Die östlichste griechische Insel, das abgelegene **Kastelorizo**, ist nur zwei Kilometer vom türkischen Festland entfernt. Die Landfläche des Archipels umfasst gut 2.700 qkm und hat 180.000 Einwohner. Die höchsten Erhebungen befinden sich mit jeweils 1.200 Meter Höhe auf der größten Insel Rhodos und der zweitgrößten Insel Karpathos. Verwaltungszentrum der Inselgruppe, die zur Region „Ägäische Inseln" gehört, ist Rhodos.

Das **Klima** auf den Inseln des Dodekanes ist bedingt durch die südliche Lage und die Nähe zum türkischen Festland wärmer als in anderen Landesteilen. Die Meltemi-Winde treten hier, vor allem an den Ostküsten, nicht so stark auf wie auf anderen ägäischen Inseln. Da die winterlichen Niederschläge sich meist auf wenige Monate beschränken, dauert die Saison hier relativ lang. Bedingt durch die große sommerliche Trockenheit sind die Inseln recht karg.

Im 7. Jh. v. Chr. wurde auf dem Dodekanes-Archipel die Hexapolis gegründet, ein Bund aus sechs Handelsstädten (davon drei auf Rhodos), wodurch eine mehrere Jahrhunderte andauernde kulturelle und wirtschaftliche Blütezeit in der **Geschichte** der Inselgruppe begann. Während der Zugehörigkeit zum Byzantinischen Reich fanden diverse Plünderungen statt, schließlich machten Araber und Kreuzritter den Byzantinern die Inseln streitig. Zu Beginn des 14. Jh. gerieten die Dodekanes schließlich für über 200 Jahre unter die Herrschaft des – aus Rittern der angesehensten Adelsgeschlechter Europas bestehenden – Johanniter-Ordens, der den Inseln zu neuer Blüte verhalf. Die Johanniter gründeten hier mächtige, noch heute gut erhaltene Festungen. Ab 1520 wurde der Dodekanes-Archipel von den Türken erobert. Die Inseln blieben bis Anfang des 20. Jh. unter türkischer Herrschaft und wurden 1912 Italien zugesprochen. In italienischer Hand waren sie bis zum zweiten Weltkrieg, erst danach kamen sie wieder zu Griechenland.

In der Sommersaison gibt es von Deutschland aus direkte **Charterflüge** nach Kos (KGS), Rhodos (RHO) und Karpathos (AOK). Die häufigsten Verbindungen bestehen nach Rhodos, der bekanntesten und bedeutendsten Insel des Archipels. Per Linie und im Winter erreicht man die Inseln nur mit OA über Athen. Weitere Inseln mit nationalen Flughäfen, die teilweise nur ab Rhodos angeflogen werden, sind Leros (LRS), Astipalea (JTY), Kassos (KSJ) und Kastellorizo (KZS).
Fährverbindungen zum Dodekanes gibt es ab Piräus und Thessaloniki. Die Fahrtdauer ist abhängig von der Art des Schiffes, dem Ziel, der Route und der Anzahl der Zwischenstopps, die gemacht werden. Eine Fahrt von Piräus nach Patmos, der nördlichsten Dodekanes-Insel dauert rund 10 Stunden, zur südlichen Insel Rhodos gut 15 Stunden. Die Verbindungen innerhalb der Inselgruppe und zu den Nord-Ost-Ägäischen Inseln sind sehr gut, teils gibt es auch Verbindungen nach Kreta und zu den Kykladen. Häufig bestehen Schiffsverbindungen zum nahen türkischen Festland. Die auf **Kreuzfahrten** am häufigsten angefahrenen Inseln sind Rhodos, Kos und Patmos.

Die Inseln eignen sich mit schönen Stränden sehr gut für Bade- und Familienurlaub. Gerade auf Rhodos und Kos gibt es zahlreiche Unterkünfte für gehobene Ansprüche; Kos ist auch bekannt als Insel des Cluburlaubs. Die größeren Inseln, vor allem Rhodos, bieten viel Kultur und zahlreiche Besichtigungsmöglichkeiten, aber auch ein reges Nachtleben. Auch auf ursprünglicheren und ruhigeren Inseln gibt es einiges zu entdecken. Meist stehen hier kleine, einfache Hotels und Privatunterkünfte zur Verfügung. Die unterschiedlichen Charaktere und Vorzüge der Inseln tragen dazu bei, dass sich der Dodekanes zu einem Ziel für „Inselspringer" entwickelt hat. Vorteil hierbei sind die relativ kurzen Entfernungen zwischen den Inseln und gute Fährverbindungen. Viele Inseln eignen sich sehr gut geeignet zum Surfen, vor allem an den windigeren Westküsten. Auf Rhodos gibt es einen Golfplatz, gute Wandermöglichkeiten und ein großes Jachtzentrum.

Am meisten ist der **Tourismus** auf der wirtschaftlich bedeutendsten Insel Rhodos und auf Kos entwickelt. Die beiden Inseln sind in fast allen Veranstalterprogrammen für Griechenland enthalten. Ebenfalls häufiger findet man hier Karpathos, seltener Symi, Patmos (Hauptattraktion ist ein Kloster, in dem der Evangelist Johannes gelebt haben soll), Leros und Kalymnos (Insel der Schwammtaucher). Die übrigen Inseln sind kaum in Pauschalkatalogen zu finden; trotzdem gibt es auch hier meist eine – eher auf Individualtouristen ausgerichtete – touristische Infrastruktur.

RHODOS

Rhodos ist mit knapp 1.400 qkm die größte der Dodekanes-Inseln und die viertgrößte Insel Griechenlands nach Kreta, Euböa und Lesbos. Sie liegt im Südosten des Archipels, nur 18 Kilometer von der türkischen Küste entfernt, und rühmt sich als sonnigste griechische Insel. Ihre Hauptstadt **Rhodos-Stadt** liegt im äußersten Inselnorden; hier lebt über die Hälfte der gut 100.000 Einwohner von Rhodos. Der höchste, im Inselosten gelegene Berg misst etwas über 1.200 Meter. Die Insel ist knapp 80 Kilometer lang und bis zu knapp 40 Kilometer breit. Der Flughafen (RHO) liegt etwa fünfzehn Kilometer südwestlich der Hauptstadt, in der sich auch der Hafen befindet.

Im Gegensatz zu vielen anderen ägäischen Inseln ist Rhodos aufgrund mehrerer Quellen eine wasserreiche und deshalb sehr grüne und fruchtbare Insel mit ausgedehnten Kiefernwäldern. Sie ist auch bekannt als „Roseninsel". Das am stärksten besiedelte Gebiet ist der Norden. Der Süden und das Landesinnere sind recht ruhig und ursprünglich. An der Ostküste findet man viele lange Strände und Buchten, die Westküste ist wilder und zerklüftet und weist zum Teil Steilküste auf.

Rhodos ist mit etwa 13 % Anteil am griechischen Tourismus und über einer Million Besucher pro Jahr eines der wichtigsten Feriengebiete des Landes. Die Insel weist eine sehr große Hotelkonzentration auf. Rhodos war eine der ersten Inseln Griechenlands, die in den 60er-Jahren für den Pauschaltourismus erschlossen wurde, hatte aber bereits im frühen 20. Jh. viele Besucher. Da zu Beginn des touristischen Booms viele große Hotels gebaut wurden, gibt es heute einige Ferienorte mit „Betonklötzen" auf Rhodos (vorrangig im Nordosten), die eine sehr gute touristische Infrastruktur, jedoch wenig griechisches Leben zu bieten haben.

RHODOS-STADT

Die Reste der antiken Stadt Rhodos aus dem 5. Jh. v. Chr., die eine blühende Handelsmetropole war, liegen drei Kilometer südwestlich der heutigen Stadt. Diese besteht aus der von den Italienern angelegten Neustadt und der mittelalterlichen Altstadt. In der Neustadt von Rhodos gibt es gute Bademöglichkeiten an langen, schmalen Kieselstränden. Direkt hinter den Stränden liegt die Straße, an die sich Häuser anschließen. In der Umgebung findet man breitere und auch ruhigere Badestrände; südöstlich und südwestlich der Hauptstadt liegen die großen Feriengebiete der Insel.

In der **Neustadt** spielt sich das „Geschäftsleben" von Rhodos ab. Hier liegen zahlreiche, meist ältere und klotzige Hotels, viele auch direkt am Strand. Wer sich turbulente Ferien wünscht, ist hier richtig, denn die Umgebung bietet viele Diskotheken, Restaurants, Cafés und Geschäfte. Das Zentrum der Neustadt ist der von Molen umgebene Mandraki-Hafen aus dem Jahr 408 v. Chr., in dem Jachten und kleinere Fähren anlegen (der Fähr- und Kreuzfahrthafen liegt südlicher). Den Hafen umgeben Windmühlen, ein Fort, ein Leuchtturm und die Wahrzeichen von Rhodos: zwei Steinsäulen zu beiden Seiten der Hafeneinfahrt, auf denen die Statuen eines Hirsches und einer Hirschkuh stehen. An der Einfahrt zum Mandraki-Hafen stand in der Antike der 32 Meter hohe „Koloss von Rhodos", eines der sieben Weltwunder. Die den Sonnengott Helios darstellende Statue wurde 225 v. Chr. durch ein Erdbeben zerstört. Weitere Sehenswürdigkeiten der Neustadt, wo es auch ein Spielkasino gibt, sind der italienische Gouverneurspalast und ein türkischer Friedhof.

Die Attraktion von Rhodos-Stadt ist die einmalig gut erhaltene **Altstadt**. In die direkt an die Neustadt anschließende Altstadt gelangt man durch Tore in der – vier Kilometer langen und bis zu zwölf Meter breiten – Stadtmauer, die die Altstadt wie ein Ring umgibt. Im Mittelalter galt das Festungssystem von Rhodos als das beste Europas. Das dominante Gebäude der Altstadt ist der imposante Bau des Großmeisterpalastes, den die Johanniter hier errichteten. Straßenzüge wie die Ritterstraße und kleine Gassen bieten ein hervorragendes, geschlossenes Bild der Architektur des späten Mittelalters. In den schönen Gebäuden sind heute häufig Museen untergebracht, darunter das Archäologische Museum. Die Altstadt ist aber auch geprägt von osmanischen Einflüssen: Im Türkenviertel sind die große Süleyman-Moschee, der „Große Basar" und die – teilweise noch genutzten – türkischen Bäder besonders sehenswert. In der Altstadt, die sehr viel Atmosphäre ausstrahlt, gibt es zahlreiche Restaurants, Cafés und Geschäfte. Die hier gelegenen, selten in Pauschalkatalogen angebotenen Hotels sind meist klein, ruhig und landestypisch.

In der etwas außerhalb, auf einem Hügel gelegenen **antiken Stadt** sieht man die Reste der alten Akropolis, von Tempeln sowie von Stadion und Theater (beide rekonstruiert). Ein Ausflug hierher lohnt sich vor allem auch wegen des schönen Blicks, den man von der alten Stadt aus hat. In der Nähe befinden sich die Nekropole der antiken Stadt und Reste eines römischen Aquädukts.

OSTKÜSTE

Der erste größere Touristenort an der Ostküste ist **Kalithea**. Das ehemalige Heilbad ist bekannt für seine üppigen Gartenanlagen und kleinen, lebhaften Badebuchten. Hier findet man viele Hotels der (gehobenen) Mittelklasse. Einige Kilometer weiter folgt Rhodos´ Haupttouristenort **Faliraki** an einem kilometerlangen, grobsandigen, flach abfallenden Strand. Der turbulente Ort bietet ein großes Unterhaltungs- und Sportangebot sowie zahlreiche Restaurants; viele der meist in großen, klotzigen Gebäuden untergebrachten Hotels sind sehr familienfreundlich und gehören der 4- und 5-Sterne-Kategorie an. Südlich folgen der Vorort **Ladiko** und das ruhigere **Afandou** mit dem einzigen Golfplatz auf Rhodos. Auch hier gibt es einen langen, breiten, relativ unverbauten Kiesstrand. Nach einer Fahrt durch eine lange Eukalyptusallee erreicht man **Kolimbia,** das am schönen, langen Sandstrand etliche Hotels und Freizeitangebote bietet, dennoch ist der Ort um einiges weniger touristisch als Faliraki. Im Hinterland liegen die sieben Quellen **Epta Piges** in einer besonders grünen, vegetationsreichen Landschaft; hier wachsen sogar Orchideen.

An der Küste folgen der schöne, feinsandige, relativ ruhige Strand von **Tsambika** und im Hinterland **Archangelos**, die zweitgrößte Stadt auf Rhodos (etwa 5.000 Einwohner). Der Ort gilt als Zentrum der Keramikindustrie. Auch in Archangelos gab es früher ein Johanniterkastell, von dem heute aber nur noch wenige Reste erhalten sind. Unterhalb des Ortes bietet der Sandstrand **Stegna** einige Hotels. Südlich von Archangelos liegt das idyllische Fischerdorf **Charaki**, das sich langsam auf den Tourismus einstellt. Es folgen **Kalathos** mit einem Hotel der Spitzenklasse und das ruhige **Vlicha-Beach** mit einigen wenigen kleineren Hotels der gehobenen Kategorie.

Nur wenige Kilometer entfernt liegt auf einer Landzunge das sehenswerte, unter Denkmalschutz stehende **Lindos**. Das von zwei Buchten eingerahmte Städtchen mit knapp 2.000 Einwohnern wird häufig als schönster Ort der Insel bezeichnet. Lindos ist eine der drei antiken Städte der Hexapolis und die einzige darunter, die heute noch bewohnt ist. In der damals blühenden Handelsstadt wurde im 6. Jh. v. Chr. auf dem Akropolisfelsen ein Tempel für die Göttin Athena Lindia gebaut. Die Byzantiner errichteten um das Heiligtum eine Burg, die die Johanniter zur noch heute gut erhaltenen Festung ausbauten. Zu Füßen des Burgfelsens liegen von blendend weißen Häusern gesäumte Gassen, durch die sich im Hochsommer große Besuchermassen „schieben". Lindos selbst hat einen kleinen Strand, Restaurants, Bars und Diskotheken. An Touristenunterkünften findet man hier lediglich Privatzimmer und kleine Pensionen. Größere Hotels liegen in der Vlicha-Bucht und im südlichen Touristenort **Pefkos** mit kleinem Strand. Südlich folgt **Lardos** mit kilometerlangem Strand. Pefkos und Lardos bieten kleine Mittelklassehotels, Läden und Tavernen.

Der südlich folgende Küstenabschnitt ist recht ruhig. Hier liegen die neue Feriensiedlung **Kiotari** mit gehobenen Hotels in landestypischer Bauweise und das ebenfalls wenig touristische **Gennadi**.

Zwischen Rhodos-Stadt und Lindos (Entfernung gut 50 Kilometer, Fahrtdauer etwa eine Stunde) liegt das am meisten touristische Gebiet der Insel. Die Strände zwischen Rhodos und Kolymbia sind die am stärksten frequentierten. Die Entfernung vom Flughafen zu den Touristenorten an der Ostküste beträgt zwischen 10 Kilometer (Kalithea) und 80 Kilometer (Kiotari).

WESTKÜSTE / SÜDEN / INSELZENTRUM

Weitere beliebte Ferienorte befinden sich an der windigeren Westküste, zwischen 3 und 15 Kilometer entfernt vom Flughafen. Nur wenige Kilometer südwestlich von Rhodos-Stadt liegt **Ixia**, es folgen **Trianda** (auch **Ialissos** genannt, nach einer antiken Hexapolis-Stadt im Hinterland) und **Kremasti**. Die Orte bieten zahlreiche, moderne, meist hochwertige Hotels sowie gute Einkaufs- und Unterhaltungsmöglichkeiten. Sehr gut geeignet sind sie mit ihren langen Stränden besonders für Windsurfer. Gerade in Kremasti kommt es bedingt durch die Nähe zum Flughafen allerdings häufig zu Fluglärm. Es folgen die ruhigeren Ferienorte **Paradissi** und **Theologos** in ländlicher Umgebung. Im Hinterland liegt das bekannte **Tal der Schmetterlinge**, wo man im Sommer Tausende seltene, farbenprächtige Harlekinfalter sehen kann. Südlich des gut 20 Kilometer von Rhodos-Stadt entfernten Ortes Theologos mit Mittelklassehotels endet das pauschaltouristische Gebiet der Westküste.

Südlich von Theologos liegt in grüner, hügeliger Umgebung mit **Kamiros** die dritte Hexapolis-Stadt auf Rhodos, ein beliebtes Ziel auf Rundreisen. In der Antike war das in Form eines Amphitheaters angelegte Kamiros eine Handwerksstadt. Im Hinterland erstreckt sich um **Apollona** eine waldreiche, bergige Gegend, die gut zum Wandern geeignet ist. Ab **Kamiros Skala**, dem einzigen Hafenort an der Westküste, zehn Kilometer von Kamiros entfernt, verkehren Fähren zur Nachbarinsel Chalki. Südlich von hier wird die Küste recht rau und steil. Im südlichen Teil der Westküste liegen einsame Strände und Dörfer sowie Ruinen mittelalterlicher Burgen. Der Süden der Insel ist kaum bevölkert. Ein viel besuchtes Reiseziel im Landesinneren ist das Weindorf **Embona**, das oft als Ausgangspunkt für Wanderungen auf den höchsten Inselberg **Ataviros** dient. Von seinem Gipfel genießt man hervorragende Ausblicke, die teilweise bis nach Kreta reichen.

AUSFLÜGE

NACHBARINSELN / TÜRKEI

Ein häufig besuchtes Ausflugsziel ist die nördliche, buchtenreiche Nachbarinsel **Symi** (Dauer der Überfahrt zwei Stunden). Die Hauptattraktion der Insel ist die gleichnamige, ungemein malerische Hauptstadt, deren bunte Häuser wie ein Amphitheater an den Hang gebaut sind. Ein weiteres Ziel von Tagesausflügen ist das westliche **Chalki** (Überfahrtsdauer eine Stunde); die autofreie Insel bietet noch viel Ursprünglichkeit und „griechisches Leben". Etwas mehr Zeit braucht man für einen Ausflug nach **Kos**, der zweitgrößten Insel des Archipels (mit Nonstop-Verbindungen zwei bis drei Stunden). Sehenswert sind hier vor allem die Hauptstadt Kos-Stadt und die Ausgrabungsstätte des Asklepion (dem Gott der Heilkunst gewidmete Tempelanlage mit der Ärzteschule des Hippokrates).

Häufig werden auch Tagesausflüge in die Türkei, meist nach **Marmaris**, unternommen. Hier kann man die schöne Altstadt besichtigen oder einen Basarbummel unternehmen (➔ Kapitel 1.6.2).

1.5.4 KRETA

Mit knapp 8.300 qkm ist Kreta (griechisch: Kriti) die größte griechische Insel und die fünftgrößte Insel des Mittelmeers. Sie bildet das Hauptglied der bogenförmigen Inselkette, die vom Peloponnes zur kleinasiatischen Küste verläuft. Mit einer Ost-West-Ausdehnung von etwa 260 Kilometern und einer Breite zwischen 12 und 60 Kilometern liegt die Insel südöstlich des griechischen Festlands und südwestlich der Inselgruppe des Dodekanes. Sie stellt den südlichsten Teil Europas dar. Kreta bildet die Südgrenze des vor seiner Nordküste gelegenen **Ägäischen Meeres**. Vor der Südküste der Insel liegt der als **Libysches Meer** bezeichnete Teil des Mittelmeers, der Kreta von Afrika trennt. Auf Kreta gibt es vier große Gebirge: im Westen die Weißen Berge, im Zentrum das Ida-Gebirge, im Osten das Dikti-Gebirge und das Sitia-Gebirge. Der höchste Berg **Psiloritis** liegt mit knapp 2.500 Meter Höhe im **Ida-Gebirge**. Die kretische Hauptstadt **Heraklion** befindet sich etwa in der Mitte der Nordküste und hat rund 130.000 Einwohner. Insgesamt leben auf der Insel fast 600.000 Menschen. Kreta bildet eine der zehn griechischen Verwaltungsregionen.

Das **Klima** Kretas ist durch die südliche Lage etwas wärmer als in anderen Teilen Griechenlands. Die heißen, trockenen Sommer werden durch aus der Ägäis kommende Winde etwas erträglicher. Die Gebirge halten Wolken und Wind von der Südküste fern, die somit wärmer als die Nordküste und vom Winterregen nur wenig betroffen ist. Der Süden Kretas ist eine der wenigen Regionen Griechenlands, die manchmal als Winterziel angeboten wird. Im Gebirge fällt im Winter häufig Schnee, der teilweise bis in den frühen Sommer liegen bleibt.

Auf Kreta entwickelte sich die erste Hochkultur Europas, die **Minoische Kultur**, die nach ihrem legendären Begründer König Minos benannt ist. Ab 1900 v. Chr. entstandene, prunkvolle Palastbauten teilen die Kultur in die Epochen Vorpalastzeit (2600 bis 1900 v. Chr.), Altpalastzeit (bis 1700 v. Chr.) und Jungpalastzeit (bis 1450 v. Chr.). Ihre Blüte erlebte die minoische Kultur von 2000 bis 1600 v. Chr. Während dieser Zeit war Kreta die See- und Handelsmacht im Mittelmeerraum. Vermutlich durch den Vulkanausbruch auf Santorin wurde die minoische Kultur um 1450 v. Chr. zerstört. Die folgende Herrschaft der Mykener bis 1150 v. Chr. wird als Nachpalastzeit bezeichnet. Von 824 bis 961 n. Chr. war Kreta von Arabern besetzt. Anfang des 13. Jh. geriet die Insel für rund 450 Jahre unter die Herrschaft der Venezianer. Im 15. und 16. Jh. war Kreta eines der letzten Gebiete im östlichen Mittelmeerraum, in das die Türken noch nicht vorgedrungen waren. Mitte des 17. Jh. gelang diesen schließlich die Eroberung Kretas, wo sie sich bis 1897 halten konnten. Nach einigen Jahren der Autonomie wurde Kreta 1913 mit Griechenland vereint.

In der Sommersaison gibt es ab Deutschland zahlreiche direkte **Charterflüge** zum Flughafen von Heraklion (HER) und – seltener – nach Chania (CHQ) im Westen. Nach Heraklion gibt es vereinzelt auch Linienflüge. Die beiden Flughäfen und Sitia (JSH) im Inselosten werden regelmäßig von Athen und teilweise von Thessaloniki per Linie angeflogen.
Fährverbindungen nach Kreta bestehen von Piräus, Thessaloniki und dem südlichen Peloponnes. Die Fahrtdauer von Piräus nach Heraklion beträgt mindestens sechs Stunden. Weitere größere Häfen auf Kreta sind Chania, Rethymnon, Agios Nikolaos, Sitia und Ierapetra. Die Schiffsverbindungen zu anderen Inseln, vor allem zu den Kykladen und den Dodekanes-Inseln sowie nach Kithira, sind sehr gut. Als **Kreuzfahrthafen** Kretas wird meist Heraklion genutzt.

Zur großen touristischen Beliebtheit Kretas trägt vor allem seine Vielfalt, die nahezu allen Urlaubsansprüchen gerecht wird, bei. Kreta ist mit seinen fast 4.000 Jahre alten Ausgrabungsstätten und vielen weiteren „Spuren“ aus minoischer Zeit ein klassisches Studien- und Rundreiseziel. Außerdem gibt es hier schöne Buchten, lange Sandstrände, ein großes Sportangebot, lebhafte Touristenorte und noch ganz ursprüngliche Dörfer, vor allem im Süden und im Hinterland, aber auch an der Nordwest- und Nordostküste. Auch Wander- und Naturfreunde kommen in der abwechslungsreichen, teilweise sehr grünen Landschaft Kretas mit hohen Gebirgen, tiefen Schluchten, fruchtbaren (Hoch-)Ebenen und zahlreichen Tropfsteinhöhlen auf ihre Kosten.

Kreta bietet Unterkünfte aller Arten und Kategorien. Man findet Luxushotels, die zu den besten des Landes gehören, Clubanlagen, Ferienhäuser, Apartments und einfache Pensionen. Die meisten Städte, die wichtigen Häfen und die Haupttouristenorte liegen an der flach ins Meer abfallenden Nordküste, an der Südküste fallen die Berge großenteils steil ins Meer ab. Die am meisten touristischen Gebiete Kretas liegen zwischen Heraklion und Malia (etwa 30 Kilometer östlich) sowie um die Städte Rethymnon und Chania. Dem **Tourismus**, der auf Kreta schon relativ früh einsetzte, stehen mehr als 150.000 Gästebetten zur Verfügung; die Insel ist eines der beliebtesten Urlaubsziele Griechenlands. Da zu Beginn des touristischen Booms viele Großhotels gebaut wurden, gibt es heute einige Ferienorte mit „Bettenburgen" auf Kreta, die eine gute touristische Infrastruktur, aber nur wenig griechisches Leben bieten. Die Insel ist auch stark landwirtschaftlich geprägt. Gerade an der Südküste sieht man – häufig nur aus Plastikplanen bestehende, optisch wenig reizvolle – Gewächshäuser, in denen unter anderem Bananen angebaut werden.

HERAKLION / KNOSSOS

Heraklion (griechisch: Iraklion), die größte Stadt Kretas und viertgrößte Stadt Griechenlands, ist der wichtigste Verkehrsknotenpunkt sowie der wirtschaftliche und industrielle Mittelpunkt der Insel. Der Hauptflughafen Kretas liegt etwa vier Kilometer westlich der Stadt, der Hafen befindet sich direkt im Zentrum. Die Stadt, in deren Hintergrund das Ida-Gebirge liegt, wurde zu minoischer Zeit als Hafen des im Hinterland gelegenen Knossos gegründet. Nachdem die Stadt zu Zeiten der Römer verfallen war, wurde sie im 9. Jh. n. Chr. von den Arabern „wiederentdeckt". Neben Sehenswürdigkeiten bietet Heraklion heute auch gute Einkaufs- und Unterhaltungsmöglichkeiten. Obwohl es in der Stadt einige Hotels gibt, empfiehlt sich das lebhafte und laute Heraklion nicht als Wohnort für einen längeren Aufenthalt oder einen Badeurlaub. In der Stadt selbst gibt es keine Strände, in der näheren Umgebung liegen jedoch Badeorte mit Ferienhotels.

Zu den bedeutendsten Sehenswürdigkeiten der Großstadt gehört die Festung, die die Araber direkt am Hafen anlegten. Sie wurde später von den Venezianern, die Heraklion zur Hauptstadt machten, ausgebaut. Von hier hat man einen schönen Blick über den Hafen mit Werften aus venezianischer Zeit. Die Venezianer errichteten auch die gut erhaltene, kilometerlange Stadtmauer. Auf einer Bastion der Mauer liegt das Grab des berühmten kretischen Schriftstellers Kazantzakis (Autor von „Alexis Sorbas"). Der zentrale Platz von Heraklion ist die Platia Venizelou mit dem Wahrzeichen der Stadt, dem Morosini-Brunnen (ein venezianischer Löwenbrunnen), der ältesten Kirche aus dem 13. Jh. und der venezianischen Loggia (heute Rathaus der Stadt). Weitere Sehenswürdigkeiten Heraklions sind die Kathedrale aus dem 19. Jh., zahlreiche weitere Kirchen, die Odos 1866 (eine an einen türkischen Basar erinnernde Marktgasse) und das Archäologische Museum mit zahlreichen, bedeutenden Funden aus der Jungsteinzeit und der minoischen Zeit.

Wenige Kilometer südöstlich von Heraklion liegt mit der Ausgrabungsstätte **Knossos** Kretas berühmteste Sehenswürdigkeit. Hierher kommen unter anderem auch viele „Kreuzfahrer", die für einen Tag auf Kreta anlegen. In Knossos kann man die größte der minoischen Palastanlagen besichtigen, die ab 1899 freigelegt wurde. Hier soll sich der Legende nach das Labyrinth befunden haben, in dem König Minos das Ungeheuer Minotaurus (halb Stier, halb Mensch) gefangen hielt. Heute sind vorrangig Gebäudeteile aus der Jungpalastzeit zu sehen, die sich – zum Teil mehrstöckig – wie ein Labyrinth über vier Ebenen erstrecken. Das Zentrum der Palaststadt, die aus weit über 1.000 Räumen bestand, war der Mittelhof, wo vermutlich kultische Spiele stattfanden. Besonders sehenswert in Knossos sind die Ruinen des Palastes mit farbigen Säulen und Wandmalereien, der Thronsaal mit einem Alabasterthron aus der Altpalastzeit, die Wirtschafts- und Wohnräume mit Bädern und Toiletten, in denen bereits Wasserspülung vorhanden war (es gab ein ausgeklügeltes Kanalisationssystem) und zahlreiche Vorratsräume mit riesigen Tongefäßen. Die Ausgrabungen von Knossos sind sehr anschaulich und geben dem Besucher einen guten Überblick über die prächtige minoische Kultur.

HERAKLION–AGIOS NIKOLAOS

Zwischen der Hauptstadt und dem etwa 70 Kilometer östlich gelegenen Städtchen Agios Nikolaos liegen – vor allem auf dem Küstenabschnitt bis Malia – die lebhaftesten Urlaubsorte Kretas, die auch in den meisten Pauschalkatalogen enthalten sind. Man kann auf der Strecke eine neue, gut ausgebaute Schnellstraße oder die alte Küstenstraße benutzen.

Die nächsten Strände östlich von Heraklion liegen in **Amnissos** und **Kokkini Hani**; in beide Orte kommen auch viele Städter zum Baden. Es folgen das relativ ruhige **Gournes** und, etwa 20 Kilometer entfernt von Heraklion, der aufstrebende Küstenort **Gouves** mit mehreren Mittelklassehotels. Sport- und Unterhaltungsmöglichkeiten beschränken sich hier mehr oder weniger auf die Hotels. Zahlreiche Geschäfte, Restaurants, Unterhaltungsmöglichkeiten und ein reges Nachtleben gibt es jedoch im benachbarten **Chersonissos**. Der Ort, der sich aus einem kleinen Fischerdorf entwickelt hat, ist heute ein lebhaftes Fremdenverkehrszentrum mit hervorragender touristischer Infrastruktur und zahllosen, teilweise älteren und klotzigen Hotels, die sich auch auf die Vororte **Anissaras** und **Analipsi** verteilen. Man findet Unterkünfte aller Kategorien, darunter auch einige Spitzenhotels. Nahe dem Hafen mit Strandpromenade liegen Reste einer frühchristlichen Basilika mit Fußbodenmosaiken. Wenige Kilometer außerhalb von Chersonissos gibt es im Bergdorf **Koutouloufari** mehrere Apartmentanlagen in landestypischer Bauweise. Hier kann man abseits des Strandes und des größten Rummels noch etwas ländliche Atmosphäre erleben, wohnt jedoch nicht weit vom turbulenten Ort entfernt.

Knapp zehn Kilometer östlich von Chersonissos liegen an der Küste die mittlerweile fast zusammengewachsenen, ebenfalls lebhaften Badeorte **Stalis** und **Malia** mit guten Einkaufs-, Unterhaltungs- und Bademöglichkeiten. Die meisten der zahlreichen Unterkünfte der Orte liegen im Bereich der Mittelklasse und gehobenen Mittelklasse. Malia hat einen kleinen, historischen Ortskern und ist Standort eines der vier großen minoischen Paläste auf Kreta, der nach ähnlichem Muster aufgebaut ist wie der Palast von Knossos. Während die Strände der Orte zwischen Heraklion und Malia aus einem Sand-Kiesel-Gemisch bestehen und eher schmal sind, kann Malia mit einem langen, feinsandigen Strand aufwarten. Ein ruhigerer und ursprünglicherer Badeort ist das von Malia etwa zehn Kilometer entfernte, kleine Örtchen **Sissi**, in dessen Umgebung einige Hotels, darunter ein sehr hochwertiges, entstanden sind. Hier ist der Strand wieder schmaler.

Ab Malia verläuft die Straße quer durchs Landesinnere ins 35 Kilometer entfernte Agios Nikolaos. Kurz vor der Stadt führt eine Abzweigung ins Örtchen **Elounda**. Vor dem Ort konzentrieren sich in einer Hotelzone einige der besten Hotels der Insel und verschiedene Anlagen der gehobenen Mittelklasse, alle in landestypischer Bauweise. Bademöglichkeiten bestehen hier an mitunter winzigen Buchten und von Felsplateaus aus. Elounda selbst mit einer großen Platia direkt am Meer ist noch relativ beschaulich. Man hat von hier einen schönen Blick auf die vorgelagerte Insel **Spinalonga**, die über einen Damm mit dem Festland verbunden ist. Auf der Insel, die in der ersten Hälfte des 20. Jh. als Leprakolonie diente, befindet sich eine venezianische Festung; von Elounda und Agios Nikolaos verkehren regelmäßig Ausflugsboote hierher. Nördlich von Elounda liegt das touristisch aufstrebende Fischerdorf **Plaka**, ansonsten ist die Halbinsel zwischen Elounda und Sissi recht ursprünglich mit einfachen Fischerorten, kleinen Klöstern und malerischen Bergdörfern. In dieser Gegend liegt die antike Stadt **Driros** mit den Ruinen eines Apollo-Tempels.

Die Fahrt von Elounda ins zehn Kilometer entfernte Agios Nikolaos führt über eine wunderschöne Panoramen bietende Küstenstraße, entlang der malerischen, weit geschwungenen **Mirabello-Bucht**, an der die Stadt im Vordergrund der Berge liegt. Kurz vor Agios Nikolaos liegt eine Halbinsel mit großer Hotelzone, in der sich zwei Luxushotels und mehrere 4-Sterne-Hotels befinden. Auf dem Gelände eines dieser Hotels liegt die kleine, alte Kirche Agios Nikolaos, der die Stadt ihren Namen verdankt.

Aghios Nikolaos (rund 8.000 Einwohner) selbst bietet kleine Hotels und Pensionen, zahlreiche Tavernen, ein reges Nachtleben, gute Einkaufsmöglichkeiten und eine Strandpromenade. Rund um den malerischen Hafen, von dem auch Fähren nach Piräus verkehren, erstreckt sich ein idyllisches Gassengewirr. Besonders schön ist hier ein kleiner See, der durch einen Kanal mit dem Meer verbunden ist. Um Agios Nikolaos herum gibt es einige Strände, die meisten Touristen baden jedoch in Hotelpools oder nutzen Betonterrassen, von denen aus man ins Wasser gehen kann. Obwohl Agios Nikolaos eine lange touristische Tradition und relativ viel Pauschaltourismus hat, konnte sich das Städtchen viel Atmosphäre bewahren.

Die Transferdauer vom Flughafen Heraklion zu den genannten Badeorten beträgt 20 Minuten (Kokkini Hani) bis 90 Minuten (Agios Nikolaos).

HINTERLAND

Das beliebteste Ausflugsziel im ursprünglichen Hinterland dieses Küstenabschnitts ist die 800 Meter hoch, im Dikti-Gebirge gelegene **Lassithi-Hochebene**. Man erreicht die größte Hochebene Kretas (zehn Kilometer lang und fünf Kilometer breit) über kurvenreiche Serpentinenstraßen von Heraklion und Agios Nikolaos aus. Die Bewässerung der fruchtbaren Ebene erfolgt über Tausende von Windrädern, die Grundwasser hochpumpen und mit weißer Bespannung im Hochsommer ein malerisches Bild abgeben. Auf der Hochebene liegen 21 Dörfer, die sich wie ein Kreis um den Rand des Plateaus verteilen. Von hier aus kann man schöne Wanderungen ins Dikti-Gebirge unternehmen oder die oberhalb des Dorfes **Psychro** gelegene, 70 Meter tiefe Tropfsteinhöhle „Dikteo Andro" besichtigen. Diese Höhle ist der Legende nach der Geburtsort des Göttervaters Zeus; man kann sie auf einem steilen Fußmarsch oder auf dem Rücken eines Maultiers erreichen.

Östlich der Hochebene von Lassithi liegt auf 1.150 Meter Höhe die nur im Sommer bewohnte **Katharo-Hochebene**. Man erreicht diese Hochebene auf einer 17 Kilometer langen, unbefestigten Straße vom schönen Bergdorf **Kritsa** aus (zehn Kilometer entfernt von Agios Nikolaos). Kritsa, wo man schöne Handarbeiten kaufen und eine alte byzantinische Kirche besichtigen kann, wird häufig von Ausflugsbussen als „typisch kretisches" Dorf angefahren. Auf einem Berg nördlich von Kritsa liegen die Ausgrabungen der antiken Stadt **Lato**, als deren Hafen Agios Nikolaos gegründet wurde.

ÖSTLICH UND SÜDLICH VON AGIOS NIKOLAOS

Östlich von Agios Nikolaos gibt es kaum Orte mit Pauschaltourismus. Auf dem Weg in die gut 70 Kilometer entfernte, östlichste Stadt Sitia wird eine sehr kurvenreiche, teilweise hoch über dem Meer verlaufende Straße genutzt, die hervorragende Ausblicke bietet. Hinter Sitia wird die Gegend flacher, die Vegetation karg. Es tut sich eine wüstenhaft anmutende, kaum besiedelte Landschaft auf. Der stark landwirtschaftlich genutzte Südosten ist touristisch wieder etwas mehr erschlossen.

NORDKÜSTE

Der landschaftlich reizvolle Weg an der Nordküste entlang führt in den kleinen Badeort **Istron** und zu den Ruinen der minoischen Stadt **Gournia**. Im Gegensatz zu den meisten minoischen Ausgrabungen gibt es hier nicht nur Paläste, sondern eine ganz „normale" Stadt mit Wohnhäusern, Geschäften und Werkstätten zu sehen. Nach knapp 30 Kilometern erreicht man **Kavoussi**, das häufig als Ausgangsort für Wanderungen in die Umgebung mit Berg- und Weindörfern, Klöstern und Kirchen dient. An der Küste folgt, erreichbar über eine Stichstraße von der Hauptstraße aus, der Fischerort **Mochlos**, in dessen Umgebung ein Club Aldiana liegt. Nennenswerte Strände gibt es hier kaum.

OSTKÜSTE

Nach weiteren 30 Kilometern Fahrt erreicht man das gemütliche Städtchen **Sitia**, die an einen Hang gebaute „Metropole“ (7.000 Einwohner) des Inselostens. Hier sind zahlreiche Einkaufsmöglichkeiten, Tavernen, ein kleiner Strand, Diskotheken und neben einem Großhotel auch mehrere kleine Unterkünfte vorhanden. Trotzdem ist der Pauschaltourismus noch nicht bis Sitia vorgedrungen. Sehenswürdigkeiten hier sind die Altstadt und ein venezianisches Fort.

Rund 30 Kilometer östlich von Sithia liegt mit dem Sandstrand von **Vai** das Ziel der meisten Ausflügler, die in diese Richtung fahren. Dieser lange, unter Naturschutz stehende Strand bietet ein für Griechenland sehr untypisches Bild, da ihn ein ausgedehnter Hain aus kretischen Palmen – eine Art Dattelpalme mit ungenießbaren Früchten – säumt. An dem in der Hochsaison oft überfüllten Strand gibt es kleine Tavernen, aber keine Unterkünfte.

Südlich von Vai, rund 20 Kilometer von Sitia entfernt, liegt das lebhafte, aber dennoch urtümliche Dorf **Paleokastro**, das sich gut als Urlaubsort für junge Leute eignet und in einigen wenigen Veranstalterkatalogen enthalten ist. Wenige Kilometer weiter südlich befindet sich bei **Kato Zakros**, in einer sehr trockenen und verlassenen Gegend, ein weiterer bedeutender minoischer Palast. Auch dieser Palast ist nach dem Muster von Knossos angelegt, bemerkenswert ist hier jedoch eine Bronzegießerei. Da Kato Zakros wohl nie geplündert wurde, machte man hier kostbare Funde, die im Archäologischen Museum in Heraklion ausgestellt sind. Das heutige Dorf bietet einen langen Kieselstrand, Tavernen und Übernachtungsmöglichkeiten. In der Nähe von Kato Zakros liegt eine canyonartige, grüne Schlucht, die **„Tal der Toten“** genannt wird, weil hier in minoischer Zeit Menschen in Höhlen bestattet wurden.

SÜDKÜSTE

Durch eine hügelige, dünn besiedelte Landschaft fährt man von hier aus an die Südküste. Ab dem mit **Analipsis** zusammengewachsenen Ort **Makri Gialos** mit langem, schmalem Sandstrand gibt es wieder eine nennenswerte touristische Infrastruktur und Pauschaltourismus im kleinen Rahmen. Man findet hier vorrangig kleine Hotels und Apartments der Mittelklasse, am Strand sind gute Wassersportmöglichkeiten vorhanden. Die Umgebung ist noch sehr ländlich und wie die ganze Südküste stark geprägt von Landwirtschaft. Ausflugsmöglichkeiten bestehen zu den kleinen, unbewohnten Inseln **Chrissi** und **Koufonissi**, die hervorragende, feine Sandstrände aufweisen.

Die größte Stadt der Südküste und die südlichste Stadt Europas ist das von Makri Gialos etwa 25 Kilometer entfernte **Ierapetra**, das im Altertum rege Handelsbeziehungen zu Afrika unterhielt. Hier gibt es mehrere Hotels, eine Uferpromenade, eine Altstadt mit venezianischer Festung und türkisch geprägten Gassen sowie schöne Sandstrände mit gutem Wassersportangebot. Die Neustadt ist modern und bietet zahlreiche Einkaufsmöglichkeiten. In Ierapetra und Umgebung ist es – bedingt durch die Lage und aus Afrika kommende, warme Winde – immer etwas heißer als im übrigen Kreta. Die Stadt liegt rund 35 Kilometer entfernt von Agios Nikolaos (Straßenverbindung an der schmalsten Stelle der Insel). Auch westlich von Ierapetra gibt es hübsche Küstenorte und Strände; ein beliebtes Urlaubsziel hier ist das knapp 15 Kilometer entfernte **Mirtos** mit langem Strand.

Die Transferdauer vom Flughafen Heraklion zu den Touristenorten an der Südostküste beträgt eineinhalb Stunden (Mirtos) bis zwei Stunden (Makri Gialos).

SÜDWESTLICH VON HERAKLION

Südwestlich von Heraklion, jenseits des Ida-Gebirges, konzentrieren sich in einer fruchtbaren, ebenen Landschaft einige der bedeutendsten Sehenswürdigkeiten Kretas und Küstenorte mit guten Bademöglichkeiten. Diese Gegend ist pauschaltouristisch wenig erschlossen, sie wird meist im Rahmen von Tagesausflügen, auch von Reisegruppen und Studienreisenden, besucht.

Die Fahrt von Heraklion in Richtung Südwesten führt durch ein Weinbaugebiet und über einen Bergpass zur fruchtbaren **Messara-Ebene**, der größten Ebene Kretas. Knapp 50 Kilometer südlich von Heraklion erreicht man die Ruinen von **Gortis**, der alten Hauptstadt Kretas aus der Römerzeit. Die Reste der Stadt, die während der Araberherrschaft verfiel, liegen weit verstreut zu beiden Seiten der Hauptstraße, inmitten von Olivenhainen. Sehenswürdigkeiten in Gortis sind eine frühchristliche Kathedrale, das Odeon mit Steinblöcken, in die Gesetze aus dem 5. Jh. v. Chr. eingehauen sind (das älteste schriftliche Rechtssystem Europas) sowie Reste eines Theaters, eines Stadions und von Tempeln.

Knapp 20 Kilometer westlich liegt – im Zentrum der Messara-Ebene, terrassenförmig auf einen Hügel gebaut – die zweitgrößte minoische Palastanlage **Festos** (Phaestos). Die Ruinen des Palastes, der ähnlich aufgebaut ist wie in Knossos, zeigen Spuren aus der Altpalastzeit, darunter eine imposante Freitreppe, und aus der Jungpalastzeit. Von allen minoischen Palästen auf Kreta gilt Festos als landschaftlich am schönsten gelegen. Wenige Kilometer entfernt folgt **Agia Triada**, ein großer Landsitz aus der Jungpalastzeit. Hier wurden prachtvolle Wandmalereien und weitere Kunstschätze gefunden, die man im Archäologischen Museum in Heraklion besichtigen kann.

An der nahen Südküste liegen Badeorte, die sich zunehmend dem Tourismus zuwenden: das quirlige **Agia Galini** mit malerischem Ortskern, Hotels und Tavernen und das ebenfalls turbulente **Matala**, das in der Antike als Hafen von Festos und Gortis gegründet wurde. Das einstige Hippie-Paradies Matala ist heute ein gerade für junge Leute gut geeigneter Badeort. In einer den Strand begrenzenden Felswand liegen hier Höhlen, die bereits in der Steinzeit als Wohnhöhlen dienten. Agia Galini und Matala weisen ausgedehnte Strände auf, die häufig auch von Tagesausflüglern besucht werden. In Pauschalkatalogen sind die Orte, eher Ziele von Individual- und Rucksacktouristen, seltener enthalten. Östlich von Matala liegt mit **Lentas** ein weiterer ursprünglicher Badeort mit schönem Sandstrand. In der Nähe des bereits im Altertum für seine Heilquellen bekannten Ortes kann man ein Heiligtum, das dem Gott der Heilkunst gewidmet war, besichtigen. Die Transferdauer vom Flughafen Heraklion zu diesen Badeorten beträgt 90 bis 120 Minuten.

HERAKLION–RETHYMNON

Das Gebiet zwischen Heraklion und der westlich gelegenen Stadt Rethymnon ist sehr gebirgig, viele Küstenabschnitte fallen steil ins Meer ab. Pauschaltourismus gibt es hier nur in einigen wenigen Küstenorten, sehr viele Hotels konzentrieren sich jedoch auf den langen Strand vor und in Rethymnon. Im ursprünglichen Hinterland liegt Kretas höchster Berg.

Etwa fünf Kilometer westlich von Heraklion liegt an einem flach abfallenden Strand der Badeort **Amoudara** mit einigen Hotels der gehobenen Kategorie. Nach 20 Kilometern folgt in einer malerischen Bucht **Agia Pelagia**, ein aufstrebender Touristenort mit hochwertigen Unterkünften. Hier säumt eine Uferpromenade mit kleinen Tavernen und Geschäften einen Sand-Kiesel-Strand. Nur wenige Kilometer entfernt liegt, abseits der Hauptstraße, das kleine Dorf **Fodele** inmitten von Obst- und Olivenplantagen. Fodele wurde als Geburtsort des berühmten Malers El Greco bekannt. Man kann hier das Geburtshaus des Künstlers, eine ihm gewidmete Büste und einen von Spanien – wo El Greco lange lebte – gestifteten Gedenkstein sehen.

20 bzw. 30 Kilometer westlich liegen zwei weitere der wenigen, nicht allzu turbulenten Touristenorte dieses Küstenabschnitts: **Bali** und **Panormos**, beides ehemalige Fischerorte. Während Panormos noch etwas ursprünglicher geblieben ist, ist Bali in den letzten Jahren stark gewachsen und weist mehrere, meist jedoch kleinere Ferienanlagen auf. Sehr malerisch ist der kleine Hafen des Ortes.

Rund 30 Kilometer westlich liegt **Rethymnon**. Die Hotelzone beginnt bereits gut zehn Kilometer vor der Stadt; hier nimmt ein kilometerlanger Sand-Kiesel-Strand seinen Anfang, der bis in die Stadt hinein verläuft. Vom Zentrum Rethymnons gibt es gute Busverbindungen zu den Unterkünften dieses Strandabschnitts, wo viele 3–4-Sterne-Hotels und zwei Luxushotels liegen. In Rethymnon selbst, das mit rund 25.000 Einwohnern die drittgrößte Stadt Kretas ist, gibt es zahlreiche, oft klotzige Touristenunterkünfte direkt am Strand der Neustadt und kleine, idyllische Hotels und Pensionen in der venezianisch-türkischen Altstadt. Die Altstadt mit Festung, kleinen Gassen, bunten Häusern venezianischer Prägung, türkischen Moscheen und Minaretten sowie der malerische venezianische Hafen sind die Hauptattraktionen Rethymnons. Das rege Nachtleben der Stadt spielt sich ebenfalls in der Altstadt und an der Strandpromenade mit zahlreichen Geschäften, Restaurants, Bars und Diskotheken ab. Rethymnon bietet auch gute Sportmöglichkeiten; zu einem Strandhotel der Neustadt gehört ein großes Wassersportzentrum.

Die Transferdauer vom Flughafen Heraklion zu den Badeorten des genannten Küstenabschnitts beträgt zwischen 20 Minuten (Amoudara) und 90 Minuten (Rethymnon). Die Hotels in und um Rethymnon werden auch häufig in Verbindung mit einem Charterflug ins westliche Chania angeboten. Von hier aus ist die Transferdauer etwas kürzer.

HINTERLAND

Im gebirgigen Hinterland dieses Küstenabschnitts liegen mehrere lohnende Ausflugs- und Rundreiseziele. Dazu gehören das „Folkloredorf“ **Arolithos** (in dem kretische Traditionen bewahrt werden), Ruinen minoischer Land- und Herrenhäuser und das große Bergdorf **Anogia**, das als Webzentrum gilt (rund 40 Kilometer von Heraklion). Das Dorf wurde im zweiten Weltkrieg von deutschen Soldaten total zerstört, woran eine Gedenktafel erinnert. Anogia eignet sich sehr gut als Ausgangsbasis für Wanderungen und für Bergtouren auf den **Psiloritis**, Kretas höchsten Berg. In der Nähe des Psiloritis liegt die Ida-Höhle, die – wie die Höhle auf der Lassithi-Ebene – als Geburtshöhle Zeus´ gilt.

Westlich des Psiloritis folgen das Bergdorf und Töpferzentrum **Margarites** und das von Rethymnon rund 20 Kilometer entfernte Kloster **Arkadiu**. Arkadiu ist das kretische Nationalheiligtum; in dem 500 Meter hoch gelegenen Kloster nahmen sich bei einem Aufstand gegen die Türken 1866 fast 1.000 Kreter das Leben. Man kann hier ein Mausoleum mit den Gebeinen der Opfer, ein kleines Museum und die Klosterkirche aus dem 15./16. Jahrhundert besichtigen. Etwa 35 Kilometer südlich von Rethymnon liegt in der Nähe eines Palmenstrandes an der Südküste das Kloster **Preveli**, das als Bastion des Widerstands gegen die Türkenherrschaft und die deutsche Besatzung gilt. In dieser Gegend befindet sich auch der Badeort **Plakias** mit langem Sandstrand und vielen kleinen Hotels.

RETHYMNON–CHANIA

Der Küstenabschnitt zwischen den Städten Rethymnon und Chania ist relativ ruhig und weist keine großen Touristenorte auf. In Chania und Umgebung hat sich der Tourismus erst spät entwickelt. Etwa auf der Hälfte der knapp 80 Kilometer langen Strecke verändert sich die Landschaft; sie wird sehr grün, fruchtbar und waldreich vor der Kulisse der hohen Weißen Berge. Der höchste Gipfel dieses Gebirges ist nur wenige Meter niedriger als der Psiloritis.

15 Kilometer westlich von Rethymnon beginnt der längste Sandstrand Kretas, der touristisch noch relativ wenig erschlossen ist. Hier liegt an einer Flussmündung das einstige Fischerdorf **Georgioupolis** mit zahlreichen Tavernen und Geschäften, die sich um die große Platia und an der Uferpromenade entlang erstrecken. Im Ort selbst gibt es kleinere Hotels und Pensionen, größere Pauschalhotels – meist der gehobenen Mittelklasse – befinden sich einige Kilometer außerhalb. Die Transferdauer von Chania zu den Hotels um Georgioupolis beträgt etwa 45 Minuten.

Im grünen Hinterland von Georgioupolis liegt **Kournas**. Hier gibt es einen großen Binnensee, auf dem man vor dem Hintergrund der Weißen Berge baden und Tretboot fahren kann. In den Weißen Bergen, einem hervorragenden Wandergebiet, liegt der Ort **Imbros**, Ausgangspunkt für die zwei- bis dreistündige Wanderung durch die gleichnamige, steile Schlucht, die bis zur Südküste führt. An diesem Teil der Südküste liegen die ruhigen Badeorte **Chora Sfakion**, **Loutro** und **Frangokastello** mit schönem Sandstrand.

Zwischen Georgioupolis und Chania liegt der Badeort **Kalives** mit langem Sandstrand und kleinen Hotels der 2–3-Sterne Kategorie. Das nur 15 Kilometer von Chania entfernte Kalives stellt auch ein beliebtes Ausflugsziel der Städter dar. Auf dem Weg nach Westen erreicht man zunächst **Souda**, ein bedeutender Marinestützpunkt und Hafen des fünf Kilometer entfernten Chania. **Chania** ist mit etwa 70.000 Einwohnern die zweitgrößte, vermutlich die älteste und wohl auch schönste Stadt Kretas. Sie liegt an der Westseite der grünen **Akrotiri-Halbinsel**. Im Südosten der Halbinsel befinden sich ein NATO-Stützpunkt und der Flughafen, die übrigen Gebiete sind mit Klöstern, guten Wandermöglichkeiten und kleinen Feriensiedlungen recht idyllisch. Die größten Attraktionen von Chania, das kurze Zeit Hauptstadt Kretas war, sind die wunderschöne, venezianisch-türkische Altstadt, die von gut erhaltenen Stadtmauern umgeben ist, und der malerische, mittelalterliche Hafen. Am Hafen, der von einer Promenade mit Tavernen und Cafés gesäumt ist, liegen eine Festung, eine türkische Moschee, eine Kapelle, ein Leuchtturm und venezianische Hallen. Die schmalen Altstadtgassen schmücken schön restaurierte venezianische Palazzi, von denen einige zu stilvollen Hotels und Pensionen umgebaut wurden. In der Neustadt, die gute Unterhaltungs- und Einkaufsmöglichkeiten und reges Nachtleben bietet, liegen moderne Wohn- und Geschäftsviertel. Da sich die meisten Hotels in Vororten befinden, ist die Stadt nur wenig vom Tourismus geprägt.

WESTLICH UND SÜDLICH VON CHANIA

Der westlichste Teil Kretas ist – bis auf die Nordküste mit einem touristischen Abschnitt zwischen Chania und Maleme – noch sehr ursprünglich. Da die schluchtenreichen Weißen Berge im Süden direkt ins Meer abfallen, gibt es hier bis auf einige wenige Ausnahmen kaum Siedlungen und Häfen. Im sehr ruhigen, grünen Westen läuft das Gebirge etwas sanfter aus.

NORDWESTKÜSTE / WESTKÜSTE

Das Feriengebiet West-Kretas liegt westlich von Chania an der NORDWESTKÜSTE. Hier befinden sich in bis zu zehn Kilometer entfernten Vororten zahlreiche Hotels und Apartmentanlagen der (gehobenen) Mittelklasse. Zu diesen Orten gehören **Galatas**, **Kato Daratso**, **Agia Marina**, **Platanias** und **Gerani**. Es gibt hier weitläufige Sandstrände, Tavernen und kleine Geschäfte. Gut 15 Kilometer entfernt von der Stadt erreicht man den Fischerort **Maleme**, der ebenfalls lange Sand-Kiesel-Strände aufweist. Die stark landwirtschaftlich genutzte Umgebung Malemes ist noch recht ursprünglich, beginnt aber ebenfalls, sich touristisch zu entwickeln. In der Nähe des Ortes liegt ein deutscher Soldatenfriedhof aus dem zweiten Weltkrieg, auf dem fast 4.500 Gefallene ruhen. Die Transferdauer zu den Badevororten Chanias und nach Maleme beträgt 20 bis 45 Minuten.

Westlich von Maleme folgen kleine Orte, Klöster und unbewohnte Halbinseln, auf denen man gut wandern kann. In diesem Gebiet geht die Nordwestküste in die ursprüngliche WESTKÜSTE Kretas über. Vorbei an verschlafenen Orten gelangt man hier zum weißen Kloster **Chrisoskalitisa** (das wie eine Festung auf einem Felsen über dem Meer liegt) und nach **Elafonissos** (dem eine kleine, mit dem Festland durch einen schmalen Sandstreifen verbundene Insel vorgelagert ist). Der rosafarbene Strand von Elafonissos wirkt südseehaft und ist oft Ziel von Bootsausflügen.

HINTERLAND / SÜDWESTKÜSTE

Im HINTERLAND südlich von Chania liegt die Hauptattraktion des kretischen Westens: die zum Nationalpark erklärte **Samaria-Schlucht**, mit 18 Kilometern die längste Schlucht Europas. Sie wird durch einen gut 2.400 Meter hohen Berg von der bereits erwähnten Imbros-Schlucht getrennt. Zahlreiche Touristen durchwandern die Samaria-Schlucht im Rahmen einer organisierten Tour, die gut 40 Kilometer von Chania entfernt auf einer Hochebene beginnt. Bei **Xyloskalo** steigt man aus 1.200 Meter Höhe über eine Holztreppe in die Schlucht hinunter, die von einem kleinen Flüsschen durchzogen wird. In ihrem Verlauf wird die Schlucht immer schmaler; die engste, nur knapp vier Meter breite Stelle, die von 500 Meter hohen Felswänden umgeben ist, wird „Eiserne Pforte" genannt. In der nur im Sommer begehbaren Samaria-Schlucht wachsen unter anderem seltene Orchideenarten. Endpunkt der relativ anstrengenden, rund sechs Stunden dauernden Wanderung, in deren Verlauf man sich an verschiedenen Quellen erfrischen kann, ist der Ort **Agia Rumeli** an der Küste. Hier gibt es einige Tavernen und Pensionen sowie einen Kiesstrand.

Ab Agia Rumeli an der SÜDWESTKÜSTE gibt es keine Straßen in den Norden; die Wanderer werden per Schiff in die Küstenorte **Chora Sfakion** (östlich) oder **Paleochora** (westlich) gebracht, wo Busse und Taxis warten. Alternativ zur großen Wanderung wird auch die „lazy tour" angeboten, bei der man mit dem Schiff nach Agia Rumeli fährt und nur von hier bis zur Eisernen Pforte und zurück wandert (etwa zwei bis drei Stunden). Chora Sfakion ist auch Ziel der Wanderung durch die Imbros-Schlucht, die kürzer, weniger überlaufen und teilweise noch steiler und enger ist als die Samaria-Schlucht. Außer am Nachmittag, wenn die Wanderer in Chora Sfakion ankommen, ist der idyllische Ort noch sehr ruhig. Er eignet sich gut als Ausgangspunkt für Wanderungen in die ursprüngliche Umgebung. Das westlich gelegene, ebenfalls malerische Paleochora mit den Ruinen einer venezianischen Burg und schönen Sandstränden hat sich zu einem beliebten Badeort mit kleinen Hotels und Pensionen, Tavernen und einem gewissen Nachtleben entwickelt. Von hier gibt es eine Querverbindung ins etwa 50 Kilometer entfernte Maleme. Paleochora ist ein guter Ausgangspunkt für Ausflüge nach **Gavdos**, der südlichsten Insel Europas (Fahrtdauer etwa zwei Stunden). Auf der einsamen Insel, die nur knapp 100 Einwohner hat, gibt es vier kleine Dörfer und einige Strände, jedoch keine Hotels; übernachten kann man hier nur in Privatquartieren. Der Transfer von Chania zu den Südwestküstenorten dauert zwei bis zweieinhalb Stunden.

AUSFLÜGE

Von Kreta aus kann man Schiffsausflüge zur Kykladeninsel *SANTORIN* (Thira) unternehmen; die Fahrtdauer beträgt etwa drei Stunden. Auf der landschaftlich einzigartigen Insel besichtigt man die malerische Hauptstadt Thira, das nördliche Oia (bekannt für wunderschöne Sonnenuntergänge), die Ruinen von Alt-Thera und die Ausgrabungsstätte von Akrotiri. In Akrotiri sieht man Reste einer minoischen Stadt, die beim großen Erdbeben im 2. Jhtsd. v. Chr. zerstört wurde, weshalb es auch als „griechisches Pompeji" bezeichnet wird. Vor allem die Westküste der Vulkaninsel mit auf den 400 Meter hohen Kraterrand gebauten, weißen Häusern ist geprägt von dem großen Ausbruch.

1.5.5 ATHEN

Athen, die Hauptstadt und größte Stadt Griechenlands, erstreckt sich auf der im Südosten des Festlands ins ägäische Meer ragenden Halbinsel **Attika**, im gleichnamigen Verwaltungsbezirk. Die griechische Metropole liegt in einer von Bergen halbkreisförmig umgebenen Ebene, die im Südwesten ins Meer, den **Saronischen Golf**, abfällt. Das Stadtbild der ältesten Hauptstadt Europas wird dominiert von mehreren Hügeln – darunter die beiden höchsten Likavittos (277 Meter) und Akropolis (156 Meter) – und dem umliegenden, riesigen Häusermeer. Außerhalb des Zentrums von Athen, das sich in den letzten 100 Jahren extrem ausgebreitet hat, liegen zahlreiche Viertel, die nur aus Neubauten – meist wenig dekorativen, hohen Flachbauten – bestehen und wie kleine Städte mit eigener Infrastruktur wirken. Im Stadtgebiet von Athen gibt es nur wenige Grünflächen. Der Großraum Athen umfasst große Teile Attikas und hat eine Ausdehnung von rund 500 qkm. Im eigentlichen Stadtbezirk leben knapp eine Million, im Großraum Athen drei Millionen Menschen.

Typisch für das **Klima** Athens ist die extreme, drückende Sommerhitze. Durch die geographische Lage, die zunehmende Industrialisierung und aufgrund von Verkehrsabgasen kommt es im Sommer häufig zu Smogbildung. Auch im Winter gibt es hier relativ wenig Niederschlag, einige wenige Tage mit Schneefall sind jedoch keine Seltenheit.

Um 1400 v. Chr. errichteten die Mykener auf dem Akropolishügel eine Königsburg, um die Athen entstand. Die Stadt erlebte ihre große politische und kulturelle Blüte im 6. und 5. Jh. v. Chr. Aus dieser Zeit der langen **Geschichte** stammen die meisten Bauten der antiken Stadt. Um sich gegen die Perser besser verteidigen zu können, gründeten die Athener 478 v. Chr. den Attisch-Delischen Seebund, dem viele griechische Städte und Inseln beitreten mussten. Mit den Einkünften aus diesem Bündnis wurde die Akropolis ausgebaut. Nach der Niederlage im Krieg gegen Sparta begann Athens fortschreitender Verlust an politischer Bedeutung, in kultureller Hinsicht war die Stadt aber weiterhin führend. Zur Römerzeit wurden abermals prächtige Bauten errichtet, unter byzantinischer und türkischer Herrschaft war Athen jedoch relativ bedeutungslos. 1833 wurde Athen Hauptstadt des jungen Königreichs. Die Einwohnerzahl, die damals nur einige Tausend betrug, stieg schnell an, die Stadt dehnte sich rasch aus. Es wurden neue Plätze, breite Straßen und klassizistische Gebäude errichtet. Heute ist Athen wieder der wirtschaftliche, kulturelle und politische Mittelpunkt und der Verkehrsknotenpunkt Griechenlands.

Von vielen deutschen Flughäfen bestehen täglich, teilweise sogar mehrmals täglich, direkte **Linienflüge** nach Athen (ATH), dem Hauptdrehkreuz der OA. Im Sommer gibt es ab einigen deutschen Flughäfen auch Charterflüge nach Athen. Im Frühjahr 2001 wurde ein neuer, sehr moderner Flughafen in Betrieb genommen, der 30 Kilometer östlich des Zentrums liegt.
Reisende, die mit dem Auto nach Athen fahren, nehmen am besten **Fährverbindungen** nach Patras und fahren dann über den Peloponnes oder auf dem Festland weiter. Die Häfen Athens sind Piräus im Südwesten und Rafina im Nordosten. Piräus dient häufig auch als **Kreuzfahrthafen**.
In Athen gibt es zwei **Bahnhöfe**. Vom Larissa-Bahnhof kann man nach Nordgriechenland fahren, vom Peloponnes-Bahnhof auf die gleichnamige Halbinsel.
Ab Athen gibt es sehr gute **Linienbusverbindungen** in alle Teile des Landes. Das Straßennetz der Stadt ist hoffnungslos überlastet, es ist eine Seltenheit, keinen Stau zu haben. Obwohl es viele Taxis gibt, ist es oft schwierig eines zu bekommen. Häufig werden mehrere Fahrgäste eingeladen, es muss jedoch jeder den vollen Preis bezahlen. Das Busnetz innerhalb der Stadt ist gut, allerdings existieren meist keine Fahrpläne. Die **Metro** wird derzeit – nicht zuletzt für die Olympischen Spiele, die 2004 in Athen stattfinden werden – verstärkt ausgebaut.

Die **Hauptattraktion** Athens sind antike Baudenkmäler und herausragende Museen, in denen Kunstschätze aus ganz Griechenland zu sehen sind. Hier kann man sich einen guten Überblick über die griechische Geschichte verschaffen. Deshalb und wegen der guten Verkehrsverbindungen dient Athen häufig als Ausgangspunkt für Studien- und Rundreisen durch Griechenland.

Obwohl die Wasserqualität an einigen stadtnahen Stränden wegen der Athener Abwässer und der Nähe zum Hafen Piräus nicht sehr gut ist, eignet sich die weitere Umgebung Athens auch für Erholungs- und Badeaufenthalte. Wer nur einen Städtetrip in die griechische Metropole mit ihren zahlreichen Besichtigungs-, Einkaufs- und Unterhaltungsmöglichkeiten macht, kann von hier aus auch problemlos Tagesausflüge zu weiteren klassischen Stätten der Antike oder auf Inseln unternehmen. Da viele Urlauber ihre Griechenlandreise in Athen beginnen oder während der Reise hier einen Zwischenstopp einlegen, ist der Tourismus zu einem nicht unwesentlichen Faktor der Wirtschaft geworden. Viele Veranstalter bieten ab Athen Bus- und Mietwagenrundreisen oder Schiffsreisen in die Ägäis an. Häufig dient Athen auch als Zielflughafen für Pauschalreisen in die Feriengebiete der Umgebung, auf die Saronischen Inseln und auf die zweitgrößte griechische Insel Evia (Euböa, östlich von Attika gelegen).

SEHENSWÜRDIGKEITEN

AKROPOLIS

Das Wahrzeichen Athens und ganz Griechenlands ist die Akropolis auf dem zu drei Seiten steil abfallenden Hügel, der schon in der Antike das Herz der Stadt bildete. Auf dem zunächst als Königssitz, später als Heiligtum für die Götter dienenden Gipfel mit einem Plateau von über 300 Metern Breite und mehr als 150 Metern Länge liegen zahlreiche antike Bauten, meist Tempel. Man betritt das Gelände durch den monumentalen Eingangsbereich „Propyläen" und sieht auf einem Rundgang die wichtigsten, aus dem 5. Jh. v. Chr. stammenden Gebäude: den zierlichen **Nike-Tempel**, das **Erechtheion** mit einer Korenhalle und das berühmte **Parthenon**. Der große, imposante Tempel aus dorischen Säulen wird oft mit der Akropolis gleichgesetzt. Trotz verschiedener Zerstörungen – es fehlt unter anderem das Dach – ist dieses Monument noch immer als architektonisches Meisterwerk zu erkennen. Viele Kunstschätze des Tempelberges sind heute im ebenfalls auf dem Gelände befindlichen **Akropolis-Museum** untergebracht, da der Athener Smog viele Marmorskulpturen binnen kürzester Zeit zerstören würde. Unterhalb der Akropolis liegen zwei große Amphitheater: das **Dionysostheater**, das älteste Theater Europas, und das römische **Odeion des Herodes Attikus**, in dem im Sommer Festspiele stattfinden. Bei gutem Wetter gewährt der Akropolisberg schöne Ausblicke auf die Stadt und ihre Umgebung.

PLAKA / MONASTIRAKI

Am Nordhang des Tempelberges liegt die malerische, weitgehend autofreie Altstadt PLAKA mit römischen, byzantinischen und türkischen Bauten sowie kleinen Gässchen, Kirchen, einladenden Tavernen und zahlreichen Souvenirgeschäften. Hier werden vor allem Nachbildungen antiker Skulpturen angeboten. In der Plaka liegen die Ausgrabungen der **griechischen Agora**, dem großen, antiken Markt- und Versammlungsplatz, an dessen Rand sich mit dem **Theseion** der besterhaltene Tempel Griechenlands befindet. In der Nähe erstreckt sich die **römische Agora** mit dem **Turm der Winde**, der früher als Wasseruhr diente.

Von den beiden Agoras aus gelangt man schnell zum MONASTIRAKI, einem Platz mit einer kleinen byzantinischen Kirche, einer türkischen Moschee und viel orientalischem Flair. Hier und in den umliegenden, kleinen Gassen findet ein Flohmarkt statt. In unmittelbarer Nähe liegt die vom römischen Kaiser 132 n. Chr. gestiftete **Hadriansbibliothek**. Monastiraki liegt an einer der Haupteinkaufsstraßen Athens, der **Ermou**, die direkt zum Syntagma-Platz führt.

SYNTAGMA-PLATZ

Zwischen Monastiraki und Syntagma-Platz bildet die Ermou eine von zahlreichen Geschäften gesäumte Fußgängerzone. Der Weg zum Syntagma führt an den sehenswerten Kirchen **Kleine Mitropolis** (aus dem Mittelalter) und **Mitropolis** (orthodoxe Kathedrale aus dem 19. Jh.) vorbei.

Auf dem viereckigen, repräsentativen Syntagma-Platz befindet sich der klassizistische Prachtbau des ehemaligen **Königsschlosses** aus dem Jahr 1834. Heute ist hier das griechische Parlament untergebracht. Das Parlament und das Grab eines unbekannten Soldaten werden von uniformierten Soldaten in Faltenröcken „bewacht". Um den Platz, um den herum reger Verkehr herrscht, liegen zahlreiche Hotels, Banken, Reisebüros und Geschäfte. Hinter dem Schloss befindet sich Athens grüne Lunge, der **Nationalgarten** mit vielen hohen Bäumen.

KOLONAKI

In der Nähe des Schlosses liegt das noble Viertel Kolonaki mit exklusiven Geschäften und schicken Cafés um den gleichnamigen Platz herum. Der Stadtteil befindet sich zu Füßen des Hügels **Likavittos**, der höchsten Erhebung Athens, auf deren Spitze eine kleine Kapelle aus dem 19. Jh. steht. Um die hervorragende Aussicht von oben zu genießen, kann man mit einer Zahnradbahn hinauffahren oder über einen Serpentinenweg „aufsteigen".

OMONIA-PLATZ

Über die Boulevards **Stadiou** und **Venizelou** ist der Syntagma-Platz mit dem Omonia-Platz, dem Hauptverkehrsknotenpunkt Athens, verbunden. Hier, wo es eine der wenigen unterirdischen Metrostationen gibt, laufen acht große Straßen zusammen. An der Venizelou liegen das **Schliemann-Haus** (in dem der große Archäologe gelebt hat und das jetzt als Museum dienen soll) und die katholische **Kathedrale** aus dem 19. Jh. Dann folgt die „Athener Trilogie", bestehend aus den drei im 19. Jh. entstandenen, imposanten, klassizistischen Gebäuden der **Universität**, der **Akademie der Wissenschaften** und der **Nationalbibliothek**. Ansonsten wird die Straße wie der Omonia-Platz von vielen modernen Gebäuden gesäumt.

WEITERE SEHENSWÜRDIGKEITEN

Neben zahlreichen Kirchen gehört zu den weiteren Sehenswürdigkeiten Athens das marmorne, 70.000 Besucher fassende **Olympiastadion** südwestlich des Nationalgartens. Für die ersten Olympischen Spiele der Neuzeit 1896 in Athen wurde das Stadion mühevoll restauriert. In der Nähe liegen das **Olympieion** (der 550 v. Chr. errichtete, einst enorme Tempel des olympischen Zeus, von dem heute nur noch 16 Säulen erhalten sind) und das 18 Meter hohe **Hadrianstor**, das sich der römische Kaiser im 2. Jh. n. Chr. selbst als Denkmal setzte.

In und um Athen gibt es mehrere, sehenswerte Klöster. Das meistbesuchte darunter ist das **Kloster Daphni** aus dem 11. Jh., das für seine schönen Mosaiken bekannt ist.

MUSEEN

Außerdem bietet Athen zahlreiche herausragende Museen, darunter das **Archäologische Nationalmuseum** mit der weltweit größten Sammlung griechisch-antiker Kunstwerke, das **Byzantinische Museum** mit zahlreichen Ikonen und das **Historische Nationalmuseum**, das die griechische Geschichte von 1453 bis zum zweiten Weltkrieg dokumentiert.

AUSFLÜGE

SARONISCHER GOLF / GOLF VON MARATHON

Die Umgebung von Athen bietet gute Möglichkeiten für Badeurlaub. Die Entfernung von der Stadt zu den Badeorten beträgt 10 bis 40 Kilometer, die Fahrt dauert wegen des meist sehr starken Verkehrs 30 bis 100 Minuten.

Südlich der Stadt liegen am SARONISCHEN GOLF (Attische Riviera, Apollonküste) luxuriöse Hotels an den Stränden von **Glyfada** (mit Golfplatz und Segelclub), **Vouliagmeni** und **Lagonissi**.

Nordöstlich der Stadt, am GOLF VON MARATHON, erstrecken sich Urlaubsorte wie **Nea Makri**, **Mati** und **Vravrona**. Der Golf verdankt seinen Namen dem nahe gelegenen, historischen Ort **Marathon**, in dem es 490 v. Chr. zur ersten großen Schlacht zwischen Athenern und Persern kam. Nach dem Sieg der Athener rannte ein Soldat in die Stadt, um die gute Nachricht zu überbringen, dann starb er. Die Strecke, nach der der Marathonlauf benannt ist, beträgt genau 42,195 Kilometer. In der Nähe des modernen Ortes Marathon liegt das antike Schlachtfeld.

Gut 80 Kilometer entfernt von der Stadt liegt **Loutraki**, einer der tradtionsreichsten Badeorte des Landes. Der kurz vor der zum Peloponnes führenden Landenge von Korinth gelegene, gepflegte Ort ist für seine Thermalquellen und das in ganz Griechenland vertriebene Mineralwasser bekannt.

SARONISCHE INSELN / KAP SOUNION

Beliebte Ausflugsziele sind auch die nahen SARONISCHEN INSELN im gleichnamigen Golf: **Salamis, Ägina, Angistri, Poros, Hydra** und **Spetses**. Außer Salamis, wo es viel Industrie gibt, sind die Inseln sehr gut für einen Badeabstecher geeignet. Am besten ist die für ihre Pistazien bekannte Insel Ägina zu erreichen, zu der es von Piräus hervorragende Fährverbindungen gibt (die Fahrt dauert mit dem Schnellboot etwa eine halbe Stunde). Häufig werden auch Minikreuzfahrten angeboten, in deren Rahmen man an einem Tag die drei Inseln Ägina, Hydra und Poros besucht.

Eine Tour, die auch häufig im Rahmen von Landausflügen auf Kreuzfahrten unternommen wird, führt zum von Athen etwa 70 Kilometer entfernten KAP SOUNION an der Südspitze Attikas. Hier thronen auf einem 60 Meter hohen Felsen malerisch die Überreste eines antiken Poseidon-Tempels. Besonders beliebt ist dieser Platz während des Sonnenuntergangs.

DELPHI

Delphi in Zentralgriechenland liegt landschaftlich sehr reizvoll, einige hundert Meter hoch über dem Golf von Korinth, zu Füßen des fast 2.500 Meter hohen Berges Parnass. Die Entfernung nach Athen beträgt knapp 200 Kilometer. Das Orakel von Delphi ist eine der berühmtesten Stätten des Altertums und galt in der Antike als „Nabel der Welt“. Hier lag ein Apollon-Heiligtum, wo dessen Priesterin Pythia Ratsuchenden – oft Politikern – Weissagungen erteilte. Diese Orakelsprüche waren meist so zweideutig, dass sie gar nicht falsch sein konnten, und so erhielt das „erfolgreiche“ Orakel aus Dankbarkeit viele Geschenke. Diese wurden in Schatzhäusern aufbewahrt. Heute kann man die Ruinen des Heiligtums, in dem die Weissagungen erfolgten, Tempel und Schatzhäuser besichtigen. Im obersten Bereich der Stätte liegen ein Theater und ein Stadion, in dem alle vier Jahre Pythische Spiele, sportliche und musische Wettkämpfe, stattfanden. Zur Ausgrabungsstätte von Delphi gehört ein Museum mit Kunstwerken wie dem berühmten „bronzenen Wagenlenker“.

1.5.6 PELOPONNES

Die etwa 21.500 qkm große, stark gegliederte Halbinsel Peloponnes ist im Osten durch den **Isthmus von Korinth** mit dem griechischen Festland (Attika) verbunden, ihre nördlichste Spitze ist nur durch eine schmale Meerenge von Zentralgriechenland getrennt. Das Meer dazwischen wird als **Golf von Korinth** bezeichnet. Die größte Stadt des Peloponnes, der eine der Verwaltungsregionen Griechenlands bildet, ist **Patras** (150.000 Einwohner) im Nordwesten der Halbinsel. Insgesamt leben rund 1,1 Millionen Menschen auf dem Peloponnes, dessen Form an eine Hand ohne kleinen Finger erinnert. Der Peloponnes, der rund ein Sechstel von Griechenlands Landfläche ausmacht, ist in Nord-Süd-Richtung von hohen Gebirgsketten durchzogen. Der höchste Berg ist mit gut 2.400 Metern der im Süden gelegene **Profitis Ilias**.

Das **Klima** auf dem Peloponnes ist typisch für das griechische Festland. Der „richtige" Sommer beginnt relativ spät (Ende Mai). Vorher ist das Wetter zwar keineswegs schlecht, aber nicht warm genug zum Baden. Der Sommer ist auch hier richtig heiß. Von November bis März regnet es regelmäßig, in den Bergregionen, wo es im Sommer noch heißer ist als an der Küste, liegt im Winter oft Schnee.

Der Peloponnes war im 2. Jhtsd. v. Chr. das Zentrum der mykenischen Kultur. Nach deren Niedergang um 1000 v. Chr. entstanden im 8. Jh. v. Chr. mehrere Stadtstaaten. In den folgenden Jahrhunderten entwickelte sich das im Süden gelegene Sparta zur vorherrschenden Macht auf dem Peloponnes. Sparta ging im 5. Jh. v. Chr. als Sieger aus dem Peloponnesischen Krieg gegen Athen (um die Vormachtstellung in Griechenland) hervor. Während der folgenden Jahrhunderte teilte der Peloponnes weitgehend die **Geschichte** Griechenlands. Einige Teile der Halbinsel konnten jedoch erst um 1460 von den Türken erobert werden. Der Peloponnes war eine der wichtigen Bastionen, wo die orthodoxe Kirche während der türkischen Besatzung heimlich griechische Sprache und Kultur pflegte und von wo der Freiheitskampf ausging.

Im Sommer gibt es ab Deutschland **Charterflüge** auf den Peloponnes, nach Araxos (GPA, ein reiner Militär- und Charterflughafen in der Nähe von Patras) und nach Kalamata (KLX) im Süden.
Zwischen Italien und Patras bestehen hervorragende **Fährverbindungen**. Ab Patras gibt es auch gute Schiffsverbindungen auf einige Ionische Inseln. Weitere Fährhäfen des Peloponnes sind Kyllini im Westen (zu den südlichen Ionischen Inseln), Kalamata, Githio und Neapoli im Süden (zur Insel Kithira und nach Kreta), verschiedene Häfen im Osten (nach Piräus und zu den Saronischen Inseln) sowie Rion und Egion im Norden (nach Zentralgriechenland). Die am häufigsten im Rahmen von **Kreuzfahrten** angelaufenen Häfen auf dem Peloponnes sind Katakolon (für Landausflüge nach Olympia), Korinth und Nauplia (für Landausflüge nach Epidauros und/oder Mykene).
Über den **Landweg** erreicht man den Peloponnes über die flache Landbrücke des Isthmus von Korinth, durch den Ende des 19. Jh. die gut sechs Kilometer lange, bis zu 80 Meter tiefe und 23 Meter breite, künstliche Wasserstraße „Kanal von Korinth" angelegt wurde. Der Kanal, den häufig auch Kreuzfahrtschiffe passieren, verkürzt den Weg vom Ionischen Meer zur Ägäis erheblich. Kraftfahrzeuge können eine Brücke über den Kanal nutzen.
Der Peloponnes kann von Athen aus mit dem **Zug** ab dem gleichnamigen Bahnhof erreicht werden. Eine Bahnlinie führt rund um die Halbinsel und ins bergige Hinterland. Viele Orte erreicht man aber besser mit Linienbussen. Das Straßennetz ist dicht, jedoch teilweise – vor allem im Gebirge – in keinem allzu gutem Zustand. Sehr gut ausgebaut ist die Küstenstraße von Korinth nach Patras.

Die **Hauptattraktionen** des Peloponnes sind die Ausgrabungen der antiken Stätten von Korinth, Mykene, Epidauros und Olympia sowie die mittelalterliche Stadt Mistras. Viele Touristen besuchen die relativ nahe beieinander gelegenen archäologischen Sehenswürdigkeiten im Rahmen einer Gruppenreise durch Griechenland oder auch auf eigene Faust. Die Halbinsel eignet sich jedoch nicht nur für Studienreisen, sondern auch für Badeurlaub oder eine Kombination aus beidem.

Der Peloponnes bietet zahlreiche, schöne Strände. Im Norden liegen sandig-kieselige Strände (die häufig Wochenendziel der Athener sind), im Westen lange, feine, von Pinien gesäumte, teilweise ganz einsame Sandstrände, im Süden und Osten idyllische Buchten. An den belebteren Küstenabschnitten gibt es ein großes Wassersportangebot. Der gebirgige Peloponnes bietet außerdem ideale Möglichkeiten für Wanderer und Bergsteiger. Im Winter kann man sogar in zwei Skigebieten Wintersport treiben. Viele Urlauber lockt aber auch die landschaftliche Vielfalt und das – abseits der belebten Küsten und kulturellen Highlights hier leicht zu findende – ursprüngliche Griechenland. Obwohl fast ein Drittel aller Griechenland-Urlauber auch den Peloponnes besucht, ist die Halbinsel noch sehr ursprünglich. Der **Tourismus** beschränkt sich hauptsächlich auf einige wenige Gebiete (Westpeloponnes zwischen Patras und Kyllini, einige Gebiete um Kalamata und die Ostküste in der Gegend von Nafplion). Diese Regionen des Peloponnes sind teilweise auch in den Pauschalkatalogen deutscher Reiseveranstalter zu finden. Es können jedoch auch die ruhigen, ländlichen Gebiete problemlos individuell bereist werden. Hier findet man viele kleine Pensionen und Privatunterkünfte. Die hohe Besucherzahl kommt vor allem durch die großen kulturellen Attraktionen des Peloponnes, die auf Rundreisen besucht werden, zustande.

KORINTH–EPIDAUROS–MYKENE

Jenseits des Kanals von Korinth, der selbst schon eine Sehenswürdigkeit ist, liegt der nordöstliche Teil des Peloponnes: Korinthia und die südliche Halbinsel Argolis („Daumen" des Peloponnes), die sich zwischen dem Saronischen Golf und dem Argolischen Golf erstreckt.

Zunächst erreicht man die moderne Stadt **Korinth**, die wenig Sehenswürdigkeiten bietet, jedoch ganz in der Nähe der Ruinen von Alt-Korinth liegt. In der Antike war die Stadt aufgrund ihrer zwei Häfen – einer am Korinthischen und einer am Saronischen Golf – eine bedeutende, wohlhabende Handelsmetropole. Die Stadt lag zu Füßen des knapp 600 Meter hohen Berges Akrokorinth, der jahrhundertelang als Burgberg diente und phantastische Aussichten bietet. Man sieht hier Befestigungsmauern aus dem 4. Jh. v. Chr. und aus dem Mittelalter, Reste des Tempels der Liebesgöttin Aphrodite und eine türkische Moschee. Vom Hafen Lechaion am Golf von Korinth, wo die größte frühchristliche Basilika Griechenlands zu sehen ist, führte eine prächtige Straße in die Stadtmitte, zur über 30.000 qm großen Agora (der Marktplatz, um den herum es ungemein viele Läden gegeben haben soll). Wahrzeichen der Stadt mit zahlreichen Ruinen sind die aus sieben Säulen bestehenden Reste des Apollon-Tempels aus dem Jahr 550 v. Chr. Die antike griechische Stadt, die als lebensfroh und etwas lasterhaft bekannt war, wurde von den Römern 146 v. Chr. zerstört, etwa 100 Jahre später jedoch, ebenfalls von den Römern, als Provinzhauptstadt wieder aufgebaut. Deshalb sieht man heute in Alt-Korinth mehr römische als griechische Spuren. Um 50 n. Chr. lebte in der Stadt der Apostel Paulus und schrieb die biblischen Korintherbriefe. 521 n. Chr. wurde Korinth durch ein schweres Erdbeben zerstört. Einen guten Überblick über die antike Stadt und ihre Geschichte verschafft das Archäologische Museum.

50 Kilometer südlich liegt der Badeort **Palea Epidauros**, in dem auch Fähren aus Piräus anlegen. Im Hinterland erstreckt sich mit **Epidauros** eine weitere bedeutende antike Stätte. Nachdem hier zunächst nur ein Heiligtum für den Gott Apoll stand, soll dessen Sohn, der Halbgott Asklepios, um 500 v. Chr. ein Krankenhaus mit Kurbetrieb in Epidauros gegründet haben. Um den Patienten Zerstreuung zu bieten, wurde das große Theater gebaut, für das Epidauros berühmt ist; es wird noch immer für Festspiele genutzt. Das sehr gut erhaltene, mehr als 10.000 Menschen fassende Amphitheater hat eine hervorragende Akustik: Auch in der obersten Sitzreihe kann man das Fallen einer Münze oder Papierrascheln auf der Bühne hören. Sehenswert in Epidauros sind außerdem ein Stadion, das Tholos (wo Schlangen, die Asklepios als heilig galten, lebten), der Asklepios-Tempel, medizinische „Behandlungsräume" und die Schlafhalle Abaton. Eine frühchristliche Basilika lässt annehmen, dass die Heilstätte auch während der ersten Jahrhunderte nach Christus noch genutzt wurde. Der Ausgrabungsstätte von Epidauros ist ein Museum angeschlossen.

Knapp 30 Kilometer westlich von Epidauros liegt an der Küste des Argolischen Golfs, der sich zwischen „Daumen“ und „Zeigefinger“ des Peloponnes erstreckt, das Städtchen **Nafplion** (Nauplia). Die Stadt, die eine schöne Altstadt mit klassizistischen Gebäuden und türkischen Moscheen aufweist, war von 1830 bis 1834 die erste Hauptstadt des befreiten Griechenlands. Die viel Atmosphäre ausstrahlende Stadt ist von drei Festungen aus venezianischer Zeit umgeben; eine davon liegt auf einer kleinen, vorgelagerten Insel. Die Umgebung von Nafplion eignet sich gut für lebhaften Strandurlaub. In südlich gelegenen Touristenorten wie **Tolon** und **Drepano** findet man zahlreiche Unterkünfte, Sport- und Unterhaltungsmöglichkeiten.

Zwischen Nafplion und dem nördlichen Städtchen Argos liegt, inmitten einer Ebene, die mykenische Burg **Tiryns** mit über acht Meter dicken Mauern. Die Ausgrabungen der Burg, in deren Innerem Reste eines Königspalastes liegen, dauern noch immer an. Sehenswert in **Argos** sind römische Ausgrabungen und eine fränkische Burg.

Etwa zehn Kilometer von Argos entfernt liegt **Mykene**, die Stätte, der die mykenische Kultur ihren Namen verdankt. Es ist auch möglich, ab dem 60 Kilometer entfernten Korinth eine direkte Straße nach Mykene zu nehmen statt über Epidauros zu fahren. Das alte Mykene, das einen Kilometer vom heutigen Ort entfernt liegt, entdeckte der Archäologe Heinrich Schliemann Ende des 19. Jh. Den Haupteingang zur Burg, die von sechs Meter dicken Mauern umgeben ist, bildet das bekannte Löwentor. Den beiden imposanten Löwen, die aufrecht über dem Tor stehen, fehlen die Köpfe, die vermutlich aus Bronze waren. Direkt hinter dem Eingang befinden sich Königsgräber, in denen Schliemann neben Skeletten Goldschätze mit einem Gesamtgewicht von 15 Kilogramm fand. Die kostbaren Funde, darunter eine vermeintlich vom mykenischen König Agamemnon stammende, goldene Totenmaske, befinden sich heute im Nationalmuseum in Athen. Auf dem höchsten Punkt des Berges kann man die Ruinen des Königspalastes und Tempelreste besichtigen. Mykene soll in der Antike Schauplatz blutiger, schauriger Tragödien der königlichen Familie gewesen sein.

SÜD-PELOPONNES

Der Süden des Peloponnes ist ein recht dünn besiedeltes, ursprüngliches Gebiet. Die Küsten der südlichen Halbinseln wenden sich aber langsam dem Tourismus zu; eine größere Ferienregion entstand um Kalamata. Im Landesinneren liegt Mistras, ein kulturelles Highlight des Peloponnes.

OSTKÜSTE

Die Ostküste des Peloponnes (der „Zeigefinger“) am Golf von Argolis ist geprägt von schroffer, karger Steilküste mit Kiesbuchten und kleinen Ferienorten, in deren Hinterland sich das Gebirge erstreckt. Etwa auf der Hälfte des Küstenabschnitts liegt **Leonidio**, ein malerisches Städtchen mit engen Gassen und klassizistischen Häusern. Von hier kann man Ausflüge in die Spitze des „Zeigefingers“ unternehmen, wo die mittelalterliche Burgstadt **Monemvassia** auf einem Felsklotz im Meer liegt. Ab **Neapoli** im äußersten Süden verkehren Fähren zur Insel Kithira.

SPARTA / MISTRAS

Von Leonidio führt eine Passstraße über hohe Berge ins Landesinnere. Nach etwa 80 Kilometern erreicht man SPARTA, das in der Antike der größte Konkurrent Athens und ein wichtiger Militärstaat war; die Soldaten Spartas durchliefen eine sehr strenge Ausbildung (daher das Adjektiv „spartanisch“). An die große Zeit des antiken Sparta erinnert nur wenig; die heutige Stadt wurde 1834 gegründet.

Eine ausgiebige Besichtigung wert ist jedoch das knapp zehn Kilometer entfernte, byzantinische MISTRAS, zu Füßen des höchsten Gebirges des Peloponnes gelegen. Die Kirchenstadt wurde Mitte des 13. Jh. von einem fränkischen Fürsten gegründet, jedoch schnell von den Byzantinern erobert. Mistras wuchs binnen kürzester Zeit stark an, hatte mehr als 40.000 Einwohner und entwickelte sich zu einer bedeutenden Stadt des Byzantinischen Reiches. Nach der türkischen Eroberung verlor Mistras an Bedeutung; nach der Befreiung von den Türken wurde das neue Sparta gegründet, Mistras verfiel. Heute steht die auf einem über 600 Meter hohen Berg gelegene Stadt unter Denkmalschutz. Man kann einen Palast, Gemäuer von Wohnhäusern und zahlreiche Kirchen und Klöster besichtigen, darunter die einstige Hauptkirche Mitropolis, in der der letzte byzantinische Kaiser gekrönt wurde. Die Burg bietet hervorragende Ausblicke auf die Umgebung.

MANI

Sparta ist knapp 50 Kilometer entfernt von der südlichen Küste. Hier liegt der idyllische Hafenort **Githio**. Südlich folgt die karge, im Inneren wenig bevölkerte Halbinsel Mani („Mittelfinger" des Peloponnes). Die durch Gebirge vom übrigen Peloponnes abgetrennte Halbinsel diente im Laufe der griechischen Geschichte häufig als Rückzugsort vor dem Feind.

In den südlichsten Teil der Halbinsel waren die Türken nie vorgedrungen. Hier sieht man zahlreiche, wehrhafte „Geschlechtertürme", die maniotische Familien, zwischen denen häufig erbitterte Blutfehden herrschten, vom 17. bis 19. Jh. als Wohnhäuser und Festungen nutzten. Einige der Türme, die bis zu 20 Meter hoch sind und einen Mauerumfang von über einem Meter haben, sind heute zu Hotels umgebaut worden, vor allem in der Gegend des hübschen Dorfes **Vathia**. Im äußersten Süden, etwa 80 Kilometer von Githio entfernt, liegt das **Kap Tenaro**, nach Gibraltar der südlichste Punkt des europäischen Festlands.

Die Hauptattraktion von Mani befindet sich an der Westküste: die eindrucksvolle Tropfsteinhöhle **Pirgos Dirou**, durch die ein bis zu 300 Meter tiefer Fluss fließt. Die Besucher werden hier mit kleinen Booten durch unterirdische Gänge und Säle gerudert. Wenige Kilometer nördlich der Höhlen liegt mit **Areopoli** Manis größtes, sehr idyllisches Städtchen. Hier wird die Landschaft grüner und abwechslungsreicher. Bald erreicht man die Ferienorte **Neo Itilo**, **Kalogria/Stoupa** und **Kardamili** mit kleinen Hotels und guten Stränden.

Die Entfernung vom Flughafen Kalamata zu den Ferienorten auf der Halbinsel Mani, die als gutes Surfrevier gilt, beträgt zwischen 35 Kilometer (Kardamili) und 100 Kilometer (Gythion).

KALAMATA

Die Küstenstraße von Kardamili führt durch Gebirgsausläufer ins etwa 35 Kilometer nördlich gelegene Kalamata, das als Anbaugebiet der besten griechischen Oliven gilt. Die moderne Küstenstadt mit knapp 50.000 Einwohnern, westlich von Sparta gelegen, kann man von dort auch auf direktem Weg über eine Passstraße erreichen. Kalamata bietet außer Resten einer Burg wenig Spektakuläres oder Antikes, da es 1986 von einem Erdbeben stark zerstört und danach schnell, aber zweckmäßig und schmucklos wiederaufgebaut wurde.

In Kalamata selbst hat sich der Tourismus relativ stark entwickelt. Es gibt zahlreiche Hotels (darunter ein Club Med), Restaurants und Diskotheken, die größtenteils direkt am langen Stadtstrand mit Promenade liegen. Ein ruhigerer Strand befindet sich im südlichen **Avias**. Zehn Kilometer nördlich der Stadt liegt der Flughafen; vom Hafen Kalamatas verkehren unter anderem Fähren nach Kreta.

WEST-PELOPONNES

Die langen, schönen Sandstrände des Westpeloponnes beginnen bereits im äußersten Süden des „Ringfingers“. Während die Südwestküste recht unberührt ist, hat sich der Nordwesten in den letzten Jahren zu einer beliebten Ferienregion entwickelt. Im Hinterland liegt mit Olympia eine der meistbesuchten antiken Stätten Griechenlands inmitten einer großen, fruchtbaren Schwemmlandebene; im Westen ist der Peloponnes am wenigsten gebirgig.

SÜDWESTEN

Westlich von Kalamata beginnt der Südwesten des Peloponnes mit dem „Ringfinger“, der viele mykenische Spuren aufweist. Im Osten der Halbinsel folgen unweit von Kalamata die kleinen Badeorte **Petalidi** und **Koroni**, das wie das im Westen des Ringfingers gelegene **Methoni** eine venezianische Festung besitzt. Im äußersten Süden des Ringfingers liegt, rund 50 Kilometer entfernt von Kalamata, der Fischerort **Finikounda**, der sich ebenfalls zum Touristenort mausert.

Nördlich von Methoni folgt die **Navarino-Bucht**, wo die den griechischen Befreiungskampf gegen die Türken entscheidende Seeschlacht stattfand. Hier liegt das lebhafte Städtchen **Pylos** mit einer gut erhaltenen türkischen Festung. Die archäologische Attraktion dieser Gegend sind die Reste des mykenischen **Nestorpalastes** aus dem 14. Jh. v. Chr. Durch eine von Olivenhainen und Weinreben geprägte Landschaft fährt man in das hübsche Städtchen **Kiparissia** mit dem aufstrebenden Badeort **Kalo Nero**, etwa in der Mitte der Westküste gelegen. Nördlich von Kiparissia folgen endlos lange, von Pinien bewachsene Sandstrände, die sich bis in die 60 Kilometer nördlich gelegene Stadt Pirgos erstrecken. Diese Küstengegend ist pauschaltouristisch kaum erschlossen.

Die Transferdauer zu den Ferienorten westlich von Kalamata beträgt zwischen 25 Minuten (Petalidi) und anderthalb Stunden (Koroni, Methoni, Pilos, Kiparissia).

OLYMPIA / HINTERLAND

Die meisten Besucher, die nach Pirgos kommen, sind auf der Durchreise ins 17 Kilometer entfernte OLYMPIA, eine der Hauptattraktionen einer klassischen Griechenland-Rundreise. Die antike Stätte liegt eingebettet in eine liebliche Hügellandschaft. Hier fanden im 8. Jh. v. Chr. zu Ehren des Göttervaters Zeus und anderer Götter zum ersten Mal Olympische Spiele statt. Rund 1000 Jahre lang war Olympia dann alle vier Jahre Austragungsort der Spiele, deren einzige Disziplin anfangs der Stadionlauf war. Es durften nur freie, griechische Männer an den Wettkämpfen teilnehmen, auch als Zuschauer waren keine Frauen zugelassen. Die Sieger bekamen Kränze aus Ölzweigen vom heiligen Baum und galten als große Helden. Um 400 n. Chr. wurden die Olympischen Spiele als heidnischer Kult verboten, die Stätte wurde durch ein Erdbeben verschüttet.

Ende des 19. Jh. begannen die Ausgrabungen. Heute ist Olympia eine sehr anschauliche Ausgrabungsstätte, da man leicht Bezug zu den modernen Olympischen Spielen herstellen kann. An sportlichen Einrichtungen sieht man das durch einen Torbogen zugängliche Stadion mit deutlich erkennbaren Start- und Ziellinien (Platz für fast 50.000 Zuschauer), das zum Aufwärmen genutzte Gymnasium, die Turnhalle Palaistra sowie weitere Übungsplätze. Die Sportstätten befanden sich alle außerhalb des Heiligen Hains, in dem als wichtigste Gebäude der imposante Tempel des Zeus (wo die Siegerehrung stattfand) und der Tempel der Hera, seiner Gemahlin, lagen. Die eingestürzten, über 10 Meter hohen Säulen des Zeustempels liegen noch im Gras. Im Inneren des Tempels befand sich in der Antike eines der sieben Weltwunder, die heute verschollene Zeusstatue aus Gold und Elfenbein. Vor dem Heratempel wird in heutiger Zeit stets das Olympische Feuer entzündet und von hier zum jeweiligen Veranstaltungsort gebracht.

Der Ausgrabungsstätte sind ein Archäologisches Museum mit zahlreichen Kunstschätzen und ein Olympisches Museum über die Geschichte der Spiele in der Neuzeit (im nahen heutigen Dorf Olympia) angeschlossen. Im modernen Ort Olympia gibt es zahlreiche Übernachtungs- und Einkaufsmöglichkeiten sowie Restaurants.

Im HINTERLAND von Olympia liegt ganz einsam, umgeben von Bergen, der Apollontempel von **Bassae** aus dem 5. Jh. v. Chr. Dieser Tempel, der als der am besten erhaltene griechische Tempel außerhalb Athens gilt, ist seit einigen Jahren durch ein vor Umwelt- und Wettereinflüssen schützendes Zelt abgedeckt. Nicht weit entfernt von hier befindet sich das in Form eines Amphitheaters angelegte Hirtendorf **Dimitsana**. Dimitsana ist einer der Orte, in dessen Klöstern während der türkischen Besatzungszeit heimlich griechische Sprache und Kultur gelehrt wurden.

NORDWESTEN

Im Nordwesten des Peloponnes liegt der pauschaltouristisch am besten erschlossene Bereich der Halbinsel, nördlich der Stadt **Pirgos** (etwa 25.000 Einwohner). Pirgos´ Hafen, der häufig für Landausflüge nach Olympia genutzt wird, ist das gut 10 Kilometer entfernte **Katakolon**. Die zunächst auf Pirgos folgenden Badeorte **Skafiada**, **Amaliada** und **Arkoudi** sind noch recht ruhig. Dann erreicht man **Loutra Kyllinis** an der äußersten Westspitze. Der Ort war bereits in der Antike ein Heilbad mit Thermal- und Schwefelquellen, die noch heute Erkrankungen der Haut und der Atemwege lindern. Kurz darauf folgen **Kastro** mit Resten einer fränkischen Burg und der Ort **Kyllini**, von dem Fähren nach Zakynthos verkehren. In dieser schönen, von Eukalyptuswäldern umgebenen Gegend beginnt der pauschaltouristische Bereich des West-Peloponnes. In der Nähe von Kyllini beispielsweise gibt es unter anderem einen Robinson Club an einem der schönsten Strandabschnitte mit grüner Dünenlandschaft.

Ein weiteres Feriengebiet beginnt etwa 40 Kilometer weiter nördlich bei den Badeorten **Metochi** und **Kalogria**, südlich des Flughafens **Araxos**. Auch hier sowie im folgenden Küstenabschnitt gibt es sehr schöne, kilometerlange Sandstrände. Etwa zehn Kilometer nördlich des Flughafens liegen das kleine Bauerndorf **Lakopetra** mit einigen wenigen Hotels der gehobenen Kategorie, **Niforeika** und der „Haupttouristenort“ des Gebiets **Kato Achaia**. Kato Achaia bietet zahlreiche Tavernen und Einkaufsmöglichkeiten. Viele Touristenunterkünfte liegen an Stränden westlich des Ortes.

PATRAS / NORD-PELOPONNES

Rund 25 Kilometer nordöstlich des Feriengebiets um Kato Achaia liegt **Patras**, nach Athen und Thessaloniki die drittgrößte Stadt Griechenlands. Hier kommen sehr viele Griechenland-Urlauber mit den Fähren aus Italien an. Meist wird die bedeutende Hafenstadt aber nur als Durchgangsort genutzt, da sie außer Einkaufsstraßen wenig zu bieten hat. Sehenswert sind hier eine fränkische Burg aus dem 13. Jh., die im Laufe der folgenden Jahrhunderte von Venezianern und Türken ausgebaut wurde, und eine Bischofskirche aus dem 18. Jh.

Nur wenige Kilometer entfernt von Patras liegt ein beliebtes Ausflugsziel, das große Weingut **Achaia Clauss**, in dem die bekannten griechischen Weine Demestica und Mavrodaphne produziert werden. In einer kleinen Festung hoch über Patras werden hier Weinproben veranstaltet. Knapp zehn Kilometer nordöstlich von Patras liegt mit **Rion** der Fährhafen, der die schnellsten und häufigsten Verbindungen zum nur zwei Kilometer entfernten griechischen Festland bietet.

Die gut ausgebaute Küstenstraße entlang der Nordküste am Golf von Korinth führt nach etwa 130 Kilometern wieder in die Stadt Korinth. Die größte Stadt der Nordküste ist das 40 Kilometer von Patras entfernte **Egion** (etwa 20.000 Einwohner). Die Stadt liegt auf mehreren Felsterrassen oberhalb des Strandes. Von hier verkehren Fähren nach Aghios Nikolaos und Itea auf dem Festland, von wo aus man schnell die Ausgrabungsstätte des Orakels von Delphi erreicht.

Im weiteren Verlauf der Küste gelangt man über kleine Strandorte, die von den Städtern häufig als Badeziele genutzt werden, nach **Diakofto**. Von hier fährt eine nostalgische Schmalspurbahn in die Berge durch die canyonartige **Vouraikos-Schlucht**. Das Ziel der Bahn ist das gut 20 Kilometer entfernte Bergdorf **Kalavrita** (Fahrzeit eine gute Stunde). Das 700 Meter hoch gelegene Dorf ging gleich zweimal in die Geschichte ein. Zum einen wurde im nahen Kloster **Agia Lavra** von einem orthodoxen Bischof der Freiheitskampf der Griechen gegen die Türken ausgerufen (das Kloster ist heute Nationaldenkmal), zum anderen fanden in Kalavrita 1943 Massenerschießungen der griechischen Zivilbevölkerung durch deutsche Soldaten statt. Daran erinnern eine Gedenkstätte und ein Mahnmal gegen Krieg und Gewalt. Die Gegend von Kalavrita ist mit bis zu 2.300 Meter hohen Bergen im Winter ein beliebtes Skigebiet.

AUSFLÜGE

SARONISCHE INSELN / IONISCHE INSELN

Vom Ostpeloponnes kann man problemlos (Tages-)Ausflüge zu den SARONISCHEN INSELN **Poros**, **Hydra** und **Spetses**, vom südlichen Peloponnes zur Insel **Kithira** und vom Westpeloponnes auf die IONISCHEN INSELN **Zakynthos** und **Kefalonia** unternehmen.

DELPHI / ATTIKA / ATHEN

Die Fährhäfen an der Nordküste des Peloponnes bieten gute Ausflugsmöglichkeiten nach DELPHI. Per Schiff kann man von den Hafenorten der Ostküste (Fährverbindungen nach Piräus) sowie auf dem Landweg über den Isthmus von Korinth ATTIKA und ATHEN besuchen.

TÜRKEI

1.) ***Der Leistungskurs Geschichte, für den Sie bereits eine Tour nach Rom gebucht hatten, war von der Reise so begeistert, dass der Kursleiter Sie nun mit der Planung der Abschlussfahrt beauftragt. Diese soll – per Flug – nach Istanbul führen und nach dem gleichen Schema ablaufen wie die Rom-Reise. Was könnte der Grund dafür sein, dass Istanbul als auf Rom folgendes Reiseziel ausgewählt wurde?***

a) *Als mögliche Reisetermine nennt Ihnen der Kursleiter Februar und Juni. Zu welchem Termin raten Sie aufgrund des Klimas? Wie lange dauert der Flug nach Istanbul?*

b) *Ihnen fällt die Aufgabe zu, für drei Tage Stadtrundfahrten bzw. -gänge durch Istanbul zu organisieren, die unter den Mottos „Das alte Byzanz/Konstantinopel", „Die osmanische Metropole" und „Das moderne Istanbul" stehen. Welches sind die wichtigsten Sehenswürdigkeiten, die Sie in diese Touren einplanen?*

c) *Was können Sie Ihrem Kunden über die einzigartige geographische Lage Istanbuls und das Stadtbild erzählen? Nennen Sie einige interessante Ausflugsziele in der näheren Umgebung und empfehlen Sie ein Verkehrsmittel, das für diese Ausflüge häufig genutzt wird.*

2.) ***Ein langjähriger Stammkunde Ihres Reisebüros hat in einer Reisezeitschrift einen Bericht über Segeltouren entlang der türkischen Küste gelesen und erwägt nun die Buchung einer solchen Reise für Pfingsten.***

a) *Unter welchem Stichwort finden Sie solche Segelreisen in vielen Veranstalterkatalogen? Wie lange dauern über deutsche Veranstalter angebotene Reisen dieser Art üblicherweise? Der Kunde bittet Sie auch um genauere Informationen zu den Schiffen und dem Ablauf einer solchen Reise.*

b) *Welches sind die häufigsten Abgangs-/Zielhäfen für die Segelreisen und über welche Flughäfen, die ab Deutschland direkt angeflogen werden, sind diese erreichbar?*

3.) ***Welche türkische Küstenregion empfehlen Sie einem älteren Ehepaar, das über Weihnachten und Silvester Erholungsurlaub am Mittelmeer machen möchte? Über welchen Zielflughafen erreicht man diese Urlaubsregion?***

a) *Nennen Sie einige Ferienorte in dieser Küstenregion und charakterisieren Sie diese.*

b) *Welche Informationen sollten Sie Ihren Kunden vor der Buchung bezüglich Klima, touristischer Infrastruktur während der Wintersaison, Bade-, Freizeit-, Einkaufs- und Unterhaltungsmöglichkeiten geben? Was kann man über das Preis-Leistungs-Verhältnis der Hotels dieser Ferienregion während der Wintersaison sagen?*

c) *Welche Ausflugsziele in der Umgebung der Küstenorte empfehlen Sie Ihren Kunden als besonders sehenswert?*

4.) ***Ein archäologisch interessiertes Ehepaar plant eine ausführliche Reise zu den antiken Stätten der türkischen Ägäisküste. Aus welcher Kultur/Epoche stammen viele dieser Stätten?***

a) *Über welche Flughäfen erfolgen An- und Abreise, wenn die Rundreise entlang der Küste von Norden nach Süden erfolgen soll?*

b) *Beschreiben Sie den Verlauf einer solchen Studienreise unter Nennung der wichtigsten Stationen und historischen Stätten an der Küste und im Hinterland (einschließlich deren Bedeutung in der Antike und heutigen Sehenswürdigkeiten). Wie viel Zeit sollten die Kunden für die von Ihnen beschriebene Reise einplanen?*

c) *Entweder vor oder nach der Rundreise möchten die Kunden einige Tage Badeurlaub in einem hübschen, ruhigen Küstenort in einem guten Hotel verbringen. Welche Badeorte können Sie für beide Fälle empfehlen?*

1.6 TÜRKEI

Die knapp 780.000 qkm große Türkei, die sich zwischen dem 36. und 42. nördlichen Breitengrad erstreckt, liegt zu 3 % auf dem europäischen und zu 97 % auf dem asiatischen Kontinent. Den zu Asien gehörenden Hauptteil des Landes bildet die Halbinsel **Anatolien** (Kleinasien). Im Norden grenzt die Türkei ans Schwarze Meer und Georgien, im Osten an Armenien und den Iran, im Süden an den Irak, Syrien und das Mittelmeer, im Westen an die Ägäis und Griechenland und im Nordwesten an Bulgarien. Mehr als zwei Drittel der Grenzen werden durch Meeresküsten gebildet. Die Grenze zwischen den Kontinenten und die Verbindung zwischen **Ägäis** und **Schwarzem Meer** bildet das **Marmarameer** mit den Meerengen **Bosporus** und **Dardanellen**.

Während der europäische Teil der Türkei und das Gebiet um das Marmarameer nur leicht hügelig sind, wird Anatolien von hohen Gebirgen umrahmt. Entlang der Schwarzmeerküste verläuft das **Pontische Gebirge**, im Westen das **Westanatolische Bergland** und im Süden, parallel zur Mittelmeerküste, das **Taurusgebirge**. Pontisches Gebirge und Taurus laufen im **Ostanatolischen Hochland** zusammen, wo sich mit dem 5.150 Meter hohen **Ararat** der höchste Berg der Türkei befindet. Zwischen den Gebirgen erstreckt sich das durchschnittlich 1.000 Meter hohe **Inneranatolische Hochland**. Südostanatolien gehört bereits zum syrisch-arabischen Tafelland. Während die Gebirge im Norden und Süden des Landes steil zu den Küsten abfallen, ist die Westküste von Halbinseln, Buchten und fruchtbarer Schwemmlandschaft geprägt. Längster Fluss der Türkei ist der 1.350 Kilometer lange, ins Schwarze Meer mündende **Kizilirmak**. Die Türkei hat viele Binnenseen, der größte ist der **Van-See** im Osten (siebenmal größer als der Bodensee).

Die Republik Türkei ist in 73 Provinzen aufgegliedert. Hauptstadt ist **Ankara** (etwa 3,5 Millionen Einwohner) im inneranatolischen Hochland. Die weitaus größte Stadt des Landes bildet jedoch das am Bosporus gelegene **Istanbul** mit weit über zehn Millionen Einwohnern. Insgesamt leben in der Türkei über 65 Millionen Menschen, davon etwa zehn Prozent im europäischen Teil.

An der West- und Südküste der Türkei herrscht **Mittelmeerklima**, wobei der Süden deutlich wärmer ist. Die Schwarzmeerküste, Istanbul und die Marmaragegend haben **gemäßigtes Klima** mit ausgeglichenen Temperaturen und hohen Niederschlägen. Inneranatolien ist geprägt von **Kontinentalklima** mit heißen Sommern, kalten Wintern und wenig Niederschlag (wegen der Abschirmung durch die Gebirge), wobei der östliche Teil des Hochlandes feuchter und kälter ist und im Winter häufig Schneefälle aufweist. Südostanatolien ist der heißeste Teil des Landes.

Die winterliche Regenzeit in den touristischen Gebieten am Mittelmeer beginnt – je nachdem wie weit südlich sie liegen – im Oktober/November und dauert bis Februar/März. Beste **Reisezeit** für die Türkei sind entsprechend die Monate von April/Mai bis Oktober/November, April und November jedoch vorrangig in südlichen Teilen. Die relativ trockene Südküste der Türkei eignet sich mit milden Temperaturen auch für einen Erholungsaufenthalt im Winter.

Aufgrund stadtähnlicher Siedlungen aus dem 7. Jhtsd. v. Chr. nimmt man an, dass die kleinasiatische Halbinsel bereits seit Jahrtausenden besiedelt ist. In der Frühgeschichte entwickelten sich verschiedene regionale Kulturzentren. Um 2000 v. Chr. wurde von den **Hethitern** ein mächtiges Reich mit der Hauptstadt Hattusa in Inneranatolien gegründet.

Das Hethiterreich zerfiel um 1200 v. Chr. Im Laufe der folgenden Jahrhunderte drangen in den Westen des Landes **griechische Stämme** wie die Ionier vor, während Inner- und Ostanatolien von verschiedenen Stämmen wie **Urartäern**, **Phrygern** und **Lydern** beherrscht wurde.

Im 6. Jh. v. Chr. wurde Anatolien von den Persern erobert, deren Herrschaft 334 v. Chr. von Alexander dem Großen beendet wurde. Anschließend gehörte Kleinasien mit dem Zentrum Pergamon zum **hellenistischen Weltreich**. Im 2. Jh. v. Chr. wurde Kleinasien **römische Provinz** und erlebte eine wirtschaftliche und kulturelle Blütezeit.

330 n. Chr. wurde Byzanz im Nordwesten Kleinasiens neue Hauptstadt des Römischen Reichs. Nach dessen Teilung war Kleinasien das Zentrum des **Byzantinischen Reiches**. Das Byzantinische Reich erlebte im 6. Jh. n. Chr. seine größte Blüte und Ausdehnung. Im 8. Jh. wurde es durch religiöse Spannungen und äußere Bedrohungen – unter anderem durch Araber – erschüttert, konnte seine Macht aber wieder festigen. Im 11. Jh. erlitt das Byzantinische Reich eine schwere Niederlage gegen den Türkenstamm der **Seldschuken**, der in weite Teile Kleinasiens vordrang. 1453 unterlag das – unter anderem bereits durch die Zeit der Kreuzzüge geschwächte – Reich den seit Ende des 13. Jh. aufstrebenden Osmanen, einer türkischen Herrscherdynastie.

Das islamische, **türkisch-osmanische Großreich** dominierte während der folgenden Jahrhunderte den östlichen Mittelmeerraum (➔ Kapitel III. 1.1). Die Osmanen, die in Istanbul zahlreiche, prachtvolle Paläste und Moscheen errichteten, erlebten ihre Glanzzeit und größte Ausdehnung im 16. Jh. unter der Herrschaft Suleiman des Prächtigen. 1529 wurde sogar Wien erstmals von Türken belagert. Bald jedoch wurde die türkische Macht durch Aufstände in belagerten Gebieten, innere Zwistigkeiten und Kriege geschwächt. Im Türkenkrieg Ende des 17. Jh. verloren die Osmanen viele Gebiete, im 18. und 19. Jh. folgten weitere, Gebietsverluste mit sich bringende Kriege wie der griechische Befreiungskrieg und der Krimkrieg.

Nach dem ersten Weltkrieg brach das Osmanische Reich endgültig zusammen. 1920 musste die Türkei alle Gebiete außerhalb Kleinasiens abtreten. 1923 wurde die **türkische Republik** mit dem ersten Staatspräsidenten Kemal Atatürk ausgerufen, der als großer Reformator gilt. Er bewirkte die Trennung von Kirche und Staat, schaffte das islamische Recht zugunsten moderner Gesetzgebung sowie die Vielehe ab, führte die lateinische Schrift und das Wahlrecht für Frauen ein, erklärte den Sonntag – statt wie in islamischen Ländern üblich den Freitag – zum Feiertag und wollte das Land zu einem europäisch orientierten Staat machen. Ankara wurde Hauptstadt des neuen türkischen Staates. Nach dem zweiten Weltkrieg näherte sich die Türkei dem Westen unter anderem durch den Eintritt in die NATO an. Die Demokratie in der Türkei wurde in den folgenden Jahrzehnten mehrfach durch innere Unruhen und Militärputschs (zuletzt 1980) aus dem Gleichgewicht gebracht. 1982 trat eine neue Verfassung in Kraft. Die letzten Jahre waren in der EU-beitrittswilligen Türkei geprägt vom radikalen Autonomiestreben kurdischer Gruppen wie der Arbeiterpartei PKK, die den türkischen Staat durch Anschläge bzw. Anschlagsdrohungen in touristischen Gebieten unter wirtschaftlichen Druck setzte.

Die Bevölkerungszahl der Türkei hat sich im Laufe des 20. Jh. mehr als verdreifacht. Etwa 60 % der 62 Millionen Menschen zählenden **Bevölkerung** leben in Städten, was auf große Landflucht zurückzuführen ist. Etwa 90 % der Gesamtbevölkerung sind Türken, etwa 7 % gehören der kurdischen Minderheit an. Die Kurden haben keinen eigenen Staat, die Region Kurdistan erstreckt sich über das Staatsgebiet von Türkei, Iran und Irak; die Hälfte aller Kurden lebt im Südosten der Türkei. Die übrigen 3 % der Bevölkerung verteilen sich auf kleine Minderheiten wie Araber, Armenier, Georgier, Griechen, Bulgaren und Albaner. Die meisten im Ausland ansässigen Türken leben in Deutschland.

Die am dichtesten besiedelten Gebiete der Türkei sind die Küsten und die Ballungsräume der Großstädte Istanbul und Ankara. Im Gegensatz dazu ist gerade das östliche Bergland nur sehr dünn besiedelt. Die durchschnittliche **Bevölkerungsdichte** beträgt gut 84 Einwohner/qkm.

Die offizielle **Landessprache** in der Türkei ist Türkisch, das zu einer asiatischen Sprachfamilie gehört und seit 1923 in lateinischer Schrift geschrieben wird. Die meisten Minderheiten sprechen eigene Sprachen (die Kurden kurdisch, eine iranische Sprache). In den touristischen Gebieten der Türkei kommt man mit Deutsch sehr gut zurecht, ansonsten wird – gerade in den größeren Städten – auch häufig Englisch gesprochen. In ländlichen Gebieten Anatoliens kann man sich jedoch kaum in einer Fremdsprache verständigen.

Über 97% der türkischen Bevölkerung sind Anhänger der moslemischen **Religion**, der Rest ist christlichen oder jüdischen Glaubens.

Nationalfeiertag in der Türkei ist der 29. Oktober, der Tag, an dem 1923 die Republik ausgerufen wurde.

Der wöchentliche Feiertag ist nicht, wie in den meisten islamisch geprägten Ländern, der Freitag, sondern Sonntag. Ansonsten werden nahezu alle islamischen Feste gefeiert. Gäste sollten Rücksicht darauf nehmen, dass die Türkei ein **moslemisches Land** ist (➔ Kapitel II.).

Oft werden von Touristen **Folkloreveranstaltungen**, darunter häufig Bauchtanzvorführungen, aber auch Feste zu den unterschiedlichsten Anlässen besucht.

Die meisten deutschen Touristen fliegen in die Türkei. Im *FLUGVERKEHR* von Deutschland in die Türkei bieten LH und die türkische Fluggesellschaft Turkish Airlines (TK) ganzjährig gute Verbindungen. Direktflüge von Deutschland in die Türkei dauern gut drei Stunden.

Von einigen größeren deutschen Städten gibt es täglich, teils sogar mehrmals täglich, direkte **Linienflugverbindungen** nach Istanbul (IST), Ankara (ESB) und teilweise nach Izmir (ADB). TK bietet hauptsächlich ab Istanbul und Ankara gute Weiterflugverbindungen in andere Landesteile.

Von Deutschland gibt es während der Sommermonate und teilweise auch im Winter zahlreiche **Charterflugverbindungen** in einige Küstenstädte der Türkei und nach Istanbul.

SCHIFFSVERKEHR

Urlauber, die per Pkw in die Türkei reisen, nutzen häufig **Fähren** ab Italien. Direkte Verbindungen führen von Ancona und Brindisi nach Cesme. Die Fahrtdauer von Ancona nach Cesme beträgt mit Marmara Lines etwa 44 Stunden, von Brindisi 24 bis 30 Stunden.

Weitere Reedereien für diese hauptsächlich im Sommer befahrenen Strecken sind Turkish Maritime Lines und Medlink Lines. Eine Alternative dazu ist es, eine Fähre von Italien nach Nordgriechenland zu nehmen und dann auf dem Landweg weiterzureisen.

Innerhalb der Türkei gibt es zahlreiche Fährverbindungen entlang der Schwarzmeer-, Marmara- und Mittelmeerküste, unter anderem häufig ab Istanbul. Von einigen türkischen Häfen an der Westküste bestehen Fährverbindungen zu den nahen griechischen Inseln.

Die am häufigsten im Rahmen von **Kreuzfahrten** durch die Ägäis bzw. das östliche Mittelmeer angelaufenen türkischen Häfen sind Istanbul, Canakkale, Izmir, Kusadasi, Bodrum, Marmaris und Antalya. Von hier werden Landausflüge zu antiken Stätten, Rundfahrten und Basarbesuche unternommen.

STRASSENVERKEHR

Reisen auf dem Landweg von Mitteleuropa in die Türkei dauern lange und sind beschwerlich. Die unruhige politische Situation in Jugoslawien und den ehemaligen Teilrepubliken trug in den letzten Jahren dazu bei, dass häufig der Umweg über Ungarn, Rumänien und Bulgarien für eine Fahrt mit dem **Pkw** in die Türkei genutzt wurde.

Touring/Eurolines bietet von verschiedenen deutschen Städten **Linienbusverbindungen** über den Balkan nach Istanbul. Die Fahrtdauer ab Frankfurt beträgt beispielsweise rund 50 Stunden.

Das **Straßennetz** in der Türkei, das ständig ausgebaut wird, ist mehr oder weniger dicht. Es gibt einige autobahnähnlich ausgebaute Strecken in den Regionen Istanbul, Ankara und an der Ägäis- und Mittelmeerküste sowie viele asphaltierte Hauptstraßen, aber auch einige nur zeitweise befahrbare Schotterstraßen, gerade im inneren und östlichen Anatolien. Innerhalb des Landes gibt es ein sehr gut ausgebautes und preisgünstiges Busnetz. Eine preisgünstige Fahrmöglichkeit im Nahverkehr der größeren Städte und Touristenorte ist der „Dolmus“ (Sammeltaxi mit festgelegten Haltestellen und Fahrpreisen). Flugreisende haben vielerorts die Möglichkeit, einen Pkw anzumieten (Buchung von Deutschland aus oft günstiger).

BAHNVERKEHR

Eine Bahnfahrt von Frankfurt nach Istanbul dauert gut 48 Stunden. Die **Verbindungen** verlaufen meist durch Österreich, Ungarn, Jugoslawien und Bulgarien.

Innerhalb der Türkei bietet die nationale Bahn **TCDD** vorrangig Verbindungen zwischen größeren Städten. Eine Bahnfahrt von Istanbul nach Ankara dauert etwa sieben Stunden; eine Hochgeschwindigkeitstrasse soll sie auf zwei Stunden verkürzen. Das Bahnnetz ist jedoch nicht so gut ausgebaut und komfortabel wie in Mitteleuropa; die Züge sind oft sehr voll. Im innertürkischen Fernverkehr spielen Busse die größere Rolle.

Touristenunterkünfte gibt es in den verschiedensten Kategorien. Die meisten liegen in den Ferienzentren an der südlichen Ägäisküste, der Lykischen Küste und der Türkischen Riviera sowie im Großraum Istanbul. An den türkischen Küsten findet man häufig große, hochwertige Hotels und Ferienclubs (häufig mit All-inclusive-Verpflegung). Apartmentanlagen sind hier seltener. Sauberkeit und Komfort von Unterkünften in der 2–3-Sterne-Kategorie entsprechen häufig nicht den Ansprüchen mitteleuropäischer Touristen.

Die Türkei zieht durch zahlreiche **antike Ausgrabungsstätten** – mehr als in jedem anderen Mittelmeerland –, kulturelle Besichtigungsmöglichkeiten, die reizvolle Mischung aus orientalischer und westlicher Kultur und vielfältige **Landschaften**, darunter einige in Nationalparks, viele Touristen an, die geführte oder individuelle Rund- und Studienreisen unternehmen.

In den letzten Jahren hat sich die Türkei mit ihren schönen Stränden aber auch zum beliebten Ziel für reine **Bade- und Erholungsaufenthalte** entwickelt. An der Ägäis- und Mittelmeerküste (Ägäisküste, lykische Küste und türkische Riviera) gibt es viele hochwertige, moderne Unterkünfte, die im Vergleich mit anderen Mittelmeerländern ein sehr gutes Preis-Leistungs-Verhältnis aufweisen. Sehr beliebt ist auch die Kombination von Rundreisen und Badeaufenthalten.

Sehr beliebt sind auch Reisen auf Segelyachten entlang der Küsten der Ägäis und des Mittelmeers, die in der Regel eine Woche dauern und als „**Blaue Reise**" bezeichnet werden. Die Schiffe sind zusätzlich meist mit Motoren ausgerüstet und bieten Schlafplätze in durchschnittlich fünf bis zehn Kabinen. Im Rahmen dieser meist von Bodrum, Marmaris und Antalya ausgehenden Touren, die von einer einheimischen Crew begleitet und geführt werden, besucht man kleine, verschwiegene Buchten und verschiedene Küstenorte. Daneben gibt es natürlich zahlreiche Möglichkeiten, auf größeren Schiffen Kreuzfahrten, bei denen oft auch griechische Inseln oder andere Ziele im östlichen Mittelmeerraum besucht werden, zu buchen.

An den Küsten bestehen neben dem Segeln viele weitere Wassersportmöglichkeiten wie Surfen, Schnorcheln und Wasserski. Auch Tauchen ist hier sehr interessant, aber – zum Schutz zahlreicher unter Wasser befindlicher kultureller Schätze – nur in bestimmten Gebieten erlaubt. Zahlreiche **Sportmöglichkeiten** bieten auch die Clubhotels. Die Gegend von Belek an der türkischen Riviera entwickelt sich gerade zu einem Ziel für Golfer. Weiterhin ist die Türkei mit ihren zahlreichen Gebirgen ein ideales Ziel für (Berg-)Wanderer, beispielsweise im Taurus. Im Winter sind einige Bergregionen auch Ziele für Wintersportler.

Ein seit Jahren sehr beliebtes und oft äußerst preisgünstiges **Städtereiseziel** stellt Istanbul dar. Mit ihrem orientalischen Flair und zahlreichen, berühmten Sehenswürdigkeiten, guten Einkaufs- und Unterhaltungsmöglichkeiten bietet sich die Stadt als Ziel eines Kurztrips oder als Ausflugsziel bzw. Ausgangspunkt einer Türkeireise geradezu an.

Die Türkei mit ihren orientalisch anmutenden Basaren und Geschäften ist für Touristen häufig ein **Einkaufsparadies**, da vieles günstiger ist als in Mitteleuropa (wobei teilweise mehr oder weniger gute Kopien von Markenartikeln verkauft werden). Häufig bieten sich Einheimische als „Führer" über die Basare an, die jedoch oft darauf abzielen, die Touristen zu bestimmten Verkaufsständen zu führen und – manchmal sehr nachdrücklich – zu Einkäufen zu überreden.

Obwohl sich der Pauschaltourismus in der Türkei erst in den 80er-Jahren entwickelt hat, gehört sie seit Jahren zu den zehn beliebtesten Auslandsreisezielen der Deutschen (im Jahr 2001 an vierter Stelle). 2000 hatte die Türkei fast 9,6 Millionen internationale Gäste (international Rang 19).

Der **Tourismus** brachte der Türkei 2000 Einkünfte von gut 7,6 Milliarden US-Dollar (international Rang 14). Im Jahr zuvor hatte der Tourismus durch den nachfolgend beschriebenen „Kurdenkonflikt" und aufgrund von Erdbeben, die das Land 1999 erschütterten, einen starken Einbruch erlebt.

Der Tourismus ist für die Türkei ein bedeutender **Wirtschaftsfaktor**. Weitere wichtige Wirtschaftszweige sind Landwirtschaft (darunter Getreide-, Tabak-, Baumwoll- und Obstanbau), Textilindustrie und Bergbau (die Türkei ist relativ reich an Bodenschätzen). Das Bruttosozialprodukt betrug in der Türkei im Jahr 2000 3.100 US-Dollar pro Einwohner.

Trotz des späten Einsetzens des **Massentourismus** in der Türkei wurde mancher Fehler „älterer" südeuropäischer Urlaubsländer wiederholt, so die extreme Bebauung vieler Küstenabschnitte mit „Hotelklötzen" und die damit zusammenhängenden, typischen ökologischen Probleme.

Um die großen Hotels ausreichend belegen zu können, ist es außerhalb der Saison oft notwendig, sehr günstige Angebote aufzulegen. So kommen gerade an der türkischen Riviera in der Wintersaison extrem günstige Angebote zustande. Nicht selten gibt es Schnäppchen wie: eine Woche 5–Sterne-Hotel inklusive Flug für rund 200 Euro. So konnte eine Nachfrage auch für diesen Zeitraum, der keine ausgesprochenen Badetemperaturen aufweist, geschaffen werden. Einige der „Winterhotels" haben Hallenbäder sowie Fitness- und Wellnessbereiche, häufig auch Hamams, türkische Bäder, die ursprünglich zur im Islam notwendigen Körperreinigung und Entspannung vor dem Gebet dienten. Die Unterhaltungsmöglichkeiten außerhalb der Hotels und die touristische Infrastruktur sind während der Nebensaison jedoch oft erheblich eingeschränkt. Zu dieser Zeit finden häufig auch Bauarbeiten und Renovierungen statt.

Ein größeres **Problem des Tourismus** in der Türkei war in den letzten Jahren der Kurdenkonflikt. In ihrem Autonomiestreben und den damit zusammenhängenden Konflikten mit dem türkischen Staat verübten kurdische Extremisten Anschläge in Großstädten und touristischen Gebieten oder drohten solche an. Aus diesem Grund erlitt der Tourismus in der Türkei gerade 1998 und 1999 große Einbrüche, denn viele Urlauber blieben aus Angst vor den Anschlägen aus. Nachdem der mittlerweile verhaftete PKK-Anführer Öcalan zum Verzicht auf Gewalt aufgerufen hat, gab es in den Touristengebieten keine Anschläge mehr. Auch in der Ost- und Südosttürkei kommt es nur noch selten zu Zusammenstößen zwischen den türkischen Sicherheitskräften und der PKK; dennoch kann ein gewisses Restrisiko nicht ausgeschlossen werden (nach Informationen des Auswärtigen Amtes vom August 2002).

Für eine spezifische Gefährdung der Türkei gibt es auch nach den Terroranschlägen vom **11.09.2001** keine Hinweise. Die Lage im Land, insbesondere in den Touristenzentren, ist ruhig; der Flugverkehr verläuft normal. Bei geplanten Reisen in die Türkei empfiehlt das Auswärtige Amt jedoch, die aktuelle Lage in den Medien und gegebenenfalls in engem Kontakt mit dem Reiseveranstalter genau zu verfolgen.

1.6.1 ISTANBUL

Istanbul, die größte Stadt der Türkei, ist die einzige Stadt der Welt, die auf **zwei Kontinenten** liegt. Sie erstreckt sich zu beiden Seiten des 660 bis 3.300 Meter breiten **Bosporus**, einer Meerenge zwischen dem **Marmarameer** und dem **Schwarzen Meer**. Das Marmarameer im Nordwesten der Türkei trennt Europa und Asien. Das **Goldene Horn**, ein rund sieben Kilometer langes, überflutetes Nebental des Bosporus, das in den europäischen Teil der Stadt einschneidet, bildet einen hervorragenden Naturhafen. Dieser Hafen Istanbuls ist der größte des Landes. Die auf sieben Hügeln erbaute Stadt, deren Hinterland dicht bewaldet ist, wird in drei Teile gegliedert: Auf europäischer Seite liegen die **Altstadt** zur einen und **moderne Stadtviertel** zur anderen Seite des Goldenen Horns, auf der asiatischen Seite erstrecken sich **Vorstädte**. Istanbul hat eine Fläche von fast 5.600 qkm und weit über zehn Millionen Einwohner. Wegen ständiger, enormer Zuwanderung aus allen Landesteilen – wodurch sich große Umweltprobleme und eine starke Ausbreitung von Armenvierteln ergeben – kann keine exakte Einwohnerzahl angegeben werden.

In Istanbul herrscht gemäßigtes **Klima**. Auch im Sommer, der die beste **Reisezeit** für die Stadt darstellt, ist die Hitze wegen häufiger Winde und gelegentlicher Niederschläge nicht allzu groß. Die Winter sind regnerisch und mit häufiger Smogbildung – die auf starke Luftverschmutzung zurückgeht – nicht sehr angenehm.

Die **Geschichte** Istanbuls begann um 660 v. Chr. mit einer griechischen Gründung namens Byzanz. Wegen ihrer besonderen strategischen Lage und der Brückenfunktion zwischen Europa und Asien erlangte die Stadt schnell große wirtschaftliche und politische Bedeutung. Im 4. Jh. n. Chr. wurde Byzanz Hauptstadt des Römischen Reiches, dann des Byzantinischen Reiches. Nach dem oströmischen Kaiser Konstantin wurde die byzantinische Hauptstadt Konstantinopel benannt. In der folgenden Zeit wurde die Stadt enorm erweitert, es entstanden zahlreiche repräsentative Bauten und eine Stadtmauer. 1204 wurde Konstantinopel vorübergehend von Venezianern eingenommen und geplündert. 1453 eroberten die Osmanen die Stadt und machten sie unter dem Namen Istanbul zur Hauptstadt und islamischen Metropole. Die Osmanen siedelten Menschen aus verschiedenen Gebieten ihres Reiches in der Stadt an, wandelten Kirchen in Moscheen um und bauten prächtige Paläste. Obwohl nach dem Ende des Osmanischen Reiches Ankara türkische Hauptstadt wurde, ist Istanbul größte Stadt, wirtschaftliches, kulturelles und industrielles Zentrum sowie Verkehrsknotenpunkt des Landes geblieben.

Ab Deutschland gibt es täglich, teilweise sogar mehrmals, direkte **Linienflüge** und häufig Charterflüge nach Istanbul (IST), einem der Drehkreuze der TK. Istanbuls Flughafen (mit getrennten Terminals für In- und Ausland) liegt etwa 20 Kilometer westlich des Zentrums. Es bestehen gute Busverbindungen zwischen den Terminals und ins Zentrum.
Am Goldenen Horn liegt Istanbuls **Hafen**. „Kreuzfahrer" schwärmen von der Einfahrt in diesen Hafen, die phantastische Ausblicke auf die von Moscheen geprägte Silhouette Istanbuls gewährt. Am **Bahnhof** Sirkeci in der Altstadt kommen Züge aus Ost- und Mitteleuropa sowie aus dem europäischen Teil der Türkei an. Hier war die Endstation des berühmten Luxuszuges „Orient-Express", der von 1888 bis 1977 von Paris nach Istanbul fuhr. Heute gibt es den exklusiven Nachfolgezug „Nostalgie-Orient-Express", der keinen festen Fahrplan hat, sondern unterschiedliche Routen, auch Tagestouren in Deutschland, fährt. Der Bahnhof auf der asiatischen Seite Istanbuls, von dem aus Anatolien und arabische Länder angefahren werden, heißt Haydarpasa Istasyonu.
Die schnellste Fortbewegungsmöglichkeit **innerhalb der Stadt** stellen die relativ preiswerten Taxis dar, noch günstiger sind die Dolmus, die jedoch erst abfahren, wenn alle Plätze besetzt sind. Es gibt ein gut ausgebautes Bus- und Straßenbahnnetz (teilweise unterirdisch) sowie Fährschiffe, Passagierboote und Wasserbusse, die die europäische und die asiatische Seite Istanbuls sowie Orte am Bosporus miteinander verbinden. Die durch das Goldene Horn getrennten europäischen Teile Istanbuls sind durch mehrere Brücken miteinander verbunden, darunter die berühmte, 500 Meter lange Galatabrücke. Die 1.500 Meter lange Bosporus-Brücke verbindet Europa und Asien.

Das malerisch am Bosporus gelegene Istanbul ist mit seinem orientalischen Flair, über 100 Moscheen, zahlreichen Palästen und Basaren ein beliebtes, relativ preisgünstiges **Städtereiseziel**. Man kann hier berühmte Baudenkmäler und bedeutende Kunstschätze aus den verschiedenen Epochen der geschichtsträchtigen Weltstadt sehen oder auf exotischen Basaren und in zahlreichen Einkaufsstraßen bummeln. Hier werden häufig echte Schnäppchen gemacht. Zu den beliebtesten Einkäufen der Istanbul-Touristen gehören Teppiche, Goldschmuck und Lederwaren. Häufig wird ein Istanbul-Aufenthalt mit einer Badereise – beispielsweise an der Ägäisküste – kombiniert. Städtereisende können kurze Abstecher ans Schwarze Meer oder ans Marmarameer machen, um zu baden oder kleine Fischerdörfer kennen zu lernen. Ein kulturelles Highlight Istanbuls findet jedes Jahr im Juni statt: die Aufführung von Mozarts Oper „Entführung aus dem Serail" am Topkapi-Palast, dem Originalschauplatz. Häufig ist Istanbul Ausgangspunkt oder Station einer Rund- oder Studienreise durch die Türkei.

SEHENSWÜRDIGKEITEN

STAMBUL

Die Hauptsehenswürdigkeiten Istanbuls liegen fast alle im europäischen Teil, in der Altstadt Stambul, dem Gründungsgebiet der Stadt, das auch als alte Akropolis bezeichnet wird. Unter den unzähligen Sehenswürdigkeiten aus allen möglichen Epochen werden hier nur einige der berühmtesten und am meisten besuchten genannt.

Einer der berühmtesten Bauten und Wahrzeichen Istanbuls ist die imposante, inmitten gepflegter Parkanlagen gelegene **Hagia Sophia** aus dem 6. Jh. n. Chr. Das ursprünglich christliche Gotteshaus aus byzantinischer Zeit, das von den Osmanen zur Hauptmoschee umgestaltet wurde, dient heute als Museum. Die Hagia Sophia besteht aus dem ursprünglichen, über 100 Meter langen, rötlichen Kuppelbau sowie den zu osmanischer Zeit hinzugefügten vier hohen Minaretten. Beim Bau der Kirche wurden edelste Materialien und Säulen aus antiken Stätten – wie Ephesus und Pergamon – verwendet. In zwei Vorhallen sind wertvolle Mosaike zu sehen. Neun verschiedene Türen führen in den prachtvollen, hellen Hauptraum, der von der Kuppel (32 Meter Durchmesser) und mächtigen, durch Bögen verbundenen Pfeilern dominiert wird. Hier sieht man neben islamischen Umbauten (darunter Gebetsnische und Reinigungsbrunnen) kostbare Wand- und Bodenmosaike mit christlichen Motiven und die „Schwitzende Säule", eine aus feuchtem Marmor bestehende Säule, der Heilkräfte zugesprochen werden. Im Garten der Hagia Sophia liegen verschiedene **Türben** (Grabkapellen) osmanischer Sultane und Prinzen.

Neben der Kirche befand sich zu Römerzeiten das byzantinische **Miliarum Aureum** („Goldener Meilenstein"), eine Nachbildung des Triumphbogens in Rom, von dem nur ein Marmorblock erhalten ist. In der Nähe liegt die gut erhaltene, große **Yerebatan-Zisterne** aus dem 6. Jh. n. Chr.

Unweit der Hagia Sophia liegt mit dem prachtvollen **Topkapi-Palast** aus dem 15. Jh. eine weitere herausragende Sehenswürdigkeit Istanbuls. Die von Parkanlagen umgebene Palaststadt der osmanischen Sultane umfasst ein Gelände von etwa 70 Hektar und ist heute eines der größten Museen der Welt; unter anderem sind hier Waffen, Schmuck und Porzellan ausgestellt. Während der fast 400 Jahre, in denen der Topkapi-Palast als Sultansresidenz diente, wurde er ständig verändert und vergrößert. Zur Blütezeit des Osmanischen Reiches waren hier 40.000 Menschen beschäftigt. Der von einer starken Mauer umschlossene Palast, der durch prächtige Tore zugänglich ist, gliedert sich in einen äußeren und einen inneren Bezirk sowie mehrere Palasthöfe.

Der äußere Bezirk umfasst unter anderem das **Archäologische Museum** mit wertvollen Altertümern, die Kirche **Agia Eirene** aus dem 4. Jh. (heute ebenfalls Museum) und den ehemaligen Wirtschaftshof. Zum prunkvollen Inneren des Palasts (Serail) gehören Harem (der privateste Bereich des Sultans mit 400 Räumen), Diwan (wo der Staatsrat tagte), Thronsaal, Moscheen, Bibliotheken, Schatzkammer und weitere Höfe. In Reliquienhäusern werden heilige Reliquien des Islam aufbewahrt, darunter Mantel, Schwert und Barthaare des Propheten Mohammed.

Nördlich der Palastanlage befindet sich ein **Atatürk-Denkmal**, südwestlich die **Hohe Pforte**, einst Sitz des Großwesirs, heute Provinzverwaltungsgebäude.

Ebenfalls unweit der Hagia Sophia liegt die Sultan-Ahmet-Moschee, die unter dem Namen „Blaue Moschee“ bekannt ist. Sie wurde Anfang des 17. Jh. als Hauptmoschee Istanbuls errichtet, die die Hagia Sophia ablöste. Diese war sowohl architektonisches Vorbild als auch „Konkurrenz“, die überflügelt werden sollte. Als Standort für die neue Moschee wurde das zentrale **Hippodrom**, der römische Platz für Wagenrennen und Zirkusspiele, ausgewählt. Hier hatten über 30.000 Besucher Platz. Am Hippodrom liegen ein ägyptischer Obelisk aus Karnak, eine Schlangensäule aus Delphi, der von Kaiser Wilhelm gestiftete „Deutsche Brunnen“ und der **Ibrahim-Pasa-Palast**, heute Museum für türkische und islamische Kunst. Die **Blaue Moschee** befindet sich an der Ostseite des Platzes auf einem Hügel, sodass die Silhouette des Baus weithin sichtbar ist. Die Hauptkuppel der Moschee weist einen Durchmesser von 23 Meter auf. Statt der üblichen vier Minarette ist die Blaue Moschee von sechs Minaretten flankiert. Das Innere der Moschee ist mit bunten, kunstvollen Ornamenten und Fliesen geschmückt, wobei blau dominiert (daher der Name).

Weitere besonders sehenswerte Moscheen Istanbuls sind die größte osmanische Moschee, die **Sultan-Süleyman-Moschee** (mit den Gräbern des Sultans und seiner Lieblingsfrau), und die direkt am Ufer des Goldenen Horns gelegene **Yenin-Moschee** (auch „Taubenmoschee“ genannt).

Zu den Attraktionen aus römischer bzw. byzantinischer Zeit zählen auch das römische **Valens-Aquädukt** aus dem 4. Jh., das noch heute zur Wasserversorgung Istanbuls genutzt wird, und die teilweise noch gut erhaltene **Theodosianische Landmauer** aus dem 5. Jh.

Eine weitere Attraktion Istanbuls sind seine vielen Basare. Der bekannteste Basar ist der 500 Jahre alte **Große Basar** auf einem – zwischen Moscheen gelegenen, von Mauern mit mehreren Toren umgebenen – Gelände von etwa 20 Hektar. Hier kann man in Tausenden von „Läden“ einkaufen. Das überkuppelte Gassengewirr innerhalb des Marktes ist nach „Zünften“ unterteilt; so gibt es Schmuck-, Leder-, Textilien-, Teppichviertel etc. Außerdem sind viele Garküchen und Cafés sowie Banken und ein Postamt vorhanden. In der Nähe des Großen Basars steht die **Konstantinsäule**, die 330 als Wahrzeichen der neuen römischen Hauptstadt auf dem Forum errichtet wurde.

BEYOGLU

Am lebhaften, von kleinen Fischbratereien und Geschäften gesäumten Ufer des Goldenen Horns befinden sich die Schiffsanlegestellen, von denen man das gegenüberliegende Ufer mit dem ebenfalls europäischen Stadtteil Beyoglu erreicht.

Weitere Möglichkeiten, dorthin zu gelangen, stellen vier Brücken dar, darunter die fast 500 Meter lange **Galatabrücke**, die mit ihren Stahlpfeilern eine weitere Sehenswürdigkeit Istanbuls bildet. Die moderne, aufklappbare Brücke hat ein „Untergeschoss“, in dem sich Läden und Restaurants befinden. Ihren Namen verdankt die Brücke dem Viertel **Galata**, in das sie führt. Wahrzeichen des Viertels mit seinen engen Gassen ist der **Galataturm** aus dem 14. Jh., ursprünglich ein Wachturm, in dem sich heute Läden, Restaurants und ein Nachtklub befinden. Von hier hat man einen hervorragenden Ausblick auf das Fischerviertel **Karaköy** und die Altstadt jenseits des Goldenen Horns. Den Galatahügel fährt die älteste europäische U-Bahn namens **Tünel** unterirdisch hinauf.

Im Stadtteil Beyoglu befinden sich die meisten Luxushotels Istanbuls, die teilweise in alten Palästen untergebracht sind. Viele liegen am zentralen **Taksim-Platz** mit dem Kulturzentrum. Hier erstrecken sich auch elegante Einkaufsstraßen, darunter die Fußgängerzone **Istikal Caddesi**. Weiterhin spielt sich ein Großteil des Nachtlebens mit Diskos, Bars und Kinos in Beyoglu ab.

Nördlich des zentralen Viertels liegt, direkt am Bosporus, der prächtige **Dolmabahce-Palast** in einer wunderschönen Parkanlage. Zunächst war der Palast die Sommerresidenz, ab 1855 der ständige Wohnsitz der osmanischen Sultane (statt des Topkapi-Palastes). Der nach europäischen Vorbildern errichtete Palast umfasst über 300 Räume, deren Mittelpunkt ein prunkvoller Festsaal ist. Unweit des Palastes befinden sich das **Marinemuseum** und das **Militärmuseum**. Außerdem bietet auch Beyoglu zahlreiche sehenswerte Moscheen.

ÜSKÜDAR / KADIKOY

Die auf der asiatischen Seite gelegenen Stadtteile mit Vororten heißen ÜSKÜDAR und KADIKOY. Man erreicht sie mit dem Schiff ab Stambul oder Beyoglu. Nördlich des Goldenen Horns führen auch zwei Brücken von Europa nach Asien, die über 1.000 bzw. 1.500 Meter langen **Bosporusbrücken**, die zu den gewaltigsten Hängebrücken der Welt gehören. Der asiatische Teil Istanbuls hat wenig spektakuläre Sehenswürdigkeiten zu bieten. Man kann hier durch schmale, teilweise recht orientalisch anmutende Gassen mit Holzhäusern schlendern und verschiedene Moscheen sowie den auf einer kleinen Insel gelegenen **Leanderturm**, der nach einer griechischen Sage benannt ist, besichtigen. Es lohnt sich auch eine Fahrt zum Berg **Camlica**, der den höchsten Punkt der Stadt bildet und einen hervorragenden Rundblick über Istanbul bietet.

AUSFLÜGE

SCHIFFSTOUREN

Sehr beliebt sind Fahrten entlang des etwa 30 Kilometer langen, malerischen **Bosporus**, dessen Ufer bis zu 200 Meter ansteigen. Bei den mehrstündigen Fahrten, die meist von der Galatabrücke ausgehen, unterquert man die Bosporus-Brücken und passiert die mit 660 Metern schmalste Stelle der Meerenge, an der eine osmanische Festung (heute Museum und Festspielort) liegt. Es folgen zahlreiche Paläste, Ortschaften und gepflegte Gärten. Im Zickzackkurs zwischen europäischem und asiatischem Ufer geht es gen Norden in kleine, teilweise noch sehr idyllische Ausflugs- und Urlaubsorte, die für ihre guten Fischrestaurants bekannt sind.

Wer mehr Zeit hat, kann die Schiffstour bis ins **Schwarze Meer** ausdehnen, das schneller auch auf dem gut 30 Kilometer weiten Landweg vom Stadtzentrum aus erreichbar ist. Hier gibt es gute Bademöglichkeiten an schönen, sauberen Stränden, beispielsweise in Kilyos.

20 Kilometer südlich des Stadtzentrums liegen im **Marmarameer** mit den neun Prinzeninseln weitere beliebte Ausflugsziele, die in einer guten Stunde erreichbar sind. Die kleinen, idyllischen Inseln sind autofrei und dienen als Naherholungsgebiet der Istanbuler. Zur Besichtigung bieten sich hier mehrere christliche Klöster an. Ein stadtnaher, beliebter Badeort am Marmarameer ist Florya. Etwa 30 Kilometer von der südlichen Marmaraküste und gut 100 Kilometer von Istanbul entfernt liegt die malerische, sehenswerte Stadt **Bursa**, die erste osmanische Hauptstadt, die als Kurort mit Thermalquellen bekannt ist. Attraktionen Bursas sind die Grüne Moschee und Sultansgräber.

1.6.2 TÜRKISCHE ÄGÄIS- UND MITTELMEERKÜSTE

Die türkische Ägäisküste beginnt im Nordwesten Kleinasiens, an der Meerenge Dardanellen, und erstreckt sich über Hunderte von Kilometern bis in den äußersten Südwesten. Der nördliche Küstenabschnitt wird häufig als **Westtürkische Ägäis**, die folgende Küste als **Südtürkische Ägäis** (**Lykische Küste** oder auch Türkisküste) bezeichnet. Im Süden Kleinasiens schließt sich an der westlichen Mittelmeerküste die etwa 250 Kilometer lange **Türkische Riviera** an.
Die stark gegliederte, zerklüftete Küstenlandschaft der Ägäis ist geprägt von zahlreichen Buchten und Halbinseln sowie den vorgelagerten griechischen Inseln. An ihr hügeliges, fruchtbares Hinterland schließt sich die bis zu 2.500 Meter hohe **Westanatolische Gebirgsschwelle** an. Die lykische Küste ist gebirgiger, hier beginnt das bis zu 3.900 Meter hohe **Taurus-Gebirge**, das entlang der türkischen Mittelmeerküste verläuft und häufig steil ins Meer abfällt. Die Rivieraküste mit der fruchtbaren Ebene von Antalya ist nur wenig gegliedert und bietet lange Sandstrände.
Die größte Stadt des Ägäisgebiets und mit über zwei Millionen Einwohnern drittgrößte Stadt der Türkei ist **Izmir**, etwa in der Mitte der Westküste gelegen. Die Metropole der türkischen Riviera ist **Antalya**. Die türkische Ägäis- und Mittelmeerküste, vor allem die Gegend um Izmir, gehört zu den am dichtesten besiedelten sowie wirtschaftlich und industriell stärksten Gebieten des Landes.

Das mediterrane **Klima** an der türkischen Westküste ist nicht ganz so heiß und trocken wie an der Südküste. Von Norden nach Süden nimmt die Temperatur zu und die Niederschlagsmenge ab. Als Reiseziel im Winter ist die westtürkische Ägäisküste nicht geeignet (die Badesaison endet hier im Oktober/November), vereinzelt kann es dann sogar zu Frost kommen. Das Klima der südlicheren lykischen Küste ist etwas milder, trockener und durchschnittlich um etwa zwei Grad wärmer. Das Klima an der türkischen Riviera ist aufgrund der südlichen Lage im Wind- und Regenschatten des Taurus-Gebirges auch im Winter sehr mild. Im Hochsommer sind hier Temperaturen um 40 Grad keine Seltenheit.

An der türkischen Ägäis- und Mittelmeerküste liegen zahlreiche, herausragende antike Stätten, darunter die legendäre Stadt Troja, deren **Geschichte** bis ins 3. Jhtsd. v. Chr. zurückreicht. Ab etwa 1000 v. Chr. besiedelten griechische Stämme die Westküste Kleinasiens, die in der Antike in die Landschaften Troas, Äolien, Ionien, Karien und Lykien aufgeteilt war. Entlang der heutigen türkischen Riviera erstreckte sich Pamphylien. Ein Großteil der antiken Bauwerke an der türkischen Küste stammt aus der Zeit der Römer, byzantinische Spuren sind seltener zu finden. Einige Reste erinnern aber auch an die großen griechischen Städte an der Westküste. Die griechische Niederlage im griechisch-türkischen Krieg Anfang des 20. Jh. und der folgende Bevölkerungsaustausch zwischen beiden Ländern setzten der jahrtausendelangen griechischen Besiedlung der kleinasiatischen Westküste ein Ende.

Ab Deutschland gibt es in der Sommersaison **Charterflüge** nach Izmir (ADB) an der westlichen Ägäisküste, nach Bodrum (BJV) an der südlichen Ägäisküste und nach Dalaman (DLM) an der lykischen Küste (DLM seltener auch im Winter). Ganzjährig – jedoch im Winter nicht so häufig wie im Sommer – verkehren Charterflüge nach Antalya (AYT) an der türkischen Riviera. Izmir wird teilweise auch per Linie direkt ab Deutschland angeflogen; ab Istanbul und Ankara bestehen zu den genannten Flughäfen ebenfalls Linienflüge. Der relativ neue Flughafen von Bodrum ersetzt bei vielen Veranstaltern den Zielflughafen Izmir, sodass Urlaubsorte im nördlichen Teil der Ägäisküste nur noch in wenigen Katalogen enthalten sind bzw. der Transfer dorthin recht lange dauert.
Die größten **Häfen** an der türkischen Westküste sind Izmir, Cesme und Kusadasi, an der Südküste Fethiye und Antalya. Wer über die europäische Türkei an die Ägäisküste reist, nutzt die Fährverbindung von Eceabat nach Canakkale. Große Jachthäfen haben Bodrum und Marmaris.
Zwei **Bahnlinien** führen vom Marmarameer und eine ab Ankara nach Izmir. Für Individualreisende ist es jedoch ratsamer, die Ägäisküste mit dem Bus zu bereisen, da man so auch kleinere Orte erreichen kann. Die Agäisküste südlich von Izmir und das Gebiet der türkischen Riviera sind nicht an das Bahnnetz angeschlossen.

Heute sind die türkische Ägäisküste und die türkische Riviera – nicht zuletzt wegen ihres kulturellen Reichtums – die beliebtesten Reiseziele des Landes mit sehr guter touristischer Infrastruktur. Außer im äußersten Norden ist fast überall **Pauschaltourismus** vorhanden.

NÖRDLICHE ÄGÄISKÜSTE

Die türkische Ägäisküste beginnt bei der Hafenstadt **Canakkale**, die an der schmalsten Stelle der Europa und Asien trennenden Meerenge **Dardanellen** liegt. Die Meerenge, die im Laufe der Geschichte häufig Schauplatz von Schlachten war, ist etwa 60 Kilometer lang und ein bis sieben Kilometer breit. Cannakale (rund 80.000 Einwohner) ist der Hafen, von dem „Kreuzfahrer" Landausflüge nach Troja unternehmen. In Cannakale selbst kann man eine osmanische Burg mit einem Militärmuseum, in dem Zeugnisse der Schlachten an den Dardanellen ausgestellt sind, besichtigen. Am Stadtrand liegt ein archäologisches Museum mit Funden aus den etwa 30 Kilometer südlich von Canakkale gelegenen Ausgrabungen der antiken Stadt Troja.

Die legendäre, auf einem Hügel gelegene Stadt **Troja** (türkisch: Truva) war der Hauptort der antiken Landschaft Troas. Bei Ausgrabungen wurden zehn verschiedene, aufeinander geschichtete Siedlungen gefunden. Die älteste Schicht stammt wohl aus dem Jahr 3700 v. Chr., die jüngste Schicht wird in den Zeitraum 85 v. Chr. bis 500 n. Chr. datiert. Die einzelnen Siedlungen wurden immer wieder von Naturkatastrophen, Bränden oder durch Eroberungen zerstört. Der große griechische Dichter Homer widmete der Stadt sein Werk „Ilias", in dem er die Sage des Trojanischen Krieges, der sich im 13. Jh. v. Chr. abgespielt haben soll, erzählt. Nachdem Troja für Jahrhunderte in Vergessenheit geraten war, entdeckte Heinrich Schliemann schließlich Ende des 19. Jh. die Siedlungsschichten und den vermeintlichen „Schatz des Priamos". Die für einen Laien wenig spektakulären Ausgrabungen dauern bis heute an und können auf einem Rundgang besichtigt werden. Die Ausgrabungsstätte schmückt heute ein 20 Meter hohes Holzpferd, das an das – den berühmten Krieg entscheidende – Trojanische Pferd erinnert.

Südlich von Troja folgt eine noch sehr ursprüngliche Region. Nach etwa 65 Kilometern erreicht man mit **Assos** eine weitere namhafte antike Stätte; in der auf einem über 200 Meter hohen Hügel gelegenen griechischen Stadt unterhielt der berühmte Aristoteles eine Philosophenschule. Die gut erhaltene Befestigungsanlage von Assos bietet hervorragende Aussichten bis zur griechischen Insel Lesbos. Auch im Dorf **Behramkale**, das zu Assos gehört, sieht man Reste der griechischen Besiedlung. Zu den wichtigsten Sehenswürdigkeiten hier gehören die Stadtmauer und ein Athena-Tempel sowie Bauten aus römischer, byzantinischer und osmanischer Zeit. Behramkale liegt direkt am Meer, am Eingang des weit ins Landesinnere einschneidenden, von Ölbäumen gesäumten **Golf von Edremit**, der touristisch recht gut erschlossen ist. Hier machen in Orten wie **Kücükkuyu**, **Akcay** und **Ören** auch viele Türken aus den Großstädten Urlaub.

Gut 100 Kilometer südlich von Assos folgt mit **Ayvalik** ein Badeort, der auch ein Pauschalreiseziel deutscher Urlauber ist. Ayvalik gilt als malerischer Ort mit guten Einkaufs- und Unterhaltungsmöglichkeiten, regem Nachtleben und internationalen Hotelanlagen der Mittelklasse. Lange Sandstrände gibt es in der näheren Umgebung, beispielsweise auf der Halbinsel **Sarimsakli**. Sehenswert sind in Ayvalik, wo bis 1923 fast ausschließlich Griechen gelebt haben, einige griechisch-orthodoxe Kirchen, die heute als Moscheen genutzt werden, und die idyllische Altstadt. Häufig werden Ausflüge zu vorgelagerten kleinen Inseln unternommen.

Vorbei an kleineren Feriensiedlungen erreicht man nach etwa 50 Kilometern das im Landesinneren gelegene **Pergamon** (Bergama). Die moderne Stadt mit etwa 60.000 Einwohnern liegt zu Füßen der gleichnamigen, berühmten antiken Stadt. In der heutigen Stadt Bergama gibt es ein interessantes Archäologisches Museum. Sehenswert sind hier auch ein Basarviertel und Bauten aus der Römerzeit, darunter die „Rote Halle", ein Tempel ägyptischer Gottheiten.

Das alte Königreich Pergamon gewann ab dem 3. Jh. v. Chr. zunehmend an Bedeutung. Die Stadt, in der das Pergament erfunden worden sein soll, wurde zum bedeutenden Kulturzentrum mit einer 200.000 Bücher umfassenden Bibliothek. Bald schloss Pergamon ein Bündnis mit Rom, was ihm zur Vormachtstellung in Kleinasien verhalf. Schließlich fiel die Stadt dem Römischen Reich zu, erlebte eine große Blüte und dehnte sich auf weit über 100.000 Einwohner aus. Nachdem das alte Pergamon von Arabern zerstört worden war, gründeten die Osmanen im 14. Jh. die heutige Stadt. Die mehr oder weniger gut erhaltenen Ruinen der wichtigsten Bauwerke der alten Stadt kann man besichtigen: Akropolis, Agora, Gymnasien, Tempel, die Bibliothek, Paläste, römische Thermen und das Asklepion (Heil- und Kurstätte). Das berühmteste Baudenkmal Pergamons war der Zeus gewidmete Pergamonaltar aus dem 2. Jh. v. Chr., von dem nur noch Fundamente zu sehen sind. Ein Nachbau des Altars mit Originalteilen befindet sich im Pergamon-Museum in Berlin.

Zurück auf der Küstenstraße, die durch ein weites Baumwollanbaugebiet führt, passiert man eine recht ruhige Gegend und erreicht nach knapp 50 Kilometern zunächst **Foca**, einen größeren Ferienort mit schöner, griechisch geprägter Altstadt. Hier begann in der Antike die Landschaft Ionien mit der Seefahrerstadt **Phokaia**, an die verschiedene Ruinen erinnern. Schöne Strände findet man an Buchten nördlich des Ortes, in **Yeni Foca**. Hier liegen auch einige Ferienanlagen, darunter ein Club Med. Die Entfernung in die südliche Metropole Izmir beträgt etwa 60 Kilometer.

Die Transferdauer vom Flughafen Izmir, der etwa 25 Kilometer südlich der Stadt liegt, in die Ferienorte um Ayvalik beträgt etwa 2,5 Stunden, in die Gegend von Foca etwa 1,5 Stunden.

IZMIR / CESME

Izmir, mit fast drei Millionen Einwohnern die drittgrößte Stadt der Türkei, geht auf die griechische Gründung Smyrna zurück. Während des griechisch-türkischen Krieges wurde die Stadt stark zerstört und, nach der Evakuierung der griechischen Bevölkerung, in Izmir umbenannt. Ihrer Lage am **Golf von Izmir** verdankt die Stadt ihre wirtschaftliche Bedeutung als zweitgrößter Hafen des Landes. Weiterhin gilt sie als wichtiger Industriestandort und Verkehrsknotenpunkt der Westküste. Zu den Sehenswürdigkeiten der Stadt gehören die antike Agora mit Ruinen einer Basilika und osmanischen Grabsteinen sowie eine römische Burg. Izmirs Wahrzeichen ist ein spätosmanischer Uhrturm. Das bedeutendste Museum Izmirs ist das Archäologische Museum mit Funden aus dem gesamten Ägäisgebiet. Für einen Einkaufsbummel eignet sich sehr gut das Basarviertel mit zahlreichen Läden und Karawansereien. Etwas außerhalb der Stadt befindet sich Izmirs grüne Lunge „Kültür Parki“ mit einem Zoo, einem Vergnügungspark, Lokalen, einem See und einem Theater. Viele Restaurants und Cafés bietet auch die Uferpromenade, wo sich ein Atatürk-Museum befindet. Izmir ist keine ausgesprochene Urlaubsstadt, weshalb man viele Stadt- und kaum Strandhotels findet. Da die Wasserqualität um Izmir nicht besonders gut ist, empfiehlt es sich, zum Baden einen Ausflug in die Feriengebiete der Vororte oder in die weitere Umgebung zu machen.

Izmir vorgelagert ist die etwa 60 Kilometer in die Ägäis ragende **Cesme-Halbinsel**, deren äußerste Spitze nur zehn Kilometer von der griechischen Insel Chios entfernt ist. Zwischen Izmir und Cesme liegen hübsche Küstenorte und verschiedene antike Stätten. **Cesme** selbst, ganz im Westen der Halbinsel gelegen, ist ein beliebter Badeort mit schönen Sandstränden und guter touristischer Infrastruktur. Die Hafenstadt besitzt ein genuesisches Kastell aus dem 14. Jh. n. Chr., zu deren Füßen sich eine Promenade erstreckt. Cesme und umliegende Badeorte wie **Ilica**, **Boyalik** und **Dalyan** sind für unterseeische, warme Quellen berühmt, die bei Rheumaleiden helfen sollen. Die Gegend um Cesme bietet viele Wassersportmöglichkeiten und ist als gutes Tauch- und Surfrevier bekannt. Neben Hotels verschiedener Kategorien gibt es hier auch viele (private) Ferienhäuser.

Die Transferdauer vom Flughafen Izmir nach Cesme und zu den Badeorten der Umgebung beträgt etwa eine gute Stunde.

ÄGÄISKÜSTE IZMIR–BODRUM

Rund 50 Kilometer südlich von Izmir befinden sich mit **Gümüldür** und **Özdere** weitere beliebte Badeorte mit schönen Sandstränden. Diese Orte sind sowohl Wochenendziele vieler Städter als auch Urlaubsziele von Pauschalreisenden. Die Transferdauer vom Flughafen Izmir hierher beträgt eine knappe Stunde.

Etwa 25 Kilometer südöstlich liegt, abseits der Küste, mit **Ephesus** (Efes) die bedeutendste antike Stätte der Türkei. Die im 11. Jh. v. Chr. von Griechen gegründete Stadt beheimatete eines der antiken Weltwunder, den berühmten Artemis-Tempel, von dem heute nur noch eine Säule zu sehen ist. Ephesus war im Altertum eine wichtige Handels- und Hafenstadt – zu diesem Zeitpunkt lag die Stadt direkt am Meer – die unter den Römern mit 250.000 Einwohnern Provinzhauptstadt wurde. Aus dieser Epoche stammen die meisten erhaltenen Ruinen, darunter ein 25.000 Zuschauer fassendes Theater, die Agora, die Celsusbibliothek, der Hadrianstempel, luxuriöse Hanghäuser und eine byzantinische Nekropole. Auch für das junge Christentum hatte Ephesus große Bedeutung: Der Apostel Johannes, der hier gestorben ist, schrieb sein Evangelium in Ephesus.

Nach mehreren Zerstörungen wurde eine neue Siedlung im 11. Jh. n. Chr. von Seldschuken erobert. Diesen verdankt die benachbarte heutige Stadt ihren Namen **Selcuk**. Sehenswürdigkeiten hier sind ein archäologisches Museum mit Funden aus Ephesus, die Johannesbasilika (einst eine der größten byzantinischen Kirchen, unter der das Grab des Apostels Johannes liegen soll), Reste einer byzantinischen Festung und die Isa-Bey-Moschee. Wenige Kilometer außerhalb der Stadt steht das „Marienhaus“, das als Sterbeort der Muttergottes gilt.

20 Kilometer südwestlich von Ephesus liegt an der Küste **Kusadasi**, einer der Haupttouristenorte der türkischen Ägäisküste. Der ehemalige Fischerort ist bereits seit den 70er-Jahren – nicht zuletzt durch seine Nähe zu bedeutenden Ausgrabungsstätten – ein bedeutendes Touristenziel, in dem auch viele Kreuzfahrtschiffe landen. Die touristische Infrastruktur in und um Kusadasi ist hervorragend. Zahlreiche moderne Clubanlagen und Hotels verschiedener Kategorien säumen die umliegenden Strände und Buchten, es gibt zahlreiche Einkaufs- und Unterhaltungsmöglichkeiten sowie ein reges Nachtleben. Auch Sportbegeisterten, vor allem Wassersportlern, hat Kusadasi einiges – unter anderem einen großen Jachthafen – zu bieten. Das Touristenzentrum Kusadasi ist gut geeignet für Urlauber, die Abwechslung und Unterhaltung suchen. Sehenswürdigkeiten der von Genuesen im 13. Jh. n. Chr. gegründeten Stadt sind eine osmanische Karawanserei und die durch einen Damm mit dem Festland verbundene „Taubeninsel“ mit einem Kastell. Die Transferdauer vom Flughafen Izmir in die Urlaubsorte um Kusadasi beträgt eine gute Stunde, vom südlichen Flughafen Bodrum aus rund zweieinhalb Stunden.

Wenig südlich von Kusadasi liegt die alte Stadt **Priene** mit zahlreichen Ruinen von Bauten aus dem 4. und 3. Jh. v. Chr. Da Priene nur wenig unter römischem Einfluss stand, konnte es einen hellenistischen Charakter bewahren. Knapp 20 Kilometer südlich folgt mit **Milet** eine weitere antike Stadt, die im Altertum zahlreiche Kolonien am Mittelmeer und Schwarzmeer gegründet hatte. Während seiner Glanzzeit zwischen dem 7. und 4. Jh. v. Chr. galt Milet als geistiges Zentrum Ioniens. Im Laufe der Zeit verschlammte der Hafen der Stadt und die Küstenlinie verschob sich um zehn Kilometer, was schließlich zum Niedergang Milets führte. Die Ruinen der einst glanzvollen Stadt liegen auch heute teilweise – je nach Jahreszeit – im Sumpf. Besondere Sehenswürdigkeiten Milets sind die römischen Faustina-Thermen, ein Hafenmonument sowie ein Kastell und die Michaelskirche aus byzantinischer Zeit. Weitere 20 Kilometer südlich liegt **Didyma** (Didim), der ehemalige Haupttempel Milets und eine berühmte Orakelstätte. Nachdem die Stätte in byzantinischer Zeit als Festung und später als Kirche genutzt worden war, wurde sie im 15. Jh. n. Chr. von einem Erdbeben zerstört. Heute sind in Didyma noch einige Säulen, das Portal und ein „Medusenhaupt“ aus dem Inneren des Tempel zu sehen. Von den Ruinen des Tempels hat man einen weiten Rundblick in die Umgebung. In der Nähe liegt der turbulente Badeort **Didim Plaj**.

Häufig wird ein „Ausflugspaket" angeboten, in dessen Rahmen die drei Stätten Priene, Milet und Didyma an einem Tag besichtigt werden können.

Südlich von Milet führt die Hauptstraße vorbei an einem idyllischen See, an dessen Ostufer die antike Stadt **Herakleia** liegt. Diese Gegend eignet sich gut zum Wandern. Parallel zur Küste führt die Straße durchs Landesinnere nach **Milas**. Das idyllische Städtchen mit schöner Altstadt war im 5. Jh. v. Chr. die Hauptstadt Kariens. Neben römischen Resten bietet Milas Sehenswürdigkeiten aus dem späten Mittelalter, darunter zwei Moscheen und eine etwas außerhalb gelegene Palaststadt. Über den ursprünglichen Badeort **Güllük** erreicht man nach 50 Kilometern Bodrum.

HALBINSEL BODRUM

BODRUM

Das malerische Städtchen Bodrum mit etwa 20.000 Einwohnern liegt im Süden einer weit in die Ägäis einschneidenden Halbinsel. Der Hafen und die strahlend weißen Häuser von Bodrum gruppieren sich um eine Bucht mit einer mittelalterlichen Festung. Im Altertum hieß die hier gelegene Stadt Halikarnassos. Berühmt wurde diese zweite Hauptstadt Kariens durch ihren Herrscher Mausolos, für den hier im 4. Jh. v. Chr. eine prächtige, monumentale Grabstätte errichtet worden war, durch die der Begriff „Mausoleum" geprägt wurde. Von dem über 40 Meter hohen Monument, einem der sieben antiken Weltwunder, ist heute nur noch das Fundament zu sehen, da im 15. Jh. n. Chr. aus seinen Steinen die Festung gebaut wurde. Dieses von Johannitern zum Schutz gegen die Osmanen errichtete Kastell ist sehr gut erhalten und dient heute als Museum für Unterwasserarchäologie. Aus antiker Zeit kann man in Bodrum noch das Theater aus dem 3. Jh. v. Chr. mit schönem Ausblick auf die Stadt besichtigen.

Das heutige Bodrum ist schon lange eine Hochburg des Tourismus und besonders bekannt für ein lebhaftes, buntes Nachtleben mit unzähligen Diskotheken, Bars und Nachtklubs (unter anderem in der bekannten „Long Street"). Hierher kommen sehr viele junge, unternehmungslustige Urlauber, darunter auch viele Türken. Das Basarviertel Bodrums bietet sehr gute Einkaufsmöglichkeiten.

HALBINSEL / GOLF VON GÖKOVA

Die Stadt selbst hat keinen besonders guten Strand, baden kann man jedoch an den schönen, von Feriensiedlungen und Hotels gesäumten Sand-Kiesel-Stränden der übrigen HALBINSEL. Dazu gehören die von Bodrum zwischen drei und 25 Kilometer entfernten Orte **Gümbet**, **Bitez**, **Turgutreis**, **Yalikavak**, **Torba** und **Yaliciftlik**. Viele der Hotels in der Stadt und auf der übrigen Halbinsel liegen im Bereich der gehobenen Mittelklasse, es sind aber auch einige recht hochwertige Unterkünfte sowie direkt in der Stadt einfachere Hotels und Pensionen zu finden.

Das Innere der Halbinsel von Bodrum eignet sich mit alten Maultierpfaden gut zum Wandern. Die Umgebung von Bodrum ist ein gutes Surfrevier, es sind aber auch zahlreiche weitere Wassersportmöglichkeiten vorhanden. Ein besonderer Anziehungspunkt Bodrums ist sein Jachtzentrum; hier werden zahlreiche Jachten für „Blaue Reisen" in den südlichen Golf von Gökova oder den nördlichen Golf von Güllük sowie für Tagestouren verchartert.

Östlich von Bodrum liegen am gut 50 Kilometer langen GOLF VON GÖKOVA die Badeorte **Ören** (Sandstrand) und **Gökova** in der Nähe der Provinzhauptstadt **Mugla**, wo häufig ein großer Bauernmarkt stattfindet.

Die Transferdauer vom Flughafen Bodrum zu den Hotels der Halbinsel beträgt knapp 60 Minuten.

HALBINSEL MARMARIS

MARMARIS

Mit Marmaris folgt ein weiteres Urlaubszentrum in der gleichnamigen Bucht, an deren schmalen Stränden zahlreiche Feriensiedlungen und Hotelanlagen entstanden sind. Der ehemalige Fischerort in grüner Umgebung bietet eine hervorragende touristische Infrastruktur und sehr gute Sportmöglichkeiten, vor allem für Wassersport (darunter ein hochmodernes Jachtzentrum). Auch abendliche Unterhaltungs- sowie Einkaufsmöglichkeiten, darunter Basarstraßen, sind vorhanden. Besonders sehenswert ist in Marmaris die griechisch geprägte Altstadt, die sich um ein osmanisches Kastell erstreckt. Die Stadt selbst bietet einen kleinen Strand und mehrere Hotels. Zahlreiche Touristenunterkünfte aller Kategorien, darunter auch sehr hochwertige, befinden sich an außerhalb gelegenen Sand-Kiesel-Stränden. Von Marmaris aus werden häufig Bootsausflüge zu weiteren Stränden angeboten.

BOZBURUN-HALBINSEL / RESADIYE-HALBINSEL

Westlich und südlich von Marmaris erstrecken sich zwei fjordartige Halbinseln.

Auf der südlichen BOZBURUN-HALBINSEL liegt **Icmeler**, eine sieben Kilometer von Marmaris entfernte, lebhafte, „reine" Urlaubersiedlung mit schönen Stränden. Etwas weiter entfernt folgt das noch ruhige Fischerdorf **Turunc**, das sich ebenfalls dem Pauschaltourismus zugewandt hat. Ansonsten wird diese Halbinsel von Touristen meist nur im Rahmen von Segelausflügen besucht.

Die lang gestreckte, westliche RESADIYE-HALBINSEL ist die südliche Begrenzung der Bucht von Gökova; hier liegen einige hochwertige Ferienanlagen. Knapp 80 Kilometer entfernt von Marmaris folgt auf der Halbinsel der ruhige, als ideales Surfrevier geltende Ferienort **Datca** mit Unterkünften im Mittelklassebereich. Die Strände der Umgebung sind am besten per Boot zu erreichen. Datca ist häufig auch Station von „Blauen Reisen". An der Spitze der Halbinsel liegt die schwer zugängliche Ausgrabungsstätte der antiken Stadt **Knidos** mit Resten griechischer Bauten aus dem 4. Jh. v. Chr. Knidos bildete zusammen mit Halikarnassos, Kos und drei Städten auf Rhodos die antike Hexapolis.

Die Transferdauer vom Flughafen Dalaman nach Marmaris und Icmeler beträgt etwa eineinhalb Stunden, auf die Resadiye-Halbinsel zwischen zwei und zweieinhalb Stunden.

SÜDLICHE ÄGÄISKÜSTE (= LYKISCHE KÜSTE)

Die Marmaris-Halbinsel gilt als „Grenze" zwischen der westlichen und der südlichen Ägäisküste. Die südliche Ägäisküste wird nach dem Volksstamm, der die Region um das 4. Jh. v. Chr. bewohnte, auch „Lykische Küste" genannt.

100 Kilometer östlich von Marmaris liegt am Südufer eines Sees mit Naturschutzgebiet, wo unter anderem Meeresschildkröten leben, das Fischerdorf **Dalyan**. Dalyan, das sich zu einem Ökötourismusziel entwickelt hat, dient häufig als Ausgangspunkt für Bootsausflüge nach **Kaunos**. Oberhalb der antiken Stadt, von der noch einige Ruinen erhalten sind, sieht man imposante, in Berghänge eingehauene Felsengräber der Lykier. Solche monumentalen Felsengräber, die wie kleine Tempel wirken, sieht man in der folgenden Gegend sehr häufig. Die ungewöhnliche Lage der Gräber sollte ihre Unzugänglichkeit bewirken und damit den Toten zur ewigen Ruhe verhelfen.

Auf der Weiterfahrt Richtung Südosten passiert man **Dalaman** mit dem gleichnamigen Fluss, auf dem häufig Rafting- und Canyoningtouren unternommen werden, und den Flughafen. In dessen Nähe befindet sich der Badeort **Sarigerme** mit langem, feinem Sandstrand, hochwertiger Hotellerie und großem Sportangebot. 50 Kilometer weiter erreicht man die moderne Kleinstadt **Fethiye**, einen weiteren beliebten Badeort mit bedeutendem Hafen und Jachthafen, schöner Altstadt und langer Hafenpromenade. Von der antiken lykischen Stadt Telmessos, die an dieser Stelle lag, sieht man in und oberhalb Fethiyes noch Sarkophag- und Felsengräber. Von Fethiye, das eine gute touristische Infrastruktur hat, kann man schöne Auflüge zu kleinen, vorgelagerten Inseln und malerischen Buchten unternehmen. Als Traumstrand ist die von Fethiye knapp 20 Kilometer entfernte Lagune **Ölü Deniz** bekannt. Der beliebte, lange, feinsandige Strand liegt inmitten einer idyllischen, grünen Landschaft und ist entgeltpflichtig. Um den hier gelegenen kleinen Ort **Belcegiz** hat sich eine Hotelzone mit Hotel- und Clubanlagen der gehobenen Mittelklasse entwickelt.

Auf den folgenden hundert Kilometern liegen nur wenige Touristenattraktionen und Badeorte. Die lykische Küste bietet jedoch malerische Fischerorte, interessante antike Stätten und Felsengräber in verschiedenen Variationen. Dazu gehören **Tlos** und die mächtigste lykische Stadt **Xanthos** mit dem Heiligtum **Letoon**. Besondere landschaftliche Schönheiten bietet die Felsschlucht **Saklikent**.

Rund 140 Kilometer hinter Fethiye folgt das einst griechische Fischerdorf **Kalkan**, heute ein malerischer, ruhiger Urlaubsort mit guter touristischer Infrastruktur. Der Ort selbst hat keine erwähnenswerten Bademöglichkeiten, in der näheren Umgebung gibt es jedoch schöne Strände, darunter **Kaputas** und **Patara** mit Dünen. Die kleinen Ferienanlagen der Orte gehören meist dem Mittelklassebereich an und sind gut in die Landschaft eingefügt. Nach etwa 25 Kilometer Fahrt auf einer schönen Küstenstraße schließt sich das turbulentere **Kas** an. Der schöne Ort ist durch den Tourismus stark angewachsen und bietet neben einem Jachthafen und einer Vielzahl einfacherer Unterkünfte gute Unterhaltungs- und Einkaufsmöglichkeiten. Auch verschiedene Sport-, darunter Tauchmöglichkeiten, sind vorhanden. Aus antiker Zeit sind lykische Felsengräber und ein Amphitheater zu sehen. Auch Kas hat keine allzu guten Strände, Strandliebhaber sind auf Fahrten in die Umgebung angewiesen. Sehr beliebt sind von hier aus Schiffstouren zur Insel **Kekova** mit vielen Unterwasserruinen oder zur vorgelagerten, östlichsten griechischen Insel **Kastellorizo**.

Auf der Weiterfahrt in Richtung Osten, vorbei an großen lykischen Nekropolen, gelangt man nach etwa 40 Kilometern in die alte Stadt **Myra** (Kale), ebenfalls eine wichtige Stadt der Lykier und einst Bischofssitz. Neben Nekropolen und einem römischen Theater ist hier eine byzantinische Basilika sehenswert. Myra hat einen langen und relativ einsamen, am früheren Hafen gelegenen Strand. Diese Gegend wird landwirtschaftlich stark genutzt, häufig mit Hilfe von Gewächshäusern. An der Küste folgt der Badeort **Finike**, den hauptsächlich Rucksacktouristen besuchen, im Hinterland liegt **Limyra**, wo sich unter anderem der Grabtempel des Perikles befindet.

Die Transferdauer vom Flughafen Dalaman nach Sarigerme beträgt etwa eine halbe Stunde, nach Fethiye und Umgebung rund eine Stunde und nach Kalkan und Kas knapp drei Stunden.

TÜRKISCHE RIVIERA

Nach einigen weiteren Kilometern beginnt bei dem etwa 700 qkm großen **Olimpos-Nationalpark** mit ausgedehnten Wäldern und über 2.000 Meter hohen Bergen das Gebiet der türkischen Riviera. Im Nationalpark kann man sehr gut wandern und Mountainbike-Touren unternehmen. Die Griechen vermuteten hier den Wohnsitz ihrer Götter. Auf einem Berg in der Nähe des Ortes **Cirali**, des antiken **Olympos**, kann man ein interessantes Naturphänomen sehen: eine durch Gasvorkommen ständig aus der Erde lodernde Flamme, die in der Antike als feuerspeiendes Ungeheuer galt. Im nördlichen Bereich des Parks liegt die sehenswerte Ruinenstadt **Phaselis**, in deren Nähe sich drei Badebuchten befinden.

Einer der schönsten Strände des Nationalparks liegt wenig südlich von Phaselis bei **Tekirova**, einem Paradies für Ruhesuchende und Taucher mit einigen Unterkünften der gehobenen Kategorie. Nur wenige Kilometer entfernt folgen **Camyuva** und **Kiris**, bereits „Vororte" von Kemer. **Kemer** selbst, ein lebhafter, beliebter Ort mit schönem Jachthafen, ist zwischen zwölf und sechs Kilometer entfernt. Kemer ist das Zentrum einer etwa 40 Kilometer langen, modernen Ferienzone mit langen, meist kieseligen Stränden und Buchten, an denen viele hochwertige Hotel- und Clubanlagen liegen, darunter auch ein Robinson Club und ein Club Med. In Kemer gibt es viele Restaurants, Einkaufs- und Unterhaltungsmöglichkeiten wie Freizeit- und Badeparks, die von vielen Gästen aus den umliegenden Ferienanlagen genutzt werden. Sechs bis zwölf Kilometer nördlich von Kemer liegen Hotelanlagen an den Stränden von **Göynük** und **Beldibi**. Diese Urlaubsregion ist durch ihre Lage vor dem oft schneebedeckten Taurusgebirge und die grüne Landschaft der Umgebung besonders reizvoll.

Der Transfer vom Flughafen Antalya in die Ferienregion um Kemer dauert rund eine Stunde, die Entfernung Kemer–Antalya beträgt etwa 50 Kilometer.

Antalya, der Verkehrsknotenpunkt der türkischen Riviera, ist eine schnell wachsende Industriestadt. Die auf einem Felsplateau an der gleichnamigen, weit geschwungenen Bucht gelegene Stadt hat über eine halbe Million Einwohner. Das vermutlich bereits um 1500 v. Chr. gegründete Antalya besitzt eine äußerst sehenswerte, römisch und seldschukisch geprägte Altstadt mit schönen Holzhäusern aus osmanischer Zeit. Die meisten Sehenswürdigkeiten liegen in dieser von Stadtmauern umgebenen Altstadt. Dazu gehören ein Uhrturm, ein Basarviertel, das „gerillte" und das „gestutzte" Minarett, das römische Hadrians-Tor und der malerische alte Hafen mit vielen Restaurants und Geschäften. Nahe dem Hafen schließt sich an der Steilküste Antalyas Stadtpark mit Promenaden, Teegärten und subtropischen Gartenanlagen an. Sehenswert ist außerdem das Archäologische Museum, in dem Kunstschätze aus nahen Ausgrabungsstätten ausgestellt sind. Im modernen Teil der Stadt liegen zahlreiche Hochhäuser mit Hotels, Geschäften und Bürogebäuden. Antalya selbst hat zwei große Strände mit Hotels der gehobenen Kategorie, die auch in einigen Pauschalkatalogen enthalten sind. Die Transferdauer vom Flughafen zu den Hotels in Antalya beträgt etwa eine halbe Stunde.

In der Umgebung von Antalya gibt es zahlreiche, lohnenswerte Ausflugsziele. Etwa 25 Kilometer nordöstlich liegt – rund 1.000 Meter hoch in der idyllischen Berglandschaft eines Nationalparks – die Ausgrabungsstätte von **Termessos**. Die Bevölkerung verließ die antike Stadt nach einem Erdbeben im 5. Jh. n. Chr. Die gut erhaltenen, zahlreichen Ruinen stammen aus dem 2. Jh. n. Chr., der Blütezeit der Stadt im römischen Kaiserreich. Das Theater von Termessos bietet einen hervorragenden Ausblick auf den Golf von Antalya.

Nördlich von Antalya locken mit den **Düden-Wasserfällen** landschaftliche Sehenswürdigkeiten. Der Düden ist einer der Flüsse des Taurus-Gebirges, der über mehrere Wasserfälle herabstürzt. Die „oberen Fälle", die eine Höhe von etwa 20 Meter aufweisen, liegen an einem Picknickplatz inmitten eines Wäldchens, die „unteren Fälle" stürzen aus über 50 Meter Höhe direkt ins Meer. Vom Hafen in Antalya werden Bootstouren zu den Fällen veranstaltet.

Knapp 20 Kilometer östlich von Antalya folgt das Städtchen **Aksu**, dessen Strandzone sich gerade in der touristischen Entwicklung befindet. Im Landesinneren liegt, nur wenige Kilometer entfernt von Antalya, mit **Perge** eine der großen Ausgrabungsstätten der türkischen Riviera. Perge war in der Antike die führende Stadt Pamphyliens und eine wichtige Artemis-Kultstätte. Später gab es hier dank des Apostels Paulus eine große christliche Gemeinde. Zu byzantinischer Zeit erlebte die Stadt wegen Versandung des Hafens ihren Niedergang. Hauptattraktionen der zahlreichen, imposanten Ruinen von Perge sind eine 200 Meter lange Kolonnadenstraße, ein 14.000 Zuschauer fassendes Theater und ein für 12.000 Zuschauer angelegtes Stadion.

Die in Richtung Osten führende Hauptstraße verläuft weiter durchs Landesinnere, auf Stichstraßen erreicht man die Küste mit Sandstränden. Etwa 40 Kilometer von Antalya entfernt liegt hier ein jüngerer Urlaubsort, das noch relativ ruhige **Belek** mit hochwertigen Hotels, darunter Clubs von Aldiana und Robinson, und zwei Golfplätzen. Der kilometerlange Sandstrand der exklusiven Feriensiedlung mit anschließenden Wäldern eignet sich sehr gut für ausgedehnte Strandwanderungen. Einige Geschäfte und Restaurants sind vorhanden. Nicht sehr weit entfernt von Belek liegt die antike Stätte **Aspendos**, im 5. Jh. v. Chr. – vor Perge – die Metropole Pamphyliens. Sehr sehenswert ist hier das restaurierte, 20.000 Zuschauer fassende Theater mit einer besonders guten Akustik. In islamischer Zeit diente es als Karawanserei, heute nutzt man es im Sommer als Festspielort. Auch Aspendos erlebte – wie Perge – seine größte Blütezeit unter römischer Herrschaft. Es sind zahlreiche weitere Ruinen aus dieser Zeit vorhanden, darunter die Reste eines Aquädukts.

Etwa 30 Kilometer östlich liegt an der Küste mit **Side** eine weitere herausragende antike Stätte, aber auch gleichzeitig ein turbulenter Urlaubsort, der mit seiner hervorragenden touristischen Infrastruktur viel Abwechslung bietet. Zu beiden Seiten des 2500 Jahre alten Städtchens mit sehenswerten antiken Bauten (Stadtmauer, Theater, Bibliothek, Agora, Apollon-Tempel) erstrecken sich lange Strände. Hier befinden sich große Feriensiedlungen wie **Kumköy** (westlich) und **Sorgun** (östlich) mit vielen, oft klotzig gebauten Hotels der gehobenen Mittelklasse und beliebten Clubanlagen mit großem Sportangebot. Sehr gute Einkaufsmöglichkeiten gibt es in Side unter anderem rund um den Hafen. Es lohnt sich ein Abstecher ins etwa sechs Kilometer entfernte **Manavgat**, wo man die Wasserfälle des gleichnamigen Flusses und in der Nähe die Ruinen der seleukidischen Stadt **Seleukia** besichtigen kann. Auf der Weiterfahrt entlang der Küste gelangt man in den Ferienort **Karaburun** und zur kilometerlangen, „künstlichen" Hotelzone **Incekum** mit langem, flach abfallenden Sandstrand, der mitunter von Kieseln durchsetzt ist. Das Zentrum der Feriensiedlung ist der gleichnamige Strandpark. In einem nahe gelegenen, früheren Bauerndorf sind Einkaufsmöglichkeiten, Restaurants und einige Diskotheken vorhanden.

Etwa 50 Kilometer entfernt von Side erreicht man mit **Alanya** den letzten, traditionsreichen Urlaubsort der türkischen Riviera. Hier verläuft das Taurus-Gebirge wieder nah an der Küste, die Landschaft dieser subtropischen Gegend ist von Bananenplantagen geprägt. Alanya ist eine Stadt mit über 60.000 Einwohnern, die unter der Herrschaft der Seldschuken große Bedeutung hatte. Von dieser Zeit zeugen eine – auf einer ins Meer ragenden Felsnase gelegene – Burg und eine alte Schiffswerft; sehenswert sind außerdem die Altstadt und eine Tropfsteinhöhle. Viele der einfachen bis mittelklassigen Hotels Alanyas liegen am langen Strand, hinter dem die Hauptstraße verläuft. In der Stadt sind sehr gute Einkaufsmöglichkeiten (unter anderem im Basarviertel), viele Restaurants und ein reges Nachtleben vorhanden. Man kann Bootsfahrten zu verschiedenen Höhlen sowie zum westlichen Kleopatra-Strand und den Stränden östlich der Stadt unternehmen.

Die Transferdauer vom Flughafen Antalya zu den östlichen Urlaubsorten beträgt 30 Minuten nach Belek, 60 Minuten nach Side, 90 Minuten nach Incekum und gut zwei Stunden nach Alanya.

AUSFLÜGE

GRIECHISCHE INSELN

Von einigen türkischen Küstenorten kann man zu vorgelagerten griechischen Inseln fahren: von Ayvalik nach **Lesbos**, von Cesme nach **Chios**, von Kusadasi nach **Samos**, von Bodrum nach **Kos**, von Datca nach **Symi**, von Marmaris nach **Rhodos** und von Kas nach **Kastellorizo**.

Auf den nur wenige Kilometer von der türkischen Küste entfernten griechischen Inseln kann man im Rahmen von Tagesausflügen Inselrundfahrten und Stadtbesichtigungen machen oder antike Ausgrabungsstätten besuchen.

SAMSUN DAGI

Südlich von Kusadasi, in der Nähe von Priene, befindet sich – in der Schwemmebene des Flusses Mäander – der schöne Samsun-Dagi-Nationalpark mit einsamen Stränden und einem gleichnamigen Gebirge. Hier gibt es gute Wandermöglichkeiten.

PAMUKKALE / APHRODISIAS

180 Kilometer westlich von Kusadasi liegt eine spektakuläre Natursehenswürdigkeit, die zu den meistbesuchten Zielen der Türkei gehört: die weißen Kalksteinterrassen von PAMUKKALE (übersetzt: Baumwollschloss). Die Terrassen entstanden im Laufe von Jahrtausenden durch Kalkablagerungen, die etwa 35 Grad warme Thermalquellen aus dem Kalkgestein lösten. Man kann auf den mit warmem Wasser bedeckten Terrassen und natürlich entstandenen Becken herumlaufen. Oberhalb der Terrassen gibt es verschiedene Hotels mit Thermalbädern, unterhalb liegt das Dorf Pamukkale. Aus der Zeit der Antike, als Pamukkale noch Hierapolis hieß, kann man zahlreiche Ruinen besichtigen, darunter die Thermen (heute Museum) und riesige Nekropolen.

Südwestlich von Pamukkale, im Tal des Flusses Mäander, liegt die antike Stadt APHRODISIAS, deren Besuch häufig mit einem Besuch Pamukkales verbunden wird. Besonders erwähnenswerte Sehenswürdigkeiten unter den zahlreichen, recht gut erhaltenen Ruinen sind die Reste des Stadions und des Aphrodite-Tempels. Im Archäologischen Museum kann man einige Skulpturen – die alte Stadt war berühmt für Bildhauerei – bewundern.

TÜRKISCHE SEENPLATTE / KÖPRÜLÜ-KANYON

Etwa 130 Kilometer nördlich von Antalya beginnt bei **Burdur** (Westtaurus) eine als TÜRKISCHE SEENPLATTE bezeichnete Landschaft, in der auch viele kulturelle Sehenswürdigkeiten liegen. Auf dem Weg nach Burdur passiert man verschiedene Karawansereien. Diese jeweils eine Tagesreise voneinander entfernten Einrichtungen gewährten selduschukischen Karawanen im 13. Jh. n. Chr. auf den großen Handelswegen Quartier, Verpflegung und Schutz vor Überfällen. Es lohnt sich, die gut erhaltene Karawanserei **Suzuz Han** mit ihrem imposanten Portal, dem Innenhof, dem Hamam und der kleinen Moschee zu besichtigen. Die Karawanserei ist etwa 70 Kilometer entfernt von Antalya.

Rund 70 Kilometer nördlich von Belek liegt der waldreiche KÖPRÜLÜ-KANYON-NATIONALPARK in der Bergwelt des Taurus. Hier kann man auf einem Wildbach Kajak- und Schlauchboottouren unternehmen. In der Nähe befindet sich das antike **Selge**, wo man in einem weitläufigen Gelände Ruinen aus römischer Zeit sieht.

KONYA / KAPPADOKIEN

Recht weite Touren, die sich nur in Form eines mehrtägigen Ausflugs von der türkischen Riviera aus lohnen, führen nach KONYA in Zentralanatolien, der alten Hauptstadt des Seldschukenreiches, sowie nach KAPPADOKIEN, wo die Gegend um Göreme große Natursehenswürdigkeiten bereithält: Mondlandschaften aus pyramidenartigen Tuffsteinhöhlen und -formationen. In dieser einmaligen Landschaft wurden im Laufe der Geschichte zahlreiche Höhlenwohnungen, aber auch Kirchen und Klöster gebaut. Kappadokien diente der christlichen Bevölkerung Kleinasiens als Zufluchtsort.

ISRAEL

1.) ***Eine Pfarrgemeinde beauftragt Sie mit der Planung einer einwöchigen Pilgerreise ins „Heilige Land", deren Schwerpunkt Jerusalem, die Heilige Stadt dreier Weltreligionen, sein soll. Die Anreise soll per Flug erfolgen. Zwei Termine, Mitte Juli und Ende September, stehen zur Auswahl.***

a) *Zu welchem Termin raten Sie aufgrund des Klimas?*

b) *Einer der Mitreisenden bittet Sie um Informationen über die Sicherheitslage in Israel. Mit welchen politischen Problemen steht diese in Zusammenhang und wo können Sie die aktuellsten entsprechenden Informationen einholen?*

c) *Unter den Mitgliedern der Pfarrgemeinde (alle deutsche Staatsbürger), die an der Reise teilnehmen möchten, sind auch Senioren. Die älteste Teilnehmerin ist Jahrgang 1923. Welche Informationen über Einreisebestimmungen erteilen Sie Ihren Kunden?*

d) *Zu welchem israelischen Flughafen buchen Sie den Flug für die Kunden? Welche Fluggesellschaften fliegen dorthin und welche Besonderheiten sind für Flüge nach Israel in der Regel zu beachten?*

e) *Wie weit ist Jerusalem vom internationalen Flughafen entfernt und wie lange dauert eine Busfahrt dorthin? Nennen Sie mehrere bedeutende Sehenswürdigkeiten der israelischen Hauptstadt, darunter jeweils eine, die zu den bedeutendsten religiösen Stätten von Juden, Christen und Moslems gehört. Welche Besichtigungsziele werden häufig im Rahmen von Tagesausflügen ab Jerusalem besucht? Wie viele Übernachtungen sollten für Jerusalem eingeplant werden?*

f) *Nennen Sie den Kunden weitere interessante Städte, Besichtigungs- und Pilgerziele und deren Besonderheiten. Welchen Reiseverlauf schlagen Sie vor?*

2.) ***Eine Ihrer Bekannten, die stark unter Allergien und Hautkrankheiten leidet, hat gehört, dass am Toten Meer erstaunliche Heilerfolge bei diesen Krankheiten erzielt werden können. Sie möchte von Ihnen wissen, wo und in welchem Land das Tote Meer eigentlich ist und wie bzw. wodurch die Behandlung dort erfolgt. Sie interessiert sich auch für Anreisemöglichkeiten sowie für die touristische Infrastruktur vor Ort und fragt, ob deutsche Krankenkassen die Kosten einer solchen Reise übernehmen. Welche Informationen geben Sie Ihrer Bekannten?***

3.) ***Ein gestresster Manager, der sich nur eine Woche im November freinehmen kann, möchte gerne einen Badeurlaub in Israel verbringen. Welche Region empfehlen Sie Ihrem Kunden und warum? Welche Informationen über das Feriengebiet, Anreisemöglichkeiten dorthin und interessante Ausflugsziele in der weiteren Umgebung können Sie ihm geben?***

1.7 ISRAEL

Die in **Vorderasien** gelegene Republik Israel erstreckt sich zwischen dem 29. und 33. Grad nördlicher Breite und umfasst eine Fläche von knapp 22.000 qkm einschließlich der israelisch besetzten **Golanhöhen** im Nordosten, jedoch ohne die teilautonomen Palästinenser-Gebiete **Gaza-Streifen** im Südwesten und **Westjordanland** im Osten. Diese beiden Gebiete bilden eine zusätzliche Fläche von gut 6.000 qkm. Das langgestreckte, schmale Land Israel hat eine maximale Ausdehnung von gut 400 Kilometer von Norden nach Süden und zwischen 15 und 115 Kilometer von Osten nach Westen. Israel grenzt im Westen ans **Mittelmeer**, im Norden an den Libanon, im Osten an Syrien und Jordanien, im Süden ans **Rote Meer** (den **Golf von Aqaba**) und im Südwesten an die ägyptische Halbinsel Sinai.

Hinter den schmalen, dicht besiedelten Küstenebenen des Mittelmeers erstreckt sich das westliche Bergland, wo mit dem gut 1.200 Meter hohen **Har Meron** im **Bergland von Galiläa** Israels höchster Berg liegt. Im Osten des Landes verläuft der **Jordangraben**, der seine tiefste Stelle mit knapp 400 Metern im **Toten Meer** erreicht. Das Tote Meer, ein zwischen Israel und Jordanien gelegener, extrem salzhaltiger Binnensee, stellt die tiefste Senke der Erde dar. Es wird – wie der nördlich gelegene **See Genezareth –** vom längsten Fluss Israels und Jordaniens, dem 360 Kilometer langen **Jordan**, mit Wasser versorgt. Die südliche, sich bis zum Roten Meer erstreckende Landeshälfte Israels wird von der Wüste **Negev** dominiert.

Hauptstadt und größte Stadt Israels ist das im Bergland gelegene **Jerusalem** mit etwa 580.000 Einwohnern. Insgesamt leben in Israel über 6 Millionen Menschen (ohne die besetzten Gebiete).

Israel liegt in der **subtropischen Klimazone**. Während der Süden des Landes (Wüste Negev und südlicher Jordangraben einschließlich Totes Meer) den subtropischen Trockengebieten angehört und trocken-heißes Wüstenklima aufweist, unterliegen der Norden und die Küstengebiete am Mittelmeer dem mediterranen Klima subtropischer Winterregengebiete. Im Bergland ist es meist etwas kühler als in Küstenbereichen, im Winter gibt es hier reichlich Niederschlag, mitunter Schnee. Im nördlichen Jordangraben machen sich mit heißen Sommern und relativ kalten Wintern kontinentale Klimaeinflüsse bemerkbar.

Die Sommer sind in Israel überall heiß, die Luftfeuchtigkeit liegt jedoch niedrig, was die Hitze erträglicher macht. Sehr angenehme **Reisezeiten** sind für alle Gebiete Frühjahr und Herbst, wobei im späten Frühjahr häufig ein heißer Wüstenwind Sandstürme mit sich bringt. Am Roten Meer mit seinen sonnigen Wintern ist das ganze Jahr über Badesaison.

Im 8. Jhtsd. v. Chr. wurde im alten Land Palästina, das das Gebiet des heutigen Israels und die besetzten bzw. autonomen Regionen umfasste, mit Jericho die wohl älteste Stadt der Welt gegründet. Ab 3000 v. Chr. folgten weitere Stadtstaaten am Mittelmeer und im oberen Jordangraben; dieses Gebiet hieß Kanaan.

Als Stammvater der 12 Stämme des **israelischen Volkes** und des **Judentums**, der ältesten Weltreligion, gilt Abraham, der etwa im 2. Jhtsd. v. Chr. ins Land kam. Seine Nachkommen, die Juden, siedelten sich im Laufe der folgenden Jahrhunderte in Kanaan an.

Aufgrund seiner Lage am Schnittpunkt von Verkehrswegen aus Europa, Asien und Afrika war Palästina stets ein begehrtes, umkämpftes und teilweise auch besetztes Land. Ein einheitliches **israelisches Königreich** entstand erstmals um 1000 v. Chr. Unter den Herrschern Saul, David und Salomo entwickelte sich ein Reich mit der Hauptstadt Jerusalem, das jedoch bereits 928 v. Chr. zerfiel. Es folgten mehrere Jahrhunderte der Fremdherrschaft, die häufig von massiven Widerständen der Juden geprägt waren: **Assyrer**, **Babylonier**, **Perser** und **Griechen** regierten das Land. Die Babylonier schickten das jüdische Volk ins Exil, erst die Perser ließen es heimkehren.

Im 1. Jh. v. Chr. wurde Israel **römische Provinz**. In die Regierungszeit des von den Römern eingesetzten Königs Herodes fiel die Geburt Jesu, bei der Kreuzigung im Jahr 33 war Pontius Pilatus römischer Statthalter. In der Folgezeit gab es mehrere Aufstände und Kriege der Juden gegen die Römer, die sich gegen die Ausübung der jüdischen Religion stellten, heilige Stätten zerstörten und die meisten Juden vertrieben. In den nächsten Jahrhunderten entwickelten sich – wie im gesamten Römischen Reich – christliche Gemeinden in Palästina. Ab dem 4. Jh. gehörte es zum christlichen **Byzantinischen Reich**, die Juden waren nur noch eine kleine Minderheit.

636 n. Chr. wurde Palästina von **Arabern** erobert und unterstand von nun an verschiedenen arabischen Herrscherdynastien. Ab dem 11. Jh. war das Land Ziel der **Kreuzzüge** aus Europa. Die Kreuzfahrer, die 1099 Palästina besetzt hatten, gründeten das etwa 150 Jahre bestehende „Königreich Jerusalem“. Ab dem 13. Jh. herrschten wieder Araber, ab 1517 gehörte Palästina für 400 Jahre zum **Türkisch-Osmanischen Reich**. Im 19. Jh. lebten hier keine 10.000 Juden, bald folgte aber die Einwanderung von Juden aus Europa (durch den dort wachsenden Antisemitismus). Anfang des 20. Jh. entstanden zahlreiche jüdische Siedlungen, darunter die als „Kibbuz“ bezeichneten Kollektivdörfer. Die Juden bemühten sich um die Gründung eines eigenen Staates.

Nach dem ersten Weltkrieg wurde Palästina **britisches Mandatsgebiet**. Während der folgenden Jahrzehnte kam es durch die Judenverfolgungen im Dritten Reich zu großen jüdischen Einwanderungswellen, was zu massiven Konflikten zwischen Arabern und Juden führte. 1947 entschied die UNO, in Palästina einen jüdischen und einen arabischen Staat zu gründen. 1948 wurde gegen den Widerstand der Araber der **Staat Israel** ausgerufen. Die arabischen Staaten erklärten Israel sofort den Krieg, viele arabische Palästinenser flohen aus Israel, vor allem in den Gaza-Streifen und ins Westjordanland (damals unter ägyptischer bzw. jordanischer Verwaltung).

Trotz des Waffenstillstands 1949 kam es zum so genannten **Nahostkonflikt**, der sich im Laufe der folgenden Jahrzehnte ausweitete. Es gab verschiedene Kriege, darunter 1967 den 6-Tage-Krieg, in dem Israel den Gaza-Streifen, das Westjordanland, die syrischen Golanhöhen und die heute wieder ägyptische Sinai-Halbinsel besetzte. Anfang der 90er-Jahre begann der Friedensprozess zwischen Israel, den arabischen Ländern und der palästinensischen Befreiungsorganisation PLO, die häufig durch Terroranschläge auf ihre Probleme aufmerksam gemacht hatte. Israel erklärte sich bereit, den besetzten Gebieten schrittweise (Teil-)Autonomie zu gewähren. Durch verschiedene Konflikte, politische Veränderungen und fanatische Fundamentalisten auf beiden Seiten wird der Friedensprozess jedoch leider immer wieder gefährdet bzw. unterbrochen.

Die etwa 5,5 Millionen Menschen zählende **Bevölkerung** Israels ist in den letzten Jahrzehnten sehr stark angewachsen. Grund dafür sind vor allem die vielen jüdischen Einwanderer, die aus aller Welt hierher „zurückkehrten“. Seitdem die Römer die meisten Juden aus ihrer Heimat vertrieben hatten, lebten deren Nachkommen in aller Herren Länder, wo sie häufig ebenfalls verfolgt wurden. Da die „Heimkehrer“ aus den unterschiedlichsten Kulturkreisen kommen – in jüngster Zeit wanderten sehr viele aus der ehemaligen Sowjetunion ein – ist das moderne, stark westlich orientierte Israel ein sehr vielfältiges Land. Häufig werden aus dem jeweiligen Herkunftsland stammende Traditionen und kulturelle Eigenheiten weitergepflegt.

80 % der Bevölkerung sind Juden, die Minderheit besteht vor allem aus Arabern. In den besetzten Gebieten leben zwei Millionen Menschen, meist Palästinenser, aber auch jüdische Siedler.

Etwa 90 % der israelischen Bevölkerung leben in Städten. Ein Großteil der Bevölkerung konzentriert sich auf den Mittelmeerraum. So ist die **Bevölkerungsdichte** sehr unterschiedlich; in den Städten Jerusalem, Tel Aviv und Haifa liegt sie sehr hoch, in der dünnbesiedelten Wüste Negev sehr niedrig. Im Durchschnitt beträgt die Bevölkerungsdichte 297 Einwohner/qkm.

Innerhalb der jüdischen Bevölkerung unterscheidet man nach der „Herkunft": Die Juden, die aus Europa oder den USA eingewandert sind, werden als Aschkenasim bezeichnet, diejenigen, die aus Afrika und Asien kamen, als Sephardim. Obwohl die Aschkenasim die kleinere Bevölkerungsgruppe darstellen, haben sie meist die führenden Positionen in Politik und Wirtschaft inne. Hierdurch entstand ein gewisses soziales Gefälle zwischen beiden Bevölkerungsgruppen. Auf die Konflikte zwischen Juden und Palästinensern in Israel wurde bereits hingewiesen.

Offizielle **Landessprachen** in Israel sind Neuhebräisch („Ivrit", die wiederbelebte und aktualisierte Sprache des Althebräischen, der Sprache der Bibel) und Arabisch (zweite Sprache). Beide Sprachen haben jeweils ihre eigene Schrift, die von rechts nach links geschrieben und gelesen wird.

Außerdem spricht ein Teil der jüdischen Bevölkerung weitere Sprachen, nämlich die der verschiedenen „Herkunftsländer". Teilweise wird von den Aschkenasim noch Jiddisch genutzt, die alte Sprache der mittel- und osteuropäischen Juden, die eine Mischung aus Mittelhochdeutsch und Althebräisch darstellt. Als Tourist kommt man mit Englisch, das als Handelssprache dient, in der Regel sehr gut zurecht. Verkehrsschilder sind meist dreisprachig (Hebräisch, Arabisch, Englisch).

Religion ist in Israel, das häufig als „Heiliges Land" bezeichnet wird, ein besonders wichtiges Thema. Über 80 % der israelischen Bevölkerung gehört dem Judentum an, es herrscht jedoch Religionsfreiheit. Gut 14 % der Israelis sind Moslems, zwei bis drei Prozent sind Christen verschiedener Konfessionen. Hinzu kommt eine kleine Minderheit der Drusen, eine Glaubensgemeinschaft, die im 11. Jh. aus dem Islam hervorgegangen ist. Alle Religionen feiern unabhängig voneinander ihre Feste nach dem jeweiligen Kalender.

Der Alltag in Israel ist stark geprägt von der jüdischen Religion, deren Fundamente Thora und Talmud (Sammlungen religiöser Lehren und Gesetze) sind. Diese besagen, dass das jüdische Volk vom Gott Jahwe auserwählt wurde, Träger und Verkünder seiner Offenbarungen zu sein und dem Messias den Weg zu bereiten. Trotz der Vertreibung und der Repressalien, die die über die ganze Welt verstreuten Juden im Laufe der Jahrtausende über sich ergehen lassen mussten, blieben das jüdische Volk und sein Glaube bestehen. Es werden jüdische Feste gefeiert, das Essen nach jüdischen Vorschriften zubereitet (koscher) und viele weitere traditionelle Rituale eingehalten. Der wöchentliche Feiertag ist der heilige Sabbat, an dem verschiedene Betätigungen völlig untersagt sind und das öffentliche Leben stark eingeschränkt ist. Der Sabbat dauert von Freitagabend bis Samstagabend. Innerhalb des Judentums wird zwischen verschiedenen „Lagern" unterschieden, die von sehr konservativen (ultraorthodoxen) Juden bis zu liberalen Juden reichen.

Da in Israel der jüdische Glaube eine große Rolle spielt, sollte man als Besucher in bestimmten Bereichen Rücksicht auf das religiöse Empfinden der Bevölkerung nehmen. Dazu gehört unter anderem, beim Besuch von Synagogen (jüdische Gotteshäuser) so gekleidet zu sein, dass Schultern und Knie vollständig bedeckt sind, und sich in Bezug auf das koschere Essen und die Einschränkungen am Sabbat etwas anzupassen.

Für Deutsche, die vor dem 1.1.1928 geboren sind, gelten besondere Einreisebestimmungen. Sie benötigen für die **Einreise** nach Israel ein Visum, für das eine Entnazifizierungserklärung nötig ist. Ein entsprechendes Formular ist auf der Rückseite des Visumantrags enthalten.

Außerdem ist zu beachten, dass Reisenden, die einen israelischen Einreisestempel oder ein israelisches Visum im Reisepass haben, die Einreise in einige arabische Staaten verweigert wird. Deshalb kann man sich den israelischen Einreisestempel auf ein gesondertes Blatt geben lassen. Bei der Weiterreise nach Ägypten und Jordanien gibt es jedoch keine Probleme.

Der **Nationalfeiertag** in Israel ist der 14. Mai, der Jahrestag der Staatsgründung.

Für die **jüdischen Feiertage**, die überall in Israel gefeiert werden, können keine genauen Termine angegeben werden, da sie aufgrund des – sich nach Mondphasen richtenden – jüdischen Kalenders von Jahr zu Jahr unterschiedlich liegen. Sie fallen jedoch immer etwa auf die gleiche Jahreszeit. An jüdischen Feiertagen und am Sabbat ruht das öffentliche Leben in Israel weitgehend, die meisten Geschäfte und Restaurants bleiben geschlossen, öffentliche Verkehrsmittel sind kaum in Betrieb.

Für Touristen werden in vielen Städten und Urlaubszentren **Folkloredarbietungen** veranstaltet, in deren Rahmen Lieder und Tänze, die sich mit der Kultur Israels befassen, aufgeführt werden.

Nicht zuletzt aufgrund der Anschläge der PLO werden in Israel **Sicherheitsvorkehrungen** und entsprechende Kontrollen ganz groß geschrieben. Aus diesem Grund sind Soldaten fast überall und ständig präsent. Für das sehr gut organisierte Militär, in dem auch Frauen wehrpflichtig sind, wird etwa ein Viertel des israelischen Staatshaushaltes ausgegeben.

Der Reiseverkehr von Mitteleuropa nach Israel erfolgt vorwiegend per Flugzeug. Der *FLUGVERKEHR* von Deutschland nach Israel wird von LH und der israelischen Fluggesellschaft El Al (LY) durchgeführt. Direkte Flüge von Deutschland nach Israel dauern etwa vier Stunden.

Der wichtigste internationale Flughafen Israels befindet sich in Tel Aviv (TLV), der am Mittelmeer gelegenen zweitgrößten Stadt des Landes. Hierher gibt es täglich direkte **Linienflugverbindungen** ab mehreren deutschen Flughäfen. Ab Tel Aviv existieren Flugverbindungen innerhalb des Landes mit Arkia (IZ) und Israir Airlines (6H), aufgrund der relativ geringen Entfernungen in Israel werden viele Strecken jedoch mit dem Auto oder per Bus zurückgelegt. Die Entfernung vom Flughafen Tel Aviv nach Jerusalem beispielsweise beträgt nur knapp 60 Kilometer, die Fahrt dauert etwa 40 Minuten. Jerusalem selbst hat keinen internationalen Flughafen.

Nach Tel Aviv und nach Elat (ETH), dem gut 300 Kilometer entfernten Badeziel am Roten Meer, gibt es ab Deutschland ganzjährig direkte **Charterflugverbindungen**.

Es ist zu beachten, dass man sich für Flüge nach und von Israel bereits drei Stunden vor dem Abflug am Flughafen einfinden sollte, da für diese Flüge besonders umfangreiche Sicherheitskontrollen durchgeführt werden.

SCHIFFSVERKEHR

Pkw-Reisenden nach Israel stehen, vor allem im Sommer, gute **Fährverbindungen** von Griechenland und Zypern nach Haifa (dem größten Hafen des Landes am nördlichen Mittelmeer), oder nach Ashdod (südlich von Tel Aviv) zur Verfügung.

Ein weiterer Hafen, der wie Haifa und Ashdod am Mittelmeer auch häufig im Rahmen von **Kreuzfahrten** angelaufen wird, ist Elat am Roten Meer. Israelische Häfen werden auf „klassischen“ Kreuzfahrten durchs östliche Mittelmeer und das Rote Meer angelaufen, teilweise gibt es aber auch Kreuzfahrten um die Halbinsel Sinai, in deren Rahmen man Ägypten, Israel und Jordanien besucht.

STRASSENVERKEHR / BAHNVERKEHR

Von den arabischen Nachbarstaaten gibt es verschiedene Grenzübergänge nach Israel, über die der Grenzverkehr jedoch teilweise eingeschränkt ist. Das **Straßennetz** ist in ganz Israel dicht und sehr gut ausgebaut. Es besteht Rechtsverkehr; bis auf geringfügige Abweichungen gelten die auch in Europa üblichen Verkehrsregeln. Leihwagen, die wie Benzin relativ teuer sind, kann man fast überall anmieten. Es sollte beachtet werden, dass die Nutzung israelischer Mietfahrzeuge in den Palästinensergebieten aufgrund häufig auftretender Feindseligkeiten nicht ganz ungefährlich ist. Allgemein wird Individualtouristen in diese Gebiete geraten, sich vorab gezielt über die momentane Sicherheitslage in den besetzten Gebieten zu informieren (in israelischen Reisebüros vor Ort).

Eine Alternative zum Leihwagen ist das sehr gute, preisgünstige **Busnetz** innerhalb Israels. Die Busse des Fernverkehrs sind in der Regel modern und mit allem Komfort ausgestattet. Der Bus spielt für den Fernverkehr innerhalb Israels im Vergleich zu Bahn und Flugzeug die größte Rolle. Touristen können vor Ort günstige Rundreisetickets bzw. Netzkarten kaufen. Neben Bussen und Taxis verkehren auch viele „Sherut“ (Sammeltaxis) zu festgelegten Preisen.

Das **Bahnnetz** in Israel ist relativ bescheiden. Es existieren Verbindungen zwischen Tel Aviv und der nördlichen Mittelmeerküste sowie zwischen Tel Aviv und Jerusalem. Die Fahrtdauer nach Jerusalem beträgt etwa zwei Stunden; diese Strecke wird momentan ausgebaut.

Die Auswahl an **Unterkünften** aller Kategorien ist groß, vor allem in Großstädten und Touristenzentren sowie in der Nähe von Sehenswürdigkeiten, und reicht vom Luxushotels bis zum Privatzimmer. Sowohl das Qualitäts- als auch das Preisniveau liegen – gerade im Vergleich zu anderen Ländern Vorderasiens – recht hoch.

Viele internationale Hotelketten unterhalten Häuser in Israel. Eine besondere Art der Unterkunft in Israel sind die vielen Kibbuz-Hotels. Diese relativ preisgünstigen Gästehäuser der Kibbuze, die meist der 3–4-Sterne-Kategorie angehören, liegen fast immer landschaftlich reizvoll außerhalb größerer Städte. Hier kann man Einblick in das Leben einer Kibbuz-Dorfgemeinschaft gewinnen und Kontakt zu den Bewohnern knüpfen. Teilweise werden hier auch kulturelle Veranstaltungen, Rundreisen oder Ausflüge organisiert. Abgesehen davon besteht teilweise die Möglichkeit, für längere Zeit im Kibbuz zu wohnen und zu arbeiten. Weiterhin gibt es so genannte „christliche Hospize“. Dies sind einfachere Gästehäuser, die von Angehörigen christlicher Konfessionen in der Nähe von Wallfahrtsorten und biblischen Stätten betrieben werden. Die Zimmer in diesen Herbergen werden bevorzugt an Pilgerreisende, aber auch an „normale“ Urlauber vermietet. Allgemein ist für alle Quartiere eine frühzeitige Reservierung, gerade in der Sommersaison und an jüdischen Feiertagen, sehr ratsam.

Seit vielen hundert Jahren sind Israel und Jerusalem mit ihrer wechselhaften Geschichte Pilgerziele für die Angehörigen der drei Weltreligionen Judentum, Christentum und Islam, die hier ihren Ursprung bzw. heilige Stätten haben. Aufgrund der unterschiedlichen Kulturen, die in Israel vertreten waren und sind sowie der vielfältigen Besichtigungsmöglichkeiten gehört das Land zu den klassischen Rundreisezielen im Mittelmeerraum. Auch heute reisen zahlreiche Menschen in das Heilige Land, um im Rahmen von **Studienreisen** und **Wallfahrten** historisch bedeutsame Orte und biblische bzw. heilige Stätten kennen zu lernen. Die meisten Pilgerfahrten werden als Gruppenreisen unternommen. Teilweise organisieren Pfarrgemeinden oder christliche Vereine solche Touren.

Auch die landschaftlichen Schönheiten, die in über 300 Naturschutzgebieten bewahrt werden, und die natürlichen Gegebenheiten Israels ziehen Besucher an. Es werden **Wanderungen** durch die vielfältigen Landschaften Israels und Wüstentouren durch die Negev veranstaltet oder **Kuren** am Toten Meer unternommen. Das extrem salzhaltige Wasser des Sees hat eine hervorragende Heilwirkung, vor allem bei Hautkrankheiten und Allergien.

Während die israelische Mittelmeerküste bereits seit Jahrzehnten eine gute touristische Infrastruktur aufweist, hat sich in den letzten Jahren auch an den Sandstränden des Roten Meeres ein internationales, komfortables Feriengebiet entwickelt, in dem die Besucher **Badeurlaub** machen bzw. diesen an eine Kulturreise anschließen. Mit ganzjährig warmen Temperaturen eignet sich dieses Feriengebiet nicht nur für Erholungs-, sondern auch für Wassersport-, vor allem für **Tauchurlaub**. Das Rote Meer mit seinen Korallenbänken gehört zu den besten Tauch- und Schnorchelrevieren der Welt. Es gibt hier zahlreiche, renommierte Tauchschulen.

Dass Israel trotz aller westlichen Einflüsse auch ein stark orientalisch geprägtes Land ist, spürt man besonders auf den Märkten und **Basaren**, die zahlreiche Besucher anziehen. Hier kann man unter anderem Teppiche, Leder, Schmuck, Kunstgewerbe und typische Lebensmittel günstig einkaufen.

Israels Einnahmen aus dem **Tourismus** beliefen sich 2000 auf gut 3,8 Milliarden US-Dollar (international Rang 30) bei gut 2,4 Millionen internationalen Besuchern (international Rang 54). Zu den wichtigsten **Reisezielen** gehörten Jerusalem und Elat am Roten Meer.

Der Tourismus ist ein wichtiger **Wirtschaftsfaktor** und eine bedeutende Devisenquelle Israels. Ein weiterer wichtiger Wirtschaftszweig ist die Industrie (vor allem Schmuck-, Bekleidungs-, Elektronik- und Schwerindustrie). Weiterhin ist Israel weltweit führend im Diamantenhandel. Obwohl kaum 20 % der Landfläche Israels kultivierbar sind, spielt auch die Landwirtschaft, vor allem der Anbau von Zitrusfrüchten und weiteren Obstsorten, eine große Rolle. Das Bruttosozialprodukt betrug 2000 in Israel 16.710 USD pro Einwohner.

Aufgrund **politischer Probleme und Krisen** in Israel unterlag die Besucherzahl aus dem Ausland in den letzten Jahren starken Schwankungen. Zu den Konflikten, die Besucher abschreckten, gehörten Terroranschläge der PLO, der Kampf der Bevölkerung der besetzten Gebiete gegen das israelische Militär und die Golfkrise Anfang der 90er-Jahre. Nach einer Entspannung der Lage Ende der 90er-Jahre ist die Situation in Jerusalem und den Palästinensergebieten nach jüngsten gewalttätigen Auseinandersetzungen, Anschlägen und zahlreichen Selbstmordattentaten wieder sehr angespannt. Das Westjordanland und der Gazastreifen sind abgesperrt. Von Reisen in diese Gebiete wird vom Auswärtigen Amt daher dringend abgeraten. Besuche verschiedener touristisch interessanter Stätten sind derzeit kaum möglich. Obwohl Reisen nach Israel ansonsten grundsätzlich möglich erscheinen, wird Touristen dringend geraten, sich eingehend über die aktuelle Sicherheitslage zu informieren und vor Ort der Sicherheitslage angemessene Verhaltensregeln genau zu beachten. Mit Anschlägen muss – vor allem in Tel Aviv, Jerusalem und an den Grenzen zu den Palästinensergebieten – jederzeit gerechnet werden.

1.7.1 MITTELMEERKÜSTE

Die Länge der israelischen Mittelmeerküste beträgt knapp 200 Kilometer. Ihr Mittelpunkt ist – nicht nur in geographischer Hinsicht – das direkt am Meer gelegene Tel Aviv, die zweitgrößte Stadt und das wirtschaftliche sowie kulturelle Zentrum des Landes. Neben schönen, hellen Sandstränden, die den Beinamen „Goldküste“ tragen und eine gute touristische Infrastruktur aufweisen, liegen an der Mittelmeerküste bedeutende Hafenstädte. Diese spielten bereits in der Antike eine große Rolle, weshalb die Küste und ihr Hinterland auch viel Geschichte und Kultur zu bieten haben.

TEL AVIV

Tel Aviv wurde erst zu Beginn des 20. Jh. von jüdischen Immigranten gegründet und wuchs im Laufe der folgenden Zeit schnell und stark an. Im Großraum der Stadt leben heute über 1,5 Millionen Menschen. Die moderne Stadt ist bekannt für ihre Weltoffenheit, Liberalität und Lebensfreude. Hier gibt es mehr Diskotheken, Bars, Unterhaltungsmöglichkeiten und kulturelle Einrichtungen als irgendwo sonst in Israel. Auch als „Badeort“ ist Tel Aviv mit breiten, im Sommer stark bevölkerten Stränden sehr beliebt.

Das Stadtbild ist geprägt von zahlreichen Hochhäusern (darunter viele internationale Hotels), die die **Küstenpromenade** und ihre Umgebung säumen und Tel Avivs „**Skyline**“ bilden. Einen beliebten Aussichtspunkt auf die nähere und weitere Umgebung bildet der **Shalom Tower**, das mit 140 Metern höchste Gebäude der Stadt. Zu den wichtigsten Sehenswürdigkeiten Tel Avivs gehören die **Hauptsynagoge**, der zentrale **Dizengoff-Platz** und verschiedene Märkte, darunter der orientalische **Karmelmarkt**. Tel Aviv ist mittlerweile mit der alten, arabisch geprägten Stadt **Jaffa** zusammengewachsen, die sich mit einer orientalischen Altstadt, guten Einkaufsmöglichkeiten und Restaurants großer touristischer Beliebtheit erfreut. Sehenswert sind hier Moscheen, ein Kloster aus dem 17. Jh. und Museen. Von Tel Aviv aus kann man sehr gut Tagesausflüge an die Strände der Umgebung sowie zu historisch bedeutsamen Stätten und Ortschaften unternehmen, darunter die frühere palästinensische Hauptstadt Ramla.

SÜDLICHE MITTELMEERKÜSTE / NEGEV

Die südliche Mittelmeerküste Israels umfasst den Bereich von Tel Aviv bis zum Gaza-Streifen (etwa 60 Kilometer). An diesem Küstenabschnitt gibt es sowohl zahlreiche junge, erst im 20. Jh. entstandene Orte als auch bedeutende antike Stätten.

Die wichtigsten Städte hier sind Ashdod und Ashqelon, nur 20 Kilometer voneinander entfernte, bedeutende Hafen- und Industriestädte. **Ashdod** bietet den wichtigsten Kreuzfahrthafen Israels und schöne Strände und entwickelt sich allmählich auch zu einem touristischen Badeort. Nördlich der heutigen Stadt liegen die Reste des antiken Ashdod, einer biblischen Philisterstadt. Auch zu **Ashqelon** gehören schöne Strände und eine antike Stadt. Hier kann man in einem Nationalpark im Süden der Stadt ein Ausgrabungsgelände mit Ruinen aus drei Jahrtausenden besichtigen.

Von Ashdod und Ashqelon werden häufig Abstecher ins nahe **Gaza**, der Hauptstadt des etwa 40 Kilometer langen, 10 Kilometer breiten Gaza-Streifens unternommen. Vor dem Ausflug ist eine eingehende Information über die aktuelle Sicherheitslage ratsam. Obwohl in Gaza kaum historische Besichtigungsmöglichkeiten bestehen, ist der Abstecher, auf dem man einen Eindruck vom Leben in den Palästinensergebieten gewinnen kann, sehr interessant.

Im südöstlichen Hinterland der Mittelmeerküste erstreckt sich in Richtung Rotes Meer die Wüste Negev, die verschiedene Besichtigungsmöglichkeiten bietet. Dazu gehören die Stadt **Beer Sheva** mit einem großen Beduinenmarkt, die alten nabatäischen Städte **Avdat** und **Shivta** sowie der spektakuläre Erosionskrater **Makthesh Ramon** (40 Kilometer lang und 300 Meter tief).

NÖRDLICHE MITTELMEERKÜSTE / GALILÄA

Die nördliche Mittelmeerküste Israels, die von Tel Aviv bis zur libanesischen Grenze reicht, umfasst etwa 150 Kilometer und ist das am dichtesten besiedelte Gebiet des Landes. Das Hinterland der Küste bilden fruchtbare Ebenen, in denen viel Landwirtschaft betrieben wird. Parallel zur Küste mit schönen Stränden und lebhaften Badeorten verläuft eine Schnellstraße.

15 bis 20 Kilometer nördlich von Tel Aviv liegen die Strände von **Herzliya** und **Netanya**, die sowohl bei Touristen als auch bei den Einwohnern von Tel Aviv sehr beliebt sind. Beide Städte haben über 100.000 Einwohner. Besonders Netanya, der größte Badeort am Mittelmeer, hat eine gute touristische Infrastruktur mit vielen Hotels, Restaurants, Unterhaltungs- und Sportmöglichkeiten.

Der kulturelle Höhepunkt dieses Küstenabschnitts ist die etwa 15 Kilometer von Netanya entfernte Ausgrabungsstätte des im 4. Jh. v. Chr. gegründeten **Caesarea**, der römischen Provinzhauptstadt Palästinas. Die am besten erhaltenen Reste aus römischer Zeit sind Theater und Aquädukt. Es gibt auch ein Areal aus der Zeit der Kreuzfahrer, die hier im 12. Jh. eine Kathedrale für eine Reliquie bauten, von der man annahm, sie sei der heilige Gral. Von der Kirche und den mächtigen Stadtmauern dieser Zeit sind Reste erhalten. Eine weitere Attraktion Caesareas ist der versunkene antike Hafen, den Taucher als ein „Unterwassermuseum" besichtigen können. In der Nähe der Ausgrabungsstätte liegt ein Villenviertel mit Hotels und dem einzigen Golfplatz Israels.

Die größte Stadt dieses Küstenabschnitts und die drittgrößte Stadt Israels ist das von Tel Aviv knapp 100 Kilometer entfernte, recht europäisch wirkende **Haifa** (rund 250.000 Einwohner) mit dem wichtigsten Hafen des Landes. Haifa, das auf eine Gründung aus dem 10. Jh. v. Chr. zurückgeht, erstreckt sich malerisch zu Füßen und an den Hängen des Karmel, eines etwa 35 Kilometer langen, fast 600 Meter hohen Kalkgebirges. Deshalb wurden viele Wege über Treppen angelegt. Touristen nutzen häufig über diese Treppen führende Spazierwege, die phantastische Ausblicke auf die Stadt und die gleichnamige Bucht bieten. Sehenswürdigkeiten Haifas sind der Tempel der Religionsgemeinschaft Baha'i (deren Zentrum Haifa ist), ein Karmeliterkloster und verschiedene Museen. In Haifa gibt es viele Hotels, Restaurants, Einkaufs- und Unterhaltungsmöglichkeiten.

25 Kilometer nördlich befindet sich mit **Akko** ein weiterer geschichtsträchtiger Ort, der mit seiner Altstadt und Basaren arabisch geprägt ist. Da Akko die Hauptstadt der Kreuzritter in Palästina war, ist die wichtigste Sehenswürdigkeit hier die imposante, unterirdische Kreuzritterstadt mit Hallen und Sälen, über die eine osmanische Zitadelle gebaut wurde. Interessant sind auch eine Moschee aus dem 18. Jh., in der Barthaare des Propheten Mohammed aufbewahrt werden, und eine kunstvoll gestaltete Säulenkarawanserei. Nördlich von Akko liegt der 70 Meter hohe Kreidefelsen **Ros Haniqra** (vom Gipfel hervorragende Aussicht), der die Grenze zum Libanon bildet. Dazwischen befinden sich weitere Orte mit Ritterburgen und der Badeort **Nahariya** mit schönen Sandstränden.

Im Hinterland der nördlichen Mittelmeerküste liegt die Mittelgebirgslandschaft Galiläa. Hier wird häufig das stark arabisch geprägte **Nazareth** besucht. Dieser Ort, an dem Jesus aufwuchs, ist mit der Verkündigungskirche, die an der Stelle errichtet wurde, wo Maria die bevorstehende Geburt Jesu verkündet worden sein soll, ein wichtiges Pilgerziel. Unweit liegt der **See Genezareth**, wo Jesus lange gelebt hat. Die größte hier gelegene Stadt ist das römische **Tiberias** mit Thermalquellen. Der See Genezareth ist touristisch gut erschlossen mit Hotels, Sportmöglichkeiten und Kureinrichtungen. In der Umgebung des Sees liegen ein Nationalpark und Naturschutzgebiete.

1.7.2 JERUSALEM

Die mitten im Land, gut 800 Meter hoch im **Judäischen Bergland** gelegene israelische **Hauptstadt** geht auf eine Gründung aus dem 3. Jhtsd. v. Chr. zurück. Ihre eigentliche Geschichte begann 1000 v. Chr., als der erste israelische König David die Stadt einnahm und zum politischen und religiösen Zentrum des jüdischen Volkes machte. Im Laufe der bewegten Geschichte mit zahlreichen Kriegen und Zerstörungen wurde Jerusalem zur **heiligen Stadt für Judentum, Christenheit und Islam**. Heilige Stätten dieser drei Weltreligionen liegen noch heute innerhalb der Altstadtmauern nahe beieinander und werden von zahlreichen Gläubigen und Pilgern besucht. Außerdem gibt es in Jerusalem über 1.000 Synagogen, mehr als 130 Kirchen und Klöster und über 60 Moscheen. Nach der Staatsgründung 1948 konnte Israel die Stadt nicht vollständig für sich erobern. Fast 20 Jahre lang war Jerusalem geteilt: **Westjerusalem** mit neueren Wohn- und Geschäftsvierteln gehörte zu Israel, **Ostjerusalem** mit der Altstadt zu Jordanien. 1967 annektierte Israel Ostjerusalem und machte die Stadt zur „ewigen Hauptstadt Israels". Da diese Annexion jedoch völkerrechtlich umstritten ist, befinden sich die meisten Botschaften in Tel Aviv. Heute markieren keine Punkte mehr die „Grenze" zwischen West- und Ostjerusalem, der Status der Stadt ist jedoch eine der Schlüsselfragen im Nahostkonflikt. Da die Sicherheitslage hier sehr gespannt ist, wird zu besonderer Vorsicht geraten; eine Besichtigung der Altstadt sollte mit ortskundiger Führung erfolgen, freitags sowie an islamischen und jüdischen Feiertagen wird von Altstadtbesuchen ganz abgeraten.

SEHENSWÜRDIGKEITEN

Der alte Kern Jerusalems mit dem Berg Morijah und heiligen jüdischen, christlichen und moslemischen Stätten umfasst etwa einen Quadratkilometer und wurde von den Osmanen im 16. Jh. von einer mächtigen, vier Kilometer langen, 12 Meter hohen Stadtmauer umgeben. Auf Teilen der Mauer kann man spazierengehen und schöne Ausblicke auf die Stadt genießen. Durch sieben Stadttore gelangt man in die verwinkelten Gassen der von einem bunten Völkergemisch geprägten Altstadt. Die Besichtigung erfolgt zu Fuß. Gemäß der Religionszugehörigkeit ihrer Bewohner ist die Altstadt in vier Stadtviertel unterteilt: Muslimisches Viertel (im Nordosten), Jüdisches Viertel (im Südosten), Armenisches Viertel (im Südwesten) und Christliches Viertel (im Nordwesten). Die wichtigsten Sehenswürdigkeiten Jerusalems konzentrieren sich auf die Altstadt. Bereits ab dem 19. Jh. begann Jerusalem, sich über die Stadtmauern hinaus auszudehnen. Im Westen entstand die Neustadt, in fast allen Richtungen wuchsen moderne Wohnviertel. Aufgrund eines Erlasses aus osmanischer Zeit müssen alle Häuser in Jerusalem aus hellem Natursandstein bestehen oder zumindest damit verkleidet sein, was heute noch das Stadtbild entscheidend prägt.

MOSLEMISCHES VIERTEL

Durch das größte und prächtigste Stadttor, das **Damaskustor**, gelangt man ins lebhafte moslemische Viertel mit einem traditionsreichen **Basar**. Die wichtigste Sehenswürdigkeit hier ist der als **Tempelberg** bezeichnete Felsen Morijah. Er spielte bereits im Alten Testament eine Rolle: Hier sollte Abraham seinen Sohn Isaak opfern, hier gründete 960 v. Chr. der jüdische König Salomo den Tempel für die Bundeslade (Schrein, in dem sich Originale der Thora befunden haben sollen), das Zentrum jüdischen Glaubens. Nachdem dieser erste Tempel im 6. Jh. v. Chr. zerstört worden war, baute man ihn an gleicher Stelle wieder auf. Nach knapp 500 Jahren wurde auch dieser Tempel zerschlagen. König Herodes erweiterte den Tempelberg und errichtete kurz vor der Zeitenwende einen zweiten, kostbaren Tempel, der 70 n. Chr. von den Römern endgültig zerstört wurde. Nach der Einnahme der Stadt durch die Araber im 7. Jh. wurde der Tempelberg zum heiligen Bezirk des Islam, weil hier der Prophet Mohammed seine Himmelsreise angetreten haben soll.

Bald wurden auf dem Tempelberg zwei bedeutende Moscheen errichtet. Eine davon ist der **Felsendom**, der heute mit einer sich über dem Felsen wölbenden, goldenen Kuppel (Durchmesser 26 Meter) und blauen Kacheln das Wahrzeichen Jerusalems darstellt. Später folgte die **Al-Aqsa-Moschee**, die größte Moschee Jerusalems. Der prächtige Felsendom – in dem ein Reliquienschrein mit einem Barthaar des Propheten aufbewahrt wird und wo ein Fußabdruck Mohammeds zu sehen ist – ist nach Mekka und Medina in Saudi-Arabien die heiligste Stätte des Islam. Öffentliche Gottesdienste werden in der imposanten Al-Aqsa-Moschee, die 5.000 Menschen fassen kann, abgehalten. Auf dem Tempelberg befindet sich auch das **Islamische Museum**.

JÜDISCHES VIERTEL

Der Tempelberg grenzt auf der südwestlichen Seite an das jüdische Viertel, das 1948 zerstört und ab 1967 wieder aufgebaut wurde. Heute erhalten hier nur Juden Wohnrecht. Die hier gelegene, aus der Zeit des Königs Herodes stammende Stützmauer des Tempelberges ist der letzte Überrest des Tempels. Sie gilt heute als heiligste Stätte des Judentums und wird als **Klagemauer** bezeichnet. Der Name des ursprünglich 500 Meter langen und 20 Meter hohen Mauerabschnitts soll dadurch entstanden sein, dass die Juden 70 n. Chr. hier die Zerstörung ihres Tempels beklagten. Eine andere Theorie besagt, dass der Name auf die hier laut vorgetragenen Gebete der Juden zurückgeht. Der 1967 angelegte, weite Vorplatz der Klagemauer, deren Zugänglichkeit von 48 auf 170 Meter erweitert wurde, gilt heute als Synagoge. Zwischen den großen Quadern der Klagemauer stecken zahlreiche kleine Zettel, „Bittbriefe“ von jüdischen Gläubigen an Gott. Neben **Museen** und zahlreichen **Synagogen** sind im Jüdischen Viertel auch der **Archäologische Park** und der **Cardo** besonders sehenswert. Der Cardo ist eine mehrere Meter unter dem heutigen Straßenniveau gelegene, von Kolonnaden gesäumte Prachtstraße aus römischer Zeit.

ARMENISCHES VIERTEL

Im Westen schließt sich an das Jüdische Viertel das ruhige armenische Viertel an, in dem es keine Geschäfte und Restaurants gibt. Die meisten der etwa 2.000 christlichen Armenier wohnen in einem großen Klosterkomplex. Der Zugang zu diesem Viertel erfolgt durch das **Zionstor** oder durch das **Jaffator**, das die Altstadt mit der Neustadt verbindet. Neben dem Jaffator liegt die **Davidszitadelle**, auch als „Palast des Herodes“ bekannt. Die zerstörte Festung wurde von den Osmanen im 16. Jh. wieder aufgebaut und dient heute als **Stadtgeschichtliches Museum**. Sehenswert sind im Armenischen Viertel auch verschiedene Kirchen und Klöster, darunter die **Jakobuskirche** (die Patriarchatskirche aus dem 12. Jh. n. Chr.), und das **Armenische Museum**.

CHRISTLICHES VIERTEL

Nördlich des Armenischen Viertels und des Jaffators liegt das christliche Viertel. Am bedeutendsten unter den zahlreichen hier gelegenen Kirchen und Klöstern ist die **Grabeskirche**, die zu den wichtigsten Stätten der Christenheit gehört. Im 4. Jh. wurde diese Kirche über dem Berg Golgatha, dem Ort, an dem Kreuzigung, Grablegung und Auferstehung Jesu stattgefunden haben sollen, errichtet. Im Laufe der folgenden Jahrhunderte wurde sie mehrfach zerstört und wieder aufgebaut. Die verschachtelte Grabeskirche besteht aus zahlreichen Kapellen, die von den verschiedenen christlichen Konfessionen, die in den vergangenen Jahrhunderten um Anteile in dieser Kirche kämpften, geprägt sind. Seit 1852 „gehört“ der Hauptteil der Kirche mit der Grabeskapelle und dem Grab Jesu den Griechisch-Orthodoxen, Katholiken und Armeniern, während Kopten, Äthiopier und Syrisch-Orthodoxe nur abgeteilte Einzelbereiche besitzen. Da auch andere christliche Konfessionen ihre Kirchen nahe an die Grabstätte Jesu bauten, liegen in der Umgebung der Grabeskirche zahlreiche weitere Gotteshäuser, darunter die protestantische **Erlöserkirche**, die 1898 vom deutschen Kaiser eingeweiht wurde.

Durch das moslemische und das christliche Viertel verläuft die **Via Dolorosa**, der Leidensweg, den Christus mit dem Kreuz gehen musste. Sie führt vom östlichen **Löwentor** und der **St. Anna-Kirche** aus dem 12. Jh. zur Grabeskirche. Jeden Freitag – besonders spektakulär am Karfreitag – finden auf diesem Weg Prozessionen statt. Auch im Christenviertel gibt es sehr sehenswerte **Museen**.

ÖLBERG / BERG ZION

Einen sehr schönen Blick auf Jerusalem hat man vom östlich der Altstadt gelegenen, etwa 800 Meter hohen ÖLBERG (etwa 100 Meter höher als die Altstadt). Auf den Berg führt ein Spaziergang vorbei an zahlreichen Kirchen, darunter die **Grabeskirche der Maria**, und durch den **Garten Gethsemane**, in dem Jesus am Tag vor seiner Kreuzigung gefangengenommen wurde. Juden und Moslems gilt der Ölberg als Ort des Jüngsten Gerichts, weshalb im Kidrontal unterhalb des Berges große Friedhöfe liegen, darunter ein alter **Jüdischer Friedhof** mit imposanten Grabmonumenten.

Vom Ölberg gelangt man über das Kidrontal zum südlich der Altstadt gelegenen Berg ZION mit dem **Grab König Davids**. Das Gebäude, in dem sich das Grab befindet, beherbergt auch eine kleine **Holocaust-Gedenkstätte** und den **Abendmahlsaal**, in dem das letzte Abendmahl Jesu und seiner Jünger stattgefunden haben soll. Mittelpunkt des Zionberges ist die an dem Platz, wo die Muttergottes gestorben sein soll, erbaute **Dormitiokirche**.

NEUSTADT / ÜBRIGES STADTGEBIET

Westlich und nordwestlich der Altstadt schließt sich die ausgedehnte NEUSTADT Jerusalems mit Parks, Museen, modernen Einkaufsstraßen und vielen Sehenswürdigkeiten an. Im Gegensatz zu den bisher beschriebenen Vierteln, die leicht zu Fuß erkundet werden können, ist es aufgrund größerer Entfernungen hier teilweise ratsam, Busse oder Taxis zu nutzen. In der Neustadt spielt sich weitgehend das Nachtleben Jerusalems ab. Hier liegen auch die meisten Hotels.

Das Zentrum der Neustadt bilden die Fußgängerzone **Ben-Yehuda-Straße** und das sich südlich anschließende Stadtviertel. Hier liegt das **YMCA-Gebäude** aus den 20er-Jahren mit einem fast 50 Meter hohen Aussichtsturm. Die meisten Sehenswürdigkeiten der Neustadt stammen aus der Zeit nach der Staatsgründung Israels. Dazu gehören das Regierungsviertel mit dem israelischen Parlament **Knesset** und die davor stehende, fünf Meter hohe Menora (siebenarmiger Leuchter, Symbol Israels), die große **Hebräische Universität** und das **Israel-Museum**. Dieses Archäologie- und Kunstmuseum ist das bedeutendste des Landes. Seine große Attraktion ist der Kuppelbau „Schrein des Buches“, in dem die Schriftrollen von Qumran aufbewahrt werden; diese Schriftrollen mit den ältesten je gefundenen handschriftlichen Bibeltexten wurden 1947 am Toten Meer entdeckt. Wohl aus dem 4. Jh. n. Chr. stammt das benachbarte **Kreuzkloster** am Standort des Baumes, von dem das Holz für das Kreuz Christi stammen soll.

Die Sehenswürdigkeiten erstrecken sich um den **Herzlberg**, den höchsten Punkt Jerusalems, auf dem jüdische Politiker bestattet sind. In der Nähe befindet sich das Mahnmal **Yad Vashem**, die nationale israelische Gedenkstätte, die an die Vernichtung von sechs Millionen Juden in Deutschland und Europa während des Hitler-Regimes erinnert. Das Zentrum der beeindruckenden Stätte bildet die düstere Gedenkhalle, in deren Beton die Namen großer Vernichtungslager verewigt sind. Zur Gedenkstätte gehören ein Dokumentationszentrum und eine Kunstausstellung.

Weitere Sehenswürdigkeiten verteilen sich über das ÜBRIGE STADTGEBIET. Besonders erwähnenswert sind **Mea Shearim** (das Viertel der ultraorthodoxen Juden), das **Modell des antiken Jerusalems** (hier wurde im Maßstab 1 : 50 die Stadt des 1. Jh. n. Chr. rekonstruiert), die Synagoge des **Hadassah-Medizinzentrums** mit zwölf von Marc Chagall bemalten Glasfenstern (die die zwölf Stämme Israels symbolisieren) und das archäologische **Rockefeller-Museum**.

AUSFLÜGE

Die zentrale Lage macht Jerusalem zum idealen Ausgangspunkt für Ausflüge ins ganze Land, vor allem natürlich in die nähere Umgebung. Die genannten Ausflugsziele sind häufig auch Stationen auf Rundreisen durch das Heilige Land. Da einige der Ziele im Westjordanland liegen, können Fahrten dorthin aufgrund politischer Konflikte nur bedingt oder gar nicht möglich sein. Offizielle Grenzen zwischen Israel und dem Westjordanland, für das auch die biblischen Namen Samaria (nördlich Jerusalems) und Judäa (südlich Jerusalems) verwendet werden, gibt es nicht.

BETHLEHEM

Ein häufig besuchtes Ziel ist Bethlehem (zehn Kilometer südlich), der Geburtsort Jesu und eine der heiligsten Stätten der Christenheit. Heute ist Bethlehem eine Stadt mit fast 50.000 Einwohnern, vorwiegend Araber, und schöner **Altstadt**. An der Stelle, wo die Krippe Jesu gestanden haben soll, liegt die im 4. Jh. n. Chr. gegründete **Geburtskirche**. Den Geburtsort markiert ein silberner Stern auf dem Boden. Auch hier streiten verschiedene Konfessionen um Anteile an der Kirche; das Hausrecht hat die griechisch-orthodoxe Kirche. Die Katholiken feiern hier jedes Jahr an Heiligabend einen Gottesdienst, zu dem man eine spezielle Einladung braucht. Viele Pilger besuchen auch die nahe **Milchgrotte**, in der ein von Maria beim Stillen verlorener Tropfen einen Felsen weiß gefärbt haben soll. Außerhalb Bethlehems kann man das **Hirtenfeld** besichtigen, von dem die Hirten am Heiligabend nach Bethlehem aufbrachen, um das Jesuskind anzubeten; auch hier liegen Kirchen.

HEBRON

Weitere 25 Kilometer südlich liegt Hebron, mit etwa 130.000 Einwohnern – ebenfalls meist Araber – die größte Stadt des Westjordanlandes. Seit Jahren kommt es in Hebron immer wieder zu gewalttätigen Zusammenstößen zwischen Palästinensern und militanten jüdischen Siedlern, die oberhalb Hebrons eine Stadt gegründet haben. Die große Attraktion Hebrons ist die Höhle Machpela. Diese Höhle erwarb Abraham, der Stammvater des jüdischen Volkes, als **Grabhöhle** für sich und seine Familie. Die Ruhestätte der Patriarchen Abraham, Isaak und Jakob ist eine heilige Stätte für Juden und Moslems. König Herodes ließ über der Grabhöhle das mächtige Bauwerk **Haram el Khalil** errichten, dessen Mauern noch heute weitgehend erhalten sind. In byzantinischer Zeit wurde hier eine Kirche errichtet, die die Araber als Moschee übernahmen. Diese ist heute geteilt und dient halb als Moschee, halb als Synagoge. Da die Grabhöhle selbst nicht zugänglich ist, wurden Mausoleen für die Patriarchen und ihre Frauen im Hof des Haram el Khalil errichtet.

JERICHO

Die etwa 10.000 Jahre alte Stadt Jericho ist die erste Stadt der israelisch besetzten Gebiete, der Autonomie gewährt wurde. Das 35 Kilometer nordöstlich von Jerusalem, nahe der jordanischen Grenze gelegene Jericho steht unter palästinensischer Verwaltung und gilt als Hauptstadt des entstehenden Palästinenserstaates. Außerhalb der Stadt, die häufig zerstört und wiederaufgebaut wurde, liegen Ruinen aus verschiedenen Epochen: **Tel Jericho** mit 9.000 Jahre alten Resten einer Stadtmauer, der **Hasmonäerpalast** aus dem 1. Jh. v. Chr., eine **Synagoge** aus byzantinischer Zeit und der **Hischam-Palast**, ein arabisches Wüstenschloss aus dem 8. Jh. n. Chr. In der Bibel wurde Jericho im Zusammenhang mit den Posaunen der Israelis, die seine Stadtmauern zum Einstürzen brachten, erwähnt. Beliebt sind Wanderungen durch die nahe Schlucht **Wadi-Qelt**.

1.7.3 TOTES MEER

Das fast 80 Kilometer lange und bis zu 18 Kilometer breite Tote Meer ist der tiefstgelegene Binnensee und mit fast 400 Metern die **tiefste Stelle der Erdoberfläche**. Die Entfernung von Jerusalem zum nördlichen Teil des Toten Meeres beträgt nur 30 Kilometer, sodass auch hierher bequem Tagesausflüge unternommen werden können. Der Höhenunterschied zwischen der Hauptstadt und dem Toten Meer beträgt etwa 1.200 Meter. Durch das Tote Meer, dessen nördlicher israelischer Teil im Westjordanland liegt, verläuft die Grenze zu **Jordanien**. Die zu Jordanien gehörende **Halbinsel Lashon** teilt das etwa 940 qkm große, abflusslose Tote Meer in das größere **Nordbecken**, das eine Tiefe von bis zu 400 Metern erreicht, und das kleinere **Südbecken**, das maximal zehn Meter tief ist. Der mit etwa 30 % extrem hohe **Salzgehalt** des Toten Meeres – es stellt das salz- und mineralhaltigste Gewässer der Erde dar – bewirkt, dass im Wasser weder Pflanzen noch Tiere leben können und dass die Gegend um das Meer das sauerstoffreichste Gebiet der Erde ist. Wegen des hohen Salzgehalts des Toten Meeres kann man beim Schwimmen in dem warmen, ölig wirkenden Wasser nicht untergehen. Nach dem Baden ist ausgiebiges Duschen ratsam. Ein ökologisches Problem des Toten Meeres ist der stark sinkende Wasserspiegel. Grund hierfür sind extreme Verdunstung und der geringer gewordene Zufluss durch den im Toten Meer mündenden **Jordan**, dessen Wasser verstärkt zur Trinkwasserversorgung verwendet wird.

Das Tote Meer zieht durch verschiedene Attraktionen zahlreiche Besucher an. Neben der beeindruckenden **Landschaft** mit Salzsteinformationen und Wüsten gibt es viele **historisch und biblisch bedeutsame Orte**.

Vor allem aber hat sich das Tote Meer zum gefragten Ziel für Kuraufenthalte entwickelt. Die Salze, Thermalquellen und Mineralien, die im Meerwasser enthalten sind (vor allem Magnesium, Kalium, Jod und Brom), das trocken-heiße Wüstenklima und die pollenarme Luft haben hervorragende **Heilwirkungen**. Speziell bei Hautkrankheiten, Rheuma und Arthrose werden hier sehr gute Heilerfolge erzielt. Es gibt jedoch auch Krankheiten – dazu gehören Herz- und Kreislaufleiden – bei denen vom Aufenthalt am Toten Meer abgeraten wird. Zu den hier durchgeführten Therapien gehören Badekuren, Thalasso- und Schlammkuren und Sonnentherapie; die schädlichen UVB-Strahlen der Sonne sind hier relativ schwach. Deutsche Krankenkassen beteiligen sich häufig an den Kosten für eine Kur am Toten Meer. In den Kurorten sind viele, oft sehr hochwertige Hotels mit entsprechenden Kureinrichtungen und Kliniken vorhanden. Einige Hotels bieten mittlerweile neben Kur- auch Wellnessaufenthalte an, die Schönheits- und Antistressprogramme umfassen. Für einen „normalen" Badeaufenthalt sind die Strände des Toten Meeres aufgrund der eingeschränkten Schwimmmöglichkeiten und des relativ geringen Unterhaltungsangebots weniger geeignet.

QUMRAN

Am Nordwestufer des Toten Meeres, etwa 20 Kilometer südlich von Jericho, liegt die Ausgrabungsstätte Qumran. Der Ort gelangte Mitte des 20. Jh. zu Berühmtheit, als Beduinen in einer Höhle zufällig Tonkrüge mit Schriftrollen entdeckten. Nachdem man festgestellt hatte, dass es sich um über 2000 Jahre alte Bibeltexte handelte (die heute im Israel-Museum in Jerusalem ausgestellt sind), wurde in Qumran mit Ausgrabungen begonnen. Man fand eine etwa 500 qm große, klosterähnliche Anlage der jüdischen Sekte der Essener, in der die Schriftrollen vermutlich verfasst wurden. Um die Schriften vor den Römern, die die Siedlung der Essener 68 n. Chr. zerstörten, zu schützen, waren sie in einer nahen Klippe mit unüberschaubarem Höhlensystem versteckt worden. Nach dem ersten Fund wurden hier zahlreiche weitere Handschriften entdeckt.

EN GEDI

Etwa 40 Kilometer südlich von Qumran liegt En Gedi, bereits zu biblischen Zeiten eine Oase, die heute mit üppiger Vegetation, Höhlen und Wasserfällen einen Naturpark bildet. Das an ein Kibbuz grenzende „En Gedi Land" bietet ein Resorthotel mit Kureinrichtungen, ein Feriendorf, ein Tagungszentrum, einen botanischen und einen zoologischen Garten. En Gedi eignet sich gut als Ausgangspunkt für Wanderungen und Wüstensafaris. Nördlich liegt eine Ausgrabungsstätte von Siedlungsschichten aus der Zeit zwischen dem 7. Jh. v. Chr. und dem 5. Jh. n. Chr.

MASSADA

13 Kilometer südlich von En Gedi liegt auf einem breiten Felsplateau, direkt am Ufer des Toten Meeres, die mächtige Festung Massada. Diese von König Herodes errichtete Burg diente nach der Zerstörung Jerusalems durch die Römer als letzter Zufluchtsort für etwa 1.000 Juden. 73 n. Chr. wurde Massada ebenfalls eingenommen; die Juden hatten zuvor Selbstmord begangen. Nach der Ausgrabung der Festung im 19. Jh. ist Massada heute für die Juden ein Symbol der Freiheit und für beharrlichen Widerstand gegenüber Feinden. Auf das Felsplateau gelangt man zu Fuß oder per Seilbahn. Bei einem Rundgang durch die Ausgrabungsstätte sieht man Paläste, Thermen, eine der ältesten Synagogen der Welt und eine byzantinische Kirche aus dem 5. Jh. n. Chr. Über die Geschichte Massadas informiert im Sommer eine Sound-and-Light-Show im Amphitheater.

EIN BOKEK / NEVE ZOHAR / ARAD

Hinter Massada schiebt sich die Halbinsel ins Tote Meer, die Nord- und Südbecken trennt. Bereits am Südbecken, etwa 15 Kilometer entfernt von Massada, liegt mit EIN BOKEK (En Boqeq) der wichtigste Kurort des Toten Meeres, dessen Unterkünfte und Kureinrichtungen häufig in den Katalogen deutscher Reiseveranstalter zu finden sind. Der Ort besteht fast ausschließlich aus großen, sehr modernen Hotelanlagen, die den Strand vor der Kulisse der wüstenhaften Umgebung säumen. Die meisten Hotels sind sehr hochwertig und gehören großen, internationalen Ketten an. Hier kann man die verschiedensten Kur- und Wellnessprogramme bereits vorab buchen.

Knapp zehn Kilometer weiter liegt an der Südspitze des Toten Meeres mit NEVE ZOHAR ein weiterer aufstrebender Kur- und Badeort mit modernen Schwefelthermen. Hier informiert ein Museum über das Tote Meer.

Die beiden Orte sind von Jerusalem etwa 100 Kilometer, vom internationalen Flughafen von Tel Aviv etwa 150 Kilometer entfernt. Nur wenige Kilometer sind es bis zur modernen Stadt ARAD, einem Luftkurort, der 1.000 Meter höher als das Tote Meer liegt und meist um einiges kühler ist. In der Nähe kann man Ausgrabungen einer 3000 Jahre alten Königsstadt besichtigen.

SODOM

Im äußersten Süden des Toten Meeres lag wohl der biblische Ort Sodom, der wie Gomorra um 1800 v. Chr. wegen der Lasterhaftigkeit seiner Bewohner von Gott vernichtet worden sein soll. Beide Städte können bis heute nicht genau lokalisiert werden. Hier erstrecken sich auf einer Länge von 10 Kilometern die Salzberge von Sodom. Durch das Salz haben sich hier Höhlen und Säulen gebildet. Eine der Salzsäulen ist einer menschlichen Gestalt ähnlich und trägt den Namen „Lots Weib". Die Bibel besagt, dass Lot, ein Neffe Abrahams, mit seiner Familie aus Sodom fliehen durfte, es ihnen jedoch verboten war, sich umzudrehen; Lots Frau, die das Verbot missachtete, erstarrte daraufhin zu dieser angeblich noch sichtbaren Salzsäule. Das heutige Sodom (Sedom) bildet die Industrieanlage Dead Sea Works, in der Salz und weitere Mineralien gewonnen werden.

1.7.4 ROTES MEER

Israels zwischen der ägyptischen Halbinsel Sinai im Westen und Jordanien im Osten gelegene schmale Küstenlinie am **Golf von Aqaba**, einem Nebenmeer des Roten Meeres, beträgt nur gut zehn Kilometer. Hier liegt, umgeben von den Bergen der Wüste **Negev**, mit **Elat** (Eilath) die südlichste und sonnigste Stadt Israels. Die Entfernung von Elat nach Tel Aviv beträgt knapp 400 Kilometer, nach Jerusalem 300 Kilometer und zu den Kurorten des Toten Meeres 200 Kilometer. Somit ist Elat als Ziel für einen Anschlussaufenthalt aus allen Teilen des Landes gut erreichbar. Außerdem gibt es einen Flughafen (ETH), in dem auch Charterflüge aus Deutschland landen.

Elat ist mit warmem Klima, hellen Sandstränden und hervorragender touristischer Infrastruktur ganzjährig als Ziel für einen erholsamen **Badeaufenthalt** geeignet und zieht – wie viele Orte am Roten Meer – aufgrund seiner phantastischen Unterwasserwelt viele **Tauchsportler** an. Anfängern stehen zahlreiche Tauchschulen zur Verfügung. Eine Abwechslung vom Strandleben stellen interessante **Ausflugsmöglichkeiten** in die nähere und weitere Umgebung dar.

Obwohl man in der Gegend um Elat keine Altertümer mehr besichtigen kann, weist die Region zusammen mit der wenige Kilometer entfernten, jordanischen Stadt **Aqaba** eine lange Geschichte als bedeutende Hafenstadt auf. Hier unterhielt bereits König Salomo eine große Flotte. Das heutige Elat entstand Mitte des 20. Jh. und wuchs innerhalb der letzten Jahrzehnte zur modernen Stadt mit fast 50.000 Einwohnern an, die durch den Tourismus und ihren Überseehafen zu Bedeutung gelangte. Es besteht die Absicht, die jordanische, israelische und ägyptische Küste des Golfes von Aqaba zu einem großen, grenzübergreifenden Urlaubszentrum zu machen. Schon heute hat sich das Feriengebiet über die ägyptische Grenze bis nach **Taba** ausgedehnt.

ELAT

Das **Zentrum** Elats mit Geschäfts- und Wohnvierteln ist an einen Berg gebaut. Die großen, oft klotzig gebauten Hotels, die teilweise auch internationalen Ketten angehören, liegen fast alle am beliebten Sandstrand südöstlich des Zentrums, dem so genannten **North Beach**. Hier gibt es einen Jachthafen, eine Strandpromenade, Restaurants, zahlreiche Einkaufsmöglichkeiten (da Elat Freihandelszone ist, muss hier keine Mehrwertsteuer bezahlt werden) und ein ausgiebiges Nachtleben mit Diskotheken, Bars, Shows und Konzerten. Südlich schließen sich an North Beach die **Hafenanlagen** an, die in den etwa fünf Kilometer von North Beach entfernten **Coral Beach** übergehen. Dieser feinsandige, noch etwas ruhigere Strand gehört zum Naturreservat und Korallenschutzgebiet „Coral Beach Nature Reserve“ und bietet hervorragende Schwimm- und Tauchmöglichkeiten. In dem Korallenschutzgebiet kann man eine bunte, artenreiche Unterwasserwelt bewundern. Vom Strand erreicht man über einen Steg das Unterwasser-Observatorium „Coral World“. Sechs Meter unter der Wasseroberfläche können hier auch Wasserscheue die prächtige Meeresfauna und -flora sehen oder einen Ausflug mit dem U-Boot unternehmen. Außerdem gibt es Aquarien, in denen Haie und Wasserschildkröten leben.

Elat bietet zahlreiche weitere Sportmöglichkeiten und Freizeitattraktionen wie **Dolphin Reef**, ein über 10.000 qm großes Gebiet im Meer, in dem Seelöwen und Delphine leben; hier besteht auch die Möglichkeit, zusammen mit Delphinen zu schwimmen. Weitere Attraktionen sind **Texas Ranch**, eine ehemalige Filmkulisse, und **Camel Ranch**, wo man an Kamelritten und „Beduinenabenden“ teilnehmen kann. Da Elat an den Routen der Zugvögel, die im Frühjahr und Herbst ihre großen Reisen unternehmen, liegt und ein bevorzugter Rastplatz der Tiere ist, gibt es hier ein **International Birdwatching Center**, das Wanderungen bzw. Fahrten zu diesen Rastplätzen organisiert, über die Flugrouten informiert und sich im Vogelschutz engagiert.

AUSFLÜGE

Ab Elat kann man Ausflüge in die nähere Umgebung – darunter Jeeptouren durch die *NEGEV* – und ein- oder mehrtägige Touren zu Stätten in Israel, Ägypten und Jordanien unternehmen. Neben den Zielen *JERUSALEM* und *TOTES MEER* werden hier nur die wichtigsten erwähnt.

NÄHERE UMGEBUNG VON ELAT

Ein beliebter Bootstrip führt von Elat zur 15 Kilometer südlich gelegenen, ägyptischen **Koralleninsel** (**Pharaoneninsel**). Hier befindet sich eine Festung, die im 12. Jh. n. Chr. von Kreuzfahrern errichtet wurde und etwa die Hälfte der 300 Meter langen Insel einnimmt. Die die Insel umgebende Mauer, die noch teilweise erhalten ist, wurde vermutlich bereits im 12. Jh. v. Chr. von Pharao Ramses gebaut. Um die Insel erstrecken sich gute Tauch- und Schnorchelgründe.

Rund 20 Kilometer nördlich von Elat liegt der **Nationalpark Timnatal**, eine riesige Erosionsmulde mit eigenartigen Felssäulen und -formationen, darunter die über 50 Meter hohen „Säulen des Salomo". Salomo und anderen Herrschern diente das Tal im Altertum als Kupfermine. Am Fuß einer Felswand stößt man auf Reste eines alten ägyptischen Tempels und auf Felszeichnungen. Einige Kilometer weiter liegt das **Wildreservat Hai Bar** mit einem „biblischen Naturpark", in dem seltene, in der Bibel vorkommende Tierarten leben. Durch den Park führen Wanderwege.

HALBINSEL SINAI

Die gebirgige Halbinsel Sinai, die nach dem 6-Tage-Krieg über zehn Jahre lang von Israel besetzt war, gehört nun wieder zu **Ägypten**. Es ist heute kein Problem mehr, ein Visum für ein- oder mehrtägige Ausflüge von Israel nach Ägypten zu bekommen. Neben Bustouren werden auch Ausflüge per Flugzeug zu den größten historischen Attraktionen des Sinai unternommen. Diese sind das **Katharinenkloster** aus dem 6. Jh. n. Chr. und der nahe gelegene **Moses-Berg**, auf dem Moses – nach dem Glauben von Juden, Christen und Moslems – die zehn Gebote erhalten haben soll (➔ Kapitel 1.8.2). Die Entfernung von Elat zum Katharinenkloster beträgt etwa 350 Kilometer.

PETRA

Die in einem Tal gelegene **Felsenstadt** Petra (knapp 200 Kilometer nordöstlich von Elat) ist das bedeutendste Reiseziel **Jordaniens**. Petra wurde vor über 2000 Jahren von den Nabatäern mitten in der Wüste zwischen Felsschluchten gebaut. Die **Nabatäer** waren ein Händlervolk, das die Karawanenstraßen des Orients im Altertum kontrollierte. Anfang des 2. Jh. n. Chr. fiel ihr Reich an Rom, weshalb man hier auch auf zahlreiche römische Spuren stößt. Die Attraktionen der Stadt erreicht man nach einem Marsch durch eine zwei Kilometer lange, schmale Schlucht. Zu den Sehenswürdigkeiten Petras gehören das über 40 Meter hohe Schatzhaus des Pharao, das über 8.000 Zuschauer fassende Amphitheater, die Kolonnadenstraße Cardo Maximus, verschiedene Tempel, Paläste, Grabanlagen und Wohnhöhlen. Die meisten der prächtigen Gebäude mit beeindruckenden Fassaden wurden direkt in den rosa-rötlichen Fels gehauen. Für die Besichtigungen, bei denen man sehr viel laufen muss, sollte mindestens ein ganzer Tag eingeplant werden. Vermutlich wurde bisher nur ein Bruchteil der geheimnisvollen Stadt, die ab dem 7. Jh. n. Chr. ihren Niedergang erlebte und erst im 19. Jh. wieder entdeckt wurde, freigelegt. Der Besuch dieser Stätte, die oft als „Wunder" oder als „Sensation" beschrieben wird, ist überaus lohnenswert.

ÄGYPTEN

1.) ***Ein langjähriger Stammkunde bittet Sie, für ihn eine Studienreise durch Ägypten auszuarbeiten. Er möchte sowohl eine Kreuzfahrt auf dem Nil machen als auch die Stadt Kairo und ihre Umgebung besuchen. Da Ihr Kunde Flugangst hat, möchte er innerhalb des Landes so wenig wie möglich fliegen.***

a) *Machen Sie dem Kunden ausführliche Vorschläge zum Reiseablauf und informieren Sie ihn über mögliche Zielflughäfen, Fluggesellschaften und Anreisedauer sowie über Reisemöglichkeiten im Land. Wann ist die günstigste Reisezeit für die geplante Tour?*

b) *Wie viel Zeit planen Sie für die Stadt Kairo ein und welche Sehenswürdigkeiten der Stadt und ihrer Umgebung sollte der Kunde auf keinen Fall verpassen?*

c) *Nennen Sie die Ausgangs- und Endstation von Kreuzfahrten auf dem Nil und die üblichen Stationen solcher Kreuzfahrten. Beschreiben Sie auch kurz, welche Sehenswürdigkeiten dort besichtigt werden können. Außerdem möchte Ihr Kunde ausführliche Informationen über die Ausstattung und Einrichtungen der Nilschiffe. Welche Reisedauer planen Sie für die von Ihnen beschriebene Nilkreuzfahrt ein?*

2.) ***Ein junges Paar, das unbedingt tauchen lernen möchte, hat von Bekannten gehört, dass Ägypten ein Paradies für Taucher und Schnorchler ist, und möchte dort gerne 14 Tage in einem hochwertigen Hotel mit Clubcharakter verbringen.***

a) *Welche ägyptische Küstenregion und welche speziellen Urlaubsorte, die nicht weiter als 100 Kilometer vom Zielflughafen entfernt sind, können Sie empfehlen? Ist der Hochsommer eine geeignete Reisezeit für die Region?*

b) *Zu welchen Flughäfen dieser Region gibt es direkte Flüge ab Deutschland?*

c) *Welche Unterhaltungs-, Freizeit- und Einkaufsmöglichkeiten bestehen vor Ort? Welche kulturellen Ausflugsziele bietet die weitere Umgebung der Badeorte als Abwechslung vom Strandleben und wie groß ist die Entfernung dorthin?*

1.8 ÄGYPTEN

Die „Arabische Republik Ägypten" liegt etwa zwischen dem 22. und 32. nördlichen Breitengrad im Nordosten des afrikanischen Kontinents. Nur ein kleiner Teil des Landes – die östliche, ein Dreieck bildende Halbinsel **Sinai** – gehört geographisch bereits zu Vorderasien. Rund 96 % des fast 998.000 qkm umfassenden Landes besteht aus Wüste, die übrigen 4 % entfallen auf das Kultur- und Siedlungsland entlang des Nils, des längsten Flusses der Welt. Der **Nil** mündet in das Ägypten im Norden begrenzende **Mittelmeer**. Im Westen Ägyptens liegt Libyen, im Süden der Sudan und im Osten das **Rote Meer** sowie Israel. Das Rote Meer, ein zwischen Nordostafrika und der Arabischen Halbinsel gelegenes Nebenmeer des Indischen Ozeans, ist durch den im 19. Jh. gebauten, 160 Kilometer langen **Suez-Kanal** mit dem Mittelmeer verbunden. Während die Mittelmeerküste vorrangig von flachen Dünen gesäumt wird, verlaufen bis nahe an die Küste des Roten Meers die bis zu 2.000 Meter hohen Berge der Arabischen Wüste.

Der Nil teilt den afrikanischen Teil Ägyptens in die größere, weitgehend flache **Libysche Wüste** (Sand) im Westen und die gebirgige **Arabische Wüste** (Fels) im Osten. Auch die Halbinsel Sinai, die Verbindung zwischen Afrika und Asien, ist größtenteils von einer gebirgigen Wüstenlandschaft geprägt, der **Sinai-Wüste**. Das landwirtschaftlich nutzbare Gebiet Ägyptens beschränkt sich – mit Ausnahme der Oasen in der Libyschen Wüste – weitgehend auf das ausgedehnte, weitverzweigte, nördlich von Kairo beginnende, fruchtbare **Nildelta** (**Unterägypten**) und die breiten Landstreifen um das südlich sich anschließende **Niltal** (**Mittel-** und **Oberägypten**). Das Niltal zieht sich über mehr als 1.000 Kilometer durch das Land bis zum **Nassersee**, einem über 500 Kilometer langen Stausee im Süden Ägyptens. Der höchste Berg Ägyptens, der gut 2.600 Meter hohe **Gabal Katharina**, liegt im Süden der Halbinsel Sinai. Der ins Rote Meer ragende Sinai wird vom **Golf von Suez** und dem **Golf von Aqaba** eingerahmt.

Hauptstadt und mit Abstand größte Stadt des aus 25 Verwaltungseinheiten bestehenden Staates Ägypten ist **Kairo**. Mit über 15 Millionen Einwohnern stellt die Metropole die größte Stadt Afrikas dar. Insgesamt leben in Ägypten fast 64 Millionen Menschen.

Der größte Teil Ägyptens weist das trocken-heiße **Wüstenklima** randtropischer bzw. subtropischer Trockengebiete auf: äußerst seltene Niederschläge, niedrige Luftfeuchtigkeit und große Temperaturunterschiede zwischen Tag und Nacht. Vor allem der Süden des Landes ist weitgehend niederschlagsfrei, während in Kairo in den Wintermonaten meist etwas Regen fällt. Die Nordküste Ägyptens und das Nildelta haben **mediterranes Klima** und sind dementsprechend ein subtropisches Winterregengebiet.

Die beste **Reisezeit** für Oberägypten und das Rote Meer sind die Monate Oktober bis April, da es hier auch dann sehr sonnig ist. Die Wasser- und Lufttemperaturen sinken tagsüber selbst in den „kühlsten" Monaten Dezember und Januar selten unter 20 bis 25 Grad. In den Wintermonaten wird es in Ägypten jedoch sehr früh dunkel. Hochsaison für diese Teile Ägyptens ist an Weihnachten und Ostern. Weniger empfehlenswert für eine Urlaubsreise nach Oberägypten ist der Sommer, wenn die Temperaturen zwischen Mai und September nicht selten bei 40 Grad und mehr liegen. Zwischen März und Mai kann es durch den Wüstenwind „Chamsin" zu Sandstürmen kommen. Ganzjährig gilt: je weiter südlich, desto höher die Temperaturen. Für die mediterranen Küstengebiete im Norden, die von mitteleuropäischen Touristen jedoch seltener bereist werden, stellt die Sommersaison die beste Reisezeit dar.

Um 3000 v. Chr. entwickelte sich im ägyptischen Niltal die große **Hochkultur**. Die alten Ägypter hatten außergewöhnlich gute Kenntnisse in der Architektur, Medizin und Astronomie. Auf sie geht unter anderem die Erfindung des Papiers und die Entwicklung des Kalenders mit 365 Tagen zurück.

Diese große Ära Ägyptens, die Zeit der Pharaonen (gottähnliche Herrscher), unterteilt man in 30 Dynastien und verschiedene Epochen, die als „Reiche“ bezeichnet werden. Zwischen den Reichen liegen so genannte „Zwischenzeiten“. Die Zeitspanne zwischen 3000 und 2640 v. Chr. wird als **Frühzeit** bezeichnet. Damals wurde bereits die bildhafte Hieroglyphen-Schrift verwendet und es bildete sich eine einheitliche Religion heraus: Man glaubte an zahlreiche, für einzelne Lebensbereiche „zuständige“ Götter, die teils als Menschen-, teils als Tiergestalt und häufig als Menschen mit Tierkopf dargestellt wurden. Der höchste Gott war der Reichsgott Amun, besonders verehrt wurde auch der Sonnengott Re. Die alten Ägypter glaubten an ein Leben nach dem Tod, weshalb sie Leichen vor der Beisetzung in prächtigen Gräbern mumifizierten und kostbare Grabbeigaben machten. Noch heute sind Mumien von Pharaonen erhalten. Eine Blütezeit von Kunst und Kultur war das **Alte Reich** (etwa 2640–2160 v. Chr.). Zu dieser Zeit entstanden die ersten steinernen Monumente der Welt, die großartigen Pyramidenbauten, als Grabstätten für die Herrscher, darunter die berühmten Pyramiden von Gizeh. Während des **Mittleren Reiches** (etwa 2040–1650 v. Chr.) entwickelte sich Ägypten zur Großmacht; die in Oberägypten gegründete Stadt Theben löste Memphis als politisches und kulturelles Zentrum ab. Um 1550 v. Chr. folgte das **Neue Reich**, in dem auch die berühmten Pharaonen Echnaton (im 14. Jh.) und Ramses II. (im 13. Jh.) regierten. In dieser glanzvollsten Zeit des alten Ägyptens, die bis etwa 1075 v. Chr. andauerte, entstanden die Tempelbauten in Luxor und Karnak sowie die Gräberanlage im Tal der Könige. Dann begann allmählich der Verfall des Ägyptischen Reiches, das in der darauffolgenden **Spätzeit** (etwa ab 718 v. Chr.) von Fremdherrschern wie Libyern, Äthiopiern und Persern dominiert wurde.

Nachdem Alexander der Große das Perserreich zerstört hatte, eroberte er 332 v. Chr. Ägypten für das **hellenistische Reich** und regierte als Pharao. Nach seinem Tod setzten die **Ptolemäer** die griechische Herrschaft in Ägypten fort. Hauptstadt Ägyptens und ein großes Zentrum des Hellenismus war damals die Stadt Alexandria. Auch zu dieser Zeit entstanden viele Baudenkmäler.

Im 1. Jh. v. Chr. gewannen die Römer Einfluss auf das Nilland; in diese Zeit fällt die Herrschaft der berühmten ägyptischen Königin Kleopatra. Ab 30 v. Chr. wurde Ägypten für mehrere Jahrhunderte **römische Provinz**. Das Christentum verbreitete sich sehr rasch in Ägypten. Ab dem 4. Jh. n. Chr. gehörte Ägypten zum Byzantinischen Reich. 451 spalteten sich die ägyptischen Christen von der byzantinischen Kirche ab, wodurch die noch heute bestehende koptische Kirche entstand.

640 wurde Ägypten von **Arabern** erobert, die die Stadt Kairo gründeten. Von nun an unterstand das Land verschiedenen arabischen Stämmen, Arabisch wurde zur offiziellen Sprache und der Islam zur Staatsreligion.

1517 eroberten die Türken Ägypten, das dann eine eher unbedeutende Provinz des **osmanischen Reiches** wurde. Die türkische Herrschaft wurde 1798 für drei Jahre von Napoleon unterbrochen, der auf seiner „**Ägyptischen Expedition**“ in das Land kam. Er wurde von Wissenschaftlern begleitet, die die Erforschung der Altertümer des Landes initiierten und die Ägyptologie begründeten. Nachdem die Franzosen mit britischer Hilfe in die Flucht geschlagen worden waren, kamen im 19. Jh. osmanische Statthalter an die Macht, die durch die Einführung von Reformen das moderne Ägypten begründeten. Es wurde – neben Fabriken und der Eisenbahn – der Suez-Kanal gebaut, der Schiffen auf dem Weg von Asien nach Europa den Weg um Afrika erspart. Aufgrund finanzieller Probleme musste Ägypten 1875 die Suez-Kanal-Aktien an England verkaufen, was 1882 zur britischen Besetzung Ägyptens führte. 1914 wurde Ägypten zum **britischen Protektorat** erklärt und musste an Englands Seite in den ersten Weltkrieg eintreten.

Obwohl Ägypten 1922 als **Königreich** offiziell unabhängig wurde, blieb die britische Einflussnahme bestehen. Im zweiten Weltkrieg war Ägypten deshalb wiederum gezwungen, an Großbritanniens Seite zu kämpfen. Die Jahrzehnte nach Kriegsende waren maßgeblich geprägt von Konflikten und Kriegen zwischen Ägypten und Israel.

Anfang der 50er-Jahre wurde die Monarchie gestürzt und Ägypten offiziell zur **Republik** erklärt. Unter dem ersten Präsidenten Nasser kam es durch die Verstaatlichung des Suez-Kanals zur internationalen Suezkrise. Im Laufe der 70er-Jahre fand eine Annäherung Ägyptens an den Westen statt, auch wurde endlich Frieden mit Israel geschlossen. In den folgenden Jahren näherte sich Ägypten wieder den übrigen arabischen Staaten an, der Fundamentalismus innerhalb der Bevölkerung wuchs. In den 90er-Jahren kam es immer wieder zu Terroranschlägen gegen Kopten, Politiker und Touristen, durch die Fundamentalisten politische Forderungen durchsetzen wollten.

Die ägyptische **Bevölkerung** besteht fast vollständig aus mit Arabern vermischten Nachkommen der alten Ägypter. 80 % gehören dem Bauernvolk der Fellachen an. Zu den in Ägypten am stärksten vertretenen Minderheiten gehören Beduinen (ein reines Arabervolk), Nubier (ein negrides Volk aus dem Grenzgebiet zum Sudan), Griechen und Sudanesen. Die Bevölkerungszahl Ägyptens hat sich im Laufe des 20. Jh. mehr als verdreifacht und beträgt derzeit über 60 Millionen Menschen. Man spricht von einer regelrechten Bevölkerungsexplosion.

Da der Großteil der ägyptischen Landschaft aus unwirtlicher Wüste besteht, konzentriert sich fast die gesamte Bevölkerung auf die kultivierbare Fläche von etwa 35.000 qkm. Damit gehört dieser Siedlungsraum, besonders Kairo, zu den Gebieten mit der höchsten **Bevölkerungsdichte** der Erde. Die durchschnittliche Bevölkerungsdichte beträgt 64 Einwohner/qkm.

In Ägypten bestehen krasse Gegensätze in der Gesellschaftsstruktur: Einer kleinen, sehr reichen Oberschicht steht ein bescheidener Mittelstand und eine immense, arme Unterschicht gegenüber.

Die **Landessprache** in Ägypten ist Arabisch, auch die arabischen Schriftzeichen werden verwendet. Die aus dem Altägyptischen stammende, koptische Sprache mit erweiterter griechischer Schrift existiert noch, wird jedoch nicht mehr gesprochen, sondern nur noch in der Liturgie verwendet. Auch die koptischen Ägypter sprechen Arabisch. In größeren Städten und Touristengebieten kommt man mit Englisch oder Französisch gut zurecht. Beschilderungen, gerade Straßenschilder, findet man teils auch in lateinischer Schrift.

Etwa 90 % der Einwohner Ägyptens sind Anhänger der islamischen **Religion**, die starken Einfluss auf das öffentliche Leben, Politik, Gesetzgebung und den Alltag hat (➔ Kapitel II.). Knapp 10 % der Bevölkerung ist christlichen Glaubens; die meisten Christen sind Mitglieder der koptischen Kirche. Zwischen der koptischen Minderheit und den Moslems kam es in der Vergangenheit immer wieder zu Spannungen und Konflikten. Weiterhin lebt eine in den letzten Jahrzehnten stark geschrumpfte jüdische Minderheit in Ägypten.

Der ägyptische **Nationalfeiertag** ist der 23. Juli, der Tag, an dem 1952 die Revolution stattfand. In Ägypten werden die üblichen islamischen Feste gefeiert, von den Kopten christliche Feste.

Als Gäste in einem islamischen Land sollten Touristen Rücksicht auf für sie fremde, religiös bedingte **Traditionen und Moralvorstellungen** nehmen (➔ Kapitel II.).

Oft besuchen Touristen **Folkloreveranstaltungen**, darunter häufig Bauchtanzvorführungen.

Durch die weit verbreitete Armut trifft man fast überall auf so genannte „Bakschisch-Jäger“, die für allerlei Dienstleistungen äußerst eindringlich um **Trinkgeld** bitten. Es wird empfohlen, diese nicht abzuschütteln und kleine Beträge zu geben, da die Leute von dem Geld leben müssen.

Der Reiseverkehr von Mitteleuropa nach Ägypten erfolgt vorwiegend per Flugzeug. Der *FLUGVERKEHR* von Deutschland nach Ägypten wird hauptsächlich von LH und der ägyptischen Fluggesellschaft Egypt Air (MS) durchgeführt. Direktflüge von Deutschland nach Ägypten dauern vier bis fünf Stunden.

Es gibt täglich direkte **Linienflugverbindungen** von mehreren deutschen Flughäfen nach Kairo (CAI) und einmal wöchentlich nach Hurghada (HRG) sowie mehrmals pro Woche von Frankfurt nach Alexandria (ALY). MS bietet ab Kairo gute Verbindungen in alle Landesteile.

Von Deutschland verkehren auch ganzjährig **Charterflüge** nach Luxor (LXR) in Oberägypten und nach Hurghada (HRG), Marsa Alm (RMF) und Sharm-el-Sheik (SSH) am Roten Meer. Luxor wird als Ausgangsstation für Nilkreuzfahrten genutzt; ans Rote Meer fliegt man, um Badeurlaub zu machen.

SCHIFFSVERKEHR

Pkw-Reisende nach Ägypten konnten bis Mitte der 90er-Jahre Passagierfähren von Italien nach Alexandria nutzen. Diese Strecke wurde jedoch wegen Unrentabilität eingestellt. Innerhalb des Landes verkehren **Fährschiffe** im Roten Meer zwischen Suez, Hurghada und Sharm-el-Sheik und nach Saudi-Arabien. Bedeutende Häfen Ägyptens sind Alexandria und Port Said am Mittelmeer sowie Suez und Hurghada am Roten Meer. Port Said und Suez verbindet der Suez-Kanal.

Die genannten Häfen sowie Sharm-el-Sheik und Safaga im Roten Meer werden auch häufig im Rahmen von **Kreuzfahrten** durchs östliche Mittelmeer, durchs Rote Meer und um die Arabische Halbinsel angelaufen. Landausflüge nach Kairo werden ab Port Said und Suez unternommen. Teilweise sind auch Kreuzfahrten um die Halbinsel Sinai mit Häfen in Ägypten, Israel und Jordanien buchbar.

Ein wichtiger Verkehrsweg im Binnenland ist der Nil, auf dem reger Schiffsverkehr und zahlreiche **Flusskreuzfahrten** stattfinden.

STRASSENVERKEHR

Das **Straßennetz** in Ägypten ist vor allem im Bereich der Mittelmeerküste, des Nildeltas und um Kairo herum gut ausgebaut. Außerdem gibt es eine gute Straße entlang der Küste des Roten Meeres und Asphaltstraßen, die Oasen in der Libyschen Wüste verbinden. Die Halbinsel Sinai ist durch einen Tunnel unter dem Suez-Kanal an das Straßennetz des ägyptischen Festlands angebunden. Der Straßenzustand der übrigen Verkehrswege ist nicht allzu gut und teilweise abhängig von der Jahreszeit. Es besteht Rechtsverkehr; offiziell gelten ähnliche Verkehrsregeln wie in Europa, diese finden jedoch relativ wenig Beachtung. In den Großstädten und touristischen Zentren gibt es vielerorts die Möglichkeit, Leihwagen – darunter Jeeps für Wüstenfahrten – anzumieten. Bei Fahrten durch die Wüste sollten jedoch unbedingt spezielle Vorsichtsmaßnahmen eingehalten werden.

Es gibt verschiedene **Linienbusunternehmen**, die teilweise sehr komfortable Fahrzeuge unterhalten und unter anderem auch ganz entlegene Gebiete anfahren. Die Buspreise sind relativ günstig. Eine Fahrt von Kairo nach Luxor beispielsweise dauert zwölf Stunden, nach Alexandria etwa drei Stunden. Es existieren zwar Fahrpläne, diese werden aber häufig kurzfristig geändert.

BAHNVERKEHR

Ägypten hat seit Mitte des 19. Jh. eine Eisenbahn, deren Netz das Nildelta und das Niltal, eine Linie am Mittelmeer bis zur libyschen Grenze und eine entlang des Roten Meers umfasst. Der Bahnknotenpunkt ist Kairo, der südlichste Punkt des Bahnnetzes liegt am Assuan-Hochdamm. Es gibt drei verschiedene Beförderungsklassen, unterschiedliche Zugtypen und auf längeren Strecken häufig Schlafwagenabteile. Frühzeitige Reservierung ist grundsätzlich empfehlenswert. Die im Rahmen von Rundreisen sehr beliebte, etwa elf Stunden dauernde Bahnfahrt von Kairo nach Luxor (in speziellen Luxuszügen) wurde in den letzten Jahren wegen Unruhen und Terroranschlägen an der Strecke von Touristen weitgehend gemieden.

In Großstädten und Touristenzentren sowie in der Nähe von Sehenswürdigkeiten gibt es **Unterkünfte** aller Kategorien, darunter zahlreiche sehr hochwertige mit gutem Service. Viele dieser Hotels gehören internationalen Ketten an. In den Touristenorten am Roten Meer findet man zahlreiche luxuriöse Resorts und Ferienclubs. Apartmentanlagen gibt es seltener, Ferienhäuser kaum. Hotels unterhalb der 4–Sterne-Kategorie entsprechen häufig nicht den Ansprüchen mitteleuropäischer Urlauber.

Ägypten zieht als klassisches **Rundreiseland** seit vielen Jahrzehnten große Besucherscharen durch kulturelle Stätten und Besichtigungsmöglichkeiten an. Die meisten „Kulturtouristen" machen geführte Rund- oder Studienreisen zu den großen Sehenswürdigkeiten Ägyptens. Ausgangs- und Endpunkte der meisten Rundreisen sind Kairo und Luxor. Einige Individualtouristen verlassen die „ausgetretenen" touristischen Pfade und entdecken beispielsweise die faszinierende Wüstenlandschaft mit ihren Oasen. Hierbei ist jedoch zu beachten, dass Wüstentouren abseits der Hauptstraßen verboten sind.

Eine besondere, meist recht komfortable Art der Rundreise ist eine **Kreuzfahrt auf dem Nil**.

Im Laufe der letzten Jahre entwickelten sich an den schönen Sandstränden des Roten Meeres um Hurghada und Sharm-el-Sheik (an der Südspitze der Sinai-Halbinsel) internationale, komfortable Feriensiedlungen. Immer mehr Touristen kommen deshalb auch für einen reinen **Bade- und Erholungsurlaub** nach Ägypten oder verbinden einen solchen mit ihrer Rundreise. An der Mittelmeerküste, die ebenfalls schöne Strände aufweist, machen hauptsächlich Ägypter Urlaub. Internationalen Pauschaltourismus gibt es hier so gut wie gar nicht.

Das Rote Meer mit seinen Korallenbänken gehört zu den besten **Unterwassersportgebieten** der Welt. Deshalb sind die dortigen Ferienorte ein Eldorado für Taucher und Schnorchler. Neben Unterwassersport können vielerorts weitere Wassersportarten wie Surfen, Wasserski und Segeln ausgeübt werden. In vielen Hotels stehen Tennisplätze zur Verfügung. Anhänger des Golfsports kommen in Kairo, Alexandria, Luxor, Sharm-el-Sheik und Hurghada auf ihre Kosten.

Einen Anziehungspunkt für Touristen stellen auch die vielerorts vorhandenen, orientalischen **Basare** dar, in denen man unter anderem günstig Schmuck, Lederwaren und Teppiche einkaufen kann; Handeln wird hier erwartet.

Ägypten hatte im Jahr 2000 fast 5,2 Milliarden internationale Besucher (international Rang 30). In den letzten Jahren war das Land vereinzelt auch unter den zehn beliebtesten Auslandsreisezielen deutscher Urlauber zu finden.

Der **Tourismus** ist mit Einnahmen von gut 4,3 Milliarden US-Dollar im Jahr 2000 (international Rang 26) einer der drei großen ägyptischen **Wirtschaftsfaktoren** neben Einnahmen aus dem Erdölexport und dem Suez-Kanal. Daneben nimmt auch die Landwirtschaft eine wichtige Stellung ein, vor allem der Anbau von Baumwolle, Getreide, Zucker, Obst und Gemüse. Das Hauptwirtschaftsgebiet des Landes ist das Nildelta mit Kairo. Hier sind die meisten Industriebetriebe – vorrangig Textil- und Nahrungsmittelindustrie – angesiedelt. Das Bruttosozialprodukt in Ägypten belief sich 2000 auf 1.490 US-Dollar pro Einwohner.

Aufgrund der großen wirtschaftlichen Bedeutung des Tourismus wird dieser von staatlicher Seite stark gefördert. So kam es unter anderem zum Ausbau der Feriengebiete am Roten Meer, um die vielen ins Land kommenden Kulturtouristen länger „halten" zu können. Der **Massentourismus** bringt jedoch auch Nachteile. So ist in den letzten Jahren der phantastischen Unterwasserwelt am Roten Meer einerseits durch ins Meer geleitete Abwässer und andererseits durch Korallen „pflückende" Taucher sehr stark geschadet worden. Problematisch ist auch die Wasserversorgung der Hotelanlagen und ihrer Gärten im Wüstenland Ägypten.

Die Abhängigkeit der ägyptischen Wirtschaft vom Tourismus warf in den letzten Jahren große **Probleme** für das Land auf, da es zunächst wegen des Golfkrieges 1991 und dann aufgrund anhaltender Terroranschläge islamischer Fundamentalisten zu einem drastischen Einbruch in der Tourismusindustrie kam. Ägypten, das als Entwicklungsland gilt, ist einer der wenigen islamischen Staaten, der sich dem Massentourismus geöffnet hat. Die radikalen Anhänger des Islam wollten dies unterbinden, da sie die westlichen, als gottlos angesehenen Einflüsse des Tourismus fürchten. Dies war ein Grund für die Anschläge auf Touristen, ein weiterer Grund war für die Fundamentalisten, den Staat mit den Attentaten wirtschaftlich unter Druck zu setzen, um gewisse politische Forderungen – beispielsweise noch mehr Einbindung der islamischen Religion in Staat und Politik – durchsetzen zu können. Die ägyptische Regierung hat mit erheblichen Sicherheitsmaßnahmen das Problem weitgehend in den Griff bekommen; dazu gehört die Begleitung von Touristenbussen und -zügen durch Fahrzeuge der Sicherheitsbehörden (Fahrten im Konvoi sind teilweise vorgeschrieben). Seit 1997 hat es in Ägypten keine Anschläge terroristischer Islamisten auf Touristen gegeben, das Auswärtige Amt sieht keinen Anlass, von Reisen nach Ägypten abzuraten.

Nach den Terroranschlägen vom **11.09.2001** rät das Auswärtige Amt jedoch für die Länder des Nahen Ostens aus Sicherheitsgründen zu erhöhter Aufmerksamkeit. Dazu gehört, sich über die aktuelle Lage in den Medien und gegebenenfalls in engem Kontakt mit dem Reiseveranstalter genau zu informieren und vor Ort größere Menschenansammlungen zu meiden.

1.8.1 NILKREUZFAHRTEN

Flusskreuzfahrten auf dem Nil stellen eine äußerst reizvolle und bequeme Art und Weise dar, eine Rundreise durch Ägypten zu machen. Da sich ein Großteil der Besiedlung und viele wichtige Sehenswürdigkeiten auf das Niltal konzentrieren, kann man gleichzeitig die kulturellen Attraktionen sowie „Land und Leute" kennen lernen. Ein weiterer Vorteil ist, dass das sonst auf Rundreisen übliche, ständige Ein- und Auspacken wegfällt. Die derzeit angebotenen Kreuzfahrten dauern meist drei bis sieben Tage und verlaufen zwischen Luxor und Assuan. Die früher sehr beliebte Fahrt von Kairo nach Oberägypten wird von den meisten touristischen Schiffen momentan aus Sicherheitsgründen nicht durchgeführt. Reisenden, die Kairo und eine Nilkreuzfahrt kombinieren möchten, wird empfohlen, die Strecke Kairo–Luxor (und/oder umgekehrt) per Flug zurückzulegen.

GEOGRAPHIE DES NILS

Der Nil ist mit knapp 6.700 Kilometern der längste Strom der Welt. Der entlegenste seiner verschiedenen Quellflüsse entspringt in Burundi (Ostafrika) und fließt durch Tansania, den Victoriasee und Uganda in den Sudan, von wo an er als Weißer Nil bezeichnet wird. In der Nähe von Khartoum, der sudanesischen Hauptstadt, vereinigt sich der Weiße Nil mit dem in Äthiopien entspringenden Blauen Nil. Der Fluss nimmt große Wassermassen aus dem Hochland und den Tropen Ostafrikas mit auf seinen weiteren Weg in Richtung Norden, wo er schließlich auf über 1.500 Kilometern die Wüste Ägyptens durchfließt. Der Nil hat ein fruchtbares, bis zu 20 Kilometer breites Tal in die Wüste gegraben. Da es hier so gut wie nie regnet, stellt der Fluss die einzige, kostbare Quelle dar, deren Wasser in einem ausgeklügelten Bewässerungssystem auf die Felder verteilt wird. Im Norden des Landes mündet der Nil mit zwei Flussarmen – die ein etwa 250 Kilometer langes Dreieck bilden – ins Mittelmeer. Dieses nördlich von Kairo gelegene, fruchtbare, dicht besiedelte Mündungsgebiet mit seinen zahlreichen Nehrungen wird als Nildelta bezeichnet.

Der sommerliche Monsunregen in Äthiopien lässt den Pegel des Nils in der Regel stark ansteigen, was seit dem Altertum zu starken Überschwemmungen in großen Teilen des Niltals führte. Deshalb wurden im Süden des Landes der Assuan-Staudamm (Anfang des 20. Jh.) und der Assuan-Hochdamm (in den 70er-Jahren) gebaut, die das Hochwasser aufhalten und den Wasserhaushalt regulieren sollen. Das angestaute Wasser wird im über 5.000 qkm großen, künstlich angelegten Nasser-Stausee gesammelt. Die Bevölkerung dieses Gebiets (Nubien) musste wegen der Anlage des Sees komplett umgesiedelt werden. Große Vorteile, die der Hochdamm bringt, sind mehrere Ernten pro Jahr, Erweiterung des Kulturlandes und Energiegewinnung. Diesen Vorteilen steht als großer Nachteil die Störung des ökologischen Gleichgewichts gegenüber (Verschlechterung der Bodenqualität, Verkleinerung des Delta-Gebietes und Klimaveränderungen).

NILSCHIFFE

Der Nil ist Ägyptens ältester Verkehrsweg, der seit Jahrtausenden von einfachen Segelbooten (Felukken) befahren wird. Es gibt auch spezielle, recht spartanische „Touristen-Felukken", mit denen man die Strecke Assuan–Luxor bereisen oder Ausflüge machen kann. Die meisten der weit über 100 Nilkreuzfahrtschiffe bieten jedoch deutlich höheren Komfort und werden wie Hotels in Sterne-Kategorien eingeteilt. Die meisten in den Veranstalterangeboten enthaltenen Schiffe sind im 3–, 4– und 5–Sterne-Bereich angesiedelt. Der Luxus und die Großzügigkeit einer Hochseekreuzfahrt sollten von einer Nilkreuzfahrt jedoch nicht erwartet werden. Die maximale Größe der Schiffe beträgt etwa 1.000 BRZ. Im Reisepreis sind bei fast allen Veranstaltern Vollpension und die Landausflüge zu den antiken Stätten enthalten (Ausnahme: Ausflug nach Abu Simbel).

Die meist klimatisierten Nilschiffe haben – je nach Größe und Komfort – in der Regel drei bis fünf Decks mit insgesamt 20 bis 80 Außenkabinen, deren Größe zwischen 10 und 20 qm schwankt. Auf einigen Schiffen sind auch Suiten, also größere Luxuskabinen, vorhanden. Anders als bei den meisten Kreuzfahrten ist es auf Nilschiffen nicht üblich, eine feste Kabinennummer im Voraus zu buchen, sondern die Verteilung der (gleichwertigen) Kabinen erfolgt vor Ort. Die Bordeinrichtungen bestehen in der Regel aus Restaurant (Mahlzeiten häufig in Buffetform), Bar, Geschäften und kleinem Pool auf dem mit Liegen ausgestatteten Sonnendeck. Auf hochwertigeren Schiffen sind zum Teil auch Friseur, Schönheitssalon, Fitnessraum und Diskothek vorhanden. Viele Schiffe bieten am Abend ein Unterhaltungsprogramm.

Die Schiffe fahren in der Regel nur tagsüber, nachts laufen die Motoren also normalerweise nicht. Durch Stromaggregate oder andere Schiffe sind Lärmbelästigungen jedoch trotzdem nicht auszuschließen. Gegebenenfalls kann es durch Hoch- bzw. Niedrigwasser des Flusses oder durch technische Verzögerungen – wie lange Wartezeiten an Brücken und Schleusen – zu Routen- oder Zeitplanänderungen kommen. Durch die Regulierung des Dammes sind Hoch- und Niedrigwasser jedoch nur selten der Fall; Hochwasser tritt am ehesten im September, Niedrigwasser im März auf.

ANLEGESTELLEN / LANDAUSFLÜGE

LUXOR / THEBEN

Derzeit beginnen die meisten Nilkreuzfahrten in LUXOR, wo man in der Regel zwei bis drei Nächte verbringt. Die rund 700 Kilometer südlich von Kairo gelegene Stadt mit etwa 80.000 Einwohnern hat einen eigenen Flughafen (LXR), zu dem es auch direkte Charterflüge ab Deutschland gibt. Luxor ist heute ein Zentrum des ägyptischen Tourismus mit zahlreichen Restaurants, Geschäften, beliebtem Basarviertel und vielen Hotels, darunter einige sehr traditionsreiche. Etwas außerhalb liegt eine Club-Med-Villa (kleine, in der Nähe von archäologischen Ausgrabungsstätten gelegene Hotels des französischen Clubreiseveranstalters). Die heutige, am Ostufer des Nils gelegene Stadt Luxor war während des Mittleren Reichs als Hauptstadt Ägyptens gegründet worden und hieß im Altertum THEBEN. Heute wird so nur noch die Totenstadt am Westufer des Flusses bezeichnet. Zwischen den beiden Uferseiten verkehren Fähren, beliebte Fortbewegungsmittel innerhalb der Stadt stellen Pferdekutschen und Fahrräder dar. Das Zentrum der Stadt bildet der Niluferkai namens „Corniche", wo die Kreuzfahrtschiffe anlegen und sich einige große Hotels befinden.

Während der Glanzzeit der Stadt ab 2000 v. Chr. war das Ostufer Thebens das politische und religiöse Zentrum mit Palästen und Tempeln. Direkt im heutigen Stadtzentrum, an der Corniche, liegt der **Luxor-Tempel**, der zu Ehren der Göttertriade (der Hauptgott Amun, seine Frau und sein Sohn) erbaut wurde. Den imposanten Haupteingang flankieren drei kolossale Statuen des Pharao Ramses II. – einer der Erbauer des Tempels – und ein Obelisk. Obelisken sind hohe, spitze Steinpfeiler, die dem Sonnenkult gewidmet waren. Ursprünglich standen hier zwei Obelisken, der andere befindet sich jedoch seit 1836 auf der Place de la Concorde in Paris. Im Tempel, der eine Gesamtlänge von 260 Metern erreichte, führten Säulengänge, Höfe, Säle und Kapellen in das Allerheiligste. Im 12. Jh. n. Chr. wurde eine kleine Moschee auf das Tempelgelände gebaut, von deren Minarett man einen hervorragenden Ausblick auf die Tempelanlage und den Nil hat. Baureste erinnern an die Römerzeit, in der der Luxor-Tempel als Festung diente.

Eine fast drei Kilometer lange, von Sphingenfiguren gesäumte Allee verband den Luxor-Tempel mit dem nördlichen **Karnak-Tempel**, der ab 2100 v. Chr. das größte und bedeutendste Heiligtum der Ägypter war. Die verwirrend riesige, dem Reichsgott Amun gewidmete Tempelanlage, die über zwei Jahrtausende hinweg ständig erweitert und verändert wurde, besteht aus vier großen Komplexen. Diese umfassen zahlreiche Nebentempel, Tore, Höfe, Kapellen und Säulengänge.

Der Luxor-Tempel war einer dieser Komplexe, dessen Aufbau dem der übrigen Komplexe ähnelt. Attraktionen des Karnak-Tempels sind unter anderem ein 5.000 qm großer, aus über 130 Säulen bestehender „Säulenwald“ und ein rituellen Waschungen dienender Heiliger See. Abends findet in der Tempelanlage regelmäßig eine Sound-and-Light-Show in verschiedenen Sprachen statt. Zwischen dem Luxor-Tempel und dem Karnak-Tempel liegt das **Luxor-Museum** für altägyptische Kunst mit wertvollen Funden aus dem Großraum Theben. Unter anderem sind hier einige Grabbeigaben des Tut-ench-Amun und erst 1989 entdeckte Pharaostatuen zu sehen.

Das Westufer Thebens steht mit imposanten Totentempeln und großen, bis weit in die Wüste reichenden Nekropolen ganz im Zeichen des Totenkults. Da die Sehenswürdigkeiten am Westufer des Nils recht weit verstreut liegen, sollte für einen Besuch hier genügend Zeit eingeplant werden.

Das bekannteste Besichtigungsziel in Theben-West ist das wüstenhafte **Tal der Könige**. Seit die Pharaonen nicht mehr in Pyramiden bestattet wurden, diente der hier gelegene, an eine Pyramide erinnernde Fels, in den die Gräber eingehauen sind, als Grabstätte für über 60 Könige. Die unterschiedlich großen, bis zu 200 Meter langen und 100 Meter tiefen Gräber mit ihren kunstvollen Grabmalereien sind sehr sehenswert und können großenteils besichtigt werden. Die Touristenmassen stellen jedoch eine Gefährdung der Kunstschätze dar, sodass erwogen wird, die Originalgräber zu schließen. Das berühmteste Grab ist das erst 1922 entdeckte Grab des Tut-ench-Amun, der ein eher unbedeutender Pharao war. Die hier entdeckten, wertvollen Grabbeigaben – darunter eine goldene Totenmaske – gaben Aufschluss über die Pracht, mit der die Pharaonen bestattet wurden. Die Mumie des Tut-ench-Amun wurde wie verschiedene andere auch in der Grabkammer belassen. Die meisten anderen Gräber fielen schon früh Grabräubern zum Opfer.

Jedem toten Pharao war ein in der Ebene gelegener Tempel geweiht, in dem der eigentliche Totenkult stattfand. Zu den nur noch teilweise erhaltenen Totentempeln gehören der **Der al Bahri**, der Tempel der Pharaonin Hatshepsut, der terrassenförmig in den Fuß des gleichnamigen Berges gebaut wurde, und das **Ramesseum**, der Tempel Ramses II.

Im Südwesten Thebens liegt das **Tal der Königinnen**, das etwa 70 Gräber von Königinnen und früh verstorbenen Prinzen umfasst. Als besonders sehenswert gilt das Grab der Nefertari, das schöne Wand- und Deckenmalereien, die einen Sonnenhimmel abbilden, enthält.

Die Totenstadt umfasst außerdem Gräber von Privatleuten (**Gräber der Noblen**) und **Gräber der Arbeiter**.

Als besondere Form der Besichtigung von Theben-West werden häufig Fahrten mit dem Heißluftballon angeboten. Eine große touristische Attraktion hier ist die alle zwei Jahre vor dem Hatshepsut-Tempel, dem Originalschauplatz, stattfindende Aufführung von Verdis Oper „Aida“.

ESNA

Esna liegt knapp 60 Kilometer südlich von Luxor und ist meist die zweite Station einer stromabwärts verlaufenden Nilkreuzfahrt. Die Attraktion der kleinen, am Westufer des Nils gelegenen Stadt mit lebhaftem Basar ist der gut erhaltene **Chnum-Tempel**. Dieser im Stadtzentrum gelegene, dem Gott Chnum gewidmete Tempel erstreckt sich knapp zehn Meter unterhalb des heutigen Straßenniveaus und ist der jüngste der altägyptischen Tempelbauten. Er entstand zur Zeit der Ptolemäer und Römer. Vollendet wurde jedoch nur die Vorhalle mit einer imposanten Eingangsfassade. An den Wänden sieht man Malereien, die unter anderem römische Kaiser im Pharao-Ornat zeigen, und Inschriften zu Ehren römischer Herrscher.

EDFU

Nächste Station ist das Städtchen Edfu, gut 40 Kilometer südlich von Esna, ebenfalls am Westufer des Nils gelegen. Im Altertum wurde hier der Sonnengott Horus besonders verehrt, zu dessen Ehren ab 237 v. Chr., ebenfalls unter den Ptolemäern, der **Horus-Tempel** angelegt wurde. Dieser 137 Meter lange Tempel gilt heute als der am besten erhaltene Ägyptens. Auf den 36 Meter hohen Eingangspylon kann man hinaufsteigen und einen schönen Blick auf die Anlage und den Nil genießen. Wandreliefs erzählen Geschichten über den Gott Horus, der häufig als Falke dargestellt wurde; im Innenhof des Tempels „bewachen“ zwei große, steinerne Falken das Eingangstor. Eine Besonderheit im Tempel von Edfu sind die Lichtverhältnisse: Vom hellen Hof gelangt man durch immer dunkler werdende Hallen und Säulengänge in das ganz dunkle Allerheiligste. In der Nähe des Tempels, der mitten im heutigen Stadtzentrum liegt, befinden sich die Ruinen der alten Stadt.

KOM OMBO

Diese nächste Station einer Nilkreuzfahrt liegt etwa 60 Kilometer südlich von Edfu, am Ostufer des Nils. In die Gegend von Kom Ombo wurden die über 60.000 Nubier umgesiedelt, auf deren Lebensraum in den 60er-Jahren der Nasser-Stausee gebaut wurde. Für sie wurden über 40 neue Dörfer, die auch als „Neu-Nubien“ bezeichnet werden, angelegt. Die Hauptattraktion von Kom Ombo, seit jeher ein reges Markt- und Handelszentrum, stellt der etwas außerhalb, auf einer Anhöhe gelegene **Doppeltempel** dar, der zwei Gottheiten (Horus und dem Krokodilgott Sobek) gewidmet ist. Aus diesem Grund ist die Tempelanlage aus griechisch-römischer Zeit in zwei symmetrische Hälften geteilt, die jeweils einen eigenen Eingang haben. In der Nähe des Doppeltempels befindet sich die kleine **Hathor-Kapelle** mit mehreren Krokodil-Mumien.

ASSUAN UND UMGEBUNG

Das von Kom Ombo etwa 40 Kilometer, von Luxor gut 200 Kilometer entfernte ASSUAN ist meist die südlichste Station und teilweise die Endstation einer Nilkreuzfahrt. Andere Touren gehen wieder zurück nach Luxor. Assuan kann natürlich auch Ausgangspunkt einer entgegengesetzt, also stromabwärts, verlaufenden Kreuzfahrt sein. Südlich von Assuan, bei einer schwer zu überwindenden Stromschnelle, endete das alte ägyptische Reich im Grenzgebiet zu Nubien.

Die alte Handelsstadt mit heute weit über 400.000 Einwohnern gilt als schöner, tradtionsreicher Kurort für die Winterzeit. Das trockene Klima hat sich jedoch durch den Assuan-Staudamm verändert; die Luftfeuchtigkeit ist gestiegen. Assuan wirkt trotz seiner relativ hohen Einwohnerzahl nicht sehr großstädtisch und ist weniger touristisch als das kleinere Luxor. Es lohnt sich, hier zwei bis drei Tage zu verbringen. Assuan hat einen nationalen Flughafen (ASW). Auch hier gibt es eine „**Corniche**“ mit Hotels und Restaurants sowie gute Einkaufsmöglichkeiten in Basarstraßen. Das Stadtzentrum mit einem kleinen **Ptolemäertempel** konzentriert sich auf das Ostufer des Nils.

Etwas außerhalb kann man die **Steinbrüche** besichtigen, aus denen der rosafarbene Granit stammt, der für den Bau der altägyptischen Tempel und Statuen verwendet wurde. Hier liegt aus antiken Zeiten noch ein wegen Materialschäden unvollendeter Obelisk von über 41 Meter Länge.

Weitere Sehenswürdigkeiten Assuans befinden sich am Westufer: das **Mausoleum des Aga-Khan** (der hier 1957 bestattet wurde), das koptische **Simeonskloster** aus dem 7. Jh. n. Chr. und **Felsengräber**, in denen Fürsten und hochgestellte Persönlichkeiten aus dem Alten und Mittleren Reich ihre letzte Ruhe fanden. Eine Besichtigung der Attraktionen des linken Nilufers wird häufig im Rahmen eines Kamelritts unternommen.

Häufig ab Assuan unternommene Ausflüge führen zu NILINSELN. Dem Stadtzentrum vorgelagert ist die 1,5 Kilometer lange, palmengesäumte Insel **Elephantine**, die schon seit 4000 v. Chr. besiedelt ist. Hier kann man einige alte Heiligtümer, einen antiken „Nilometer" zur Messung des Wasserstands, das Assuan-Museum und zwei nubische Dörfer besichtigen. In der Nähe befindet sich auch die **Kitchener-Insel**, die wegen ihres üppigen Botanischen Gartens auch Pflanzeninsel genannt wird. 20 Kilometer weiter südlich liegt auf der Insel Agilika ein der Göttin Isis geweihter Tempel, der sich ursprünglich auf der Insel **Philae** befand. Wegen Überschwemmungen musste der Tempel 1980 auf das höhere Agilika verlagert werden. In dem Tempel, Assuans archäologischer Hauptattraktion, finden sehenswerte Sound-and-Light-Shows statt.

Ein Ausflugsziel 40 Kilometer nördlich von Assuan ist **Darau** mit Ägyptens größtem Kamelmarkt.

Für viele Touristen ist eine Besichtigung der beiden DÄMME, des **Assuan-Staudamms** und des **Assuan-Hochdamms**, sehr interessant. Der nördlichere, von Assuan etwa fünf Kilometer entfernte, ältere, 35 Meter breite Staudamm verläuft über eine Länge von zwei Kilometern. Obwohl er die ägyptische Kulturlandschaft stark erweitere, reichte seine „Leistung" aufgrund des großen Bevölkerungswachstums nicht mehr aus. Deshalb begann in den 60er-Jahren mit Unterstützung der Sowjetunion der Bau eines neuen, größeren Dammes. Dieser rund sieben Kilometer südlich gelegene Hochdamm ist 11 Meter hoch, 3.500 Meter lang und 1.000 Meter breit. Die aufgestauten, enormen Wassermassen bilden den größten künstlichen See der Welt, den Nasser-Stausee.

NASSER-STAUSEE / ABU SIMBEL

Ausflüge nach Abu Simbel, am südlichen Westufer des Nassersees gelegen, sind meistens nicht in den Preisen der Nilkreuzfahrten enthalten, sondern müssen als fakultative Ausflüge extra gebucht und bezahlt werden. Diese Touren ab dem rund 300 Kilometer entfernten Assuan werden per Bus (Fahrtdauer einfach etwa vier Stunden) oder Flugzeug (Flugdauer zum Flughafen ABS eine knappe Stunde) durchgeführt. Für die Besichtigung Abu Simbels werden in beiden Fällen etwa zwei Stunden Zeit eingeplant. Außerdem wird Abu Simbel auf Kreuzfahrten auf dem Nassersee besichtigt; nur wenige Kreuzfahrtschiffe befahren den See. Passagiere, die zuvor eine Nilkreuzfahrt machen, müssen in Assuan aus- und auf einem anderen Schiff auf dem See wieder einchecken.

Im Rahmen einer – meist dreitägigen – Kreuzfahrt auf dem NASSERSEE besichtigt man zunächst den großen **Kalabscha-Tempel** am Westufer des Sees, nahe des Hochdammes. Der dem nubischen Gott Mandulis und der ägyptischen Göttin Isis geweihte Tempel diente nach der Christianisierung Ägyptens als Kirche. In der Nähe liegt mit **Beit el Wali** der nächste sehenswerte Tempel. Weitere Stationen sind der äthiopische Tempel **Dakka**, der Amun-Re-Tempel von **Wadi el-Sebua**, der Felsentempel von **Amada** und die Ruinen der römischen Festung **Kasr Ibrim**. Die meisten genannten Tempel mussten in den 60er-Jahren aus dem Gebiet des heutigen Sees an ihren jetzigen Platz versetzt werden. 50 Kilometer weiter südwestlich, unweit der Grenze zum Sudan, liegt schließlich Abu Simbel, das wegen der Anlage des Sees ebenfalls während einer dreijährigen, sehr kostspieligen Aktion hierher verlegt werden musste.

Die Felsentempel, die Pharao Ramses II. im 13. Jh. v. Chr. in ABU SIMBEL bauen ließ, gehören zu den berühmtesten und bedeutendsten Zeugnissen der ägyptischen Hochkultur. Mit dem Heiligtum, das der Pharao dem Hauptgott Amun und sich selbst schuf, sollte die absolute Gottgleichheit des Königs betont werden. Weiterhin zielten die Monumentalbauten darauf ab, einen imposanten Beweis der pharaonischen Macht an der Landesgrenze zu Nubien zu bilden. Der 31 Meter hohe **Große Tempel** mit vier kolossalen, jeweils 20 Meter hohen Sitzfiguren des Pharao und den davor stehenden kleinen Statuen seiner Familie bildet ein berühmtes Wahrzeichen Ägyptens. Zum Allerheiligsten im Inneren des Felsens führt ein etwa 60 Meter langer Gang. Der **Kleine Tempel** ist der Göttin Hathor und Nefertari, der Gattin Ramses II. gewidmet. Auch hier sieht man Kolossalstatuen, die Ramses und Nefertari abbilden.

KOMBINATIONSMÖGLICHKEITEN

KAIRO UND UMGEBUNG

Nilkreuzfahrten werden häufig mit Besuchen der ägyptischen Hauptstadt KAIRO kombiniert.

Zu den zahlreichen Sehenswürdigkeiten der riesigen Metropole zählen zahlreiche Moscheen, darunter die bekannte **Alabaster-Moschee** in der **Zitadelle**.

Kairo bietet auch großartige Museen wie das **Ägyptische Museum** mit bedeutenden Kunstwerken, das **Islamische Museum** und das **Koptische Museum**.

Die Hauptattraktionen Kairos sind jedoch die am Stadtrand gelegenen, weltberühmten **Pyramiden von Gizeh**, die das einzige noch erhaltene der sieben antiken Weltwunder darstellen. Die drei großen und drei kleinen Pyramiden sind etwa 4.600 Jahre alt. Die größte und bekannteste unter den knapp 100 Pyramiden Ägyptens ist die hier gelegene, 137 Meter hohe und 227 Meter lange Cheops-Pyramide. Die Chephren-Pyramide ist nur wenig kleiner; sie wird von dem davor liegenden Sphinx, einer 20 Meter hohen und 73 Meter langen Löwenfigur mit menschlichem Kopf, bewacht. Die drei kleinen Pyramiden dienten als Gräber für Königinnen oder Prinzessinnen, während die großen Pyramiden Grabkammern für die Pharaonen waren. Das Innere der Pyramiden kann teilweise besichtigt werden; der Aufstieg auf die Spitze ist verboten. Häufig werden Besichtigungen des Pyramidengeländes im Rahmen eines Kamelrittes unternommen.

Ein beliebter Ausflug in die UMGEBUNG von Kairo führt ins etwa 15 Kilometer von Gizeh entfernte **Sakkara**, das als Nekropole von Memphis diente. Hier kann man die Stufenpyramide, die älteste Pyramide überhaupt, besichtigen. Von der alten Hauptstadt **Memphis** sind heute nur noch sehr spärliche Ruinen erhalten, darunter eine Alabastersphinx und eine Kolossalstatue Ramses II.

ROTES MEER

Sehr viele Urlauber kombinieren ihre Studienreise bzw. Nilkreuzfahrt mit einem Badeurlaub am Roten Meer, mit dem sich das nachfolgende Kapitel befasst.

1.8.2 ROTES MEER

Das Rote Meer, ein lang gestrecktes, etwa 440.000 qkm großes Nebenmeer des Indischen Ozeans, trennt den Nordosten Afrikas von der Arabischen Halbinsel. Im Norden ragt die ägyptische Halbinsel **Sinai** in das Meer und bildet den westlichen **Golf von Suez** und den östlichen **Golf von Aqaba**. Auch die **Ostküste** des ägyptischen Festlandes liegt am Roten Meer.

Aufgrund der schönen Strände, des trocken-warmen Wüstenklimas und nicht zuletzt wegen der phantastischen Unterwasserwelt, die das Rote Meer bietet, haben sich in den letzten Jahren an seinen ägyptischen Küsten beliebte Feriengebiete entwickelt. Das Zentrum des Tourismus ist das auf dem Festland gelegene Hurghada. Nach **Hurghada,** nach **Marsa Alam,** (etwa 200 Kilometer südlich von Hurgharda) und nach **Sharm-el-Sheik** an der Südspitze des Sinai gibt es sowohl innerägyptische Flüge als auch Charterflüge ab Deutschland. Die relativ neuen, aufstrebenden Ferienorte bieten mit meist hochwertigen Hotels beste Möglichkeiten für Ruhe- und Erholungssuchende. In der näheren Umgebung, deren Landschaft von Wüste geprägt ist, gibt es jedoch nur wenig Unterhaltungs- und Besichtigungsmöglichkeiten. Reisenden, die ihren Badeurlaub nicht mit einer Rundreise verbinden, sind ein- oder mehrtägige Ausflüge zu historisch und kulturell bedeutsamen Stätten wie Luxor oder Kairo sehr zu empfehlen. Wird ein Badeurlaub in Hurghada mit einer Nilkreuzfahrt verbunden, erfolgt der Transfer zwischen Luxor und Hurghada (Entfernung knapp 300 Kilometer, Fahrtdauer dreieinhalb Stunden) meist mit dem Bus/Pkw. Aufgrund der Sicherheitsvorkehrungen werden diese Fahrten durch die Wüste im Konvoi durchgeführt.

REGION HURGHADA

Der touristisch am besten erschlossene ägyptische Badeort am Roten Meer ist das über 500 Kilometer von Kairo entfernte **Hurghada**. Die Touristensiedlung mit langen, schönen Sandstränden erstreckt sich über 20 Kilometer entlang der Küste des Roten Meeres und dehnt sich weiterhin aus; in und um Hurghada wird sehr viel gebaut. Hier gibt es zahlreiche Hotels und Clubresorts mit vielfältigen Sportmöglichkeiten. Die Anlagen sind selten „klotzig“, sondern meist flach und im landestypischen Stil gebaut. Besonders gut eignet sich die Gegend mit ihrem Korallenriff zum Tauchen und Schnorcheln, aber auch zum Surfen; einige Hotels haben eigene Tauchbasen. Nichttaucher können die Unterwasserwelt auf Ausflügen mit dem Glasbodenboot oder U-Boot bewundern. „Normale“ Bootstouren führen zu vorgelagerten Inseln. Eine weitere, häufig von Touristen unternommene Abwechslung stellen Wüstentouren dar.

Rund 20 bis 30 Kilometer nördlich von Hurghada befindet sich die Urbanisation **El Gouna** auf einer von Lagunen umgebenen Halbinsel. Der Ort ist im Stil eines nubischen Dorfes gebaut und gilt als recht exklusiv. In El Gouna gibt es kleine Restaurants, ein Einkaufszentrum und einen Golfplatz. Wegen der Lagunenlage haben einige Anlagen in El Gouna nur einen schmalen Strand, jedoch organisieren diese Hotels Transfers zum größeren Hauptstrand am Meer. Die Fahrt vom Flughafen Hurghada zu den Hotels in El Gouna dauert etwa 45 Minuten.

Südlich von Hurghada liegen die noch etwas ruhigeren und weniger verbauten Ferienorte **Makadi Beach** (etwa 30 Kilometer) in einer Bucht, **Soma Bay** (etwa 40 Kilometer) mit besonders schönem Strand und **Safaga** (etwa 60 Kilometer), das sehr gut zum Surfen geeignet ist und einen Golfplatz bietet. Auch hier bestehen überall gute Tauchmöglichkeiten. Die Transferdauer vom Flughafen Hurghada in die genannten Orte beträgt 45 bis 60 Minuten.

Noch weiter südlich, 150 bis 200 Kilometer entfernt von Hurghada, liegen **El Quseir** mit schöner Altstadt und **Marsa Alam**, beides noch relativ ruhige Badeorte, die besonders begeisterten Tauchern zu empfehlen sind. Da diese Region sich immer größerer touristischer Beliebtheit erfreut, wurde im Oktober 2001 zwischen El Quseir und Marsa Alam ein neuer Flughafen eröffnet, zu dem es Charterverbindungen ab Deutschland gibt. Bei vielen Veranstaltern wird die Region jedoch nach wie vor über Hurghada angeboten (der Transfer von dort dauert zwei bis drei Stunden). Südlich von Marsa Alam besteht die touristische Infrastruktur hauptsächlich aus speziellen Tauchcamps.

HALBINSEL SINAI

BADEORTE

Auch auf der Sinai-Halbinsel ist ein Badeaufenthalt – gegebenenfalls im Anschluss an eine Rundreise bzw. Nilkreuzfahrt – möglich. An der Südspitze der Halbinsel liegen der **Unterwasser-Nationalpark** „Ras Muhammed" mit schönen Korallenriffen und der internationale, recht exklusive, aufstrebende Badeort **Sharm-el-Sheik**, der als Taucher- und Badeparadies gilt. Der Ort selbst bietet außer einem Einkaufszentrum wenig Abwechslung. Die Umgebung bilden verschiedene Buchten mit schönen Sandstränden. Die meisten Hotels, die zum Teil ebenfalls eigene Tauchbasen unterhalten, liegen an der etwa sieben Kilometer entfernten **Naama Bay** mit Promenade, Cafés und kleinen Geschäften. Auch auf die anderen Buchten, darunter die wenige Kilometer von Naama Bay entfernte **Shark Bay**, verteilen sich Hotels. Sharm-el-Sheik bietet zwei Golfplätze.

Nördlich von Sharm-el-Sheik, am Golf von Aqaba, erstrecken sich pauschaltouristisch nicht so stark erschlossene und ruhigere Badeorte, von denen aus man die gegenüberliegenden saudi-arabischen Berge sehen kann. Auch diese Urlaubsziele eignen sich hervorragend zum Schnorcheln und Tauchen. Die wichtigsten Ferienorte hier sind **Dahab** (etwa 100 Kilometer von Sharm-el Sheik entfernt), **Nuweiba** (etwa 170 Kilometer) und **Taba** nahe der Grenze zu Israel. Von Nuweiba aus gibt es Schiffsverbindungen nach Aqaba in Jordanien; interessant ist von hier auch ein Ausflug in eine nahe Beduinensiedlung. Der Transfer vom Flughafen SSH nach Dahab und Nuweiba dauert 60 bis 150 Minuten. Das etwa 270 Kilometer von Sharm-el-Sheik entfernte Taba ist am besten über den israelischen Flughafen Elat zu erreichen (➔ Kapitel 1.7.4).

RUNDREISEN

Auch auf Rundreisen wird häufig die Halbinsel Sinai besucht. Ihre kulturelle Hauptattraktion ist das von Sharm-el-Sheik etwa 200 Kilometer entfernte **Katharinenkloster**. Dieses einsame, knapp 1.600 Meter hoch gelegene, festungsartige griechisch-orthodoxe Kloster aus dem 5. Jh. enthält die weltweit wertvollste religiöse Bibliothek nach der des Vatikans und eine große, kostbare Ikonensammlung. Das Katharinenkloster wurde zu Füßen des fast 2.300 Meter hohen **Moses-Berges** (Jebel Musa) an der Stelle erbaut, an der Gott zu Moses aus einem brennenden Dornbusch gesprochen haben soll. Man vermutet, dass der Moses-Berg der biblische Berg Sinai ist, auf dem Moses die zehn Gebote erhielt. Eine Besteigung des Berges zum Sonnenaufgang bzw. Sonnenuntergang ist sehr beliebt und wird häufig im Rahmen von organisierten Touren angeboten. Die Dauer des Aufstiegs beträgt etwa zwei Stunden; ein Teil des Weges kann auch auf dem Rücken von Kamelen zurückgelegt werden.

Mit dem farbenprächtigen **Coloured-Canyon**, in dem häufig Wüstensafaris und -wanderungen sowie Trekkingtouren unternommen werden, bietet die Wüstenhalbinsel Sinai auch eine einzigartige Landschaft.

DEUTSCHLAND

1.) ***Eine Familie mit einem kleinen Kind, das unter Allergien und Hautkrankheiten leidet, plant für den kommenden Juli einen dreiwöchigen Urlaub in Deutschland. Der Arzt empfiehlt als Reiseziel eine Insel mit starkem Reizklima.***

a) *Welche Region und welche Inseln eignen sich besonders gut? Schlagen Sie zwei ganz unterschiedliche Inseln vor. Informieren Sie die Kunden über Lage, Landschaft und Besonderheiten der Inseln. Beschreiben Sie auch kurz die touristische Infrastruktur vor Ort und nennen Sie Ausflugs- und Unternehmungsmöglichkeiten.*

b) *Informieren Sie die Kunden über verschiedene Anreisemöglichkeiten. Die Familie möchte auch wissen, ob die Mitnahme des eigenen Pkw möglich und sinnvoll ist.*

2.) ***Ein älteres Ehepaar plant für den Spätsommer eine Besichtigungs- und Erholungsreise an die Ostsee. Es hat zwei bis drei Wochen Zeit und möchte zum Abschluss einige Tage in Hamburg verbringen.***

a) *Die Kunden können sich nicht entscheiden, ob sie an die westliche oder östliche Küste der Ostsee reisen sollen. Deshalb möchten sie von Ihnen wissen, inwiefern sich die Landschaft und die touristische Infrastruktur beider Regionen unterscheiden.*

b) *Nennen Sie in beiden Regionen jeweils ein lebhaftes Seebad und einen ruhigeren Ferienort. Beschreiben Sie, welche Ausflüge, kulturellen Besichtigungen und Unternehmungen von dort aus möglich sind. Überprüfen Sie auch, ob die von Ihnen vorgeschlagenen Orte mit der Bahn erreichbar sind.*

c) *Stellen Sie für die Kunden ein Besichtigungsprogramm in Hamburg und dortige Abendveranstaltungen, die bereits im Voraus gebucht werden können, zusammen.*

3.) ***Einer Ihrer Stammkunden erwartet im August Besuch von Verwandten aus den USA, mit denen er eine Städtereise nach Berlin und Dresden unternehmen möchte.***

a) *Da der Kunde, der in Köln wohnt, kein Auto hat, soll die Reise mit dem Flugzeug oder mit der Bahn erfolgen. Machen Sie Vorschläge zu beiden Anreisemöglichkeiten und vergleichen Sie die jeweilige Reisedauer.*

b) *Wie viel Zeit sollte der Kunde für die gewünschte Städtereise einplanen, wenn viele Sehenswürdigkeiten, kulturelle Veranstaltungen und Ausflüge in die Umgebung auf dem Programm stehen sollten? Machen Sie konkrete Vorschläge zu allen Punkten. Verschaffen Sie sich in diesem Zusammenhang einen Überblick über entsprechende Angebote auf dem deutschen Veranstaltermarkt.*

4.) ***Zwei befreundete Ehepaare, die jedes Jahr gemeinsam Wanderurlaub machen, planen eine 14-tägige Reise in ein deutsches Mittelgebirge. Den Damen schwebt der Schwarzwald vor, die Herren würden gerne in den Harz fahren.***

a) *Welche Reisezeit empfehlen Sie für Wanderreisen in die genannten Regionen?*

b) *Informieren Sie die Kunden über Ferienorte beider Regionen, in deren Umgebung gute Wandermöglichkeiten bestehen. Die Ehepaare möchten außerdem wissen, welche Besichtigungen, Freizeitaktivitäten und Veranstaltungen es vor Ort gibt. Nennen Sie dabei auch jeweils eine größere sehenswerte Stadt in der Umgebung.*

c) *Nach dem Wanderurlaub möchten die Damen noch einige Tage verlängern, um in einem renommierten Heilbad mit hervorragender Hotellerie Wellness zu genießen. Welche Orte empfehlen Sie? Verschaffen Sie sich mithilfe einschlägiger Veranstalterkataloge einen Überblick über entsprechende Angebote.*

5.) ***Eine Familie aus Magdeburg möchte in den Herbstferien eine 10-tägige Rundreise durch den Süden Bayerns unternehmen und dabei weltberühmte Landschaften mit Bergen, Seen und reizvollen Baudenkmälern kennen lernen.***

a) *Die erste Station der Reise soll die Bayernmetropole München sein; nennen Sie den Kunden die wichtigsten Attraktionen der Stadt und ihrer Umgebung. Wie viel Zeit sollte für die Besichtigungen dort eingeplant werden? Raten Sie den Kunden, für den geplanten Reisetermin eine Unterkunft in München vorab zu buchen, und weshalb?*

b) *Nennen Sie einige Regionen, deren Besuch Sie der Familie im Rahmen der Rundreise empfehlen. Welche Sehenswürdigkeiten und Orte sollten die Kunden dort auf keinen Fall verpassen?*

2. DEUTSCHLAND

Die Bundesrepublik Deutschland liegt in **Mitteleuropa**, zwischen dem 47. und 55. Grad nördlicher Breite. Mit einer Gesamtfläche von fast 357.000 qkm ist sie der sechstgrößte Staat Europas nach Russland, der Ukraine, Frankreich, Spanien und Schweden. Deutschland erstreckt sich zwischen der **Nordsee** und der **Ostsee** im Norden sowie den **Alpen**, dem höchsten Gebirge Europas, im Süden. Die größte Ausdehnung des Landes beträgt knapp 880 Kilometer von Norden nach Süden und rund 750 Kilometer von Osten nach Westen. Die zentrale Lage im Herzen Europas macht Deutschland zu einem wichtigen Bindeglied zwischen Nord-, Süd-, Ost- und Westeuropa. Es ist das europäische Land mit den meisten Nachbarstaaten: Im Norden grenzt Deutschland an Dänemark, im Osten an Polen und die Tschechische Republik, im Südosten und Süden an Österreich, im Süden auch an die Schweiz und im Westen an Frankreich, Luxemburg, Belgien und die Niederlande (Aufzählung im Uhrzeigersinn).

Deutschland ist ein föderativer Bundesstaat mit 16 **Bundesländern** (elf „alte" Bundesländer im Westen und fünf „neue" Bundesländer im Osten). Hauptstadt und größte Stadt des Landes ist das im Nordosten gelegene **Berlin**. Deutschland ist eines der Gründungsmitglieder der **EU**, seit den 50er-Jahren Mitglied der **NATO** und gehört zu den die Weltwirtschaft anführenden **G8**-Staaten.

LANDSCHAFTLICHE GROSSRÄUME

Gut 50 % der Gesamtfläche Deutschlands werden landwirtschaftlich genutzt, etwa 30 % sind bewaldet (Laub- und Nadelwälder). Die übrige Fläche nehmen Siedlungs- und Verkehrsraum ein. Die vielfältigen Landschaften Deutschlands lassen sich grob in drei Großräume unterteilen:

Im Norden erstreckt sich das **Norddeutsche Tiefland**, von der dänischen Grenze und den Küsten ausgehend, etwa 150 bis 500 Kilometer in Richtung Süden. Das Tiefland reicht im Südosten fast bis ans Elbsandsteingebirge, im Südwesten bis an den Niederrhein. Die Tiefebene, deren maximale Höhe 300 Meter beträgt, umfasst neben den Küstengebieten flache Marsch-, Wald-, Heide- und Moränenlandschaften, die von Seenplatten geprägt sind.

Ans Norddeutsche Tiefland schließt sich die einige hundert Kilometer breite **Mittelgebirgsschwelle** an, die sich zwischen den südlichen Eckpunkten der Tiefebene ins Tiefland wölbt. Die meisten der rund 30 waldreichen Mittelgebirge verteilen sich mosaikartig über das mittlere und südliche Deutschland. Zwischen den – 500 bis 1.500 Meter hohen – Mittelgebirgsbergen mit ihren flachen, bewaldeten Kuppen liegen Becken- und Hügellandschaften sowie Flusstäler. Zu den höchsten und meistbesuchten Mittelgebirgen gehören Harz, Erzgebirge, Schwarzwald und Bayerischer Wald.

Südlich der Donau folgt auf die Mittelgebirgsschwelle das allmählich bis 800 Meter ansteigende **Alpenvorland**, das von Hügelland, aus den Alpen kommenden Flüssen, feuchten Niederungen und Seenlandschaften geprägt ist. Das Alpenvorland reicht bis an den Rand der **Alpen** (➔ Kapitel 3.1, Alpenraum), an denen Deutschland im äußersten Süden einen kleinen Anteil hat. Hier liegen – nördlich des Gebirgshauptkamms – bis zu knapp 3.000 Meter hohe Berge.

BERGE / FLÜSSE / SEEN / INSELN

Der höchste BERG Deutschlands ist die 2.962 Meter hohe **Zugspitze** im Wettersteingebirge, direkt an der österreichischen Grenze in den Alpen gelegen. Weitere über 2.000 Meter hohe Berge weisen die Allgäuer Alpen und die Berchtesgadener Alpen auf. Alle Hochgebirgsgipfel erstrecken sich auf dem Gebiet des Bundeslandes Bayern.

Der höchste deutsche Gipfel der Mittelgebirge ist der 1.493 Meter hohe **Feldberg** im Schwarzwald, weitere über 1.000 Meter hohe Berge liegen in den Mittelgebirgen Bayerischer Wald (Großer Arber), Erzgebirge (Fichtelberg) und Harz (Brocken).

Durch Deutschland fließen mehrere bedeutende FLÜSSE. Der längste deutsche Fluss ist der **Rhein**, von dessen gut 1.300 Kilometer Gesamtlänge 865 Kilometer auf deutsches Staatsgebiet entfallen. Der Strom, der im Südwesten Deutschlands die natürliche Grenze zur Schweiz und zu Frankreich bildet, entspringt in der Schweiz und mündet in den Niederlanden in die Nordsee. Zu Deutschlands längsten Flüssen gehören außerdem die **Elbe** (der im tschechischen Riesengebirge entspringende, insgesamt 1.160 Kilometer lange Strom verläuft über 700 Kilometer durch Ost- und Norddeutschland und mündet hier in die Nordsee), die **Donau** (der mit 2.858 Kilometer zweitlängste Strom Europas entspringt am Ostrand des Schwarzwalds, fließt auf knapp 650 Kilometer durch Deutschland und mündet nach seinem Verlauf durch insgesamt zehn Staaten ins Schwarze Meer) und der 524 Kilometer lange **Main** (der im bayerischen Fichtelgebirge entspringt und bei Mainz in den Rhein mündet). Diese Flüsse sind in weiten Teilen schiffbar und stellen bedeutende Wasserstraßen dar; häufig verkehren hier auch Ausflugs- und Linienschiffe.

In den verschiedensten Regionen Deutschlands erstrecken sich größere SEEN, die beliebte Ferienziele darstellen. Der größte darunter ist der im Südwesten gelegene **Bodensee**, den sich Deutschland mit der Schweiz und Österreich teilt; zu Deutschland gehören gut 300 qkm des knapp 540 qkm umfassenden Sees. Weitere größere Seen weisen Mecklenburg im Nordosten (Mecklenburgische Seenplatte) und Oberbayern im Südosten auf.

Zu Deutschland gehören mehrere INSELN in der Nord- und Ostsee, von denen hier nur die bedeutendsten genannt werden. Deutschlands größte Insel ist **Rügen**, wie Fehmarn, Hiddensee und Usedom in der Ostsee gelegen. Deutsche Nordseeinseln sind Helgoland, die Ostfriesischen Inseln und einige Nordfriesische Inseln, darunter die größte deutsche Nordseeinsel **Sylt**.

Deutschland liegt in der **gemäßigten Klimazone** mit vier ausgeprägten Jahreszeiten. Innerhalb des Landes gibt es klimatische Unterschiede: Während das Klima im Norden und Nordwesten ozeanisch geprägt ist, mäßig warme Sommer, milde Winter, hohe Luftfeuchtigkeit und viel Wind aufweist, beherrschen das Klima im Osten und Süden Deutschlands eher kontinentale Einflüsse; die Sommer sind hier wärmer, die Winter kälter.

Das Wetter in Deutschland ist relativ unbeständig und weist ganzjährig, jedoch verstärkt in den Sommermonaten, Niederschläge auf. Die Niederschlagsmengen nehmen von Norden nach Süden hin zu; den höchsten Jahresniederschlag haben die Alpen. Im Winter fällt in weiten Teilen Deutschlands, vor allem in Höhenlagen über 450 Meter, der Niederschlag als Schnee, der aber oft nicht sehr lange liegen bleibt. Im Hochsommer bzw. Hochwinter kommt es häufig zu längeren Wärme- bzw. Kälteperioden. Das wärmste Klima Deutschlands haben die Flusstäler, die deshalb häufig als Weinbaugebiete genutzt werden. In diesem Zusammenhang sind vor allem die Täler des Oberrheins – so heißt der Rhein zwischen Basel und Mainz – und des Neckars zu nennen. In den Höhenlagen der höheren Mittelgebirge und der Alpen liegen die Durchschnittstemperaturen allgemein niedriger; die deutschen Alpen weisen Gebirgsklima auf (➔ Kapitel 3.1 Alpenraum).

Obwohl es keine einheitliche ideale **Reisezeit** für ganz Deutschland gibt – diese variiert je nach Region und Reiseart – kann man allgemein sagen, dass der Sommer sich als Reisezeit für die meisten deutschen Feriengebiete sehr gut eignet. Die höheren Mittelgebirge und die Alpen werden häufig auch im Winter, vor allem von Wintersportlern, bereist. In der Regel sind im Winter Höhen oberhalb von 800 Meter recht schneesicher. In den Übergangszeiten Frühjahr und Herbst werden besonders häufig Städtereisen unternommen. Während dieser Zeit ziehen aber auch die malerischen Flusstäler und die Mittelgebirge zahlreiche Erholungssuchende sowie Wanderer an.

Deutschland ist mit gut 82 Millionen Einwohnern das bevölkerungsreichste Land Westeuropas. Die **Bevölkerungsdichte** liegt in den einzelnen Regionen unterschiedlich hoch. Während die Stadtstaaten Berlin, Hamburg und Bremen sowie das bevölkerungsreichste Bundesland Nordrhein-Westfalen eine sehr hohe Bevölkerungsdichte aufweisen, sind gerade Mecklenburg-Vorpommern in den neuen Ländern und Niedersachsen in den alten Ländern relativ dünn besiedelt. Die durchschnittliche Bevölkerungsdichte liegt bei 230 Einwohnern/qkm.

Etwa 86 % der deutschen Bevölkerung leben in Städten. Deutsche **Millionenstädte** sind Berlin, Hamburg, München und Köln (Köln hat knapp eine Million Einwohner). Weitere bedeutende städtische **Ballungszentren** sind das Rhein-Ruhrgebiet in Nordrhein-Westfalen und das Rhein-Main-Gebiet um die fünftgrößte deutsche Stadt Frankfurt am Main (gut 650.000 Einwohner).

In bestimmten Regionen Deutschlands leben kleine dänische, friesische und sorbische **Minderheiten** (Dänen und Friesen im Norden, Sorben in Brandenburg und Sachsen). Die Vorfahren der etwa 100.000 Sorben sind Slawen, die im Zuge der Völkerwanderung nach Ostdeutschland kamen. Die Sprache der Sorben gilt in deren Gebieten (Lausitz/Spreewald) als gleichberechtigt. In den Gebieten der dänischen Minderheit (Schleswig) ist Dänisch teilweise auch Schulsprache.

Die meisten Einwohner Deutschlands gehören der christlichen **Religion** an. Zur evangelischen Kirche bekennen sich knapp 36 % der Bevölkerung, zur katholischen Kirche knapp 35 %. In den Regionen verteilt sich die Konfessionszugehörigkeit ganz unterschiedlich: In Süd- und Westdeutschland überwiegt stark der Anteil der Katholiken, in Nord- und Ostdeutschland der Anteil der Protestanten; diese Verteilung war bereits während der Reformation ähnlich. Etwa 25 % der Deutschen sind konfessionslos, kleine Bevölkerungsgruppen glauben an weitere christliche Konfessionen. Etwa 1,7 Millionen in Deutschland lebende Menschen sind Moslems, kleine Minderheiten gehören der jüdischen Religion und weiteren Glaubensgemeinschaften an.

Deutschland hat, nicht zuletzt aufgrund seiner zentralen Lage in Mitteleuropa und seiner wirtschaftlichen Bedeutung, eines der dichtesten Verkehrsnetze in Europa. Nahezu alle Regionen des Landes sind in die verkehrstechnische Infrastruktur einbezogen. Auch die Verkehrsverbindungen in die Nachbarländer sind sehr gut.

STRASSENVERKEHR

Im deutschen Reiseverkehr hat der Straßenverkehr die größte Bedeutung. 48,5 % aller Reisen deutscher Urlauber wurden im Jahr 2001 mit dem Pkw unternommen. Hinzu kommen Busreisen, die 9,7 % der Urlaubsreisen ausmachten. Das **Straßennetz** wird ständig erweitert; entsprechend einer verfassungsgemäßen Angleichung der Lebensbedingungen des ganzen Landes wurden in den letzten Jahren – und werden noch immer – vor allem in den neuen Bundesländern die Straßen verstärkt ausgebaut. Das deutsche Straßennetz umfasst derzeit insgesamt rund 630.000 Kilometer und setzt sich zusammen aus Autobahnen (rund 11.000 Kilometer), Bundes-, Land- und Kreisstraßen. Die Benutzung aller Straßen in Deutschland ist (noch) gebührenfrei.

Die wichtigsten **Straßenfernverbindungen** durch Deutschland stellen die Autobahnen dar. Anders als in einigen anderen europäischen Ländern (z. B. Frankreich) ist das Fernverkehrsnetz nicht auf einen einzigen zentralen Knotenpunkt ausgerichtet, sondern bietet sowohl mehrere sehr gut ausgebaute Verbindungen von Norden nach Süden als auch von Westen nach Osten zwischen den großen Städten und Ballungszentren. Für den Tourismus sind außerdem **Ferienstraßen**, die unter dem Stichpunkt Attraktionsfaktoren beschrieben werden, von Bedeutung.

BAHN-/BUSVERKEHR

Das flächendeckende **Schienennetz der DB** (Deutsche Bahn) umfasst derzeit rund 44.000 Kilometer. Mit 6,7 % Anteil am Gesamtaufkommen an Urlaubsreisen stand die Bahn im Jahr 2001 an vierter Stelle der genutzten Verkehrsmittel nach Pkw, Flug und Bus. Dennoch spielt der Zug im innerdeutschen Reiseverkehr – besonders im Geschäftsreise-, Pendel- und Besuchsverkehr – eine bedeutende Rolle. Gerade im Hinblick auf die Umweltfreundlichkeit der Bahn wird dies sicherlich auch in Zukunft der Fall sein. Das Bahnnetz wurde in Deutschland in den letzten Jahren – vor allem in den neuen Bundesländern – stark erweitert, vielerorts wurden Hochgeschwindigkeitstrassen gebaut. Künftig sollen jedoch einige unrentable Nebenstrecken stillgelegt werden.

Auch im Schienenverkehr gibt es nicht nur eine große Verkehrszentrale, an der alle Hauptstrecken zusammenlaufen, sondern mehrere große Fernverkehrslinien von Norden nach Süden und von Westen nach Osten. Zu den bedeutendsten deutschen **Bahnknotenpunkten** gehören Berlin, Hamburg, Köln, Frankfurt und München. Gerade von diesen Bahnhöfen bestehen sehr gute Verbindungen in alle Teile Deutschlands sowie nach ganz Europa (ab Berlin nach Osteuropa, ab Hamburg nach Skandinavien, ab Köln nach Westeuropa und ab München nach Süd-/Südosteuropa). Sehr gut sind auch die Verbindungen innerhalb der Ballungsräume.

Der Bahnverkehr in Deutschland wird unterteilt in Fern- und Nahverkehr. Zu den Zügen des **Fernverkehrs** gehören ICE (InterCityExpress; Hochgeschwindigkeitszüge, die zum Teil auch ins Ausland fahren), EC/IC (Eurocity ins Ausland/Intercity im Inland), D-Züge und IR (Interregio). Besondere Fernzüge sind ICE-Sprinter (ab Frankfurt nach Berlin, München und Hamburg mit keinem bzw. nur einem Halt), Metropolitan (zwischen Köln/Ruhrgebiet und Hamburg), Thalys (ab Köln nach Brüssel und Paris) und Cisalpino (ab Stuttgart über Zürich und das Tessin nach Mailand). Dem **Nahverkehr** werden IRE (Interregio Express), RE (Regionalexpress), RB (Regionalbahn), und S-Bahn (innerhalb der Ballungszentren) zugerechnet.

Darüber hinaus verkehren – häufig auch ins Ausland – **Nachtzüge**, die Schlaf- und Liegewagen führen. Dies sind reguläre Nachtreisezüge sowie die besonders komfortablen NZ (Nachtzüge) und CNL (City Night Line). Eine gute Alternative für Urlauber, die nicht selbst mit dem Auto zu ihrem Urlaubsziel fahren, am Urlaubsort aber nicht auf den eigenen Pkw verzichten möchten, stellen Autoreisezüge dar. Je nach Saison verkehren ab 17 deutschen Verladestationen **DB-Autozüge** zu fast 30 attraktiven Zielen im In- und Ausland, vor allem nach Frankreich, Italien und Österreich.

DB-Fahrscheine können außer für Bahnstrecken innerhalb Deutschlands und ins Ausland auch für einige Strecken ausgestellt werden, die nicht oder nur teilweise zur DB gehören. Dies betrifft den Seeverkehr zu den Nordseeinseln, teilweise den Verkehr mit Ostseefähren und die Schifffahrt auf einigen deutschen Seen und Flüssen. Auch auf einigen Privat-, Berg- und Museumsbahnen (nichtbundeseigene Eisenbahnen = NE-Bahnen) haben DB-Fahrscheine Gültigkeit. Für den See- und NE- Verkehr wird in der Bahnsprache häufig der Begriff **Wechselverkehr** genutzt.

In Fremdenverkehrsgebieten, die keine allzu gute Schienenanbindung haben, ergänzen Buslinien den Schienenverkehr. Die DB ist Hauptgesellschafter der Linienbusgesellschaft Touring, deren Busse ebenfalls innerhalb Deutschlands verkehren, unter anderem auf den Ferienstraßen „Romantische Straße“ und „Burgenstraße“.

In Zusammenarbeit mit Eurolines, einem länderübergreifenden Verband namhafter europäischer Busunternehmen, betreibt Touring auch Fernbuslinien ins Ausland. Touring funktioniert außerdem als Reiseveranstalter, der pauschale Urlaubs- und Städtereisen ins In- und Ausland organisiert. Im Vergleich zur Bahn spielt der **Linienbusfernverkehr** in Deutschland keine allzu große Rolle.

Für den öffentlichen **Nah- und Stadtverkehr** haben Busse natürlich größere Bedeutung, in größeren Städten ebenso U- und S-Bahnen und/oder Straßenbahnen. Die Organisation des öffentlichen Nahverkehrs in den Städten, Ballungszentren und in die umliegenden Regionen erfolgt durch so genannte Verkehrsverbünde, deren Fahrscheine teilweise auch auf DB-Strecken gelten.

FLUGVERKEHR

Deutschland wird von über 100 internationalen **Linienfluggesellschaften** angeflogen. Die häufigsten und vielseitigsten Flugverbindungen ab Deutschland bietet die Fluggesellschaft Deutsche Lufthansa (LH, eine der größten Fluggesellschaften der Welt) gemeinsam mit ihren Star-Alliance-Partnern aus allen Teilen der Welt. Weitere deutsche Linienfluggesellschaften sind die Deutsche BA (DI), Eurowings (EW) und kleinere, regionale Airlines.

Charterfluggesellschaften befördern deutsche Urlauber vor allem in die beliebten Ferienregionen im Mittelmeerraum, aber auch zu Fernzielen in Amerika, Afrika und Asien. Die größten deutschen Charterfluggesellschaften sind Thomas Cook (DE, der „alte“ und bekanntere Name ist Condor), Hapag Lloyd (HF, Unternehmen der TUI AG), LTU (LT), Air Berlin (AB), Aero Lloyd (YP) und Germania (ST). Im Jahr 2001 nutzten 33,7 % der deutschen Urlaubsreisenden das Flugzeug als Verkehrsmittel.

Der bedeutendste deutsche Flughafen mit den meisten internationalen Flugverbindungen in alle Welt ist Frankfurt am Main (FRA), gefolgt von München (MUC). Frankfurt gehört zu den größten Verkehrsflughäfen Europas und dient häufig auch als Transitflughafen. Weitere internationale **Flughäfen** gibt es in Berlin (BER; mehrere Flughäfen), Dresden (DRS), Leipzig/Halle (LEJ), Hamburg (HAM), Bremen (BRE), Hannover (HAJ), Münster/Osnabrück (FMO), Paderborn (PAD), Dortmund (DTM), Düsseldorf (DUS), Köln/Bonn (CGN), Hahn (HHN; dieser Flughafen wird auch dem etwa 120 Kilometer östlichen Frankfurt zugeordnet), Stuttgart (STR) und Nürnberg (NUE). Weitere Flughäfen, von denen nationale Flüge und/oder Charterflüge – meist nach Spanien – abgehen, sind Kiel (KEL), Lübeck (LBC), Rostock (RLG), Neubrandenburg (FNB), Altenburg-Gera (AOC), Erfurt (ERF), Mönchengladbach (MGL), Kassel (KSF), Mannheim (MHG), Bayreuth (BYU), Hof (HHQ), Augsburg (AGB; dieser Flughafen wird auch München zugeordnet), Karlsruhe/Baden-Baden (FKB), Saarbrücken (SCN) und Friedrichshafen (FDH). Im Sommer werden auch einige Inseln, vor allem Sylt (GWT) und Usedom (HDF), per Linie angeflogen.

SCHIFFSVERKEHR

Das Netz der **Binnenwasserstraßen** auf deutschen Flüssen und Kanälen beträgt insgesamt rund 7.350 Kilometer. Die wichtigsten Wasserstraßen bilden der Rhein und die Elbe, bedeutende Kanäle sind der knapp 300 Kilometer lange Main-Donau-Kanal (über den Verbindung zwischen der Nordsee und dem Schwarzen Meer besteht) und der 100 Kilometer lange Nord-Ostsee-Kanal. Die Flüsse haben vor allem große Bedeutung für den Güterverkehr; der weltweit größte Binnenhafen liegt mit Duisburg am Rhein. Auf einigen Flüssen finden auch Flusskreuzfahrten und Ausflugsschifffahrt statt.

Auch auf den größten **Seen** Deutschlands wird Passagierschifffahrt betrieben. In diesem Zusammenhang ist vor allem der Bodensee zu erwähnen, auf dem auch Schiffe in die Schweiz und nach Österreich verkehren.

Entlang der Küsten von **Nord- und Ostsee** und zu den Inseln verkehren – vor allem im Sommer – Fähren, die häufig auch im Rahmen der Ausflugsschifffahrt genutzt werden. Die deutschen Inseln sind teilweise auch über Brücken und Dämme erreichbar.

Von einigen Seehäfen Deutschlands gibt es sehr gute internationale Fährverbindungen. Wichtige Ostseehäfen nach Dänemark, Schweden, Norwegen, Finnland, Russland und ins Baltikum sind Kiel, Puttgarden (auf der Insel Fehmarn), Lübeck, Rostock und Saßnitz (auf der Insel Rügen). Ab Cuxhaven bestehen Fährverbindungen nach Harwich in Großbritannien.

Die genannten Häfen sowie Bremerhaven und Cuxhaven an der Nordsee sind in der Sommersaison häufig Ausgangs- und/oder Endstation für Ostsee- und Nordlandkreuzfahrten, für Kreuzfahrten rund um Westeuropa und zu den Britischen Inseln. Genauere Informationen zu den Fährverbindungen und Kreuzfahrten durch die Nord- und Ostsee sind in den jeweiligen Regionskapiteln zu finden.

Die Zahl der Touristenunterkünfte aller Kategorien und Größenordnungen, vor allem der Hotels und Pensionen, ist in Deutschlands Städten und Touristenregionen sehr umfangreich. Etwa die Hälfte der Hotelunterkünfte ist dem **Dehoga** (Deutscher Hotel- und Gaststättenverband) angeschlossen.

Viele Hotels gehören zu internationalen oder nationalen Hotelketten, darunter Kempinski, Maritim, Steigenberger, Dorint und Intercity-Hotels, letztere meist in unmittelbarer Nähe der Bahnhöfe. Eine exklusive Unterkunftsmöglichkeit stellen Quartiere in alten Schlössern, Burgen und Klöstern dar. Diese Unterkünfte haben sich in der Vereinigung „Gast im Schloss“ zusammengetan. Sehr originell ausgestattet sind die in mehreren Städten vorhandenen „Designhotels“. Neben Hotels gibt es außerdem zahlreiche Pensionen und Landgasthöfe sowie landwirtschaftliche Betriebe, die Urlaub auf dem Bauernhof anbieten (hierfür gibt es eine eigene Broschüre, die bei der DZT erhältlich ist).

Außerdem existiert eine Reihe von speziellen Beherbergungsarten, die als **Parahotellerie** bezeichnet wird: Ferienwohnungen und -häuser, Jugendherbergen, Campingplätze, Privatzimmer, Sanatorien/Kurkrankenhäuser und Ferienlager.

Obwohl es in Deutschland (noch) keine offizielle **Kategorisierung** der Hotels gibt, entwickeln Reiseveranstalter oder andere Institutionen eigene Bewertungskriterien und unterteilen die angebotenen Unterkünfte in Kategorien (Sterne, Punkte, Sonnen, Kronen etc.) von 1 bis 5. Hotels der absoluten Spitzenkategorie, von denen in Deutschland zahlreiche vorhanden sind, werden teilweise auch mit sechs „Sternen“ bewertet.

Um sich offiziell als Hotel, Pension etc. bezeichnen zu dürfen, müssen die Unterkünfte bestimmte **Voraussetzungen** erfüllen:

„Hotels“ müssen jedermann zugänglich sein, mindestens ein öffentliches Restaurant und mehrere Aufenthaltsräume haben.

Ein „Hotel garni“ muss seinen Gästen im Gegensatz zu Hotels nur Frühstück servieren.

„Gasthöfe“ haben abgesehen von Aufenthaltsräumen die gleichen Bedingungen zu erfüllen wie Hotels.

„Pensionen“ müssen weder Restaurant noch Aufenthaltsräume vorweisen, ihren Gästen neben Unterkunft aber auch Verpflegung bieten.

Zu Deutschlands bedeutendsten Attraktionsfaktoren gehören seine vielfältigen Landschaften, die meist eine sehr gute touristische Infrastruktur aufweisen, sowie die weltberühmte Kultur.

LANDSCHAFTEN

Die meistbesuchten deutschen Landschaften sind die **Küsten** an Nord- und Ostsee, die **Inseln** und größeren **Seen**. Sie werden vorrangig während der Sommersaison – gerade von jungen Familien – als Bade- und Wassersportziele besucht, bilden aber auch zu anderen Jahreszeiten beliebte Erholungsziele. Häufig besuchte Regionen sind auch die waldreichen **Mittelgebirge** und lieblichen **Flusstäler**. Während besonders höhere Mittelgebirge als Ziel für längere „Sommerfrischen“ und als Wintersportziele dienen, eignen sich die Mittelgebirge in der Nähe großer Ballungsräume gut als Naherholungsziele für die Städter. Die Mittelgebirge ziehen mit ausgeglichenem Klima, guten Wandermöglichkeiten und Kurorten auch viele ältere Gäste an. Nahezu alle Zielgruppen besuchen ganzjährig häufig die deutschen Alpen. Neben bis zu fast 3.000 Meter hohen **Berglandschaften** mit guten Sportmöglichkeiten (Wintersport, Bergwandern, Klettern) bieten sie viele schöne Seen.

Selbst im dicht besiedelten Industriestaat Deutschland findet man noch relativ ursprüngliche Landschaften. Zu den ländlichsten Gebieten zählen Landstriche in Bayern und in Norddeutschland, wo häufig „Urlaub auf dem Bauernhof" möglich ist. Um besondere Landschaften zu erhalten, sind Schutzmaßnahmen erforderlich. Deshalb wurden in Deutschland spezielle Schutzgebiete eingerichtet: 13 Nationalparks, über 80 Naturparks und 13 Biosphärenreservate. Den höchsten „Rang" unter den Schutzgebieten haben die **Nationalparks**, die wie in vielen Ländern der Welt eingerichtet wurden, um Gebiete besonderer Eigenart mit artenreichem, nicht allzu stark vom Menschen beeinflussten Pflanzen- und Tierbestand unter den Schutz der Regierung zu stellen. Wirtschaftliche Nutzung der Landschaft soll hier so weit wie möglich vermieden werden, Besucher sind meist auf bestimmte Wege und Plätze beschränkt. Zu den bekanntesten Nationalparks Deutschlands, die gut zwei Prozent der Gesamtfläche des Landes einnehmen, gehören das gesamte deutsche Wattenmeer, die Vorpommersche Boddenlandschaft, Müritz (Mecklenburgische Seenplatte), Teile der Insel Rügen, des Harzes, der Sächsischen Schweiz, des Bayerischen Waldes und der Berchtesgadener Alpen.

Durch die schönsten Landschaften Deutschlands sowie durch sehenswerte Orte und Städte führen so genannte **Ferienstraßen**, insgesamt etwa 150 landschafts- oder themenbezogene Routen, die meist auf Landstraßen abseits der großen Fernverkehrswege verlaufen. Die älteste Ferienroute ist die 1927 gegründete Deutsche Alpenstraße (Bodensee–Berchtesgadener Alpen), die längste die Deutsche Ferienstraße (Ostsee–Alpen). Zu den berühmtesten Ferienstraßen gehören die Romantische Straße (Würzburg–Augsburg–Füssen), die Burgenstraße (Mannheim–Odenwald–Nürnberg) und die Deutsche Märchenstraße (Hanau–Bremen). Einige weitere Ferienstraßen werden in den jeweiligen Kapiteln über einzelne Regionen vorgestellt.

KULTUR

Da Deutschland noch vor wenigen Jahrhunderten aus vielen selbstständigen Reichsstädten sowie zahllosen weltlichen und kirchlichen Fürstentümern bestand, die sich gegenseitig „übertrumpfen“ wollten, findet man fast überall prächtige **Residenzen** und **Schlösser**. Auch weitere historische **Baudenkmäler** gibt es vielerorts, darunter sogar gut erhaltene Bauwerke aus der Römerzeit wie die Porta Nigra, ein römisches Stadttor in Trier. Viele kleinere deutsche Städte weisen malerische, von Fachwerkhäusern geprägte **Stadtbilder** auf, darunter das vielbesuchte Rothenburg ob der Tauber.

Außerdem gibt es in dem Land, dessen Geschichte so eng mit dem christlichen Glauben verknüpft ist, zahlreiche **Klöster** und **Kirchen** aller Epochen und Baustile. Zu den ältesten gehören Kirchen im Stil der Romanik, der unter den Nachfolgern Karls des Großen entstand, dazu zählen die im 11. Jh. entstandenen Kaiserdome in Worms, Speyer und Mainz. Eine der meistbesuchten Kirchen Deutschlands ist der gotische Kölner Dom, eine der größten Kathedralen Europas.

Deutschland brachte im Laufe seiner bewegten Geschichte zahlreiche große Künstler – darunter Maler, Dichter und Musiker – hervor, deren Werke man in **Museen**, **Theatern**, **Opern- und Konzerthäusern** im ganzen Land bewundern kann. Häufig sind auch die Geburts- und Wirkungsstätten der Künstler Sehenswürdigkeiten, beispielsweise die Goethehäuser in Frankfurt und Weimar, der Stadt der deutschen Klassik. In diesem Zusammenhang sind auch die vielerorts in Deutschland stattfindenden **Festspiele** zu erwähnen, die zahlreiche Besucher anziehen. Zu den berühmtesten Festspielorten in Deutschland gehört Bayreuth, wo alljährlich im Sommer die Wagner-Festspiele aufgeführt werden.

Zur Kultur zählen aber auch **Brauchtum**, Folklore und regionale bzw. örtliche **Feste**, darunter Volksfeste wie das Münchner Oktoberfest, das zahlreiche Besucher aus dem In- und Ausland anzieht, Weinfeste und Weihnachtsmärkte, darunter der berühmte Christkindlmarkt in Nürnberg.

Da es in Deutschland keine kulturell dominante Metropole gab und gibt – wie z. B. in Frankreich –, kann man hier heute viele, ganz unterschiedliche Kulturhochburgen besuchen. **Städtereisen** in die deutschen Metropolen mit ihren guten Einkaufs- und Unterhaltungsmöglichkeiten erfreuen sich deshalb großer Beliebtheit. In einigen deutschen Städten hat sich in den letzten Jahren auch ein „**Musicaltourismus**" entwickelt; in diesem Zusammenhang sind besonders Hamburg, Stuttgart, Köln, Berlin und einige Städte im Ruhrgebiet zu nennen. Die meistbesuchten deutschen Städte werden als „Magic Cities Germany" bezeichnet: Berlin, München, Hamburg, Frankfurt, Köln, Düsseldorf, Dresden, Stuttgart und Hannover. Von touristischer Bedeutung ist außerdem ein Zusammenschluss historischer Städte mit vielen besonderen Sehenswürdigkeiten, die als „Historic Highlights of Germany" bezeichnet werden: Augsburg, Bonn, Bremen, Erfurt, Freiburg, Heidelberg, Lübeck, Münster, Potsdam, Regensburg, Rostock, Trier und Würzburg.

WEITERE ATTRAKTIONSFAKTOREN

Viele Regionen Deutschlands bieten sehr gute **Unterhaltungsmöglichkeiten** in Freizeit-, Erlebnis- und Filmparks (teilweise im Stil großer US-amerikanischer Vergnügungsparks), die vor allem Familien anziehen. In einigen Teilen Deutschlands gibt es „tropische Badeparks", die sich ebenfalls sehr gut für Familien eignen. Diesen Badeparadiesen sind häufig Hotel-/Apartmentbetriebe mit Restaurants, Animationsprogramm und Kinderbetreuung angeschlossen.

Neben den bereits genannten **Sportmöglichkeiten** auf dem Wasser und in den Bergen bestehen in vielen Urlaubsregionen Deutschlands auch gute Voraussetzungen zum Golfen, Radwandern (besonders beliebte Radwege führen durch Flusstäler, um Seen und entlang einiger Küstenabschnitte), Rafting & Canyoning, Drachen-, Fallschirm- und Gleitschirmfliegen. Ein besonderer „Leckerbissen" für Wassersportler sind die Binnengewässer um Berlin, in Brandenburg und Mecklenburg. Hier kann man auf einem weitmaschigen Netz miteinander verbundener Flüsse (darunter die Havel), Seen und Kanäle Bootstouren unternehmen und Wassersport treiben.

Die längsten Flüsse des Landes, die Mosel, die in Frankreich entspringt und bei Koblenz in den Rhein mündet, und weitere deutsche Flüsse eignen sich sehr gut als „Reviere" für Tagesausflüge per Schiff oder für mehrtägige **Flusskreuzfahrten**. Mit Flusskreuzfahrtschiffen kann man auf bequeme Art und Weise – ohne ständiges Ein- und Auspacken – eine besondere Art der Rundreise durch Deutschland machen.

Auf der Fahrt selbst und auf Landausflügen besteht die Möglichkeit, Landschaften und Sehenswürdigkeiten kennen zu lernen. Zu den beliebtesten Flussreisen gehören Fahrten auf der Donau (häufig ab/bis Passau nach Österreich / Ungarn ➔ Kapitel 3.3), auf der Elbe (Dresden–Hamburg) und auf dem Rhein (Basel–Amsterdam; häufig werden auch Teilstrecken befahren, darunter die Tagestour Mainz–Köln mit der berühmten Loreley). Flusskreuzfahrten verbinden häufig auch mehrere Flüsse miteinander, beispielsweise Main–Rhein–Mosel oder Elbe–Havel–Oder.

Deutschland ist Messeplatz Nummer 1 in der Welt. Jährlich besuchen fast zehn Millionen Menschen – darunter knapp zwei Millionen aus dem Ausland – die fast 150 überregionalen **Messen** in Deutschland. Zu den größten deutschen Messen gehören die Internationale Automobilausstellung (IAA) und die Buchmesse in Frankfurt, die Cebit und die Hannover-Messe in Hannover und die Internationale Funkausstellung (IFA) in Berlin. Weitere bedeutende Messeplätze Deutschlands sind Düsseldorf, Köln, München und Leipzig. In Berlin findet alljährlich im März die ITB (Internationale Tourismusbörse), eine der für den Tourismus weltweit wichtigsten Messen, statt.

Ein weiterer großer touristischer Anziehungsfaktor sind die hervorragenden Möglichkeiten zum *KUREN*, die Deutschland bietet. Es gibt in Deutschland weit über 300 **Kurorte**, die teilweise sehr traditionsreich sind und seit Jahrhunderten bestehen.

Hier behandelt man mit natürlichen Heilmitteln des Bodens, des Meeres und des Klimas sowie den natürlichen Heilfaktoren im Therapiesystem nach Kneipp die verschiedensten Krankheiten. Gerade in jüngster Zeit werden vielerorts auch breit gefächerte Wellness- und Vitalprogramme angeboten.

Natürliche **Heilmittel** des Bodens sind Heilwässer (Thermal- oder Mineralquellen), Heilgase (wie Radon und Kohlenstoffdioxid, die aus tieferen Erdschichten stammen) und Peloide (Schlamm, Moor, Torf). Die **Therapieformen**, für die Heilwässer und -gase angewendet werden, sind Bade- und Trinkkuren sowie Inhalationen. Peloide nutzt man als schlamm- oder breiförmige Bäder und Packungen. Auch mit Hilfe von Meerwasser, Meeresschlick und Algen können Bade-, Trink- und Inhalationskuren durchgeführt werden (Thalassotherapie). Das Klima als natürliches Heilmittel unterscheidet man in Reizklima, das die Körperfunktionen anregt, und Schonklima, das die Körperfunktionen entlastet. Zur Klimatherapie gehören Sonnen- und Freiluftbehandlungen (Bewegungs- oder Liegekuren). Die durch die natürlichen Heilmittel gewonnenen Therapieformen werden meist von Massagen, Entspannungstraining, Diäten, Gymnastik und Sport ergänzt.

Um als Kurort anerkannt zu werden und sich als solcher bezeichnen zu dürfen, muss ein Ort bestimmte **Voraussetzungen** erfüllen. Diese beziehen sich auf die natürlichen Heilmittel, die Luftqualität und das medizinisch-therapeutische Angebot sowie auf die touristische Infrastruktur und den Ortscharakter (Kureinrichtungen, Kurpark, Hotel- und Gastronomiebetriebe, kulturelle Veranstaltungen, Sport-, Unterhaltungs- und Freizeitmöglichkeiten). Kurorte müssen außerdem ganz besonders auf Umweltschutz achten. Zur Qualitätssicherung und Differenzierung des deutschen Kur- und Bäderwesens dient die Prädikatisierung von Kurorten.

PRÄDIKATISIERUNG VON KURORTEN

Den höchsten Rang unter den Kurorten nehmen **Heilbäder** ein, in denen natürliche Heilmittel des Bodens vorhanden sein müssen. Sie werden oft nach dem hauptsächlichen Kurmittel in Mineral-, Thermal- und Moorbäder unterteilt. Wissenschaftliche Gutachten stellen Heilanzeigen und Gegenanzeigen fest.

An den Küsten und auf den Inseln von Nord- und Ostsee liegen **Seeheilbäder**, die statt der Voraussetzung „Heilmittel des Bodens" eine bestimmte Lage zu erfüllen haben (direkt an der Küste bzw. nicht weiter als zwei Kilometer entfernt). Wichtige Heilfaktoren von Seeheilbädern sind das starke Reizklima und der Salzgehalt der Luft. Im Gegensatz zu Seeheilbädern müssen **Seebäder** keine wissenschaftlich geprüften Heilanzeigen vorweisen.

Einen etwas niedrigeren Rang als Heilbäder haben **heilklimatische Kurorte**. Sie müssen die gleichen Voraussetzungen erfüllen wie Heilbäder, im Gegensatz zu diesen reicht den heilklimatischen Kurorten jedoch das Heilmittel Klima statt Heilmittel Boden aus.

Eine besondere Stellung haben **Kneippheilbäder** und **Kneippkurorte**. Zu ihren Voraussetzungen gehören vor allem die Einrichtungen für Kneippkuren, die sich fast überall schaffen lassen und nicht an natürliche Gegebenheiten geknüpft sind, und deren ärztliche Betreuung. Diese Kur-Art ist nach Pfarrer Kneipp benannt, der im 19. Jh. in Bad Wörishofen im Alpenvorland eine Heilmethode aus fünf Komponenten (Wasser, Bewegung, Ernährung, Heilpflanzen und natürliche Lebensordnung) entwickelte, mit der die verschiedensten Krankheiten behandelt werden können. Bevor ein Ort Kneippheilbad werden kann, muss er zunächst zehn Jahre lang Kneippkurort gewesen sein.

Daneben gibt es **Luftkurorte** – wo keine wissenschaftlichen Gutachten über Heilanzeigen vorliegen müssen – sowie hunderte ebenfalls prädikatisierte **Erholungsorte** mit artgemäßem Ortscharakter in klimatisch günstiger Lage und landschaftlich reizvoller Umgebung.

WEITERE INFORMATIONEN ZU KUREN

Für die staatliche Anerkennung der Kurorte sind Ländergesetze maßgebend. Die Feststellung der Heilanzeigen eines Kurortes erfolgt aufgrund medizinischer und wissenschaftlicher Gutachten durch den **DHBV** (Deutscher Heilbäderverband), der zusammen mit dem DTV (Deutscher Tourismusverband) auch die Qualifikationen für die Kurorte erarbeitet und den **Deutschen Bäderkalender** veröffentlicht. Der DHBV empfiehlt Patienten, die Auswahl eines geeigneten Kurortes gemeinsam mit dem behandelnden Arzt zu treffen. Vor Ort gestaltet der Kurarzt mit dem Patienten einen individuellen Kur- und Behandlungsplan. Spezielle Heilanzeigen von Kurorten werden teilweise in den nachfolgenden Kapiteln über die einzelnen Regionen genannt.

Der DHBV gibt an, dass für den Langzeiterfolg einer Kur eine **Mindestdauer** von drei Wochen, optimalerweise von vier Wochen (oder auch mehr) notwendig ist. Natürlich können auch kürzere Gesundheitsaufenthalte nützlich sein, diese fallen aber nicht unter den Begriff „Kur".

Die gesetzliche Sozialversicherung unterscheidet zwischen **ambulanten Kuren** (offene Kuren; Kurort und Unterkunft können frei gewählt werden) und **stationären Kuren** (geschlossene Kuren in Sanatorien, Kurkliniken und Reha-Fachkliniken). Reiseveranstalter und -büros kümmern sich in der Regel nur um die Organisation ambulanter Kuren.

Die Sozialversicherung übernimmt die Kosten bzw. beteiligt sich an den Kosten für Kuren nur in staatlich anerkannten Heilbädern und Kurorten. Genauere Informationen zur **Kostenübernahme** sind individuell vom Patienten bei den Trägern der Sozialversicherung einzuholen.

Kur- und Erholungsorte sind berechtigt, eine **Kurtaxe** (Kurabgabe, Kurbeitrag) zu erheben, die zweckgebunden – also für Einrichtungen und Veranstaltungen, die dem Kurbetrieb dienen – genutzt wird. Jeder Gast, unabhängig davon, ob er tatsächlich eine Kur macht, muss Kurtaxe zahlen. Die Höhe der Kurtaxe ist nicht einheitlich und wird von der jeweiligen Gemeinde festgelegt.

Deutschland ist das mit Abstand beliebteste Reiseziel deutscher Urlauber. Im Jahr 2001 reisten 29,2 % aller deutschen Urlauber (18,5 Millionen Reisende) innerhalb Deutschlands. Die meistbesuchten Bundesländer waren in diesem Jahr Bayern, Schleswig-Holstein, Baden-Württemberg, Mecklenburg-Vorpommern und Niedersachsen.[1]

In der Beliebtheitsskala der Reiseländer deutscher Urlauber folgten im Jahr 2001 Spanien (13,6 %), Italien (9,4 %), Österreich (7,6 %), Türkei (5,2 %), Frankreich (3,9 %) und Griechenland (3,5 %). Während die Rangfolge der vier beliebtesten Ziele Deutschland, Spanien, Italien und Österreich seit vielen Jahren gleich ist, wechselten sich die übrigen genannten Länder auf den Beliebtheitsgraden fünf bis sieben in den letzten Jahren häufig ab. Die beliebtesten Reiseziele deutscher Urlauber außerhalb Europas und des Mittelmeerraumes liegen in Nord- und Mittelamerika sowie in der Karibik. In einer internationalen Rangliste der „Reiseweltmeister" lag Deutschland 2000 mit Reiseausgaben von knapp 47,8 Milliarden US-Dollar auf Rang 2 hinter den USA sowie vor Großbritannien, Japan, Frankreich und Italien.

Mit fast 19 Millionen internationalen Besuchern stand Deutschland 2000 auf der weltweiten Rangliste der Reiseziele auf Platz 10. Deutschlands internationale Einnahmen aus dem **Tourismus** betrugen 2000 knapp 17,9 Milliarden US-Dollar (weltweit Rang 6). Um noch mehr internationale Gäste für Deutschland zu interessieren, betreibt die DZT (Deutsche Zentrale für Tourismus) im Ausland verstärkt Marketing für Reisen nach Deutschland.

Der Tourismus ist somit auch ein bedeutender **Wirtschaftsfaktor** für die Industrienation Deutschland, sowohl durch die Einnahmen, die im Incoming-Tourismus erzielt werden, als auch durch die Umsätze der großen Reiseindustrie, die sich im reisefreudigen Deutschland in den letzten Jahrzehnten gebildet hat. Der bedeutendste Wirtschaftsfaktor Deutschlands, das 2000 ein Bruttosozialprodukt von 25.120 US-Dollar pro Einwohner hatte und als G8-Staat zu den führenden Wirtschaftsnationen der Welt gehört, ist neben dem Dienstleistungssektor die Industrie (vor allem Kraftfahrzeug-, Maschinenbau-, Elektro- und Stahlindustrie sowie chemische Industrie).

[1] Ergebnisse der 32. Reiseanalyse RA 2002 der Forschungsgemeinschaft Urlaub und Reisen (www.fur.de)

2.1 HAMBURG

Die **Freie und Hansestadt Hamburg**, mit rund 1,7 Millionen Einwohnern Deutschlands zweitgrößte Stadt, liegt in der Norddeutschen Tiefebene, am Beginn des hier 500 Meter breiten Mündungstrichters der **Elbe**. Durch das Stadtgebiet fließt der Fluss **Alster** dem Strom zu. Die Elbe verschafft Hamburg direkten Zugang zur Nordsee – die 15 Kilometer breite Mündung bei Cuxhaven liegt gut 100 Kilometer entfernt – und macht es, da von Hochseeschiffen befahrbar, zur größten deutschen Hafenstadt. Der traditionsreiche Hamburger **Hafen** wird deshalb häufig als „Deutschlands Tor zur Welt" bezeichnet. Das Stadtbild Hamburgs ist geprägt von Wasser, Brücken, hohen Kirchtürmen und Grünflächen sowie vornehmen, weißen Häusern und Backsteinbauten. Sieben Stadtbezirke und zwei kleine Inseln vor der Elbmündung bilden das 755 qkm umfassende **Bundesland** Hamburg zwischen Schleswig-Holstein und Niedersachsen; westlich und östlich von Hamburg bildet die Elbe die „Grenze" zwischen beiden Bundesländern. Die Lage zwischen Nord- und Ostsee macht Hamburg, das wirtschaftliche und kulturelle Zentrum Norddeutschlands, zum wichtigen Verkehrsknotenpunkt für Reisende an die deutschen Küsten und nach Skandinavien.

Das **Klima** Hamburgs ist durch das nahe Meer stark ozeanisch beeinflusst. Charakteristisch ist wechselhaftes Wetter mit ganzjährigen Niederschlägen („Schmuddelwetter"). Im Winter herrschen häufig Nebel und starker Wind. **Reisezeit** für Städtetouren in die vielseitige norddeutsche Metropole ist das ganze Jahr über. Hamburg ist außerdem ein beliebtes Ausflugsziel bzw. häufige Zwischenstation von Sommerurlaubern an den Küsten.

Unter Karl dem Großen wurde Hamburg im 9. Jh. als Missionsstützpunkt gegründet. Zunehmende Bedeutung gewann die Stadt ab dem 12. Jh., als ihr besondere Zoll-, Handels- und Schifffahrtsprivilegien gewährt wurden, seit 1189 besteht der Hafen. Im 14. Jh. trat Hamburg der Hanse bei, einem Zusammenschluss einflussreicher Kaufleute der Ostseeregion, der sich zum mächtigen Städtebund entwickelte. Bereits zuvor war es Nordseehafen der führenden Hansestadt Lübeck gewesen. 1588 wurde in Hamburg die erste deutsche Börse gegründet. Im Laufe der weiteren **Geschichte** – auch nach dem Hanse-Niedergang im 17. Jh. – konnte Hamburg seine Bedeutung als Handels- und Hafenstadt ausbauen und wurde kulturelles Zentrum Norddeutschlands. 1815 trat die mittlerweile Freie Hansestadt Hamburg, die lange unter dänischem Einfluss gestanden hatte, dem Deutschen Bund bei. Ein Brand ruinierte 1842 große Teile der Altstadt; im zweiten Weltkrieg erlitt die Stadt ebenfalls starke Zerstörungen. Nach dem Krieg, als Hamburg 1949 Bundesland wurde, restaurierte man viele historische Bauten und errichtete neue Wohn- und Geschäftsviertel.

Hamburgs internationaler **Flughafen** (HAM) liegt im Stadtteil Fuhlsbüttel, etwa zehn Kilometer nördlich des Zentrums. In die Innenstadt bestehen gute Busverbindungen. Von und nach Hamburg verkehren innerdeutsche und europäische Linienflüge sowie zahlreiche Charterflüge; für den Flugverkehr mit Skandinavien ist Hamburg ein wichtiges Drehkreuz.
In Hamburg laufen mehrere **Autobahnen** zusammen, von denen eine durch den über drei Kilometer langen Neuen Elbtunnel führt.
Die Stadt ist auch ein Bahnknotenpunkt innerhalb Deutschlands (v. a. an die Nord- und Ostsee) und nach Skandinavien. Hamburg hat mehrere **Fernbahnhöfe**: Altona (auch Verladebahnhof), Hauptbahnhof, Dammtor und Harburg. Direkte ICE- bzw. IC-Linien verbinden Hamburg u. a. mit Berlin (Fahrtdauer 2 Stunden), Dresden (knapp 5 Stunden), Köln (3,5 Stunden mit dem Metropolitan), Frankfurt (3,5 Stunden), Stuttgart (gut 5 Stunden) und München (6 Stunden).
Vom Hamburger **Hafen**, der große Bedeutung als Güterhafen hat, verkehren unter anderem Fähren bzw. Katamarane nach Cuxhaven und Helgoland (Fahrtzeit gut 3 Stunden). Häufig ist Hamburg Ausgangs-/Endstation von Hochseekreuzfahrten und Flusskreuzfahrten auf der Elbe.
Auch innerhalb des Stadtgebiets und in die Umgebung fahren Schiffe, außerdem ist der **öffentliche Nahverkehr** mit S-/U-Bahnen und Bussen gut ausgebaut. Der HVV (Hamburger Verkehrsverbund, zu dem auch die Hafenfähren gehören) bietet mit der „Hamburg-Card" eine preisgünstige Netzkarte an, die auch Vergünstigungen für Museen, Stadt- und Hafenrundfahrten umfasst.

Mit seiner Hafenatmosphäre, interessanten Sehenswürdigkeiten und guten Einkaufsmöglichkeiten ist Hamburg ein beliebtes Ziel von Städtereisenden. Wichtiger **Attraktionsfaktor** der Stadt ist auch ihre rege Kulturszene mit rund 30 Theatern, zahlreichen Museen und besonderen Veranstaltungen. Lange Tradition haben die Hamburgische Staatsoper, das Deutsche Schauspielhaus, das Thalia-Theater, die Kammerspiele, die Musikhalle (Philharmonie) sowie die für Volksstücke bekannten Bühnen Ohnsorg-Theater und St. Pauli-Theater. Auch Kabarett, Varieté und Revuen werden in Hamburg, unter anderem im Hansa-Theater und in „Schmidt´s Tivoli“, geboten. Seit einiger Zeit genießt Hamburg einen sehr guten Ruf als Musical-Metropole; die viele Jahre hier gespielten Musicals „Cats“ und „Phantom der Oper“ wurden durch die neuen Musicals „Der König der Löwen“, „Mamma Mia“ und „Titanic“ ersetzt. Nicht erst seit die Karriere der Beatles in Hamburg begann, ist die Stadt auch ein Zentrum moderner Musik, die man unter anderem in zahlreichen Clubs und Diskotheken hören kann. Das Nachtleben Hamburgs, wo es am Wochenende keine Sperrstunde gibt, ist legendär; als „sündige Meilen“ gelten das Hafenviertel St. Pauli und das Bahnhofsviertel St. Georg. Außerdem bietet Hamburg zahlreiche Volksfeste wie „Hafengeburtstag“, „Hamburger Dom“ und „Alstervergnügen“. Die nahen Küsten und das Umland, darunter die Lüneburger Heide, stellen lohnende Ausflugsziele dar.

SEHENSWÜRDIGKEITEN

STADTZENTRUM

Das Zentrum Hamburgs mit dem alten, an den Binnenhafen grenzenden Siedlungskern und der Neustadt aus dem 17. Jh. erstreckt sich nördlich der Elbe. Reste der alten Wallanlagen, die im 17. Jh. um den Stadtkern errichtet wurden, sind heute noch erkennbar. Teilweise wurden sie zu Parkanlagen gestaltet.

Die Alster ist aus dem Bild der Innenstadt nicht wegzudenken: Sie wird im Nordosten des Zentrums in einem quadratischen, knapp 20 Hektar großen Becken zur seeartigen **Binnenalster** gestaut; nördlich des Walls heißt der Fluss Außenalster. Im Sommerhalbjahr steigt sporadisch die 35 Meter hohe Alsterfontäne aus der Binnenalster auf. Von der Binnenalster zweigt die **Kleine Alster** ab, die in das **Alsterfleet** übergeht. Fleeten sind für Hamburg typische, kanalartige Wasserstraßen; in der Innenstadt existieren noch einige weitere Fleeten, auf denen man Rundfahrten unternehmen kann. Eine privilegierte Lage direkt an der Binnenalster genießt das traditionsreiche, in einem weißen Prachtbau untergebrachte Luxushotel „Vier Jahreszeiten“.

Die Binnenalster säumen schöne Uferpromenaden. Den Südrand bildet der **Jungfernstieg**, eine Flaniermeile mit eleganten Geschäften, dem Landungssteg der Alsterschiffe und dem Alsterpavillon (berühmte Gaststätte mit schönem Blick auf die Binnenalster). Vom Jungfernstieg zweigen weitere beliebte Einkaufsstraßen wie der **Gänsemarkt**, die **Großen Bleichen** und der **Neue Wall** ab. Hier, in der Neustadt, liegen zahlreiche Einkaufspassagen (darunter die größte Passage „Hanse-Viertel“), Arkaden und Kolonnaden mit – häufig recht exklusiven – Geschäften und Lokalen sowie mehrere hochwertige Kettenhotels.

Die prächtigen **Alsterarkaden** führen an der Kleinen Alster entlang zum Rathausmarkt, einem großen, von Denk- und Ehrenmälern gesäumten Platz, auf dem unterschiedlichste Veranstaltungen stattfinden. Hier liegt das Hamburger **Rathaus**, Sitz des Senats und der Bürgerschaft. Das sechste Rathaus der Stadt ist ein monumentaler Backsteinbau aus dem 19. Jh. mit einem 112 Meter hohen Mittelturm. Die Repräsentationsräume des außen und innen prächtig ausgestatteten Rathauses können im Rahmen von Führungen besichtigt werden. An der Rückseite des Gebäudes liegt die **Börse**, in deren Nähe sich das Nikolaifleet erstreckt.

Zwischen Rathaus und Hauptbahnhof verläuft die breite **Mönckebergstraße**, Fußgängerzone und Haupteinkaufsstraße Hamburgs. Hier liegt die Keimzelle der Stadt um die im 11. Jh. gegründete **Kirche St. Petri**. Sie ist die älteste der fünf Hauptkirchen Hamburgs, deren Türme die Silhouette der Stadt prägen; der St. Petri-Turm ist 133 Meter hoch. Der älteste Kunstschatz der Backsteinkirche sind die „Löwenkopf-Türklopfer“ aus dem 14. Jh. In der Nähe der Kirche liegt die imposante Ruine des **Bischofsturms**, des ersten Befestigungsturms der Stadt aus dem 11. Jh. In Richtung Hauptbahnhof folgt die **Kirche St. Jakobus**, eine weitere Hauptkirche mit kostbarer Orgel und wertvollen Altären. Südlich der Mönckebergstraße liegt das **Kontorhausviertel**, dessen Geschäfts- und Bürohäuser aus rotem Klinker aus dem frühen 20. Jh. stammen. Das bekannteste Kontorhaus ist das zehnstöckige, an einen Schiffsbug erinnernde **Chilehaus**.

Kontorhäuser setzen sich auch in Richtung Westen fort, wo südlich von Rathaus und Börse das **Nikolaifleet** liegt, ein gewundener, von Brücken überspannter Transportweg, der Hamburgs ersten Hafen bildete. An der **Trostbrücke** aus dem 13. Jh. liegt heute dort, wo sich früher das Rathaus und die älteste Börse Deutschlands befanden, die **Patriotische Gesellschaft**, die Denkmalschutz, Kunst, Handwerk und soziale Einrichtungen in Hamburg fördert. In der Nähe erhebt sich der 147 Meter hohe **Nikolaikirchturm**, der nach dem Krieg nicht restauriert wurde und als Kriegsmahnmal dient. Er ist nach dem Ulmer Münster und dem Kölner Dom Deutschlands dritthöchster Kirchturm. Um den im Binnenhafen mündenden Nikolaifleet erstrecken sich die **Kirche St. Katharina** (eine weitere Hauptkirche) und jahrhundertealte Bürger- und Speicherhäuser auf der **Deichstraße** sowie in der **Reimerstwiete** (eine Straße auf der Insel **Cremon** zwischen Nikolaifleet und Zollkanal).

Am gegenüberliegenden Ufer des Zollkanals liegt im Freihafen die Ende des 19. Jh. errichtete **Speicherstadt**. Sie besteht aus langgestreckten, bis zu sieben Stockwerken hohen, rotbraunen Ziegelbauten, die in ihrer Geschlossenheit unter Denkmalschutz stehen. Die Speicherstadt ist der größte zusammenhängende Lagerhauskomplex der Welt, wo ideale Lagermöglichkeiten für viele verderbliche und hochwertige Importgüter bestehen. Die von Fleeten umrahmte Speicherstadt wird häufig auf Fleet- und Hafenrundfahrten besichtigt, in deren Rahmen man auch das **Hafenrathaus** (Verwaltungsgebäude der Lagergesellschaft) und das zwei Meter hohe **Störtebeker-Denkmal** sieht. Der legendäre Seeräuber Störtebeker, der für den Hamburger Handel eine große Bedrohung darstellte, wurde hier 1402 mit einigen seiner Kumpane hingerichtet.

Fleetfahrten beginnen meist am Jungfernstieg und verlaufen über das von Brücken überquerte **Alsterfleet**. Das Alsterfleet und das parallel verlaufende **Bleichenfleet**, das ins südliche **Herrengrabenfleet** übergeht, münden ebenfalls im Binnenhafen. Dazwischen befindet sich die **Fleetinsel**. Westlich der durchs Stadtzentrum verlaufenden Fleeten liegt der **Großneumarkt**, historischer Hauptplatz der Neustadt und Mittelpunkt eines beliebten Kneipenviertels. In der Nähe befinden sich schöne Althamburger Backstein- und Fachwerkhäuser, das **Hummeldenkmal** – das zu Ehren eines Wasserträgers errichtet wurde, auf den der Hamburger Schlachtruf „Hummel-Hummel“ zurückgeht – und die barocke **Kirche St. Michaelis** mit einem 132 Meter hohen Kirchturm. Die den südlich gelegenen Hafen überragende, kurz „**Michel**“ genannte Kirche gilt als Wahrzeichen Hamburgs. Die 82 Meter hohe Aussichtsplattform des Kirchturms, der Deutschlands größte Turmuhr besitzt, bietet hervorragende Ausblicke über Stadt und Hafen.

HAFEN / ST. PAULI

Südlich des Zentrums liegt der riesige HAFEN, eine der größten Touristenattraktionen Hamburgs. Den nördlichen Hafenrand säumt die etwa sechs Kilometer lange **Hafenmeile**, an der teilweise eine Promenade entlang führt. Der Spazierweg beginnt am Zollkanal im südlichen Kontorhausviertel und führt, vorbei an Speicherstadt und Fleetenmündung, zur **Überseebrücke**. An der Brücke legten früher große Passagierdampfer an, heute ankern hier ein Museums- und ein zum Hotel umgebautes Feuerschiff. Die Promenade führt weiter zum touristischen Hafenzentrum, den **Landungsbrücken**, die ein 200 Meter langes Empfangsgebäude aus dem frühen 20. Jh. säumt; darin sind Geschäfte und Gaststätten untergebracht. Die Landungsbrücken, an denen der historische Windjammer **Rickmer Rickmers** (Museums- und Restaurantschiff) liegt, sind Ausgangspunkt von Hafenrundfahrten durch die vielen Hafenbecken, die „Pflicht" für jeden Hamburg-Touristen sind. Neben den Landungsbrücken befindet sich der Zugang zum etwa 450 Meter langen **Alten Elbtunnel**, der zu Fuß durchlaufen werden kann. Die Hafenmeile führt weiter zum berühmten **Fischmarkt**, der jeden Sonntagmorgen stattfindet und viele Besucher anzieht.

Nördlich der Landungsbrücken liegt das weltberühmte Hafenviertel ST. PAULI, das im frühen 19. Jh. entstand, als mit der zunehmenden Dampfschifffahrt immer mehr Seeleute nach Hamburg kamen. St. Pauli mit seiner „Hauptstraße" **Reeperbahn** gilt als ausgedehnter Vergnügungs- und Rotlichtbezirk; dieser Ruf trifft jedoch nur auf einen Teil des Viertels zu. Auf der etwa 600 Meter langen Reeperbahn findet man neben zahlreichen einschlägigen Clubs, Bars und Sexshows auch Vergnügungs- und Unterhaltungsmöglichkeiten wie ein Kasino, Volkstheater (St.-Pauli-Theater), Musical (Operettenhaus), Kabarett, Varieté, Kneipen und Diskotheken. Sehenswert sind hier auch das **Panoptikum** (ein Wachsfigurenkabinett) und das **St.-Pauli-Museum**, das über den Stadtteil und seine Geschichte informiert. Weitere bekannte Straßen des Amüsierviertels sind die **Große Freiheit**, die nur Männern zugängliche **Herbertstraße** und der **Hans-Albers-Platz**, der dem Schauspieler, der viele in St. Pauli spielende Filme drehte, gewidmet ist. Hier steht auch ein Denkmal für Hans Albers. Im Norden von St. Pauli liegt das **Heiligengeistfeld** mit dem Sportgelände des FC St. Pauli (Heimstatt des HSV ist der Volkspark nördlich des Stadtzentrums). Auf dem Heiligengeistfeld findet dreimal im Jahr das große Hamburger Volksfest „Dom" statt.

WALLANLAGEN

St. Pauli und Heiligengeistfeld sind von der Innenstadt durch die – von breiten Straßen gesäumten – Wallanlagen getrennt, die hier zu Parkanlagen umgestaltet wurden. Dieser Freizeitbereich heißt nach dem nördlichsten und beliebtesten Grünareal **Planten un Bloomen**. In dem großen Gartenpark fand bereits mehrfach die Internationale Gartenbauausstellung statt. Im südlichen Teil des Geländes sind ein kolossales **Bismarck-Denkmal** und das **Museum für Hamburgische Geschichte** sehenswert. Zu den Attraktionen von „Planten un Bloomen" selbst gehören ein Japanischer Garten, wechselnde Blumenausstellungen, eine Wasserlichtorgel und ein Musikpavillon. Um Planten un Bloomen liegen, unterhalb des 276 Meter hohen, gute Aussichten bietenden Hamburger **Fernsehturms**, das **Messegelände** und das **Kongresszentrum**. Zum Kongresszentrum gehört auch das höchste Hotel der Stadt, das „Radisson SAS" nahe des **Bahnhofs Dammtor**. In der Nähe liegt das sehenswerte **Völkerkundemuseum**.

Östlich setzen Alsterbrücken den Verlauf der alten Wallanlagen fort, die auf östlicher Seite ebenfalls breite Straßen, jedoch keine Parkanlagen säumen. Dort liegt der **Hauptbahnhof**, in dessen Umgebung sich mit der **Kunsthalle** (hochrangige Malerei und Plastiken vom Mittelalter bis zur Gegenwart) und dem **Museum für Kunst und Gewerbe** (Kunsthandwerk der verschiedensten Kulturen und Epochen) zwei der wichtigsten Museen Hamburgs befinden.

AUSSENALSTER

Die zur alten Stadtbefestigung gehörende, 50 Meter breite **Lombardsbrücke** (Pkw- und Bahnbrücke) aus dem 19. Jh. bietet schöne Ausblicke auf die turmreiche Innenstadt und trennt die Binnenalster von der nördlichen Außenalster. Die Außenalster ist ein etwa 160 Hektar großes, gestrecktes Wasserbecken, das von schönen Villen, Promenaden, Ufergrünstreifen und Parkanlagen, darunter der ausgedehnte **Alsterpark**, gesäumt wird. In ihrem südwestlichen Bereich liegen – nahe dem Hauptbahnhof – viele Hotels, darunter mit dem „Atlantic Kempinski" direkt am Wasser ein weiteres traditionsreiches Luxushotel. Westlich und östlich der Außenalster, die als gutes Segelrevier gilt, erstrecken sich mehrere, meist „hanseatisch gediegene" Stadtteile.

AUSSERHALB DES ZENTRUMS

Auch außerhalb bietet Hamburg interessante Sehenswürdigkeiten. Westlich von St. Pauli liegt der Stadtteil **Altona**, wo sich der Hafen fortsetzt. Hier liegen der Fischerei- und Museumshafen sowie das Kreuzfahrtterminal. Altona, das bis 1937 selbstständig war, bietet ebenfalls zahlreiche Sehenswürdigkeiten.

Von hier verläuft die kilometerlange **Elbchaussee** stromabwärts. Die berühmte, sehenswerte Prachtstraße säumen prächtige Parks und zahlreiche schlossartige Landhäuser, von denen viele aus dem 19. Jh. stammen; teilweise sind heute Museen darin untergebracht. Die Elbchaussee führt nach **Blankenese**, ursprünglich ein Fischerdorf, heute nobler Hamburger Vorort.

Südlich von Altona führt die vier Kilometer lange **Köhlbrandbrücke**, ein relativ neues Wahrzeichen Hamburgs, über die Elbe.

Einige Kilometer nördlich des Zentrums liegt mit **Hagenbecks Tierpark** eine beliebte Touristenattraktion. Besonderheit des großen, traditionsreichen Privatzoos ist die sehr artgerechte Haltung der Tiere in künstlichen Landschaften ohne Gitter.

Nicht weit entfernt liegt der riesige, parkartige **Ohlsdorfer Friedhof**, der nach dem von Chicago der zweitgrößte Friedhof der Welt ist. Hier sind verschiedene Berühmtheiten wie Hans Albers und Heinz Erhardt bestattet.

AUSFLÜGE

NORD- UND OSTSEE

Häufig werden von Hamburg aus die Küsten und das Hinterland von Nord- und Ostsee, die in den folgenden Kapiteln ausführlich beschrieben werden, besucht.

ALTES LAND / LÜNEBURGER HEIDE

Weitere beliebte Ausflugsziele sind die idyllischen Landschaften ALTES LAND im Westen, ein großes Obstanbaugebiet südlich der Elbe, und LÜNEBURGER HEIDE im Südosten, Deutschlands größtes geschlossenes Heidegebiet, das durch einen Naturpark geschützt ist.

2.2 NORDSEEKÜSTE

Die **Nordsee** ist ein etwa 575.000 qkm großes **Nebenmeer des Atlantiks**, das sich zwischen den Britischen Inseln, dem europäischen Festland und Skandinavien erstreckt. Die Südwestgrenze zum offenen Ozean bildet die Straße von Dover, die Nordgrenze eine entlang der Shetland-Inseln verlaufende, gedachte Linie. Im Osten trennen das dänische Festland (Jütland) und die Meerenge Skagerrak die Nordsee von der Ostsee. Beide Randmeere verbindet auch der Ende des 19. Jh. geschaffene Nord-Ostsee-Kanal zwischen Kiel und der Elbmündung. Im Südosten der Nordsee liegt die **Deutsche Bucht**, in die drei bedeutende deutsche Flüsse (Ems, Weser, Elbe) münden.

Die deutsche Nordseeküste beginnt am westlichen Emsdollart (Mündung der Ems), der die Grenze zu den Niederlanden bildet, und erstreckt sich bis zur dänischen Grenze im Norden. Der westlichste Teil der Küste gehört zum niedersächsischen **Ostfriesland**. Diesem Küstenabschnitt sind die **Ostfriesischen Inseln** vorgelagert, die sich östlich an die holländischen Westfriesischen Inseln anschließen. Ostfriesland erstreckt sich fast bis zur Mündung der Weser bei **Bremerhaven**, der größten Stadt an der deutschen Nordseeküste. Nördlich von Bremerhaven mündet bei Cuxhaven die Elbe in die Nordsee; die Elbmündung bildet die Grenze zu Schleswig-Holstein. Im nördlichsten Teil der deutschen Nordseeküste liegt **Nordfriesland**, dem die **Nordfriesischen Inseln** vorgelagert sind; davon gehören zwei auch zu Dänemark. Eine weitere deutsche Nordseeinsel befindet sich mit **Helgoland** mitten in der Deutschen Bucht, etwa 70 Kilometer entfernt von der Elbmündung.

Die Nordsee ist ein raues, stürmisches Meer, das stark von den **Gezeiten** geprägt ist. Gezeiten sind periodische Schwankungen der Meeresspiegelhöhe aufgrund der Massenanziehung zwischen Erde und Gestirnen: Der Wasserstand des Meeres sinkt (Ebbe) und steigt (Flut) zweimal täglich. Der Höhenunterschied zwischen Ebbe und Flut (Tidenhub) kann in der Nordsee bis zu sieben Meter betragen. Ein Tidenzyklus dauert knapp 12,5 Stunden.

Vor der holländischen, deutschen und dänischen Nordseeküste erstreckt sich zwischen Festland und Inseln – auf einer Küstenlänge von etwa 450 Kilometern – das **Wattenmeer**. Sein größter Teil gehört zu Deutschland und ist durch **Nationalparks** geschützt. Das Wattenmeer ist ein einzigartiges, artenreiches Feuchtgebiet, das während der Flut von der Nordsee überspült wird, bei Ebbe jedoch eine bis zum Horizont reichende, bis zu 25 Kilometer breite Sand- und Schlickfläche bildet.

Die deutsche Nordseeküste ist sehr flach und wird von langen, feinen **Sandstränden** gesäumt. Vor allem auf den Inseln türmen sich die Sandmassen häufig zu Dünen auf. An den flachen Küsten richten Sturmfluten – vor allem im Winter – immer wieder verheerende Schäden an. Zum Schutz vor diesen Fluten säumen die Nordseeküste zahlreiche, hohe **Deiche**, mit deren Errichtung bereits vor 1000 Jahren begonnen wurde. An die Küsten schließen sich landeinwärts fruchtbares, als **Marsch** bezeichnetes Schwemmland, sandiges, weniger fruchtbares **Geestland** sowie **Moore** an.

Obwohl die Temperaturen an der von ozeanischem **Klima** geprägten Nordsee gemäßigt sind, gilt das wechselhafte Wetter nicht zuletzt wegen häufiger Winde als rau. Die Winde, die Sturmstärke erreichen können, bringen reichlich Niederschläge und relativ hohe Luftfeuchtigkeit mit sich.

Badetemperaturen herrschen in der Nordsee meist nur zwischen Juni und August, weshalb hier im Hochsommer **Hochsaison** ist. In der Nebensaison bestehen aber vielerorts Bademöglichkeiten in Meerwasser-Hallenbädern. Ein reizvolles Reiseziel ist die Nordsee das ganze Jahr über.

Das Land der Friesen, die die Region zwischen Holland und Dänemark schon seit rund 2000 Jahren bewohnen, wechselte im Laufe der **Geschichte** häufig seinen „Besitzer“. 1866 kam das Gebiet der heutigen deutschen Nordseeküste zu Preußen. Nach dem ersten Weltkrieg musste Nordschleswig an Dänemark angetreten werden.

In den letzten Jahren werden die friesische Kultur und **Sprache**, die stark vom Dänischen beeinflusst ist und Verwandtschaft zum Englischen aufweist, verstärkt gepflegt und gefördert.

Bedeutende **Attraktionsfaktoren** der Feriengebiete an der Nordsee, unter denen die Inseln besonders beliebt sind, sind die schönen Strände, die Landschaft und das faszinierende Watt. Ein einzigartiges Erlebnis für Nordseeurlauber sind Wattwanderungen bei Ebbe, für die jedoch spezielle Vorsichts- und Verhaltensmaßnahmen beachtet werden sollten; empfehlenswert sind geführte Wattwanderungen. Weiterer Anziehungspunkt ist das starke Reizklima (auf den Inseln besonders ausgeprägt), das in Verbindung mit der salz- und jodhaltigen Seeluft Krankheiten wie Hautleiden, Allergien und Atemwegserkrankungen heilt oder lindert. An den Küsten und auf den Inseln werden Kuren in traditionsreichen Seebädern durchgeführt; das älteste deutsche Nordseebad wurde 1797 gegründet. Die meisten Ferienorte an der Nordsee haben eine gute touristische Infrastruktur, bieten zahlreiche Freizeit-, Unterhaltungs- und Sportmöglichkeiten (darunter Wassersport, Reiten, Wandern und Radfahren in der flachen Landschaft) und eignen sich mit vielen Ferienwohnungen auch sehr gut als Reiseziele für Familien mit kleinen Kindern. An vielen Stränden, die zu ausgedehnten Spaziergängen einladen, dienen zahlreiche, bunte Strandkörbe als Wind- und Sonnenschutz sowie als bequeme Sitz-/Liegemöglichkeit am Strand.

Entlang der deutschen Nordseeküste verläuft die Ferienstraße „**Grüne Küstenstraße**“, die auch durchs Hinterland führt und unter anderem die Großstädte Hamburg und Bremen umfasst. Die Teilstrecke von der ostfriesischen Küste bis Hamburg wird als „**Störtebekerstraße**“ bezeichnet.

OSTFRIESLAND

Ostfriesland, im Nordwesten des Bundeslandes Niedersachsen gelegen, umfasst eine etwa 15.000 qkm große Halbinsel und mehrere vorgelagerte Inseln. Die ostfriesische Küste, an der sich die Gezeiten mit einem maximalen Tidenhub von vier Metern sehr stark auswirken, erstreckt sich zwischen dem Emsdollart im Westen und dem Jadebusen, einer tief ins Land einschneidenden Bucht, im Osten. Zwischen Küste und Inseln sowie um die Inseln liegt der „Nationalpark Niedersächsisches Wattenmeer“. Ostfriesland ist geprägt von malerischen Städten und Dörfern mit teilweise sehr alten Kirchen, von Kanälen, Windmühlen, weiten Feldern, grasbewachsenen Deichen und beliebten Ferienorten an der Küste mit langen Sandstränden.

Die größten Städte Ostfrieslands, das über mehrere Autobahnen erreicht werden kann, sind Emden am Emsdollart und Wilhelmshaven am Jadebusen. Ostfriesland hat auch Anschluss ans DB-Netz: Wichtige Verbindungen führen von Bremen über Oldenburg nach Wilhelmshaven sowie von Münster nach Emden und Wilhelmshaven und von dort zu weiteren küstennahen Bahnhöfen. Flugreisende nutzen am besten den Flughafen von Bremen (BRE) und reisen von dort auf dem Landweg weiter. Das Busnetz innerhalb Ostfrieslands ist recht gut ausgebaut.

Die Störtebekerstraße beginnt in **Leer**, einem alten Städtchen nahe dem Emsdollart, das häufig als „Tor Ostfrieslands“ bezeichnet wird. Die Hafenstadt ist geprägt von jahrhundertealten, roten Backsteinbauten im niederländischen Stil. Etwa 30 Kilometer nordwestlich liegt der Nordseehafen **Emden**, das wirtschaftliche und kulturelle Zentrum Ostfrieslands. Sehenswert sind hier das Ostfriesische Landesmuseum, die bekannte Kunsthalle, ein Museumsschiff und das „Otto-Hus“, eine Ausstellung über den aus Emden stammenden Komiker Otto Waalkes und seine Ottifanten. Nördlich von Emden liegt – direkt an der Küste – **Greetsiel**, ein idyllischer, typisch ostfriesischer Hafen- und Künstlerort mit guter touristischer Infrastruktur. Wahrzeichen des Städtchens sind zwei als „Zwillingsmühlen“ bezeichnete Windmühlen. Etwa 25 Kilometer nördlich liegt **Norden**, die älteste Stadt Ostfrieslands mit sehenswerten historischen Bauten, darunter eine Kirche aus dem 13. Jh. Eine weitere Attraktion ist das Teemuseum, das sich mit dem ostfriesischen „Nationalgetränk“ befasst.

Ein Ortsteil Nordens ist der Küsten- und Hafenort **Norddeich**, ein beliebtes Nordseebad mit langem Sandstrand und großem Meerwasserfreibad. Hier gibt es eine Aufzuchtstation für Seehunde, die besichtigt werden kann. Im weiteren Verlauf der Küste, die auch „Krabbenküste" genannt wird, folgen mit **Neßmersiel**, **Dornumersiel**, **Bensersiel**, **Neuharlingersiel**, **Carolinensiel-Harlesiel**, **Horumersiel-Schillig** (Seeheilbad) und **Hooksiel** schöne Seebäder mit langen Sandstränden, guter touristischer Infrastruktur und Kurmöglichkeiten. Wie Emden und Norddeich dienen diese Ferienorte teilweise auch als Fährhäfen zu den Inseln. Carolinensiel mit seinen Ortsteilen bietet gleich drei Häfen: einen Fähr- und Fischerhafen, einen Jachthafen und einen Museumshafen. Hier gibt es auch ein beheiztes Meerwasserfreibad und ein Solebad. Unweit der Küste liegen geschichtsträchtige Orte wie **Dornum** (im Hinterland von Dornumersiel) und **Esens** (nahe Bensersiel) mit sehenswerten Baudenkmälern und Museen sowie ein großer Freizeitpark, in dem rund 50 deutsche Sehenswürdigkeiten in Miniatur nachgebaut sind.

Südlich Hooksiels folgt, etwa 90 Kilometer entfernt von Emden, das Nordseebad **Wilhelmshaven**, mit rund 90.000 Einwohnern die größte Stadt Ostfrieslands. Die Stadt am Nordwestrand des Jadebusens wurde im 19. Jh. unter dem Kaiser, dem sie ihren Namen verdankt, zum Kriegshafen ausgebaut und bildet noch heute den wichtigsten Stützpunkt der Bundesmarine. Außerdem ist Wilhelmshaven ein bedeutender Handelshafen und Industriestandort. Sehenswürdigkeiten sind der Hafen, das Rathaus mit einem 50 Meter hohen Turm, das Küstenmuseum, Museumsschiffe sowie ein Aquarium und der Störtebeker Park (Freizeit- und Umweltpark). Nur wenige Kilometer südlich von Wilhelmshaven liegt das Nordseebad **Dangast**. Auf der anderen Seite des Jadebusens folgen – nahe der Wesermündung – **Burhave**, ein weiteres, sehr familienfreundliches Seebad, und das ruhige **Tossens**, das Besucher durch sein tropisches Badeparadies mit Resorthotel anzieht.

Ein viel besuchtes Ausflugsziel ist das etwa 15 Kilometer entfernte Bierstädtchen **Jever** mit schöner Altstadt. Neben dem Brauhausmuseum kann man hier das in einem alten Schloss untergebrachte Museum für Regionalkultur besichtigen. Weitere interessante Ausflugsziele zwischen Emden und Wilhelmshaven sind **Wittmund**, wo man „Ostfriesenabitur" (Teetrinken, Krabbenpulen etc.) machen kann, und **Aurich**, die sehr sehenswerte alte Hauptstadt Ostfrieslands.

OSTFRIESISCHE INSELN

6 bis 15 Kilometer vor der ostfriesischen Küste erstreckt sich auf einer Länge von etwa 100 Kilometern die gleichnamige Inselkette, die aus den Inseln **Borkum**, **Juist**, **Norderney**, **Baltrum**, **Langeoog**, **Spiekeroog** und **Wangerooge** (von Westen nach Osten) sowie mehreren kleinen Inseln besteht. Eine – angeblich von Matrosen erfundene – „Eselsbrücke" hilft, sich die geographische Reihenfolge der Inseln einzuprägen: Die ersten Buchstaben der Worte des Spruches „Welcher Seemann liegt bei Nanni im Bett" bilden die Ost-West-Inselreihenfolge.

Die Inselorte, die die gleichen Namen wie die Inseln tragen, befinden sich fast immer im Westen, dünengesäumte Strände liegen meist an der Nordküste, während die östlichen Teile Ruhezonen des Nationalparks mit Vogelschutzgebieten sind und oft gar nicht oder nur auf bestimmten Wegen erkundet werden dürfen. Auf fast allen Inseln gibt es Nationalpark-Informationszentren, die Ausstellungen, Vorträge und Führungen organisieren. Die idyllischen Inseln sind bis auf Borkum und Norderney autofrei. Pkw können in Garagen auf dem Festland geparkt werden. Alle Inseln sind Nordseeheilbäder und stellen nicht zuletzt aufgrund besonders starken Reizklimas überaus beliebte Ferien- und Kurziele mit guter touristischer Infrastruktur und vielen Sportmöglichkeiten dar.

Zu den ostfriesischen Inseln verkehren ab verschiedenen Häfen Fähren, deren Fahrpläne von den Gezeiten abhängig und deswegen unregelmäßig sind. Bahnreisende zu den Inseln fahren nach Emden Außenhafen, Norden, Norddeich-Mole und Esens, wo die Schiffe ablegen bzw. von wo Busverkehr zu den Fährhäfen besteht. Für den Schiffsverkehr werden Bahnfahrkarten ausgestellt.

Auch Tagesausflüge von der Küste zu den Inseln sind per Fähre oder im Rahmen von Wattwanderungen (Rückfahrt per Schiff) sehr beliebt. Regelmäßige Fährverbindungen zwischen den Inseln gibt es kaum, Ausflugsverkehr häufiger, in der Hochsaison auch nach Helgoland. Im Sommer bestehen ab Bremen und mehreren Küstenorten Flugverbindungen auf die Inseln außer nach Spiekeroog. Als Verkehrsmittel auf den Inseln dienen Pferdewagen, Inselbahnen und Fahrräder. Von den Inseln werden häufig Ausflüge zu umliegenden Seehundbänken unternommen.

BORKUM

Die westlichste, am weitesten vom Festland entfernte und mit 36 qkm größte Ostfrieseninsel ist Borkum, nördlich Emdens, von wo Fähren zur Insel ablegen (Überfahrtsdauer: Autofähre zwei Stunden, Katamaran eine Stunde; ab dem holländischen Eemshaven gibt es ebenfalls Fähren). Obwohl auf Borkum Pkw erlaubt sind, sind die Fahrmöglichkeiten für Touristen sehr beschränkt. Seit Mitte des 19. Jh. ist Borkum (fast 8.000 Einwohner) Nordseeheilbad. Während der Saison ist das Städtchen mit Fußgängerzone, langer Strandpromenade, Restaurants, Kneipen und Spielkasino sehr geschäftig und hat gute Sport- und Unterhaltungsmöglichkeiten. Borkum bietet das größte Meerwasser-Hallenbad Europas, ein Aquarium, ein Heimatmuseum und zwei Leuchttürme (der Alte Leuchtturm aus dem 16. Jh. und der 60 Meter hohe Neue Leuchtturm, von dem man die ganze Insel überblicken kann). In der Umgebung des Ortes erstrecken sich das kleine Wäldchen „Greune Stee“ und der streng unter Naturschutz stehende See „Tüskendörsee“. Im einsamen Inselosten liegen die zwei letzten Inselbauernhöfe und Vogelschutzgebiete.

JUIST

Östlich von Borkum liegt die knapp 17 qkm große Insel Juist (rund 2.000 Einwohner), die von Norddeich per Fähre angefahren wird. Die Überfahrt dauert knapp 90 Minuten. Juist ist mit 17 Kilometern die längste und mit einer durchschnittlichen Breite von 500 Metern die schmalste Ostfriesische Insel. Ihr Hauptort, der seit dem 19. Jh. Nordseeheilbad ist, liegt mit seinen flachen Bauten in der Inselmitte. Als Verkehrsmittel auf der Insel dienen nur Pferdekutschen und Fahrräder. Der Ort Juist bietet während der Saison gute Einkaufs- und Unterhaltungsmöglichkeiten sowie viele Restaurants, eine Strandpromenade, das Nationalparkhaus mit zwei Aquarien und das Küstenmuseum über Meeresbiologie, Schifffahrt und Fischerei. Im Westen liegt der größte Süßwassersee der Inseln, umgeben vom Naturschutzgebiet Bill. Im von Dünen geprägten Inselosten und auf der vorgelagerten Sandinsel Memmert gibt es Vogelschutzgebiete, deren Betreten nur mit starken Einschränkungen erlaubt ist.

NORDERNEY

Östlich von Juist liegt Norderney (rund 8.500 Einwohner), die bevölkerungsreichste und mit 25 qkm zweitgrößte Ostfriesische Insel. Norderney ist ab Norddeich per Fähre in einer knappen Stunde erreichbar. Autofahren ist hier zwar erlaubt, sollte aber möglichst eingeschränkt werden. Norderney wurde bereits Ende des 18. Jh. als erster Nordseeort Seeheilbad. Im Gegensatz zu den übrigen Inseln weist Norderney einige Hochhäuser auf und ist lebhafter und turbulenter.

Trotz des modernen Eindrucks, den Norderney auf den ersten Blick macht, ist hier am meisten historische Bausubstanz erhalten. Im Ort gibt es viele alte Häuser und prächtige Kureinrichtungen – darunter das Kurhaus mit Spielkasino – aus dem 19. Jh., als die Insel königliche Sommerresidenz war und zahlreiche prominente Besucher hatte. Weitere Sehenswürdigkeiten Norderneys sind ein Kaiser-Wilhelm-Denkmal, ein kleines Fischerhausmuseum, eine Aussichtsdüne an der Strandpromenade und die einzige Windmühle der Inseln. Das Unterhaltungs- und Freizeitangebot Norderneys ist sehr groß, außerdem bietet es ebenfalls wunderschöne Strände. An der Südküste liegt ein Golfplatz nahe dem 50 Meter hohen Leuchtturm, von dem man schöne Aussichten hat.

BALTRUM

Östlich liegt mit Baltrum (6,5 qkm, knapp 1.000 Einwohner) die kleinste Ostfriesische Insel, die den Beinamen „Dornröschen der Nordsee“ trägt. Fähren nach Baltrum gibt es ab Neßmersiel (Dauer der Überfahrt knapp 30 Minuten), das ab dem Bahnhof Norden per Bus erreicht wird. Auf Baltrum, wo nur Pferdekutschen verkehren, sind selbst Fahrräder unerwünscht.
Der Hauptort besteht aus einem größeren West- und einem kleineren Ostdorf, die ineinander übergehen. Großbauten und Hochhäuser fehlen auf Baltrum völlig. Sehenswürdigkeit hier ist die Alte Kirche aus dem Jahr 1830. Im Norden der von Dünentälern geprägten Insel liegt ein schöner Badestrand. Die Beschränkungen im Nationalparkgebiet Baltrums sind etwas weniger streng als auf den übrigen Inseln. Mehrere Wege sind hier das ganze Jahr über zu Fuß zugänglich.

LANGEOOG

Östlich von Baltrum folgt die 19 qkm große Insel Langeoog (knapp 3.000 Einwohner), die ab Bensersiel in einer Stunde per Fähre erreichbar ist. Bensersiel wird von den Bahnhöfen Norden und Esens per Bus angefahren. Die familienfreundliche Insel eignet sich sehr gut für Aktivurlauber.
Wahrzeichen Langeoogs ist der auf einer 18 Meter hohen Düne gelegene Wasserturm nahe dem Kurviertel. Sehenswert im Ort sind außerdem das aufgedockte „Seenotrettungsboot Langeoog“, ein Schiffsmuseum und das „Seemanshus“ mit einer Ausstellung zur Inselgeschichte. Vom Ort führt eine 1.500 Meter lange Promenade durch einen breiten Dünengürtel zum Dünenfriedhof, auf dem die bekannte Sängerin Lale Andersen bestattet ist. Etwa in der Mitte der Insel liegt die 21 Meter hohe „Melkhorndüne“, die als höchste Erhebung Ostfrieslands hervorragende Aussichten bietet. Unter anderem sieht man von hier die im Inselosten gelegenen Schutzgebiete.

SPIEKEROOG

Östlich schließt sich das 14 qkm große Spiekeroog an, das mit Kiefernwäldern, Obstgärten und Kurpark als grünste Ostfriesische Insel gilt. Spiekeroog wird per Fähre von Neuharlingersiel aus angelaufen, das vom Bahnhof Esens per Bus erreichbar ist; die Überfahrt dauert eine Stunde. Da sich alle Ziele auf der Insel bequem zu Fuß erkunden lassen, ist auf Spiekeroog, das knapp 1.000 Einwohner hat, auch Radfahren stark eingeschränkt. Eine Inselbahn wird von Pferden gezogen.
Das Inseldorf mit Häusern aus dem 18. Jh. und schmalen Gassen bietet ein außergewöhnlich idyllisches Bild, das keine großen, modernen Bauten stören. Zwischen Dorf und Strand liegt ein breiter Dünengürtel mit Wanderwegen. Aussichtsdünen bieten einen hervorragenden Überblick über die schöne Landschaft. Sehenswert in Spiekeroog sind die Kirche aus dem 17. Jh. (die älteste der Ostfriesischen Inseln), das Inselmuseum und eine ungewöhnliche Muschelausstellung. Auch auf dieser beschaulichen Insel gibt es gute Kur-, Sport- und Freizeiteinrichtungen.

WANGEROOGE

Die östlichste ostfriesische Insel ist das 8 qkm große Wangerooge (etwa 2.000 Einwohner). Fährhafen nach Wangerooge ist Harlesiel, ein Ortsteil von Carolinensiel, der von Esens, Jever und Sande (nahe Wilhelmshaven) per Bus angefahren wird. Die Überfahrt dauert eine gute Stunde. Die Insel am Ausgang der Wesermündung hat traditionell große Bedeutung für die Schifffahrt; häufig sieht man hier große Schiffe vorbeiziehen. Aufgrund der strategischen Bedeutung, die die geographische Lage mit sich bringt, wurde der Ort Wangerooge in der Inselmitte während des zweiten Weltkrieges fast vollständig zerstört und ist heute von moderneren Bauten geprägt. An die Zerstörungen erinnern ein Denkmal und der Ehrenfriedhof. Wahrzeichen der Insel sind seine drei Türme: der 67 Meter hohe neue Leuchtturm, der alte Leuchtturm mit dem Heimatmuseum und der Westturm. Auch Wangerooge bietet gute Kur-, Freizeit- und Sportmöglichkeiten.

WESERMÜNDUNG–NORDFRIESLAND

WESERMÜNDUNG-ELBEMÜNDUNG

An der Küste folgt man weiter der Störtebekerstraße, die östlich von Burhave und Tossens bei **Nordenham** über die Weser (Autofähre) nach **Bremerhaven** führt, einer bremischen „Enklave“ in Niedersachsen. Die direkt an der östlichen Wesermündung, knapp 60 Kilometer nördlich von Bremen gelegene Stadt wurde 1827 als dessen Vorhafen gegründet und ist auch ein bedeutender Kreuzfahrthafen. Die wichtigsten Sehenswürdigkeiten Bremerhavens (130.000 Einwohner) sind Museen, darunter das Deutsche Schifffahrtsmuseum, das Nordseemuseum und der „Zoo am Meer“ mit Aquarium. Häufig werden von hier Abstecher in die Hansestadt Bremen unternommen.

Knapp 50 Kilometer nördlich von Bremerhaven liegt am Westufer der – hier 15 Kilometer breiten – Elbmündung mit Cuxhaven eine weitere bedeutende Hafenstadt. Auf dem Weg dorthin passiert man die Region „Wurster Land“ mit dem malerischen **Wremen** und dem Nordseebad **Dorum**. **Cuxhaven** ist eine Stadt mit rund 60.000 Einwohnern und das größte Nordseeheilbad Deutschlands. Die Strände und Kureinrichtungen liegen in Stadtteilen wie **Duhnen**, das auch einen Golfplatz bietet. Von hier verkehren von Pferden gezogene, hochräderige Wattwagen zu nahen Inseln. Sehenswürdigkeiten Cuxhavens sind das Schloss Ritzebüttel aus dem 14. Jh. mit dem Stadtmuseum, ein Museumsschiff, das Hafenbollwerk „Alte Liebe“ (heute Aussichtsplattform) und das Wahrzeichen „Kugelbake“ (Seezeichen an einer Landspitze). Die Störtebekerstraße führt von Cuxhaven weiter entlang der Elbe durch das Obstanbaugebiet **Altes Land** nach Hamburg.

Ab Hamburg verläuft die Grüne Küstenstraße entlang der anderen Elbseite („Elbmarschen“) in Richtung Norden. An der Elbmündung liegt jenseits von Cuxhaven, bereits in Schleswig-Holstein, **Brunsbüttel**. Hier mündet der **Nord-Ostsee-Kanal**, dessen Schleusen als technische Sehenswürdigkeit gelten, in die Elbe. Man kann die Elbe auch per Autofähre überqueren.

Zwischen der Elbmündung und der dänischen Grenze ist der Nordseeküste der „Nationalpark Schleswig-Holsteinisches Wattenmeer“ vorgelagert. Dieser Küstenteil wird durch die Halbinsel Eiderstedt zweigeteilt: Südlich liegt die fruchtbare Region Dithmarschen, nördlich Nordfriesland.

DITHMARSCHEN

Im idyllischen Dithmarschen ist der Tourismus weniger stark entwickelt als in Nordfriesland. Urlaubsziele hier sind die Feriensiedlung **Friedrichskoog** und das familienfreundliche, lebhafte Seeheilbad **Büsum** mit malerischem Fischerhafen. In Büsum bestehen vielfältige Unterhaltungs- und Sportmöglichkeiten (darunter Golf). Im Hinterland liegt, etwa 20 Kilometer entfernt, das Städtchen **Heide** mit dem größten Marktplatz Deutschlands und sehenswerten Museen. Mehrere Städte in der ehemaligen Bauernrepublik Dithmarschen, darunter der einstige Hauptort **Meldorf**, sind Veranstaltungsorte des sommerlichen Schleswig-Holstein-Musikfestivals, das neben Musik- auch weitere Kulturveranstaltungen umfasst. Etwa 25 Kilometer nördlich von Heide liegt im Hinterland der Halbinsel Eiderstedt **Friedrichstadt**. Das malerische Städtchen mit Grachten – auf denen man Rundfahrten unternehmen kann – und Backsteinhäusern wurde im 17. Jh. von religiösen Flüchtlingen aus Holland aufgebaut und wird auch als „Klein-Amsterdam“ bezeichnet.

HALBINSEL EIDERSTEDT

Den Hauptort der ins Wattenmeer ragenden Halbinsel Eiderstedt, die von mächtigen, bis zu 17 Meter hohen Bauernhöfen aus dem 18. und. 19. Jh. geprägt ist, bildet die idyllische, alte Hafenstadt **Tönning**. Etwa in der Mitte der Halbinsel liegt der ruhige Luftkurort **Garding**.

An der Westspitze Eiderstedts erstreckt sich mit dem von Dünen und Wald umgebenen **Bad St. Peter-Ording** das größte Nordseeheilbad Schleswig-Holsteins. Am 12 Kilometer langen, breiten Sandstrand des Ortes bestehen aufgrund des festen Sandes auch hervorragende Möglichkeiten zum Strandsegeln. Das aus mehreren Ortsteilen bestehende St. Peter-Ording mit seiner guten touristischen Infrastruktur eignet sich als Ferienort gut für nahezu alle Zielgruppen. Sehenswert sind hier das Eiderstädter Heimatmuseum, Pfahlbauten und eine knapp 1.000 Meter lange Holzbohlenbrücke, die zur „Großen Sandbank" führt.

NORDFRIESLAND

Nördlich der Halbinsel Eiderstedt erstreckt sich bis zur dänischen Grenze die Region Nordfriesland, der die im Wattenmeer gelegenen Nordfriesischen Inseln vorgelagert sind. Die flache, von Kanälen durchzogene Landschaft Nordfrieslands ist geprägt von langen, dünengesäumten Sandstränden sowie von großen, einzeln stehenden Bauernhöfen, weithin sichtbaren Kirchtürmen und den typischen Friesenhäusern. Diese Backsteinhäuser sind in der Regel flach gebaut und haben Reet- bzw. Schilfdächer, die als besonders gute Isolierung gegen Wind und Wetter gelten. Eine Besonderheit der nordfriesischen Küste sind „Köge", altes, fruchtbares Marschland, das eingedeicht wurde und größtenteils unter dem Meeresspiegel liegt. Die größte touristische Bedeutung in Nordfriesland haben die Inseln.

Nordfriesland ist auf Autobahnen über den „Verteiler" Hamburg erreichbar. Von hier führen auch Bahnlinien in Richtung Nordwesten, über die die Bahnhöfe Heide und Friedrichstadt (sowie auf Nebenstrecken Büsum und St. Peter-Ording) erreichbar sind. Die Bahnstrecke nach Nordfriesland führt über die Hafenstadt Husum, die größte Stadt der Region. Flugreisende nutzen am besten Flugverbindungen nach Hamburg und reisen von dort auf dem Landweg weiter. Regelmäßigen Linienflugverkehr nach Nordfriesland gibt es nur nach Westerland auf der Insel Sylt. Die Inseln sind von der Küste aus teilweise über Dämme erreichbar.

Husum liegt am nordöstlichen Ende der Halbinsel Eiderstedt, direkt an der Nordsee. Die idyllische Stadt mit rund 20.000 Einwohnern ist der kulturelle und wirtschaftliche Mittelpunkt Nordfrieslands. Zu den Sehenswürdigkeiten Husums gehören der Marktplatz mit Häusern aus dem 16. und 17. Jh. und einer klassizistischen Kirche, der Alte Hafen, ein Schloss aus dem 16. Jh., das Nordfriesische Museum und ein Bauernhaus aus dem Jahr 1600, das als Freilichtmuseum dient. Häufig besichtigt werden auch das Geburts- und das Wohnhaus des berühmtesten Sohnes der Stadt, des Dichters Theodor Storm, der Husum „Graue Stadt am grauen Meer" nannte und zum Schauplatz zahlreicher Erzählungen machte. Dem Ruf einer grauen Stadt wird Husum jedoch nicht gerecht.

Der Weg von Husum in Richtung Norden führt über **Bredstedt**, das als Sitz des „Nordfriisk Institut", das die nordfriesische Sprache bewahrt und pflegt, bekannt ist. Ein Naturzentrum organisiert hier Wattwanderungen und naturkundliche Führungen, unter anderem ins nördliche, wunderschöne Naturschutzgebiet **Hauke-Haien-Koog**, das nach dem Helden von Theodor Storms berühmtestem Werk „Der Schimmelreiter" benannt ist.

Bald darauf erreicht man **Dagebüll**, den nördlichsten Fährhafen und das nördlichste Seebad an der deutschen Nordseeküste. Als Ferienort ist Dagebüll, das zahlreiche Sportmöglichkeiten bietet, eher für Ruhesuchende geeignet. Nördlich von Dagebüll ist die Landschaft besonders flach und recht dünn besiedelt. Nach etwa 15 Kilometern erreicht man das im Landesinneren gelegene **Niebüll** (40 Kilometer von Husum), eine wichtige Station für den Verkehr auf die Insel Sylt. Sehenswert sind hier einige Museen. Das kulturelle Highlight der Region liegt etwa 20 Kilometer nördlich, nahe der dänischen Grenze, in **Seebüll**. Die Attraktion des Ortes sind Wohnhaus und Atelier des expressionistischen Malers Emil Nolde, von dem hier zahlreiche Werke ausgestellt sind.

NORDFRIESISCHE INSELN

Vor der Küste Nordfrieslands erstrecken sich auf einer Länge von rund 60 Kilometern mehrere Inseln, die zum Nationalpark Schleswig-Holsteinisches Wattenmeer gehören. Von Süden nach Norden sind dies **Nordstrand**, **Pellworm**, die **Halligen**, **Amrum**, **Föhr** und **Sylt**. Der Norden der nördlichsten Insel Sylt liegt bereits vor dem dänischen Festland. Im Gegensatz zu den Ostfriesischen Inseln bilden die Nordfriesischen Inseln keine Inselkette, sondern liegen unregelmäßig verstreut und unterscheiden sich stark in Bezug auf Form, Größe und Charakter. Teilweise entstanden die Inseln durch schwere Sturmfluten in den vergangenen Jahrhunderten.

Auch auf den meisten Nordfriesischen Inseln liegen Nordseeheilbäder mit starkem Reizklima. Beliebte Ferien- und Kurziele mit guter touristischer Infrastruktur und vielen Sportmöglichkeiten sind vor allem Sylt, Amrum und Föhr. Diese Inseln, vor allem Sylt, haben auch ein höheres Preisniveau als die übrigen Inseln. Wie auf den Ostfriesischen Inseln gibt es hier Informationszentren der Nationalparkverwaltung, die über das Wattenmeer und die überaus artenreiche Vogelwelt des Parks informieren. Von den Inseln werden häufig Wattwanderungen, Wattfahrten mit dem Pferdewagen und Ausflüge zu Seehundbänken unternommen.

Während nach Sylt, Nordstrand und zu einigen Halligen ab dem Festland Dämme führen, sind die übrigen Inseln nur per Schiff ab unterschiedlichen Fährhäfen erreichbar. Die Fahrpläne hängen meist stark von den Gezeiten ab. Auch zwischen den Inseln – sowie nach Helgoland – bestehen gute Schiffsverbindungen. So können sowohl ab dem Festland als auch von Insel zu Insel bequem Tagesausflüge unternommen werden. Die Fährhäfen haben entweder direkten Bahnanschluss oder werden von nahen Bahnhöfen wie Husum per Bus angefahren. Auch für den Schiffsverkehr können Bahnfahrkarten ausgestellt werden. Nach Sylt besteht über einen Eisenbahndamm direkte Anbindung ans DB-Netz. Während Sylt – hauptsächlich im Sommer – innerdeutsch auch per Linie angeflogen wird, sind die übrigen Inseln, wenn überhaupt, per Flug nur mit Propellermaschinen ab nahen Küstenorten erreichbar. Auf alle Inseln außer auf die kleinen Halligen darf man Pkw mitnehmen. Teilweise sind hier die Straßen jedoch recht eng, gerade auf Sylt sind Parkplätze knapp. Auf den touristischeren Inseln gibt es gute Busverbindungen, außerdem ist auf allen Nordfriesischen Inseln das Fahrrad ein beliebtes Fortbewegungsmittel.

NORDSTRAND / PELLWORM

Nördlich von Eiderstedt liegt, ganz in der Nähe von Husum, die Insel NORDSTRAND. Wie Pellworm und einige Halligen ist sie ein Rest der großen Insel Alt-Nordstrand, die durch starke Sturmfluten im 14. und 17. Jh. zerstört wurde. Das heutige Nordstrand umfasst etwa 48 qkm und ist von einem hohen, knapp 30 Kilometer langen Seedeich umschlossen. Auf der fruchtbaren, landwirtschaftlich sehr stark genutzten Insel leben etwa 2.500 Menschen. Ab dem Festland nördlich von Husum ist Nordstrand über einen vier Kilometer langen Straßendamm erreichbar, was es zum beliebten Ziel von Tagesausflüglern macht. Da Nordstrand – wie auch Pellworm – keine Sandstrände, sondern nur Badeplätze mit Strandkörben am grasbewachsenen Deich hat, ist der Tourismus hier weniger stark entwickelt als auf den nördlichen Inseln. Dennoch ist auch Nordstrand ein Nordseeheilbad mit Kureinrichtungen. Ein „richtiges“ historisches Zentrum gibt es hier nicht. Da die Entfernungen zwischen Unterkünften, Badeplätzen und Orten mit Geschäften recht groß sind, ist es empfehlenswert, Nordstrand mit dem Auto zu erkunden.

Die 36 qkm große Insel PELLWORM westlich von Nordstrand ist von dessen Westspitze in einer guten halben Stunde per Fähre erreichbar. Auch Pellworm wird von einem mächtigen Deich vor den Fluten geschützt. Die etwa 1.500 Inselbewohner leben vorwiegend von der Landwirtschaft. Der Tourismus hat auf der ursprünglichen Insel, die ebenfalls Nordseeheilbad ist, im Laufe der letzten Jahre etwas zugenommen; es gibt hier gute Kur-, Sport- und Freizeiteinrichtungen.

Auch Pellworm hat keine alten Dörfer. Sehenswert auf der Insel sind der Fischerhafen, die von einem Park umgebene Neue Kirche aus dem 16. Jh., die Alte Kirche, deren 26 Meter hohe Turmruine als Wahrzeichen Pellworms gilt, sowie das Watten- und das Inselmuseum. In der Inselmitte liegt Europas größtes Solar- und Windkraftwerk, das im Rahmen von Führungen besichtigt werden kann.

HALLIGEN

Zwischen Eiderstedt, Amrum und Föhr erstrecken sich die zehn Halligeninseln. Sie sind Reste alter Festlandsmarschen der früher wesentlich weiter westlich verlaufenden Küstenlinie. Bei Sturmflut werden die Halligen – abgesehen von vier bis fünf Meter hohen, künstlichen „Warten“, auf denen Gehöfte liegen – regelmäßig überflutet („Land unter“). Die kleinen, einsamen Inseln werden vorwiegend von Tagesausflüglern besucht, teilweise gibt es hier aber auch Übernachtungsmöglichkeiten. Manche Inseln dürfen gar nicht oder nur eingeschränkt betreten werden.

Die größten Halligen sind **Langeneß** (knapp 10 qkm, 120 Einwohner, 18 Warften) und **Hooge** (knapp 6 qkm, 130 Einwohner, zehn Warften). Per Schiff werden beide Inseln vom Hafen Schlüttsiel (ab Husum mit dem Bus in einer knappen Stunde erreichbar, dann ein bis zwei Stunden Fährüberfahrt) und ab anderen Inseln angefahren. Die meistbesuchte Insel ist Hooge mit einer sehenswerten Kirche aus dem 17. Jh., Heimat- und Halligmuseum sowie einem alten Kapitänshaus. Bademöglichkeiten auf den Halligen bestehen bei Flut über Badetreppen.

FÖHR

Nördlich von Langeneß liegt Föhr, mit 82 qkm die zweitgrößte deutsche Nordseeinsel und eine der touristisch stärker frequentierten Inseln. Das grüne Föhr ist durch die anderen Inseln vor dem offenen Meer geschützt, sodass Wind und Wellen hier nicht ganz so stark sind. Den fruchtbaren Norden Föhrs bildet flaches, eingedeichtes Marschland, den Süden höher gelegenes Geestland. Wegen der geschützteren Lage befinden sich im Südteil die meisten der 16 hübschen Inselorte.

Hauptort und touristisches Zentrum Föhrs ist **Wyk** im Südosten. Wyk ist bereits seit Beginn des 19. Jh. Nordseeheilbad, zu dessen ersten Besuchern der dänische König gehörte; damals war die Insel zwischen Dänemark und Schleswig geteilt. Wyk ist der größte Hafenort der Nordfriesischen Inseln, von dem reger Fährverkehr zum Festland (nach Dagebüll-Mole, Fahrtdauer 45 Minuten, dort Bahnstation) und zu anderen Inseln besteht. Im Sommer ist Wyk, wo etwa die Hälfte der rund 10.000 Insulaner leben, ein quirliges Städtchen mit guten Unterhaltungs-, Kur- und Sportmöglichkeiten, darunter auch Golf. Es gibt hier ein kleines historisches Zentrum, aber auch moderne Hochhäuser. Wyk bietet einen schönen Sandstrand, der sich kilometerweit nach Westen erstreckt (Dünen gibt es jedoch kaum), die lange Promenade „Sandwall“ und ein Friesenmuseum.

Als schönstes Dorf Föhrs gilt **Nieblum** im Süden mit zahlreichen alten Friesenhäusern und dem „Friesendom“ aus dem 13. Jh. Der Friesendom ist die größte Kirche der Insel, auf deren Friedhof viele typische Seemannsgräber liegen. Weitere Sehenswürdigkeiten Föhrs sind Grabhügel aus der Steinzeit und Reste einer Wallanlage, die Wikinger im 9. Jh. errichteten.

AMRUM

Südwestlich von Föhr liegt die 20 qkm große Insel Amrum mit knapp 3.000 Einwohnern. Bei Ebbe kann man von Föhr auf einem Wattwanderweg nach Amrum laufen. Die Insel wird aber auch per Schiff angelaufen: Die Fähren von Dagebüll nach Föhr und die von Schlüttsiel zu den Halligen fahren weiter nach Amrum; die Fahrt dauert zwei Stunden bzw. 90 Minuten.

Amrums Landschaft ist geprägt von Dünen, Heide und Wäldern, die als Windschutz angepflanzt wurden. Der breite Dünengürtel steht unter Naturschutz und darf nur auf Bohlenwegen betreten werden; eine „Aussichtsdüne“ ist über 30 Meter hoch. Obwohl sich auch Amrum großer touristischer Beliebtheit erfreut, ist die Insel ruhig und bietet wenig abendliche Unterhaltungsmöglichkeiten. Ein bedeutender Ferienort ist **Wittdün** im Südosten, das Ende des 19. Jh., als Amrum Nordseeheilbad wurde, als Fährhafen gegründet wurde. Hier gibt es eine Promenade, Cafés, Restaurants, ein Kur- und ein Naturzentrum sowie einen Jachthafen. Das Wahrzeichen Amrums ist der 67 Meter hohe Leuchtturm zwischen Wittdün und Nebel.

Das schöne, alte Dorf **Nebel** an der Ostküste ist ruhiger und beschaulicher. Sehenswert sind hier der historische Ortskern mit gut erhaltenen Friesenhäusern, eine alte Windmühle, die heute als Heimatmuseum dient, und eine Kirche aus dem 13. Jh. Noch weiter nördlich liegt **Norddorf**, wie Wittdün und Nebel ein beliebtes Seeheilbad. Der Hauptbadestrand Amrums liegt an der Westküste. Hier erstreckt sich zwischen den Dünen und dem offenen Meer der breite, kilometerlange Kniepsand, eine riesige Sandbank, die ein hervorragendes Wander- und Surfevier bildet und den Badegästen reichlich Platz bietet. Der Amrumer Kniepsand ist einmalig in Europa.

SYLT

Nördlich von Amrum und Föhr liegt die lang gestreckte, schmale Insel Sylt. Sie ist die nördlichste und größte deutsche Nordseeinsel (99 qkm) und hat rund 27.000 Einwohner. Seit 1927 ist Sylt durch den 11 Kilometer langen Hindenburgdamm mit dem Festland verbunden. Dieser Bahndamm wird unter anderem von Fernverkehrszügen befahren, deren Endstation die Sylter Hauptstadt Westerland ist. Die Fahrt Hamburg–Westerland dauert mit dem Intercity knapp drei Stunden. Pkw-Reisende nach Sylt verladen ihr Fahrzeug in Niebüll auf Autozüge (Fahrtdauer 30 Minuten), ab mehreren Verladestationen Deutschlands verkehren ebenfalls Autozüge nach Westerland. Fähren verbinden Sylt mit anderen Nordseeinseln, darunter die dänische Insel Romo. Der Flughafen von Westerland (GWT) wird – vor allem im Sommer – ab mehreren deutschen Flughäfen per Linie angeflogen. Sylt weist eine hervorragende touristische Infrastruktur mit zahlreichen Unterkünften aller Art auf, darunter auch einige Luxushotels.

Die Insel bietet wunderschöne Strände, Dünen- und Heidelandschaften sowie teilweise noch ganz ursprüngliche Orte und Landschaften; ein Drittel der Insel steht unter Naturschutz. Sylt gilt aber auch als mondänes Ferienziel der Highsociety mit recht hohem Preisniveau. Zu den hervorragenden Sportmöglichkeiten gehören beste Voraussetzungen zum Surfen; hier findet alljährlich im September der Surf-Weltcup statt.

Die lebhafte Hauptstadt **Westerland** in der Mitte der Westküste hat rund 10.000 Einwohner und ist seit Mitte des 19. Jh. Seeheilbad. Sie bietet einen langen Sandstrand sowie beste Kur- und Freizeiteinrichtungen, darunter das Bad „Sylter Welle“, ein Spielkasino und die „Musikmuschel“, ein Konzertplatz an der Strandpromenade. Eine Fußgängerzone dient tagsüber als Einkaufsstraße, abends als Zentrum des Nachtlebens. Die moderne Stadt, die viele Touristenunterkünfte bereithält, besitzt aber auch einen schönen, alten Stadtkern.

Nördlich von Westerland folgen das besonders gut für Familien geeignete Seeheilbad **Wenningstedt** und das mondäne Seebad **Kampen** mit noblen Geschäften und Restaurants sowie einem Golfplatz. In der reizvollen Umgebung Kampens liegen die über 50 Meter hohe Uwe-Düne – Sylts höchste Erhebung – und die bis zu 30 Meter zum Meer abfallende Steilküste „Rotes Kliff“. Wie an den beiden anderen Kliffs der Insel trägt die starke Brandung hier ständig Landmasse ab.

Im äußersten Norden Sylts liegt mit **List** Deutschlands nördlichste Gemeinde; von hier verkehren die Fähren nach Romo. List wird von einem weitläufigen Naturschutzgebiet mit wunderschöner Dünenlandschaft umgeben.

Als idyllischster Ort Sylts gilt das im Inselosten gelegene **Keitum** mit altem Baumbestand und schönen Friesen- und Kapitänshäusern. Keitum bietet auch eine Kirche aus dem 13. Jh. und das Sylter Heimatmuseum. Im Osten Sylts befinden sich auch die beschaulichen Ferienorte **Archsum** und **Morsum**.

Im einsamen Süden der Insel liegen **Rantum** mit schönem Sandstrand – in der Nähe erstreckt sich das Rantum-Becken, ein sehr artenreiches Vogelschutzgebiet – und der familienfreundliche Hafenort **Hörnum**.

HELGOLAND

Das weit von den übrigen Inseln entfernte, autofreie Helgoland (rund 2 qkm Fläche) gehört ebenfalls zu Schleswig-Holstein und liegt etwa 70 Kilometer vor der Küste, etwa auf der Höhe von Wilhelmshaven bzw. Büsum. Zu Deutschland gehört Helgoland erst seit 1890, als es mit Großbritannien gegen die ostafrikanische Insel Sansibar getauscht wurde. Bis zum zweiten Weltkrieg, während dem die Insel stark zerstört wurde, diente Helgoland als Militärstützpunkt.

Obwohl auch Helgoland ein Nordseeheilbad mit touristischer Infrastruktur ist, ist es weniger ein Ferienziel für längere Aufenthalte als vielmehr eine beliebte Destination für Tagesausflüge, in deren Rahmen auch zollfrei eingekauft werden kann. Fährverbindungen bestehen ab den meisten Ostfriesischen und Nordfriesischen Inseln sowie ab mehreren Orten auf dem Festland (Wilhelmshaven, Bremerhaven, Cuxhaven, Bremen, Büsum, Husum, Dagebüll). Die Dauer der Überfahrt beträgt je nach Abfahrtsort ein bis vier Stunden. Außerdem bestehen – vor allem im Sommer – teilweise Flugverbindungen nach Helgoland.

Während des mehrstündigen Aufenthalts auf Helgoland können Besucher die Insel erkunden, die aus einer Hauptinsel und der östlichen, kleinen „**Düne**“ (mit Bademöglichkeiten) besteht.

Die Hauptinsel ist dreigeteilt. Am Hafen liegt das „**Unterland**“ mit Aquarium, Kureinrichtungen, Meerwasserfreibad und Hotels. Von hier gelangt man über das „**Mittelland**“ zum „**Oberland**“, einem aus dem Meer aufragenden, 1.500 Meter langen und 500 Meter breiten Felsdreieck. Hier liegen im äußersten Norden der Insel die „Lummenfelsen“, in denen pinguinartige Vögel leben, und Helgolands Wahrzeichen, die knapp 50 Meter hohe, aus roten Felsen bestehende Steinformation „Lange Anna“. Eine weitere Sehenswürdigkeit Helgolands ist eine Büste Hoffmann von Fallerslebens. Der Dichter schrieb hier im 19. Jh. den Text zur deutschen Nationalhymne.

2.3 OSTSEEKÜSTE

Die **Ostsee**, auch „Baltisches Meer“ genannt, ist ein etwa 380.000 qkm großes **Nebenmeer des Atlantiks**, das von mehreren europäischen Staaten umschlossen wird. Küsten an der Ostsee haben Deutschland, Dänemark, Schweden, Finnland, Russland, Estland, Lettland, Litauen und Polen (Reihenfolge im Uhrzeigersinn, beginnend im Südwesten). An den Küsten liegen die Metropolen Kopenhagen, Stockholm, Helsinki und St. Petersburg, die wie weitere interessante Städte und Inseln häufig Stationen von Ostseekreuzfahrten sind. In die Landmassen der Ostseestaaten schieben sich zahlreiche, unterschiedlich große Buchten. Die größte ist der „Bottnische Meerbusen“, der zwischen Schweden und Finnland weit nach Nordeuropa hineinragt. Im Gegensatz zur Nordsee sind an der weniger rauen Ostsee die Gezeiten kaum spürbar. Der maximale Tidenhub beträgt 50 Zentimeter vor Dänemark und wird gen Osten immer geringer.

Die deutsche Ostseeküste ist über 700 Kilometer lang und reicht von der dänischen Grenze im Norden bis zur polnischen Grenze im Osten. Der nordwestliche Teil der Küste gehört zu **Schleswig-Holstein**, die östliche Küste zum neuen Bundesland **Mecklenburg-Vorpommern**. Die schleswig-holsteinische Küste ist zunächst geprägt von **Förden** (fjordartige Meeresarme, die tief ins Land einschneiden), im Osten folgen weite **Buchten**, die teilweise Steilküsten aufweisen. Der besonders stark gegliederte, östlichste Teil der Küste wird von einer in Europa einmaligen **Boddenlandschaft** dominiert, die teilweise in einem **Nationalpark** geschützt ist. Als Bodden bezeichnet man seichte, unregelmäßige Buchten mit enger Öffnung zum Meer.

Vor der deutschen Ostseeküste erstrecken sich fünf größere **Inseln**, von denen eine zu Schleswig-Holstein und vier zu Mecklenburg-Vorpommern gehören. Die deutsche Ostseeküste, die ebenfalls sehr schöne – meist jedoch schmalere – Sandstrände aufweist, ist nicht ganz so flach wie die Nordseeküste. Landeinwärts folgt allmählich bis auf 180 Meter ansteigendes, fruchtbares Hügelland, in dem die reizvollen Landschaften der **Holsteinischen Schweiz** und der **Mecklenburger Seenplatte** liegen.

Die Ostsee und ihr ozeanisches **Klima** gelten als weniger rau und stürmisch als die Nordsee. Die Sommer sind hier wärmer und sonniger. Auch an der Ostseeküste ist das Wetter aber unbeständig. Badetemperaturen herrschen meist nur zwischen Juni und August; auch sonst bestehen aber häufig Bademöglichkeiten in Meerwasser-Hallenbädern. Deshalb ist der Hochsommer hier die **Hochsaison**. Als schöne Reisezeit gilt auch der Frühling mit seiner Blütenpracht.

Eine große Rolle für die gesamte Ostsee spielte die im 12. Jh. gegründete Hanse, die die Wikinger-Herrschaft im Ostseeraum ablöste. Die Hanse war zunächst ein Zusammenschluss einflussreicher Kaufleute, der sich zum mächtigen politischen Städtebund entwickelte. Auf dem Höhepunkt ihrer Macht im 14. Jh. gehörten zur Hanse rund 200 Städte im Nord- und Ostseeraum – wichtige Mitglieder waren Hamburg, Bremen, Lübeck und Rostock – und im Binnenland. Im 17. Jh. erlebte die Hanse ihren Niedergang. Die deutsche Ostseeküste wechselte im Laufe ihrer **Geschichte** häufig den „Besitzer“ und war lange in viele kleine Herrschaftsgebiete zersplittert. Nach der Gründung des Kaiserreichs 1871 gehörten die heutige deutsche Ostseeküste und weitere östliche Küstenabschnitte zu Preußen. Nach dem zweiten Weltkrieg fielen die Gebiete östlich Vorpommerns an Polen und Russland. Bis zur Wiedervereinigung verlief durch die Lübecker Bucht die deutsch-deutsche Grenze: Schleswig-Holstein gehörte zur BRD, Mecklenburg-Vorpommern zur DDR.

Die wichtigsten **Attraktionsfaktoren** der Ostseeküste sind Ferienorte an schönen Stränden, die wegen der meist relativ ruhigen See sehr gut für Familien mit Kleinkindern geeignet sind. An vielen Stränden dienen Strandkörbe als Wind- und Sonnenschutz sowie als bequeme Sitz- bzw. Liegemöglichkeit. Seit Ende des 18. Jh. ist die Ostseeküste mit ihrem Reizklima ein Ziel von Kurgästen, vor allem von Haut- und Lungenleidenden. Deshalb gibt es hier viele traditionsreiche Seebäder und Ferienorte mit guter touristischer Infrastruktur.

Nach dem Ausbau der Infrastruktur der neuen Bundesländer findet man mittlerweile gerade an der Küste Mecklenburg-Vorpommerns viele moderne touristische Unterkünfte und Einrichtungen. Die meisten Ferienziele an der Ostseeküste bieten zahlreiche Freizeit-, Unterhaltungs- und Sportmöglichkeiten, darunter Radfahren, Wandern, Reit- und Wassersport sowie Badeparadiese. Vor allem Segeln wird groß geschrieben: Im Sommer finden vielerorts Regatten statt, viele Orte haben Jachthäfen. Urlaubern an der Ostseeküste bieten sich auch viele lohnenswerte Ausflugsziele. Neben den größten Städten Kiel, Lübeck und Rostock, die alle über 200.000 Einwohner haben, liegen in der Umgebung weitere interessante historische Städte und im Hinterland reizvolle Seenlandschaften. Schiffsausflüge führen unter anderem nach Dänemark. Zu den Attraktionen der Ostsee gehören auch die verschiedensten Veranstaltungen und viele Schlösser, Herrenhäuser und Gutshöfe, von denen heute einige Hotels sind.

Auch in der Ostseeregion verlaufen Ferienstraßen: Von Fehmarn nach Berchtesgaden führt die **„Deutsche Ferienstraße“**, von Lübeck nach Osten die **„Nordostdeutsche Hanseroute“**.

SCHLESWIGER OSTSEEKÜSTE

Die „Grenze“ zwischen Schleswig und Holstein markiert der Nord-Ostsee-Kanal nördlich von Kiel. Zwischen Flensburg, Deutschlands nördlichster Stadt, und der Landeshauptstadt erstrecken sich die Förden (Flensburger Förde, Schlei, Eckernförder Bucht, Kieler Förde), die diesen Teil der Küste prägen und sich gut zum Segeln, Angeln und für weitere Wassersportarten eignen. Der Tourismus ist im nördlichsten Küstenabschnitt weniger stark ausgeprägt als in der folgenden Ostseeregion.

Hamburg ist als „Tor zum Norden“ auch ein wichtiger Verkehrsknotenpunkt für die Region Schleswig. Eine weiter nach Dänemark führende Autobahn verbindet die Hansestadt mit Kiel, Schleswig und Flensburg. Auch die Bahn bietet ab Hamburg sehr gute Verbindungen in die Region und über Flensburg (Grenzübergang nach Padborg) weiter nach Dänemark. Die Fahrt von Hamburg an die Ostsee dauert je nach Ziel und Zugart ein bis zwei Stunden; Kiel hat als ICE-Halt die beste Anbindung ans Fernverkehrsnetz. Die meisten Seebäder haben keinen direkten Bahnanschluss, innerhalb der Region verkehren Busse. Ziele von Flugreisenden in die Region sind Hamburg (HAM) und Kiel (KEL, einige nationale Flugverbindungen).

FLENSBURGER FÖRDE

Am Südwestende der 34 Kilometer langen Flensburger Förde, durch die die dänische Grenze verläuft, liegt **Flensburg** (knapp 90.000 Einwohner). Die grenznahe, traditionsreiche Hafenstadt gehörte lange zu Dänemark. Flensburg ist berühmt als Produktionsstätte von Bier und Rum und „berüchtigt“ als Sitz der deutschen Verkehrssünderkartei. Das Wahrzeichen Flensburgs ist das Nordertor, ein wuchtiges Stadttor aus dem späten 16. Jh. Wie die meisten Sehenswürdigkeiten der historischen Altstadt – darunter alte Kirchen und schön restaurierte Handelshöfe – liegt es an der langen Fußgängerzone. Flensburg bietet auch drei interessante Museen: Schifffahrtsmuseum mit Museumshafen, Städtisches Museum und Naturwissenschaftliches Heimatmuseum.

Auf der Förde kann man Schiffstouren unternehmen. Ein beliebtes Ausflugsziel in der näheren Umgebung ist das östlich gelegene Seebad **Glücksburg** mit guter touristischer Infrastruktur. Attraktion des Ortes ist neben schönen Sandstränden ein weißes Wasserschloss aus dem 16. Jh., das besichtigt werden kann. Südlich der Flensburger Förde erstreckt sich die Region **Angeln**, eine hügelige Moränenlandschaft mit Bauerndörfern, Mühlen, Wiesen, weiten Feldern und kleinen Seen. An der Küste liegt, etwa 30 Kilometer von Flensburg entfernt, der Kneippkurort **Gelting**, ein Fährhafen nach Faaborg auf der dänischen Insel Fünen.

SCHLEI

Südlich wird Angeln von der 43 Kilometer langen Schlei begrenzt, der längsten und schmalsten Ostseeförde, die teilweise nur 130 Meter breit ist. Sie wirkt stellenweise wie ein Fluss und eignet sich sehr gut für Schiffstouren. Eine kleine Insel („Lotseninsel") mit weithin sichtbarem Leuchtturm schirmt die Schlei von der Ostsee ab; nahe der Schleimündung liegt ein Vogelschutzgebiet. Der Weg von hier ins Landesinnere führt vorbei am idyllischen Städtchen **Kappeln** mit der höchsten Windmühle des Landes (32 Meter). Sehenswert sind hier auch eine Barockkirche, ein Museumshafen, eine noch verkehrende Museumseisenbahn und das Schleimuseum. Durch eine fruchtbare Landschaft mit malerischen Dörfern (**„Schleidörfer"**, bekannt für viele Ferienwohnungen und „Urlaub auf dem Bauernhof") fährt man weiter nach Schleswig.

Die historische Stadt **Schleswig** mit knapp 30.000 Einwohnern liegt an der schmalsten Stelle Schleswig-Holsteins, gut 30 Kilometer von Husum an der Nordsee entfernt und rund 40 Kilometer südlich von Flensburg. Zu den wichtigsten Sehenswürdigkeiten der früheren Landeshauptstadt gehören der Dom aus dem 12. Jh. mit einem über 100 Meter hohen Turm, das Fischerviertel „Holm" und das mächtige, auf einer Schleiinsel gelegene Schloss Gottorf aus dem 16. Jh., das einst als Residenz der Herzöge diente. Hier sind heute das Schleswig-Holsteinische Landesmuseum und das Archäologische Museum, in dem unter anderem ein Wikingerschiff aus dem 4. Jh.zu sehen ist, untergebracht. Überhaupt steht Schleswig ganz im Zeichen der Wikinger: Im Süden der Stadt liegt das Wikingermuseum „Haithabu" an der Stelle, wo sich die zwischen dem 9. und 11. Jh. bedeutendste Handelssiedlung der Wikinger befand; Haithabu ist auch per Schiff erreichbar. In Schleswig finden alle zwei Jahre die „Wikingertage" statt, ein großes Fest mit Musikveranstaltungen, Vorführungen alten Handwerks, Besichtigungen von Wikingerschiffen etc.

SCHWANSEN / ECKERNFÖRDER BUCHT / DÄNISCHER WOHLD

Zwischen der Schlei und der Eckernförder Bucht ragt die von zahlreichen Herrenhäusern und Gutshöfen sowie malerischen Dörfern geprägte Halbinsel SCHWANSEN in die Ostsee. Über die Schlei kann man sie auch per Fähre oder über Klapp- und Schwenkbrücken erreichen. An der Küste Schwansens liegen schöne, bis zu 30 Meter breite Sandstrände und die Ostseebäder **Schönhagen** und **Damp**. In der Nähe des ruhigeren Schönhagens, an das sich Steilküste anschließt, liegt ein Naturschutzgebiet mit dem kleinen Schwanser See. Das kinderfreundliche, als Urlaubssiedlung angelegte Damp ist lebhafter und bietet mit der Ferienhaus- und Apartmentanlage „Damp 2000" eine sehr gute touristische Infrastruktur. Hier gibt es unter anderem auch einen tropischen Badepark.

Am Nordufer der ECKERNFÖRDER BUCHT erstrecken sich die schönsten Herrenhäuser der Region. Am Ende der Bucht liegt die Stadt **Eckernförde** (24.000 Einwohner), ein Seebad mit großem Jachthafen, guten Sportmöglichkeiten und schönem Strand. Sehenswert sind hier der Altstadtkern, der Fischerhafen und das Heimatmuseum. Im Hinterland liegen der waldreiche **Naturpark Hüttener Berge** mit bis zu 98 Meter hohen Bergen und die sehenswerte Stadt **Rendsburg**, der wichtigste Binnenhafen des Nord-Ostsee-Kanals.

Zwischen der Eckernförder Bucht und der Kieler Förde liegt die waldreiche Landschaft DÄNISCHER WOHLD, die ebenfalls sehr schöne Herrenhäuser bietet. An der Küste erstrecken sich hier schöne Strände und eine der wenigen Ostsee-Dünenlandschaften.

HOLSTEINER OSTSEEKÜSTE

Die Küste westlich von Kiel ist geprägt von den weiten Buchten Kieler Bucht, Hohwachter Bucht und Lübecker Bucht mit schönen Stränden. Zwischen Hohwachter und Lübecker Bucht ragt eine Halbinsel in die Ostsee, an deren Ostseite sich zahlreiche beliebte Seebäder konzentrieren. Vorgelagert ist Fehmarn, die einzige Ostseeinsel Schleswig-Holsteins. Im Hinterland zwischen Kiel und Lübeck liegt die von Seen geprägte Landschaft der Holsteinischen Schweiz, südlich von Lübeck erstrecken sich mit den Lauenburgischen Seen weitere reizvolle Gewässer. Die Mündung des Flusses Trave bei Lübeck bildet die Grenze zu Mecklenburg.

Auch für die holsteinische Ostseeküste ist Hamburg ein wichtiges Verkehrszentrum. Von hier führt eine Autobahn nach Lübeck und weiter parallel zur Küste in Richtung Fehmarn. Eine Autobahn Lübeck–Rostock befindet sich derzeit in der Fertigstellung. Auch bahnmäßig ist die Holsteiner Ostseeküste gut erschlossen: Die Fahrt Hamburg–Lübeck dauert etwa 45 Minuten. Diese Bahnlinie führt weiter über Puttgarden auf der Insel Fehmarn (Grenzübergang nach Rödby auf der dänischen Insel Lolland) nach Kopenhagen. Die Fährverbindung Puttgarden–Rödby („Vogelfluglinie") spielt für den Pkw- und für den Bahnverkehr von Deutschland nach Dänemark eine große Rolle (➔ Kapitel 3.4). Züge fahren direkt auf die Fähre auf, in deren „Bauch" sich Schienen befinden (Trajektverkehr). Neben Puttgarden sind auch die Häfen Kiel und Lübeck-Travemünde bedeutend für den Fährverkehr nach Skandinavien sowie als Ausgangs- bzw. Endstationen von Ostseekreuzfahrten. Von den Seebädern werden häufig Schiffsausflüge, unter anderem nach Dänemark, durchgeführt. Während die Ferienorte um Lübeck teilweise direkten Bahnanschluss haben, sind die meisten Seebäder an der nördlichen Lübecker und an der Kieler Bucht nicht direkt per Bahn erreichbar. Eine Bahnlinie führt von Lübeck durch die Holsteinische Schweiz nach Kiel (Fahrtdauer eine Stunde). Per Flug ist die Region über die Flughäfen von Hamburg und Kiel erreichbar.

KIEL / KIELER FÖRDE

KIEL, die Hauptstadt und größte Stadt Schleswig-Holsteins (250.000 Einwohner), liegt am Südende der 17 Kilometer langen, als Segelparadies geltenden Kieler Förde. Ein besonderes Ereignis in Kiel ist die alljährlich im Juni stattfindende „Kieler Woche", die größte Segelregatta der Welt, zu der auch ein Volksfest gehört. Große Bedeutung hatte für die Stadt die Eröffnung des Nord-Ostsee-Kanals, heute die am meisten befahrene künstliche Wasserstraße der Welt. Ihre Schleusenanlage gilt als sehr sehenswert. Kiel ist eine lebhafte und – da im zweiten Weltkrieg stark zerstört – weitgehend moderne Stadt. Geprägt wird sie vom großen Passagierhafen mitten in der Stadt. Von hier verkehren regelmäßig Fähren nach Oslo/Norwegen (Fahrtdauer 19 bis 20 Stunden), Göteborg/ Schweden (14 Stunden) und Klaipeda/Litauen (25 Stunden).

Das Stadtzentrum bildet die Holstenstraße, eine Fußgängerzone, in deren Umgebung sich viele Sehenswürdigkeiten befinden: das Rathaus mit einem über 100 Meter hohen Turm, der Alte Markt, die Nikolaikirche aus dem 13. Jh. und das Schloss, das heute als Kulturzentrum mit Gemäldegalerie dient. Wichtige Museen Kiels sind das Stadtmuseum im einzigen erhaltenen Adelshof, das Schifffahrtsmuseum mit Museumshafen, die Kunsthalle, das Museum für Völkerkunde und das Zoologische Museum. Zu den Kultur- und Freizeiteinrichtungen der Stadt gehören auch Oper, Konzerthalle und ein schöner botanischer Garten. Eine weitere Attraktion Kiels ist das Fördeufer, an dessen Promenade das Landeshaus, das Schleswig-Holsteinische Parlament, liegt. In der Nähe ankert das sehenswerte Segelschulschiff „Gorch Fock".

Ausflugsziele in der Umgebung sind das Schleswig-Holsteinische Freilichtmuseum, das sich mit der bäuerlichen Kultur der Region beschäftigt, und das Olympiazentrum im Seebad **Schilksee**, wo 1972 die Olympia-Segelwettbewerbe stattfanden.

Am Ostufer der KIELER FÖRDE liegen unweit der Stadt die Ostseebäder Laboe und Stein. **Laboe** ist ein lebhaftes Familienbad mit breitem Strand, regem Hafen, Promenade und guter touristischer Infrastruktur; hier gibt es sehr viele Ferienwohnungen. Sehenswürdigkeiten in Laboe sind ein 85 Meter hohes Marine-Ehrendenkmal, das an die zahlreichen Gefallenen der Kriegsmarine im ersten Weltkrieg erinnert, und ein U-Boot aus dem zweiten Weltkrieg. Das etwas nördlich gelegene, kleinere **Stein** ist ein wesentlich ruhigeres Seebad mit schönem, flach abfallenden Strand.

KIELER BUCHT / HOHWACHTER BUCHT / WAGRIEN

Östlich der Förde erstreckt sich an der KIELER BUCHT eine als „Probstei“ bezeichnete, idyllische Landschaft, die lange zum Grundbesitz eines nahen Klosters gehörte. Der Hauptort der Region ist das Seebad **Schönberg**, das mit seinen Ortsteilen Schönberger Strand, Kalifornien, Brasilien und Holm (Soleheilbad) ein beliebtes Urlaubsziel ist. Die feinsandigen, von einem Deich gesäumten Strände um Schönberg gehören zu den schönsten der Ostseeküste Schleswig-Holsteins und gelten als sehr gutes Surfrevier. Schönberger Strand wird vom Ort sporadisch auch mit einer historischen Eisenbahn angefahren; der alte Strandbahnhof dient als Museum. Sehenswert in Schönberg selbst sind das Probsteier Heimatmuseum und ein Kindheitsmuseum. Südlich von Schönberg liegt nahe dem **Selenter See** das Landeskulturzentrum **Gut Salzau**, Ostholsteins größter Gutshof mit schöner Parkanlage. Gut Salzau bildet den Mittelpunkt des alljährlich im Sommer stattfindenden, renommierten „Schleswig-Holstein Musikfestivals“. Auch in der östlich folgenden Region liegen zahlreiche imposante Gutshöfe und Herrenhäuser um den malerischen Luftkurort **Lütjenburg** mit schönen Fachwerkhäusern und dem knapp 20 Meter hohen Bismarckturm.

An der von Seen gesäumten Küste folgt nahe Lütjenburg die HOHWACHTER BUCHT, an der mit dem Seeheilbad Hohwacht und dem Seebad Weissenhäuser Strand weitere beliebte Ferienziele liegen. Das relativ ursprüngliche Fischerdorf **Hohwacht** hat sowohl einen langen Sandstrand als auch eine hohe, bewaldete Steilküste. Das in einem Naturschutzgebiet gelegene **Weissenhäuser Strand** mit breitem, hellem Sandstrand erstreckt sich inmitten von Dünen. Weissenhäuser Strand ist ein großes Ferienzentrum mit vielen Sportmöglichkeiten und einem tropischen Badeparadies. Auch diese Region bietet schöne Herrenhäuser, die teilweise besichtigt werden können.

Östlich von Weissenhäuser Strand liegt im Binnenland – im Zentrum der Landschaft WAGRIEN, zu der auch die Halbinsel gehört, der Fehmarn vorgelagert ist – das Städtchen **Oldenburg in Holstein**. Die größte Sehenswürdigkeit hier ist archäologischer Art: der Oldenburger Wall, Reste einer mächtigen, von einem slawischen Volksstamm errichteten Burganlage aus dem 7. Jh. n. Chr. Das interessante Wallmuseum informiert über die Anlage. Nördlich von Oldenburg folgt im Norden der Halbinsel Wagrien das Ostseeheilbad **Heiligenhafen**, dem Nehrungen mit Badestränden und einem Vogelschutzgebiet vorgelagert sind. Die Idylle des einstigen Fischerdorfes ist fast nur noch im romantischen, alten Stadtkern spürbar. Heiligenhafen ist ein lebhafter Touristenort mit schönen Stränden, hervorragender touristischer Infrastruktur (dazu gehört ein riesiger Ferienpark mit Apartments, Kur- und Freizeiteinrichtungen), bedeutendem Jachthafen und der größten Hochsee-Angelflotte Europas. Über das familienfreundliche, kleine Seeheilbad **Großenbrode**, das erst nach Eröffnung der Vogelfluglinie gegründet worden ist, erreicht man die vorgelagerte Insel Fehmarn.

INSEL FEHMARN

Die 185 qkm große Insel Fehmarn erreicht man vom Festland aus sowohl per Pkw als auch per Bahn über eine 1.000 Meter lange Brücke über den Fehmarnsund. Auf der Insel leben etwa 14.000 Menschen in über 40 Dörfern. Auf Fehmarn, das zu den sonnigsten Regionen Deutschlands gehört, wird sehr viel Landwirtschaft betrieben („Kornkammer Schleswig Holsteins“). Auf vielen der stattlichen Gehöfte der Insel kann man „Urlaub auf dem Bauernhof“ verleben. Fehmarn eignet sich mit weiten Stränden und schöner Landschaft gut für Bade-, Wassersport- und Wanderurlaub.

Hauptort und touristisches Zentrum Fehmarns ist die malerische, von alten Fachwerkhäusern und hohen Bäumen geprägte Kleinstadt **Burg** im Südosten der Insel. Sehenswert sind hier die gotische Nikolaikirche aus dem 13. Jh., die malerischen Häuser der Hauptstraße „Breite Straße" und das Inselmuseum. Zu Burg gehört der Stadtteil **Südstrand**, wo das Kur- und Ferienzentrum mit hohen, klotzigen Apartmenthäusern liegt. Da die Insel völlig flach ist, bietet sich als Verkehrsmittel für eine Rundfahrt das Fahrrad an. Beliebte Ausflugsziele sind **Landkirchen** mit dem ältesten Modellschiff Deutschlands, **Lemkenhafen** mit dem Landwirtschafts- und Mühlenmuseum sowie **Petersdorf** mit einem 60 Meter hohen Kirchturm. Im Westen und Norden Fehmarns liegen Naturschutz- und Vogelreservate. Im Norden befindet sich außerdem das Fährzentrum **Puttgarden**, der einzige Inselbahnhof, wo in der Hochsaison alle 30 Minuten eine Fähre über den Fehmarnbelt ins knapp 20 Kilometer entfernte dänische Rödby ablegt. Die Fahrzeit beträgt etwa 45 Minuten.

LÜBECKER BUCHT

Am Festland öffnet sich östlich die Lübecker Bucht mit langem, breitem, von Steilküsten unterbrochenem Sandstrand und vielen – häufig traditionsreichen und turbulenten – Seebädern. Sie ist der touristisch am meisten erschlossene Teil der Ostseeküste Schleswig-Holsteins, der für nahezu alle Zielgruppen, besonders aber für Familien gut geeignet ist. Die Seebäder bieten lange Sandstrände, Promenaden, Seestege und gute Sport-, Kur- und Unterhaltungsmöglichkeiten. Auch hier liegen im Hinterland sehenswerte Herrenhäuser.

Die nördlichsten Ostseeheilbäder an der Lübecker Bucht sind **Dahme** und **Kellenhusen**; im Hinterland liegt das größte zusammenhängende Waldgebiet der Ostsee. Wenige Kilometer südlich folgt **Grömitz**, eines der ältesten und größten Ostseeheilbäder. Der lebhafte Ferienort bietet einen großen Jachthafen, die mit knapp 400 Metern längste Seebrücke dieser Küste, eine 3,5 Kilometer lange Strandpromenade und ein besonders breites Sportangebot, darunter zwei Golfplätze. Zu den Attraktionen von Grömitz gehört der Streichelzoo „Arche Noah". Im Hinterland ist **Cismar** mit einem Benediktinerkloster aus dem 13. Jh., das Teil des Schleswig-Holsteinischen Landesmuseums ist, ein viel besuchtes Ausflugsziel. In dem Künstlerdorf gibt es zahlreiche Galerien und Läden für Kunsthandwerk. Gut zehn Kilometer südlich von Grömitz liegt das Hafenstädtchen **Neustadt in Holstein**, das mit den Seebädern **Pelzerhaken** und **Rettin** ebenfalls ein attraktives Ferienziel darstellt. Bis hierher verläuft die Bahnlinie Lübeck–Puttgarden direkt an der Küste. Sehenswert in Neustadt sind der malerische Hafen mit altem Kornspeicher, der Marktplatz, die frühgotische Stadtkirche und ein altes Stadttor, in dem das Ostholstein-Museum untergebracht ist.

Südlich folgt das Seebad **Sierksdorf**, dessen große Attraktion das „Hansaland", Norddeutschlands größter Freizeitpark, ist. Sierksdorf ist fast mit dem südlichen Seeheilbad **Scharbeutz-Haffkrug** zusammengewachsen. Während Scharbeutz als recht lebhaft gilt, ist Haffkrug ruhiger und ursprünglicher. Zur Fremdenverkehrsgemeinde gehört auch der idyllische **Pönitzer See** im Hinterland. An der Küste schließt sich das traditionsreiche, mondäne Seeheilbad **Timmendorfer Strand** an; die Promenade des Ortes säumen alte Villen. Eine junge Attraktion hier ist „Sea Life", wo man eine faszinierende Unterwasserwelt erleben kann. Zu Timmendorf, das zwei Golfplätze und zahlreiche weitere Sport- und Unterhaltungsmöglichkeiten bietet, gehört auch das ruhigere Seeheilbad **Niendorf** mit einem Vogelpark.

Die Lübecker Bucht wird vom lebhaften Seeheilbad **Travemünde** an der Mündung des Flusses Trave abgeschlossen. Von der Seebadtradition Travemündes zeugen altehrwürdige Bauten an der Strandpromenade: das Alte Kurhaus, das Kasino und prächtige Villen. Außerdem sind der alte Stadtkern und ein Leuchtturm aus dem 16. Jh. erhalten. Es gibt hier aber auch zahlreiche moderne Bauten, darunter das 158 Meter hohe Hotel Maritim. Wahrzeichen des Ortes mit hervorragender touristischer Infrastruktur ist der historische Viermaster „Passat", ein schwimmendes Museum. Travemünde ist einer der bedeutendsten Passagierhäfen Europas; hier legen unter anderem Fähren nach Helsinki/Finnland (Fahrtdauer 36 Stunden) und Trelleborg/Schweden (8 Stunden) ab.

LÜBECK

Travemünde ist ein Stadtteil der 20 Kilometer entfernten, an der Trave gelegenen Hansestadt Lübeck. Da die im 12. Jh. gegründete Stadt in dem Städtebund die Führungsrolle innehatte, trägt sie den Beinamen „Königin der Hanse". Heute hat Lübeck rund 215.000 Einwohner, ist eine moderne Industrie- und Handelsstadt und besitzt einen bedeutenden Hafen mit Fährverbindungen nach Skandinavien, in die Baltischen Staaten und nach Russland. Trotz Zerstörungen im zweiten Weltkrieg sind in der überaus sehenswerten Stadt mehr mittelalterliche Bauten erhalten als in allen anderen norddeutschen Städten zusammen. Die gesamte, ringsum von Flussarmen umgebene Altstadt steht unter Denkmalschutz. Ihr Stadtbild ist aufgrund eines Erlasses aus dem 13. Jh. geprägt von Backsteinbauten. Dieser Baustil, der sich von hier über die gesamte östliche Ostsee ausbreitete, wird als „Backsteingotik" bezeichnet.

Zugang zur Altstadt bietet das Holstentor, Lübecks Wahrzeichen. In dem wuchtigen, doppeltürmigen Stadttor aus dem 15. Jh. ist heute das Stadtgeschichtliche Museum untergebracht. Zu den Sehenswürdigkeiten der Altstadt gehören alte Kirchen wie die Petrikirche, die Marienkirche und der Dom (deren sieben Türme die Silhouette Lübecks prägen), der Marktplatz mit dem historischen Rathaus, Salzspeicher und malerische, enge Gassen. Häufig besucht wird auch das Buddenbrook-Haus, eines der vielen prächtigen Patrizierhäuser der Stadt und Schauplatz von Thomas Manns Gesellschaftsroman über die gleichnamige Kaufmannsfamilie. Heute ist hier ein Dokumentationszentrum über den Lübecker Schriftsteller untergebracht. Weltberühmt ist auch das Lübecker Marzipan, das man fast überall in der Stadt kaufen kann.

HOLSTEINISCHE SCHWEIZ / BAD SEGEBERG

Im Hinterland der Lübecker und der Kieler Bucht erstreckt sich der Naturpark HOLSTEINISCHE SCHWEIZ, der von zahlreichen Seen, Wäldern und bis zu knapp 170 Meter hohen Hügeln geprägt ist. Im Zentrum der Holsteinischen Schweiz liegt das Kneippheilbad **Bad Malente-Gremsmühlen**, ein beliebter Ausgangspunkt für Schiffstouren auf den Seen. Südlich folgt die „Rosenstadt" **Eutin** (17.000 Einwohner). Besonders sehenswert in der einstigen Residenzstadt sind die Altstadt und das von einem Landschaftsgarten umgebene Schloss aus dem 18. Jh. (heute Museum). In dem heilklimatischen Kurort finden alljährlich die Eutiner Sommerspiele zu Ehren des hier geborenen Komponisten Carl Maria von Weber statt. Westlich von Malente und Eutin liegt **Plön** am gleichnamigen, größten See Schleswig-Holsteins (32 qkm), der als Wassersportzentrum gilt. Auch hier gibt es eine schöne Altstadt und ein Schloss aus dem 17. Jh. Die Holsteinische Schweiz, vor allem das „Dreieck" der genannten Städte, die jeweils 10 bis 20 Kilometer voneinander entfernt liegen, erfreut sich besonders bei Wanderfreunden und älteren Kurgästen großer Beliebtheit.

Südlich der Holsteinischen Schweiz liegt, knapp 30 Kilometer westlich von Lübeck, BAD SEGEBERG. Berühmt ist der Kurort (Sol- und Moorbad) vor allem wegen der hier alljährlich im Sommer – auf einer Freilichtbühne mit Naturkulisse – stattfindenden Karl-May-Festspiele.

LAUENBURGISCHE SEEN

Ein weiteres Ausflugs- und Ferienziel ist der Naturpark Lauenburgische Seen südlich von Lübeck. Auch hier liegen zahlreiche, schöne Seen, die Ziel von Wassersportlern sind. Das Zentrum des Naturparks bildet **Ratzeburg** mit dem gleichnamigen 14 qkm großen See. Die malerische Altstadt Ratzeburgs erstreckt sich auf einer Insel im See. Die bedeutendste Sehenswürdigkeit der Stadt ist der Dom aus dem 13. Jh., ein großer romanischer Backsteinbau. Rund 15 Kilometer entfernt liegt der Kneippkurort **Mölln**, der als „Eulenspiegel-Stadt" bekannt ist. Dem bekannten Volkshelden und Schelm, der hier im 14. Jh. starb, ist unter anderem ein Museum gewidmet.

MECKLENBURG-VORPOMMERSCHE OSTSEEKÜSTE

Östlich der Lübecker Bucht beginnt die Küste des Bundeslandes Mecklenburg-Vorpommern; von der früheren deutsch-deutschen Grenze ist nichts mehr zu sehen. Bis nach Polen erstrecken sich abwechslungsreiche Küstenlandschaften: die Wismarer Bucht und die Mecklenburger Bucht mit von breiten Sandstränden gesäumten Flach- und Steilufern sowie die östliche Küste mit Bodden und Haffs. Haffs sind durch Nehrungen fast völlig vom Meer abgeschlossene, frühere Buchten an Flachküsten. Der Küste – die streckenweise wesentlich weniger verbaut ist als in Schleswig-Holstein – sind vier Inseln vorgelagert. Im Hinterland liegen die Hauptstadt Schwerin und die reizvolle Mecklenburger Seenplatte. Küste, Inseln und Seen sind beliebte, traditionsreiche Reiseziele, deren touristische Infrastruktur seit der Wiedervereinigung stark ausgebaut wird.

Obwohl Mecklenburg-Vorpommern ein recht gutes Straßennetz hat, sind derzeit nur die Städte Schwerin, Wismar und Rostock ans Autobahnnetz angeschlossen. Autobahnen verbinden Berlin und Rostock (über die Seenplatte), von der Autobahn Berlin–Hamburg zweigt eine Nebenstrecke nach Schwerin ab. Die nahe der Küste verlaufende Autobahn Lübeck–Wismar–Rostock wird derzeit fertig gestellt. Bis auf Hiddensee sind auch die Inseln per Pkw und teilweise per Bahn über Dämme erreichbar. Die wichtigsten Bahnknotenpunkte nach Mecklenburg-Vorpommern sind – je nach Ausgangsort – Hamburg und Berlin. Anschluss ans IC-Netz haben Schwerin, Rostock, Stralsund und Rügen; zu anderen Bahnhöfen verkehren IR/D-Züge bzw. Nahverkehrszüge. Die Fahrtdauer von Hamburg bzw. Berlin nach Rostock beträgt gut zwei bzw. knapp drei Stunden. Parallel zur Küste verlaufen im Hinterland Bahnlinien, sodass die meisten Urlaubsorte recht gut mit dem Zug erreichbar sind. Von verschiedenen deutschen Verladestationen verkehren auch Autozüge nach Rostock und auf die Insel Rügen. Die nächsten internationalen Zielflughäfen sind Hamburg und Berlin. Zum nationalen Flughafen Rostock-Laage (RLG) verkehren ab einigen deutschen Flughäfen Linienflüge. Auch von der Ostseeküste Mecklenburg-Vorpommerns bestehen gute, häufige Fährverbindungen nach Skandinavien. Wichtige Häfen nach Dänemark, Schweden, Finnland, in die Baltischen Staaten und nach Russland sind Rostock/Warnemünde und Saßnitz auf der Insel Rügen. Die Häfen werden auch häufig im Rahmen von Ostseekreuzfahrten angelaufen. Von den Seebädern kann man Schiffsausflüge, unter anderem nach Dänemark, unternehmen.

KLÜTZER WINKEL / WISMARER BUCHT / INSEL POEL

Von Lübeck führt die Ferienstraße „Nordostdeutsche Hanse-Route“ in Richtung Osten, zunächst durch die schöne, von langen Alleen geprägte Landschaft KLÜTZER WINKEL. Hier liegt **Dassow** mit dem gleichnamigen See; da dieser mit der Trave verbunden ist, war die Stadt in der DDR Sperrgebiet. Die landschaftlich reizvolle, fruchtbare Bauernregion Klützer Winkel wurde nach dem „Hauptort“ **Klütz** benannt. Sehenswert in dem alten Städtchen ist ein prächtiges Barockschloss aus dem 18. Jh. Nur wenige Kilometer entfernt von Klütz liegt das Ostseeheilbad **Boltenhagen**, eines der ältesten deutschen Seebäder mit schönen, alten Ferienvillen. Boltenhagen bietet einen kilometerlangen, breiten, flach abfallenden Strand, eine schöne Strandpromenade mit nagelneuer Seebrücke und gute Unterhaltungs-, Freizeit- und Sportmöglichkeiten; die Gegend gilt als gutes Surfrevier. Im weiteren Verlauf der Küste wechseln sich flache Sandstrände mit bis zu 30 Meter hohen Steilufern ab. Im Hinterland des Klützer Winkels liegen weitere sehenswerte, alte Orte.

Im Osten grenzt der Klützer Winkel an die tief ins Land einschneidende WISMARER BUCHT, die nach der Stadt Wismar (rund 60 Kilometer von Lübeck, 25 Kilometer von Boltenhagen) am Südende der Bucht benannt ist. **Wismar** (knapp 60.000 Einwohner) war einst die zweitmächtigste Stadt der Hanse, die im 16. Jh. ihre Blütezeit erlebte. Ab dem 17. Jh. gehörte sie fast 300 Jahre lang zu Schweden. Trotz Zerstörungen im zweiten Weltkrieg hat Wismar eine schöne Altstadt, die von der typisch hanseatischen Backsteingotik geprägt ist. Mit Konzerten, Theatern und Galerien bietet die Stadt auch viel Kultur.

Das Zentrum bildet der weitläufige Marktplatz mit dem imposanten Rathaus, historischen Bürgerhäusern (das älteste, der „Alte Schwede“, stammt aus dem 14. Jh.) und der „Wasserkunst“, einem Pavillon, der bis ins späte 19. Jh. zur Wasserversorgung diente. Weitere Sehenswürdigkeiten Wismars sind der Fürstenhof (die Stadtresidenz der mecklenburgischen Herzöge), der Alte Hafen mit dem Wassertor (das letzte erhaltene Stadttor), die Nikolaikirche aus dem 15. Jh., das in einem Renaissancebau aus dem 16. Jh. untergebrachte Stadtgeschichtliche Museum und der 84 Meter hohe Turm der 1945 zerstörten Marienkirche, heute das Wahrzeichen Wismars. Den Ostrand der Wismarer Bucht bildet ein **Salzhaff**, das einen Vorgeschmack auf die östlich folgende Boddenküste bietet. Durch die schmale **Halbinsel Wustrow**, die bis vor kurzem für lange Zeit Sperrgebiet der sowjetischen Armee war, ist es vom offenen Meer abgetrennt.

Eingebettet in die Wismarer Bucht liegt die 37 qkm große INSEL POEL (etwa 3.000 Einwohner), ein beliebtes Ausflugsziel. Als Urlaubsziel ist Poel, dessen touristische Infrastruktur sich derzeit noch im Aufbau befindet, noch ziemlich ruhig und ursprünglich. Die Insel ist ab Wismar per Schiff (Fahrtdauer eine Stunde) oder vom Festland nördlich der Stadt über einen Damm erreichbar. Die Entfernung von Wismar beträgt über den Damm etwa 20 Kilometer. Hauptort der Insel ist das idyllische **Kirchdorf** mit einer Kirche aus dem 13. Jh. und einem interessanten Heimatmuseum; in der Nähe liegen flache, lange Sandstrände. Ein beliebter Badeplatz ist auch der Strand des Hafenortes **Timmendorf** im Osten. Den Norden der grünen Insel prägen Steilküsten.

SCHWERIN / MECKLENBURGER SEENPLATTE

Etwa 30 Kilometer südlich von Wismar liegt am gleichnamigen See SCHWERIN, die Hauptstadt und älteste Stadt Mecklenburg-Vorpommerns. Sie ist das Wirtschafts- und Kulturzentrum des Landes. Viele Küstenurlauber unternehmen Ausflüge in die sehenswerte Stadt, die bis 1918 Residenz der mecklenburgischen Herzöge war. Aus dieser Zeit stammen zahlreiche, repräsentative Bauten im historischen Stadtkern. Wahrzeichen Schwerins ist das auf einer Seeinsel gelegene, fünfeckige Schloss, das im 19. Jh. durch den Umbau einer alten Burg nach dem Muster eines Loire-Schlosses entstand. Heute ist es Sitz des Landtags, Museum und ein Veranstaltungsort des „Musiksommers Mecklenburg-Vorpommern“. Das vieltürmige Schloss umgibt der Burggarten, eine Brücke führt zum barocken Schlossgarten, einem im 18. Jh. angelegten Landschaftspark am Südufer. Am Nordufer liegt der Alte Garten, den das Staatstheater, die Staatskanzlei und das Staatliche Museum mit der größten Kunstsammlung des Bundeslandes säumen. Nördlich schließt sich der Stadtkern an. Hier liegt der Markt mit dem Rathaus, Bürgerhäusern und dem Dom aus dem 13. Jh., den ein im 19. Jh. hinzugefügter, über 100 Meter hoher Turm ziert. Zu den Sehenswürdigkeiten Schwerins gehören weitere Kirchen und Museen sowie die Umgebung mit dem See und der übrigen Schweriner Seenlandschaft, die ein ideales Naherholungs- und Wassersportgebiet ist. Sie gehört bereits zur östlich anschließenden Mecklenburger Seenplatte.

Die ausgedehnte MECKLENBURGER SEENPLATTE liegt im Hinterland der Ostseeküste. Die liebliche, hügelige Landschaft der Seen – die häufig Kanäle, auf denen Touren mit Hausbooten unternommen werden können, verbinden – ist ein beliebtes Urlaubsziel. Der größte der zahlreichen Seen ist der im Herzen der Region gelegene **Müritzsee** (115 qkm), der Teil des gleichnamigen Nationalparks ist. Größere touristische Bedeutung haben auch **Kölpinsee**, **Fleesensee**, **Plauer See** und **Krakower See** westlich des Müritzsees. Gerade am Fleesensee sind in den letzten Jahren hochwertige Hotelresorts, die sehr gute Wellnessmöglichkeiten bieten, entstanden.

MECKLENBURGER BUCHT

An der Küste folgt nordöstlich von Wismar die Mecklenburger Bucht, die lange Sandstrände mit beliebten, traditionsreichen Seebädern säumen. Zwischen den Orten verlaufen die für die Region so typischen Alleen mit hohen, alten Bäumen.

Erstes Ferienziel ist das Seebad **Rerik**, zwischen Ostsee und Salzhaff, an der Landspitze der Halbinsel Wustrow gelegen. Die Umgebung des Ortes gilt – wie Wustrow – als hervorragendes Wassersport- und Segelrevier. Östlich folgt mit **Kühlungsborn** eines der meistbesuchten und größten Seebäder der mecklenburgischen Küste. Von der langen Tradition des Ostseeheilbades zeugen prächtige, alte Villen („Bäderarchitektur") am langen Strand. Der grüne Ort mit guter touristischer Infrastruktur und zahlreichen Kur- und Sportmöglichkeiten bietet zum Flanieren Promenade, Kurpark und Stadtwald. Im waldreichen Hinterland „Kühlung" kann man gut wandern und Rad fahren. Eine Attraktion von Kühlungsborn ist die historische Schmalspurbahn „Molli", die regelmäßig landeinwärts in den Kurort Bad Doberan verkehrt.

Die Fahrt verläuft über das östliche **Heiligendamm**, Deutschlands ältestes Seebad, das 1793 als nobles Ferienziel gegründet wurde. Wegen seiner prächtigen, weißen Bauten aus dieser Zeit wird Heiligendamm auch „Weiße Stadt am Meer" genannt. Da Heiligendamm nur einen schmalen, etwas steinigen Strand hat, blieb es vom Massentourismus weitgehend verschont. Derzeit wird der Ort zum überaus mondänen Ferienziel ausgebaut. Heiligendamm gehört heute zum Moorheilbad **Bad Doberan**; zwischen den sechs Kilometer voneinander entfernten Orten liegt Deutschlands älteste Pferderennbahn. Auch Bad Doberan, das um 1800 herum herzogliche Sommerresidenz wurde, hat lange Tradition als Kurort. Sehenswert sind hier ein Kloster aus dem 12. Jh., das Münster im Stil der Backsteingotik sowie eine Grünanlage mit zwei chinesischen Pavillons und dem Großherzoglichen Palais. An der Küste östlich von Heiligendamm liegt das kleine Seebad **Nienhagen** mit einem „Geisterwald" aus bizarr geformten Bäumen.

ROSTOCK / ROSTOCKER HEIDE

Etwa 10 Kilometer östlich folgt Warnemünde, ein Stadtteil der Hansestadt ROSTOCK (230.000 Einwohner), die zwölf Kilometer südlich, an der fördeartigen Mündung des Flusses Warnow liegt. In Rostock, ehemals bedeutendes Hanse-Mitglied, wurde im 15. Jh. die erste Universität Nordeuropas gegründet. Im zweiten Weltkrieg wurden große Teile der Altstadt zerstört, einige historische Bauten sind jedoch erhalten bzw. wieder aufgebaut. Heute ist Rostock eine bedeutende Hafen- und Industriestadt und die größte Stadt des Bundeslandes. Ab Rostock verkehren Fähren nach Gedser auf der dänischen Insel Falster (Fahrtdauer 2 Stunden), Trelleborg (3 bis 6 Stunden) und Södertälje (18 Stunden) in Schweden sowie Helsinki/Finnland (24 Stunden), Tallinn/Estland und Liepaja/Lettland (22 bzw. 24 Stunden). Ein besonderes Ereignis ist hier alljährlich im August die „Hanse Sail", ein Treffen historischer Segel- und Traditionsschiffe, das mit einem großen Volksfest verbunden wird. Das Stadtzentrum bildet der Neue Markt mit Rathaus, Bürgerhäusern und Marienkirche aus dem 13. Jh.; Sehenswürdigkeiten sind auch das Steintor aus dem 16. Jh., die Universität und ein altes Kloster, in dem das Kulturhistorische Museum untergebracht ist. Weitere interessante Museen sind Kunsthalle, Schifffahrts- und Schiffsbaumuseum. 2003 wird sicher auch die in Rostock stattfindende IGA (Internationale Gartenausstellung) zahlreiche Besucher anziehen.

Das beliebte Ostseebad **Warnemünde** ist von der Stadt über eine Schnellstraße oder per S-Bahn erreichbar. Der einstige Fischerort konnte sich einen gewissen ursprünglichen Charme bewahren. Der kilometerlange Strand des Ortes, die Promenaden, Fischerei- und Jachthäfen, vielfältige Sportangebote, traditionelle Feste und eine gute touristische Infrastruktur – darunter auch große, klotzige Hotels – ziehen traditionell zahlreiche Besucher nach Warnemünde. Einen schönen Blick über den Ort bietet der 37 Meter hohe, alte Leuchtturm, das Wahrzeichen Warnemündes.

Östlich der Warnow-Mündung erstreckt sich die von Wäldern und Mooren geprägte ROSTOCKER HEIDE. Touristisches Zentrum an der Küste der Rostocker Heide ist das etwa 25 Kilometer von Rostock entfernte Seeheilbad **Graal-Müritz**, das für sein besonders gutes Heilklima bekannt ist. Attraktion des von ausgedehnten Wäldern umgebenen Ortes ist ein Rhododendronpark, in der Nähe liegt das Naturschutzgebiet „Müritzer Hochmoor". Im Osten folgt auf die Rostocker Heide eine ausgeprägte Boddenlandschaft zwischen der Halbinsel Fischland-Darß-Zingst und dem Festland.

FISCHLAND-DARSS-ZINGST

Die Inseln Fischland-Darß-Zingst sind im Laufe der Jahrhunderte zu einer 50 Kilometer langen, durch Deiche verbundenen Halbinselkette zusammengewachsen, die an zwei Stellen mit dem Festland verbunden ist. 1990 wurde in der Region der gut 800 qkm große Nationalpark „Vorpommersche Boddenlandschaft“ eingerichtet, zu dem auch Teile der Inseln Hiddensee und Rügen gehören. Den größten Teil des Nationalparks bildet die Wasserfläche zwischen (Halb-)Inseln und Festland. Typische Landschaften des Nationalparks, durch den schöne Wanderwege führen, sind Steil- und Flachküsten, Nehrungen, Buchten, Strandseen, Dünen und Strände. Die Vogel- und Pflanzenwelt hier ist sehr artenreich. Die Boddenlandschaft bildet ein gutes Wassersportrevier und kann auch im Rahmen von Schiffstouren oder auf Rundflügen erkundet werden. Auf den Halbinseln liegen malerische Dörfer und beliebte, traditionsreiche Seebäder.

Das südwestliche Tor zur – teilweise noch ganz ursprünglichen Halbinselkette – ist die Kleinstadt **Ribnitz-Damgarten**, deren Hauptattraktion ein Bernsteinmuseum ist. Hier dreht sich alles um das „Ostseegold“, für das die Region von jeher ein wichtiger Fundort war. Der Weg nach FISCHLAND führt über das ruhige Seebad **Dierhagen** mit guter touristischer Infrastruktur. Einige Kilometer entfernt folgt das Seeheilbad **Wustrow**. Der beliebte Ferienort hat lange Seefahrtstradition, woran schöne Kapitänshäuser, das Fischlandhaus (Heimatmuseum) und der alte Hafen mit „Zeesen“ – für Bodden geeignete Fischerboote – erinnern. Der Turm der Wustrower Backsteinkirche bietet wunderbare Ausblicke auf die Boddenküste. Östlich von Wustrow erstreckt sich ein 18 Meter hohes Steilufer, an dessen Kliffkante ein Wanderweg verläuft.

Das folgende, malerische Seebad **Ahrenshoop** liegt mit schönen Stränden an der Verbindung zwischen Fischland und Darß. Im späten 19. Jh. wurde es Künstlerkolonie; Werke der Künstler sind in den Kunstkaten (im für den Ort typischen Baustil mit Reetdächern) ausgestellt. DARSS ist geprägt von einem großen Waldgebiet, durch das Rad- und Wanderwege führen. Der oft sehr dichte Wald wird häufig auch als „Darßer Urwald“ bezeichnet. Hauptort von Darß ist das hübsche Seebad **Prerow** mit fast 80 Meter breitem Dünenstrand. Sehenswert sind hier das Darß-Museum, eine Seemannskirche aus dem 18. Jh. sowie kunstvoll und farbenfroh verzierte Seemannshäuser.

Zwischen Prerow und ZINGST, dem östlichsten Glied der Halbinselkette, erstreckt sich ein 14 Meter hoher Dünenzug. Auch das schöne Seebad **Zingst** hat einen langen, dünengesäumten Strand, der vom Ort durch einen Deich, der als Flaniermeile dient, getrennt ist. Zingst mit seinen schmucken Seemannshäusern bietet ebenfalls eine gute touristische Infrastruktur und viele Ferienhäuser und -wohnungen. Die Halbinsel ist ein Vogelparadies und dient im Frühjahr und Herbst riesigen Kranichschwärmen als Rastplatz. Das Festland erreicht man wieder beim hübschen Städtchen **Barth**, dem östlichen Tor zur Halbinsel. Vom dortigen Flugplatz werden Rundflüge über die Boddenlandschaft veranstaltet.

STRALSUND

Etwa 30 Kilometer östlich liegt Stralsund, die größte Stadt Vorpommerns (70.000 Einwohner). Auch Stralsund gehörte zu den glanzvollen Hansestädten, woran das reizvolle Stadtbild erinnert. Die auf einer Insel zwischen dem Stralesund, der die Stadt von Rügen trennt, und Teichen gelegene Altstadt Stralsunds wird auch „Venedig des Nordens“ genannt. Hier liegen historische Bauten verschiedenster Stilrichtungen, darunter das Rathaus nach dem Vorbild des Lübecker Rathauses, die Nikolaikirche und Klöster aus dem 13. Jh. Charakteristisch für das Stadtbild von Stralsund sind hohe Giebelhäuser aus Backstein. Reste der Stadtbefestigung, die die Altstadt im Mittelalter umgab, sind noch erhalten. Weitere Sehenswürdigkeiten Stralsunds sind in einem Kloster untergebrachte Museen: das Deutsche Meeresmuseum mit einem großen Aquarium und das Kulturhistorische Museum. Vom Hafen Stralsunds legen auch Fähren nach Hiddensee ab.

Rügen ist mit 926 qkm Fläche und 90.000 Einwohnern die größte deutsche Insel. Mit Stralsund verbindet sie der 2,5 Kilometer lange Rügendamm (Pkw- und Bahndamm). Die Insel verfügt über ein gutes Straßennetz, zu dem auch die typischen, alten, dichten Alleen gehören. Hier beginnt die Ferienstraße „Deutsche Alleenstraße", deren erste Etappe zur Mecklenburger Seenplatte führt. Mit dem Zug ist Rügen ab Hamburg und Berlin jeweils in knapp vier Stunden erreichbar; wichtigste Inselbahnhöfe sind Bergen und Binz. Schiffe verbinden Rügen mit dem Festland (Alternative zum stark befahrenen Damm) und den Nachbarinseln Hiddensee und Usedom. Die Rügener Häfen Saßnitz/Neu-Mukran spielen auch international eine bedeutende Rolle: Von hier verkehren Fähren nach Rönne auf der dänischen Insel Bornholm (Fahrtdauer 3 bis 4 Stunden) und nach Trelleborg/ Schweden (4 Stunden). Der öffentliche Nahverkehr ist mit Bus- und Bahnlinien gut ausgebaut; zwischen einigen Häfen Rügens besteht auch Schiffsverkehr. Im Sommer wird der kleine Flughafen von Rügen teilweise ab Berlin und Hamburg angeflogen.

Die zerklüftete Insel hat eine außergewöhnliche geographische Form. Ein Inselkern ist von zahlreichen Halbinseln und Inseln unterschiedlicher Größe umgeben. Zwischen den Inselteilen, dem Festland und den Nachbarinseln liegen seenartige Boddenlandschaften und Nehrungen. Die Landschaft Rügens, das auch herrliche Sandstrände bietet, ist sehr abwechslungsreich: Der südwestliche Inselkern ist eher flach, der Norden bewaldet und hügelig, der Nordosten geprägt von Steilküste. Große Inselteile stehen unter Naturschutz. Die Westküste gehört zum „Nationalpark Vorpommersche Boddenlandschaft", im Nordosten liegt der „Nationalpark Jasmund", im Südosten ein Biosphärenreservat. Von der langen Besiedlung der Insel zeugen vielerorts Hünen- und Hügelgräber. Rügen, dessen Seebäder seit langem beliebte Ferienziele sind, bietet eine gute touristische Infrastruktur mit vielen Unterkünften, Freizeit-, Unterhaltungs- und Sportmöglichkeiten.

Geographisches Zentrum und Hauptstadt ist **Bergen** (etwa 20.000 Einwohner). Sehenswert hier sind die Marienkirche aus dem 12. Jh. und ein Aussichtsturm auf einem 90 Meter hohen Hügel. Die Stadt ist Verkehrsknotenpunkt und Geschäftszentrum der Insel, hat aber sonst – wie der Westen der Hauptinsel – wenig touristische Bedeutung. Nördlich liegt an der Boddenküste **Ralswiek**, wo im Sommer zu Ehren des auf Rügen geborenen Seeräubers „Störtebeker-Festspiele" stattfinden. Südlich von Bergen folgt das im 19. Jh. als Fürstenresidenz erbaute **Putbus**. Das von klassizistischen, weißen Bauten geprägte Städtchen trägt den Beinamen „Weiße Stadt".

Das touristische Zentrum Rügens bildet die Südostküste, die die Museumsbahn „Rasender Roland" mit Putbus verbindet. Größter Urlaubsort der Insel ist das hier gelegene Seebad **Binz**; der schöne, traditionsreiche Ferienort bietet eine gute touristische Infrastruktur, zu der auch große Ferienparks gehören. In Binz gibt es einen langen, feinsandigen Strand mit Promenade und langer Seebrücke sowie schöne alte Villen im Stil der Bäderarchitektur, darunter das imposante Kurhaus direkt am Meer. Südlich von Binz liegt auf einem 107 Meter hohen Hügel das Jagdschloss Granitz, ein beliebtes Ausflugsziel. Auf den südöstlichen Halbinseln, die das Biosphärenreservat bilden, folgen schöne Strände und kleinere, ebenfalls beliebte Seebäder wie **Sellin**, **Baabe** und **Göhren**.

Nördlich von Binz stellt eine schmale Nehrung die Verbindung zur Halbinsel **Jasmund** her, die – wie die nördliche Halbinsel Wittow – durch die Jasmunder Bodden vom Kernland getrennt ist. Am breiten Sandstrand der Nehrung liegt eine 4,5 Kilometer lange, nie fertig gestellte Ferienanlage aus dem Dritten Reich; sie beherbergt heute Museen. An der Ostküste Jasmunds liegt, 20 Kilometer von Binz entfernt, mit **Saßnitz** die zweitgrößte Stadt der Insel; im 19. Jh. war die Hafenstadt ein mondänes Seebad. Nördlich folgt die steile, spektakuläre **Kreideküste**, an deren Hochufer ein kilometerlanger Wanderweg entlang führt; ab Saßnitz verkehren auch Ausflugsboote hierher. Die weiß leuchtenden Kreidefelsen, die der Maler Caspar David Friedrich in einem Ölgemälde verewigte, sind Rügens Wahrzeichen und bilden den Nationalpark Jasmund, zu dem auch ein großer Naturwald gehört. Westlich von Saßnitz bietet **Sagard** das Freizeitcenter „Jasmund-Therme".

Mit der nördlichen, dünn besiedelten Halbinsel **Wittow** verbindet Jasmund eine weitere, schmale Landbrücke mit herrlichem Sandstrand. In dieser Gegend liegen Schloss Spyker aus dem 16. Jh. (heute Schlosshotel) und die Badeorte **Glowe**, **Breege** und **Juliusruh**. Den nördlichsten Punkt der Halbinsel – und Rügens – bildet das **Kap Arkona**. Die beiden Leuchttürme des knapp 50 Meter hohen, von rauer Landschaft mit Steilküste geprägten Kaps sind ebenfalls Wahrzeichen Rügens.

HIDDENSEE

Die lange, schmale Insel Hiddensee liegt westlich von Rügen, durch Bodden von der Kerninsel und Wittow getrennt. Sie trägt den Beinamen „Capri des Nordens". Die 19 qkm große, fast autofreie Insel mit 1.300 Einwohnern ist nur per Schiff erreichbar. Regelmäßiger Fährverkehr besteht ab Stralsund (Fahrtdauer 1,5 bis 2,5 Stunden) und Schaprode auf Rügen (30 bis 75 Minuten). Häufig ist Hiddensee auch Ziel von Tagesausflüglern.

Die ursprüngliche Insel mit Steilküsten, Hügeln, Dünenlandschaften, Heideland und ausgedehnten Wiesen, die zum Nationalpark Vorpommersche Boddenküste gehört, bietet schöne Sandstrände und ist ein ruhiges Erholungsziel. Hochhäuser gibt es hier nicht. Die ersten Touristen auf der Insel waren Ende des 19. Jh. Prominente aus Kultur und Wissenschaft, darunter der Dichter Gerhart Hauptmann, der fast 50 Jahre lang auf Hiddensee lebte und hier begraben ist. Sein Wohnhaus in **Kloster** zieht heute als Museum viele Besucher an. Dieser nördliche Ort ist das touristische und kulturelle Zentrum Hiddensees mit einer Kirche aus dem 14. Jh. und dem Heimatmuseum. Südlich folgen der Hauptort **Vitte** mit dem Nationalpark-Haus und das ursprüngliche Fischerdorf **Neuendorf**. Alle drei Orte haben Fährhäfen.

FESTLAND SÜDÖSTLICH VON STRALSUND

Der auf dem Festland südöstlich von Stralsund folgende Küstenabschnitt hat touristisch kaum Bedeutung. Nach etwa 40 Kilometern erreicht man, wenige Kilometer vom gleichnamigen Bodden entfernt, mit **Greifswald** eine weitere, schöne Hansestadt. Südöstlich folgen die kleinen Städte **Wolgast** und **Anklam**. Im östlichsten Teil der deutschen Ostseeküste erstreckt sich am Stettiner Haff, dem Mündungsgebiet des Flusses Oder, die ursprüngliche **Ückermünder Heide**.

USEDOM

Von Wolgast und Anklam führen Brücken nach Usedom (30.000 Einwohner). Die zweitgrößte deutsche Insel liegt im äußersten Nordosten des Landes und trennt – wie die polnische Nachbarinsel Wollin – das Stettiner Haff von der Pommerschen Bucht. Das geteilte Usedom umfasst insgesamt 445 qkm, wovon vier Fünftel auf Deutschland entfallen. Der kleinere östliche Teil der Insel gehört seit 1945 zu Polen. Usedom ist mit dem Pkw über Brücken erreichbar, Bahnreisende steigen in Wolgast auf die „Usedomer Bäderbahn" um, die auch die Inselorte untereinander verbindet. Eine Zugfahrt von Berlin nach Usedom dauert drei bis vier Stunden. Zum Regionalflughafen Heringsdorf (HDF) verkehren im Sommer Linienflüge, unter anderem ab Berlin. Schiffe verbinden Usedom mit dem Festland, Rügen und Swinemünde im polnischen Inselteil.

Mit einem schmalen Festlandsstreifen bildet die Insel einen 800 qkm großen Naturpark. Während der Nordwesten Usedoms relativ eben ist, prägt den Südosten eine hügelige Landschaft. Usedom weist eine 40 Kilometer lange, von herrlichen, breiten Sandstränden und Dünen gesäumte Meeresküste auf. Hier liegen schöne Seebäder, die bereits im 19. Jh. beliebte Urlaubsziele waren und eine sehr gute touristische Infrastruktur mit Freizeit- und Sporteinrichtungen (darunter auch Golfplätze) aufweisen. An die Meeresküste schließen sich Seen, Moore und Wälder an. Die flache, zerlappte, oft noch ganz ursprüngliche Haffküste ist durch große Buchten gegliedert.

Im Südwesten der Insel liegt die Hauptstadt und älteste Stadt **Usedom**. Sehenswert sind hier das Heimatmuseum in einem alten Stadttor und die aus dem 15. Jh. stammende Marienkirche.

Durch eine ursprüngliche Heidelandschaft gelangt man an die Meeresküste. Der südlichste, hier gelegene Ferienort Ahlbeck grenzt an den polnischen Teil der Insel, in den ein Fußgängergrenzübergang führt. Das Wahrzeichen des traditionsreichen Ostseebades **Ahlbeck** ist die prächtige, berühmte Seebrücke mit einem strahlend weißen, mit kleinen Türmen verzierten Gebäude, in dem eine Gaststätte untergebracht ist. Wie die benachbarten Seebäder ist Ahlbeck geprägt von schmucken Gebäuden im Stil der Bäderarchitektur. Der schöne Strand Ahlbecks und die von Villen gesäumte, kilometerlange Uferpromenade gehen ins westliche Seeheilbad **Heringsdorf** über, das zu Kaisers Zeiten eines der vornehmsten Ostseebäder war. Ein kleines Museum erinnert hier an die illustren Gäste von damals. In die neue, über 500 Meter lange Seebrücke Heringsdorfs ist ein Freizeitkomplex integriert. An Heringsdorf schließt sich das Seeheilbad **Bansin**, zwischen der Küste und zwei Seen gelegen, an.

Eine schmale Nehrung, auf der der Ferienort **Koserow** liegt, führt zum Seebad **Zinnowitz** im Nordosten, das von ausgedehnten Wäldern umgeben ist.

An der Nordspitze der Insel liegt **Peenemünde**, das jahrzehntelang militärisches Sperrgebiet war. In den 30er-Jahren errichteten die Nationalsozialisten hier eine Raketenversuchsanstalt, in der die legendäre „Wunderwaffe" entwickelt wurde. Die Reste der Anlage dienen heute als Historisch-Technisches Informationszentrum.

2.4 BERLIN

Die deutsche **Hauptstadt** Berlin liegt im Osten der Norddeutschen Tiefebene, etwa 100 Kilometer von der polnischen Grenze entfernt. Mit einer Fläche von 899 qkm und knapp 3,5 Millionen Einwohnern ist sie die mit Abstand größte Stadt des Landes. Seit 1990 bildet Berlin, das in 12 Bezirke ganz unterschiedlichen Charakters unterteilt ist, das gleichnamige **Bundesland**, das innerhalb Brandenburgs, umgeben von den reizvollen Landschaften der Brandenburger Seenplatte und des Spreewaldes, liegt. Knapp die Hälfte der Fläche Berlins besteht aus Wald, Grünanlagen und Gewässern. Durch das Stadtgebiet fließen die Flüsse **Spree** und **Havel** sowie verschiedene Kanäle; in Berlin liegen auch mehrere Seen, unter denen der **Müggelsee** (7,5 qkm) der größte ist.

Berlin liegt im Übergangsbereich von ozeanischem zu kontinentalem **Klima** und hat warme, trockene Sommer und ziemlich kalte Winter. In Berlin, wo es häufig kräftig windet, liegen die Niederschlagswerte unter dem Bundesdurchschnitt. **Reisezeit** hat die viel besuchte Stadt das ganze Jahr über, besonders ideal sind Frühling/Frühsommer und Spätsommer/Herbst.

Die Region Berlin/Brandenburg war lange Zeit nur dünn besiedelt und hatte historisch kaum Bedeutung. Die **Geschichte** Berlins begann im 12. Jh., im 13. Jh. erhielt es Stadtrecht. Im 15. Jh. wurde die Stadt Residenz des Kurfürsten von Brandenburg. Nach dem 30-jährigen Krieg (1618–1648) erlebte Berlin eine wirtschaftliche und kulturelle Blüte, wuchs stark an und erlangte große Bedeutung als Handelsstadt und Verkehrszentrum. Anfang des 18. Jh. wurde der Kurfürst König von Preußen und die mittlerweile prächtige Residenzstadt Berlin Hauptstadt eines Königreichs, das zur deutschen und – unter der Führung Friedrichs des Großen – europäischen Großmacht aufstieg. 1800 war Berlin nach London und Paris Europas drittgrößte Metropole. Im 19. Jh. entwickelte sich die Stadt zum bedeutenden Industriestandort, der sie noch heute ist. Nach der Gründung des deutschen Kaiserreiches 1871 stieg die Einwohnerzahl der Hauptstadt sprunghaft an. Auch während der Weimarer Republik, als die Stadt in den „Goldenen Zwanzigern" eine kulturelle Blüte erlebte, und während des Dritten Reiches blieb Berlin deutsche Hauptstadt. Im zweiten Weltkrieg erlitt die Stadt als Machtzentrale Hitlers starke Zerstörungen. Nach Kriegsende teilten die Siegermächte Berlin in vier Besatzungszonen. Die Teilung der Stadt wurde 1961 mit dem Bau der – bis zu vier Meter hohen, im innerstädtischen Bereich 43 Kilometer langen – Mauer mitten durch die Stadt zementiert. Erst 1989 fiel die Mauer, an der zahlreiche Flüchtlinge ihr Leben verloren hatten.

Bereits ein Jahr später war die Mauer bis auf wenige Stücke, die noch als Mahnmal dienen, abgetragen. Seit der Wiedervereinigung erlebt Berlin zahlreiche Veränderungen, Modernisierungen und Restaurierungen; die Infrastruktur wird verstärkt ausgebaut („Bauboom"). Straßen und Bahnlinien, die jahrzehntelang unterbrochen waren – der U- und S-Bahn-Verkehr zwischen Ost- und Westberlin war bis auf eine Linie stillgelegt, es gab zahlreiche „Geisterbahnhöfe" –, sind wieder miteinander verbunden. Plätze, auf denen die Mauer verlief, werden neu angelegt und bebaut. Auch die Verkehrsverbindungen von den alten Bundesländern nach Berlin, das so lange vom Westen „abgeschnitten" war, wurden und werden noch immer optimiert. Die **aktuelle Situation** der alten und neuen deutschen Hauptstadt, die nun auch Sitz der Bundesregierung ist, prägt die Entwicklung zur in neuem Glanz erstrahlenden europäischen Metropole. Auch das kulturelle und gesellschaftliche Leben Berlins erfahren derzeit einen großen Aufschwung.

Berlin hat drei internationale Flughäfen: Tegel (TXL) im Nordwesten, Schönefeld (SXF) im Südosten und Tempelhof (THF) nahe dem Zentrum. Zahlreiche Linien- und Charterflüge verkehren vor allem nach bzw. von Tegel und Schönefeld. Um den **Flugverkehr** zu bündeln und da die bestehenden Berliner Flughäfen dem wachsenden Verkehrsaufkommen nicht gewachsen sind, ist geplant, Schönefeld (früher Hauptflughafen der DDR) zum leistungsfähigen Großflughafen Berlin-Brandenburg auszubauen. Tempelhof und Tegel sollen dann geschlossen werden.

Die Hauptstadt ist vollständig von einem Autobahnring umgeben, an dem **Autobahnen** aus allen Himmelsrichtungen zusammenlaufen.
Berlin ist auch ein wichtiger Knotenpunkt für den **Bahnverkehr** in Ostdeutschland und nach Osteuropa. Die wichtigsten Fernbahnhöfe Berlins sind Zoologischer Garten (kurz: Bahnhof Zoo) im Westen und Ostbahnhof im Osten der Stadt. Als weitere Fernbahnhöfe dienen Wannsee (auch Verladebahnhof), Spandau und Lichtenberg. Um auch den Bahnverkehr zu bündeln, entsteht derzeit der zentrale Großbahnhof „Lehrter Bahnhof", der der gößte Bahnhofsbau Europas werden soll. Direkte ICE- bzw. IC-Linien verbinden Berlin u. a. mit Hamburg (Fahrtdauer gut 2 Stunden), Dresden (2 Stunden), Köln (4,5 Stunden), Frankfurt (4 Stunden), Stuttgart (5,5 Stunden) und München (6 bis 7 Stunden).
Der **öffentliche Nahverkehr** im Stadtgebiet und in die Umgebung ist mit S- und U-Bahnen, Bussen und Straßenbahnen sehr gut ausgebaut. Die BVG (Berliner Verkehrsbetriebe) bietet mit der „Berlin Welcome Card" eine günstige Netzkarte an, die auch Vergünstigungen in Museen und Theater umfasst.
Rundfahrten durch Berlin und ins Umland kann man auch mit Ausflugsschiffen auf den zahlreichen **Wasserstraßen** unternehmen.

Berlin ist – besonders mit der derzeit spürbaren „Aufbruchsstimmung" und den noch immer krassen Gegensätzen zwischen einzelnen Stadtteilen – ein reizvolles Reiseziel für Besucher aus aller Welt. **Attraktionsfaktoren** der Stadt sind neben der besonderen Atmosphäre vor allem die zahlreichen alten und neuen bzw. restaurierten und rekonstruierten Bauwerke, die Fülle an hochrangigen Museen – Berlin gehört zu Europas bedeutendsten Museumsstädten – und das breite kulturelle Angebot. Viele Kultureinrichtungen gibt es hier aufgrund der historischen Gegebenheiten zweimal. Zu den bekanntesten Kulturstätten Berlins gehören Staatsoper, Deutsche Oper, Philharmonie, Deutsches Theater, Theater des Westens, das Varieté „Wintergarten" und Europas größtes Revuetheater „Friedrichstadtpalast". Im Musicaltheater am Potsdamer Platz wird seit Ende 2002 das Musical „Cats" gespielt. Nach dem Theaterbesuch kann man das vielfältige Nachtleben Berlins, das keine Sperrstunde kennt, genießen. Dazu gehören Kneipen, Diskotheken, Clubs und Bars aller Art. Auch besondere Veranstaltungen ziehen alljährlich viele Besucher nach Berlin, das auch eine bedeutende Messe- und Kongressstadt ist. Dazu gehören die Internationalen Filmfestspiele „Berlinale" im Februar und die riesige Techno-Party „Love Parade" im Juli. Nicht zuletzt gehören auch hervorragende Einkaufsmöglichkeiten zu den Vorzügen Berlins. Viele Touristen verbinden eine Berlin-Reise mit Potsdam und der Mark Brandenburg.

SEHENSWÜRDIGKEITEN

Aufgrund seiner einzigartigen Geschichte hat Berlin nicht nur ein „normales" Zentrum in der Stadtmitte, das aus einem historischen Stadtkern hervorgegangen ist. Die Stadt besitzt außerdem urbane Zentren im Westen (um den Kurfürstendamm) und im Osten (um den Alexanderplatz), die weitgehend erst nach der Teilung der Stadt zu ihrem heutigen Gesicht kamen. Das eigentliche, historische Zentrum um das Brandenburger Tor, den Boulevard „Unter den Linden" und den Potsdamer Platz gehörte während der Teilung zu Ost-Berlin bzw. war Mauer-Sperrgebiet. Hier wurde und wird – wie im nahe gelegenen neuen Regierungsviertel um den Tiergarten – besonders viel gebaut und restauriert. Sehenswürdigkeiten bieten aber auch die völlig unterschiedlichen Stadtteile Berlins.

Im historischen Zentrum liegt mit dem monumentalen **Brandenburger Tor** Berlins berühmtestes Wahrzeichen. Das 20 Meter hohe und 65 Meter breite Stadttor, das im späten 18. Jh. am westlichen Stadtrand errichtet wurde, besteht aus sechs dorischen Säulen. Es wird von Säulenhallen flankiert und von der fünf Meter hohen Quadriga, der Statue eines mit vier Pferden bespannten Wagens, den die Siegesgöttin Viktoria lenkt, gekrönt. Das Brandenburger Tor ist ein bedeutender Schauplatz deutscher Geschichte. Hier fanden zahlreiche Aufmärsche und Paraden statt, unter anderem anlässlich der Reichsgründung 1871 und der Machtergreifung Hitlers 1933. Direkt entlang dem Tor – das damals im Ostteil stand – verlief die Mauer, hier fiel das erste Mauerstück, am 3. Oktober 1990 wurde hier ein großes Wiedervereinigungsfest gefeiert. Aus diesem Grund gilt das Brandenburger Tor auch als Symbol der überwundenen Teilung.

Vor dem Brandenburger Tor liegt der **Pariser Platz**, um den sich ab dem 18. Jh. eine vornehme Gegend mit Wohnhäusern und Botschaften entwickelte. Während des Krieges erlitt der Pariser Platz – wie das Brandenburger Tor – große Zerstörungen. Zu DDR-Zeiten war er Sperrgebiet. Nach der Wiedervereinigung wurde eine Bebauung des „brachliegenden" Platzes in Anlehnung an die Vorkriegszeit beschlossen. Seine Attraktion ist das neu erbaute **Hotel Adlon**, in dem die Hotelgruppe Kempinski an die glanzvolle Tradition der Luxusherberge, die hier vor dem Krieg stand, anknüpft. Von Brandenburger Tor und Pariser Platz führt der 1,4 Kilometer lange und 60 Meter breite Boulevard „Unter den Linden" in Richtung Osten bis zum Schlossplatz. Unter den Linden wurde im 17. Jh. angelegt und entwickelte sich bald zur Prachtstraße, an der seit der Regierungszeit Friedrichs des Großen imposante Prunkbauten entstanden. Der westliche Abschnitt der Straße ist geprägt von – meist aus der Nachkriegszeit stammenden – Verwaltungsgebäuden und Botschaften, darunter die **Russische Botschaft** in einem imposanten Bau aus der Stalin-Ära.

Südlich des Brandenburger Tors liegt der **Potsdamer Platz**, vor dem Krieg – in dem er weitgehend zerstört wurde – das verkehrsreiche Herz Berlins. Während der Teilung, als direkt hier die Mauer verlief, war der Potsdamer Platz von Stacheldraht und Wachtürmen geprägtes Niemandsland. Nach der Wiedervereinigung wurde er zur „größten Baustelle Europas", um ihn erneut zu Berlins urbanem Zentrum mit großen Bürokomplexen – darunter die der Hauptinvestoren Sony und Daimler-Chrysler –, Kulturstätten, Geschäften und Restaurants zu machen. In Richtung Osten führt die **Leipziger Straße**, die wie das ganze Viertel zwischen Potsdamer Platz und Pariser Platz vor dem Krieg Sitz von Regierungsgebäuden und Ministerien war, darunter der **Ehemalige Preußische Landtag** (heute Berliner Abgeordnetenhaus). In dieser Gegend liegt auch das **Prinz-Albrecht-Gelände**, wo sich im Dritten Reich die Zentralen von SS und Gestapo befanden. Daran erinnert die Ausstellung „Topographie des Terrors" im freigelegten Keller der Gestapo-Zentrale.

Die Leipziger Straße stößt auf die über drei Kilometer lange **Friedrichstraße**, die zu DDR-Zeiten südlich vom **Checkpoint Charlie**, dem Grenzübergang für Ausländer und Diplomaten, begrenzt wurde. An dessen Stelle steht nun das große „American Business Center". Ein Museum erinnert an die Mauer und an Fluchtversuche von DDR-Bürgern. Die Friedrichstraße bildete seit der Kaiserzeit Berlins glanzvolles Geschäfts- und Vergnügungszentrum. Nach dem Krieg verlor sie diesen Status und war eine Schnittstelle zwischen Ost und West; hier lag der einzige vom Westen erreichbare U-Bahnhof. Heute erstrahlt besonders der südliche Teil der Friedrichstraße in altem Glanz und bildet eine zentrale Einkaufsmeile mit neuen Kaufhäusern, Boutiquen und Passagen, in deren Umgebung viele Hotels (darunter sehr luxuriöse), Restaurants, Kneipen und Theater liegen. Attraktionen unter den Geschäften bilden die **Friedrichstadtpassagen** und das edle Kaufhaus **Galeries Lafayette**, eine Dépendance des berühmten Pariser Warenhauses. In der Nähe liegt mit dem weitläufigen, eleganten **Gendarmenmarkt** aus dem 17. Jh. Berlins schönster Platz. Das Zentrum des Platzes nimmt das klassizistische **Schauspielhaus** ein, vor dem ein **Schiller-Denkmal** steht. Die kuppelgekrönten Zwillingskirchen **Deutscher Dom** (mit der Ausstellung „Fragen an die deutsche Geschichte") und **Französischer Dom** (mit dem Hugenottenmuseum) flankieren das Theater.

Auf dem Weg in Richtung Norden kreuzt die Friedrichstraße die Straße **Unter den Linden**, die sie in einen westlichen und einen östlichen Abschnitt teilt. Östlich der Friedrichstraße liegt der sehenswerteste Abschnitt des Boulevards, der früher als „Schaufenster Berlins" bezeichnet wurde und allmählich wieder im alten Glanz erstrahlt. Diesen Teil der berühmten Straße säumen historische – größtenteils nach dem Krieg wiederhergestellte – Prachtbauten: die **Staatsbibliothek**, die **Humboldt-Universität** (davor steht ein 13,5 Meter hohes **Reiterdenkmal** Friedrichs des Großen), das **Alte Palais** (Wohnstatt von Wilhelm I.), die **Alte Bibliothek**, die **Staatsoper**, die nach dem Vorbild des römischen Pantheons errichtete **St.-Hedwigs-Kathedrale**, das **Prinzessinnenpalais** (heute Operncafé), das **Kronprinzenpalais**, die **Friedrichwerdersche Kirche** (mit dem Schinkel-Museum für den gleichnamigen Baumeister vieler historischer Gebäude Berlins), die **Neue Wache** (die zentrale Gedenkstätte der Bundesrepublik Deutschland) und das barocke **Zeughaus** aus dem späten 17. Jh. (das älteste Gebäude Unter den Linden; künftig wird es das Deutsche Historische Museum beherbergen).

Beim Zeughaus führt die **Schlossbrücke**, die marmorne Skulpturen antiker Gottheiten schmücken, über einen Seitenarm der Spree zum **Schlossplatz**. Hier stand das im 15. Jh. angelegte, gewaltige Berliner Stadtschloss, das im Krieg zerstört wurde. Die DDR-Regierung sprengte die Ruine, funktionierte in den 60er- und 70er-Jahren den Platz zum Regierungszentrum um und errichtete an der Stelle des alten Schlosses den **Palast der Republik**, ein goldbraun verglastes Gebäude, das 180 Meter lang und 85 Meter breit ist. Er war Sitz der Volkskammer, Repräsentationsgebäude und Freizeitzentrum. 1990 wurde der Bau wegen Asbestgefahr geschlossen; seine Zukunft ist noch ungewiss. Direkt gegenüber dem Palast der Republik liegt der mächtige **Berliner Dom** mit einer 75 Meter hohen Kuppel. Die reich verzierte, monumentale Kirche aus dem 19. Jh. ist die Begräbnisstätte der preußischen Herrscherfamilie Hohenzollern.

Hinter dem Dom liegt der **Lustgarten**, der im Laufe seiner Geschichte bereits als königlicher Küchengarten, Ziergarten und Exerzierplatz diente. Er bildet den Übergang zur **Museumsinsel**, die den nördlichen Teil der Spreeinsel einnimmt. Die hier gelegene Museumslandschaft besitzt Weltruf und wird in einem Atemzug mit dem Louvre in Paris, den Uffizien in Florenz, dem British Museum in London und der Eremitage in St. Petersburg genannt. Sie entstand im 19. Jh., um die königlichen Kunstschätze der Öffentlichkeit zugänglich zu machen. Seit der Wiedervereinigung wurde und wird auch hier gebaut, restauriert und reorganisiert, unter anderem um Sammlungen, die nach dem Krieg zwischen Ost- und Westberlin aufgeteilt waren, aufeinander abzustimmen. Deshalb sind die Museen teilweise noch geschlossen. Schwerpunkte der wertvollen Sammlungen der Museumsinsel sind Archäologie und Antike. Die fünf prächtigen Museen, in denen sie untergebracht sind, erinnern teilweise an griechische Tempel: **Altes Museum** (eines der ältesten Deutschlands), **Neues Museum**, **Alte Nationalgalerie** (mit Kunst des 19. Jh.), **Pergamon-Museum** (zu dessen Prunkstücken der rekonstruierte Zeus-Altar aus Pergamon gehört) und **Bodemuseum**.

OSTEN

Von der Spreeinsel führt die Karl-Liebknecht-Straße in Richtung Osten zum Alexanderplatz. Die Straße säumen das weitläufige **Marx-Engels-Forum** mit Denkmälern für die Begründer der kommunistischen Weltanschauung, und die schlichte **Marienkirche**. Ganz in der Nähe liegt die **Nikolaikirche** mit einem spitzen Doppelturm; beide Kirchen stammen aus dem 13. Jh. und sind die ältesten Kirchen Berlins. In der Nikolaikirche ist eine Abteilung des nahen **Märkischen Museums**, das sich mit der Geschichte von Berlin und Brandenburg befasst, untergebracht. Sie bildet den Mittelpunkt des **Nikolaiviertels**, das als Keimzelle Berlins gilt. Nach fast vollständiger Zerstörung im Krieg wurde das Nikolaiviertel nach dem Vorbild historischer Bürgerhäuser neu aufgebaut und gilt heute auch als beliebtes Kneipenviertel. Das Nikolaiviertel liegt zwischen der Spree und dem im 19. Jh. errichteten **Roten Rathaus**, einem mächtigen Backsteinbau mit einem 74 Meter hohen Turm. Es dient als Sitz des Regierenden Bürgermeisters und des Senats von Berlin.

Zwischen Rotem Rathaus, Karl-Liebknecht-Straße und Alexanderplatz liegt eine weite Freifläche, auf der sich der 1969 fertig gestellte **Fernsehturm** befindet. Mit einer Höhe von 365 Metern ist er Berlins höchstes Gebäude und bietet auf 200 Meter Höhe einen hervorragenden Aussichtspunkt. Der Ende des 13. Jh. angelegte **Alexanderplatz** („Alex") war der städtebauliche Mittelpunkt Ost-Berlins, auf dem nach der völligen Zerstörung im Krieg in den 60er-Jahren klotzige Bauten entstanden, darunter das 120 Meter hohe Forum Hotel. Als Sehenswürdigkeit wurde auf dem etwas trostlos wirkenden Platz eine **Weltzeituhr** aufgestellt. Demnächst soll der Alexanderplatz, ein bedeutender Verkehrsknotenpunkt Berlins, nach dem Abriss der meisten Gebäude zur „Hochhaus-City" umgestaltet werden.

Zwischen Alexanderplatz und Museumsinsel liegen die **Hackeschen Höfe**, Anfang des 20. Jh. als größte zusammenhängende Wohn- und Gewerbeanlage Europas erbaut. Nach ihrer Sanierung sind die Höfe heute ein wichtiger Bestandteil der Berliner Kulturszene und ein beliebtes Kneipenviertel. Westlich folgt um die **Oranienburger Straße** ein Viertel, das vor dem Krieg ein Zentrum jüdischen Lebens war. Daran erinnern die prächtige **Neue Synagoge** – die 1866 als eine der größten Synagogen Europas erbaut, im Dritten Reich zerstört und in den 80er-Jahren restauriert wurde – und das angeschlossene **Centrum Judaicum** (Museum). Die Oranienburger Straße, auch ein Zentrum des Nachtlebens, führt zum nördlichen Teil der Friedrichstraße, um den verschiedene Theater liegen.

TIERGARTEN

Westlich des Brandenburger Tors erstreckt sich der **Tiergarten**, der um 1700 als kurfürstliches Wildgehege – damals vor der Stadt gelegen – angelegt wurde. Nach der Teilung gehörte er zu West-Berlin, heute liegt der weitläufige Tiergarten mitten in der Stadt. Als größter Park der Innenstadt bietet er ausgedehnte Spazierwege, Wiesen und Seen sowie mehrere Skulpturen und Denkmäler. Am Ostrand des Tiergartens, nördlich des Brandenburger Tors, liegt der monumentale **Reichstag**. Das nach der Reichsgründung errichtete Gebäude, hinter dem unmittelbar die Mauer verlief, ist ein bedeutender Schauplatz deutscher Geschichte: Hier wurde 1918 die Republik ausgerufen, der Reichstagsbrand 1933 führte zu Hitlers Ermächtigungsgesetzen, hier wurde 1945 die sowjetische Flagge gehisst und 1990 offiziell Wiedervereinigung gefeiert. Seit kurzem ist der frisch restaurierte und mit einer Glaskuppel versehene Reichstag Sitz des Deutschen Bundestages. Im nahen **Spreebogen** wurden das Bundeskanzleramt und weitere Regierungsgebäude errichtet.

Quer durch den Tiergarten führt die **Straße des 17. Juni** vom Brandenburger Tor in Richtung Westen. Hier liegt nahe dem Tor das 1945 aus Trümmern von Hitlers Reichskanzlei errichtete **Sowjetische Ehrenmal**. Etwa die Mitte der Straße des 17. Juni bildet der Verkehrsknotenpunkt „Großer Stern", auf dem sich die 69 Meter hohe **Siegessäule** mit der goldenen Siegesgöttin Viktoria erhebt. Sie wurde anlässlich gewonnener Kriege zur Zeit der Reichsgründung errichtet. Nordöstlich befindet sich das **Schloss Bellevue** aus dem späten 18. Jh., der Amtssitz des Bundespräsidenten. Zwischen Bellevue und Reichstag liegt die **Kongresshalle** aus den 50er-Jahren (heute „Haus der Kulturen der Welt"), die wegen ihres geschwungenen Daches auch „Schwangere Auster" genannt wird.

Am Südrand des Tiergartens, westlich des Potsdamer Platzes, liegt mit dem weitläufigen, in den 60er-Jahren errichteten **Kulturforum** ein weiterer Hauptstandort der Berliner Museen. Nach deren Reorganisation liegt der Schwerpunkt des Kulturforums im Bereich „Europäische Kunst". Hier befinden sich in der **Gemäldegalerie**, der **Neuen Nationalgalerie** (Kunst des 20. Jh.), dem **Kunstgewerbemuseum**, der **Philharmonie** mit dem **Musikinstrumente-Museum** und dem **Kupferstichkabinett** wertvolle Kunstschätze. Zum Kulturforum gehört auch die **Staatsbibliothek**. Westlich liegt die **Gedenkstätte Deutscher Widerstand** mit einer Ausstellung zu diesem Thema.

Südwestlich des Tiergartens befindet sich das Zentrum des Berliner Westens. Seine berühmte „Hauptstraße" ist der **Kurfürstendamm** („Kudamm"), ein 3,5 Kilometer langer, 53 Meter breiter Boulevard, den zahlreiche Kaufhäuser, Einkaufszentren, Geschäfte, Restaurants, Kinos, Museen und Theater säumen. Auch die vielen Seiten- und Nebenstraßen des Kudamms wie **Kantstraße**, **Budapester Straße**, **Tauentzienstraße** und **Joachimstalerstraße** sind beliebte Einkaufsstraßen. In dieser Gegend liegen auch der Bahnhof Zoo und viele Hotels, von denen einige großen Hotelketten angehören. Der Kudamm wurde Ende des 19. Jh. als Verkehrsweg zum westlichen Grunewald ausgebaut. Da die meisten der prächtigen Häuser, die damals den Boulevard säumten, im Krieg zerstört worden sind, ist er – wie der größte Teil seiner Umgebung – heute weitgehend von Nachkriegsarchitektur und Neubauten geprägt.

Am östlichen Ende des Kudamms erhebt sich die **Kaiser-Wilhelm-Gedächtniskirche**, eines der Wahrzeichen Berlins, das auch als Kriegsmahnmal dient. Von der – Ende des 19. Jh. zu Ehren Wilhelm I. erbauten und 1943 bei einem Bombenangriff zerstörten – alten Kirche steht nur noch die 63 Meter hohe Turmruine. Unmittelbar daneben wurde 1960 eine eckige, blauverglaste neue Kirche mit 53 Meter hohem Turm errichtet. In der Nähe liegen das 86 Meter hohe **Europa-Center** (ein Mitte der 60er-Jahre entstandenes, riesiges Einkaufs-, Geschäfts- und Vergnügungszentrum; seine Aussichtsplattform gewährt einen umfassenden Rundblick) und das traditionsreiche **Kaufhaus des Westens** am Wittenbergplatz. Das „KaDeWe" ist eines der größten Kaufhäuser Europas, das für seine Feinkostabteilung berühmt ist. Direkt an dieses Einkaufsviertel schließt sich der **Zoologische Garten** an; eine seiner größten Attraktionen ist ein Pandabär. Der Zoo aus dem 19. Jh. mit seinem imposanten Elefantentor ist der älteste Deutschlands und gehört zu den artenreichsten Tierparks der Welt. Ein weiterer viel besuchter Zoo Berlins liegt mit dem ausgedehnten „Tierpark Friedrichsfelde" im östlichen Stadtbezirk Lichtenberg. Als besonders sehenswert in der Umgebung des Kudamms gelten außerdem die noble **Fasanenstraße** mit alten Stadtvillen aus der Gründerzeit und der stimmungsvolle **Savignyplatz** mit zahlreichen schönen Kneipen.

Die Attraktion des Bezirks Charlottenburg, zu dem ein Teil des Kudamms gehört, ist das prächtige **Schloss Charlottenburg**, das nach der ersten preußischen Königin Sophie Charlotte, die es Ende des 17. Jh. als Sommerresidenz erbaute, benannt ist. Das von einem kuppelartigen, 48 Meter hohen Turm gekrönte Barockschloss hat eine über 500 Meter lange Front. Die prachtvollen Wohn- und Repräsentationsräume des Königspaares, die kostbare Kunstschätze – darunter Gemälde und ein Porzellankabinett – enthalten, können besichtigt werden. Sehr sehenswert ist auch der weitläufige, sehr gepflegte **Schlosspark** mit Pavillons und einem Mausoleum, in dem zwei Hohenzollern-Herrscher und ihre Gemahlinnen bestattet sind. Vor dem Schloss Charlottenburg liegen palaisartige Kasernenbauten, in denen heute hochrangige Museen untergebracht sind: das **Ägyptische Museum** (dessen Attraktion die Büste der Nofretete ist; die Sammlung zieht bald auf die Museumsinsel um), die **Sammlung Berggruen** (eine der bedeutendsten Privatsammlungen moderner Malerei) und das **Bröhan-Museum** (erlesene Jugendstil- und Art-déco-Stücke).

Im Westen Charlottenburgs befindet sich das weitläufige **Messegelände**, zu dem auch das ICC, das **Internationale Kongresszentrum** gehört. Am Rande des Messegeländes liegt der 150 Meter hohe **Funkturm**, von den Berlinern als „Langer Lulatsch" bezeichnet. Touristisch interessant sind hier das **Deutsche Rundfunkmuseum** und eine 125 Meter hohe Aussichtsplattform.

Noch etwas weiter westlich liegen das für die Sommerspiele 1936 erbaute **Olympiastadion** (Deutschlands größtes Sportstadion) und die **Waldbühne**, eine der größten Freilichtbühnen Europas.

WEITERE BEZIRKE

Neben den zentralen Bezirken Mitte, Tiergarten und Charlottenburg bieten weitere Bezirke der Stadt Sehenswürdigkeiten und Museen. Einige Viertel werden aber auch wegen ihres besonderen Flairs besucht. Dazu gehört **Prenzlauer Berg** nordöstlich der Mitte, eine traditionelle Arbeitergegend und seit der Wende autonom-alternatives Zentrum sowie beliebtes Szene- und Kneipenviertel. Den Bezirk prägen – abgesehen vom schön sanierten, zentralen Kollwitz-Platz und seiner Umgebung – extrem renovierungsbedürftige Mietskasernen aus dem 19. Jh.

Östlich der Mitte liegt **Friedrichshain**, dessen touristische Attraktion die „East Side Gallery“ darstellt. Die East Side Gallery ist der mit 1.300 Meter längste übrige Mauerabschnitt, dessen Ostseite von renommierten Künstlern bemalt wurde.

Häufig besucht wird auch **Kreuzberg** – wegen der vielen türkischen Bewohner häufig auch „Klein-Istanbul“ genannt –, das der Checkpoint Charlie vom nördlichen Bezirk Mitte trennte. Das Viertel, das schon lange als alternativer Szene- und Kulturtreff gilt, wird vom Landwehrkanal und der hier als Hochbahn verlaufenden U-Bahn geprägt. Sehenswert in Kreuzberg sind mehrere Museen, der basarartige Türkenmarkt und der 66 Meter hohe, von einem Park umgebene Kreuzberg.

In Berlins südwestlichem Villenvorort **Dahlem** befindet sich der dritte bedeutende Museumsstandort der Stadt. Hier liegen die Museen für Völkerkunde, Indische und Ostasiatische Kunst.

AUSFLÜGE

WÄLDER UND SEEN

Besonders die Wälder und Seen am Westrand des Stadtgebiets stellen exklusive Wohngebiete und beliebte Ausflugsziele für Städter und Touristen dar. Häufig besucht wird jedoch auch Berlins größter See, der von der Spree durchflossene **Müggelsee** im Osten.

Im Westen liegen der ausgedehnte **Grunewald** mit einem kurfürstlichen Jagdschloss, der von der Havel durchflossene **Wannsee** mit Strandbädern und guten Wassersportmöglichkeiten sowie die in der Havel gelegene, idyllische **Pfaueninsel** mit Lustschloss und englischem Garten.

Ein beliebtes Ausflugsziel ist auch das südlich gelegene Schloss **Glienicke**. In der Nähe des Schlosses führt die gleichnamige, legendäre Brücke, auf der in der Zeit des Kalten Krieges Spione zwischen Westen und Osten ausgetauscht wurden, nach Potsdam.

POTSDAM

Nach Potsdam (Hauptstadt Brandenburgs) unternehmen Berlin-Touristen häufig Tagesausflüge. Die etwa 30 Kilometer westlich des Berliner Zentrums gelegene Stadt mit schöner Altstadt ist auch auf Schiffstouren auf der Havel erreichbar. Hauptattraktionen Potsdams, der zweiten Residenz der Hohenzollern, sind seine Schlösser, besonders das prächtige, von einer weitläufigen Parkanlage umgebene **Schloss Sanssouci** aus dem 18. Jh. („Versailles Berlins“), aber auch die **Schlösser Charlottenhof** und **Cecilienhof**. Im Stadtteil Babelsberg befinden sich seit 1912 Filmstudios (zunächst der Ufa, dann der Defa), denen der **Filmpark Babelsberg** angeschlossen ist.

2.5 DRESDEN

Dresden (etwa 480.000 Einwohner), die Hauptstadt des Bundeslandes **Freistaat Sachsen**, liegt im Osten Deutschlands, rund 100 Kilometer von der polnischen und etwa 50 Kilometer von der tschechischen Grenze entfernt. Die Stadt ist ein wichtiger Knotenpunkt für den Verkehr innerhalb Ostdeutschlands und in die beiden Nachbarländer. Hier treffen sich die Verkehrswege Berlin–Prag–Wien und Frankfurt–Warschau. Dresden befindet sich direkt an der hier gut 100 Meter breiten **Elbe**, etwa in der Mitte eines rund 40 Kilometer langen, weiten und fruchtbaren Tals, das der Fluss in dieser Gegend bildet. Wegen ihrer prächtigen Baudenkmäler und Kulturgüter wird die ehemalige Residenzstadt häufig „**Elbflorenz**" genannt. Dresden liegt, eingebettet in abwechslungsreiche Landschaft, bereits in der Mittelgebirgsschwelle. In der Umgebung erstrecken sich im Grenzgebiet zur Tschechischen Republik (Böhmen) das **Erzgebirge** mit über 1.200 Meter hohen Gipfeln, das **Elbsandsteingebirge** und das **Lausitzer Gebirge**. Im Elbsandsteingebirge hat der Fluss spektakuläre Schluchten geschaffen, weshalb die Gegend auch als **Sächsische Schweiz** bezeichnet wird. Ein 93 qkm umfassendes Gebiet bildet den gleichnamigen Nationalpark.

Das sächsische **Klima** ist von kontinentalen Einflüssen geprägt. Innerhalb der Region bestehen jedoch klimatische Unterschiede. Während das östliche Erzgebirge wegen vieler Frosttage den Beinamen „Sächsisches Sibirien" trägt, ist das Elbtal mit Dresden wesentlich milder und bildet eines der nördlichsten Weingebiete Deutschlands. **Reisezeit** hat Dresden nahezu das ganze Jahr über.

Das aus einer sorbischen Siedlung entstandene Dresden wurde im 13. Jh. erstmals urkundlich als Stadt erwähnt. Im Laufe der folgenden Jahrhunderte vergrößerte es sich und wurde im 15./16. Jh. zunächst Residenz-, dann Hauptstadt des Kurfürstentums Sachsen. Die große Blütezeit in der **Geschichte** Dresdens, auf die der Name „Elbflorenz" zurückgeht, folgte unter der Herrschaft von Kurfürst August dem Starken, der auch einige Jahre König von Polen war, und seinem Nachfolger. Sie bauten die Stadt im späten 17. und im 18. Jh. zur prächtigen, barocken Residenzstadt und zum Kunst- und Kulturzentrum aus („Augusteisches Zeitalter"). Im frühen 19. Jh. kämpfte Sachsen aufseiten Napoleons und wurde zum Königreich, das bis zum Ende des ersten Weltkriegs Bestand hatte. Nach Napoleons Niedergang erlitt Sachsen große Gebietsverluste und verlor an politischer Bedeutung. Trotzdem entwickelte sich Dresden während der Industrialisierung zur Großstadt; noch heute ist es ein wichtiger Industriestandort. Im Februar 1945 wurde die historische Altstadt Dresdens in nur zwei Nächten fast völlig durch schwere Luftangriffe zerstört, Tausende kamen ums Leben. Nach dem Krieg begann die Restaurierung der Stadt, die teilweise noch andauert. Im Sommer 2002 erlitt Dresden durch das verheerende Elbe-Hochwasser wiederum große Schäden.

Dresdens internationaler **Flughafen** Klotzsche (DRS) liegt etwa zehn Kilometer nördlich des Stadtzentrums. Von hier besteht Linienverkehr mit deutschen und einigen europäischen Städten sowie Charterverkehr in die Mittelmeerländer.
Dresden ist auf mehreren **Autobahnen** aus verschiedenen Teilen Deutschlands (Berlin, Leipzig, Erfurt und Nürnberg) erreichbar. Eine der Autobahnen führt weiter über den Grenzübergang Görlitz nach Polen, gute Fernstraßen verbinden Dresden auch mit der Tschechischen Republik.
Von den Dresdner **Fernbahnhöfen** Hauptbahnhof und Neustadt besteht ebenfalls gute Anbindung an ganz Deutschland. Direkte ICE- bzw. IC-Linien verbinden Dresden u. a. mit Hamburg (Fahrtdauer 4,5 Stunden), Berlin (2 Stunden), Frankfurt (4,5 Stunden) und Leipzig (90 Minuten). Von Köln, Stuttgart und München ist Dresden auf Umsteigeverbindungen innerhalb von sechs bis sieben Stunden erreichbar.
Der **öffentliche Nahverkehr** im Stadtgebiet und in die Umgebung ist mit S-Bahnen, Bussen und Straßenbahnen gut ausgebaut und wird von Elbfähren ergänzt. Die Dresdner Verkehrsbetriebe (DVB) bieten die „Dresden Card" an, eine günstige Netzkarte, die auch Vergünstigungen für Museen und Stadtrundfahrten umfasst. Ausflüge in die Umgebung kann man auch mit **Elbschiffen** der „Weissen Flotte", zu der auch nostalgische Schaufelraddampfer gehören, unternehmen.

Die **Hauptattraktionen** Dresdens sind prächtige, restaurierte Bauwerke aus Augusteischer Zeit, viele großartige Kunstsammlungen und Museen sowie hochrangige Kulturstätten. Die berühmteste Bühne ist die Semper-Oper, daneben gibt es aber auch weitere Theater, darunter das Schauspielhaus, und Konzertveranstaltungen, die einen Besuch wert sind. Außerdem bietet Dresden besondere Veranstaltungen wie das „Internationale Dixielandfestival" (die größte Jazzveranstaltung in Europa), die „Dresdner Musikfestspiele" im Mai/Juni und den „Striezelmarkt", den Weihnachtsmarkt, auf dem auch die berühmten Dresdner Christstollen verkauft werden. Als Messestadt spielt Dresden – im Gegensatz zur anderen sächsischen Metropole Leipzig – keine größere Rolle. Weiterer Anziehungsfaktor Dresdens ist die reizvolle Umgebung mit Ausflugszielen an der Elbe und in den Mittelgebirgen. Hier bestehen auch vielfältige Sportmöglichkeiten, darunter Wintersport im Erzgebirge und Klettern, Wandern und Radfahren im Elbsandsteingebirge. Im Sommer ist Dresden häufig (Ausgangs-)Station von einwöchigen Kreuzfahrten auf der Elbe, die nach Hamburg führen. Auf dem Weg werden Meißen, Wittenberg, Magdeburg und Lauenburg angelaufen. Teilweise werden die Kreuzfahrten auf die Flüsse Havel und Moldau, die durch Kanäle mit der Elbe verbunden sind, ausgedehnt. So kann man beispielsweise Kreuzfahrten von Potsdam nach Prag buchen; bei einer solchen Tour sind auch die Elborte Pillnitz, Königstein und Bad Schandau südlich von Dresden Anlaufstationen.

SEHENSWÜRDIGKEITEN

Das Stadtzentrum Dresdens erstreckt sich beiderseits der Elbe. Am linken Ufer liegt die Altstadt, auf der gegenüberliegenden Flussseite die Neustadt, die nach einem verheerenden Feuer Ende des 17. Jh. als einheitliche Barockanlage neu angelegt wurde. Die meisten Sehenswürdigkeiten befinden sich im historischen Stadtkern in der Altstadt, die sich gut zu Fuß erkunden lässt.

ALTSTADT

In der westlichen Altstadt liegt mit dem **Zwinger**, einem Kleinod barocker Baukunst, eines der Wahrzeichen Dresdens. Den Namen verdankt der Prachtbau, den August der Starke Anfang des 18. Jh. als Repräsentations- und Sammlungsgebäude errichtete, seiner damaligen Lage an der Stadtbefestigung. Der einzigartige Zwinger, dessen Besonderheit vielfältige Formen, kunstvolle Treppen und reiche Verzierungen sind, ist ein Komplex aus einer Langgalerie, weiteren Galerien und Pavillons, die einen weiträumigen, quadratischen Innenhof umgeben. In einem der Pavillons befindet sich ein wertvolles Glockenspiel aus Meißner Porzellan („Glockenspielpavillon"). Vor der Kulisse des gegenüberliegenden, prächtigen „Wallpavillons" finden im Sommer stimmungsvolle Konzerte statt. Der Zwinger beherbergt Kunstsammlungen und Museen von Weltruf. Dazu gehören die **Porzellansammlung** (die vor allem wertvolle Stücke aus der Königlichen Porzellanmanufaktur in Meißen sowie aus Asien umfasst), die im 19. Jh. vom gleichnamigen Architekten dem Zwinger hinzugefügte **Sempergalerie** (hier ist die Gemäldegalerie Alte Meister mit Werken großer Künstler des 15.–18. Jh. wie Dürer, Rubens, Rembrandt und Raffael untergebracht) und das **Historische Museum** (mit einer Prunkwaffensammlung und dem Krönungsornat Augusts des Starken).

Zwischen Sempergalerie und Elbufer erstreckt sich der **Theaterplatz**, den ein Reiterstandbild des sächsischen Königs Johann und ein Denkmal für den Komponisten Carl Maria von Weber schmücken. Dominiert wird der Platz von der Sächsischen Staatsoper, die besser bekannt ist als **Semperoper**. Nach schweren Kriegszerstörungen wurde das berühmte Opernhaus 1985 wieder eröffnet. Der Architekt Gottfried Semper errichtete den außen und innen prachtvoll ausgestatteten, für ganz besondere Akustik bekannten, bogenförmigen Arkadenbau im 19. Jh.

Damals fanden hier Uraufführungen berühmter Opern, unter anderem von Wagner und Strauß, statt. Die Semperoper, eine der größten Attraktionen Dresdens, kann im Rahmen von Führungen besichtigt werden. Viele Besucher kommen aber natürlich hierher, um eine Vorstellung zu sehen; die frühzeitige Reservierung der begehrten Opernkarten ist ratsam. Als Theaterkasse dient die klassizistische **Altstädter Wache** im Südosten des Theaterplatzes, den weitere großartige Bauwerke säumen. Dazu gehört auch die katholische **Hofkirche** aus dem 18. Jh., die größte Kirche Sachsens mit einem 85 Meter hohen Turm; seit 1980 ist sie Kathedrale. In der Gruft der von Heiligenstatuen geschmückten Kirche befinden sich Sarkophage sächsischer Herrscher und ein Gefäß mit dem Herzen Augusts des Starken.

An die Hofkirche schließt sich das große, vierflügelige **Schloss** an, dessen Bau im 16. Jh. begonnen und in den folgenden Jahrhunderten im Stil der Renaissance erweitert wurde. Die vollständige Restaurierung der ehemaligen Residenz dauert noch immer an. Bereits fertig gestellt ist unter anderem der Schlossturm mit rund 100 Meter hoher Spitze; eine Aussichtsplattform auf dem Turm bietet hervorragende Aussichten über Dresden. Hinter dem Schloss liegt das **Taschenbergpalais**, ein Barockpalais, das August der Starke für seine Geliebte Gräfin Cosel baute. Nach der Wiedervereinigung eröffnete die Hotelkette Kempinski hier ein Luxushotel. Vom Schloss in östliche Richtung führt der „Lange Gang“, dessen Außenseite der über 100 Meter lange Wandfries **Fürstenzug** schmückt. Den Fürstenzug zieren Tausende von Fliesen aus Meißner Porzellan, die sächsische Herrscher, Künstler und Wissenschaftler abbilden. Er begrenzt den **Stallhof**, der seit dem 16. Jh. als Schauplatz für Ritterspiele diente und als Europas einzige gut erhaltene Turnieranlage gilt. Der Lange Gang verbindet das Schloß mit dem zugehörigen **Johanneum**, dem einstigen Stallgebäude, in dem heute das Verkehrsmuseum untergebracht ist.

Das Johanneum befindet sich am **Neumarkt**, der mit prächtigen Wohngebäuden und Palais vor dem zweiten Weltkrieg als architektonische Kostbarkeit galt. 1945 wurde auch dieser Platz fast völlig zerstört. Dem Johanneum gegenüber liegt die Ruine bzw. Baustelle der **Frauenkirche**, die im 18. Jh. als eine der bedeutendsten protestantischen Kirchen Deutschlands erbaut wurde. Vor der Kirche steht ein Martin-Luther-Denkmal. Mit ihrer 95 Meter hohen Kuppel prägte die Frauenkirche früher die Silhouette Dresdens maßgeblich. Nach 1945 waren die schwarzen Trümmer der Kirche fast 50 Jahre lang Kriegsmahnmal, bis in den 90er-Jahren mit der Restaurierung begonnen wurde.

Nördlich des Neumarkts erstreckt sich – über dem Elbufer, auf Resten der Festungsanlage – die Gartenanlage **Brühlsche Terrasse**, zu der auch vom Schlossplatz eine großzügige Freitreppe führt. Minister Graf Brühl legte sie im 18. Jh. als Lustgarten an, der bald zur beliebten, von Cafés gesäumten Flaniermeile wurde. Wegen ihrer schönen Aussicht auf die Elbe wird die Brühlsche Terrasse auch als „Balkon Europas“ bezeichnet. Die Terrasse säumen Skulpturen, Denkmäler und imposante Gebäude: das Anfang des 20. Jh. als Landtag errichtete **Ständehaus** unterhalb des Schlosses (heute Museum), die **Sekundogenitur** (Palais des zweitgeborenen Prinzen, heute Restaurant) und der Monumentalbau der **Sächsischen Kunstakademie** mit einer Glaskuppel (Hochschule der Bildenden Künste). Östlich schließt sich an die Terrasse, an der die Schiffe der Weißen Flotte ankern, der **Brühlsche Garten** an. Dahinter folgt das **Albertinum**, das im späten 19. Jh. auf den Grundmauern des alten Zeughauses errichtet wurde. Das mächtige Gebäude dient heute als Museum und beherbergt Kunstschätze von Weltruf. Hier befinden sich die **Gemäldegalerie Neuer Meister** mit bedeutenden Werken aus dem 19. und 20. Jh., das **Münzkabinett** mit über 200.000 wertvollen Münzen und die **Skulpturensammlung**, in der vor allem antike Skulpturen zu sehen sind. Hauptattraktion des Albertinums ist das **Grüne Gewölbe** mit der größten Pretiosensammlung Deutschlands, die wert- und kunstvolle Kostbarkeiten aus der kurfürstlichen Schatzkammer enthält, darunter vor allem Goldschmiede- und Juwelierarbeiten.

Am Südrand des Neumarktes liegt der über 100 Meter lange Stahlbetonbau des **Kulturpalastes** aus den 60er-Jahren. Er ist ein bedeutender Veranstaltungsort – unter anderem für Bälle, Kongresse, Konferenzen, das Dixielandfestival und Musikfestspiele – sowie Spielstätte der Philharmonie und des Staatsschauspiels.

Im nahen **Landhaus**, einem der wenigen erhaltenen Altstadthäuser, ist das Museum für Stadtgeschichte untergebracht. Südlich des Kulturpalastes bildet der **Altmarkt** das historische und urbane Zentrum der Stadt mit Geschäften, Restaurants und Cafés. An dem alten Marktplatz liegen das Anfang des 20. Jh. im Jugendstil errichtete, mächtige **Rathaus** mit einem rund 100 Meter hohen Turm, das frühklassizistische **Gewandhaus** (heute Hotel der Kette Radisson SAS) und die barocke **Kreuzkirche**, deren Vorgängerbau bereits im 13. Jh. gegründet wurde. Die älteste Kirche der Stadt ist die Heimstatt des berühmten Kreuzchors, der hier jeden Samstag zu hören ist. Vom Altmarkt zum Hauptbahnhof führt in Richtung Süden die **Prager Straße**, Dresdens Haupteinkaufsstraße, die von Großbauten aus der DDR-Zeit, darunter einige Hotels, geprägt ist.

Östlich der Prager Straße liegt die im 17. Jh. im Stil des Barock angelegte Parkanlage **Großer Garten** mit einem zentralen Palais, Pavillons, Seen und zahlreichen Skulpturen. In dem größten Park der Stadt befinden sich auch ein Zoo, ein botanischer Garten, ein Puppentheater, eine Freilichtbühne, eine Parkeisenbahn und weitere Freizeiteinrichtungen. Am Rande des Gartens stellt das **Deutsche Hygienemuseum**, das sich mit der Anatomie des Menschen und medizinischer Aufklärung befasst, eine weitere Touristenattraktion dar. Hier ist unter anderem das berühmte Modell des „Gläsernen Menschen“ von 1930 zu sehen. Nördlich des Großen Gartens und östlich der Altstadt liegt mit dem **Kupferstichkabinett** ein weiteres interessantes Museum, das mit seiner Kunstbibliothek zu den weltweit reichsten seiner Art gehört.

NEUSTADT

Weitere Sehenswürdigkeiten bietet die Dresdner Neustadt nördlich der Elbe. Auch hier wurde und wird nach Kriegszerstörungen viel restauriert und gebaut. Altstadt und Neustadt sind durch mehrere Brücken miteinander verbunden, darunter die 330 Meter lange **Augustusbrücke**, die vom Schlossplatz ausgeht. Sie bietet hervorragende Ausblicke auf die Altstadt. Die Brücke führt zum **Neustädter Markt**, den der berühmte **Goldene Reiter**, der August den Starken abbildet, und die barocke **Neustädter Wache** schmücken. Am Elbufer der Neustadt sind weitere interessante Museen angesiedelt: Im barocken, von Parkanlagen gesäumten **Japanischen Palais** aus dem 18. Jh. sind das Landesmuseum für Vorgeschichte und das Museum für Völkerkunde, im **Jägerhof** aus dem 16. Jh. das Museum für Volkskunst untergebracht.

Vom Neustädter Markt führt der schöne, über 50 Meter breite Boulevard **Hauptstraße**, den einige historische **Bürgerhäuser** und die **Dreikönigskirche** aus dem 18. Jh. säumen, zum nördlichen Albertplatz. Vom Japanischen Palais zum Albertplatz führt die **Königstraße**, die als schönste Barockstraße Dresdens gilt. Der von sehenswerten Brunnen geschmückte **Albertplatz** bildet die „Grenze“ zwischen Innerer und Äußerer Neustadt.

In der von Bomben weitgehend verschonten **Äußeren Neustadt**, die auch als alternatives Szeneviertel gilt, findet man neben weiteren Sehenswürdigkeiten zahlreiche Kneipen.

AUSFLÜGE

NÄHERE UMGEBUNG

Auch in weiteren Stadtteilen liegen Sehenswürdigkeiten, darunter die an eine Moschee erinnernde **Zigarettenfabrik Yenidze** in Friedrichstadt. Heute sind hier Büros und Restaurants untergebracht.

Ein weiteres Wahrzeichen Dresdens ist die über 200 Meter lange Hängebrücke **Blaues Wunder** östlich des Zentrums, die nach ihrer Farbe benannt ist und in den von Weinhängen umgebenen Villenvorort Loschwitz führt. In der Umgebung der Brücke liegen – oberhalb der Elbe – prächtige, als **Elbschlösser** bezeichnete Villen. Ein beliebter Aussichtspunkt ist die Loschwitzhöhe, auf die die älteste **Schwebeseilbahn** der Welt fährt. Oberhalb von Loschwitz liegt der ebenfalls mit der Seilbahn erreichbare Villenvorort **Weißer Hirsch**, der im 19. Jh. als Kurort gegründet wurde.

Viele Besucher unternehmen auch Ausflüge in die weitere Umgebung, die hübsche Städte, Burgen, Schlösser, Parks und schöne Landschaften bietet. Hier werden nur einige Ziele nördlich und südlich Dresdens an der Elbe genannt, die oft auch im Rahmen von Schiffsausflügen mit der Weißen Flotte, der ältesten Raddampferflotte der Welt, und auf Elbekreuzfahrten besucht werden.

MEISSEN

Etwa 25 Kilometer nordwestlich von Dresden liegt im Sächsischen Elbland das viel besuchte Ausflugsziel **Meißen**. Die Attraktion der historischen Stadt ist die älteste Porzellanmanufaktur Europas, in der seit dem 18. Jh. das berühmte Meißner Porzellan hergestellt wird.

Stationen auf dem Weg von Dresden nach Meißen sind **Moritzburg** mit einem imposanten Jagdschloss und **Radebeul**. Hier ist in der „Villa Shatterhand" ein Museum für Karl May, der lange in Radebeul lebte, untergebracht.

SÄCHSISCHE SCHWEIZ

Gut 40 Kilometer südöstlich von Dresden liegt die Sächische Schweiz im Elbsandsteingebirge. Die reizvolle, gut zum Wandern und Radfahren geeignete Landschaft prägen über 500 Meter hohe, bizarre Sandsteinfelsen, die die Elbe in einem canyonartigen Tal durchschneidet.

In das Mittelgebirge führt eine Fahrt über **Pillnitz** mit dem gleichnamigen Sommersitz der sächsischen Herrscher aus dem 18. Jh., das malerische Städtchen **Pirna**, den Ort **Königstein** mit einer Festung aus dem 16. Jh. und **Bad Schandau**, Kurort und touristisches Zentrum der Region.

Der landschaftliche Höhepunkt der Sächsischen Schweiz ist der Aussichtsfelsen „**Bastei**". Unterhalb liegt in **Rathen** eine Naturbühne aus Felsen.

2.6 HARZ

Der gut 2.200 qkm Fläche umfassende Harz ist das nördlichste Mittelgebirge Deutschlands. Er dehnt sich über knapp 100 Kilometer Länge und 35 Kilometer Breite in der Mitte Deutschlands, auf dem Gebiet der Bundesländer **Niedersachsen**, **Sachsen-Anhalt** und **Thüringen** aus; den größten Anteil hat Sachsen-Anhalt. Man unterteilt das Mittelgebirge in den höheren, steileren **Oberharz** im Nordwesten, der im **Hochharz** gipfelt, und den sanfteren, allmählich abfallenden **Unterharz** im Südosten. Der Naturpark Harz, der auch zwei **Nationalparks** umfasst, ist ein sehr abwechslungsreiches Mittelgebirge. Über 1.000 Meter hohe Berge, schroffe Felsen, sanfte Hügellandschaften, Gewässer, Hochmoore, weite und enge Täler, Höhlen, Wiesen sowie ausgedehnte Laub- und Mischwälder prägen die Landschaft. Der höchste Berg ist der 1.142 Meter hohe **Brocken** im Hochharz. Im Harz liegen mittelalterliche Städte mit Fachwerkhäusern, interessante Baudenkmäler und zahlreiche Kurorte. Im Harz und seinem Vorland leben rund eine Million Menschen. Die größte Stadt in dem Mittelgebirge ist das malerische **Goslar** mit knapp 50.000 Einwohnern.

Das **Klima** im Harz ist eher ozeanisch als kontinental und gilt als niederschlagsreich, kühl und windig. Der meiste Niederschlag fällt im Westen und in Höhenlagen, im Winter häufig als Schnee. Beste **Reisezeiten** sind die schneereichen Winter, wo hier viel Wintersport getrieben wird, und Sommer/Frühherbst, die besonders gut zum Wandern geeignet sind. Der Harz wird jedoch das ganze Jahr über, unter anderem von Kurgästen, besucht.

Die Besiedlung des Harzes begann verstärkt im 10. Jh., als hier reiche Erzvorkommen entdeckt wurden. Der Bergbau, durch den bis zum 16. Jh. zahlreiche Städte entstanden, hatte für die weitere **Geschichte** des Harzes große Bedeutung. Ab dem 19. Jh. begann der Einbruch des Bergbaus; zu dieser Zeit setzte jedoch bereits der Tourismus ein. Nach dem zweiten Weltkrieg verlief durch den Harz die deutsch-deutsche Grenze, der Brocken war DDR-Sperrgebiet. 1990 wurde das ganze Gebiet wieder frei zugänglich, womit seine Bedeutung als beliebtes Ferien- und Naherholungsgebiet – besonders für die Ballungsräume Bremen, Hamburg, Hannover und Berlin – stetig anstieg.

Um den Harz mit seinen Bergen und dichten Wäldern ranken sich viele **Mythen** und Legenden, in denen Zwerge, Feen, Dämonen und Hexen vorkommen. Teilweise gehen sie auf vorchristliche Bräuche zurück. Als besonderer Termin gilt hier die Nacht zum 1. Mai, die „Walpurgisnacht", in der nach altem Volksglauben Hexentänze stattfanden. Dann wird im Harz an alten Kultplätzen wie dem Brocken die Vertreibung der Wintergeister und die Begrüßung des Frühlings gefeiert.

Der **Flug** spielt für die Anreise in den Harz kaum eine Rolle. Die nächsten Flughäfen Hannover (HAJ) und Leipzig (LEJ) liegen mindestens 80 Kilometer entfernt.
Viele Besucher reisen mit dem Pkw an. Das Straßennetz in den Harz und im Harz ist sehr gut ausgebaut. Anbindung ans Fernstraßennetz besteht über die umliegenden **Autobahnen** Frankfurt–Hannover, Hannover–Berlin, Berlin–Nürnberg und Eisenach–Dresden.
Viele Harz-Orte haben eigene Bahnhöfe und sind teilweise mit nostalgischen Schmalspurbahnen untereinander verbunden. Zu den nächsten ICE-**Bahnhöfen**, von denen die Städte und Ferienorte im Harz gut erreichbar sind, gehören Göttingen, Hildesheim, Braunschweig und Magdeburg. Die drei Linien umfassende Harzer Schmalspurbahn ist nicht nur ein Verkehrsmittel innerhalb der Region, sondern gilt auch als Touristenattraktion. Innerhalb der Region ergänzen **Busse** die Bahn.

Da der Harz eine beliebte Kurregion ist, haben viele Hotels gute Kur- und Wellnesseinrichtungen. Weitere **Attraktionsfaktoren** des Mittelgebirges sind seine guten Sportmöglichkeiten, darunter Wintersport und Wandern. Außer Landschaft, Erholung und Sport bietet der Harz aber auch kulturelle Besichtigungsmöglichkeiten in historischen, malerischen Städten und Museen.

OBERHARZ

Der Oberharz erhebt sich im Norden und Westen des Mittelgebirges aus hügeligem Vorland und steigt zum Brocken hin an. Zwischen den Bergen, die gute Wintersportmöglichkeiten bieten, liegen Täler mit Flüssen und Seen, auf denen im Sommer Wassersport getrieben wird. Diese Gegend war früher das Zentrum des Erzabbaus im Harz, woran die vielen „Löcher" der stillgelegten Gruben in den Bergen erinnern. Heute gibt es hier viele Schaubergwerke und Bergbaumuseen.

GOSLAR

Am Nordwestrand des Harzes liegt in einem breiten Tal das malerische Goslar. Die im 10. Jh. wegen einer nahen Silbermine entstandene Stadt, die im Mittelalter eine wichtige Kaiser-, Reichs- und Hansestadt war, bietet ihren Besuchern eine hervorragend erhaltene historische Altstadt. Zu den vielen Sehenswürdigkeiten Goslars gehören die Kaiserpfalz (rekonstruierter Bau eines imposanten Kaiserpalastes aus dem 11. Jh.), der Marktplatz (mit dem Rathaus aus dem 15. Jh., dem Marktbrunnen und der Marktkirche aus dem 12. Jh.) schöne Fachwerk- und Bürgerhäuser, alte Kirchen, die mittelalterliche Stadtbefestigung und einige Museen. Außerhalb der Stadt ist das 1988 stillgelegte Bergwerk Rammelsberg, das älteste Bergwerk der Welt, wo in 1000 Jahren rund 30 Millionen Tonnen Erze gefördert wurden, ein beliebtes Ausflugsziel. Die Grube ist heute ein Museum und kann auch auf Untertagefahrten besichtigt werden.

SÜDWESTLICH / SÜDÖSTLICH VON GOSLAR

15 Kilometer SÜDWESTLICH von Goslar liegt das beliebte Ferienziel **Hahnenklee-Bockswiese** zu Füßen des gut 700 Meter hohen Bocksberges, der per Seilbahn erreichbar ist. Eine Attraktion des viel besuchten Kur- und Wintersportorts ist eine skandinavische Stabkirche aus dem frühen 20. Jh. Westlich und südlich von Hahnenklee liegen weitere attraktive Urlaubs- und Ausflugsziele mit sehr guter touristischer Infrastruktur: **Lautenthal** mit dem Niedersächsischen Bergbaumuseum, der Kneippkurort **Wildemann**, die älteste Bergstadt **Bad Grund** (Moorheilbad), der auf einem Hochplateau gelegene, von Teichen umgebene heilklimatische Kurort **Clausthal-Zellerfeld** (einstiges Bergbauzentrum mit einem Bergwerksmuseum, Deutschlands größter Holzkirche und einer berühmten Mineraliensammlung) und der östliche Wintersportort **Altenau** zu Füßen des über 900 Meter hohen Bruchbergs. Am Südwestrand des Oberharzes folgen **Osterode** mit besonders schönen mittelalterlichen Fachwerkbauten, **Herzberg** mit der ehemaligen Residenz der Welfenherzöge aus dem 16. Jh. und die Kurorte **Bad Lauterberg** (Kneippheilbad) und **Bad Sachsa** (Soleheilbad nahe einer bedeutenden gotischen Klosteranlage).

Eines der schönsten Harz-Täler ist das wenige Kilometer SÜDÖSTLICH von Goslar gelegene, von steilen, bewaldeten Berghängen umgebene **Okertal**. Das wildromantische Flusstal mit bizarren Felsformationen eignet sich sehr gut zum Wandern und führt zum **Okerstausee**, der im Sommer ein beliebtes Segel-, Surf- und Bootsrevier ist. Etwa zehn Kilometer östlich von Goslar liegt am Nordrand des Harzes mit **Bad Harzburg** das größte Heilbad des Mittelgebirges (Thermal-/Solebad). Mit hochwertigen Hotels, modernen Kuranlagen, einem Golfplatz, einer Pferderennbahn und einem Kasino weist Bad Harzburg eine hervorragende touristische Infrastruktur auf. Zu den Sehenswürdigkeiten des Kurortes gehören die verfallene Harzburg aus dem 11. Jh., ein „Märchenwald" für Kinder und ein außerhalb gelegener, künstlicher Wasserfall. Südlich von Bad Harzburg liegt der Brocken; jenseits des Brockens, nördlich von Bad Sachsa und östlich von Altenau, folgen beliebte Wintersportorte: **Schierke** am Südfuß des Brockens, **Braunlage**, Mittelpunkt des Harzes und ein beliebtes Wintersportzentrum unterhalb des knapp 1.000 Meter hohen Wurmberges, und das 400 bis 700 Meter hoch gelegene **Sankt Andreasberg**, die höchste Harzer Bergstadt mit dem sehr sehenswerten Historischen Silberbergwerk „Grube Samson".

HOCHHARZ

Der höchste Teil des Harzes mit dem Brocken und den Nationalparks – **Nationalpark Hochharz** in Sachsen-Anhalt und **Nationalpark Harz** in Niedersachsen – stellt für viele Besucher ein überaus beliebtes Ausflugsziel dar, das vor allem an Wochenenden häufig besucht wird.

Ausgangspunkte für Wanderungen auf den Brocken sind unter anderem **Schierke** und das in der Nähe von Altenau gelegene **Torfhaus**, von wo der „Goetheweg" hinaufführt. Der große Dichter hatte den Berg bereits im 18. Jh. bestiegen und ihn später zu einem Schauplatz seines „Faust" gemacht. Ab Schierke, das in einem von Granitblöcken übersäten Tal liegt und als gutes Wanderrevier gilt, verkehrt auch die Brockenbahn – eine der drei Schmalspurbahnen mit einer Streckenlänge von knapp 20 Kilometern – auf den Gipfel. Im Winter werden von hier außerdem Schlittenfahrten auf den Brocken durchgeführt.

Der 1.142 Meter hohe **Brocken** ist ein großer Granitstock, den einige ebenfalls über 1.000 Meter hohe Ausläufer umgeben. Seine abgerundete, kahle Kuppe ist fast nur von Zwergkiefern, Gräsern und Moos bewachsen, fast bis ganz hinauf reichen Hochmoore. Etwas unterhalb des Gipfels erstrecken sich eigenartige Granitformationen, die Namen wie „Hexenaltar" und „Teufelskanzel" haben. Auf dem Gipfel, wo die Temperatur auch im Sommer selten über zehn Grad steigt, befinden sich außer dem Brockenbahnhof ein Museum, das über die Geschichte des Berges informiert, der Brockengarten mit seltenen Alpenpflanzen, eine Wetterwarte, ein Fernsehturm und frühere Militäreinrichtungen. Der Gipfel des Brockens bietet bei gutem Wetter eine weite Fernsicht, die 200 Kilometer weit bis nach Erfurt, Magdeburg, Braunschweig und Hannover reichen kann.

UNTERHARZ

Der Unterharz, wo die Berge allmählich auf 350 Meter Höhe abfallen, nimmt den südöstlichen Teil des Mittelgebirges ein. Er „beginnt" etwa an der Grenze zwischen Niedersachsen und Sachsen-Anhalt. Den flacheren Teil des Unterharzes prägen Wiesentäler, Bäche und ausgedehnte Wälder.

Am Nordfuß des Brockens, rund zehn Kilometer östlich von Bad Harzburg, liegt das malerische **Ilsenburg**. Von hier führt ein weiterer Wanderweg auf den höchsten Berg des Harzes. Ilsenburg ist ein beliebter Ferienort mit einem Schloss aus dem 12. Jh. (heute Hotel), alten Kirchen und schönen Fachwerkhäusern. Seine reizvolle Umgebung eignet sich sehr gut zum Wandern. Knapp zehn Kilometer östlich folgt mit **Wernigerode** eine der größten Harz-Städte, die wegen ihres farbenfrohen Stadtbilds häufig auch als „bunte Stadt am Harz" bezeichnet wird. Zu den Sehenswürdigkeiten Wernigerodes gehören das erhöht gelegene, imposante Schloss (heute Museum), das Rathaus im Fachwerkstil, das Gothische Haus aus dem 15. Jh. (heute Hotel), das Harzmuseum sowie prächtige Bürger- und Fachwerkhäuser. Etwa zehn Kilometer südöstlich liegt die Kleinstadt **Elbingerode** mit einem Schaubergwerk und einem Lehrpfad zur Bergbaugeschichte.

In der Umgebung schließen sich der kleine Ferien- und Wintersportort **Elend-Mandelholz** (in der Nähe von Schierke) und **Rübeland** an. In Rübeland liegen zwei Tropfsteinhöhlen, die zu den beliebtesten Ausflugszielen im Harz gehören. Vorbei an der **Rappbodetalsperre**, dem größten Stausee im Harz (Wassersport verboten), erreicht man bald das idyllische Städtchen **Blankenburg**, etwa 15 Kilometer südöstlich von Wernigerode gelegen. Der von einem Barockschloss aus dem 18. Jh. überragte, beliebte Ferienort hat einen sehenswerten historischen Kern und eine gute touristische Infrastruktur. In seiner Umgebung befinden sich lohnende Ausflugsziele: die älteste Felsenburg Deutschlands (Schauplatz von Ritterfestspielen), ein Kloster aus dem 12. Jh. (Sitz eines Kammerorchesters) und die sagenumwobene „Teufelsmauer", ein schroffer, parallel zum Harz verlaufender Sandsteinrücken.

Die Teufelsmauer führt ins südöstliche Städtchen **Thale**, am Fluss Bode in einer Schlucht zwischen den Felsformationen „Hexentanzplatz" und „Rosstrappe" gelegen. Die Felsen sind prähistorische Kultstätten, auf die Seilbahnen fahren. Auf dem 450 Meter hohen Hexentanzplatz liegen die „Walpurgishalle" (Museum mit prähistorischen Funden, Schnitzereien und Gemälden) und ein Bergtheater, das zu den schönsten Naturbühnen Deutschlands gehört. Etwa 20 Kilometer nördlich von Thale ist das – bereits im Vorland des Harzes gelegene – historische Städtchen **Quedlinburg** ein großer touristischer Anziehungsfaktor. Quedlinburg bietet eine hervorragend erhaltene Altstadt mit engen, malerischen Gassen und weit über 1.000 bunten Fachwerkhäusern aus dem 15. bis 19. Jh. Zu den Sehenswürdigkeiten der Stadt gehören der Schlossberg mit dem Schloss, eine Stiftskirche aus dem 11. Jh., die einen berühmten Domschatz beherbergt, Reste der gut erhaltenen alten Stadtbefestigung und der Marktplatz mit dem Rathaus aus dem 14. Jh.

Das in Thale beginnende, wildromantische **Bodetal** steht unter Naturschutz und gilt mit bizarren Felsformationen als schönes Wanderrevier. Östlich liegt **Gernrode** mit einer romanischen Kirche aus dem 11. Jh., Ferienort und Ausgangspunkt einer Schmalspurbahn mit gut 50 Kilometern Streckenlänge. Sie führt ins südliche, relativ breite, von Wiesen geprägte **Selketal**, ein Naturschutz- und Wandergebiet im Zentrum des Unterharzes. Östlich und südlich von Gernrode liegen die Urlaubsorte **Ballenstedt** (dessen Hauptattraktion ein Barockschloss ist), **Meisdorf** (in der Nähe der mächtigen, sehr gut erhaltenen Burg Falkenstein aus dem 12. Jh.), **Harzgerode** (ebenfalls mit Schloss und gut erhaltenem historischem Stadtkern), **Alexisbad** (bereits seit 1810 Kurort und somit der älteste Kurort des Harzes) sowie das in vier Täler eingebettete **Stolberg** (wegen seines geschlossenen mittelalterlichen Stadtbildes häufig auch als „Perle des Südharzes" bezeichnet).

Ein beliebtes Ausflugsziel im östlichen Harzvorland ist die etwa 40 Kilometer östlich von Stolberg gelegene **Lutherstadt Eisleben**, Geburts- und Sterbeort des Reformators Martin Luther, an den mehrere Gedenkstätten wie Geburts- und Sterbehaus sowie ein Denkmal erinnern.

Südlich von Stolberg folgt die bizarre Landschaft des Südharzer Karstgebietes, ein weiteres hervorragendes Wandergebiet. Hier werden häufig die Heimkehle, eine 22 Meter hohe, zwei Kilometer lange Gipshöhle, und die „Rosenstadt" **Sangerhausen** mit einem alten Stadtkern und einem großen Rosarium besucht. Westlich des Karstgebietes liegt am Südrand des Harzes, bereits in Thüringen, die Stadt **Nordhausen**. Hierher führt von Wernigerode die Harzquerbahn, die dritte nostalgische Schmalspurbahn mit einer Streckenlänge von etwa 60 Kilometern. Da Nordhausen im Krieg stark zerstört wurde, ist sein historischer Kern im Vergleich zu vielen Orten im Harz eher unbedeutend. Besonders sehenswert hier ist der Dom aus dem 12. Jh. Wenig außerhalb von Nordhausen kann man die Gedenkstätte des Konzentrationslagers Mittelbau-Dora besuchen.

KYFFHÄUSER

Südlich von Nordhausen und dem Karstgebiet folgt der sagenumwobene Kyffhäuser, der streng genommen nicht mehr zum Harz gehört, sondern ein eigenes kleines Mittelgebirge bildet. Der Kyffhäuser ist 13 Kilometer lang, sieben Kilometer breit und maximal 477 Meter hoch.

Am Rande des Kyffhäusers liegen die Barbarossahöhle – eine weitere Gipshöhle mit bizarren Karstlandschaften – und das Solebad **Bad Frankenhausen**. Hauptattraktion des Kurortes ist das „Bauernkriegspanorama" für das größte Gemälde der Welt. In dem großen Rundbau befindet sich ein 14 Meter hohes, 123 Meter breites, die Entscheidungsschlacht des mitteldeutschen Bauernkrieges 1525 darstellendes Gemälde.

Die größte Attraktion des Kyffhäusers ist die nahe dem höchsten Punkt gelegene Ruine der sagenumwobenen **Burg Kyffhausen** aus dem 11. Jh., der größten deutschen Burg des Mittelalters. Während des zweiten Kaiserreichs wurde auf der Burgruine ein 81 Meter hohes, weithin sichtbares Denkmal errichtet.

2.7 SCHWARZWALD

Der rund 6.000 qkm große Schwarzwald erstreckt sich auf einer Länge von etwa 160 Kilometern und einer Breite von 20 bis 60 Kilometern im äußersten Südwesten Deutschlands. Das im Bundesland **Baden-Württemberg** gelegene Mittelgebirge wird durch den **Rhein** von der Schweiz und Frankreich getrennt. Jenseits des fruchtbaren Oberrheintals, zu dem der Schwarzwald westlich steil abfällt, folgt mit den französischen Vogesen ein weiteres Mittelgebirge, das vor Jahrmillionen mit dem Schwarzwald zusammenhing. Der Schwarzwald teilt sich in drei Großräume, deren Höhen von gut 1.150 Meter im Norden auf knapp 1.500 Meter im Süden ansteigen: **Nordschwarzwald**, **Mittlerer Schwarzwald** und **Südschwarzwald** (Hochschwarzwald). Im Südschwarzwald liegt mit dem **Feldberg** (1.493 Meter) der höchste Berg der deutschen Mittelgebirge. Viele Gebiete des an Fauna und Flora reichen Schwarzwaldes stehen unter Landschafts- bzw. Naturschutz. Das vielfältige Mittelgebirge ist geprägt von Berg- und Tallandschaften, ausgedehnten, dichten Wäldern, Bergwiesen, Seen, Bächen und malerischen Orten. Die größte Stadt der Region ist das im **Breisgau**, am Südwestrand des Schwarzwaldes gelegene **Freiburg** mit rund 200.000 Einwohnern.

Das **Klima** im Schwarzwald gilt als sehr heilsam; im Norden überwiegt Schonklima, im Süden Reizklima. Der Schwarzwald hat hohe Niederschläge und niedrigere Temperaturen als die Umgebung, die mit dem Oberrheintal zu den wärmsten Gebieten Deutschlands gehört. Im Winter fallen die Niederschläge in Höhenlagen häufig als Schnee, weshalb gerade der Südschwarzwald auch ein beliebtes Wintersportgebiet ist. **Reisezeit** in den Schwarzwald ist das ganze Jahr über.

Während der dunkle, einst undurchdringliche Schwarzwald selbst bis zum Mittelalter weitgehend unbewohnt war, waren seine Randgebiete und Vorberge bereits zu Zeiten der Kelten und Römer besiedelt. Schon die Römer nutzten die Heilkraft der hier gelegenen Thermen. Im Laufe seiner **Geschichte** wechselte der von Kleinstaaterei geprägte Schwarzwald mehrfach die Besitzer. 1871 wurden das Königreich Württemberg und das Großherzogtum Baden, zu denen das Mittelgebirge seit Beginn des 19. Jh. gehörte, Teile des Deutschen Reiches. Der Tourismus, heute ein bedeutender Wirtschaftsfaktor, setzte im Schwarzwald – nicht zuletzt durch das Heilklima und die zahlreichen Thermalquellen – bereits im 18./19. Jh. ein.

Das **Flugzeug** spielt für die Anreise in den Schwarzwald kaum eine Rolle. Die nächsten größeren Flughäfen sind Stuttgart (STR) und Zürich (ZRH), weitere Flughäfen in der Umgebung sind Straßburg (SXB), Basel (BSL) und Friedrichshafen (FDH).
Viele Besucher reisen mit dem Pkw an. Der Schwarzwald erstreckt sich zwischen den **Autobahnen** Karlsruhe–Basel, Stuttgart–Zürich und München–Karlsruhe und hat somit ideale Anbindung an das Fernstraßennetz. Auch innerhalb des Mittelgebirges sind die Straßenverbindungen sehr gut.
Viele Orte im Schwarzwald haben eigene **Bahnhöfe**. Der Nordschwarzwald ist per Zug am besten über die Knotenpunkte Karlsruhe, Stuttgart und Pforzheim, der Mittlere Schwarzwald über Offenburg und der Südschwarzwald über Freiburg erreichbar. Von mehreren Verladestationen Deutschlands verkehren **Autozüge** nach Lörrach in den Ausläufern des Südschwarzwaldes. Durch das Mittelgebirge verlaufen einige touristisch interessante Bahnlinien und Museumsbahnen. Das öffentliche Verkehrsnetz wird durch **Busse** ergänzt.

Der Schwarzwald ist das touristisch am besten erschlossene deutsche Mittelgebirge. Zu seinen **Attraktionsfaktoren** gehören die abwechslungsreiche Landschaft, zahlreiche Kurorte (wo unter anderem Atemwegs-, Herz-Kreislauf-Erkrankungen und Rheuma behandelt werden), eine hervorragende Hotellerie mit mehreren Luxushotels, Bade- und Sportmöglichkeiten (Wassersport, Wandern, Radfahren, Golf, Wintersport, Drachenfliegen) sowie kulturelle Sehenswürdigkeiten (Burgen, Kirchen und weitere Baudenkmäler). Mit Spezialitäten wie Schinken, Kirschtorte und Kirschwasser ist der Schwarzwald auch ein Paradies für Schlemmer. Als sein „Wahrzeichen" gelten Kuckucksuhren und rote Bollenhüte, die vielerorts als Souvenirs erhältlich sind.

Durch den Schwarzwald führen mehrere **Ferienstraßen**, die ebenfalls touristische Attraktionen darstellen. Im nördlichen Teil des Mittelgebirges verlaufen die Schwarzwald-Hochstraße (eine 60 Kilometer lange Panoramastraße von Baden-Baden nach Freudenstadt), die Schwarzwald-Tälerstraße (von Rastatt nach Freudenstadt) und die einige Kurorte verbindende Schwarzwald-Bäderstraße, die von der Gold- und Schmuckstadt Pforzheim ebenfalls in Richtung Freudenstadt führt. Am Westrand des Schwarzwaldes entlang verläuft – großenteils durch die Oberrheinebene –die Badische Weinstraße von Baden-Baden nach Lörrach an der Schweizer Grenze. Im mittleren und südlichen Teil des Schwarzwalds verbinden die Deutsche Uhrenstraße (ab/bis Villingen-Schwenningen) und die hervorragende Aussichten bietende Schwarzwald-Panoramastraße (von Waldkirch nach Hinterzarten) sehenswerte Orte. In diesem Zusammenhang sind auch die attraktiven Bahnstrecken und **Museumsbahnen** zu nennen. Die bekannteste darunter ist die Schwarzwaldbahn, die als eine der schönsten Bahnstrecken Deutschlands gilt; sie führt von Offenburg in Richtung Südosten.

NORDSCHWARZWALD

Der Nordschwarzwald, wo einige der bekanntesten Heilbäder des Mittelgebirges liegen, erstreckt sich südlich von Karlsruhe/Pforzheim bis Offenburg/Freudenstadt.

BADEN-BADEN

Im Nordwesten des Schwarzwalds, am Übergang zur vom Weinbau geprägten Oberrheinebene, liegt Baden-Baden (gut 50.000 Einwohner), ein traditionsreiches Kurzentrum mit bereits von den Römern genutzten Thermalquellen. Anfang des 19. Jh. entwickelte sich Baden-Baden, seit dem 15. Jh. Residenzstadt, zum mondänen Ferienort des europäischen Adels. Das Spielkasino und die Pferderennbahn, die damals entstanden, gehören noch heute zu den Attraktionen Baden-Badens: das prächtige Kasino im Kurhaus – die größte Spielbank Europas – ganzjährig, die Galopprennbahn in Iffezheim gut zehn Kilometer außerhalb im Sommer. Nach wie vor ziehen vor allem aber hervorragende Kureinrichtungen, Thermalbäder und eine gute touristische Infrastruktur zahlreiche Besucher nach Baden-Baden. In jüngster Zeit bieten hier – wie vielerorts im Schwarzwald – Hotels und Kurzentren auch umfangreiche Wellnessprogramme.

Zu den Sehenswürdigkeiten der von Park- und Kuranlagen geprägten Stadt gehören die Altstadt, römische Bäderruinen, das Schloss aus dem 15. Jh., ein prächtiges Theater aus dem 19. Jh., die Kunsthalle und die elegante Lichtentaler Allee. Weiterhin bietet Baden-Baden gute Sport- und Einkaufsmöglichkeiten. Über der Stadt erhebt sich der 670 Meter hohe, auf Wanderwegen und per Bergbahn erreichbare Aussichtsberg „Merkur“.

Baden-Baden ist auch ein idealer Ausgangspunkt für Ausflüge. Lohnende Ziele in der Umgebung sind die Ruine des Schlosses **Hohenbaden**, die nordöstlich gelegene Barockstadt **Rastatt** mit einem stattlichen Schloss aus dem späten 17. Jh. und das südwestlich gelegene Städtchen **Bühl**, in dessen Nähe das Schlosshotel Bühler Höhe, eines der Spitzenhotels des Schwarzwalds, liegt.

HOCHSTRASSE / TÄLERSTRASSE / BÄDERSTRASSE / FREUDENSTADT

Die phantastische Aussichten bietende SCHWARZWALD-HOCHSTRASSE, an der auch Bühl liegt, führt an idyllischen Seen – darunter der **Mummelsee** unterhalb der 1.164 Meter hohen Hornisgrinde, dem höchsten Berg des Nordschwarzwalds – und am Wintersportort **Kniebis** vorbei nach Freudenstadt. Außer Kniebis liegen an der Hochstraße keine richtigen Orte, sondern nur Hotels und Ausflugslokale.

Die SCHWARZWALD-TÄLERSTRASSE verläuft über das mittelalterliche Städtchen **Gernsbach** und das wildromantische **Murgtal**. Im Murgtal liegen Ferienorte wie **Forbach** und das viel besuchte, aus zahlreichen Ortsteilen bestehende **Baiersbronn** knapp zehn Kilometer vor Freudenstadt. Baiersbronn, auch Wintersportort, gilt als idealer Ausgangspunkt für Wanderungen. In den Ortsteilen **Tonbach** und **Mittelberg** liegen zwei der besten Hotels des Schwarzwalds.

Östlich von Baden-Baden folgen an der SCHWARZWALD-BÄDERSTRASSE die tradtionsreichen Kurorte **Bad Herrenalb**, **Bad Wildbad** (südlich liegt der Luftkurort **Enzklösterle**) und **Bad Liebenzell** mit sehr guter touristische Infrastruktur. Bad Liebenzell mit dem „Paracelsusbad" liegt im Osten des Nordschwarzwalds, im malerischen **Nagoldtal**. Hier folgen der Luftkurort **Hirsau** mit einer sehenswerten Klosterruine, die Kleinstadt **Calw** (Geburtsort des Schriftstellers Hermann Hesse, an den ein Museum erinnert), **Bad Teinach** mit modernem Thermalzentrum, die Kleinstädte **Nagold** und **Altensteig** mit alten Fachwerkhäusern und das ruhige **Waldachtal**.

Etwa 30 Kilometer südlich von Altensteig ist wiederum FREUDENSTADT (etwa 23.000 Einwohner) erreicht. Der heilklimatische Kurort mit ausgedehntem Kurviertel und sehr guten Kureinrichtungen erstreckt sich auf einer über 700 Meter hohen Hochfläche. Das zentral gelegene Städtchen besitzt einen großen, von Arkaden gesäumten Marktplatz und einen alten, restaurierten Ortskern. Freudenstadt, das sehr gute Unterhaltungs- und Sportmöglichkeiten (auch Wintersport) bietet, gehört zu den beliebtesten Ferienorten des Schwarzwalds. Westlich liegen mit **Bad Rippoldsau-Schapbach**, **Bad Peterstal-Griesbach** und **Oppenau** weitere Kurorte mit guter touristischer Infrastruktur. Ausflugsziele in der Nähe von Oppenau sind die Ruine des im 12. Jh. gegründeten Klosters **Allerheiligen** und unterhalb gelegene, malerische Wasserfälle.

NÖRDLICHE BADISCHE WEINSTRASSE

Gut 20 Kilometer östlich von Oppenau liegt, am Westrand des Schwarzwaldes, Offenburg. Von Baden-Baden ist die Stadt auch über die etwa 50 Kilometer lange nördliche Badische Weinstraße erreichbar. Sie führt durch den lieblichen Landstrich **Ortenau**, ein Obst- und Weinbaugebiet zwischen Rhein und Schwarzwald mit Weindörfern und Ferienorten wie **Sasbachwalden**. Das Zentrum von Ortenau – an das sich südlich der Breisgau anschließt – ist das malerische **Offenburg** (55.000 Einwohner), häufig als „Tor zum Mittleren Schwarzwald" bezeichnet. Die Stadt ist geprägt von Fachwerkbauten, barocken und klassizistischen Gebäuden. Die Stadt Kehl trennt Offenburg, einen Verkehrsknotenpunkt des Schwarzwalds, vom französischen Straßburg (gut 20 Kilometer).

MITTLERER SCHWARZWALD

Der Mittlere Schwarzwald umfasst das Gebiet zwischen Offenburg/Freudenstadt und Freiburg/Donaueschingen. Die Kernzone der Region ist das Kinzigtal mit schönen, alten Städten.

KINZIGTAL / SCHWARZWALDBAHN / DEUTSCHE UHRENSTRASSE

Bei Kehl mündet der südlich von Freudenstadt entspringende Fluss Kinzig in den Rhein. Das KINZIGTAL verbindet Offenburg und Freudenstadt in einem südlichen Bogen. Von Offenburg führt der Weg durch das Kinzigtal über **Gengenbach** mit zahlreichen historischen Bauten und die malerischen Orte **Zell am Harmersbach** und **Haslach** mit dem Schwarzwälder Trachtenmuseum nach **Hausach**. Attraktion hier ist das „Freilichtmuseum Vogtsbauernhof", das Einblick in das bäuerliche Leben des Schwarzwalds der vergangenen Jahrhunderte gibt. Aus dieser Gegend stammen die berühmten Schwarzwälder Hüte mit den roten Bollen, die noch an Feiertagen und bei Folkloreveranstaltungen getragen werden.

Das Kinzigtal führt weiter über **Wolfach** (mit einem Schloss aus dem 17. Jh. und einer Glashütte), **Schiltach** (einst bedeutendes Zentrum des Floßbaus, woran ein Museum erinnert) und **Alpirsbach** (mit einer Klosteranlage aus dem späten 11. Jh.). Alpirsbach, wohin auch die Schwarzwald-Tälerstraße weiterführt, ist knapp 20 Kilometer entfernt von Freudenstadt.

Die SCHWARZWALDBAHN verläuft bis Hausach durchs Kinzigtal und von dort weiter in Richtung Südosten. Attraktion auf der Strecke ist der beliebte Höhenluftkurort **Triberg** (bis 1.000 Meter hoch, auch Wintersportort) mit dem höchsten Wasserfall Deutschlands. Der spektakuläre, sieben Kaskaden umfassende Wasserfall ist über 160 Meter hoch. Sehenswert in Triberg sind auch ein Schwarzwaldmuseum und eine barocke Wallfahrtskirche aus dem 18. Jh. In der Umgebung liegen weitere Wintersportorte wie **Schönwald** und **Schonach**, wo man die größte Kuckucksuhr der Welt (3,5 Meter hoch) bewundern kann. Die Weiterfahrt führt über den Erholungsort **St. Georgen** – den Scheitelpunkt der Schwarzwaldbahn mit einem Phono- und Uhrenmuseum – nach **Villingen-Schwenningen**, knapp 90 Kilometer entfernt von Offenburg. Die lebhafte Doppelstadt mit etwa 80.000 Einwohnern besitzt einen alten Stadtkern und sehenswerte Baudenkmäler. In ihren Museen dreht sich fast alles um Uhren. Villingen hat, nicht zuletzt da es Kneippkurort ist, auch touristische Bedeutung. Südlich liegen das Solebad **Bad Dürrheim** und **Donaueschingen**, wo ein steinernes Becken zwischen dem prächtigen Schloss und einer Kirche aus dem 18. Jh. als Donauquelle gilt.

In Villingen-Schwenningen beginnt und endet die DEUTSCHE UHRENSTRASSE, auf deren Route auch einige Stationen der Schwarzwaldbahn liegen. Ein Höhepunkt der Ferienstraße ist das alte Uhrmacherstädtchen **Furtwangen** südlich von Triberg, heute Sitz einer Fachhochschule für Feinwerktechnik. Hier befindet sich das Deutsche Uhrenmuseum mit vielen sehenswerten Exponaten. Das von bis 1.150 Meter hohen Bergen umgebene Furtwangen ist auch ein Wintersportort. Zwischen Furtwangen und Freiburg liegen weitere Stationen der Uhrenstraße, durch die auch die erste Etappe der Panoramastraße führt: Über **St. Märgen**, ein auf einer aussichtsreichen Hochfläche gelegenes Schwarzwalddorf, und **St. Peter** mit einem Benediktinerkloster aus dem 11. Jh. erreicht man **Waldkirch** im Elztal. Das lebhafte Städtchen (20.000 Einwohner) mit historischem Kern und einer Burgruine aus dem 13. Jh. ist auch Kneippkurort und bietet Freizeiteinrichtungen wie den Schwarzwaldzoo. Ein beliebtes Ausflugsziel hier ist der 1.243 Meter hohe Berg Kandel, der sich über Waldkirch erhebt. Sein Gipfel bietet schöne Aussichten bis zu den Schweizer Alpen.

MITTLERE BADISCHE WEINSTRASSE

Die mittlere Badische Weinstraße Offenburg–Freiburg (gut 60 Kilometer) verläuft durch schöne, alte Städte, die teilweise unter Denkmalschutz stehen. Dazu gehören **Ettenheim**, **Kenzingen** (hier beschäftigt sich die Ausstellung „Oberrheinische Narrenschau“ mit dem Thema Fasnacht, die hier groß gefeiert wird) und **Emmendingen**, einst Residenz der Markgrafen von Baden; besonders sehenswert hier ist das markgräfliche Schloss. Nur wenige Kilometer westlich von Ettenheim und Kenzingen liegt an der französischen Grenze der **Europapark Rust**. Der bekannte und besonders von Familien viel besuchte Freizeitpark bietet neben Fahrgeschäften, Shows und Themenbereichen zu den Kulturen Europas auch Hotels.

FREIBURG IM BREISGAU

Freiburg im Breisgau, Deutschlands südlichste Großstadt, folgt 20 Kilometer südlich von Emmendingen. Sie liegt klimatisch begünstigt zwischen Schwarzwald und Kaiserstuhl. Der Kaiserstuhl ist ein kleines Vulkangebirge, das aus der Oberrheinebene aufragt und als wärmstes Gebiet Deutschlands gilt. Die im 11. Jh. gegründete Stadt Freiburg gilt mit vielen historischen Gebäuden und ganz besonderem Flair als eine der schönsten Städte Deutschlands.

Wahrzeichen der Universitätsstadt ist das prächtige gotische Münster aus dem 13. Jh. mit einem 116 Meter hohen Turm. Der Münsterplatz, der auch als Marktplatz dient, ist das Herz Freiburgs. Ihn umgibt die schöne, autofreie Altstadt mit eng aneinander geschmiegten, kleinen Häusern und den „Bächle" (kleine Nebenarme des Flusses Dreisam, an dem Freiburg liegt). Zu den vielen Sehenswürdigkeiten der Altstadt gehören weitere Kirchen, imposante Stadttore, der Rathausplatz, Brunnen, historische, bunte Häuser (wie das rostrote „Haus zum Walfisch") und der Basler Hof (Ende des 15. Jh. errichteter Komplex aus Bürgerhäusern, heute Sitz des Regierungspräsidiums). Freiburg bietet auch interessante Museen – darunter das Museum für Ur- und Frühgeschichte im Colombi-Schlössle aus dem 19. Jh. – sowie sehr gute Einkaufs- und Unterhaltungsmöglichkeiten.

In der Umgebung liegen lohnende Ausflugsziele. Dazu gehört der westliche **Kaiserstuhl** mit dem Zentrum **Breisach** am Rhein; er ist ein Obst- und Weinbaugebiet und eine beliebte Wanderregion. Südlich von Freiburg liegt sein „Hausberg" **Schauinsland** (knapp 1.300 Meter), auf den eine Seilbahn fährt. Zwischen Waldkirch und Freiburg erstreckt sich das idyllische **Glottertal**, das mit Weinbergen, ausgedehnten Wiesen und Wäldern sowie großen Schwarzwaldhöfen als besonders typisch gilt. Berühmt wurde das Tal als Schauplatz der Fernsehserie „Schwarzwaldklinik".

SÜDSCHWARZWALD

Der Südschwarzwald liegt zwischen Freiburg/Donaueschingen und der Schweizer Grenze. Er gilt mit hohen Bergen, die häufig als beliebte Aussichtspunkte dienen, malerischen Tälern und Seen als schönster Teil des Gebirges. Hier liegen weitere beliebte Kur-, Ferien- und Wintersportorte.

HÖLLENTAL

In den höchsten Teil des Schwarzwalds gelangt man durch das wildromantische HÖLLENTAL, das südöstlich von Freiburg in **Kirchzarten** beginnt und zunächst weiter nach **Himmelreich** verläuft. Die engste Stelle des von bis zu 600 Meter hohen Steilhängen umgebenen Tals misst 20 Meter. Kühne Verkehrsbauten ermöglichen die steil bergauf führende Fahrt durch das schluchtenreiche Tal, durch das ab Freiburg bis zum Titisee auch die **Höllentalbahn** – durch zahlreiche Tunnel – verkehrt. Das Höllental führt ins ländliche **Hinterzarten**, auf einer weiten, bis zu 1.200 Meter hohen Hochfläche gelegen. Der beliebte Ferienort und heilklimatische Kurort mit hervorragender touristischer Infrastruktur, in dem sich das Schwarzwälder Skimuseum befindet, eignet sich sehr gut als Wintersportort und als Ausgangsort von Wanderungen. Nach Hinterzarten führt auch die Schwarzwald-Panoramastraße von St. Märgen über Breitnau und die **Ravennaschlucht**.

TITISEE / WUTACHTAL

Wenige Kilometer östlich von Hinterzarten liegt mit dem malerischen TITISEE (zwei Kilometer lang und 750 Meter breit) der größte Natursee des Schwarzwalds. Der See, auf dem im Sommer Ausflugsschiffe fahren und Wassersport getrieben wird, ist ganzjährig ein beliebtes Reiseziel. Im gleichnamigen Ferienort – der mit dem fünf Kilometer entfernten Neustadt den Doppelort **Titisee-Neustadt** bildet – gibt es eine Seepromenade mit vielen Hotels und Geschäften. Auch hier bestehen gute Freizeit- und (Winter-)Sportmöglichkeiten, darunter eine Rodelbahn und eine Naturschanze.

Vom Titisee in Richtung Osten führt das 30 Kilometer lange WUTACHTAL, das mit der gleichnamigen, canyonartigen Schlucht eine spektakuläre Landschaft bildet. In **Blumberg** am Talende stellt die Museumsbahn „**Sauschwänzlebahn**", die nahe der Schweizer Grenze über 25 Kilometer durch Viadukte und Tunnel führt, eine Touristenattraktion dar.

FELDBERG / SCHLUCHSEE

Eines der beliebtesten Ausflugsziele des Mittelgebirges ist der 1.493 Meter hohe FELDBERG, der höchste Berg des Schwarzwalds, den man von Titisee über das **Bärental** und den kleinen **Feldsee** erreicht. Die Gipfel- und Hangzone des Berges mit ihren seltenen Alpenpflanzen und Hochmooren bilden ein weiträumiges Naturschutzgebiet. Die kahle Kuppe des Feldbergs, zu der eine Seilbahn führt, bietet weite Aussichten bis zum Bodensee, den Alpen und dem Nordschwarzwald. Um den Berg, der als schneesicherster Teil des Schwarzwalds gilt, liegen gute Wintersporteinrichtungen und schöne Wanderwege. Zentrum des Naturschutzgebietes ist **Feldberg-Ort** mit einigen Hotels.

Südlich des Titisees und südöstlich des Feldbergs liegt der gut sieben Kilometer lange, 1,5 Kilometer breite Stausee SCHLUCHSEE. Der gleichnamige, aus mehreren Ortsteilen bestehende Kur- und Ferienort **Schluchsee** mit zahlreichen Hotels und einer sehr guten touristischen Infrastruktur gilt als Bade- und Sportparadies. Vom Titisee ist der Ortsteil **Seebrugg** auch mit der „**Drei-Seen-Bahn**" erreichbar, die über Feldberg hierher verkehrt.

TODTNAUER FERIENLAND / HOTZENWALD

Westlich des Feldbergs und südlich des Schauinsland liegt die Urlaubsregion TODTNAUER FERIENLAND, deren Zentrum der Ferien- und Wintersportort **Todtnau** mit einer imposanten, doppeltürmigen Kirche ist. Das abwechslungsreiche Wandergebiet eignet sich besonders gut für Sportler aller Art. In der Umgebung von Todtnau stellen knapp 100 Meter hohe Wasserfälle ein beliebtes Ausflugsziel dar. Weitere Ferienorte der von hohen Bergen umgebenen Region sind das oberhalb gelegene **Todtnauberg** (mit 1.021 Meter Höhe der höchste Luftkurort im Schwarzwald) und das idyllische **Herrenschwand**. Südlich von Todtnau liegt im wildromantischen Wehratal der reizvolle, traditionsreiche Kurort **Todtmoos** mit einer prächtigen Wallfahrtskirche. Todtmoos mit seiner guten touristischen Infrastruktur hat sich ebenfalls zum beliebten Wintersportziel entwickelt und ist alljährlich im Winter Schauplatz eines internationalen Schlittenhunderennens.

Südlich von Feldberg und Schluchsee folgen mit dem idyllischen **Bernau** in einem Hochtal und dem Klima- und Kneippkurort **St. Blasien** weitere beliebte Ferien- und Wintersportorte. St. Blasien wurde im 9. Jh. als Klostersiedlung gegründet. Sein Stadtbild prägt der mächtige Kuppelbau einer ehemaligen, prächtigen Benediktinerabtei aus dem 18. Jh. Zwischen St. Blasien und der Schweizer Grenze erstreckt sich der ausgedehnte, von tiefen Waldschluchten zerschnittene HOTZENWALD. Nahe der Grenze liegen am Hochrhein schöne, historische Städte wie **Waldshut**, ein schmuckes Städtchen mit malerischer Altstadt, und das nur 30 Kilometer von Basel entfernte **Bad Säckingen**. Attraktion des Thermalkurorts mit vielen historischen Bauten ist eine 220 Meter lange, mehrere hundert Jahre alte Holzbrücke, die über den Rhein in den Schweizer Ort Stein führt.

SÜDLICHE BADISCHE WEINSTRASSE

Die südliche Badische Weinstrasse führt von Freiburg zur Schweizer Grenze (gut 70 Kilometer). 20 Kilometer südlich von Freiburg folgt das Städtchen **Staufen** mit historischem Kern und mittelalterlicher Burg; wenige Kilometer entfernt liegt der Thermalkurort **Bad Krozingen** mit hervorragenden Kureinrichtungen. Südlich von Staufen schließt sich an den Breisgau die idyllische Weinregion **Markgräfler Land** mit dem Hauptort **Müllheim** an. Hier liegen das malerische Städtchen **Sulzburg** (einst Bergbauzentrum) und der berühmte Thermalkurort **Badenweiler**, wo Reste einer römischen Badeanlage und ein römischer Tempel erhalten sind. Sehenswert sind hier auch eine mittelalterliche Burgruine und das Großherzogliche Palais. Südlich von Badenweiler folgt die Keramikstadt **Kandern**, Ausgangsort der Museumsbahn „Chanderli". In der Nähe liegen das Barockschloss Bürgeln und **Bad Bellingen**, ein weiterer Thermalkurort. Gut 20 Kilometer südlich folgt die alte Grenzstadt **Lörrach** mit einer imposanten Burgruine, 20 Kilometer von Basel entfernt.

2.8 MÜNCHEN

München, die Hauptstadt des Bundeslandes **Freistaat Bayern** und des Regierungsbezirks **Oberbayern**, ist mit rund 1,3 Millionen Einwohnern Deutschlands drittgrößte Stadt. Sie liegt in den **Voralpen**, auf einer gut 500 Meter hohen Hochebene im Südosten des Landes. Etwa 50 Kilometer südlich von München erheben sich die ersten Alpengipfel, die bei klarem Wetter von hier aus gut sichtbar sind; die österreichische Grenze liegt etwa 100 Kilometer von der Stadt entfernt. Die süddeutsche Metropole erstreckt sich beiderseits des Flusses **Isar**, der in den Alpen entspringt und später in die Donau mündet. München, ein wichtiger Verkehrsknotenpunkt Süddeutschlands und für Verbindungen zwischen Mittel- und Südeuropa, wird wegen seines besonderen, gemütlichen Flairs häufig als „Weltstadt mit Herz“ bezeichnet. Bekannt ist es auch als ein führendes Kultur-, Industrie-, Wirtschafts- und Medienzentrum Deutschlands. Das Stadtbild Münchens prägen viele historische Gebäude der verschiedensten Epochen und Stile; in der Innenstadt ist kein Gebäude höher als die 100 Meter hohen Türme der Frauenkirche, die Münchens Wahrzeichen bilden.

Das **Klima** des Alpenvorlands wird im Kapitel 2.9 genauer erläutert. **Reisezeit** hat München das ganze Jahr über. Die – nicht klimatisch bedingte – Hochsaison ist die Zeit des Oktoberfestes.

Die offizielle Gründung Münchens erfolgte im 12. Jh. Bayern wurde 1180 zum Großherzogtum der Familie Wittelsbach, die Bayern bis 1918 regierte, und München Mitte des 13. Jh. deren Haupt- und Residenzstadt. In den folgenden Jahrhunderten wuchs die Stadt an und entwickelte sich bald zu einem Zentrum der Braukunst. Ab dem 15. Jh. entstanden prächtige Bauten im Stil der Gotik, der Renaissance und des Barock. Als Bayern im frühen 19. Jh. Verbündeter Napoleons war, machte dieser es zum Königreich, zu dem auch säkularisierte Bistümer kamen, darunter Würzburg, Augsburg und Passau. Seine Glanzzeit erlebte München unter König Ludwig I. (1825–1848), der es zur Kunst- und Wissenschaftsstadt machte, erweiterte und mit zahlreichen klassizistischen Prachtbauten das heutige Stadtbild maßgeblich prägte. In der zweiten Hälfte des 19. Jh. regierte Ludwig II., der Erbauer berühmter bayerischer Königsschlösser, der als „Märchenkönig“ in die **Geschichte** einging. 1871 wurde Bayern Teil des Deutschen Reiches. Um die Jahrhundertwende hatte München schon 500.000 Einwohner. Nach dem ersten Weltkrieg löste in Bayern der Freistaat die Monarchie ab. 1923 fand in München Hitlers erster Putschversuch statt. Im zweiten Weltkrieg erlitt München große Zerstörungen, wurde aber bald restauriert und wuchs zur Millionenstadt an.

Münchens internationaler **Flughafen** Franz-Josef-Strauß (MUC), einer der größten Flughäfen Deutschlands und ein Drehkreuz der Lufthansa, liegt rund 30 Kilometer nordöstlich des Zentrums. Anbindung an die Stadt besteht durch S-Bahn und Busse.
Mit dem Pkw erreicht man München über mehrere **Autobahnen** aus den Richtungen Stuttgart, Nürnberg, Passau, Salzburg, Garmisch-Partenkirchen und Bodensee.
Von den Münchner Fernbahnhöfen Hauptbahnhof und Pasing bestehen hervorragende **Zugverbindungen** nach ganz Deutschland. Direkte ICE- bzw. IC-Linien verbinden die Stadt u. a. mit Stuttgart (gut 2 Stunden), Frankfurt (3,5 Stunden), Köln und Hamburg (jeweils 6 Stunden) sowie Leipzig (gut fünf Stunden) und Berlin (6 bis 7 Stunden).
Der **öffentliche Nahverkehr** im Stadtgebiet und in die Umgebung ist mit S- und U-Bahn, Straßenbahnen und Bussen sehr gut ausgebaut. Der Münchner Verkehrsverbund (MVV) bietet die „München Welcome Card“ an, eine Netzkarte, die auch Vergünstigungen für Museen und Stadtrundfahrten umfasst.

Zu den **Anziehungspunkten** Münchens zählen prächtige historische Baudenkmäler, großartige Kunstsammlungen und Museen sowie ein breites Kulturangebot mit Theater-, Opern-, Ballettaufführungen und Konzerten. Zu den vielen hochrangigen Kulturstätten der Stadt gehören unter anderem das Deutsche Theater, Bayerische Staatsoper/Nationaltheater, Prinzregententheater, Residenztheater und Kammerspiele; für gutes Kabarett ist die „Münchner Lach- und Schießgesellschaft“ bekannt. Außerdem finden hier im Sommer diverse Festspiele statt.

München bietet aber auch ein reges Nachtleben; in diesem Zusammenhang ist gerade das Studenten- und Inviertel Schwabing zu nennen. Das Freizeitangebot Münchens ist sehr breit gefächert. Dazu gehören der hier ansässige Zirkus Krone mit festem Haus für den Winter, die Bavaria-Filmstudios, wo geführte Filmtouren angeboten werden, der Tierpark Hellabrunn und gute Ausflugsmöglichkeiten in die reizvolle Umgebung. Häufig werden Touren in die Alpen, wo auch viele Sportmöglichkeiten bestehen, zu Seen und den Königsschlössern Ludwigs II. unternommen (➔ Kapitel 2.9). Zu den urigen Attraktionen Münchens, der „deutschen Bierhauptstadt" und „Weißwurstmetropole" gehören zahlreiche Brauhäuser und die im Sommer beliebten Biergärten. Millionen von Besuchern aus aller Welt zieht das größte Volksfest der Welt, das Oktoberfest an, das hier seit 1810 alljährlich Ende September/Anfang Oktober stattfindet. Zum Thema Bier gibt es auch viele weitere, traditionsreiche Feste, darunter der Starkbieranstich am Nockherberg im März. München gehört aber auch zu den bedeutendsten Messestädten Deutschlands und bietet nicht zuletzt hervorragende Einkaufsmöglichkeiten, unter anderem in noblen Einkaufsmeilen wie der Maximilianstraße, die als Treffpunkt der legendären Münchner Schickeria gilt.

SEHENSWÜRDIGKEITEN

Die Altstadt mit dem Stadtzentrum und die meisten Sehenswürdigkeiten Münchens konzentrierten sich auf das linke Isarufer. Außerhalb des im Mittelalter errichteten Altstadtrings, dessen Befestigungen Anfang des 19. Jh. geschleift wurden, und jenseits des Flusses liegen Stadtteile, die auf frühere Vorstädte und Dörfer zurückgehen.

ALTSTADT

Das Herz der Altstadt ist seit dem Mittelalter der lebhafte **Marienplatz**, in dessen Mitte eine über zwei Meter hohe **Mariensäule** aus dem 17. Jh. prangt. Den Marienplatz dominiert das prächtige, Ende des 19. Jh. im neugotischen Stil erbaute **Neue Rathaus**. Seinen 85 Meter hohen Turm schmücken das „Münchner Kindl" und ein Glockenspiel, das täglich um 11 Uhr – im Sommer öfter – spielt und zahlreiche Bewunderer anzieht. Am Rande des Marienplatzes steht das **Alte Rathaus** aus dem 15. Jh., das heute ein Spielzeugmuseum beherbergt. Südlich des Marienplatzes liegt mit der **Peterskirche** aus dem 11. Jh. Münchens älteste Kirche. Ihr von vielen Uhren geschmückter, 92 Meter hoher Turm „Alter Peter" bietet hervorragende Ausblicke auf die Stadt und ihre Umgebung.

An St. Peter schließt sich der berühmte **Viktualienmarkt** an, auf dem täglich in „typisch Münchner Atmosphäre" alle Arten von Lebensmitteln gehandelt werden. Auf dem großen Marktplatz erinnern Brunnenstandbilder an große Volksschauspieler wie Karl Valentin und Liesl Karlstadt. Östlich des Viktualienmarktes liegt das mächtige mittelalterliche **Isartor**, ein Tor der Stadtbefestigung aus dem 14. Jh. (darin ist das **Karl-Valentin-Museum** untergebracht), westlich des Marktes folgt die **Sendlinger Straße**, eine der ältesten Einkaufsstraßen Münchens mit vielen traditionsreichen Fachgeschäften. Um die Sendlinger Straße herum liegen das **Stadtmuseum** mit Ausstellungen zu den unterschiedlichsten Bereichen und die prächtige, spätbarocke **Asamkirche** aus dem 18. Jh. Die Straße endet am **Sendlinger Tor**, einem weiteren mittelalterlichen Stadttor.

Besonders berühmt unter den vielen Sehenswürdigkeiten rund um den Marienplatz ist die **Frauenkirche**. Unverwechselbar an der gotischen Kirche aus dem 15. Jh. sind ihre zwei 99 und 100 Meter hohen, von grünen Kuppelhauben gekrönten Türme. Im Inneren des prächtigen Doms befinden sich wertvolle Kunstschätze und die Fürstengruft, in der viele Wittelsbacher bestattet sind.

Die Frauenkirche liegt in der Nähe der Haupteinkaufsstraßen Münchens, der **Kaufingerstraße** und der **Neuhauser Straße**, die den Marienplatz mit dem westlichen Karlsplatz verbinden. Die Fußgängerzone, die beide Straßen bilden, säumen Kaufhäuser, Geschäfte und historische Bauten wie die barocke **Michaelskirche**, in der Ludwig II. beigesetzt ist. Die Fußgängerzone endet am **Karlstor**, einem weiteren mittelalterlichen Stadttor. Es führt auf den verkehrsreichen Karlsplatz, der auch **Stachus** genannt wird. Gegenüber dem Tor liegt der imposante **Justizpalast** aus dem späten 19. Jh. Nordöstlich erstreckt sich am Altstadtring der **Maximiliansplatz** mit einer Parkanlage, die der prächtige, marmorne **Wittelsbacherbrunnen** schmückt. Nur wenige hundert Meter östlich des Stachus folgt der **Hauptbahnhof**.

Nahe dem Hauptbahnhof liegen das **Messegelände** und die **Theresienwiese**, der Schauplatz des Oktoberfestes („Wiesn"). Die Theresienwiese wird von der Ruhmeshalle – mit Büsten verdienstvoller Bayern – und einer 30 Meter hohen Bronzestatue der bayerischen Symbolfigur „Bavaria" begrenzt.

Vom Marienplatz in Richtung Norden führt die elegante **Theatinerstraße**. Zwischen Frauenkirche, Theatinerstraße und Maximiliansplatz befindet sich eine der nobelsten Gegenden Münchens mit alten Adelspalais wie dem **Palais Montgelas**, dem Luxushotel **Bayerischer Hof** und dem **Erzbischöflichen Palais**, dem einzigen erhaltenen Rokokopalais der Stadt. In diesem Viertel liegt auch das **Siemensmuseum**, ein Technikmuseum zum Ausprobieren und Anfassen.

Die Theatinerstraße führt zum **Odeonsplatz**, den imposante Bauten flankieren, darunter der ockergelbe Kuppelbau der **Theatinerkirche**, die im 17. Jh. als Hofkirche erbaut wurde, und die dreibogige **Feldherrnhalle** aus dem 19. Jh. Die Feldherrnhalle ist eine Nachbildung der Florentiner „Loggia dei Lanzi"; sie war 1923 Schauplatz von Hitlers Putschversuch. An der Ostseite des Platzes liegt der **Hofgarten**, der im 17. Jh. als Park der **Residenz** angelegt wurde. Den großen Komplex der Residenz mit seinen Innenhöfen errichteten die Wittelsbacher ab dem 16. Jh. Der originalgetreue Wiederaufbau des im Krieg zerstörten Schlosses dauerte bis 1980. Im Inneren der Residenz befinden sich kostbares Mobiliar und zahlreiche Kunstwerke, die man beim Besuch des **Residenzmuseums** bewundern kann. Zu seinen vielen Attraktionen gehören die Ahnengalerie und die Schatzkammer mit der bayerischen Königskrone. Unweit der Residenz liegt, am Rande des Hofgartens, der moderne Glaspalast der **Bayerischen Staatskanzlei**.

Von Odeonsplatz führt, parallel zur Theatinerstraße, die **Residenzstraße** zum **Max-Josephs-Platz**, der im frühen 19. Jh. südöstlich der Residenz angelegt wurde. Hier liegt das **Nationaltheater** mit seiner an einen griechischen Tempel erinnernden Säulenfassade. In dem renommierten Opernhaus fanden Uraufführungen einiger Wagner-Opern statt, die Ludwig II. sehr schätzte und förderte. Die Residenzstraße führt in die Nähe des **Alten Hofs**, dem ersten Sitz der Wittelsbacher aus dem 13. Jh., nahe dem Marienplatz. Unweit von hier liegt das berühmte **Hofbräuhaus**, in dem bis zu 10.000 Liter Bier pro Tag – vor allem von Touristen – konsumiert werden. Im Festsaal des Hofbräuhauses wird bayerische Folklore dargeboten. Vom Max-Josephs-Platz in Richtung Osten verläuft die **Maximilianstraße**, Münchens kosmopolitischer Pracht- und Kulturboulevard. Ihn säumen repräsentative Bauten, Designergeschäfte, Galerien, das Luxushotel **„Vier Jahreszeiten"**, die **Kammerspiele**, die **Regierung von Oberbayern** und das **Museum für Völkerkunde**. Die Maximilianstraße führt über den Altstadtring hinaus ans rechte Isarufer. Kurz davor prangt ein Denkmal für König Maximilian II. („**Maxmonument**"), der den Prachtboulevard im 19. Jh. anlegte. Am Ufer gegenüber erhebt sich über der Isar der imposante Bau des **Maximilianeums**, in dem der Bayerische Landtag, der Senat und eine Stiftung für bayerische Hochbegabte untergebracht sind.

NEUERE STADT

Dreh- und Angelpunkt der Stadterweiterung des frühen 19. Jh. war der Odeonsplatz. Von hier ausgehend wurden breite Straßenzüge in Richtung Westen, Norden und Osten angelegt.

Die **Brienner Straße** führt vom Odeonsplatz zum westlichen Königsplatz, der als „Forum der Künste“ konzipiert wurde. Die Straße säumen schöne Platzanlagen wie der **Wittelsbacher Platz** und der **Karolinenplatz**, prächtige Gebäude, in denen unter anderem Hochschulen und Institute untergebracht sind, Geschäftshäuser und Denkmäler. Den klassizistischen **Königsplatz** mit monumentalen, von Säulen geschmückten Bauten legte Ludwig I., ein großer Bewunderer des alten Griechenland, im Stil antiker Tempel an: **Propyläen** (dem Eingangstor der Athener Akropolis nachempfundenes Prachttor), **Glyptothek** (mit einer der bedeutendsten antiken Skulpturensammlungen Europas) und **Antikensammlung** (Museum für antike Kleinkunst). Neben der Glyptothek befindet sich mit der Städtischen Galerie im **Lenbachhaus**, einer italienischen Renaissancevilla mit schöner Gartenanlage, eine bedeutende Sammlung moderner Kunst. Unweit des Königsplatzes liegen zwei der berühmtesten Museen Münchens mit Gemälden von Weltrang: die von Ludwig I. für seine Kunstsammlung erbaute **Alte Pinakothek** mit Werken Alter Meister und die 1981 eröffnete **Neue Pinakothek** mit europäischer Malerei des 19. Jh. Im September 2002 wurde daneben Deutschlands größter Museumsneubau, die **Pinakothek der Moderne** mit Kunst des 20. und 21. Jh., eröffnet.

Vom Odeonsplatz in Richtung Norden legte Ludwig I. die nach ihm benannte **Ludwigstraße** an, eine weitere klassizistische Prachtstraße mit zahlreichen Palästen, in denen unter anderem Ministerien und Banken untergebracht sind. Zu den Monumentalbauten der ein Kilometer langen Ludwigstraße gehören die **Bayerische Staatsbibliothek**, eine der größten deutschen Bibliotheken, die **Ludwigskirche** und die **Universität**, die Ludwig als „Forum der Wissenschaften“ einrichtete. Heute heißt sie Ludwig-Maximilians-Universität und ist mit über 65.000 Studenten eine der größten Hochschulen Deutschlands. Den Abschluss der Ludwigstraße bildet das **Siegestor**, auf dem eine bronzene Bavaria mit Löwenquadriga zu sehen ist. Nördlich des Siegestors, das auf einer Achse mit der Feldherrenhalle liegt, setzt sich die Straße als **Leopoldstraße** fort und führt in das bekannte Studenten- und Künstlerviertel **Schwabing** mit guten Einkaufsmöglichkeiten, zahlreichen Restaurants, Cafés, Kneipen und regem Nachtleben.

Zwischen Ludwigstraße/Leopoldstraße und Isar erstreckt sich der **Englische Garten**, mit 370 Hektar Fläche einer der größten Stadtparks der Welt (der New Yorker Central Park umfasst 340 Hektar). Der schöne Landschaftspark mit Wasserläufen und einem See, der als Münchens „grüne Lunge“ gilt, wurde im 18. Jh. angelegt. Zu seinen Attraktionen gehören der Chinesische Turm mit einem großen Biergarten, der klassizistische Monopteros-Tempel und der Japanische Teegarten.

Vom Odeonsplatz in Richtung Osten führt, am Südrand des Englischen Gartens entlang, die Ende des 19. Jh. angelegte **Prinzregentenstraße**. Hier konzentrieren sich weitere repräsentative Bauten und sehenswerte Museen. Die verkehrsreiche Straße beginnt am klassizistischen **Prinz-Carl-Palais**, dem Sitz des Ministerpräsidenten. Schräg gegenüber liegt das Haus der Kunst aus der Nazizeit, in dem heute die **Staatsgalerie moderner Kunst** untergebracht ist. Es folgen die **Prähistorische Staatssammlung** (Museum für Vor- und Frühgeschichte), die **Neue Sammlung** (Museum für angewandte Kunst des 20. Jh.), das **Bayerische Nationalmuseum** (kunst- und kulturgeschichtliche Sammlungen) und die **Schackgalerie** (deutsche Malerei des 19. Jh.). Die Prinzregentenstraße führt parallel zur Maximilianstraße über die Isar, wo am Ufer das Denkmal des **Friedensengels** aus dem 19. Jh. prangt. Auf der rechten Flussseite liegen Stadtteile wie das noble Wohnviertel **Bogenhausen** und das als liebenswert und gemütlich geltende **Haidhausen**.

Südlich liegt, nahe des Isartorplatzes, auf einer Isarinsel mit dem **Deutschen Museum** eine der bekanntesten Sehenswürdigkeiten Münchens und das größte technisch-naturwissenschaftliche Museum der Welt. Das Konzept des 1925 eröffneten Museums beruht darauf, Naturwissenschaft und Technik durch Demonstrations- und Funktionsmodelle besonders anschaulich darzustellen. Die Bestände des Museums aus den verschiedensten Technik-Bereichen werden ständig erweitert und auf den neuesten Stand gebracht. Vor einigen Jahren wurde dem Deutschen Museum das **Forum der Technik** angeschlossen, wo im IMAX-Filmtheater unter anderem ein Flug ins All „mitgemacht“ werden kann. Hier befindet sich auch das modernste **Planetarium** der Welt.

AUSFLÜGE

Auch außerhalb des Zentrums und in der Umgebung von München liegen interessante Sehenswürdigkeiten. Die Ausflugsziele der Voralpen/Alpen werden im Kapitel 2.9 beschrieben.

SCHLOSS NYMPHENBURG

Ein beliebtes Besichtigungsziel ist das nordwestlich gelegene Schloss Nymphenburg, die prächtige, barocke Sommerresidenz der Wittelsbacher. Zu dem imposanten Schloss, in dem einige Museen untergebracht sind, gehören ein weitläufiger Park und eine berühmte Porzellanmanufaktur.

OLYMPIA-PARK

Nördlich des Zentrums zieht der für die Sommerspiele 1972 errichtete Olympiapark viele Besucher an. Zu der – teilweise durch ein riesiges Zeltdach geschützten – Freizeitlandschaft gehören der 290 Meter hohe Olympiaturm, die Olympiahalle, das Olympiastadion (Heimstatt des FC Bayern) und weitere Sportanlagen.

In der Nähe befindet sich das Werksgelände von BMW mit dem **BMW-Museum**.

BAVARIA-FILMSTUDIOS / TIERPARK HELLABRUNN

Südlich des Stadtzentrums liegen die bereits erwähnten BAVARIA-FILMSTUDIOS (in denen zahlreiche internationale Film- und Fernsehproduktionen gedreht wurden und werden) und der „geographische" TIERPARK HELLABRUNN, in dem die Tiere nach Herkunftserdteilen geordnet leben.

WEIHENSTEPHAN

Etwa 40 Kilometer nordöstlich von München befindet sich im Kloster Weihenstephan aus dem 11. Jh. die älteste noch bestehende Brauerei der Welt, die sich zum viel besuchten Ausflugsziel entwickelt hat.

LEGOLAND DEUTSCHLAND

Etwa 120 Kilometer nordwestlich von München liegt – bei Günzburg (zwischen Augsburg und Ulm) – der im Jahr 2002 neu eröffnete Freizeitpark Legoland Deutschland. Der Park, in dem man in verschiedenen Themenbereichen Landschaften, Städte, Monumente und vieles mehr aus Legosteinen bewundern kann, dient besonders Familien häufig als Ausflugs- und Kurzreiseziel; er wird auch oft als Zwischenstopp oder Abstecher von Urlaubern in einige der im folgenden Kapitel „Alpenvorland und Alpen" genannten Regionen genutzt.

2.9 ALPENVORLAND UND ALPEN

Die Donau grenzt die Mittelgebirgsschwelle vom allmählich ansteigenden ALPENVORLAND ab. Es erstreckt sich zwischen dem Bodensee im Südwesten und dem Bayerischen Wald im Nordosten in den Bundesländern **Baden-Württemberg** und **Bayern**. Das landschaftlich abwechslungsreiche, hügelige Voralpenland, das aus den Alpen kommende Flüsse wie **Iller**, **Lech**, **Isar** und **Inn** in Süd-Nord-Richtung durchfließen, ist geprägt von ausgedehnten Feuchtgebieten; im Süden liegen zahlreiche Seen. Unter den reizvollen Seen ist der **Bodensee**, den sich Deutschland mit der Schweiz und Österreich teilt, der größte. Östlich folgen die **Oberbayerischen Seen**, die sich um **München**, die größte Stadt des Voralpenlandes, erstrecken.

Im südlichsten Teil **Bayerns** schließen sich an das Voralpenland die ALPEN an. Eine eingehende naturräumliche und politische Gliederung des Hochgebirges ist im ➔ Kapitel 3.1 Alpenraum zu finden. Der 30 bis 40 Kilometer breite, nahe der Grenze zu Österreich gelegene Hochgebirgssaum Deutschlands wird in **Allgäuer Alpen** (im Westen) und **Bayerische Alpen** (im Osten) untergliedert und nimmt etwa zwei Prozent der Gesamtfläche des Landes ein. In den Bayerischen Alpen befindet sich mit der 2.962 Meter hohen **Zugspitze** der höchste Berg Deutschlands. Die deutschen Alpen weisen außerdem mehrere weitere über 2.000 Meter hohe Berge auf. Im äußersten Südosten ist ein Teil der Gebirgslandschaft im **Nationalpark** Berchtesgaden geschützt. Die größte im deutschen Alpenraum gelegene Stadt ist **Garmisch-Partenkirchen** (knapp 30.000 Einwohner).

Die größte touristische Bedeutung im Alpen- und Voralpenland haben die Regionen BODENSEE, ALLGÄU und SÜDLICHES OBERBAYERN, auf die sich der folgende Text konzentriert.

Das Alpenvorland und die Alpen liegen im Übergangsbereich von ozeanischem zu kontinentalem **Klima**. Plötzlicher Wetterwechsel ist hier keine Seltenheit, im Sommer kommt es jedoch häufig zu längeren Schönwetterperioden. Die Niederschläge sind in der Region, vor allem im Hochgebirge, wesentlich höher als im übrigen Deutschland. In den Alpen fallen die Niederschläge im Winter häufig als Schnee (Gebirgsklima ➔ Kapitel 3.1). Eine wettermäßige Besonderheit des Alpennordrands ist der **Föhn**, ein warmer, trockener Fallwind, der stark erwärmte Luftmassen aus dem Süden über den Alpenhauptkamm nach Norden bringt. Der vor allem im Frühjahr und Herbst häufig auftretende Föhn bringt plötzlichen Temperaturanstieg, blauen Himmel und weite Fernsicht mit sich. Er bewirkt bei vielen Menschen aber auch gesundheitliche Probleme wie Kopfschmerzen, Kreislaufstörungen und Schlaflosigkeit und gilt häufig als Grund für schlechte Laune. **Reisezeit** hat die vielfältige Region das ganze Jahr über, als besonders ideal gelten jedoch Sommer und Winter, da dann in den Seen gebadet bzw. in den Bergen Wintersport getrieben werden kann.

Im südlichsten Teil Deutschlands errichteten die Römer im 1. Jh. v. Chr. Siedlungen. Nach dem Schwinden ihrer Macht siedelten hier germanische Völker, im Bodenseeraum Alamannen, in Bayern Bajuwaren. Ab dem 6. Jh. wurde die gesamte Region verstärkt christianisiert, zahlreiche Klöster und Bistümer wurden gegründet. Zwischen dem 8. und 10. Jh. gehörten der Bodensee und Oberbayern zum Frankenreich. Im Laufe der folgenden Jahrhunderte zerfiel die Region in größere und kleinere weltliche und kirchliche Herrschaftsgebiete sowie Städtebünde des Heiligen Römischen Reichs Deutscher Nation. Ab dem 13. Jh. gewann das Herzogtum Bayern zunehmend an Bedeutung. Aufgrund der geographischen Lage hängt die **Geschichte** des deutschen Voralpen- und Alpenraums teilweise eng mit der der Schweiz und Österreichs zusammen (➔ Kapitel 3.2 und 3.3). Unter Napoleon wurde das deutsche Bodenseegebiet im frühen 19. Jh. zwischen Baden, Württemberg und Bayern aufgeteilt. Im späten 19. Jh. errichtete der exzentrische Bayernkönig Ludwig II. die berühmten Königsschlösser, die heute zu den größten Attraktionen des Alpen- und Voralpenraums gehören. Von Zerstörungen im zweiten Weltkrieg war die Region unterschiedlich stark betroffen; an die Schrecken der Nazizeit erinnert vor allem das Konzentrationslager Dachau westlich von München (heute ist es eine Gedenkstätte mit Museum).

Zu den **Attraktionsfaktoren** der Region gehören berühmte Baudenkmäler wie Schlösser, Kirchen, Klöster (denen häufig traditionsreiche Brauereien angeschlossen sind) und Burgen. In Burghausen, nahe der österreichischen Grenze, etwa 50 Kilometer nördlich von Salzburg, befindet sich Europas längste Burganlage. Kulturell bietet die Region auch berühmte Festspiele wie die Seefestspiele in Bregenz am Bodensee (in Österreich, nahe der deutschen Grenze gelegen) und die Passionsspiele in Oberammergau. Ein weiterer Anziehungsfaktor religiöser Natur ist der Wallfahrsort Altötting nahe Burghausen. Zu den Hauptattraktionen gehört aber natürlich die eindrucksvolle, von Bergen umgebene Landschaft, die mit ihrer hervorragenden touristischen Infrastruktur seit langem zahlreiche Besucher anzieht. Zu den Naturschönheiten gehört auch die teilweise üppige Vegetation, die gerade am Bodensee besonders schön ist. Sportler kommen im Alpen- und Voralpenland ebenfalls auf ihre Kosten: Die Flusstäler sind ideale Reviere für Radler (besonders das Tal der Altmühl, eines Donau-Nebenflusses), die Seen gelten im Sommer als ideale Bade- und Wassersportziele, das Gebirge bietet im Winter hervorragende Wintersportmöglichkeiten. Viele Orte im Voralpenland und in den Alpen sind aufgrund ihres heilsamen Klimas – im Hochgebirge herrscht Reizklima – und weiterer natürlicher Heilfaktoren traditionsreiche Kurorte. Nicht zuletzt gehören auch die vielen historischen Städte der Region zu ihren Attraktionsfaktoren.

Die reizvolle **Ferienstraße** „Deutsche Alpenstraße“ führt quer durch die deutschen Alpen vom Bodensee nach Berchtesgaden. Im Allgäu trifft sie auf die „Romantische Straße“ (Würzburg–Augsburg–Füssen). Bodensee und Donau verbindet die „Oberschwäbische Barockstraße“.

BODENSEE (Deutscher Anteil)

Der rund 540 qkm große Bodensee, nach dem Genfer See der zweitgrößte See im Alpenraum, liegt im Südwesten Deutschlands, im **Dreiländereck** Deutschland-Österreich-Schweiz. Mit gut 300 qkm im Nordteil, die hauptsächlich auf Baden-Württemberg entfallen, hat Deutschland den größten Anteil am Bodensee. Das Südufer gehört fast vollständig zur Schweiz, ein kleiner Teil im Südosten ist österreiches Gebiet. Die Nordwest-Südost-Ausdehnung des auch als **„Schwäbisches Meer“** bezeichneten Sees beträgt gut 70 Kilometer, seine maximale Breite 15 Kilometer. Im Nordwesten schiebt sich die Landzunge Bodanrück in den Bodensee, die das Gewässer in die Seitenarme **„Überlingersee“** (nördlich) und **„Untersee“** (südlich) sowie den Hauptteil **„Obersee“** teilt. An der Südspitze der Landzunge liegt – direkt an der Grenze zur Schweiz – mit **Konstanz** die größte Stadt des Sees (75.000 Einwohner). Konstanz erstreckt sich beiderseits des **Rheins**, der den Bodensee als „Seerhein“ durchfließt und seinen wichtigsten Zufluss bildet. Die reizvollen Ufer des Sees, in dem drei **Inseln** liegen, prägt eine vegetationsreiche, 400 bis 800 Meter hohe Hügellandschaft mit vielen Fluss- und Bachläufen. Südlich bilden bis zu 2.500 Meter hohe Alpengipfel eine imposante Kulisse. Am Bodensee herrscht milderes Klima als im übrigen Alpenvorland, was zu seiner großen touristischen Beliebtheit beiträgt. Von hier sind Ausflugsziele in der Schweiz schnell erreichbar, Zürich (➔ Kapitel 3.2.1) beispielweise liegt nur 70 Kilometer entfernt von Konstanz. Neben breitem Wassersportangebot bietet der See mit seinen hübschen Städten gute Wandermöglichkeiten.

Friedrichshafen (FDH) hat einen **Flughafen** mit Linienverbindungen nach Deutschland, Österreich und in die Schweiz. Die nächsten größeren Flughäfen sind Zürich, München und Stuttgart.
Deutsche Pkw-Reisende fahren meist über **Autobahnen** aus Stuttgart und München an den Bodensee, der auch gute Anbindung ans Fernstraßennetz der Schweiz und Österreichs hat.
Die Seeregion ist gut mit der **Bahn** erreichbar; wichtige Verkehrsknotenpunkte für Bahnreisende an den Bodensee stellen Stuttgart, Ulm und München dar. Deutsche Fernbahnhöfe am Bodensee sind Konstanz, Friedrichshafen und Lindau (von Westen nach Osten; alle drei sind Grenzbahnhöfe).
Zwischen den Bodenseestädten und -inseln verkehren auch **Schiffe**, die wichtiger Bestandteil des öffentlichen Nahverkehrs und des Verkehrs in die Nachbarländer sind. Eine Autofähre verbindet Friedrichshafen mit Romanshorn (Schweiz). Die „Bodensee-Erlebniskarte“ gewährt Urlaubern die unbegrenzte Nutzung öffentlicher Verkehrsmittel und Eintritt in Museen, Schlösser, Bäder etc.

KONSTANZ

Die reizvolle „Bodensee-Metropole“ und Universitätsstadt Konstanz dehnt sich über die Spitze der hügeligen Landzunge Bodanrück, deren Großteil unter Naturschutz steht, und auf das durch den Rhein abgetrennte Südufer des Bodensees aus. Die malerische Altstadt von Konstanz bildet eine deutsche „Enklave“ am südlichen Seeufer. Im Mittelalter war Konstanz eine bedeutende Freie Reichsstadt, die als Schauplatz des Konstanzer Konzils (1414–1418) in die Geschichte einging.

Aus dieser Zeit stammt das am Ufer gelegene Konzilsgebäude, in dem 1417 die Papstwahl stattfand. In der Nähe steht ein Zeppelindenkmal; der Erbauer des Luftschiffs wurde in Konstanz geboren. Weitere Attraktionen der Altstadt sind der Hafen, das im 8. Jh. gegründete und im Laufe der folgenden Jahrhunderte ständig erweitere Münster, weitere Kirchen, Gründerzeitbauten, historische Wohn- und Zunfthäuser, das Renaissance-Rathaus und Türme der alten Stadtbefestigung. Sehenswert sind auch das Bodensee-Naturmuseum und das Archäologische Landesmuseum. Die Stadt bietet viel Kultur und hat einen hohen Freizeitwert, zu dem die schöne Uferpromenade, Strandbäder, Sportmöglichkeiten und ein Spielkasino beitragen.

REICHENAU / UNTERSEE / MAINAU

Westlich von Konstanz liegt im Untersee mit der gut 4 qkm umfassenden REICHENAU die größte Insel im Bodensee, die durch einen Damm mit dem Festland verbunden ist. Die Reichenau ist vor allem durch das bedeutende mittelalterliche Kloster gleichen Namens bekannt, das im 8. Jh. gegründet wurde und sich bald zum bedeutenden Kulturzentrum entwickelte. Seinen Niedergang erlebte Kloster Reichenau jedoch bereits ab dem 13. Jh. Auf der Reichenau liegen die Orte **Oberzell**, **Mittelzell** (Inselzentrum) und **Niederzell**, die durch einen zehn Kilometer langen Uferweg miteinander verbunden sind. Alle drei Orte bieten romanische Kirchen mit großartigen Fresken, bedeutenden Reliquien und Kunstschätzen. Die fruchtbare Reichenau ist auch ein beliebtes Wohngebiet, Ferienziel und bedeutendes, fruchtbares Gemüseanbaugebiet.

Der südwestliche Seearm UNTERSEE, in dem die Reichenau liegt, teilt sich wiederum in drei Abschnitte. Im äußersten Westen des Untersees verlässt der Rhein den Bodensee, bildet bei Schaffhausen den Rheinfall und verläuft dann als „Hochrhein“ weiter Richtung Basel. Der wichtigste Ort des Untersees ist das in seinem Nordwesten gelegene **Radolfzell** (30.000 Einwohner, am Seeabschnitt „Zellersee“) mit malerischer Altstadt. Sehenswert in dem Kurort sind das spätgotische Münster mit kostbaren Kunstschätzen, Adels- und Patrizierhäuser, ein Renaissanceschlösschen, Reste der alten Stadtmauer und das Reichsritterschaftsgebäude aus dem 17. Jh. Auf der zu Radolfzell gehörenden Halbinsel **Mettnau** liegen Hotels, Freizeit-, Sport-, Kur- und Parkanlagen. Im Hinterland von Radolfzell erstreckt sich die alte Kulturlandschaft **Hegau** mit der – zu Füßen des knapp 700 Meter hohen Berges Hohentwiel mit imposanter Burguine gelegenen – Stadt **Singen**. Südlich von Radolfzell folgen in landschaftlich reizvoller Lage ruhige Erholungsorte mit schönen Kirchen und Fachwerkhäusern, darunter **Gaienhofen** und **Öhningen**, die auch als Künstlerkolonien bekannt sind. In der Nähe von Öhningen liegt die Grenze zur Schweiz.

Nördlich von Konstanz liegt, bereits im Überlinger See, die 45 Hektar umfassende Insel MAINAU, die aufgrund ihrer prächtigen, teilweise subtropischen und tropischen Park- und Gartenlandschaften auch als „Blumeninsel“ bezeichnet wird. Sie stellt mit etwa zwei Millionen Besuchern jährlich ein überaus beliebtes Ausflugsziel dar. Das auf der Insel gelegene Barockschloss mit einer schönen Schlosskirche kam über Umwege in den Besitz des schwedischen Grafen Bernadotte, der Mainau zur Blumeninsel ausbaute. Man erreicht die Mainau per Schiff ab Meersburg am Nordufer und ab Konstanz.

ÜBERLINGER SEE

Der Überlinger See bildet die Nordspitze des Bodensees. Der wichtigste Ort des Seearms liegt mit **Überlingen** (gut 20.000 Einwohner) am Nordufer. Das Kneippheilbad ist bereits seit dem 19. Jh. ein beliebter Ferienort und wird häufig als „Nizza des Bodensees" bezeichnet. An Überlingens Zeit als Freie Reichsstadt erinnert die Altstadt mit zahlreichen Gebäuden aus dem 14. bis 16. Jh., darunter das Rathaus, das gotische Münster mit 80 Meter hohem Turm, weitere Kirchen und das Stadtarchiv. Überlingen bietet eine kilometerlange Uferpromenade mit historischem Hafen und zahlreiche Sportmöglichkeiten aller Art. Sehenswert sind hier auch das Stadtmuseum und der Stadtgarten, zu dem die größte Kakteenfreianlage Deutschlands gehört. Wenige Kilometer östlich zieht die prächtige Barockkirche **Birnau** aus dem 18. Jh. viele Besucher an. Die Wallfahrtskirche wurde von den Äbten des landeinwärts gelegenen, reichen Klosters **Salem** errichtet; diese im 12. Jh. gegründete größte Abtei Süddeutschlands war nach der Säkularisierung Schloss und dient heute als Museum und als Internatsschule. Zwischen Birnau und Salem ist der „Affenberg", wo in einem großen Freigelände rund 200 Affen frei leben, einen Besuch wert. In **Unteruhldingen** östlich von Birnau liegt das sehenswerte „Pfahlbau Freilichtmuseum" mit Rekonstruktionen von Pfahlbauten aus der Stein- und Bronzezeit. **Uhldingen** selbst ist ein attraktiver, kleiner Ferienort.

OBERSEE

Auf der Höhe von Konstanz öffnet sich der Bodensee zum Hauptteil Obersee. An seinem Nordufer liegt, gegenüber von Konstanz und etwa zehn Kilometer entfernt von Uhldingen, mit dem hübschen, alten Städtchen **Meersburg** ein touristisches Zentrum des Bodensees. Die alte, barocke Residenzstadt der Konstanzer Bischöfe erstreckt sich malerisch an einem steilen Uferhang. In der „Oberstadt" liegen mit dem langgestreckten Neuen Schloss aus dem 18. Jh. und dem Alten Schloss – der ältesten bewohnten Burg Deutschlands – Meersburgs wichtigste Attraktionen. Durch enge Gassen mit Fachwerkhäusern gelangt man zur Uferpromenade der „Unterstadt", die früher eine Fischersiedlung war. Meersburg bietet auch viele touristische Unterkünfte, Einkaufs-, Freizeit- und Unterhaltungsmöglichkeiten. Weiterhin sehenswert sind hier einige Museen, darunter Bibelgalerie, Zeitungs-, Weinbau- und Drostemuseum (für die Dichterin Droste-Hülshoff, die hier lange lebte).

Durch Wein- und Obstanbaugebiete gelangt man in den traditionsreichen Weinort **Hagnau**, der ebenfalls zahlreiche Touristenunterkünfte bietet. Es folgen der beliebte Ferienort **Immenstaad** mit Baudenkmälern aus dem 15. Jh. und die Messe- und Industriestadt **Friedrichshafen**, in der Graf Zeppelin seine Luftschiffe baute. Die zweitgrößte Bodenseestadt ist einer der Verkehrsknotenpunkte des Sees und liegt an dessen breitester Stelle. Zu ihren Sehenswürdigkeiten gehören das Schloss des Herzogs von Württemberg (früher Kloster), die Schlosskirche aus dem späten 17. Jh. (deren 55 Meter hohe Zwiebeltürme das Wahrzeichen Friedrichshafens bilden) und das „Zeppelin-Museum Technik und Kultur" (wo unter anderem ein Nachbau des legendären Luftschiffs „Hindenburg" zu sehen ist). Zum Flanieren laden die ausgedehnten Uferanlagen der Stadt ein, die auch ein umfassendes Freizeitangebot hat.

Etwa 25 Kilometer nördlich liegt die sehenswerte Stadt **Ravensburg-Weingarten** mit historischer Altstadt in Ravensburg und großartiger Barockabteikirche in Weingarten. Im Hinterland des Bodensees, zwischen Friedrichshafen und dem Überlinger See, erstreckt sich die reizvolle Landschaft **Linzgau** mit weiteren Ferienorten.

Die Fahrt am See entlang verläuft weiter über **Langenargen** mit einem Schloss im maurischen Stil über die „Grenze" nach Bayern. Am zehn Uferkilometer umfassenden bayerischen Teil des Bodensees folgt mit dem malerischen **Wasserburg** ein beliebter Luftkurort. Schöne Panoramen auf die Sehenswürdigkeiten des auf einer Halbinsel gelegenen Städtchens bietet der „Malerwinkel": Von hier sieht man vor der Kulisse der nahen Alpen ein Gebäudeensemble aus Barockkirche, ehemaligem Fuggerschloss (mit Ursprüngen im 13. Jh.) und altem Gerichtshaus.

Nur wenige Kilometer von Wasserburg entfernt liegt auf der dritten Bodenseeinsel **Lindau** und auf dem als „Gartenstadt“ bezeichneten anschließenden Festland die gleichnamige Stadt mit etwa 25.000 Einwohnern. Auf der knapp 70 Hektar umfassenden Insel, die mit dem Festland durch eine Brücke und einen Eisenbahndamm verbunden ist, erstreckt sich die malerische Altstadt mit besonders viel alter Bausubstanz. Lindau wurde im 13. Jh. Freie Reichsstadt und entwickelte sich bald durch Handel und Schifffahrt zu einer wirtschaftlich bedeutenden Stadt. Seit 1805 gehört es zu Bayern. Besonders sehenswert in Lindau sind der Seehafen – mit dem Mangturm aus dem 13. Jh., dem Neuem Leuchtturm (33 Meter hoch), der Seepromenade und dem sechs Meter hohen bayerischen Löwen – und die Altstadt mit historischen Bauten, Kirchen und dem Marktplatz sowie Teile der alten Stadtbefestigung. In der Kongressstadt Lindau, die auch eine sehr gute touristische Infrastruktur bietet, beginnt die Deutsche Alpenstraße.

Vom deutschen Bodenseeufer werden oft Ausflüge in die Schweiz (in die Stadt **St. Gallen**, zum 2.500 Meter hohen Aussichtsgipfel **Säntis** und zum Rheinfall bei **Schaffhausen**) oder nach Österreich (in die Festspielstadt **Bregenz**, die älteste Siedlung am Bodensee) unternommen.

ALLGÄU

Die Deutsche Alpenstraße führt von Lindau ins Allgäu, dessen größter Teil zu Bayern gehört; nur kleine Abschnitte liegen in Baden-Württemberg (im Westen) und Österreich (im Süden). Das Allgäu erstreckt sich zwischen dem Bodensee im Westen und dem Fluss Lech im Osten. Die bis zu 2.650 Meter hohen **Allgäuer Alpen** bilden im Süden der Region die Grenze zu Österreich. Hier prägen Berge, Täler und saftig grüne Wiesen das Landschaftsbild, während das im **Alpenvorland** gelegene nördliche Allgäu, das gut 50 Kilometer südlich der Städte Ulm und Augsburg beginnt, von Hügelland, ausgedehnten Wäldern, Mooren und kleinen Seen dominiert wird. Im Alpenvorland liegt mit **Kempten** (62.000 Einwohner) die größte Stadt sowie das wirtschaftliche und kulturelle Zentrum der Region. Das Allgäu, vor allem der südliche Teil (Oberallgäu) ist eines der beliebtesten Feriengebiete Deutschlands mit hervorragender touristischer Infrastruktur. Der Fremdenverkehr hat hier – nicht zuletzt durch zahlreiche bekannte Kurorte – eine lange Tradition. Ein weiterer wichtiger Wirtschaftsfaktor der Region ist die Landwirtschaft. Vor allem für hervorragende Milchprodukte ist das besonders niederschlagsreiche Allgäu berühmt.

Im Allgäu selbst gibt es keinen größeren **Flughafen**, am nächsten liegen die Flughäfen von München (MUC), Augsburg (AGB) und Friedrichshafen (FDH).
Pkw-Reisende aus Deutschland erreichen das Allgäu, von wo aus gut ausgebaute (Pass-)Straßen nach Österreich führen, über **Autobahnen** aus den Richtungen Ulm, Augsburg und München.
Die drei genannten Städte sind auch wichtige Knotenpunkte für den **Bahnverkehr** ins Allgäu, wo viele Ferienorte eigene Bahnhöfe haben. Die wichtigsten Allgäu-Bahnhöfe sind Kempten, Memmingen und Buchloe. Auf mehrere Allgäuer Alpengipfel verkehren regelmäßig **Bergbahnen**.

WESTALLGÄU

Der östlich und nordöstlich auf den Bodensee folgende Teil des Allgäus wird als Westallgäu bezeichnet. Im Nordwesten der Region liegt, etwa 60 Kilometer nördlich von Lindau, das Moorheilbad **Bad Wurzach**. Südlich davon verteilen sich im Alpenvorland die sehenswerten Kleinstädte **Wangen**, **Isny** und **Leutkirch**, die im Mittelalter wohlhabende Reichsstädte waren und malerische mittelalterliche Stadtkerne, Kirchen und schöne Schlösser aufweisen. In der Umgebung von Isny liegt ein gut 1.100 Meter hoher Aussichtsgipfel, der herrliche Alpenpanoramen bietet.

Von Lindau verläuft die Deutsche Alpenstraße kontinuierlich aufwärts in Richtung Osten. Erste Etappen sind die bis zu 1.000 Meter hohen Ferien-, Kur- und Wintersportorte **Scheidegg**, **Lindenberg** (wo man eine große Käserei und ein Hutmuseum besichtigen kann) und **Weiler-Simmerberg**. Die Orte bieten schöne Aussichten bis nach Österreich und in die Schweiz. Im Winter eignet sich diese Region besonders gut zum Skilanglauf. In der Umgebung stellt die bis zu 100 Meter tiefe Schlucht „Eistobel" – vor allem im Winter, wenn sich hier an den Steilwänden märchenhafte Eisformationen bilden – eine Sehenswürdigkeit dar.

OBERALLGÄU

Wenige Kilometer östlich liegt, bereits im Oberallgäu, der vielbesuchte Schrothkur- und Ferienort **Oberstaufen**, der einen historischen, autofreien Ortskern und ein sehenswertes Heimatmuseum aufweist. Seine Umgebung bietet ein gutes Ski- und Wandergebiet. Die Ferienstraße führt vorbei am Wassersportparadies **Großer Alpsee**, dem größten Natursee des Allgäus, nach **Immenstadt** und **Sonthofen** (etwa 22.000 Einwohner). Sonthofen gilt als südlichste Stadt Deutschlands und weist eine sehr gute touristische Infrastruktur auf; von hier sind viele Skigebiete des Allgäus schnell erreichbar. Ein nahes Touristenzentrum ist der heilklimatische Kur- und beliebte Wintersportort **Oberstdorf** in einem südlichen Tal, das von den höchsten Allgäuer Bergen überragt wird; dazu gehört das 2.224 Meter hohe Nebelhorn, auf das Bergbahnen führen. Weitere Ferienorte in der Nähe sind **Fischen** und **Balderschwang**. Das attraktive Ski- und Wandergebiet um Oberstdorf, ein Schauplatz der Vierschanzentournee, hat Anschluss ans österreichische **Kleinwalstertal**, das zum deutschen Zollraum gehört. Östlich von Sonthofen folgt der beliebte Ferienort **Hindelang**, ein Thermal-, Kneipp- und Heilklimakurort mit alten Baudenkmälern. Sein Ortsteil **Oberjoch** bietet ein 1.150 Meter hohes Skigebiet. Ein Pass führt von hier aus ins österreichische **Jungholz**, das ebenfalls deutsches Zollgebiet ist.

Zum Oberallgäu gehört neben den Alpen auch ein Teil des Voralpenlandes, darunter die etwa 30 Kilometer nördlich von Sonthofen gelegene Stadt **Kempten** am Fluss Iller, der gut zehn Kilometer entfernt ein wildromantisches Durchbruchstal geschaffen hat. Die „Allgäumetropole", deren Geschichte über 2000 Jahre weit zurückreicht, bietet interessante Sehenswürdigkeiten sowie gute Einkaufs- und Unterhaltungsmöglichkeiten. Kempten besteht aus der mittelalterlichen Bürgerstadt am Fluss und der erhöhten Stiftsstadt, die im 17. Jh. als barocke Bischofsresidenz entstand. Neben historischen Baudenkmälern wie Residenz, Kirchen, Rathaus und Patrizierhäusern sind hier das Alpinmuseum und das Allgäuer Naturkundemuseum sehenswert. Außerhalb bilden die Ausgrabungen der alten Römersiedlung Cambodonum mit Tempelbezirk, Thermen und Forum einen Archäologischen Park. Mit den Römern beschäftigt sich auch ein Museum in der Stadt.

Knapp zehn Kilometer nordwestlich von Kempten liegt der 800 Meter hohe, ländliche Erholungsort **Wiggensbach** mit Golfplatz. Um dem Ort verläuft der – traditionsreiche Käsereien verbindende – „Allgäuer Käseweg".

OSTALLGÄU

Die Alpenstraße führt von Hindelang ins Ostallgäu, das weit ins nördliche Voralpenland hinein reicht. In den Alpen folgen östlich von Hindelang der Kneippkurort **Oy-Mittelberg**, der Höhenluftkur- und Wintersportort **Nesselwang** (von wo Wanderwege zu prächtigen Wallfahrtskirchen in der Nähe führen) und der beliebte, aus mehreren verstreuten Ortsteilen bestehende Ferienort **Pfronten**. Das an der österreichischen Grenze gelegene Pfronten ist mit zahlreichen Kur- und Freizeiteinrichtungen ein viel besuchtes Urlaubszentrum des Allgäus und ein beliebter Wintersportort mit Anbindung an mehrere Skigebiete der Region. In der landschaftlich reizvollen Umgebung Pfrontens bieten die auf einem fast 1.300 Meter hohen Felsen gelegene, höchste Burgruine Deutschlands aus dem 17. Jh. und mehrere Berggipfel hervorragende Aussichten.

Gut zehn Kilometer östlich von Pfronten ist mit **Füssen** – Luftkurort, Heilbad, Wintersportzentrum und Ende der Romantischen Straße – einer der meistbesuchten Ferienorte des Allgäus erreicht. Das alte Städtchen (13.000 Einwohner) am Lech zwischen Allgäuer und Ammergauer Alpen war seit dem 13. Jh. Sommerresidenz der Augsburger Bischöfe. Sehenswürdigkeiten hier sind die malerische Altstadt, das Bischofsschloss (heute Museum), ein Klostergebäude mit Ursprüngen im 10. Jh. (heute Stadtverwaltung und Heimatmuseum) und mehrere Kirchen.

Seine touristische Bedeutung verdankt Füssen jedoch vor allem den berühmten Königsschlössern in der Umgebung, besonders dem etwa fünf Kilometer südlich, auf einem bewaldeten Bergrücken gelegenen **Schloss Neuschwanstein** aus dem späten 19. Jh. Das weltberühmte, von Bergen und einem See umgebene „Märchenschloss" mit zahlreichen Türmen und Zinnen ist eines der meistbesuchten Touristenziele Deutschlands und diente den Disneyland-Schlössern als Vorbild. Im Rahmen von Führungen kann das prächtige Schloss besichtigt werden. In Füssen wird seit einiger Zeit das Musical „Ludwig II." aufgeführt, das vom Leben des exzentrischen Bayernkönigs, der Schloss Neuschwanstein erbaute, handelt. Nordöstlich von Füssen liegt, nahe dem Ferienort **Schwangau**, mit dem neugotischen **Schloss Hohenschwangau** aus der ersten Hälfte des 19. Jh. ein weiteres beliebtes Ausflugsziel. In der Umgebung erstrecken sich mehrere Seen, unter denen **Hopfensee**, **Forggensee** und **Bannwaldsee** besonders beliebt sind und weitere Ferienorte bieten.

Rund 30 bzw. 40 Kilometer nördlich von Füssen liegen im Ostallgäuer Alpenvorland **Marktoberdorf** (mit gepflegten Parkanlagen bekannt als „Blumenstadt des Allgäus") und das sehenswerte **Kaufbeuren**, mit etwa 40.000 Einwohnern eine der größten Allgäu-Städte.

UNTERALLGÄU

Der nördlichste Teil des Allgäus ist das Unterallgäu, dessen „Nordgrenze" die alten Städte **Memmingen** (eine der größten Städte des Allgäus zwischen Kempten und Ulm), **Mindelheim** und **Buchloe** (zwischen Kempten und Augsburg) bilden.

Die größte touristische Bedeutung im Unterallgäu hat der Kurort **Bad Wörishofen** zwischen Mindelheim und Kaufbeuren. Hier begründete Pfarrer Kneipp im 19. Jh. das nach ihm benannte Kur- und Heilverfahren, das unter anderem auf Hydrotherapie (Wassertreten) basiert. Wörishofen entwickelte sich schnell zum international beliebten Kurort und ist heute Deutschlands größtes Kneippheilbad mit hervorragenden Kureinrichtungen und einem Kneipp-Museum. Kunsthistorisch interessant sind ein barockes Kloster und weitere Sakralbauten.

SÜDLICHES OBERBAYERN

Östlich des Allgäus schließt sich an den Fluss Lech die Region Oberbayern an, die den Südosten Bayerns einschließlich der Hauptstadt und Metropole **München**, deren Umland und einen nördlichen „Zipfel", der bei Ingolstadt bis über die Donau hinausreicht, umfasst. Im Süden und Südosten grenzt Oberbayern an die österreichischen Bundesländer Tirol und Salzburg. Den gesamten Süden der Region säumen die bis zu knapp 3.000 Meter hohen **Bayerischen Alpen** mit den höchsten Gipfeln Deutschlands. Sie werden in mehrere Berggruppen unterteilt, unter denen das **Wettersteingebirge** das höchste ist. Mächtige Berge, tiefe Täler und malerische Orte prägen die alpine Landschaft, die hervorragende Wander- und Wintersportmöglichkeiten bietet. Die Bayerischen Alpen und das **Alpenvorland** südlich von München bilden die touristischen Zentren der beliebten, traditionsreichen Fremdenverkehrsregion, in der auch renommierte Kurorte liegen. Zwischen Hauptstadt und Hochgebirge erstrecken sich auf einer 500 bis 700 Meter hohen Hochfläche zahlreiche schöne Seen, unter denen der **Chiemsee** der größte ist. Auch hier liegen, landschaftlich reizvoll, viele sehenswerte Orte und Städte mit interessanten Sehenswürdigkeiten.

Der wichtigste Verkehrsknotenpunkt für die Region Oberbayern ist München, das einen der bedeutendsten **Flughäfen** Deutschlands besitzt. Urlaubsziele im äußersten Südosten Oberbayerns liegen etwas näher am kleinen Flughafen von Salzburg (SZG).
Auch Pkw-Reisende ins südliche Oberbayern fahren fast immer über München, von wo aus **Autobahnen** in die Richtungen Garmisch-Partenkirchen, Innsbruck und Salzburg weiterführen.
Für den **Bahnverkehr** in die Touristengebiete Oberbayerns spielt München als Verkehrsknotenpunkt ebenfalls eine große Rolle. Weitere Bahnhöfe im Süden Oberbayerns mit Anbindung ans Fernverkehrsnetz sind Weilheim, Garmisch-Partenkirchen, Mittenwald und Rosenheim; viele Urlaubsorte haben kleine Bahnhöfe. Bis zum Ammersee und Starnberger See südwestlich von München verkehrt die S-Bahn des MVV. Auf verschiedene Gipfel der Bayerischen Alpen fahren regelmäßig **Bergbahnen**, auf den größeren oberbayerischen Seen besteht **Linienschiffsverkehr**.

PFAFFENWINKEL / WERDENFELSER LAND

Die Alpenstraße führt nach ihrer ersten Etappe Lindau–Füssen weiter nach Oberbayern, in die Regionen Pfaffenwinkel und Werdenfelser Land. Im Pfaffenwinkel, der besonders viele Kirchen und Klöster bietet, folgt nur 20 Kilometer entfernt von Füssen mit der **Wieskirche** die berühmteste der Wallfahrtskirchen und eine der kulturellen Attraktionen Oberbayerns. Die Wieskirche liegt auf einer Waldwiese, knapp fünf Kilometer außerhalb des Ortes **Steingaden**, vor der prächtigen Kulisse der Ammergauer Berge. Die gelbe, außen sehr schlicht gehaltene Kirche überwältigt durch ihr prächtiges, farbenfrohes, helles Inneres mit viel Stuck und einer den Himmel abbildenden Deckenfreske. Die im 18. Jh. erbaute „Wies“, die auch eine der letzten Stationen der Romantischen Straße bildet, gilt als eines der vollkommensten Werke des europäischen Rokoko.

Vorbei an **Bad Kohlgrub**, dem höchstgelegenen Moorheilbad Deutschlands, folgt etwa 30 Kilometer südlich der Wies das „Bilderbuchdorf“ **Oberammergau**. Berühmt wurde der Ort als Schauplatz der seit dem 17. Jh. alle zehn Jahre im Sommer, zuletzt 2000, stattfindenden Passionsspiele, die in jeweils sechs Stunden dauernden Vorstellungen den Leidensweg Christi schildern. 1930 wurde für die Passionsspiele, bei denen nur „echte“ Oberammergauer mitwirken, das Festspielhaus für fast 5.000 Zuschauer errichtet. Es gilt als Sehenswürdigkeit des Ortes. Sehenswert sind auch prächtig bemalte Häuser wie das Pilatus-Haus und das Heimatmuseum mit Meisterwerken der Schnitzkunst, darunter eine kunstvolle Krippe. Oberammergau ist ein traditionsreiches Zentrum der „Herrgottschnitzerei“; in vielen Geschäften werden hier geschnitzte Heiligenfiguren und Kruzifixe verkauft. Der Ort gilt auch als beliebter Wintersportplatz mit guter touristischer Infrastruktur und bis 1.700 Meter hohen Skigebieten; hier findet alljährlich ein großer Volksskilauf statt. Die Umgebung Oberammergaus bietet kulturelle Attraktionen: Hier liegen das prächtige **Schloss Linderhof**, das kleinste Schloss Ludwigs II., von großartiger Berglandschaft und einer ausgedehnten Parkanlage umgeben, und das imposante **Kloster Ettal**, eine im 14. Jh. gegründete, imposante Benediktinerabtei zu Füßen eines über 1.600 Meter hohen Berges.

Gut 20 Kilometer südlich von Oberammergau liegt **Garmisch-Partenkirchen**, der meistbesuchte und größte Ort der deutschen Alpen und ihr international renommiertestes Wintersportzentrum mit sehr guten Skigebieten. Hier findet auch alljährlich das Neujahrsspringen statt. Der trotz seiner Größe relativ idyllische Ort, in dem 1936 Olympische Winterspiele und 1978 Skiweltmeisterschaften stattfanden, ist ein heilklimatischer Kurort und bietet ein umfassendes Sport- und Freizeitangebot, zahlreiche Hotels, Einkaufs- und Unterhaltungsmöglichkeiten. Sehenswürdigkeiten hier sind alte Kirchen, prächtige Bürger- und malerische Bauernhäuser, das Werdenfelser Heimatmuseum und die Richard-Strauß-Villa, in der der berühmte Komponist lebte. Den gut 700 Meter hoch gelegenen Doppelort Garmisch-Partenkirchen umgeben mächtige Gipfel, darunter die 2.962 Meter hohe **Zugspitze** im südlichen Wettersteingebirge. Auf Deutschlands höchsten Berg, auf dem die Grenze zu Österreich verläuft, verkehren regelmäßig die Bayerische Zugspitzbahn ab Garmisch und die Tiroler Zugspitzbahn ab dem österreichischen Ehrwald. Auf dem Gipfel befinden sich Aussichtsterrassen, Lokale, ein schneesicheres Skigebiet und wissenschaftlich-technische Institute.

In der gut zum Wandern geeigneten Umgebung Garmisch-Partenkirchens liegen wildromantische Schluchten, darunter die **Höllentalklamm**, das Zugspitzdorf **Grainau** und der malerische Bergsee **Eibsee**, von dem ebenfalls eine Bergbahn zur Zugspitze fährt. Das etwa 25 Kilometer südöstlich von Garmisch-Partenkirchen gelegene **Mittenwald** war im Mittelalter wichtige Station eines bedeutenden Handelsweges nach Italien und bildet heute einen weiteren beliebten Ferien-, Luftkur- und Wintersportort. Der von den hohen Bergen des Wettersteingebirges und des Karwendels sowie von kleinen Seen umgebene Grenzort mit besonders schönem, historischem Ortsbild bietet ebenfalls eine sehr gute touristische Infrastruktur, Skigebiete und eine hervorragend zum Wandern geeignete, reizvolle Umgebung. Eine besondere Sehenswürdigkeit Mittenwalds, das tradtionell als Zentrum des Geigenbaus gilt, ist ein Geigenbaumuseum mit „lebender Werkstatt".

Zwischen Wettersteingebirge/Karwendel und Ammersee/Starnberger See, die den Pfaffenwinkel im Norden begrenzen, liegt das malerische Städtchen **Murnau** mit einem mittelalterlichem Schloss. Hier ist heute ein Museum untergebracht, das sich unter anderem mit der frühen Geschichte des Voralpenlandes befasst. Eine besondere Sehenswürdigkeit Murnaus ist ein weiteres Museum: das Münter-Haus, in dem im frühen 20. Jh. die berühmten Maler Gabriele Münter und Wassily Kandinsky lebten. Man sieht hier die Wohnräume mit Möbeln und Bildern der Künstler. In der Umgebung Murnaus liegen das ausgedehnte **Murnauer Moos** und die Seen **Walchensee**, **Kochelsee** und **Staffelsee**. Kultureller Höhepunkt dieser Gegend ist das schlossartige Barockkloster **Benediktbeuern** zu Füßen eines 1.800 Meter hohen Berges, das im 8. Jh. als eines der ältesten bayerischen Klöster gegründet wurde; heute ist es Hochschule und Veranstaltungsort.

STARNBERGER SEE / AMMERSEE

Nördlich der beschriebenen Region und südwestlich von München liegt das Fünf-Seen-Land mit den größeren Seen Starnberger See, Ammersee und drei kleineren Alpenvorlandseen, die beliebte Ausflugsziele der Großstädter sind und häufig auch als „Badewannen Münchens" bezeichnet werden. Südlich der Seen befindet sich, noch im Pfaffenwinkel, die Kreisstadt **Weilheim** mit dem „Museum des Pfaffenwinkels". Westlich des Ammersees liegt das malerische Städtchen **Landsberg am Lech** mit historischer Altstadt und weitgehend erhaltenem mittelalterlichem Mauerring.

Der 57 qkm große STARNBERGER SEE, schon früh ein beliebtes Domizil von Adel und Großbürgertum („Fürstensee"), liegt gut 20 Kilometer von der bayerischen Hauptstadt entfernt und gilt mit zahlreichen kleinen Schlössern und Villen aus dem 19. Jh. auch als nobler „Vorort" Münchens. Der nördlichste und größte Seeort ist **Starnberg** (20.000 Einwohner) mit Schloss, Pfarrkirche und Heimatmuseum sowie Wassersportclubs, Seepromenade, Strandbädern und – teilweise recht noblen – Geschäften. Nur wenige Kilometer entfernt liegt das **Schloss Possenhofen**, in dem die österreichische Kaiserin Sissi aufwuchs. Am gegenüberliegenden Ufer befindet sich **Schloss Berg**, wo Ludwig II. seine letzten Lebensstunden verbrachte; in der Nähe wurde seine Leiche im See gefunden. Weitere Seeorte sind **Feldafing** (vorgelagert ist die „Roseninsel" Ludwigs), **Tutzing**, **Bernried** und **Seeshaupt** an der Südspitze des Sees.

Zwischen dem Starnberger See und dem westlichen Ammersee liegt auf dem gut 700 Meter hohen „Heiligen Berg" das Benediktinerkloster **Andechs**. Die Hauptattraktion des Klosters ist jedoch nicht das Wallfahrtsziel Klosterkirche, sondern das berühmte Bier, das seit dem 15. Jh. in der Klosterbrauerei gebraut und im Bräustüberl, im Biergarten und im Gasthof ausgeschenkt wird.

Bis zum AMMERSEE, mit 47 qkm der drittgrößte bayerische See nach Chiemsee und Starnberger See, sind es von hier nur wenige Kilometer. Die Entfernung vom See nach München beträgt etwa 35 Kilometer. Der Ammersee („Bauernsee") gilt als ländlicher als der Starnberger See, die Entwicklung zum Society-Ziel setzte hier später und gemäßigter ein. Auch der Ammersee bietet gute Bade- und Wassersportmöglichkeiten in reizvollen Seeorten.

Hauptort des Ammersees ist das am Ostufer in einer weiten Bucht gelegene **Herrsching** (8.000 Einwohner). Sehenswert ist hier das „Kurparkschlössl“ im Fachwerkstil. Von Herrsching führt eine kilometerlange Uferpromenade zur Südspitze des Sees, wo ein Vogelschutzgebiet liegt. Weitere größere Seeorte sind **Inning** im Norden, **Utting** im ruhigen Westen und das Künstlerdorf **Dießen** im Süden. In Dießen erinnert ein Museum an den Komponisten Carl Orff, der hier lebte.

TÖLZER LAND / TEGERNSEE / SCHLIERSEE

Die Alpenstraße führt von Mittenwald weiter in Richtung Osten. Von der Route werden häufig Abstecher zum Kloster Benediktbeuern und ins östlich davon gelegene TÖLZER LAND gemacht. Das Zentrum der Region, die besonders für oberbayerisches Brauchtum bekannt ist, bildet **Bad Tölz** (17.000 Einwohner). Die alte Handelsstadt an der Isar ist schon seit dem 19. Jh. Jod- und Moorheilbad und bietet eine historische, typisch oberbayerische Altstadt an dem einen sowie einen modernen Kur- und Bäderteil mit Promenade, Freizeiteinrichtungen und Parks an dem anderen Flussufer. Besonders viele Besucher kommen alljährlich am 6. November nach Bad Tölz, wenn hier nach alter Tradition die Leonhardifahrt stattfindet, die dem Heiligen Leonhard, dem Schutzpatron der Pferde, gewidmet ist. In ihrem Rahmen pilgern die Tölzer in prächtige Trachten gekleidet mit Pferdegespannen zur Leonhardikapelle auf den Kavalerienberg über der Altstadt. Zehn Kilometer südlich von Bad Tölz, wo auch gute Einkaufs- und Unterhaltungsmöglichkeiten bestehen, bietet **Lenggries** ein gutes Alpinskigebiet, um Bad Tölz führt auch eine ausgedehnte Langlaufloipe.

Südöstlich von Bad Tölz folgt mit dem TEGERNSEE die nächste Station der Alpenstraße. Das Tegernseer Tal, das durch seine Schönheit große Maler und Schriftsteller zu „Höchstleistungen“ inspirierte, gilt als oberbayerische Bilderbuchlandschaft: Der Norden des 9 qkm umfassenden Tegernsees erstreckt sich noch in relativ flachem Vorland, sein Südteil ist von bis zu 1.700 Meter hohen, bewaldeten Berggipfeln umgeben. Bereits im 19. Jh. war der Tegernsee eine beliebte Sommerfrische der vornehmen Gesellschaft und noch immer gilt er als mondänes Ferien- und Wohngebiet mit recht hohem Preisniveau. Besonders nobel ist der heilklimatische Kurort **Rottach-Egern** im Süden, wo sich luxuriöse Hotels und elegante Geschäfte befinden. Sehenswürdigkeiten hier sind die Pfarrkirche aus dem 15. Jh., auf deren Friedhof die bekannten Schriftsteller Ludwig Ganghofer und Ludwig Thoma begraben sind, und ein nach Thoma benanntes Bauerntheater. Weitere Ferienorte, die auch gute Bade- und Wassersportmöglichkeiten bieten, sind **Tegernsee** im Osten (mit einem Benediktinerkloster aus dem 8. Jh., das später Schloss der Wittelsbacher wurde und heute unter anderem das Heimatmuseum und die herzogliche Brauerei beherbergt), das ländlichere **Gmund** im Norden und **Bad Wiessee** im Westen. Das beliebte Heilbad Bad Wiessee mit Deutschlands stärkster Jod-Schwefel-Quelle bietet einen Golfplatz und ein Spielkasino. Im Winter bestehen im Tegernseer Tal auch gute Ski- und Langlaufmöglichkeiten.

Östlich des Tegernsees liegt der 2 qkm große, von Bergen umrahmte SCHLIERSEE, ebenfalls eine Station der Deutschen Alpenstraße. Im Norden des ländlichen, beschaulichen Sees liegt der gleichnamige Luftkurort mit einem historischen Ortskern. In **Schliersee** gibt es eine sehenswerte barocke Pfarrkirche und ein renommiertes Bauerntheater. Wie die Orte **Neuhaus** am Südufer und **Spitzingsee** am höher gelegenen See gleichen Namens bietet Schliersee eine sehr gute touristische Infrastruktur. Die Umgebung ist ein ideales Wander- und Wintersportrevier. Als besonders beliebtes Ausflugsziel gilt die per Gondel erreichbare, über 1.000 Meter hohe Schliersbergalm, von der eine Sommerrodelbahn ins Tal führt.

Nach wenigen Kilometern Fahrt entlang der Alpenstraße folgt ein weiteres Ski- und Wandergebiet um den Berg **Wendelstein** (1.838 Meter), auf dem sich zahlreiche bewirtschaftete Almen befinden. Zu Füßen des Wendelsteins, der als einer der lohnendsten Ausflugsgipfel der deutschen Alpen gilt, liegt der beliebte Ferienort **Bayrisch-Zell**.

INN

Auf der Weiterfahrt trifft man bei **Oberaudorf** auf den Inn, der wenige Kilometer entfernt bei Kufstein die Grenze passiert. Etwa 30 Kilometer nördlich von Oberaudorf folgt die Stadt **Rosenheim** (60.000 Einwohner); Rosenheim liegt zwischen München, Salzburg und Innsbruck und ist von jeher ein bedeutender Verkehrsknotenpunkt zwischen Deutschland und Österreich bzw. Italien. Die Stadt bietet einen historischen Kern, gute Einkaufsmöglichkeiten, ein Kultur- und Kongresszentrum, das Inn-Museum und die Städtische Galerie, in der Werke von regionalen Künstlern ausgestellt werden. Westlich von Rosenheim liegt das beliebte Moorheilbad **Bad Aibling**.

CHIEMGAU / CHIEMSEE / CHIEMGAUER ALPEN

Östlich des Inntals erstreckt sich das seit dem 19. Jh. als Ferienregion beliebte CHIEMGAU, in dessen Süden sich die über 1.700 Meter hohen Gipfel der Chiemgauer Alpen erheben. Das Herz des von zahlreichen Seen geprägten Chiemgaus ist der CHIEMSEE, mit 80 qkm größter See Bayerns und drittgrößter See Deutschlands nach Bodensee und Müritzsee. Die größte Ausdehnung des auch als „Bayerisches Meer“ bezeichneten Sees beträgt 18 Kilometer Länge und 14 Kilometer Breite. Der Chiemsee liegt zwischen München (knapp 90 Kilometer entfernt) und Salzburg (knapp 70 Kilometer) und etwa 30 Kilometer östlich von Rosenheim. Im westlichen Chiemsee liegen drei Inseln, die zu seinen größten Attraktionen gehören. Am Seeufer reihen sich reizvolle Ferienorte aneinander, die auch kulturelle Sehenswürdigkeiten bieten. Um den Chiemsee, der ein beliebtes Bade- und Wassersportrevier darstellt, verlaufen schöne Wander- und Radwege.

Hauptort und touristisches Zentrum des Sees ist **Prien am Chiemsee** (10.000 Einwohner) am Westufer. Zu den Sehenswürdigkeiten des Luft- und Kneippkurorts gehören die Galerie im Alten Rathaus, wo Bilder der „Chiemseemaler“ des 19. Jh. ausgestellt sind, eine barocke Pfarrkirche und ein Heimatmuseum. Etwas außerhalb liegt der Haupthafen der Chiemseeschifffahrt, die wichtiger Bestandteil des örtlichen Nahverkehrs ist. Von hier unternehmen die meisten Chiemsee-Urlauber die „obligatorischen“ Ausflüge zu den Inseln, denen der Westteil des Chiemsees seinen Beinamen „Inselsee“ verdankt. Das meistbesuchte Touristenziel ist die größte Insel **Herreninsel** (240 Hektar), auf der Ludwig II. das von einer Parkanlage umgebene, prächtige Schloss Herrenchiemsee – eine Nachbildung von Versailles bei Paris – errichtete. Besichtigen kann man hier mehrere Prunkräume, die fast 100 Meter lange Spiegelgalerie und ein König-Ludwig-Museum. Östlich der Herreninsel liegt die 13,5 Hektar große, idyllische **Fraueninsel** mit einem Benediktinerkloster aus dem 8. Jh. Ihr Wahrzeichen ist ein stattlicher, weißer Glockenturm mit dicker Zwiebelhaube. Zwischen Herren- und Fraueninsel befindet sich die kleine **Krautinsel** mit dem Kräutergarten des Klosters. Weitere Ferienorte am Chiemsee – dessen Osten auch als „Weitsee“ bezeichnet wird – sind **Bernau** und **Übersee** im Süden, das ländliche **Chieming** im Osten mit kilometerlangem Strand und das Segelzentrum **Seebruck** im Norden. In der Nähe von Seebruck, wo bereits die Römer eine Siedlung unterhielten, sind im „Römermuseum“ keltische und römische Funde ausgestellt.

Im östlichen Chiemgau liegt zwischen Chiemsee und Salzburg die hübsche Stadt **Traunstein** mit Sole-, Moor- und Kneippbädern. Im nahen **Siegsdorf** sind im „Naturkunde- und Mammutmuseum“ Funde aus der Eiszeit zu sehen. Zwischen Traunstein und der österreichischen Grenze folgt – in einer hügeligen Landschaft, die auch als „Rupertiwinkel“ bezeichnet wird – mit dem **Waginger See** (9 qkm) ein weiterer größerer See des Chiemgaus. Beliebte Ferienorte mit guter touristischer Infrastruktur an dem See, der als wärmster Badesee Bayerns gilt, sind **Waging** und **Tettenhausen**.

Südlich des Chiemsees erstrecken sich in den CHIEMGAUER ALPEN weitere beliebte Urlaubsorte. Unweit von Prien liegt zu Füßen der über 1.600 Meter hohen Kampenwand der Luftkurort **Aschau**. Sehenswert hier ist das imposante, mittelalterliche Schloss Hohenaschau. Von Bernau gelangt man über **Marquartstein** und **Unterwössen** (Sitz der Deutschen Alpensegelflugschule) in eine bis zu 1.800 Meter hohe Skiregion, deren Zentrum der Wintersport- und Luftkurort Reit im Winkl ist.

Reit im Winkl bietet eine hervorragende touristische Infrastruktur und zahlreiche Freizeit- und Sportmöglichkeiten. Die reizvolle Umgebung des Ortes, darunter die bekannte Winklmoosalm, bildet ein besonders schneereiches und schneesicheres Ski- und Langlaufgebiet sowie ein ideales Wanderrevier. Der östlich folgende Abschnitt der Deutschen Alpenstraße gilt mit einer Seenplatte und faszinierender Gebirgslandschaft als einer der schönsten überhaupt. Hier schließen sich mit **Ruhpolding** und **Inzell** (Zentrum des Eisschnellaufs mit einem großen Kunsteisstadion) weitere beliebte Ferien- und Wintersportorte mit hervorragender touristischer Infrastruktur an. Zwischen den Orten liegt der „Gletschergarten", wo man jahrtausendealte Eisformen bewundern kann. Die malerischen Orte Reit im Winkl, Ruhpolding und Inzell werden oft auch als „Alpentrio" bezeichnet.

BERCHTESGADENER LAND

Den südöstlichsten Winkel Deutschlands bildet das wie ein Keil in österreichisches Gebiet ragende Berchtesgadener Land. Es gilt als eine der ursprünglichsten und typischsten Bergregionen Oberbayerns. Am „Eingang" zu dieser im Laufe ihrer Geschichte häufig umkämpften Region liegt, knapp 20 Kilometer östlich von Inzell und südlich des Rupertiwinkels, das Solebad **Bad Reichenhall** (18.000 Einwohner). Der renommierte, traditionsreiche Kurort verdankt seinen Aufstieg dem Salz, das hier seit vielen Jahrhunderten abgebaut wird, den Ort reich machte und seit dem 19. Jh. auch zu Heilzwecken verwendet wird. Bad Reichenhall bietet zahlreiche Kur- und Freizeiteinrichtungen im Kurviertel (darunter ein Spielkasino) sowie Sehenswürdigkeiten wie die Alte Saline mit Salzmuseum und ein ehemaliges Augustinerkloster mit großer, romanischer Basilika aus dem 12. Jh. Der gut 1.600 Meter hohe, per Seilbahn erreichbare „Hausberg" Predigtstuhl bietet weitreichende Aussichten. Bad Reichenhall bildet mit dem etwa drei Kilometer östlich, auf einem Hochplateau gelegenen **Bayerisch Gmain** das „Bayerische Staatsbad".

Etwa 20 Kilometer südöstlich von Bad Reichenhall liegt **Berchtesgaden** (8.000 Einwohner), das von hohen Bergen wie dem majestätischen, gut 2.700 Meter hohen Watzmann umgebene Zentrum der Region. Berchtesgaden hat einen autofreien, mittelalterlichen Ortskern, eine romanische Stiftskirche und ein Salzbergwerk, dem ein Museum angeschlossen ist. Das prächtige Schloss des Ortes war ursprünglich Residenz der hier regierenden Fürstpröbste und ab dem frühen 19. Jh. Wittelsbacher-Schloss; heute dient es als Museum, in dem bedeutende Kunstschätze ausgestellt sind. Berchtesgaden mit seiner guten touristischen Infrastruktur ist ein beliebter heilklimatischer Kur- und Wintersportort und Ausgangspunkt für Ausflüge in die Umgebung. Eines der Ausflugsziele ist der südöstliche **Obersalzberg**, der eine reizvolle parkartige Landschaft und prachtvolle Ausblicke bis Salzburg bietet. An die Zeit des Dritten Reichs, als der Obersalzberg Refugium von Hitler und weiteren Nazigrößen war, erinnert eine Dokumentation im früheren Gästehaus. Die meisten Bauten aus damaliger Zeit wurden nach dem Krieg gesprengt; im Berg befindet sich eine Bunkeranlage.

Südlich von Berchtesgaden erstreckt sich der gut 200 qkm – fast die Hälfte der Region – umfassende **Nationalpark Berchtesgaden** mit seltener alpiner Fauna und Flora. Höhepunkte der reizvollen, schluchten- und tälerreichen Landschaft des Nationalparks sind der lang gestreckte, idyllische Alpensee **Königssee** mit dem Urlaubsort **Schönau** und die ihn überragende Berggruppe des berühmten **Watzmanns**, des zweithöchsten deutschen Gipfels. Einen besonders schönen, von zahlreichen Künstlern verewigten Blick über den See und die auf einer Landzunge gelegene Wallfahrtskirche St. Bartolomä mit originellen Zwiebelhauben bietet der „Malerwinkel"; die Kirche ist per Boot erreichbar. Weitere Ferienorte und Ausflugsziele im Berchtesgadener Land sind der malerische Kurort **Ramsau** in einem von Bergen umschlossenen Talwinkel, **Hintersee** am wildromantischen See gleichen Namens, **Bischofswiesen** und **Marktschellenberg**. Bei Marktschellenberg befindet sich die letzte Marmorkugelmühle Deutschlands, in der Murmeln hergestellt werden. Das Berchtesgadener Land bildet ein attraktives Wander- und Wintersport-gebiet, der Königssee ist ein Zentrum der Bobfahrer. Als besonders gutes Skirevier gilt der knapp 1.900 Meter hohe Berg Jenner, auf den vom Königssee aus eine Bahn fährt.

3. SCHWEIZ, ÖSTERREICH UND SKANDINAVIEN

3.1 GLIEDERUNG DES ALPENRAUMES

Das **Hochgebirge** Alpen erstreckt sich in einem von Wien im Nordosten nach Nizza im Südwesten verlaufenden Bogen über mehrere Länder **Mittel- und Südeuropas**. Die Ausdehnung des größten Gebirges Europas (220.000 qkm Fläche) beträgt 1.200 Kilometer von Osten nach Westen und 130–250 Kilometer von Norden nach Süden.

STAATEN

An den Alpen haben die Staaten Deutschland, Österreich, Liechtenstein, Schweiz, Frankreich, Monaco, Italien und Slowenien Anteil. In all diesen Ländern stellt ein Alpengipfel den höchsten Berg dar. Als eigentliche **Alpenländer** gelten die Staaten, die zum überwiegenden Teil in den Alpen liegen: Österreich (die Alpen nehmen fast zwei Drittel des Landes ein), Liechtenstein (liegt vollständig in den Alpen) und die Schweiz (knapp 60 % des Staatsgebiets entfallen auf die Alpen). Die Gebiete, in denen das Gebirge mit den Seealpen die Mittelmeerküste erreicht (französische und italienische Riviera sowie Monaco) werden kulturell, klimatisch und touristisch eher dem Mittelmeerraum (➔ Kapitel 1.1) als dem Alpenraum zugeordnet.

NATURRAUM

Die Alpen werden grob in die Regionen **Ostalpen** und **Westalpen** unterteilt. Als Grenze gilt eine gedachte Linie vom Bodensee im Norden zum Comer See im Süden. Innerhalb dieser beiden Großräume wird das Kettengebirge durch Täler in einzelne Berggruppen mit eigenen Namen wie Allgäuer Alpen, Hohe Tauern, Dolomiten und Seealpen untergliedert.

In den Zentralalpen – dem auch als „Alpenhauptkamm“ bezeichneten Zentrum des Alpenbogens – liegen die eigentlichen **Hochalpen**. Das aus Granit und anderen kristallinen Gesteinen bestehende Hochgebirge (Berge, die ihre Umgebung um mindestens 1.500 Meter überragen und sich über die Baumgrenze erheben) mit schroffen Formen und spitzen Gipfeln wird von den niedrigeren, aus Kalk bestehenden **Voralpen** (Kalkalpen) und **Mittelgebirgen** umgeben.

Während die Ostalpen durchschnittliche **Höhen** von 2.500 bis 3.600 Meter aufweisen, beträgt die Durchschnittshöhe der Westalpen 3.500 bis 4.200 Meter. In den Westalpen liegt im Dreiländereck Frankreich / Italien / Schweiz – größtenteils auf französischem Staatsgebiet – mit dem 4.808 Meter hohen **Montblanc** der höchste Alpengipfel und Europas höchster Berg.

Die höchsten Bereiche des Gebirges (oberhalb von 2.500 Meter) sind teilweise vergletschert. **Gletscher** entstehen – vereinfacht dargestellt – dort, wo der Schnee im Laufe des Jahres nicht oder nicht vollständig abschmilzt. Witterungseinflüsse wandeln hier den Schnee in grobkörnigen Firn um, der sich verdichtet, verfestigt, zu Gletschereis wird und sich in Richtung Tal schiebt.[1] Gletscher gelten als besonders reizvolle Gebirgslandschaft und eignen sich zum Teil ganzjährig als Skigebiete. Insgesamt sind etwa 3.200 qkm der Alpenfläche vergletschert. Die größten Gletscher der Alpen – darunter der fast 25 Kilometer lange Aletschgletscher – liegen in der Schweiz.

---

[1] Aus: Der Große ADAC Alpenführer (1992) S. 436 f., ADAC Verlag GmbH, Verlag Fink–Kümmerly + Frey 1992

Die **Alpenlandschaft**, von der etwa ein Zehntel zur Besiedlung geeignet ist, prägen Längs- und Quertäler, steile Gipfel, Grate, Felswände, Schluchten und – meist durch eiszeitliche Gletscher entstandene – reizvolle Seen. Als Quellgebiet bedeutender europäischer Flüsse bilden die Alpen die Hauptwasserscheide zwischen Nordsee und Mittelmeer.

Als gewaltige naturräumliche Barriere bilden die Alpen nicht nur eine kulturelle „Grenze“, sondern vor allem auch eine **Klima- und Wetterscheide** zwischen Mittel- und Südeuropa. Das Gebirge hält häufig raue Klimaeinflüsse vom Süden fern.

GEBIRGSKLIMA

Die Alpen erstrecken sich etwa zwischen dem 48. und 43. Grad nördlicher Breite, liegen somit größtenteils in der gemäßigten Klimazone mit vier ausgeprägten Jahreszeiten und weisen ein für Gebirge typisches Klima mit recht unbeständigem Wetter auf. Mit zunehmender Höhe immer ausgeprägter werdende Merkmale des Gebirgsklimas sind: Absinken des Luftdrucks und der Luftfeuchtigkeit sowie Zunahme der Sonneneinstrahlung (besonders im Winter scheint die Sonne in Höhen häufiger als in niedrigeren Lagen), der Niederschläge (vor allem im Sommer) und der Temperaturschwankungen innerhalb des Tages. Witterung, Temperatur und Niederschlag eines Alpenortes sind stark abhängig von seiner Höhenlage und der jeweiligen Hangausrichtung. Mit zunehmender Höhe sinkt im Gebirge die Temperatur; eine Faustregel besagt, dass die Temperatur pro 100 Meter um jeweils 0,5 Grad abnimmt.

HÖHENSTUFEN

Man unterscheidet in den Alpen mehrere klimatische Höhenstufen, deren Wechsel an der unterschiedlichen Vegetation zu erkennen ist. Dies ist nicht nur hier, sondern in allen Gebirgen der Welt der Fall; die genauen Höhen und die Vegetationsarten der einzelnen Gebirge sind jedoch unterschiedlich und hängen von der jeweiligen Breitenkreislage ab.

Die Zentralalpen haben folgende Höhenstufen: **Laub- und Mischwaldstufe** (bis 1.500 Meter), **Nadelwaldstufe** (bis 2.000 Meter; hier liegen die so genannte Baumgrenze und die Grenze für die „normale“ Besiedlung), **Almenstufe** (bis 2.500 Meter; hier dominieren als „Matte“ bezeichnete Gräser, Sträucher und Alpenblumen wie Edelweiß) sowie **Schnee- und Gletscherstufe** mit ewigem Schnee (über 2.500 Meter). An den Alpenrändern, vor allem im Norden, liegen die Höhenstufen einige hundert Meter niedriger. Bis zur Almenstufe – als Alm bezeichnet man sommerliches Weideland mit bäuerlichem Betrieb – wird der Alpenraum landwirtschaftlich genutzt. Je nach Region und Höhe wird in den Alpenländern Viehwirtschaft, Acker-, Wein- und Obstanbau betrieben.

KLIMATISCHE BESONDERHEITEN

Ausnahmen bezüglich Klima und Vegetation bilden einige im südlichen Alpenraum gelegene, so genannte **Klimaoasen** mit mediterranem Klima und entsprechender Vegetation. Dazu gehören das Tessin und die Oberitalienischen Seen (➔ Kapitel 1.4.1).

Eine weitere klimatische Besonderheit der Alpen bilden einige in Tälern und Becken gelegene **Schönwettergebiete** im Inneren des Gebirges (beispielsweise das Wallis und Kärnten), die im Gegensatz zu den meisten Tälern an den Alpenrändern nur wenig Niederschlag aufweisen.

In einigen Tälern oder Beckenlandschaften kann es im Winter zum Absinken der Kaltluft und zur so genannten Temperaturumkehr (**Inversion**) kommen. Dann ist es in diesen Tälern neblig und kühler als in oberhalb gelegenen, sonnigen Höhen.

Eine weitere Besonderheit des alpinen Klimas ist der am Nordrand der Alpen – vor allem im Frühjahr und Herbst – häufig auftretende **Föhn**, ein warmer, trockener Fallwind, der abrupte Temperaturanstiege bewirken kann (➔ Kapitel 2.9 Alpenvorland und Alpen).

REISEZEIT

Die ideale Reisezeit für die Alpen hängt stark von der Reiseart und der jeweiligen Zielgruppe ab.

Für den alpinen Wintersport eignet sich am besten die Zeit von November bis März/April, wobei die Schneesicherheit – vor allem außerhalb der Monate Dezember bis Februar – in den einzelnen Regionen unterschiedlich hoch ist. Je höher ein Wintersportgebiet liegt, desto größer ist die Schneesicherheit. Den Schwerpunkt des Skitourismus bildet die Nadelwaldstufe, wo viele Bauerndörfer zu Wintersportorten ausgebaut wurden. In der Almenstufe, wo sich ebenfalls einige Ferienorte befinden, liegen die meisten eigentlichen Skigebiete, die von den unterhalb gelegenen Fremdenverkehrszentren aus per Lift und Seilbahn erreichbar sind. Als absolut schneesichere Skigebiete – teilweise sogar im Sommer – gelten die Gletscher, an die die Ferienorte der Region ebenfalls gute Anbindung haben. Auf Gletscherhöhen liegen in der Regel keine Urlaubsquartiere, sondern nur Skihütten und Bergstationen von Seilbahnen.

Weniger gut geeignet als Ausgangsorte für den alpinen Wintersport sind Ferienorte in der Laub- und Mischwaldzone. Hier liegen viele der Seen, die ebenfalls beliebte Urlaubsziele darstellen. Man unterscheidet von hohen Bergen umgebene „Inneralpine Seen“, „Alpenrandseen“ (die teils im Gebirge, teils im Vorland liegen) und „Alpenvorlandseen“ (in deren Hintergrund sich Berge erheben). Im Gegensatz zu den Alpenrand- und Alpenvorlandseen sind die Alpenseen auch im Sommer oft zu kalt zum Baden. In der Laub- und Mischwaldzone bildet der Sommer mit den Monaten Mai bis September die Hochsaison. Im Hochsommer bieten aber auch viele Urlaubsorte in höheren Regionen gute Erholungsmöglichkeiten. Als ideale Reisezeiten zum Wandern gelten die relativ kurzen Übergangszeiten, besonders der Herbst, wenn das Klima in niedrigeren Höhen noch recht mild ist. Bergwanderer und -steiger bevorzugen natürlich höher gelegene Gebiete. Ganzjährig beliebte Reiseziele stellen wegen des milden Klimas die Klimaoasen dar; besonders reizvoll sind gerade diese Gebiete auch während der Blütenpracht im Frühling.

Bei Aufenthalten in Höhen über 3.000 Meter kann die so genannte **Höhenkrankheit** auftreten. Sie entsteht durch den in Höhenlagen verminderten Sauerstoffgehalt der Luft und Probleme mit dem Druckausgleich durch den hier niedrigeren Luftdruck. Mögliche Symptome der Höhenkrankheit sind Atemnot, Übelkeit, Kopfschmerzen, Herzklopfen, Schwächegefühl, Schwindel und Ohrenschmerzen sowie verminderte körperliche und geistige Leistungsfähigkeit. Deshalb sollten Urlauber, die unter hohem Blutdruck, Herz- und Lungenproblemen leiden, vor einer Reise ins Hochgebirge Rücksprache mit ihrem Arzt halten.

Als weiterer wichtiger **Gesundheitshinweis** für das Hochgebirge gilt die Empfehlung eines besonders guten Sonnenschutzes, da die Sonneneinstrahlung in höheren Regionen sehr intensiv ist und der Schnee im Winter die UV-Strahlung reflektiert und dadurch verstärkt.

Die Alpen, die lange als Verkehrsbarriere galten, sind heute für den Reiseverkehr sehr gut erschlossen. Durch bzw. über das Gebirge – durch Tunnel, über Pässe und Brücken – verlaufen wichtige europäische Fernstraßen- und Bahnverbindungen, die Alpenurlauber und Transitreisende von Mittel- nach Südeuropa nutzen.

Einige bedeutende Verbindungen über die Alpen werden in den folgenden Länderkapiteln genannt. Viele Passstraßen sind nur im Sommer befahrbar, weshalb die meisten Fernautobahnen durch Tunnels führen. Ebenfalls im Winter gesperrt sind zahlreiche, weniger für den Transitverkehr als für den regionalen Ausflugsverkehr bedeutsame Pass- und Hochstraßen. Auch innerhalb der Regionen gibt es meist gute Straßenverbindungen; auf viele Gipfel führen Berg- und Seilbahnen. Im Winter sind häufig Winterreifen und – je nach Höhenlage – Schneeketten erforderlich.

International bedeutende Flughäfen gibt es in den Zentralalpen nicht, da Starts und Landungen in den Tälern für große Flugzeuge schwierig sind. Die meisten Alpenziele liegen jedoch nicht allzu weit entfernt von internationalen Flughäfen wie Wien, München, Zürich, Lyon und Mailand.

Die Alpen sind eines der für den Tourismus am besten erschlossenen Gebirge der Welt. Vor allem im Winter kommen Millionen von Besuchern in die hervorragenden **Wintersportgebiete**, die zu den Hauptattraktionen der Alpen gehören. Bedeutende Wintersportorte bieten vor allem Österreich, die Schweiz, Frankreich und Italien.

Das Gebirge mit seiner reizvollen, alpinen **Landschaft** und den vielen Seen mit Wassersport- und Bademöglichkeiten stellt aber auch in allen anderen Jahreszeiten ein beliebtes Ferienziel dar.

Neben Winter- und Wassersportlern kommen besonders auch Wanderer, Bergsteiger und Kletterer auf ihre Kosten. In vielen Regionen sind ausgedehnte Wanderwege, Schutzhütten und gesicherte Klettersteige vorhanden. Außerdem besteht vielerorts die Möglichkeit, weitere **Sportarten** wie Rafting, Canyoning, Drachen- und Gleitschirmfliegen auszuüben oder Golf zu spielen.

Die Alpen bieten traditionsreiche **Kurorte** und Höhenkurorte mit Reizklima, deren Hotels seit einiger Zeit auch verstärkt Wellnessurlaub anbieten.

Neben optimalen Möglichkeiten für erholsame und/oder aktive Ferien bieten die Alpen auch **Kultur** (sehenswerte Orte mit alten Kirchen und Klöstern, Wallfahrtsziele und interessante Städte) sowie **Unterhaltungs- und Freizeitmöglichkeiten** (darunter Kultur- und Sportveranstaltungen).

Die genannten Attraktionsfaktoren, eine hervorragende touristische Infrastruktur mit Quartieren aller Art und die zentrale geographische Lage im Herzen Europas tragen dazu bei, dass Reiseziele im Alpenraum, vor allem in Österreich und der Schweiz, seit Jahrzehnten zu den beliebtesten Reisezielen deutscher Urlauber gehören.

An den Seen und in den Kurorten der Alpen hat der **Tourismus** häufig eine sehr lange Tradition. Hier gibt es vielerorts alte Grandhotels, aber auch moderne, teils klotzige Hotelbauten, die im Zuge des enormen Ausbaus des Tourismusindustrie in der zweiten Hälfte des 20. Jh. entstanden sind. Im Gegensatz zu diesen Feriengebieten sind viele alpine Fremdenverkehrszentren in höheren Lagen erst im Laufe der letzten Jahrzehnte aus Bauerndörfern, Almen und Passorten entstanden. Bevor in den 60er-Jahren des 20. Jh. der alpine Massentourismus begann, gab es hier – mit Ausnahme von Höhenkurorten – meist nur einfache Fremdenquartiere für Bergsteiger. Vielerorts wurden wegen der dort höheren Schneesicherheit auch in Höhenlagen Gebirgsdörfer ausgebaut oder touristische „Satellitenorte“ errichtet, vor allem in den französischen Alpen. In jüngerer Zeit bemüht man sich überall, Neubauten in Touristenorten dem traditionellen Alpenstil anzupassen.

Viele Wintersportorte sind heute für ihre hervorragende touristische Infrastruktur mit modernen Unterkünften, Skipisten, Liften und Seilbahnen sowie großem abendlichem Unterhaltungsangebot, zu dem auch „Après-Ski“ gehört, bekannt.

Weit verbreitet ist die als „Skischaukel“ bzw. „Skizirkus“ bezeichnete Verknüpfung der Skipisten und Liftanlagen mehrerer Ferienorte bzw. Täler mit gemeinsamen Skipässen, die zur Nutzung aller Lifte und Pisten berechtigen. So wird den Urlaubern größtmögliche Abwechslung geboten.

Für viele abgelegene, strukturschwache Gebirgsregionen, aus denen sonst viele Einwohner abwandern würden, ist der Tourismus die wirtschaftliche „Rettung“.

ÖKOLOGIE

Der Tourismus, der stellenweise die bäuerliche Alpenkultur verdrängt hat, bringt dem Gebirge aber auch ökologische Probleme. Dazu gehören große Müllmengen, Verschmutzung der Seen, hohes Verkehrsaufkommen auf den Straßen und Schädigung des Naturraums durch Skipisten. Skifahrer können auch Lawinen auslösen; auf „natürliche Weise“ verursachen meist Neuschnee bzw. Schneeschmelze Lawinen.

Um die Ökologie der Alpen zu schützen, trat 1995 die von den Anliegerstaaten des Gebirges und der EU vereinbarte „Alpenkonvention“ in Kraft. Diese regelt, was zum Schutz der Alpen gefördert und was unterlassen werden sollte. Dazu gehört die Einrichtung von Naturparks und Autoverbot in bestimmten Orten bzw. der Verzicht auf die Erschließung neuer Skigebiete in Schutzzonen und auf Gletschern.

SCHWEIZ

1.) ***Ein älteres Ehepaar, das schon viel von der Welt gesehen hat, jetzt aber aus gesundheitlichen Gründen keine Flugreisen mehr unternehmen kann, möchte im kommenden Sommer eine Reise in die Schweiz unternehmen. Die Kunden stellen sich für ihren Urlaub eine landschaftlich reizvolle Gegend mit Bergen und Seen vor. Die Unterbringung soll in einem hochwertigen Hotel in einem schönen Ort mit guten Unterhaltungs- und Einkaufsmöglichkeiten erfolgen.***

a) *Schlagen Sie den Kunden zwei schweizerische Regionen und konkrete Urlaubsorte vor, die zu ihren Vorstellungen passen. Nennen Sie auch Unterschiede zwischen beiden Zielen, deren jeweilige Besonderheiten und Vorteile und erwähnen Sie Sehenswürdigkeiten und Ausflugsmöglichkeiten, die von dort aus bestehen. Beachten Sie bei ihrer Beratung auch eventuelle gesundheitliche Aspekte!*

b) *Die Kunden erwägen, ab Stuttgart mit der Bahn anzureisen, und möchten Informationen über Zugverbindungen in beide vorgeschlagenen Urlaubsgebiete. Wie lange dauert die Zugfahrt, über welche Strecke verläuft sie (mit Angabe des Grenzübergangs und zweier weiterer Stationen) und wie oft muss umgestiegen werden?*

c) *Die Kunden erwägen, auf dem Rückweg vom Urlaubsort in Zürich Station zu machen. Wie viel Zeit sollten sie für die Besichtigung der Schweizmetropole einplanen? Nennen Sie einige der bedeutendsten Sehenswürdigkeiten der Stadt und ihrer Umgebung und beschreiben Sie ihre geographische Lage.*

2.) ***Ein passionierter Skifahrer, der seinem Hobby bisher immer in den französischen Alpen nachging, möchte im kommenden März Skigebiete in der Schweiz erproben. In einem Skiatlas hat er gelesen, dass vor allem das Wallis und Graubünden hervorragende Skireviere bieten.***

a) *Welche Orte können Sie ihm dort empfehlen, wenn er sowohl alpinen Skilauf als auch Langlauf betreiben will? Nennen Sie in beiden Regionen jeweils zwei Orte, die als ruhig bzw. als mondän und lebhaft gelten.*

b) *Beschreiben Sie kurz die Anfahrtsroute ab Frankfurt (der Kunde reist mit dem Pkw an) und die touristische Infrastruktur sowie die sportlichen Gegebenheiten vor Ort.*

3.) ***Einer älteren Dame wurde von Bekannten eine Reise mit den berühmten schweizerischen Zügen Glacier-Express und Bernina-Express empfohlen. Sie möchte von Ihnen wissen, welche Route die Züge genau befahren, wie lange die Zugfahrt jeweils dauert, ob Kombinationsreisen mit beiden Zügen angeboten werden und wie solche Reisen ablaufen.***

a) *Erarbeiten Sie für die Kundin einen genauen Reiseverlauf ab Deutschland (die Anreise in die Schweiz soll ab München mit der Bahn erfolgen), in dem Fahrten mit Glacier- und Bernina-Express bzw. Teilstrecken dieser Züge enthalten sind. Wie viel Zeit planen Sie für diese besondere Form der Rundreise ein? Welcher deutsche Reiseveranstalter bietet eine besonders große Auswahl an Reisen mit schweizerischen Expresszügen an?*

b) *Im Anschluss an die Rundreise mit dem Zug möchte sich die Kundin, die seit langem an Asthma leidet, eine Woche in einem Kurort erholen. Welche Orte, die nicht allzu weit von der letzten Station der Bahnrundreise entfernt liegen, sind am besten für ihre Beschwerden geeignet und warum? Wie ist die touristische Infrastruktur dort?*

3.2 SCHWEIZ

Die Schweiz liegt in **Mitteleuropa**, zwischen dem 46. und 48. Grad nördlicher Breite, und umfasst knapp 41.300 qkm Fläche. Berge, Seen und Flüsse trennen die Schweiz, das gebirgigste Land Europas, von ihren Nachbarn: Liechtenstein und Österreich im Osten, Deutschland im Norden, Frankreich im Westen und Italien im Süden.

Die Schweiz ist eine Bundesrepublik mit 23 Ländern, die als **Kantone** bezeichnet werden. Hauptstadt des Staates, dessen offizieller Name „Schweizerische Eidgenossenschaft“ lautet, ist **Bern**. Die größte und wirtschaftlich bedeutendste Stadt des Landes stellt das im Norden gelegene **Zürich** dar. In Zürich leben knapp 350.000 der gut sieben Millionen Einwohner der Schweiz.

LANDSCHAFTLICHE GROSSRÄUME

Der größte Teil der Schweiz (knapp 60 % der Gesamtfläche) liegt in den **ALPEN**, die die Südosthälfte des Landes einnehmen. Zentrum der Schweizer Alpen ist das Gotthardmassiv, in dem vier bedeutende Flüsse entspringen, darunter die Rhone und der **Rhein**, der längste Fluss der Landes. Der schweizerische Anteil an dem 1.300 Kilometer langen Strom beträgt 375 Kilometer. Die tiefen Täler von Rhone und Rhein teilen die Alpen in nördliche und südliche Zentralalpenketten. In den südlichen Zentralalpen liegt mit dem 4.634 Meter hohen **Monte Rosa** der höchste Berg der Schweiz. Zur nördlichen und westlichen Schweiz hin sowie in Richtung Italien wird das Gebirge von Alpenrandseen begrenzt. Der größte Alpensee überhaupt ist der im äußersten Südwesten der Schweiz gelegene **Genfer See** (Lac Léman), den sich die Schweiz mit Frankreich teilt. Der schweizerische Anteil an dem rund 580 qkm großen See beträgt 347 qkm.

Westlich des Genfer Sees erhebt sich das bis zu 1.700 Meter hohe, in nordöstliche Richtung absinkende Mittelgebirge **JURA**. Das etwa 250 Kilometer lange, schmale Gebirge verläuft entlang der Grenze zu Frankreich und nimmt etwa zehn Prozent der Fläche der Schweiz ein.

Das verbleibende Drittel der Schweiz zwischen Alpen und Jura, Genfer See im Südwesten und Bodensee im Nordosten besteht aus dem bis auf 200 Meter abfallenden **MITTELLAND**. Die von Hügeln und Seen geprägte, dicht besiedelte Region ist der wirtschaftliche Kernraum der Schweiz.

Die Schweiz liegt in der **gemäßigten Klimazone**. Das Klima der einzelnen Regionen ist – vor allem aufgrund großer Höhenunterschiede – jedoch recht unterschiedlich. Im Mittelland und im Jura, also an der Alpennordseite, herrscht von kontinentalen und ozeanischen Einflüssen geprägtes, gemäßigtes Klima mit relativ warmen Sommern und kalten Wintern. Vor allem in höheren Bereichen des Jura kann es im Winter sehr kalt sein. Niederschläge gibt es das ganze Jahr über, am meisten – wie fast überall in der Schweiz – jedoch im Sommer. In den Zentralalpen mit ihrem **Gebirgsklima** ist das Wetter recht unbeständig, die Temperaturen liegen ganzjährig relativ niedrig, die Niederschläge hoch. Auch im Sommer sind viele Alpengipfel schneebedeckt; die Höhengrenze des „ewigen Schnees“ beträgt in der Schweiz durchschnittlich 3.000 Meter. Im Gegensatz zu Gebirgshöhen sind tiefe Alpentäler mit kontinentalem Klima oft sehr trocken. Am südlichen Alpenrand sind starke **mediterrane Klimaeinflüsse** in Klimaoasen – wo sogar Zitronen und Oliven gedeihen können – vorhanden.

Ideale **Reisezeiten** und Hochsaison für die Schweiz sind Sommer und Winter. Am wenigsten frequentiert sind die Monate April und Mai sowie die Zeit von Oktober bis kurz vor Weihnachten.

Die Schweiz, bis dahin vom keltischen Stamm der **Helvetier** (Mittel- und Westschweiz) sowie von den **Rätern** (Ostschweiz) besiedelt, wurde im 1. Jh. v. Chr. **römische Provinz**. Während der knapp 500-jährigen Römerherrschaft erlebte das Land eine relativ ruhige Zeit der kulturellen Blüte.

Nach Ende des Römischen Reiches besiedelten ab dem 5. Jh. im Zuge der **Völkerwanderung** verschiedene Völker das Gebiet der Schweiz. Hierbei wurden Kulturgrenzen geschaffen, auf die die heutige sprachliche Vierteilung der Schweiz zurückgeht. Während der folgenden Jahrhunderte gehörte die Schweiz zunächst zum **Frankenreich** (zu dieser Zeit wurde das Land weitgehend christianisiert), dann zum Königreich Burgund und schließlich zum **Heiligen Römischen Reich Deutscher Nation**. Im 11. und 12. Jh. war die Schweiz stark geprägt von Adelsherrschaft und Lehenswesen, was zum Unabhängigkeitsstreben der Schweizer führte.

Im 13. Jh. wurden unter anderem Bern und Zürich freie Reichsstädte. Mit Uri, Schwyz und Unterwalden erlangten die ersten Schweizer Kantone (Urkantone) Reichsunmittelbarkeit. In diese Zeit des Unabhängigkeitskampfes fällt wohl die Legende um den Schweizer Nationalhelden Wilhelm Tell. 1291 schlossen sich die Urkantone mit dem „Rütli-Schwur" zu einem Bund zusammen, der als Grundlage der **Schweizer Eidgenossenschaft** gilt. Im Laufe des 14. und 15. Jh. manifestierte sich der Bund, zahlreiche weitere Mitglieder schlossen sich an. Dennoch kam es zu inneren Wirren und Bedrohungen von außen, was zu verschiedenen Aufständen und Kriegen führte. Ende des 15. Jh. wurde die Unabhängigkeit der Eidgenossenschaft schließlich anerkannt.

Zu Beginn des 16. Jh. entschloss sich die Schweiz zu einer Politik der **Neutralität**. Diese Neutralität, die noch heute zu den obersten Prinzipien des Landes gehört, ist seit dem 19. Jh. völkerrechtlich verankert. Der weitere Verlauf des 16. Jh. war stark geprägt von Reformation (führende Reformatoren in der Schweiz waren Calvin und Zwingli) und Gegenreformation, die das Land in zwei konfessionelle Lager spalteten.

Die heutigen Grenzen und die endgültige Staatsform der Schweiz gehen auf das 19. Jh. zurück. Zu dieser Zeit wurde auch der Grundstein für die enorme Entwicklung der schweizerischen Wirtschaft gelegt. Während beider **Weltkriege**, die die Schweiz so gut wie unbeschadet überstand, wurde die Neutralität der Eidgenossenschaft weitgehend respektiert. Das Land leistete in vielerlei Hinsicht Hilfe und war Zufluchtsort für zahlreiche Flüchtlinge. Heute ist die Schweiz ein wirtschaftlich starkes Land mit sehr hohem Lebensstandard. Charakteristisch für die Politik der Schweiz ist das große Mitspracherecht der Bürger in Form von Volksabstimmungen und -begehren. Das Frauenwahlrecht wurde jedoch erst 1990 vollständig eingeführt. Aufgrund ihrer Neutralität ist die Schweiz (gerade Genf) Sitz zahlreicher internationaler Organisationen, darunter der Völkerbund und das Rote Kreuz.

Mit 174 Einwohnern/qkm ist die **Bevölkerungsdichte** der Schweiz für ein Gebirgsland sehr hoch. Während in den Gebirgskantonen nur etwa 10 % der Bevölkerung leben, ist das Mittelland sehr dicht besiedelt. Eine besonders hohe Bevölkerungsdichte haben die Großräume der größten Städte Basel, Zürich, Bern und Genf.

Etwa 15 % (rund eine Million Menschen) der gut sieben Millionen Einwohner der Schweiz sind **Ausländer**, darunter sehr viele Italiener.

Die Schweizer Bevölkerung teilt sich in vier Gruppen, die verschiedene Sprachen sprechen. Deshalb hat die Schweiz vier **Amtssprachen**.

Hauptsprache im größten Teil des Landes – in der Nord-, Ost- und Zentralschweiz – ist Deutsch. Als Schriftsprache dient Hochdeutsch, Umgangssprache ist das aus einem alemannischen Dialekt entstandene „Schwyzerdütsch“. Im Südwesten und Westen der Schweiz wird Französisch, im Süden Italienisch gesprochen. Deutsch ist die Hauptsprache von 65 % der Bevölkerung, Französisch von knapp 20 % und Italienisch von fast 10 % Prozent der Schweizer. Die vierte Sprache ist das mehrere Dialekte umfassende Rätoromanisch, das von knapp 1 % der Bevölkerung in der Südostschweiz, vor allem in Graubünden, gesprochen wird. Da viele Schweizer zwei- oder mehrsprachig sind, ist die Verständigung für deutsche Urlauber in der Regel problemlos.

Die meisten Schweizer gehören der christlichen **Religion** an. Knapp 50 % der Bevölkerung sind Katholiken, gut 40 % Protestanten. Neben kleinen moslemischen und jüdischen Minderheiten leben in der Schweiz auch zahlreiche Konfessionslose.

Nationalfeiertag in der Schweiz ist der 1. August, der Tag, an dem im Jahr 1291 der „Ewige Bund“ der Urkantone geschlossen wurde.

In den einzelnen Regionen der Schweiz werden zu den verschiedensten Anlässen zahlreiche Feste gefeiert. Viele dieser Feste sind geprägt von alten Traditionen und der **Folklore** einzelner Kulturen (Trachten, Musik, Tänze, Bräuche). Auch Kunsthandwerk und Volkskunst (Bauernmalerei, Holzschnitzerei, Stickerei, Webarbeiten) sind weit verbreitet.

Die Schweiz vertritt die außenpolitischen Interessen des benachbarten Fürstentums **Liechtenstein**. Auch die Einreise-, Zoll- und Devisenbestimmungen der Schweiz gelten für Liechtenstein.

Die Schweiz ist dafür bekannt, Produkte von besonders guter **Qualität** herzustellen. Berühmt sind unter anderem Schweizer Uhren, Schokolade, Käse und Armeemesser („Schweizer Messer“).

Von vielen deutschen Flughäfen gibt es direkten *FLUGVERKEHR* in die Schweiz mit den Liniengesellschaften LH und Swiss International Airlines (LX) sowie teilweise mit Eurowings (EW). Direktflüge zwischen Deutschland und der Schweiz dauern 60 bis 90 Minuten.

Die direkt angeflogenen Flughäfen sind Zürich (ZRH), Genf (GVA), Basel/Mülhausen (BSL bzw. MLH) und Bern (BRN). Das wichtigste Drehkreuz der Swissair ist Zürich, von wo Flüge in alle Welt abgehen. Von hier, aber auch ab Genf und Basel bestehen gute Umsteigeverbindungen zu den wenigen kleineren Flughäfen des Landes, darunter auch Bern, wohin es nur wenige internationale Flüge gibt. Während sich der Genfer Flughafen nur zum Teil auf französischem Staatsgebiet befindet, liegt der Gemeinschaftsflughafen Basel/Mülhausen, auch Euroairport (EAP) genannt, ganz in Frankreich, nahe der Stadt Mülhausen im Dreiländereck Schweiz/Frankreich/Deutschland.

BAHNVERKEHR

Die Bahn bietet sehr gute **Verbindungen** – darunter viele Direktverbindungen – zwischen Deutschland und der Schweiz. Zwischen größeren Städten verkehren häufig auch ICE-Züge.

Die wichtigsten **Bahngrenzübergänge** von Deutschland in die Schweiz sind von Westen nach Osten: Basel Bad Bf. (der Grenzbahnhof gilt als DB-Bahnstation, zur Schweiz gehört der Bahnhof Basel SBB, außerdem existiert ein französischer Bahnhof Basel SNCF), Schaffhausen und Konstanz. Vom Südosten Deutschlands, beispielsweise ab München, fährt man meist über Lindau und Österreich in die Schweiz; die Fahrt verläuft dann über Bregenz und St. Margrethen. Fähren auf dem Bodensee ergänzen die Bahnverbindungen von Deutschland in die Schweiz. Am stärksten frequentiert ist die Fährstrecke Friedrichshafen–Romanshorn (Überfahrtsdauer etwa 40 Minuten).

Direkte **Autozüge** in die Schweiz gibt es ab Deutschland derzeit nicht, jedoch verkehren ab nördlichen Gebieten Deutschlands Autoreisezüge zu den deutschen Bahnhöfen Lörrach und Lindau nahe der schweizerischen Grenze.

Häufig dient die Schweiz Reisenden aus Deutschland als **Transitland** auf dem Weg nach Italien oder Frankreich. Ab Stuttgart fährt der Hochgeschwindigkeitszug Cisalpino (CIS) über die Schweiz nach Mailand, TGVs verbinden die französische Schweiz mit Frankreich.

Die **SBB** (Schweizer Bundesbahn) unterhält ein gut ausgebautes, dichtes Bahnnetz innerhalb des Landes. Mit der Bahn – deren Schienenverlauf aufgrund der gebirgigen Topographie häufig sehr spektakulär ist und über Pässe, hohe Brücken und durch Tunnel führt – kann man auch in ganz abgelegene Gebirgsregionen gelangen. Viele Urlauber fahren in der Schweiz nicht nur Bahn, um von einem Punkt zum anderen zu kommen, sondern um auf Zugfahrten die phantastische Gebirgslandschaft zu genießen. Besondere touristische Bedeutung in diesem Zusammenhang haben vor allem die Züge **Glacier-Express** (von Zermatt im Wallis nach St. Moritz in Graubünden; Fahrtdauer knapp acht Stunden) und **Bernina-Express** (von Chur über St. Moritz nach Tirano in Italien, auf Europas höchster und steilster Bahnstrecke; Dauer etwa vier Stunden). Für diese zuschlagpflichtigen Expresszüge ist eine möglichst frühzeitige Reservierung ratsam.

Zur SBB gehören weiterhin Privat- und **Bergbahnen**, die auch Urlaubern, die nicht bergwandern oder klettern möchten, das Erlebnis Hochgebirge ermöglichen. Die größte Höhe, die mit einer Bergbahn erreicht werden kann, liegt bei gut 3.800 Meter (Kleines Matterhorn). Das schweizerische Bahnnetz wird ferner durch Linienbusse ergänzt, die schwerpunktmäßig regional verkehren.

Die öffentlichen Verkehrsmittel innerhalb der Schweiz können mit dem **„Swiss Travel System“**, das verschiedene Netzkarten für Bahn, Busse und Bergbahnen umfasst, kostengünstig genutzt werden.

STRASSENVERKEHR

Die Straßenverbindungen von den Nachbarländern in die Schweiz sowie das **Straßennetz** innerhalb des Landes, das auch abgelegene Berggegenden umfasst, sind sehr gut. Gebirgsstraßen können allerdings schmal und kurvig sein. Die schweizerischen Autobahnen sind gebührenpflichtig; es muss eine so genannte „Vignette“ gekauft werden (auch bereits in Deutschland, unter anderem beim ADAC, möglich). Wie die Bahntrassen verlaufen viele Straßen in der Schweiz über Gebirgspässe oder durch Tunnels und stellen bautechnische Meisterwerke dar. Der schweizerische St.-Gotthard-Tunnel ist mit gut 16 Kilometern einer der längsten Straßentunnel der Welt.

Zu den wichtigsten **Alpenübergängen** der Schweiz gehören (von Südwest nach Nordost): Großer St. Bernhard, Lötschberg/Simplon, Furka, St. Gotthard, Oberalp, San Bernardino, Maloja und Albula. Zu den genannten Übergängen existieren jeweils Tunnel und Pass (Ausnahmen: Lötschbergtunnel und Malojapass), wobei die Passstraßen im Winter häufig gesperrt sind. In einigen der Tunnels werden Pkw auf Züge verladen.

SCHIFFSVERKEHR

Auf einigen schweizerischen Seen – darunter Bodensee, Genfer See, Vierwaldstätter See, Thuner See, Zürichsee, Luganer See und Lago Maggiore – besteht neben Ausflugsverkehr, der unter anderem mit historischen Raddampfern durchgeführt wird, auch **Linienschiffsverkehr**.

Auf einigen Rheinstrecken gibt es ebenfalls regelmäßigen Schiffsverkehr. Die Stadt Basel, ein bedeutender Rheinhafen, ist häufig Ausgangspunkt von **Flusskreuzfahrten** auf dem Rhein, die bis nach Amsterdam führen können. Die Fahrtdauer für diese Strecke beträgt etwa eine Woche; teilweise können auch Teilstrecken gebucht werden. Wichtige Etappen einer Rheinkreuzfahrt von Basel nach Amsterdam sind Straßburg, Mannheim, Rüdesheim, Koblenz, Köln und Nijmegen. In den Niederlanden mündet der Rhein in die Nordsee.

In der Schweiz, vor allem in den Alpen, an den Seen und in größeren Städten gibt es zahlreiche Touristenunterkünfte aller Arten und Kategorien, darunter viele Luxushotels. Außerhalb größerer Städte überwiegen mittlere und kleinere Betriebe. Die Hotelerie in der Schweiz gilt allgemein als sehr hochwertig und ist bekannt für besonders aufmerksamen Service sowie hervorragende Küche. Nicht zuletzt weil es in der Schweiz ausgezeichnete Hotelfachschulen gibt, genießt die schweizerische Hotellerie Weltruf; internationale Luxushotels werden häufig von Schweizern geleitet. Sehr beliebt sind in der Schweiz jedoch auch Urlaub in Ferienwohnungen und -häusern (Chalets) sowie Ferien in kleinen Privatpensionen, auf Bauernhöfen und in Almhütten.

Die wichtigsten Anziehungspunkte der Alpenländer wurden bereits im Kapitel 3.1 erläutert. Auch in der Schweiz spielen in diesem Zusammenhang der **Wintersport** in rund 50 Wintersportgebieten (darunter etwa ein Dutzend Sommerskigebiete) und weitere Sportmöglichkeiten eine herausragende Rolle.

Welch großer Reiz der schweizerischen **Landschaft** beigemessen wird, ist daran zu erkennen, dass viele malerische Gegenden anderer Länder den Beinamen „Schweiz“ tragen. Dazu gehören die deutschen Regionen „Holsteinische Schweiz“, „Sächsische Schweiz“ und „Fränkische Schweiz“.

Obwohl die Schweiz interessante Baudenkmäler, Museen und Kultur bietet, ist das Land kein ausgesprochenes Ziel für **Bildungsreisende**. Die Besichtigungsziele werden häufig auf Rundfahrten und Wanderreisen „nebenbei erledigt“.

Zu den ältesten Attraktionsfaktoren der Schweiz gehören ihre **Kurorte**, die wegen ihrer gesunden Bergluft und/oder Thermalquellen seit langem Kranken und Erholungsbedürftigen Linderung bieten. Die meisten schweizerischen Kurorte liegen in den Alpen und am Hochrhein zwischen Basel und Schaffhausen. Hochgelegene Orte mit Reizklima, darunter Davos und St. Moritz, dienten im vergangenen Jahrhundert als optimale Heilstätten für Lungenkrankheiten wie Tuberkulose und gelten noch immer als ideale Aufenthaltsorte für Patienten mit Asthma oder anderen Atemwegserkrankungen. Viele der traditionsreichen Orte sind heute mondäne Ferienorte und Wintersportplätze.

Weiterer Anziehungsfaktor der Schweiz sind **Städtereisen**. Für Kurztrips eignen sich sehr gut die größten Städte Zürich und Basel. Basel ist eine Hochburg des Karnevals, weshalb es gerade zur „fünften Jahreszeit“ ein beliebtes Reiseziel darstellt.

Die Schweiz mit ihrer phantastischen Gebirgslandschaft ist ein Reiseziel mit langer Tradition und hervorragender touristischer Infrastruktur. Sie gehört seit Jahrzehnten zu den beliebtesten Auslandsreisezielen der Deutschen und hatte 2000 elf Millionen internationale Besucher (international Rang 16).

Der **Tourismus** brachte der Schweiz 2000 Einnahmen von 7,5 Milliarden US-Dollar (international Rang 16). Die bedeutendsten **Reiseziele** der Schweiz stellen die Alpen und die Alpenrandseen dar. Zum Tourismus in der Schweiz tragen auch die vielerorts vorhandenen Kongresszentren bei. Die verkehrsgünstige Lage im Herzen Europas, die gute Infrastruktur und die Tatsache, dass die Schweiz Sitz bedeutender internationaler Organisationen ist, machen das Land zu einem attraktiven Tagungsort.

Die Schweiz gehört zu den reichsten Staaten der Welt. Ihr Bruttosozialprodukt betrug 2000 38.140 US-Dollar pro Einwohner. Der wichtigste **Wirtschaftszweig** der rohstoffarmen Schweiz ist die Industrie, vor allem Metall-, Maschinen- und Pharmaindustrie. Bei der Herstellung der berühmten schweizerischen Mess- und Präzisionsinstrumente, darunter Uhren, spielt heute die Mikroelektronik eine große Rolle. International sehr große Bedeutung hat die Schweiz auch als Finanz-, Versicherungs- und Bankenzentrum, was nicht zuletzt auf das strikt eingehaltene Bankgeheimnis zurückzuführen ist. Obwohl große Landesteile wegen der gebirgigen Topographie landwirtschaftlich nicht genutzt werden können, ist in der Schweiz die Landwirtschaft mit Ackerbau, Viehzucht, Milchwirtschaft, Gemüse-, Obst- und Weinanbau ein traditioneller Wirtschaftsfaktor.

Obwohl auch die Schweiz in der zweiten Hälfte des 20. Jh. verstärkt touristisch erschlossen wurde, hat sich hier kein sehr ausgeprägter **Massentourismus** entwickelt. Dieser Umstand ist auch auf das Preisniveau, das in der Schweiz meist höher liegt als im übrigen Alpenraum, zurückzuführen (nach dem Motto: Qualität statt Quantität).

Ökologische Probleme, die der Tourismus in Alpenländern verursachen kann, wurden bereits im Kapitel 3.1 genannt. Da die Schweiz ein wichtiges Transitland darstellt, sind die Verkehrsprobleme hier während der Hochsaison besonders stark ausgeprägt.

3.2.1 ZÜRICH

Zürich, die größte Stadt der Schweiz, liegt im **Mittelland**, im nördlichen Teil der Eidgenossenschaft (deutscher Sprachraum). Die Schweiz-Metropole ist Hauptstadt des gleichnamigen, bevölkerungsreichsten **Kantons** des Landes und gilt als heimliche Hauptstadt sowie als wirtschaftliches und kulturelles Zentrum der Schweiz. Zürich liegt an der Nordspitze des 88 qkm großen **Zürichsees**. Aus dem Voralpensee tritt der Fluss **Limmat** aus, an dessen Ufern sich die malerische Altstadt, die die Keimzelle Zürichs bildet, erstreckt. Die Stadt liegt eingebettet in eine reizvolle Hügellandschaft; in der Umgebung der Stadt erheben sich mehrere Berge, darunter der östlich gelegene, knapp 700 Meter hohe **Zürichberg** und der fast 900 Meter hohe **Ütliberg** im Südwesten. Im Stadtgebiet von Zürich, das gut 90 qkm Fläche einnimmt, leben rund 350.000 Menschen, der Großraum Zürichs hat etwa 850.000 Einwohner.

Für eine Städtereise nach Zürich, das Möglichkeiten für vielfältige Unternehmungen und Ausflüge bietet, eignet sich fast jede **Reisezeit**.

Am Beginn der **Geschichte** Zürichs steht die römische Militärstation „Turicum“. Im 10. Jh. erwähnte man Zürich erstmals als Stadt, 1218 wurde es zur freien Reichsstadt, Mitte des 14. Jh. trat Zürich der Eidgenossenschaft bei. Etwa zur gleichen Zeit etablierten sich hier die Handwerkszünfte, die im Laufe der folgenden Jahrhunderte große politische und wirtschaftliche Bedeutung haben sollten. Mitte des 16. Jh. war Zürich Ausgangspunkt und Zentrum der Schweizer Reformation, im 18. Jh. erlebte die Stadt eine Zeit der kulturellen Blüte. Während der Industrialisierung im 19. Jh. sowie im 20. Jh. wuchs Zürich durch das Entstehen von Vororten und Eingemeindungen zur Großstadt an und entwickelte sich zu dem bedeutenden Wirtschaftszentrum, das es noch heute ist. Die Stadt „verkörpert“ das weltweit bedeutende Finanz- und Bankenzentrum Schweiz.

Der gut zehn Kilometer nördlich des Stadtzentrums in Kloten gelegene Züricher **Flughafen** (ZRH) gehört zu den zehn bedeutendsten Flughäfen Europas und bietet gute Flugverbindungen in alle Welt. Züge und Busse gewährleisten eine gute Verkehrsanbindung des Flughafens an den zentral gelegenen Züricher Hauptbahnhof.
Am Hauptbahnhof **Zürich HB**, von dem Verbindungen in alle Teile der Schweiz und in Nachbarländer bestehen, kommen auch die Züge aus Deutschland – darunter ICEs und der CIS – an. Direkte Züge ab Frankfurt oder München benötigen für eine Fahrt nach Zürich rund vier Stunden. Mit dem Pkw braucht man etwa die gleiche Zeit.
Das **öffentliche Verkehrsnetz** innerhalb der Stadt und der Region Zürich ist mit Zügen, S-Bahn, Straßenbahn, Bussen und Linienschiffen gut ausgebaut. Natürlich werden auch Stadtrundfahrten, darunter Schiffstouren über Fluss und See, sowie geführte Stadtrundgänge angeboten, im Sommer kann man kostenlos Fahrräder mieten.

Zürich ist ein beliebtes Etappen- und Ausflugsziel vieler Schweizurlauber. Man macht hier auf dem Weg in die Feriengebiete Station oder nutzt die Stadt als Ziel von Kurztrips vom Urlaubsort aus. Natürlich werden aber auch gezielt Städtereisen nach Zürich unternommen, das einerseits ein kosmopolitisches Finanzzentrum ist, andererseits aber mit seinem eng bebauten Stadtkern noch immer einen gemütlichen, provinziellen Charme ausstrahlt. Zu den **Attraktionsfaktoren** Zürichs gehören die landschaftlich reizvolle Lage direkt am See und die Nähe zu den Alpen, interessante Sehenswürdigkeiten und Museen sowie gute Einkaufs-, Unterhaltungs- und Ausflugsmöglichkeiten.

SEHENSWÜRDIGKEITEN

Die wichtigsten Sehenswürdigkeiten Zürichs, das sich sehr gut zu Fuß erkunden lässt, liegen beiderseits der Limmat und am Nordufer des Zürichsees. Fluss- und Seeufer werden von Kais gesäumt. Um das nördliche Seeufer herum erstrecken sich schöne Park- und Grünanlagen.

GESCHÄFTSZENTRUM

Das Geschäftszentrum der Stadt erstreckt sich am Westufer des Flusses. Ein zentraler Punkt hier ist der in einem prächtigen Gebäude aus dem 19. Jh. untergebrachte **Hauptbahnhof**. Anders als in vielen Großstädten ist das Züricher Bahnhofsviertel keine schmuddelige, verrufene Gegend. Südlich des Bahnhofs beginnt die „Hauptstraße" der Stadt, die berühmte, gut einen Kilometer lange **Bahnhofsstraße**. Die teilweise autofreie Straße, die auch als „Schaufenster der Schweiz" bezeichnet wird, ist eine überaus elegante Einkaufsmeile. Die Bahnhofsstraße säumen vornehme Boutiquen, große Kaufhäuser und noble Fachgeschäfte für typisch schweizerische Produkte wie hochwertige Schokolade, darunter die Konditorei Sprüngli, und Uhren. Einem Uhrengeschäft ist das „Museum der Zeitmessung" angeschlossen. Weitere prägnante Punkte eines Bummels über die Bahnhofstraße sind der aus einer Seitenstraße aufragende Turm der Sternwarte **Urania** und der **Paradeplatz**, auf dem sich die palastartigen Zentralen großer Banken und das traditionsreiche Hotel Baur en Ville befinden. Die Bahnhofsstraße führt parallel zur Limmat zum Zürichsee.

ALTSTADT

Beliebt ist auch ein Bummel durch die Gassen der westlichen Altstadt. Eine besonders malerische Altstadtgasse ist die historische **Schipfe**, die als ganz typisch für die Stadt gilt und eine Art Wahrzeichen Zürichs darstellt. Zwischen den Gassen erhebt sich der Hügel **Lindenhof**, auf dem helvetische, römische und mittelalterliche Festungen standen. Von diesen Burgen ist nichts mehr erhalten, der Hügel bietet jedoch schöne Ausblicke auf die Stadt. Südlich liegen mit der **Peterskirche** und dem **Fraumünster** aus dem 13. Jh. (im Inneren Glasgemälde von Chagall) zwei bedeutende Gotteshäuser. Die Peterskirche, deren Ursprünge im 9. Jh. liegen, ist nicht zuletzt wegen ihres Turms mit einer Uhr von knapp neun Metern Durchmesser ein Wahrzeichen der Stadt. Zwischen beiden Kirchen liegt der Platz **Münsterhof** mit mehreren **Zunfthäusern**. Weitere Zunfthäuser aus mehreren Jahrhunderten verteilen sich über die gesamte Altstadt. Häufig sind in den schönen Gebäuden unterschiedlicher Baustile Museen und Restaurants untergebracht.

Mehrere Brücken über die Limmat führen in die östliche Altstadt, wo sich viele kleinere Geschäfte befinden. Dazu gehört auch die **Münsterbrücke**, die eine Verbindung zwischen Fraumünster und Großmünster herstellt. Das **Großmünster** aus dem 12. Jh. mit zwei charakteristischen, gotischen Türmen ist die Hauptkirche der Stadt. Direkt an der Münsterbrücke befindet sich die **Wasserkirche** aus dem 13. Jh., vor der ein **Zwingli-Denkmal** prangt. Nördlich des Großmünsters liegt das im Stil der Spätrenaissance erbaute, wuchtige **Rathaus** aus dem 17. Jh. Besonders sehenswerte Altstadtstraßen am rechten Flussufer sind die **Spiegelgasse**, in deren Häusern Berühmtheiten wie Goethe und Lenin gewohnt haben, und der **Neumarkt** mit besonders gut erhaltenen historischen Bauten. In unmittelbarer Nachbarschaft zum Neumarkt liegt die gotische **Predigerkirche**, deren knapp 100 Meter hoher Turm das höchste Gebäude Zürichs darstellt. Weitere Sehenswürdigkeiten in diesem Teil der Stadt sind die monumentalen, aus dem 19. bzw. 20. Jh. stammenden Bauten der **Universität** und der **Eidgenössischen Technischen Hochschule**. Die auf einem knapp 200 Meter hohen Hügel gelegene ETH ist in wenigen Minuten mit einer Seilbahn erreichbar.

ZÜRICHSEE

Am Nordufer des Zürichsees stellt der **Bürkliplatz** – an dem die Bahnhofsstraße endet – die wichtigste Anlegestelle der auf See und Fluss verkehrenden Linien- und Ausflugsschiffe dar. Die schöne **Quaibrücke** direkt am Seeabfluss der Limmat führt vom Bürkliplatz zum **Bellevueplatz**, an dem Zürichs prachtvolles, renommiertes Opernhaus liegt. Das Ufer bietet herrliche Ausblicke auf den See und die fernen Alpen. Die stadtauswärts führenden, breiten Kais und Promenaden um den See bieten schöne Spaziermöglichkeiten. Am Westufer werden die Kais gesäumt vom **Kongresshaus**, ausgedehnten Grün- und Parkanlagen, schönen Villen und der **Landiwiese**. Am östlichen Seeufer befindet sich, ebenfalls umgeben von Parkanlagen, das von modernen Skulpturen geschmückte **Zürichhorn**. In der Nähe liegt der **Chinagarten**, ein Geschenk der chinesischen Partnerstadt Kunming. Weiter südlich folgt am Ostufer des Sees das weitläufige Gelände des Kulturzentrums **Mühle Tiefenbrunnen**, das Galerien, Geschäfte, Museum und Theater umfasst.

MUSEEN / THEATER / NACHTLEBEN

Zürich bietet zahlreiche interessante MUSEEN. Dazu gehört auch eines der bedeutendsten Museen des Landes, das **Schweizerische Landesmuseum**. Das weitläufige, schlossartige Gebäude liegt unmittelbar nördlich des Hauptbahnhofs, auf einer Landzunge. Es beherbergt eine umfassende Sammlung zu Geschichte und Kultur der Schweiz. Weitere besonders sehenswerte Museen sind das in einer prächtigen alten Villa untergebrachte **Museum Rietberg** (bedeutende Sammlung außereuropäischer Kunst mit Schwerpunkt Fernost), das **Völkerkundemuseum**, das **Thomas-Mann-Archiv** (das den Nachlass des Schriftstellers enthält) und das **Kunsthaus** (mit Kunstwerken von der Antike bis zur Gegenwart; Schwerpunkt der Sammlung ist europäische und schweizerische Malerei des 19. und 20. Jh.). Auch der Universität und der ETH sind mehrere Museen angeschlossen, darunter das **Paläontologische Museum** mit Sauriern und Fossilien und eine bedeutende **Graphische Sammlung**, die Werke von Dürer und Rembrandt enthält.

Neben dem bereits erwähnten **Opernhaus** und dem ebenfalls sehr renommierten **Schauspielhaus** – das als eines der besten deutschsprachigen THEATER überhaupt gilt – gibt es in Zürich zahlreiche weitere, kleinere Bühnen.

Als Zentrum des Züricher NACHTLEBENS – das mit dem anderer europäischer Großstädte nicht unbedingt vergleichbar ist – gilt Niederdorf (kurz „Dorf"), eine Straße in der östlichen Altstadt.

AUSFLÜGE

NÄHERE UMGEBUNG

Die beliebtesten Touristenziele in der näheren Umgebung von Zürich sind die bereits erwähnten Berge Zürichberg und Ütliberg. Die Attraktion des **Zürichbergs** ist der etwa zehn Hektar umfassende Zoologische Garten, der für besonders artgerechte Tierhaltung gerühmt wird. Der **Ütliberg**, der mit der Ütlibergbahn ab Hauptbahnhof (Fahrzeit 30 Minuten) oder auf Wanderwegen erreichbar ist, dient als beliebter Aussichtspunkt, der bei gutem Wetter ein hervorragendes Alpenpanorama bietet. Im Rahmen ausgedehnterer Schiffsfahrten auf dem **Zürichsee** kann man einen weiteren Teil der Umgebung der Stadt kennen lernen.

RHEIN

Ein beliebtes Ausflugsziel ab Zürich – oder auch ein lohnender Zwischenstopp auf der Anreise – ist der Rhein. Der Strom entspringt in den Alpen, fließt zunächst in den Bodensee und verläuft nach dem Austritt bei Konstanz in Richtung Westen, größtenteils entlang der schweizerisch-deutschen Grenze. Als besonders schön gilt eine Fahrt entlang des **Hochrheins** zwischen Basel und Bodensee. Hauptattraktion dieses Gebiets ist Schaffhausen, gut 50 Kilometer entfernt von Zürich, mit dem spektakulären **Rheinfall**. Dieser mächtige Wasserfall stürzt hier auf einer Breite von 150 Metern in eine Tiefe von bis zu 22 Meter. Besonders sehenswert ist der Rheinfall im Frühjahr, wenn aufgrund der Schneeschmelze die Wassermassen besonders groß sind.

VIERWALDSTÄTTER SEE

Ausflüge kann man auch zu weiteren schönen Seen südlich von Zürich unternehmen. Besonders erwähnenswert in diesem Zusammenhang ist der von Zürich etwa 50 Kilometer entfernte Vierwaldstätter See in der Zentralschweiz. Der von hohen Bergen umgebene, 114 qkm Fläche umfassende Alpensee gehört zu den drei Urkantonen sowie zum Kanton Luzern und stellt ein beliebtes Fremdenverkehrsgebiet dar.

Die größte Stadt an dem landschaftlich sehr abwechslungsreichen See ist **Luzern** (etwa 65.000 Einwohner). Als einer der beliebtesten Ferienorte hier gilt **Weggis**. Zu den touristischen Attraktionen des Seengebiets gehören schöne Strandbäder, durch Bergbahnen erschlossene Aussichtsgipfel wie der **Rigi**, der berühmteste Aussichtspunkt der Schweiz, und idyllische Ortschaften. In dieser Region soll sich die Sage um Wilhelm Tell abgespielt haben, woran zahlreiche historische Stätten erinnern, darunter die durch Schillers Drama berühmte „Hohle Gasse“ von **Küssnacht**.

3.2.2 BERNER OBERLAND

Als Berner Oberland bezeichnet man den zum **Kanton Bern** gehörigen Teil der Alpen. Das in der **nördlichen Zentralalpenkette** gelegene Gebiet heißt auch „**Berner Alpen**“. Das vorwiegend deutschsprachige Kanton der Landeshauptstadt **Bern**, in dessen südlichem Teil die Alpen liegen, hat außerdem Anteil an Jura und Mittelland. Im Norden wird das Berner Oberland durch die Oberländer Seen **Thuner See** und **Brienzer See** vom Mittelland abgegrenzt, im Westen reicht es bis nahe an den Genfer See. Im Süden trennt das Tal des Flusses **Rhone** die Berner Alpen vom Nachbarkanton Wallis. Das Berner Oberland, das neben seinem höchsten Gipfel **Finsteraarhorn** (knapp 4.300 Meter) weitere über 4.000 Meter hohe Berge sowie imposante **Gletscher** aufweist, gilt als landschaftlich sehr reizvoll und ist eines der bedeutendsten Fremdenverkehrszentren der Schweiz. Der Tourismus stellt hier den wichtigsten Wirtschaftsfaktor dar.

Das Wetter ist im Berner Oberland mit großen Höhenunterschieden vielfältig. Das gemäßigte **Klima** bringt recht starke Temperaturschwankungen und ganzjährige Niederschläge mit sich.

Nach ihrer Gründung Ende des 12. Jh. erhielt die Stadt Bern bald Reichsfreiheit und schloss sich 1353 samt Umland der Schweizer Eidgenossenschaft an. In den folgenden Jahrhunderten gehörte Bern zu den mächtigsten Stadtstaaten nördlich der Alpen. Mitte des 19. Jh. wurde es Hauptstadt der Schweiz. Im Berner Oberland dominierten über Jahrhunderte hinweg Alm- und Viehwirtschaft, bis hier bereits im 18. Jh. die **Geschichte** des Schweiz-Tourismus – nicht zuletzt durch prominente „Pioniere“ wie Goethe – ihren Anfang nahm. Aufgrund der großartigen Landschaft und des wachsenden Interesses am Alpinismus entwickelte sich im Berner Oberland im späten 18. und im 19. Jh. eine hervorragende touristische Infrastruktur mit guter Verkehrsanbindung, Hotels, Bergbahnen und Dampfschiffen. Der erste Urlaubsort hier war Interlaken, das noch heute ein wichtiges Fremdenverkehrszentrum darstellt.

Da Bern nur von wenigen europäischen **Flughäfen** direkt angeflogen wird, nutzen Flugreisende in das Kanton meist die Flughäfen von Zürich und Basel. Von hier bestehen gute Straßen- und Bahnverbindungen ins Kanton Bern.
Die Ferienorte des Berner Oberlandes erreicht man mit dem Zug ab Zürich und Basel etwa nach zwei Stunden Fahrzeit, ab Bern in 30 bis 90 Minuten. **Bahnreisende** ab Deutschland können direkte ICE-Verbindungen nach Bern, Thun, Spiez und Interlaken nutzen. Die Fahrtdauer ab Frankfurt hierher beträgt 4 bis 5,5 Stunden.
Etwa die gleiche Zeit benötigt man für eine **Pkw-Fahrt** über die Strecke Karlsruhe–Basel. Die wichtigste Nord-Süd-Verbindung über die Berner Alpen bildet der knapp 15 Kilometer lange, ins Wallis führende Lötschbergtunnel (Bahntunnel mit Autoverladung; im Wallis Anschluss durch den Simplontunnel nach Oberitalien). Zu den guten Verkehrsverbindungen innerhalb des Berner Oberlandes gehören **Bergbahnen**, **Schiffe** und einige besondere **Expresszüge**, darunter die Golden-Pass-Route (Luzern–Genf) und der Lötschberg-Centovalli-Express (Bern–Locarno).

Seen, beliebte – und teilweise recht mondäne – Ferienorte, eine gute touristische Infrastruktur, hochgelegene Skigebiete und Herausforderungen für Bergsteiger machen das Berner Oberland zu einem idealen Urlaubs- und Sportgebiet. Hier finden häufig internationale Wintersportwettkämpfe statt. Neben hervorragenden Abfahrtsmöglichkeiten für Könner und Anfänger gibt es aber auch gute Langlaufloipen. **Hauptanziehungspunkt** des Berner Oberlandes ist die abwechslungsreiche, vielerorts noch ganz unberührte und dennoch leicht zugängliche Gebirgslandschaft mit alpiner Fauna und Flora; vielerorts gibt es hier sehr sehenswerte Alpengärten.

OBERLÄNDER SEEN

Der westliche Thuner See und der östliche Brienzer See liegen im Tal des Flusses Aare, etwa 560 Meter hoch vor dem Hintergrund über 4.000 Meter hoher Berge. Deshalb werden sie häufig auch als „Eingangstor zum Berner Oberland“ bezeichnet. Die beiden Seen, die vor Jahrtausenden ein zusammenhängendes Gewässer bildeten, sind durch die Aare miteinander verbunden. Thuner See und Brienzer See – deren Temperatur auch im Hochsommer selten 20 Grad Celsius übersteigt – sind beliebte Bade-, Segel- und Surfreviere sowie hervorragende Ausgangspunkte für Ausflüge und Wanderungen in die reizvolle Umgebung. Auf beiden Seen findet reger Schiffsverkehr statt.

THUNER SEE

Der knapp 50 qkm große, fast 20 Kilometer lange und bis zu vier Kilometer breite Thuner See liegt etwa 35 Kilometer südöstlich von Bern. Nahe der Nordwestspitze des Sees befindet sich – am Ausfluss der Aare aus dem See – **Thun**, mit etwa 40.000 Einwohnern die größte Stadt des Seengebietes. Hier gibt es sehr gute Einkaufs- und Unterhaltungsmöglichkeiten. Während Thun im 19. Jh. ein bedeutender Ferienort war (hiervon zeugen nicht mehr bzw. anderweitig genutzte Luxushotels), ist es heute eher eine touristische Durchgangsstation. Besonders sehenswert in dem historischen Städtchen sind das festungsartige Schloss aus dem 12. Jh. (heute Museum) und die Altstadt, deren Besonderheit erhöhte, blumengeschmückte Gehsteige sind.

Um den See liegen ebenfalls interessante Sehenswürdigkeiten wie schöne Schlösser, Kirchen (darunter die zwölf aus dem 10. Jh. stammenden „Thunerseekirchen“ im oberitalienischen Stil), Museen und die Beatushöhlen (Tropfsteinhöhlen mit unterirdischen Wasserfällen). Besonders schöne Aussichten auf die umliegende Bergwelt hat man vom dicht besiedelten Nordufer, dessen Klima etwas milder ist als im Süden. Beliebte Ferien- bzw. Ausflugsorte hier sind **Hilterfingen**, **Oberhofen**, **Gunten**, **Merligen** und das über 1.000 Meter hoch gelegene **Beatenberg** mit Wintersportgebiet. Am Südufer sind neben dem historischen Städtchen **Spiez**, einem Wein- und Luftkurort, auch **Faulensee**, das knapp 900 Meter hoch gelegene **Aeschi** und **Leissingen** touristisch gut erschlossen. Ein beliebtes Ausflugziel ist der per Standseilbahn erreichbare, knapp 2.400 Meter hohe Gipfel **Niesen** im Hinterland des Südufers. Von hier hat man phantastische Aussichten auf die Seen und die 4.000er der Umgebung.

INTERLAKEN

Östlich des Thuner Sees liegt im fruchtbaren Schwemmlandgebiet zwischen Thuner See und Brienzer See das Städtchen Interlaken (15.000 Einwohner). Der traditionsreiche Urlaubsort am Fuß des berühmten **Jungfraumassivs** ist ein beliebtes Touristen- und Kurzentrum und gilt als Verkehrsknotenpunkt des Berner Oberlands. Seit Mitte des 19. Jh. säumen Interlakens zentralen **Höheweg** viele Touristenunterkünfte (darunter noble Grandhotels), das Kurhaus mit Kurpark, Cafés und Geschäfte. Das ebenfalls am Höheweg gelegene Gelände der **Höhematte** bleibt unbebaut, damit der wunderbare Blick auf die Attraktion Interlakens – die nahen Gipfel der Jungfrauregion – frei bleibt. Weitere Sehenswürdigkeiten des Städtchens mit mittelalterlichem Ortskern sind das ehemalige **Augustinerkloster** aus dem 12. Jh., an das im 18. Jh. ein **Schloss** angebaut wurde, Kirchen und das **Touristikmuseum** des Berner Oberlands. Interlaken bietet zahlreiche Sport- und Unterhaltungsmöglichkeiten, darunter Schwimmbäder, Eis- und Bobbahn sowie Golfplatz, und besondere Veranstaltungen wie die sommerlichen Tell-Festspiele. Bergbahnen auf umliegende Gipfel ermöglichen herrliche Ausflüge und Wanderungen; weitere Ausflugsziele sind die nahen Seen und ihr Umland.

BRIENZER SEE

Östlich von Thuner See und Interlaken erstreckt sich der – nahe an die schroffen Felswände des Hochgebirges heranreichende – Brienzer See. Der knapp 30 qkm Fläche umfassende, 14 Kilometer lange und bis zu 2,5 Kilometer breite See ist bekannt für besonders gute Wasserqualität. Die Besiedlung und die Badeorte des Sees konzentrieren sich fast ausschließlich auf das Nordufer. An der Nordostspitze liegt mit **Brienz** (3.000 Einwohner) die größte Siedlung. Entlang des Seeufers von Brienz, einem beliebten Urlaubsort, verläuft eine schöne Promenade. Das hübsche Dorf ist ein Zentrum der Holzschnitzerei und des Kunsthandwerks.

Beliebte umliegende Ausflugsziele sind ein Alpenwildpark, das Freilichtmuseum **Ballenberg** (für ländliche Bau- und Wohnkultur), die spektakulär in den See stürzenden **Giesbachwasserfälle** und der 2.350 Meter hohe Aussichtsgipfel **Rothorn**, der ab Brienz mit einer Zahnradbahn erreichbar ist.

JUNGFRAUREGION

Ihren Namen verdankt die im Herzen des Berner Oberlandes gelegene Jungfrauregion dem Gebirgsmassiv Jungfrau (4.158 Meter) südöstlich von Interlaken, das wie die Nachbargipfel Mönch (4.099 Meter) und Eiger (3.970 Meter) zur Gebirgsgruppe Finsteraarhorn gehört. Der gleichnamige höchste Berg des Kantons liegt östlich des wesentlich berühmteren „Dreigestirns“. Das Gebiet zwischen der Gebirgsgruppe und den Oberländer Seen, das durch über 2.000 Meter hohe Berge in zwei Haupttäler geteilt wird, hat große touristische Bedeutung. Im Winter bildet es die hervorragende „Jungfrau Top Skiregion“ mit rund 200 Kilometern Skipisten und guten Loipen, im Sommer ist es Basis für anspruchsvolle Bergwanderungen und Klettertouren. Ein idealer Ausgangspunkt für Touren in die Jungfrauregion ist Interlaken. Das Jungfraumassiv ist bis weit über die Baumgrenze durch Bergbahnen erschlossen.

FERIENORTE DER JUNGFRAUREGION

Das bedeutendste Fremdenverkehrszentrum der Jungfrauregion ist der gut 1.000 Meter hoch gelegene Ort **Grindelwald**, erreichbar sowohl per Pkw als auch mit der Berner-Oberland-Bahn ab Interlaken (etwa 20 Kilometer, Fahrtdauer rund 40 Minuten). Das weitläufige Grindelwald ist als Luftkurort und Wintersportzentrum sehr beliebt und bietet zahlreiche Touristenunterkünfte sowie gute Unterhaltungs- und Freizeitmöglichkeiten. Sehenswert ist hier das Heimatmuseum, das die Entwicklung zum Fremdenverkehrszentrum dokumentiert. Das Tal des Ortes wird südlich von über 3.000 Meter hohen Bergen, darunter der Eiger, abgeschlossen. Zwischen den Gipfeln erstrecken sich die **Grindelwald-Gletscher**, die fast bis an den Ortsrand reichen und als schöne Wanderziele gelten. Ab Grindelwald verkehren zahlreiche Bergbahnen auf umliegende Gipfel, darunter die mit gut sechs Kilometern längste Gondelbahn Europas auf den Berg Männlichen (2.343 Meter).

Ein weiterer Ferienort der Region, der per Pkw und mit der Berner-Oberland-Bahn (Fahrtdauer ab Interlaken 25 Minuten) erreicht werden kann, ist das knapp 800 Meter hoch, im gleichnamigen Tal gelegene **Lauterbrunnen**. Der Männlichen trennt das Lauterbrunnental von dem Tal, in dem Grindelwald liegt. Die Umgebung des malerischen, vor allem im Sommer viel besuchten Ortes eignet sich sehr gut zum Wandern. Im Lauterbrunnental gibt es zahlreiche Wasserfälle, darunter die mächtigen, spektakulären **Trümmelbachfälle**, die Jungfrau, Mönch und Eiger entwässern.

Von Lauterbrunnen führt eine Bergbahn zum autofreien, 1.650 Meter hohen Ort **Mürren**. Da hier im frühen 20. Jh. die ersten internationalen Skimeisterschaften stattfanden, gilt der Urlaubsort als Wiege des modernen Skisports. Eine Schwebebahn verbindet Mürren mit dem knapp 3.000 Meter hohen, aussichtsreichen Berg Schilthorn, der als Schauplatz eines James-Bond-Films diente.

Lauterbrunnen ist weiterhin Ausgangspunkt der Bergbahn nach **Wengen** (etwa 1.300 Meter), dem zweitgrößten Ferienort der Region. Wie Mürren gehört Wengen zur beliebten Jungfrau-Skiregion. Auch das autofreie Wengen (Parkhaus in Lauterbrunnen) ist Ausgangsbasis für Bergbahnen. Eine Bergbahn auf den Männlichen stellt eine Verbindung zwischen Wengen und Grindelwald her.

JUNGFRAU – MÖNCH – EIGER

Ab Wengen und Grindelwald fahren Bergbahnen zum gut 2.000 Meter hohen Gipfel „Kleine Scheidegg", der Ausgangspunkt der 1912 eingeweihten Jungfraubahn ist. Man kann also ab/bis Interlaken eine gut fünfstündige Bahnrundfahrt zum Jungfraumassiv unternehmen (eine Strecke über Lauterbrunnen und Wengen, die andere über Grindelwald).

Die etwa zehn Kilometer weite Fahrt mit der Jungfraubahn verläuft größtenteils durch Tunnel und vorbei an der – als gefährlichste Kletterwand der Alpen geltenden – Nordwand des **Eigers**. Nach knapp einstündiger Fahrt ist die Endstation erreicht: das häufig auch als „Top of Europe" bezeichnete, 3.454 Meter hohe **Jungfraujoch** (Europas höchster Bahnhof), zwischen den Gipfeln von **Jungfrau** und **Mönch** gelegen. Attraktionen des Jungfraujochs, auf dem sich Restaurants und Souvenirläden befinden, sind eine Gletscherhöhle, ein kleines Sommerskigebiet und der weite Panoramablick auf Alpenberge und -gletscher, darunter auch der **Aletschgletscher**. Ab dem Jungfraujoch werden von Bergführern begleitete Gletscher- und Hochtouren veranstaltet.

HASLITAL

Das Haslital liegt nahe des Brienzer Sees im östlichsten Teil des Berner Oberlandes. Es verläuft vom Hauptort Meiringen (600 Meter hoch) in Richtung Süden bis zum knapp 2.200 Meter hohen Grimselpass. Touristisch ist dieses Gebiet, obwohl landschaftlich sehr reizvoll, weit weniger bedeutsam als die Seen und die südwestliche Jungfrauregion.

In der Umgebung des Hauptortes liegt das Skigebiet **Meiringen-Hasliberg**, wo Kinder im „Skihäsli-Land" mit Märchenfiguren und Karussells Skifahren lernen können. Besondere Sehenswürdigkeiten der Region sind das Sherlock-Holmes-Museum in Meiringen, die imposante, 200 Meter tiefe **Aare-Schlucht**, der **Reichenbachfall** (Schauplatz eines Sherlock-Holmes-Romans) und die von hohen Bergen, Seen und Gletschern geprägte Landschaft um den ins Wallis führenden **Grimselpass**.

WESTLICHES BERNER OBERLAND

KANDERTAL / ENGSTLIGENTAL

Südwestlich der Jungfrauregion und südlich des Thuner Sees folgen die – teilweise von über 3.000 Meter hohen Bergen umgebenen – Täler Kandertal und Engstligental.

Vom Bergdorf **Kandersteg** im KANDERTAL führt der Lötschbergtunnel nach Goppenstein ins Wallis, was dem viel besuchten Kandersteg starken Durchreiseverkehr einbringt. Ab Kandersteg führen mehrere Bergbahnen in die Höhen und auf die Almen der Umgebung. Sehr beliebt ist vor allem der Ausflug zum höchsten Berg **Blümlisalp**. Die Gegend um Kandersteg ist mit 75 Loipenkilometern besonders gut geeignet für Skilanglauf und Skiwanderungen.

Das westlich gelegene ENGSTLIGENTAL hat größere Bedeutung als Alpinskigebiet. Hier liegt in landschaftlich reizvoller Umgebung der beliebte Urlaubsort **Adelboden** mit Sprungschanze, Eisplätzen, Rodelbahn und guter touristischer Infrastruktur. Wanderwege und Bergbahnen bieten gute Ausflugsmöglichkeiten, unter anderem zu den **Engstligenfällen**. Außerhalb des Ortes sind zahlreiche alte Gehöfte sehr sehenswert.

SIMMENTAL

Im Simmental, das sich von Spiez in Richtung Süden ausdehnt und den Übergang zwischen deutschem und französischem Sprachraum bildet, ist das Berner Oberland weiträumiger, obwohl es auch hier hohe Berge gibt. Das Simmental mit seinen prächtigen Bauernhäusern ist ein hervorragendes Wandergebiet, der Fluss Simme stellt ein ideales Revier für Wildwasserfahrten dar, mehrere Skigebiete bieten hervorragende Wintersportmöglichkeiten.

Das Skigebiet von Adelboden im Engstligental ist durch Lifte mit Pisten im benachbarten Simmental verbunden. Mit dem beliebten Wintersportort **Lenk** – auch Kurort mit Schwefelquellen – im östlichen Simmental bildet Adelboden eine Skischaukel.

Der berühmteste Skiort des westlichen Berner Oberlandes ist das etwa 1.000 Meter hoch, im westlichen Simmental gelegene **Gstaad**, seit Beginn des 20. Jh. mondäner Treffpunkt von Hochadel und Jetset. Dennoch hat sich der verkehrsberuhigte Ort mit exklusiven Hotels und prächtigen Chalets dörflichen Charme bewahren können. Auch im Sommer hat Gstaad einiges zu bieten. Es besitzt Golfplätze, ist Austragungsort internationaler Tennisturniere und Schauplatz des renommierten „Gstaad-Saanenland-Musiksommers".

Zur „Gstaad-Super-Ski-Region", die keine Wintersportwünsche offen lässt, zählen weitere Orte wie **Zweisimmen** (Ausgangsort der „Montreux-Oberland-Bahn", die über Gstaad ins etwa 30 Kilometer entfernte Montreux am Genfer See führt), **Lauenen**, **Saanen** und **Gsteig**. Am nahen Gletscher **Les Diablerets**, bereits im Nachbarkanton Waadt, liegt ein Sommerskigebiet.

AUSFLÜGE

BERN

Ein beliebtes Ausflugsziel ab dem Berner Oberland ist der schweizerische Regierungssitz Bern, mit 140.000 Einwohnern die viertgrößte Stadt des Landes. Die malerische Stadt an der Aare besitzt eine hervorragend erhaltene Altstadt aus dem Mittelalter mit engen Gassen und Laubengängen.

Zu den wichtigsten Sehenswürdigkeiten Berns zählen der **Zeitglockenturm**, ein Rest der alten Stadtmauer, der **Bärengraben** (da der Bär das Wappentier der Stadt ist, werden hier mehrere Tiere gehalten), elf **Figurenbrunnen** aus dem 16. Jh., das monumentale **Bundeshaus** (Parlamentsgebäude), das imposante **Münster** aus dem 15. Jh. mit einem über 100 Meter hohen Kirchturm und mehrere interessante Museen.

3.2.3 WALLIS

Das in der **Südwestschweiz** gelegene Wallis (Valais) stellt mit einer Fläche von 5.225 qkm nach Graubünden und Bern das drittgrößte Kanton des Landes dar. Im Südwesten grenzt es an Frankreich, im Süden und Südosten an Italien. Das Herz des Wallis bildet das Tal des Flusses **Rhone**, das die südlichen Walliser Alpen von den nördlichen Berner Alpen trennt. Die insgesamt gut 800 Kilometer lange Rhone entspringt im äußersten Nordosten des Wallis und fließt in den **Genfer See**, vom dem ein kleiner, südöstlicher Teil zum Wallis gehört. Auf seinem Weg zum Genfer See hat der Fluss – der den See bei Genf wieder verlässt und nach seinem Verlauf durch Frankreich ins Mittelmeer mündet – das fast 150 Kilometer lange **Rhonetal** gegraben. An das abwechslungsreiche, landschaftlich sehr reizvolle Tal, in dem die wichtigsten Städte des Wallis liegen, schließen sich Seitentäler und Geländeterrassen an, die von den Berner Alpen und den Gipfeln der stark vergletscherten, zur südlichen Zentralalpenkette gehörigen **Walliser Alpen** umgeben sind. Die Walliser Alpen erreichen Höhen von über 4.000 Meter; hier liegt mit dem 4.634 Meter hohen **Monte Rosa** auch der höchste Berg der Schweiz. Hauptstadt und größte Stadt des gebirgigen Kantons Wallis ist **Sion** (Sitten) im Rhonetal. Etwa zwei Drittel der gut 270.000 Einwohner des Wallis sind französisch-, ein Drittel deutschsprachig. Der deutschsprachige Teil des Kantons ist das östliche Oberwallis, Französisch spricht man im westlichen Unterwallis.

Im Wallis, wo Höhenunterschiede von fast 4.000 Meter zwischen einzelnen Regionen bestehen, ist das **Wetter** ganz unterschiedlich. Hier liegen sowohl das niederschlagsreichste Gebiet der Schweiz (die Gipfelhöhen um den Monte Rosa) als auch die trockenste Region des Landes (das sonnenverwöhnte Tal der Rhone, eine „Schönwetterzone“ innerhalb der Alpen). Im Rhonetal kann es im Hochsommer sehr heiß sein.

Bereits zur Römerzeit war das zentral gelegene Wallis wegen seiner Alpenpässe ein wichtiges Siedlungsgebiet. Nachdem es bereits zuvor unter der Schutzherrschaft der Eidgenossenschaft gestanden hatte, kam das Wallis 1815 als eigenes Kanton zur Schweiz. Aufgrund seiner Naturschönheiten und der abwechslungsreichen Landschaft entwickelte sich das Wallis früh zu einem bedeutenden Fremdenverkehrsgebiet.

Einen nationalen, jedoch international kaum bedeutenden **Flughafen** besitzt die Walliser Hauptstadt Sion (SIR). Deutsche Flugreisende können Direktflüge nach Zürich, Genf oder Mailand nehmen und auf dem Landweg weiter ins Wallis reisen. Die Entfernung beträgt jedoch bis zu 300 Kilometer, was die Fluganreise relativ unattraktiv macht.
Die besten **Bahnverbindungen** ab Deutschland ins Wallis führen nach Brig (über Bern/Zürich), von wo gute Anbindung nach Sion und in die Walliser Alpen besteht. Die Fahrtdauer von Direktverbindungen Karlsruhe–Brig beispielsweise beträgt etwa fünf Stunden.
Mit dem **Pkw** benötigt man für die gleiche Strecke etwas weniger Zeit. Aus nördlicher Richtung wird das Wallis meist über die Alpenübergänge Lötschberg oder Brünigpass/Grimselpass oder Andermatt/Realp/Furka angefahren. Für die Fahrt vom Wallis nach Oberitalien kann man den Großen St. Bernhard in der Südwestschweiz oder den Simplontunnel nutzen. Zu den guten Verkehrsverbindungen des Wallis gehören auch **Expresszüge** wie der berühmte Glacier-Express und der Lötschberg-Centovalli-Express.

Abgesehen von den größeren Seen, die im Wallis fehlen, sind die **Hauptanziehungspunkte** der Hochgebirgsregion mit denen des Berner Oberlandes vergleichbar. Das Wallis bietet auch beliebte Kurorte und interessante Kunstschätze in Städten sowie in Kirchen und Kapellen in kleinen Orten.

OBERWALLIS

RHONEGLETSCHER / GOMS

Im äußersten Nordosten des Oberwallis entspringt die Rhone dem aus über 3.000 Meter hohen Bergen hervortretenden RHONEGLETSCHER. Unterhalb liegt die Hotelsiedlung **Gletsch** auf etwa 1.750 Metern Höhe. Herrliche Ausblicke auf den imposanten Gletscher bieten die über 2.000 Meter hohen Passhöhen von Grimsel- und Furkapass, die zu dem Eisstrom führen. In dieser Region wird häufig eine **„Drei-Pässe-Rundfahrt"** durch die raue Hochgebirgswelt unternommen, die neben den genannten Pässen auch den nördlichen Sustenpaß umfasst.

Der etwa 50 Kilometer lange, nach Brig führende erste Abschnitt des Rhonetals wird als GOMS bezeichnet. Die Rhone nennt man hier auch „Rotten". Das von Nadelwäldern und ursprünglichen Dörfern geprägte, ruhige Goms bietet Wander- und Erholungsmöglichkeiten sowie gute Skigebiete. Hier erreicht man zunächst eine besonders gut zum Langlauf geeignete Wintersportregion, zu der die knapp 1.400 Meter hohen Ferienorte **Oberwald** und **Münster** (Hauptort des Goms) gehören. Das westlich anschließende Gebiet um den **Aletschgletscher** ist mit bis zu 3.000 Meter hohen Pisten eine ideale Region für Alpinski. Im Naturschutzgebiet zu Füßen des Gletschers bestehen sehr gute Wandermöglichkeiten. Das Nährgebiet des größten Alpengletschers liegt im Berner Oberland, von wo der knapp 25 Kilometer lange und zwei Kilometer breite Aletsch (maximale Eistiefe 800 Meter) sich ins Wallis erstreckt. Beliebte Urlaubsorte im Aletschgebiet sind **Fiesch**, **Breiten** und **Blatten**; oberhalb dieser etwa 1.000 Meter hohen Orte liegen Almen mit Hotelanlagen und guter touristischer Infrastruktur, darunter **Bettmeralp**, **Riederalp** und **Belalp**.

BRIG UND UMGEBUNG

Vom Aletschgebiet ist es nicht weit zum knapp 700 Meter hoch gelegenen, historischen Städtchen **Brig** (10.000 Einwohner), dem Hauptort und Verkehrsknotenpunkt des Oberwallis. Aufgrund der Lage nördlich des **Simplon** (durch Passstraße und Eisenbahntunnel nach Iselle das „Tor" des Wallis nach Oberitalien) war Brig bereits zur Römerzeit eine bedeutende Siedlung. Hauptattraktion Brigs – das eine schöne Altstadt und interessante Kirchen besitzt – ist der imposante „Stockalperpalast", das Schloss eines großen Handelsherren des 17. Jh.

In der Umgebung liegen schöne Bergdörfer und malerische Orte, darunter etwa zehn Kilometer westlich **Visp**. Touristisch recht gut erschlossen sind Seitentäler nordwestlich von Visp. Eines davon ist das **Lötschental**, eine Wintersportregion, die Höhen von maximal 2.700 Meter erreicht. Das relativ ruhige Tal, das durch den Lötschbergtunnel mit dem Kandertal im Berner Oberland verbunden ist, konnte sich viel Ursprünglichkeit bewahren. Westlich des Lötschentals liegt – im Talkessel eines weiteren Seitentals – mit dem gut 1.400 Meter hohen **Leukerbad** ein bedeutender schweizerischer Kurort, zu dem ebenfalls ein gutes Skigebiet mit bis zu 2.700 Meter hohen Pisten gehört. Das für seine Thermalquellen bekannte Leukerbad bietet hervorragende Kureinrichtungen, in denen unter anderem Rheuma und Gicht behandelt werden.

SAAS-TAL / MATTERTAL

Südlich von Visp erstrecken sich in Nebentälern des Rhonetals Skigebiete und Ferienorte, die zu den berühmtesten der Walliser Alpen und der gesamten Schweiz gehören.

Südöstlich von Visp liegt das von bis zu 4.500 Meter hohen Gipfeln und Gletschern umgebene, knapp 30 Kilometer lange SAAS-TAL mit ganzjährig viel besuchten Kur- und Ferienorten.

Der bekannteste und traditionsreichste Urlaubsort hier ist das 1.800 Meter hoch gelegene **Saas-Fee**, das wegen seiner besonders reizvollen landschaftlichen Lage häufig auch als „Perle der Alpen“ bezeichnet wird. Von hier führen mehrere Bergbahnen direkt in die Hochgebirgswelt. Weitere Ferienorte des Tals sind **Saas-Grund** und **Saas-Almagell**, die ebenfalls über eine gute touristische Infrastruktur verfügen. Die für sämtliche Schwierigkeitsgrade geeigneten Skipisten des Saas-Tals erreichen Höhen bis 3.600 Meter und werden teils auch als Sommerskigebiete genutzt.

Westlich des Saas-Tals und südwestlich von Visp liegt das MATTERTAL, dessen berühmter Berg **Matterhorn** (4.478 Meter) ein großer Touristenmagnet ist. Zu Füßen des markanten Gipfels liegt der traditionsreiche Ferienort Zermatt (1.620 Meter), der ab Brig auch mit der Bahn erreichbar ist (erste bzw. letzte Etappe des Glacier-Express). Während man in Saas-Fee – das wie Zermatt autofrei ist – mit dem Pkw bis zum Ortsrand fahren kann, müssen Zermatt-Urlauber ihr Fahrzeug im wenige Kilometer entfernten, kleinen Ferienort **Täsch** abstellen und von hier mit einer Schmalspurbahn weiterfahren. **Zermatt**, sowohl von mondäner Atmosphäre als auch von dörflichem Charme geprägt, ist einer der berühmtesten Urlaubsorte der Schweiz und ein beliebtes Ausflugsziel. Es gibt hier viele hochwertige Unterkünfte, bis 3.900 Meter hohe Skigebiete, darunter auch ein Sommerskigebiet, sowie ein umfangreiches Sport- und Unterhaltungsprogramm. Zermatt gilt wie Saas-Fee als Bergsteigerzentrum; in der Umgebung liegen rund 40 Gipfel, die über 4.000 Meter hoch sind, darunter auch der **Monte Rosa**. Bergbahnen, deren Gipfelstationen atemberaubende Ausblicke gewähren, und Wanderwege erschließen die Gebirgswelt.

UNTERWALLIS

SIERRE UND UMGEBUNG

Die „Grenze“ vom Oberwallis zum französischsprachigen Unterwallis bildet SIERRE (Siders), knapp 40 Kilometer westlich von Brig gelegen. Das Städtchen nahe der Rhone weist mehrere alte Gebäude auf, darunter Schlösser, Kirchen und Klöster aus der Zeit zwischen dem 13. und 16. Jh. Zu den Sehenswürdigkeiten Sierres gehört auch ein kleines Rilke-Museum; der Dichter, der hier die letzten Jahre seines Lebens verbrachte, ist in einem Dorf zwischen Brig und Sierre bestattet.

In der näheren UMGEBUNG von Sierre wird ein sehr guter Wein angebaut, nördlich und südlich des Städtchens liegen Ferien- und Wintersportregionen mit bis zu 3.000 Meter hohen Skipisten. Während das südliche, in einem Tal gelegene Skigebiet **Val d´Anniviers** noch sehr ruhig und ursprünglich ist, wird das nördliche, als recht mondän geltende Feriengebiet **Crans-Montana** um die beiden gleichnamigen Orte häufig besucht. Von Sierre führen Straßen und eine Zahnradbahn zum etwa 1.000 Meter über dem Rhonetal gelegenen, sonnigen Hochplateau von Crans-Montana. Hervorragende Sportmöglichkeiten (darunter Golfplätze, Höhenloipe, Sprungschanze, Gletscher mit Sommerski) und die Kureinrichtungen des traditionsreichen Höhenkurorts ziehen sowohl im Sommer als auch im Winter zahlreiche Gäste nach Crans-Montana. Mit Bergbahnen kann man auf umliegende Gipfel gelangen und hervorragende Aussichten auf das Rhonetal und die Alpen, teilweise bis zum Montblanc, genießen.

SION UND UMGEBUNG

Knapp 20 Kilometer westlich von Sierre liegt am Ufer der Rhone, im Herzen des Wallis, mit SION die Hauptstadt des Kantons. Kurz vor der Stadt befindet sich der – mit 300 Meter Länge und 25 Meter Breite – größte unterirdische See Europas, auf dem man Bootsfahrten unternehmen kann. Mit etwa 25.000 Einwohnern ist Sion die größte Stadt des Wallis und bietet gute Besichtigungs-, Einkaufs- und Unterhaltungsmöglichkeiten.

Wahrzeichen Sions sind zwei die Stadt überragende, auf Felsen erbaute Burgen aus dem 13. Jh. Weitere Sehenswürdigkeiten des mittelalterlichen Städtchens, das auf eine lange Geschichte zurückblickt, stellen eine Kathedrale aus dem 15. Jh., weitere Kirchen, Palais, das Rathaus im Stil der Renaissance, Reste der mittelalterlichen Stadtbefestigung und interessante Museen dar.

In der UMGEBUNG von Sion befinden sich, ebenfalls in Seitentälern, weitere Feriengebiete, die im Winter gute Skiregionen darstellen. Eines davon ist das südöstlich der Stadt gelegene, etwa 50 Kilometer lange Tal **Val d'Hérens** mit ursprünglichen, malerischen Dörfern. Besonderheit des Tals sind „Erdpyramiden“, pfeilerförmig aufragende, durch Erosion entstandene Gebilde. In einem Seitenarm des Tals liegt eine der größten Staumauern der Welt (knapp 300 Meter hoch), die einen See aufstaut und sehr bedeutsam für die Energieversorgung der Schweiz ist.

QUATRE VALLEES

Westlich folgen vier weitere Täler, die ein phantastisches, zusammenhängendes Skigebiet – eines der größten Europas – bilden und unter dem Namen Quatre Vallees bekannt sind. Der höchste Berg dieser Region ist der 3.330 Meter hohe, per Bergbahn erreichbare **Mont-Fort**, der Ausblicke auf Montblanc, Matterhorn und Eiger gewährt. Die bekanntesten Ferienorte des Quatre Vallées, wo teilweise auch Sommerski möglich ist, sind **Thyon** (2.000 Meter hoch), **Veysonnaz**, **Nendaz** und **Verbier** (Hauptort des Gebiets), die eine sehr gute touristische Infrastruktur bieten.

MARTIGNY UND UMGEBUNG

Nordwestlich von Verbier liegt im Rhonetal – etwa 30 Kilometer entfernt von Sion – das Städtchen MARTIGNY. Während die Rhone bis hier relativ gerade von Nordosten nach Südwesten verläuft, ändert sie am Rhoneknie bei Martigny ihre Richtung und fließt nordwärts in Richtung Genfer See. Aufgrund seiner verkehrsgünstigen Lage nahe Frankreich und Italien und als Schnittpunkt von Hauptverkehrswegen zu Genfer See, Montblanc, Großem St. Bernhard und Simplon ist Martigny ein wichtiger Verkehrsknotenpunkt. Mit dem Expresszug „Montblanc & St. Bernhard-Express“ kann man von hier auf reizvolle Weise die Umgebung erkunden. Die bedeutendste Sehenswürdigkeit des malerischen, von mittelalterlichen Burgruinen überragten Städtchens sind Reste aus der Römerzeit (Amphitheater, Tempel). Nahe den Ausgrabungen liegt ein sehr sehenswertes Kulturzentrum mit Galerien, Museen und wechselnden Ausstellungen.

Von Martigny lohnt ein Abstecher zum etwa 40 Kilometer südlich gelegenen **Großen St. Bernhard**, seit der Römerzeit ein bedeutender Alpenübergang vom Wallis ins italienische Aosta-Tal. Es sind sowohl eine Passstraße (die höchste der Schweizer Alpen, in der Regel nur im Sommer befahrbar) als auch ein knapp sechs Kilometer langer Tunnel vorhanden. Nach der Fahrt durch die beeindruckende Hochgebirgswelt auf die Passhöhe (knapp 2.500 Meter) erreicht man ein im 11. Jh. gegründetes Kloster. Hier sind heute ein Hotel und das „Passmuseum“ untergebracht. Im Kloster werden traditionell die berühmten, lebensrettenden Bernhardinerhunde gezüchtet.

ST. MAURICE / LES PORTES DU SOLEIL

Auf dem Weg von Martigny zum Genfer See erreicht man nach etwa 15 Kilometern mit ST. MAURICE eine kulturell bedeutsame Station. In dem Städtchen, das unter den Römern Hauptort des Wallis war, befindet sich das im 6. Jh. gegründete, älteste Kloster der Schweiz. Im 17. Jh. wurde die heutige Kirche angebaut, in der ein überaus wertvoller Kirchenschatz aufbewahrt wird.

Auch in der Umgebung von St. Maurice liegen ausgezeichnete Skiregionen. Während das Wintersportgebiet Les Diablerets östlich der Rhone bereits zum Nachbarkanton Waadt gehört (auch von der Skiregion Gstaad im Berner Oberland gut erreichbar), befindet sich ein Teil des westlichen Skigebiets LES PORTES DU SOLEIL noch im Wallis. Les Portes du Soleil liegt zwischen Genfer See und Montblanc und bildet Europas größte Skiregion Europas, die sich die Schweiz und Frankreich teilen. Zu den beliebtesten Urlaubsorten auf schweizerischem Gebiet gehören **Champéry**, **Morgins** und **Torgon**.

GENFER SEE

Etwa 25 Kilometer nördlich von St. Maurice erreicht man das Städtchen **Villeneuve**, in dessen Nähe die Rhone in den Genfer See mündet. Der schweizerische Teil des Sees – von dem etwa 40 % auf Frankreich entfallen – gehört hauptsächlich zu den Kantonen Waadt und Genf. Der Genfer See, mit 72 Kilometer Länge und bis zu 14 Kilometer Breite der größte Randsee der Alpen, stellt mit seiner reizvollen Landschaft ein bedeutendes schweizerisches Feriengebiet dar. Das zu Frankreich gehörende Südufer des Sees ist hingegen ruhiger und relativ dünn besiedelt.

Am Ostufer des Sees liegen die bekannten Urlaubs- und Kurorte **Montreux**, das Fremdenverkehrszentrum des Sees mit hervorragender touristischer Infrastruktur, und **Vevey**. Die größte Stadt am Nordufer ist mit knapp 130.000 Einwohnern **Lausanne**. In der Umgebung der schönen Stadt mit zahlreichen historischen Sehenswürdigkeiten liegen elitäre Mädchenpensionate für höhere Töchter.

An der Südwestspitze des Sees erstreckt sich – in Sichtweite des Montblanc – **Genf** (Genève), mit rund 170.000 Einwohnern die drittgrößte Stadt der Schweiz. Genf ist der europäische Sitz der UN und weiterer wichtiger Organisionen von internationaler Bedeutung. Zu den wichtigsten Sehenswürdigkeiten der Stadt gehören die Kathedrale aus dem 13. Jh. und das „Palais des Nations“ (Völkerbundpalast).

AUSFLÜGE

MONTBLANC

Vom westlichen Wallis und dem Genfer See werden häufig Ausflüge nach Frankreich, zum nahe der italienischen Grenze gelegenen Montblanc unternommen. Am Fuße des durch Seilbahnen erschlossenen höchsten Alpengipfels, zu dem ein hervorragendes Skigebiet gehört (Teil des oben beschriebenen „Les Portes du Soleil“), liegt der beliebte Ferienort **Chamonix**. Ab Martigny verkehrt hierher die schmalste Schmalspurbahn der Welt.

3.2.4 TESSIN

Das südlichste Schweizer Kanton Tessin (Ticino) ist nach dem 250 Kilometer langen Fluss **Ticino** benannt, der im – die Nordwestgrenze des Tessins bildenden – **Gotthardmassiv** entspringt. Der Ticino fließt durch den Lago Maggiore nach Oberitalien und mündet dort in den Po. Im Westen, Süden und Südosten grenzt das gut 2.800 qkm umfassende Kanton Tessin an Italien. Die Hauptsprache der meisten der etwa 280.000 Einwohner des Tessin ist Italienisch, weshalb das Gebiet – wie ein Teil Graubündens – auch **„italienische Schweiz“** genannt wird. Der größte Teil des Tessins ist gebirgig: Den Nordwesten des Kantons nehmen die zur südlichen Zentralalpenkette gehörigen **Tessiner Alpen** ein, in die der Ticino mehrere Täler gegraben hat, im Nordosten liegt der höchste Berg **Adula** (Rheinwaldhorn, 3.406 Meter). Während der Norden des Kantons von Hochgebirge geprägt ist, hat die Landschaft des südlichen Tessins Mittelgebirgscharakter und geht allmählich in die norditalienische Tiefebene über. Im Tessiner Süden liegen, etwa 200 Meter hoch, die größten Städte des Kantons, darunter die Hauptstadt **Bellinzona**, sowie die Alpenrandseen **Lago Maggiore** und **Luganer See**, die die Schweiz mit Italien teilt (➔ Kapitel 1.4.1).

Das Tessin gilt, was **Klima** und Vegetation angeht, als Übergang von Mittel- nach Südeuropa. Während der nördliche Teil des Kantons alpines Klima und eine entsprechende Flora aufweist, ist das Südtessin eine ausgesprochene Klimaoase mit üppiger, mediterraner Vegetation. Deshalb trägt es den Beinamen „Sonnenstube der Schweiz“. Detailliertere Informationen zu Klima und Reisezeit für die tessinischen Seen sind im Kapitel 1.4.1 zu finden.

Bis zum 14./15. Jh. war die **Geschichte** des Tessins – bereits während Antike und Mittelalter ein wichtiges Transitgebiet über die Alpen – eng mit der der oberitalienischen Stadtstaaten verknüpft. Dann gewann die Eidgenossenschaft zunehmenden Einfluss auf das Tessin, das schließlich um 1500 der Schweiz zukam und von da an weitgehend das Schicksal der Eidgenossenschaft teilte. Aufgrund seines milden Klimas wurde das südliche Tessin früh zum stark frequentierten Fremdenverkehrsgebiet, in dem sich im 20. Jh. zahlreiche Ausländer – darunter viele Deutsche – Feriendomizile, Zweit- und Alterswohnsitze anschafften.

Das Tessin hat einen Flughafen in Lugano (LUG), der zwar auch vom Ausland, selten aber ab Deutschland angeflogen wird. Deutsche Flugreisende nehmen häufig **Direktflüge** nach Mailand (MIL), von wo die Touristenziele im Tessin schnell erreicht werden können (➔ Kapitel 1.4.1).
Ab Deutschland gibt es sehr gute, teils direkte **Bahnverbindungen** nach Bellinzona und Lugano. Beide Bahnhöfe sind Stationen des ab Stuttgart nach Mailand verkehrenden CIS (Fahrtdauer 5–6 Stunden). Von hier bestehen Anschlussverbindungen nach Locarno sowie ins übrige südliche Tessin. Ins Tessin verkehren auch **Expresszüge**, darunter der Wilhelm-Tell-Express (Luzern–Lugano/Locarno), der Palm-Express (St. Moritz–Lugano), der Bernina-Express (Chur–Locarno/Tirano) und der Lötschberg-Centovalli-Express (Bern–Locarno).
Das Tessin ist ein wichtiges Transitgebiet für den Verkehr von Deutschland nach Italien. Je nach Ausgangsort verläuft die Fahrt über den westlichen St. Gotthard oder den östlichen San Bernardino nach Bellinzona und weiter über den schweizerisch-italienischen Grenzübergang Chiasso. Eine Fahrt mit dem **Pkw** von Stuttgart über den Gotthard ins Tessin dauert etwa eine Stunde weniger als die Bahnfahrt. Innerhalb des Kantons existiert ein gutes Verkehrsnetz, das von **Fähren** auf den Seen ergänzt wird.

Die **Hauptanziehungspunkte** des Lago Maggiore und des Luganer Sees, die den touristischen Schwerpunkt des Tessin bilden, stimmen mit den im Kapitel 1.4.1 zu den Oberitalienischen Seen genannten Attaktionsfaktoren überein. In der Landschaft, die durch den Kontrast zwischen Hochgebirge und mediterraner Vegetation ihren besonderen Reiz erhält, liegen ganz hervorragende, traditionsreiche Hotels, deren Preisniveau – wie das des Seengebiets allgemein – entsprechend hoch ist. Obwohl das nördliche Tessin auch hohe Berge aufweist, gibt es hier kaum Skigebiete von größerer internationaler Bedeutung.

ST. GOTTHARD / SAN BERNARDINO – BELLINZONA

ST. GOTTHARD

Die Fahrt vom Massiv des St. Gotthard (San Gottardo), der das Tessin vom Kanton Uri in der Zentralschweiz trennt, nach Bellinzona umfasst gut 80 Kilometer. Der Berg, der die kürzeste und meistbenutzte Verbindung über die Westalpen darstellt, kann entweder durch den fast 17 Kilometer langen Straßentunnel ab Göschenen, mit dem Zug durch den 15 Kilometer langen Eisenbahntunnel oder über die gut ausgebaute, aussichtsreiche Passstraße ab Andermatt (Schnittpunkt bedeutender Alpenstraßen über Gotthard-, Oberalp- und Furkapass) überwunden werden. Auf der Gotthard-Passhöhe (2.100 Meter) befinden sich ein Hospiz aus dem 14. Jh. und ein Museum.

Der Tessiner Endpunkt der Verkehrswege über den Gotthard ist **Airolo**, ein kleines Städtchen, das sich gut als Ausgangspunkt für Wanderungen in die reizvollen Täler der Umgebung – wo sich auch Wintersportgebiete befinden – eignet. Die Weiterfahrt nach Bellinzona führt durch das vom Ticino durchflossene, gut 30 Kilometer lange Tal **Leventina**, das wie seine Nebentäler außer als Transitgebiet kaum touristische Bedeutung hat. Die relativ dünn besiedelte Leventina weist mehrere hübsche Orte und sehenswerte Wasserfälle auf. Das Tal fällt in drei Stufen von 1.200 Meter auf 300 Meter ab; je weiter man nach Süden vordringt, desto mediterraner wird die Vegetation. Die Leventina endet beim Städtchen **Biasca** mit sehenswerter Kirche aus dem 12. Jh., an das sich südlich die gut 20 Kilometer lange **Riviera** anschließt, ein weiteres, breites, bereits ziemlich mediterran geprägtes Tal des Ticino. Hier liegen ebenfalls mehrere hübsche Orte, die touristisch aber keine größere Bedeutung haben.

SAN BERNARDINO

Die Entfernung vom Graubündener San Bernardino – ein weiterer bedeutender Alpenübergang ins Tessin, östlich des St. Gotthards gelegen – nach Bellinzona beträgt rund 60 Kilometer. Auch der San Bernardino kann durch einen knapp sieben Kilometer langen Straßentunnel unterquert oder auf einer Straße über den 2.000 Meter hohen Pass überwunden werden. Wie zwischen dem Gotthard und Bellinzona erstreckt sich auch zwischen dem San Bernardino und der tessinischen Hauptstadt ein in mehreren Stufen abfallendes, touristisch wenig entwickeltes Tal namens **Misox**. Im Gebiet des Tals verläuft die Grenze zwischen Graubünden und Tessin. Der hier gelegene Teil Graubündens gehört – im Gegensatz zum größten Teil des Kantons – zur italienischen Schweiz.

BELLINZONA

In der Talebene von Bellinzona (knapp 20.000 Einwohner), das häufig auch als „Tor zum Süden" bezeichnet wird, treffen die von den Alpenpässen kommenden Verkehrswege zusammen. Aufgrund der verkehrsgünstigen Lage hatte das – vermutlich von den Römern gegründete – Bellinzona vor allem im Mittelalter große strategische Bedeutung. Von dieser Zeit zeugen die Hauptsehenswürdigkeiten, drei mächtige, über der Stadt thronende Burgen mit zinnengekrönten Befestigungsmauern, die die damals hier herrschenden Herzöge von Mailand zwischen dem 13. und dem 15. Jh. errichteten. Heute beherbergen die Burgen verschiedene Museen. Weitere Sehenswürdigkeiten des malerischen Bellinzona sind die Kollegiatskirche aus dem 15. Jh., weitere schöne, alte Kirchen und die historische, lombardisch geprägte Altstadt mit Patrizierhäusern und Laubengängen. Touristisch bedeutsam ist das südländisch anmutende Bellinzona vor allem wegen seiner Nähe zu den Seen.

LAGO MAGGIORE

Südwestlich von Bellinzona liegt der Lago Maggiore, vom dem nur etwa ein Fünftel schweizerisch ist. Der größte Teil des viel besuchten Sees gehört zu Italien, weshalb der südliche, italienische Teil des Lago Maggiore und ein allgemeiner „Steckbrief" bereits im Kapitel 1.4.1 beschrieben wurden. Wie im italienischen Teil ist es auch im schweizerischen Teil so, dass sich der Tourismus auf das Westufer des Sees konzentriert, während das Ostufer ursprünglicher geblieben ist. Die schweizerischen Urlaubsorte am Lago Maggiore gelten als recht nobel und haben dementsprechend ein relativ hohes Preisniveau. Im Vergleich zum italienischen Teil wirkt der von über 2.000 Meter hohen Bergen umgebene, nördliche schweizerische Teil des Sees, der sich in Richtung Süden immer weiter öffnet, noch recht alpin. Dennoch dominiert auch hier eine üppig mediterrane Vegetation, die in herrlichen Parks und botanischen Gärten bewundert werden kann.

Der wichtigste Ort des schweizerischen Lago Maggiore ist das elegante, traditionsreiche **Locarno** (17.000 Einwohner), gut 20 Kilometer entfernt von Bellinzona. Das in einer Bucht am Nordwestufer des Sees gelegene Locarno reicht zum Teil bis an die Hänge der umliegenden Berge. Nach Locarno bestehen gute Bahnverbindungen ab Bellinzona, mit dem italienischen Süden des Sees ist Locarno durch Fähren verbunden. Das Zentrum der malerischen Stadt befindet sich mit der lang gestreckten, von Laubengängen gesäumten Platzanlage „Piazza Grande" nahe dem Seeufer. Auf dem schönen Platz findet alljährlich im Sommer das bekannte Filmfestival von Locarno statt. Zu den Sehenswürdigkeiten Locarnos gehören außerdem das „Castello Visconti" (eine Festung aus dem 14. Jh., heute Museum), die Altstadt und mehrere, teilweise sehr alte Kirchen. Auf einem Hügel über der Stadt thront die berühmte Wallfahrtskirche „Madonna del Sasso", die per Auto oder Seilbahn erreichbar ist. Von oben bieten sich phantastische Aussichten über Stadt, See und Alpen. Locarno mit seiner schönen Uferpromenade hat zahlreiche Hotels, eine sehr gute touristische Infrastruktur und Kureinrichtungen, weshalb es neben Lugano am Luganer See das bedeutendste Fremdenverkehrszentrum des Tessins bildet. Oberhalb von Locarno befindet sich ein gutes Ski- und Wandergebiet um den knapp 1.700 Meter hohen Gipfel **Cimetta**.

Nur wenige Kilometer südwestlich von Locarno folgt mit dem ehemaligen Fischerort **Ascona** ein schönes, kleineres Städtchen, das sich im Laufe des 20. Jh. zum beliebten Ferienort entwickelt hat. Obwohl seither um die malerische, autofreie Altstadt zahlreiche Neubauten entstanden sind, konnte sich Ascona einen ursprünglichen Charme bewahren. Auch Ascona weist Sehenswürdigkeiten wie alte Kirchen, Palazzi und Museen auf. Gute Unterhaltungs- und Flaniermöglichkeiten bietet die als besonders schön geltende Uferpromenade des Städtchens. Ascona liegt zu Füßen des gut 300 Meter hohen Berges Monte Verita, um die Jahrhundertwende Treffpunkt Intellektueller, die hier einer damals ganz neuen, alternativen Lebensform frönten. Heute stellt der Berg – wo unter anderem ein Museum an die vergangene Zeit erinnert – ein beliebtes Ausflugsziel dar.

Ein weiterer Urlaubsort befindet sich mit Brissago etwa zehn Kilometer südlich. Auf der Fahrt von Ascona hierher passiert man zwei kleine, im See gelegene Inseln, die nach dem nahen Ferienort **Isole di Brissago** benannt sind. Eine der Inseln ist die Heimat des herrlichen „Botanischen Gartens des Kantons Tessin" mit subtropischen und exotischen Pflanzen. **Brissago** selbst ist ein hübscher Ferienort, dessen „Sehenswürdigkeit" neben Kirchen und Palazzi eine Zigarrenfabrik ist, in der Führungen stattfinden. Nur wenige Kilometer südlich von Brissago liegt die italienische Grenze.

Bei **Magadino** an der Nordostküste des Lago Maggiore liegt im Mündungsgebiet des Ticino, der im Süden wieder aus dem See austritt, ein Sumpfgebiet mit zahlreichen seltenen Vogelarten, das ein Naturschutzgebiet bildet.

Westlich des Lago Maggiore erstreckt sich – zwischen Tessin und Wallis, auch über italienisches Gebiet – das gut zum Wandern geeignete **Centovalli** (Talschaft der hundert Täler). Sehr beliebt sind Fahrten mit dem Centovalli-Express von Locarno ins italienische Domodossola.

LUGANER SEE

Der wesentlich kleinere Luganer See (Lago di Lugano) liegt zu etwa 75 % auf schweizerischem Territorium, östlich des Lago Maggiore und südlich von Bellinzona. Das übrige Viertel des Sees gehört zu Italien (➔ Kapitel 1.4.1). Auch die Urlaubsorte am Luganer See haben eine lange touristische Tradition, gelten als exklusiv und sind relativ hochpreisig. Da der von Bergen umgebene, verzweigte Luganer See sehr stark gegliedert ist und recht steile „Küsten“ aufweist, gibt es hier im Gegensatz zum Lago Maggiore keine durchgehende Uferstraße um den See. Zwischen einigen Seeorten besteht jedoch regelmäßiger Schiffsverkehr.

Die bedeutendste Stadt des Luganer Sees ist das in einer Bucht am mittleren Nordufer gelegene **Lugano**, mit rund 30.000 Einwohnern die größte Stadt des Tessins und ein bedeutender schweizerischer Finanz- und Handelsplatz. Mit seinem Flughafen und dem Bahnhof, der sich an einer der Hauptstrecken von Mittel- nach Südeuropa befindet, ist Lugano auch ein wichtiger Verkehrsknotenpunkt. Lugano liegt malerisch zwischen zwei knapp 1.000 Meter hohen „Hausbergen“, die per Seilbahn erreicht werden können und hervorragende Aussichten bieten. Die Stadt hat eine ausgezeichnete touristische Infrastruktur sowie hochrangige Hotels und stellt das bedeutendste Fremdenverkehrszentrum des Tessins dar. Dazu trägt auch das Schonklima bei, das Lugano zu einem beliebten Kurort macht. Das urbane Zentrum Luganos ist das von schönen Platzanlagen gesäumte Rathaus aus dem 19. Jh., nahe dem Seeufer mit seinen berühmten Promenaden gelegen. Auf einem der Plätze, der Piazza della Riforma, findet alljählich im Sommer ein großes Jazzfestival statt. Die wichtigsten Sehenswürdigkeiten und schönsten Gebäude Luganos liegen in der Altstadt, die auch elegante Einkaufsstraßen bietet. Unter den zahlreichen Kirchen ist besonders die Kathedrale mit Ursprüngen im 9. Jh. zu erwähnen, außerdem befinden sich in Lugano mehrere interessante Kunstmuseen.

Weitere lohnende Ziele liegen südlich von Lugano, auf einer in den See ragenden Landzunge. Nach wenigen Kilometern erreicht man hier den Ferienort **Melide**, wo sich „Swissminiatur“, eine Anlage mit Mininachbildungen bekannter schweizerischer Sehenswürdigkeiten befindet. An der Südspitze der Landzunge liegt mit dem malerischen, altertümlichen Städtchen **Morcote** ein weiteres beliebtes Ausflugsziel des Luganer Sees. Außerhalb von Morcote, das mit seinen Palazzi aus Renaissance und Barock als besonders malerisch gilt, liegt der prächtige botanische Garten „Parco Scherrer“, der eine exotische Kunstsammlung beheimatet.

Bei Melide führt an der schmalsten Stelle des Sees ein stark befahrener Damm (Auto- und Eisenbahndamm) nach **Bissone** am Ostufer. Im Hinterland des Städtchens liegt mit dem gut 1.300 Meter hohen Berg Sighignola an der italienischen Grenze ein Aussichtspunkt, der hervorragende Ausblicke auf den See und seine Umgebung bietet. Unmittelbar nördlich von Bissone erstreckt sich inmitten schweizerischen Staatsgebiets die italienische Enklave **Campione d'Italia** („Las Vegas Italiens“, ➔ Kapitel 1.4.1). Der bedeutendste Ort südlich von Bissone ist **Riva San Vitale**, wo sich mit dem Baptisterium aus dem 6. Jh. der älteste Sakralbau der Schweiz befindet.

Ein häufiger Abstecher führt vom Luganer See in die liebliche, südliche Landschaft **Mendrisiotto**, mit dem malerischen Hauptort Mendrisio. Im äußersten Südosten des Mendrisiotto, das auch als Weinanbaugebiet dient, führt der Grenzübergang Chiasso nach Italien.

Beliebte Ausflugsziele von Urlaubern am Luganer See sind die Nachbarseen Lago Maggiore und Lago di Como sowie Dörfer, Täler und Aussichtsgipfel in der Umgebung.

3.2.5 GRAUBÜNDEN

Das in der **Ostschweiz** gelegene Graubünden (Rätoromanisch: Grischun, Italienisch: Grigioni) ist mit gut 7.100 qkm das größte Kanton der Schweiz und nimmt etwa ein Sechstel ihrer Gesamtfläche ein. Graubünden grenzt im Süden und Südosten an Italien, im Nordosten an Österreich und im Norden an Liechtenstein. Im westlichen Teil Graubündens erstreckt sich das Tal des **Rheins**, der im – Graubünden im Westen begrenzenden – **Gotthardmassiv** entspringt. Seinen Weg zum Bodensee legt der Rhein zunächst in zwei Hauptarmen (Vorder- und Hinterrhein) zurück. Weitere Flüsse und eiszeitliche Gletscher haben zahlreiche Täler in die Landschaft Graubündens gegraben, die deshalb häufig auch als **„Land der 150 Täler"** bezeichnet wird. Die teilweise sehr tief gelegenen Täler Graubündens sind von hohen Bergen umgeben. Der höchste Gipfel des Kantons, im dem die „Grenze" zwischen West- und Ostalpen verläuft, ist der in den östlichen **Rätischen Alpen** (südliche Zentralalpenkette) gelegene **Piz Bernina** mit 4.049 Meter. Hauptstadt und größte Stadt des dünn besiedelten Kantons Graubünden, in dem etwa 186.000 Menschen leben, ist **Chur**, nahe des Zusammenflusses von Vorder- und Hinterrhein im Norden des Kantons gelegen. Graubünden ist dreisprachig: Während Deutsch die Hauptsprache von etwa 60 % der Bevölkerung ist, sprechen gut 25 % der Graubündener Rätoromanisch und 15 % Italienisch.

Während in Graubünden nördlich des Alpenhauptkamms alpines **Klima** dominiert, ist das Klima der Alpensüdseite und der tief gelegenen Südtäler von mediterranen Einflüssen geprägt. Aufgrund der inneralpinen Lage erhalten große Teile Graubündens im Verhältnis zu anderen Landesteilen relativ wenig Niederschlag.

In Graubünden entstanden bereits unter der Herrschaft der Römer, die das Gebiet Rätien nannten, wichtige Alpenstraßen. Die Region hatte bereits damals – wie noch heute – große Bedeutung als Transitland. Nachdem Graubünden über Jahrhunderte hinweg die **Geschichte** der Schweiz geteilt hatte, schlossen die Bauern der Region sich im 14. und 15. Jh. zu Bünden zusammen, um ihre Interessen durchzusetzen. Einem der drei Bünde, dem Graubund, verdankt das Kanton seinen Namen. Bald darauf erfolgte die Annäherung der Bündner an die Eidgenossenschaft. Mitte des 19. Jh. wurde Graubünden endgültig Teil der Eidgenossenschaft.

Einen größeren Flughafen besitzt Graubünden nicht. **Flugreisende** können Direktflüge nach Zürich nehmen und auf dem Landweg weiterreisen, die Entfernung beträgt jedoch über 100 Kilometer.
Die besten **Bahnverbindungen** ab Deutschland nach Graubünden gibt es nach Chur, von wo gute Anbindung ans gesamte Kanton besteht. Die Bahnfahrt verläuft je nach Ausgangsort über Basel oder Lindau/Bregenz. Innerhalb Graubündens bietet die **Rätische Bahn** – zu der berühmte Expresszüge wie der Glacier-Express gehören, die auch in andere Kantone fahren – mit Schmalspurbahnen ein hervorragend ausgebautes Verkehrsnetz.
Pkw-Fahrten ab Deutschland nach Graubünden erfolgen meist über Lindau/Bregenz. Die Fahrtdauer beträgt z. B. ab Frankfurt etwa fünf Stunden, etwas weniger als mit dem Zug. Einige bedeutende Übergänge über die Rätischen Alpen in Richtung Süden sind (von Westen nach Osten): San Bernardino, Albula/Maloja und Bernina.

Graubünden – häufig „Ferienecke der Schweiz" genannt – ist eines der bedeutendsten Fremdenverkehrszentren der Eidgenossenschaft. Der Tourismus hat hier nicht zuletzt durch zahlreiche Kurorte, wo heute auch Wellnessurlaub groß geschrieben wird, eine lange Tradition. Graubünden bietet eine sehr gute touristische Infrastruktur mit Unterkünften aller Kategorien, hervorragende Sport- und Unterhaltungsmöglichkeiten sowie den einzigen Nationalpark der Schweiz. Ein **Hauptattraktionsfaktor** des Kantons ist der Skisport; Graubünden mit seinen berühmten Ferienorten gilt als eine der besten Wintersportregionen der Alpen. Einen weiteren Anziehungspunkt stellt die Rätische Bahn mit ihren Fahrten durch die herrliche Gebirgslandschaft dar.

CHUR

Chur ist mit gut 33.000 Einwohnern die größte Stadt und das kulturelle Zentrum Graubündens. Aufgrund seiner Bedeutung als Verkehrsknotenpunkt wird es häufig „Tor zu Bündner Pässen und Gebirgen" genannt. Die von Bergen umgebene, inmitten von Weinanbaugebieten nahe des Rheins gelegene Hauptstadt Graubündens war bereits unter den Römern Provinzhauptstadt. Während die Randgebiete der ältesten Stadt der Schweiz von Industrie und modernen Gebäuden geprägt sind, bietet die malerische Altstadt sehenswerte historische Bauten.

Zu den Sehenswürdigkeiten Churs gehören die die Stadt überragende bischöfliche Festung (mit dem bischöflichen Schloss aus dem 18. Jh. und der Marienkathedrale aus dem 12. Jh.), weitere Kirchen, das gotische Rathaus mit einer offenen Markthalle sowie typische Bündner Herren- und Zunfthäuser. Chur ist Standort mehrerer interessanter Museen, darunter das Dommuseum, das Rätische Museum mit kulturhistorischen und völkerkundlichen Ausstellungen, das Bündner Kunstmuseum und das Bündner Naturmuseum. Die Gegend von Chur ist wie das nördlich gelegene Rheintal hauptsächlich deutschsprachig. Der Rhein entsteht aus dem Zusammenfluss von Vorder- und Hinterrhein in **Reichenau**, zehn Kilometer westlich von Chur.

RHEINTÄLER

VORDERRHEINTAL

Das Vorderrheintal, auch „Surselva" oder „Bündner Oberland" genannt, umfasst das Gebiet von Reichenau bis zur Quelle am St. Gotthard. Nördlich des Flussarmes liegen die Glarner Alpen (nördliche Zentralalpenkette), südlich erstrecken sich mehrere Täler. Im etwa 60 Kilometer langen Vorderrheintal wird vorwiegend Rätoromanisch gesprochen.

Westlich von Reichenau schließt sich ein hervorragendes, als „Alpenarena" bezeichnetes Skigebiet mit den bekanntesten Ferienorten **Laax** und **Flims** an. Die auf Terrassen oberhalb des Tals gelegene Alpenarena, zu der auch ein Gletscher mit Sommerskigebiet gehört, bietet einen weitläufigen, für alle Schwierigkeitsstufen geeigneten Skizirkus. In diesem größten zusammenhängenden Skigebiet Graubündens gibt es neben weiteren Sportmöglichkeiten zahlreiche Wanderwege. Landschaftliche Attraktion der Gegend von Flims ist die durch einen eiszeitlichen Felssturz entstandene **Vorderrheinschlucht**, die häufig als „Grand Canyon der Schweiz" bezeichnet wird; hier bestehen sehr gute Möglichkeiten zum Rafting. In dem Gebiet liegt auch ein Naturpark mit großen Waldgebieten.

Im weiteren Verlauf des Vorderrheintals folgt die älteste Rheinstadt **Ilanz**, ein guter Ausgangspunkt für Abstecher in südliche Täler. Etwa 30 Kilometer westlich von Ilanz liegt **Disentis**, wo sich die Verkehrswege ins Wallis (über den westlichen Oberalppass/Furka) und ins Tessin (über den südlichen Lukmanierpass) trennen. Der Luftkurort Disentis und das benachbarte **Sedrun** haben sich mit guten Wander- und Freizeitmöglichkeiten sowie bis 3.000 Meter hohen Skigebieten zu – besonders bei Familien – beliebten Ferienorten entwickelt. Disentis bietet mit einem großen Kloster aus dem 8. Jh. auch eine kulturelle Besichtigungsmöglichkeit.

HINTERRHEINTAL

Der Hinterrhein entspringt einem Gletscher des Rheinwaldhornmassivs an der Grenze zum Tessin. Im gut 50 Kilometer langen Hinterrheintal wird teils Deutsch, teils Rätoromanisch gesprochen, das Tal Misox südlich des Rheinwaldhorns gehört zur italienischen Schweiz.

Auf der Fahrt von Reichenau entlang des Hinterrheins passiert man zunächst **Domleschg**, ein bedeutendes Obstanbaugebiet mit zahlreichen malerischen Schlössern und Burgen. Nach etwa zehn Kilometern folgt das Städtchen **Thusis** und bald darauf die spektakuläre Schlucht **Via Mala** (2,5 Kilometer lang und bis zu 600 Meter tief). Die berühmte Schlucht forderte aufgrund ihrer Unwegsamkeit über Jahrhunderte hinweg Todesopfer und stellte eine große Herausforderung für den Straßenbau dar.

Der folgende Teil des Hinterrheintals ist touristisch nur wenig entwickelt. Nächster größerer Ferienort ist das schöne Städtchen **Splügen** (Ausgangsort einer direkten Passstraße nach Italien), nördlich des San Bernardino gelegen. Auch südlich des bedeutenden Alpenübergangs liegt mit **San Bernardino** ein Skiort, der wie Splügen besonders gut zum Langlauf geeignet ist. Über den San Bernardino gelangt man ins – bereits im Tessin-Kapitel erwähnte – Tal **Misox**.

BÜNDNER RHEINTAL

Das etwa 30 Kilometer lange Bündner Rheintal beginnt mit dem Zusammenfluss von Vorder- und Hinterrhein bei **Reichenau**. Der Strom verläuft von hier in Richtung Norden, an Chur vorbei bis zur Grenze zum Nachbarkanton St. Gallen und zu Liechtenstein. Dieser Abschnitt des Flusses wird als „Alpenrhein" bezeichnet. Das Bündner Rheintal mit seinen zahlreichen Burgen und Schlössern weist ein recht mildes Klima auf und wird intensiv als Obst- und Weinanbaugebiet genutzt.

Vorbei an malerischen Dörfern erreicht man zunächst den Industriestandort **Landquart**, wo der gleichnamige Fluss in den Rhein mündet. Nördlich Landquarts liegt zwischen Rhein und Hochgebirge ein als „Bündner Herrschaft" bezeichnetes Weingebiet. Hier ist vor allem **Maienfeld** von touristischer Bedeutung. Das Städtchen und seine Umgebung, die der Schriftstellerin Johanna Spyri als Schauplatz ihres berühmten Heidi-Romans dienten, werden besonders häufig von amerikanischen und japanischen Reisegruppen besucht. Im malerischen Maienfeld existieren unter anderem Heidibrunnen, Heidihaus und Heidishop, zu weiteren Romanschauplätzen – z. B. zum Heididörfli und zur Heidialm – führen „Heidiwanderwege". Die gesamte Region, die sich selbst als „Heidiland" oder „Heidis Heimat" bezeichnet, steht ganz im Zeichen der Romanheldin. Maienfeld ist nur wenige Kilometer entfernt vom Fürstentum **Liechtenstein**.

Bereits im Nachbarkanton St. Gallen, jedoch nahe der Grenze zu Graubünden, liegt der renommierte Kurort **Bad Ragaz**, eines der bedeutendsten Thermalbäder der Schweiz.

PRÄTIGAU

Als Prätigau wird das vom Fluss Landquart durchflossene, reizvolle Tal bezeichnet, das sich von der gleichnamigen Stadt ausgehend in Richtung Osten erstreckt. Im Norden begrenzen die hohen Berge der die Grenze zu Österreich bildenden Gebirgskette Rätikon das Prätigau.

Das deutschsprachige Prätigau mit seinen hübschen Dörfern eignet sich sehr gut zum Wandern und Erholen. Während die meisten Orte hier keine allzu große touristische Bedeutung haben, folgt etwa 30 Kilometer entfernt von Landquart mit **Klosters** ein sehr beliebter Fremdenverkehrsort mit guter touristischer Infrastruktur; unter den vielen Unterkünften ist auch ein Robinson Club. Der seit Ende des 19. Jh. viel besuchte Luftkur- und Wintersportort verdankt seinen Namen einem Kloster aus dem 13. Jh., von dem nur ein Kirchturm erhalten geblieben ist. Eine weitere Sehenswürdigkeit des Ortes, der sich einen weitgehend ursprünglichen Charakter bewahren konnte, ist das in einem Bauernhaus aus dem 16. Jh. untergebrachte Heimatmuseum. Klosters genießt einen sehr guten Ruf als Langlauf- und Abfahrtsskigebiet. Seil- und Bergbahnen führen auf umliegende Gipfel. Westlich von Klosters erstreckt sich die Berggruppe **Silvretta**.

Die renommierte „Alpenmetropole" **Davos** gehört nicht mehr zum Prätigau, liegt aber nur zehn Kilometer südlich von Klosters, 1.560 Meter hoch in einem reizvollen Hochtal. Mit 254 qkm stellt Davos (13.000 Einwohner) eine der flächenmäßig größten Gemeinden der Schweiz dar. Ende des 19. Jh. entwickelte sich Davos aufgrund seines heilsamen Reizklimas mit viel Sonne und trockener Höhenluft zum bedeutenden Kur- und Fremdenverkehrsort. Zu dieser Zeit spielt der Roman „Zauberberg", für den der Autor Thomas Mann Davos als Schauplatz wählte. Die ersten Gäste waren Lungenkranke, die in Davos Heilung bzw. Linderung fanden. Noch heute kommen viele Patienten mit Atemwegs- und Hauterkrankungen hierher. Seit dem 20. Jh. zieht Davos, das eine ausgezeichnete touristische Infrastruktur aufweist, mit phantastischen, weitläufigen Skigebieten aber auch Wintersportler aller Art an. An Parsenn, ein Skigebiet nördlich von Davos, ist auch Klosters angebunden. Neben weiteren Sportmöglichkeiten wie Eisbahn, Rodelbahn, Golfplatz, Hallenbad und Strandbad am Davoser See bietet Davos auch gute Unterhaltungsmöglichkeiten. Sehenswürdigkeiten sind alte Kirchen, das Rathaus aus dem 16. Jh. und das Ludwig-Kirchner-Museum (der expressionistische Maler lebte hier mehrere Jahre lang). Im Kongresshaus finden die unterschiedlichsten Veranstaltungen statt, außerdem ist Davos – auch ein bedeutender Tagungsort – häufig Austragungsstätte internationaler Sportwettkämpfe. Ruhe findet man in der hervorragend zum Wandern geeigneten Umgebung. Zahlreiche Bergbahnen führen auf umliegende Gipfel, von denen man herrliche, weit reichende Aussichten genießen kann. Westlich von Davos führt der Flüelapass ins Unterengadin.

MITTELBÜNDEN

Die Landschaft Mittelbünden erstreckt sich im Herzen des Kantons zwischen Hinterrhein, Chur, Davos und Engadin. Hier liegen ursprüngliche, ruhige Täler in der Nähe mondäner Ferienorte.

Ein berühmter Ferienort Mittelbündens ist **Arosa**, über 1.700 Meter hoch am Schluss eines etwa 30 Kilometer langen, westlich von Chur beginnenden Hochtals gelegen. Wie Davos erlangte Arosa um die Jahrhundertwende große Bedeutung als Lungenkurort. Heute spielt das Kuren in Arosa jedoch kaum noch eine Rolle, der touristische Schwerpunkt ist der Wintersport. Abgesehen von guten, nicht allzu anspruchsvollen Skigebieten bietet Arosa eine Vielzahl an weiteren Sport- und Unterhaltungsmöglichkeiten, darunter Reitsport, zahlreiche Wanderwege und ein Golfplatz. Im Ort wurden zwei künstliche Seen angelegt, von denen einer als reiner Badesee dient, um den anderen führt eine schöne Promenade. Im alten Ortskern „Innerarosa", in dem einige alte Bauernhäuser erhalten sind, kann man ein Heimatmuseum und eine kleine Bergkirche aus dem 15. Jh. besichtigen. Um Innerarosa erstrecken sich zahlreiche Chalets und Hotels.

Südlich von Chur liegt ein weiteres beliebtes Skigebiet. Den ersten hier gelegenen Wintersportort **Churwalden** erreicht man nach etwa zehn Kilometern. Bald darauf schließt sich **Parpan** an, knapp 20 Kilometer entfernt von Chur folgen – etwa an der „Grenze" zwischen deutschem und rätoromanischem Sprachraum – mit **Valbella** und **Lenzerheide** bekannte Urlaubsorte. Der in einem parkartigen, 1.500 Meter hohen Hochtal gelegene Doppelort erstreckt sich an einem hübschen See, auf dem im Sommer alle möglichen Wassersportarten ausgeübt werden können. Im Winter bietet die umliegende, weitläufige Skiregion leichte bis mittelschwere Pisten. Außerdem stehen zahlreiche weitere Sportmöglichkeiten zur Verfügung. Lenzerheide-Valbella gilt zu allen Jahreszeiten als besonders familienfreundlicher Ferienort.

Auf der Weiterfahrt nach Süden erreicht man das Städtchen **Tiefencastel**, einen wichtigen Verkehrsknotenpunkt. In einem südlichen Tal erstreckt sich, etwa 20 Kilometer entfernt von Lenzerheide, das Skigebiet von **Savognin**. Obwohl auch hier die touristische Infrastruktur – gerade für junges Publikum – sehr gut ist, hat das Tal keine so berühmten, traditionsreichen Ferienorte wie Davos und Arosa zu bieten. Einer der Skiorte des Tals ist das von Savognin knapp 20 Kilometer entfernte, 1.800 Meter hoch gelegene **Bivio**. Von hier führt der Julierpass ins Oberengadin.

ENGADIN UND SEITENTÄLER

Als ENGADIN (Engiadina) bezeichnet man das landschaftlich außerordentlich reizvolle, bis 1.800 Meter hohe Längstal des Flusses Inn, das sich vom Malojapass über etwa 100 Kilometer in Richtung Nordosten bis zur österreichischen Grenze erstreckt. Der Inn entspringt einem See nahe des Malojapasses und fließt durch die Schweiz, Österreich und Süddeutschland, wo er schließlich bei Passau in die Donau mündet. Das rätoromanische Engadin ist von mächtigen Berggruppen (Rätische Alpen, Silvretta, Bernina) mit bis zu 4.000 Meter hohen Gipfeln umgeben. Eine im mittleren Abschnitt des Hochtals gelegene Enge „teilt" die Region in das südliche Oberengadin und das nördliche Unterengadin. Ein großer Pluspunkt des gesamten, durch die Berge geschützten Hochtals Engadin ist sein reizarmes Klima mit viel Sonne.

Der Malojapass führt vom Oberengadin ins südwestliche Tal BERGELL, das kaum touristische Bedeutung hat. Der Berninapaß im Südosten stellt eine Verbindung zwischen dem Oberengadin und dem ebenfalls ruhigen, tief in italienisches Staatsgebiet ragenden Tal PUSCHLAV her. Beide zur Ebene hin abfallenden Seitentäler gehören zur italienischsprachigen Schweiz.

OBERENGADIN

Das Oberengadin bietet eine besonders schöne Landschaft mit herrlicher Vegetation, Seen, bekannten Ferienorten und Skigebieten. Das Tal, das man über den Albula- und den Julierpass erreichen kann, ist weitläufiger und heller als das Unterengadin.

Die beiden größten Engadiner Seen erstrecken sich zwischen dem Beginn des Hochtals bei **Maloja** und **Silvaplana** (Endpunkt des Julierpasses): der **Silsersee** und der **Silvaplaner See**, der als hervorragendes Surfrevier bekannt ist. Zwischen beiden Seen liegt der ruhige Ferienort **Sils**, in dem der Philosoph Nietzsche zeitweise gelebt hat. An ihn erinnern ein Gedenkstein und das Nietzsche-Haus, das besichtigt werden kann. Die abwechslungsreiche Umgebung der Seen mit ihrer schönen Flora eignet sich sehr gut für Spaziergänge und Wanderungen (Höhenwanderweg „Via Engiadina"). Bergbahnen führen auf umliegende Gipfel. Oberhalb der Seen liegen bis zu 3.300 Meter hohe Skigebiete um den Gipfel Corvatsch, der auch einen Gletscher aufweist.

Nordöstlich des Silvaplaner Sees, knapp 20 Kilometer entfernt vom Malojapass, liegt **St. Moritz** (6.000 Einwohner), einer der berühmtesten und traditionsreichsten Ferienorte der Alpen. Der renommierte, mondäne Kur- und Wintersportort erstreckt sich in Terrassenlage fast 1.800 Meter hoch, oberhalb des gleichnamigen Sees. Am Ufer des etwa 1,5 Kilometer von St. Moritz-Dorf entfernten Sees liegt mit St.Moritz-Bad das Kurzentrum, wo mithilfe von Mineralquellen rheumatische, neurologische und allergische Erkrankungen behandelt werden. St. Moritz, die Ausgangsstation des Glacier-Express, bildet das Verkehrs- und Touristenzentrum des Engadins. In die herrliche Umgebung führen zahlreiche Bergbahnen. Mit ganz hervorragender touristischer Infrastruktur und zahlreichen Hotels, darunter viele Luxushotels, ist St. Moritz im Sommer und im Winter ein sehr attraktives Ferienziel. Neben berühmten, für alle Schwierigkeitsgrade geeigneten Skigebieten (über 3.000 Meter hoch) sind unzählige weitere Wintersportmöglichkeiten vorhanden, darunter eine Bobbahn, die häufig für Meisterschaften genutzt wird. Im Sommer kann man auf dem See – der im Winter zugefroren als Rennbahn dient – Wassersport treiben, Golf spielen, wandern und vieles mehr. St. Moritz mit seinem kosmopolitischen Flair bietet auch zahlreiche Einkaufs- und Unterhaltungsmöglichkeiten sowie interessante Museen. Wahrzeichen des Städtchens ist der gut 30 Meter hohe „Schiefe Turm", ein Kirchturm aus dem 13. Jh.

In der Umgebung von St. Moritz liegen ursprüngliche Dörfer mit alten Kirchen und typischen Engadiner Häusern (massive, prächtig verzierte Bauernhäuser, in denen seit dem 14. Jh. Wohnung und Stall unter einem Dach untergebracht sind). Unter den Dörfern um St. Moritz sind Ferienorte wie **Celerina**, **Samedan** und **Pontresina**, die an das Skigebiet von St. Moritz angebunden sind und ebenfalls gute Sport- und Freizeitmöglichkeiten bieten. In einem Naturpark in der Umgebung von Pontresina, das sich besonders gut als Ausgangsbasis für Wanderer und Bergsteiger eignet, ist die größte Steinbockkolonie der Schweiz angesiedelt. Pontresina liegt auf dem Weg zum **Berninapass**, der eine herrliche Hochgebirgs- und Gletscherwelt bietet. Der Pass führt ins Puschlav und weiter ins italienische Tirano. Auf dieser Strecke verkehrt der Bernina-Express, der langsamste aller Expresszüge. Auch diese Gegend nahe des höchsten Gipfels Graubündens ist ein phantastisches Skigebiet, das von Pontresina aus erreichbar ist.

UNTERENGADIN

Etwa 20 Kilometer nordöstlich von St. Moritz liegt, nahe des Albulapasses, mit **Zuoz** ein weiterer Ferienort, der mit schönen Engadiner Häusern und alten Kirchen als das ursprünglichste Dorf des Oberengadins gilt. Nordöstlich von Zuoz beginnt das Unterengadin, das zu den trockensten Regionen der Schweiz gehört. Ins Unterengadin führen auch der Flüelapass und der kilometerlange Vereina-Eisenbahntunnel ab Klosters.

Im Unterengadin liegt der einzige Nationalpark des ganzen Landes, der knapp 170 qkm umfassende **Schweizerische Nationalpark**. Der beste Ausgangspunkt in die geschützte Landschaft mit seltenen Tier- und Pflanzenarten (darunter Steinböcke, Murmeltiere, Adler) und bis zu knapp 3.200 Meter hohen Bergen ist **Zernez**. Hier befindet sich im Nationalpark-Haus ein Informationszentrum. Ein Besuch des fast 100 Jahre alten Nationalparks ist nur zu Fuß auf markierten Wegen gestattet. Östlich des Parks führt der Ofenpass ins Münstertal, von wo man über den Alpenübergang „Stilfser Joch“ nach Italien gelangt. In **Müstair** im Münstertal liegt ein sehenswertes Kloster aus dem 9. Jh.

Die Weiterfahrt von Zernez in Richtung Nordosten verläuft über **Susch** (Endstation des Flüelapasses und des Vereinatunnels) und mehrere kleinere Ferienorte am Fuße des Silvrettagebirges nach **Bad Scuol** (Schuls). Der etwa 30 Kilometer von Zernez entfernte Ort bildet zusammen mit **Vulpera** und **Tarasp** das Ferienzentrum des Unterengadins. Das auf einer Sonnenterrasse über dem Inn gelegene Scuol (1.250 Meter) ist ein bedeutendes Kur- und Wellnesszentrum. Hier gibt es über 20 Mineralquellen, mit denen die unterschiedlichsten Krankheiten behandelt werden. Die Umgebung bietet gute Skigebiete. Das Kurzentrum des Ortes, der bereits im 19. Jh. als „Badekönigin der Alpen“ bekannt war, mit einem hochmodernen Therapiezentrum befindet sich in Oberschuls, während sich im ursprünglichen Ort Unterschuls schöne Engadiner Häuser aneinander reihen. Hier liegt auch das heimatkundliche Unterengadiner Museum. Der nur zwei Kilometer entfernte, ruhigere Ort Tarasp ist ebenfalls Heilbad mit guten Kureinrichtungen; in der Nähe liegt ein sehenswertes Schloss aus dem 13. Jh. Die Ferienorte und ihre landschaftlich reizvolle Umgebung bieten auch ein sehr umfangreiches Sport- und Freizeitprogramm.

Ein weiteres aufstrebendes Skigebiet liegt mit **Samnaun** in einem Talkessel etwa 40 Kilometer nordöstlich von Scuol, unmittelbar an der österreichischen Grenze. Von hier besteht durch eine Skiarena Anschluss an die Skiregion von Ischgl in Tirol (➔ Kapitel 3.3.3). Neben den guten Wintersportmöglichkeiten zieht der hier mögliche zollfreie Einkauf (Zollfreiheit seit Ende des 19. Jh.) in den vielen Geschäften zahlreiche Besucher an. Außerhalb des Ortes kann man ganz ruhige, sehr gut zum Wandern geeignete Landschaften entdecken.

ÖSTERREICH

1.) ***Zwei Studenten, die begeisterte Skifahrer sind, möchten an Ostern eine Woche Skiurlaub in Österreich machen. Neben hervorragenden Skigebieten legen die jungen Herren Wert auf einen lebhaften Ferienort, der für Après-Ski und lebhaftes Nachtleben bekannt ist. Nennen Sie zwei Regionen und genaue Orte, die diesen Vorstellungen entsprechen und die auch an Ostern noch als recht schneesicher gelten. Über welche österreichischen Verkehrsknotenpunkte sind die von Ihnen vorgeschlagenen Skiregionen am besten erreichbar?***

2.) ***Das ältere Ehepaar, dem Sie die Schweizreise verkauft haben, war begeistert von Ihrer Beratung und möchte für den darauf folgenden Sommer eine ähnliche Reise nach Österreich buchen. Auch hier legt es Wert auf eine reizvolle Berg- und Seenlandschaft, einen schönen, gepflegten Ferienort mit guten Unterhaltungs- und Einkaufsmöglichkeiten und hochwertige Unterkunft. Da die Kunden auch kulturell sehr interessiert sind, möchten sie ihre Reise gern mit hochklassigen Festspielen, die vielerorts in Österreich im Sommer stattfinden, verbinden.***

a) *Welche beiden österreichischen Ferienregionen empfehlen Sie Ihren Kunden? Schlagen Sie einzelne Seen und genaue Urlaubsorte vor, die zu den Vorstellungen der Kunden passen. Nennen Sie auch hier Unterschiede zwischen beiden Regionen, deren jeweilige Besonderheiten und Vorteile und erwähnen Sie Sehenswürdigkeiten und Ausflugsmöglichkeiten, die von dort aus bestehen.*

b) *Die Kunden bitten Sie um detaillierte Informationen über Festspiele (mit Veranstaltungsorten), die in den beiden Regionen stattfinden. Wo finden Sie aktuelle Informationen zu Terminen und genauem Programm dieser Events?*

c) *Die Kunden reisen wieder ab Stuttgart mit der Bahn an und möchten Informationen über Zugverbindungen in beide vorgeschlagenen Urlaubsgebiete. Wie lange dauert die Zugfahrt, über welche Strecke verläuft sie (mit Angabe des Grenzübergangs und zweier weiterer Stationen) und wie oft muss umgestiegen werden?*

d) *Auch diesmal möchten die Kunden ihre Reise mit dem Besuch einer interessanten Stadt abschließen. Welche beliebte österreichische Stadt bietet sich auf dem Rückweg von beiden Urlaubsregionen als interessantes Besichtigungsziel an? Nennen Sie einige der bedeutendsten Sehenswürdigkeiten dieser Stadt.*

3.) ***Eine Stammkundin Ihres Büros möchte ihrem Enkel zum 12. Geburtstag im Juni eine mehrtägige Reise nach Wien schenken. Nennen Sie Ihrer Kundin die wichtigsten Sehenswürdigkeiten Wiens, die ein „Muss" für jeden Besucher darstellen, und beraten Sie sie über Sehenswürdigkeiten, Unternehmungs- und Ausflugsmöglichkeiten Wiens, die besonders für Kinder interessant sind.***

3.3 ÖSTERREICH

Die 83.850 qkm große Alpenrepublik Österreich erstreckt sich zwischen dem 46. und 49. Grad nördlicher Breite. Sie gehört zu **Mitteleuropa** und stellt ein Bindeglied zu Süd- und Südosteuropa dar. Im Westen grenzt Österreich an die Schweiz und Liechtenstein, im Nordwesten an Deutschland, im Norden an die Tschechische Republik, im Osten an die Slowakei und Ungarn, im Süden an Slowenien und Italien. Der Westen Österreichs bildet einen etwa 50 Kilometer breiten „Korridor“ zwischen Deutschland und Italien.

Größte Stadt und Hauptstadt der Republik Österreich mit neun **Bundesländern** ist **Wien**, im Nordosten des Landes gelegen. Hier leben 1,6 Millionen der gut acht Millionen Österreicher.

LANDSCHAFTLICHE GROSSRÄUME

Den größten Teil Österreichs – fast zwei Drittel der Gesamtfläche – nehmen die **ALPEN** ein, die durch Täler in die Abschnitte Nördliche Kalkalpen, Zentralalpen und Südliche Kalkalpen unterteilt werden. Österreichs höchster Berg liegt mit dem knapp 3.800 Meter hohen **Großglockner** in der Berggruppe Hohe Tauern in den Zentralalpen.

Im Norden und Osten des Landes geht das Hochgebirge in Mittelgebirge und Ebenen über. Im Norden folgt das bis zu 800 Meter hohe **NÖRDLICHE ALPENVORLAND**, das vom Alpennordrand bis zu den Donauniederungen reicht. Die **Donau** ist Österreichs längster Fluss; der österreichische Anteil an dem insgesamt über 2.850 Kilometer langen Strom beträgt 350 Kilometer.

Nördlich der Donau, die durch den Norden Österreichs fließt und den Siedlungsschwerpunkt des Landes bildet, schließt sich das so genannte **MÜHL- UND WALDVIERTEL** an, das in Richtung Böhmerwald wieder auf bis zu 1.300 Meter ansteigt.

Im Nordosten liegt das **WIENER BECKEN**, das wie das flache **ÖSTLICHE ALPENVORLAND** naturräumlich häufig der ungarischen Tiefebene zugeordnet wird. Im östlichen Alpenvorland erstreckt sich der größte See des Landes, der nur gut einen Meter tiefe **Neusiedler See**, den Österreich mit Ungarn teilt. Österreichs Anteil an dem 152 qkm großen See beträgt 132 qkm.

Österreich liegt in der **gemäßigten Klimazone**, im Übergangsbereich von ozeanischem zu kontinentalem Klima. Das Klima der einzelnen Regionen ist – vor allem durch die großen Höhenunterschiede – jedoch recht unterschiedlich. Während der Westen und Norden des Landes mit relativ hohen Niederschlägen (vor allem im Sommer), milden Wintern und mäßig warmen Sommern ozeanisch beeinflusst sind, weist der Osten verstärkt Merkmale kontinentalen Klimas auf. Im Hochgebirge herrscht typisches **Gebirgsklima** mit kurzen Sommern und langen, schneereichen Wintern; die Temperaturen liegen hier ganzjährig relativ niedrig, die Niederschläge hoch. Die Grenze des ewigen Schnees liegt in Österreich zwischen 2.500 und 3.000 Meter. Im südlichsten Bundesland Kärnten sind leicht **mediterrane Klimaeinflüsse** spürbar.

Hochsaison und ideale **Reisezeiten** Österreichs sind vergleichbar mit denen der Schweiz und variieren je nach Reiseart und Region (➔ Kapitel 3.1 und 3.2).

Nachdem Österreich ab 15 v. Chr. zum **Römischen Reich** gehört hatte, siedelten sich hier im Zuge der Völkerwanderung vor allem germanische und slawische Völker an. Ab dem späten 8. Jh. fiel das Gebiet als „Ostmark“ an das **Frankenreich** und war später Teil des **Heiligen Römischen Reiches** Deutscher Nation. Im 12. Jh. wurde Österreich ein Herzogtum mit der Residenz Wien. Mitte des 13. Jh. erlangten hier die aus der Schweiz stammenden Habsburger die Macht, die sie bis ins 20. Jh. behielten.

Die **Habsburger** erweiterten im Laufe der folgenden Jahrhunderte vor allem durch gezielte Erb- und Heiratspolitik ihr Territorium. Sie machten Österreich zum Kernland des deutschen Reiches, dessen Könige und Kaiser sie bis ins 19. Jh. stellten. Ab dem 16. Jh. beherrschten die Habsburger, deren Haus sich in eine österreichische und eine spanische Linie splittete, als deutsche Kaiser und spanische Könige einen großen Teil Europas (vor allem Südosteuropas und des östlichen Mitteleuropas) sowie des neu entdeckten Amerikas (durch die Herrschaft in Spanien).

Im 16. und 17. Jh. wurden türkisch-osmanische Belagerungen Wiens von den Österreichern erfolgreich abgewehrt. Die erste Hälfte des 17. Jh. war geprägt von der Gegenreformation, die die Habsburger stark unterstützten. Sie gipfelte im **Dreißigjährigen Krieg**, der Europa stark erschütterte und den Protestantismus aus Österreich weitgehend verdrängte. Nach dem Krieg expandierte Österreich abermals, wurde zu einem mächtigen, absolutistischen Staat und erreichte im 18. Jh. unter Kaiserin Maria Theresia auch einen kulturellen Höhepunkt.

Ab dem späten 18. Jh. führten Kriege – vor allem gegen das napoleonische Frankreich und Preußen – zu Gebietsverlusten. Unter dem Druck Napoleons verloren die Habsburger die deutsche Kaiserwürde und führten ab Anfang des 19. Jh. nur noch den Titel „Kaiser von Österreich“. Nach den erfolgreichen Befreiungskriegen gegen Napoleon fand 1814/15 in der österreichischen Hauptstadt der **Wiener Kongress** zur Neuordnung Europas statt. In seinem Rahmen wurde der aus zahlreichen Einzelstaaten bestehende „Deutsche Bund“ gegründet, in dem Österreich führend war.

Mitte des 19. Jh. bestieg Franz Joseph I. den Thron, dessen Frau Elisabeth (Sissi) zu einer der berühmtesten Figuren der österreichischen Geschichte wurde. Unter der fast 70 Jahre währenden Regierung Franz Josephs erlebte der Vielvölkerstaat Österreich eine Schwächung durch Kriege und Autonomiebestrebungen in einzelnen Landesteilen, darunter Böhmen, Ungarn, Kroatien und italienische Gebiete. 1866 unterlag Österreich Preußen im Krieg um die deutsche Vorherrschaft, was zur Auflösung des Deutschen Bundes führte. Daraufhin wurde eine **Doppelmonarchie** (k. u. k. –Monarchie) mit Ungarn gegründet, das zuvor Teil des Kaiserreichs gewesen war.

1914 eskalierte das Nationalitätenproblem auf dem Balkan mit einem Attentat auf das österreichische Thronfolgerpaar in Sarajevo. Dieses Ereignis ging als Auslöser des **ersten Weltkrieges** in die Geschichte ein. Österreich verlor diesen Krieg, der die Monarchie der Habsburger beendete. Es wurden die Einzelstaaten Österreich, Ungarn und Tschechoslowakei gegründet, weitere Teile der einstigen Doppelmonarchie fielen an Italien (darunter Südtirol), Serbien, Rumänien und Polen. Aus dem mächtigen Kaiserreich wurde eine relativ kleine **Republik**, die im Laufe der folgenden Jahre unter großen innenpolitischen und wirtschaftlichen Problemen litt. Nach dem so genannten Anschluss an Deutschland 1938 war Österreich während des **zweiten Weltkriegs** Teil des nationalsozialistischen großdeutschen Reiches und erlitt starke Zerstörungen.

Nach Kriegsende wurde Österreich von den Siegermächten in vier Besatzungszonen aufgeteilt. 1955 erhielt das Land einen Staatsvertrag, der volle Souveränität, nationale Einheit in den Grenzen von 1937, den Abzug der Besatzungstruppen und politische Neutralität garantierte. 1995 trat Österreich der **EU** bei.

Unter den gut acht Millionen Einwohnern Österreichs sind auch Minderheiten, die historisch bedingt meist ungarischen, tschechischen oder slawischen Ursprungs sind. Minderheiten und Ausländer haben in der Alpenrepublik zusammen einen Anteil von etwa sieben Prozent an der **Bevölkerung**.

Österreich weist eine **Bevölkerungsdichte** von 97 Einwohnern/qkm auf. Das Land ist ganz unterschiedlich dicht besiedelt: Etwa zwei Drittel der Bevölkerung leben in Städten (die größten Städte sind Wien, Graz und Linz), während 60 % des Alpenraums gar nicht besiedelt sind.

Die **Landessprache** in Österreich ist Deutsch, das von 98 % der Bevölkerung gesprochen wird. Die – meist in grenznahen Gebieten lebenden – regionalen Minderheiten sprechen häufig außerdem ihre Sprachen, darunter Ungarisch und Kroatisch in den südöstlichen Bundesländern Burgenland und Steiermark. In Teilen des südlichsten Bundeslandes Kärnten ist Slowenisch zweite Amtssprache.

Die meisten Österreicher gehören der christlichen **Religion** an. Knapp 80 % der Bevölkerung sind Katholiken, rund 5 % Protestanten. Neben Angehörigen weiterer christlicher Konfessionen sowie moslemischen und jüdischen Minderheiten (die meist in größeren Städten wohnen) leben in Österreich knapp 10 % Konfessionslose.

Nationalfeiertag in Österreich ist der 26.10., der Tag, an dem 1955 die Neutralität beschlossen wurde.

Regional unterschiedlich werden in Österreich zu den verschiedensten Anlässen zahlreiche Feste gefeiert. Viele dieser Feste sind geprägt von alten Traditionen und der **Folklore** einzelner Kulturen (Trachten, Musik, Tänze, Bräuche). Kunsthandwerk – unter anderem Schnitzereien, Keramik, Kunstschmiedearbeit und Stickereien – ist in Österreich weit verbreitet.

Einen **Sonderstatus** in Österreich hat das Kleinwalsertal im westlichsten Bundesland Vorarlberg. Das nahe der deutschen Grenze gelegene Tal in den Allgäuer Alpen ist durch Straßen nur mit Deutschland, nicht mit Österreich verbunden. Deshalb gehört das Kleinwalsertal zum deutschen Wirtschafts- und Zollraum. Bekannte Ferienorte des beliebten Wintersportgebiets sind Riezlern, Hirschegg und Mittelberg. Deutschen Zollanschluss hat auch das von den Allgäuer Alpen umgebene Gebiet Jungholz in Tirol nahe dem Oberjochpass.

Von mehreren deutschen Flughäfen aus gibt es direkten *FLUGVERKEHR* nach Österreich mit den Liniengesellschaften LH, Austrian Airlines (OS), Lauda Air (NG) und Tyrolean Airways (VO) sowie vereinzelt Charterflüge. Direktflüge zwischen Deutschland und Österreich dauern ein bis zwei Stunden.

Von Deutschland aus direkt angeflogene österreichische Flughäfen sind Wien (VIE), Innsbruck (INN), Salzburg (SZG), Linz (LNZ), Graz (GRZ) und Klagenfurt (KLU). Das wichtigste Drehkreuz der OS ist Wien, der größte Flughafen des Landes, von dem Flüge in alle Welt abgehen.

BAHNVERKEHR

Die Bahn bietet sehr gute **Verbindungen** – darunter zahlreiche Direktverbindungen – zwischen Deutschland und Österreich. Zwischen größeren Städten verkehren auch ICE-Züge.

Die wichtigsten **Bahngrenzübergänge** von Deutschland nach Österreich sind von Nordosten nach Südwesten: Passau, Salzburg (der Grenzbahnhof ist auch DB-Bahnstation), Kufstein, Mittenwald, Ehrwald und Lindau. Ab Deutschland verkehren auch **Autozüge** zu den österreichischen Bahnhöfen Innsbruck, Salzburg und Villach.

Österreich dient Reisenden aus Deutschland häufig als **Transitland** auf dem Weg nach Italien und in südosteuropäische Länder.

Innerhalb des Landes bietet die **ÖBB** (Österreichische Bundesbahn) ein sehr gut ausgebautes Schienennetz, das von Buslinien, Privatbahnen (darunter Dampfeisenbahnen und nostalgische Straßenbahnen, die vorwiegend touristisch genutzt werden) und **Bergbahnen** ergänzt wird.

STRASSENVERKEHR

Die Straßenverbindungen von den Nachbarländern nach Österreich und das **Straßennetz** innerhalb des Landes sind sehr gut. Besonders dicht ist das Straßennetz im Westen des Landes. Auch in abgelegene Berggegenden führen gute Straßen; Gebirgsstraßen können allerdings schmal und kurvig sein. Die österreichischen Autobahnen sind mautpflichtig. Es muss eine so genannte „Vignette" gekauft werden (auch bereits in Deutschland, unter anderem beim ADAC, möglich). Wie die Bahntrassen verlaufen viele Straßen in Österreich über Gebirgspässe oder durch Tunnels.

Zu den wichtigsten **Alpenübergängen** Österreichs gehören von Westen nach Osten: Arlberg, Fernpass/Reschenpass, Brenner, Felbertauern, Tauern/Katschberg und Karawanken. Zu den genannten Übergängen existieren jeweils Tunnel und Pass (Ausnahmen: Fernpass, Reschenpass, Karawankentunnel). In einigen Tunnels werden Pkw auf Züge verladen. Die Passstraßen sind im Winter häufig gesperrt.

Linienbusse der Touring verbinden mehrere deutsche Städte mit Wien.

SCHIFFSVERKEHR

Auf den größeren österreichischen Seen sowie auf dem Bodensee – an dem Österreich neben der Schweiz und Deutschland einen kleinen Anteil hat – besteht regelmäßiger **Linienschiffsverkehr**.

Große Bedeutung hat in Österreich die Schifffahrt auf der Donau. Mehrere Reedereien veranstalten von verschiedenen österreichischen Orten aus im Sommer Fähr- und Ausflugsfahrten auf dem zweitlängsten Fluss Europas. Die Donau entspringt in Süddeutschland und fließt durch Österreich, die Slowakei, Ungarn, Jugoslawien und Bulgarien nach Rumänien, wo sie in einem weiten Delta ins Schwarze Meer mündet; zum Einzugsgebiet der Donau gehört auch ein Teil der Ukraine. Während der Sommersaison ist die Donau, in deren Einzugsgebiet bedeutende Städte liegen, auch ein überaus beliebtes „Revier" für längere **Flusskreuzfahrten**. Die meisten in Deutschland beginnenden Donaukreuzfahrten dauern eine Woche und beginnen in der Grenzstadt Passau. Sie führen über Linz, die Wachau (ein reizvolles Tal, das den Fluss auf etwa 30 Kilometer umrahmt; touristische Attraktionen des bekannten Weinanbaugebietes sind die malerischen Städte Melk mit einem berühmten Benediktinerstift, Dürnstein und Krems), Wien und Bratislava (Slowakei) nach Budapest (Ungarn) und von hier zurück nach Passau. Seltener werden derzeit ausgedehntere Flusskreuzfahrten durchgeführt, die auch Belgrad (Jugoslawien) und das Donaudelta umfassen.

In Österreich, vor allem im Hochgebirge, an den Seen und in größeren Städten, gibt es zahlreiche **Touristenunterkünfte** aller Arten und Kategorien, darunter auch viele Privatquartiere. Außerhalb größerer Städte überwiegen mittlere und kleinere Betriebe, während die Hotels in Städten häufig größer sind und teilweise internationalen Hotelketten angehören. Vielerorts in Österreich wurden Burgen und Schlösser zu stilvollen Hotels umgebaut. Die Ferienregionen bieten auch zahlreiche Ferienwohnungen und Ferienhäuser sowie „Urlaub auf dem Bauernhof". Eine relativ neue Unterkunftsvariante in Österreich stellen die familienfreundlichen „Dorfhotels" dar. Hier kann man Urlaub in umgebauten Bauernhäusern in dörflicher Atmosphäre verleben, ohne auf den Service eines Hotels der gehobenen Kategorie, Sport-, Freizeit- und Unterhaltungsprogramme verzichten zu müssen.

Die wichtigsten Attraktionsfaktoren der Alpenländer wurden bereits im Kapitel 3.1 erläutert. Auch in Österreich gehören hervorragende **Wintersportgebiete**, vor allem in Vorarlberg, Tirol und im Salzburger Land, wo teilweise auf Gletschern auch im Sommer Ski fahren möglich ist, zu den bedeutendsten Reisemotiven.

In der reizvollen alpinen **Landschaft** bestehen weitere, sehr gute **Sportmöglichkeiten**, darunter Bade- und Wassersport in und an den beliebten Seen. Vor allem das Salzkammergut und Kärnten bieten viele schöne Seen. Sehr beliebt sind in Österreich auch Radwanderungen um die Seen und auf speziellen Radwegen in Flusstälern (wie Donau-, Inn- und Tauernradwanderweg).

Viele Besucher aus aller Welt kommen nach Österreich nicht nur wegen der landschaftlichen Reize, sondern auch wegen der schönen **Städte** mit berühmten Sehenswürdigkeiten. In diesem Zusammenhang sind vor allem die kulturell sehr interessanten Städte Wien und Salzburg mit ihren guten Unterhaltungsmöglichkeiten zu nennen.

Österreich ist mit zahlreichen Heil- und Mineralquellen, Moor- und Schlammvorkommen sowie dem alpinen Reizklima auch ein sehr beliebtes Ziel von **Kurgästen**. Besonders viele traditionsreiche Heilbäder, die auch umfangreiche Wellnessprogramme bieten, gibt es in Tirol, im Salzburger Land, im östlichsten Bundesland Burgenland an der Grenze zu Ungarn und in Kärnten.

Obwohl Österreich interessante Baudenkmäler, Museen und Kultur zu bieten hat, ist das Land kein ausgesprochenes Ziel für **Studienreisende**. Die Besichtigungsziele werden häufig auf Rundfahrten und Wanderreisen „nebenbei erledigt". Rundreisen durch Österreich werden öfter auch mit dem Nachbarland Ungarn, das historisch eng mit Österreich verknüpft ist, kombiniert.

Vor allem im Sommer ist das musikalische Österreich **Veranstaltungsort** traditionsreicher Festspiele, die viele Besucher anziehen. Weltruf haben die Salzburger Festspiele.

Österreich ist seit langem ein überaus beliebtes Reiseland mit sehr guter touristischer Infrastruktur. Die Alpenrepublik rangiert seit Jahrzehnten unter den drei beliebtesten Auslandsreisezielen deutscher Urlauber und war mit knapp 18 Millionen internationalen Besuchern 2000 auf Rang 11 der weltweit beliebtesten Reiseländer zu finden.

Der **Tourismus** brachte Österreich 2000 Einkünfte von gut 10 Milliarden US-Dollar (international Rang 9) und ist ein bedeutender Wirtschaftsfaktor für das Land. Die meisten Einnahmen stammten von deutschen Touristen. Die bedeutendsten **Reiseziele** Österreichs liegen – abgesehen von Wien – im gebirgigen Westen des Landes, westlich einer gedachten Linie vom Salzkammergut nach Kärnten. Zum Fremdenverkehr in Österreich trägt auch bei, dass die Alpenrepublik ein angesehener Messe-, Kongress- und Tagungsort ist.

Österreich war bereits im 19. Jh. ein beliebtes Reiseziel der europäischen High Society. Wie die meisten Gebiete des Alpenraums wurde das Land in der zweiten Hälfte des 20. Jh. verstärkt touristisch erschlossen. Seither haben sich einige Orte in den österreichischen Fremdenverkehrsgebieten zu turbulenten Urlaubszentren entwickelt, die vor allem während der Wintersaison teilweise mit **Massentourismus** zu kämpfen haben. In diesem Zusammenhang treten häufig die **ökologischen Probleme** auf, die im Kapitel 3.1 genannt wurden. Da Österreich ein wichtiges Transitland zwischen Mitteleuropa, Italien und den Balkanländern ist, sind die Verkehrsprobleme hier – gerade während der Hochsaison – besonders groß.

Österreich bietet seinen Einwohnern einen hohen Lebensstandard. Das Bruttosozialprodukt betrug hier im Jahr 2000 25.220 US-Dollar pro Einwohner. Wichtige **Wirtschaftszweige** Österreichs sind Industrie (v.a. Eisen-, Stahl-, Maschinenbau-, Elektro-, Nahrungs- und Genussmittelindustrie) und Dienstleistung (in dieser Sparte hat der Fremdenverkehr große Bedeutung). Obwohl der Anteil der Landwirtschaft am Bruttosozialprodukt in den letzten Jahrzehnten immer weiter zurückgegangen ist, wird in Österreich noch immer viel Land- und Forstwirtschaft (Vieh- und Milchwirtschaft, Obst-, Gemüse- und Weinanbau sowie Holzproduktion) betrieben.

3.3.1 WIEN

Wien ist die Hauptstadt und gleichzeitig das kleinste **Bundesland** Österreichs (415 qkm), das sich wie eine Insel innerhalb des größten Bundeslandes Niederösterreich erstreckt. Die österreichische Metropole, die viele Grünflächen und Parkanlagen aufweist, liegt zu Füßen des Mittelgebirges **Wienerwald**, im etwa 100 Kilometer langen **Wiener Becken** im Nordosten des Landes. Durch Wien, das politische, wirtschaftliche und kulturelle Zentrum Österreichs, fließt die bis zu knapp 300 Meter breite **Donau**, deren Verlauf im Stadtgebiet mehrfach reguliert wurde. In Wien leben gut 1,6 Millionen Menschen, fast ein Viertel aller Österreicher.

Wien liegt in der Übergangszone zwischen ozeanischem und kontinentalem **Klima**. Hier treten nur selten extreme Temperaturen auf. Für die kulturträchtige österreichische Metropole, die hauptsächlich wegen ihrer Sehenswürdigkeiten bereist wird, eignet sich nahezu jede **Reisezeit**; besonders ideal sind Frühjahr und Herbst.

Die **Geschichte** Wiens – heute am Rande Österreichs gelegen, während der Kaiserzeit jedoch Zentrum des mächtigen Habsburgerreiches – beginnt mit einer keltischen Siedlung, die von den Römern zur Stadt Vindobona ausgebaut wurde. Nachdem Wien im frühen Mittelalter wenig Bedeutung hatte, entwickelte es sich ab dem 10. Jh. zur Handelsstadt und war ab dem 13. Jh. Hauptstadt der Habsburger Großmacht, eines Schmelztiegels zahlreicher Völker und Kulturen. Im 16. und 17. Jh. wurde die Stadt während des Barock prächtig ausgebaut, und bald darauf entwickelte sich Wiens Weltruf als Kultur- und Musikstadt, in der zahlreiche große Künstler wirkten. Das heutige Stadtbild Wiens mit der Ringstraße, deren repräsentative Bauten an der Stelle der abgetragenen Stadtbefestigung errichtet wurden, geht auf das 19. Jh. zurück. Nach 1955 wurde Wien Sitz internationaler Organisationen und bedeutende Kongressstadt. Neue Impulse erhielt die Stadt, die nahe der Grenze zu einstigen Ostblockländern liegt, in vielerlei Hinsicht nach dem Fall des „Eisernen Vorhangs“ 1989.

Der internationale **Flughafen** Wiens (VIE), zu dem es gute Flugverbindungen ab ganz Deutschland gibt, liegt in Schwechat, knapp 20 Kilometer südöstlich des Zentrums, an das gute Bus- und Bahnanbindung bestehen.
Die meisten Züge aus Deutschland kommen am Wiener Westbahnhof an, weitere bedeutende **Bahnstationen** sind der Südbahnhof (hierher verkehren auch Züge aus Ostdeutschland) und der Franz-Josefs-Bahnhof. Eine direkte Zugfahrt z. B. ab Frankfurt nach Wien dauert etwa 7,5 Stunden; die Fahrt verläuft über den Grenzübergang Passau, Linz und St. Pölten. Ab Wien bestehen gute Bahnverbindungen in die übrigen Nachbarländer und innerhalb Österreichs.
Das Verkehrsnetz **innerhalb Wiens** und in die Umgebung ist mit Bussen, U- und S-Bahnen sowie Straßenbahnen sehr gut ausgebaut. Kurzbesucher nutzen häufig das „Wien-Ticket“, mit dem man alle öffentlichen Verkehrsmittel nutzen kann und Ermäßigungen für einige Sehenswürdigkeiten erhält. Besondere Verkehrsmittel Wiens sind die berühmten Fiaker, offene Pferdekutschen. Natürlich können auch organisierte Stadtrundfahrten sowie **Schiffstouren** auf der Donau unternommen werden.

Wien mit seinen zahlreichen Sehenswürdigkeiten und alten Gebäuden, dem nostalgischen k.u.k. Flair, dem legendären Charme seiner Bewohner („Wiener Schmäh“) und der reizvollen Umgebung ist ein überaus beliebtes Ziel von Städtereisenden. Wichtige **Anziehungspunkte** der österreichischen Metropole sind auch Musik und Kultur, die man hier in zahlreichen Theatern, im Rahmen von Konzerten (darunter die der Philharmoniker und der Sängerknaben), Musicals (Wien ist eine der bedeutendsten europäischen Musicalmetropolen) und besonderen Veranstaltungen (wie dem Musiksommer und diversen Bällen) sowie in Museen erleben kann. Reizvoll ist es auch, eine Wien-Reise mit Budapest, der zweiten k. u. k. Metropole zu verbinden.

SEHENSWÜRDIGKEITEN

Wien besteht aus 23 Bezirken. Der historische Stadtkern am rechten Donauufer bildet die Innere Stadt, die die Ringstraße von den Innenbezirken (früheren Vorstädten) abgrenzt. Eine weitere, als „Gürtel" bezeichnete Ringstraße trennt Innen- und Außenbezirke, ehemalige Vororte.

INNERE STADT

Die meisten Sehenswürdigkeiten Wiens liegen im historischen Kern der Inneren Stadt (1. Bezirk) mit seinen Altstadtgassen, zahlreichen Kirchen und Palais. Hier ist das Stadtbild Wiens besonders stark geprägt von sehr alter Bausubstanz, moderne Hochhäuser gibt es kaum.

Den Mittelpunkt der Inneren Stadt und eines der berühmtesten Wahrzeichen Wiens bildet der **Stephansdom** („Steffl"), eine prächtige Kathedrale, mit deren Bau im 13. Jh. begonnen wurde. Das bedeutendste gotische Bauwerk Österreichs hat mit 108 Meter Länge und einer maximalen Höhe von 137 Meter – einer der höchsten Kirchtürme der Welt – imposante Ausmaße. Man kann auf die innen und außen prächtig ausgestattete Kirche hinauffahren bzw. -steigen und hervorragende Aussichten über Wien genießen. Am vor der Kirche gelegenen, weitläufigen **Stephansplatz** beginnt die Fußgängerzone, die sich in Richtung Süden mit der Kärntner Straße und im Westen mit Graben und Kohlmarkt fortsetzt. Neben dem Stephansdom liegen das **Dommuseum** und das **Figarohaus**, in dem Mozart mehrere Jahre lang lebte und arbeitete, heute ein Museum.

Eine der nobelsten Einkaufsmeilen Wiens, die **Kärntner Straße**, säumen Boutiquen, Geschäfte, Cafés und Hotels. In den umliegenden Gassen liegen historische Gebäude, alte Palais und zahlreiche Kirchen, darunter die Kapuzinerkirche mit Kloster, in deren **Kaisergruft** die Särge vieler Habsburger – darunter Maria Theresias, Franz Josefs und Sissis – bestattet sind. Die Kärntner Straße selbst führt vom Stephansplatz direkt zur berühmten, 1869 eröffneten **Wiener Staatsoper**, einem der weltweit renommiertesten Opernhäuser. Neben hochklassigen Opernaufführungen findet hier alljährlich an Fasching der berühmte Opernball statt. Die Oper, „Heimat" der Wiener Philharmoniker, kann auch besichtigt werden. An der Stirnseite des Opernplatzes liegt mit dem traditionsreichen **Hotel Sacher** – das nicht nur als Luxushotel, sondern auch durch seine gleichnamige Torte berühmt wurde – eine weitere Sehenswürdigkeit Wiens. Die Kärntner Straße mündet bei der Oper in die Ringstraße; diese Kreuzung, unter der die Opernpassage, eine beliebte Einkaufszeile, verläuft, ist einer der Verkehrsknotenpunkte Wiens.

Westlich der Oper erstreckt sich die imposante, ausgedehnte **Hofburg**, über Jahrhunderte hinweg Residenz der Habsburger, heute Sitz des österreichischen Präsidenten. Der riesige Komplex der „Burg" besteht aus mehreren Bauteilen, die zwischen dem 13. und 20. Jh. in unterschiedlichen Baustilen – am prägendsten ist der Barock – errichtet und aneinander gefügt wurden. Wichtigste Bestandteile der Hofburg sind Alte Burg und Neue Burg. Während in der Alten Burg unter anderem die „Kaiserappartements" von Franz Joseph und Sissi sowie die Schatzkammer mit den Insignien des Heiligen Römischen Reiches Deutscher Nation besichtigt werden können, sind in der ab dem 19. Jh. errichteten Neuen Burg mehrere Museen untergebracht. In den Komplex der Hofburg integriert sind die österreichische **Nationalbibiliothek** mit einem Bibliothekssaal, der häufig als schönster der Welt bezeichnet wird, die **Burgkapelle** aus dem 15. Jh. („Heimat" der Wiener Sängerknaben) und die berühmte **Spanische Hofreitschule**, in der regelmäßig Vorführungen der Kunst der Lipizzanerpferde stattfinden. Da Besuche von Konzerten der Sängerknaben und der Reitvorführungen in der Hofreitschule sehr begehrt sind, sollten Interessenten sich möglichst frühzeitig um Eintrittskarten bemühen.

Um die Hofburg gruppieren sich prächtige Platzanlagen, darunter der weitläufige, von Denkmälern gesäumte **Heldenplatz** mit dem Burgtor, dem einzigen erhaltenen Stadttor, und der **Ballhausplatz** mit der ehemaligen Hofkanzlei. In der Hofkanzlei tagte 1814/1815 der Wiener Kongress; heute sind in dem Gebäude Bundeskanzleramt und Außenministerium untergebracht. In unmittelbarer Nähe der Hofburg liegen das Staatsarchiv, sehenswerte Kirchen wie die gotische **Augustinerkirche** (die Hochzeitskirche der Habsburger), interessante Museen (darunter die **Albertina**, in der die größte und bedeutendste graphische Sammlung der Welt untergebracht ist), die Grünanlagen **Burggarten** und **Volksgarten** mit einem Denkmal für Sissi sowie das Ende des 19. Jh. erbaute **Burgtheater**, eine der renommiertesten deutschsprachigen Bühnen überhaupt.

Von der Ostseite der Hofburg geht der **Kohlmarkt** aus, eine elegante Einkaufsstraße. Viele der hier gelegenen Geschäfte haben eine lange Tradition und waren während der k. u k. Monarchie Hoflieferanten. Dazu gehört auch die berühmte **Zuckerbäckerei Demel**, eines der legendären Kaffeehäuser Wiens. Die vielen eleganten Kaffeehäuser der Stadt, die eine verwirrend große Auswahl an Kaffeevarianten und überaus kunstvolle Torten anbieten, sind fester Bestandteil des gesellschaftlichen Lebens in Wien und stellten vor allem während der Zeit der Donaumonarchie beliebte Künstler- und Gelehrtentreffpunkte dar. Vom Kohlmarkt zweigt der **Graben** – halb Straße, halb Platzanlage und wie der Kohlmarkt Fußgängerzone – ab. Besonders sehenswert ist hier die über 20 Meter hohe **Pestsäule** aus dem 17. Jh., die nach dem Sieg über die Seuche, die in der Stadt etwa 100.000 Opfer gefordert hatte, errichtet wurde. Der Graben endet am Stephansplatz.

Zwischen dem Stephansplatz und dem Donaukanal, der den ersten Bezirk im Norden begrenzt, erstrecken sich liebevoll restaurierte, mittelalterliche Gassen. Hier liegt auch das „**Bermuda-Dreieck**“, ein Viertel mit regem Nachtleben und originellen Kneipen, darunter das **Griechenbeisl**, das älteste Restaurant der Stadt, das seit dem 15. Jh. zahlreiche prominente Gäste hatte. Der älteste Platz der Stadt ist der ebenfalls in dieser Gegend gelegene **Hohe Markt**, unter dessen Pflaster Reste aus der Römerzeit gefunden wurden (Besichtigung möglich). Weitere Sehenswürdigkeiten der nördlichen Altstadt sind das barocke **Alte Rathaus**, sehr alte Kirchen wie das gotische Gotteshaus **Maria am Gestade** und die einzige alte **Synagoge** Wiens.

RINGSTRASSE

Die Innere Stadt wird von der vier Kilometer langen, fast 60 Meter breiten, baumbestandenen Ringstraße – sowie im Nordosten vom Donaukanal – begrenzt. Als Mitte des 19. Jh. die alte Stadtbefestigung entfernt wurde, legte man hier die hufeisenförmige Prachtstraße mit den für das Stadtbild so typischen Monumentalbauten an. Die in mehrere Abschnitte aufgeteilte, viel befahrene Ringstraße säumen Park- und Platzanlagen sowie öffentliche und private Prachtbauten unterschiedlichen Stils, von denen hier nur einige erwähnt werden.

Der nordöstlichste Teil der Ringstraße heißt Stubenring. Am Schnittpunkt des Rings mit dem Donaukanal liegt die **Urania** (Volksbildungshaus und Sternwarte), im ersten Abschnitt folgen das **Regierungsgebäude** (Ministerien) und das repräsentative **Postsparkassenamt**. Der folgende Ringstraßenabschnitt wird als Parkring bezeichnet, da sich hier der weitläufige **Stadtpark** erstreckt. In dem vom Wien-Fluss durchzogenen Park befindet sich das berühmte, dem „Walzerkönig“ gewidmete **Johann-Strauß-Denkmal**. An den Parkring schließen sich Schubertring und Kärntner Ring an; hier liegen die imposantesten Palais der Ringstraße, darunter das Luxushotel **Bristol**.

Ein weiteres Ringstraßengebäude ist die **Staatsoper**, in deren Bereich die Ringstraße Opernring heißt. Auf den Opernring folgt der entlang der Hofburg verlaufende Burgring; hier liegen die pompösen Zwillingsbauten des **Naturhistorischen Museums** und des **Kunsthistorischen Museums** mit wertvollen Sammlungen. Im weiteren Verlauf der Ringstraße folgen das imposante, säulenverzierte **Parlament**, das neogotische **Neue Rathaus** (gegenüber dem **Burgtheater**) und der Renaissancebau der **Universität**; Wien ist Sitz der ältesten deutschsprachigen Universität.

In der Nähe der Universität liegt die – ebenfalls während der Ringstraßenära erbaute – **Votivkirche** mit knapp 100 Meter hohen Zwillingstürmen im neogotischen Stil. In diesem Bereich heißt die Ringstraße „Schottenring", benannt nach der nahen, im ersten Bezirk gelegenen **Schottenkirche**, deren Ursprünge auf das 12. Jh. zurückgehen. Ein weiteres bedeutendes Gebäude des zum Donaukanal führenden Schottenrings ist die **Börse**. Am Ende des Schottenrings liegt der gut 70 Meter hohe **Ringturm**, ein Bürogebäude im Stil amerikanischer Wolkenkratzer des frühen 20. Jh. Hier geht die Ringstraße in den **Franz-Josefs-Kai** über, der entlang dem **Donaukanal** – ein regulierter Seitenarm des Stroms – bis zum Stubenring im Nordosten verläuft.

INNERE BEZIRKE

Auch in den häufig von prächtigen Bürgerhäusern und Jugendstilgebäuden geprägten Inneren Bezirken, den ehemaligen Vorstädten, bietet Wien zahlreiche interessante Attraktionen.

Mehrere Sehenswürdigkeiten liegen „hinter" den Ringstraßenabschnitten Kärntner Ring, Opern- und Burgring, darunter der weitläufige **Karlsplatz** am Ende der Kärntner Straße. Hier befindet sich mit der **Karlskirche** der bedeutendste barocke Sakralbau Wiens. Die mächtige Kirche aus dem 18. Jh. ist geprägt von einer über 70 Meter hohen Kuppel sowie Bauelementen aus unterschiedlichen Kulturen, darunter griechische und römische Säulen sowie orientalisch anmutende Glockentürme. Um den Karlsplatz gruppieren sich Gebäude aus der Ringstraßenära, die Museen, Hochschulen, Künstlerhaus und Musikverein beherbergen. Zur Oper besteht eine unterirdische, unter der Ringstraße verlaufende Verbindung, die Opern- und Karlspassage.

Unweit des Karlsplatzes liegt der **Schwarzenbergplatz** mit dem gleichnamigen Palais, in dem ein Luxushotel untergebracht ist. An den Park des Schwarzenbergpalais schließen sich die beiden aus dem 18. Jh. stammenden, barocken **Schlösser Belvedere** an. Das „Obere Belvedere" war Repräsentationsschloss, das etwa einen Kilometer entfernte „Untere Belvedere" Wohnstatt; dazwischen liegt ein kunstvoll gestalteter Garten. Bauherr der pompösen Schlösser war der wohlhabende Eugen von Savoyen, ein Prinz französischer Abstammung, der sich während der zweiten Türkenbelagerung sehr verdient um Wien gemacht hatte und schließlich österreichischer General wurde. Neben der prächtigen Ausstattung der Schlösser (Marmorsaal, Spiegelsaal, Prunkgalerie) kann man hier heute wertvolle Kunstsammlungen bewundern.

Vom Karlsplatz geht die **Wienzeile**, das lange, regulierte „Steinbett" des Wien-Flusses aus. Auf einer Länge von etwa 500 Metern findet hier der Naschmarkt statt, Wiens größter Obst- und Gemüsemarkt, an den sich samstags ein Flohmarkt anschließt. An der Wienzeile liegt auch das **Theater an der Wien**, das älteste Theater der Stadt, das heute als Musicalbühne dient.

Am Burgring zweigt die **Mariahilfer Straße** ab, die – zunächst parallel zur Wienzeile – bis zum Westbahnhof verläuft. Die lange Mariahilfer Straße, eine der Haupteinkaufsstraßen Wiens, wird von zahlreichen Kaufhäusern und Geschäften, von denen die meisten weniger exklusiv sind als die in der Fußgängerzone der Inneren Stadt, und Mittelklassehotels gesäumt. Am Westbahnhof verläuft der „Gürtel", der die Innen- von den Außenbezirken trennt.

Eine weitere bedeutende Sehenswürdigkeit Wiens liegt mit dem **Hundertwasserhaus** östlich des Stubenrings. Das bunte, kuriose Hundertwasserhaus ist eine von dem gleichnamigen Künstler gestaltete kommunale Wohnanlage. Besonderheiten des farbenfrohen Hauses sind seine Bausubstanz (Keramik, Ziegel, Holz) und die extreme Unregelmäßigkeit: unterschiedlich große Fenster verschiedener Form, abgerundete Ecken, unebene Fußböden und „gewellte" Wände sowie Büsche, Bäume und goldene Kuppeln auf den Dächern. Seit der Fertigstellung des Hundertwasserhauses in den 80er-Jahren streitet man in Wien darüber, ob es künstlerisch oder kitschig ist.

Der Donaukanal trennt das Hundertwasserhaus vom **Prater**, einem knapp 1.300 Hektar großen Naturpark. Nachdem der Prater zunächst kaiserliches Jagdrevier gewesen war, wurde er bereits im 18. Jh. der Öffentlichkeit zugänglich gemacht. Heute unterteilt man den Prater, der auch zahlreiche Sportmöglichkeiten bietet, in den Vergnügungspark „Volksprater" und die eigentliche Grünanlage, den „Grünen Park". Im Volksprater, auch als Würstelprater bezeichnet, gibt es Gaststätten, Schaubuden, Museen (das Pratermuseum sowie ein Sexmuseum) und teilweise recht nostalgische Karussellanlagen. Zu Letzteren gehört ein fast 70 Meter hohe **Riesenrad**, das seit Ende des 19. Jh. hier steht und ein weltberühmtes Wahrzeichen Wiens darstellt.

Der Prater erstreckt sich zwischen dem Donaukanal und der **Neuen Donau**, die wie die etwa 12 Kilometer lange, 200 Meter breite **Donauinsel** im Rahmen der Regulierung des Flusses entstand. Die Donauinsel bildet mit Wiesen, Wäldern, Badestränden, Sportanlagen, Rad- und Wanderwegen, Grillplätzen, Restaurants und Diskotheken ein riesiges Naherholungsgebiet. Ein weiteres Erholungs- und Landschaftsschutzgebiet mit Strandbädern ist der Stromarm **Alte Donau**.

Zwischen Neuer und Alter Donau erstreckt sich ein in den letzten Jahrzehnten entstandenes, von modernen Hochhäusern geprägtes Viertel. Hier erheben sich die bis 100 Meter hohen Bürotürme der **UNO-City** (Wien ist dritter Hauptsitz der Vereinten Nationen nach New York und Genf) und das Konferenzzentrum **Austria Center Vienna**. In der Nähe liegt mit dem Donaupark eine weitere Grünanlage, die in den 60er-Jahren für die IGA angelegt wurde und von dem über 250 Meter hohen **Donauturm** – Wiens höchstes Gebäude, in dem Drehrestaurants untergebracht sind – dominiert wird.

AUSSENBEZIRKE

Die knapp zwei Kilometer von der Ringstraße entfernte Gürtelstraße trennt die Inneren Bezirke von den Außenbezirken, früheren Vororten, die heute teils großstädtischen, teils noch ländlichen Charakter haben oder auch von Industrieanlagen geprägt sind. Die touristischen Attraktionen sind hier nicht so dicht gesät wie im historischen Stadtkern und in den Inneren Bezirken.

Mit **Schloss Schönbrunn** befindet sich hier jedoch eines der meistbesuchten Touristenziele Österreichs und eines der prächtigsten Barockschlösser der Welt. Das eindrucksvolle, von einer prächtigen Parkanlage umgebene, gelbe Schloss wurde Ende des 17. Jh. erbaut und Mitte des 18. Jh. von Maria Theresia erweitert. Im Rahmen von Führungen können 40 der über 1.400 Räume des 180 Meter langen Komplexes besichtigt werden, darunter kostbar ausgestattete Prunk- und Festsäle, das Spiegelkabinett sowie Arbeits- und Schlafräume der kaiserlichen Familie. Für die Öffentlichkeit zugänglich sind außerdem die kaiserliche Wagenburg, Schlosstheater und -kapelle. Eine Besichtigung Schönbrunns umfasst auch den kunstvoll angelegten, mit Plastiken und Brunnen geschmückten Schlosspark, zu dem ein Palmenhaus mit exotischen Pflanzen und der älteste Zoo der Welt gehören. Gute Aussichten über die Schlossanlage bildet die auf einem Hügel im Park gelegene „Gloriette", ein Kolonnadenbau direkt gegenüber dem Schloss.

Südöstlich des Zentrums liegt der **Zentralfriedhof** mit über zwei Millionen Gräbern. Hier gibt es auch Ehrengräber für etwa 1.000 berühmte Persönlichkeiten wie die Komponisten Beethoven, Brahms, Strauß und Schubert und die Schauspieler Hans Moser, Theo Lingen und Curd Jürgens.

MUSEEN

Neben den bereits erwähnten bedeutendsten Museen gibt es in Wien zahlreiche weitere Museen und Gedenkstätten. Zu den meistbesuchten Gedenkstätten gehören Geburts-, Wohn- und Sterbehäuser großer Komponisten.

Weitere sehenswerte Museen sind das **Jüdische Museum**, das sich mit der jüdischen Gemeinde Wiens befasst, die vor dem zweiten Weltkrieg rund 180.000 Menschen umfasste, das in den originalgetreu rekonstruierten Ordinationsräumen des Psychiaters untergebrachte **Sigmund-Freud-Museum** und das hochmoderne **Technische Museum**.

AUSFLÜGE

WIENERWALD

Ein beliebtes Ausflugs- und Erholungsgebiet ist der westlich der Stadt gelegene Wienerwald mit Wanderwegen, Aussichtsbergen, Klöstern und Kirchen.

Am Rande des Mittelgebirges liegen – teils noch innerhalb des Stadtgebietes – als Weinorte bekannte **Heurigendörfer** wie Grinzing und Nußdorf, die mit ihren gemütlichen Weinlokalen vor allem an Sommerabenden viel besucht sind.

Im südlichen Wienerwald liegen mehrere Thermalbäder, darunter das traditionsreiche **Baden** mit einer hervorragenden touristischen Infrastruktur. Hier werden vor allem Rheumaleiden behandelt.

CARNUNTUM

Ein weiteres, etwa 40 Kilometer westlich von Wien gelegenes Ausflugsziel ist Carnuntum, die römische Provinzhauptstadt (damals 50.000 Einwohner), als deren „Anhängsel“ Wien gegründet wurde. Hier kann man heute einen archäologischen Park mit römischen Ruinen besichtigen.

DONAUFAHRTEN

Neben den bereits erwähnten mehrtägigen Flusskreuzfahrten werden von Wienbesuchern gerne und häufig auch kürzere Donaufahrten in die Umgebung unternommen.

3.3.2 SALZBURG / SALZKAMMERGUT

SALZBURG, mit knapp 150.000 Einwohnern die viertgrößte Stadt Österreichs, ist die Hauptstadt des gleichnamigen, recht gebirgigen Bundeslandes (**Salzburger Land**) und liegt in dessen Nordwesten, unmittelbar an der Grenze zum bayerischen Berchtesgadener Land. Die von Hügeln umgebene, beiderseits des Flusses **Salzach** gelegene Stadt und die Umgebung verdanken ihre Namen den hiesigen Salzvorkommen, die seit Jahrtausenden genutzt werden und große wirtschaftliche und auch historische Bedeutung für die Region Salzburg haben.

Östlich der Stadt liegt das SALZKAMMERGUT, eine sich über **Alpen** und **Voralpen** erstreckende, idyllische Gebirgslandschaft, in die rund 40 Seen eingebettet sind. Der größte See des Gebiets ist der **Attersee**, der bekannteste der **Wolfgangsee**. Nur ein Teil der berühmten, historischen Landschaft, die vom Fluss **Traun** durchzogen wird, gehört zum Bundesland Salzburg. Den größten Anteil am Salzkammergut hat das angrenzende Bundesland Oberösterreich, ein weiterer kleiner Teil der beliebten, traditionsreichen Urlaubsregion liegt im Bundesland Steiermark.

Das am nördlichen Alpenrand gelegene Salzburg und das Salzkammergut weisen gemäßigtes, recht feuchtes **Klima** auf; berühmt ist der „Salzburger Schnürlregen". Durch die vielfältigen Attraktionsfaktoren des Gebiets ist hier nahezu das ganze Jahr über **Reisezeit**.

Nach den Römern siedelten sich im Salzburger Raum Bajuwaren (Bayern) an, die hier im Laufe der folgenden Jahrhunderte eine wichtige Rolle spielten. Im 8. Jh. wurde Salzburg zum Erzbistum, von dem eine rege Missionstätigkeit in weite Teile Europas ausging. Während der folgenden Jahrhunderte wurden in der Stadt und ihrer Umgebung zahlreiche Kirchen und Klöster gegründet, es entstanden Festungsanlagen und Stadtmauern. Ende des 15. Jh. erhielt Salzburg die Rechte einer freien Reichsstadt, eine Blütezeit der Stadt folgte. Eine wichtige Ära in der **Geschichte** Salzburgs stellen das späte 16. und das 17. Jh. dar, als durch rege Bautätigkeit der Wandel von der mittelalterlichen Stadt zur barocken Residenzstadt nach italienischem Vorbild vollzogen wurde. Nach dem Ende des geistlichen Fürstentums durch die Säkularisierung 1803 wurde auf dem Wiener Kongress die Zugehörigkeit Salzburgs zu Österreich beschlossen. Seit Ende des ersten Weltkrieges ist es österreichisches Bundesland.

Fünf Kilometer außerhalb Salzburgs, auch Verkehrsknotenpunkt des Salzkammerguts, liegt der **Flughafen** (SZG), zu dem Direktverbindungen von mehreren deutschen Städten aus bestehen. Der Salzburg nächstgelegene größere Flughafen ist München (MUC, Entfernung knapp 150 Kilometer). Ab München gibt es gute direkte **Bahnverbindungen** nach Salzburg (Fahrtdauer gut 1,5 Stunden), das als deutscher Grenzbahnhof in das DB-Tarifsystem eingebunden ist. Ab Frankfurt erreicht man Salzburg mit dem Zug in etwa 5,5 Stunden; die Fahrt verläuft – wie aus den meisten Teilen Deutschlands – über München oder über Passau und Wels in Oberösterreich. Von mehreren deutschen Verladestationen verkehren auch **Autozüge** nach Salzburg. Die Fahrtdauer ab Neu-Isenburg beträgt mit dem Autozug gut 6 Stunden.
Mit dem **Pkw** ist das an wichtigen Fernverkehrsrouten gelegene Salzburg – von wo sehr gute Verkehrsverbindungen ins Salzkammergut sowie in andere Teile Österreichs bestehen – ebenfalls gut erreichbar. Busse, **Bergbahnen** und **Schiffe**, die auf einigen Seen im Salzkammergut verkehren, ergänzen das Verkehrsnetz der Region.

In der Region Salzburg setzte der Fremdenverkehr bereits im 19. Jh. ein. Damals wie heute ziehen die schöne Stadt selbst und die landschaftlich reizvolle Umgebung zahlreiche Besucher an. Während zu den **Attraktionsfaktoren** Salzburgs hochrangige Kulturveranstaltungen gehören, bietet das Salzkammergut mit seinen vielen Seen sehr gute Bade- und Wassersportmöglichkeiten im Sommer, aber auch Skigebiete im Winter. Im Salzburger Land bestehen weitere hervorragende (Winter-)Sportmöglichkeiten, unter anderem in der „Salzburger Sportwelt Amadé" und der „Europa-Sportregion Zell am See-Kaprun". Zunehmender Beliebtheit erfreut sich Rafting auf der Salzach.

SALZBURG

Das **Stadtbild** Salzburgs ist maßgeblich geprägt von den prächtigen Barockbauten und mittelalterlichen Gassen der gut erhaltenen Altstadt am linken Ufer der Salzach. Der neuere Teil der Stadt erstreckt sich am gegenüberliegenden Flussufer. Die Altstadt wird vom knapp 550 Meter hohen Mönchsberg mit der Festung Hohensalzburg, dem namensgebenden Wahrzeichen der Stadt, überragt. Am anderen Flussufer bietet der gut 600 Meter hohe Kapuzinerberg – wie auch der Mönchsberg – hervorragende Aussichten auf die Stadt. Eine Besichtigung Salzburgs, dessen Sehenswürdigkeiten sich auf relativ engem Raum erstrecken, kann man gut zu Fuß unternehmen. Viele Geschäfte, Hotels und Restaurants gibt es sowohl in der Altstadt als auch in der Neustadt.

Besondere Attraktion der malerischen, geschichts- und kulturträchtigen Stadt Salzburg sind neben der schönen Lage, der reizvollen Umgebung und interessanten Sehenswürdigkeiten einzigartige musikalische Events. Die besondere Bedeutung als **Musikstadt** verdankt Salzburg seinem berühmtesten Sohn Wolfgang Amadeus **Mozart**, der hier 1756 geboren wurde. An den großen Komponisten erinnern – neben Souvenirs aller Art, darunter auch die Mozartkugeln – zahlreiche Sehenswürdigkeiten, weshalb Salzburg häufig als „Mozartstadt" bezeichnet wird. Zu den Kulturveranstaltungen, die besonders viele Touristen anziehen, gehören die Mozartwoche im Januar, Oster- und Pfingstfestspiele, die berühmten, seit 1920 alljährlich im Juli und August stattfindenden **Salzburger Festspiele** (die zu den bedeutendsten kulturellen Ereignissen Europas gehören), die Salzburger Kulturtage im Oktober mit Oper und Ballett sowie stimmungsvolle Adventskonzerte in der Vorweihnachtszeit. Vor allem während dieser Veranstaltungen ist eine frühzeitige Hotelreservierung ratsam, aber auch sonst ist Salzburg, eine attraktive Kongressstadt, gut besucht.

SEHENSWÜRDIGKEITEN

FESTUNG HOHENSALZBURG

Eine der bekanntesten Sehenswürdigkeiten Salzburgs ist die 120 Meter oberhalb der Altstadt thronende **Festung** Hohensalzburg, die man von hier auf einem 20-minütigen Fußmarsch oder in wenigen Minuten per Seilbahn erreicht. Die im 11. Jh. erbaute Hohensalzburg ist eine der größten und besterhaltenen Festungsanlagen Europas. Ihr heutiges Erscheinungsbild geht auf das frühe 16. Jh. zurück, als die Erzbischöfe, zu dieser Zeit auch die politischen Herrscher der Stadt, sie zur wehrhaften Residenz ausbauten. Während der Burghof frei zugänglich ist, kann das Innere der Festung nur im Rahmen von Führungen besichtigt werden. Hier sieht man prachtvoll ausgestattete Wohn- und Festräume der Erzbischöfe sowie den „Salzburger Stier", eine Freiorgel aus dem Jahr 1502. In der Umgebung liegen mehrere **Kirchen** sowie das älteste Frauenkloster im deutschsprachigen Raum, das um 700 gegründete **Kloster Nonnberg** mit wertvollen Kunstschätzen. Der zwei Kilometer lange, bewaldete **Mönchsberg** bietet auch schöne Spazierwege.

ALTSTADT

Das Zentrum der weitgehend autofreien Altstadt Salzburgs bildet der weitläufige **Residenzplatz** mit einem 15 Meter hohen Barockbrunnen. Der Platz ist nach der hier gelegenen ehemaligen Residenz der Erzbischöfe benannt. Die aus zwei Teilen bestehende **Residenz**, mit deren Neu- bzw. Umbau Ende des 16. Jh. begonnen wurde, wirkt von außen recht schlicht, innen ist sie jedoch prachtvoll ausgestattet. Heute dient sie als Repräsentations- und Verwaltungsgebäude sowie als Museum.

Weitere große Barockplätze schließen sich mit dem östlichen **Mozartplatz**, den ein großes Denkmal des berühmten Komponisten schmückt, und dem westlichen **Alten Markt** an den Residenzplatz an. Südlich wird der Residenzplatz vom barocken, zweitürmigen **Dom** aus dem 17. Jh. und dem davor liegenden **Domplatz** begrenzt. Die Stufen des Doms werden im Rahmen der Salzburger Festspiele traditionell als Freiluftbühne für die Aufführungen des Schauspiels „Jedermann" genutzt. Die Fassade und das mit marmornen Heiligenstatuen geschmückte Portal des Doms bilden eine großartige Kulisse. Den Domplatz umgeben auf allen Seiten imposante Gebäude: der Dom, die Residenz, die **Franziskanerkirche** aus dem 13. Jh. und das um 700 gegründete, weitläufige **Stift St. Peter**; mit der Residenz und St. Peter ist der Dom durch Bögen verbunden. Außer vom Residenzplatz besteht zum Domplatz Zugang vom südlichen **Kapitelplatz**, einer weiteren imposanten Platzanlage unterhalb der Hohensalzburg. Hier liegt das **Erzbischöfliche Palais**, ab dem 19. Jh. die Residenz der Erzbischöfe.

Westlich des Stifts St. Peter folgt an der Stelle der früheren erzbischöflichen Stallungen der **Festspielbezirk** mit dem Großen und dem Kleinen Festspielhaus, die zusammen eine 225 Meter lange Gebäudefront bilden. Der 60 Meter hohe Bühnenraum des Großen Festspielhauses ist zum Teil in den Fels des Mönchsberges hineingebaut, was eine ganz besondere Akustik bewirkt. Eine dritte, ebenfalls in den Festspielbezirk und den Fels des Mönchsbergs integrierte Spielstätte bildet die alte Felsenreitschule. Die drei Festspielorte bieten zusammen Platz für 5.000 Zuschauer.

Um die Festspielhäuser liegen die **Hofmarstallschwemme**, ein imposanter Barockbrunnen, der einst als „Badeplatz" für Pferde diente, die **Alte Universität** und die prächtige **Kollegienkirche**, ein Hauptwerk des Barock in Österreich. Von den Festspielhäusern führt eine Gasse zum **Rathaus** nahe der Salzach. Das Gebäude aus dem 17. Jh. liegt in der sehr alten, schmalen **Getreidegasse**, einer der „Hauptstraßen" Salzburgs. Hier kann man mittelalterliche Durchhäuser – in Nebenstraßen führende Passagen mit schönen Innenhöfen – und **Mozarts Geburtshaus**, eine der wichtigsten Sehenswürdigkeiten Salzburgs, bewundern. Das Haus, in dem der Komponist seine Kindheit verbrachte, ist heute Museum. In den malerischen Gassen um das Rathaus sieht man zahlreiche alte Salzburger Bürgerhäuser, die – aufgrund der relativ beengten Verhältnisse in diesem Teil der Altstadt – meist recht viele Stockwerke haben.

NEUSTADT

Nahe dem Rathaus führt die Staatsbrücke, eine von mehreren Salzachbrücken, in die Neustadt. Die neueren Stadtteile Salzburgs erstrecken sich zu Füßen des **Kapuzinerberges**, des „Gegenstücks" des Mönchsberges. Auf dem bewaldeten, parkartigen Hügel mit zahlreichen lohnenswerten Aussichtspunkten prangt ein um 1600 gegründetes Kapuzinerkloster. Nahe der Brücke liegen weitere an Mozart erinnernde Sehenswürdigkeiten: **Mozarts Wohnhaus** (mit dem Ton- und Filmmuseum) und das **Mozarteum** (Hochschule für Musik und darstellende Kunst). Im Garten des Mozarteums befindet sich mit dem „Zauberflötenhäuschen" der Platz, an dem Mozart eine seiner berühmtesten Opern komponiert haben soll.

Die wichtigste Attraktion des rechten Salzachufers ist **Schloss Mirabell**, das ein Erzbischof im frühen 17. Jh. seiner Geliebten als Landsitz errichtete. Heute dient das Schloss, dessen Terrasse ein beliebter Aussichtsspunkt auf die Festung ist, als Sitz der Stadtverwaltung. Südlich des Schlosses liegt der prächtige **Mirabellgarten**. Die barocke Gartenanlage umfasst ein Heckentheater, eine Orangerie, einen Garten mit originellen Zwergfiguren, einen Rosengarten, ein Barockmuseum und einen Bereich mit Skulpturen aus der antiken Mythologie. An den Mirabellgarten schließt sich der Kurgarten mit dem **Kongresshaus** an. In der Nähe liegen einige Kettenhotels, etwa einen Kilometer entfernt befindet sich der Salzburger Hauptbahnhof. Die Neustadt Salzburgs bietet außerdem weitere sehenswerte, alte Kirchen und Kapellen.

MUSEEN

Weitere interessante Museen Salzburgs sind das **Rupertinum** (Moderne Galerie und Graphische Sammlung), das **Carolino Augusteum** mit einer kunst- und kulturgeschichtlichen Sammlung sowie das **Haus der Natur**, ein Naturkundemuseum.

UMGEBUNG

Das beliebteste Ausflugsziel in der näheren Umgebung Salzburgs ist das etwa fünf Kilometer entfernte **Schloss Hellbrunn**, das im frühen 17. Jh. als erzbischöfliches Lustschloss erbaut wurde. Von der Stadt führt eine von weiteren kleinen Schlössern gesäumte Allee hierher. Das frühbarocke, gelbe Schloss Hellbrunn kann besichtigt werden und dient heute im Sommer im Rahmen der Veranstaltung „Fest in Hellbrunn“ als Schauplatz von Opern, Theateraufführungen und Konzerten. Attraktion Hellbrunns ist der für seine Wasserspiele berühmte Schloßgarten mit Statuen, Brunnen und Grotten. Die Wasserkraft wird hier auch für Spielereien wie ein mechanisches Puppentheater und Scherze wie plötzlich im – ebenfalls zum Park gehörenden – römischen Theater aufspritzende Fontänen genutzt. An den Schlosspark von Hellbrunn schließen sich ein Tiergarten und ein Schlösschen, in dem das Volkskundemuseum untergebracht ist, an.

SALZKAMMERGUT

Das berühmte, östlich Salzburgs gelegene Salzkammergut gehört ebenfalls zu den Ausflugszielen Salzburgreisender. Oft ist es aber auch umgekehrt, nämlich dass Sport- und Badetouristen ins Salzkammergut einen Abstecher nach Salzburg machen. Die Entfernung von Salzburg nach Bad Ischl, das als Herz der beliebten Urlaubsregion gilt, beträgt rund 60 Kilometer. Das Salzkammergut, das nicht nur aufgrund der schönen Landschaft, sondern auch wegen seiner Kurorte im 19. Jh. zum Treffpunkt von europäischen Herrschern, Adel und Künstlern wurde, gilt als sehr „musikalisch“. Hier schrieben bekannte Komponisten wie Lehár, Stolz und Kálmán zahlreiche Operetten, woran die in Bad Ischl alljährlich im Juli/August stattfindenden Operettenwochen erinnern. Das Salzkammergut ist geprägt von zahlreichen Seen – nachfolgend werden nur einige beschrieben – und den sie umgebenden Bergen, die von Salzburg in Richtung Osten bzw. Südosten allmählich ansteigen. Auf viele umliegende Gipfel führen Bergbahnen. Die höchste Erhebung der Region liegt mit knapp 3.000 Metern Höhe im südlichen Gebirgsmassiv Dachstein.

An das Schienennetz der ÖBB ist das Salzkammergut nur teilweise angebunden. Bahnstationen haben der Attersee, der Traunsee, Bad Ischl, der Hallstätter See und Bad Aussee, von wo Busse zu vielen weiteren Touristenzielen verkehren. Die Bahnlinien ins Salzkammergut zweigen von der Hauptstrecke Salzburg–Wien ab, Reisende ab Salzburg müssen also umsteigen.

FUSCHLSEE

20 Kilometer östlich von Salzburg liegt der vier Kilometer lange, einen Kilometer breite Fuschlsee, der der Stadt am nächsten gelegene See des Salzkammerguts. Der waldreiche Fuschlsee, der als besonders klar und sauber gilt, steht unter Naturschutz, am Ufer gibt es gute Naturbadestrände. In der Umgebung bestehen hervorragende Wandermöglichkeiten, auch um den See führt ein schöner Wanderweg (Dauer der Umrundung gut drei Stunden). Das Fremdenverkehrszentrum des Sees ist der Ort **Fuschl** mit zahlreichen Unterkünften. Außerhalb liegt Schloss Fuschl aus dem 16. Jh., früher Jagdschloss der Salzburger Erzbischöfe, heute luxuriöses Schloßhotel. Der Fuschlsee eignet sich sehr gut für ruhige Ferien und stellt durch seine zentrale Lage zwischen Salzburg und den Sehenswürdigkeiten des Salzkammerguts einen idealen Ausgangspunkt für Ausflüge dar.

MONDSEE

Auf den Fuschlsee folgt im Osten, knapp 30 Kilometer von Salzburg entfernt, der von bis zu 1.800 Meter hohen, steil aufragenden Bergen umgebene Mondsee. Der elf Kilometer lange und zwei Kilometer breite See ist mit Temperaturen bis zu 26 Grad einer der wärmsten der Alpen und bildet somit ein ideales Bade- und Wassersportrevier. Der Ort **Mondsee** war ab dem 8. Jh. mit einem Kloster über Jahrhunderte hinweg ein kulturelles Zentrum der Region Salzburg/Bayern. Noch heute wird das Ortsbild vom ehemaligen Klosterkomplex und von dessen Kirche St. Michael geprägt. Das häufig auch als Schloss bezeichnete Kloster wird jetzt als Museum und Verwaltungsgebäude genutzt. Außerdem sehenswert sind in Mondsee – das bereits im 3. Jhtsd. v. Chr. besiedelt war – das Heimatmuseum sowie Bürgerhäuser mit schönen Barock- und Rokokofassaden. In Mondsee, einem beliebten Ferienort mit umfangreichem Freizeitangebot, sowie um den See verstreut gibt es zahlreiche Hotels, Pensionen und Ferienhäuser.

ATTERSEE

Östlich des Mondsees liegt, gut 40 Kilometer von Salzburg entfernt, der Attersee, der größte See auf rein österreichischem Gebiet (20 Kilometer lang, bis vier Kilometer breit, bis 170 Meter tief). Der nördliche Teil des Sees ragt ins hügelige Alpenvorland, den südlichen Attersee umrahmen Berge, darunter das bis zu 1.860 Meter hohe Höllengebirge, zwischen dem Attersee und dem östlichen Traunsee gelegen. Um den ebenfalls sehr gut zum Baden, Segeln, Surfen, Tauchen und Wandern geeigneten Attersee – der aufgrund seines Fischreichtums auch viele Angler anzieht – erstrecken sich kleine Ferienorte wie **Unterach**, **Nußdorf**, **Attersee**, **Weyregg** und **Steinbach**. Die hübschen, relativ ursprünglichen Orte liegen zum Teil auf Halbinseln, die in den See hineinragen. In der Umgebung des Attersees, der trotz seiner Größe und der landschaftlichen Reize kaum vom Massentourismus berührt ist, laden abwechslungsreiche Täler zu Ausflügen ein.

TRAUNSEE

Der östlichste der größeren Salzkammergutseen ist der 12 Kilometer lange und bis drei Kilometer breite Traunsee. An der Nordspitze des von Salzburg etwa 80 Kilometer entfernten Sees liegt mit dem malerischen **Gmunden** einer der größten Orte der Region (14.000 Einwohner). Das Ortsbild des wohlhabenden Salzhandelsplatzes Gmunden ist von sehr alten, prächtigen Häusern – dem Kammerhof und dem Rathaus aus dem 15. bzw. 16. Jh. sowie Wohnhäusern – Villen und kleinen Schlössern geprägt. Eines darunter, das aus dem 15. Jh. stammende Seeschloss Orth, das durch eine 130 Meter lange Holzbrücke mit dem „Festland" verbunden ist, kam durch eine Fernsehserie als Schlosshotel zu Berühmtheit. Zum Urlaubsort entwickelte sich Gmunden im 19. Jh., als Künstler und Adel hier ihre Ferien verbrachten. Heute bietet Gmunden mit seiner Seepromenade eine hervorragende touristische Infrastruktur sowie gute Unterhaltungs- und Einkaufsmöglichkeiten, unter anderem für Keramik- und Töpferwaren, da dieses Handwerk hier lange Tradition hat.

Weitere Ferienorte am Traunsee sind **Altmünster** mit schönem Wildpark, das malerisch auf einer Halbinsel gelegene **Traunkirchen** und **Ebensee**, Ausgangspunkt einer Seilbahn auf den Feuerkogel. Der Feuerkogel ist ein knapp 1.600 Meter hoher Berg, der gute Wanderwege, Skipisten und schöne Aussichten bietet. Großer Beliebtheit erfreuen sich Schiffstouren – unter anderem mit einem nostalgischen Raddampfer – auf dem Traunsee, der auch ein gutes Bade- und Wassersportrevier bildet.

WOLFGANGSEE

Der bekannteste See des Salzkammerguts, der Wolfgangsee, liegt knapp 40 Kilometer entfernt von Salzburg, südöstlich des Fuschlsees und südlich des Mondsees. Den zehn Kilometer langen, zwei Kilometer breiten See umrahmen bewaldete Hügel und Berge, unter denen der knapp 1.800 Meter hohe Schafberg zwischen Wolfgangsee, Mondsee und Attersee der höchste ist. In der Umgebung des Sees, der hervorragend für Wassersport und zum Wandern geeignet ist, liegen einige Skigebiete, die besonders ideal für Langläufer, Familien und Anfänger sind. Im Sommer sind Schiffe häufig genutzte Verkehrsmittel zwischen den Orten am Wolfgangsee.

Der beliebteste Ferienort **St. Wolfgang** verdankt seine Berühmtheit nicht zuletzt dem Hotel „Zum Weißen Rößl", das als Schauplatz der gleichnamigen Operette diente. Noch heute gilt das am Marktplatz mit wuchtigen Giebelhäusern gelegene Weiße Rößl als eine der nobelsten Herbergen des Salzkammerguts. Weitere Attraktion des weitgehend autofreien Touristenortes ist die Wallfahrtskirche des Hl. Wolfgang aus dem 15. Jh. mit einem berühmten gotischen Altar. Ab St. Wolfgang fährt die Schafbergbahn auf den gleichnamigen Gipfel, der phantastische Aussichten über das ganze Salzkammergut bietet. Weitere häufig besuchte Ferienorte am Wolfgangsee sind **St. Gilgen** und **Strobl**. Oberhalb von Strobl liegt die knapp 1.300 Meter hohe Postalm, Österreichs größtes Hochplateau mit guten Wanderwegen und Skieinrichtungen.

BAD ISCHL

Östlich des Wolfgangsees und südlich von Attersee und Traunsee liegt – im Herzen des Salzkammergutes – Bad Ischl, mit etwa 14.000 Einwohnern eine der größten Gemeinden der Region. Die Entfernung nach St. Wolfgang beträgt etwa 15 Kilometer. Seinen touristischen Aufstieg zum mondänen Ferienort im 19. Jh. verdankt das auf einer Halbinsel des Flusses Traun gelegene Bad Ischl vor allem der Heilwirkung seines Salzes. Noch heute ist Bad Ischl Kurbad, in dem mithilfe von Sole, Schwefelquellen und Salzbergschlamm Erkrankungen der Atemwege, des Stütz- und Bewegungsapparates sowie Herz- und Kreislaufstörungen behandelt werden. Seit Mitte des 19. Jh. kurte hier jeden Sommer Kaiser Franz Joseph, der sich in Bad Ischl mit der bayerischen Prinzessin Elisabeth verlobte. An diese Zeit erinnert die Kaiservilla, die – wie die Villa des Operettenkönigs Franz Lehár, der in der ersten Hälfte des 20. Jh. viele Jahre lang hier lebte – heute eine Sehenswürdigkeit Bad Ischls darstellt. Aus der Zeit der Donaumonarchie stammen auch viele weitere Villen an der prächtigen Promenade des Traunufers. Obwohl Bad Ischl hauptsächlich im Sommer besucht wird, bietet es auch im Winter gute Sport- und Unterhaltungsmöglichkeiten. In der Umgebung liegen der Salzberg, wo man ein stillgelegtes Bergwerk besichtigen kann, und schöne Aussichten bietende Almen und Berge.

HALLSTÄTTER SEE / DACHSTEIN

In der Nähe von **Bad Goisern**, einem weiteren Kurort etwa zehn Kilometer südlich von Bad Ischl, liegt der knapp neun Kilometer lange und bis zu zwei Kilometer breite HALLSTÄTTER SEE. Die steilen, bewaldeten Felswände, die den Gebirgssee zu Füßen des Dachsteinmassivs umgeben, verleihen ihm einen fjordartigen Charakter. Deshalb war **Hallstatt**, der Hauptort des von der Traun durchflossenen Sees, bis Ende des 19. Jh. nur per Schiff und auf einem schmalen Saumpfad erreichbar. Die Häuser des Ortes, der mit seinen engen Gassen als sehr malerisch gilt, „kleben" regelrecht am steilen, schmalen Ufer. Hallstatt ist ein geschichtsträchtiger Ort: Da man am nahen Salzberg aus dem 1. Jhtsd. v. Chr. stammende Gräberfelder aus Bronze und Eisen fand, wurde eine ganze Epoche der europäischen Eisenzeit „Hallstattzeit" benannt. In einem prähistorischen Museum sind Grabungsfunde ausgestellt. Der Salzberg mit der weltweit ältesten, noch betriebenen Salzgewinnungsstätte – hier wird vermutlich seit 3.000 Jahren Salz abgebaut – kann besichtigt werden. Ein weiterer Ferienort am Hallstätter See ist **Obertraun**.

Der im Süden des Salzkammerguts gelegene DACHSTEIN ist ein gewaltiges, verkarstetes Massiv der Nördlichen Kalkalpen mit 2.000 bis 3.000 Meter hohen Gipfeln. Seine höchste Erhebung ist der **Hohe Dachstein** (2.995 Meter). Zwischen den Tälern des Dachsteins befinden sich Gletscher, darunter auch der Hallstätter Gletscher. Nördlich liegen zu Füßen des Gebirgsmassivs der Hallstätter See und die beiden **Gosauseen**, im Süden fällt der Dachstein unvermittelt zum Hochplateau **Ramsau** ab. Das Dachsteingebiet bildet ein ganz hervorragendes Revier für Wanderer, Kletterer und Bergsteiger; der Gletscher und ein von Obertraun erreichbares Skigebiet auf einer Hochfläche bieten gute Wintersportmöglichkeiten (in der **Skiregion Dachstein-West**).

Attraktion des Dachsteins sind die von Obertraun aus erreichbaren **Dachsteinhöhlen**, die eine der größten Natursehenswürdigkeiten Österreichs darstellen. Auf etwa 1.350 Meter Höhe liegt – erreichbar mit der Dachsteinbahn – der Eingang zu den spektakulärsten Höhlen. Während die 37 Kilometer lange und fast 1.200 Meter tiefe Mammuthöhle in schaurige „Hallen" mit wild zerklüfteten Felsformationen führt, bietet die Rieseneishöhle, in der im Sommer eine Temperatur von –1 Grad Celsius herrscht, regelrechte Eispaläste und -hallen mit Türmen, Wasserfällen und bis zu 20 Meter dicken Wänden aus Eis.

BAD AUSSEE / ALTAUSSEE

Östlich des Hallstätter Sees liegt, rund 90 Kilometer von Salzburg entfernt, im Trauntal das malerische BAD AUSSEE. Auch dieses Solekurbad, in dem sich im frühen 20. Jh. zahlreiche berühmte Gäste und Künstler erholten, verdankt seine Entwicklung reichen Salzvorkommen. Sehenswert sind hier neben spätgotischen Kirchen der Kammerhof (das alte, auf das 14. Jh. zurückgehende Salzamtsgebäude, in dem heute das Heimatmuseum untergebracht ist), die Via Artis (ein Wanderweg entlang den Gebäuden und Orten, an denen berühmte Persönlichkeiten wie Hugo von Hofmannsthal und Richard Strauß weilten) und der „Mittelpunktstein", der das geographische Zentrum Österreichs markiert.

Nur wenige Kilometer entfernt von Bad Aussee liegt der drei Kilometer lange und einen Kilometer breite ALTAUSSEE mit dem gleichnamigen Ort. **Altaussee** ist sowohl als Kurort als auch als Wintersportort beliebt. Da auch hier zahlreiche Künstler ihren Urlaub verbrachten und Spuren hinterließen, kann man ein Literatur- und Heimatmuseum besichtigen. Vom Altaussee wird häufig eine „Drei-Seen-Tour" zu den Nachbarseen Grundlsee, Kammersee und Toplitzsee unternommen.

AUSFLÜGE

Attraktionen der Region Salzburg sind auch hervorragende, südlich der Stadt gelegene Skigebiete.

PINZGAU / PONGAU

Zu diesen Wintersportregionen, die zu den bekanntesten Österreichs zählen, gehört auch das PINZGAU mit **Lofer**, **Leogang**, **Saalbach-Hinterglemm**, **Krimml** und **Rauris** sowie der „Europa-Sport-Region", zu der **Kaprun** und **Zell am See** gehören.

Das PONGAU umfasst das **Gasteiner Tal** und die „Salzburger Sportwelt Amade" mit **Flachau**, **Wagrain**, **St. Johann** und **Filzmoos**.

3.3.3 TIROL

Tirol, im Westen Österreichs gelegen, ist mit einer Fläche von fast 12.650 qkm das drittgrößte Bundesland Österreichs und teilt sich in die Landesteile Nordtirol und Osttirol auf. **Nordtirol** umfasst den größten Teil der Region und bildet einen „Korridor" zwischen Deutschland und Italien. Das südöstlich gelegene, etwa ein Sechstel der Gesamtfläche Tirols einnehmende **Osttirol** ist von Nordtirol durch einen Zipfel des Salzburger Landes und das heute zu Italien gehörende **Südtirol** getrennt. Quer durch Nordtirol verläuft das Tal des Flusses **Inn**, der im südwestlichen Graubünden entspringt und nach seinem Verlauf durch Tirol bei Kufstein die deutsche Grenze überschreitet. Das Gebiet um Kufstein bildet den kleinen, zum **Voralpenland** gehörigen Teil Tirols. Ansonsten umgeben mächtige Gebirgsstöcke das Inntal, von dem zahlreiche, bis zu 60 Kilometer lange Seitentäler in die Hochgebirgswelt abzweigen. Die höchsten Gipfel Tirols, das Herz der **Ostalpen**, liegen in den Berggruppen **Ötztaler Alpen**, **Zillertaler Alpen** und **Hohe Tauern** (an denen Osttirol, Salzburg und Kärnten Anteil haben). In Tirol erreichen die Alpen mit einer Breite von etwa 250 Kilometern ihre größte Nord-Süd-Ausdehnung. Hauptstadt und größte Stadt des Bundeslandes ist das in Nordtirol, am Inn gelegene **Innsbruck**, wo etwa 120.000 der 660.000 Tiroler leben.

Im weitgehend zum Hochgebirge gehörenden Tirol herrscht meist **Gebirgsklima**. Hochsaison hat Tirol im Sommer und im Winter.

Zur Römerzeit, während der hier bereits einige noch heute bedeutende Verkehrswege entstanden, war Tirol ein Teil der Provinz Rätien. Im Laufe der folgenden **Geschichte** gehörte Tirol zu Bayern und dem Frankenreich, im 13. Jh. wurde es zur eigenständigen Grafschaft, die im 14. Jh. der Habsburgerherrschaft zukam. Anfang des 19. Jh. war Tirol von Bayern besetzt, wogegen sich die Bevölkerung unter der Führung des Freiheitskämpfers Andreas Hofer widersetzte; ab 1813 war Tirol wieder Teil Österreichs. Nach dem verlorenen ersten Weltkrieg wurde Südtirol abgespalten, das etwa ein Drittel der Gesamtfläche Tirols ausmachte. Während das verbleibende Gebiet zum österreichischen Bundesland Tirol wurde, gehört Südtirol nun seit 1919 zu Italien und ist noch heute teilweise deutschsprachig. Der Tourismus, der bereits zu Beginn des 20. Jh. eingesetzt hatte, nahm in Tirol seit den 50er- Jahren eine rasante Entwicklung.

Der **Flughafen** von Innsbruck (INN) wird von Frankfurt direkt per Linie, im Winter auch von weiteren deutschen Städten aus per Charter angeflogen. Der Tirol am nächsten gelegene größere Flughafen ist München (MUC, Entfernung gut 160 Kilometer).
Ab Deutschland gibt es sehr gute **Bahnverbindungen** nach Tirol, die meist über München und weiter über die Grenzübergänge Kufstein oder Mittenwald verlaufen. Die Fahrtdauer der Direktzüge von München nach Innsbruck beträgt knapp zwei Stunden. Von einigen deutschen Verladestationen verkehren auch **Autozüge** nach Innsbruck.
Außer über das ebene Inntal bei Kufstein ist Tirol nur über Passstraßen erreichbar. Über Kufstein verläuft neben der Bahnlinie auch die bedeutendste Fernverkehrsroute nach Tirol, die viele **Pkw-Reisende** nutzen. Diese Autobahn München–Innsbruck führt weiter über den nur knapp 1.400 Meter hohen Alpenpass Brenner, etwa 40 Kilometer südlich von Innsbruck gelegen, nach Italien. Inntalautobahn und Brenner machen Tirol zu einem bedeutenden Transitgebiet für den Verkehr von Deutschland nach Italien. Das Straßen- und Verkehrsnetz innerhalb Tirols ist mit Bahn, Bussen und **Bergbahnen** sehr gut ausgebaut.

Das sowohl im Sommer als auch im Winter überaus beliebte Reiseziel Tirol ist das meistbesuchte Bundesland Österreichs. Die wichtigsten **Attraktionsfaktoren** Tirols sind seine herrliche, Erholung versprechende Gebirgslandschaft und hervorragende Sportmöglichkeiten. Vor allem die zahlreichen Skigebiete ziehen viele Besucher an, es bestehen aber auch beste Voraussetzungen zum Wandern, Bergsteigen, Rafting auf Inn und Lech, Wassersport auf Seen, Rad- und Mountainbikefahren, Paragliding, Drachenfliegen und Golfen.

ARLBERG

Der zu den Lechtaler Alpen gehörende Gebirgsstock Arlberg liegt im äußersten Westen Tirols und bildet die Grenze zum Nachbarbundesland Vorarlberg. Das Gebiet um den Arlberg gehört aufgrund seiner hohen Schneesicherheit, der Pistenvielfalt und der sehr guten touristischen Infrastruktur zu den besten – und teuersten – Skigebieten Österreichs. Die mit zahlreichen Bergbahnen und Liften erreichbaren Pisten liegen bis zu 2.800 Meter, die Ferienorte bis 1.800 Meter hoch. Im Sommer eignet sich die Region gut als Ausgangspunkt für (Berg-)Wanderungen und Mountainbiketouren. Die Urlaubsorte um den Arlberg, unter denen einige Weltruf genießen, gehören teils zu Vorarlberg, teils zu Tirol. Eine knapp 1.800 Meter hohe Passstraße über den Arlberg, ein Straßentunnel und die Bahnlinie Innsbruck–Bregenz gewährleisten die Verbindung zwischen Vorarlberg und Tirol. Die Fahrtdauer von Innsbruck nach St. Anton am Arlberg beträgt rund 80 Minuten.

Zu den beliebtesten Ferienorten am Arlberg gehören das mondäne **Lech** mit besonders vielen Luxushotels, sein über 1.700 Meter hoch gelegener Ortsteil **Oberlech** („Sonnenterrasse des Arlbergs"), das als besonders schneereich geltende **Zürs**, das familiäre **Stuben** und vor allem das traditionsreiche, mondäne **St. Anton**, wo 1922 die erste Skischule der Welt gegründet wurde, mit den Ortsteilen **St. Christoph** (direkt auf der Passhöhe) und **St. Jakob**. Die größeren Orte bieten zahlreiche Unterkünfte, gute Einkaufs-, Sport- und Unterhaltungsmöglichkeiten sowie lebhaftes Après-Ski. Ruhiger sind kleinere Ferienorte am Arlberg wie **Flirsch** und **Warth**.

PAZNAUNTAL

Das südöstlich des Arlbergs gelegene Paznauntal umgeben hohe Gebirgszüge, darunter die im Grenzgebiet zum Unterengadin gelegene Silvretta mit zahlreichen über 3.000 Meter hohen Gipfeln. Das enge, knapp 40 Kilometer lange Paznauntal, das hervorragende Wintersportgebiete (darunter die Silvretta-Skiarena) bietet, erstreckt sich zwischen der Silvretta-Hochalpenstraße und dem Inntal. Die nur im Sommer geöffnete **Silvretta-Hochalpenstraße** stellt eine weitere Verbindung zwischen Tirol (Paznauntal) und Vorarlberg (Montafon) dar. Im Verlauf der gut 20 Kilometer langen Straße passiert man zahlreiche Aussichtspunkte mit phantastischem Blick auf die vergletscherte Silvretta und den über 2.000 Meter hohen, gewaltigen **Silvrettastausee**.

Am Ende der Hochalpenstraße bzw. am Beginn des Paznauntals liegt das relativ ursprüngliche **Galtür**, ein knapp 1.600 Meter hoher, sehr schneesicherer Wintersportort. Wie alle Skiorte im Paznauntal bietet Galtür ein eigenes Skigebiet. Auch im Sommer ist Galtür – mit seinem sportlichen Freizeitzentrum sowie als Ausgangspunkt für die Hochalpenstraße und für Bergtouren – ein beliebter Ferienort. Das touristische Zentrum des Paznauntals bildet das etwa zehn Kilometer von Galtür entfernte, turbulente **Ischgl**. Mit einem großen Unterkunfts- und Freizeitangebot stellt Ischgl den Mittelpunkt der Silvretta-Skiregion dar, eines der größten Wintersportgebiete Österreichs mit Anschluss an das Skigebiet des zollfreien Samnaun im Unterengadin (➔ Kapitel 3.2.5). Weitere, wiederum ruhigere Ferienorte des Paznauntals sind **Kappl** und **See**, die ebenfalls bis zu 2.700 Meter hoch gelegene Skipisten und im Sommer gute Wandermöglichkeiten bieten.

OBERINNTAL

Das etwa 230 Kilometer lange Tal des Inns, der Tirol von Südwesten nach Nordosten durchfließt, beginnt am Übertritt des Flusses über die schweizerische Grenze östlich des Paznauntals. Der erste Abschnitt des Tals wird als „Oberinntal" bezeichnet, dessen Hauptort das Städtchen Landeck bildet.

Landeck ist ein wichtiger Verkehrsknotenpunkt: Es liegt an der von Osten nach Westen verlaufenden Strecke Innsbruck–Zürich über den Arlbergpass sowie zwischen dem Fernpass im Norden und dem Reschenpass im Süden. Die beiden Pässe stellen eine häufig genutzte Straßenverbindung zwischen Deutschland und Italien her. Zu den mächtigen, das Oberinntal umgebenden Gebirgen gehören die Lechtaler Alpen im Norden sowie die Samnaungruppe (die das Inntal vom Paznauntal trennt), die Ötztaler Alpen und die Stubaier Alpen im Süden.

Der erste Ort des Oberinntals ist das an der schweizerischen Grenze, nahe dem Reschenpass nach Italien gelegene **Nauders** (knapp 1.400 Meter hoch). Nauders bietet ein schneesicheres Skigebiet (bis 2.850 Meter), von hier sind jedoch auch schnell weitere gute Wintersportgebiete in Österreich, Italien und der Schweiz zugänglich. Zwischen dem von Almen umgebenen Nauders und Landeck (Entfernung etwa 40 Kilometer) folgen das malerische **Pfunds**, das auf einer Sonnenterrasse gelegene, lebhafte **Serfaus** (autofreier Wintersportort mit unterirdischer Dorfbahn), die recht ursprünglichen Dörfer **Fiss** und **Ladis** sowie das nur noch knapp 900 Meter hoch gelegene **Ried** mit einem Badesee. Auch im Sommer sind diese Ferienorte sehr beliebt.

Auf einer Höhe von gut 800 Meter folgt schließlich **Landeck**, ein hübsches, von einer Burg aus dem 13. Jh. überragtes Städtchen. Sehenswert sind hier auch die gotische Pfarrkirche aus dem 15. Jh. und mit Wandmalereien und Erkern verzierte Oberinntaler Häuser. Das Umland bietet weitere Burgen. In der Umgebung von Landeck liegen mit **Fliess**, **Grins** und **Zams** kleine, relativ ruhige Urlaubs- und Skiorte. Knapp 20 Kilometer östlich von Landeck folgen das Skigebiet Hoch-Imst und der Höhenkurort **Imst**, ein lebhaftes Städtchen; in der nahen Imster Schlucht kann man Raften.

AUSSERFERN / ZUGSPITZE

Das Gebiet nördlich des Oberinntals und nordwestlich des Fernpasses wird als Außerfern bezeichnet. Hier erstreckt sich nahe der deutschen Grenze, zwischen Allgäuer Alpen und Lechtaler Alpen, der Fluss Lech. Nordöstlich des Fernpasses liegt die zum Wettersteingebirge gehörende Zugspitze. Im Bereich des knapp 3.000 Meter hohen Gipfels – des höchsten Bergs Deutschlands – verläuft die deutsch-österreichische Grenze.

Hauptort und Verkehrsknotenpunkt des Außerfern ist das nur 15 Kilometer vom deutschen Füssen entfernte, von alten Bürgerhäusern geprägte **Reutte** im landschaftlich reizvollen, bis zum Arlberg verlaufenden Lechtal. Das von mehreren Seen sowie guten Wintersport- und Wandergebieten umgebene Städtchen und seine Umgebung bilden sowohl im Winter als auch im Sommer eine beliebte Ferienregion mit guter touristischer Infrastruktur. Dazu gehört auch das westlich von Reutte gelegene **Tannheimer Tal**, das der Oberjochpass mit dem Allgäu verbindet. Das almenreiche Hochtal konnte sich einen weitgehend ursprünglichen Charakter bewahren.

Südöstlich von Reutte und unterhalb der österreichischen Zugspitze bilden die Ferienorte **Berwang**, **Lermoos** und **Ehrwald** die Ausgangsbasis für die beliebte, knapp 3.000 Meter hohe „Skiarena Tiroler Zugspitze“. Ab Ehrwald verkehrt die Tiroler Zugspitzbahn auf den Gipfel, der von deutscher Seite mit der Bayerischen Zugspitzbahn ab Garmisch-Partenkirchen erreichbar ist.

KAUNERTAL / PITZTAL / ÖTZTAL

Südlich von Imst, zwischen Oberinntal, Ötztaler und Stubaier Alpen, erstrecken sich große Hochtäler mit hervorragenden Wintersportgebieten. Die dem Inn zulaufenden Täler, Seitentäler des Inntals, schneiden tief in die Ötztaler Alpen ein. Über dieses stark vergletscherte Gebirgsmassiv mit vielen 3.000ern, darunter der höchste Berg Wildspitze (3.774 Meter) verläuft die Grenze zu Italien.

KAUNERTAL

Das westlichste Tal ist das 30 Kilometer lange, bei Ladis beginnende Kaunertal. Am Taleingang liegen die Orte **Prutz** und **Kauns**, im weiteren Verlauf des Tals folgen **Kaltenbrunn** mit einer Wallfahrtskirche und **Feichten**, der Hauptort des ursprünglichen Tals. Von Feichten führt eine Hochgebirgsstraße zum **Kaunertalgletscher** mit Sommerskigebiet. Die 26 Kilometer lange Panoramastraße bietet Aussichten auf den von 3.500 Meter hohen Bergen flankierten **Gepatschferner**, den längsten Gletscher Österreichs, dessen Wasser der gleichnamige Stausee sammelt.

PITZTAL

Östlich des Kaunertals erstreckt sich das 40 Kilometer lange, ab Imst zugängliche Pitztal; an seinem Talende liegt die vergletscherte Wildspitze. Im vorderen, recht weiten Talabschnitt befinden sich die Orte **Arzl** und **Wenns** sowie das Bergdorf **Jerzens**, dessen Umgebung beliebte, bis knapp 2.500 Meter hohe Skigebiete bietet. Hinter Jerzens beginnt das in den 80er-Jahren touristisch erschlossene Innerpitztal mit weiteren guten Skigebieten. Touristisches Zentrum hier ist das aus mehreren Gemeinden bestehende **St. Leonhard** (etwa 1.700 Meter hoch). Am Talende liegt der Ort **Mittelberg** zu Füßen des Mittelbergferners (**Pitztalgletscher**), der mit Panorama- und Tunnelbahn schnell erreichbar ist und auch ein 3.400 Meter hohes (Sommer-)Skigebiet umfasst.

ÖTZTAL

Östlich des Pitztals folgt das viel besuchte Ötztal, mit etwa 60 Kilometern das längste Seitental des Inns. Neben berühmten Wintersportgebieten bietet es im Sommer gute Wander- und Bergsteigemöglichkeiten. Vom Bahnhof Ötztal an der Strecke Landeck–Innsbruck zweigt die Straße in das Tal, das in mehreren Stufen auf fast 2.000 Meter ansteigt, ab. Die ersten Ferienorte hier sind das ruhige **Sautens** und das beliebte **Ötz** mit schönen Oberinntaler Häusern, nach weiteren kleinen Orten, Seen und dem größten Wasserfall Tirols folgt das Langlaufzentrum **Längenfeld**. Das touristische Zentrum des Ötztals ist das knapp 1.400 Meter hoch gelegene **Sölden** mit ungemein großem Sport- und Freizeitangebot. Der besonders bei jüngeren Leuten beliebte, turbulente Ort ist Mittelpunkt der bis zu 3.250 Meter hohen, als sehr abwechslungsreich und schneesicher geltenden Ötztal-Skiarena. Diese Skiarena umfasst auch als Sommerskigebiete genutzte Gletscher und bietet die längsten Skiabfahrten der Ostalpen. Zur Ötztal-Skiarena gehören auch die oberhalb Söldens gelegene Hotelsiedlung **Hochsölden**, das ruhige **Vent** zu Füßen der Wildspitze sowie **Obergurgl**, ein weiterer lebhafter Ferienort mit der recht exklusiven Hotelsiedlung **Hochgurgl** (mit 2.150 Meter Höhe der höchstgelegene Wintersportort Österreichs). Am Talende führt der fast 2.500 Meter hohe, nur im Sommer befahrbare Alpenpass **Timmelsjoch** ins italienische Südtirol.

UMGEBUNG DES INNTALS

Der Weg von Imst durch das Inntal in die etwa 60 Kilometer entfernte Landeshauptstadt Innsbruck führt über **Stams** (mit dem bedeutendsten Tiroler Kloster aus dem 13. Jh., in dem zahlreiche Landesfürsten bestattet sind) und das für sein Faschingstreiben bekannte **Telfs**.

NÖRDLICH DES INNTALS

Nördlich von Imst und Stams erstreckt sich das sonnige, bis zu 300 Meter hoch über dem Inn gelegene MIEMINGER PLATEAU. Hier liegen die gut zum Wandern und Langlaufen geeigneten Urlaubsorte **Nassereith** am Südfuß des Fernpasses, **Obsteig** und **Obermieming**.

Zwischen Telfs und Innsbruck zweigt eine Straße in Richtung Norden ins renommierte, elegante **Seefeld** ab. Der auf einem Hochplateau gelegene Ort, der als „Mekka" für Langläufer und Winterwanderer gilt, war bereits zweimal im Rahmen Olympischer Spiele Austragungsort der Nordischen Wettkämpfe. Seefeld bietet eine hervorragende touristische Infrastruktur, viele Sportmöglichkeiten (darunter ein über 2.000 Meter hohes Skigebiet) und hochwertige Hotels. Sehenswürdigkeiten Seefelds sind eine gotische Kirche und das achteckige „Seekirchlein" aus dem 17. Jh. Ganz in der Nähe liegt das kleinere **Reith bei Seefeld**.

Nördlich von Seefeld erstreckt sich zwischen Inn, Wetterstein- und Karwendelgebirge bis zur deutschen Grenze bei Mittenwald das 16 Kilometer lange LEUTASCHTAL mit dem Ferienort **Leutasch**, der ebenfalls ein weites Loipennetz bietet.

SÜDLICH DES INNTALS

Südlich von Telfs liegt im parallel zum Inntal verlaufenden SELLRAINTAL ein weiteres gutes und schneesicheres Skigebiet um die Hotelsiedlung **Kühtai**. Das etwa 40 Kilometer von Innsbruck entfernte Kühtai selbst liegt in einem über 2.000 Meter hohen Hochtal, das Skigebiet reicht bis in Höhen von 2.500 Meter. In der Umgebung des inmitten eines Almgebietes gelegenen Kühtai erstrecken sich mehrere Bergseen. Seitentäler des Sellraintals führen tief in die Stubaier Alpen hinein, mit dem westlichen Ötztal ist Kühtai über eine Straße und Wanderwege verbunden. Abgesehen von Kühtai und dem gut 1.200 Meter hoch gelegenen **Gries im Sellrain** ist das Sellraintal mit dem Hauptort **Sellrain** touristisch nur wenig erschlossen.

Der letzte Wegabschnitt durch das Inntal nach Innsbruck führt vorbei an den bereits zum Skigebiet rund um Innsbruck gehörigen Ferienorten **Oberperfuß**, **Axams** und **Götzens** (mit dem über 2.300 Meter hohen, schneesicheren, auch bereits im Rahmen von Olympia genutzten Skigebiet Axamer Lizum) sowie **Natters** und **Mutters** mit dem Skigebiet Mutterer Alm.

INNSBRUCK UND UMGEBUNG

Um die knapp 600 Meter hoch im Inntal gelegene Stadt Innsbruck erheben sich zahlreiche hohe Berge, die zum Karwendel (im Norden) und zu den Stubaier Alpen (im Süden) gehören. Die Tiroler Hauptstadt im Herzen der Alpen ist das kulturelle und wirtschaftliche Zentrum ihres Landes und ein wichtiger Verkehrsknotenpunkt. Innsbruck, 1964 und 1976 Austragungsort Olympischer Winterspiele, gilt als Zentrum des alpinen Wintersports; in der Nähe liegen attraktive Skigebiete. Die für Olympia errichteten Sportstätten werden noch immer für Wettkämpfe genutzt. Auch die Ende des 12. Jh. gegründete Stadt mit ihrem historischen Kern ist ein attraktives Reiseziel.

Viele Sehenswürdigkeiten bietet die von engen, mittelalterlichen Gassen und hohen, gotischen Häusern geprägte Altstadt Innsbrucks am rechten Innufer. Das Wahrzeichen der Stadt ist das hier gelegene **Goldene Dachl**, ein vom Habsburgerkaiser Maximilian um 1500 errichteter, mit vergoldeten Schindeln verkleideter Prunkerker, der als fürstliche Zuschauerloge für die Volksfeste auf dem Stadtplatz diente. Im Fürstenhof, an dem das Goldene Dachl angebracht ist, befindet sich heute eine Gedenkstätte für Maximilian, der Innsbruck vorübergehend zur Residenz- und Hauptstadt gemacht hatte. Außerdem sehenswert im ältesten Teil Innsbrucks sind schöne, mit Erkern, Laubengängen und Portalen verzierte **Bürgerhäuser**, der knapp 60 Meter hohe, das Alte Rathaus überragende **Stadtturm**, der barocke **Jakobsdom**, die **Hofburg** – die ihr heutiges Gesicht unter Maria Theresia erhielt – mit zahlreichen Prunkräumen und die **Hofkirche** mit den Grabmälern Kaiser Maximilians und Andreas Hofers.

Nach Kaiserin Maria Theresia ist Innsbrucks Pracht- und Hauptgeschäftsstraße benannt, die in den neueren Teil der Altstadt führt und phantastische Ausblicke auf den Karwendel bietet. Die **Maria-Theresien-Straße** säumen Barockpalais, alte Kirchen, die Annasäule und das monumentale „Alte Landhaus" im Barockstil (Versammlungsort der Tiroler Landstände). An ihrem Ende erhebt sich die Ende des 18. Jh. errichtete **Triumphpforte**.

Viel besuchte Sehenswürdigkeiten außerhalb des Zentrums sind der per Seilbahn erreichbare **Alpenzoo**, in dem man – auch vom Aussterben bedrohte – Alpentierarten sehen kann, der 750 Meter hohe **Bergisel** mit mehreren olympischen Sportanlagen und einem Denkmal für Andreas Hofer sowie **Schloss Ambras**, das größte Renaissanceschloss Österreichs.

Die nähere Umgebung Innsbrucks bietet attraktive Ferien- und Wintersportgebiete, die nur wenige Kilometer entfernt von der Stadt liegen. Dazu gehören die bereits beschriebenen Orte westlich der Stadt (Oberperfuß, Götzens, Axams und Mutters) sowie das 900 Meter hohe „Sportdorf" **Igls** vier Kilometer südlich und das benachbarte **Patsch**. Das bis 2.250 Meter hohe Skigebiet von Igls und Patsch wartet wie Axams mit Olympia-Abfahrtsstrecken auf.

SÜDLICH VON INNSBRUCK

Südwestlich der Tiroler Hauptstadt erstrecken sich die Stubaier Alpen, südöstlich die Tuxer Voralpen, an die sich die Zillertaler Alpen anschließen. In Richtung Süden hat der bei Innsbruck in den Inn mündende Fluss Sill das bis nahe an den Brenner verlaufende Wipptal gegraben, von dem wiederum Seitentäler abzweigen.

WIPPTAL / BRENNER

Im WIPPTAL verlaufen die wichtigen Verkehrswege zum Brenner: die Brennerautobahn am Hang, die Brennerbundesstraße im Tal und die alte Brennerstraße am Ufer der Sill. Zu den zahlreichen Brücken der Brennerautobahn gehört die knapp 800 Meter lange, fast 200 Meter hohe Europabrücke, die die Sillschlucht überspannt. Im Wipptal gelegene Orte sind **Matrei** mit schöner Altstadt, **Steinach** (Kurort und Mittelpunkt eines attraktiven Skigebietes) und **Gries** kurz vor der Passhöhe. Die Höhe der Orte beträgt zwischen 1.000 und 1.200 Meter.

Von den genannten Orten aus erreicht man schnell den BRENNER, mit 1.374 Meter der niedrigste Übergang über den Alpenhauptkamm, den auch eine Bahntrasse ohne Tunnel überwindet. Durch die Ortschaft **Brenner** verläuft seit 1919 die Grenze zwischen Österreich und Italien. Die Entfernung nach Bozen, der Hauptstadt Südtirols, beträgt etwa 80 Kilometer.

STUBAITAL / GSCHNIZTAL

Das größte Seitental des Wipptals ist mit 30 Kilometer Länge das breite, von felsigen Berggipfeln gesäumte STUBAITAL, das etwa zehn Kilometer südlich von Innsbruck abzweigt. Die Orte des landschaftlich besonders reizvollen Tals haben lange Fremdenverkehrstradition, weisen eine sehr gute touristische Infrastruktur mit hervorragenden Skigebieten auf und werden sowohl im Winter als auch im Sommer häufig besucht. Erster Ferienort des Stubaitals ist **Mieders**, es folgen **Telfes**, der Hauptort des Stubaitals **Fulpmes** (Endstation der ab Innsbruck verkehrenden Stubaitalbahn; Fahrtdauer eine knappe Stunde) und **Neustift**, das lebhafte Touristenzentrum der Region. Am Ende des Stubaitals liegt mit dem gut 3.500 Meter hohen Zuckerhütl der höchste Berg der teilweise vergletscherten Stubaier Alpen. Von **Ranalt**, dem letzten Ort des Tales, ist der **Stubaier Gletscher**, der auch das 3.200 hohe, größte Sommerskigebiet Österreichs umfasst, erreichbar.

Bei Steinach zweigt das recht ursprüngliche, ruhige GSCHNITZTAL vom Wipptal ab. Das landschaftlich reizvolle, von den imposanten Stubaier Alpen umgebene Tal mit seinen blumenreichen Almen ist größtenteils Naturschutzgebiet und eignet sich sehr gut als Ausgangsbasis für Wanderungen. Die beiden alten Orte **Trins** und **Gschnitz** am Talschluss, die zum bis 2.200 Meter hohen Skigebiet von Steinach gehören, bieten Touristenunterkünfte.

UNTERINNTAL UND UMGEBUNG

Zwischen Innsbruck und dem nordöstlichen Kufstein wird der Inn als „Unterinn" bezeichnet. Hier liegen viele prächtige Burgen und Schlösser sowie schöne, alte Kirchen. Auch diesen Abschnitt des Flusses säumen mit dem Karwendel im Norden sowie den Tuxer Voralpen und den Kitzbüheler Alpen im Süden mächtige Gebirge. Auf der weitgehend ebenen Strecke entlang dem Fluss wird häufig der in Landeck beginnende Inntalradwanderweg bis Kufstein befahren. Nördlich des Unterinntals liegt der größte See Tirols, südlich zweigen große Täler ab.

UNTERINNTAL

Etwa zehn Kilometer östlich Innsbrucks liegt das schöne Städtchen **Hall in Tirol**, das einst durch seinen Salzhandel und als Münzstätte sehr bedeutend war. Die sehr gut erhaltene, mittelalterliche Altstadt Halls ist geprägt von engen Gassen, schön verzierten gotischen Häusern und alten Kirchen. Sehenswert sind vor allem die Burg, ein Stadttor, die spätgotische Pfarrkirche, das Rathaus aus dem 15. Jh. und die prächtigen Herrenhäuser, die den Verwaltungskomplex des Salzbergwerks bildeten. Weitere sieben Kilometer östlich bietet der Ort **Wattens**, in dem die Firma Swarovski Glasdiamanten und optische Geräte herstellt, eine Attraktion besonderer Art: Anlässlich des 100-jährigen Firmenjubiläums gestaltete der Künstler André Heller hier die „Swarovski Kristallwelten". In der unterirdischen, illusionistischen Glaswelt sind unter anderem der größte und der kleinste Kristall der Welt sowie eine über 40 Meter lange Kristallwand zu sehen. Im weiteren Verlauf des Inntals folgen **Schwaz**, früher ein bedeutendes Bergbauzentrum mit Schaubergwerk, und **Jenbach**, in dessen Nähe mit Schloss Tratzberg eine der schönsten Burgen Tirols liegt.

Im weiteren Verlauf des Unterinntals folgen das schöne Bauerndorf **Kramsach** mit einem 1.800 Meter hohen Skigebiet und das südliche **Alpbachtal**, das mit den Orten Brixlegg, Reith und Alpbach ein weiteres Wintersportgebiet bildet. Über den Verkehrsknotenpunkt **Wörgl** erreicht man schließlich, etwa 80 Kilometer nordöstlich von Innsbruck, Kufstein an der deutschen Grenze. Das Wahrzeichen **Kufsteins**, der alten, lange umkämpften Grenzstadt zwischen Tirol und Bayern, ist die oberhalb des Inns gelegene Festung mit ihrem wuchtigen, 90 Meter hohen Kaiserturm. Heute ist das malerische Kufstein ein Fremdenverkehrsort, der zahlreichen Transitreisenden als Durchgangsstation dient, aber auch eine gute Ausgangsbasis für Wander- und Badeurlauber – die Umgebung bietet einige kleine Seen – darstellt.

ACHENSEE / KARWENDEL / ROFAN

Bei Jenbach zweigt nördlich eine Straße ins Achental ab, die zum 900 Meter hoch gelegenen Achensee zwischen den Gebirgen Karwendel und Rofan, über die deutsche Grenze zum knapp 50 Kilometer entfernten Achenpass und weiter zum Tegernsee führt. Der ganzjährig recht kühle, an einen Fjord erinnernde ACHENSEE ist mit knapp zehn Kilometern Länge der größte See Tirols. Die umliegenden Berge bilden das Skigebiet „Achenseeregion", das sehr gute Langlaufmöglichkeiten und Alpinabfahrten bietet. Ferienorte in der direkten Umgebung des Sees sind **Seespitz**, **Maurach**, **Pertisau** und **Achenkirch**, die sich gut für Familienurlaub eignen. Im naturgeschützten KARWENDEL findet man in **Hinterriss**, im ROFAN im idyllischen **Steinberg** Touristenunterkünfte.

ZILLERTAL

Südlich von Jenbach zweigt das knapp 40 Kilometer lange Zillertal ab, seit langem eines der meistbesuchten Täler Tirols, das als besonders typisch gilt. Während der erste Talabschnitt zwischen Tuxer und Kitzbüheler Alpen weitläufig und von Wiesenhängen geprägt ist, verengt sich das relativ dicht besiedelte Zillertal in seinem weiteren Verlauf zum verzweigten Hochgebirgstal, das die imposanten, vergletscherten Zillertaler Alpen umgeben.

Erster Ferienort des Tals ist das etwa 550 Meter hoch gelegene **Fügen**, das alte Baudenkmäler und mit der knapp 1.000 Meter höher gelegenen Hotelkolonie **Hochfügen** ein gutes Skigebiet aufweist. Die bis 2.500 Meter hohen Zillertaler Skigebiete – die eine der größten Wintersportregionen Österreichs bilden – sind auch von den folgenden Urlaubsorten **Kaltenbach**, **Zell am Ziller** (Hauptort des Zillertals; nicht zu verwechseln mit Zell am See im Salzburger Land) und **Hippach** gut erreichbar. Am Talschluss liegt mit dem lebhaften **Mayrhofen** das touristische Zentrum des Zillertals, zu dem die Höhenstraße und die ab Jenbach verkehrende Zillertalbahn (Fahrtdauer eine knappe Stunde) führen. Mayrhofen bietet eine hervorragende touristische Infrastruktur und eignet sich besonders gut als Urlaubsort für junge Leute und Familien.

In Mayrhofen treffen sich mehrere, aus den Zillertaler Alpen kommende Täler, unter denen das schneesichere Tuxer Tal mit dem Skiparadies **Hintertux** (etwa 20 Kilometer von Mayrhofen), einem fast 3.300 Meter hohen Gletscher mit Sommerskigebiet und den Tuxer Wasserfällen touristisch am besten erschlossen ist.

Im von Zell am Ziller aus zugänglichen Seitental Gerlostal liegt mit **Gerlos** (knapp 1.250 Meter) ein weiteres, schneesicheres Skigebiet. Die Gerlosstraße über den gleichnamigen Pass, an dem die Grenze zwischen Tirol und Salzburg verläuft, führt in den Wintersportort **Krimml**. Attraktion des Ortes sind die imposanten, 380 Meter hohen Krimmler Wasserfälle, die zu den höchsten Wasserfällen Europas gehören.

KAISERGEBIRGE / KITZBÜHELER ALPEN

Östlich des Unterinntals zwischen Wörgl und Kufstein erstrecken sich weitere Urlaubsgebiete zwischen dem östlichen Kaisergebirge, einem Naturschutzgebiet, und den südlichen Kitzbüheler Alpen, an der Grenze zum Salzburger Pinzgau gelegen.

KAISERGEBIRGE

Das 2.300 Meter hohe Kaisergebirge („Kaiser“) östlich von Kufstein wirkt durch steile Bergwände, die ein ideales Kletterrevier bilden, sehr wuchtig und imposant. Das in Kufstein abzweigende Kaisertal mit dem Touristenort **Hinterbärenbad** teilt das Gebirge in den nördlichen, niedrigeren „Zahmen Kaiser“ und den südlichen, spektakuläreren „Wilden Kaiser“. Nördlich des Zahmen Kaisers liegt der **Kaiserwinkl**, eine attraktive Urlaubsregion mit den Orten Walchsee (renommiertes Langlaufzentrum am gleichnamigen See), Kössen (bietet gute Möglichkeiten zum Drachenfliegen und Paragliding) und Schwendt. Südlich des Wilden Kaisers liegt der kleine, idyllische Bergsee **Hintersteiner See** mit den Ferienorten **Söll** und **Scheffau**. Wenige Kilometer östlich folgen **Ellmau**, das touristische Zentrum des Wilden Kaisers, und **Going** mit schönem Badesee.
Die Ferienregion bietet ideale Wandermöglichkeiten, im Winter bildet sie mit dem südlichen **Brixental** die Skischaukel „Wilder Kaiser – Brixental“ mit bis zu 1.800 Meter hohen Pisten. Die bekanntesten Ferienorte im Brixental sind Hopfengarten, Brixen im Thale und Hochbrixen. Südlich von Wörgl folgt das wiesenreiche Hochtal **Wildschönau**, dessen Orte Niederau, Oberau und Auffach ebenfalls gute Wintersportmöglichkeiten in Höhen bis 1.900 Meter bieten.

KITZBÜHELER ALPEN

Die bis zu 2.500 Meter hohen Kitzbüheler Alpen erstrecken sich zwischen Zell am Ziller und Zell am See. Sie sind eines der traditionsreichsten und größten Wintersportgebiete Österreichs. Nur wenige Kilometer entfernt von Brixen im Thale folgen mit **Kirchberg** und **Kitzbühel** zwei bereits zu den Kitzbüheler Alpen gehörende, etwa 800 Meter hoch gelegene Ferienorte. Beide Orte bieten eine hervorragende touristische Infrastruktur und sehr gute Skigebiete. Das malerische, von alten Gebäuden geprägte Kitzbühel gehört mit hochwertigen Hotels und luxuriösen Privathäusern zu den mondänsten Wintersportorten der Alpen, wird aber auch im Sommer häufig besucht. In Kitzbühel gibt es zahlreiche Unterhaltungs- sowie Sportmöglichkeiten, vor allem Golf und Tennis. Häufig ist der von Bergen umgebene Ort Schauplatz hochrangiger Sportveranstaltungen; unter anderem findet hier alljährlich das berühmte Hahnenkammrennen statt. Kitzbühel bildet das Zentrum eines bis zu 2.000 Meter hohen, hervorragend erschlossenen Skigebietes. Beliebte Ausflugsziele in der Umgebung sind der **Schwarzsee**, ein Bauernhausmuseum und ein Wildpark.

Etwa zehn Kilometer nördlich von Kitzbühel und westlich des Kaisergebirges liegt, ebenfalls in den Kitzbüheler Alpen, der Fremdenverkehrsort **St. Johann**, nur wenige Kilometer entfernt von Ellmau und Going. Zum bis 1.700 Meter hohen Skigebiet von St. Johann gehören auch das kleine **Oberndorf**, das lebhaftere **Fieberbrunn** sowie St. Ulrich und St. Jakob am ruhigen **Pillersee**. Der hübsche Gebirgssee liegt zu Füßen der Loferer Steinberge, die die Grenze zu Salzburg bilden.

OSTTIROL

Das gut 2.000 qkm große Osttirol gehört zu Tirol, hat aber seit der Abspaltung Südtirols keine geographische Anbindung mehr an die Hauptregion. Die Bezeichnung „Tirol" bezieht sich häufig nur auf Nordtirol; Osttirol ist – auch touristisch – eng mit Kärnten verbunden. Das von mehreren Tälern durchzogene Osttirol ist ringsum von Hochgebirgen umgeben, unter denen die nördlichen Hohen Tauern die höchsten Gipfel aufweisen. Die südlichen Karnischen Alpen trennen Osttirol von Italien. Hauptstadt der dünn besiedelten Region ist das im Südosten gelegene Lienz mit 13.000 Einwohnern. Für die Anreise nach Lienz wird oft die Felbertauernstraße ab Mittersill in Salzburg, etwa 30 Kilometer südlich von Kitzbühel, genutzt. Der auf dieser Strecke befahrene, fünf Kilometer lange Felbertauerntunnel ist ein wichtiger Alpenübergang und bildet die Grenze zwischen Salzburg und Osttirol. Eine weitere Anfahrtsmöglichkeit stellt die nur saisonal befahrbare Großglockner-Hochalpenstraße dar. Im Vergleich zu Nordtirol hat Osttirol nur wenig Tourismus.

Die Felbertauernstraße führt nach **Matrei in Osttirol**, dem ersten Ferienort an der Alpensüdseite. Matrei ist ein alpenländischer Ort, dessen Attraktionen alte Kirchen und ein Schloss aus dem 13. Jh. bilden. Die zu Füßen der Hohen Tauern gelegene Wintersportregion um Matrei umfasst auch das westliche **Virgental** mit Virgen und Prägraten zu Füßen des Großvenedigers, des zweithöchsten Berges der Hohen Tauern, und das östliche **Kalsertal** mit Kals nahe dem Großglockner. Das Skigebiet bietet 2.400 Meter hohe Pisten und eignet sich auch gut für Tourenskifahrer. Südlich des Virgentals erstreckt sich das **Defereggental**, ebenfalls mit einem bis zu 2.500 Meter hohen Skigebiet. Ferienorte des schneesicheren Hochtals sind St. Jakob, Hopfgarten und St. Veit.

30 Kilometer südlich von Matrei liegt **Lienz** mit schöner Altstadt. Die Umgebung bietet gute Ausflugsmöglichkeiten, unter anderem zu einer römischen Ausgrabungsstätte. Südlich ragen die eindrucksvollen Lienzer Dolomiten auf, die ein sehr gutes Wander-, Kletter- und Skigebiet bilden.

Südwestlich von Lienz erstreckt sich das hier als **Pustertal** bezeichnete Tal des Flusses Drau. Die Drau entspringt im nur wenige Kilometer von Sillian – dem touristischen Zentrum des recht ruhigen Pustertals – entfernten Südtirol. Im schneesicheren Skigebiet des Pustertals zwischen Südtiroler und Lienzer Dolomiten gibt es weitere, hübsche, eher beschauliche Ferienorte.

3.3.4 KÄRNTEN

Das gut 9.500 qkm große Bundesland Kärnten liegt im **Süden** Österreichs und ist ringsum von hohen Berggruppen umgeben. Im Nordwesten liegen die **Hohen Tauern**, im Nordosten die **Gurktaler Alpen**, im Südwesten die **Karnischen Alpen** und im Südosten die **Karawanken**. Die südlichen Berge bilden die Grenze zu Italien bzw. Slowenien. In den mächtigen Hohen Tauern, die Kärnten mit Salzburg und Osttirol teilt, liegt auf Kärntner Gebiet der höchste Berg Österreichs, der 3.797 Meter hohe **Großglockner**. Den Kernraum des waldreichen, landschaftlich sehr abwechslungsreichen Kärntens bildet ein in der südlichen Landeshälfte gelegenes Becken, in dem mehrere große Täler zusammentreffen. Der bedeutendste Fluss Kärntens ist die **Drau**, die sich – auf dem Weg von der Quelle in Südtirol bis zur Mündung in die Donau in Kroatien – fast durch das ganze Bundesland erstreckt. In Südkärnten liegen zahlreiche, schöne **Alpenseen**, unter denen der größte und bekannteste der **Wörther See** ist. Im Südosten des Bundeslandes liegt die Hauptstadt **Klagenfurt** mit etwa 90.000 Einwohnern. Insgesamt leben in Kärnten rund 560.000 Menschen.

Im Kärntner Hochgebirge herrscht Gebirgsklima, die Beckenlandschaft weist jedoch milderes **Klima** auf als die meisten Alpenregionen, da der Alpenhauptkamm von Norden kommende Kaltluftmassen abhält und südliche Hochdruckgebiete einziehen können. Dadurch ist Südkärnten die sonnigste Region Österreichs. Im Hochsommer kommt es hier oft zu längeren Hitzeperioden.

Im Laufe seiner **Geschichte** war Kärnten fast immer – wie auch heute – Grenzland. Um 800 unterstand Kärnten Bayern und wurde mit diesem zusammen dem Frankenreich angegliedert. Im 14. Jh. fiel es an die Habsburger und entwickelte sich zum wichtigen Bergbauzentrum. An die napoleonische Besetzung Ende des 18. Jh. schloss sich eine Zeit der slowenischen Herrschaft in Teilen Kärntens an. Nach dem ersten Weltkrieg war die Südgrenze Österreichs umstritten; 1920 entschied eine Volksabstimmung die Zugehörigkeit des umstrittenen Gebiets zu Österreich. Noch heute lebt in Südkärnten eine slowenische Minderheit mit eigener Sprache und Kultur.

Der Kärntner **Flughafen** Klagenfurt (KLU) wird von einigen wenigen deutschen Städten aus direkt angeflogen. Ab Klagenfurt bestehen gute Verkehrsverbindungen in die gesamte Region.
Auch die **Bahnverbindungen** von Deutschland nach Kärnten sind gut. Ab München verkehren Direktzüge nach Spittal, Villach und Klagenfurt (Fahrtdauer 4 bis 5,5 Stunden; die Fahrt verläuft meist über Salzburg, Bischofshofen und die Tauernschleuse). Von einigen deutschen Verladestationen fahren **Autozüge** nach Villach. Von Villach und Klagenfurt sind innerhalb weniger Stunden italienische, slowenische und kroatische Städte erreichbar. Die Fahrtdauer von hier nach Triest beträgt knapp 3 Stunden, nach Ljubljana knapp 2 Stunden, nach Zagreb 4 Stunden.
Pkw-Reisende von Deutschland nach Kärnten nutzen meist die Tauernautobahn Salzburg–Villach durch den Tauern- und den Katschbergtunnel, häufig aber auch den Felbertauerntunnel und die nur im Sommer befahrbare Großglocknerstraße. Den wichtigsten Alpenübergang von Villach nach Slowenien über die Karawanken stellt der gleichnamige Tunnel her.

Kärnten hält vielfältige **Attraktionsfaktoren** bereit und zieht vor allem im Sommer zahlreiche Besucher an. Dies liegt am bereits erwähnten Sonnenreichtum, der die auf der Alpensüdseite gelegenen Seen Kärntens – die als sehr sauber gelten und für ihre Trinkwasserqualität bekannt sind – im Sommer mitunter auf 25 bis 28 Grad Celsius erwärmt. Hier bestehen ganz hervorragende Bade- und Wassersportmöglichkeiten. Neben sehr guten Wintersportgebieten im Hochgebirge bietet Kärnten zahlreiche weitere Sportmöglichkeiten (darunter Wandern und Bergsteigen) sowie eine sehr reizvolle Landschaft, die in zwei Nationalparks und einer Nationalparkregion geschützt ist.

HOHE TAUERN

Die imposanten, stark vergletscherten Hohen Tauern bilden den höchsten Gebirgszug Österreichs, der aus mehreren Berggruppen besteht. Großglockner- und Venedigergruppe sind die Gruppen mit den höchsten Erhebungen: der 3.797 Meter hohe Großglockner und der 3.674 Meter hohe Großvenediger. Die Hohen Tauern liegen zwischen den zum **Salzburger Land** gehörigen Regionen Pinzgau und Pongau im Norden sowie **Osttirol** und **Kärnten** im Süden. Die kurzen, engen Nordtäler münden im Tal der Salzach, während die längeren, großzügigeren Südtäler dem Tal der Drau zulaufen. Wie bereits erwähnt, bildet der mächtige Gebirgszug eine Klimascheide zwischen dem raueren Norden und dem milderen Süden. Das Gebirge, das lange Zeit eine verkehrstechnische Barriere darstellte, kann heute bequem durch den Felbertauerntunnel, über die Großglockner-Hochalpenstraße, auf der Tauern-Bahnstrecke und über die Tauernautobahn (durch die Radstädter Tauern, südlich des Dachsteingebirges) überwunden werden. Die Hohen Tauern, in deren Westen die Zillertaler Alpen liegen, gehen in östlicher Richtung in die Niederen Tauern über, deren maximale Höhe knapp 2.900 Meter beträgt. Dieser Gebirgszug, der auch die Radstädter Tauern umfasst, gehört zu den Bundesländern Salzburg und Steiermark.

NATIONALPARK HOHE TAUERN

Ein großer Teil des Gebirges, der auch den Großglockner und den Großvenediger umfasst, wurde in den 90er-Jahren zum Nationalpark erklärt und bildet heute eines der größten Naturreservate Europas. Der 1.800 qkm umfassende Nationalpark ist in verschiedene Schutzzonen unterteilt. In den Kernzonen sind jegliche Eingriffe in die Natur und Beeinträchtigung des Landschaftsbildes untersagt. Im Nationalpark, der phantastische Hochgebirgslandschaften mit Gletschern und ewigen Schneefeldern sowie eine einzigartige Fauna und Flora umfasst, gibt es hervorragende Wandermöglichkeiten und sehr gute Skigebiete. Die Hohen Tauern bieten Wintersportregionen, die von Orten im Pinzgau und Pongau, in Osttirol und in Kärnten erreichbar sind.

Zu den schneesicheren Kärntner Ski- und Urlaubsorten in den Hohen Tauern gehören **Heiligenblut** zu Füßen des Großglockners (Skipisten bis 2.900 Meter, sehr gut für Familien geeignet), **Mallnitz** (Endstation der Autoverladung ab dem Salzburger Böckstein), der Schrothkurort **Obervellach** und **Flatach**, wo in einer Schlucht gute Raftingmöglichkeiten bestehen. Die Orte, die eine gute touristische Infrastruktur und alte Baudenkmäler aufweisen, liegen im Gebiet des am Großglockner beginnenden Mölltals. Das Mölltal-Skigebiet bietet ausgedehnte Pisten aller Schwierigkeitsgrade, die auf dem Mölltalgletscher, einem Sommerskigebiet, Höhen von über 3.100 Metern erreichen.

GROSSGLOCKNER-HOCHALPENSTRASSE

Heiligenblut ist die südliche Endstation der Großglockner-Hochalpenstraße, die in **Bruck** im Salzburger Pinzgau beginnt. Die nur im Sommer befahrbare Straße gilt als eine der schönsten Hochgebirgs- und Panoramastraßen Europas. Der knapp 50 Kilometer lange Verkehrsweg wurde in den 30er-Jahren des 20. Jh. erbaut und verläuft in weiten Teilen höher als 2.000 Meter. Ihren Höhepunkt erreicht die Straße an der gut 2.500 Meter hohen Passhöhe Hochtor. In ihrem Verlauf bieten sich dem Reisenden phantastische Panoramen auf zahlreiche 3.000er und Gletscher, darunter der **Großglockner** und der größte Gletscher der Ostalpen, die fast zehn Kilometer lange **Pasterze**. Das am Ende der Straße, 1.300 Meter hoch zu Füßen des Großglockners gelegene, malerische **Heiligenblut** gilt als eines der schönsten Bergdörfer der Alpen überhaupt und ist ein beliebter Ferienort. Wahrzeichen des Dorfes ist seine Pfarrkirche aus dem 15. Jh. mit einem an eine Bleistiftspitze erinnernden Kirchturm. Im Inneren der Kirche wird ein Fläschchen aufbewahrt, das Blut Christi enthalten soll (daher der Name des Ortes).

SPITTAL UND UMGEBUNG

Das unterhalb des Großglockners beginnende Mölltal verläuft in Richtung Südosten und mündet kurz vor der Stadt Spittal in die Drau. Dieser gut 700 Kilometer lange Fluss entspringt im italienischen Südtirol und fließt durch Osttirol hindurch nach Kärnten und weiter nach Slowenien. Im Einzugsbereich der Drau liegen die drei bedeutendsten Städte des Bundeslandes: Spittal und Villach direkt am Flussufer, Klagenfurt ganz in der Nähe.

SPITTAL

Spittal, ein Städtchen mit etwa 15.000 Einwohnern, ist ein wichtiger Verkehrsknotenpunkt Kärntens, zu dem auch die Tauernautobahn führt. Das bereits Ende des 12. Jh. gegründete Spittal bietet ein reizvolles Stadtbild mit vielen alten **Bürgerhäusern**. Die größten Attraktionen der Stadt sind die **Pfarrkirche** aus dem 14. Jh. und das aus dem 16. Jh. stammende, prächtige **Schloss Porcia** im Stil der italienischen Renaissance. Ein Teil des Gebäudes, das einen wunderschönen Innenhof besitzt, beherbergt heute ein Museum, zur Schlossanlage gehört auch ein Park.

Südwestlich der Stadt liegt ihr „Hausberg" **Goldeck**, der sehr schöne Aussichten sowie ein bis 2.150 Meter hohes Skigebiet mit mittelschweren Abfahrten bietet. Weitere Kärntner Skigebiete sind von Spittal aus schnell erreichbar. Ein häufig von Spittal aus besuchtes Ausflugsziel ist die nur wenige Kilometer außerhalb gelegene keltisch-römische Ausgrabungsstätte **Teurnia**.

MILLSTÄTTER SEE / NOCKBERGE / WEISSENSEE

Nur wenige Kilometer nordöstlich Spittals erstreckt sich der MILLSTÄTTER SEE, mit 12 Kilometer Länge und 1,5 Kilometer Breite der zweitgrößte See Kärntens. Größere Ferienziele mit guter touristischer Infrastruktur an dem beliebten Wassersport- und Badesee sind der Hauptort **Millstatt** mit einem Kloster aus dem 11. Jh., der Kneippkurort **Seeboden** und das als besonders familienfreundlich geltende **Döbriach**. Die umliegenden Berge bieten Almen, die per Bergbahn oder auf schönen Wanderwegen erreichbar sind. Gut zehn Kilometer östlich des Millstätter Sees liegt, etwa 1.100 Meter hoch, das Heilbad **Bad Kleinkirchheim** mit Thermalquellen und vielen Kureinrichtungen. Die Umgebung des ganzjährig viel besuchten Kur- und Urlaubsortes sowie des nahen **St. Oswald** bietet ein sehr gutes, bis knapp 2.300 Meter hohes Wintersportgebiet.

Nahe Bad Kleinkirchheim und nordwestlich des Millstätter Sees liegt mit dem NATIONALPARK NOCKBERGE ein weiteres Naturschutzgebiet. Der ursprüngliche Park ist geprägt von sanften Bergkuppen, idyllischen Almen, Wäldern und Flüssen und besitzt eine artenreiche Fauna und Flora. Durch den Nationalpark mit guten Wandergebieten führt die gut 30 Kilometer lange, nur im Sommer geöffnete Nockalmstraße, die schöne Panoramen bietet. In den Nockbergen gibt es ein gutes Skigebiet (bis 2.300 Meter) um das knapp 1.500 Meter hohe, beschauliche **Innerkrems**.

Westlich von Spittal erstreckt sich das ruhige Oberdrautal bis Lienz in Osttirol. Südlich dieses Talabschnitts liegt mit dem naturgeschützten WEISSENSEE der höchste Badesee Kärntens. Der gut elf Kilometer lange See ist bekannt für besonders gute Wasserqualität – es besteht Fahrverbot für Motorboote – und bildet ein ruhiges Ferienziel abseits des Durchgangsverkehrs. Viele Hotels und Pensionen in den Orten **Weißensee**, **Techendorf** und **Oberndorf** können mit eigenen Badestränden werben. Zum Weißensee, im Winter ein beliebtes Ziel von Eisläufern, gehört auch ein Wintersportgebiet, das vor allem gute Langlaufmöglichkeiten bietet.

GAILTAL / KARNISCHE ALPEN

Südlich des Drautals verläuft parallel zur italienischen Grenze das Gailtal, dessen westlicher Abschnitt Lesachtal heißt. Das südlichste Kärntner Tal beginnt in Osttirol und erstreckt sich – in West-Ost-Richtung bis zur Mündung der Gail in die Drau bei Villach – zwischen den Gailtaler Alpen im Norden und den bis knapp 2.800 Meter hohen Karnischen Alpen im Süden.

Das ruhige und weitgehend unberührte LESACHTAL ist nur wenig touristisch, bietet jedoch in **St. Lorenzen** und **Birnbaum** Fremdenquartiere. Das schöne Tal mit einem ausgedehnten Netz an Wanderwegen eignet sich gut für sportlichen, aber auch für erholsamen Urlaub.

Östlich des Lesachtals liegt am Beginn des ebenfalls sehr naturbelassenen GAILTALS der lebhaftere Urlaubs- und Luftkurort **Kötschach-Mauthen**. Südlich des alten Ortes führt der 1.360 Meter hohe, bereits von den Römern genutzte Plöckenpass nach Italien. Östlich von Kötschach-Mauthen liegt, im Herzen des Gailtals, das alte Städtchen **Hermagor**; von hier führt eine Straße in Richtung Norden zum bereits beschriebenen Weißensee. Hermagor mit seinen weit verstreuten Ortsteilen ist ein idealer Ausgangspunkt für Wanderungen in die Umgebung.

Mittelpunkt der schneesicheren KARNISCHEN SKIREGION ist das von Hermagor schnell erreichbare, südlich gelegene und bis zu 1.550 Meter hohe **Naßfeld**. Die bis 2.000 Meter hohe Karnische Skiregion umfasst auch die Wintersportgebiete um die zuvor genannten Orte. Die Höhen der Region bieten Pisten aller Schwierigkeitsgrade, im Gailtal gibt es gute Langlaufmöglichkeiten.

VILLACH UND UMGEBUNG

Die Entfernung von Hermagor nach Villach beträgt etwa 50 Kilometer, vom nordwestlichen Spittal durch das Drautal knapp 40 Kilometer. Villach liegt beiderseits der Drau im Dreiländereck Österreich–Italien–Slowenien, nördlich der Karawanken, und bildet den Mittelpunkt einer beliebten Ferienregion mit Thermalquellen, Seen und Wintersportgebieten.

VILLACH

Villach, mit etwa 55.000 Einwohnern zweitgrößte Stadt, bedeutender Verkehrsknotenpunkt und wichtiges Industrie- und Handelszentrum Kärntens, entstand vermutlich aus einem römischen Militärlager. Die grenznahe Stadt, die für ihren lebhaften Karneval berühmt ist, strahlt viel südländisches Flair aus. Das Stadtbild ist geprägt von schönen Bürgerhäusern wie dem **Paracelsushof** aus dem 16. Jh. Das Zentrum Villachs bildet der lange **Hauptplatz**, von dem enge, malerische Gassen abzweigen; an seinem Ende liegt die **Pfarrkirche St. Jakob** aus dem 14. Jh. mit einem 95 Meter hohen Turm und zahlreichen Kunstschätzen.

Innerhalb des Stadtgebiets liegt mit **Warmbad Villach** ein Kurgebiet mit Hotels und vielfältigen Freizeiteinrichtungen. Bereits die Römer nutzten die hier gelegenen, etwa 30 Grad warmen Thermalquellen, mit deren Hilfe Rheuma-, Nerven- und Kreislaufleiden behandelt werden.

Vom Warmbad Villach führt eine 17 Kilometer lange Panoramastraße auf die südliche **Villacher Alpe** mit dem gut 2.100 Meter hohen Hausberg Dobratsch. Hier befinden sich der artenreiche Villacher Alpengarten sowie gute Wander- und Skigebiet, die bis zu 2.000 Meter hoch liegen.

FAAKER SEE / OSSIACHER SEE

Knapp zehn Kilometer südöstlich von Villach liegt der mit 2,5 Kilometer Länge und knapp zwei Kilometer Breite relativ kleine, nur 30 Meter tiefe FAAKER SEE. Der See ist ebenfalls ein beliebtes Ferienziel und bietet schöne Strandbäder mit guten Bademöglichkeiten. Auf dem Faaker See, der als einer der wärmsten Kärntens gilt, wird viel Wassersport betrieben, Motorboote dürfen allerdings nicht fahren. Die Umgebung des flachen Sees bietet weitere gute Sportmöglichkeiten, darunter auch ein kleines, bis 1.000 Meter hohes Skigebiet. Zu den Ferienorten direkt am Faaker See gehören **Faak am See**, **Finkenstein** und **Oberaichwald**; in der Nähe liegen die Urlaubsziele **Seeleitn** und **Sonnleitn** mit Dorfhotels.

Sieben Kilometer nordöstlich von Villach erreicht man den OSSIACHER SEE, mit elf Kilometer Länge und einem Kilometer Breite der drittgrößte der Kärntner Badeseen. Auch dieser – von bewaldeten Hügeln und Bergen umgebene – See mit seinen flach abfallenden Ufern ist ein überaus beliebtes Urlaubsziel, das vielfältige Sportmöglichkeiten bietet. Ferienorte am Südufer des Ossiacher See sind **Ossiach** und **St. Andrä** mit der Ruine des Renaissanceschlosses Landskron. Am Nordufer liegen **Annenheim**, das als besonders familienfreundlich geltende **Bodensdorf** und, im äußersten Nordosten, **Steindorf**. Zwischen den Seeorten besteht im Sommer Linienschiffsverkehr. Im Hauptort Ossiach findet alljährlich im Juli/August in einem der ältesten Klöster Österreichs der „Carinthische Sommer" statt, ein hochkarätiges Musikfestival, in dessen Rahmen Opern, Liederabende und Kammerkonzerte dargeboten werden. Die Veranstaltung, deren Bezeichnung vom alten Kärntner Namen „Carantanum" stammt, zieht zahlreiche internationale Besucher an. Von Bodensdorf führt eine Straße auf den nördlich des Sees gelegenen, gut 1.900 Meter hohen Berg Gerlitzen, der schöne Aussichten und den autofreien Ferien- und Wintersportort **Gerlitzen Alpe** (hier liegen ebenfalls Dorfhotels) bietet. Gerlitzen Alpe bildet zusammen mit dem von Annenheim aus erreichbaren, knapp 1.500 Meter hohen Berg Kanzelhöhe ein gutes Skigebiet.

WÖRTHER SEE / KLAGENFURT UND UMGEBUNG

Der Wörther See liegt zwischen den rund 40 Kilometer voneinander entfernten Städten Villach und Klagenfurt. Entlang dem nördlichen Seeufer verläuft die Hauptverbindungsstrecke zwischen den beiden größten Kärntner Städten. Die Entfernung von Villach zur Westspitze des Sees beträgt gut 15 Kilometer, ein Stadtteil Klagenfurts liegt bereits an der östlichsten Seespitze. Südlich des Wörther Sees, der wie die Kärntner Hauptstadt im Klagenfurter Becken liegt, erstrecken sich mehrere kleine Badeseen, das Drautal und die die Grenze bildenden Karawanken.

WÖRTHER SEE

Mit einer Länge von 16 Kilometern und einer Breite bis zu 1,5 Kilometer ist der Wörther See der größte Kärntner Badesee. Der zwischen bewaldeten Hügeln gelegene See erwärmt sich im Sommer häufig auf bis zu 28 Grad. Für den Tourismus ist der als Wassersportzentrum geltende, sehr saubere Wörther See ganz hervorragend erschlossen. Die Urlaubsorte am See bieten zahlreiche Unterkünfte, Sport- und Freizeiteinrichtungen – darunter mehrere Golfplätze – sowie gute Unterhaltungs- und Einkaufsmöglichkeiten.

Die meisten Ferienziele des Wörther Sees befinden sich am Nordufer. Im äußersten Nordwesten liegt der größte und meistbesuchte Seeort **Velden**, ein mondäner Kurort mit einem Schloss aus dem 16. Jh. – das als Schauplatz der Fernsehserie „Ein Schloß am Wörther See" diente –, schönen Villen und einem Spielkasino. Östlich folgen der elegante Ort **Pörtschach** mit schönen Seepromenaden, das ländlichere **Krumpendorf** und am Nordostende schließlich **Klagenfurt-See**.

Das Südufer ist ruhiger. Hier stellt das Pörtschach gegenüberliegende, malerische **Maria Wörth** mit einer alten, auf einer Halbinsel gelegenen Kirchengruppe – die das Wahrzeichen des Wörther Sees bildet – den geographischen und touristischen Mittelpunkt dar. In der Umgebung des hauptsächlich im Sommer besuchten Wörther Sees liegen schöne Ausflugsziele, darunter aussichtsreiche Berge.

KLAGENFURT

Viel besucht wird von Wörther-See-Urlaubern natürlich auch die nahe Kärntner Hauptstadt Klagenfurt, deren Zentrum durch einen Kanal mit dem See verbunden ist. Die heute 90.000 Einwohner zählende Stadt erlangte im 16. Jh. größere Bedeutung und Hauptstadtstatus. Attraktion der Stadt ist die aus dem 16./17. Jh. stammende, nach italienischem Vorbild errichtete Altstadt, die von malerischen Gassen und historischen Gebäuden geprägt ist und viel südliches Flair vermittelt.

Im Stadtzentrum liegt das Wahrzeichen Klagenfurts, der mächtige **Lindwurmbrunnen** aus dem Jahr 1590. Der Lindwurm, der nach einer Sage hier vor der Gründung der Stadt in einem Sumpf gehaust haben soll, ist das Wappentier der Stadt. Der vermeintliche, 75 Zentimeter lange Schädelknochen des Tieres, der tatsächlich von einem Nashorn stammt, ist im **Landesmuseum** ausgestellt. Der Brunnen befindet sich auf dem „Neuen Platz“, den das in einem Palais aus dem 16. Jh. untergebrachte **Rathaus** und ein bronzenes **Maria-Theresia-Denkmal** säumen. Weitere Sehenswürdigkeiten Klagenfurts sind die **Domkirche** und das repräsentative **Landhaus** der Kärntner Landstände mit prächtigen Wappensälen (heute Landtag). Beide Gebäude stammen ebenfalls aus dem späten 16. Jh. In Klagenfurt-See mit Strandbad und Schiffsanlegestelle werden das Erholungsgebiet **Europapark** und **Minimundus** – wo Miniaturnachbildungen von berühmten Baudenkmälern, darunter Eiffelturm, Freiheitsstatue und viele österreichische Sehenswürdigkeiten zu sehen sind – häufig besucht.

UMGEBUNG

Die weitere Umgebung Klagenfurts bietet zahlreiche, schöne Ausflugsziele.

Zu den vielen kulturellen Sehenswürdigkeiten nördlich der Stadt gehören der Wallfahrtsort **Maria Saal** mit einer Kirche aus dem 14. Jh. und einem Freilichtmuseum, **Magdalensberg** mit der größten archäologischen Ausgrabungsstätte Österreichs (Ruinen einer keltisch-römischen Stadt), die mächtige Burg **Hochosterwitz** aus dem 9. Jh. sowie **St. Veit**, vor Klagenfurt die Hauptstadt Kärntens.

Weitere bedeutende Burgen, Kirchen und mittelalterliche Städte bieten nördlich von St. Veit gelegene Täler wie das **Gurktal**. Attraktion dieses Tals ist der romanische Dom im Ort Gurk.

Östlich von Klagenfurt erstreckt sich ein Feriengebiet um den beliebten **Klopeiner See**, den wärmsten See Österreichs. Etwa 70 Kilometer südöstlich der Stadt zieht der von Naturschutzgebieten und schönen Wanderwegen umgebene Kurort **Eisenkappl** viele Urlauber an.

Nordöstlich der Kärntner Hauptstadt liegt im von über 2.000 Meter hohen Bergen umgebenen **Lavanttal** eine weitere Wintersportregion, deren Hauptort Wolfsberg gut 60 Kilometer von Klagenfurt entfernt ist. Das bis 1.500 Meter hohe Skigebiet um das Lavanttal und seine Ferienorte gelten als besonders familienfreundlich und eignen sich auch gut zum Langlauf. Das liebliche, im Sommer sehr grüne und fruchtbare Tal bietet aber auch weitere gute Sportmöglichkeiten und touristische Attraktionen. Dazu gehören das alte Benediktinerkloster St. Paul mit wertvollem Stiftsmuseum, die Wallfahrtskirche von St. Andrä, das Schloss in Wolfsberg und der Kurort Bad St. Leonhard mit Schwefelquellen. Die Lavant, die die Flüsse Mur im Norden und Drau im Süden verbindet, mündet nahe der slowenischen Grenze in die Drau.

DÄNEMARK / KOPENHAGEN

Eine junge Familie aus Hamburg mit zwei kleinen Kindern (5 und 3 Jahre) plant einen dreiwöchigen Strandurlaub in Dänemark und möchte von Ihnen beraten werden. Die Anreise soll mit dem Pkw erfolgen.

a) *Welche Reisezeit empfehlen Sie den Kunden und warum?*

b) *Welche in Skandinavien sehr häufige Unterkunftsart ist gut geeignet für Ihre Kunden und welche Reiseveranstalter in Deutschland bieten hierfür besonders ausführliche Kataloge?*

c) *Nach Durchsicht der Kataloge schwanken die Kunden zwischen den Reisezielen Seeland und Jütland. Sie möchten nun von Ihnen wissen, wie und mit welchem Verkehrsmittel sie die beiden Regionen von Hamburg aus am besten erreichen können (nennen Sie jeweils zwei Stationen auf der Route). Empfehlen Sie außerdem jeweils ein beliebtes Ausflugsziel, das häufig von diesen Regionen aus besucht wird.*

d) *In jedem Fall möchten die Kunden auf der Rückreise zwei bis drei Tage in Kopenhagen verbringen. Wie erfolgt die Anreise von den beiden infrage kommenden Ferienregionen dorthin und welches sind die bedeutendsten Attraktionen der Stadt, die Besucher auf keinen Fall verpassen sollten?*

3.4 DÄNEMARK

Das Königreich Dänemark bildet mit Schweden und Norwegen die nordeuropäische Region **Skandinavien**. Seltener werden auch Finnland und Island Skandinavien zugerechnet. Dänemark umfasst eine Fläche von knapp 43.100 qkm und erstreckt sich zwischen dem 55. und 58. Grad nördlicher Breite.

Zu Dänemark gehören die knapp 30.000 qkm große Halbinsel **Jütland**, die größeren Inseln **Seeland**, **Fünen**, **Lolland** und **Falster** sowie fast 500 kleinere Inseln, von denen etwa 100 bewohnt sind. Die durch Brücken und Fähren verbundenen dänischen Inseln liegen eng beieinander in der Ostsee zwischen Jütland und Schweden; nur die östlichste dänische Insel **Bornholm** befindet sich vor der schwedischen Südküste. Im Nordatlantik erstrecken sich zwei dänische Außengebiete mit innerer Autonomie, die nicht wie das übrige Dänemark zum EU-Gebiet gehören: **Faröer** (ein aus 18 bewohnten Inseln bestehender Archipel zwischen Norwegen, Großbritannien und Island) und **Grönland** (mit über zwei Millionen qkm Fläche die größte Insel der Welt).

Durch die mit Deutschland verbundene Halbinsel Jütland stellt Dänemark das Bindeglied zwischen Mittel- und Nordeuropa dar. Abgesehen von dieser kurzen Landgrenze begrenzen Dänemark nur die **Nordsee** und die **Ostsee,** Rand- bzw. Nebenmeere des Atlantiks, die durch Jütland voneinander getrennt sind. Die höchste Erhebung des flachen Landes misst 173 Meter, sein längster Fluss ist nur 150 Kilometer lang. In dem Königreich leben rund 5,3 Millionen Menschen.

Dänemarks Hauptstadt und größte Stadt **Kopenhagen** liegt im Osten der größten dänischen Insel Seeland (über 7.000 qkm Fläche). Im Großraum Kopenhagens leben 1,5 Millionen Menschen.

In Dänemark herrscht **gemäßigtes Seeklima** mit relativ kühlen Sommern und milden Wintern. Das Wetter ist ganzjährig aufgrund häufig wechselnder Winde recht unbeständig und wechselhaft. Der Westen Dänemarks weist mehr Niederschlag, stärkeren Wind und niedrigere Temperaturen auf als der Osten, wo Kopenhagen liegt.

Die optimale **Reisezeit** für Dänemark ist der Sommer, wenn es hier am wärmsten und besonders lange hell ist. Badeurlaub an einem der zahlreichen Strände sollte man im Hochsommer machen. Für eine Reise nach Kopenhagen eignen sich besonders gut auch Früh- und Spätsommer.

Etwa ab dem 8. Jh. n. Chr. dominierten in Dänemark – wie in ganz Nordeuropa – die germanischen Stämme der **Wikinger**. Die Wikinger unternahmen Entdeckungsfahrten, die sie an die Küsten Westeuropas und bis nach Grönland und Nordamerika brachten.

Um 950 wurde ein dänischer Staat gegründet, in dem das Christentum statt germanischer Gottheiten Einzug hielt. Das **Königreich** Dänemark dehnte sich stark aus und hatte bald eine Vormachtstellung im Ostseeraum inne. 1167 erfolgte die Gründung Kopenhagens, das schnell zum bedeutenden Handelszentrum anwuchs; Hauptstadt wurde es im 15. Jh. Im 14. Jh. vereinigten sich Dänemark, Schweden und Norwegen in der „Kalmarer Union", in der Dänemark die Führung hatte. Außerdem gehörten Schleswig-Holstein, Island, Grönland, die Faröer und weitere Inseln zur Union. Während Grönland und die Faröer noch heute dänisch sind, blieb die Verbindung mit Norwegen bis ins 19. Jh., mit Island bis ins 20. Jh. bestehen. Zwischen Dänemark und Schweden kam es ab dem 16. Jh. zu Spannungen und Kriegen um die Vorherrschaft in Nordeuropa.

Im 16. Jh. hielt die **Reformation** Einzug in Dänemark, wo noch heute die meisten Einwohner Protestanten sind. Ende des 16. Jh. erlebte Dänemark eine wirtschaftliche und kulturelle Blüte, während der Kopenhagen erweitert wurde. Mitte des 17. Jh. gingen einige dänische Gebiete an Schweden verloren, wodurch die heutige Ostgrenze Dänemarks entstand. Die zweite Hälfte des 18. Jh. war geprägt von regem Handel und sozialen Reformen. Anfang des 19. Jh. erlitt Dänemark weitere Gebietsverluste, unter anderem musste Norwegen an Schweden abgetreten werden.

Nach etwa 200 Jahren Absolutismus wurde Dänemark Mitte des 19. Jh. zur **konstitutionellen Monarchie**. Die zweite Hälfte des 19. Jh., während der in Kopenhagen großzügige Boulevards und neue Plätze angelegt wurden, war geprägt von der Industrialisierung sowie dem Krieg gegen Preußen, in dem Dänemark Schleswig-Holstein verlor; endgültig wurde die dänische Südgrenze jedoch erst 1920 nach einer Volksabstimmung festgelegt. Im ersten Weltkrieg blieb Dänemark neutral, während des zweiten Weltkriegs war es von Deutschland besetzt. Heute ist Dänemark noch immer ein Königreich – mit der ältesten Monarchie der Welt, deren Herrscherin sich großer Beliebtheit im ganzen Land erfreut – das zu den Mitgliedsstaaten der NATO und der **EU** gehört.

Etwa 97 % der **Bevölkerung** Dänemarks sind Dänen, die größten Minderheiten unter den verbleibenden 3% sind Schweden, Deutsche und Einwanderer aus Südeuropa.

Fast 85 % der gut 5,3 Millionen Einwohner Dänemarks leben in Städten, allein im Großraum Kopenhagen etwa 25 %, während Jütland und die kleineren Inseln relativ dünn besiedelt sind. Die durchschnittliche **Bevölkerungsdichte** beträgt knapp 124 Einwohner/qkm.

Die **Landessprache** in Dänemark ist Dänisch, eine nordgermanische bzw. skandinavische Sprache. Auf den Faröern ist Faröisch, in Grönland Eskimoisch gleichberechtigte Sprache. Viele Dänen sprechen außerdem Englisch oder Deutsch, sodass sich Touristen aus Deutschland in der Regel leicht verständigen können.

Über 90% der Dänen gehören der evangelischen **Religion** an.

Der dänische **Nationalfeiertag** ist der 5. Juni, der Tag der Verfassung. Besonders gefeiert wird in Dänemark – wie in ganz Skandinavien – der Sommerbeginn mit der kürzesten Nacht des Jahres, der „**Mittsommernacht**“.

In Dänemark sind **Alkohol** und **Zigaretten** aufgrund hoher Steuern, die auf diese Artikel erhoben werden, verhältnismäßig teuer.

Dänemark ist für schönes, originelles und funktionales **Design** bekannt, von dem vor allem Gegenstände des täglichen Gebrauchs, Mode und Möbel, aber beispielsweise auch Fahrräder und Elektrogeräte zeugen. Besucher verfallen deswegen häufig leicht in einen „Kaufrausch".

Die **Dänen** gelten als sehr liberales, wenig förmliches Volk. Man kommt leicht in Kontakt mit der Bevölkerung; jüngere Leute werden meist ganz selbstverständlich geduzt.

Von vielen deutschen Flughäfen besteht täglich direkter *FLUGVERKEHR* mit den Liniengesellschaften LH und SAS Scandinavian Airlines (SK) zum etwa zehn Kilometer außerhalb des Stadtzentrums gelegenen Kopenhagener Flughafen Kastrup (CPH). Direktflüge von Deutschland nach Dänemark dauern ein bis zwei Stunden.

Von Kopenhagen, das vor Stockholm und Oslo das wichtigste Drehkreuz der Fluggesellschaft SAS ist, gibt es sehr gute Verbindungen in alle Teile Dänemarks und des übrigen Skandinavien. SAS bietet Airpässe an, mit denen Besucher recht preisgünstig innerhalb Skandinaviens – das die IATA als ein Land betrachtet – fliegen können. Die wichtigste der kleineren dänischen Fluggesellschaften ist Maersk Air (DM), die gute nationale sowie einige internationale Verbindungen bietet. Weitere dänische Flughäfen, die vereinzelt, vor allem im Sommer, von Deutschland direkt angeflogen werden, sind Billund (BLL) in Jütland und Rönne (RNN) auf Bornholm.

BAHNVERKEHR

Viele deutsche Besucher reisen mit der Bahn nach Kopenhagen. Die wichtigste „Drehscheibe" für den Bahnverkehr von Deutschland nach Dänemark ist Hamburg. Von hier verläuft die schnellste **Verbindung** nach Kopenhagen über Lübeck und die deutsche Ostseeinsel Fehmarn. Puttgarden auf Fehmarn und Rödby auf der dänischen Insel Lolland sind durch häufig verkehrende Fähren verbunden, auf die Züge auffahren (Trajektverkehr). Die Fähren auf dieser Strecke werden von Scandlines, einer der bedeutendsten Fährgesellschaften der Ostsee, in Zusammenarbeit mit der DB und der dänischen Staatsbahn DSB betrieben. Die Schiffe werden auch als „Doppelendfähren" bezeichnet: kombinierte Passagier-, Trailer- und Eisenbahnfähren, deren beide Schiffsenden baugleich sind, sodass stets in Fahrtrichtung an- und abgelegt werden kann; in diesem Zusammenhang spricht man oft auch von „Roll-on-Roll-off-Verkehr" („Ro-Ro"). Den weiteren Weg von Rödby auf die Insel Seeland legen die Züge über Brücken zurück. Die Fahrtdauer der Direktzüge von Hamburg nach Kopenhagen auf diesem Weg beträgt 4,5 Stunden. Den Fahrgästen werden durchgehende Fahrkarten für die gesamte Strecke ausgestellt. Eine weitere Bahnstrecke nach Kopenhagen, die oft nachts genutzt wird, führt von Hamburg über Flensburg (Grenzübergang ins dänische Padborg), Jütland und die Insel Fünen über die Meerenge „Großer Belt" nach Kopenhagen auf Seeland. Fünen und Seeland sind durch ein modernes Brücken- und Tunnelsystem verbunden. Die Fahrtdauer auf dieser Strecke beträgt ab Hamburg etwa sechs Stunden.

Ab dem zentralen Kopenhagener Bahnhof „Hovedbanegarden" (in der EDV: Koebenhavn H) bietet die dänische Staatsbahn **DSB** gute Bahnverbindungen nach ganz Dänemark und Skandinavien. Die Verbindungen verlaufen teilweise ebenfalls über Brücken bzw. schließen Trajektverkehr ein. Innerhalb Dänemarks runden regionale Buslinien das öffentliche Verkehrsnetz ab.

Kunden, die Dänemark als **Transitland** nutzen und weiter nach Schweden fahren, nutzen entweder eine weitere Trajektverbindung (von Helsingör in Dänemark nach Helsingborg in Schweden) oder fahren mit dem Zug über die im Sommer 2000 eingeweihte Öresundbrücke, die Kopenhagen und Malmö in Schweden verbindet und die Reisezeit von Dänemark nach Schweden erheblich verkürzt.

Die skandinavischen Bahnen bieten Besuchern mit dem **Scanrailpass** eine günstige Netzkarte an.

STRASSENVERKEHR

Das dänische **Straßennetz** ist gut ausgebaut und verläuft wie die Bahntrassen häufig über Brücken. Mautpflichtig sind die Brücken über den Großen Belt und den Öresund, die auch von Pkw befahren werden können. Das Straßennetz nach Dänemark und innerhalb des Landes wird von Fährverbindungen ergänzt. Ab Westdeutschland nutzen Autofahrer nach Kopenhagen meist die Fährstrecke Puttgarden–Rödby, ab Ostdeutschland die Fährverbindung Rostock–Gedser.

Ab Deutschland gibt es auch gute **Linienbusverbindungen** nach Dänemark. Fahrten mit Linienbussen der Touring von Hamburg nach Kopenhagen dauern etwa sechs Stunden; für eine Pkw-Fahrt benötigt man etwas weniger Zeit.

SCHIFFSVERKEHR

Zwischen Deutschland und Dänemark gibt es sehr gute Linienschiffsverbindungen; im Sommer verkehren auch zahlreiche Ausflugsschiffe. Zu den wichtigsten **Fährverbindungen** gehören neben der bereits genannten Vogelfluglinie von Puttgarden nach Rödby die Strecken von Rostock nach Gedser auf Falster (eine weitere Vogelfluglinie) sowie ab Saßnitz auf der Insel Rügen nach Rönne auf Bornholm. In der Hochsaison ist es ratsam, Fährpassagen möglichst frühzeitig zu reservieren.

Innerhalb Dänemarks betreiben die DSB und dänische Reedereien weitere Fährlinien. Zahlreiche Fähren verbinden Dänemark auch mit Schweden und Norwegen, ebenfalls gute Verbindungen gibt es zu den Faröer-Inseln, nach Island, Großbritannien und Polen. Auch Kopenhagen hat einen bedeutenden Hafen, von dem unter anderem Schiffe nach Rönne und Schweden verkehren.

Dänische **Kreuzfahrthäfen**, die häufig im Rahmen von Ostseekreuzfahrten angelaufen werden, sind Kopenhagen und Rönne. Thorshavn (Faröer) ist häufig Station von Nordlandkreuzfahrten.

In Kopenhagen und Umgebung sind **Touristenunterkünfte** aller Kategorien und Preissparten vorhanden. Die meisten gehören der gehobenen Mittelklasse an, Luxushotels der Spitzenklasse gibt es nur einige wenige. Zahlreiche Hotels sind internationalen und skandinavischen Hotelketten wie Scandic Hotels angeschlossen. Quartier bieten auch einfache, landestypische Gasthöfe (Kro; für diese Quartiere gibt es Unterkunftsschecks) und Privathaushalte, die Fremdenzimmer vermieten. An den Stränden und in den ländlichen dänischen Gebieten werden eine Vielzahl an Ferienhäusern und -wohnungen vermietet; im Hochsommer wird frühzeitige Reservierung dringend empfohlen. Das Angebot reicht von einfachen Holzhütten bis zu ganz luxuriösen Landhäusern, beispielsweise mit Sauna und Schwimmbad. Auch Städtereisende nach Kopenhagen können vereinzelt Apartments buchen.

Ein großer Anziehungspunkt Dänemarks sind seine schönen, langen, teilweise noch ganz einsamen **Strände**, an denen häufig sehr gute Surf- und Segelmöglichkeiten bestehen. Mit hübschen Ferienorten und einem großen Angebot an Ferienhäusern eignen sich die dänischen Küsten besonders gut für **Familienurlaub**.

Im kinderfreundlichen Dänemark gibt es zahlreiche Freizeit- und Vergnügungsparks. Der bekannteste ist „Legoland“ nahe Billunds in Jütland, dem Ursprungsort des berühmten Spielzeugs. Hier wurden mit Millionen Legosteinen bekannte Sehenswürdigkeiten im Kleinformat nachgebaut.

Eine weitere bedeutende Attraktion Dänemarks ist Kopenhagen, ein lohnendes Ziel für **Städtetrips**. Häufig besucht wird Kopenhagen auch als Ausflugsziel von Reisenden, die einen längeren Erholungsaufenthalt in Dänemark verbringen oder auf der Durchreise in die skandinavischen Nachbarländer sind. Da die Stadt häufig Station von Kreuzfahrten durch die Ostsee ist, kommen auch sehr viele Landausflügler von den Schiffen für einen Tag oder nur wenige Stunden hierher, um die wichtigsten Sehenswürdigkeiten kennen zu lernen. Die Stadt ist bekannt für ihr großes Unterhaltungs- und Freizeitprogramm sowie das rege Nachtleben. In diesem Zusammenhang denkt man vor allem an den berühmten Vergnügungspark Tivoli. Kulturell hat Kopenhagen mit Baudenkmälern, Museen und Theatern ebenfalls einiges zu bieten. Nicht zuletzt sollten auch die guten Einkaufsmöglichkeiten der Metropole erwähnt werden.

2000 kamen gut zwei Millionen Besucher nach Dänemark (international Rang 55). Die relativ niedrige Besucherzahl ist sicherlich auch darauf zurückzuführen, dass sich die Reisesaison in Dänemark auf wenige Monate im Jahr konzentriert.

Obwohl Dänemark in Bezug auf die Besucherzahl weltweit relativ weit hinten rangierte, lag es bei den Einkünften aus dem **Tourismus** mit gut 4 Milliarden US-Dollar 2000 international auf Platz 29. Die beliebtesten **Reiseziele** Dänemarks sind der Großraum Kopenhagen und die Insel Bornholm, die für ihr mildes Klima bekannt ist.

Wenn auch die Einkünfte aus dem Tourismus nicht unerheblich sind, spielen sie für das wirtschaftlich starke Land Dänemark keine allzu große Rolle. Dänemark ist ein hoch entwickelter Industriestaat mit sehr hohem Lebensstandard und ausgezeichnetem Sozial-, Bildungs- und Gesundheitswesen. Das Bruttosozialprodukt betrug in Dänemark 2000 32.280 US-Dollar pro Einwohner. Einen Großteil der **Wirtschaft** Dänemarks macht die Industrie (vor allem Metall-, Bekleidungs- und Nahrungsmittelindustrie) aus, deren Produkte größtenteils exportiert werden. Es wird hier jedoch auch sehr viel Landwirtschaft betrieben. In Kopenhagen, dem Wirtschafts- und Verwaltungszentrum Dänemarks, spielen Handel, Dienstleistungen und Transport eine große Rolle.

KOPENHAGEN

Die dänische Hauptstadt Kopenhagen erstreckt sich über den Osten der größten dänischen Insel **Seeland** und über den Norden der kleinen Nachbarinsel **Amager**. Kopenhagen ist der politische, wirtschaftliche und kulturelle Mittelpunkt Dänemarks und ein wichtiger Verkehrsknotenpunkt Skandinaviens. Das Stadtgebiet Kopenhagens (470.000 Einwohner) umfasst 88 qkm, der Großraum der Stadt mit 1,5 Millionen Einwohnern nimmt einen Großteil Seelands ein. Außerhalb Kopenhagens ist Seeland – wie fast ganz Dänemark – geprägt von flachen Heidelandschaften, Wäldern, Sandstränden, kleinen Seen und Fjorden und stellt ein beliebtes Ausflugsziel von Städtereisenden dar. Kopenhagen liegt direkt an der Meerenge **Öresund**, die Seeland vom nur wenige Kilometer entfernten Südschweden trennt. Seitenarme des Öresund und Kanäle erstrecken sich bis in die Innenstadt und verleihen ihr maritimen Charakter.

Das Stadtgebiet von Kopenhagen ist durch öffentliche Verkehrsmittel sehr gut erschlossen. Mit der „Copenhagen Card“ kann man sämtliche öffentlichen Verkehrsmittel nutzen und verschiedene Sehenswürdigkeiten und Museen besuchen. Das Erkunden der Stadt mit dem Pkw ist wegen großen Verkehrsaufkommens und hoher Parkkosten weniger ratsam. Wie im gesamten flachen Dänemark ist jedoch auch in Kopenhagen das Fortbewegungsmittel Fahrrad äußerst beliebt; Besucher können Räder leihen und damit bequem Stadt und Umgebung erkunden. Außerdem werden auch organisierte Stadtrundfahrten per Bus sowie Hafen- und Kanalrundfahrten angeboten.

SEHENSWÜRDIGKEITEN

ALTSTADT

Der Stadtkern mit der etwa vier qkm umfassenden Altstadt befindet sich am Ostufer Seelands, an einem Seitenarm des Öresunds. Hier liegen die meisten Sehenswürdigkeiten der Stadt – die, obwohl eine Großstadt, nur wenig hektisch und anonym wirkt – sowie die meisten Einkaufsstraßen.

Die zentrale Straße Kopenhagens ist die **Ströget**, die mit knapp zwei Kilometern als längste Fußgängerzone Europas gilt. Sie ist eine von mehreren Plätzen unterbrochene Flaniermeile mit Kaufhäusern, teilweise recht exklusiven Geschäften und Boutiquen, Cafés und Souvenirläden. Die Ströget beginnt am größten Platz Kopenhagens, dem **Kongens Nytorv** (Königlicher Neuer Markt) mit historischen Gebäuden aus dem 17. und 18. Jh., darunter das traditionsreiche Hotel d´Angleterre und das königliche Theater. Die Fußgängerzone endet am zentralen **Rädhusplanen** (Rathausplatz) am Südrand der Altstadt. Hier liegt das mächtige, Ende des 19. Jh. erbaute Rathaus mit einem über 100 Meter hohen Turm. Im Rahmen von Führungen kann man hier unter anderem eine hohe, häufig für Ausstellungen und Konzerte genutzte Halle sowie eine berühmte, als astronomisches Wunderwerk geltende „Weltuhr" besichtigen. Auf dem Rathausplatz steht ein Denkmal für den berühmten dänischen Dichter H. C. Andersen. In der Umgebung liegen einige Museen, darunter ein Wachsfigurenkabinett und das Tivolimuseum, das über die Geschichte des benachbarten Kopenhagener Vergnügungsparks informiert.

Der **Tivoli**, einer der berühmtesten Vergnügungsparks der Welt, liegt zwischen dem Rathausplatz und dem Kopenhagener Hauptbahnhof. Seit seiner Eröffnung Mitte des 19. Jh. dient der Tivoli den Einwohnern und Besuchern der Stadt als Landschaftspark mit Seen, Grünflächen und historischen Gebäuden wie dem chinesischen Pavillon, als Schauplatz von Kulturveranstaltungen mit Pantomimetheater, Open-Air-Bühne und Konzerthaus sowie als sommerlicher Rummelplatz mit Fahrgeschäften und Jahrmarktbuden. Auch Restaurants, Cafés und Kneipen sind in großer Zahl vorhanden. Besonders schön ist ein Besuch des Tivoli abends, wenn Tausende von Lichtern leuchten; sehr beliebt ist das im Sommer zweimal wöchentlich hier stattfindende, große Feuerwerk.

Zu den bedeutendsten Attraktionen Kopenhagens gehören seine Königsschlösser. Eines davon befindet sich südlich der Ströget, auf der von einem Kanal umgebenen **Slotsholmen** (Schlossinsel), auf der auch das Kopenhagener Regierungsviertel liegt. Hier erstrecken sich **Schloss Christiansborg**, wo heute das Parlament tagt, Schlosskirche, Ministerien, der Gerichtshof, die Königliche Bibliothek, die prächtige alte Börse und einige Museen. Den „Holmens Kanal", der die Schlossinsel umgibt, säumen Uferpromenaden, darunter der „Gammel Strand" (Alter Strand), wo zahlreiche Ausflugsboote ablegen. An die Zeit, als hier ein traditioneller Fischmarkt stattfand, erinnert ein Denkmal, das alte Fischweiber darstellt.

Nördlich des Kongens Nytorv liegt im noblen Stadtviertel Frederiksstaden **Schloss Amalienborg**, ein vierflügeliges Rokokoschloss, das seit dem späten 18. Jh. als Residenz der dänischen Könige dient. Wenn die königliche Familie anwesend ist, wird auf dem Dach des Schlosses die dänische Flagge („Dannebrog") gehisst. Bei Anwesenheit der Königin fällt die täglich um 12 Uhr mittags stattfindende Wachablösung noch pompöser aus als sonst. Die königliche Leibgarde mit ihren dicken Bärenfellmützen, die bereits eine halbe Stunde zuvor von ihrer Kaserne im Park von Schloss Rosenborg aufbricht, wird häufig von Schaulustigen „begleitet". **Schloss Rosenborg**, ein prächtiges Renaissanceschloss, das im 17. Jh. als Zweitresidenz der Könige errichtet wurde, ist heute ein viel besuchtes Touristenziel. Hier werden die dänischen Kronjuwelen und zahlreiche weitere Kostbarkeiten und Kunstgegenstände aufbewahrt.

Zwischen Schloss Rosenborg und Ströget liegt das **Universitätsviertel** mit weiteren Sehenswürdigkeiten: die als Dom dienende Vor Frue Kirke (Liebfrauenkirche), weitere Kirchen und der 35 Meter hohe Rundetärn (Runder Turm), der im 17. Jh. als Observatorium erbaut wurde. Nördlich von Schloss Rosenborg liegt das sehenswerte Reihenhausviertel **Nyboder**, das im 17. Jh. für dänische Seeleute angelegt wurde; einige Häuser aus der Gründungszeit sind erhalten.

HAFEN

Der nördlich der Altstadt gelegene Hafen ist durch den im 17. Jh. künstlich angelegten Kanal **Nyhavn** (Neuer Hafen) mit dem Kongens Nytorv und somit mit dem Stadtzentrum verbunden. Nachdem sich um den Kanal Wohn-, Lager- und Verwaltungsgebäude entwickelt hatten, war Nyhavn bald ein typisches, etwas anrüchiges Hafengebiet geworden. Nach umfangreicher Restaurierung ist das malerische Viertel mit Promenade und zahlreichen Kneipen heute bei Touristen und Einheimischen gleichermaßen beliebt. Nyhavn dient auch als Museumshafen mit historischen Schiffen und als Ausgangspunkt für Ausflugsboote, Kanal- und Hafenrundfahrten.

Von Nyhavn aus kann man den Öresund auf ausgedehnten Spaziergängen entlang der schönen **Uferpromenaden** erkunden. Der Weg in Richtung Norden führt – vorbei am Fähranleger, am Schloss Amalienborg und an schön restaurierten Speichern – zum prachtvollen, nordische Mythologie darstellenden **Gefionbrunnen**. Nahe dem Brunnen liegt das Freiheitsmuseum, das an die deutsche Besatzung Dänemarks während des zweiten Weltkriegs erinnert.

Hier beginnt die weiter nach Norden führende Uferpromenade „Langelinie". Zu den Skulpturen, die die Promenade zieren, gehört das Wahrzeichen Kopenhagens, **die Kleine Meerjungfrau** (Den Lille Havfrue). Die kleine, auf einem Stein am Hafenufer sitzende Meerjungfrau wurde 1913 errichtet und stellt die gleichnamige berühmte Märchengestalt von Hans Christian Andersen dar. Hinter der Langelinie liegt das **Kastellet** (Kastell), das im 17. Jh. zur Verteidigung Kopenhagens gegen die Schweden errichtet wurde; die sternförmige Zitadelle wird von Wällen und einem Wassergraben umgeben. Nördlich schließt sich das eigentliche **Hafengebiet** mit Jacht-, Kreuzfahrt- und Containerhafen sowie dem alten, inzwischen stillgelegten Freihafen an. Auf dem Gelände des Freihafens sind moderne Büro- und Wohngebäude entstanden.

CHRISTIANSHAVN

Am der Altstadt gegenüberliegenden Ufer folgt – auf der Insel Amager – mit Christianshavn ein Stadtteil, der im 17. Jh. als eigene Stadt gegründet, jedoch bald Kopenhagen angegliedert worden ist. Hier sind viele historische Bauten und alte Häuser, darunter Fachwerk- und Patrizierhäuser, erhalten geblieben. In der Altstadt hingegen wurde ein große Teil der historischen Bausubstanz durch diverse Brände zerstört.

Der ruhige, von Kanälen durchzogene Stadtteil Christianshavn ist von der Altstadt aus über mehrere Brücken erreichbar. Die bedeutendste Sehenswürdigkeit hier ist die **Vor Freisers Kirke** (Erlöserkirche) aus dem 17. Jh. mit einem fast 90 Meter hohen Turm. Auf den Turm führt eine außen verlaufende Wendeltreppe; von oben hat man hervorragende Aussichten auf Kopenhagen.

Eine sehr ungewöhnliche Attraktion des Stadtteils ist der auf einem ehemaligen Kasernengelände gelegene **Freistaat Christiana**. 1971 wurde das 32 Hektar große, verlassene Gelände von Hippies und Aussteigern besetzt, die hier einen Freistaat gründeten, wo sie ihre Vorstellungen von einer unabhängigen Gesellschaft verwirklichten. Nach Räumungsversuchen und konservativen Anfeindungen (auch wegen freien Haschischverkaufs in Christiana) wurde der oft als „soziales Experiment" bezeichnete Freistaat 1991 legalisiert. Touristen schlendern gerne durch das Viertel, dessen Eingang eine Art Freiheitsstatue markiert, und besuchen alternative Geschäfte und Cafés.

WEITERE STADTVIERTEL UND SEHENSWÜRDIGKEITEN

Mitte des 19. Jh. entstanden im Zuge der Industrialisierung rund um die Altstadt neue Wohnviertel als Arbeitersiedlungen. Deshalb wurde der alte Stadtwall abgerissen; seinen Verlauf nehmen heute Parkanlagen wie der botanische Garten ein. Die Arbeitersiedlungen werden bzw. wurden in jüngerer Zeit restauriert. An den Hauptbahnhof schließt sich südwestlich das alte Arbeiterviertel **Vesterbro** an, das mitten in der Sanierung steckt. Der als Rotlichtbezirk Kopenhagens geltende Stadtteil mit kleinen Läden und Kneipen vermittelt eine ganz eigene Atmosphäre und wird künftig sicher auch einen Platz in der Kopenhagener Kulturszene haben. Der hier gelegene, alte Schlachthof beispielsweise wurde zur riesigen Ausstellungshalle umgebaut.

In der Nähe liegt das weitläufige Gelände der Mitte des 19. Jh. gegründeten **Carlsberg Brauerei**, eines der größten Arbeitgeber der Stadt. Im Rahmen einer Werksbesichtigung sieht man sowohl hochmoderne als auch historische Gebäude und Apparaturen. Die Gründer der Brauerei – eine der größten der Welt, deren Bier heute weltweit vertrieben wird – waren große Kunstmäzene, die zahlreiche Kulturstiftungen einrichteten. Eine darunter ist das in einem imposanten, alten Gebäude neben dem Tivoli untergebrachte Kunstmuseum „Carlsberg Glyptothek".

Unweit der Brauerei liegt das gediegene, 9 qkm umfassende Viertel **Frederiksberg**, das verwaltungsmäßig eine eigenständige Kommune mit rund 90.000 Einwohnern bildet. Frederiksberg ist traditionell ein Wohngebiet der Mittel- und Oberschicht. Eine hier gelegene Attraktion ist die weitläufige, prächtige, von Kanälen durchzogene Parkanlage, die **Schloss Frederiksborg**, ein weiteres Königsschloss aus dem frühen 18. Jh., umgibt. In dem Park, der als „grüne Lunge" der Stadt gilt, liegt der Kopenhagener Zoo. In Frederiksberg kann man auch die 1775 gegründete Königliche Porzellanmanufaktur **Royal Copenhagen** besichtigen, in der einst das berühmte Porzellandesign „Flora Danica" entwickelt wurde.

Weitere feine Wohngegenden Kopenhagens befinden sich in nördlichen Stadtvierteln, während viele Gebiete im Süden der Stadt von anonymen Wohnblocks und Trabantenstädten geprägt sind.

Unter den zahlreichen Kirchen der Stadt ist die nördlich des Zentrums gelegene, aus Millionen von Ziegelsteinen bestehende **Grundtvigs Kirke** besonders sehenswert, die in der ersten Hälfte des 20. Jh. erbaut wurde. Die große Kirche bietet Platz für 1.800 Gläubige.

Auf dem Weg vom Stadtzentrum zur Kirche wird häufig der **Assistens Kirkegard** besucht, Kopenhagens Prominentenfriedhof, auf dem auch H. C. Andersen begraben ist.

MUSEEN / FREIZEITEINRICHTUNGEN

Kopenhagen bietet zahlreiche, teilweise ganz hervorragende MUSEEN. Neben den bereits erwähnten Museen sind besonders sehenswert: das **Nationalmuseum** gegenüber der Insel Slotsholmen (das größte Museum Dänemarks, das sich vor allem mit dänischer Geschichte und der Antike befasst), das **Statens Museum for Kunst**, mitten in einer Grünanlage nahe dem botanischen Garten gelegen (mit Malerei und Skulpturen aus königlichem Besitz), das außerhalb gelegene, naturwissenschaftliche **Experimentarium** und das originelle **Erotikmuseum** in der Nähe der Ströget.

Einen Besuch wert sind auch FREIZEITEINRICHTUNGEN wie das nahe dem Hauptbahnhof gelegene **Planetarium**, in dessen Filmsaal man eine „Weltraumreise" starten kann, und das außerhalb der Stadt gelegene **Aquarium** mit zahlreichen Fischarten, darunter auch Piranhas.

AUSFLÜGE

NÖRDLICHES SEELAND

Ab Kopenhagen kann man Tagesausflüge zu kulturträchtigen Stätten in Nordseeland unternehmen:

Knapp 30 Kilometer nördlich der Stadt liegt das **Karen-Blixen-Museum**, das sich mit dem Leben der bekannten Schriftstellerin befasst. Das Museum ist im Elternhaus der Autorin, deren berühmtestes Werk „Jenseits von Afrika“ in Hollywood verfilmt wurde, untergebracht.

Einige Kilometer nördlich folgt das meistbesuchte Museum Dänemarks, die private **Kunststiftung Louisiana**, die sich mit moderner Kunst beschäftigt. Das außergewöhnlich angelegte Museum erstreckt sich über ein prächtiges Herrenhaus direkt am Öresund und den dazugehörigen Park.

Das Louisiana Museum ist nicht weit entfernt von der schönen, alten Stadt **Helsingör**, gut 40 Kilometer nördlich von Kopenhagen. Attraktion der Stadt ist Schloss Kronborgs aus dem 15. Jh., das dem großen Dichter Shakespeare als Schauplatz für „Hamlet“ diente.

Etwa 40 Kilometer nordwestlich von Kopenhagen liegt im Binnenland **Schloss Frederiksborg**. Das prächtige Renaissanceschloss, das vor Amalienborg Residenz der dänischen Könige war, wurde Anfang des 17. Jh. auf einer Insel mitten in einem See erbaut. Heute dient Schloss Frederiksborg als Museum; sehr häufig werden die Schlosskirche, in der bis Mitte des 19. Jh. die Königskrönungen stattfanden, und der Rittersaal besucht.

Rund 40 Kilometer westlich von Kopenhagen liegt eine der ältesten Städte Dänemarks, das vermutlich um 600 n. Chr. von den Wikingern am gleichnamigen Fjord gegründete **Roskilde**. Sehenswürdigkeiten hier sind die Kathedrale aus dem 12. Jh., in der zahlreiche dänische Könige begraben sind, und die Wikingerschiffshalle. In der Halle sind fünf Winkingerschiffe aus dem 11. Jh. und Ausstellungen zum Thema Wikinger sehenswert. Bekannt ist Roskilde auch für das alljährlich im Sommer stattfindende Rockfestival, das häufig als „europäisches Woodstock“ bezeichnet wird.

DÄNISCHE RIVIERA

An der Küste um Kopenhagen, die häufig als Dänische Riviera bezeichnet wird, liegen schöne Strände mit Badeorten wie **Dragör** auf der Insel Amager, **Hornbaek** nördlich und **Köge** südlich der Hauptstadt. Die schönsten Strände liegen bis zu 100 Kilometer entfernt von Kopenhagen.

SÜDSCHWEDEN

Seit der Einweihung der Öresundbrücke sind Kurztrips nach **Malmö** an der schwedischen Südküste noch problemloser geworden. In der drittgrößten Stadt Schwedens ist die Altstadt, deren Bauten bis ins 14. Jh. zurückgehen, besonders sehenswert.

Ab Helsingör gibt es sehr gute Fährverbindungen ins schwedische **Helsingborg** (Fahrtdauer etwa 20 Minuten; Trajektverkehr). Attraktion der ebenfalls sehr alten, hübschen Stadt ist eine Burg aus dem 14. Jh., von deren fast 40 Meter hohem Turm man schöne Aussichten auf die Stadt und den Öresund genießen kann.

4. AMERIKA

4.1 GLIEDERUNG NORD- UND MITTELAMERIKAS

Zum Doppelkontinent Amerika gehören **Nordamerika**, **Südamerika** und die beide Erdteile verbindende Landbrücke **Mittelamerika**. Westlich von Amerika erstreckt sich der Pazifik, östlich der Atlantik, nördlich das Polarmeer, ein Nebenmeer des Atlantiks.

Zwischen Nord- und Südamerika und östlich Mittelamerikas bilden der Golf von Mexiko und das Karibische Meer das „amerikanische Mittelmeer" (Nebenmeer des Atlantiks). Im Karibischen Meer erstreckt sich in einem weiten Bogen die lange Kette der Antilleninseln („**Karibik**").

NORDAMERIKA

Nordamerika weist ohne Grönland eine Fläche von gut 19 Millionen qkm auf. Seine maximale Ausdehnung beträgt über 8.000 Kilometer von Osten nach Westen und mehr als 6.500 Kilometer von Norden nach Süden. In Nordamerika leben über 300 Millionen Menschen.

STAATEN

Nordamerika umfasst den nördlichsten Staat **Kanada** (das zweitgrößte Land der Erde), die **USA** – zu denen auch der durch Kanada abgetrennte Bundesstaat Alaska im Nordwesten des Kontinents und die Hawaii-Inseln im Pazifik gehören – und **Mexiko**. Mexiko liegt geographisch teils im südlichen Nordamerika und teils im nördlichen Mittelamerika. Vom Kulturraum her gesehen beginnt Mittelamerika an der Grenze zwischen USA und Mexiko.

NATURRAUM[1]

Der flache Küstenstreifen an der Ostseite Nordamerikas ist der am dichtesten besiedelte und am stärksten industrialisierte Teil des Kontinents. Hinter den **Küstenebenen** erstrecken sich Hügellandschaften und das 3.000 Kilometer lange, bis zu 300 Kilometer breite **Mittelgebirge** Appalachen. Die in Nord-Süd-Richtung verlaufenden Appalachen, die von Norden nach Süden ansteigen, verlaufen parallel zur Atlantikküste und gehen nördlich in den Kanadischen Schild über.

Die ausgedehnte, weitgehend flache Mitte Nordamerikas – zwischen den Flüssen Mackenzie im arktischen Norden Kanadas und Mississippi im subtropischen Süden der USA – wird von **Tiefland** und **Ebenen** eingenommen. Dieses Gebiet, das in den USA als „Great Plains" und in Kanada als „Interior Plains" bezeichnet wird, birgt viele Bodenschätze; Acker- und Weideland nehmen große Flächen ein. Im Nordosten geht die Region in das Gebiet „Great Lakes" (Große Seen: Oberer See, Michigansee, Huronsee, Eriesee und Ontariosee) zwischen USA und Kanada über. Wegen ihrer Größe wirken die Great Lakes wie Meere; sie sind durch den St.-Lorenz-Strom untereinander und mit dem Atlantik verbunden. Nördlich und nordwestlich folgt der dünn besiedelte „Kanadische Schild", ein fast 5 Millionen qkm großes Gebiet mit Seen, Flüssen und Prärien, dessen Kerngebiet die Hudson Bay, ein fast vollständig von Land umgebenes Nebenmeer des Atlantiks, bildet.

---

[1] Aus: Alle Länder unserer Erde (1994) S. 34, Verlag Das Beste GmbH, Stuttgart

Im Westen schließen sich an die Ebenen und das Tiefland die über 1.000 Kilometer breiten, von Norden nach Süden verlaufenden **Hochgebirgsketten** (Kordilleren) der Rocky Mountains und der Sierra Nevada sowie der Küstengebirge am Pazifik an. Dazwischen liegen Beckenlandschaften. Der höchste Gipfel Nordamerikas, der 6.194 Meter hohe Mount McKinley, befindet sich im Pazifischen Gebirge in Alaska. Die Beckenlandschaften zwischen der Pazifikküste und dem Ostrand der Rocky Mountains sind voller Kontraste: Hochgebirgsgipfel, Canyons, Wüsten, Seen und eigenartige Gesteinsformationen. Die einzigartigen Landschaften wurden häufig durch die Einrichtung von Nationalparks geschützt. Im westlichen Viertel Nordamerikas kommt es – durch im Küstengebirge gelegene Vulkane – relativ häufig zu Erdbeben und Vulkanausbrüchen.

MITTELAMERIKA

Das in Mexiko beginnende Gebiet Mittelamerikas umfasst eine Fläche von über 2,7 Millionen qkm. Mittelamerika, das zwischen Atlantik und Pazifik eine **Ausdehnung** von rund 2.000 Kilometer Länge und 60 bis 500 Kilometer Breite aufweist, verbindet als Landbrücke Nord- und Südamerika. In Mittelamerika und auf den Karibischen Inseln leben etwa 160 Millionen Menschen.

STAATEN

In Mittelamerika liegen die Staaten **Mexiko**, **Guatemala**, **Belize**, **El Salvador**, **Honduras**, **Nicaragua**, **Costa Rica** und **Panama**. Im südlichsten Land Panama wurde mit dem durch eine Landzunge gebauten Panama-Kanal eine künstliche Verbindung zwischen dem Atlantik bzw. dem Karibischen Meer und dem Pazifik hergestellt. Dieser Kanal gilt als Grenze zu Südamerika.

Die Kette der von Nordwesten nach Südosten verlaufenden Karibischen Inseln wird geographisch Mittelamerika zugerechnet. Die häufig auch als „Westindische Inseln" bezeichnete Inselkette besteht aus vier großen Inseln (Große Antillen) und einer Vielzahl kleinerer Inseln (Kleine Antillen). Auch weiter nördlich gelegene Inseln wie die Bahamas und die Bermudas werden der Karibik zugerechnet. Die Staatsformen bzw. Staatszugehörigkeiten der einzelnen Karibikinseln sind ganz unterschiedlich; insgesamt gibt es hier fast 30 Einzelstaaten und teilautonome Dependancen.

Die GROSSEN ANTILLEN, die den nordwestlichen Teil des Inselbogens einnehmen, bilden die größte Karibikinsel **Kuba**, **Jamaika**, die Insel Hispanola, die sich **Haiti** im Westen und die **Dominikanische Republik** im Osten teilen, und **Puerto Rico** (autonomer Bundesstaat der USA). Häufig werden den großen Antilleninseln auch die drei **Cayman Islands** (britische Kronkolonie) zugeordnet, die zwar sehr klein sind, geographisch aber hierher gehören; sie liegen südöstlich von Kuba und nordwestlich von Jamaika.

Die etwa 1.500 Kilometer lange Inselkette der KLEINEN ANTILLEN liegt im südöstlichen Bereich des Karibischen Meeres; sie verläuft von Puerto Rico bis vor die Küste Venezuelas.

Einige der Kleinen Antillen sind selbstständige Staaten im britischen Commonwealth (**St. Kitt´s & Nevis**, **Antigua & Barbuda**, **Dominica**, **St. Lucia**, **St. Vincent & die Grenadinen**, **Barbados**, **Grenada**, **Trinidad & Tobago** sowie die **Bahamas**). Andere Inseln sind noch immer britische Kolonien (**British Virgin Islands**, **Montserrat**, **Anguilla** sowie die **Bermudas**). Außerdem gibt es Französische Antillen, die Überseedépartements Frankreichs darstellen (der Norden von **St. Martin**, **St. Barthelemy**, **Guadeloupe** und **Martinique**) sowie Niederländische Antillen, die autonome Teile des Königreichs Niederlande sind (der Süden von St. Martin, der hier **St. Maarten** heißt, **Saba**, **St. Eustasius** sowie die ABC-Inseln **Aruba**, **Bonaire** und **Curacao**). Ein Teil der Virgin Islands ist als **U.S. Virgin Islands** den USA zugeordnet. Die **Isla Margarita** vor der südamerikanischen Küste gehört zu Venezuela.

NATURRAUM

Die meisten Länder Mittelamerikas werden von Norden nach Süden von Hochgebirgsketten durchzogen, die eine Fortsetzung der westlichen Gebirge Nordamerikas bilden und eine große Rolle bezüglich Klima und Vegetation spielen. Im Hochgebirge Sierra Madre Oriental in Mexiko befindet sich der höchste Berg Mittelamerikas, der knapp 5.700 Meter hohe Citlaltepetl. Zwischen den Höhenzügen liegen – ebenfalls wie in Nordamerika – Beckenlandschaften. Dazu gehört unter anderem das bis zu 2.500 Meter hohe **Hochland** von Mexiko. Die Hochländer Mittelamerikas bieten in der Regel gute Siedlungsbedingungen; hier liegen einige große Städte.

Im Nordwesten Mexikos befinden sich die **Wüstenlandschaften** des hügeligen Küstenvorlandes sowie die südlich des US-Bundesstaates Kalifornien gelegene, in den Pazifik ragende, gebirgige Wüstenhalbinsel Baja California.

Während den Großteil der mittelamerikanischen Westküste eine schmale Tieflandzone säumt, nehmen den Osten – wie in Nordamerika – ausgedehnte **Küstenebenen** und **Tiefländer** ein. Vor allem an den Ostküsten Mittelamerikas und auf den Karibikinseln findet man einige der schönsten **Strände** der Welt, die kilometerlang, hell, feinsandig und häufig von Palmen gesäumt sind.

Da sich Nord- und Mittelamerika zwischen der Polarzone und dem Äquator ausdehnt, erstrecken sich seine Reiseziele über alle Klimazonen.

KLIMA / REISEZEIT

NORDAMERIKA liegt in verschiedenen Klimazonen und weist unterschiedliches **Klima** auf. Ein Teil Alaskas und nördliche Gebiete Kanadas liegen in der polaren Zone, der Großteil des Kontinents befindet sich jedoch in der gemäßigten Klimazone und unterliegt Kontinentalklima mit heißen, meist relativ kurzen Sommern (bis 35 Grad Celsius) und kalten Wintern (bis –35 Grad Celsius). Am gravierendsten sind die Temperaturunterschiede in den Great Plains. An der Westküste herrscht ausgeglicheneres, ozeanisches Klima. Durch den Nord-Süd-Verlauf der Gebirge in Nordamerika kann ein ungehinderter Austausch der Luftmassen zwischen subtropischen Gebieten im Süden und kalten Gebieten im Norden stattfinden, wodurch oft extremes Wetter und häufig Wirbelstürme (Tornados) bzw. Schneestürme (Blizzards) entstehen.
Klima und **Reisezeit** der USA werden im Kapitel 4.2 ausführlicher erläutert.

Ein Großteil **MITTELAMERIKAS** liegt in den Tropen und hat tropisches, ganzjährig feuchtwarmes **Klima**. Die Niederschläge beschränken sich jedoch auch in der Regenzeit auf einige Stunden am Tag (oft nachmittags). Die Gebirgsketten teilen die Länder in eine immerfeuchte Zone an der flachen Karibikküste und in eine wechselfeuchte Region an der Pazifikküste, wo im Winter Trockenzeit ist. Das Klima höherer Karibikinseln ist wie im Osten Mittelamerikas immerfeucht, während niedrigere Inseln ähnlich wie die Westküsten Mittelamerikas wechselfeuchtes Klima haben. Im relativ trockenen Hochland Mittelamerikas sind die Temperaturen gemäßigt und die Winter kühl. Der Norden Mittelamerikas weist Wüstenklima auf. Mittelamerika leidet häufig unter Naturkatastrophen wie Erdbeben, Vulkanausbrüchen und tropischen Wirbelstürmen, die in der Karibik als Hurrikans bezeichnet werden. Diese Stürme entstehen meist im Spätsommer, wenn das Meer mit Temperaturen über 26 Grad Celsius stark aufgeheizt ist. Häufig wird auch der Südosten der USA von Hurrikans im Mitleidenschaft gezogen.
Reisezeit ist für Mittelamerika und die Karibik das ganze Jahr über, die Hochsaison bilden jedoch das trockenere Winterhalbjahr (November/Dezember bis April/Mai) und die Ferienzeit (Juli/August). Klima und Reisezeit der einzelnen Regionen werden in den Kapiteln 4.3 und 4.4 genauer erläutert.

VEGETATION

In Kanada schließt sich an Gebiete mit ewigem Eis ein Tundragürtel an, der in Taiga übergeht. Im Südosten Kanadas und im Nordosten der USA folgt eine ausgedehnte Laub- und Mischwaldzone; den Westen und das Hochgebirge dominieren riesige Nadelwälder. Die Großen Ebenen sind geprägt von Steppen („Prärien“), in denen sehr viel Landwirtschaft betrieben wird. Große Teile des Südwestens Nordamerikas nehmen Wüstenlandschaften ein, während im Südosten subtropische Kiefern- und Sumpfwälder dominieren. Südkalifornien hat mediterrane Vegetation.

Die Vegetation der immerfeuchten Tropenteile Mittelamerikas besteht aus riesigen tropischen Regenwäldern, während in den trockeneren westlichen Gebieten Savannen und in der Wüste Kakteenlandschaften zu finden sind. Vielerorts werden in Mittelamerika auf ausgedehnten Plantagen vor allem Kaffee, Zuckerrohr, Baumwolle und Obst angebaut. Im Hochland dominieren Savannen mit einzelnen Baumgruppen und Kulturland das Landschaftsbild. Auf den karibischen Inseln findet man unterschiedliche, meist jedoch grüne und abwechslungsreiche Landschaften.

Während in den USA und Kanada sowie auf Jamaika Englisch gesprochen wird (in einigen Teilen Kanadas auch Französisch), ist in Haiti Französisch, in Mittelamerika, der Dominikanischen Republik, auf Kuba und Puerto Rico Spanisch offizielle Landessprache (auf Puerto Rico auch Englisch).

Auf den Kleinen Antillen werden – entsprechend der jeweiligen Staatszugehörigkeit – ebenfalls unterschiedliche Sprachen, vor allem Englisch, Französisch und Niederländisch, gesprochen.

Die vorherrschende **Religion** auf dem amerikanischen Kontinent ist das Christentum. Während der Großteil der Bevölkerung der USA der protestantischen Glaubensrichtung angehört, sind in Mittelamerika und auf vielen karibischen Inseln die meisten Menschen katholisch.

Hauptanziehungspunkte der USA und Kanadas sind weltberühmte Metropolen, großartige Landschaften und Natursehenswürdigkeiten sowie Erholungsgebiete an den Küsten. Die Karibik gilt mit ganzjährig hohen Temperaturen, wunderschönen Stränden und tropischen Landschaften als ein Traumziel für Bade- und Erholungsurlaub. Die meisten Länder Mittelamerikas haben die gleichen Vorteile zu bieten, sind jedoch außerdem mit Sehenswürdigkeiten aus der Zeit der frühen Hochkulturen sowie der Kolonialzeit auch sehr gut als Studien- und Kulturreiseziele geeignet (vor allem Mexiko). Weiterhin ist der karibische Raum eines der beliebtesten Kreuzfahrt- und Segelreviere der Welt.

Die touristische **Infrastruktur** ist in den wohlhabenden Industriestaaten Kanada und USA hervorragend entwickelt. Einige Länder Mittelamerikas sind hingegen recht arm und unterliegen teilweise instabilen politischen Verhältnissen. Abgesehen von Mexiko und Costa Rica, wo das Reisen recht unproblematisch ist, gibt es dorthin kaum Pauschaltourismus. Die Länder der Großen Antillen haben bis auf Haiti, einen der ärmsten Staaten der Welt, eine sehr gute touristische Infrastruktur. Ein beliebtes und oft ausgesprochen preisgünstiges Fernziel deutscher Touristen hier ist vor allem die Dominikanische Republik. Auch Kuba und teilweise Jamaika gehören zu den preiswerteren Urlaubsgebieten in der Karibik, die häufig in den Programmen großer Pauschalveranstalter enthalten sind. Im Gegensatz dazu sind viele Kleine Antillen recht exklusive und teure Reiseziele, die teilweise nur per Linienflug erreichbar sind und oft sehr hochwertige Unterkünfte und kaum Ferienzentren aufweisen.

USA

1.) **Eine vierköpfige Familie (Tochter 15 Jahre, Sohn 11 Jahre) möchte in den nächsten Sommerferien für drei Wochen nach Florida reisen. Alle vier haben ganz unterschiedliche Vorstellungen von dem Urlaub: Der Sohn freut sich unbändig auf Themenparks, die Tochter auf das legendäre Strandleben, die Mutter möchte Land und Leute kennen lernen, der Vater will möglichst viel kulturelle Besichtigungen machen und ist sehr stark an Raumfahrt interessiert.**

a) *Welche Reiseform schlagen Sie der Familie vor, um alle diese Vorstellungen miteinander zu verbinden? Raten Sie eher zur Buchung einer Pauschalreise oder zu einer individuell ausgearbeiteten Reise, in deren Rahmen Einzelbausteine kombiniert werden? Suchen Sie aus den Katalogen führender deutscher Reiseveranstalter für Nordamerika heraus, welche Einzelbausteine in diesem Zusammenhang infrage kommen.*

b) *Schlagen Sie eine konkrete Reiseroute vor, bei der Sie jeweils darauf hinweisen, welche Reisestation für welches Familienmitglied „bestimmt“ ist. Gehen Sie auch genauer auf die Besonderheiten und Sehenswürdigkeiten der einzelnen Stationen ein.*

c) *An- und Abreise der Kunden soll per Direktflug ab bzw. nach München erfolgen. Welchen Ziel- und Rückflughafen und welche Fluggesellschaften schlagen sie vor?*

2.) **Ein junges Paar möchte sich eine luxuriöse, einwöchige Reise nach New York City gönnen. Um die Zeit vor Ort optimal nutzen zu können, sollen möglichst viele Unternehmungen bereits vorab über deutsche Reiseveranstalter gebucht werden. Für die Anreise wird ein Direktflug ab/bis Frankfurt gewünscht. Wann ist klimatisch gesehen der ideale Reisezeitpunkt?**

a) *Welche Fluggesellschaften und welche Zielflughäfen kommen infrage? In welchem Stadtteil bzw. in welcher Gegend New Yorks liegen viele hochwertige Hotels und wie lange dauert der Transfer vom Flughafen dorthin?*

b) *Welche Arten von Stadtrundfahrten können bereits im Voraus gebucht werden und welche Verkehrsmittel kommen hierfür infrage? Für Sightseeing planen Ihre Kunden vier Tage ein. Welche Sehenswürdigkeiten und Museen gehören zu den Höhepunkten einer Reise nach New York und wie würden Sie diese auf die vier Tage „verteilen“?*

c) *Welche abendlichen Unterhaltungsmöglichkeiten, die über deutsche Veranstalter gebucht werden können, empfehlen Sie?*

d) *An zwei Tagen möchten die Kunden Tagesausflüge unternehmen, die ebenfalls bereits in Deutschland gebucht werden sollen. Welche interessanten Ausflugsziele schlagen Sie vor und wie erfolgt die Anreise dorthin?*

3.) ***Zwei unternehmungslustige Damen, Mutter und Tochter, träumen schon seit langem von einer ausgedehnten Rundreise durch den Westen der USA. Im kommenden Mai/Juni wollen sie sich nun ihren großen Wunsch erfüllen. Im Rahmen dieser Reise möchten die Damen so viel wie möglich sehen und vor allen Dingen die abwechslungsreichen, außergewöhnlichen Landschaften der vielen Nationalparks der Region kennen lernen. Es soll jedoch auch Zeit für Erholung und Unterhaltung eingeplant werden.***

a) *Die Kundinnen möchten von Ihnen wissen, ob der geplante Termin eine gute Reisezeit für die Region ist oder ob Sie eher davon abraten. Erläutern Sie Ihre Antwort auf die Frage ausführlich!*

b) *Welche Zielflughäfen im Westen der USA, die sich als Ausgangsstation einer solchen Rundreise eignen, werden von Deutschland aus ohne Stopp angeflogen und wie sind deren 3-Letter-Codes? Welche Stadt empfehlen Sie als Ausgangspunkt der Reise und wie viele Übernachtungen sollten dort eingeplant werden? Beschreiben Sie auch die wichtigsten Sehenswürdigkeiten und Besonderheiten dieser Stadt.*

c) *Da Ihre Kundinnen vor Ort flexibel sein möchten, entscheiden sie sich dafür, die Rundreise mit einem Mietwagen, der bereits in Deutschland gebucht und bezahlt werden soll, durchzuführen. Welche Informationen erteilen Sie den Damen zum Thema Leihwagen bzw. Autofahren in den USA? In welchem Fall raten Sie eher zu einem Campmobil als zu einem Pkw?*

d) *Arbeiten Sie für die Kundinnen den genauen Verlauf einer Reise aus, die durch Metropolen, Hochgebirgs-, Seen-, Küsten- und Wüstenlandschaften führt und nennen Sie die bedeutendsten Stationen mit ihren Besonderheiten. Wo planen Sie mehrere Tage Aufenthalt für Erholung und Unterhaltung ein? Wie viel Zeit sollten sich die Kundinnen für die von Ihnen vorgeschlagene Reise mindestens nehmen und von wo aus könnte der Rückflug nach Deutschland angetreten werden?*

e) *Geben Sie an, ob Sie zur Buchung sämtlicher Übernachtungen im Voraus raten, und begründen Sie Ihre Empfehlung. Welche Reservierungen sollten in jedem Fall vorab getätigt werden?*

f) *Durch welche Bundesstaaten der USA führt die von Ihnen vorgeschlagene Rundreise? Wie groß ist der Zeitunterschied zwischen diesen Bundesstaaten und Deutschland bzw. inwiefern müssen die Kundinnen ihre Uhren bei Ankunft verstellen?*

g) *Schließlich bitten die Kundinnen Sie noch um Empfehlungen bezüglich Reisezahlungsmitteln und fragen, welche Nebenkosten vor Ort noch auf sie zukommen können.*

4.2 USA

Die Vereinigten Staaten von Amerika nehmen mit einer Fläche von rund 9,5 Millionen qkm einen großen Teil Nordamerikas ein und sind der viertgrößte Staat der Erde. Mit einer Ost-West-Ausdehnung von etwa 4.500 Kilometer erstrecken sich die USA zwischen dem **Atlantik** im Osten und dem **Pazifik** im Westen zwischen dem 24. und 72. Grad nördlicher Breite. Im Norden wird das Land von Kanada, im Süden von Mexiko und dem **Golf von Mexiko** begrenzt; die maximale Ausdehnung von Norden nach Süden beträgt etwa 2.500 Kilometer. Den südlichsten Zipfel der USA stellt die im Südosten gelegene, weit in den Atlantik ragende Halbinsel Florida dar.

Die USA umfassen 50 Bundesstaaten, von denen **Alaska** im äußersten Nordwesten des amerikanischen Kontinents der größte und Kalifornien der bevölkerungsreichste ist. Auch die fast 4.000 Kilometer vom Festland entfernte Inselgruppe **Hawaii** im Pazifik ist ein Bundesstaat. Außerdem gehören zu den USA autonome **Außenterritorien** in der Karibik und in der Südsee, darunter Puerto Rico, die U.S. Virgin Islands und Amerikanisch-Samoa. Der höchste Berg der USA, deren Naturraum bereits im Kapitel 4.1 beschrieben wurde, ist der knapp 6.200 Meter hohe **Mount McKinley** in Alaska. Den längsten Fluss des Landes bildet der **Mississippi**, der mit seinem Nebenfluss **Missouri** eine Länge von über 6.000 Kilometern erreicht und im Südosten des Landes in den Golf von Mexiko mündet.

Hauptstadt der USA, wo gut 281 Millionen Menschen leben, ist das an der Ostküste gelegene **Washington D.C.** mit gut 620.000 Einwohnern, nicht zu verwechseln mit dem im Westen des Landes gelegenen Bundesstaat Washington. Das Gebiet der Hauptstadt, der District of Columbia, gehört keinem der Bundesstaaten an. Die größte Stadt des Landes ist **New York City**.

Im großen Land USA sind nahezu alle Klimazonen vertreten (die besten **Reisezeiten** für einzelne Gebiete werden in den folgenden Regionskapiteln erläutert):

Der nördlichste Bundesstaat Alaska hat vorwiegend **arktisches Klima** mit langen, kalten Wintern und kurzen, warmen Sommern.

In der **gemäßigten Klimazone** liegt der größte Teil der USA, der Kontinentalklima mit heißen, oft schwülen Sommern und kalten Wintern aufweist. Nur an der nördlichen Pazifikküste dominiert ozeanisches Klima.

Die südlichen Gebiete der USA gehören zur **subtropischen Klimazone**. Während der Südosten den Sommerregengebieten zuzurechnen ist, dominiert an der Südwestküste (Südkalifornien) mediterranes Klima, die Wüstengebiete im südwestlichen Landesinneren weisen Wüstenklima auf.

Hawaii liegt in der **tropischen Klimazone**. Auch Florida kann fast schon den Tropen zugeordnet werden.

Die Menge der Niederschläge nimmt von der Atlantikküste in Richtung Westen stetig ab, die großen Ebenen sind trocken und auch die Beckenlandschaften (dazu gehören einige der Wüsten) weisen wenig Niederschläge auf. In der Gebirgszone sind die Niederschlagsmengen – ebenso wie die Temperaturen – stark abhängig von der jeweiligen Höhenlage; im Hochgebirge liegt im Winter meist Schnee. Die nördliche Pazifikküste erhält ganzjährig starke Niederschläge, während der Süden ein Winterregengebiet ist.

Als Kolumbus auf der Suche nach einer westlichen Indienroute 1492 Amerika entdeckte, lebte dort seit Jahrtausenden eine mehrere Millionen Menschen umfassende **indianische Urbevölkerung**. Im 16. Jh. begann die bis ins 18. Jh. andauernde **Kolonialisierung** Amerikas durch verschiedene europäische Nationen. Das heutige Gebiet der USA wurde von Spaniern (im Westen), Engländern (im Osten) und Franzosen (im Norden und Süden) besiedelt. Hierbei kam es zu schweren Konflikten zwischen Europäern und Indianern, da die Urbevölkerung ihren Lebensraum und ihre Kultur bedroht sah. Außerdem „importierten" die Siedler Krankheiten, denen die indianische Bevölkerung nicht gewachsen war; die Zahl der Indianer ging zu dieser Zeit stark zurück.

Im 18. Jh. kam es zum **Kolonialkrieg** zwischen England und Frankreich (1754–1763), den England für sich entschied. Daraufhin ging das östliche Nordamerika an England, während das Land westlich des Mississippi spanischer Besitz war. Aufgrund von Zoll- und Steuererhebungen entstanden Differenzen zwischen Großbritannien und seinen Kolonien. Die Kolonien verlangten nach Selbstständigkeit, die schließlich im 1775 begonnenen, acht Jahre dauernden **Unabhängigkeitskrieg** unter der Führung von George Washington erreicht wurde. Am 4. Juli 1776 unterzeichneten die 13 Kolonien die Unabhängigkeitserklärung, die von Großbritannien jedoch erst 1783 anerkannt wurde. Erster Präsident der neuen Republik USA wurde George Washington.

Im Laufe des 19. Jh. kaufte bzw. annektierte der junge Staat Land von Frankreich, Mexiko, Spanien, Großbritannien und Russland und verdoppelte so seine Fläche. Zu dieser Zeit der **Expansion** kam die erste große Einwanderungswelle, vor allem aus Europa, in die USA. Für die Plantagenwirtschaft der Südstaaten waren bereits in den vorhergehenden Jahrhunderten viele Arbeitskräfte benötigt worden, weshalb man zahlreiche Schwarze aus Afrika geholt und zur Sklavenarbeit gezwungen hatte. Die „Sklavenfrage" verstärkte einen bereits bestehenden Konflikt zwischen dem Norden, der die Sklaverei ablehnte, und dem Süden. Es kam zur Abspaltung der Südstaaten von der Union („Sezession") und zum **Bürgerkrieg** (1861–1865), den die Nordstaaten für sich entschieden. Dies war das Ende der Sklaverei. In der zweiten Hälfte des 19. Jh. strömte eine weitere große Einwanderungswelle in die USA; Ende des 19. Jh. waren die Staaten bereits die führende Industriemacht in der Welt.

Die Vereinigten Staaten traten 1917 aufseiten der Alliierten in den **ersten Weltkrieg** ein; nach Kriegsende folgte ein weiterer wirtschaftlicher Aufschwung. Ende der 20er-Jahre jedoch läutete der Zusammenbruch der New Yorker Börse eine mehrjährige, schwere **Wirtschaftskrise** („Große Depression") ein. 1941 traten die USA in den **zweiten Weltkrieg** ein, aus dem sie aufseiten der Alliierten als Sieger hervorgingen. Nach Kriegsende waren die USA, die jahrzehntelang als Besatzungsmacht in Deutschland blieben, maßgeblich am Wiederaufbau Europas beteiligt. Die 50er-Jahre waren geprägt vom **„Kalten Krieg"** zwischen den USA und der Sowjetunion sowie von der Bürgerrechtsbewegung für die Gleichberechtigung der Schwarzen. In der zweiten Hälfte des 20. Jh. waren die Vereinigten Staaten von Amerika als führender NATO-Staat immer wieder in Kriege und politische Krisen verwickelt, darunter der Vietnamkrieg und der Golfkrieg. Heute sind die USA nach wie vor die weltweit größte Wirtschaftsmacht und gehören zu den **G8**-Staaten.

Am **11.09.2001** erschütterten die Anschläge einer islamistischen Terrororganisation auf New York und Washington nicht nur die USA, sondern die ganze Welt. Der als Reaktion darauf von den USA ausgerufene „Krieg gegen den Terror" könnte der Auftakt einer neuen Ära sein, die vom Gegensatz der westlichen und der muslimischen Welt bestimmt ist und weitreichende Konsequenzen hat.[1]

[1] Homepage der Bundeszentrale für politische Bildung (www.bpb.de; hier sind auch viele weiterführende Informationen zu diesem Thema zu finden)

Der größte Teil der **Bevölkerung** der USA, nämlich über 83 %, sind Weiße, meist Nachkommen der vielen europäischen Einwanderer. In dieser Bevölkerungsgruppe sind auch die meisten der etwa 30 Millionen (etwa 11,5 %) Hispanics (spanischsprachige Einwanderer aus Lateinamerika und der Karibik) erfasst, die knapp 12 % Anteil an der Gesamtbevölkerung haben. Der Rest der Bevölkerung umfasst gut 12 % Schwarze, die von den in die Südstaaten gebrachten Sklaven abstammen, knapp 4 % Asiaten und die indianische Urbevölkerung (weniger als 1 %). In manchen Staaten oder Städten ist der Anteil der Schwarzen wesentlich höher als im obigen Durchschnitt angegeben, so beispielsweise in den Südstaaten und in Washington D.C.

In den USA leben noch über zwei Millionen Indianer, davon über die Hälfte in speziellen Reservaten (meist im Westen). In Alaska gehören zu den größten **Minderheiten** die zur Urbevölkerung gerechneten Eskimos, auf den Hawaii-Inseln sind viele Bewohner polynesischer Abstammung. Rassenkonflikte zwischen den einzelnen ethnischen Gruppen sind leider keine Seltenheit.

Die **Bevölkerungsdichte** der einzelnen Staaten ist ganz unterschiedlich. So leben im Ballungsgebiet an der Ostküste (zwischen Boston und Washington) rund 20 % der Bevölkerung auf etwa 3 % der Gesamtfläche der USA, während riesige Flächen – gerade in Alaska – nur sehr dünn besiedelt sind. Etwa drei Viertel der Bevölkerung konzentrieren sich auf Städte. Die durchschnittliche Bevölkerungsdichte der USA beträgt etwa 29 Einwohner pro qkm.

Landessprache in den USA ist amerikanisches Englisch, das sich durch Aussprache, Schreibweise und manchmal auch durch Bezeichnungen vom britischen Englisch unterscheidet. Mit Deutsch kommt man nur selten zurecht. In den Grenzgebieten zu Mexiko und den südlichen Staaten wird häufig auch Spanisch gesprochen.

Fast 80 % der US-Bevölkerung gehören der christlichen **Religion** an. Etwa 50 % sind Protestanten verschiedener Kirchen (unter anderem Baptisten und Lutheraner) und rund 30 % Katholiken. Die verbleibenden 20 % verteilen sich auf das Judentum, den Islam, den Buddhismus und weitere größere und kleinere Glaubensgemeinschaften.

Die **Pass- und Zollkontrolle** findet immer auf dem ersten Flughafen statt, auf dem der Reisende in USA eintrifft, auch wenn dort nur umgestiegen wird. Es ist zu beachten, dass so gut wie keine Lebensmittel eingeführt werden dürfen.

Da die USA sich über den ganzen Kontinent erstrecken, liegen sie in verschiedenen **Zeitzonen**. Im Bereich der Ostküste und in Florida gilt die Eastern Time (MEZ –6), von Chicago bis Texas die Central Time (MEZ –7), im mittleren Westen die Mountain Time (MEZ –8) und an der gesamten Westküste die Pacific Time (MEZ –9). Alaska hat Yukon Time (MEZ –10), Hawaii befindet sich in der Zeitzone MEZ –11.

In den meisten Bundesstaaten der USA gilt von April bis Oktober „Daylight Saving Time" (**Sommerzeit**), d.h., die Uhren werden im Sommer um eine Stunde vorgestellt. Da dies auch in Mitteleuropa der Fall ist, bleibt die oben angegebene Zeitverschiebung im Allgemeinen bestehen. Die genauen Termine der Uhrumstellung in USA und Mitteleuropa können jedoch verschieden sein.

Es ist zu beachten, dass in Amerika unsere 24-Stunden-**Zeit-Schreibweise** nicht üblich ist; so schreibt man beispielsweise nicht 18 Uhr, sondern 6 p.m. (6 a.m. wäre 6 Uhr morgens).

Der **Nationalfeiertag** in den USA ist der 4. Juli, der Unabhängigkeitstag. Er wird im ganzen Land mit großen Feuerwerken gefeiert. Ein großes Fest ist auch das Ende November stattfindende Erntedankfest („Thanksgiving"), das meist im Familienkreis gefeiert wird.

Es ist zu beachten, dass in den USA in Hotels, Restaurants und Geschäften zu den ausgewiesenen Preisen meist eine **Steuer** („tax") hinzukommt, die in den einzelnen Bundesstaaten unterschiedlich hoch ist (3 bis 20 %). Auch **Bedienungsgeld** („tip") ist in den Restaurants noch nicht im Preis enthalten, sondern muss mit 10 bis 15 % extra veranschlagt werden.

In öffentlichen Gebäuden (u.a. auch auf Flughäfen), Verkehrsmitteln und vielen Restaurants ist das **Rauchen** untersagt. Fast alle Flüge nach USA sind mittlerweile Nichtraucherflüge.

Auch in den meist heißen Sommern empfiehlt es sich, eine leichte Jacke zu tragen, da in fast allen Geschäften, Hotels und öffentlichen Gebäuden der USA **Klimaanlagen** in Betrieb sind, was einen großen Unterschied zwischen Innen- und Außentemperatur zur Folge hat.

Zu beachten ist auch, dass in USA andere **Maß- und Gradeinheiten** verwendet werden als in Mitteleuropa. So wird die Temperatur nicht in Grad Celsius, sondern in Grad Fahrenheit angegeben, die Entfernung in Meilen statt in Kilometern (eine kleinere Maßeinheit ist Inch, nicht Zentimeter) und auch Kleider- und Schuhgrößen weichen von den europäischen ab.

Nachdem die Luftfahrt die Linienschifffahrt weitgehend abgelöst hat, nutzen die meisten Reisenden aus Europa den *FLUGVERKEHR* für Reisen in die USA. Ab Deutschland fliegt LH täglich rund zehn US-Metropolen direkt an, es gibt aber auch viele direkte Flüge amerikanischer Fluggesellschaften in verschiedene Städte.

Die bedeutendsten **US-Fluggesellschaften** sind American Airlines (AA), Continental Airlines (CO), Delta Airlines (DL), Northwest Airlines (NW), United Airlines (UA) und US Airways (US).

Die **Flugdauer** an die nordamerikanische Ostküste beträgt ab Frankfurt rund acht Stunden, an die Westküste etwa elf Stunden. Flüge von den USA nach Europa, also von Westen nach Osten, benötigen wegen günstigerer Windverhältnisse in der Regel etwa 30 bis 60 Minuten weniger Zeit als Flüge in die umgekehrte Richtung.

Von den **Gateways** – Flughäfen in USA, die von Europa aus direkt angeflogen werden – gibt es sehr gute Anschlussverbindungen in alle Teile des Landes. Aufgrund der großen Ausdehnung der USA haben die meisten Städte, auch relativ kleine, einen Flughafen. Die günstigsten Durchgangstarife zu einem Ziel, das nicht direkt angeflogen wird, bekommt man, wenn man mit der Fluggesellschaft, die für den Transatlantikflug genutzt wurde, weiterfliegt. Erfolgt der Langstreckenflug mit LH, nutzt man für Inlandsflüge am besten den Kooperationspartner UA.

Auch für Reisen **innerhalb des Landes** wird wegen der großen Distanzen häufig das Flugzeug genutzt. Ein Flug von Küste zu Küste dauert ungefähr fünf Stunden, der Flug vom Norden der USA in den Süden etwa zwei bis drei Stunden. Viele Fluggesellschaften bieten Reisenden aus Übersee besondere Tarife oder so genannte „Airpässe", die vor der Abreise außerhalb der USA gekauft werden müssen. Das Prinzip des Airpasses sieht vor, dass eine bestimmte Anzahl an Flugcoupons (meist mindestens drei, maximal zehn bis zwölf), die innerhalb der USA genutzt werden sollen, zu einem relativ niedrigen Festpreis vorab gekauft werden. Der Airpass lohnt sich vor allem, wenn ziemlich weite Flugstrecken innerhalb des Landes zurückgelegt werden.

STRASSENVERKEHR / BAHNVERKEHR

Häufig werden in den USA **Mietwagen** genutzt, um das Land auf eigene Faust zu erkunden. Solche Mietwagentouren sind recht problemlos, da es sehr gut ausgebaute Autobahnen (Interstates bzw. Highways) und Straßen gibt. Die zulässige Höchstgeschwindigkeit auf den Autobahnen ist umgerechnet etwa 100 km/h (Entfernungen und Höchstgeschwindigkeitsbegrenzungen werden immer in Meilen angegeben). Die Mietwagen haben in der Regel Automatikschaltung und Klimaanlage. Die großen Entfernungen innerhalb des Landes sollten nicht unterschätzt werden; eine Fahrt von der Ost- zur Westküste dauert beispielsweise über 60 Stunden.

Auf großen Strecken bzw. in sehr einsamen Gegenden ist ein **Campmobil** eine gute Alternative zum Mietwagen. Diese Fahrzeuge sind meist sehr gut ausgestattet mit Kochgelegenheit, Kühlschrank, Waschbecken, Dusche/WC und natürlich Schlafplätzen.

Die Buchung eines Mietwagens oder Campers ist von Deutschland aus oft günstiger als in den USA direkt. Die in deutschen Veranstalterkatalogen ausgeschriebenen Mietwagenpreise enthalten generell Steuern und Vollkaskoversicherung, teilweise sogar noch zusätzliche Leistungen wie Flughafenzuschläge oder Gebühr für weitere Fahrer. Es ist zu beachten, dass häufig ein bestimmtes Mindestalter zur Anmietung eines Fahrzeugs Voraussetzung ist. Außerdem ist es ratsam, für die Anmietung eines Fahrzeugs im Besitz einer Kreditkarte zu sein, da ansonsten eine größere Summe Bargeld als Kaution hinterlegt werden muss.

Ferner gibt es sehr gute und preiswerte nationale Verkehrsverbindungen mit **Linienbussen**. Das größte Busunternehmen der USA ist „Greyhound World Travel". Greyhound bietet einen „Ameripass", der ebenfalls vorab gekauft werden muss, zu einem günstigen Pauschalpreis an.

Es gibt auch die Möglichkeit, die USA mit der **Bahn** zu bereisen. Fernzüge werden von der Firma „Amtrak" betrieben (auch hier gibt es günstige Passsysteme), der Nahverkehr untersteht meist regionalen Unternehmen. Der Zugfernverkehr spielt jedoch eine untergeordnete Rolle in den USA.

Die meisten **Unterkünfte** in den USA haben einen guten Qualitätsstandard und verfügen in der Regel über Fernseher, Telefon und Klimaanlage. Man findet Unterkünfte aller Kategorien und Preisklassen. Sehr viele Hotels gehören großen Ketten wie Holiday Inn, Best Western, Sheraton, Hilton und Hyatt an.

Für die Hotels der großen Ketten kann man bereits in Deutschland so genannte „Hotelgutscheine" kaufen, ohne konkrete Reservierungen vornehmen zu müssen. Ansonsten gibt es in der Regel einen festen Zimmerpreis, der unabhängig von der Anzahl der Personen, die das Zimmer bewohnen, ist; eine Einzelbelegung ist also immer recht teuer. Zu diesem Zimmerpreis kommt, sofern nicht schon im Voraus über einen deutschen Reiseveranstalter gebucht und bezahlt wurde, eine Steuer, deren Höhe vom jeweiligen Bundesstaat festgesetzt wird.

Es ist nicht üblich, dass im Übernachtungspreis Frühstück enthalten ist. In vielen Hotels – oder in unmittelbarer Nähe – gibt es „Coffee-shops", in denen man frühstücken kann. Außerhalb der Städte, vor allem in landschaftlich reizvollen Gegenden, gibt es natürlich auch viele Ferienhotels (Resorts). Direkt an den Highways liegen zahlreiche, als Motels bezeichnete Hotels, die Pkw-Reisenden preiswerte Übernachtungsmöglichkeiten bieten.

Durch die Vielfalt der **Landschaft**, des Klimas und der Kultur bieten die USA ihren Besuchern eine Menge gegensätzliche Attraktionen: reizvolle Küsten und Strände mit hervorragenden Gegebenheiten für abwechlungsreichen Badeurlaub sowie ganz einsame Landstriche und einzigartige Landschaften. Letztere liegen häufig in einem der über 50 Nationalparks. Diese Parks wurden, wie die „National Monuments" (eine Art Naturschutzgebiete) gegründet, um Natursehenswürdigkeiten, Fauna und Flora zu schützen. Menschen sind meist nur als zahlende Besucher zugelassen. Eine landschaftliche Attraktion bieten auch die Neuenglandstaaten – in der Gegend von Boston – im Herbst, wenn der „Indian Summer" die Bäume besonders leuchtend verfärbt.

In reizvollem Kontrast zu den einzigartigen Landschaften stehen **Metropolen** der Superlative mit berühmten Sehenswürdigkeiten, Museen und hervorragenden Unterhaltungsmöglichkeiten.

Die USA gelten außerdem als **Einkaufsparadies**, in dem für viele Dinge weniger bezahlt werden muss als in Mitteleuropa (die Ersparnis ist natürlich abhängig vom jeweiligen Dollarkurs). Es gibt in den Städten bzw. in deren Nähe zahlreiche große Einkaufszentren („Shopping-Malls").

Große Besucherscharen ziehen auch die vielen **Vergnügungs- und Freizeitparks** wie Disney-World und Seaworld an; besonders viele solcher Parks gibt es in Florida und in Kalifornien.

Im Winter kann man, vor allem im Gebiet der Rocky Mountains, hervorragend Ski fahren. Viele Gebiete der USA, vor allem Florida, die Gegend um Phoenix in Arizona (Westen) und Teile Kaliforniens bieten hervorragende Möglichkeiten für Golfspieler. Auch für die Ausübung zahlreicher anderer **Sportarten** bestehen vielerorts beste Voraussetzungen.

Die USA gehörten 2000 mit fast 51 Millionen Besuchern zu den drei am meisten bereisten Ländern der Welt (international Rang 2 nach Frankreich und vor Spanien). Bei den deutschen Urlaubern rangieren die USA seit Jahren an der Spitze der außereuropäischen Reiseziele; die meisten Touristen unternehmen hier Rundreisen.

Der **Tourismus** schafft in den USA viele Arbeitsplätze und stellt mit Einnahmen von über 85 Milliarden US-Dollar (im Jahr 2000, international Rang 1) einen bedeutenden Wirtschaftsfaktor dar. **Hauptreiseziele** der USA sind die Ostküstenstädte, der Sonnenstaat Florida und der Westen (Kalifornien und Nationalparks in benachbarten Bundesstaaten). Die gastfreundlichen USA mit ihrer hervorragenden touristischen Infrastruktur sind ein ausgesprochen unkompliziertes Reiseland.

Die Dienstleistungsbranche, der der Tourismus zugeordnet wird, weist die meisten Beschäftigten aller **Wirtschaftszweige** in den sehr serviceorientierten USA auf. Bedeutende Wirtschaftsfaktoren der größten Wirtschaftsmacht der Welt (Bruttosozialprodukt 2000: 34.100 US-Dollar pro Einwohner) sind auch Förderung und Verarbeitung von Rohstoffen (vor allem Erdöl, Erdgas und Kohle) sowie Industrie (vor allem Computer-, Elektro-, Flugzeug-, Kraftfahrzeug- und Rüstungsindustrie).

Das Auswärtige Amt weist ausdrücklich darauf hin, dass nach den Terroranschlägen des 11.09.2001 in den gesamten USA die allgemeinen Sicherheitsmaßnahmen verschärft wurden. Reisende in die USA sollten sich darauf einstellen und sich bei **Sicherheitskontrollen**, auch wenn sie im Einzelfall übertrieben wirken mögen, ruhig verhalten und jegliche Argumentation mit dem Sicherheitspersonal vermeiden.

Ein Problem des Tourismus stellt die zeitweise Überlastung der Nationalparks dar, deren **ökologisches Gleichgewicht** zum Teil durch die großen Besucherströme bedroht wird. In einigen wenigen Parks wurde aus diesem Grund in der Hochsaison bereits eine maximale Besucherzahl festgelegt, die pro Tag nicht überschritten werden darf. In jedem Fall ist es wünschenswert, dass die Besucher der Parks sich hier besonders umweltbewusst verhalten und Hinweise und Verbote in Bezug auf spezielle Verhaltensweisen in den Nationalparks genau beachten. Nur so ist es möglich, die Schönheit und Einzigartigkeit dieser Landschaften auf Dauer zu erhalten.

4.2.1 NEW YORK CITY

Die Stadt New York liegt an der **Ostküste** der USA, im äußersten Südosten des gleichnamigen **Bundesstaates**. New York besteht aus fünf Stadtteilen: **Manhattan, Staten Island, Brooklyn, Queens** und **Bronx**. Das Herz der Stadt ist die – im Westen vom **Hudson River**, im Osten vom **East River** umgebene – Insel Manhattan, mit 59 qkm der kleinste Stadtteil. Bis auf die Bronx nördlich von Manhattan liegen auch die übrigen Stadtteile auf Inseln – Queens und Brooklyn auf Long Island – die durch Brücken, Schiffe, Tunnel und die U-Bahn miteinander verbunden sind. Insgesamt umfasst das Stadtgebiet von New York knapp 800 qkm und hat gut 7,4 Millionen Einwohner. Im gesamten Ballungsraum New York, der Teile der Bundesstaaten New Jersey und Connecticut einschließt, leben über 18 Millionen Menschen. Somit ist die auch als „**Big Apple**“ bezeichnete Stadt die größte der USA und eine der größten Metropolen der Welt.

New York liegt in der gemäßigten **Klimazone** und weist sehr ausgeprägte Jahreszeiten auf. Die Sommer sind heiß und feucht, die Winter frostig. Hitze- und Kältewellen mit extremen Temperaturen sind hier keine Seltenheit. Klimatisch besonders empfehlenswerte **Reisezeiten** für die ganzjährig viel besuchte Stadt sind deshalb Frühjahr und Herbst.

Nachdem die **Geschichte** Manhattans über Jahrtausende von den Manhate-Indianern geprägt war, wurde sie 1626 von diesen an einen Holländer verkauft, der hier die Handelsniederlassung New Amsterdam gründete. Knapp 40 Jahre später besetzten die Engländer die Insel und änderten ihren Namen in New York; sie blieben bis nach Ende des Unabhängigkeitskrieges (1783). Anschließend war New York City für wenige Jahre Hauptstadt des Staates New York, wurde dann aber vom nördlichen Albany abgelöst. Bereits im 17. Jh. war die Hafenstadt Ziel eines bunten Gemischs von Zuwanderern. Die erste große Einwanderungswelle kam Mitte des 19. Jh. aus Europa, woraufhin New York auf drei Millionen Einwohner anwuchs und sich von der Südspitze Manhattans rapide ausbreitete. Auch im 20. Jh. nutzten noch unzählige Menschen, darunter viele politische und wirtschaftliche Flüchtlinge, die Stadt als „Tor zur neuen Welt“. New York ist heute das bedeutendste Finanz- und Handelszentrum sowie eines der wichtigsten Industriezentren der USA.

Entsprechend seiner bewegten Geschichte ist New York heute ein Schmelztiegel, dessen **Bevölkerung** sich aus einer Vielzahl von Nationalitäten, Hautfarben und Kulturen zusammensetzt. Fast die Hälfte der Einwohner New Yorks sind Weiße, je knapp ein Viertel Schwarze und Hispanics und gut 6 % Asiaten. Alle möglichen Religionen werden hier ausgeübt, die meisten New Yorker sind jedoch Christen und Juden; es gibt 3.500 Kirchen und Synagogen. Die sozialen Gegensätze in New York sind extrem: Immenser Reichtum steht weit reichender Armut gegenüber; ein Viertel aller Einwohner lebt unterhalb der Armutsgrenze, der Mittelstand wird immer kleiner. So liegen teilweise noble Stadtviertel und regelrechte Slums nahe beieinander. Dies hat große Probleme wie Kriminalität, Drogen und Obdachlosigkeit zur Folge.

New York ist für viele Amerikatouristen (erste) Station auf einer Rundreise durch den Osten oder quer über den Kontinent, die Stadt mit ihrem kosmopolitischen Flair lohnt aber natürlich auch einen eigenen, mehrtägigen Städtetrip. Neben weltberühmten Sehenswürdigkeiten sind Kultur in über 100 hervorragenden Museen, mehr als 200 Theatern, Opernhäusern, Konzertsälen und nicht zuletzt am Broadway mit seinen Musicals wichtige **Attraktionsfaktoren**. Viele deutsche Reiseveranstalter vermitteln Eintrittskarten für Opern, Musicals und Konzerte. In New York finden neben vielen Kultur- häufig auch Sportveranstaltungen statt, darunter das Tennisturnier US-Open im August oder der New-York-Marathon im November. Weiterhin gibt es zu den verschiedensten Anlässen spektakuläre Paraden auf der 5th Avenue zu sehen. Sehr gut eignet sich New York mit unzähligen Geschäften auch zum Einkaufen, angefangen bei den größten Kaufhäusern der Welt in Midtown (Macy´s, Bloomingdale´s, Saks) über die Nobelläden der 5th Avenue (wie Tiffany´s) bis zu kleinen, ausgefallenen Läden in allen Stadtvierteln. Ein besonders beliebtes Einkaufsziel ist New York in der Vorweihnachtszeit, etwa ab Mitte November („Christmas-Shopping“).

Ab Deutschland gibt es täglich mehrere direkte Linienflugverbindungen mit verschiedenen Fluggesellschaften nach New York (Städtecode NYC). Die Flugdauer von Direktflügen beträgt in der Regel sieben bis acht Stunden. Meistens kommen die internationalen Flüge am Flughafen **John F. Kennedy** (JFK) im östlichen Stadtteil Queens an, einem der größten Airports der Welt. Die Fahrt mit Bus oder Taxi ins etwa 25 km entfernte Manhattan dauert von hier – je nach Verkehr und Ziel – 60 bis 90 Minuten. Es gibt jedoch auch einige internationale Flüge zum kleineren Flughafen **Newark** (EWR), im westlichen Nachbarstaat New Jersey gelegen und ebenfalls 25 Kilometer von Manhattan entfernt (Transferdauer eine knappe Stunde). New Yorks dritter, fast ausschließlich nationaler Flugplatz ist **La Guardia** (LGA), ebenfalls in Queens gelegen und nur 15 Kilometer von Manhattan entfernt (Transferdauer etwa 45 Minuten).

Eine exklusive Anreisemöglichkeit nach New York stellt die Queen Elizabeth II (kurz: QE 2) dar, ein hochwertiges Kreuzfahrtschiff der englischen Reederei Cunard. Sie fährt – meist jedoch nur im Sommer – den letzten **Linienschiffsdienst** von Europa nach Amerika, von Southampton nach New York (Fahrtdauer pro Strecke fünf Tage). Es gilt als ganz besonderes Erlebnis, auf diese Weise – vorbei an der Freiheitsstatue und der Skyline von Manhattan – im Hafen von New York einzulaufen. Eine besonders exklusive Pauschalreise bieten diverse Reiseveranstalter an: Hinreise nach New York per QE II, Aufenthalt im berühmten Hotel Waldorf Astoria und Rückreise per Concorde. Die Concordes, Überschallflugzeuge der Fluggesellschaften British Airways und Air France, bieten die Möglichkeit, besonders schnell von Europa nach New York zu kommen. Die Flugdauer von Paris oder London nach JFK beträgt knapp vier Stunden, der Flugpreis liegt um ein Vielfaches höher als im normalen Linienflugverkehr. Aufgrund eines verheerenden Concorde-Unglücks im Sommer 2000, das zahlreichen Menschen das Leben kostete, wurde der Concorde-Flugverkehr vorübergehend eingestellt, jedoch in jüngster Zeit wieder aufgenommen.

Wer aus anderen Städten der USA ankommt, kann natürlich auch **Züge** oder **Linienbusse** zur Anreise nutzen. Fernzüge der nationalen Eisenbahngesellschaft Amtrak kommen an der Pennsylvania Station, Nahverkehrszüge an der Grand Central Station an.

Innerhalb des Stadtgebiets von New York gibt es mit 200 Buslinien sowie der 450 Stationen bedienenden U-Bahn („subway") ein nahtloses Netz öffentlicher Verkehrsmittel. Außerdem fahren hier über 12.000 der bekannten gelben Taxis („yellow cab"). Bis auf Staten Island ist Manhattan mit allen Stadtteilen durch die U-Bahn verbunden; nach Staten Island existiert von der Südspitze Manhattans aus eine Fähre. Nach Brooklyn und Queens gibt es für Auto- und Fußgängerverkehr auch verschiedene Tunnels und Brücken, darunter die bekannte Brooklyn-Bridge. Über deutsche Reiseveranstalter ist bereits vorab die Buchung von Stadtbesichtigungen per Bus, Limousine, Schiff oder Hubschrauber möglich.

Das Angebot der **Unterkünfte** in New York ist immens und reicht von Luxusherbergen über Mittelklassehotels bis zu ganz einfachen Unterkünften. Wohnen in New York ist nicht billig; nur selten findet man ein Hotelzimmer zu einem Preis unter 100 US-Dollar pro Nacht. Wenn die Buchung nicht über einen deutschen Reiseveranstalter erfolgt ist, muss beachtet werden, dass zum Übernachtungspreis noch mindestens 13,25 % tax sowie USD 2 „occupancy charge" pro Nacht hinzukommen. Trotzdem ist New York, gerade die Hotels mit gutem Preis-Leistungs-Verhältnis, oft ausgebucht; aus diesem Grund empfiehlt es sich, möglichst frühzeitig zu buchen. Die über deutsche Veranstalter angebotenen Unterkünfte liegen – bis auf die Flughafenhotels – alle in Manhattan, die meisten Mittelklassehotels in Midtown und viele Luxushotels um den Central Park.

SEHENSWÜRDIGKEITEN

Die meisten Sehenswürdigkeiten New Yorks befinden sich in Manhattan. Es ist relativ leicht, sich in Manhattan zurechtzufinden, da die Straßen – außer im südlichsten, ältesten Teil der Insel – rechtwinklig angeordnet sind: Die Blocks werden von Norden nach Süden von etwa 20 Kilometer langen „Avenues" und von Westen nach Osten von etwa drei Kilometer langen „Streets" durchzogen. Aus dem Rahmen fällt der Broadway, der sich diagonal vom Nordwesten in den Süden erstreckt. Sowohl die Streets als auch die Avenues sind durchnummeriert; als weitere Orientierungshilfe teilt die 5th Avenue die Stadt in „Eastside" und „Westside". Der südlichste Bereich Manhattans wird als „Downtown", die Gegend ab etwa 30. bis 60. Straße als „Midtown" und das folgende Gebiet als „Uptown" bezeichnet. Innerhalb dieser groben Einteilung gibt es natürlich noch genauere Namen für einzelne Stadtviertel. Eine Besonderheit ist, dass einzelne Bezirke oft fast ausschließlich von einer bestimmten ethnischen Gruppe bewohnt werden (Beispiel: „China Town").

DOWNTOWN

Das Stadtbild New Yorks dominiert die **Skyline**, die Silhouette von über 200 Wolkenkratzern. Diese Hochhäuser werden seit Beginn des 20. Jh. gebaut, um den relativ begrenzten Platz optimal zu nutzen. Der Skyline vorgelagert, auf der kleinen Insel Liberty Island, steht New Yorks Wahrzeichen, das oft auch als Symbolfigur für ganz USA angesehen wird: Die **Freiheitsstatue** („Statue of Liberty", „Lady Liberty"), eine fast 100 Meter hohe Kupferstatue, die – nach Osten blickend – mit ausgestrecktem Arm eine Fackel trägt. Sie ist ein Geschenk der Franzosen an die USA anlässlich deren 100-jährigen Bestehens und trägt als Sockelinschrift ein Gedicht: „Bringt mir eure Müden, eure Armen, eure zusammengepferchten Massen, die sich danach sehnen, frei zu atmen...". Vom **Battery Park** im Süden Manhattans kann man in etwa 20 Minuten mit dem Schiff nach Liberty Island fahren, das kleine Museum im Inneren besuchen und zur Aussichtsplattform in der Krone hinaufsteigen, die phantastische Ausblicke auf die Skyline bietet. Der Rückweg nach Manhattan führt über die Nachbarinsel **Ellis Island**, die bis Mitte des 20. Jh. erste Anlaufstation für Millionen von Einwanderern war. Hier wurden die Immigranten auf Gesundheitszustand und politische Gesinnung geprüft; heute finden auf Ellis Island Führungen statt.

Unweit des Battery Parks befindet sich das Gelände, wo bis zum 11.09.2001 das durch die Terroranschläge vollständig zerstörte World Trade Center stand; die über 400 Meter und 110 Stockwerke hohen, gläsernen Zwillingstürme waren die höchsten Gebäude New Yorks und galten als Symbol für die Wirtschaftsmacht der USA. Bei den Anschlägen auf das World Trade Center, in das zwei Flugzeuge rasten, kamen über 3.000 Menschen ums Leben. Was künftig genau mit dem als **Ground Zero** bezeichneten ehemaligen Standort des World Trade Centers geschieht bzw. inwiefern er neu bebaut wird, ist noch nicht entschieden.

In der Nähe liegen die **Trinity Church** aus dem Jahre 1698 und der **Financial District**, dessen Herz die **Wall Street** mit der wichtigsten **Börse** der Welt ist („New York Stock Exchange"). Der Bau der Börse aus dem Jahr 1903 wirkt von außen wie ein Tempel; auf der Besuchergalerie kann man sich einen Überblick über das hektische Treiben auf dem Parkett verschaffen. Gegenüber der Börse befindet sich die **Federal Hall**, ein klassizistischer Prachtbau, vor dem eine Statue George Washingtons steht, der hier den Eid als erster Präsident der USA ablegte.

In Richtung East River folgt **South Street Seaport**, der historische Kern des alten Hafens, der nach dem Wegfall der Passagierschifffahrt zwischen den Kontinenten größtenteils verfallen war. Dieses historische Viertel vor der Kulisse der **Brooklyn Bridge**, einer mehrere hundert Meter langen Hängebrücke, wurde rekonstruiert. Es gibt hier ein Museum, Einkaufszentren, Galerien, alte Segelschiffe und einen großen Fischmarkt. Ab South Street Seaport werden Hafenrundfahrten und Schiffstouren um Manhattan durchgeführt.

Nördlich von Ground Zero liegen die älteste Kirche Manhattans, die **St. Paul´s Chapel**, und ein Verwaltungsviertel, dessen Herz die **City Hall** (Rathaus aus weißem Marmor) darstellt. Nur ein paar Straßen weiter beginnt eine andere Welt: Man gelangt nach **Chinatown**, einem von ungefähr 150.000 Asiaten bewohnten Stadtviertel, das sich immer weiter ausdehnt. Ganze Straßenzüge tragen fast ausschließlich chinesische Schriftzeichen, sogar die Telefonzellen haben ein Pagodendach und es gibt unzählige fernöstliche Lebensmittelgeschäfte und Restaurants. Nördlich schließt sich **Little Italy**, das italienische Einwandererviertel, an. Von hier gelangt man über **Soho** nach **Greenwich Village**; diese beiden Viertel, in denen noch alte, niedrige Häuser stehen, gelten als Künstlerviertel mit vielen Galerien. In Greenwich Village, kurz „Village“, befindet sich die New York University (NYU), mit 40.000 Studenten die größte Uni der Stadt. Das Herz dieses Viertels mit vielen Kneipen und ausgefallenen Geschäften ist der **Washington Square** mit einem kleinen Triumphbogen, der für die 100-Jahr-Feier der Ernennung George Washingtons zum Präsidenten erbaut wurde. Von diesem Platz geht die 5th Avenue aus, die prächtige „Hauptstraße“ der Stadt.

MIDTOWN

Ein weiteres Wahrzeichen New Yorks liegt in der südlichen Midtown: An der Ecke 5th Avenue und 34. Straße befindet sich das knapp 400 Meter hohe, 1931 eingeweihte **Empire State Building**. Lange Zeit war dieser Art-déco-Wolkenkratzer das höchste Gebäude der Welt. Von seinen Aussichtsterrassen aus kann man sich einen perfekten Überblick über die ganze Stadt New York verschaffen; man erkennt die Wahrzeichen, die Straßenaufteilung, die Insellage der Stadtteile und nicht zuletzt die riesige Ausdehnung. Bei gutem Wetter kann man 70 bis 80 Kilometer weit sehen. Besonderen Reiz hat auch ein Rundblick auf das Lichtermeer bei Dunkelheit.

Viele weitere Sehenswürdigkeiten liegen in der nördlicheren Midtown, im Bereich zwischen 40. und 53. Straße. Am Ufer des East River erstreckt sich von der 42. Straße an über sechs Blocks der Hauptsitz der nach dem zweiten Weltkrieg gegründeten UNO, das **United Nations Headquarter**. Der aus vier Gebäuden bestehende Komplex, vor dem die Flaggen der über 150 Mitgliedsstaaten wehen, kann im Rahmen von Führungen besichtigt werden. Ebenfalls an der 42. Straße, Höhe Park Avenue, liegt die **Grand Central Station**, ein Bahnhof aus dem Jahr 1913 im Beaux-Arts-Stil, dessen 35 Meter hohe Halle einen Himmel aus Tausenden von Sternen als Decke hat. Auf der noblen Park Avenue befindet sich auch das Luxushotel **Waldorf Astoria**, zusammen mit dem „Plaza“ am Central Park das berühmteste Hotel New Yorks (obwohl es heute wesentlich exklusivere gibt). Zwischen 6. und 8. Avenue liegt der Teil des **Broadways**, der als Theaterviertel mit Shows und Musicals berühmt wurde. Zentrum des Theaterdistrikts ist der **Times Square**, an dem der Broadway die 7th Avenue kreuzt. An diesem Platz mit seinen großen Leuchtreklametafeln wird traditionell an Silvester von Tausenden von Menschen das neue Jahr begrüßt.

Durch die 47. Straße, das Zentrum des von Juden betriebenen Diamantenhandels, gelangt man zurück zur 5th Avenue, wo sich die **St. Patricks Cathedral** mit 100 Meter hohen Türmen im neugotischen Stil erhebt. Daneben liegt, auf einem 10 Hektar umfassenden Gelände, das vom gleichnamigen Milliardär erbaute **Rockefeller Center**, eine eigene kleine Stadt, die sich über vier Blocks hinzieht. Zum Rockefeller Center gehören unter anderem 14 Wolkenkratzer, Geschäfte, unterirdische Einkaufspassagen, ein Museum und das Theater **Radio City Music Hall** mit 6.000 Plätzen. Hier und in der nahen **Carnegie Hall** finden häufig hochrangige Konzerte statt. Herz des Rockefeller Centers ist die **„Lower Plaza“** mit einer goldenen Prometheus-Skulptur. Im Winter gibt es hier eine Eisfläche, auf der Schlittschuh gefahren und in der Weihnachtszeit alljährlich der größte Christbaum New Yorks aufgestellt wird. In der Nähe liegt das ebenfalls von Rockefeller gestiftete **Museum of Modern Art** („MOMA“), eines der weltweit bedeutendsten Museen für moderne Kunst mit Werken des 19. und 20. Jh.

In diesem Bereich – etwa auf der Höhe 50. bis 59. Straße – ist die 5th Avenue mit vielen Boutiquen namhafter internationaler Designer besonders exklusiv. Vorbei am **Trump Tower**, dem bekanntesten Wolkenkratzer der 80er-Jahre, gelangt man an den **Central Park**. Vor dem hier gelegenen schlossähnlichen **Plaza-Hotel** warten Pferdekutschen, die Besucher durch den Park fahren. Die 340 Hektar umfassende Grünanlage (fast doppelt so groß wie Monaco) erstreckt sich von der 59. bis zur 110. Straße. Hier gibt es einen Zoo – New Yorks größter Zoo liegt jedoch in Bronx – Seen, Wiesen und eine Freilichtbühne. Die New Yorker nutzen den Park auch für alle möglichen Sportarten; bei Dunkelheit sollte der Central Park allerdings gemieden werden.

UPTOWN

Die Uptown beginnt etwa auf der Höhe des Central Parks. Westlich des Parks liegt die **Upper Westside**, ein Wohngebiet mit vielen prächtigen, alten Apartmenthäusern. Im Bereich der 63. Straße befindet sich das musikalische Herz New Yorks, das **Lincoln Center** mit Theatern, dem Ballett, der Philharmonie, der Musikakademie und nicht zuletzt der **Metropolitan Opera** („Met"), einem der bedeutendsten Opernhäuser der Welt. An der 9. Avenue, die hier Columbus Avenue heißt, gibt es viele kleine Geschäfte und Restaurants. Nördlich, auf Höhe der 110. Straße liegt – überraschenderweise in den USA – die weltgrößte gotische **Kathedrale** „St. John the Divine".

Östlich des Central Parks liegt die **Upper Eastside**, das nobelste Wohngebiet New Yorks; auch einige Luxushotels sind an der Upper Eastside angesiedelt. Außerdem liegt die „Museumsmeile" der Stadt in dieser Gegend, zwischen 82. und 104. Straße. Zu den bekanntesten Museen zählt das **Metropolitan Museum of Art** (das einzige große Gebäude innerhalb des Central Parks) mit mehr als drei Millionen Ausstellungsstücken aus den unterschiedlichsten Kunstbereichen. Es beherbergt eine der größten Kunstsammlungen der Welt. In der Nähe liegt das **Guggenheim Museum** mit Bildern und Plastiken aus dem 19. und 20. Jh. Außergewöhnlich am Guggenheim Museum ist seine Architektur: Es ist wie ein Schneckenhaus gebaut, in dem die Kunstwerke innerhalb einer spiralförmigen Rampe ausgestellt sind, die der Besucher nach oben läuft.

Oberhalb der 96. Straße kommt man in die Gegend von **Harlem**, einem berüchtigten, von Schwarzen dominierten Viertel, das teilweise verslumt ist und lange als gefährlich für Weiße galt. Der Ruf des Viertels hat sich jedoch sehr gebessert; durch intensive Bemühungen der Stadtverwaltung ist Harlem im Begriff, sich zu etablieren. Die Elendsviertel der Stadt verschieben sich weiter nach Norden bzw. in andere Stadtteile. Ein Besuch Harlems empfiehlt sich im Rahmen von organisierten Touren, die oft Gospelveranstaltungen umfassen.

AUSFLÜGE

NIAGARA-FÄLLE

Ab New York werden häufig Tagesflugreisen zu den Niagara-Fällen unternommen. Man fliegt etwa eine Stunde ins etwa 500 Kilometer entfernte Buffalo (BUF) im Staat New York, in der Nähe der weltberühmten, 56 Meter hohen und 325 Meter breiten Wasserfälle an der Grenze zu Kanada.

WASHINGTON

Eine weitere Tagestour per Zug oder Bus führt in wenigen Stunden nach Washington D.C. Die wichtigsten Sehenswürdigkeiten hier sind das Weiße Haus, das Kapitol und das Lincoln Memorial.

4.2.2 FLORIDA

Der südlichste US-Bundesstaat Florida bildet als gut 800 Kilometer lange Halbinsel den äußersten Südosten der USA und trennt den **Atlantik** vom **Golf von Mexiko**; südlich liegt das **Karibische Meer**. Im Norden grenzt der schmale, an einen Pfannenstiel erinnernde Streifen Floridas, der auf dem Festland liegt („**Panhandle**"), an die Staaten Alabama und Georgia. Florida umfasst eine Fläche von über 150.000 qkm und hat knapp 16 Millionen Einwohner. Hauptstadt ist das im Panhandle gelegene **Tallahassee** (etwa 125.000 Einwohner), größte Stadt **Miami** im Südosten mit über drei Millionen Einwohnern im Großraum. An der Atlantikküste verläuft ein fast durchgehender Sandstrand, der an der Südspitze in eine über 200 Kilometer lange Kette aus 150 Inseln übergeht, die so genannten „**Florida Keys**". Die Golfküste hat große Buchten mit vorgelagerten Inseln. Das flache Landesinnere (die höchste Erhebung misst gut 100 Meter) wird von Plantagen, unzähligen Seen und Sümpfen dominiert; in Nordflorida gibt es ausgedehnte Kiefernwälder. Das riesige Sumpfgebiet im Süden bildet den **Everglades-Nationalpark**, eine subtropische Wildnisregion.

Das auch als „Sunshine State" bezeichnete Florida hat subtropisches, im Süden fast tropisches **Klima**. In Miami fallen die Temperaturen auch im Winter nicht unter 20 Grad Celsius; in Nordflorida allerdings kühlt es im Winter stark ab. Die Lage zwischen Atlantik und Golf von Mexiko bewirkt häufige Niederschläge in Form von kurzen Regenschauern, was eine sehr üppige Vegetation mit sich bringt. Die meisten Niederschläge gibt es zwischen Juli und Oktober; zu dieser Zeit besteht auch Hurrikangefahr. Obwohl Florida ein Ganzjahresreiseziel ist, ist der feucht-schwüle Sommer die am wenigsten empfehlenswerte **Reisezeit**. Daher liegen die Hotelpreise dann auch niedriger als sonst. Hochsaison stellt die Zeit von November bis April/Mai dar.

Die eigentliche **Geschichte** Floridas beginnt im Jahr 1513, als spanische Seefahrer die Halbinsel entdeckten. 1565 wurde, ebenfalls von Spaniern, die älteste Stadt der USA, St. Augustine in Nordflorida, gegründet. Während der nächsten 250 Jahre wechselte der Besitz des Staates ständig zwischen Spanien, Frankreich und England, bis Florida 1819 von Spanien an die USA verkauft wurde und 1845 als 27. Bundesstaat in die Union kam. Im Bürgerkrieg schloss sich Florida der Konföderation der Südstaaten an. Anfang des 20. Jh. setzte der Tourismus in Florida ein und die Einwohnerzahl stieg kontinuierlich an. 1959 fand im nur 150 Kilometer entfernten Kuba Fidel Castros Revolution statt, die die Einwanderung hunderttausender Kubaner zur Folge hatte.

Die durch Zuwanderung aus den kühlen Nordstaaten und Lateinamerika ständig wachsende **Bevölkerung** Floridas besteht zu über 70 % aus Weißen, gut 15 % Schwarzen (ein für die Südstaaten relativ niedriger Anteil) und mehr als 14 % Hispanics (meist Kubaner). Zahlreiche lateinamerikanische Einwanderer leben in Miami, weshalb hier sehr viel Spanisch gesprochen wird.

Die wichtigsten **Attraktionen** Floridas sind sein Klima und die Küsten, die 1.800 Kilometer feine, helle Sandstrände mit hervorragenden Gegebenheiten für Bade- und Wassersporturlaub bieten. Am meisten ist der Tourismus an der Atlantikküste von Miami bis Palm Beach und an der Golfküste von Naples bis zur Bucht von Tampa entwickelt. Außer landschaftlichen Sehenswürdigkeiten wie den Keys und dem Nationalpark Everglades gehören zu Floridas Hauptattraktionen auch die unzähligen Vergnügungs- und Themenparks, die man vielerorts findet; die bekanntesten (darunter Walt Disney World Resort) liegen in Orlando. Viele Floridabesucher machen reinen Badeurlaub oder verbinden die diversen Erholungsmöglichkeiten und Sehenswürdigkeiten zu einer Mietwagen- oder Busrundreise. Viele der Touristen sind Amerikaner aus anderen Bundesstaaten, im Winter zahlreiche Rentner, die hier mehrere Monate verbringen. Aus Europa kommen das ganze Jahr über Urlauber, die auch die günstigen Preise während der feuchtheißen Sommermonate nutzen.

In Florida gibt es mehrere **internationale Flughäfen**, die von verschiedenen deutschen Städten im Linien- und/oder Charterverkehr regelmäßig angeflogen werden. Ein Direktflug ab Deutschland dauert etwa zehn Stunden. Den größten Flughafen Floridas hat Miami (MIA), das von nationalen Fluggesellschaften häufig als Drehkreuz nach Mittel- und Südamerika sowie in die Karibik genutzt wird. Ein weiterer, international meist von Charterfluggesellschaften angesteuerter Flughafen an der Ostküste ist das von Miami etwa 40 Kilometer entfernte Fort Lauderdale (FLL). An der Westküste gibt es internationale Flughäfen in Fort Myers (FMY bzw. RSW) und dem etwa 200 Kilometer weiter nördlich gelegenen Tampa (TPA). Im Landesinneren, 150 Kilometer nordöstlich von Tampa, liegt der internationale Flughafen von Orlando (MCO). Auch kleinere Flughäfen in Florida sind gut in das **nationale Flugnetz** der USA eingebunden. Umsteigeverbindungen von Europa über ein Gateway im Norden des Landes bzw. Flugreisen innerhalb des Landes sind also problemlos. Eines der besten Streckennetze in den Südstaaten bietet die Fluggesellschaft DL.

Der südlichste Amtrak-Bahnhof der in Boston beginnenden Ostküstenlinie liegt in Miami, eine Nebenlinie führt an die Golfküste. Die **Bahnlinien** eignen sich allerdings nicht sehr gut für Sightseeing in Florida. Für Fahrten innerhalb Floridas empfehlen sich **Linienbusse** oder **Pkw**. Das Anmieten eines Leihwagens ist hier preislich meist günstiger als in anderen Bundesstaaten. Die Entfernungen zwischen den Touristenzielen Floridas sind nicht allzu groß, so fährt man von Miami z. B. nach Orlando vier Stunden und nach Tampa fünf Stunden.

Viele Touristen nutzen Florida auch als Ausgangspunkt für **Kreuzfahrten** in alle Richtungen, vorrangig aber in die Karibik. Miami gilt als „Welthauptstadt der Kreuzfahrt".

ATLANTIKKÜSTE

Die Atlantikküste zwischen Miami und der Grenze zu Florida ist über 550 Kilometer lang und teilt sich in mehrere Abschnitte. Die „**Gold Coast**" zwischen Miami und dem gut 100 Kilometer nördlich gelegenen Palm Beach ist ein einziger, dicht besiedelter Hotelstrand, an dem die Orte teils nahtlos ineinander übergehen. Hier liegen mit Miami Beach, Fort Lauderdale, Boca Raton und Palm Beach die Fremdenverkehrszentren der Atlantikküste. Große Sehenswürdigkeiten gibt es kaum, hier werden vor allem Strandleben, Erholung und Sport groß geschrieben. Nördlich von Palm Beach folgen ruhigere Küstenabschnitte: „**Treasure Coast**", „**Space coast**" und „**First Coast**".

MIAMI / MIAMI-BEACH

Floridas im Südosten gelegene Metropole MIAMI ist häufig erste Rundreisestation oder Ziel eines Badeurlaubs. Die junge Stadt hat sich im letzten Jahrhundert vom Fischerdorf zur Millionenstadt entwickelt. Ihre Bevölkerung besteht zur Hälfte aus lateinamerikanischen Einwanderern, weshalb hier fast mehr Spanisch als Englisch gesprochen wird. In diesem Zusammenhang ist besonders das fast ausschließlich von Kubanern bewohnte Stadtviertel „Little Havanna" mit karibischem Flair erwähnenswert. Das Stadtbild von Miami Downtown prägen – wie in vielen amerikanischen Großstädten – Bürohochhäuser sowie palmengesäumte Boulevards. Mit einer Hochbahn auf Stelzen, dem „Metromover", kann man eine besondere Art der Stadtrundfahrt machen.

Eine der Sehenswürdigkeiten von Miami ist **Bayside Market Place**, ein weitläufiger Einkaufs- und Restaurantkomplex rund um den Yachthafen. Von hier hat man einen schönen Blick auf Miamis Hafen, den größten **Kreuzfahrthafen** der Welt. Kulturell bietet Miami Oper, Ballett, ein Kunstmuseum im **Metro Dade Cultural Center** und das Historische Museum Südfloridas.

Sehenswert sind außerdem der vornehme Villenvorort **Coral Gables** und das Künstlerviertel **Coconut Grove** mit vielen Boutiquen und Straßencafés. Es lohnt sich auch ein Abstecher ins noble **Key Biscayne**, eine vorgelagerte Düneninsel mit schönen Stränden, an deren Südende der zu 95 % unter Wasser befindliche **Biscayne Nationalpark** liegt. Hier kann man Touren mit Glasbodenbooten unternehmen und Seekühe, Meeresschildkröten und seltene Wasservögel beobachten. Auf dem Weg nach Key Biscayne liegt das große Ozeanarium **Seaquarium**, außerdem bietet Miami den größten botanischen Garten der USA, **Fairchild Tropical Garden**.

Der bekannteste Stadtteil Miamis ist MIAMI-BEACH (knapp 100.000 Einwohner), eine vorgelagerte, lang gestreckte Insel, die durch einen Damm und Brücken mit der Stadt verbunden ist. Hier liegt das Touristenzentrum Floridas mit 25 % aller Gästebetten. Man findet Unterkünfte aller Sparten und Kategorien, von denen viele in Häusern des berühmten, unter Denkmalschutz stehenden **Art-déco-District** in South Miami Beach untergebracht sind. Die etwa 800 restaurierten, originellen Gebäude dieses Architekturstils aus den 20er- bis 40er-Jahren haben pastellfarbene bzw. knallbunte Fassaden und sind mit außergewöhnlichen Dekors und Ornamenten verziert. Zentrum von Miami Beach ist die im Art-déco-District gelegene Strandpromenade „Ocean Drive“ mit unzähligen Cafés, Restaurants, Geschäften und regem Nachtleben. Der Ocean Drive säumt den südlichen Teil des breiten, etwa 15 Kilometer langen Strandes von Miami Beach. Nördlich liegen die Strandabschnitte **Central**, **Surfside**, das exklusive **Bal Harbour** mit vielen Großhotels sowie **Sunny Isles**, ein lebendiges Viertel mit flacheren Bauten. Eine kulturelle Sehenswürdigkeit Miami Beachs ist das **Bass Museum** mit Werken alter Meister.

FORT LAUDERDALE

Von Miami gelangt man über **Hollywood** ins etwa 40 Kilometer nördlich gelegene Fort Lauderdale, das seinen Namen einem hier gelegenen Fort aus der Zeit der Indianerkriege verdankt. Die heute 150.000 Einwohner zählende Stadt wird wegen ihrer unzähligen Kanäle und Flüsse häufig als „Venedig Amerikas“ bezeichnet. Boote sind das bevorzugte Verkehrsmittel in Fort Lauderdale. Eine Stadtrundfahrt mit einem Wassertaxi oder dem **Schaufelraddampfer** „Jungle Queen“ sollte man sich nicht entgehen lassen. Berühmt ist Fort Lauderdale auch für seine Vielfalt an Kneipen, die sich direkt hinter dem Strand, am so genannten „Strip“, befinden, einer Verlängerung der Einkaufsmeile „Las Olas Boulevard“. Sehenswert sind außer dem größten Einkaufszentrum der Welt **„Sawgrass Mills“** und diversen Parks der **Kreuzfahrthafen** (nach dem von Miami der zweitgrößte der Welt) und das naturwissenschaftliche **Museum of Discovery and Science**. In Fort Lauderdale gehören die meisten Unterkünfte der 2- – 4-Sterne-Kategorie an.

BOCA RATON / PALM BEACH

Über **Pompano Beach** erreicht man nach etwa 30 Kilometern BOCA RATON, eine elegante Villenstadt im mediterranen Stil (etwa 60.000 Einwohner). Hier liegen viele luxuriöse Resorthotels mit Golf- und Tennisanlagen.

Weitere 30 Kilometer nördlich liegt das noch exklusivere PALM BEACH (10.000 Einwohner) auf einer schmalen Insel, die durch drei Brücken mit dem Festland verbunden ist; hier residieren die Superreichen. Zentrum des gesellschaftlichen Lebens ist das berühmte **Breaker´s Hotel**.

NÖRDLICHE ATLANTIKKÜSTE

In Richtung Norden folgen einsamere Strände und schöne Buchten an der TREASURE COAST, deren Küstenstraße immer wieder auf lang gestreckten, vorgelagerten Inseln verläuft, darunter **Hutchinson Island**, wo im Sommer Meeresschildkröten ihre Eier am Strand ablegen.

Größere Orte dieses Küstenabschnitts sind **Fort Pierce**, ein Zentrum des Zitrusfrüchteanbaus, und das ruhige **Vero Beach**, in dessen Nähe sich ein Schutzgebiet für Pelikane befindet.

Die SPACE COAST beginnt in der Gegend von **Melbourne** und dem Strandort **Cocoa Beach** mit hübscher Altstadt. Sie verdankt ihren Namen dem hier angesiedelten Raumfahrtzentrum der NASA (**Kennedy Space Center**) mit dem „Weltraumbahnhof" **Cape Canaveral** und einem Besucherzentrum. Hier kann man alle paar Monate den Start einer Raumfähre beobachten; ansonsten ist es möglich, geführte Touren über das Gelände zu machen oder Ausstellungen zur Entwicklung der Raumfahrt zu besichtigen. Die Space Coast reicht über **New Smyrna** mit schönen Apartmentanlagen bis nach **Daytona Beach**, einem turbulenten Badeort, der für über 30 Kilometer Strand, Strandfestivals und Autorennen / Motorsport bekannt ist – sogar am Strand dürfen Autos fahren.

Der nördlichste Teil von Floridas Atlantikküste wird FIRST COAST genannt. Sie beginnt bei **St. Augustine**, der ältesten Stadt der USA, die heute 12.000 Einwohner hat. Sehenswert sind hier eine spanische Festung aus dem 17. Jh., das „Spanish Quarter" (mehrere Gebäude, die ein Museum bilden), „Zorayda Castle" (eine Nachbildung der Alhambra in Granada) und eine Alligatorenfarm in der Umgebung. Im weiteren Verlauf der First Coast folgen das Golferparadies **Ponte Vedra Beach** mit noblen Resorts, die große Hafenstadt **Jacksonville** und schließlich, an der Grenze zum Nachbarstaat Georgia, das Golf- und Tennismekka **Amelia Island** mit langen Dünenstränden.

FLORIDA KEYS

Sehr häufig werden – auch im Rahmen von Tagesausflügen – die südlich von Miami gelegenen „Keys" besucht. Die aus 150 Inseln bestehende Inselgruppe zieht sich von der Südspitze des Festlands über 200 Kilometer in südwestliche Richtung in den Golf von Mexiko. Die unter Naturschutz stehenden, mit Palmen und Mangroven bewachsenen Koralleninseln sind durch 42 Brücken und den darüber führenden „Overseas Highway" miteinander verbunden. Der Highway beginnt auf Key Largo, etwa 100 Kilometer von Miami entfernt, und endet auf Key West, der letzten Insel und gleichzeitig Hauptort der Keys. Auf den Keys ist es im Winter wärmer, im Sommer nicht so schwül wie auf dem Festland. Es gibt hier zwar keine sehr breiten Strände, dafür sind die Inseln mit ihrem klaren Wasser aber ideale Tauchreviere und eignen sich gut zum Angeln.

Das Taucherparadies **Key Largo** ist die erste und größte der Florida Keys; Sehenswürdigkeit hier ist ein Unterwasserhotel. Über Inseln wie **Little Palm Island** und **Plantation Key** gelangt man weiter nach **Key West** (knapp 30.000 Einwohner), das etwa 260 Kilometer von Miami und nur knapp 150 Kilometer von Kuba entfernt liegt. Key West gilt als südlichste Stadt Nordamerikas, weshalb das südlichste Ende der Insel der spektakuläre „Southernmost point" markiert. Das Bild des bunten Städtchens, im 19. Jh. als Marinestützpunkt gegründet, wird heute dominiert von der Altstadt mit den „Conch Houses", mit Schnitzereien verzierte, kleine Holzhäuschen. Als zentraler Platz in der „Old Town" dient der Mallory Square, der ein beliebter Treffpunkt ist, um die berühmten Sonnenuntergänge anzuschauen. Zu den größten Sehenswürdigkeiten Key Wests gehört das Hemingway-Haus, in dem der berühmte Schriftsteller jahrelang lebte, heute Museum.

EVERGLADES NATIONALPARK

Eine weitere Rundreisestation sind die Everglades, deren Gebiet hinter Florida City beginnt. Der über 5.000 qkm große Nationalpark besteht aus einem Sumpfgebiet mit seltenen Tieren wie Alligatoren, Florida-Panthern, Wasservögeln und Fischen. Auf dem flachen Wasser, das von kleinen Inseln, Zypressen- und Palmenhainen unterbrochen ist, werden Boots- und Kanufahrten angeboten. Ein „Visitor Center" informiert über den Park und bietet geführte Wandertouren an.

Am Rand des Nationalparks liegt ein Indianerdorf, in dem Schmuck und Andenken verkauft werden. Durch den Park führt eine 60 Kilometer lange Straße nach Flamingo; **Flamingo** und **Everglades City** sind die wichtigsten Orte in diesem Gebiet. Im Sommer kann es im Everglades Nationalpark sehr schwül sein, außerdem gibt es hier dann extrem viele Mücken.

GOLFKÜSTE

Nördlich der Everglades beginnt das touristische Gebiet der Westküste (Golfküste), die ebenfalls sehr schöne, lange und flache Sandstrände hat, aber im Gegensatz zur Atlantikküste auch recht viele Buchten aufweist. Diese ruhigere Küstenseite ist ein bevorzugtes Familienbadeziel. Neben den Fremdenverkehrszentren Naples, Fort Myers an der südlichen Golfküste sowie Sarasota und St. Petersburg/Clearwater an der nördlichen Golfküste gibt es hier viele kleine Städte und vorgelagerte, ruhige Inseln, die zur Inselgruppe „Ten Thousand Islands" gehören.

NAPLES / FORT MYERS

Die südlichste Stadt der Westküste ist NAPLES (etwa 20.000 Einwohner), an den nördlichen Ausläufern der Everglades gelegen. Hier erstrecken sich ausgedehnte Sandstrände. **Naples** ist mit mehr als 40 Golfplätzen eines der Golferzentren Floridas und hat sich mit eleganten Villen und Resorthotels zu einem exklusiven Reiseziel entwickelt (daher die Bezeichnung „Palm Beach des Westens"). Es gibt hier schöne Einkaufsstraßen, unter anderem im restaurierten Hafenviertel. Für Abwechslung sorgen auch verschiedene Freizeitparks. Vor der Küste Naples liegt **Marco Island**, mit 40 qkm die größte Insel vor der Golfküste. Die Urlaubsinsel, auf der es zahlreiche Hotels, Apartments und Restaurants gibt, ist durch Brücken mit dem Festland verbunden.

Etwa 70 Kilometer nördlich von Naples liegt die Stadt FORT MYERS, wegen ihrer Palmenalleen auch „City of Palms" genannt. In der Gegend von **Fort Myers** überwintern sehr viele Rentner aus dem kalten Norden der USA, da das Klima hier besonders mild ist. Der bekannteste Wintergast war seit Ende des 19. Jh. viele Jahre lang Thomas Edison (unter anderem Erfinder der Glühbirne und des Grammophons). Sein Wohnhaus mit Labor inmitten eines tropischen Gartens, das „Edison Winter Home", ist die wichtigste Sehenswürdigkeit der Stadt.

Fort Myers selbst ist eine ruhige Wohnstadt, Strände und Touristenunterkünfte liegen im westlichen Vorort **Fort Myers Beach** auf der Insel **Estero**. Weitere vorgelagerte Inseln sind **Pine Island** und **Sanibel and Captiva Islands**, ebenfalls durch Brücken bzw. Dämme ans Festland angebunden. Die ruhigen, idyllischen Inseln Sanibel and Captiva, zusammen etwa 30 Kilometer lang, stehen mit ihrer üppigen, tropischen Vegetation zur Hälfte unter Naturschutz; man findet hier über 400 außergewöhnliche Muschelarten, Wasservögel und Schildkröten. In den Bereichen, die nicht unter Naturschutz stehen, liegen gepflegte, meist kleinere Hotel- und Apartmentanlagen.

SARASOTA / TAMPA BAY

Nördlich von Fort Myers folgt eine touristisch noch kaum entwickelte Gegend. Nach etwa 100 Kilometern erreicht man SARASOTA, das kulturelle Zentrum Floridas. Hier liegen das „Asolo State Theatre", Kunstgalerien und Museen; außerdem finden häufig Musikfestivals statt. Dieser kulturelle Reichtum ist dem Zirkusmann Ringling zu verdanken, der sich Anfang des 20. Jh. in Sarasota niederließ und für seine Kunstsammlung ein Museum baute, das „Ringling Museum of Art". Im Park des Museums liegen das aus Italien importierte Asolo Theater und ein Zirkusmuseum. Weitere Sehenswürdigkeit ist das Wohnhaus Ringlings im Stil eines venezianischen Palazzos. Sarasotas Strände liegen auf den vorgelagerten Inseln **Siesta Key**, **Longboat Key** und **Anna Maria Island**.

Nach etwa 30 Kilometern erreicht man die 50 Kilometer umfassende TAMPA BAY (Bucht von Tampa), die sich zwischen Tampa, St. Petersburg und Clearwater erstreckt. In den genannten Städten leben insgesamt 600.000, im gesamten Großraum Tampa etwa zwei Millionen Menschen.

Tampa selbst hat einen großen Fracht- und Containerhafen, eine durch Kubaner begründete Tabakindustrie und Brauereien. Die Stadt ist aber nicht nur Industriezentrum, sondern bietet auch schöne Einkaufsstraßen und Wohnviertel. Sehenswert sind hier das Florida Aquarium, das Tampa Bay Hotel (heute Universitätssitz) und das alte Kubanerviertel Ybor City. Die größte Attraktion Tampas ist jedoch Busch Gardens, ein Freizeitpark besonderer Art: Mit einer Schwebebahn kann man hier eine Safari durch eine Nachbildung der Landschaft des Serengeti-Parks in Afrika zur Zeit der Jahrhundertwende machen und Elefanten, Zebras, Giraffen und andere Tiere beobachten. In einem anderen Teil des Parks gibt es Achterbahnen und Vergnügungseinrichtungen.

Badeurlaub wird Tampa gegenüber, in auf einer Halbinsel gelegenen Strandorten gemacht. Die bekanntesten Ferienziele hier sind **St. Petersburg** und **Clearwater**; die Orte gehen mittlerweile nahtlos ineinander über. Die Westküste der Halbinsel bietet Strände, an denen sich ein Hotel bzw. Ferienhaus ans nächste reiht, und lebhafte Badeorte, die sowohl bei jungen Leuten als auch bei Familien und Rentnern sehr beliebt sind. Die Unterkünfte liegen meist im Bereich der gehobenen Mittelklasse; das bekannteste Hotel ist das unter Denkmalschutz stehende, rosafarbene „Grandhotel Don Cesar“ in St. Petersburg Beach. Ruhigere Strandabschnitte liegen am nördlichen und südlichen Ende der Halbinsel. Nördlich von Clearwater befindet sich **Tarpon Springs**, ein von griechischen Einwanderern erbauter Ort im ägäischen Stil. Der kulturelle Höhepunkt der Region Tampa Bay ist ein **Salvador-Dali-Museum** im Zentrum von St. Petersburg.

NÖRDLICH DER TAMPA BAY / PANHANDLE

NÖRDLICH der Bucht von Tampa ist die Golfküste touristisch recht unerschlossen, da die Strände hier enden und ein sumpfiges, bewaldetes Gebiet beginnt. Etwa 130 Kilometer nördlich von Tampa liegt ein interessanter Wildpark, der **Homosassa Springs State Wildlife Park**, wo man Floridaseekühe sehen kann. Der Küste vorgelagert ist die kleine Fischerinsel **Cedar Key**.

Noch weiter nördlich beginnt der – sich nach Westen ziehende – PANHANDLE, ein schmaler, auf dem Festland, ebenfalls an der Golfküste gelegener Streifen Floridas, der selten von europäischen Touristen besucht wird. Seine Küsten bieten weitgehend unberührte, schneeweiße Strände, das Hinterland wird dominiert von Wäldern und Plantagen. Sehenswerte Städte hier sind die Staatshauptstadt **Tallahassee** mit Südstaatenatmosphäre, der beliebte Strandort **Panama City Beach**, das Austerndorf **Apalachicola** und die alte spanische Stadt **Pensacola**. Auch im Panhandle ist es nicht schwierig, Hotels oder andere Unterkünfte zu finden.

<u>ORLANDO / FREIZEIT- UND THEMENPARKS</u>

ORLANDO

Orlando in Zentralflorida, gut 100 Kilometer östlich von Tampa und knapp 100 Kilometer westlich von Cape Canaveral, ist heute als <u>das</u> Weltzentrum der Vergnügungsparks alljährlich Ziel von Millionen Touristen. Der Großraum Orlando hat über eine Million Einwohner, von denen viele in den mehr als 50 Freizeitparks beschäftigt sind. Im Hinterland liegen ausgedehnte Zitrusfrüchteplantagen. Die Stadt selbst bietet außer dem restaurierten **Altstadtviertel** „Church Street Station“ kaum Sehenswürdigkeiten. Die Parks, die die Hauptattraktionen der Stadt sind, liegen etwa 20 Kilometer außerhalb, viele am südwestlichen Stadtrand am **International Drive**. Hier wurde die Ferienstadt **Lake Buena Vista** gegründet; viele Hotels findet man auch im nahen **Kissimmee**.

DISNEY WORLD RESORT

Die größten und bekanntesten Themenparks Orlandos liegen im Disney World Resort, das insgesamt ein Gelände von über 100 qkm umfasst. Es wird empfohlen, für jeden Themenpark mindestens einen Tag Zeit einzuplanen.

Der älteste Freizeitpark Orlandos ist das 1971 gegründete **Magic Kingdom** mit sieben verschiedenen Bereichen. Hier kann man das bekannte „Cinderella Castle“, eine Nachbildung von Schloss Neuschwanstein, sehen und bekannte Disneyfiguren wie Mickey Mouse treffen. Ebenfalls zum Disney World Resort gehört die Zukunftsstadt **Epcot Center** („Experimental Prototype Community of Tomorrow“), deren Zentrum ein riesiger Kugelbau ist, in dem man eine Zeitreise durch die Geschichte der Kommunikation machen kann. Weitere Attraktionen hier sind die Nachbildungen berühmter Sehenswürdigkeiten aus elf Ländern. Teile des Disney World Resorts sind auch die **Disney-MGM Studios**, in denen man Kulissen und Filmstudios bekannter Disneyfilme sowie Stunt-Shows bewundern kann, das **Animal Kingdom** mit Afrikas und Asiens Tierwelt in authentisch nachgestellter Landschaft sowie mehrere **Badeparks**.

Dem Disney World Resort sind 20 Hotels angeschlossen (**Vacation Kingdom**), die den Gästen kostenlose Transfers zu den Parks per Bus, Boot und der Schwebebahn Monorail anbieten. Für Unterhaltung, Nachtleben und Shopping sorgen **Downtown Disney Entertainment** und **Disney World of Sports**, wo man unter anderem golfen, reiten und mit dem Kanu fahren kann.

WEITERE FREIZEIT- UND THEMENPARKS

Weitere große Parks, die nicht zum Disney World Resort gehören, sind die **Universal Orlando**, eine „Filiale“ der Filmstudios in Hollywood, und **Sea World Adventure Park**, das weltgrößte Ozeanarium, das verschiedene Schutzprogramme für bedrohte Meerestiere ins Leben gerufen hat. Hier sieht man unter anderem Delphine, Killerwale und Seehunde.

Daneben gibt es eine Vielzahl interessanter, kleinerer Parks mit den verschiedensten Themen wie das **Gatorland** (eine riesige Alligatorenfarm) oder den Badepark **Wet´n Wild**.

AUSFLÜGE

BAHAMAS

Von Florida, speziell von Miami aus, werden häufig ein- oder mehrtägige Abstecher per Flug oder Schiff auf die nahe gelegenen Bahamas, einer aus 700 Inseln bestehenden, südöstlichen Inselgruppe gemacht. Ein Besuch des Disney World Resorts kann auch mit Bahamaskreuzfahrten auf Schiffen der Disney Cruise Line kombiniert werden.

NEW ORLEANS

Von Nordflorida aus kann man Touren durch den Panhandle, Alabama und Mississipi nach New Orleans unternehmen (von Pensacola etwa 320 Kilometer entfernt). Die Jazzstadt in Louisiana mit dem alten Viertel „French Quarter“, von der aus man auch Fahrten mit dem Schaufelraddampfer auf dem Mississippi machen kann, kann natürlich auch mit dem Flugzeug bereist werden.

4.2.3 KALIFORNIEN UND DER WESTEN

Der gut 411.000 qkm Fläche umfassende Bundesstaat Kalifornien liegt im Südwesten der USA und erstreckt sich mit einer Küstenausdehnung von gut 1.300 Kilometern am **Pazifik**. Nach Alaska und Texas ist Kalifornien der drittgrößte Bundesstaat der USA. Im Norden grenzt es an Oregon, im Osten an Nevada, im Südosten an Arizona und im Süden an die zu Mexiko gehörige Halbinsel Baja California. Die Hauptstadt Kaliforniens ist **Sacramento** (gut 400.000 Einwohner), seine größte Stadt **Los Angeles**, mit über 3,6 Millionen Einwohnern die zweitgrößte Stadt der USA. Insgesamt leben in dem Bundesstaat fast 34 Millionen Menschen.

Die Landschaft Kaliforniens ist sehr vielfältig. Im gebirgigen Norden gibt es einsame Felsküsten, Flüsse und große Wälder, im Süden liegen ausgedehnte Badestrände. Entlang der Küste verlaufen bis zu 3.000 Meter hohe Gebirge, die **Coast Ranges**, die teilweise direkt ins Meer abfallen. Zwischen den Küstengebirgen und der östlichen Hochgebirgskette **Sierra Nevada**, deren höchster Berg Mt. Whitney 4.421 Meter misst, liegt das etwa 60 Kilometer breite, 600 Kilometer lange kalifornische Längstal, das fruchtbare **Central Valley**. Südöstlich schließt sich an das Central Valley **Wüste** an, wo im Death Valley mit 86 Meter der tiefste Punkt des Kontinents liegt. Knapp die Hälfte der Fläche Kaliforniens umfasst geschützte Landschaften in Nationalparks, National Monuments, National Forests und State Parks. Durch den – Kalifornien unterirdisch auf fast 1.000 Kilometer durchziehenden – San-Andreas-Graben, an dem sich zwei Erdplatten reiben, ist gerade der Küstenbereich des Staates ein stark erdbebengefährdetes Gebiet.

Der Norden Kaliforniens liegt in der gemäßigten **Klimazone**; in Höhen fällt hier im Winter häufig Schnee. Südkalifornien befindet sich in der subtropischen Klimazone, der Küstenbereich hat mediterranes Klima, in der südkalifornischen Wüste herrscht Wüstenklima. Im Sommer kann das Thermometer hier auf über 40 Grad Celsius ansteigen. Ideale **Reisezeit** für eine Rundreise durch die kalifornischen Nationalparks sind Frühjahr und Herbst, für Rundreisen im nördlichsten Teil oder für einen reinen Badeaufenthalt eignet sich am besten der Sommer. Im Winter kann man in der Sierra Nevada Wintersport treiben oder in der südkalifornischen Wüste Sonne tanken.

Kaliforniens eigentliche **Geschichte** beginnt mit den Spaniern, die es im 16. Jh. entdeckten, jedoch erst ab 1769 kolonisierten. Zu dieser Zeit gründeten Missionare entlang der Küste 21 jeweils eine Tagesreise voneinander entfernte Orte (Missionen). Der heutige US-Bundesstaat Kalifornien gehörte als „Alta California“ (Oberes Kalifornien) zusammen mit „Baja California“ (Unteres Kalifornien) bis Mitte des 19. Jh. zu Mexiko. Dann drangen die Amerikaner in den Westen des Kontinents vor und rangen Mexiko Alta California und weitere Gebiete ab. Kurz darauf wurden in Nordkalifornien große Goldfunde gemacht, der Staat geriet in den Goldrausch (daher der häufig verwendete Beiname „Golden State“). Noch heute zeugen Geisterstädte der Goldgräber von dieser Zeit des „Wilden Westens“. 1850 wurde Kalifornien 31. Bundesstaat der USA, Baja California gehört noch heute zu Mexiko. In der Folgezeit florierte der Staat durch den Fund von Silber, durch den Eisenbahnbau (der eine Ost-West-Verbindung quer über den Kontinent herstellte) sowie durch blühende Landwirtschaft. 1906, 1989 und 1994 fanden schwere Erdbeben statt, die große Verwüstungen anrichteten. Es wurde aber jedesmal sehr schnell Aufräumarbeit geleistet und Kalifornien konnte sich zu einem der wirtschaftlich stärksten Staaten der USA entwickeln.

Kalifornien ist der bevölkerungsreichste Bundesstaat der USA. Die **Bevölkerung** besteht aus gut 50 % Weißen, knapp 30% Hispanics, etwa 7,5 % Schwarzen, über 10 % Asiaten und der indianischen Urbevölkerung (etwa 1 %). Entsprechend der hohen Zahl lateinamerikanischer Einwohner wird in Kalifornien oft auch Spanisch gesprochen. Über die Hälfte der Bevölkerung wohnt in den Ballungsräumen der Metropolen San Francisco, Los Angeles und San Diego.

Ein wichtiger **Attraktionsfaktor** Kaliforniens ist die vielfältige Landschaft der Nationalparks und der Küsten. Viele Besucher nutzen den „Golden State" auch als Ausgangspunkt für Touren in weitere Staaten des Westens. Naturbegeisterte fahren nach Arizona und Utah und teilweise weiter nach Colorado und Wyoming, wo sich ebenfalls berühmte Nationalparks befinden. „Vergnügungssüchtige" kommen in Nevada (Las Vegas und Reno) auf ihre Kosten. Die meisten Touristen verbinden die vielen Attraktionen auf Bus-, Mietwagen- oder Flugrundreisen, manche verbringen aber auch einen reinen Erholungsaufenthalt am südkalifornischen Strand bzw. an einem der Seen oder machen Sporturlaub (Wassersport, Golf, Rafting auf dem Colorado River, Klettern, Bergsteigen und Skifahren im Hochgebirge). Außerdem bietet Kalifornien mit seinen Metropolen hervorragende Unterhaltungs- und Einkaufsmöglichkeiten. Südlich von Los Angeles ziehen mehrere Vergnügungsparks zahlreiche Besucher an. Möglichkeit zu einer „historischen Tour" durch Kalifornien bietet der „Mission Trail", der die alten Missionen verbindet. An die Geschichte des Staates erinnern auch die Geisterstädte der Goldgräber.

Die beliebtesten **Reiseziele** Kaliforniens sind – abgesehen von den Nationalparks – San Francisco und Los Angeles, der Küstenabschnitt zwischen beiden Metropolen (hier verläuft der berühmteste Teil des legendären „Highway No.1"), die Strände um Los Angeles, das Wintererholungsgebiet Palm Springs in der Wüste und der Lake Tahoe in Nordkalifornien. Fremdenverkehrszentren in Nevada und Arizona sind Las Vegas und Phoenix/Scottsdale.

Kalifornien hat mit San Francisco (SFO) und Los Angeles (LAX) zwei internationale **Flughäfen**, zu denen es direkte Linienflüge ab Deutschland gibt; ein Nonstopflug dauert knapp zwölf Stunden. Aus allen Teilen der USA bestehen ebenfalls gute Flugverbindungen nach San Francisco und Los Angeles. Ein weiterer großer Flughafen befindet sich in San Diego (SAN) in Südkalifornien. Im Inlandsverkehr werden auch viele kleinere Städte angeflogen, teilweise von regionalen Fluggesellschaften wie America West Airlines (HP).
Es gibt fünf verschiedene **Bahnlinien** aus den nördlichen Nachbarstaaten, Südkalifornien und dem Mittleren Westen, die in den größten Bahnhöfen Kaliforniens – Los Angeles und Oakland bei San Francisco – Halt machen bzw. enden. Für eine Bahnfahrt von Chicago nach Los Angeles braucht man über 60 Stunden, von Oakland nach Los Angeles etwa elf Stunden. In San Francisco selbst kommen nur Vorortzüge an. Außerdem gibt es sehr gute **Linienbusverbindungen** im Westen der USA, mit denen man allerdings kaum zu touristischen Attraktionen und in Nationalparks kommt. Für individuelle Rundreisen eignet sich daher am besten ein **Mietwagen**. Die großen Entfernungen im weitläufigen Westen der USA sollten dabei nicht unterschätzt werden; so braucht man für die Strecke San Francisco–Los Angeles allein gut acht Stunden. Für Touren durch einen größeren Teil des Westens und in die Nationalparks ist auch ein **Campmobil** empfehlenswert.
Neben den üblichen **Unterkünften** in und um die Städte, an Stränden und an Highways gibt es in den Nationalparks häufig Campingplätze und einfachere, kleine „Lodges", die vor allem für die Sommermonate sehr frühzeitig gebucht werden sollten.

SAN FRANCISCO

Die legendäre, oft als schönste der USA bezeichnete Stadt liegt auf einer schmalen Halbinsel an der gleichnamigen Bucht (San Francisco Bay). Das gut 130 qkm umfassende San Francisco selbst hat etwa 750.000 Einwohner, in der gesamten Bay Area leben über fünf Millionen Menschen. San Francisco wurde 1776 auf sieben großen und vielen kleinen Hügeln als Militärstützpunkt und Missionsstation der Spanier gegründet und entwickelte sich bis zum Einsetzen des Goldrausches nur langsam. Dann allerdings stieg die Einwohnerzahl rapide an und die Stadt wuchs – trotz schlimmster Verwüstungen durch das Erdbeben 1906 – zur modernen und außergewöhnlich liberalen Metropole an. In den 60er- und 70er-Jahren des 20. Jh. galt San Francisco als Hauptstadt der Hippiekultur; auch andere Subkulturen stoßen hier auf fruchtbaren Boden.

San Franciscos europäisch anmutendes Stadtbild mit steilen, krummen Straßen wie der **Lombard Street**, die häufig als Filmkulisse genutzt wird, ist untypisch für eine amerikanische Großstadt. Hier kommt man – im Gegensatz zu vielen anderen amerikanischen Metropolen – ohne Auto hervorragend zurecht. Die Stadt ist einfach zu erlaufen und das öffentliche Verkehrsnetz sehr gut ausgebaut, unter anderem durch die **Cable Cars**, nostalgische Straßenbahnen, die zu San Franciscos Wahrzeichen gehören. Mit dem Festland ist die Stadt durch Fähren und Brücken verbunden; die berühmte Hängebrücke **Golden Gate Bridge** führt nach Norden, die **Bay Bridge** nach Osten Richtung Oakland und Berkeley (Sitz der University of California). Herz des Stadtzentrums ist der **Union Square**, ein palmenbestandener Platz, um den herum zahlreiche Kaufhäuser, kleinere Geschäfte, Restaurants und Hotels liegen.

Eine Stadtbesichtigung könnte beim **Civic Center** starten, dem Verwaltungs- und Kulturzentrum San Franciscos. Kernstück des Viertels ist das Rathaus „City Hall", ein Kuppelbau, an dessen Rückseite sich das Opernhaus befindet. Von hier geht es weiter zur Haupteinkaufsstraße **Market Street** und ins südliche Trendviertel **SoMa**. Nördlich der Market Street passiert man das Drachentor und durchquert **Chinatown** – eine der größten chinesischen Siedlungen außerhalb Asiens mit über 100 Restaurants und kleinen Geschäften – und erreicht das Bankenzentrum **Financial District**. Hier wurden wegen der großen Erdbebengefahr erst spät Wolkenkratzer errichtet, unter denen der auffallendste und bekannteste die 225 Meter hohe **Transamerica Pyramid** ist; ganz oben gibt es einen Aussichtspunkt.

Den schönsten Blick auf die Stadt und die Bucht bietet der **Coit Tower**, ein 63 Meter hoher Aussichtsturm auf einem von San Franciscos Hügeln, dem **Telegraph Hill**. Der bekannteste Hügel der Stadt ist **Nob Hill**, wo sich eines der vornehmsten Viertel San Franciscos mit exklusiven Hotels (darunter das aus der Fernsehserie „Hotel" bekannte Fairmont) befindet. Zwischen Telegraph Hill und Nob Hill liegt, nördlich von Chinatown, das Italienerviertel **North Beach**.

Eine der großen Touristenattraktionen San Franciscos liegt direkt am Wasser: **Fisherman´s Wharf**, einst eine bedeutende Hafenanlage, wo heute in alten Fabrikgebäuden moderne Shopping-Malls und an einer Promenade Restaurants und Hotels untergebracht sind. Kernstück von Fisherman´s Wharf ist Pier 39, eine im alten Stil rekonstruierte Einkaufszeile. Sehenswert ist hier auch das „Maritime Museum" mit historischen Segelschiffen. Durch den Hafen, die Bucht und nach Alcatraz werden von Fisherman´s Wharf aus häufig Schiffstouren unternommen. Auf der berühmten Insel **Alcatraz**, die von 1933 bis 1963 als sicherstes Gefängnis der Welt galt, war unter anderem der berühmte Mafioso Al Capone inhaftiert. Heute kann das ehemalige Zuchthaus besichtigt werden.

Westlich von Fisherman´s Wharf beginnt die Golden Gate Promenade. Vorbei an der ehemaligen Militäranlage **Fort Mason** (heute Kulturzentrum mit verschiedenen Museen) sowie am prächtigen **Palace of Fine Arts** im Beaux-Art-Stil führt sie zum Presidio-Park, in dem sich der Südteil der **Golden Gate Bridge** befindet. Die kilometerlange, 240 Meter hohe Brücke wurde 1937 erbaut und kann auch zu Fuß überquert werden. Ein Spaziergang auf der Golden Gate Bridge bietet – sofern sie nicht in den für San Francisco typischen Nebel gehüllt ist – traumhafte Aussichten.

„Grüne Lungen" der Stadt sind der **Lincoln Park** westlich der Brücke und der 400 Hektar umfassende **Golden Gate Park**, der viele Freizeitmöglichkeiten bietet und ein Naherholungsgebiet für die Städter darstellt. Hier liegen einige Museen und der „Japanese Tea Garden" mit Pagoden und Teichen. Zwischen Golden Gate Park und Union Square erstrecken sich der **Alamo Square** (wo vor dem Hintergrund der Skyline eine malerische viktorianische Häuserzeile liegt), das einstige Hippieviertel **Haight Ashbury**, das Nobelviertel **Pacific Heights** und **Japantown**.

UMGEBUNG

Autofahrer können die bedeutendsten Sehenswürdigkeiten San Franciscos und der näheren Umgebung auf der ausgeschilderten Route **49-Miles-Scenic-Drive** „abklappern". Hierbei passiert man neben vielen der genannten Attraktionen die **Twin Peaks** (einen Doppelhügel, der phantastische Ausblicke auf die Stadt gewährt) und die **Mission Dolores**, deren Kirche aus dem Jahr 1791 das älteste Gebäude San Franciscos ist. Die Mission liegt im „Mission District", wo sehr viele Hispanics leben. Gleich nebenan befindet sich **Castro District**, ein Lieblingsviertel der zahlreichen Homosexuellen San Franciscos.

NORDKALIFORNIEN

Zum dünn besiedelten Nordkalifornien gehören der etwa 600 Kilometer lange Küstenbereich zwischen San Francisco und der Grenze zu Oregon sowie das gebirgige, bewaldete Hinterland. Hier sind die meisten Küsten eher rau, man findet einsame, zum Baden weniger geeignete Strände und kleine, viktorianisch geprägte Städte.

KÜSTE

Von San Francisco fährt man über die Golden Gate Bridge ins wenige Kilometer entfernte, malerische **Sausalito**, ein Fischerstädtchen, das heute mit der „Bridgeway", einer direkt am Wasser verlaufenden Straße mit zahlreichen Fischrestaurants, ganz auf den Tourismus eingestellt ist.

Es folgen das **Muir Woods National Monument** (ein Schutzgebiet für enorm große Bäume namens „Redwood"), die schönen Strände **Stinson** und **Muir Beach** und das genau auf dem San-Andreas-Graben gelegene **Point Reyes National Seashore**. Hier informiert ein Besucherzentrum über Geologie und Erdbeben. In Point Reyes befinden sich auch ein Vogelschutzgebiet und die originalgetreue Nachbildung eines Indianerdorfes.

Auf dem weiteren Weg in Richtung Norden passiert man ursprüngliche Kleinstädte und wilde Küsten, an denen häufig Seehunde zu sehen sind. Gut 250 Kilometer entfernt von San Francisco erreicht man das Künstlerdorf **Mendocino** (etwa 1.000 Einwohner), das einen alten Stadtkern mit viktorianischen Häusern und viele Kunstgewerbeläden bietet.

Auf der Weiterfahrt Richtung Norden passiert man ausgedehnte Redwoodwälder und gelangt auf die von riesigen Bäumen bestandene, 50 Kilometer lange **Avenue of the Giants**, die bis ins idyllische Städtchen **Ferndale** bei Eureka führt. Nördlich von **Eureka**, der größten Stadt Nordkaliforniens (27.000 Einwohner) mit großem Fischereihafen und einer viktorianischen Altstadt, liegt der 400 qkm große **Redwood National Park**. In dem Park nahe der Grenze zu Oregon stehen die höchsten der in ganz Nordkalifornien vertretenen Redwoodbäume. Diese auch als „Mammut" bezeichneten, roten Riesenbäume gehören mit über 100 Meter Höhe und bis zu sechs Meter Umfang zu den größten und ältesten Bäumen der Welt.

GEBIRGE

Etwa 300 Kilometer östlich von Eureka liegt im gebirgigen Landesinneren der **Lassen Volcanic National Park** mit Wanderwegen und Thermalquellen. Der 3.200 Meter hohe Mount Lassen ist ein aktiver Vulkan mit weiten Lavafeldern.

Auf der Weiterfahrt durch die Sierra Nevada in Richtung Südosten folgt nach weiteren 300 Kilometern der 2.000 Meter hoch gelegene Gebirgssee **Lake Tahoe**, der halb in Kalifornien, halb in Nevada liegt. Der 520 qkm große See ist im Winter ein hervorragendes Skigebiet, im Sommer ein beliebtes Bade-, Wassersport- und Wanderziel. Das Touristenzentrum des Sees ist der Ort **South Lake Tahoe** mit Hotels, Restaurants und Geschäften. Bereits in Nevada liegt der Ort **Stateline** mit vielen Hotelkasinos in der Nähe des Spielerparadieses **Reno**.

Etwa 150 Kilometer südöstlich des Lake Tahoe liegt die alte Goldgräberstadt **Bodie**, eine der am besten erhaltenen Geisterstädte des Westens, die zum Freilichtmuseum umfunktioniert wurde. Während des Goldrauschs lebten hier bis zu 10.000 Menschen. Von Bodie ist es nicht weit zum berühmten, noch in der Sierra Nevada gelegenen **Yosemite Nationalpark**, einem durch Gletscher entstandenen Canyon. Das Herz des 3.000 qkm großen Nationalparks, der als der meistbesuchte der USA gilt, ist das 13 Kilometer lange, bewaldete Tal Yosemite Valley, das von Granitfelsen begrenzt wird. Hier liegen die über 700 Meter hohen Yosemite Falls und viele weitere Wasserfälle und Seen. Yosemite mit seinen Gipfeln und Hängen ist ein Paradies für Wanderer und Steilwandkletterer. Im Park selbst gibt es etwa 1.000 Betten in mehreren Hotels und Hütten und mehrere Campingplätze, außerhalb liegen einige Motels. Da alljährlich mehrere Millionen Besucher hierher kommen, ist eine frühzeitige Reservierung der Unterkunft besonders empfehlenswert.

GOLD COUNTRY / CENTRAL VALLEY

Der Yosemite Nationalpark und der Lake Tahoe liegen jeweils gut 300 Kilometer entfernt von San Francisco. Dazwischen erstrecken sich Gold Country und Central Valley.

Das GOLD COUNTRY war das Zentrum des Goldrausches im 19. Jh., wovon heute noch viele Geisterstädte und Historic State Parks zeugen. Größte Städte in diesem Gebiet sind **Sonora**, **Columbia** und **Jamestown**. Hierher werden häufig auch Ausflüge zum Goldwaschen veranstaltet.

Im etwa 600 Kilometer langen Tal CENTRAL VALLEY wird in großem Stil Landwirtschaft betrieben. Hier liegt am gleichnamigen Fluss mit **Sacramento** die Hauptstadt Kaliforniens, die nach dem Einsetzen des Goldrauschs aus der Siedlung Fort Sutter entstand. Es gibt hier eine „Old Town“ mit Saloons, Restaurants und Geschäften. Sehenswert sind auch das Kapitol (das kalifornische Parlament mit einer goldenen Kuppel) und das größte Eisenbahnmuseum der Welt. Der Weg von Sacramento nach San Francisco führt durch das bekannte Weingebiet **Napa Valley**, wo man auf einem der über 150 Weingüter an Weinproben teilnehmen kann. Der Hauptort Napa ist ein hübsches Städtchen mit vielen viktorianischen Häusern. Auf Napa Valley folgt mit **Sonoma Valley** ein weiteres Weingebiet, wo im Hauptort Sonoma die nördlichste alte Missionsstation liegt.

MITTLERE KÜSTE

Zwischen San Francisco und dem knapp 700 Kilometer entfernten Los Angeles verläuft entlang der Küste die berühmte Traumstraße „**Highway No.1**“ durch malerische Städtchen und einzigartige Landschaften. Natürlich kann man die Strecke auch ohne größere Unterbrechungen in acht bis zehn Stunden durchfahren, es lohnt sich aber, ein paar Tage dafür einzuplanen.

MONTEREY BAY / BIG SUR

Von San Francisco aus in Richtung Süden fahrend erreicht man nach gut 200 Kilometern die MONTEREY BAY (Bucht von Monterey). Hier liegt auf der gleichnamigen, zypressenbestandenen Halbinsel der Ort **Monterey**, der erste Höhepunkt der Tour.

Das Städtchen mit gut 30.000 Einwohnern bietet reichlich Geschichte: Als eine der ersten spanischen Siedlungen und Missionsstationen war Monterey lange eine der wichtigsten Städte Kaliforniens und bis Mitte des 19. Jh. Hauptstadt. Von dieser Blütezeit zeugen noch heute viele historische Gebäude in der Altstadt, die man auf dem drei Kilometer langen Rundgang „Path of History“ besichtigen kann. Er beginnt an der Fisherman´s Wharf, die heute jedoch mehr vom Tourismus als von der Fischerei lebt. Eine weitere Touristenattraktion ist die „Cannery Row“, eine Straße, die durch den Schriftsteller John Steinbeck bekannt wurde, der sie zum Schauplatz seines Werkes „Straße der Ölsardinen“ machte. Hier liegt auch das „Monterey Bay Aquarium“, eines der größten Aquarien der Welt. Die Hotels der Monterey Bay sind meist relativ klein; neben Luxus- und Golfresorts gibt es hier auch verschiedene Unterkünfte der Mittelklasse.

Die Weiterfahrt erfolgt auf einem „Umweg“ über den **17-Miles-Drive**, eine mautpflichtige Panoramastraße um die Bucht von Monterey, die sowohl entlang der Küste als auch durch Pinien- und Zypressenwälder und vorbei an gepflegten Villen und Nobelhotels führt. Hier liegen verschiedene Golfplätze, darunter einer der bekanntesten der Welt, der **Pebble Beach**, dem ein luxuriöses Golfhotel angeschlossen ist. Im weiteren Verlauf der Strecke gibt es viele Aussichtspunkte und Haltemöglichkeiten, an denen man grandiose Panoramen genießen kann, darunter die „Lone Cypress“, eine Zypresse, die einsam am Rand einer Klippe hoch über dem Meer steht. Das südliche Ende des 17-Miles-Drive bildet der idyllische Strandort **Carmel** (5.000 Einwohner). Das noble, Anfang des 20. Jh. von Künstlern gegründete Dorf ist stolz auf sein idyllisches Stadtbild ohne Ampeln und Leuchtreklamen. Am langen, weißen Sandstrand von Carmel gibt es hübsche Restaurants, Geschäfte und Galerien, den Ortskern bildet eine der alten Missionen mit einem wunderschönen Garten. Am Ende der Bucht von Monterey liegt **Point Lobos State Reserve**, ein 500 qkm großes Naturschutzgebiet für unzählige Tierarten an Land und im Meer. Es gibt hier sehr schöne Wanderwege, außerdem kann man schwimmen und tauchen.

Im weiteren Verlauf des Highway No. 1 wird die Straße immer schmaler, steiler und kurviger, die Berge reichen bis nahe ans Meer heran und die Landschaft ist dünner besiedelt. Dieser fast 150 Kilometer lange, spektakuläre Küstenabschnitt mit viel Steilküste heißt BIG SUR; den Namen **Big Sur** trägt auch ein Ort auf dieser Strecke. Hier liegen kleine State Parks mit Stränden und Wäldern. In diesem Gebiet findet man hauptsächlich einfachere Hotels und Motels.

Auf den Küstenabschnitt Big Sur folgt das Örtchen **San Simeon**, das durch das „Hearst Castle“ berühmt geworden ist. Dieses prächtige, auf einer Anhöhe gelegene, weiße Schloss mit goldenen Türmen und rotem Dach ließ der Zeitungsverleger William Hearst in der ersten Hälfte des 20. Jh. aus Einzelteilen europäischer Bauwerke errichten. Das Anwesen mit über 100 Räumen und schönen Parks gehört heute dem Staat und beherbergt Hearst´s Kunstsammlung.

NÖRDLICH VON LOS ANGELES

Der folgende, wieder flachere Küstenabschnitt führt vorbei am Vogelschutzgebiet **Morro Bay** nach **San Luis Obispo** (40.000 Einwohner), knapp 70 Kilometer südlich von San Simeon. Die Attraktion des Ortes ist neben einer spanischen Mission in der Altstadt und dem größten Rennpferdegestüt der Welt ein Hotel: das Madonna Inn, ein pinkfarbenes Schlösschen, in dem jedes der über 100 Zimmer individuell (kitschig) eingerichtet ist, beispielsweise im Safari- oder im Steinzeitstil.

Die Weiterfahrt führt vorbei an **Pismo Beach** in die schöne spanische Kolonialstadt **Santa Barbara** (80.000 Einwohner, 150 Kilometer entfernt von San Luis Obispo). Die von langen Sandstränden eingerahmte Stadt mit sehenswerter Altstadt besitzt die schönste der 21 Missionen. Palmenalleen und die „Stearn´s Wharf“ mit Yachthäfen geben Santa Barbara ein mediterranes Flair. Wohl auch deshalb hat sich die Stadt zu einem exklusiven Urlaubsort sowie zum Wochenendziel und Altersruhesitz der High Society aus Los Angeles entwickelt hat. Es gibt hier hübsche Hotels, die wie alle Gebäude in Santa Barbara in flachen Häusern im spanischen Stil untergebracht sind.

Südlich folgt **Ventura**, eine weitere alte Missionsstadt; vor der Küste Venturas befindet sich der aus fünf Inseln bestehende **Channel Islands National Park**, ein Schutzgebiet für unzählige Tierarten. Man kann hier Seehunde und Seelöwen beobachten, oft sogar auch Wale, die im Winter aus dem Norden die kalifornische Küste entlang in den wärmeren Süden ziehen (und später wieder zurück). Der nächste, für seinen Strand bekannte Ort ist **Oxnard**, danach folgen das noble **Malibu** und der lebhafte Badeort **Santa Monica**. Hier beginnt, etwa 150 Kilometer südlich von Santa Barbara, das Stadtgebiet von Los Angeles.

LOS ANGELES

Die abgekürzt „**L.A.**" genannte Metropole Los Angeles ist nach New York die zweitgrößte Stadt der USA; ihr Ballungsraum hat fast 15 Millionen Einwohner. Los Angeles besitzt eine Fläche von 1.200 qkm – die Küstenausdehnung beträgt 65 Kilometer – und setzt sich aus rund 90 Kommunen zusammen. Bei dieser riesigen Ausdehnung ist ein Auto, obwohl die Straßen meist sehr voll sind, zur Erkundung der Stadt fast unerlässlich, denn das öffentliche Verkehrsnetz ist nicht sehr gut ausgebaut. Nach der Gründung 1781 war Los Angeles fast hundert Jahre lang nur ein Dorf. Mit dem Bau der Eisenbahn und aufgrund von Ölfunden wuchs die Stadt dann jedoch sehr schnell an. Anfang des 20. Jh. siedelte sich die Filmindustrie in Los Angeles an und der Stadtteil Hollywood wurde zum Weltzentrum von Film und Fernsehen. Auch in L.A. droht ständig Erdbebengefahr; das letzte große Beben fand 1994 statt.

DOWNTOWN

Der ursprünglich als Siedlung Los Angeles gegründete Ort ist das heutige, nur zwei qkm große Stadtzentrum „L.A. Downtown". Neben den Wolkenkratzern des **Financial and Business Districts** gibt es hier ein historisches Viertel **„Pueblo de Los Angeles"** im mexikanischen Stil. In Downtown liegen auch eine **Chinatown** und das japanische Viertel **Little Tokyo**; außerdem lebt hier eine große Gemeinde lateinamerikanischer Einwanderer. Das Verwaltungs- und Kulturzentrum **Civic Center** umfasst die City Hall und das Music Center, wo alljährlich die Oscar-Verleihung stattfindet. Am **Broadway** liegen alte Filmpaläste aus den 20er-Jahren. Das bekannteste Museum in Downtown ist das **Museum of Contemporary Art**.

HOLLYWOOD / BEVERLY HILLS / BEL AIR

Der berühmteste Stadtteil von Los Angeles ist das in den gleichnamigen Bergen gelegene HOLLYWOOD. An einem der Berge prangt der bekannte, große, weiße Schriftzug mit dem Namen. Heute gibt es in dem etwas heruntergekommenen Stadtteil selbst jedoch kaum noch Filmstudios. An die glanzvollste Zeit des Stadtteils während der Mitte des 20. Jh. erinnern nur noch einige markante Sehenswürdigkeiten. Die wichtigsten darunter liegen am **Hollywood Boulevard**: das Premierenkino **Mann´s Chinese Theatre**, auf dessen Vorplatz sich viele berühmte Filmstars mit Hand- und Fußabdrücken verewigt haben, sowie der **Walk of Fame**, der Teil des Hollywood Boulevards, auf dem in 2.000 marmornen Sternen die Namen großer Schauspieler festgehalten sind. Jenseits der Berge liegen die **Universal Studios**, mittlerweile ein Freizeitpark, bei dessen Besuch man Filmkulissen und Stuntshows sehen sowie eine geführte Tour durch die Studios machen kann. Im **Griffith Park** gibt es einen Friedhof, auf dem viele Hollywoodstars begraben sind.

Über den **Sunset Boulevard** erreicht man WEST HOLLYWOOD, ein gepflegteres Trendviertel mit ausgefallenen Geschäften auf der „Hauptstraße" **Melrose Avenue**. Eine Attraktion hier ist das Naturphänomen **La Brea Tar Pits**, große Teerquellen, in denen in prähistorischer Zeit Tiere und Pflanzen untergingen, die so erhalten geblieben sind und heute als Fossilien zu sehen sind.

Neben West Hollywood liegen die Nobelviertel BEVERLY HILLS und BEL AIR, in denen die pompösen Häuser großer Filmstars stehen. Hier ist kaum jemand zu Fuß unterwegs, man kann jedoch eine Bustour „Homes of the Stars" machen, auf der gezeigt wird, wer wo wohnt, oder sich mit einer entsprechenden Karte auf eigene Faust die abgeschirmten, oft sehr ausgefallenen Villen der Berühmtheiten anschauen. In Beverly Hills gibt es ein nobles Geschäftsviertel, in dem sich einige der besten Hotels der Stadt und auf dem **Rodeo Drive** teure Designergeschäfte befinden.

STRÄNDE

Los Angeles ist auch berühmt für seine Strände und das dazugehörige „Beachlife". Der nördlichste am Strand gelegene Stadtteil ist **Malibu**, ein Stranddomizil der Reichen, auch bekannt durch das reichste Museum der Welt, das hier gelegene „J. Paul Getty Museum" (eine große italienische Villa mit schönem Park; zu sehen gibt es Bilder, Fotos, Skulpturen und Möbel). Der nächste Strandort ist **Santa Monica**, wo schon Ende des 19. Jh. die ersten Hotels gebaut wurden; Zentrum des regen Strandlebens sind die Santa Monica Pier und die auf einer Klippe gelegene Standpromenade. Von Santa Monica führt am Meer entlang ein Weg – der häufig zum Radfahren oder Skaten genutzt wird – nach **Venice**, wo auf dem Ocean Front Walk „sehen und gesehen werden" stattfindet. Straßenkünstler, „Beach boys", „Beach girls" und Touristen nutzen die Palmenpromenade zum Flanieren, Einkaufen und für sportliche Aktivitäten. Weiter geht es nach **Marina del Rey** mit Yachthafen und nach **Manhattan Beach**. Weiter südlich liegt der Strandort **Long Beach**, wo der ausgediente Ozeandampfer Queen Mary zur Besichtigung und als Hotel vor Anker liegt.

SÜDKALIFORNIEN

ORANGE COUNTY

Südlich von Los Angeles liegt Orange County, wo die Temperaturen auch im Winter angenehm sind. Hier befinden sich an der Küste schöne Badestrände, im Hinterland Vergnügungsparks. Gut 50 Kilometer von L.A. Downtown entfernt wurde 1955 in **Anaheim**, der größten Stadt in Orange County, mit **Disneyland** der erste Vergnügungspark der Welt gegründet. Zentrum des etwa 30 Hektar umfassenden Parks ist das – Neuschwanstein nachempfundene – Schloss von Cinderella, um das sich verschiedene, als „Länder" bezeichnete Bereiche des Parks gruppieren. Es gibt hier Achterbahnen, Wildwasserbahnen, Mickeymouse-Figuren, einen Schaufelraddampfer, mit dem man Touren auf einem „Fluss" unternehmen kann, Paraden und vieles mehr. In Disneyland selbst liegen verschiedene Hotels, die durch die Magnetschwebebahn Monorail mit den wichtigsten Attraktionen des Parks verbunden sind. Eine weitere Stadt in Orange County, die Vergnügungsparks bietet, ist **Buena Park**. Hier liegen unter anderem **Knott´s Berry Park** im Westernstil und das Wachsfigurenkabinett der Filmstars, **Movieland Wax Museum**.

Im Verlauf der Küste bis ins von Los Angeles gut 200 Kilometer entfernte San Diego reiht sich ein flacher Sandstrand an den anderen. Hier in Südkalifornien hat das Strandleben Hochkonjunktur. Südlich von Long Beach liegt das Surferparadies **Huntington Beach**, es folgen **Newport Beach** mit großem Yachthafen, das traditionsreiche Künstlerstädtchen **Laguna Beach** mit noblen Hotels und der für Wassersport hervorragend geeignete Ort **Dana Point**. In der Nähe von Dana Point liegt im Landesinneren **San Juan Capistrano**, ein historisches Städtchen mit alter Missionsstation und Gebäuden im Adobe-Stil (Bauweise der Indianer), wo man auch ein Museum zur frühen Geschichte Kaliforniens besuchen kann. Weiter südlich folgen an der Küste das Städtchen Carlsbad mit dem Freizeitpark **Legoland California** und das elegante **La Jolla**, der Badevorort von San Diego.

SAN DIEGO

San Diego ist mit über einer Million Einwohnern die zweitgrößte Stadt Kaliforniens; im Großraum San Diego leben etwa 2,5 Millionen Menschen. Die Stadt wuchs jedoch erst recht spät, seit Mitte des 20. Jahrhunderts, so stark an. In der **Old Town**, wo heute in einem „Historic Park" alte viktorianische und Adobe-Bauten zu sehen sind, wurde 1769 die älteste und größte Missionskirche der Spanier gegründet. Sie wurde jedoch kurz darauf als **Basilica San Diego de Alcala** ins einige Kilometer entfernte **Mission Valley** verlegt. Ein weiteres historisches Viertel im Zentrum San Diegos ist der **Gaslamp District** mit restaurierten viktorianischen Häusern in der Nachbarschaft zur postmodernen Shopping-Mall **Horton Plaza**.

Neben rund 80 Golfplätzen und vielen Stränden mit einer breiten Palette an Wassersportmöglichkeiten lässt auch das weitere Freizeitangebot San Diegos kaum Wünsche offen. Im 1868 gegründeten **Balboa Park** liegen der große, berühmte **Zoo** mit über 3.500 Tieren, verschiedene Museen, historische Gebäude und Sportanlagen. **Seaport Village** ist ein Touristenviertel mit vielen Restaurants und Einkaufsmöglichkeiten. Weitere Attraktion San Diegos ist **Sea World**, im **Mission Bay Park** gelegen; hier finden Shows mit Meerestieren wie Delphinen, Walen und Pinguinen statt.

Ein Wahrzeichen San Diegos ist der Leuchtturm **Point Loma** auf der gleichnamigen Halbinsel, ein weiteres Wahrzeichen liegt im Stadtteil Coronado: das **Hotel del Coronado**, ein Traditionshotel aus dem Jahr 1888, das als Kulisse für den Film „Some like it hot" mit Marilyn Monroe diente.

Vom Zentrum San Diegos aus kann man per Straßenbahn einen Ausflug über die Staatsgrenze nach Mexiko in die Stadt **Tijuana** in Baja California unternehmen.

WÜSTE

Östlich von San Diego und Los Angeles liegt hinter dem Küstengebirge die kalifornische Wüste, die in die südliche Colorado Wüste (Low Desert) und die nördliche Mojave Wüste (High Desert) unterteilt wird. Die kalifornische Wüste, in der die Temperatur im Sommer mittags fast 50 Grad Celsius erreichen kann, macht fast ein Viertel des kalifornischen Staatsgebiets aus.

COLORADO WÜSTE

Fährt man von San Diego aus durch die Colorado Wüste in Richtung Nordosten, gelangt man durch immer flacher werdendes Land nach **Borrego Springs**. Hier liegt ein großer State Park mit über 600 verschiedenen Pflanzen- und Kakteenarten, die im Frühjahr blühen und ein farbenprächtiges Bild abgeben. Ein Besucherzentrum informiert hier über Wanderwege und Besonderheiten der Colorado Wüste.

An einem 50 Kilometer langen Salzsee vorbei führt der Weg weiter ins **Coachella Valley**, das durch die noble Stadt **Palm Springs** (von San Diego knapp 300 Kilometer, von L.A. etwa 200 Kilometer entfernt) bekannt ist. Der Wüstenkurort mit fast 40.000 Einwohnern, der im Winter eine Temperatur von etwa 20 Grad Celsius aufweist, liegt inmitten über 3.000 Meter hoher Berge. Zum Kurort wurde Palm Springs wegen einer mineralhaltigen Quelle, die Mitte des 19. Jh. hier entdeckt wurde. Das heutige Golfer-Mekka Palm Springs ist mit vielen gepflegten Resorthotels Winterziel von zahlreichen Großstädtern Kaliforniens (übers Wochenende oder als Altersruhesitz) sowie von Touristen aus aller Welt. Von hier aus kann man mit der Seilbahn eine Tour auf den 2.600 Meter hohen, oft schneebedeckten Mount Jacinto machen (im Sommer eine angenehme Abkühlung). Das Coachella Valley ist ein altes Indianergebiet; noch heute gehört ein Großteil des Landes, in dem man Indianerhöhlen besichtigen kann, den Cahuilla-Indianern.

Inmitten der Wüste, wo praktisch keine Besiedlung mehr zu finden ist, liegt etwa eine Autostunde nordöstlich des Coachella Valley der über 2.000 qkm große **Joshua Tree National Park**. Der Park bildet die Grenze zwischen der Colorado Wüste und der Mojave Wüste, liegt aber größtenteils schon im Bereich der Mojave. Hier gibt es eine abwechslungsreiche Vegetation aus Kakteen und Wildblumen; dominiert wird die Flora von den Joshua Trees, bis zu 12 Meter hohen Yuccagewächsen, nach denen der Park benannt ist. Durch den Nationalpark, in dem man gut wandern und klettern kann, führt eine 60 Kilometer lange Panoramastraße. Südöstlich des Joshua Tree National Park liegt, direkt am **Colorado River**, die Stadt **Blythe**, von der aus man – wie ab dem nördlichen **Needles** – Touren per Kajak oder Floß auf dem Colorado River unternehmen kann.

MOJAVE WÜSTE

Nordöstlich des Joshua Tree National Park befindet sich in der Mojave Wüste, etwa 200 Kilometer von Las Vegas entfernt, der über 200 Kilometer lange, fast 6.000 qkm große, berühmt-berüchtigte **Death Valley National Park**. In dieser extremen Landschaft an der Grenze zu Nevada liegen der tiefste Punkt der westlichen Hemisphäre (86 Meter unter dem Meeresspiegel) und der heißeste Fleck der Erde (hier wurden maximal 57 Grad Celsius gemessen). In dem von über 3.300 Meter hohen Bergen umgebenen „Tal des Todes" gibt es Natursehenswürdigkeiten wie Krater, Canyons, Dünenlandschaften und Salzseen. Den schönsten Rundblick hat man von den Aussichtspunkten „Dante´s View" und „Zabriskie Point", die vor allem bei Sonnenaufgang und -untergang häufig besucht werden; dann wechseln die Gesteinsformationen scheinbar ständig ihre Farbe. Von Menschenhand geschaffene Sehenswürdigkeiten sind eine Geisterstadt aus der Goldgräberzeit sowie Scotty´s Castle, ein unvollendetes Schlösschen, das der Entdecker Walter Scott hier bauen wollte. Im Zentrum des Parks gibt es Motels, Campingplätze, ein Museum und ein Schwimmbad.

Aus dem Death Valley hinaus in Richtung Westen fahrend, bewegt man sich nun wieder auf die Sierra Nevada zu und sieht im Vorbeifahren den **Mount Wheeler**, der mit einer Höhe von über 4.400 Meter den höchsten Punkt des „Festlands" der USA (abgesehen von Alaska) bildet.

Westlich des Berges folgen die zusammenhängenden **Sequoia and Kings Canyon National Parks**, die durch eiszeitliche Gletscher entstanden sind. Hier gibt es riesige Bergwälder, die unter anderem aus Sequoias bestehen, einer besonderen Art der Mammutbäume. Von den Parks aus erreicht man die über 3.000 Meter hohe, nur im Sommer befahrbare **Tioga-Passstraße**, über die man in den Yosemite National Park gelangt (vom Death Valley knapp 500 Kilometer entfernt).

NEVADA

Viele Touristen reisen von Kalifornien aus in den benachbarten, knapp 287.000 qkm großen Bundesstaat Nevada, in dem in den 30er-Jahren des 20. Jh. das Glücksspiel legalisiert wurde. Hauptanziehungspunkt Nevadas ist – neben der bereits erwähnten Stadt Reno in der Nähe des Lake Tahoe – das im Süden, mitten in der Wüste gelegene Spieler- und Unterhaltungsparadies Las Vegas. Die Entfernung von Las Vegas nach Los Angeles beträgt gut 400 Kilometer.

LAS VEGAS

Las Vegas, eine Großstadt mit mehreren hunderttausend Einwohnern, hat sich zur neonglitzernden Vergnügungsmetropole der USA schlechthin entwickelt. Hier gibt es unzählige **Spielkasinos**, herausragende **Showvorführungen**, darunter die berühmten Shows von Siegfried & Roy und des Cirque du Soleil, und jede Menge große **Events** wie Sportveranstaltungen und Konzerte.

Außerdem ist Las Vegas ein Mekka des **Heiratens**. Ohne viel Bürokratie ist es hier möglich, in einer der vielen kleinen, mehr oder weniger kitschigen Kapellen („Wedding Chapels") zu heiraten. Ein weiterer Anziehungspunkt der Stadt ist die Nähe zu bedeutenden **Naturschönheiten des Westens**. Von hier werden häufig Tagestouren zum Grand Canyon National Park, Bryce Canyon National Park, Zion National Park und ins Monument Valley veranstaltet.

Auch in DOWNTOWN Las Vegas, in der **Fremont Street**, wo der bekannte Cowboy aus Neonlichtern in einigen Metern Höhe über der Straße prangt, gibt es Kasinos und Shopping-Malls.

Das touristische Zentrum ist jedoch die südlich des Zentrums gelegene Hotelmeile des Las Vegas Boulevards, die als „STRIP" bezeichnet wird; hier gibt es auch zahlreiche Restaurants und Einkaufspassagen. Die Sehenswürdigkeiten von Las Vegas sind die auf dem Strip gelegenen, ausgefallenen, riesigen Hotels; in den Lobbys der Hotels befinden sich große Spielkasinos. Insgesamt gibt es in Las Vegas an die 100.000 Hotelzimmer, die Unterkünfte in Downtown und den Seitenstraßen des Strips mitgerechnet. Trotzdem ist die Stadt oft ausgebucht, vor allem an Wochenenden und bei besonderen Events; für solche Termine muss man sehr frühzeitig buchen.

Zu den bekanntesten Hotels gehören das **Mirage**, vor dem alle halbe Stunde ein künstlicher Vulkan ausbricht, das **Treasure Island** mit Piratenshows, das **Caesar´s Palace**, das unter dem Motto „Das alte Rom" steht, und die noblen, im mediterranen Stil gehaltenen Hotels **Bellagio** und **The Venetian** sowie das Hotel **The Paris**. Am anderen Ende des Strips liegen neben dem Märchenschloss **Excalibur** weitere spektakuläre Hotels, darunter das **Luxor** (in Form einer Pyramide, vor der ein Sphinx steht), das **New York, New York** (mit Skyline des Big Apple und Freiheitsstatue) sowie das **MGM**, mit über 5.000 Zimmern eines der größten Hotels der Welt.

Las Vegas (LAS) ist natürlich auch mit dem Flugzeug erreichbar, wird ab Deutschland direkt per Charter angeflogen und dient als weiterer Ausgangspunkt für Touren durch den Westen der USA.

HOOVER DAM / LAKE MEAD

Etwa 40 Kilometer südöstlich von Las Vegas befindet sich der riesige Staudamm **Hoover Dam**, der den Wasserlauf des Colorado River reguliert und diesen in einem künstlichen See aufstaut. Der Damm dient der Energiegewinnung und versorgt Las Vegas und große Teile Südkaliforniens mit Strom. Der durch den Hoover Dam entstandene, 180 Kilometer lange Stausee **Lake Mead** – mit knapp 800 qkm der größte künstliche See der USA – wird als Erholungsgebiet mit Bade- und Wassersportmöglichkeiten genutzt.

ARIZONA / UTAH

Nevada grenzt im Osten an die Bundesstaaten Arizona und Utah. Im Norden Arizonas und im Süden Utahs liegt der Mittelpunkt des über 100.000 qkm großen **Colorado Plateaus**, einer Hochwüste mit zahlreichen Schluchten. In diesem Gebiet liegen die berühmten, spektakulären Nationalparks des Südwestens. Da die Sierra Nevada vom Meer kommende Feuchtigkeit vom Colorado Plateau fernhält, herrscht hier Kontinentalklima mit heißen Sommern und kalten Wintern.

Die Hauptstadt des knapp 300.000 qkm großen Bundesstaates ARIZONA ist **Phoenix**, eine Großstadt mit einer Million Einwohnern; im Großraum „Valley of the sun" leben sogar über zwei Millionen Menschen. Touristisch bedeutsam ist der elegante Vorort **Scottsdale**, der zahlreiche Golfplätze bietet. Hierher kommen viele Gäste im Winter, wenn das Klima im Gegensatz zu den heißen Sommern mild ist. Nördlich von Phoenix liegt bei **Sedona** das **Red Rock Country**, Kulisse für viele Westernfilme und ein Vorgeschmack auf die Nationalparks des Westens.

Der nördlich von Arizona gelegene Mormonenstaat UTAH hat **Salt Lake City** zur Hauptstadt (165.000 Einwohner, im Großraum leben etwa eine Million Menschen). Die von Mormonen, Anhängern der gleichnamigen Religion, gegründete Stadt in den Bergen ist im Winter häufig Ausgangspunkt für Skiurlauber. In der Nähe von Salt Lake City liegt ein 150 Kilometer langer, knapp 80 Kilometer breiter Salzsee, der **Great Salt Lake**, nach dem Toten Meer das salzhaltigste Gewässer der Erde. Hier kann man im Sommer gut baden.

GRAND CANYON NATIONALPARK

Der gut 400 Kilometer von Las Vegas entfernte Grand Canyon in Arizona ist die größte Schlucht der Erde, die während mehrerer Millionen Jahre durch den Wasserlauf des Colorado River entstanden ist. Der Nationalpark umfasst eine Fläche von fast 5.000 qkm, der Canyon ist über 400 Kilometer lang, 30 Kilometer breit und bis zu 1.800 Meter tief. Er wird von Steilwänden, Felsstufen und „Türmen" in Rot-, Gelb- und Brauntönen begrenzt. Ganz unten im Canyon fließt der bis zu 90 Meter breite Fluss Colorado. Der Grand Canyon gewährt – im wahrsten Sinne des Wortes – Einblick in die Erdgeschichte: Bis zu zwei Milliarden Jahre alte Gesteinsschichten sind hier sichtbar.

Die meisten der phänomenale Panoramen bietenden Aussichtspunkte liegen am gut 2.000 Meter hohen Südrand (**South Rim**) des Canyons, der im Gegensatz zum noch höheren Nordrand (**North Rim**) das ganze Jahr über geöffnet ist. Das touristische Zentrum am South Rim ist **Grand Canyon Village** mit Besucherzentrum, Hotels, Campingplätzen und kleinen Geschäften. Von hier hat man die Möglichkeit, Wanderungen entlang des Canyonrandes oder in den Canyon zu unternehmen; der Abstieg ist ein Weg durch verschiedene Klima- und Vegetationszonen. In der Schlucht, wo ein Indianerreservat liegt, kann die Temperatur im Sommer bis auf 50 Grad Celsius ansteigen. Alternativ zum Fußmarsch werden Maultierritte und Bootsfahrten durch den Canyon sowie Rundflüge mit kleinen Propellermaschinen angeboten.

Die insgesamt fünf Grand Canyon National Park Lodges unterschiedlicher Kategorien, die innerhalb des Parks liegen, bieten meist nicht genügend Unterkünfte für die vielen Besucher. Zahlreiche Touristen weichen deshalb auf günstigere Hotels und Motels außerhalb des Nationalparks in **Tusayan** oder ins eine Autostunde entfernte, südlich gelegene **Flagstaff** aus.

MONUMENT VALLEY

Östlich des Grand Canyon liegen der zweitgrößte Stausee der USA, der künstliche **Lake Powell** mit großem Freizeitangebot, und das Städtchen **Page**.

Nach gut 300 Kilometern Fahrt erreicht man das noch in Arizona, in der Nähe des Ortes **Kayenta** gelegene Monument Valley. Das Monument Valley ist kein Nationalpark, da es auf dem 65.000 qkm großen Gebiet des **Navajo-Indianerreservats** liegt. Das Reservat erstreckt sich über die Bundesstaaten Arizona, Utah und New Mexiko; hier leben fast 200.000 Navajos, die zum größten noch existierenden Indianervolk gehören. Die Indianer erklärten Monument Valley zum **Navajo Tribal Park**. Die Landschaft des Monument Valley ist geprägt von aus der Ebene steil aufragenden, rötlichen Bergstümpfen, Monolithen und Tafelbergen. Durch den Park, der durch Westernfilme und Werbespots bekannt ist, führt eine 25 Kilometer lange Piste.

MOAB

In Richtung Norden, über die Staatsgrenze nach Utah, vorbei an der Felsformation **Mexikan Hat**, fährt man vom Monument Valley weitere 300 Kilometer bis nach Moab. Dieses Städtchen dient als Ausgangspunkt zu den Nationalparks **Canyonlands Nationalpark** und **Arches Nationalpark**.

In Ersterem gibt es eine weitgehend unberührte Mondlandschaft aus Schluchten und Tälern zu sehen, in Letzterem eine durch Erosion entstandene, großartige Ansammlung von über 200 natürlichen, großen und kleinen Gesteinsbögen aus rotem Sandstein. Der bekannteste darunter ist der frei stehende „Delicate Arch". Durch den Park führen eine Panoramastraße und Wanderwege.

BRYCE CANYON NATIONAL PARK

Auf der Weiterfahrt zum Bryce Canyon kann man den knapp 250 Kilometer westlich von Moab liegenden, noch wenig erschlossenen **Capitol Reef National Park** mit einem 170 Kilometer langen Gebirge aus verschiedenfarbigen Gesteinen besuchen.

Nach weiteren 200 Kilometer Fahrt erreicht man den knapp 150 qkm großen, einzigartigen Bryce Canyon, einen der berühmtesten Nationalparks. Eine 30 Kilometer lange Panoramastraße mit vielen Aussichtspunkten führt am Rand des Canyons entlang durch den Park mit seinen roten Türmen und Spitzen aus Stein. Das Herz des Parks ist das **Bryce Amphitheater**, eine Schlucht mit verschiedenfarbigen Säulen aus Erosionsgebilden.

ZION NATIONAL PARK

Knapp 150 Kilometer südwestlich des Bryce Canyon liegt der knapp 600 qkm große Zion National Park. Parallel zum Fluss **Virgin River** verläuft die immer enger werdende Panoramastraße **Scenic Drive**, die zu einer Schlucht führt, die das Zentrum des Parks bildet. Diese Schlucht hat der Fluss 700 Meter tief in den blutroten Sandstein „gesägt". Anders als beim Grand Canyon steht man hier nicht oben und schaut nach unten, sondern man befindet sich in der Schlucht. Der Weg vom Zion Park über **St. George** nach Las Vegas beträgt etwa 200 Kilometer.

COLORADO / WYOMING

Östlich von Utah liegt der Staat COLORADO mit der Hauptstadt **Denver** (500.000 Einwohner). Colorado bietet hervorragende Skigebiete wie **Aspen** oder **Vail** und weitere Nationalparks.

Im äußersten Südwesten liegt der **Mesa Verde National Park**, in dem man weniger die Natur bewundert als sich vielmehr mit der Indianerkultur vertraut macht.

Nördlich, ein bis zwei Autostunden von Denver entfernt, liegt der **Rocky Mountains National Park**, durch den eine Gebirgsstraße führt. Hier erstreckt sich auf einem Gebiet von gut 1.000 qkm eine wunderschöne Hochgebirgslandschaft.

Nördlich von Utah und Colorado liegt der Bundesstaat WYOMING. Hauptstadt ist das im Südosten gelegene **Cheyenne** (gut 50.000 Einwohner).

Im äußersten Nordwesten Wyomings befindet sich der erste Nationalpark der Welt, der in den Rocky Mountains gelegene, fast 9.000 qkm große **Yellowstone National Park**. Hauptattraktion des waldreichen Parks mit einer sehr abwechslungsreichen Fauna und Flora sind seine thermischen Gebiete. Dazu gehören Schwefelquellen, Heißwasserpools und vor allem die über 200 Geysire. Der bekannteste Geysir, der Old Faithful, stößt genau alle 65 Minuten eine bis zu 50 Meter hohe Dampffontäne aus. Im Park liegen auch fast 94 Meter hohe Wasserfälle und die – durch den Yellowstone River geschaffene – Schlucht „Grand Canyon of the Yellowstone". Am Parkeingang liegt das Westernstädtchen **Cody**.

MEXIKO

1.) ***Ein allein stehender Herr mittleren Alters möchte über Weihnachten und Silvester eine Reise ins Warme unternehmen, in deren Rahmen er sich in gepflegter Atmosphäre erholen, Wassersport treiben und kulturelle Besichtigungen auf den Spuren der Maya unternehmen kann. Die einzige Fremdsprache, die der Kunde spricht, ist Englisch.***

a) *Welche Urlaubsregion empfehlen Sie dem Kunden und mit welchem Klima ist in der gewünschten Reisezeit dort zu rechnen?*

b) *Über welchen Zielflughafen ist die Region am besten erreichbar? Für welche Wassersportart ist sie besonders gut geeignet und warum?*

c) *Nennen Sie in der entsprechenden Urlaubsregion einen lebhaften Ferienort mit guten Einkaufs- und Unterhaltungsmöglichkeiten sowie ein ruhigeres Urlaubsziel. Beide Orte sollten hochwertige Unterkünfte mit Clubcharakter bieten. Welche Ausflugsziele in der näheren Umgebung können von dort aus besucht werden?*

d) *Beschreiben Sie dem Kunden kurz die Besonderheiten der Hochkultur der Maya und geben Sie an, auf welche „Spuren" der Maya man heute noch treffen kann. Unterbreiten Sie Vorschläge für eine kürzere und eine ausgedehntere Rundreise (3–4 Tage bzw. eine Woche) durch die Welt der Maya. Nennen Sie hierbei wichtige Stationen und ihre Sehenswürdigkeiten.*

e) *Raten Sie dem Kunden zur Buchung einer Pauschal- oder einer Individualreise? Ist ihm für die von Ihnen vorgeschlagene Reise eine Impfung oder Malariaprophylaxe zu empfehlen?*

2.) ***Nach der Rückkehr aus dem Urlaub ist der Kunde so begeistert, dass er gleich zu Ihnen ins Reisebüro kommt und für den Sommer die nächste Reise nach Mexiko bucht, um noch mehr von Land und Leuten kennen zu lernen. Die Reise soll ebenfalls aus einer gelungenen Mischung aus Strand, Sport und Kultur bestehen.***

a) *Welche mexikanische Urlaubsregion empfehlen Sie zu dieser Jahreszeit? Welche Flugmöglichkeiten gibt es ab Deutschland dorthin?*

b) *Nennen Sie auch in dieser Region jeweils einen lebhaften und einen ruhigen Urlaubsort mit hochwertigem Hotelangebot.*

c) *Schlagen Sie dem Kunden Ausflugs- und Rundreisemöglichkeiten vor, die in der empfohlenen Region bzw. von dort in die weitere Umgebung bestehen. Gehen Sie auch hier auf archäologische Stätten alter Hochkulturen ein.*

4.3 MEXIKO

Mexiko erstreckt sich zwischen dem 15. und 33. Grad nördlicher Breite und ist mit gut 1,95 Millionen qkm das größte und nördlichste Land Mittelamerikas. Geographisch gesehen gehört jedoch der Großteil des Landes, nämlich die Fläche nördlich des **Isthmus von Tehuantepec**, der mit gut 200 Kilometern die schmalste Stelle Mexikos bildet, zum nordamerikanischen Kontinent. Den eigentlichen mittelamerikanischen Teil Mexikos nimmt nur die Fläche südöstlich des Isthmus ein. Im Norden grenzt Mexiko an die US-Bundesstaaten Kalifornien, Arizona, New Mexico und Texas, im Südosten und Süden liegen die Nachbarländer Guatemala und Belize. Die maximale Nord-Süd-Ausdehnung Mexikos beträgt gut 3.000 Kilometer. Im Westen wird Mexiko vom **Pazifik** und im Osten vom **Golf von Mexiko**, den die Halbinsel **Yucatan** vom **Karibischen Meer** trennt, begrenzt. Die maximale West-Ost-Ausdehnung beträgt etwa 1.200 Kilometer, die gesamte Küstenlinie Mexikos umfasst knapp 10.000 Kilometer. Der längste Fluss des Landes ist der durch Mexiko und USA verlaufende **Rio Bravo** (Rio Grande), dessen mexikanischer Anteil rund 1.800 Kilometer beträgt (Gesamtlänge gut 3.000 Kilometer).

Mexikos Hauptstadt ist das im Hochland gelegene **Mexiko City** (Ciudad de Mexiko) mit einer Fläche von etwa 1.500 qkm. Mit rund 22 Millionen Einwohnern ist Mexiko City die größte Stadt des Landes und eine der größten Städte der Welt. Insgesamt leben in der Republik Mexiko, die 31 Bundesstaaten sowie den Distrikt der Hauptstadt umfasst, knapp 98 Millionen Menschen.

LANDSCHAFTLICHE GROSSRÄUME

Im Nordwesten Mexikos liegt die lang gestreckte, schmale Halbinsel **BAJA CALIFORNIA** (Niederkalifornien), die der **Golf von Kalifornien**, ein Nebenmeer des Pazifiks, vom Festland trennt. Auf der gut 1.300 Kilometer langen, wüstenhaften Halbinsel, deren Vegetation von Kakteen geprägt ist, erheben sich über 3.000 Meter hohe Berge.

Über die Hälfte der Fläche Mexikos besteht aus einem 1.000 bis 2.500 Meter hohen zentralen **HOCHLAND**, das durch die Ketten der **HOCHGEBIRGE** „Sierra Madre Occidental" im Westen und „Sierra Madre Oriental" im Osten begrenzt wird. In der Sierra Madre Oriental liegt der höchste Berg Mittelamerikas, der 5.760 Meter hohe **Citlaltepetl**. Südlich des Hochlands verläuft die mächtige vulkanische Bergkette „Cordillera Volcanica" mit dem 5.452 Meter hohen Vulkan **Popocatepetl**. Südlich der Vulkanberge erstreckt sich die von Kakteenwäldern geprägte „Sierra Madre del Sur".

Zwischen den Hochgebirgsketten und den Küsten an Atlantik und Pazifik erstrecken sich ausgedehnte **TIEFLÄNDER**; nur im Südwesten schiebt sich das Gebirge bis nahe ans Meer heran. Am Isthmus von Tehuantepec enden die Hochgebirgsketten. Hier schließt sich an Hügelland ebenfalls eine flache Tiefebene an, zu der auch die östliche Halbinsel **Yucatan** gehört.

Der Norden Mexikos liegt in der **subtropischen Klimazone**. Während der äußerste Nordwesten mediterranes Klima hat, prägt Wüstenklima die nördlichen Landesteile um den Golf von Kalifornien und im Hochland.

Je weiter man in den Süden des allmählich ansteigenden Hochlandes gelangt, desto höher liegen die Niederschläge (vor allem im Sommer) und desto ausgeglichener sind die Temperaturen (die Temperaturschwankungen innerhalb eines Tages sind jedoch ganzjährig recht ausgeprägt). Auf einer Höhe von über 2.000 Meter im südlichen Hochland ist der Luftdruck sehr niedrig, was in Verbindung mit dem Smog der hier gelegenen Hauptstadt zu Atembeschwerden führen kann.

Der südliche Teil des Hochlands gehört wie der gesamte Süden des Landes zur **tropischen Klimazone**. Aufgrund der großen Höhenunterschiede unterteilt man die Tropen in unterschiedliche **Klimaregionen**: Das für das tropische Hochland geschilderte Klima wird ab 1.700 Meter Höhe auch als „kühles Tropenklima“ bezeichnet, während die Küsten und das Tiefland bis etwa 800 Meter Höhe „heißes Tropenklima“ haben. Das Klima der dazwischengelegenen Höhenstufe heißt „gemäßigtes Tropenklima“. Die südliche Pazifikküste in den heißen Tropen hat wechselfeuchtes Tropenklima mit ganzjährig hohen Temperaturen, sommerlichen Niederschlägen (Juni bis Oktober) und winterlicher Trockenzeit. An der südöstlichen Atlantikküste (ebenfalls heiße Tropen) herrscht immerfeuchtes Tropenklima. Hier liegt die niederschlagsreichste Region des Landes, wobei der meiste Niederschlag ebenfalls im Sommer fällt und die Menge des Niederschlags von Norden nach Süden hin zunimmt. Erläuterungen zur besten **Reisezeit** für Mexiko sind im Kapitel 4.1 zu finden.

In Mittelamerika – auch in Mexiko – existierten früh große indianische **Hochkulturen** („präkolumbische Kulturen“), die sich bis etwa 2.000 v. Chr. zurückverfolgen lassen. Die genauen Ursprünge der altindianischen Kulturen, ihr exakter chronologischer Ablauf sowie zum Teil die Gründe ihres Niedergangs sind vielfach noch unklar.

Das älteste Kulturvolk **Olmeken**, das großen Einfluss auf nachfolgende Kulturen hatte, besaß große handwerkliche und künstlerische Fähigkeiten und hohe wissenschaftliche Kenntnisse. Schon in der Anfangszeit der indianischen Hochkulturen („präklassische Phase“) entwickelten sie die Vorstellung einer Götterwelt, die eng mit Natur, Sonne und Gestirnen verknüpft war. Man übte zahlreiche kultische und religiöse Rituale aus (darunter Menschenopfer) und pflegte den Totenkult. Darauf folgte die „klassische Phase“, während der die berühmte Kultur der **Maya**, die sich auf das südöstliche Mexiko und Guatemala konzentrierte, ihren Höhepunkt hatte (etwa ab dem 3. Jh. n. Chr. bis zum Untergang im 9. Jh.). Auch die Kultur von **Teotihuacan**, die ab etwa 100 v. Chr. im Hochland führend war, wurde bereits um 700 n. Chr. zerstört. Darauf folgte die „nachklassische Phase“, während der Mexiko von **Tolteken** (die wohl Teile der Maya-Kultur übernommen hatten) und ab dem 13. Jh. n. Chr. von **Azteken** (Mexika) dominiert wurde. Als Zentrum ihres – sich vom Pazifik bis zum Atlantik erstreckenden – Reiches gründeten die Azteken die Stadt Tenochtitlan.

Nach der Entdeckung Amerikas wurde das Aztekenreich um 1520 von den **Spaniern**, angeführt von Cortès, zerstört, die Mittelamerika ab dem 16. Jh. kolonisierten und – auf teilweise rigorose Weise – zum Christentum bekehrten. Wie in Nordamerika wurde die indianische Urbevölkerung durch Kämpfe und aus Europa eingeschleppte Krankheiten stark dezimiert. Die Spanier bauten das zerstörte Tenochtitlan unter dem Namen „Mexiko“ wieder auf und machten es zu ihrer Hauptstadt. Es folgte die Gründung vieler Städte, die heute mit prächtigen Herrensitzen und Kirchen als malerische Kolonialstädte gelten. Während der etwa 300-jährigen **Kolonialzeit** wurde das an Bodenschätzen, vor allem Gold und Silber reiche Mexiko von den Spaniern intensiv ausgebeutet. Nach dem **Unabhängigkeitskrieg** gegen die Spanier erklärte Mexiko 1821 seine Unabhängigkeit.

1848 musste der junge Staat die Gebiete der heutigen US-Bundesstaaten Texas, Arizona, New Mexiko und Nordkalifornien an die USA abtreten und wurde so auf die Hälfte seines Territoriums reduziert. 1863 folgte die französische Besetzung des Landes aufgrund von Auslandsschulden Mexikos; die Franzosen machten einen österreichischen Erzherzog zum Kaiser von Mexiko, das **Kaiserreich** brach aber bereits 1867 zusammen. Wenig später kam es zur **Diktatur** (1877–1910), die zwar Reformen und wirtschaftlichen Aufschwung, aber auch die Verarmung großer Massen mit sich brachte. Die **mexikanische Revolution**, deren Ziel Enteignung von Großgrundbesitzern und Verstaatlichung von Bodenschätzen war, beendete schließlich die Diktatur; ein Bürgerkrieg folgte.

1917 wurde Mexiko zur **Republik**. Nach dem Ende des zweiten Weltkrieges gehörte das Land zu den Gründungsmitgliedern der UN, entwickelte sich zu einem politisch recht stabilen Land und erlebte einen wirtschaftlichen Aufschwung, vor allem aufgrund großer Erdölfunde.

Die **Bevölkerung** Mexikos setzt sich zusammen aus etwa 80 % „Mestizen" indianisch-spanischer Abstammung, gut 10 % Indianern und knapp 10 % Weißen, Nachkommen der Kolonialherren, die hier – wie im karibischen Raum – als „Kreolen" bezeichnet werden. Die größten unter den Indianergruppen, deren Besiedlung sich vorrangig auf einzelne Gebiete (teilweise mit Selbstverwaltung) beschränkt, sind die Nahua im zentralen Hochland und die Nachkommen der Maya im Südosten des Landes.

Die **Bevölkerungsdichte** verteilt sich ganz unterschiedlich: Fast drei Viertel der Bevölkerung leben in Städten (fast ein Viertel im Großraum der Hauptstadt), während ländliche Gebiete und die Wüsten des Nordens sehr dünn besiedelt sind. Die durchschnittliche Bevölkerungsdichte beträgt 50 Einwohner/qkm. Die Landflucht ist enorm hoch, was zur Slumbildung um Mexiko City beiträgt.

Obwohl im Vergleich zu anderen lateinamerikanischen Ländern der Mittelstand in Mexiko relativ groß ist, gibt es krasse soziale Gegensätze in der Gesellschaftsstruktur. Eine kleine, enorm reiche Oberschicht steht der armen Bevölkerungsschicht von weit über 60 % gegenüber. Obgleich Mexiko stolz auf sein indianisches Erbe ist, sind die als „Indigenas" bezeichneten Indianer heute die wirtschaftlich und sozial schwächste Bevölkerungsgruppe Mexikos und stehen am Rande der Gesellschaft. Diese Tatsache führte gerade in den letzten Jahren zu massiven Problemen wie Indianeraufständen im Bundesstaat Chiapas sowie Guerillaanschlägen. Nicht zuletzt aus diesem Grund sollten Reisende nach Mexiko sich gründlich über die Sicherheitslage ihres Zielgebiets informieren und gegebenenfalls Problemzonen meiden.

Seit der Kolonialzeit ist die offizielle **Landessprache** Mexikos Spanisch (mit aztekischen Lehnwörtern). Mexiko ist die größte spanischsprachige Nation der Welt. Außerdem existieren über 30 verschiedene indianische Sprachen und zahlreiche Dialekte; allein etwa vier Millionen Menschen sprechen Mayadialekte.

Etwa 3,5 % der Bevölkerung sprechen kein Spanisch, sondern nur eine der indianischen Sprachen. Während man in größeren Städten und Touristenzentren in der Regel mit Englisch gut zurecht kommt, wird in ländlichen Gebieten und kleineren Orten oft nur Spanisch verstanden.

Etwa 93 % der Einwohner Mexikos sind katholisch, der größte Teil der verbleibenden Minderheit besteht aus Anhängern protestantischer Glaubensgemeinschaften. Obwohl die indianische Urbevölkerung bereits im 16. Jh. von den Spaniern fast vollständig zur christlichen **Religion** bekehrt wurde, spielen noch heute zahlreiche Bestandteile und Riten der indianischen Religion, die in den mexikanischen Katholizismus einflossen, eine Rolle.

Mexiko erstreckt sich über drei **Zeitzonen**. Der Osten des Landes und das Hochland liegen in der Zeitzone „Hora Central" (MEZ –7), das nordwestliche Mexiko in der Zeitzone „Hora de Montana" (MEZ –8) und Baja California in der Zeitzone „Hora de Pacifico" (MEZ –9).

Mexiko unterliegt von April bis Oktober der **Sommerzeit**, d.h., der Zeitunterschied zu Mitteleuropa bleibt ganzjährig weitgehend erhalten.

Der höchste **Feiertag** in Mexiko ist der 16. September, der Tag der Unabhängigkeit. Es gibt jedoch zahlreiche weitere Feiertage und Feste zu den unterschiedlichsten Anlässen. Sehr groß wird in Mexiko – wie in den meisten lateinamerikanischen Ländern – der Karneval gefeiert.

Auf einem der zahlreichen Feste (Fiestas) oder im Rahmen von speziell für Touristen organisierten **Folkloreveranstaltungen** kann man die Aufführung von Tänzen sehen, die aus indianischen Kulturen stammen, religiöse Riten beinhalten und teilweise mit spanischen Elementen verbunden sind. Zur **Tradition** aus vorspanischer Zeit gehören auch die so genannten „Voladores" (in Tracht gekleidete „Vogelmenschen"), die meist in der Nähe von Pyramidenanlagen ihre Kunst, sich von etwa 30 Meter hohen Baumstämmen nach einem besonderen Ritus „abzuseilen", vorführen. Auf modernere mexikanische Musik und lateinamerikanische Tänze, die auch in Europa sehr beliebt sind, trifft man fast überall.

Touristen sind immer wieder begeistert von den mexikanischen **Märkten**, die man in vielen Städten besuchen kann. Neben exotischen Früchten und Gemüsearten kann man hier auch indianische Volkskunstgegenstände kaufen.

Wie in den USA ist auch in Mexiko in Restaurants in der Regel das **Trinkgeld** noch nicht im Preis enthalten. Es ist üblich, 10 bis 15 % „propina" zu geben. Ein Trinkgeld zu gegebener Zeit kann in Mexiko, wo viele Menschen unterhalb der Armutsgrenze leben, auch leicht einige kleine Probleme des Alltags „lösen".

Es ist zu beachten, dass das **Telefonieren** aus den Hotels in Mexiko, auch für Gespräche innerhalb des Landes, häufig extrem teuer ist.

Europäern gegenüber sind die Mexikaner meist sehr freundlich, während sie oft Antipathien gegen US-Amerikaner hegen. Die US-Amerikaner – auf deren Geschmack die touristische Infrastruktur meist ausgerichtet ist – machen den Löwenanteil unter den ausländischen **Touristen** aus.

Reisen zwischen Europa und Mexiko beschränken sich weitgehend auf den *FLUGVERKEHR.* Von Deutschland aus kann man direkte Linien- und Charterflüge nach Mexiko nutzen oder in den USA, von wo es gute Flugverbindungen in verschiedene Städte Mexikos gibt, umsteigen.

Die **Flugdauer** für Direktflüge von Deutschland nach Mexiko beträgt 10 bis 13 Stunden. Das Auswärtige Amt weist darauf hin, dass Reisende nach und von Mexiko mit erheblichen Sicherheitsvorkehrungen zu rechnen haben, die zu Zeitverzögerungen führen können. Es empfiehlt sich deshalb, sowohl beim Hin- als auch beim Rückflug sehr frühzeitig am Flughafen zu sein.

Ganzjährig gibt es täglich direkte **Flugverbindungen** mit LH bzw. der mexikanischen Fluggesellschaft Mexicana (MX) von Frankfurt nach Mexiko City (MEX) sowie von mehreren deutschen Flughäfen ein- bis mehrmals wöchentlich Charterflüge nach Cancun (CUN) in Yucatan.

Auch für Reisen **innerhalb des Landes** wird wegen der relativ großen Distanzen häufig das Flugzeug genutzt. Das Flugnetz ist mit etwa 60 Flughäfen in allen Landesteilen sehr gut ausgebaut. Die größten mexikanischen Fluggesellschaften Mexicana (MX) und Aeromexico (AM) sowie weitere kleinere und regionale Airlines bieten – vor allem ab Mexiko City – sehr gute Flugverbindungen innerhalb Mexikos und in andere Länder Mittelamerikas. Für Reisende aus Übersee gibt es besondere Tarife oder, ähnlich wie in Nordamerika, Airpässe („Mexipass", „Mayapass"), die vor der Abreise in Europa gekauft werden müssen.

STRASSENVERKEHR

Das **Straßennetz** Mexikos ist – vor allem in den dicht besiedelten mittleren und südlichen Landesteilen – gut ausgebaut; viele Straßen sind jedoch nicht markiert und gesichert. Häufig sind die Straßen von Bodenwellen (topes) gesäumt, die zur Reduzierung der Geschwindigkeit beitragen sollen. Unbefestigte Straßen sind in der Regenzeit oft nicht passierbar. Die Autobahnen, die große Städte und Verkehrsknotenpunkte verbinden, sind gebührenpflichtig. Die Anreise per Pkw von den USA nach Mexiko ist über verschiedene Grenzübergänge möglich. In Mexiko besteht Rechtsverkehr; die Verkehrsregeln, die offiziell ähnlich wie in den USA und Europa sind, finden jedoch oft nur wenig Beachtung.

In den Großstädten und touristischen Zentren gibt es vielerorts die Möglichkeit, **Leihwagen** anzumieten. Die preiswertesten unter den relativ teuren Leihfahrzeugen sind VW Käfer, die das Straßenbild dominieren, da sie in Mexiko produziert werden. Es empfiehlt sich für Ausländer, Geschwindigkeitsbeschränkungen und Verkehrsregeln genau einzuhalten, da einige Polizisten sich durch das Einkassieren von Bußgeldern wegen Ordnungswidrigkeiten einen zusätzlichen Verdienst verschaffen und deswegen besonders genau aufpassen. Mitunter kann es vorkommen, dass kleinere Verkehrsvergehen von der Polizei vorgeschoben werden, um „abkassieren" zu können.

Eine wichtige Rolle im Fernverkehr innerhalb Mexikos spielen die relativ günstigen **Linienbusse**. Es gibt verschiedene Busunternehmen, die unter anderem auch sehr entlegene Gebiete anfahren. Man unterscheidet zwischen verschiedenen Kategorien, unter denen Luxusbusse und 1.-Klasse-Busse in der Regel wenige Stopps haben und sehr komfortabel sind. Frühzeitige Reservierung wird in jedem Fall empfohlen. Eine Busfahrt von Mexiko City nach Acapulco dauert etwa sechs Stunden (Flug 1 Stunde), nach Cancun 30 Stunden (Flug gut 2 Stunden) und nach Tijuana, dem Ausflugsziel an der Grenze zum US-Bundesstaat Kalifornien, 36 Stunden (Flug knapp 3 Stunden).

BAHNVERKEHR

Mexiko, das mit dem Zug auch von den USA aus erreichbar ist, hat ein recht gutes Bahnnetz, das jedoch im Vergleich zum Bus – wegen des meist wesentlich größeren Zeitaufwands – keine allzu große Rolle für den Binnenfernverkehr spielt. Die Züge sind mit Ausnahme von speziellen 1.-Klasse-Zügen nicht besonders komfortabel, dafür aber sehr preisgünstig. Eine landschaftlich sehr reizvolle Zugstrecke wird trotzdem häufig von Touristen befahren: die etwa 650 Kilometer lange und sehr abwechslungsreiche Fahrt von Chihuahua im Norden Mexikos in südwestliche Richtung, über zahlreiche Brücken und Tunnels bis nach Los Mochis an der Pazifikküste (Fahrtdauer gut 13 Stunden). Attraktion dieser Fahrt ist die „Barranca del Cobre" (Kupfercanyon), eine bis zu 1.500 Meter breite Schlucht mit über 1.000 Meter steil abfallenden Felswänden, verzweigten Flusstälern und bizarren Felsformationen. Besonders für die hier verkehrenden Züge, zu denen der „Vista tren" mit großen Aussichtsfenstern gehört, empfiehlt sich frühzeitige Reservierung.

SCHIFFSVERKEHR

Im Rahmen von **Kreuzfahrten** werden häufig auch mexikanische Hafenstädte angelaufen. Wichtigste Häfen an der Golf- bzw. Karibikküste sind Veracruz (wo die ersten Spanier in Mexiko landeten), Cancun, Playa del Carmen und die vorgelagerte Insel Cozumel. An der Pazifikküste sind Mazatlán, Puerto Vallarta und Acalpulco bedeutende Häfen, die oft auf Kreuzfahrten durch den Pazifik angelaufen werden, beispielsweise auf Touren von Nordamerika nach Hawaii oder im Anschluss an eine Fahrt durch den Panama-Kanal.

Es existieren auch **Fährverbindungen** von der Westküste Mexikos nach Baja California sowie von Festlandshäfen in Yucatan auf die vorgelagerten Inseln Cozumel und Isla Mujeres.

In großen Städten, Touristenorten und in der Nähe historischer Stätten gibt es zahlreiche **Übernachtungsquartiere** aller Kategorien und Preisklassen, von denen einige auch internationalen Ketten angehören. Die Unterkünfte sind nach festgelegten Kriterien in sieben Kategorien unterteilt. Neben vielen großen, luxuriösen Hotels (als „Grand Turismo“ bezeichnete höchste Hotelkategorie) findet man kleine, sehr hochwertige Unterkünfte mit besonderem Flair, teilweise im Stil von Haziendas (Kategorie „Especial“). In vielen Resorthotels an den Küsten wird der „All-inclusive-Service“ angeboten, bei dem sämtliche Mahlzeiten, Getränke und teils auch Sportangebote bereits im Übernachtungspreis enthalten sind. Man findet jedoch auch vielerorts preiswerte, kleine Unterkünfte und Privatquartiere. Zu den Zimmerpreisen kommt, sofern nicht schon im Voraus über einen deutschen Reiseveranstalter gebucht und bezahlt wurde, in der Regel Mehrwertsteuer hinzu.

Zur großen Beliebtheit Mexikos als Reiseland, die in den letzten Jahren auch bei Europäern stark zugenommen hat, tragen mehrere Gründe bei. Während das große kulturelle Erbe der alten Hochkulturen und der Kolonialzeit viele **Rund- und Studienreisende** (pauschal und individuell) anzieht, bieten die Küsten an Atlantik und Pazifik mit ihren zahlreichen Traumstränden und den hohen Temperaturen das ganze Jahr über hervorragende **Bade- und Erholungsmöglichkeiten**.

Auch landschaftlich ist das große Land Mexiko äußerst abwechslungsreich. Es bietet neben dem spektakulären Kupfercanyon viele weitere **Natursehenswürdigkeiten** in etwa 70 Nationalparks und Biosphärenreservaten. Die oft noch unberührten Landschaften reichen von Wüste über Hochgebirge bis zu ausgedehnten Regenwäldern; entsprechend vielfältig sind Fauna und Flora.

Sportbegeisterten hat Mexiko ebenfalls einiges zu bieten. Dazu gehören vor allem verschiedene Wassersportarten. Besonders an der Karibikküste, der das zweitgrößte Barriereriff der Welt vorgelagert ist, wird Tauchen und Schnorcheln ganz groß geschrieben. Mexiko bietet aber auch zahlreiche Golfplätze und Möglichkeiten zum Klettern und Bergsteigen im Hochgebirge.

Mexiko ist auf der Rangliste der weltweit beliebtesten Reiseziele seit mehreren Jahren unter den ersten zehn zu finden (2000 mit über 20,6 Millionen internationalen Besuchern auf Rang 8). Auch bei deutschen Reisenden erfreut sich Mexiko immer größerer Beliebtheit sowohl als Rundreise- als auch als Badeziel.

Die Einnahmen aus dem **Tourismus** betrugen 2000 knapp 8,3 Milliarden US-Dollar (international Rang 11). Allgemein ist das politisch – im Gegensatz zu einigen anderen Ländern Mittelamerikas – recht stabile Mexiko ein sehr gastfreundliches und unkompliziertes Reiseland, in dem man relativ problemlos auch auf eigene Faust Rundreisen unternehmen kann. In letzter Zeit kam es jedoch zu einem hohen Anstieg der Kriminalitätsrate, weshalb besondere Vorsicht speziell bei individuellen Rundreisen ratsam ist; dazu gehört, möglichst nicht nach Einbruch der Dunkelheit Auto zu fahren.

Der Fremdenverkehr, der nicht zuletzt durch staatliche Förderung boomt, ist einer der wichtigsten **Wirtschaftszweige** des Landes, das im Jahr 2000 ein Bruttosozialprodukt von 5.070 US-Dollar pro Einwohner aufwies. Sehr wichtig für Mexikos Wirtschaft sind außerdem seine reichen Bodenschätze (vor allem Erdöl, Erdgas, Gold und Silber, bei dessen Produktion Mexiko weltweit führend ist) und die Industrie (vorrangig Auto-, Stahl-, Textil- und Nahrungsmittelindustrie), deren Ausbau besonders in der Gegend von Mexiko City stark auf Kosten der Umwelt ging. Nach wie vor ist auch die Landwirtschaft mit den Hauptprodukten Kaffee, Baumwolle, Tabak, Obst und Gemüse (Mais und Bohnen) sehr wichtig für Mexikos Wirtschaft. Obwohl die landwirtschaftliche Produktivität relativ gering ist, bietet die Agrarindustrie viele Arbeitsplätze.

4.3.1 HALBINSEL YUCATAN

Die etwa 140.000 qkm große Halbinsel Yucatan ragt im Südosten Mexikos ins Meer und grenzt den **Golf von Mexiko** vom **Karibischen Meer** ab. Die Halbinsel ist eine ausgedehnte, flache, von Savanne und riesigen Busch- und Regenwäldern bedeckte Kalksteintafel. Sie umfasst den gleichnamigen Bundesstaat, die ebenfalls zu Mexiko gehörenden Bundesstaaten Campeche und Quintana Roo, Teile der mexikanischen Bundesstaaten Tabasco und Chiapas sowie den Norden der Nachbarländer Guatemala und Belize. Die größte Stadt der Halbinsel ist **Merida** (über eine Million Einwohner), die Hauptstadt des Bundesstaates Yucatan. Der gut 38.500 qkm Fläche umfassende Bundesstaat nimmt den nördlichen Teil der Halbinsel ein. Die beliebten Urlaubsziele an der Karibikküste gehören nicht zum Bundesstaat Yucatan, sondern liegen auf dem Gebiet des Bundesstaates Quintana Roo. Der Küste Yucatans vorgelagert ist das 1.200 Kilometer lange Barriereriff „**El Gran Recife Maya**", das zweitgrößte Barriereriff der Welt.

Yucatan liegt in den heißen Tropen (Tierra Calienta) und hat immerfeuchtes **Tropenklima**. Der meiste Niederschlag fällt im Sommer, im Herbst besteht wie im gesamten karibischen Raum Hurrikangefahr. Die beste Reisezeit für die Halbinsel Yucatan ist deshalb die Wintersaison.

Die Halbinsel Yucatan war ein Siedlungsschwerpunkt des Maya-Volkes. Deren heute als „Mundo Maya" bezeichnetes Siedlungsgebiet umfasste den Südosten Mexikos, Belize, Guatemala, El Salvador und Honduras. Die **Hochkultur der Maya**, deren Ursprung wohl um das Jahr 2000 v. Chr. liegt, hinterließ in Mittelamerika Tausende von archäologischen Stätten. Von den meist mitten im Dschungel gelegenen Stätten sind jedoch nur einige Hundert erforscht. Viele Informationen über die Maya und ihre Geschichte sind durch „beschriftete" Stelen bewahrt worden, während zahlreiche historisch relevante Hinterlassenschaften wie auch Kultstätten während der Kolonialzeit zerstört wurden. Die Blütezeit der Maya, der bekanntesten und am weitesten entwickelten indianischen Hochkultur, begann um 300 v. Chr. und erreichte ihren Höhepunkt in den ersten Jahrhunderten n. Chr. Die Maya errichteten große Stadtstaaten und bauten kunstvolle Kultstätten mit prächtigen Pyramiden, Tempeln und Palästen. Sie entwickelten einen Kalender und eine Hieroglyphenschrift; ihre astronomischen und mathematischen Kenntnisse waren enorm. Die gottgleichen Herrscher der Maya waren Oberhäupter eines politischen Systems mit Hierarchien und genau festgelegten Zuständigkeiten. Die Maya waren nicht, wie lange angenommen, ein völlig friedliches Volk, sondern erweiterten ihren Einflussbereich durch Eroberungskriege. Zu den zahlreichen kultischen Ritualen der Maya gehörte das Ballspiel: Der kleine, harte Ball symbolisierte die Sonne, die nicht zu Boden fallen durfte; war dies doch der Fall, mußte der Spieler, der den Lauf der „Sonne" unterbrochen hatte, anschließend den Göttern geopfert werden. Etwa ab dem 9. Jh. n. Chr. kam es allmählich zum Niedergang der Maya-Städte. Ende des 10. Jh. kamen die Tolteken aus dem Norden nach Yucatan. Sie vermischten ihre Kultur mit der der Maya und bauten die Stadt Chichen Itza neu auf, die dann das Zentrum Yucatans war, bis sie Ende des 12. Jh. von Mayapan abgelöst wurde. Mit der spanischen Kolonialisierung im 16. Jh. wurde die Maya-Kultur endgültig zerstört.

Die heutige **Bevölkerung** der Halbinsel Yucatan umfasst mehrere Millionen Menschen – eine genaue Zahlenangabe ist wegen der durch das Gebiet verlaufenden Staatsgrenzen schwierig – und besteht zu etwa einem Viertel aus Nachfahren der Maya, die yukatekisch oder eine andere der etwa 30 Maya-Sprachen sprechen. In ganz Mittelamerika leben noch etwa sechs Millionen Maya.

Die wichtigsten **Attraktionsfaktoren** Yucatans sind die alten Maya-Kultstätten und wunderschöne Strände mit hervorragender touristischer Infrastruktur. Erholungs- und Kultururlaub lassen sich hier hervorragend kombinieren. Viele Kultstätten der Maya sind nur einen Tagesausflug von den Stränden entfernt oder können auf mehrtägigen Minirundreisen und ausgedehnteren Studienreisen besichtigt werden. Die Rundreisen führen teilweise auch in Nachbarländer, vor allem nach Guatemala. Die Küsten bieten außerdem sehr gute Sportmöglichkeiten, besonders für Wassersport; Yucatans Küsten und Inseln gehören zu den besten Tauchrevieren der Welt.

BADEORTE

Während die am mexikanischen Golf gelegene West- und Nordküste Yucatans von Sümpfen und Schwemmland geprägt und nicht sehr gut zum Baden geeignet ist, stellt die Ostküste am Karibischen Meer mit Korallenriffen und von Palmen gesäumten, weißen Sandstränden ein ideales Urlaubsziel dar. Das touristische Zentrum des beliebten Urlaubszieles Karibikküste ist **Cancun**, im Nordosten der Halbinsel Yucatan gelegen. Südlich folgen fast 150 Kilometer Traumstrand mit dem Urlaubsort **Playa del Carmen** und einem anschließenden, ruhigen Küstenabschnitt, für den in den letzten Jahren der Name „**Riviera Maya**" geprägt wurde. Je weiter man von Cancun in Richtung Süden fährt, desto geringer wird das Tourismusaufkommen. Beliebte Reise- oder Ausflugsziele stellen auch die vor der Ostküste Yucatans gelegenen **Inseln** dar.

Der Tourismus bringt der Region zwar große wirtschaftliche Vorteile, aber auch **ökologische Nachteile**. In der Ferienregion von Cancun, die in den letzten Jahren einen starken touristischen Aufschwung erlebte, ist die Infrastruktur (Abwasser- und Müllentsorgung etc.) häufig von den vielen Hotels, die entlang der Küste entstanden sind, und deren Besucheransturm „überfordert".

CANCUN

Die meisten Yucatan-Urlauber kommen auf dem etwa 15 Kilometer außerhalb des Zentrums gelegenen internationalen Flughafen von Cancun an. Die Transferdauer von hier zur Hotelzone beträgt etwa 20 Minuten. Die Stadt hat sich zu einem großen Verkehrsknotenpunkt entwickelt, von dem aus gute Ausflugsmöglichkeiten, auch für die Passagiere der zahlreichen hier landenden Kreuzfahrtschiffe, bestehen. Wegen der idealen Infrastruktur beginnen bzw. enden in Cancun viele Rundreisen. Die heute fast 500.000 Einwohner zählende Stadt im Nordosten Yucatans war noch in den 70er-Jahren ein winziges Fischerdorf. Damals wurde von der mexikanischen Regierung ein großes Tourismusprojekt geplant und hier in Form einer perfekt geplanten Ferienstadt verwirklicht.

Vor allem auf einer Cancun vorgelagerten, lang gezogenen Insel, die durch zwei Brücken mit dem Festland verbunden ist, entstanden direkt am Strand zahlreiche moderne, luxuriöse, meist sehr große Hotels, die teilweise internationalen Hotelketten angehören. Diese über 20 Kilometer lange und bis zu 500 Meter breite Insel „Isla Cancun" mit ihrem langen, feinen Sandstrand wird auch als „**Zona Hotelera**" (Hotelzone) bezeichnet. Hier gibt es eine hervorragende touristische Infrastruktur nach US-amerikanischem Vorbild: vielfältige Einkaufs-, Unterhaltungs- und Sportmöglichkeiten sowie ein reges Nachtleben. Zwischen der Hotelzone und dem Festland liegt eine etwa 100 qkm große Lagune, auf der man Bootstouren unternehmen und Wassersport treiben kann.

Auch das auf dem Festland gelegene Stadtzentrum „**Zona Centro**" ist stark vom Tourismus geprägt. Hier liegen meist einfachere und kleinere Hotels. Zu den wenigen Sehenswürdigkeiten Cancuns gehören die archäologische Zone mit verschiedenen Maya-Ruinen, das archäologische Museum „Museo de Cancun" (Bestandteil eines Kongresszentrums), das Tequila-Museum (in einem großen, eleganten Einkaufszentrum) und ein traditioneller Markt für Kunsthandwerk. In der näheren Umgebung Cancuns liegen verschiedene Freizeit- und Vergnügungsparks.

INSELN VOR CANCUN

Gut zehn Kilometer nordöstlich von Cancun liegt die **Isla Mujeres** (Fraueninsel), die mit regelmäßig verkehrenden Schiffen in 30 bis 60 Minuten erreichbar ist. Auf der etwa acht Kilometer langen und knapp einen Kilometer breiten Insel (über 13.000 Einwohner) mit schönen Stränden gibt es derzeit noch relativ wenig Tourismus. Die meisten Besucher sind Tagesausflügler, dennoch gibt es auch auf der Isla Mujeres verschiedene Feriensiedlungen.

Der Hauptort, wo die Schiffe anlegen, bietet Geschäfte, Cafés, Restaurants und kleinere Hotels. Die Gewässer um die Isla Mujeres sind ein beliebtes Tauch- und Schnorchelrevier; im Südwesten der Insel liegt ein Meeresnationalpark mit Korallenriff. Ihren Namen erhielt die Insel, die im 17. Jh. als Piratenversteck diente, von den Spaniern, die hier in einem Maya-Tempel zahlreiche, Frauen darstellende Tonfiguren vorfanden.

Weitere interessante Inselausflüge führen zur **Isla Holbox** und zur unter Naturschutz stehenden **Isla Contoy**.

REGION PLAYA DEL CARMEN

Von Cancun führt in Richtung Süden eine sehr gut ausgebaute Straße, die parallel zum Meer verläuft. Auf langen Stichstraßen gelangt man zu den Küstenorten und Ferienanlagen. Knapp 40 Kilometer hinter Cancun erreicht man das ruhige **Puerto Morelos** mit nur wenigen Hotels.

Nach weiteren 30 Kilometern folgt mit **Playa del Carmen** ein weiterer touristisch sehr bedeutender Ort der mexikanischen Karibikküste. Das Städtchen ist ebenfalls vom kleinen Fischerdorf zum beliebten Urlaubsort mit zahlreichen Hotelanlagen angewachsen, konnte sich aber einen gewissen ursprünglichen Charme bewahren. Turbulent geht es im Ort und am schönen, breiten Strand zu, wenn die Passagiere der zahlreichen Kreuzfahrtschiffe, die im außerhalb gelegenen Hafen ankern, hierher ihre Landausflüge unternehmen. Südwestlich des Zentrums gibt es einen kleinen Flugplatz, von dem aus unter anderem Ausflüge zu den großen Maya-Stätten unternommen werden können. Gute Busverbindungen vervollständigen die hervorragende Verkehrsanbindung Playa del Carmens. Die Transferdauer von Cancun hierher beträgt etwa eine Stunde. Im kleinen, relativ beschaulichen Zentrum Playa del Carmens liegen einige Hotels, nette Geschäfte und Restaurants, unter anderem in der lebhaften Fußgängerzone. Am Strand findet man zahlreiche kleine Kneipen. Auch abends ist hier, unter anderem in mehreren Diskotheken, einiges los; das Nachtleben kann mit dem von Cancun jedoch nicht mithalten. Abgesehen von einigen Maya-Ruinen – die Gegend war der wichtigste Handelshafen der Maya – gibt es in Playa del Carmen kaum Sehenswürdigkeiten.

Einige Kilometer nördlich von Playa del Carmen liegen, abseits des Trubels, einige kleinere Hotels im karibischen Stil am Traumstrand **Punta Bete**, der in den Strand von Playa del Carmen übergeht. Die meisten Hotelanlagen in der Gegend von Playa del Carmen, darunter viele hochwertige Resorts und All-inclusive-Clubs, erstrecken sich jedoch in der Hotel- und Villenzone **Playacar** wenige Kilometer südlich des Zentrums. Auch hier ist der Strand lang, breit, feinsandig und von Palmen gesäumt. Obwohl die meisten Hotels für eine sehr hohe Gästezahl konzipiert sind, wirken sie selten klotzig und umfassen in der Regel nicht mehr als drei bis vier Stockwerke in eher landestypischer Bauweise. Die meisten Resorts umgeben weitläufige, gepflegte Gartenanlagen. In Playacar gibt es einen Vogelpark und einen Golfplatz; die meisten Hotelanlagen bieten ihren Gästen außerdem zahlreiche weitere Sport- und Unterhaltungsmöglichkeiten.

Wenige Kilometer südlich von Playa del Carmen liegt die Lagune **Xcaret** mit einem ökologisch-archäologischen Freizeitpark, der an der Stelle einer alten Maya-Kultstätte angelegt wurde. In dem tropischen Naturpark kann man ein kleines Museum, ein nachgebautes Maya-Dorf und Aquarien besuchen oder in einem unterirdischen Fluss (Cenote) schwimmen und tauchen.

ISLA DE COZUMEL

Cozumel (über 50.000 Einwohner) liegt knapp 20 Kilometer südöstlich von Playa del Carmen und ist mit fast 50 Kilometer Länge und 20 Kilometer Breite die größte Insel Mexikos. Cozumel ist per Schiff am besten ab Playa del Carmen erreichbar (Fahrtdauer 30 bis 70 Minuten), hat aber auch einen kleinen Flughafen (CZM), der sogar von einigen US-Städten aus direkt angeflogen wird.

Obwohl Cozumel (zollfreies Gebiet) vorrangig Ziel von Kreuzfahrtschiffen und Tagesausflüglern vom Festland ist, gibt es hier einige – teilweise sehr exklusive – Hotelanlagen. Die noch recht ruhige Insel mit ihren Traumstränden und zahlreichen Tauchschulen eignet sich sehr gut als Urlaubsziel für Erholungssuchende und Taucher (Cozumel gilt als eines der besten Tauch- und Schnorchelreviere der Welt). Diejenigen, die sich viel Abwechslung und Unterhaltung wünschen, sind jedoch auf dem Festland besser aufgehoben. Die meisten Hotels liegen wie die Hauptstadt **San Miguel** mit vielen Restaurants und Geschäften an der geschützten Westküste. Attraktionen Cozumels sind ein Archäologischer Park mit Nachbildungen zahlreicher Sehenswürdigkeiten, das Heimatmuseum, einige Maya-Stätten – Cozumel war ein wichtiger Wallfahrtsort der Maya – und der Nationalpark „Chankanab", eine Lagune mit vielfältiger Unterwasserwelt.

RIVIERA MAYA

Auf dem Festland beginnt hinter Xcaret ein ruhiger Küstenabschnitt mit wunderschönen, teilweise noch recht unberührten Stränden. Die hier folgenden Badeorte der mexikanischen Karibikküste haben (noch) keine so stark entwickelte touristische Infrastruktur wie Playa del Carmen oder gar Cancun und besitzen oft eine ursprüngliche, rustikale Ausstrahlung. In den Orten und an einsamen Stränden liegen Hotelanlagen verschiedener Kategorien und einfache Bungalows, die häufig auch von Rucksacktouristen frequentiert werden. Auch hier nimmt jedoch der Pauschaltourismus verstärkt zu. Die Transferdauer vom Flughafen Cancun zu den Hotels an der Riviera Maya beträgt etwa eineinhalb Stunden, Playa del Carmen ist in 20 bis 30 Fahrminuten zu erreichen.

Etwa 30 Kilometer südlich von Playa del Carmen liegt der ruhige, „künstliche" Ferienort **Puerto Aventuras**. Hier gibt es hochwertige, gepflegte Hotelanlagen (vom Stil her ähnlich wie in Playacar), einen Golfplatz, einen Yachthafen und ein Museum, in dem Tauchfunde aus mexikanischen Gewässern ausgestellt sind. Zwischen Puerto Aventuras und dem knapp zehn Kilometer südlich folgenden Akumal erstrecken sich – in einer weit geschwungenen Bucht mit schönem Strand, jedoch nicht so breit und großzügig wie in Playa del Carmen – private Villen, hochwertige Hotels und der Robinson Club Tulum mit eigenem Golfplatz, auf einem 450.000 qm großen Grundstück inmitten eines Urwaldes gelegen. Nach **Akumal** zieht es besonders Taucher und Wassersportler, da hier der mexikanische Tauchclub sein Hauptquartier hat. Am schönen, schneeweißen Strand des beschaulichen Ortes liegen mehrere Hotels und Clubs der gehobenen Mittelklasse.

Etwa 20 Kilometer südlich von Akumal liegt mit **Xel-Ha** – der Name stammt von einer nahen Maya-Stätte – ein weiterer Naturpark nach dem Vorbild von Xcaret. Nach einigen weiteren Kilometern erreicht man in der Nähe des gleichnamigen Ortes die Ausgrabungsstätte von **Tulum** (➔ Rundreisestationen). In der Umgebung von Tulum liegen direkt am Strand eine Reihe von einfacheren Touristenquartieren, in denen viele Individualurlauber wohnen.

Die Riviera Maya endet am Biosphärenreservat **Sian Ka´an** wenige Kilometer südlich von Tulum. Das über 5.000 qkm große Reservat, das sich über eine Küstenlänge von 120 Kilometer erstreckt, wurde zum Schutz der vielfältigen Tier- und Pflanzenwelt eingerichtet. Auf einer geführten Tour durch das Reservat sieht man mit etwas Glück seltene Tiere wie Flamingos, Krokodile und Wasserschildkröten. An der Küste südlich von Sian Ka´an gibt es keinen Pauschaltourismus. Hier liegt **Chetumal**, die Hauptstadt des Bundesstaats Quintana Roo, nahe der Grenze zu Belize.

HÄUFIGE RUNDREISESTATIONEN

Für eine Rundreise mit nachfolgend genannten Stationen sollte eine Reisedauer von mindestens einer Woche eingeplant werden, für ausgedehntere Rundreisen mindestens zehn bis elf Tage.

TULUM

Die postklassischen Maya-Ruinen von Tulum stellen ein beliebtes Ausflugsziel von den Badeorten aus dar, sind aber oft auch erste (bzw. letzte) archäologische Station einer in Cancun beginnenden (bzw. endenden) Rundreise durch Yucatan. Die Entfernung nach Cancun beträgt etwa 130 Kilometer. Die Berühmtheit und Beliebtheit von Tulum – eine der meistbesuchten Stätten präkolumbischer Kultur – sind auf seine einzigartige Lage direkt am Meer zurückzuführen.

Die relativ kleine, auf der Landseite von Mauern umgebene Festungsstadt wurde auf 12 Meter hohen Klippen hoch über dem türkisfarbenen Meer und einem feinen, zum Baden geeigneten Sandstrand erbaut. Die Stadt, die beim Eintreffen der Spanier im 16. Jh. noch bewohnt war, diente während des Kastenkrieges im 19. Jh. (zwischen Indianern und Spaniern) aufständischen Maya als Rückzugsgebiet. Der Haupttempel Tulums ist die unmittelbar über dem Meer gelegene Pyramide „**El Castillo**"; von hier hat man phantastische Ausblicke. Besonders erwähnenswert unter den vielen, reich verzierten Gebäuden und Tempeln sind weiterhin der archäologisch bedeutendste **Tempel der Fresken** mit Wandmalereien sowie der **Tempel des herabstürzenden Gottes**; diese Gottheit, deren Identität nicht ganz geklärt ist, taucht in Tulum immer wieder auf.

COBA

Die Maya-Stadt Coba befindet sich im Landesinneren, gut 40 Kilometer nordwestlich von Tulum, und ist von hier aus auf einer einstündigen Fahrt erreichbar. Cobas riesiges, noch relativ selten besuchtes Ausgrabungsgelände mit etwa 6.000 Bauten liegt zwischen fünf Seen mitten im Urwald, der eine sehr vielfältige Tier-, vor allem Vogelwelt, aufweist. Im heutigen Ort Coba sind sehr einfache Unterkünfte vorhanden, etwas außerhalb gibt es eine Club-Med-Villa.

Das alte Coba, wo etwa 40.000 Menschen gelebt haben sollen, war ein äußerst wichtiges Handelszentrum der Maya. Die Ruinen werden in fünf verschiedene, teilweise mehrere Kilometer voneinander entfernte Gebäudekomplexe unterteilt, die bisher nur zum Teil restauriert sind. Zwei Gruppen haben jeweils eine hohe, steile Pyramide aufzuweisen: die 24 Meter hohe „**La Iglesia**" und die 42 Meter hohe „**El Castillo**", die beide als Tempel dienten. El Castillo, eine der höchsten Pyramiden Yucatans, kann erklommen werden und bietet von oben einen hervorragenden Rundblick über die Urwaldlandschaft. Sehenswert in Coba sind auch der bemalte Komplex „**Conjunto de las Pinturas**", verschiedene Stelen und die Reste von Palästen und Ballspielplätzen.

VALLADOLID / CHICHEN ITZA

Auf dem Weg von Cancun (gut 200 km) oder Coba (gut 100 km) nach Chichen Itza wird häufig in VALLADOLID, einer hübschen Kolonialstadt, Halt gemacht und teilweise übernachtet.

CHICHEN ITZA, zwischen Merida und Cancun gelegen, ist die größte, am besten restaurierte und berühmteste Maya-Stätte Mexikos. Von den Badeorten werden hierher häufig Tagesausflüge per Bus oder Flugzeug organisiert. Auf Rundreisen übernachtet man häufig in Chichen Itza; es gibt direkt am Ausgrabungsgelände einige Hotels der gehobenen Kategorie, darunter eine Club-Med-Villa, und verschiedene Unterkünfte im nahen Ort Piste. Abends wird auf dem Grabungsgelände eine beeindruckende Light-and-Sound-Show veranstaltet. Chichen Itza wurde vermutlich im 5. Jh. n. Chr. gegründet und erlebte in der Klassik eine Blütezeit. Im 10. Jh. soll der von den Maya „Kukulkan" genannte Toltekenkönig die Stadt erobert und ihr mit der Vermischung beider Kulturen zu einem neuen Höhepunkt verholfen haben. Aus dieser Zeit stammen die meisten der heute zu besichtigenden Gebäude Chichen Itzas. Die Geschichte der rätselhaften Stadt ist in vielen Punkten jedoch noch unklar.

Das zentrale Bauwerk Chichen Itzas ist die 30 Meter hohe **Pyramide des Kukulkan** mit einer Seitenlänge von 55 Metern, von den Spaniern „El Castillo“ genannt. Auf ihrer Spitze und im Inneren befindet sich jeweils ein Tempel. Die Spitze der Pyramide bietet einen schönen Blick über das Grabungsgelände; Auf- und Abstieg sind wegen der Steile jedoch etwas mühsam. Die Pyramide hat eine kosmische Symbolik: Auf jeder ihrer vier Seiten führen zur Spitze 91 Stufen, deren Gesamtzahl zusammen mit der obersten, zum Tempel führenden Treppe 365, die Anzahl der Tage des Jahres, ergibt. Am Fuß der Treppen „wachen“ Köpfe von gefiederten Schlangen (Symbol des Kukulkan). Zur Sonnenwende, also am 21.03. und 23.09., kann man hier alljährlich ein eigenartiges Schauspiel beobachten: Der Schattenwurf der Sonne erweckt den Eindruck, als ob sich Schlangenkörper vom Tempel zu den Köpfen hinunterwinden.

Eine weitere Attraktion Chichen Itzas ist der **Ballspielplatz**, mit 150 Metern Länge und 36 Metern Breite der größte Platz in der Mundo Maya. Hohe Mauern mit Reliefs, die das Ballspiel darstellen, begrenzen die Längsseiten des Platzes, der eine hervorragende Akustik aufweist.

Besonders erwähnenswert unter den Tempeln Chichen Itzas ist der auf einer 12 Meter hohen Pyramide gelegene **Tempel der Krieger** mit zahlreichen Säulen, dessen Eingang ein liegender Chac-Mool (als Opferaltar dienende Steinfigur) bewacht. In der Nähe liegt der **Heilige Cenote**, ein natürlicher Brunnen mit einem Durchmesser von über 50 Metern; hier sollen dem Regengott Chac Menschenopfer dargebracht worden sein. Im älteren Teil Chichen Itzas ist das in Form eines Schneckenhauses erbaute **Observatorium** besonders sehenswert.

MERIDA / CELESTUN

Von Chichen Itza nach MERIDA, der Hauptstadt des Bundesstaates Yucatan, sind es etwa 120 Kilometer, die Entfernung nach Cancun beträgt gut 320 Kilometer. Merida, häufig auch als „Weiße Stadt“ bezeichnet, wurde im 16. Jh. auf den Grundmauern einer alten Maya-Stadt erbaut. In der typisch mexikanischen Kolonialstadt mit viel Atmosphäre liegen interessante Sehenswürdigkeiten: die „**Casa Montejo**“ (das Wohnhaus des Stadtgründers), die barocke **Kathedrale** (eine der ältesten Amerikas), alte Verwaltungsgebäude am „**Zocalo**“ (dem Hauptplatz) sowie verschiedene **Museen**, darunter das Anthropologische Museum mit Funden aus dem Heiligen Cenote von Chichen Itza. Hier kann man auch zahlreiche, prächtige **Herrenhäuser** von Großgrundbesitzern sehen, die durch einen Sisalboom Ende des 19. Jh. zu großem Reichtum kamen. Nicht versäumt werden sollte außerdem der Besuch des traditionellen **Marktes**, eines der schönsten in ganz Mexiko. Für die zahlreichen Übernachtungsgäste sind in Merida ausreichend Quartiere aller Arten und Kategorien vorhanden. Die Verkehrsverbindungen der Stadt sind sehr gut, es gibt einen Flughafen (MID), zahlreiche Busverbindungen und eine Anbindung an Mexikos Bahnnetz.

Bei vielen organisierten Rundreisen sind für Merida sogar zwei Übernachtungen eingeplant. Außer Stadtrundfahrten werden von hier aus dann Ausflüge organisiert, darunter ein Abstecher zum knapp 100 Kilometer entfernten, westlichen Nationalpark CELESTUN mit dem gleichnamigen, an einem langen Sandstrand gelegenen Fischerdorf. Der in einer Lagune gelegene Nationalpark ist ein Vogelschutzgebiet, in dem man seltene Wasservögel, darunter Flamingokolonien, sehen kann.

UXMAL / KABAH / SAYIL

UXMAL liegt etwa 80 Kilometer südlich von Merida und kann von hier ebenfalls im Rahmen von Tagesausflügen besucht werden. Häufig ist die Ausgrabungsstätte jedoch auch ein Ziel, an dem die Besucher übernachten (auch hier unter anderem in einer Club-Med-Villa). Allabendlich gibt es eine Sound-and-Light-Show. Die Ruinen der Stadt Uxmal, deren Besonderheit die Geschlossenheit der Maya-Bauweise ohne fremde Einflüsse ist, gehören zu den meistbesuchten Maya-Stätten Yucatans. Die Gebäude der Anlage stammen größtenteils aus der Spätklassik.

Eine der Hauptattraktionen Uxmals ist die 35 Meter hohe, dem Regengott gewidmete „**Pyramide des Zauberers**“, die im Gegensatz zu anderen Maya-Pyramiden einen ovalen Grundriss aufweist. In der – im Laufe mehrerer Jahrhunderte entstandenen – Pyramide befinden sich fünf überbaute Tempel. Besuchern, die den steilen Aufstieg auf die Spitze auf sich nehmen, bietet sich von der Spitze eine wunderbare Aussicht, unter anderem auf das unterhalb der Pyramide gelegene „**Viereck der Nonnen**“. Die aus vier lang gestreckten Bauten bestehende Anlage erhielt ihren Namen von den Spaniern, die durch die vielen Kammern an ein Kloster erinnert wurden. Ganz besonders sehenswert sind weiterhin der 10 Meter hohe „**Gouverneurspalast**“ mit einer 100 Meter langen, mosaikverzierten Fassade, das „**Haus der Schildkröten**“ und das „**Taubenhaus**“.

Die Besichtigung Uxmals wird oft mit Abstechern zu weiteren Mayastätten verbunden. Vor allem das gut 20 Kilometer entfernte KABAH mit dem **Maskenpalast**, den Hunderte den Regengott Chac darstellende Masken schmücken, und SAYIL mit großem **Palacio** werden oft besucht.

CAMPECHE / EDZNA

CAMPECHE, die Hauptstadt des gleichnamigen Bundesstaates im Südwesten Yucatans, wird meist als Übernachtungsstation auf ausgedehnteren Rundreisen genutzt. Campeche ist von Merida knapp 200 Kilometer entfernt; macht man auf der Strecke den Umweg über Uxmal, sind es gut 80 Kilometer mehr. Campeche ist per Bus und auch per Flugzeug erreichbar (Flughafen CPE).

Die schöne Kolonialstadt mit etwa 250.000 Einwohnern geht auf eine spanische Stadtgründung zurück. Lange Zeit war sie die einzige Hafenstadt Yucatans und deshalb sehr bedeutend. Ende des 17. Jh. wurde die Stadt zum Schutz vor Piraten vollständig von einer imposanten **Stadtmauer** umgeben, von der heute noch Reste – einige Bastionen, Stadttore und Forts – erhalten sind. Diese bilden heute die Hauptattraktionen der Stadt und beherbergen verschiedene Museen, darunter das **Archäologische Museum** mit Funden aus der Umgebung. Im historischen Zentrum der **Altstadt** ist neben verschiedenen kolonialen Prachtbauten und Kirchen vor allem die Kathedrale eine Besichtigung wert. Erholung bietet der schöne **Botanische Garten**.

Ein lohnender Abstecher führt von Campeche ins 60 Kilometer südöstlich gelegene EDZNA. Hier befindet sich eine bedeutende Maya-Stätte mit Resten eines Kanalsystems.

AUSGEDEHNTERE RUNDREISEN

Stationen auf Rundreisen durch einen größeren Teil des **SÜDWESTENS** sind häufig unter anderem folgende Ziele: **Villahermosa**, Hauptstadt von Tabasco (Hauptattraktion ist der tropische Park „La Venta“ mit etwa 3.000 Jahre alten Monumentalskulpturen der Olmeken-Kultur); **Palenque** im Bundesstaat Chiapas (eine großartige, mitten im Dschungel gelegene Maya-Stätte mit einem erst vor einigen Jahren gefundenen Königsgrab); **San Cristobal de las Casas**, ein Zentrum der Hochland-Maya, die sich erheblich von den Yucatan-Maya unterschieden.

Teilweise ist auch Tikal in **GUATEMALA** Station einer Rundreise, hierher werden aber auch von den Badeorten an der Karibikküste häufig ein- bis zweitägige Ausflüge per Flugzeug angeboten. Diese mitten im Dschungel gelegene Ruinenstätte der Maya, einst das Zentrum des Reiches, ist die größte Mayastätte in ganz Mittelamerika und gilt als eine der schönsten überhaupt. An die einstige Pracht der seinerzeit etwa 15 qkm großen und etwa 100.000 Einwohner umfassenden Stadt **Tikal** erinnern heute unter anderem noch fünf steil aufragenden Tempelpyramiden, darunter die mit 70 Meter Höhe höchste Pyramide der Mundo Maya.

4.3.2 PAZIFIKKÜSTE

An die mehrere tausend Kilometer lange Westküste Mexikos mit wunderschönen Sandstränden ziehen sowohl ganz ruhige und ursprüngliche Küstenabschnitte als auch mondäne Seebäder wie Acapulco seit Jahrzehnten zahlreiche Besucher. Man findet hier die besten Voraussetzungen für erlebnisreichen Strand-, Erholungs- und Sporturlaub. Die Orte und Städte an der landschaftlich abwechslungsreichen Pazifikküste, deren Hinterland vielerorts hügelig oder gar bergig ist, sind wegen der relativ geringen Entfernung zu Mexiko City, dem zentralen Hochland und dem Hochland von Oaxaca auch gut geeignet für Verlängerungsaufenthalte nach Rundreisen.

Während Mexikaner und Individualtouristen sich fast über die ganze Küste „verteilen", konzentriert sich der internationale **Pauschaltourismus** auf eine Hand voll weit verstreuter Orte in der Südhälfte der mexikanischen Pazifikküste („Mexikanische Riviera"). Die beliebtesten Badeorte, die nachfolgend in der Reihenfolge Nord–Süd beschrieben werden, bieten nur wenig archäologische und kulturelle Sehenswürdigkeiten, dafür jedoch herrliche tropische Landschaften mit vielfältiger Fauna und Flora. Entlang der Küste führt eine gut ausgebaute Bundesstraße. Einige Städte haben eigene, teilweise sogar internationale Flughäfen; vereinzelt gibt es Charterflugverbindungen ab Deutschland nach Puerto Vallarta (PVR) und Acapulco (ACA).

PUERTO VALLARTA / AUSFLÜGE

PUERTO VALLARTA hat sich seit den 60er-Jahren vom kleinen Fischerdorf zum internationalen Ferienort mit über 200.000 Einwohnern entwickelt. Sein großer Hafen ist häufig Ziel von Kreuzfahrtschiffen. Trotz großer Beliebtheit konnte sich das an einer weiten Bucht gelegene Puerto Vallarta einen gewissen ursprünglichen Charme und koloniale Atmosphäre bewahren. Im idyllischen Zentrum gibt es eine Seepromenade, zahlreiche Geschäfte, Galerien, Cafés und Restaurants. Viele hochwertige Hotels, die teilweise internationalen Hotelketten angehören, liegen nördlich des Stadtzentrums, in den nach US-amerikanischem Vorbild erbauten Vororten **Marina Vallarta** und **Nueva Vallarta**. An den lebhaften Stränden der Stadt bestehen vielfältige Sportmöglichkeiten, einsamere Strände liegen in Buchten südlich der Stadt.

Beliebte AUSFLÜGE führen in den dichten Dschungel der Umgebung. Ab Puerto Vallarta und ab dem südlichen Manzanillo werden häufig auch Touren nach **Guadalajara**, der rund 300 Kilometer entfernt im zentralen Hochland gelegenen zweitgrößten Stadt Mexikos, angeboten. Die schöne Kolonialstadt gilt als besonders „mexikanisch" und hält zahlreiche Sehenswürdigkeiten bereit. Oft wird der Ausflug nach Guadalajara mit einem Abstecher nach **Tequila**, der Stadt, aus der der berühmte Agavenschnaps kommt, und der Besichtigung einer Schnapsbrennerei verbunden.

COSTA ALEGRE / MANZANILLO

Am auch als COSTA ALEGRE bezeichneten, palmengesäumten Küstenabschnitt zwischen Puerto Vallarta und dem knapp 300 Kilometer südlich gelegenen Manzanillo folgen weitere Hotels und Ferienclubs zwischen kleinen Urlaubsorten und Fischerdörfern.

Die auf einer Halbinsel gelegene Stadt MANZANILLO (ZLO) ist mit gut 50.000 Einwohnern eine geschäftige Hafenstadt. Strände mit – vorwiegend luxuriösen – Hotels liegen nördlich des Zentrums auf einer Halbinsel mit üppiger, tropischer Vegetation. Schöne Strände findet man auch südlich von Manzanillo, in einer Lagune mit äußerst abwechslungsreicher Fauna und Flora. Auch in der Gegend von Manzanillo sind zahlreiche Sportmöglichkeiten vorhanden; besonders beliebt sind hier Angeln und Hochseefischen in den fischreichen Gewässern.

IXTAPA / ZIHUATENEJO

Die nur knapp zehn Kilometer voneinander entfernten, ganz unterschiedlichen Ferienorte Ixtapa und Zihuatenejo bilden ein gut 300 Kilometer südlich von Manzanillo gelegenes Urlaubszentrum. Zusammen haben Ixtapa und Zihuatenejo über 70.000 Einwohner. Die beiden Orte sind mit dem Flugzeug auch über den Flughafen von Ixtapa (ZIH) erreichbar.

Während das noble IXTAPA eine „künstliche“ Ferienstadt mit luxuriösen Hotels, Golfplätzen, Yachthafen, Einkaufs- und Unterhaltungsmöglichkeiten sowie regem Nachtleben ist, hat sich das idyllische ZIHUATENEJO aus einem „echten“, in einer Bucht gelegenen Fischerort entwickelt und bietet auch einfachere Unterkünfte. Die lange Geschichte Zihuatenejos als präkolumbischer Pilgerort dokumentiert ein Museum. Nach dessen Besuch kann man über einen Markt für Kunsthandwerk, durch die Fußgängerzone oder entlang der Strandpromenade bummeln. Eine Gemeinsamkeit von Ixtapa und Zihuatanejo sind schöne, lange, breite Sandstrände, die in und um die Orte herum liegen und zahlreiche Sportmöglichkeiten bieten; die Gegend ist ein beliebtes Tauchrevier. Man kann ab Ixtapa und Zihuatenejo Ausflüge in Fischerdörfer und zu ausgedehnten Plantagen in der Umgebung sowie Abstecher zu vorgelagerten Inseln unternehmen, darunter die Isla Ixtapa mit seltenen Wasservögeln.

ACAPULCO / KURZRUNDREISEN

Das weltberühmte Seebad ACAPULCO (rund zwei Millionen Einwohner) liegt etwa 250 Kilometer südlich von Ixtapa. Sein Name wird seit den 40er-Jahren mit dem internationalen Jet-Set, noblen Hotels und Luxusurlaub verbunden. Acapulco, in einer Bucht gelegen, war jedoch bereits in der Kolonialzeit ein wichtiger Hafen und Handelsplatz, der mit der Unabhängigkeit Mexikos an Bedeutung verlor. Bis zu seiner „Wiederentdeckung“ durch reiche Nordamerikaner und dem damit verbundenen touristischen Ausbau Mitte des 20. Jh. war Acapulco ein idyllisches, kleines Fischerdorf. In jüngster Zeit wurde ein großes Modernisierungsprojekt, das sowohl ökologische Neuerungen als auch Golfanlagen, einen Yachthafen und Hotels einschließt, in Angriff genommen. Dadurch soll das zwischenzeitlich etwas „angestaubte“ Acapulco in neuem Glanz erstrahlen.

Das Stadtzentrum mit einer Kathedrale und die 20 Kilometer lange, parallel zum Meer verlaufende Hauptstraße prägen Hochhäuser, Mittelklassehotels und Einkaufsstraßen. Luxuriöse Hotels und Privathäuser befinden sich oberhalb des Zentrums, im Viertel **Las Brisas**, wo auch das gleichnamige, luxuriöse Traditionshotel liegt. Neben berühmten Nobelherbergen und zahlreichen weiteren Hotels aller Kategorien bietet Acapulco zahlreiche Restaurants, ein abwechslungsreiches Nachtleben mit Diskotheken, Bars und Nachtclubs sowie ein lebhaftes Strandleben an den rund 20 schönen Stränden der Umgebung. Für Unterhaltung sorgen auch mehrere Vergnügungsparks, ein Aquarium, ein Zoo, ein historisches Museum, Bootsausflüge zu vorgelagerten Inseln und Abstecher ins Hinterland mit tropischer Tier- und Pflanzenwelt. Als Attraktion Acapulcos gelten seit langem die „Clavadistas“ (Klippenspringer), die von einem 40 Meter hohen Felsen spektakuläre Kopfsprünge in eine schmale Felsbucht machen. Zu den Bewunderern der Clavadistas gehören auch die Passagiere der vielen Kreuzfahrtschiffe, die in Acapulco Halt machen.

Ab Acapulco werden mehrtägige, lohnende KURZRUNDREISEN veranstaltet. In deren Rahmen besichtigt man die Silberstadt **Taxco** (etwa 250 Kilometer entfernt), das weitere knapp 100 Kilometer entfernte, geschichtsträchtige **Cuernavaca** (Sehenswürdigkeiten hier sind der Palast des spanischen Eroberers Cortes, die kaiserliche Sommerresidenz und präkolumbische Ausgrabungsstätten) und **Mexiko City** (weitere 75 Kilometer entfernt). Die sehenswerte Hauptstadt bietet ihren Besuchern Geschichte und Kultur aus verschiedenen Epochen sowie Einkaufs- und Unterhaltungsmöglichkeiten aller Art. Von hier können weitere interessante Ausflüge – unter anderem zu archäologischen Stätten – unternommen werden. Nicht allzu weit entfernt liegt beispielsweise das im Abschnitt Geschichte erwähnte **Teotihuacan**.

COSTA CHICA / PUERTO ESCONDIDO

Der malerische Küstenabschnitt zwischen Acapulco und dem gut 400 Kilometer südlich gelegenen Puerto Escondido wird häufig auch als COSTA CHICA bezeichnet.

PUERTO ESCONDIDO, ein Städtchen mit etwa 40.000 Einwohnern, hat sich vom ruhigen Geheimtipp für Surfer zum lebhaften, vor allem bei jungen Leuten beliebten Urlaubsort entwickelt. In einer Fußgängerzone gibt es hier kleine Restaurants, Bars und Einkaufsmöglichkeiten. Die meisten Hotels befinden sich im Ort selbst und gehören der Mittelklassekategorie an. Die phantastischen Strände von Puerto Escondido machen den Ort aufgrund ihrer hohen Brandung zu einem Surferparadies; in kleinen, versteckten Buchten der Umgebung findet man ruhige Lagunen.

PUERTO ANGEL / HUATULCO / AUSFLÜGE

Südlich von Puerto Escondido folgen der Nationalpark „Laguna Chacahua" mit zahlreichen Vogel- und Reptilienarten und der kleine, noch recht urwüchsige Ferienort PUERTO ANGEL.

Nach 150 Kilometern erreicht man mit HUATULCO einen weiteren jungen Urlaubsort. Ein großes Tourismusprojekt macht aus dem Ort, dessen schöne Strände sich über neun Buchten auf fast 30 Küstenkilometern erstrecken, ein großes Ferienzentrum. Es wurden ein Flughafen (HUX), zahlreiche luxuriöse Hotelresorts (darunter verschiedene Kettenhotels und ein Club Med), ein Golfplatz und Einkaufszentren errichtet.

Auch im Städtchen **Santa Cruz Huatulco** stellte man sich unter anderem mit dem Bau einer Hafenmole auf den Tourismus ein; eine weitere Feriensiedlung wurde mit **La Crucecita** angelegt. Dennoch gehört Huatulco momentan noch zu den ruhigeren Ferienorten an der mexikanischen Pazifikküste; Unterhaltungsmöglichkeiten beschränken sich weitgehend auf die Hotels. Die Unterkünfte verschiedener Kategorien sind – im Gegensatz zu den meisten Ferienorten an der Pazifikküste – im landestypischen Stil erbaut und liegen meist eingebettet in tropische Parks.

Ab Huatulco und Puerto Escondido sind AUSFLÜGE ins rund 100 Kilometer entfernte **Oaxaca**, Hauptstadt des gleichnamigen Bundesstaates, in dem beide Badeorte liegen, sehr beliebt. Hauptattraktion der schönen Stadt, deren Gegend das Siedlungsgebiet präkolumbischer Hochkulturen war – und heute noch Heimat vieler Indianer ist –, sind die etwas außerhalb gelegene Ausgrabungsstätte **Monte Alban** aus der Kultur der Zapoteken und das etwa 50 Kilometer entfernte **Mitla** aus der Kultur der Mixteken. In der Nähe von Mitla, in **Tule**, kann man einen 2.000 Jahre alten Baum bewundern, der über 40 Meter hoch und 40 Meter breit ist.

KARIBIK

Ein Ehepaar, das im kommenden Februar Silberhochzeit hat, möchte sein Jubiläum in der Karibik feiern. Es stellt sich vor, zunächst eine Woche lang eine Kreuzfahrt durch die Inselwelt zu machen und anschließend noch eine Woche Badeurlaub in einem Clubhotel gehobener Kategorie zu verbringen.

a) *Da die Kunden beide keine Fremdsprachen sprechen, möchten sie unbedingt Nonstop-Flüge mit einer deutschen Fluggesellschaft zum Einschiffungshafen und von der Insel des Anschlussaufenthalts zurück buchen. Welche Abgangs- und Zielhäfen in der Karibik kommen in diesem Zusammenhang für das Silberhochzeitspaar infrage?*

b) *Erläutern Sie den Kunden genau, welche Arten von Schiffen zum gewünschten Termin in der Karibik kreuzen, und beschreiben Sie deren Ausstattung, Einrichtung, Bordleben, Unterhaltungsprogramm, Verpflegung und Leistungsumfang. Mithilfe welcher Veranstalterkataloge beraten Sie die Kunden? Inwiefern berücksichtigen Sie die Sprachkenntnisse der Kunden bei der Auswahl des Schiffes?*

c) *Bei der Auswahl einer genauen Route fällt der Begriff „Kreuzfahrtgebiet westliche Karibik". Welche Inseln und Häfen laufen Schiffe, die diese Kreuzfahrtroute befahren, häufig an und welche beliebten Landausflüge können von dort aus unternommen werden?*

d) *Nach eingehender Beratung entscheiden sich die Kunden für ein Pauschalangebot, das Sie ihnen unter Berücksichtigung aller Wünsche aus einem einschlägigen Katalog herausgesucht haben. Das Ehepaar bittet Sie um eine Übersicht über den genauen Reiseverlauf mit Flughäfen, Ein- und Ausschiffungshafen, Kreuzfahrtstationen und Badeort für den Anschlussaufenthalt.*

4.4 KARIBIK

Der zwischen dem **Atlantik** und seinem Nebenmeer, dem **Karibischen Meer**, gelegene Inselbogen der **Antillen** mit vier großen und etwa 200 kleinen Inseln erstreckt sich über fast 4.000 Kilometer zwischen dem nördlichen Wendekreis und dem 10. Grad nördlicher Breite (bis auf die Bahamas und die Bermudas) und umfasst eine Landfläche von etwa 234.000 qkm. Die größte und bevölkerungsreichste unter den ganz unterschiedlichen, abwechslungsreichen Inseln ist Kuba; hier liegt mit Havanna auch ihre größte Stadt. Zahlreiche Karibikinseln sind hügelig bis gebirgig, die Großen Antillen weisen sogar über 3.000 Meter hohe Berge auf (Hispanola). Die meisten kleinen Inseln sind vulkanischen Ursprungs, nur wenige sind flache Koralleninseln. Viele Inseln haben eine üppige, tropische Vegetation.

Der Lage innerhalb der Tropen verdanken die Antillen ganzjährig warmes, **tropisches bis subtropisches Klima** mit Durchschnittstemperaturen von 25 bis 30 Grad tagsüber und 20 bis 25 Grad in der Nacht. Die Wassertemperatur sinkt nie unter 20 Grad. Die schwüle Regenzeit fällt auf den Sommer (Mai/Juni bis Oktober/ November).

Hochsaison in der Karibik ist die Zeit von Mitte November bis Mitte Mai (mit Weihnachten als Spitzenzeit). Im Spätsommer (August bis Oktober) besteht aufgrund der starken Erwärmung des Wassers Hurrikangefahr, weshalb man zu dieser Zeit von einer Karibikreise eher abraten sollte. Hurrikans haben schon häufig die Karibikinseln und ihre touristische Infrastruktur stark verwüstet.

Ganzjährig auftretende Passate, die im nördlichen Bereich des Archipels wesentlich stärker sind als im südlichen, haben dem Großteil der Kleinen Antillen den Beinamen „Inseln über dem Wind" (von den Jungferninseln bis nach Trinidad & Tobago), den südlichen Kleinen Antillen (den Inseln vor der südamerikanischen Küste) „Inseln unter dem Wind" gegeben. Die Inseln über dem Wind unterteilen sich wiederum in die nördlichen Leeward Islands und die südlichen Windward Islands.

Kolumbus entdeckte die karibischen Inseln Ende des 15. Jh. auf seiner vermeintlichen Fahrt nach Indien (daher der Beiname „Westindische Inseln"). Bis dahin lebten hier verschiedene **südamerikanische Indianerstämme**, darunter die Cariben. Im Laufe des 16. Jh. siedelten sich auf vielen Inseln Spanier an.

Während des folgenden Jahrhunderts wurden die Antillen von **europäischen Kolonialmächten**, vor allem von Großbritannien, Frankreich und Holland, besetzt, wobei es zu Kämpfen und häufigem „Besitzerwechsel" kam. Die Kolonialmächte nutzten die Inseln als Rohstoffquellen und Anbaugebiete für Zucker, Tabak und Kaffee. Als Arbeitskräfte für die Plantagenwirtschaft wurden Millionen Afrikaner als Sklaven auf die Inseln verschleppt. Während der folgenden Jahrhunderte wurden viele Inseln von Piraten heimgesucht, woran noch heute vielerorts Forts erinnern. Anfang des 19. Jh. kam es auf mehreren Inseln zu Sklavenaufständen, die zur Abschaffung der Sklaverei führten. Ende des 19. Jh. befreite sich Kuba mithilfe der USA als erste Insel von der Kolonialherrschaft. Daraufhin dehnten die USA ihre Macht in der Karibik aus, was sie mit der „Monroe-Doktrin" von 1823 rechtfertigten, in der sie jede europäische Einmischung in Amerika ablehnen.

Im 20. Jh. kam es zu **politischen Umstrukturierungen**, viele Inseln wurden unabhängig, andere machte man zu Überseeprovinzen der Mutterländer. Weltpolitische Bedeutung hatte während des Kalten Krieges das seit 1959 sozialistische Kuba, Konflikte gab es später auch auf Grenada und Haiti. In der zweiten Hälfte des 20. Jh. entwickelte sich der Tourismus zum wichtigen Wirtschaftsfaktor, während die traditionellen Faktoren Landwirtschaft und Bodenschätze zurückgingen.

Die insgesamt über 35 Millionen Menschen umfassende **Bevölkerung** der karibischen Inseln besteht hauptsächlich aus Nachkommen der schwarzen Sklaven aus Afrika. Durch Vermischung mit Weißen haben die Einwohner der Karibik die unterschiedlichsten Hautschattierungen.

Ausnahmen sind Kuba, die Dominikanische Republik, die Niederländischen Antillen und die Französischen Antillen, wo der Großteil der Bevölkerung weiß ist. Die karibischen Ureinwohner sind fast vollständig ausgestorben; nur in wenigen Reservaten leben noch einige hundert Indianer.

Die **Bevölkerungsdichte** auf den einzelnen Inseln ist sehr unterschiedlich; das am dünnsten besiedelte Gebiet sind die Bahamas, sehr dicht besiedelt sind Barbados, Jamaika und Puerto Rico. Im Durchschnitt liegt die Bevölkerungsdichte bei 145 Einwohnern/qkm.

In der Karibik spricht man verschiedene **Sprachen** (➔ Kapitel 4.1). Neben Spanisch, Englisch, Französisch und Niederländisch sind dies Dialekte. Als Tourist kommt man mit Englisch meist gut zurecht, Ausnahmen können die Großen und die Französischen Antillen sein, wo man oft nur Spanisch bzw. Französisch versteht.

Auf den Inseln, deren Geschichte durch die Spanier und die Franzosen geprägt ist, gehören die meisten Menschen der katholischen **Religion** an, während in den britisch und niederländisch geprägten Gebieten protestantische Glaubensgemeinschaften vorherrschen. Wie in vielen Ländern Lateinamerikas weist das Christentum auch hier Einflüsse afrikanischer und indianischer Religionen auf.

Entsprechend den unterschiedlichen Staatsformen bzw. Staatszugehörigkeiten der karibischen Inseln gibt es keine einheitlichen **Einreisevorschriften**. Für deutsche Staatsbürger ist die Einreise mit dem Reisepass jedoch in der Regel problemlos.

Karibikreisende benötigen bei der Einreise aus Mitteleuropa keinen besonderen **Impfschutz**; häufig wird aber eine Hepatitis-A-Impfung empfohlen. Weite Teile der Karibik sind malariafrei, in einigen wenigen Gebieten – darunter das Binnenland der Dominikanischen Republik – wird jedoch Malariaprophylaxe empfohlen.

Auch die **Währung** ist auf den Inseln nicht einheitlich. Während viele Inselstaaten ihre eigene Währung haben, gilt auf mehreren Inseln der Kleinen Antillen der Ostkaribische Dollar. Auf den Französischen Antillen zahlt man mit Euro, auf den Niederländischen Antillen mit Antillengulden, unter anderem in Puerto Rico mit US-Dollars. Auch bezüglich dieses Themas ist es sinnvoll, sich im Bedarfsfall konkret über die einzelnen Inseln zu informieren.

Die karibischen Inseln erstrecken sich über zwei verschiedene **Zeitzonen**. Die Kleinen Antillen, die Bermudas, Puerto Rico und die Dominikanische Republik befinden sich in der Zeitzone MEZ –5. Die Inseln haben jedoch keine Sommerzeit, weshalb der Zeitunterschied zu Mitteleuropa im Sommer sechs Stunden beträgt (Ausnahme: Bermudas). Haiti, Kuba, Jamaika, die Bahamas, die Cayman Islands und die Turks & Caicos liegen in der Zeitzone MEZ –6. Einige der genannten Inseln haben wie Mitteleuropa Sommerzeit, sodass der Zeitunterschied ganzjährig erhalten bleibt.

Besondere Attraktion der Karibik ist der **Karneval**, der hier sehr groß gefeiert wird (eine Hochburg ist Trinidad). Die Feiern finden jedoch nicht überall zur üblichen Karnevalszeit, sondern durchaus auch zu anderen Jahreszeiten statt. Auch außerhalb des Karnevals wird gerne und häufig gefeiert.

Nicht zuletzt aus der afrikanischen Kultur und Tradition haben sich auf einzelnen Inseln international bekannte und beliebte **Musikrichtungen** und **Tänze** entwickelt, die teilweise auch speziell für Touristen dargeboten werden, beispielsweise Reggae auf Jamaika, Rumba und Salsa auf Kuba, Calypso auf Trinidad, Merengue in der Dominikanischen Republik.

Das warme Klima und die vielen **Traumstrände** mit ihrer exotischen Vegetation machen die Karibik das ganze Jahr über zu einem idealen Ziel für erholsamen Badeaufenthalt. Fast überall gibt es gepflegte Resorthotels nach US-amerikanischem Vorbild.

Viele Inseln bieten auch abwechslungsreiche **Landschaften** mit Regenwäldern, Vulkanen und Wasserfällen.

Fast überall ist ein großes **Sportangebot**, vor allem natürlich Wassersport, vorhanden. Vielen karibischen Inseln sind Korallenbänke vorgelagert, die sie zu idealen Tauchrevieren machen. Vor allem auf den exklusiven Kleinen Antillen gibt es viele Golfplätze und gute Segelmöglichkeiten.

Häufig werden die karibischen Inseln als Ziel für Flitterwöchner oder als **Heiratsparadies** „genutzt". Nach nur wenigen Tagen Aufenthalt kann man vielerorts problemlos heiraten, beispielsweise im Hotel oder am Strand. Viele Reiseveranstalter und Hotels haben sich auf diesen Markt eingestellt und bieten ihren Gästen entsprechende Arrangements, die bereits zu Hause oder vor Ort gebucht werden können und bei denen die komplette Hochzeit und die Formalitäten organisiert werden.

Auf vielen Kleinen Antillen kann man sehr günstig einkaufen, da es zoll- und steuerfreie Bereiche gibt (meist in der Nähe des Hafens) oder die ganze Insel Freihandelszone ist. Beliebte **Einkäufe** sind Schmuck, Uhren, Kleidung, elektronische Geräte, Parfüm, Alkohol und Tabakwaren. Vielerorts sind außerdem Shopping-Malls nach US-amerikanischem Vorbild vorhanden, wo man hochwertige Marken- und Designerartikel findet. Auch auf den Großen Antillen kann man „Schnäppchen" wie hervorragenden Rum und Tabak machen; gerade Kuba ist berühmt für seine Zigarren.

Obwohl die Inseln, vor allem die Kleinen Antillen, nicht unbedingt als Ziel für Studienreisende geeignet sind, ist es interessant, auf einer Karibikreise mehr als eine Insel kennen zu lernen. Deshalb wird hier teilweise auch **Island-Hopping** gemacht; Kombinationen von zwei bis drei Inseln sind üblich. Da in der Karibik kein sehr gutes Fährnetz zur Verfügung steht, fliegt man meist zwischen den Inseln. Das innerkaribische Flugangebot ist mit Verbindungen regionaler Airlines wie BWIA und LIAT sowie teilweise auch mit Flügen US-amerikanischer Fluggesellschaften sehr gut ausgebaut. Auch die meisten kleinen Inseln haben eigene Flughäfen.

KREUZFAHRTEN

Eine besondere Möglichkeit, auf einer einzigen Reise mehrere Karibikinseln kennen zu lernen, sind Kreuzfahrten. Die kulturelle und landschaftliche Vielfalt der einzelnen Inseln und die relativ geringe dazwischenliegende Entfernung machen den Archipel zu einem überaus beliebten Gebiet für Kreuzfahrten. Fast die Hälfte aller Kreuzfahrten – weltweit gesehen – finden in der Karibik statt; etwa ein Drittel aller Karibikbesucher unternimmt eine Kreuzfahrt. In die Kreuzfahrtrouten durch die Inselwelt werden häufig auch die Karibikküsten lateinamerikanischer Länder einbezogen.

Da Kreuzfahrten einer der Hauptattraktionsfaktoren der Karibik sind, befasst sich dieses Kapitel vor allem mit diesem Thema. Es tauchen jedoch auch allgemeine Informationen über Kreuzfahrten, Schiffe und Bordleben auf, die sich nicht nur auf die Karibik beschränken.

Da man Kreuzfahrten durch die Karibik oft mit einem vorherigen bzw. anschließenden Badeaufenthalt kombiniert, werden – neben häufig auf Landausflügen besuchten Zielen – auch beliebte Badeorte und touristische Gegebenheiten ausgewählter Inseln kurz beschrieben.

REISEZEIT / REISEROUTEN

Durch die Karibik kreuzen ständig Schiffe aller Kategorien und Größenordnungen. Die beliebteste **Reisezeit** ist jedoch auch für Kreuzfahrten der Winter. Da die meisten europäischen Kreuzfahrtschiffe den Sommer für Fahrten durch Nord- und Ostsee und die Jahreszeiten Frühjahr und Herbst für Mittelmeerkreuzfahrten nutzen, steuern sie erst im Winter die Karibik (sowie andere Fernziele) an. Es gibt jedoch zahlreiche Reedereien, darunter viele amerikanische, die das ganze Jahr über Kreuzfahrten durch die Karibik unternehmen.

Große Häfen, die besonders häufig als **Abgangs- und Zielhäfen** für Kreuzfahrten in der Karibik dienen, sind Miami und Fort Lauderdale in Florida, San Juan auf Puerto Rico, Santo Domingo in der Dominikanischen Republik, Bridgetown auf Barbados und Oranjestad auf Aruba. Die Passagiere aus Europa fliegen in der Regel zum jeweiligen Einschiffungshafen. Es besteht jedoch auch die Möglichkeit, auf den europäischen Schiffen, die nur saisonal in der Karibik verkehren, im Frühling und Herbst so genannte Überführungsfahrten von Amerika nach Europa bzw. umgekehrt zu buchen. Diese Touren, die häufig auf Atlantischen Inseln (Azoren, Madeira, Kanaren, Kapverden) Halt machen, sind mit mehreren Seetagen meist relativ preisgünstig und haben den Vorteil, dass nur einmal Langstrecke geflogen werden muss.

Viele Schiffe, die das ganze Jahr oder den ganzen Winter über in der Karibik fahren, haben feste **Routen**. Sie kreuzen beispielsweise eine Woche in der östlichen Karibik (Kleine Antillen), die Woche darauf in der westlichen Karibik (Große Antillen und mittelamerikanisches Festland). In der dritten Woche geht es wieder in die östliche Karibik und so weiter. Man bezeichnet dieses Prinzip als **Turnuskreuzfahrten**. Viele Passagiere bleiben zwei Wochen an Bord und fahren beide Routen mit, andere entscheiden sich für eine der Touren und machen nur eine Woche oder ein paar Tage Kreuzfahrt. Natürlich gibt es jedoch auch Schiffe, die ihre Routen nicht wiederholen, verschiedene Abgangs- und Zielhäfen haben und deren Reisen von unterschiedlicher Dauer sind.

KREUZFAHRTSCHIFFE / KABINEN / ANBIETER

Bei der Auswahl des SCHIFFES sollten verschiedene Kriterien berücksichtigt werden.

Die **Qualität** eines Schiffes wird wie bei Hotels durch Sterne bewertet; auch hier gibt es Kategorien von eins bis fünf. Die Klassifizierung erfolgt aufgrund verschiedener Faktoren wie Einrichtungen des Schiffes, Kabinenausstattung und -größe, Restaurant/Essen, Service (Zahlenverhältnis Passagiere–Besatzung), Bord- und Unterhaltungsprogramm und natürlich auch Technik.

Zu den wichtigsten **technischen Informationen** über ein Schiff gehört, ob Stabilisatoren („Flossen", die bei unruhiger See ausgeschwenkt werden können, um die Bewegung des Schiffes um die eigene Längsachse zu verhindern) und Bugstrahlruder (ermöglichen die Seitwärtsbewegung des Schiffes) vorhanden sind und mit welcher Geschwindigkeit das Schiff fahren kann (wird in „Knoten" angegeben; 1 Knoten = 1 Seemeile, also 1,852 km, pro Stunde).

Die **Größe** von Schiffen, genauer des umbauten Raumes, wird in der Maßeinheit „Bruttoraumzahl" (BRZ) angegeben. Die alte Maßeinheit „Bruttoregistertonne" (BRT) gilt zwar offiziell nicht mehr, ist aber noch recht geläufig. Die meisten Kreuzfahrtschiffe liegen in der Größenordnung zwischen 8.000 und 100.000 BRZ. Gerade die Kreuzfahrtschiffe amerikanischer Reedereien sind oft riesig; mit Bruttoraumzahlen über 100.000 haben sie Platz für mehr als 2.000 Passagiere. Die meisten dieser modernen Schiffe bieten allen nur erdenklichen Komfort und ein enormes Unterhaltungsprogramm. Die Atmosphäre und die Kleiderordnung auf amerikanischen Schiffen sind häufig recht locker. Viele europäische Schiffe dagegen sind mittelgroß und können etwa 400 bis 1.000 Passagiere fassen. Obwohl auch hier für Unterhaltung gesorgt ist, geht es meist weniger turbulent und etwas weniger leger zu. Ebenfalls ruhiger sind die viel kleineren, gediegenen Segelschiffe.

Große Schiffe haben mehrere Stockwerke (Decks), auf die sich die KABINEN der verschiedenen Kategorien und die Gesellschaftsbereiche verteilen. Bei den Kabinen unterscheidet man zwischen preislich günstigeren Innenkabinen ohne Fenster und teureren Außenkabinen sowie zwischen Doppelkabinen (Betten übereinander) und Zweibettkabinen (Betten nebeneinander). Die sehr unterschiedlichen Preise der einzelnen Kabinenkategorien richten sich außerdem nach der Größe und Ausstattung sowie nach der Lage. Die teuersten Kabinen liegen meist auf den oberen Decks. Mittschiffs gelegene Kabinen sind ebenfalls teurer, da sie bei stärkerem Seegang die ruhigsten sind. Einzelkabinen gibt es nur auf einigen Schiffen, meist wohnen Alleinreisende gegen Aufpreis in Doppelkabinen zur Alleinbenutzung. Auf vielen Kreuzfahrtschiffen sind günstige Mehrbettkabinen sowie exklusive Luxuskabinen und Suiten vorhanden. Anders als in Hotels werden auf Kreuzfahrtschiffen immer bereits vorab ganz bestimmte Kabinen mit Angabe der genauen Kabinennummer gebucht; diese kann man anhand des Deck- und Kabinenplans sorgfältig auswählen. Auf manchen Schiffen sind jedoch auch so genannte Garantiekabinen buchbar: Zu einem günstigen Preis wird hier nur Innen- bzw. Außenkabine vorgebucht, die genaue Kabinenkategorie und -nummer erhält man erst mit den Reiseunterlagen bzw. auf dem Schiff.

Meist besteht die Möglichkeit, Kreuzfahrten über verschiedene ANBIETER zu buchen. Viele **Reedereien** sind gleichzeitig Veranstalter, haben eigene Kataloge und organisieren selbst An- und Abreise sowie Verlängerungsaufenthalte. Manche Schiffe sind gleichzeitig (oder ausschließlich) über **Seereiseveranstalter** buchbar, die bei den Reedereien zubuchen oder Generalagent für die Reederei sind. Einige Schiffe sind auch in den Programmen von großen **Pauschalreiseveranstaltern** enthalten, die dann die gesamte Abwicklung übernehmen. So kann es durchaus vorkommen, dass ein und dasselbe Schiff in mehreren Katalogen zu finden ist. Zu den größten Reedereien, deren Schiffe ganzjährig in der Karibik fahren, gehören Norwegian Cruise Line, Royal Caribbean Cruise Line, Celebrity Cruises, Princess Cruises, Festival Cruises und Carnival Cruise Line. Einige dieser Reedereien besitzen eigene kleine Inseln in der Karibik, die nur ihre jeweiligen Schiffe anlaufen.

LEISTUNGSUMFANG / BORDLEBEN

Bei vielen Anbietern von Karibikkreuzfahrten sind die Flüge und die Transfers Flughafen–Hafen und zurück im Preis bereits inklusive, während bei anderen nur die Preise für die Kreuzfahrt ab/bis Hafen ausgeschrieben sind und gegebenenfalls Aufpreise für An- und Abreise angegeben werden. Ansonsten sind meist folgende LEISTUNGEN im Preis einer Kreuzfahrt enthalten: **Unterbringung** in der gebuchten Kabinenkategorie, volle **Verpflegung**, die Nutzung der **Schiffseinrichtungen**, Teilnahme an den **Bordveranstaltungen** und **Hafentaxen**. Vereinzelt sind – je nach Ausschreibung – weitere Leistungen inklusive, die aber normalerweise extra an Bord bezahlt werden müssen: Getränke, Landausflüge und Trinkgelder. Für Trinkgelder sollten etwa 5 bis 10 % des Reisepreises veranschlagt werden; in einigen Katalogen sind genaue Empfehlungen über die Höhe des Trinkgeldes pro Person und Tag angegeben. Ebenfalls extra zu zahlen sind gegebenenfalls Arztkosten sowie Gebühren für eventuell notwendige Visa. Diese müssen entweder individuell vor der Abreise besorgt werden oder werden in Form eines Gruppenvisums von der Reederei anhand der im Bordmanifest enthaltenen Passdaten beantragt.

Da es häufig der Fall ist, dass auf einer Kreuzfahrt ein oder mehrere Seetage auf dem Programm stehen und die Schiffe meist die ganze Nacht über fahren, stehen zur kurzweiligen Gestaltung des BORDLEBENS zahlreiche **Einrichtungen** zur Verfügung. Dazu gehören neben einem oder mehreren Restaurants (offene Tischzeit bzw. zwei Sitzungen), Bars und Cafés meist Swimmingpool, Fitnesscenter/Wellnessbereich, Sauna, Bibliothek, Kino, Spielkasino, Diskothek und Spielzimmer für Kinder. Weiterhin sind auf den meisten Schiffen Ladengeschäfte wie Boutique und Juwelier sowie ein Friseursalon vorhanden. Auf einigen Schiffen gibt es auch eine Klinik und eine kleine Kapelle, die für Gottesdienste zur Verfügung steht.

In Gesellschaftsräumen und -einrichtungen bietet ein Animationsteam den Passagieren ein vielfältiges **Unterhaltungs- und Sportprogramm**. Für ein besonders buntes und vielfältiges Bordprogramm und ein umfangreiches Sportangebot (Fitnessbereich, Gymnastik, Joggingpfade, Volleyballfeld, Tischtennis, Minigolf, Golfabschlagplatz etc.) sind gerade die großen amerikanischen Kreuzfahrtschiffe in der Karibik oder das Clubschiff „Aida“, das im Winter turnusmäßig in der Karibik kreuzt, bekannt. Tagsüber gibt es verschiedene sportliche Aktivitäten und Animationsprogramme, außerdem werden häufig Vorträge – beispielsweise über die zu besuchenden Inseln – gehalten oder Kurse für Fotografieren, Malen und Tanzen angeboten. Abends finden im Salon große Shows statt, an deren Gestaltung häufig bekannte Künstler mitwirken. Anschließend kann man entweder in der Diskothek oder zu Live-Musik eines Orchesters tanzen.

Zunehmender Beliebtheit erfreuen sich auch **Themenkreuzfahrten**, die beispielsweise unter Mottos wie „Musical“, „Jazz“, „Klassik“ oder „Kulinarische Spezialitäten“ sowie „Fitness“ oder „Golf“ (Workshops und Übungen an Bord, auf Landausflügen werden Golfplätze angesteuert) stehen. Nicht zuletzt sind auch die meist hervorragenden und sehr ansprechend servierten Mahlzeiten ein „gesellschaftliches Ereignis“. Dazu gehören neben den drei üblichen Hauptmahlzeiten in der Regel mindestens Langschläferfrühstück, Nachmittagskaffee und Mitternachtsbuffet.

LANDAUSFLÜGE / HÄFEN

Auf einwöchigen Karibikkreuzfahrten werden durchschnittlich vier bis fünf Häfen angelaufen. Dort liegen die Schiffe meist den ganzen Tag über. In dieser Zeit kann man an organisierten LANDAUSFLÜGEN (meist Inselrundfahrten) teilnehmen, das Ziel auf eigene Faust erkunden, einkaufen, Strandleben genießen oder an Bord bleiben. Obwohl in den Katalogen oft geplante Ausflüge und Preise genannt sind, werden die organisierten Landgänge in der Regel erst an Bord im Reisebüro gebucht und bezahlt (Ausnahme: mehrtägige Touren oder Ausflüge per Flugzeug).

Im Ausflugsbüro kann man auch allgemeine Informationen zu den zu besuchenden HÄFEN einholen. Nachfolgend werden wichtige Häfen und dazugehörige Landausflugsmöglichkeiten auf den Großen Antillen und den Französischen Antillen beschrieben. Neben diesen und den in den Kapiteln 4.2.2 und 4.3.1 genannten Häfen werden häufig viele weitere karibische Inseln sowie Häfen auf dem lateinamerikanischen Festland im Rahmen einer Karibikkreuzfahrt angelaufen.

KUBA

Das landschaftlich sehr abwechslungsreiche Kuba, die größte Karibikinsel (Ausdehnung: fast 1.300 Kilometer Ost–West und knapp 100 Kilometer Nord–Süd), gehört nicht zu den häufigsten Kreuzfahrtzielen in der Karibik. Kreuzfahrtschiffe steuern hier meist die Häfen von Havanna, der im Nordwesten gelegenen Hauptstadt, und Santiago de Cuba, der südöstlichen, zweitgrößten Stadt, an. Bei Landausflügen ab **Havanna** (etwa 2,5 Mio. Einwohner) wird meist die hervorragend erhaltene koloniale Altstadt besucht. Besonders sehenswert sind hier die Kathedrale, das Capitol (das 1929 nach dem Vorbild des Capitols in Washington erbaut wurde), Fidel Castros Revolutionsmuseum und die Casa Hemingway, das Haus, in dem der Schriftsteller auf Kuba wohnte, heute ebenfalls Museum. Auch **Santiago de Cuba**, die alte Hauptstadt, bietet eine schöne Altstadt. In der Nähe liegt der Nationalpark „Gran Piedra" in einer Gebirgslandschaft. Außerdem werden oft Touren in die Kolonialstadt Trinidad, zum wiederaufgebauten Indianerdorf Guama oder in Zigarrenfabriken veranstaltet, wo man die berühmten kubanischen Zigarren probieren und kaufen kann.

Während es noch immer relativ schwierig ist, Kuba auf eigene Faust zu entdecken, ist die pauschaltouristische Infrastruktur hier sehr gut. Das Touristenzentrum mit wunderschönen Stränden ist die Gegend um Varadero (VRA), das wie die Flughäfen von Havanna (HAV), Ciego de Avila (AVI) und Holguin (HOG) von deutschen Charterfluggesellschaften direkt angeflogen wird. Neben erholsamem Badeurlaub an teilweise noch ganz einsamen Stränden, abwechslungsreicher Landschaft und Vegetation sowie schönen Kolonialstädten bietet Kuba hervorragende Wassersportmöglichkeiten.

CAYMAN ISLANDS

Die drei kleinen, zwischen Kuba und Jamaika gelegenen Cayman-Inseln sind ein beliebtes Ziel von Kreuzfahrtschiffen. Wichtige Häfen liegen hier in der Hauptstadt **Georgetown** auf Grand Cayman und in **Cayman Brac** auf der gleichnamigen Insel. Auf Grand Cayman kann man einen Einkaufsbummel im zollfreien Gebiet von Georgetown unternehmen, eine große Schildkrötenfarm besichtigen, die artenreiche Vegetation im botanischen Garten bewundern oder Tauchausflüge machen. Das ruhigere Cayman Brac ist ebenfalls bekannt für gute Tauchgründe; hier werden Tauchtouren zu den Wracks gesunkener Schiffe angeboten. „Nichttaucher" können einen Ausflug zu einem Vogelreservat unternehmen.

Die britischen Cayman-Inseln sind ein wohlhabendes Steuerparadies, das zahlreiche internationale Unternehmen, darunter viele Banken, als Firmensitz nutzen. Die touristische Infrastruktur ist auf den Cayman Islands sehr gut ausgebaut und hochwertig. Die gepflegten Inseln gehören zu den exklusivsten und teuersten Reisezielen in der Karibik. Das Touristenzentrum ist Seven Mile Beach auf Grand Cayman. Durch ihre vielfältige Meeresflora und -fauna sind die Cayman Islands ein Paradies für Wassersportler, vor allem für Taucher. Direkte Flüge ab Deutschland zu den Inseln gibt es nicht, die Anreise zum internationalen Flughafen von Grand Cayman (GCM) erfolgt über London, Florida oder Jamaika.

JAMAIKA

Im Vergleich zu Kuba wird das kleinere Jamaika (Ausdehnung: 235 Kilometer Ost–West, gut 80 Kilometer Nord–Süd) relativ häufig von Kreuzfahrtschiffen angelaufen. Wichtige Häfen hier sind **Montego Bay** (im Nordosten), **Ocho Rios** (an der mittleren Nordküste) und **Porto Antonio** (im Inselosten). Das gebirgige Jamaika ist aufgrund seines Wasserreichtums (viele Seen, Flüsse und Wasserfälle) eine sehr grüne Insel und bietet vielfältige Landschaften. Ein beliebter Landausflug auf Jamaika führt zu den Dunn´s River Falls bei Ocho Rios, über 200 Meter hohen Wasserfällen, die über Stufen ins Meer abfallen. Eine weitere Tour sieht Rafting oder Floßfahrten durch exotische Urwaldlandschaften auf einem Fluss vor. Häufig wird auch die Hauptstadt Kingston im Süden der Insel besichtigt, wo man englische Kolonialarchitektur (Jamaika wurde erst 1962 unabhängig von Großbritannien) sowie ein Bob Marley – dem berühmtesten Sohn der Reggae-Insel – gewidmetes Museum besuchen kann. Von Kingston und Porto Antonio aus werden häufig auch Abstecher in die bis zu 2.250 Meter hohen Blue Mountains, ein bekanntes Anbaugebiet für Kaffee, und zur früheren Hauptstadt „Spanish Town“ gemacht.

Auf Jamaika ist vor allem der Norden mit seinen schönen Stränden touristisch erschlossen; die Südküste ist eher sumpfig und wird landwirtschaftlich stark genutzt. Große Touristenzentren mit breitem Sportangebot sind neben Montego Bay und Ocho Rios auch Negril und Runaway Bay. Die Resorthotels der großen Touristenorte liegen meist abseits und abgeschirmt vom Alltagsleben der vorwiegend schwarzen, sehr armen Bevölkerung Jamaikas. Im Charterverkehr ab Deutschland wird der Flughafen von Montego Bay (MBJ), der zweitgrößten Stadt der Insel, direkt angeflogen.

HAITI

Haiti nimmt das westliche Drittel der zweitgrößten, gebirgigen Antilleninsel Hispanola ein und ist wiederum ein selteneres Kreuzfahrtziel. Der wichtigste Kreuzfahrthafen hier ist **Cap Haitien** an der Nordküste. Ab dem französisch geprägten Cap Haitien (frühere Hauptstadt) werden Landausflüge zu den beiden wichtigsten Sehenswürdigkeiten der Insel gemacht, den Ruinen des Schlosses „Sanssouci“ aus dem frühen 19. Jh. und der auf einem Berg gelegenen Zitadelle „La Ferriere“. Bei einer Inselrundfahrt wird auch die im Süden gelegene Hauptstadt **Port-au-Prince** besichtigt, die unter anderem ein interessantes Kunstmuseum mit naiver Malerei haitianischer Künstler bietet. Auch hier legen manchmal Kreuzfahrtschiffe an.

Haiti hat eine bewegte Geschichte hinter sich. Nachdem es zunächst spanische, dann französische Kolonie war, wurde es bereits Anfang des 19. Jh. als erster karibischer Staat unabhängig. Heute ist Haiti jedoch ein sehr armes und politisch recht instabiles Land. Aus diesem Grund gibt es hier keine nennenswerte touristische Infrastruktur und keine direkten Flugverbindungen ab Deutschland. Die Anreise nach Port-au-Prince (PAP) ist über Paris oder die USA möglich. Das Auswärtige Amt rät jedoch von Reisen nach Haiti ab.

DOMINIKANISCHE REPUBLIK

Der wichtigste Kreuzfahrthafen der Dominikanischen Republik, die zwei Drittel der Insel Hispanola einnimmt, liegt in der Hauptstadt **Santo Domingo** im Süden. Seltener werden auch die Häfen der Halbinsel **Samana** im Nordosten und des nördlichen Badeortes **Puerto Plata** angelaufen. Sehr interessant ist ein Ausflug in die koloniale Altstadt Santo Domingos, die älteste Stadt der neuen Welt und lange Zeit Sitz der spanischen Vizekönige. Die Dom. Rep. war bis zur Unabhängigkeit 1844 spanische Kolonie. Besonders sehenswert unter den etwa 300 renovierten Monumenten der Altstadt sind die gotische Kathedrale aus dem 16. Jh. mit dem Sarkophag von Kolumbus und der „Alcazar de Colon“, der Palast der Familie Kolumbus aus dem 16. Jh. Außerhalb liegen Tropfsteinhöhlen, weitere Ausflugsziele befinden sich im Hinterland der gebirgigen, landschaftlich sehr abwechslungsreichen Insel, über die sich ausgedehnte Zuckerrohrplantagen erstrecken.

Die touristische Infrastruktur der Dominikanischen Republik mit ihren Traumstränden ist ausgezeichnet. Der Pauschaltourismus aus Deutschland hierher nimmt ständig zu. Aus diesem Grund gibt es direkte Charterflüge nach Santo Domingo (SDQ), Puerto Plata (POP) und Punta Cana (PUJ). Die touristischen Zentren liegen in der Gegend dieser drei Flughäfen: Juan Dolio und Boca Chica bei Santo Domingo, Playa Dorada, Sosua und Cabarete bei Puerto Plata und La Romana sowie die Playa Bavaro bei Punta Cana. In der Dom. Rep. sind in den letzten Jahren viele All-inclusive-Hotels, darunter auch zahlreiche preisgünstigere Drei-Sterne-Anlagen, entstanden.

PUERTO RICO

Ein sehr wichtiger karibischer Kreuzfahrthafen liegt in **San Juan**, der Hauptstadt Puerto Ricos im Nordosten der Insel. Ein weiterer Hafen, der seltener auf Kreuzfahrten angesteuert wird, ist das weiter östlich gelegene **Fajarado**, wo man sehr gut segeln, angeln und tauchen kann. Puerto Rico ist die kleinste Insel der Großen Antillen und wird oft als spanischer Teil der USA bezeichnet; die Insel war jahrhundertelang spanische Kolonie und fiel erst 1898 an die USA. Sehr sehenswert ist die Hauptstadt, deren neuerer Teil stark US-amerikanisch geprägt ist, während sich in der Altstadt mit ihren engen Gassen – wie auch in vielen ländlichen Gebieten – die spanische Vergangenheit stark bemerkbar macht. Wie Havanna und Santo Domingo weist auch die Altstadt von San Juan ein reiches koloniales Erbe auf. Besonders sehenswert innerhalb der alten Stadtmauern sind drei Festungsanlagen sowie die Kathedrale und ein ehemaliges Dominikanerkloster (heute Museum). Weitere interessante Ausflüge führen in den Regenwald des Nationalparks „El Yunque", zur zweitgrößten, im Süden gelegenen Stadt Ponce mit einem Kunstmuseum, zur Rumfabrik von Bacardi und zu alten Indianersiedlungen.

Der Tourismus auf Puerto Rico ist mit vielen Resorthotels und zahlreichen Golfplätzen sehr gut entwickelt; das touristische Zentrum liegt an der Nordwestküste. Die meisten Touristen auf Puerto Rico kommen aus den USA. In den Katalogen deutscher Reiseveranstalter ist Puerto Rico meist nur als Ausgangs- bzw. Endpunkt von Kreuzfahrten und mit einigen wenigen Hotels für einen Verlängerungsaufenthalt enthalten. Ab Deutschland gibt es direkte Charterflüge nach San Juan (SJU), außerdem existieren gute Verbindungen über die USA.

ST. MARTIN

Ein beliebtes Ziel von Kreuzfahrtschiffen ist auch die nur 89 qkm große „geteilte" Insel St. Martin, deren größere Nordhälfte zu den Französischen Antillen gehört, während der dichter besiedelte Süden Teil der Niederländischen Antillen ist (hier heißt die Insel St. Maarten). Außer einer Markierung gibt es keine Grenze zwischen den beiden durchaus verschiedenen Inselhälften. Der im französischen Teil angesteuerte Hafen liegt in der Hauptstadt **Marigot**, der bedeutendere Kreuzfahrthafen ist jedoch der des niederländischen Hauptorts **Philipsburg**. Dies liegt nicht zuletzt an den guten, zollfreien Einkaufsmöglichkeiten des Städtchens. Die vielen kleinen Geschäfte liegen in hübschen, bunten Gassen aus der Kolonialzeit. Eine der Sehenswürdigkeiten Philipsburgs ist das holländische „Fort Amsterdam". Wer im ruhigeren und exklusiveren Marigot an Land geht, kann ebenfalls gut einkaufen, im Yachthafen mediterranes Flair spüren oder in einem der – für karibische Haute Cuisine berühmten – Restaurants essen. Von beiden Häfen aus kann man innerhalb weniger Stunden auf einer Rundfahrt einen Eindruck von der hügeligen, bewaldeten Insel gewinnen.

Der internationale Flughafen (SXM) der Insel befindet sich im niederländischen Teil; die Anreise erfolgt am besten mit Air France oder KLM. In deutschen Pauschalreisekatalogen wird die Insel – wie alle Französischen Antillen – nur selten angeboten. Obwohl auch der französische Teil der Insel mit zahlreichen Unterbringungsmöglichkeiten auf den Tourismus eingestellt ist, ist der touristischere und turbulentere Teil der niederländische Süden. Auf St. Martin gibt es neben schönen, langen Strände auch zahlreiche kleine Badebuchten.

ST. BARTHELEMY

Die kurz „St. Barts“ genannte, nur 21 qkm große Insel liegt südlich von St. Martin und gehört ebenfalls zu den Französischen Antillen. Der Name der Hauptstadt **Gustavia**, wo auch viele Kreuzfahrtschiffe landen, erinnert wie vieles auf der Insel – darunter die Architektur – an die hundertjährige Herrschaft der Schweden (1784–1878). Gustavia bietet hervorragende, zollfreie Einkaufsmöglichkeiten und ein historisches Museum. Von den Ausflüglern der Kreuzfahrtschiffe werden häufig auch Tauchtouren und Wanderungen durch die exotische Vegetation unternommen.

Der Tourismus auf St. Barts ist mit noblen Hotels sehr exklusiv. Alle Anlagen sind sehr gut an die Landschaft angepasst, keinerlei Hotelklötze stören die Idylle. Mit Traumstränden und großem Wassersportangebot ist die Insel ein ruhiges Ferienziel, Nachtleben gibt es hier kaum. Direkte Flüge ab Europa nach St. Barts (SBH) gibt es nicht, die Anreise erfolgt über andere Inseln.

GUADELOUPE

Guadeloupe, die mit 1.500 qkm größte Französische Antilleninsel, besteht aus zwei Hälften, die durch einen schmalen Landstreifen miteinander verbunden sind. Die Form der Insel erinnert an einen Schmetterling; der rechte, ebene „Flügel“ Grande-Terre bildet den Siedlungsschwerpunkt. Der linke, gebirgige „Flügel“ Basse-Terre ist landschaftlich wesentlich reizvoller. Die größte Stadt **Pointe-à-Pitre** liegt auf Grande-Terre, direkt an der Verbindung zu Basse-Terre, und besitzt einen bedeutenden Kreuzfahrthafen. Auf Landausflügen besichtigen die Passagiere die moderne Stadt mit über 100.000 Einwohnern, die eine kleine Altstadt, gute Einkaufsmöglichkeiten, einen bunten Markt und interessante Museen bietet. Oft werden auch Rundfahrten über das von Zuckerrohrfeldern geprägte Grande-Terre unternommen. Hierbei sieht man ein altes Fort, eine Klippenlandschaft und einen Friedhof mit gekachelten Grabmälern. Ganz anders ist **Basse-Terre**, dessen gleichnamige Stadt (Inselhauptstadt) im Südwesten ebenfalls Kreuzfahrthafen ist. Auf Basse-Terre besichtigt man einen Nationalpark mit tropischem Regenwald, Wasserfälle und Höhlenmalereien aus der Indianerkultur. Hier ist es möglich, auf einen 1.500 Meter hohen Vulkan zu wandern.

Guadeloupe hat eine sehr gute Infrastruktur mit vielen Touristenunterkünften. Das touristische Zentrum liegt östlich von Pointe-à-Pitre. Außer im Norden von Grande-Terre bietet Guadeloupe überall schöne Strände. Ab Paris gibt es gute Flugverbindungen nach Pointe-à-Pitre (PTP).

MARTINIQUE

Auch das etwa in der Mitte des Inselbogens der Kleinen Antillen gelegene Martinique ist ein häufig angelaufenes Kreuzfahrtziel. Der Hafen der Insel liegt in der Hauptstadt **Fort-de-France** (über 100.000 Einwohner). Hier kann man ein Fort, die Kathedrale und eine Nachbildung der Pariser Kirche Sacré Coeur besichtigen und in mondänen Einkaufsstraßen bummeln. Die landwirtschaftlich stark genutzte Insel weist neben ausgedehnten Plantagen eine wunderschöne, exotische Flora auf. Während der Süden der Insel flach ist, steigt die Landschaft im Norden mit dem noch aktiven Vulkan Mt. Pelée, dessen Gipfel hervorragende Aussichten bietet, auf fast 1.400 Meter Höhe an. Landausflüge führen auch zum St. Pierre, einem weiteren Vulkan. Die gleichnamige, frühere Hauptstadt wurde Anfang des 20. Jh. bei einem Vulkanausbruch zerstört. Heute gilt St. Pierre, dessen Reste besichtigt werden können, als karibisches Pompeji. Weitere beliebte Ausflugsziele sind das benachbarte Cabet, wo dem Maler Gauguin ein Museum gewidmet ist, und Les Trois-Ilets im Süden, der Geburtsort der französischen Kaiserin Josephine, an die hier ein Museum erinnert.

Auf Martinique hat der Tourismus lange Tradition. Touristische Zentren liegen südwestlich der Hauptstadt und im Süden der Insel, der schöne, lange Strände aufweist. Von Paris aus gibt es sehr gute Flugverbindungen zum Flughafen Fort-de-France (FDF).

BRASILIEN

Eine allein reisende Dame, die sich sehr für Südamerika interessiert, plant eine einwöchige Städtereise nach Rio de Janeiro.

a) *Sie informiert sich bei Ihnen über die optimale Reisezeit, Flugverbindungen und Flugdauer, bedeutende Sehenswürdigkeiten, besondere Veranstaltungen vor Ort und eventuell notwendige Sprachkenntnisse.*

b) *Da die Dame von Problemen in Bezug auf die Sicherheitslage in Brasilien gehört hat, fragt sie außerdem um Rat, ob man eine individuelle Städtereise oder eher eine organisierte Gruppenreise unternehmen sollte. Begründen Sie ihre Antwort und weisen Sie die Kundin auf entsprechende Angebote auf dem deutschen Veranstaltermarkt hin.*

c) *Die Kundin erwägt, von Rio de Janeiro aus Ausflüge zu unternehmen, um mehr von dem großen, vielfältigen Land kennen zu lernen. Eventuell möchte sie auch einen Badeaufenthalt „anhängen", um sich ein wenig zu erholen. Welche Ziele kommen jeweils infrage und wie kann die Reise von Rio dorthin erfolgen?*

4.5 BRASILIEN

Brasilien ist mit etwa 8,5 Millionen qkm Fläche das größte Land Südamerikas und einer der fünf größten Staaten der Erde. Das landschaftlich außerordentlich abwechslungsreiche Land erstreckt sich zwischen dem 5. Grad nördlicher Breite und dem 34. Grad südlicher Breite. Im Osten wird Brasilien auf etwa 7.400 Küstenkilometer durch den **Atlantik** begrenzt, Brasiliens Nachbarn im Norden, Westen und Süden sind alle übrigen Staaten Südamerikas außer Chile und Ecuador. Im Norden Brasiliens liegen sein höchster Berg, der **Pico de Neblina** (gut 3.000 Meter Höhe) und mit dem **Amazonas** sein längster Fluss; der brasilianische Anteil an dem Strom beträgt 3.500 Kilometer. Hauptstadt der über 170 Millionen Einwohner zählenden Bundesrepublik Brasilien ist das im Landesinneren gelegene **Brasilia**, größte Stadt des Landes ist **Sao Paulo** im Süden. Als schönste Stadt und heimliche Hauptstadt des Landes gilt jedoch **Rio de Janeiro** („Rio") im Südosten.

Der größte Teil Brasiliens liegt südlich des Äquators, innerhalb der **Tropen**; nur der Süden wird den **Subtropen** zugerechnet. Durch die Lage auf der Südhalbkugel verlaufen die Jahreszeiten in Rio genau entgegengesetzt zu denen in Europa. Die Temperaturunterschiede zwischen den Jahreszeiten sind nicht sehr groß.

Reisezeit und Klima einzelner Reiseziele in Brasilien sind aufgrund der großen Ausdehnung ganz unterschiedlich. Rio liegt genau im Übergangsbereich zwischen tropischem und subtropischem Klima. Im Sommer – hier also etwa von Oktober bis März – gibt es den meisten Niederschlag. Zu dieser Jahreszeit ist die Luftfeuchtigkeit sehr hoch, was zu großer Schwüle führt. Deshalb gilt der Winter – hier April bis September – als angenehme **Reisezeit** für Rio. Zu dieser Zeit ist es hier wesentlich trockener und selbst dann sinken die Tagestemperaturen kaum unter 20 bis 25 Grad.

Bis Anfang des 16. Jh. lebten in Brasilien nur **indianische Ureinwohner**, die hier noch Sammler und Jäger waren. Dann nahmen portugiesische Seefahrer das Land als **Kolonie** in den Besitz **Portugals**. Trotz Konflikten mit den Indios, deren Zahl stark dezimiert wurde, begann wenige Jahre später die Besiedlung der Küste.

Es entstanden christliche Missionen, 1549 erfolgte die Gründung Salvador de Bahias, von da an über 200 Jahre lang Hauptstadt Brasiliens, 1565 Rio de Janeiros. Bereits ab Mitte des 16. Jh. wurde in Brasilien in großem Umfang Zuckerrohr angebaut. Da nicht genügend Arbeitskräfte für die Plantagenwirtschaft vorhanden waren, holte man zahlreiche Afrikaner als Sklaven, die fortan das Land stark prägten. Die afrikanische Kultur floss in viele Lebensbereiche der Brasilianer ein. Im Laufe des 16. und 17. Jh. versuchten Spanier, Franzosen und Holländer immer wieder, Portugal die Kolonie oder Teile davon abspenstig zu machen, was ihnen jedoch nur vorübergehend gelang.

Nach Diamanten- und Goldfunden im Landesinneren kam es auch dort im Laufe des 18. Jh. zur Besiedlung. Die Einführung der Kaffeepflanze brachte dem Land einen weiteren wirtschaftlichen Aufschwung. 1763 wurde Rio de Janeiro Hauptstadt, da es näher an den an Bodenschätzen reichen Gebieten lag als Salvador de Bahia. Anfang des 19. Jh. floh der portugiesische König vor Napoleon nach Brasilien und die komplette portugiesische Regierung wurde vorübergehend nach Rio de Janeiro verlegt. Somit war Rio einige Jahre lang Hauptstadt des portugiesischen Weltreiches. Nach der Rückkehr des Königs nach Portugal 1820 verstärkten sich in Brasilien die Unabhängigkeitsbestrebungen, die bereits Ende des 18. Jh. eingesetzt hatten. 1822 wurde das Land ein selbstständiges **Kaiserreich** mit der Hauptstadt Rio.

Nachdem der Sklavenhandel in Brasilien bereits 1831 verboten worden war, wurde die Sklaverei 1888 gänzlich abgeschafft. Deshalb und aufgrund der einsetzenden Industrialisierung herrschte ein hoher Bedarf an Arbeitskräften; eine große Einwanderungswelle aus Europa setzte ein. 1889 wurde der Kaiser gestürzt und Brasilien zur **Republik**. Rio blieb Hauptstadt, obwohl auch das südlichere Sao Paulo zunehmend an Bedeutung gewann. Nachdem Brasilien 1917 aufseiten der Alliierten in den ersten Weltkrieg eingetreten war, traf nach Kriegsende eine weitere große Einwanderungswelle aus dem geschwächten Europa ein.

1960, vier Jahre vor Beginn einer 20 Jahre währenden **Militärdiktatur** in Brasilien, löste Brasilia, eine in wenigen Jahren errichtete „Retortenstadt", Rio als Hauptstadt ab. Dadurch sollte die strukturschwache Gegend im Landesinneren gestärkt werden. Rio blieb jedoch ein bedeutendes Handels- und Finanzzentrum sowie wichtiger Industriestandort. Seit 1985 ist Brasilien eine **Demokratie** mit moderner Verfassung und versucht, Probleme wie die enorme Volksarmut in den Griff zu kriegen.

Die lebenslustige und temperamentvolle **Bevölkerung** Brasiliens setzt sich aus verschiedenen Ethnien zusammen. Über die Hälfte der Menschen sind Weiße (Nachkommen der Kolonialherren und europäischer Einwanderer), etwa 6 % Schwarze (Nachkommen der afrikanischen Sklaven). Die verschiedenen dazwischen liegenden Hauttöne, die man bei rund 40 % der Bevölkerung sieht, sind auf die Vermischung von Weißen, Schwarzen und Indianern zurückzuführen. Der Anteil der „reinen" Indios an der Gesamtbevölkerung ist heute mit etwa 300.000 Menschen verschwindend gering. Die meisten Indianer leben in Amazonien oder in speziellen Reservaten. Die auch als „Cariocas" bezeichnete Bevölkerung von Rio setzt sich in etwa wie oben beschrieben zusammen, der Anteil der Weißen liegt im Südosten Brasiliens jedoch höher als im Norden, wo besonders viele Schwarze leben.

Der Großraum Rio de Janeiro ist mit 12 Millionen Einwohnern das zweitgrößte Ballungsgebiet Brasiliens, nach Sao Paulo mit etwa 20 Millionen Einwohnern. Das Land weist jedoch neben stark bevölkerten Großstädten, in denen fast drei Viertel der Bevölkerung leben, auch Landstriche mit sehr geringer **Bevölkerungsdichte** auf, vor allem im Landesinneren. Die durchschnittliche Bevölkerungsdichte beträgt 20 Einwohner/qkm.

Es gibt in Brasilien große soziale Unterschiede, die eng mit der Hautfarbe verknüpft sind. Im Allgemeinen gilt noch immer: je heller die Hautfarbe, desto höher der soziale Status. Seit der Kolonialzeit „regiert" hier eine Art Feudalismus, der eine kleine Schicht der Superreichen, einen recht bescheidenen Mittelstand und eine riesige Masse an Armen hervorgebracht hat. Von dieser traurigen Tatsache zeugen in und um Rio – wie in allen brasilianischen Großstädten – Slums. In den als „Favelas" bezeichneten Elendsvierteln leben Millionen von Menschen auf engstem Raum unter meist sehr schlechten Bedingungen. Die hohe Landflucht bewirkt, dass sich die Favelas ständig vergrößern, weil für die stetig wachsende Bevölkerung nicht genügend Arbeit und Wohnraum vorhanden sind. Diese extremen Gegensätze zwischen arm und reich sind der Hauptgrund für die große Zunahme von Gewalt und Kriminalität, auch unter den vielen Straßenkindern, deretwegen die brasilianischen Großstädte zu trauriger Berühmtheit gekommen sind.

Die **Landessprache** erinnert an die früheren Kolonialherren: Brasilien ist das einzige Land Südamerikas, in dem man Portugiesisch spricht. Das Portugiesische weist hier im Vergleich zu Portugal jedoch einige Besonderheiten auf (eigene Aussprache und Vermischung mit indianischen und afrikanischen Wörtern). Als Tourist kommt man vielerorts auch recht gut mit Spanisch, Englisch oder Französisch, selten mit Deutsch zurecht.

Die portugiesischen Eroberer brachten die christliche **Religion** mit nach Brasilien. Noch heute sind etwa 90 % der brasilianischen Bevölkerung Katholiken; Brasilien ist die größte katholische „Gemeinde“ der Welt. In den brasilianischen Katholizismus sind viele Elemente aus afrikanischen Naturreligionen eingeflossen, was noch heute bei bestimmten religiösen Zeremonien und Kulten sowie am weit verbreiteten Glauben an Geister feststellbar ist. Die meisten der verbleibenden zehn Prozent der Bevölkerung sind Anhänger von protestantischen Glaubensgemeinschaften und vereinzelt von Naturreligionen.

Brasilien erstreckt sich über die drei Zeitzonen MEZ –4, MEZ –5 und MEZ –6.
Rio de Janeiro liegt in der **Zeitzone** MEZ –4. Dieser Zeitunterschied beträgt zeitweise wegen europäischer bzw. brasilianischer Sommerzeit eine Stunde mehr bzw. eine Stunde weniger.

Wichtiger **Feiertag** in Rio de Janeiro und ganz Brasilien ist neben vielen weiteren politischen und religiösen Festen der Unabhängigkeitstag, der 7. September.

Aufgrund der hohen Kriminalitätsrate in den brasilianischen Großstädten wird Touristen empfohlen, besondere **Vorsichtsmaßnahmen** einzuhalten, durch die das Risiko von Überfallen und Gewaltdelikten reduziert werden kann. Dazu gehört, größere Geldbeträge, Wertsachen, Schmuck und Ausweispapiere (nur Kopien mit sich führen) im Hotelsafe zu deponieren, sich nicht auf den ersten Blick als Tourist zu erkennen zu geben und bei Dunkelheit wenig belebte Straßen und den Strand zu meiden. Vom Besuch bestimmter Viertel, zu denen die Favelas zählen, wird grundsätzlich abgeraten. Es wird empfohlen, Taxis statt öffentlicher Verkehrsmittel zu nutzen. Im Falle eines Überfalls sollte man möglichst jeglichen Widerstand vermeiden.

Das **Telefonieren** nach Deutschland ist von Brasilien aus sehr teuer, da für internationale Gespräche eine Zusatzsteuer anfällt.

Ab Frankfurt gibt es täglich direkten *FLUGVERKEHR* mit LH und den brasilianischen Linienfluggesellschaften Varig (RG) und Vasp (VP) nach Rio de Janeiro (Städtecode RIO). An den Tagen, an denen Rio nicht nonstop angeflogen wird, gibt es Verbindungen über Sao Paulo (SAO). Die Nonstop-Flugdauer beträgt gut 12 Stunden.

Der internationale Flughafen Rios (GIG) liegt etwa 20 Kilometer nordöstlich der Stadt. Von hier sowie ab dem nationalen Flughafen (SDU) existieren zahlreiche Flugverbindungen in alle Teile Brasiliens und in weitere südamerikanische Länder. Das brasilianische Linienflugnetz ist sehr gut ausgebaut, außerdem gibt es viele „Lufttaxis“. Wegen der großen Entfernungen in Brasilien wird das Flugzeug häufig auch für den **Inlandsverkehr** genutzt. Reisenden aus Übersee bieten Airpässe recht günstige Flugmöglichkeiten innerhalb Brasiliens. Diese Airpässe gleichen vom Prinzip den US-amerikanischen Airpässen und werden von Varig und weiteren nationalen Fluggesellschaften angeboten.

STRASSENVERKEHR / BAHNVERKEHR / SCHIFFSVERKEHR

Eine preisgünstige Alternative zu Flugreisen innerhalb des Landes stellen **Linienbusse** dar; es gibt zwei verschiedene Kategorien. Auch das brasilianische Busnetz ist sehr gut ausgebaut. Von Rios drei Busbahnhöfen aus kann man alle Teile Brasiliens erreichen. Für die Strecke Rio de Janeiro–Sao Paulo beispielsweise benötigt der Bus etwa sechs Stunden (Flugzeug eine Stunde).

Das gut ausgebaute Straßennetz kann man auch mit – relativ teuren – **Leihfahrzeugen** befahren, deren Anmietung in Rio de Janeiro in der Regel problemlos ist. Ein Mietwagen empfiehlt sich für die Erkundung der Umgebung der Stadt, man sollte jedoch sehr defensiv fahren.

Das brasilianische **Bahnnetz** ist nicht allzu gut ausgebaut. Die wichtigsten Linien konzentrieren sich auf den Südosten des Landes und verbinden Rio de Janeiro auf vier Linien unter anderem mit Sao Paulo (Fahrtdauer zehn Stunden) und Brasilia (24 Stunden). Als touristisches Verkehrsmittel wird die Bahn in Brasilien jedoch eher selten genutzt.

Rio de Janeiro, das einen ausgezeichneten Naturhafen hat, wird häufig von internationalen **Kreuzfahrtschiffen** angelaufen bzw. dient als Ausgangs-/Endpunkt von Kreuzfahrten entlang der südamerikanischen Küste, teilweise auch in Verbindung mit Touren durch die Karibik. Große **Fähren** verbinden brasilianische Häfen untereinander und mit weiteren südamerikanischen Hafenstädten.

Rio de Janeiro ist für viele Brasilienreisende **Rundreisestation** oder Ausgangspunkt für – zum Teil sehr ausgedehnte – Ausflüge. Die Stadt lohnt jedoch nicht zuletzt wegen ihrer herrlichen Lage direkt am Meer, inmitten tropischer Vegetation, sowie interessanter Sehenswürdigkeiten auch eigene, mehrtägige **Städtetrips**. Wegen seiner langen, mitten im Stadtgebiet gelegenen **Strände** und des hier stattfindenden regen Strandlebens wird die Stadt häufig auch als „größter Badeort der Welt" bezeichnet.

Neben zahlreichen Sehenswürdigkeiten und Stränden zieht der weltberühmte „**Karneval in Rio**", der sich zu einer großen Touristenattraktion entwickelt hat, alljährlich zahlreiche Besucher an. Seinen Höhepunkt erreicht der Karneval in den fünf Tagen vor Aschermittwoch; der Besucheransturm setzt jedoch bereits ab Anfang Januar, zu den Vorkarnevalsfeiern, ein. Ein Höhepunkt des Karnevals ist die Parade der führenden Sambaschulen auf einem eigens eingerichteten Gelände, dem „Sambadromo" (hohe Eintrittsgebühren). Die größte Parade der Welt mit etwa 100.000 Zuschauern dient gleichzeitig als Wettbewerb zwischen den Schulen. Weitere Umzüge, Bälle und buntes, lautes, temperamentvolles Treiben und Tanzen auf Straßen und in Kneipen sind ebenfalls wichtige Bestandteile des Karnevals in Rio.

In ganz Brasilien ist der ursprünglich afrikanische Rhythmus des Samba eng mit dem Karneval verbunden. Der berühmte Tanz wird aber auch sonst häufig im Rahmen spezieller Sambashows oder in Verbindung mit anderen **lateinamerikanischen Tänzen** vorgeführt. Um sich selbst im Tanzen zu versuchen, besuchen Touristen häufig die zahlreichen Sambaschulen, „Samboes" (Sambatanzlokale) und Nachtclubs.

Das rege **Nachtleben** Rio de Janeiros hat – auch unabhängig vom Samba – Weltruf.

Auch das **kulturelle Angebot** Rio de Janeiros lässt mit Theatern, Musikveranstaltungen und Museen keine Wünsche offen.

Außerdem bestehen hier sehr gute **Einkaufsmöglichkeiten**.

Im internationalen Vergleich ist der Tourismus in Brasilien mit gut 5,3 Millionen Besuchern (im Jahr 2000, international Rang 29) relativ schwach entwickelt. Die touristische Erschließung beschränkt sich auf einige wenige Schwerpunkte innerhalb des riesigen Landes.

An der Spitze unter den brasilianischen **Reisezielen** liegt Rio de Janeiro, wo auch viele Arbeitsplätze vom Fremdenverkehr abhängen. Weitere touristisch bedeutende Gebiete Brasiliens sind die Badestrände an der nördlichen Atlantikküste, die Iguacu-Wasserfälle und das Dschungelgebiet des Amazonas.

Der **Tourismus**, der Brasilien 2000 Einkünfte von gut 4,2 Milliarden US-Dollar (international Rang 27) einbrachte, ist eine wichtige Devisenquelle für das Land.

Zu den wichtigsten **Wirtschaftsfaktoren** Brasiliens – das zu den wirtschaftlich führenden Staaten in Südamerika gehört, jedoch eine hohe Auslandsverschuldung aufweist – gehören Landwirtschaft (vor allem Kaffeeanbau) und Industrie (vor allem Nahrungsmittelindustrie). Bemerkenswert ist, dass die Einkünfte aus der Landwirtschaft hauptsächlich Großgrundbesitzern zugute kommen: 10 % der landwirtschaftlichen Betriebe besitzen etwa vier Fünftel der Landfläche Brasiliens. Das Bruttosozialprodukt Brasiliens betrug im Jahr 2000 3.580 US-Dollar pro Einwohner.

RIO DE JANEIRO

Rio de Janeiro ist mit etwa sechs Millionen Einwohnern – im Großraum 12 Millionen – und fast 1.200 qkm Fläche Brasiliens zweitgrößte Stadt. Die Hauptstadt des gleichnamigen Bundesstaates befindet sich im Südosten des Landes, etwa auf dem 23. Grad südlicher Breite. Rio ist bekannt für seine traumhafte Lage direkt an der Küste, in der **Guanabara-Bucht**, die sich über 30 Kilometer ausdehnt und einen hervorragenden Naturhafen darstellt. In dieser Bucht mit ihren Sandstränden erheben sich kleine Inseln, Landzungen und steile, kahle, als „Morros“ bezeichnete Felsen, darunter auch Rios Wahrzeichen, der 400 Meter hohe **Zuckerhut** (Pao de Acucar). Auch den Hintergrund des in der Ebene gelegenen Stadtzentrums säumen lange, höckerartige Hügelketten (darunter das **Tijuca-Massiv**), die von dichter tropischer Vegetation überzogen sind.

Die Stadt selbst ist sehr weitläufig; wegen ihrer ständig wachsenden Ausdehnung auf und zwischen Berge ist es oft nicht ganz einfach, sich zu orientieren. Rio de Janeiro wird grob in drei Abschnitte gegliedert: das Stadtzentrum mit der Altstadt an der Guanabarabucht, der Süden mit den Stränden und der touristischen Zone und der Norden, wo sich vor allem Wohngebiete des Mittelstands befinden. Einen hervorragenden Überblick über die Stadt und ihre einzigartige landschaftliche Lage bieten der bereits erwähnte Zuckerhut und der Corcovado, ein weiterer „Morro“.

Das Stadtgebiet von Rio de Janeiro ist mit U-Bahn, einem guten, preisgünstigen Busnetz und Taxis verkehrstechnisch gut erschlossen. Die Strände sind ebenfalls in das System der öffentlichen Verkehrsmittel eingebunden. Das Straßennetz der Stadt ist gut erschlossen und wird unter anderem durch eine Küstenautobahn, Brücken und mehrere Tunnels ergänzt. Auf die berühmten Hügel der Stadt führen Seil- bzw. Zahnradbahnen. Von Rios Hafen verkehren regelmäßig Schiffe zu vorgelagerten Inseln und Ausflugsboote, die Fahrten entlang der Guanabara-Bucht unternehmen. In Rio de Janeiro sind Touristenunterkünfte aller Kategorien und Preissparten vorhanden; zahlreiche Hotels der gehobenen Kategorie gehören internationalen Hotelketten an. Viele Hotels und Pensionen liegen in den Stadtteilen am Strand, darunter Copacabana. Unbedingt frühzeitig reservieren sollte man Hotelzimmer für die Hochsaison, vor allem in der Spitzenzeit zwischen Weihnachten und Karneval, aber auch sonst ist eine vorherige Reservierung immer empfehlenswert.

SEHENSWÜRDIGKEITEN

CORCOVADO / ZUCKERHUT

Den besten Überblick über die Stadt hat man vom gut 700 Meter hohen, südwestlich des Zentrums gelegenen Hügel CORCOVADO (der „Bucklige"), auf den man mit einer Zahnradbahn hinauffahren kann. Das letzte Stück von der Bergstation der Bahn bis zum Gipfel muss man zu Fuß bewältigen. Oben steht seit 1931 die berühmte, knapp 40 Meter hohe, weiße **Christus-Statue**, die auf Rio hinunterblickt und schützend ihre Arme ausbreitet. Der Ausblick vom Corcovado auf die Stadt, die Bucht, den Zuckerhut und das Meer ist atemberaubend. Der Corcovado liegt in Rios 120 qkm großem **Nationalpark Tijuca**, dem größten Stadtpark der Welt. Den unteren Teil des Hügels, das Waldgebiet, das einen Großteil des Parks einnimmt, und den benachbarten, sehr gepflegten, artenreichen **Botanischen Garten** prägen üppige, tropische Vegetation.

Ebenfalls sehr schöne Aussichten über die Stadt bietet auch Rios Wahrzeichen ZUCKERHUT selbst. Von hier aus sieht man auch die jenseits der Bucht gelegene Stadt Niteroi, die mit Rio durch eine der längsten Brücken der Welt, die 15 Kilometer lange **Ponte Costa e Silve**, verbunden ist. Auf den knapp 400 Meter hohen, steil aus dem Meer aufragenden Granitfelsen Zuckerhut südöstlich des Stadtzentrums gelangt man mit einer Drahtseilbahn in zwei Etappen. Sehr beliebt ist die Fahrt auf den Zuckerhut bei Einbruch der Dunkelheit, denn dann hat man von hier aus einen hervorragenden Blick auf das Lichtermeer des nächtlichen Rio.

STADTZENTRUM

Das relativ kleine und überschaubare Stadtzentrum Rios mit den Stadtteilen Centro und Lapa, deren Sehenswürdigkeiten sich bequem zu Fuß erkunden lassen, ist mit unzähligen Geschäften, Büro- und Bankhäusern, Behörden, Museen und den historischen Gebäuden der Mittelpunkt des öffentlichen Lebens. Die Sehenswürdigkeiten stammen vorwiegend aus dem 18. Jh., aus den ersten beiden Jahrhunderten nach der Stadtgründung ist nur wenig erhalten geblieben.

Der älteste erhaltene Bau der Stadt ist das auf dem gleichnamigen Morro gelegene **Mosteiro de Sao Bento**, ein Benediktinerkloster, mit dessen Bau Ende des 16. Jh. begonnen wurde. Das Innere der barocken Klosterkirche ist prächtig ausgestattet. Unweit des Klosterhügels liegt eine weitere der vielen sehenswerten Kirchen Rios, die klassizistische **Nossa Senhora da Candelaria**. In dieser Gegend treffen sich die zwei „Hauptstraßen" Rios, die Prachtstraße „Avenida Rio Branca" (kurz Avenida), auf der viele Hotels, Fluggesellschaften und Reisebüros ihren Sitz haben, und die zwölfspurige „Avenida Presidente Vargas", auf der auch große Karnevalsumzüge stattfinden. Nicht zuletzt dem Bau dieser beiden Straßen fielen zahlreiche Häuser der Altstadt zum Opfer.

Östlich der Avenida befindet sich das kulturelle Zentrum Rios, zu dem Gebäude wie die frühere **Banco de Brasil** und der spätbarocke Palast **Paco Imperial** aus dem Jahr 1735 gehören. In diesem Gebäude am zentralen Platz „Praca 15 de Novembro" wohnte die portugiesische Königsfamilie zeitweise während ihres Exils im 19. Jh. Heute finden in diesen Kulturstätten regelmäßig Ausstellungen und Konzerte statt. In der Nähe liegen verschiedene **Museen**, das **Teatro Municipal** und mit der **Biblioteca Nacional** die größte Bibliothek Brasiliens.

Weiter westlich gelegene Attraktion Rios ist die Mitte der 70er-Jahre eingeweihte **Nova Catedral**, eine moderne, 20.000 Menschen fassende Kathedrale in Form eines Kegels (80 Meter hoch). Die Kirche, die die im Kulturviertel gelegene **Catedral Metropolitana** als Bischofskirche ablöste, befindet sich in der Nähe des Platzes „Largo de Carioca“, der das Zentrum einer Fußgängerzone bildet. Oberhalb des Platzes liegt auf einem weiteren Hügel noch eine alte Klosteranlage, das **Convento de Santo Antonio**, ein Franziskanerkloster aus dem 17. Jh. Zu dem Kloster und der ältesten Kirche der Stadt namens **Sao Francisco** gelangt man per Aufzug.

Eine besondere Attraktion dieser Gegend ist die Mitte des 19. Jh. eingerichtete, offene Straßenbahn „Bonde“, mit der man steil bergauf in das hübsche Stadtviertel Santa Teresa fahren kann. Auf dem Weg dorthin passiert man den **Arco da Lapa**, ein rund 250 Meter langes und knapp 20 Meter hohes Aquädukt, das bis Ende des 19. Jh. Rio mit Trinkwasser versorgte. In Santa Teresa kann man eine moderne Kunstsammlung im **Museo Chacara do Ceu** besichtigen und den Ausflug mit einem Abstecher zum nahen, bereits beschriebenen Hügel Corcovado verbinden.

SÜDEN

Rio die Janeiro ist die einzige Weltstadt, die kilometerlange Badestrände mitten im Stadtgebiet aufweist. Die besten Strände liegen in den südlichen Stadtteilen. Die große, meist gut besuchte Strandzone („Praia“) beginnt südlich des Zuckerhuts bei **Leme** und erstreckt sich über viele Kilometer bis zu den weltberühmten Vierteln **Copacabana** und **Ipanema** und weiter nach **Leblon** und **Vidigal**. Hinter dem durchschnittlich 600 Meter breiten Strand verläuft eine Küstenstraße, die von großen, klotzigen Gebäuden, darunter viele Hotel- und Apartmentanlagen, gesäumt ist. Die meisten Hotels, darunter auch sehr hochwertige, liegen an der legendären Copacabana, die südlicheren Abschnitte ab Ipanema sind jedoch die exklusiveren. Die Stadtviertel Copacabana und Ipanema, in denen viele Rio-Besucher wohnen, bieten sehr gute Unterhaltungs- und Einkaufsmöglichkeiten (darunter verschiedene Märkte) sowie zahlreiche Restaurants und Bars.

Aufgrund der eher bescheidenen Wasserqualität ist das Baden im Meer wenig attraktiv, dennoch gilt ein Strandtag nicht nur des Sonnenbadens wegen als absolut empfehlenswert. Man bekommt hier einen guten Eindruck von der Lebensart und Mentalität der Cariocas, die sich gerne und oft am Strand aufhalten. Hier wird auch viel Wassersport getrieben, Volleyball gespielt oder entlang der Promenade zu Fuß, per Fahrrad oder auf Skates „flaniert“. Nicht zuletzt finden an den Stränden regelrechte „Modenschauen“ für die knappsten Bademoden unter dem Motto „Sehen und gesehen werden“ statt. Da auch zahlreiche Verkaufsstände, unter anderem für Getränke und Snacks, sowie sanitäre Einrichtungen an den Stränden vorhanden sind, kann man es hier gut einen ganzen Tag lang aushalten. Auch hier sollte man jedoch wegen der großen Diebstahlgefahr besonders vorsichtig sein und vor allem keine Wertsachen mit sich führen.

NORDEN

Die Viertel im Norden Rio de Janeiros sind vorrangig Wohngebiete; an den Randzonen liegen Favelas. Sehenswürdigkeiten gibt es hier kaum. Die größte Attraktion im Norden Rio des Janeiros ist das **Maracana-Stadion**, das größte Fußballstadion der Welt. Das anlässlich der Fußball-WM 1950 erbaute Stadion bietet Platz für 200.000 Zuschauer. Diese Dimension lässt erahnen, dass Fußball für die Brasilianer ein überaus wichtiger Volkssport ist. Dem Stadion angeschlossen ist eine Halle für weitere Sportveranstaltungen und ein Sportmuseum, dessen Schwerpunkt das Thema Fußball ist.

Noch etwas weiter nördlich liegt die **Quinta da Boa Vista**, die ehemalige Sommerresidenz der portugiesischen Königsfamilie, in der heute das Nationalmuseum untergebracht ist. Sehr sehenswert ist auch die dazugehörige, weitläufige Parkanlage.

AUSFLÜGE

SCHIFFSFAHRTEN / PETROPOLIS / SAO PAULO

Eine Abwechslung sind SCHIFFSFAHRTEN durch die Guanabara-Bucht, auf denen man die nahen Inseln **Ilha de Cobras** und **Ilha Fiscal** besucht. Ein beliebtes Ausflugsziel stellt auch die nordöstlich gelegene, in einer knappen Stunde erreichbare **Ilha de Paqueta** mit schönen Stränden dar.

Nur 60 Kilometer nördlich von Rio liegt, über 800 Meter hoch in den Bergen, mit PETROPOLIS (200.000 Einwohner) ein mondäner Luftkurort, der oft als Zufluchtsort aus der heißen Stadt dient. Im 19. Jh. unterhielt der Kaiser hier eine Sommerresidenz, die heute als Museum dient.

Lohnend ist auch ein Abstecher in die größte Stadt des Landes SAO PAULO. Vom nationalen Flughafen Rios gibt es ständig Flugverbindungen zwischen beiden Metropolen. Bei gutem Wetter hat man während des Fluges schöne Aussichten auf den dazwischenliegenden Küstenabschnitt.

KÜSTEN

Wer die gut 400 Kilometer weite Strecke Rio de Janeiro–Sao Paulo auf dem Landweg zurücklegt, kann diese als **Costa Verde** bezeichnete Küste mit ihren Traumstränden intensiver genießen. Auch die **Costa do Sol** nördlich von Rio hat hervorragende Strände. Hier liegen, gut 150 Kilometer von der Stadt entfernt, der von Dünen umgebene Ferienort „Cabo Frio“ und, weitere 25 Kilometer nördlich, das turbulente „Buzios“, ein ehemaliges Fischerdorf, das zahlreiche Touristenunterkünfte und Resorthotels bietet (Fahrtdauer ab Rio nach Buzios etwa 2,5 Stunden).

Viele Brasilienreisende verbringen einen Badeaufenthalt an der reizvollen Nordküste. Etwa 1.200 Kilometer nördlich von Rio liegt hier **Salvador de Bahia**, die alte Hauptstadt Brasiliens. In Salvador ist mit der prachtvollen, aus zwei „Etagen“ bestehenden Altstadt ein großes Kolonialerbe erhalten geblieben. Die Stadt, die Mittelpunkt eines bedeutenden Landwirtschaftsgebiets ist, stellt als ehemaliges Zentrum des Sklavenhandels heute noch den Mittelpunkt afrobrasilianischer Kultur mit sehr hohem schwarzem Bevölkerungsanteil dar. In der Umgebung Salvadors gibt es wunderschöne Strände und eine gute touristische Infrastruktur mit zahlreichen Resorthotels. Nach Salvador (SSA) sowie ins nördlichere **Recife** (REC), dessen Umgebung ebenfalls beliebte Badestrände bietet, gibt es direkte Flugverbindungen von Deutschland aus. Ein weiteres aufstrebendes Urlaubsgebiet ist die Gegend um das noch weiter nördlich gelegene **Fortaleza** mit sehr schönen Dünenstränden.

IGUACU-WASSERFÄLLE / AMAZONASGEBIET

Ein bedeutendes Reiseziel Brasiliens, das auf mehrtägigen Flugausflügen ab Rio besucht werden kann, sind die IGUACUFÄLLE; ihr Name bedeutet im Indianischen „Große Wasser“. Die enormen Wasserfälle des Flusses Iguacu, die mit 270 Einzelfällen, 4 Kilometern Länge und einer Höhe von über 100 Metern die wasserreichsten der Erde sind, liegen im Dreiländereck Brasilien–Argentinien–Paraguay. Den besten Zugang zu den Fällen hat man von Argentinien aus, die touristische Infrastruktur ist auf brasilianischer Seite besser. Die Iguacu-Fälle liegen eingebettet in tropische Vegetation und sind bekannt für den „ewigen Regenbogen“, der hier bewundert werden kann.

Mehrtägige Flugtouren führen von Rio auch ins AMAZONASGEBIET. Hier kann man Schiffs- und Kanutouren auf dem Strom machen, auf denen das größte zusammenhängende Gebiet tropischen Regenwalds weltweit erkundet wird. Ausgangsort solcher Touren ist meist die Dschungelmetropole **Manaus** im Landesinneren, deren Hafen auch Hochseeschiffe anlaufen können.

KENIA

Zwei natur- und sportbegeisterte junge Männer planen für Anfang nächsten Jahres eine Reise nach Kenia, in deren Rahmen sie eine Safari unternehmen, bergsteigen und Badeurlaub an einem schönen Strand machen wollen.

a) *Die Kunden bitten Sie um Auskunft darüber, ob die geplante Reisezeit empfehlenswert ist oder ob Sie eher einen anderen Reisetermin empfehlen.*

b) *Informieren Sie Ihre Kunden ausführlich über das Thema Impfvorschriften und Gesundheitshinweise bzw. nennen Sie ihnen Informationsquellen, wo ganz aktuelle und detaillierte Informationen darüber eingeholt werden können.*

c) *Informieren Sie die Kunden über die Anreise nach Kenia (Fluggesellschaften, Zielflughäfen, Flugdauer) und über Reisemöglichkeiten innerhalb des Landes.*

d) *Empfehlen Sie den Herren eine Region in Ostafrika, in der gute Möglichkeiten für Safaris und Bergtouren bestehen. Arbeiten Sie einen genauen Reiseverlauf aus und nennen Sie dabei die einzelnen Reisestationen und Nationalparks, die besucht werden.*

e) *Informieren Sie Ihre Kunden über Besonderheiten zum Thema Bergwandern und Bergsteigen in Ostafrika. Schildern Sie auch kurz, welche Flora und Fauna auf welcher Station der Reise zu sehen sind.*

f) *Damit sich die Kunden vor Ort um nichts kümmern müssen, möchten sie am liebsten eine Pauschalreise buchen, in deren Rahmen Transfers, Buchung der Übernachtungen, Bergtouren etc. von einem Reiseveranstalter organisiert werden. Verschaffen Sie sich einen Überblick über entsprechende Angebote auf dem deutschen Veranstaltermarkt. Welche Reisedauer wird in den Programmen der Veranstalter für eine solche Tour veranschlagt?*

g) *Im Anschluss an die Safari bzw. Wandertour möchten die Kunden noch eine Woche an der Küste des Indischen Ozeans ausruhen, baden und Wassersport treiben. Welchen Badeort empfehlen Sie, wenn die jungen Herren in der Nähe eines Ortes mit guten Unterhaltungsmöglichkeiten sein und surfen möchten? Welcher Ort kommt eher infrage, wenn sie Ruhe und Einsamkeit suchen und tauchen lernen wollen?*

5. AFRIKA / 5.1 KENIA

Kenia liegt mit einer Fläche von gut 582.000 qkm in **Ostafrika**. Etwa durch die Mitte des landschaftlich abwechslungsreichen Landes, das sich zwischen dem 5. Grad südlicher und dem 5. Grad nördlicher Breite erstreckt, verläuft der **Äquator**. Im Osten wird Kenia vom **Indischen Ozean** – an dem es rund 500 Kilometer Küste hat – und dem Nachbarstaat Somalia begrenzt. Nachbarn im Norden sind Äthiopien und der Sudan, im Westen liegt Uganda, im Süden Tansania. Im Südwesten hat Kenia einen kleinen Anteil am **Victoriasee**, dem größten See Afrikas und dem drittgrößten Binnensee der Welt. Der größte rein kenianische See ist der **Turkanasee** (Rudolfsee) im Nordwesten.

Hauptstadt der Republik Kenia ist **Nairobi**, etwa 1.700 Meter hoch, im südlichen Landesinneren gelegen. Mit über zwei Millionen Einwohnern ist Nairobi die größte Stadt Ostafrikas. Insgesamt leben in Kenia rund 30 Millionen Menschen.

LANDSCHAFTLICHE GROSSRÄUME

Entlang der durch Buchten und Lagunen gegliederten **KÜSTE** Kenias verläuft ein bis zu 250 Kilometer breites **Tiefland**, das von Mangrovenwäldern geprägt ist.

An das Küstentiefland schließt sich weitgehend trockenes, bis über 1.000 Meter hohes **Hügelland** mit **Wüste** und **Savanne** an. Diese Landschaft dominiert auch den flacheren **NORDEN**.

Die Hügellandschaft geht allmählich ins **ZENTRALE HOCHLAND** über, das einen großen Teil des Landes einnimmt. Das Hochland wird vom **Ostafrikanischen Graben** (Rift Valley), einem mächtigen „Riss" in der Erdkruste, geteilt. Die Grabenzone dominieren Seen und hohe Vulkane, darunter auch der höchste Berg des Landes, der fast 5.200 Meter hohe **Mount Kenya**. Der vergletscherte Mt. Kenya ist der zweithöchste Berg Afrikas; der höchste Berg des Kontinents liegt mit dem Kilimandscharo auf dem Staatsgebiet von Tansania, nahe der Grenze zu Kenia. Das fruchtbare Hochland mit ausgedehnten Bergwäldern ist bis zu einer Höhe von etwa 2.500 Meter besiedelt und wird landwirtschaftlich stark genutzt. Der längste Fluss des Landes ist der fast 700 Kilometer lange **Tana**, der in der Gegend des Mt. Kenya entspringt und im Indischen Ozean mündet. Der Tana ist einer der wenigen Flüsse Kenias, der das ganze Jahr über Wasser führt.

Im **WESTEN** folgt auf das zentrale Hochland eine fruchtbare, dicht besiedelte Beckenlandschaft, in der auch der Victoriasee liegt.

Kenia liegt vollständig innerhalb der Tropen. Sein **tropisches Klima** hat verschiedene Ausprägungen: Die Wüsten und Savannen des Nordens haben trockenheißes Klima, das Klima des übrigen Landes ist feuchtheiß. Während das Küstentiefland ganzjährig fast gleichmäßig hohe Temperaturen hat (am heißesten im Januar/Februar mit etwa 32 Grad, am „kühlsten" im Juli/August mit etwa 28 Grad), ist es in Höhenlagen – je nach genauer Höhe – milder (kühles Tropenklima). Die **Hauptregenzeiten** dauern von Ende März bis Anfang Juni („Große Regenzeit") und von Ende Oktober bis Mitte Dezember („Kleine Regenzeit"). Besonders viel Niederschlag gibt es im Hochgebirge und in der Gegend um den Victoriasee. Gerade am Victoriasee und an der Küste ist die Luftfeuchtigkeit ganzjährig recht hoch. Trotz des reichlichen Niederschlags liegt die Regenmenge Kenias unter der anderer Länder am Äquator. Deshalb gibt es hier kaum tropische Regenwälder; ein Großteil des Landes besteht aus Savanne.

Die beste **Reisezeit** für Kenia sind die Monate zwischen den Hauptregenzeiten, also Dezember bis Februar und Juli bis September. Während die Zeit von Dezember bis Februar die trockenste und heißeste ist (auch die Vegetation ist dann stark ausgedörrt), sind die Temperaturen im Sommer für Mitteleuropäer am angenehmsten. Dennoch wird Kenia das ganze Jahr über als Reiseziel angeboten, die Badehotels haben zur Regenzeit mit meist kurzen, heftigen Schauern, wenn die Vegetation am schönsten ist, oft günstigere Preise als in der Hochsaison. Für Safaris ist die Regenzeit jedoch wegen Überschwemmungen auf den – oft ohnehin nicht allzu guten – Straßen und Pisten in den Nationalparks weniger empfehlenswert.

Im Laufe der Jahrtausende kamen zahlreiche Völker nach Kenia. Nachdem in der Antike als erste Europäer Griechen das Land bereist hatten, gründeten **Araber** ab dem 6. Jh. und verstärkt zwischen dem 10. und 15. Jh. Handelsstädte an der ostafrikanischen Küste. Einige dieser Städte, darunter Mombasa, existieren noch heute. Am Anfang dieser Epoche entstand durch die Vermischung einheimischer Bantu mit den Arabern die orientalisch geprägte **Swahili-Kultur**.

Zu Beginn des 16. Jh. kamen **Portugiesen** auf der Suche nach einem Seeweg nach Indien ins Land und nutzten die kenianische Küste und weitere ostafrikanische Länder mehr als 200 Jahre lang als Zwischenstation dorthin. Sie errichteten hier ebenfalls Handelsstädte. Im 18. Jh. eroberten die **Araber** das Gebiet zurück, und Kenia stand für mehr als 100 Jahre unter dem Einfluss von Herrschern aus dem Oman, die das Land zum Sklavenhandel nutzten.

Nachdem bereits einige europäische **Missionare und Forscher** ins Landesinnere gekommen waren, erwachte Mitte des 19. Jh. auch das wirtschaftliche und politische Interesse Europas an Ostafrika. Vor allem Großbritannien, aber auch Deutschland bemühten sich in der zweiten Hälfte des 19. Jh., ihren Einfluss in dieser Region auszudehnen. Nach Beendigung des Sklavenhandels wurde Kenia 1895 offiziell **britisches Protektorat**; Tansania war schon wenige Jahre zuvor deutsche Kolonie geworden. Ein Jahr später begann man mit dem Bau einer Eisenbahnlinie, die von der Küste über fast 1.000 Kilometer bis zum Victoria-See führt. Um den Eisenbahnbau zu realisieren, kamen zahlreiche indische Arbeiter nach Ostafrika. Etwa auf halber Strecke der Linie entstand im Hochland ein Versorgungscamp, aus dem sich die Stadt Nairobi entwickelte. Nach der Fertigstellung der Bahnlinie besiedelten Briten auch das Landesinnere, was zu Konflikten mit der schwarzen Bevölkerung, die teilweise enteignet und aus Stammesgebieten verdrängt wurde, führte. Während des ersten Weltkriegs kam es zu Kämpfen zwischen den britischen und deutschen Gebieten in Ostafrika; nach Kriegsende unterstand Tansania ebenfalls britischer Verwaltung.

1920 wurde Kenia **britische Kronkolonie**, die Zahl der weißen Siedler stieg abermals beträchtlich an, aber auch der Widerstand der afrikanischen Bevölkerung gegen die Kolonialherren wuchs. Kenianische Völker gründeten politische Organisationen mit dem Ziel, ihre Rechte besser durchsetzen zu können. Nach vielen Jahren der Unterdrückung eskalierte in den 50er-Jahren die Situation im „**Mau-Mau-Aufstand**" der Afrikaner, der vom gleichnamigen Geheimbund ausging. Erst nach Jahren wurde der – häufig sehr grausame – Kampf zwischen Schwarzen und Weißen niedergeschlagen.

Nach der Einführung verschiedener Reformen und der Beteiligung der Afrikaner an der Regierung erhielt Kenia 1963 **Unabhängigkeit**. Tansania war bereits 1961 eigenständig geworden. Erster Präsident der neuen Republik im Commonwealth wurde der noch heute sehr verehrte Jomo Kenyatta, ein wichtiger Mann im vorangegangenen Widerstand. Kenia entwickelte sich im Laufe der folgenden Jahre im Einvernehmen mit Großbritannien – obwohl viele Briten das Land verließen – zu einem relativ stabilen, westlich orientierten Staat, der auch wirtschaftliche Erfolge erzielen konnte. Die jüngste Geschichte brachte Kenia verschiedene Probleme, darunter wirtschaftliche Verschlechterungen. Dringend notwendig erscheint eine weitreichendere Demokratisierung.

Die **Bevölkerung** Kenias besteht fast ausschließlich aus Schwarzen, die etwa 40 verschiedenen ethnischen Gruppen angehören. Etwa zwei Drittel der Bevölkerung sind Mitglieder von Bantu-Stämmen; der größte und bedeutendste Bantu-Stamm sind die Kikuyu, die alleine etwa 20 % der Bevölkerung Kenias ausmachen. Rund 30 % der Gesamtbevölkerung stellen nilotische Völker dar, zu denen auch das bekannte Kriegervolk der Massai gehört (knapp 2 % Anteil an der Gesamtbevölkerung). Die verbleibende kleine Minderheit von rund 3 % bilden vor allem kuschitische Völker (darunter Somali), aber auch Asiaten (sehr viele Inder), Araber und Europäer (insgesamt etwa 165.000 Menschen). Vor allem außerhalb größerer Städte spielen die Stämme und ihre Traditionen noch eine große Rolle.

Die **Bevölkerungsdichte** liegt in Kenia durchschnittlich bei 50 Einwohnern/qkm, verteilt sich aber ganz unterschiedlich. Siedlungsschwerpunkte sind das südwestliche Hochland und die Küstengegend, während der wüstenhafte Norden nur sehr dünn besiedelt ist. Die Landflucht steigt in Kenia immer mehr an, was besonders in Nairobi zu enormer Slumbildung führt. Die Bevölkerungswachstumsrate in Kenia gehört zu den höchsten der Welt; man spricht von einer regelrechten Bevölkerungsexplosion.

Obwohl Kenia im Vergleich zu anderen afrikanischen Ländern relativ stark entwickelt ist, gibt es hier diverse Probleme in der Gesellschaft, die zu großer Armut in weiten Teilen der Bevölkerung führt. Dazu gehören hohe Arbeitslosigkeit, weitgehend fehlende soziale Absicherung und mangelnde medizinische Versorgung. Nur ein relativ geringer Teil der Bevölkerung profitierte vom wirtschaftlichen Aufschwung nach der Unabhängigkeit, was zu krassen sozialen Gegensätzen – und im Zusammenhang damit auch zu einer großen Verbreitung von Kriminalität – führte.

Die offizielle **Landessprache** Kenias ist Swahili (Kisuaheli), das heute in weiten Teilen Ostafrikas gesprochen wird. Englisch dient als Verwaltungs- und Geschäftssprache. Daneben sprechen die Stämme eigene Sprachen (insgesamt etwa 50), die die eigentlichen Muttersprachen der meisten Kenianer sind. Entsprechend der genannten Bevölkerungsgruppen gibt es Bantu-Sprachen, zu denen auch Swahili zählt, nilotische und kuschitische Sprachen. Die meisten Kenianer sprechen also mehrere Sprachen.

Mit Deutsch kommt man in Kenia – mit Ausnahme einiger Touristenorte an der Küste – in der Regel nicht zurecht. Mit Englisch kann man sich jedoch sehr gut verständigen.

Über 70 % der Kenianer sind Christen (Katholiken und Protestanten). Etwa 6 % der Bevölkerung – hauptsächlich die Bewohner der Küste, wo noch die Swahili-Kultur existiert – gehören der islamischen **Religion** an. Abgesehen von einer kleinen hinduistischen Minderheit glaubt der Großteil der verbleibenden 20 % der Bevölkerung an Naturreligionen afrikanischen Ursprungs. Obwohl viele Kenianer von den Europäern missioniert und zum christlichen Glauben bekehrt wurden, spielen noch immer Bestandteile und Riten aus den traditionellen Religionen eine große Rolle.

Deutsche Staatsbürger und Angehörige weiterer europäischer Staaten benötigen für die **Einreise** nach Kenia ein Visum in einem noch mindestens sechs Monate gültigen Reisepass. Obwohl das Visum auch bei Ankunft erteilt werden kann, wird empfohlen, es bereits vor Abreise in Deutschland zu beantragen.

Bei Einreise aus Europa sind keine besonderen Impfungen für Kenia vorgeschrieben. Es wird jedoch dringend empfohlen, sich frühzeitig – am besten bei einem Tropeninstitut – über gesundheitliche Schutzmaßnahmen für das jeweilige Reiseziel im Land zu informieren.

Für fast alle Gebiete in Ostafrika und ganz Kenia ist die Einnahme von Tabletten als **Prophylaxe** gegen Malaria sehr sinnvoll. Überaus ratsam sind auch **Impfungen** gegen Hepatitis A, Gelbfieber (vor allem bei Besuchen des Rift-Valley) und Typhus. Außerdem sollte man strikte Vorsichtsmaßnahmen bezüglich Essen und Trinken einhalten (➔ Kapitel I. 3.1). Vom Baden in Flüssen oder Binnengewässern wird dringend abgeraten. Ältere und kranke Menschen sollten mit ihrem Arzt abklären, ob das tropische Klima bzw. Impfungen oder Prophylaxe, die häufig starke Nebenwirkungen haben, nicht zu belastend für die Gesundheit sind.

Von sehr **kurzfristiger Buchung** einer Reise nach Kenia (weniger als 14 Tage vor der Abreise) sollte abgeraten werden, da die oben genannten Impfungen bzw. die Prophylaxe teilweise nur wirksam sind, wenn sie mehrere Tage vor der Einreise gespritzt bzw. eingenommen werden.

Safaritouristen haben die Möglichkeit, für die Zeit des Aufenthalts Mitglied bei den **Flying Doctors**, ein mit Flugzeugen ausgestattetes Ärzteteam, das im Notfall auch in ganz entlegene Gebiete zur Hilfeleistung kommt, zu werden und dadurch gegebenenfalls Anspruch auf kostenlose Behandlung zu haben. Die Mitgliedschaft erübrigt sich, wenn der Reiseveranstalter, bei dem die Safari gebucht wurde, Mitglied bei den Flying Doctors ist, was bei einigen deutschen Pauschalveranstaltern der Fall ist; dann ist man als dessen Kunde bereits abgesichert. Die Mitgliedschaft bei den Flying Doctors ersetzt jedoch nicht den Versicherungsschutz einer Auslandsreisekrankenversicherung.

In Kenia ist die Immunschwäche **AIDS** sehr stark verbreitet. Deshalb wird hier besonders dringend empfohlen, sich bei Sexualkontakten mit Kenianern hinreichend zu schützen. Für den Fall einer eventuell notwendigen Injektion oder Blutabnahme ist die Mitnahme von Einwegspritzen ratsam.

Wichtiger Bestandteil der Zollbestimmungen für Reisende nach bzw. aus Kenia ist das **Washingtoner Artenschutzabkommen**, das die Ausfuhr von Produkten wie Elfenbein, Schildpatt, Fellen, Krokodil- und Schlangenleder verbietet.

Kenia liegt in der **Zeitzone** MEZ +2. Da es in Kenia keine Sommerzeit gibt, beträgt der Zeitunterschied während der europäischen Sommerzeit nur eine Stunde.

Nationalfeiertag in Kenia ist der 12. Dezember, der Tag der Unabhängigkeit. Es gibt jedoch zahlreiche weitere Feiertage und Feste zu den unterschiedlichsten Anlässen.

Für Touristen werden oft **Folkloreveranstaltungen** organisiert, in deren Rahmen afrikanische Tänze zu traditioneller Musik (Trommeln, Rasseln und Gesänge) dargeboten werden. Zur afrikanischen **Tradition** gehören auch Produkte des Kunsthandwerks (Holzschnitzereien, Trommeln, Korbwaren, Schmuck aus bunten Plastik- und Glasperlen), die man unter anderem auf bunten Märkten erstehen kann. Heute sind diese Artikel jedoch meist Massenproduktion.

Der direkte *FLUGVERKEHR* von Deutschland nach Kenia beschränkt sich auf ganzjährige Charterflüge von Frankfurt und München nach Mombasa (MBA) an der Küste. Direkte Linienflugverbindungen nach Nairobi (NBO, wichtiges Drehkreuz in Ostafrika) gibt es derzeit nicht, jedoch gute Umsteigeverbindungen über Amsterdam, Zürich und Wien. Die Flugdauer von Direktflügen zwischen Deutschland und Kenia beträgt acht bis neun Stunden.

Den Flugverkehr **innerhalb des Landes** führen Kenia Airways (KQ, die Verbindungen zwischen größeren Städten und in Nationalparks unterhält), Airkenya (QP) und private Fluggesellschaften durch, deren Maschinen man häufig auch chartern kann. Viele Orte in Kenia und größere Lodges in Nationalparks haben Start- und Landepisten. Aufgrund großer Entfernungen und wegen teilweise schlechter Straßenverhältnisse spielt der Binnenflugverkehr in Kenia eine große Rolle.

STRASSENVERKEHR / BAHNVERKEHR

Abgesehen von wenigen autobahnähnlichen **Straßen** in der Gegend von Nairobi ist das Straßennetz Kenias in keinem allzu guten Zustand (Schlaglöcher etc.), obwohl die meisten Hauptstraßen asphaltiert sind. Die Verkehrswege im dünn besiedelten Norden und in den Nationalparks bilden meist Schotter- oder Sandpisten. In der Hauptregenzeit kann es beim Befahren dieser Pisten Probleme durch Überschwemmungen geben. Abgesehen vom Linksverkehr gelten die gleichen Verkehrszeichen und ähnliche Verkehrsregeln wie in Mitteleuropa.

Touristen, die **Leihfahrzeuge** (oft teuer und in schlechtem Zustand) anmieten, sollten beachten, dass die Beschilderung häufig unzureichend ist, in den Nationalparks höchstens 40 km/h gefahren werden darf und in dünn besiedelten Gebieten und Nationalparks Reparatur- oder Tankmöglichkeiten selten sind. Von Nachtfahrten, die in den Nationalparks verboten sind, wird aus Sicherheitsgründen abgeraten. Es empfiehlt sich, ein Allradfahrzeug mit Chauffeur anzumieten.

Eine große Rolle im Fernverkehr innerhalb Kenias spielen preisgünstige, oft aber nur wenig komfortable **Linienbusse**. Ab Nairobi kann man per Bus in alle Teile des Landes, jedoch nur selten in Nationalparks gelangen. Für längere Strecken ist es empfehlenswert, vorzureservieren. Neben großen Linienbussen gibt es als „Matatus“ bezeichnete Kleinbusse, die nach dem Prinzip von Sammeltaxis verkehren und auch auf Überlandstrecken fahren. Ihr Nachteil ist, dass sie aufgrund vieler Halts meist lange unterwegs sind und als nicht sehr verkehrssicher gelten; das Auswärtige Amt rät von Fahrten mit öffentlichen Überlandbussen und Matatus ab. Eine Busfahrt von Nairobi nach Mombasa dauert etwa sechs Stunden (per Flug eine Stunde). In Nationalparks führen organisierte Bustouren, die von vielen örtlichen Reiseveranstaltern durchgeführt werden.

Der **Bahnverkehr** in Kenia ist zwar nicht sehr ausgedehnt, gilt aber als sicher und zuverlässig. Zugfahrten von Nairobi nach Mombasa bzw. nach Kisumu am Victoria-See verlaufen meist über Nacht und dauern jeweils etwa 13 Stunden. Die Züge haben drei Beförderungsklassen, die Sitze der 1. Klasse können zu Betten umfunktioniert werden und sind recht bequem. Im relativ preisgünstigen Fahrpreis für die genannten Strecken sind zwei Mahlzeiten enthalten. Frühzeitige Buchung ist empfehlenswert.

SCHIFFSVERKEHR

Im Schiffsverkehr spielt neben der Küste des Indischen Ozeans der Victoria-See, auf dem **Fähren** nach Tansania und Uganda fahren, eine wichtige Rolle. Ab Mombasa verkehren Passagierfähren ins nördlich gelegene Malindi und zur kenianischen Inselgruppe Lamu (vor der Nordküste), zu weiteren ostafrikanischen Häfen und vereinzelt auch nach Indien und auf die Seychellen. Vor allem ist Mombasa aber ein sehr bedeutender Handelshafen Ostafrikas und der kenianische Hafen, der im Rahmen von **Kreuzfahrten** angelaufen wird. Beliebt bei Touristen in den Küstenorten sind auch Ausflugsfahrten mit so genannten „Dhaus“, arabischen Segelbooten.

In Nairobi und in den Touristenzentren an der Küste gibt es zahlreiche Hotels und Resorts verschiedenster Kategorien und Preisklassen, von denen einige auch internationalen Ketten angehören. In den Badeorten haben viele der oft hochwertigen Anlagen Club-Charakter; teilweise wird hier auch All-inclusive-Service angeboten. Man findet kaum klotzig und hoch gebaute Hotels, sondern meist flach gebaute Anlagen und Bungalowdörfer im landestypischen Stil. Abseits touristischer Pfade sind die Hotels meist sehr einfach. Besondere Übernachtungsquartiere in Kenia sind in Nationalparks und Naturreservaten gelegene, als Lodges bezeichnete Hotels. In den Parks gibt es oft auch Zeltcamps (Tented Camps). Viele Lodges sind wunderschön gelegen und gut ausgestattet; komfortable Lodges sind preislich oft mit Luxushotels vergleichbar. Auch in den Camps haben die – auf betoniertem Untergrund stehenden, teilweise klimatisierten – Zelte eigene Duschen und WCs.

Die Hauptattraktion Kenias sind die weite, beeindruckende, ursprüngliche Landschaft und die artenreiche Tierwelt. Um Naturraum und Fauna zu schützen, wurden knapp zehn Prozent der Fläche zu Naturreservaten und **Nationalparks** erklärt. Außerdem gibt es private Wildreservate (Game Reserves). Touristen erkunden die Nationalparks meist auf als **Safaris** („Reise“ auf Swahili) bezeichneten, organisierten und begleiteten Rundreisen, die einen Großteil des Tourismus in Kenia ausmachen.

Viele Reisende erholen sich vor oder nach einer Safari an Kenias hellen **Traumstränden** mit guter touristischer Infrastruktur. Kenias Küste hat sich gerade während der Wintersaison auch zu einem beliebten „reinen“ Bade- und Erholungsziel entwickelt, wenn auch die meisten Badeurlauber wenigstens ein- oder mehrtägige Ausflüge in Nationalparks unternehmen.

Unter den vielfältigen **Sportmöglichkeiten**, die zahlreiche Küstenhotels bieten, sind vor allem Hochseeangeln und Tauchen hervorzuheben. Durch ein vorgelagertes Korallenriff hat Kenia eine wunderschöne Unterwasserwelt; einige Gebiete wurden zu Unterwasser-Nationalparks erklärt. Durch die lange Anwesenheit der Briten hat außerdem der Golfsport eine lange Tradition in Kenia: An der Küste, im Hochland und um Nairobi gibt es landschaftlich reizvoll gelegene Golfplätze. Das Hochgebirge, vor allem die Gipfel Kilimandscharo und Mount Kenya, sind ein beliebtes Ziel von Wanderern und Bergsteigern. Auch in einigen wenigen Nationalparks ist Wandern erlaubt.

Reisen durch Kenia werden manchmal auch auf andere ostafrikanische Länder ausgedehnt. In diesem Zusammenhang ist besonders Tansania zu erwähnen, wo häufig der Serengeti Nationalpark und der Kilimandscharo National Park besucht werden oder ein Badeaufenthalt auf der Insel Zanzibar angehängt wird. Seltener sind **Kombinationen** mit den Seychellen und Mauritius.

Der Fremdenverkehr setzte in Kenia bereits Anfang des 20. Jh. ein, als Europäer das Land als Ziel für Großwildjagden entdeckten. Die heutige Form des **Tourismus** (Bade- und Safarireisen) entwickelte sich in den 60er-Jahren, als ein regelrechter Massentourismus in Kenia einsetzte und die Ferienhotels an der Küste entstanden.

2000 kamen knapp 900.000 Besucher nach Kenia, darunter die meisten (über 15 %) aus Deutschland. Damit ist Kenia unter den tropischen Ländern Afrikas führend im Tourismus. Dem Fremdenverkehr zuträglich ist das relativ niedrige Preisniveau für Badeurlaub; im Gegensatz dazu liegen die Preise für Safaris recht hoch.

Die Reiseindustrie ist ein wichtiger **Wirtschaftsfaktor** und mit Einnahmen von rund 257 Millionen US-Dollar (im Jahr 2000) ein bedeutender Devisenbringer für Kenia. Ein weiterer wichtiger Wirtschaftsfaktor ist die Landwirtschaft (Anbau von Kaffee, Tee, Obst und Blumen). Während es hier kaum Bodenschätze gibt, ist Kenias Industrie in Ostafrika die bedeutendste. Das Bruttosozialprodukt betrugt 2000 in Kenia 350 US-Dollar pro Einwohner.

In den letzten Jahren war der Tourismus in Kenia jedoch rückläufig. Gründe hierfür sind verschiedene **Probleme**. Neben der Bedenken potenzieller Gäste aufgrund gesundheitlicher Risiken sind vor allem schwere innere Unruhen, die 1997 auch in der Küstengegend auftraten, für den Einbruch verantwortlich. Hierbei ging es um bevorstehende Wahlen, deretwegen Anhänger des aktuellen Regimes ihre Gegner auf brutale und blutige Weise „auszuschalten" versuchten. Weitere Probleme, die dem Tourismus ebenfalls schaden, sind die zunehmende Kriminalität und deren Auswirkungen auf die Sicherheitslage. Es wird empfohlen, möglichst keine Wertsachen bei sich zu tragen und nachts die Innenstädte von Nairobi und Mombasa zu meiden. Ausflüge und Safaris sollten am besten in einer Gruppe und nicht unbedingt individuell unternommen werden. Besondere Sicherheitsprobleme bestehen im Norden des Landes, wo viele Flüchtlinge aus Somalia leben.

Seit einem **Bombenanschlag** auf ein Hotel in Mombasa im November 2002 weist das Auswärtige Amt nachdrücklich auf eine mögliche Gefährdung auch bei Ferienreisen hin und rät von nicht notwendigen Reisen nach Kenia ab.

Der Tourismus hat aber nicht nur Vorteile, sondern auch **ökologische Nachteile** für Kenia. Die Besucherscharen in den Parks bringen das ökologische Gleichgewicht durcheinander, Teile des Naturraums werden zerstört und der natürliche Lebensrhythmus der Tiere wird empfindlich gestört. Bedroht wird die Tierwelt auch durch Wilderei. Weitere ökologische Probleme Kenias ergeben sich aus dem großen Bevölkerungswachstum und dem daraus resultierenden hohen Bedarf an landwirtschaftlich nutzbarer Fläche, der zu einer bedenklichen „Ausbeutung" der Natur führt.

5.1.1 BADEURLAUB

Kenias wichtigste Stadt am Indischen Ozean ist **Mombasa** an der Südküste. Touristisch am besten erschlossen sind die Strände nördlich und südlich von Mombasa sowie die Gegend um das etwa 120 Kilometer weiter nördlich gelegene **Malindi**. Von der Grenze zu Tansania im äußersten Süden bis nach Malindi verläuft eine recht gut ausgebaute Küstenstraße. An touristischer Attraktivität gewinnt auch zunehmend die Inselgruppe **Lamu**, etwa 200 Kilometer nördlich von Malindi und 80 Kilometer entfernt von der Grenze zu Somalia gelegen.

Kenias 500 Küstenkilometer säumen lange, breite, weiße, feinsandige Strände. Der Küste vorgelagert ist ein **Korallenriff**, das die Strände vor starker Brandung und Haien schützt und Tauchern und Schnorchlern eine wunderbare Unterwasserwelt bietet. Der Indische Ozean wird an Kenias Küste stark von den **Gezeiten** beeinflusst: In etwa sechsstündigem Rhythmus wechseln sich Ebbe und Flut ab. Bei Ebbe ist das Baden im Meer teilweise nicht möglich, man kann jedoch Spaziergänge zum Riff unternehmen. Grundsätzlich sollten unbedingt Badeschuhe mitgenommen werden, da man sich an den Korallen unangenehme Verletzungen zuziehen kann.

Attraktionsfaktoren von Kenias Küste sind hauptsächlich schöne Strände und komfortable Hotels mit guten Bade- und Sportmöglichkeiten. In Mombasa gibt es zahlreiche Restaurants, Kinos und Tanzclubs. Auch Einkaufsmöglichkeiten sind in der Küstenmetropole zur Genüge vorhanden; die Palette reicht von exklusiven Geschäften für Touristen über einfache Läden Einheimischer bis zu bunten Märkten für Lebensmittel und Kunsthandwerk. Auch in kleineren Orten gibt es Geschäfte und Märkte, an die Strände kommen „Fliegende Händler", die ihre Ware – oft sehr nachdrücklich – anbieten. Außerhalb Mombasas beschränken sich die Unterhaltungsmöglichkeiten weitgehend auf die Hotels, die meist fern vom kenianischen Alltag und recht abgeschirmt von der Außenwelt direkt am Strand liegen. Auch das Nachtleben konzentriert sich auf die Bars, Diskotheken und Spielkasinos der Hotelanlagen bzw. auf hier stattfindende Vorführungen afrikanischer Tänze. Küstenurlauber können jedoch sehr lohnende ein- oder mehrtägige Ausflüge in Nationalparks unternehmen. Interessant ist es auch, Mombasa oder andere Küstenstädte, die seit ihrer Gründung durch die Araber auf eine lange Geschichte zurückblicken, zu besichtigen und die hier ansässige Swahili-Kultur kennen zu lernen.

MOMBASA UND UMGEBUNG

MOMBASA

Mombasa ist mit weit über 500.000 Einwohnern die zweitgrößte Stadt Kenias und seit langem eine der bedeutendsten Hafenstädte Ostafrikas. Das Zentrum Mombasas mit der Altstadt liegt auf einer etwa sieben Kilometer langen, vier Kilometer breiten Koralleninsel (Mombasa Island). Die Insel ist über drei Brücken und eine häufig verkehrende Autofähre mit dem Festland, auf das sich die Stadt ausgedehnt hat, verbunden. Während einige Stadtteile Mombasas sehr arm sind und mit ihren Wellblechhütten auf Europäer häufig schockierend wirken, gibt es im Gegensatz dazu auch sehr noble Villenviertel. Mombasa ist geprägt von den unterschiedlichen hier lebenden Kulturen (Afrikaner, Araber, Inder, Europäer) und ihren verschiedenen Religionen. Etwa die Hälfte der Bevölkerung Mombasas sind Moslems, worauf man bei einer Stadtbesichtigung in Bezug auf Kleidung Rücksicht nehmen sollte. Im Stadtzentrum selbst gibt es nur wenige Hotels und keine richtigen Strände; diese erstrecken sich nördlich und südlich von Mombasa.

Die meisten Kenia-Urlauber kommen in Mombasa, das etwa 15 Kilometer außerhalb des Zentrums einen internationalen Flughafen hat, an. Die Stadt hat sich aufgrund des Flughafens, des Hafens, der hier ausgehenden Bahnlinie und eines großen Busbahnhofs zu einem wichtigen **Verkehrsknotenpunkt** Kenias entwickelt. Ab Mombasa bestehen gute Ausflugsmöglichkeiten, die auch die Passagiere der hier häufig landenden Kreuzfahrtschiffe nutzen. In Mombasa beginnen und enden viele Rundreisen durch Kenia bzw. Ostafrika.

Wahrzeichen Mombasas sind die „Tunsks“, zwei Paar riesige Elefantenstoßzähne aus Stahl, die in Form eines Bogens die Moi Avenue – die Hauptstraße der Stadt mit zahlreichen Geschäften – überspannen. Sie wurden in den 50er-Jahren zu Ehren eines Besuchs der britischen Königin aufgestellt. Von hier aus kann man einen Rundgang zu den wichtigsten **Sehenswürdigkeiten** unternehmen. Dazu gehören die arabisch geprägte Altstadt mit engen Gassen, hübschen weißen Häusern und dem Alten Hafen sowie die sich anschließende Festung „Fort Jesus“, die Ende des 16. Jh. von den Portugiesen errichtet wurde (heute Museum). Ebenfalls sehr sehenswert sind verschiedene Gotteshäuser, darunter die Manhry-Moschee aus dem 16. Jh., der hinduistische Shiva-Tempel und die katholische Kathedrale. Sehr interessant sind auch Mombasas Märkte, darunter der Central Market, der Fischmarkt und der „Floating Market“, ein schwimmender Markt. Einen guten Eindruck von der Stadt gewinnt man auf einer Hafenrundfahrt oder vom Aussichtspunkt „English Point“ auf einer Festlandszunge. Ein etwas außerhalb der Stadt gelegenes, beliebtes Ausflugsziel ist „Akamba Handicraft Centre“, eine Holzschnitzkooperative.

SÜDLICH VON MOMBASA

Der südliche Küstenabschnitt zwischen Mombasa und der Grenze zu Tansania ist etwa 100 Kilometer lang. Die oft palmengesäumten Strände der Südküste sind breiter und gelten als noch schöner als die der Küste nördlich von Mombasa. Die Anbindung der Südküste an Mombasa ist durch eine Fähre gewährleistet (Fahrtdauer etwa 10 Minuten), an der es häufig zu Wartezeiten kommt. Die Transferdauer vom Flughafen zu den Stränden im Süden beträgt ein bis zwei Stunden.

Die etwa 35 Kilometer lange Küste zwischen Mombasa und Diani Beach, dem Urlaubszentrum des Südens, ist touristisch am besten erschlossen. Am etwa acht Kilometer langen **Diani Beach** liegen zahlreiche, gut an die Landschaft angepasste Hotels und Clubanlagen. Die meisten der Resorts gehören der 4-Sterne-Kategorie an und bieten internationale Küche und viele Sportmöglichkeiten. Eines der Hotels hat einen Golfplatz, der teilweise auch den Gästen anderer Anlagen zur Verfügung steht. Ein Ortszentrum gibt es hier nicht, Einkaufsmöglichkeiten bestehen aber in einigen Einkaufszentren.

Im Norden trennt ein Fluss Diani Beach von **Tiwi Beach**, einem noch sehr ruhigen, etwa vier Kilometer langen Strandabschnitt mit nur wenigen, einfacheren Hotels. Südlich von Diani Beach folgt das ebenfalls ruhige **Galu Beach**. Gut 50 Kilometer von Mombasa entfernt liegt die kleine Privatinsel **Chale Island** mit einer Hotelanlage. Den südlichsten Abschnitt der Küste bildet der Ort **Shimoni** mit Strandhotels und einem Hochseefischer-Club.

Die ruhige Südküste bietet auch einige **Ausflugsmöglichkeiten**. Dazu gehören der „Jadini Forest“ (Rest eines Dschungels), die von mächtigen Baobab-Bäumen, über 1.000 Jahre alten Affenbrotbäumen umgebene „Kongo-Moschee“, das tierreiche Naturreservat „Shimba Hills“, das einen Vorgeschmack auf Safaris gibt, sowie der Meeresnationalpark „Kisite Mpunguti“. Hier kann man wie in allen Meeresnationalparks tauchen, schnorcheln und Touren mit dem Glasbodenboot machen. Die Meeresnationalparks wurden zum Schutz des Riffs und seiner Unterwasserwelt eingerichtet.

NÖRDLICH VON MOMBASA

Die touristisch am besten erschlossenen Strände nördlich von Mombasa erstrecken sich über gut 30 Kilometer von **Nyali Beach** – knapp zehn Kilometer nördlich von Mombasa, mit dessen Zentrum es durch eine Brücke verbunden ist – über **Kenyatta Beach**, **Bamburi Beach** und **Shanzu Beach** bis zum naturbelassenen **Kikambala Beach**. Auch an diesem Küstenabschnitt liegen die meist niedrig gebauten Hotels verschiedener Kategorien direkt an schönen, langen Sandstränden und sind oft von üppigen, tropischen Parks umgeben. An den nördlichen Stränden gibt es jedoch öfter auch felsige Abschnitte, die sich als „Hindernis" bei Strandspaziergängen erweisen können.

Als schönster Strandabschnitt gilt der zwischen Bamburi und Shanzu. Die genannten Badeorte haben keine gewachsenen Zentren, sondern beschränken sich auf Hotelzonen. Auch hier ist ein großes Sportangebot vorhanden, in Nyali steht ein Golfplatz zur Verfügung. Die Badeorte an der Nordküste haben durch Brücken eine gute Verkehrsanbindung an das Zentrum von Mombasa. Die Transferdauer vom Flughafen zu den genannten Ferienorten zwischen Nyali Beach und Kikambala Beach beträgt 30 bis 60 Minuten.

Etwa 50 Kilometer nördlich von Mombasa liegt **Kilifi**, wo es – obwohl die Strände nicht so schön sind wie in den zuvor genannten Orten – ebenfalls einige Hotels gibt. Außerdem ist ein kleines Ortszentrum mit Moscheen und einem Hafen, in dem auch Jachten ankern, vorhanden. Am Ortsrand liegen die Ruinen einer alten Swahili-Siedlung.

Die Nordküste bietet zahlreiche interessante **Ausflugsmöglichkeiten**. In der Nähe von Nyali liegt die Krokodilfarm „Mamba Village" mit etwa 10.000 Tieren, bei Bamburi ein künstlich angelegtes Ökosystem mit Tiergehegen, das „Bamburi Nature Trail". Der Küste vorgelagert ist der „Mombasa Marine National Park", ein Meeresschutzgebiet mit prachtvoller Unterwasserwelt. In der Nähe liegt der tropische Park „Kenya Marineland" mit einem großen Aquarium. Interessant ist auch ein Abstecher zur nahe Shanzu gelegenen Swahili-Ruinenstätte „Jumba la Mtwana" aus dem 14. Jh.

MALINDI UND UMGEBUNG

Rund 100 Kilometer nördlich von Mombasa folgt das an mehreren traumhaften Buchten gelegene Fischerdorf **Watamu**. Watamu hat sich zu einem besonders gut für Wassersportler geeigneten Ferienort mit Privatzimmern, einigen Hotels, Restaurants und Geschäften entwickelt.

Mit **Malindi** (40.000 Einwohner) folgt etwa 20 Kilometer weiter nördlich ein großes, internationales Touristenzentrum direkt an der Küste. Die Stadt, wie Mombasa eine alte arabische Gründung und heute noch Heimat vieler Moslems, hat eine lange Tradition als Ferienort; bereits in den 30er-Jahren gab es hier Fremdenverkehr. Malindis Stadtbild ist mit zahlreichen Restaurants, Geschäften und Bars stark vom Tourismus geprägt. Die meisten Hotels gehören der Mittelklassekategorie an und liegen vor allem nördlich, aber auch südlich des Stadtzentrums direkt am Strand. Ihr großer Vorteil ist die Nähe zur Stadt – Malindi ist meist leicht zu Fuß erreichbar – mit vielen Unterhaltungsmöglichkeiten und regem Nachtleben. Nachteil eines Urlaubs in und um Malindi ist, dass die Strände hier nicht ganz so phantastisch sind wie in den südlicheren Küstenorten; es gibt kaum Palmen und das Wasser ist, vor allem in der Regenzeit, nicht so sauber. Als schönster Strand der Region Malindi gilt der südliche Silversands Beach. Da vor der Küste nördlich Malindis kein Riff liegt, ist hier die Brandung wesentlich stärker und die Gegend somit weniger zum Tauchen, jedoch sehr gut zum Surfen geeignet. Malindi gilt auch – besonders in der Trockenzeit – als ideales Revier fürs Hochseeangeln; schon der Schriftsteller Ernest Hemingway kam aus diesem Grund in den 30er-Jahren hierher. Außerdem bietet Malindi einen Golfplatz. Die Transferdauer von Mombasa zu den Hotels um Malindi beträgt etwa zwei Stunden, nach Watamu etwas weniger.

Sehenswürdigkeiten Malindis sind die Altstadt mit malerischen Gassen und einem Fischmarkt, das Erbe aus der portugiesischen Kolonialzeit (darunter eine Kapelle und das aus Kalkstein bestehende Vasco-da-Gama-Kreuz), einige britische Kolonialhäuser, mehrere Moscheen, eine Holzschnitzerei und eine Schlangenfarm. Ab Malindi werden häufig Schiffstouren mit Dhaus veranstaltet.

Die Gegend um Malindi bietet interessante **Ausflugsziele**, darunter auch Watamu und Malindi vorgelagerte Meeresnationalparks. Das kulturelle Highlight der Nordküste, das häufig auch von Mombasa aus besucht wird, ist das in der Nähe von Watamu gelegene „Gedi", die am besten erhaltene Swahili-Ruinenstätte an der Küste. Die archäologische Stätte war im 15. Jh. vermutlich eine blühende Handelsstadt.

100 Kilometer nördlich von Malindi liegt das sehenswerte **Tana-Delta**, das Mündungsgebiet des Flusses Tana mit einer artenreichen Tierwelt. Die Küste nördlich von Malindi ist touristisch kaum erschlossen. Von einer Reise in oder durch dieses Gebiet wird aus Sicherheitsgründen eher abgeraten.

LAMU

Lamu ist eine aus mehreren kleinen Inseln bestehende Inselgruppe mit knapp 20.000 Einwohnern, zumeist Moslems. Die Anreise zur gleichnamigen Hauptinsel, die nur durch einen schmalen Kanal vom Festland getrennt ist, sollte aus Sicherheitsgründen am besten per Flug erfolgen. Ab Nairobi, Mombasa und Malindi gibt es hierher Flugverbindungen mit kleinen Maschinen.

Die sehr ursprünglichen, malerischen, arabisch geprägten Inseln, auf denen es keinen Autoverkehr gibt, sind (noch) ein Geheimtipp für Badeurlauber und so gut wie gar nicht in den Pauschalprogrammen großer Reiseveranstalter enthalten. Die Strände auf Lamu sind besonders schön und meist von Palmen und teilweise von Dünenlandschaften gesäumt.

5.1.2 SAFARIS

Viele Reiseveranstalter bieten Safaris durch einen oder mehrere Nationalparks Kenias an. Individuelle Safaris sind für Leute, die das Land nicht gut kennen, weniger ratsam. Die **Dauer** dieser Reisen, die meist von einheimischen Fahrern und Wildhütern (Ranger) mit sehr guten Ortskenntnissen geführt werden, reicht von wenigen Tagen bis zu ein bis zwei Wochen. Für Badereisende werden von der Küste aus ebenfalls ein- bis mehrtägige Safaris veranstaltet, die auch erst vor Ort gebucht werden können. Der ideale **Zeitpunkt** für eine Safari ist die Trockenzeit. Da die Nationalparks in ganz unterschiedlichen Höhen liegen, variieren Klima und Temperaturen jedoch stark von Park zu Park. Die Safaris werden meist mit Kleinbussen und Jeeps, aber auch mit Kleinflugzeugen durchgeführt. Man wohnt in Lodges oder Camps. In vielen Parks gibt es auch Campingplätze, die jedoch nur wenig Komfort bieten.

PRAKTISCHE HINWEISE

Meist finden Safaris in kleinen **Gruppen** von etwa 6 bis 8 Personen statt, es können jedoch auch „Komfort-Safaris“ in kleineren Gruppen gebucht oder individuelle Touren organisiert werden, die entsprechend teurer sind. Für Safaris gelten besondere **Gepäckbestimmungen**: Man sollte nur ein Gepäckstück mitnehmen, das ein Gewicht von 10 bis 15 Kilo nicht überschreiten darf. Gepäck für einen eventuellen Anschlussaufenthalt kann meist deponiert werden. Es wird empfohlen, vor allem unempfindliche und bequeme **Kleidung** sowie eine Kopfbedeckung und für kühlere Nächte auch einen Pullover einzupacken. Da die beste Tageszeit zur **Tierbeobachtung** der frühe Morgen (sowie der späte Nachmittag) ist, müssen Safari-Touristen sehr früh aufstehen. Während der heißen Tageszeit ziehen sich die meisten Tiere zurück und auch die Gäste haben die Möglichkeit zum Relaxen. Viele Lodges bieten Pools und teilweise auch weitere Freizeiteinrichtungen; abendliches Unterhaltungsprogramm gibt es jedoch nur selten.

NATIONALPARKS / TIERWELT

Mit Ausnahme von Lodges dürfen die **Nationalparks** in Kenia nicht besiedelt und landwirtschaftlich genutzt werden. Sie sind nur tagsüber zugänglich, für den Eintritt muss bezahlt werden. Bei organisierten Safaris sind die Eintrittsgelder in der Regel im Pauschalpreis enthalten. Grundsätzlich gelten bestimmte Verhaltensmaßnahmen: Man sollte keine Tiere füttern, keinerlei Müll hinterlassen und die Fahrzeuge nicht verlassen. Um trotzdem ohne störende Autofenster fotografieren zu können, haben die Kleinbusse meistens ein offenes bzw. hochklappbares Dach.

Safaris in Kenia sind vor allem deshalb so attraktiv, weil Ostafrika enorm tierreich ist und eine große Artenvielfalt bietet, darunter 400 Säugetier-, über 1.000 Vogel- und 300 Reptilienarten. Trotzdem sind hier einige Tierarten durch Wilderei oder Störung des ökologischen Gleichgewichts bedroht. Die **Tiere**, die die meisten Touristen unbedingt zu Gesicht bekommen wollen, sind die so genannten „Big Five“ (Löwe, Leopard, Büffel, Nashorn und Elefant), die zu Zeiten der mittlerweile verbotenen Großwildjagden die begehrtesten Trophäen darstellten. Häufig sieht man auch Geparde, Giraffen, Zebras, Gazellen, Antilopen, Flusspferde, Krokodile, Affenarten, Flamingos und Strauße. Welche Tiere wo besonders häufig vorkommen, wird im folgenden Abschnitt, in dem die am meisten von Touristen besuchten Nationalparks genannt werden, teilweise kurz erwähnt. Die oft giftigen Schlangen sehen Touristen in Kenia eher selten, da diese den Menschen ausweichen und meist nur nachts aktiv sind. Auch auf Spinnen und Skorpione trifft der Safari-Tourist kaum. Besonders viele Insekten gibt es in Kenia während der Regenzeit.

HÄUFIGSTE RUNDREISE- / SAFARISTATIONEN

Im Rahmen von ein- bis zweiwöchigen Safaris durch **Kenia** werden meist mehrere Nationalparks besucht; die spektakulärsten darunter liegen im Südwesten des Landes. Viele Rundreisen beginnen und enden in Mombasa, es gibt jedoch auch Touren ab/bis Nairobi oder ab Mombasa/bis Nairobi oder umgekehrt. Aufgrund der zentralen Lage von Nairobi sind die meisten Nationalparks von hier aus schneller erreichbar als von der Küste. Deshalb beginnen bzw. enden einige Rundreisen, die in Mombasa starten, mit einem Inlandsflug nach bzw. von Nairobi.

Einige der von deutschen Reiseveranstaltern angebotenen Rundreisen dehnen sich auch auf das nördliche **Tansania** aus. Einige der wichtigsten dort gelegenen Reiseziele werden nachfolgend kurz erwähnt. Für die Einreise nach Tansania benötigen deutsche Staatsbürger einen noch mindestens sechs Monate über den Aufenthalt hinaus gültigen Reisepass und ein Visum, das auch vor Ort erteilt wird. Die touristische Infrastruktur des ärmeren Tansania ist weniger entwickelt als in Kenia, die Unterkünfte haben meist einen etwas niedrigeren Standard. Massentourismus ist hier noch weitgehend unbekannt. Tansanias „Zentrum" des Safari-Tourismus ist Arusha.

TSAVO PARK / TAITA HILLS

TSAVO, etwa auf halber Strecke zwischen Mombasa und Nairobi gelegen, ist der größte Nationalpark Kenias und wird wegen der relativ geringen Entfernung (gut 200 Kilometer von Mombasa) auch sehr oft von Touristen aus den Badeorten besucht. Das fast 21.000 qkm große Schutzgebiet wird verwaltungstechnisch in zwei Hälften geteilt: das größere, für Touristen teilweise gesperrte **Tsavo Ost** und das an der Grenze zu Tansania gelegene, touristisch stärker entwickelte **Tsavo West** mit mehreren Lodges, darunter eine der luxuriösesten des ganzen Landes. In der von roter Erde geprägten Savannenlandschaft Tsavos kann man über 60 Säugetierarten bewundern. Bekannt ist der artenreiche Park vor allem für seinen großen Bestand an Elefanten, ein spezielles Reservat für Nashörner und zahlreiche Vogelarten. Attraktion von Tsavo-West sind die von üppiger Vegetation umgebenen Quellen „Mzima Springs". Hier kann man Flusspferde und Krokodile sehen. Die vorab genannten Straßenprobleme während der Regenzeit treffen auf den Tsavo-Park, in dem es nur wenig regnet, in der Regel nicht zu. Der Straßenzustand ist hier allgemein recht gut.

Der Tsavo-Park umschließt auf drei Seiten das unterhalb der gleichnamigen Berge gelegene, wasserreiche Wildreservat TAITA HILLS (110.000 Hektar). Entsprechend kann man seine Fauna und Flora mit der Tsavos vergleichen. Taita Hills und seine Lodges gehören der Hotelkette Hilton.

AMBOSELI / KILIMANDSCHARO NATIONAL PARK

Der knapp 400 qkm große AMBOSELI-NATIONALPARK liegt westlich von Tsavo, direkt an der Grenze zu Tansania. Die große Beliebtheit Amboselis ist vor allem auf seine Lage zu Füßen des schneebedeckten Kilimandscharo zurückzuführen, auf den man von hier atemberaubende Ausblicke genießt. Der Park war Schauplatz von Hemingways Roman und Film „Schnee auf dem Kilimandscharo". Der kenianische Nationalpark geht in den KILIMANDSCHARO NATIONALPARK in Tansania über. Nur von dort ist der Zugang zum Kilimandscharo bzw. dessen Besteigung möglich. Amboseli bietet aber auch eine sehr schöne Tierwelt. Vor allem in der Nähe des meist ausgetrockneten Amboseli-Sees, der einen großen Teil des Parks einnimmt, kann man zahlreiche Tierarten, darunter auch die meisten der „Big Five", beobachten. Die Niederschläge sind hier relativ gering, weshalb Amboseli ganzjährig gut zugänglich ist. Der Nationalpark ist einer der am meisten besuchten Kenias und bietet mit mehreren Lodges verschiedener Kategorien eine ausgezeichnete touristische Infrastruktur, was jedoch auch ökologische Nachteile mit sich bringt.

Da Amboseli mitten im Gebiet der Massai liegt, trifft man in und um den Park häufig auf Massai bzw. sieht deren Dörfer. Gegen ein Trinkgeld lassen sich viele Angehörige dieses Kriegervolkes fotografieren und gewähren teilweise auch Einblick in ihre Hütten („Manyattas"). Nairobi ist von hier auf einer Fahrt von dreieinhalb Stunden, Mombasa in etwa sechs Stunden erreichbar.

MASSAI MARA / SERENGETI / NGORONGORO

Der gut 1.600 qkm große Nationalpark MASSAI MARA, nordwestlich von Amboseli und südwestlich von Nairobi gelegen, ist einer der berühmtesten und am meisten besuchten Nationalparks Kenias und bietet die vielfältigste Tierwelt. Ebenfalls direkt an der Grenze zu Tansania gelegen stellt die Massai Mara zusammen mit dem dortigen, legendären Nationalpark SERENGETI ein als Tierparadies geltendes, 25.000 qkm großes Naturschutzgebiet dar. Das von hügeliger Savanne geprägte Gebiet ist alljährlich Schauplatz von enormen Tierwanderungen: Etwa ab Juni kommen riesige Herden – darunter Gnus, Zebras und Gazellen, gefolgt von Löwen, Leoparden, Geparden und Hyänen – vom Süden in den Norden, da dann hier das Nahrungsangebot größer ist, und wandern etwa ab Oktober zurück. Die Wahrscheinlichkeit, die „Big Five" und zahlreiche weitere Tierarten zu sehen, ist hier am größten; besonders Löwen kommen sehr häufig vor. In beiden Parks besteht die Möglichkeit, auf einer – relativ teuren – Fahrt mit einem Heißluftballon die Tiere aus der Vogelperspektive zu beobachten. In und um Massai Mara und Serengeti sind zahlreiche Lodges und Quartiere für Touristen vorhanden. Die Pisten sind in der Regenzeit jedoch häufig nicht oder nur schwer befahrbar. Auch die Massai Mara gehört zum Gebiet des Massai-Volkes, nach dem sie benannt ist; ein Besuch naher Massai-Dörfer ist gegen Bezahlung möglich. Die Massai Mara liegt gut 250 Kilometer entfernt von Nairobi und ist von hier in etwa fünf Stunden erreichbar.

In Tansania schließt sich östlich an die Serengeti, in Richtung des Kilimandscharo, das 8.300 qkm große Schutzgebiet im und um den NGORONGORO-KRATER an. Ngorongoro ist die zweitgrößte Caldera der Erde (Fläche 250 qkm, Durchmesser 22 Kilometer, Tiefe 600 bis 700 Meter). Im spektakulären Ngorongoro-Krater liegt das – im Verhältnis zu seiner Größe – tierartenreichste Naturschutzgebiet der Welt. Hier ist die Chance, Leoparden zu sehen, besonders groß. Am Rand des Kraters befindet sich das Grab des bekannten deutschen Zoologen Grzimek, der sich unter anderem durch Bücher, Fernsehsendungen und Filme („Serengeti darf nicht sterben") sehr stark für die Erhaltung der Natur und Tierwelt Ostafrikas eingesetzt hat. Die Gäste können in verschiedenen Lodges übernachten, eine liegt direkt am Kraterrand.

NAIROBI

Die etwa 1.700 Meter hoch gelegene Hauptstadt mit für Mitteleuropäer recht angenehmem Klima hat ein etwa vier qkm großes, modernes Zentrum, in dem sich die meisten Sehenswürdigkeiten befinden. Während im Westen der Stadt ein nobles Villenviertel liegt, sind vor allem östlich des Zentrums große Slumgebiete entstanden, in denen ein Großteil der Bevölkerung Nairobis lebt. Touristen wird von einem Aufenthalt in diesen Gebieten aus Sicherheitsgründen abgeraten. Allgemein sollte man in Nairobi möglichst wenig Wertsachen mit sich führen und nachts nicht zu Fuß unterwegs sein.

Zu den wichtigsten Sehenswürdigkeiten des von Hochhäusern geprägten **Stadtzentrums** gehört das höchste Gebäude, das über 100 Meter hohe „Kenyatta Conference Centre", von dessen Spitze man bei gutem Wetter den Mt. Kenya und den Kilimandscharo sehen kann. Außerdem werden oft das Nationalmuseum, das Eisenbahnmuseum, das Mausoleum Kenyattas und einige der vielen moslemischen, christlichen und hinduistischen Gotteshäuser Nairobis besichtigt. Gute Einkaufsmöglichkeiten bestehen in der Fußgängerzone, auf Märkten und der Hauptstraße Kenyatta Avenue.

Ein häufiger Abstecher von der Hauptstadt aus führt in den Südwesten. Hier liegt der gut 100 qkm große, artenreiche **Nairobi National Park**, der – nur zehn Kilometer von der Stadt entfernt – in wenigen Stunden einen guten Überblick über Kenias Tierwelt bietet.

Sehr beliebt sind auch Ausflüge in einen etwa 20 Kilometer südwestlich von Nairobi, zu Füßen der Ngong-Berge gelegenen, nach der Schriftstellerin Karen Blixen benannten Vorort. Das hiesige Haus der Schriftstellerin, Schauplatz ihres bekanntesten Romans, der unter dem Titel „Jenseits von Afrika" in Hollywood verfilmt worden ist, wurde zum **Karen-Blixen-Museum** „umfunktioniert".

MT. KENYA

Der nach dem höchsten Berg des Landes benannte, gut 700 qkm große Nationalpark liegt etwa 140 Kilometer nördlich von Nairobi. Der Park, der in einer Höhe von über 3.000 Meter beginnt, und seine waldreiche Umgebung sind bekannt für ihre einzigartige Flora, man kann hier aber auch zahlreiche Tierarten bewundern. Wie der Kilimandscharo ist auch der Mt. Kenya immer schneebedeckt und bietet ein majestätisches Erscheinungsbild. Den hier ansässigen Kikuyu ist der Berg heilig, da sie glauben, er sei der Wohnort Gottes. Der Park wird häufig von Wanderern und Bergsteigern besucht. Der Aufstieg durch verschiedene Vegetationszonen wird jedoch nur erfahrenen Bergsteigern in einer Gruppe mit entsprechender Ausrüstung empfohlen. Für den kompletten Auf- und Abstieg sollten etwa sechs Tage eingeplant werden; Berghütten sind vorhanden. Obwohl auch hier die beste Reisezeit die Trockenzeit darstellt, können das ganze Jahr über Regenfälle bzw. plötzliche Witterungsänderungen auftreten. Es sind verschiedene Unterkünfte für Touristen vorhanden, darunter einzigartige, spektakuläre Baumhotels. Die Lodges organisieren teilweise auch Trekking-Touren. Durch den Mt.-Kenya-Nationalpark verläuft der Äquator, dessen Markierung und Überquerung ein begehrtes Fotomotiv ist.

LAKE NAKURU

Der knapp 200 qkm große „Lake Nakuru National Park" ist nach dem gleichnamigen See benannt, einem der sieben großen Seen des Rift Valley, das hier 50 Kilometer breit und bis zu 3.000 Meter tief ist. Die große Attraktion des Lake Nakuru sind enorme Flamingoschwärme; es sollen sich hier bereits bis zu zwei Millionen dieser rosafarbenen Vogel aufgehalten haben. Auch viele weitere Vogelarten, darunter Pelikane, und zahlreiche Säugetierarten leben im Nationalpark. Man kann unter anderem Nashörner (für die ein spezielles Schutzareal eingerichtet wurde), Giraffen, Zebras und Büffel sehen. Der See liegt gut 150 Kilometer nordwestlich von Nairobi, nahe der Großstadt Nakuru, und nicht allzu weit vom Victoria-See entfernt. Unterkünfte sind im Park vorhanden.

SAMBURU & BUFFALO SPRINGS

Die beiden durch eine Brücke verbundenen, etwa 350 Kilometer nördlich von Nairobi gelegenen Naturreservate umfassen zusammen etwa 300 qkm. Wie in den meisten nördlichen Gebieten dominieren hier Halbwüste und Savanne, die Tierwelt ist sehr arten- und abwechslungsreich. Eine Besonderheit sind unter anderem die hier lebenden Netzgiraffen und Strauße, außerdem gibt es sehr viele Leoparden und Geparden. Da das nördliche Kenia sehr trocken ist, können Samburu und Buffalo Springs ganzjährig recht problemlos bereist werden, es ist jedoch auch zu jeder Jahreszeit sehr heiß. Touristenunterkünfte sind in ausreichender Zahl vorhanden. Samburu ist nach dem gleichnamigen, hier lebenden Volksstamm benannt, dessen Kultur man im nahe dem Park gelegenen Dorf „Samburu Cultural Centre" kennen lernen kann. Samburu wurde von Joy Adamson gegründet, einer Tierschützerin und Naturforscherin, die durch mehrere Bücher bekannt geworden ist, darunter „Born Free" über die von ihr aufgezogene Löwin Elsa.

SÜDAFRIKA

1.) Ein Stammkunde träumt schon lange von Südafrika und möchte dort seinen nächsten Urlaub (3 bis 4 Wochen) verbringen. Aufgrund gesundheitlicher Probleme verträgt Ihr Kunde keine allzu große Hitze. Sein Arzt rät ihm außerdem von einem Reiseziel, für das Malariaprophylaxe notwendig ist, dringend ab.

a) *Welche südafrikanische Region kann der Kunde trotzdem besuchen und welchen Reisetermin empfehlen Sie ihm? Wie erfolgt die Anreise dorthin?*

b) *Zur Akklimatisierung möchte der Kunde die erste Woche an einem festen Standort – am liebsten in einer interessanten Stadt – verbringen und von dort Ausflüge in die nähere und weitere Umgebung machen. Welche Vorschläge unterbreiten Sie ihm?*

c) *Anschließend möchte Ihr Kunde die „Gartenroute“ kennen lernen. Beschreiben Sie Verlauf und Länge dieser Route und ihre Besonderheiten. Nennen Sie die wichtigsten Stationen der Route und geben Sie eine Empfehlung bezüglich der Reisedauer.*

d) *An die Rundreise möchte der Kunde noch einige Tage Badeaufenthalt und eine Minisafari anhängen, um die afrikanische Tierwelt kennen zu lernen. Welchen Badeort und welches Safarigebiet empfehlen Sie? Von wo erfolgt der Rückflug?*

e) *Der Kunde möchte nun noch wissen, ob Sie ihm empfehlen, individuell oder in einer Gruppe zu reisen. Begründen Sie Ihre Antwort und unterbreiten Sie dem Kunden entsprechende Angebote aus Veranstalterkatalogen.*

2.) Ein Kunde, der sich als großen Eisenbahnfan bezeichnet, plant für November eine Reise mit einem Luxuszug durch Südafrika.

a) *Informieren Sie ihn über infrage kommende Züge, deren Ausstattung, Routen, Fahrtdauer und Buchbarkeit von Deutschland aus. Von welcher Institution kann der Kunde noch ausführlicheres Informationsmaterial über diese Züge erhalten?*

b) *Vor der Zugreise möchte sich der Kunde einige Tage erholen. Er hat von einem Ferienort in Südafrika gehört, der auch als „Las Vegas Afrikas“ bezeichnet wird. Wie heißt der Ort, wie weit ist er vom Zielflughafen entfernt und was wird dort geboten?*

c) *Wie groß ist der Zeitunterschied zwischen Deutschland und Südafrika im November?*

3.) Ihr Reisebüro organisiert gemeinsam mit einer örtlichen Tageszeitung eine zweiwöchige Leserreise nach Südafrika für den kommenden Juni. Die Reise soll eine Safari und einen Badeaufenthalt umfassen. Stellen Sie einen genauen Reiseverlauf ab/bis Frankfurt zusammen und schildern Sie die Sehenswürdigkeiten dieser Route und die Besonderheiten des ausgewählten Safarigebiets.

5.2 SÜDAFRIKA

Der Name des landschaftlich sehr vielfältigen Landes gibt Aufschluss über seine geographische Lage: Südafrika nimmt mit gut 1,22 Millionen qkm Fläche den südlichsten Teil des afrikanischen Kontinents ein. Es erstreckt sich zwischen dem 22. und 35. Grad südlicher Breite. Südafrika wird vom **Atlantik** im Westen und dem **Indischen Ozean** im Osten eingerahmt. Die Küstenlänge beträgt insgesamt 3.000 Kilometer. Die beiden Ozeane treffen sich im Süden des Landes, am **Kap der guten Hoffnung**. Nördliche Nachbarn Südafrikas sind Namibia, Botswana und Zimbabwe, im Nordosten liegen Mozambique und Swasiland. Vollständig von südafrikanischem Staatsgebiet umschlossen liegt im Osten des Landes das unabhängige Königreich Lesotho.

Offizielle Hauptstadt und Regierungssitz der in neun Provinzen aufgeteilten Republik Südafrika ist **Pretoria** im nordwestlichen Landesinneren. Das Parlament befindet sich jedoch in **Kapstadt**, die Judikative in **Bloemfontein**. Während in Pretoria gut 800.000 Menschen leben, ist die größte Stadt des Landes mit etwa zwei Millionen Einwohnern das von dort nur knapp 60 Kilometer entfernte **Johannesburg**. Insgesamt hat Südafrika knapp 43 Millionen Einwohner.

LANDSCHAFTLICHE GROSSRÄUME

Einen Großteil Südafrikas nimmt eine im **LANDESINNEREN** gelegene, hügelige Hochebene ein, die als **Highveld** bezeichnet wird und von Süden nach Norden ansteigt. Das Highveld wird vorwiegend von Halbwüste dominiert. In Richtung der Küsten begrenzen unterschiedlich hohe Randschwellengebirge („Große Randstufe“) das Highveld. Dazu gehören die **Drakensberge** im Nordosten, ein Hochgebirge mit Schluchten, außergewöhnlichen Gesteinsformationen und dem höchsten Berg Südafrikas, dem 3.377 Meter hohen **Champagne Castle**. Der längste Fluss Südafrikas ist der 2.300 Kilometer lange **Oranje**, der in den Drakensbergen entspringt, durch Lesotho fließt, dann einen Teil der Grenze zu Namibia bildet und schließlich im Atlantik mündet.

An die Große Randstufe schließen sich schmale Küstenebenen und kaum gegliederte **KÜSTEN** mit Sandstränden und Felsbuchten an.

NÖRDLICH fällt das Highveld allmählich zu Beckenlandschaften und Senken ab, darunter die etwa 600 Meter hohe Wüste **Kalahari** und das nordöstliche **Lowveld**.

Der größte Teil Südafrikas, wo die Jahreszeiten entgegengesetzt zu denen in Europa verlaufen, hat **subtropisches Klima** mit viel Sonnenschein, nur der äußerste Nordosten ist **tropisch**. Auf das Wetter an den Küsten haben zwei Meeresströmungen Einfluss: ein kalter Strom an der felsigen Westküste und ein warmer Strom an der sanfteren Ostküste. So ist es an der Ostküste stets um einige Grad wärmer als an der Westküste, es gibt im Osten aber auch – vor allem im schwülen Sommer – mehr Niederschlag (subtropisches Sommerregenklima). Niederschlag und Temperatur nehmen an der Ostküste von Norden nach Süden hin ab; an der Südküste verteilen sich die relativ geringen Niederschläge gleichmäßig über das Jahr. Der Südwesten um Kapstadt ist ein Winterregengebiet (mediterranes Klima). Von Kapstadt in Richtung Norden nehmen die Niederschläge allmählich ab, in der Halbwüste und Wüste herrscht subtropisches Trockenklima mit recht großen Temperaturschwankungen. Die Niederschläge im Highveld sind eher niedrig, nehmen von Westen nach Osten zu und konzentrieren sich auf den Sommer. Wegen der Höhenlage sind die Temperaturen hier niedriger, in den Drakensbergen fällt im Winter manchmal Schnee.

Südafrika kann das ganze Jahr über bereist werden. Hochsaison ist der afrikanische Sommer (Oktober bis März), vor allem die Weihnachtszeit. Die besten **Reisezeiten** sind aufgrund der verschiedenen klimatischen Gegebenheiten jedoch nicht für das ganze Land einheitlich. Während für eine Reise in die Kapprovinz die Zeit zwischen September und April absolut ideal ist, eignen sich der Südwinter und die Übergangszeiten auch gut für Reisen in die Nationalparks im Norden und die Badeorte an der Ostküste, wo es im Sommer feuchtheiß sein kann.

Zu den frühesten Einwohnern Südafrikas zählen vermutlich die Völker der Buschmänner (San) und der Hottentotten. Ab dem 11. Jh. n. Chr. wanderten Bantu-Stämme aus dem Norden ins Land ein, die heute einen Großteil der Bevölkerung bilden.

„Entdeckt“ wurde Südafrika Ende des 15. Jh. von **Portugiesen** auf der Suche nach einem Seeweg nach Indien. Auch in der folgenden Zeit wurde die südafrikanische Küste als Zwischenstation auf dem Weg dorthin genutzt. Im Laufe des 16. Jh. kamen Niederländer und weitere Europäer nach Südafrika und gründeten im 17. Jh. Siedlungen, darunter 1652 als erste Kapstadt. Die meist holländischen, deutschen und französischen Siedler, die sich selbst als **Buren** (freie Bürger) bezeichneten, dehnten ihre Gebiete ohne Rücksicht auf die einheimische Bevölkerung, die vertrieben oder als Sklaven ausgenutzt wurde, schnell aus. Während des 18. und 19. Jh. kam es zu grausamen Kriegen zwischen Buren und Einheimischen, die sie als „Kaffern“ bezeichneten.

Anfang des 19. Jh. nahmen die Briten den Holländern die Vorherrschaft in Südafrika ab, machten das Land zur **britischen Kolonie** und schafften die Sklaverei ab. Um der britischen Herrschaft zu entgehen, wanderten viele Buren Mitte des 19. Jh. in den Nordosten aus und gründeten dort die Burenrepubliken Natal, Transvaal und Oranje-Freistaat. In den folgenden Jahren erlebte Südafrika einen enormen wirtschaftlichen Aufschwung durch die Entdeckung großer Diamanten- und Goldvorkommen sowie weiterer Rohstoffe. Eine große Einwanderungswelle überflutete das Land, aus einem Camp der Goldgräber entwickelte sich die Stadt Johannesburg. Ende des 19. Jh. kam es zum Krieg zwischen Briten und Buren, unter anderem um wichtige Rohstoffgebiete. Nach der burischen Niederlage 1902 wurden auch die Burenrepubliken britische Kolonien.

1910 schlossen sich die Kolonien zum Commonwealthstaat **Südafrikanische Union** zusammen. Wahlrecht bekamen fast ausschließlich Weiße, die den neuen Staat, der sich wirtschaftlich gut entwickelte, völlig dominierten. Bald begann die Politik der Rassentrennung (**Apartheid**), die fast während des ganzen 20. Jh. in Südafrika betrieben wurde. Im Laufe der folgenden Jahrzehnte wurde die strikte Trennung von Schwarzen, Weißen und Farbigen in Krankenhäusern, Schulen, Kirchen und öffentlichen Verkehrsmitteln gesetzlich verankert. Mischehen waren verboten, Schwarze durften keine qualifizierte Arbeit ausführen und mussten in eigenen Vierteln in und um größere Städte („Townships“) leben. In den 50er-Jahren richtete man „Homelands“ ein, schwarze Siedlungsgebiete mit weitgehender Selbstverwaltung, wo 75 % der Bevölkerung auf gut 10 % der Landfläche lebten, um den Großteil Südafrikas den Weißen vorzubehalten. Der Widerstand der Schwarzen gegen die Apartheid wuchs enorm; Anfang der 60er-Jahre kam es zu schweren Zusammenstößen zwischen der Regierung und dem 1912 gegründeten ANC (African National Congress), der sich für die Rechte der Schwarzen einsetzte. 1961 wurde nach dem Austritt aus dem Commonwealth die **Republik Südafrika** gegründet, der ANC verboten, dessen Anführer, darunter Nelson Mandela, zu lebenslanger Haft verurteilt und jeglicher Widerstand unterdrückt.

In den folgenden Jahrzehnten wurde Südafrika wegen der Apartheid international zunehmend kritisiert. Boykotts, wirtschaftliche Sanktionen, erhebliche innere Unruhen und der Widerstand der Schwarzen führten zu Reformen in den 80er-Jahren und ab 1990 zur **Liberalisierung**. 1994 wurde nach den ersten freien Wahlen der 1990 freigelassene Nelson Mandela erster schwarzer Präsident Südafrikas. Es gab eine neue Verfassung, die Homelands wurden aufgelöst, eine Neueinteilung der Provinzen vorgenommen. Dieser Zeitpunkt wird offiziell als Ende der Apartheid angesehen.

Die knapp 43 Millionen Menschen zählende **Bevölkerung** Südafrikas wurde im Zuge der Apartheidsgesetze in vier ethnische Gruppen aufgeteilt; die Gruppenzugehörigkeit wurde amtlich festgestellt. Die größte Bevölkerungsgruppe stellen mit gut 70 % die Schwarzen dar, von denen die meisten verschiedenen Bantu-Stämmen angehören. Das größte der neun Bantu-Völker sind die Zulu, die fast ein Drittel der schwarzen Bevölkerung bilden. Noch heute leben viele Schwarze in Townships, ehemaligen Homelands und in ländlichen Gebieten. Zweitgrößte Bevölkerungsgruppe sind mit knapp 15 % die Weißen, von denen sehr viele in Städten leben; über die Hälfte der Weißen sind Nachkommen der Buren. Etwa 10 % der Bevölkerung sind als „Coloureds“ bezeichnete Farbige, die aus Verbindungen zwischen Schwarzen und Weißen hervorgegangen sind oder von malaiischen Sklaven abstammen. Sehr viele Coloureds leben in der Kapprovinz. Etwa 3 % der Bevölkerung Südafrikas sind Inder, Nachfahren von Arbeitskräften, die die Briten nach Südafrika „importierten“, und von denen heute die meisten an der Ostküste leben.

Die **Bevölkerungsdichte** liegt in Südafrika durchschnittlich bei 35 Einwohnern/qkm, verteilt sich aber ganz unterschiedlich, da über die Hälfte des Landes zur Besiedlung ungeeignet ist. Sehr dünn besiedelt sind vor allem die nordwestlichen Wüstengebiete. Siedlungsschwerpunkte sind die ehemaligen Homelands und die Großräume der größten Städte Johannesburg, Kapstadt und Durban. Durch die zunehmende Landflucht breiten sich um große Städte slumartige Siedlungen aus.

Obwohl es seit 1994 offiziell keine Apartheid mehr gibt, konnten die Rassenkonflikte und die daraus resultierenden Probleme natürlich nicht in wenigen Jahren vollständig abgebaut werden. Gesellschaftliche Probleme aus der Zeit der Apartheid sind krasse soziale Gegensätze („soziale Apartheid“) im Land, die der Hauptgrund für die große Zunahme von Kriminalität in Südafrika sind. Während die meisten Weißen sowie viele Coloureds und Asiaten in – mit europäischem Lebensstil vergleichbarem – Wohlstand leben, liegt bei der schwarzen Bevölkerung das Einkommen vielfach unterhalb der Armutsgrenze, die Arbeitslosenquote ist sehr hoch, soziale Absicherung und Bildung unzureichend. Die ländliche schwarze Bevölkerung lebt häufig noch in Stammesverbänden nach alten Traditionen.

Vor dem Ende der Apartheid gab es in Südafrika offiziell nur die beiden Landessprachen Englisch und Afrikaans. Afrikaans ist die vom Niederländischen ausgehende Sprache der Buren. Während Afrikaans von gut 50 % der Weißen und etwa 90 % der Coloureds gesprochen wird, ist Englisch die Sprache von etwa 35 % der Weißen und vieler Asiaten. Heute gibt es in Südafrika elf offizielle **Landessprachen**, da mittlerweile auch die Sprachen der neun Bantu-Stämme dazugehören; die am häufigsten gesprochene Bantu-Sprache ist Zulu. Sehr viele Südafrikaner sind mindestens zweisprachig.

Als Tourist kommt man mit Englisch natürlich hervorragend zurecht, vereinzelt sogar auch mit Deutsch. Zumindest wird man von der Afrikaans sprechenden Bevölkerung oft verstanden bzw. kann selbst die Bedeutung einiger Worte in Afrikaans ableiten.

Etwa 80 % der südafrikanischen Bevölkerung gehören der christlichen **Religion** an, vor allem protestantischen Konfessionen und unabhängigen Kirchen der Schwarzen, aber auch dem Katholizismus und weiteren christlichen Glaubensgemeinschaften. Die verbleibenden 20 % der Bevölkerung gehören – abgesehen von kleinen hinduistischen, moslemischen und jüdischen Minderheiten – afrikanischen Naturreligionen an, von denen auch Elemente in die schwarzen christlichen Kirchen eingeflossen sind.

Bei Einreise aus Europa sind für Südafrika keine besonderen **Impfungen** vorgeschrieben. Eine Impfung gegen Hepatitis A wird jedoch empfohlen, Individualreisenden ebenso eine Impfung gegen Typhus.

Die meisten Regionen Südafrikas sind malariafrei. Ein Malariarisiko besteht – vor allem im Südsommer – in tiefer gelegenen Gebieten Transvaals sowie in der Küstenregion von Kwazulu/Natal. Zu diesen Gebieten gehört auch der Krüger-Nationalpark. Vom Schwimmen und Waten in Binnengewässern wird grundsätzlich abgeraten.

Wichtiger Bestandteil der Zollbestimmungen für Reisende nach bzw. aus Südafrika ist das **Washingtoner Artenschutzabkommen**, das die Ausfuhr von Produkten wie Elfenbein, Schildpatt, Fellen, Krokodil- und Schlangenleder verbietet.

Südafrika liegt in der **Zeitzone** MEZ +1. Da Südafrika das ganze Jahr über die gleiche Zeit hat (keine Sommerzeit), besteht während der europäischen Sommerzeit kein Zeitunterschied.

Einer der wichtigsten **Feiertage** in Südafrika ist der 27. April, der Tag der Verfassung, an dem im Jahr 1994 die ersten allgemeinen Wahlen stattfanden. Außerdem gibt es zahlreiche weitere Feiertage und Feste zu den unterschiedlichsten Anlässen.

Interessant für Touristen sind Veranstaltungen, in deren Rahmen man die Aufführung afrikanischer Tänze sehen und traditionelle Musik (meist Trommeln und Rasseln sowie Gesänge) hören kann. Zur afrikanischen **Tradition** gehört auch das Kunsthandwerk, das man in vielen Geschäften und auf bunten Märkten bewundern und erstehen kann. Dies sind vor allem Arbeiten aus kleinen, bunten Plastik- und Glasperlen, Holzschnitzereien, Teppiche, Puppen und Masken.

Der *FLUGVERKEHR* zwischen Deutschland und Südafrika ist mit täglichen direkten Linienflugverbindungen der Fluggesellschaften LH und South African Airways (SA) sehr gut ausgebaut. Die meisten Direktflüge verbinden Frankfurt und Johannesburg (JNB), nach einer Zwischenlandung geht es teilweise weiter nach Kapstadt (CPT).

Nonstop-Flüge nach Kapstadt sind seltener, ab München gibt es hierher aber zeitweise Charterflüge. Die Flugdauer von Nonstop-Flügen zwischen Deutschland und Südafrika beträgt zehn bis elf Stunden. Oft werden jedoch auch Umsteigeverbindungen anderer europäischer Fluggesellschaften genutzt, mit denen man entsprechend länger unterwegs ist, die aber auch preisgünstiger sind. Vor allem von Johannesburg aus, das das wichtigste Drehkreuz im südlichen Afrika darstellt, gibt es auch gute Flugverbindungen in die Nachbarländer.

Den Flugverkehr **innerhalb des Landes** bedient neben kleinen regionalen Airlines ebenfalls die nationale Fluggesellschaft SAA, die gute Verbindungen zwischen größeren Städten und von dort aus auch in kleinere Orte unterhält. Aufgrund der großen Entfernungen im Land spielt der Flugverkehr für Reisen innerhalb Südafrikas eine wichtige Rolle. Für ausländische Reisende, die die internationale Strecke – oder zumindest einen Teil davon – mit SAA fliegen, gibt es innerhalb des Landes vergünstigte Tarife in Form von Coupon-Tickets.

STRASSENVERKEHR

In Südafrika gibt es ein sehr gutes **Straßennetz**, vor allem zwischen den Großstädten und in den dichter besiedelten Gebieten des Landes. Autobahnen sind teilweise mautpflichtig. Abgesehen vom Linksverkehr gelten die gleichen Verkehrszeichen und ähnliche Verkehrsregeln wie in Mitteleuropa.

Internationale und nationale Autovermieter unterhalten über das ganze Land verteilt Mietstationen. Viele Touristen sind in Südafrika auf eigene Faust mit **Mietfahrzeugen**, darunter auch Camper, unterwegs, deren Buchung von Deutschland aus meistens preiswerter ist. Als Mindestalter des Fahrers ist 23 Jahre vorgeschrieben.

Eine wichtige Rolle im Inlandsfernverkehr spielen auch die meist recht komfortablen, schnellen und preiswerten **Linienbusse**. Vorreservierungen werden empfohlen. Die Verbindungen zwischen größeren Städten sind sehr gut und finden im Fernverkehr oft über Nacht statt. Auch regional und innerhalb der Städte gibt es meist ein gutes öffentliches Verkehrsnetz, zu dem häufig Sammeltaxis sowie in Johannesburg und Kapstadt Vorortzüge gehören. Vor Ort werden auch pauschale Busrundreisen, unter anderem auch in die Nationalparks, veranstaltet.

BAHNVERKEHR / SCHIFFSVERKEHR

Das **Bahnnetz** in Südafrika ist gut und ausgedehnt, die Fahrten dauern jedoch im Vergleich zu Reisen in Fernbussen relativ lange. Die Fahrt von Kapstadt nach Johannesburg beispielsweise dauert mit dem Bus 15 Stunden und mit dem Zug 25 Stunden; per Flugzeug ist man auf dieser Strecke zwei Stunden unterwegs. Neben regulären, täglich verkehrenden Zügen mit zwei Wagenklassen gibt es mehrmals wöchentlich Expresszüge, die schneller und komfortabler sind. Dazu gehören Trans-Oranje (Kapstadt–Durban), Trans-Natal (Durban–Johannesburg) und Trans-Karoo (Kapstadt–Johannesburg–Pretoria). Die Abteile dieser meist über Nacht verkehrenden Züge können zu bequemen Liegewagen umfunktioniert werden; eine Reservierung im Voraus ist empfehlenswert. Sehr frühzeitig sollte die Buchung für in Südafrika verkehrende, touristisch sehr beliebte Luxus- und Nostalgiezüge vorgenommen werden. Dazu gehören der berühmte Luxuszug „Blue Train“ und die Nostalgiezüge der „Rovos Rail“ (➔ Kapitel 5.2.3).

Im **Schiffsverkehr** spielen vor allem die Ost- und Südküste eine Rolle. Die bedeutendsten Häfen Südafrikas sind Kapstadt, Port Elizabeth, East London, Durban und Richard´s Bay. Auch im Rahmen von **Kreuzfahrten** werden häufig die genannten südafrikanischen Häfen angelaufen. Ab/bis Südafrika werden auch Kreuzfahrten durch den Indischen Ozean veranstaltet.

Das Angebot an **Übernachtungsquartieren** ist in weiten Teilen Südafrikas sehr groß und reicht von hochwertigen Luxushotels (die teilweise internationalen oder südafrikanischen Ketten angehören) über einfachere Hotels und private Gästehäuser (die komfortablem Bed & Breakfast entsprechen) bis zu Ferienwohnungen.

In den Nationalparks kann man in Camps, Lodges und als „Rondavels“ bezeichneten Rundhütten wohnen. Für Reisende mit Campmobilen gibt es spezielle Caravan-Parks, wo man auch in Zelten übernachten kann. Alle Quartiere in Südafrika, jedoch speziell die Unterkünfte in den Nationalparks, sollten möglichst frühzeitig gebucht werden. Strand- und Badehotels findet man hauptsächlich an der Ostküste, vor allem in der Gegend um Durban, da die Westküste rauerem Klima unterliegt. Viele Gästehäuser liegen an der Südküste, deren als „Gartenroute“ bezeichneter Teil von zahlreichen Touristen auf eigene Faust befahren wird. Eine große Auswahl an Hotels ist natürlich auch in und um die Großstädte vorhanden, gerade im touristisch besonders attraktiven Kapstadt. Mehrere Großhotels gibt es im rund 150 Kilometer von Johannesburg entfernten Sun City, das den Beinamen „Las Vegas Afrikas“ trägt. Die künstlich angelegte Stadt hat sich im Laufe weniger Jahre zu einem Vergnügungszentrum mit Spielkasinos, Diskotheken, einem Stadion für Musik- und Sportveranstaltungen, zahlreichen aktiven Sportmöglichkeiten und Parks entwickelt.

Die größten Attraktionsfaktoren Südafrikas sind seine **landschaftliche und kulturelle Vielfalt,** die in ganzjährig angenehmem, warmem Klima viele Urlaubsmöglichkeiten und abwechslungsreiche Aktivitäten bietet. Das südafrikanische Fremdenverkehrsamt wirbt mit dem Slogan „Die ganze Welt in einem Land“.

Tatsächlich kann man hier während eines einzigen Urlaubs Badeferien an langen, exotischen Sandstränden verleben, Safaris in Nationalparks und Wildreservaten sowie abenteuerliche Hochgebirgs- und Wüstentouren machen und Städtereisen in interessante Metropolen sowie Fahrten entlang der idyllischen Südküste mit Weinanbaugebieten, Wäldern und Seen unternehmen. Auch Fauna und Flora sind in den unterschiedlichen Klimaregionen und Landschaften außerordentlich vielfältig und werden in Nationalparks und Naturschutzgebieten geschützt. Die Pflanzenwelt Südafrikas, die in der Kapregion besonders einzigartig ist, gehört zu den artenreichsten der Welt. Aufgrund der Vielfalt kommen die wenigsten Touristen für einen reinen Badeurlaub oder „nur“ für eine Safari nach Südafrika. Stattdessen lernen die meisten Reisenden die ganze Vielfalt des Landes auf **Rundreisen** unterschiedlichsten Charakters kennen und kombinieren die verschiedenen Urlaubsformen.

Weiterer besonderer Anziehungspunkt Südafrikas sind die bereits erwähnten **Luxus- und Nostalgiezüge**, mit denen man eine ganz besondere Art der Rundreise innerhalb Südafrikas und teilweise auch durch weitere afrikanische Länder unternehmen kann.

Nicht zuletzt bietet Südafrika zahlreiche, vielfältige **Sportmöglichkeiten**, unter denen vor allem Golf (es gibt über 400, landschaftlich oft sehr reizvoll gelegene Golfplätze), Wandern in Gebirgen und Naturreservaten sowie Wassersport an den Küsten (vor allem Surfen, Tauchen und Angeln) zu erwähnen sind. Vielerorts bestehen Möglichkeiten zum Fallschirmspringen und Drachenfliegen.

Ein weiterer großer Vorteil Südafrikas ist, dass es – im Gegensatz zu vielen anderen afrikanischen Ländern – eine hervorragende, moderne touristische Infrastruktur aufweist, in vieler Hinsicht europäischem Standard und Komfort entspricht und kaum gesundheitliche Risiken in Form von Tropenkrankheiten und unzureichender medizinischer Versorgung birgt. Im Großen und Ganzen ist Südafrika, vor allem für afrikanische Verhältnisse, ein recht **unkompliziertes Reiseland**, in dem man auch auf eigene Faust gut zurechtkommen kann. Sehr vorteilhaft sind auch die – für europäische Verhältnisse – recht günstigen Nebenkosten in Restaurants und Geschäften.

Reisen durch Südafrika werden teilweise auch auf andere Länder im südlichen Afrika ausgedehnt. In diesem Zusammenhang sind besonders Namibia, Zimbabwe und Botswana zu nennen, wo ebenfalls sehr interessante Rundreisen und Safaris unternommen und in **Kombination** mit einem Aufenthalt in Südafrika gebucht werden können. Gerade Botswana ist bekannt für außerordentlichen Tierreichtum und große Ursprünglichkeit.

An eine Rundreise durch das südliche Afrika kann bei einigen Veranstaltern auch ein Badeaufenthalt auf Mauritius, einem Inselstaat im Indischen Ozean mit vielen exklusiven Hotelanlagen, angeschlossen werden.

Wegen der durch die Apartheid bedingten internationalen Sanktionen und Boykotts hatte Südafrika bis in die späten 80er-Jahre nur wenig internationale Besucher. Seit dem Ende der Apartheid hat sich der Tourismus in Südafrika jedoch sehr positiv entwickelt. 2000 kamen sechs Millionen Besucher (international Rang 26) in das Land, darunter sehr viele Europäer.

Der **Tourismus** brachte Südafrika 2000 Einnahmen von gut 2,7 Milliarden US-Dollar (international Rang 41). **Hauptreiseziele** sind Kapstadt und die Kapprovinz, die entlang der Südküste verlaufende Gartenroute, die Badeorte um Durban am Indischen Ozean, die Nationalparks und Wildreservate (vor allem der Krüger-Nationalpark im Nordosten, der größte Nationalpark Südafrikas) und Johannesburg, das aufgrund des bedeutendsten Flughafen des Landes Ausgangsbasis vieler Touristen ist, mit dem nahen Sun City.

Der Fremdenverkehr ist ein zunehmend bedeutender **Wirtschaftsfaktor** und eine Devisenquelle für Südafrika, den einzigen bedeutenden Industriestaat Afrikas. Die wichtigsten Stützpfeiler der südafrikanischen Wirtschaft sind jedoch der Bergbau und die industrielle Verarbeitung der Bodenschätze und Rohstoffe, an denen Südafrika enorm reich ist. Das Land ist führend in der Produktion von Gold, Platin und Chrom und ebenfalls weltweit mit an der Spitze bei der Produktion von Diamanten, Steinkohle und Eisenerz (es wurden nur die bedeutendsten Rohstoffe genannt). Wichtig sind jedoch auch andere Industriezweige, Handel und Dienstleistungen sowie die Landwirtschaft (es wird sehr viel Obst, Gemüse und Wein angebaut). Das Bruttosozialprodukt in Südafrika betrug 2000 3.020 US-Dollar pro Einwohner.

Der touristische Boom Südafrikas wird jedoch von einem negativen Aspekt etwas gebremst. Ein großes **Problem** ist der bereits erwähnte Anstieg der Gewaltkriminalität – der nicht zuletzt mit den krassen sozialen Gegensätzen in Südafrika zusammenhängt – die sich durchaus auch gegen Touristen richtet. Das Auswärtige Amt empfiehlt, in den Städten, vor allem in Johannesburg, Pretoria, Kapstadt und Durban, besonders große Vorsicht walten zu lassen und die Innenstädte nachts zu meiden. Auch tagsüber ist Vorsicht geboten, ratsam sind Stadtführungen in organisierter Form. Von Besuchen der Townships wird ganz abgeraten. Mietwagenreisende sollten nur im Hellen fahren und bei Fahrten innerhalb von Städten am besten die Fenster zumachen und die Türen von innen verschließen.

Ein durch den Tourismus bedingter **Nachteil** ist, dass die Besucherscharen leicht das ökologische Gleichgewicht in den Nationalparks gefährden können (➔ Kapitel 5.1. Kenia).

5.2.1 KAPPROVINZ / GARTENROUTE

Die Kapprovinz wurde im Zuge der neuen Verfassung 1994 verwaltungsmäßig in die Provinzen West-Kap, Nord-Kap und Ost-Kap unterteilt. Kleine Teile der alten Kapprovinz gehören jetzt auch zu weiteren der insgesamt neun Provinzen. Die Bezeichnung „Kapprovinz“ wird heute meist für die Provinz West-Kap verwendet, die mit einer Fläche von fast 130.000 qkm den südwestlichsten Teil des Landes einnimmt. Hier leben etwa vier Millionen Menschen. **Kapstadt**, die zweitgrößte Stadt Südafrikas, stellt zwar nicht das geographische, jedoch das politische, wirtschaftliche und kulturelle Zentrum sowie den Verkehrsknotenpunkt der Region dar. Während die raue, touristisch relativ wenig frequentierte Atlantikküste von langen, einsamen Sandstränden gesäumt wird, bietet die stärker gegliederte Südküste eine sehr reiche Pflanzenwelt, Weingebiete, Wälder und Badestrände. Hier beginnt die bekannte, häufig von Touristen befahrene **Gartenroute**. Zwischen der Küste der Kapprovinz und den Bergen der Großen Randstufe verlaufen die **Kapketten**, bis zu 2.000 Meter hohe Gebirge. Die Landschaft zwischen den Kapketten und der Großen Randstufe ist geprägt von der Halbwüste **Kleine Karoo**, die sich in Richtung Norden bis zur **Großen Karoo** ausdehnt. Neben abwechslungsreichen Landschaften bietet die Kapprovinz, in der die ersten europäischen Siedlungen gegründet wurden, historische und kulturelle Sehenswürdigkeiten.

Die beste **Reisezeit** für die Kapprovinz mit ihrem vorwiegend mediterranen **Klima** sind der Südsommer sowie die milden Übergangszeiten Frühjahr und Herbst. Die Sommerhitze wird durch einen ständigen Wind gemildert, der auch die Luft „sauber“ hält.

Die **touristische Infrastruktur** der Kapprovinz, gerade in der Gegend um Kapstadt, ist hervorragend. Es gibt hier viele, teilweise auch sehr exklusive Unterkünfte, die oft in historischen Gebäuden im kapholländischen Stil – flache, helle Häuser mit Strohdächern – untergebracht sind, sowie zahlreiche gute Restaurants. Die Beliebtheit der Kapprovinz bei den Urlaubern nimmt ständig zu. Kaum ein Südafrika-Reisender bleibt nicht einige Tage in Kapstadt, häufig am Beginn bzw. Ende des Aufenthalts, viele Touristen verbringen sogar die meiste oder die ganze Zeit ihres Urlaubs dort und unternehmen ein- bis mehrtägige Ausflüge.

KAPSTADT

Kapstadt (Capetown) gilt als die schönste Stadt Südafrikas und gehört für viele sogar zu den schönsten Städten der Welt. Zu diesem Ruf trägt vor allem die außergewöhnliche landschaftliche Lage bei: Kapstadt liegt im Norden der gebirgigen **Kaphalbinsel** – deren Süden das Kap der Guten Hoffnung bildet – zu Füßen des gut 1.000 Meter hohen Tafelberges, seines Wahrzeichens. Der wie die benachbarten Berge und Hügel zu den Kapketten gehörende Gipfel liegt häufig in Wolken (Tafeltuch) „gebettet“. Das Zentrum der Stadt erstreckt sich zwischen dem **Tafelberg** im Süden, dem **Signal Hill** im Westen und der **Tafelbucht** im Norden. Vorstädte und Townships (die **Cape Flats** genannten Wohngebiete der Schwarzen, darunter auch Elendsviertel) nehmen einen Teil der Kaphalbinsel ein und ziehen sich teilweise bis zur **False Bay**, die die Kaphalbinsel im Osten begrenzt. Kapstadt hat etwa 1,8 Millionen Einwohner, die vorwiegend Coloureds und Weiße sind. Somit ist die Metropole die einzige afrikanische Stadt südlich des Äquators, in der die Schwarzen nicht die Hauptbevölkerung darstellen. Die älteste Stadt Südafrikas, die im 17. Jh. als Stützpunkt europäischer Seefahrer gegründet wurde, wird häufig auch als „Mutterstadt“ bezeichnet.

ZENTRUM

Das Zentrum Kapstadts kann recht gut zu Fuß erkundet werden. Ein guter Ausgangspunkt ist das älteste Gebäude des Landes, das **Castle of good hope**, eine Festung aus dem Jahr 1666.

Die sternförmige Burg, die früher den Gouverneuren als Residenz diente, wird heute teilweise als Museum genutzt. Unweit von hier liegt die **City Hall**, das Rathaus aus dem Jahr 1905, ein architektonisch interessantes Gebäude im Kolonialstil mit einem dem Big Ben in London nachempfundenen Glockenturm. An der „Adderley Street", der Hauptgeschäftsstraße mit vielfältigen Einkaufsmöglichkeiten, befindet sich eine der bedeutendsten Kirchen Kapstadts, die niederländische **Groote Kerk** aus dem 19. Jh. In einer Fußgängerzone in der Nähe liegen die anglikanische **St. George´s Cathedral**, das in einem imposanten weißen Gebäude untergebrachte Parlament (**Houses of Parliament**) und das **Tuynhaus**, der Amtssitz des Präsidenten.

Weitere Sehenswürdigkeiten Kapstadts sind das **van Riebeeck-Denkmal** des niederländischen Pioniers, auf den die Gründung Kapstadts zurückgeht, die **Long Street** mit malerischen viktorianischen Gebäuden und verschiedene **Patrizierhäuser**. Beliebte Orte für Ruhepausen sind die schönen Parks und botanischen Gärten, darunter der **Company´s Garden**, der von van Riebeeck als Gemüsegarten angelegt wurde. Neben zahlreichen Geschäften bietet ein Flohmarkt auf dem alten Marktplatz gute Einkaufsmöglichkeiten in der Nähe des sehenswerten früheren Rathauses **Old Town House**. Außerdem hat Kapstadt interessante **Museen** (das Cultural History Museum, das South African Museum und die South African National Gallery). Für Abendunterhaltung sorgen Oper, Theater und Kinos.

SIGNAL HILL / TAFELBERG

Der westlich des Zentrums gelegene, 350 Meter hohe SIGNAL HILL ist ein beliebter Aussichtspunkt, der gerade abends einen guten Rundblick auf die Stadt und den Tafelberg bietet. Für einen Hauch von orientalischer Exotik in dem eher europäisch geprägten Stadtbild Kapstadts sorgt das zu Füßen des Hügels gelegene **Malay Quarter**, das Stadtviertel der etwa 40.000 „Kapmalaien", Nachkommen von Sklaven aus Malaysia. Hier gibt es viele Häuser aus dem 19. Jh. und – da die meisten Kapmalaien Moslems sind – mehrere Moscheen.

Einen noch besseren Überblick über die Stadt und die gesamte Halbinsel – bei gutem Wetter bis hin zum Kap der Guten Hoffnung – bietet das Gipfelplateau des TAFELBERGES, auf den man mit einer Drahtseilbahn fahren oder wandern kann. Die Dauer des Aufstiegs bzw. der Auffahrt beträgt zu Fuß etwa drei Stunden, mit der Seilbahn fünf Minuten (in der Hochsaison muss mit längeren Wartezeiten gerechnet werden). Neben der grandiosen Aussicht ist die vielfältige Vegetation mit über 20.000 Pflanzenarten, darunter die Nationalblume Protea, eine weitere Attraktion des Tafelberges. Die Pflanzenwelt ist im **Kirstenbosch Botanical Garden** am Osthang des Berges geschützt. Auf dem recht ebenen Tafelberggipfel gibt es Wanderwege, Cafés und Souvenirläden.

VICTORIA & ALFRED WATERFRONT

Eine recht junge Attraktion Kapstadts ist die Victoria & Alfred-Waterfront (kurz Waterfront), ein Viertel, das Anfang der 90er-Jahre in der früher eher unattraktiven und düsteren Hafengegend angelegt wurde. Nachdem alte Häuser restauriert und neue Gebäude errichtet worden waren, hat sich die Waterfront vor der Kulisse von Docks, Schiffen und eines Yachthafens zu einem beliebten Einkaufs- und Unterhaltungszentrum für Einheimische und Touristen entwickelt. Hier gibt es zahlreiche Geschäfte, Restaurants, Kneipen, Kinos, Theater und Hotels.

Das Zentrum der Waterfront bildet das – alten Lagerhallen nachempfundene – Einkaufszentrum **Victoria Wharf**. Sehenswürdigkeiten an der Waterfront sind das **Maritime Museum** und das **Two Oceans Aquarium**, in dem man über 300 verschiedene Fischarten bewundern kann. Von hier aus werden Rundfahrten durch den Hafen und die Bucht oder Bootsausflüge unternommen. Beliebtestes Ziel von Bootstouren ist **Robben Island**, eine ehemalige Gefängnisinsel, auf der Nelson Mandela über 20 Jahre lang inhaftiert war.

Zwischen der Waterfront und dem Stadtzentrum liegt ein als **Foreshore** bezeichnetes Viertel mit zahlreichen Bürohochhäusern, die Kapstadts Skyline bilden. Das Gebiet um Foreshore – insgesamt fast 150 Hektar – wurde erst Mitte des 20. Jh. aufgeschüttet und so aus dem Meer „gezaubert". Nachts oder auch am Wochenende gilt ein Spaziergang von der Waterfront ins etwa einen Kilometer entfernte Zentrum als gefährlich, weil Foreshore dann recht wenig belebt ist und Touristen daher leicht Opfer eines Überfalls werden können.

CONSTANTIA

Unter den Vororten Kapstadts ist das knapp 20 Kilometer südlich des Zentrums, mitten in einem Weinanbaugebiet gelegene Constantia besonders sehenswert. In dem noblen Wohnviertel, in dem es auch einige Hotels und Gästehäuser gibt, kann das älteste Weingut Südafrikas, **Groot Constantia** aus dem 17. Jh., besichtigt werden. Hier werden auch Weinproben durchgeführt.

KAPHALBINSEL

Ein beliebter Tagesausflug ab Kapstadt ist eine Rundfahrt um die 50 Kilometer lange und bis zu 16 Kilometer breite Kaphalbinsel. Im Rahmen einer solchen, etwa 150 Kilometer umfassenden Tour werden häufig auch der Tafelberg, der Kirstenbosch Botanical Garden und Constantia besichtigt.

OSTKÜSTE

Auf der Fahrt vom Zentrum Kapstadts über Constantia zur Küste der False Bay kommt man an zahlreichen Wohnvierteln und Townships vorbei. Die Ostküste wird schließlich bei **Muizenberg**, etwa 35 Kilometer entfernt von Kapstadt, erreicht. Muizenberg, ein beliebtes Wochenendziel der Stadtbevölkerung, ist der nördlichste und älteste der Badeorte an den schönen, langen, teilweise noch ganz einsamen Sandstränden der False Bay. Neben Badefreuden bietet das Städtchen einige Museen; eines davon ist das Rhodes Cottage, das Ferienhaus des 1902 verstorbenen, britischen Kolonialpolitikers Cecil Rhodes. In der näheren Umgebung liegen ein Vogelschutzgebiet und ein Naturreservat mit großer Pflanzenvielfalt. Beliebt sind auch Bootstouren zur vorgelagerten Insel **Seal Island**, auf der Tausende von Seehunden leben.

An der Küste folgen malerische Strandabschnitte mit bunten Badehäuschen und kleinere Badeorte wie **St. James**, **Kalk Bay** und **Fish Hoek**. Ein sehr sehenswertes, malerisches Hafenstädtchen ist das etwa zehn Kilometer südlich von Muizenberg gelegene **Simon´s Town** mit gut erhaltenen Häusern aus viktorianischer Zeit. Die Stadt ist seit langer Zeit ein wichtiger Marinestützpunkt. Kurz darauf schließt sich der schöne Strand von **Boulders** an, an dem eine Kolonie von Pinguinen lebt.

CAPE OF GOOD HOPE NATURE RESERVE

Der Weg in den Süden führt ins 8.000 Hektar große „Cape of Good Hope Nature Reserve", das mit etwa 40 Küstenkilometern den Süden der Kaphalbinsel bildet. In dem Naturschutzgebiet mit rauer, beeindruckender Landschaft gibt es eine sehr artenreiche Flora und Fauna, darunter Antilopen, Strauße, Zebras und Paviane. Vor der Küste kann man Wale und Delphine beobachten.

Hauptattraktion des Reservats ist das berühmte, meist sehr stürmische **Kap der guten Hoffnung** selbst sowie der einige Kilometer entfernte, spektakuläre **Cape Point**. Der Cape Point, den ein Wanderweg mit dem Kap verbindet, gilt als Grenze zwischen Atlantik und Indischem Ozean.

Dies ist geographisch allerdings nicht ganz korrekt, da Cape Point nicht der südlichste Punkt Afrikas ist. Auf den fast 200 Meter hohen, steilen Felsen des Cape Points stehen zwei Leuchttürme, von denen einer noch in Betrieb ist und den Schiffen, die die berühmte Kaproute um Afrika herum befahren, den Weg leuchtet. Am Kap gibt es ein Denkmal für den portugiesischen Seefahrer, der im 15. Jh. das Kap der guten Hoffnung erstmals umschiffte.

WESTKÜSTE

Der Rückweg nach Kapstadt führt an der Westküste der Kaphalbinsel entlang, die zum Baden weniger gut geeignet ist als die Ostküste; hier ist das Wasser um einige Grad kälter und es gibt gefährliche Strömungen. Aus diesem Grund sind die westlichen Strände ruhiger und weniger frequentiert als die östlichen, sie eignen sich aber sehr gut zum Surfen.

Eine Attraktion der westlichen Kaphalbinsel ist der etwa zehn Kilometer lange **Chapman´s Peak Drive**, eine spektakuläre Aussichten auf die Küste gewährende Serpentinenstraße, die mithilfe von Sprengungen in bis zu 160 Meter hohe Felsen gebaut wurde. Der Chapman´s Peak Drive führt ins Städtchen **Hout Bay** an der gleichnamigen Bucht. Der Fischerort kann auch ab Kapstadt zusammen mit **Duiker Island**, einer vorgelagerten Insel, auf der viele Seehunde und Vögel leben, per Schiff besucht werden. Hout Bay ist ein bedeutendes Zentrum des Langustenfangs mit hervorragenden Fischrestaurants. Sehenswert ist hier die „World of birds", ein Vogelpark in einer tropischen Gartenlandschaft. Auf den nächsten Kilometern liegen mit **Llandudno**, **Camps Bay** und **Clifton** beliebte Badeorte mit guter touristischer Infrastruktur; sie werden vom Felsmassiv **Twelve Apostles** überragt. Beim modernen Küstenvorort **Sea Point** mit guten Unterhaltungsmöglichkeiten ist Kapstadt wieder erreicht. Es empfiehlt sich, die Tour in einem der Westküstenorte, die für ihre schönen Sonnenuntergänge bekannt sind, am frühen Abend zu beenden.

WESTKÜSTE / NORDWESTEN

Die touristisch eher ruhige Gegend nördlich von Kapstadt wird im Rahmen von organisierten Rundreisen seltener besucht, hierher kommen eher Individualtouristen.

WESTKÜSTE

Der Weg aus der Stadt heraus führt vorbei am **Bloubergstrand**, von dem man einen herrlichen Blick über die Tafelbucht, Kapstadt, den Tafelberg und Robben Island hat. Deshalb gilt der Strand als Eldorado für Fotografen. Es folgen kleinere Missionsstädte und Fischerdörfer, deren Strände mit starker Brandung ideal für Surfer geeignet sind. Hier gibt es sehr gute Restaurants, deren Spezialität der Crayfish, eine Langustenart, ist. Aus diesem Grund wird diese Strecke an der Westküste auch als „**Langusten-Route**" bezeichnet.

Etwa 100 Kilometer entfernt von Kapstadt erreicht man den **West Coast National Park**, in dessen 25 Kilometer langer Lagune vor allem im Südsommer Tausende von Vögeln, darunter Zugvögel aus Europa, leben. Im Park selbst gibt es eine Lodge, weitere Übernachtungsmöglichkeiten bietet der benachbarte Ort **Langebaan**.

Der weitere Weg in Richtung Nordosten führt durch ein landwirtschaftlich – vor allem für Wein- und Obstanbau – stark genutztes Gebiet zu den **Cedarberg Mountains**. Diese bilden eine beeindruckende Bergwelt mit waldreichen Schluchten, spektakulären Felsformationen, Passstraßen und Wanderwegen. Größere Orte mit Übernachtungsmöglichkeiten in dieser Gegend sind **Citrusdal** und **Clanwilliam**.

Fast 600 Kilometer nördlich von Kapstadt beginnt das **Namaqualand**, eine sehr trockene, von Halbwüste geprägte Landschaft. Ein Besuch dieser Gegend empfiehlt sich zwischen August und Oktober, wenn hier nach den winterlichen Niederschlägen die blühenden Wildblumen einen bunten „Teppich" bilden. Zentrum dieser Gegend ist die kleine Stadt **Springbok**. Fährt man von hier aus weiter in Richtung Norden, erreicht man den Fluss Oranje, der die Grenze zu Namibia bildet.

Etwa 350 Kilometer weiter nordöstlich liegt der **Augrabies Falls National Park**, in dem die spektakulären, über 50 Meter hohen Wasserfälle des Oranje sowie eine sehr artenreiche Tierwelt, darunter Leoparden und Nashörner, bewundert werden können.

Knapp 400 Kilometer nördlich erreicht man den weitläufigen **Kalahari Gemsbok National Park** an der Grenze zu Namibia und Botswana, etwa 1.350 Kilometer entfernt von Kapstadt. Hier kann man klassische Safaris zur Wildbeobachtung unternehmen und in Camps übernachten.

WINELANDS

Die Gegend um Kapstadt ist ein Gebiet, in dem schon seit langer Zeit ganz hervorragende Weine angebaut werden. Das älteste Weingut im Vorort Constantia wurde bereits erwähnt, das eigentliche Weinzentrum liegt jedoch östlich von Kapstadt. Südafrika gehört heute zu den zehn größten Weinerzeugern der Welt; hier wird vor allem Weißwein produziert. Es gibt spezielle „Weinrouten", in deren Verlauf man die Möglichkeit hat, auf Weingütern Weine zu probieren und natürlich auch zu kaufen; auf einer der Routen liegt auch Constantia. Vielen Weingütern sind sehr gute Restaurants, einigen auch Hotels und Gästehäuser, manchen sogar Galerien und Museen angeschlossen. Einige der wichtigsten schönen, alten Orte im „Weinland" werden im folgenden Abschnitt erwähnt. Weitere beliebte Weinrouten liegen um die – etwas weiter von Kapstadt entfernten – Städte Wellington, Tulbagh, Worcester und Robertson.

Die älteste Weinroute des Landes beginnt in **Stellenbosch**, einer knapp 50 Kilometer von Kapstadt entfernten Stadt, die die zweitälteste Siedlung Südafrikas ist und als Zentrum des Wein- und Obstanbaus gilt. Der malerische Stadtkern ist sehr gut erhalten und weist ganze Straßenzüge schöner alter Gebäude auf, von denen einige – darunter ein Weinmuseum – auch von innen besichtigt werden können. Besonders schön ist die „Dorp Street", die wie das ganze Stadtbild von mächtigen Eichenbäumen geprägt ist. In der näheren Umgebung liegen zahlreiche, oft sehr prachtvolle Weingüter und -keller, die man auf der Stellenbosch-Weinroute besuchen kann. Besonders erwähnenswert auf dieser Route sind das „Spier Wine Estate", dem ein Theater und ein Gepardenpark angeschlossen sind, und das „Boschendal Estate", dessen Herrenhaus als Museum dient. Von hier aus werden Touren durch die Weinberge organisiert.

20 Kilometer östlich von Stellenbosch liegt mit **Franschhoek** ein weiterer Weinort, der auf eine Gründung französischer Hugenotten Ende des 17. Jh. zurückgeht. Noch heute tragen die meisten der Weingüter in den umliegenden Bergen – von denen einige edle Schaumweine produzieren – französische Namen. Die in einem Tal gelegene kleine Stadt ist über verschiedene Passstraßen, die wunderbare Aussichten bieten, erreichbar. Im französisch anmutenden Franschhoek gibt es viele Restaurants und Unterkünfte. Sehenswert sind hier ein Hugenotten-Denkmal und ein Museum, das sich mit deren Geschichte befasst.

Von Franschhoek aus wird häufig **Paarl** besucht, eine größere Stadt am Hang des gleichnamigen Berges. Auch Paarl ist ein bedeutendes Weinzentrum mit dem größten Weinkeller der Welt. Die Stadt ist bekannt als der Ort, an dem erstmals die afrikaanse Sprache gedruckt wurde; aus diesem Grund gibt es hier ein über 50 Meter hohes Monument und ein Museum für die Sprache.

SÜDKÜSTE MIT GARTENROUTE UND KAROO

Die eigentliche Gartenroute beginnt in Mossel Bay, einer Stadt an der Südküste, gut 400 Kilometer östlich Kapstadts, und führt über 200 Kilometer in Richtung Port Elizabeth. Die in den Veranstalterkatalogen angebotenen Reisen entlang der Gartenroute verlaufen jedoch meist von Kapstadt nach Port Elizabeth (bzw. umgekehrt) mit Abstechern ins Hinterland der Halbwüste Karoo. Der Grund hierfür ist, dass Kapstadt und Port Elizabeth die besten Möglichkeiten für An- bzw. Weiterreise bieten und man die Rundreise gut mit einem Aufenthalt in Kapstadt kombinieren kann. Für die etwa 800 Kilometer lange Route, die viele landschaftliche Schönheiten und eine gute touristische Infrastruktur aufweist, wird meist eine Reisedauer von einer knappen Woche eingeplant.

SÜDWESTKÜSTE

Das erste Stück der Fahrt von Kapstadt nach Mossel Bay führt über die Winelands oder auch entlang der Südwestküste. Auf der Küstenstrecke erreicht man zunächst die gegenüber der Kaphalbinsel gelegenen Orte **Sommerset West** und **Gordon´s Bay**. Nach etwa 50 Kilometern gelangt man nach **Hermanus**. Die Attraktion des etwa 120 Kilometer von Kapstadt entfernten Ferienortes sind – wie die der gesamten Bucht – Wale, die, im Winter aus der Antarktis kommend, hier vorbeiziehen und die Bucht manchmal sogar zum Kalben nutzen. An den schönen Stränden der Umgebung kann man sehr gut baden und Wassersport treiben, im nahen Naturreservat gibt es schöne Wanderwege. Etwa 50 Kilometer südöstlich von Hermanus liegt das **Cape Agulhas**, der südlichste Punkt Afrikas. Er wird durch einen prächtigen Leuchtturm markiert, in dem ein Museum untergebracht ist. Im Vergleich zum Cape Point ist das Cape Agulhas aber recht unspektakulär.

Von hier fährt man weiter ins knapp 250 Kilometer von Kapstadt entfernte, im Landesinneren gelegene Swellendam, das ebenfalls auf der Route über die Winelands passiert wird. Kommt man über die Winelands, wird häufig ein Abstecher nach **Montagu**, ein Zentrum des Obstanbaus, gemacht; Montagu gilt als das Tor zur Kleinen Karoo. **Swellendam** gehört zu den ältesten Städten Südafrikas und bietet viele historische Gebäude. Südlich des Städtchens liegt der nach einer Antilopenart benannte **Buntebok-Nationalpark**, nördlich bieten die „Langeberge", hinter denen sich die Karoo erstreckt, ein gutes Wandergebiet.

GARTENROUTE / KAROO

Swellendam liegt gut 150 Kilometer entfernt vom eigentlichen Beginn der GARTENROUTE in Mossel Bay. Die Ferienstraße verläuft entlang der Küste, vor dem Hintergrund bis zu 1.900 Meter hoher Berge. Auf der für ihre üppige Vegetation – der sie ihren Namen verdankt – bekannten Gartenroute wechseln sich schöne, von Wäldern, Schluchten, Lagunen, Steilküsten und Sandstränden geprägte Landschaften ab.

Mit der im Hinterland gelegenen Halbwüste KAROO ist die Küstengegend durch mehrere, teilweise spektakuläre Passstraßen über die Berge verbunden. Die Berge bilden eine Wetterscheide zwischen der Küste und der weitgehend trockenen und wärmeren Karoo.

In **Mossel Bay** betraten die Seefahrer aus Europa erstmals südafrikanischen Boden. Aus diesem Grund gibt es hier in einem eigens angelegten Komplex verschiedene Museen, die sich mit der Geschichte der portugiesischen Seefahrer und der Seefahrt im Allgemeinen befassen. Im historischen Ortskern kann man den „Postbaum" sehen, der ab dem frühen 16. Jh. Seeleuten als eine Art Briefkasten diente. Obwohl auch Industriestadt, hat sich Mossel Bay mit den schönen Stränden der Umgebung zu einem beliebten Ferienort entwickelt.

50 Kilometer östlich von Mossel Bay liegt, zehn Kilometer von der Küste entfernt, mit **George** die größte Stadt an der Gartenroute am Fuße eines 1.500 Meter hohen Berges. Mit zahlreichen Unterkunfts-, Einkaufs-, Unterhaltungs- und Sportmöglichkeiten (darunter Golf) eignet sich George gut als Zwischenstation, von der man Ausflüge ins Hinterland unternehmen kann. Als Wahrzeichen der Stadt gilt eine imposante alte Eiche, die früher Stätte von Sklavenversteigerungen war. Nur zehn Kilometer entfernt liegen der Ferienort **Wilderness** mit wunderschönen Stränden, der **Wilderness Nationalpark** (ein wasserreiches Tier- und Naturparadies) und weitere Naturreservate.

Von George aus werden häufig Touren über Passstraßen in die Karoo unternommen. Beliebtestes Ausflugsziel hier ist **Oudtshoorn**, ein etwa 60 Kilometer nördlich von George gelegenes Städtchen, das sich als Zentrum der Straußenzucht nicht nur in Südafrika, sondern weltweit einen Namen gemacht hat. Man kann die großen, flugunfähigen Vögel auf Straußenfarmen im Rahmen von Führungen bewundern, Souvenirs wie Straußeneier und Federboas kaufen, Straußenrennen sehen oder gar selbst auf den Vögeln reiten. In den Restaurants des Ortes isst man Gerichte aus Straußeneiern oder -fleisch, das cholesterinfrei ist und ähnlich wie Rindfleisch schmeckt. Sehenswert sind außerdem ein Straußenzucht-Museum und als „Federpaläste" bezeichnete, prächtige Villen aus der Glanzzeit der Straußenzucht Anfang des 20. Jh. Etwa 25 Kilometer nördlich von Oudtshoorn liegen die **Cango Wildlife Ranch** mit Krokodilen und Raubkatzen sowie die beeindruckenden Tropfsteinhöhlen **Cango Caves**, die zu den größten der Welt gehören und zum Teil besichtigt werden können. Hinter den Höhlen erheben sich die 2.300 Meter hohen **Swartberge**, die mit einer Passstraße die Kleine Karoo von der Großen Karoo trennen.

Auf der Weiterfahrt entlang der Gartenroute erreicht man etwa 60 Kilometer östlich von George mit **Knysna** die nächste Station der Rundreise; einen Großteil der Küste dieser Strecke nimmt der Wilderness Nationalpark ein. Man kann die Strecke George–Knysna auch über die Bergpässe der „Seven Passes Route" oder ganz gemütlich mit einer historischen Schmalspurbahn (Fahrtdauer drei Stunden) zurücklegen. In der Gegend von Knysna gibt es sehr schöne Sandstrände, weshalb das Städtchen touristisch gut entwickelt ist. Ein besonders beliebter Badeort der Region ist **Brenton-on-Sea**. Bekannt ist Knysna auch für hervorragende Austern sowie für Seepferdchen, die Taucher in der Lagune bewundern können (der Ort ist sehr beliebt bei Wassersportlern). In der Nähe der schönen Stadt liegen verschiedene Naturreservate und der **Knysna Forest**, mit 80.000 Hektar das größte Waldgebiet Südafrikas. In dem dichten, an einen Dschungel erinnernden Wald wachsen unter anderem Pinien und Eukalyptusbäume. Durch Knysna Forest führen Wanderwege wie der „Elephant Walk", der nach einer kleinen, hier lebenden Elefantenpopulation benannt ist.

Nächste Station der Gartenroute ist **Plettenberg Bay**, das 40 Kilometer hinter Knysna erreicht wird. Plettenberg Bay ist mit schönen Sandstränden ein beliebter, recht nobler Badeort, der im Sommer Hochsaison hat und sehr gute Sportmöglichkeiten bietet. In der Umgebung von Plettenberg Bay befinden sich schöne Naturreservate. Östlich liegt die wilde, schluchtenreiche Küstenlandschaft des **Tsitsikamma Nationalparks**, der 80 Küstenkilometer und einen Teil des vorgelagerten Meeres mit vielseitiger Unterwasserwelt einnimmt. In dem waldreichen Park gibt es gute Wanderwege wie den über 40 Kilometer langen „Otter Trail" (vorherige Anmeldung erforderlich). Zu den vielen Pflanzenarten Tsitsikammas gehören bis zu 50 Meter hohe, 800 Jahre alte Yellowwoods-Bäume; auch die Tierwelt ist sehr artenreich. Unterkunftsmöglichkeiten im Park bietet ein Hüttencamp.

In der Gegend des Tsitsikamma Nationalparks endet die eigentliche Gartenroute. Auf dem knapp 100 Kilometer weiten Weg vom Ende der Gartenroute bei Humansdorp nach Port Elizabeth passiert man den besonders bei Surfern sehr beliebten Badeort **Jeffrey´s Bay** in der St. Francis Bucht. Ein ruhigerer Badeort mit einsamen Stränden ist **Cape St. Francis**, das man auf einem Abstecher in den Süden der Bucht besuchen kann.

PORT ELIZABETH UND UMGEBUNG

Die letzte Etappe der Rundreise stellt PORT ELIZABETH dar, mit knapp 700.000 Einwohnern die fünftgrößte Stadt Südafrikas. Port Elizabeth besitzt einen größeren Flughafen (PLZ) sowie einen bedeutenden Hafen und ist das Handels- und Industriezentrum des Südostens. Zu den Sehenswürdigkeiten der kurz „P.E." genannten Stadt, die Anfang des 19. Jh. gegründet wurde, gehören der Hafen mit dem über 50 Meter hohen Turm „Campanile", der zentrale Platz „Market Square" mit dem Rathaus, die „Donkin Street" mit viktorianischen Häusern und der „St. Georges Park". Neben Einkaufs- bietet die Großstadt auch gute Unterhaltungsmöglichkeiten. Etwas außerhalb der Stadt liegt ein moderner Museumskomplex, zu dem ein Ozeanarium und ein Schlangenpark gehören. Für Abwechslung sorgt auch eine Fahrt mit der Schmalspurbahn „Apple Express" in Obstanbaugebiete westlich der Stadt. Wie die weitere Umgebung weist Port Elizabeth sehr schöne Strände mit guter touristischer Infrastruktur und vielfältige Sportmöglichkeiten auf und ist deshalb auch ein beliebtes Ferienziel.

Die UMGEBUNG von Port Elizabeth bietet Reisenden gute Möglichkeiten, auf ein- oder mehrtägigen Ausflügen in Nationalparks und private Wildreservate Tiere, vor allem Großwild, zu beobachten. Gut 70 Kilometer nordöstlich der Stadt liegt der **Addo Elephant National Park**, wo neben Elefanten auch Nashörner, Büffel, zahlreiche Vögel und weitere Tierarten zu sehen sind. Übernachten kann man hier in Rundhütten oder auf einem Campingplatz.

„Klassische" Safaris können im 14.000 Hektar großen **Shamwari Game Reserve** unternommen werden, einem privaten Wildreservat etwa 80 Kilometer östlich von Port Elizabeth. Übernachtungsgäste finden hier Quartier im feudalen Herrenhaus, der Lodge oder zwei Gästehäusern. Shamwari ist bekannt für hervorragende ökologische Qualitäten und seinen großen Tierreichtum, den man auf Pirschfahrten bewundern kann. Mit etwas Glück sieht man hier die „Big Five", Giraffen und Zebras. Sehr angenehm für Besucher ist, dass Shamwari im Gegensatz zu den meisten anderen Reservaten und Nationalparks – die fast alle wesentlich weiter nördlich liegen – malariafrei ist und somit keine Malaria-Prophylaxe vorgenommen werden muss.

Nach der Fahrt entlang der Gartenroute und eventuellem Anschlussaufenthalt in den Badeorten bzw. Reservaten um Port Elizabeth reisen die meisten Touristen per Flugzeug weiter. Oft führt die Reise nach Durban oder Johannesburg, von wo aus die Heimreise angetreten wird oder weitere Rundreisen bzw. Erholungsaufenthalte unternommen werden. Auf Reisen in umgekehrter Richtung kommt man entsprechend mit dem Flugzeug in Port Elizabeth an und befährt dann die Gartenroute.

5.2.2 KRÜGER-NATIONALPARK

Der Krüger-Nationalpark liegt im **Lowveld**, in den nordöstlichen Provinzen **Nord-Provinz** und **Mpumalanga** (früher Nord-Transvaal und Ost-Transvaal). Mit einer Fläche von knapp 20.000 qkm ist er der größte und älteste Nationalpark Südafrikas. Der 350 Kilometer lange und bis zu 90 Kilometer breite, vollständig umzäunte Krüger-Park wird von den Flüssen **Limpopo** (Grenzfluss zu Zimbabwe) im Norden und **Crocodile** im Süden umschlossen. Im Osten des Parks verläuft die Grenze zu Mozambique, am Westrand liegen private Wildreservate. Das bedeutende Tierschutzgebiet ist nach seinem Begründer, dem burischen Politiker Paul Krüger benannt, der Ende des 19. Jh. die Abschaffung des Jagdrechts und die Einrichtung des Schutzgebietes durchsetzte.

Die Landschaft des Krüger-Nationalparks wird im Süden von hügeliger Savanne, im Norden von ebenen Wäldern dominiert. Es sind zahlreiche Pflanzenarten, vor allem Bäume und Sträucher vorhanden. Die große Tierwelt des Nationalparks gehört zu den artenreichsten ganz Afrikas, auch einige bedrohte Tierarten finden hier einen Schutzraum. Neben vielen weiteren Tieren – insgesamt 140 Arten – leben im Krügerpark auch die „Big Five", die man oft auf Pirschfahrten sehen kann.

TOURISTISCHE INFRASTRUKTUR

Der Krüger-Nationalpark bietet sehr gute Möglichkeiten, organisierte Safaris und individuelle Touren zur Tierbeobachtung zu unternehmen. **Übernachtungsmöglichkeiten** sind in über 20 Camps mit Rundhütten und kleinen Häusern – häufig mit Selbstverpflegung – vorhanden. Eine frühzeitige Reservierung wird grundsätzlich empfohlen. In den Camps, die als Ausgangspunkte für Safaris dienen, gibt es meist auch Restaurants und Einkaufsmöglichkeiten.

Die **Anreise** zum Nationalpark ab Johannesburg (gut 400 Kilometer entfernt) kann per Bus bzw. Auto in fünf Stunden Fahrzeit erfolgen, es besteht aber auch die Möglichkeit, in die Städte Nelspruit und Pietersburg nahe des Parks oder direkt zu einigen Camps zu fliegen („Fly-in-Safaris").

Als beste **Reisezeit** für eine Safari im Krüger-Nationalpark gelten der Südwinter und die Übergangszeiten, da die Sommer in der Regel extrem heiß sind und dann auch der meiste Niederschlag fällt. Während die Wintertage meist recht sonnig und warm sind, können die Winternächte ziemlich kühl werden.

Für den Ablauf einer **Safari** im Krüger-Nationalpark gilt grundsätzlich das Gleiche wie für die Nationalparks in Kenia (➔ Kapitel 5.1.2). Im Krüger-Park ist das Reisen auf eigene Faust jedoch wesentlich unproblematischer als in den kenianischen Nationalparks. Hier sind ein sehr gut ausgebautes und beschildertes Straßennetz, das nur tagsüber befahren werden darf, verschiedene Wildwanderwege, die man im Rahmen von Führungen begehen kann, und viele Picknickplätze vorhanden.

Die **Dauer** von Safaris im Krüger-Park beträgt meist drei bis vier Tage. Der Nationalpark wird häufig im Rahmen von Rundreisen – beispielsweise von Johannesburg nach Durban oder umgekehrt – oder auf mehrtägigen Ausflügen ab Johannesburg oder Durban besucht.

Es ist zu beachten, dass im Krüger-Nationalpark, vor allem im Sommer, **Malariagefahr** besteht und angeraten wird, rechtzeitig eine entsprechende Prophylaxe vorzunehmen.

SEHENSWERTES IM UND UM DEN PARK

Die Zufahrt in den NATIONALPARK ist durch acht verschiedene Tore möglich. Auf Rundreisen erfolgt die Einfahrt in den Krüger-Nationalpark meist durch die im Südwesten gelegenen Tore „Numbi Gate“ und „Paul Kruger Gate“. Von hier erreicht man am besten die südlichen und mittleren Teile des Nationalparks, die als besonders tierreich gelten und deshalb bei Touristen sehr beliebt sind. Der nördliche Teil des Parks wird touristisch weniger stark frequentiert.

In der Nähe des Paul Kruger Gates liegt das Verwaltungszentrum des Parks mit dem **Skukuza-Camp**, dem größten der Camps. Hier gibt es mehrere Geschäfte, Restaurants, zwei kleine Museen, einen Flugplatz und sogar einen Golfplatz. Im südlichen Teil des Parks liegen weitere Camps und Rastplätze, darunter im äußersten Südwesten das sehr komfortable **Berg-en-dal-Camp**. Nördlich von Skukuza folgt ein weiteres beliebtes Camp, das moderne **Satara-Camp**, in dessen näherer Umgebung die Tiere an zahlreichen Wasserstellen zu beobachten sind. Etwa 100 Kilometer nördlich von Skukuza befindet sich das – besonders malerisch auf einem Hügel gelegene – **Olifant-Camp**, das wunderschöne Aussichten auf eine Flusslandschaft bietet. Nördlich von Olifant bietet **Letaba-Camp** eine sehr gute touristische Infrastruktur, es ist sogar eine Autovermietung vorhanden. Hier gibt es ein interessantes Informationszentrum über Elefanten. Westlich des Camps liegt bei **Masorini** eine Ausgrabungsstätte aus dem 2. Jhtsd. v. Chr., die bezeugt, dass das Gebiet des Krüger-Nationalparks schon sehr früh besiedelt war.

Am Westrand des Nationalparks befinden sich kleinere, private Wildreservate, die GAME RESERVES. Die Tierwelt der Game Reserves ist weitgehend identisch mit der des Parks, hier werden ebenfalls – von Game Rangern begleitete – Safaris organisiert. Unterkunft bieten in den Reservaten teilweise sehr luxuriöse und im Verhältnis zum Park recht teure Lodges. Im Gegensatz zum Krügerpark werden in den privaten Wildreservaten häufig auch Pirschfahrten „querfeldein“ und in der Nacht unternommen. Die bekanntesten unter den zahlreichen Game Reserves am Rande des Krüger-Parks sind **Mala-Mala** (mit etwa 20.000 Hektar Fläche das größte Wildreservat) mit einer sehr exklusiven, gleichnamigen Lodge sowie **Sabi-Sabi** am Sabi-Fluss, wo mehrere als besonders „naturnah“ geltende Lodges, darunter ebenfalls eine recht luxuriöse, vorhanden sind.

Auf Rundreisen besichtigt man häufig auch Ziele in der landschaftlich reizvollen UMGEBUNG des Krüger-Nationalparks. Am Rande der Drakensberge, wo das Highveld ins Lowveld übergeht, liegt der **Blyde River Canyon**, eine 800 Meter tiefe, aus rotem Sandstein bestehende Schlucht des gleichnamigen Flusses, die den drittgrößten Canyon der Welt bildet. Der Canyon, um den herum ein Naturreservat mit guten Wandermöglichkeiten eingerichtet wurde, liegt unweit der Stadt **Pilgrim´s Rest**. Die ehemalige Goldgräbersiedlung wurde restauriert und ist heute ein großes Freilichtmuseum. Südlich des Städtchens folgt mit den höchsten Wasserfällen Südafrikas, den über 50 Meter hohen **Mac-Mac-Wasserfällen** eine weitere landschaftliche Attraktion. Ein ebenfalls beliebter Ausflug führt ab **Sabie** entlang der aussichtsreichen Serpentinengebirgsstraße **Long-Tom-Pass** nach **Lydenburg**, einem als Anglerparadies geltenden, malerischen Städtchen.

ANSCHLUSSAUFENTHALTE

Viele Urlauber schließen an ihre Safari einen Aufenthalt an den schönen Sandstränden um Durban (Provinz Kwazulu/Natal) an. Durban, drittgrößte Stadt Südafrikas und größter Hafen Afrikas, liegt direkt am **Indischen Ozean**. Mit ganzjährigen Temperaturen zwischen 23 und 28 Grad Celsius ist die Stadt ein ideales Ziel für Badereisende. In der Gegend von **Durban** machen viele Südafrikaner, aber auch internationale Touristen Urlaub. Neben Badefreuden bietet das indisch geprägte Durban Kultur, Einkaufs-, Sport- und Unterhaltungsmöglichkeiten sowie ein reges Nachtleben. Weitere beliebte Badeorte liegen nördlich und südlich der Stadt am Indischen Ozean.

5.2.3 LUXUSZÜGE

Die regelmäßig in Südafrika verkehrenden Luxus- und Nostalgiezüge bilden eine herausragende Besonderheit des südafrikanischen Tourismus. Sie bieten die Möglichkeit, in stilvollem Ambiente die abwechslungsreiche Landschaft durch Panoramafenster zu genießen. Da die mindestens über eine Nacht verlaufenden Zugfahrten sehr beliebt und begehrt sind, sollten Buchungen so früh wie möglich, am besten Monate im Voraus, vorgenommen werden.

Der berühmteste unter den südafrikanischen Zügen ist der zur staatlichen Eisenbahngesellschaft Spoornet gehörende **Blue Train**, ein nach seiner blauen Außenfarbe benannter Zug der absoluten Luxusklasse; sein Komfort entspricht dem eines 5-Sterne-Hotels. Weitere sehr luxuriöse Züge betreibt die Gesellschaft **Rovos Rail**, deren nostalgische Dampfzüge mit dem Orient-Express vergleichbar sind. Rovos Rail veranstaltet ganz unterschiedliche Touren, in deren Rahmen oft auch weitere afrikanische Länder besucht werden. Recht neu ist der **Shongololo-Express**, ein „fahrendes Hotel", mit dem längere Rundreisen – teilweise ebenfalls in andere Länder des südlichen Afrika – unternommen werden können. Im Gegensatz zu den Luxuszügen reist man mit dem Shongololo weniger wegen des komfortablen Fahrgefühls an sich, sondern um auf bequeme Art und Weise, ohne ständiges Ein- und Auspacken, eine Rundreise zu machen.

Die **Preise** für diese Zugreisen umfassen neben Vollpension inklusive Nachmittagstee, Snacks und Getränken (Blue Train und Rovos Rail) bzw. Halbpension (Shongololo-Express) auch im Programm ausgeschriebene Ausflüge. Kinderermäßigung wird in der Regel nicht gewährt. Bei den meisten Reiseveranstaltern unterliegen die Zugbuchungen speziellen Zahlungs- und Stornobedingungen.

BLUE TRAIN

Die seit 1923 befahrene, klassische Hauptstrecke des traditionsreichen Blue Train führt von Pretoria über Johannesburg und die Karoo nach Kapstadt (durchschnittlich acht bis zwölf Abfahrten pro Monat, Fahrtdauer etwa 25 Stunden). Seit einiger Zeit befährt der Zug auch – allerdings wesentlich seltener – drei weitere **Routen**: von Pretoria nach Mpumalanga in der Nähe des Krüger-Nationalparks (Fahrtdauer etwa 16 Stunden), von Pretoria zu den Victoria-Wasserfällen in Zimbabwe (etwa 48 Stunden) und entlang der Gartenroute von Kapstadt über Oudtshoorn nach Port Elizabeth (etwa 40 Stunden). Alle genannten Routen werden jeweils in beide Richtungen befahren. Die maximale Geschwindigkeit des Blue Train beträgt 110 km/h. Im Verlauf der Reisen gibt es meist mehrere Halts, um kurze Ausflüge bzw. Stadtrundfahrten zu unternehmen.

Der Blue Train, der bis zu 84 Passagiere beherbergen kann, besteht insgesamt aus 18 Waggons und ist 380 Meter lang. Zu seinen **Einrichtungen** gehört neben dem Restaurantwagen, der für seine hervorragende Küche bekannt ist, ein Salonwagen mit Panoramafenstern, in dem sich auch eine Bar befindet. Zum Abendessen wird formelle Garderobe erwartet; die Mahlzeiten finden in zwei Sitzungen statt. Die insgesamt 42 **Abteile** des Zuges, die in Deutschland über verschiedene Reiseveranstalter buchbar sind, sind gut ausgestattet, mindestens mit Dusche/Bad, WC, Klimaanlage, TV und Telefon. Es sind verschiedene Abteilkategorien vorhanden, die sich in Größe und Ausstattung unterscheiden. Da die meisten Abteile nicht allzu groß sind (zwischen acht und elf qm), wird empfohlen, nur kleines Gepäck mitzunehmen. Größere Koffer können in einem speziellen Gepäckabteil deponiert werden. Butler sorgen für einen Room-Service rund um die Uhr.

Der **Preis** für die günstigste Abteilart im Blue Train beträgt auf der Hauptstrecke in der Nebensaison etwa 650 Euro, in der Hauptsaison etwa 850 Euro. Für diesen Zug ist eine frühzeitige Reservierung ganz besonders empfehlenswert.

ROVOS RAIL

Die ebenfalls über verschiedene deutsche Veranstalter buchbaren, traditionsreichen Züge der Rovos Rail – auch als „Pride of Africa", also „Stolz Afrikas" bezeichnet – werden teilweise noch von nostalgischen Dampfloks gezogen. Die Züge bestehen aus aufwendig restaurierten Waggons, von denen die meisten aus den 20er- und 30er-Jahren des 20. Jh. stammen und innen mit edlen Hölzern und Stoffen verkleidet sind. Rovos Rail fährt verschiedene **Routen**, von denen die meisten ähnlich verlaufen wie die des Blue Train; am häufigsten befährt Rovos Rail die Strecken von Pretoria nach Kapstadt und zu den Victoriafällen. Die Fahrt mit dem „Pride of Africa" dauert jedoch länger als mit dem Blue Train, da der Nostalgiezug langsamer und „gemütlicher" ist. Beliebte Routen der Rovos Rail, die der Blue Train nicht befährt, führen von Pretoria nach Swakopmund (Namibia, Fahrtdauer etwa drei Tage) sowie von Kapstadt nach Daressalam (Tansania, Fahrtdauer knapp zwei Wochen). Die Buchung von Teilstrecken ist nicht möglich. Die Fahrten erfolgen jeweils auch in die umgekehrte Richtung. Im Verlauf der Reisen werden oft längere Halts gemacht, um Ausflüge, Rundfahrten oder auch Safaris zu unternehmen.

Der „Pride of Africa" bietet Platz für 72 Personen und besteht aus 20 einzelnen Waggons. Die **Einrichtungen** des Zuges und der gebotene Service sind ähnlich wie beim Blue Train. Auch Rovos Rail hat Salon- und Aussichtswaggons (teilweise aus Glas) und ist bekannt für seine hervorragende Küche sowie die besonders gediegene Atmosphäre des Restaurants. Auch hier wird zum Abendessen formelle Garderobe erwartet; zwei Sitzungen sind nicht erforderlich. Es sind 36 luxuriöse **Abteile** verschiedener Kategorien vorhanden, deren Grundausstattung ebenfalls der des Blue Train ähnelt. Die Abteile der Rovos Rail sind jedoch etwas größer (zwischen 11 und 16 qm).

Der **Preis** für die günstigste Abteilart auf der Strecke Pretoria–Kapstadt beträgt rund 850 Euro.

SHONGOLOLO-EXPRESS

Beim Shongololo-Express handelt es sich um eine Art rollendes Hotel mit Schlafwagenabteilen. Er ist zwar komfortabel, jedoch bei weitem nicht so luxuriös wie die zuvor genannten Züge. Zwischen Mitternacht und etwa sieben Uhr morgens werden mit dem Zug große Distanzen bewältigt, um dann während des Tages mit kleinen Bussen ab der jeweiligen Haltestation Ausflüge zu machen. Meist gibt es jeweils mehrere Ausflugsmöglichkeiten, darunter auch Ballonfahrten oder Sporttouren.

Der Shongololo-Express befährt verschiedene **Routen** von unterschiedlicher Dauer. Eine sehr beliebte, gut zwei Wochen umfassende Tour mit ausführlichen Besichtigungsmöglichkeiten führt von Johannesburg über Mpumalanga, Zululand, Durban, die Karoo und die Gartenroute nach Kapstadt. Eine weitere Route bietet die Möglichkeit, in gut zwei Wochen von Johannesburg über Swaziland, Mpumalanga und Mozambique nach Zimbabwe, Sambia und Botswana zu fahren. Eine dritte Tour führt in einer Woche von Kapstadt in Richtung Norden über Upington, die Augrabies-Wasserfälle und die Kalahari nach Windhoek (Namibia). Beim Shongololo-Express können manchmal auch Teilstrecken, darunter Durban–Kapstadt, gebucht werden. Die Reisen finden jeweils in beide Richtungen statt.

Der aus elf Waggons bestehende Shongololo-Express bietet Platz für bis zu 89 Personen. Zu den **Einrichtungen** des Zuges gehört ein Speisewagen, in dem das – häufig aus typisch afrikanischen Gerichten bestehende – Abendessen in zwei Sitzungen eingenommen wird. Die insgesamt 56 kleinen **Abteile** sind mit Waschbecken und Ventilatoren ausgestattet. In jedem Waggon, der zwölf Personen beherbergen kann, stehen Gemeinschaftsduschen und Toiletten zur Verfügung.

Der günstigste **Preis** für eine 17-tägige Tour mit dem Shongololo liegt bei 1.900 Euro pro Person.

MALEDIVEN

Ein junges Brautpaar möchte bei Ihnen ein romantisches Ziel für die Flitterwochen buchen. Freunde haben dem Paar die Malediven empfohlen.

a) *Die Kunden bitten Sie nun um detaillierte Informationen über die geographische Lage der Malediven, beste Reisezeit, Besonderheiten der Inseln und ihrer touristischen Infrastruktur sowie Unterhaltungs- und Unternehmungsmöglichkeiten vor Ort. Erläutern Sie den Kunden auch die Bedeutung des Tourismus für die Malediven.*

b) *Für welche Sportart sind die Malediven außerordentlich gut geeignet und weshalb?*

c) *Die Unterbringung wird in einer gehobenen Hotelanlage mit Clubcharakter gewünscht. Die Transferdauer vom Flughafen zum Hotel sollte möglichst kurz sein und nicht per Helikopter erfolgen. Suchen Sie aus den Katalogen deutscher Reiseveranstalter zwei zu diesen Kundenwünschen passende Angebote heraus.*

d) *Schlagen Sie den Kunden zwei verschiedene Anreisevarianten auf die Malediven vor. Eine davon sollte eine Kombination mit einem Zielgebiet ermöglichen, das einen reizvollen Gegensatz zur Ruhe und Idylle auf den Malediven darstellt.*

6. ASIEN / 6.1 MALEDIVEN

Die Inselgruppe der Malediven liegt im **Indischen Ozean**, gut 500 Kilometer südwestlich des **Indischen Subkontinents** – einer großen, dreieckigen, aus der Masse des asiatischen Festlands in den Indischen Ozean ragenden Halbinsel – und rund 800 Kilometer südwestlich des Inselstaats Sri Lanka. Durch den südlichen Teil der Malediven, die sich zwischen dem 8. Grad nördlicher und dem 1. Grad südlicher Breite erstrecken, verläuft der **Äquator**. Die geographisch zu **Südasien** gehörenden **Koralleninseln**, deren größte 13 qkm einnimmt, dehnen sich von Westen nach Osten über etwa 130 Kilometer, von Norden nach Süden über fast 900 Kilometer aus und umfassen eine Landfläche von 298 qkm auf einer Meeresfläche von fast 100.000 qkm. Korallen können nur in Gewässern, die niemals unter 20 Grad abkühlen, überleben und existieren aus diesem Grund nur zwischen dem 30. Grad nördlicher und dem 30. Grad südlicher Breite.[1]

Der Archipel besteht aus knapp 1.200 Inseln und Inselchen, die sich über 26 einzelne, verschieden große **Atolle**, ringförmige Korallenriffe, die eine Lagune umgeben, verteilen. Das **Huvadu-Atoll** ist mit einem Durchmesser von über 70 Kilometern das größte Atoll der Welt. Gut 200 Inseln sind von Einheimischen bewohnt, weitere über 80 Eilande für den Tourismus erschlossen (Tendenz steigend). Die flachen Inseln weisen eine Höhe von durchschnittlich zwei Meter auf und sind geprägt von üppiger, tropischer Vegetation sowie feinsandigen, von Kokospalmen gesäumten Traumstränden, die in seichtes, türkisfarbenes Wasser abfallen. Den Stränden sind Korallenriffe mit phantastischer, bunter Unterwasserwelt vorgelagert. Flüsse gibt es auf den Malediven nicht.

Ungefähr im Zentrum der Inselgruppe, im **Kaafu-Atoll** (Male-Atoll), liegt mit der Hauptstadt **Male** die einzige größere Stadt des Archipels auf der gleichnamigen, etwa 2 qkm großen Insel. Hier leben etwa 75.000 Menschen, insgesamt hat die in 19 Verwaltungsatolle aufgeteilte Inselrepublik der Malediven etwa 276.000 Einwohner.

Die Malediven liegen vollständig innerhalb der Tropen und haben **tropisches Klima**. Das Wetter hier wird – wie in ganz Süd- und Südostasien – stark vom **Monsun**[2], einem tropischen Wind, beeinflusst. Der beständig wehende Monsunwind wechselt zweimal im Jahr seine Richtung. Ab dem späten Frühjahr kommt er aus Südwesten und bringt als warmer Wind vom Meer große Feuchtigkeit in Form starker Regenfälle (Sommermonsun). Ab dem Spätherbst weht er als trockener, kühlerer Wind von der nordöstlichen Landmasse her (Wintermonsun). Die Durchschnittstemperatur auf den Malediven beträgt ganzjährig tagsüber um 30 Grad, die Wassertemperatur fällt selten unter 27 Grad. Die Temperatur und die relativ hohe Luftfeuchtigkeit von etwa 80 % sind im Allgemeinen durch den ständigen Wind recht gut zu ertragen. Nur während des Monsunwechsels, etwa im Mai und November, wird die Hitze häufig als schwül und drückend empfunden, weil der Wind dann nur sehr schwach weht.

Die beste **Reisezeit** für die Malediven ist der Winter, speziell die Monate von Dezember bis April, wobei der geringste Niederschlag im Februar und März fällt. Obwohl die übrige Zeit oft als „Regenzeit“ bezeichnet wird – die heftigen, kurzen Niederschläge fallen jedoch häufig nachts – können die Malediven das ganze Jahr über bereist werden. Nur in den Hochsommermonaten sollte von den Malediven als Reiseziel eher abgeraten werden, da es dann am ehesten zu heftigen Stürmen und unruhigem Meer kommen kann.

---

[1] Aus: Schülerduden. Die Geographie. 1997. S. 204.
[2] Aus: Schülerduden. Die Geographie. 1997. S. 249.

Die Malediven waren bereits einige Jahrhunderte v. Chr. von Völkern, die vom indischen Subkontinent bzw. aus Sri Lanka stammten, besiedelt. Schon sehr früh wurden die Inseln – unter anderem von Römern und Arabern – als Zwischenstation für den Seeverkehr von Europa und Arabien nach Indien und China genutzt.

Die **Araber** gewannen ab dem 9. Jh. n. Chr. großen Einfluss auf den Malediven und islamisierten Mitte des 12. Jh. den bis dahin buddhistisch geprägten Archipel. Von dieser Zeit an wurde die Inselgruppe von islamischen Sultanen regiert.

Mitte des 16. Jh. eroberten die **Portugiesen**, die zu einer wichtigen Kolonialmacht in Asien geworden waren, die Inseln der Malediven, konnten sich jedoch nur wenige Jahre behaupten.

Während der folgenden Zeit wurden die – durch ihre schneckenförmigen „Kauri-Muscheln“, die im Gebiet des Indischen Ozeans als Schmuck und Zahlungsmittel dienten – recht wohlhabenden Malediven zunehmend von Piraten heimgesucht. Deshalb bat der Sultan Mitte des 17. Jh. die **Holländer**, die damals führende Macht im Indischen Ozean, um Hilfe. Die Niederländer, die über lange Jahre Handelsbeziehungen mit den Malediven unterhielten und Tributzahlungen von den Insulanern erhielten, mischten sich jedoch nie in deren innere Angelegenheiten ein.

Nachdem die **Briten** die Holländer Ende des 18. Jh. als vorherrschende Macht abgelöst hatten, übernahmen sie auch deren Kontrolle über die Malediven. Etwa 100 Jahre später, im Jahr 1887 wurden die Inseln offiziell zum britischen Protektorat erklärt und unter die Verwaltung der britischen Kronkolonie Ceylon, heute Sri Lanka, gestellt. Trotzdem blieb den Inseln ihre innerstaatliche Unabhängigkeit erhalten. 1932 erhielten die Malediven eine eigene Verfassung, die eine Wahlmonarchie statt des Sultanats vorsah.

Nachdem Ceylon bereits 1948 unabhängig geworden war, wurden die Malediven 1953 zur **Republik** erklärt. Vollkommen eigenständig wurden die Inseln aber erst 1965. Heute sind die Malediven eine präsidiale Republik im Commonwealth und ein politisch recht stabiler Staat.

Die als „Malediver“ bezeichnete **Bevölkerung** der Inseln sind Nachkommen von verschiedenen Völkern, die im Laufe der Geschichte auf die Inseln kamen und sich miteinander vermischten. Die meisten Malediver haben eine recht dunkle Hautfarbe und stammen von Singhalesen und Arabern, aber auch von Malaien und Afrikanern – die als Sklaven der Araber hierher kamen – ab.

Die **Bevölkerungsdichte** auf den Malediven beträgt im Durchschnitt rund 1.180 Einwohner/qkm. Diese enorm hohe Zahl ergibt sich – trotz vieler unbewohnter Inseln – vor allem durch die Bevölkerungszahl der Hauptstadt Male. Auf den von Einheimischen bewohnten Inseln leben meist etwa 200 bis 400 Menschen, nur 20 Inseln haben mehr als 1.000 Einwohner. Auch auf größeren Inseln gibt es in der Regel nur eine Siedlung, die genauso heißt wie die Insel.

In der maledivischen Gesellschaft gibt es keine allzu krassen sozialen Gegensätze (keine Slums in der Hauptstadt, keine Bettler). Macht und Geld konzentrieren sich jedoch hauptsächlich auf den aus der Zeit des Sultanats stammenden Adel. Jeder Einwohner hat Anspruch auf ein Stück Land auf der Insel, von der er stammt, die Bebauung und Bestellung muss er jedoch selbst finanzieren. Durch den Tourismus und den damit zusammenhängenden wirtschaftlichen Aufschwung haben sich auf den Malediven – die lange Zeit zu den ärmsten Ländern der Welt gehörten – das Sozial-, Bildungs- und Gesundheitswesen sowie die Infrastruktur enorm verbessert.

Die nur hier gesprochene **Landessprache** der Malediven heißt Dhivehi und stammt aus dem Singhalesischen, sie enthält aber auch arabische, indische und englische Elemente. Die Schrift des Dhivehi namens „Thaana" ist arabischen Ursprungs. Seit einer Schreibreform in den 70er-Jahren wird auch lateinisch geschrieben.

Als Urlauber auf den Touristeninseln und in Male kommt man mit Englisch, das als weitere Amtssprache genutzt wird, gut zurecht. Vereinzelt wird auf Hotelinseln auch Deutsch, Französisch und Italienisch gesprochen.

Auf den Malediven ist der (sunnitische) Islam **Staatsreligion**. Nicht-Moslems können keine Staatsbürger werden. Somit sind die Malediven eines der wenigen Länder der Welt, in dem 100 % der Bevölkerung dem moslemischen Glauben angehören. Die Rechtsprechung auf den Malediven beruht auf dem Islam und auch viele weitere Dinge des öffentlichen Lebens und des Alltags sind beeinflusst von der islamischen Religion (➔ Kapitel II.). Im Gegensatz zu vielen arabischen Ländern müssen sich die Frauen auf den Malediven jedoch nicht verschleiern und auch mit religiösem Fanatismus muss hier kaum gerechnet werden.

Besondere **Impfungen** sind bei Einreise aus Europa auf die Malediven nicht vorgeschrieben; eine Impfung gegen Hepatitis A wird empfohlen. Obwohl es teilweise viele Mücken gibt, sind die Malediven heute malariafrei. Ansonsten gelten die für die Tropen üblichen Gesundheitshinweise bezüglich Sonneneinstrahlung und Nahrungsaufnahme (➔ Kapitel I.).

Die **medizinische Versorgung** auf den Malediven besteht aus Erste-Hilfe-Stationen – die medikamentös meist recht gut ausgestattet sind – auf den Touristeninseln, etwa 20 über die Atolle verteilten Gesundheitszentren, vier regionalen Kliniken sowie Arztpraxen und Krankenhäusern in Male, die nicht unbedingt europäischem Standard entsprechen. Im Notfall wird ein Arzt aus Male auf die Touristeninseln gerufen und der Patient dann gegebenenfalls in die Hauptstadt gebracht. Da für den Transport zur Hauptinsel bereits beträchtliche Kosten anfallen können, wird hier besonders dringend angeraten, eine Reisekrankenversicherung abzuschließen.

Die **Währungseinheit** auf den Malediven ist der Rufiyaa (1 Rufiyaa = 100 Laari). Da auf den Touristeninseln in US-Dollar oder in anderer „harter" Währung abgerechnet wird, benötigt man als Tourist – außer für Einkäufe in Male – nur harte Währung in bar oder in Form von Reiseschecks, beides am besten in kleiner Stückelung.

Das Kunsthandwerk der Malediver besteht häufig aus Muscheln, Schnecken und Korallen, für die jedoch wie für Schildpatt und verschiedene weitere Tierprodukte nach dem **Washingtoner Artenschutzabkommen** Ausfuhrverbot besteht.

Die Malediven liegen in der **Zeitzone** MEZ +4. Da es auf den Inseln keine Sommerzeit gibt, beträgt der Zeitunterschied während der europäischen Sommerzeit nur drei Stunden.

Der **Nationalfeiertag** auf den Malediven ist der 26. Juli, der Tag der Unabhängigkeit. Neben weiteren Feiertagen werden auf den Inseln vor allem moslemische Feste gefeiert.

Bei Besuchen von Male und Inseln der Einheimischen sollten Touristen in Bezug auf Verhalten und Kleidung Rücksicht auf religiös bedingte **Traditionen und Moralvorstellungen** der einheimischen Bevölkerung nehmen. FKK ist grundsätzlich verboten.

Das Auswärtige Amt weist ausdrücklich darauf hin, dass **Rauschgiftbesitz** (auch kleine Mengen) auf den Malediven streng verboten ist. Bei Verstößen ist mit strengen Strafen zu rechnen.

Alkohol ist nur auf den Touristeninseln (jedoch auch nicht auf Male) erhältlich, darf allerdings – wie pornographisches Material und Schweinefleischprodukte – nicht von Urlaubern eingeführt werden.

Die **Nebenkosten**, unter anderem für Alkohol, liegen recht hoch, da vieles importiert werden muss.

Da an den Stränden und im flachen Wasser häufig Bruchstücke von **Korallen** liegen, an denen man sich ohne Schuhe unangenehme Verletzungen an den Füßen zuziehen kann, wird dringend empfohlen, feste Badeschuhe mitzunehmen.

Das Nachtleben auf den Malediven beschränkt sich weitgehend auf kleinere Veranstaltungen auf den Urlaubsinseln; auch in Male ist abends nicht viel los. Neben Diskoabenden und Live-Musik-Darbietungen wird in den Urlaubsresorts teilweise auch maledivische **Folklore** vorgeführt.

Süßwasser ist knapp auf den Malediven. Wenn Inseln keine Meerwasserentsalzungsanlagen haben, wird zum Duschen aufgefangenes Regenwasser oder Grundwasser genutzt. Grundsätzlich sollte mit dem Wasser sehr sparsam umgegangen werden; in einigen wenigen Ferienanlagen gibt es kein Warmwasser zum Duschen. Da das **Wasser** grundsätzlich nicht von besonders guter Qualität ist, wird dringend davon abgeraten, es als Trinkwasser zu nutzen. In den Bungalows steht spezielles Wasser zum Trinken und Zähneputzen bereit.

Die **Stromversorgung** erfolgt meist durch Generatoren, durch die es zu Geräuschbelästigungen kommen kann.

Der *INTERNATIONALE REISEVERKEHR* auf die Malediven wird fast ausschließlich per **Flug** abgewickelt. Die zwei Kilometer von Male entfernte Insel Hulule hat einen internationalen Flughafen (MLE), auf dem auch Großraumflugzeuge landen können.

Von einigen deutschen Flughäfen gibt es mehrmals pro Woche direkte Charterflugverbindungen auf die Malediven, die teilweise auf Sri Lanka zwischenlanden. Nonstop-Flüge dauern neun bis zehn Stunden. Per Linie werden die Inseln ebenfalls von verschiedenen Fluggesellschaften angeflogen. Von Deutschland aus gibt es zwar keine direkten Linienflüge, jedoch recht gute Umsteigeverbindungen, beispielsweise über Colombo auf Sri Lanka mit Air Lanka (UL) oder über Dubai mit Emirates Airlines (EK). Falls möglich, ist die Vorbuchung von Fensterplätzen im Flugzeug empfehlenswert, da man während des Anflugs auf Hulule atemberaubende Ausblicke auf die Malediven-Inseln genießen kann.

Male ist auch ein beliebtes Ziel von Hochseeschiffen auf **Kreuzfahrten** durch die Inselwelt des Indischen Ozeans oder rund um den indischen Subkontinent.

INFRASTRUKTUR INNERHALB DES ARCHIPELS

Im **Inlandsverkehr** unterhält die Air Maldives Linienflüge von Hulule zu vier Regionalflughäfen abgelegener Atolle. Nach Male gelangt man von Hulule aus in knapp 15 Minuten per Wassertaxi.

Der **Transfer** von der Flughafeninsel zu den Hotelinseln erfolgt – je nach Entfernung – mit Booten, Hubschraubern und Wasserflugzeugen. Die Schiffsanlegestelle auf Hulule befindet sich etwa 200 Meter entfernt vom Flughafengebäude. Zu den relativ nah bei Male gelegenen Inseln gelangt man von dort aus mit Dhonis – typisch maledivische Segelboote, die meist zusätzlich mit einem Motor angetrieben werden –, für größere Strecken werden Schnellboote genutzt. Zu den weit von Male entfernten Inseln wird geflogen. Auch der Transfer zu näher gelegenen Inseln ist gegen Aufpreis oft per Flug mit Hubschraubern oder Wasserflugzeugen möglich und wegen spektakulärer Ausblicke empfehlenswert. Auf einigen Ferieninseln gibt es Hubschrauberlandeplätze, von dort werden dann auch weitere Ferieninseln des Atolls per Boot angefahren; Wasserflugzeuge landen in Lagunen, an speziell eingerichteten, schwimmenden Plattformen.

Die **Schiffe** zu den Ferieninseln verkehren nicht regelmäßig, sondern nur nach Bedarf. Die Reiseleitungen und Hotels wissen, wann und mit welchem Flugzeug ihre Gäste ankommen und organisieren dann einen entsprechenden Transfer. Es existiert kein für den Tourismus relevanter Linienschiffsverkehr, von den Urlaubsinsel aus werden aber häufig Ausflugsfahrten durchgeführt. Boote, Helikopter und Wasserflugzeuge können auf Wunsch auch während des Aufenthalts gechartert und für Ausflüge, Rundflüge etc. genutzt werden. Von touristischer Bedeutung sind außerdem so genannte Tauchkreuzfahrten, in deren Rahmen man einen besonders guten Eindruck von der Unterwasserwelt, aber auch von Land und Leuten gewinnen kann. Deshalb sind diese Kreuzfahrten nicht nur für Taucher interessant.

Ein **Straßennetz** im eigentlichen Sinne gibt es auf den meisten Inseln aufgrund der geringen Größe nicht. Ausnahme ist die Hauptinsel, wo auf mittlerweile asphaltierten Straßen Linksverkehr herrscht. Die meisten Eilande können auf halb- bis einstündigen Spaziergängen umrundet werden.

Das Thema **Unterkunft** wird im Abschnitt „Touristische Inseln“ eingehend behandelt. Es ist empfehlenswert, eine Malediven-Buchung pauschal über einen Reiseveranstalter abzuwickeln, da Individualbuchungen sehr kompliziert und teuer sind. Weiterer Vorteil der Pauschalbuchung ist, dass der Transfer vom Flughafen zur Urlaubsinsel bereits im Preis eingeschlossen ist und vom Veranstalter organisiert wird.

Die einsamen Inselparadiese der Malediven mit ihren Traumstränden sind wie geschaffen für einen erholsamen **Badeaufenthalt** in herrlicher, exotischer Tropenlandschaft, fern von jeglicher Hektik. Hier können Ruhesuchende und Zivilisationsmüde das ganze Jahr über – je nach Geschmack in einfacher, komfortabler oder luxuriöser Atmosphäre – völlig abschalten und eine Art „Robinson-Crusoe-Gefühl“ entwickeln. Für Abwechslung sorgen Ausflüge ins lebhafte Male, zu gemütlichen, ursprünglichen Fischerinseln, anderen Touristeninseln oder gänzlich unbewohnten Eilanden.

Aufgrund der romantischen Abgeschiedenheit haben sich die Malediven, ähnlich wie weitere Inseln im Indischen Ozean wie die Seychellen oder Mauritius, zu einem beliebten **Honeymoon-Ziel** für Flitterwöchner entwickelt. Viele der Hotels bieten Hochzeitsreisenden zusätzliche Leistungen wie Blumen oder ein Dinner auf Kosten des Hauses. Ohnehin sind die Malediven vor allem ein bevorzugtes Reiseziel von Paaren, auf Familien oder Alleinreisende trifft man hier seltener.

Ein ganz großer Anziehungspunkt der Malediven ist neben der landschaftlichen Schönheit und der großen Ruhe die phantastische und einmalige Unterwasserwelt. Aufgrund der ungeheuer vielfältigen Meeresfauna und -flora, die dank der relativen Abgeschiedenheit des Korallengebietes weitgehend intakt sind, gehören die Malediven zu den besten **Tauchrevieren** der Welt und sind ein Paradies für Taucher und Schnorchler. Neben Unterwassersport können auch zahlreiche weitere Sportarten, darunter naturgemäß viel **Wassersport** (Surfen, Segeln, Wasserski) ausgeübt werden.

Kulturbegeisterte Touristen nutzen die Malediven häufig als Badeziel für einen **Anschlussaufenthalt** nach einer Rundreise auf der Nachbarinsel Sri Lanka oder in Indien. In jüngster Zeit wird von deutschen Reiseveranstaltern, die Flüge der Emirates Airlines im Programm haben, auch häufig eine **Kombination** der Malediven mit Dubai angeboten. In diesem Fall macht man entweder auf dem Hin- oder Rückflug einen Stopp in dem beliebten Shopping- und Badeparadies, wo man dann ohnehin umsteigen muss. Alle drei Varianten sind sehr interessant, da die Kultur Sri Lankas bzw. Indiens und die moderne Metropole Dubai einen reizvollen Kontrast zu den ruhigen und erholsamen Malediven bieten.

Nachdem die Malediven 1972 für den Tourismus geöffnet worden waren, stellt dieser heute die Haupteinnahmequelle des Landes und eine wichtige Devisenquelle dar (2000: Einnahmen von 344 Millionen US-Dollar). Im Jahr 2000 zählten die Malediven knapp 470.000 Urlauber, die vor allem aus Europa kamen; etwa 20 % der Touristen auf den Malediven sind Deutsche.

Auch mit dem Fremdenverkehr zusammenhängende Bereiche, darunter Dienstleistungs- und Handwerksbetriebe sowie Werften, die die für den Tourismus benötigten Boote bauen, sind wichtige Faktoren für die maledivische **Wirtschaft**. Bevor der Tourismus aufkam, der hohe Zuwachsraten zu verzeichnen hat, war traditionell die Fischerei, die auch heute noch viele Malediver ernährt, der Hauptwirtschaftszweig der Inseln. Soweit die Korallenböden der Inseln dies zulassen, wird auch Landwirtschaft betrieben. Die wichtigsten landwirtschaftlichen Produkte der Malediven liefern die weit verbreiteten Kokospalmen: Kokosnüsse, -fasern, -öl etc. Trotz des wirtschaftlichen Aufschwungs, den der Tourismus mit sich brachte, sind die Malediven noch immer ein recht armes Land. Das Bruttosozialprodukt betrugt 2000 1.960 US-Dollar pro Einwohner.

Leider gibt es auch auf den paradiesisch anmutenden Malediven **ökologische Probleme**. Die weltweiten Klimaveränderungen wirken sich besonders schwerwiegend auf die Inseln aus: Durch eine vorübergehende Erwärmung des Ozeans kam es 1997/98 zur so genannten „Korallenbleiche" (➔ Unterwasserwelt). Weiterhin wird auf lange Sicht hin durch den Treibhauseffekt ein Anstieg des Meeresspiegels und die Überschwemmung von Inseln befürchtet. Andere ökologische Probleme jedoch sind teilweise durch den Tourismus entstanden bzw. verstärkt worden. Hierzu gehört vor allem das Problem der Müllbeseitigung, da durch die Besucherscharen die Menge des Abfalls natürlich erheblich steigt. In diesem Müll sind viele schwer zu entsorgende Elemente wie Plastik, Dosen und Batterien enthalten, weshalb das Problem durch Entsorgung im Meer und Müllverbrennungsöfen nicht besonders gut gelöst ist. Aus diesem Grund werden die Besucher gebeten, ihren „Problemmüll" zu sammeln und mit zurück nach Hause zu nehmen. Diverse Fluggesellschaften geben an ihre Passagiere auf die Malediven Müllsäcke aus, die vor dem Rückflug gefüllt abgegeben werden können und dann in Deutschland fachgerecht entsorgt werden. Das Meer und die Korallenriffe sind jedoch nicht nur durch Müll und Abwässer gefährdet, sondern auch durch Taucher, die das Ökosystem durcheinander bringen. Zum Schutz der Unterwasserwelt wurden Naturschutzgebiete eingerichtet, wo Fischen und Ankern nicht erlaubt ist. Die Besucher werden grundsätzlich gebeten, beim Tauchen nach Möglichkeit nichts anzufassen, keine Korallen zu pflücken sowie keinerlei Pflanzen und Lebewesen aus dem Meer mitzunehmen und auch keine Souvenirs aus Produkten daraus zu kaufen. Mittlerweile ist es auch verboten, Korallen als Baumaterial zu nutzen, was bis vor kurzem durchaus üblich war.

UNTERWASSERWELT

Die maledivische Unterwasserwelt bietet eine ungeheuer große Artenvielfalt. Es sind allein über 200 **Korallenarten** (darunter riffbildende Steinkorallen und farbenprächtige Weichkorallen) und über 700 **Fischarten** (von denen die meisten sehr große Populationen aufweisen) vorhanden. Zu den buntesten Fischen gehören Schmetterlings- und Falterfische, aber auch die übrigen großen und kleinen Fischarten sind sehr sehenswert. In den maledivischen Gewässern kommen auch Haie vor, die jedoch ungefährlich für Menschen sind. Zur Unterwasserfauna der Malediven gehören auch unzählige „unspektakulärere" Lebewesen wie **Weich-** und **Schalentiere**: Schnecken, Muscheln, Krebse, Seesterne, Würmer, Schwämme etc.

Derzeit belastet die Unterwasserwelt der Malediven das Problem der **Korallenbleiche**, die durch die Erwärmung des Ozeans verursacht wird, die unter anderem wiederum eine Folge des Treibhauseffekts ist. Durch die höhere Temperatur von etwa ein bis vier Grad wurden Wachstum und Pigmentierung von Algen beeinträchtigt, die die Lebensgrundlage verschiedener Korallenarten sind. Vor allem Korallen in niedrigeren Tiefen bis etwa 15 Meter blichen aus diesem Grund aus oder starben sogar ab. Deshalb können vor allem Schnorchler nicht mehr die gewohnte Farbenpracht genießen. Obwohl ihre bunte Schönheit durch die Korallenbleiche stark beeinträchtigt ist, gehört die Unterwasserwelt der Malediven noch immer zu den schönsten der Welt. Das Ökosystem beginnt bereits, sich zu erholen, der Fischreichtum hat nicht gelitten.

Die Korallen haben unterschiedliche **Riffarten** geschaffen. Neben Hausriffen, die die Inseln umgeben, gibt es in der Umgebung weitere, verschiedene Arten von Riffen, die unterschiedlich weit von den Inseln entfernt liegen. Dazu gehören die sehr gut zum Tauchen geeigneten „Thilas" (innerhalb eines Atolls gelegene, kleine Riffe direkt unterhalb der Wasseroberfläche) und „Farus" (runde, innerhalb von Lagunen und somit geschützt gelegene Riffe). Neben diesen Innenriffen sind die – zwei Riffe verbindenden – Kanäle und die die Atolle umgebenden Außenriffe ebenfalls sehr gute Tauchgebiete. In Außenriffen kann man häufig Großfische sehen. Es heißt, dass die Auswirkungen der Korallenbleiche an Thilas und Außenriffen weniger spürbar sind.

TAUCHEN / SCHNORCHELN

Der Tauchsport spielt für sehr viele Reisende auf die Malediven eine herausragende Rolle. Auf fast allen Touristeninseln sind – oft deutschsprachige – **Tauchschulen und -basen** vorhanden. Buchungen für Tauchgänge und -kurse können teilweise erst vor Ort erfolgen, bei manchen Veranstaltern sind aber auch schon vorab Buchungen von Tauchpaketen möglich. Viele Tauchschulen verleihen **Tauchausrüstungen**, erfahrene Taucher bringen aber gerne ihre Ausstattung von zu Hause mit. Die deutschen Fluggesellschaften, die die Malediven anfliegen, transportieren dieses Sportgepäck bis zu einem Gewicht von 30 Kilogramm teilweise kostenfrei. In vielen Tauchbasen können internationale Zertifikate erworben werden.

Einige Tauchschulen verlangen, um gesundheitliche Probleme beim Tauchen zu vermeiden, eine ärztliche **Tauglichkeitsbescheinigung**. Tauchern ist der Abschluss einer Reisekranken- und einer Reiseunfallversicherung für den „Fall der Fälle" besonders zu empfehlen. Im Bedarfsfall – Probleme mit dem Druckunterschied bei zu schnellem Auftauchen aus großer Tiefe – stehen auf zwei Touristeninseln Dekompressionskammern zur Verfügung.

Viele Tauchschulen führen vormittags und nachmittags je eine Tauchfahrt zu umliegenden **Tauchgründen** durch. Bootsfahrten dorthin dauern meist höchstens eine halbe Stunde. Tauchen und Schnorcheln an nahen Hausriffen ist auch zwischen den Fahrten möglich. Manche Tauchschulen bieten die Gelegenheit zum Nacht-Tauchen, um nachtaktive Tiere zu beobachten.

Eine Möglichkeit, auch abgelegene Atolle mit ursprünglichen, kleinen Fischerinseln, vielfältigste, unberührte Tauchgründe und verschiedene Hotelinseln zu besuchen, sind die – nicht nur bei Tauchern beliebten – Kreuzfahrten durch die Inselwelt der Malediven. Diese **Tauchkreuzfahrten**, in deren Rahmen man die Unterwasserwelt „gründlicher" erforschen kann, dürfen nicht auf eigene Faust durchgeführt werden, sondern müssen in organisierter Form stattfinden. Es dürfen nur Atolle und Inseln besucht werden, die bereits mit dem Tourismus in Berührung gekommen sind. Die meisten Schiffe befahren ab / bis Male zwei Hauptrouten in nördliche bzw. südliche Atolle, einige Schiffe haben jedoch keine feste Route, sondern fahren je nach Sicht und Strömungsverhältnissen in verschiedene Atolle. Die Dauer der auch als „Tauchsafaris" bezeichneten Reisen beträgt durchschnittlich eine Woche, es gibt jedoch auch längere bzw. kürzere Touren. Auch von den Schiffen aus werden teilweise Tauchkurse angeboten. Die auf den Kreuzfahrten durch die maledivische Inselwelt genutzten Boote und Jachten variieren in Bezug auf Größe, Ausstattung und Komfort ganz erheblich.

INSELN

Einheimische und Gäste leben auf den Malediven weitgehend getrennt. Auf den **Fischerinseln** gibt es keine Touristenunterkünfte, übernachten darf man hier nur mit besonderer Genehmigung und auch Tagesausflüge müssen teilweise vorher angemeldet werden. Eine Ausnahme ist Male, wo über ein Viertel der Malediver lebt, man aber auch Hotels und Gästehäuser findet. Inseln abgelegener Atolle dürfen gar nicht von Touristen besucht werden. Auf den Touristeninseln gibt es keine Siedlungen der Einheimischen. In den Hotels arbeiten fast ausschließlich Männer, die so die meiste Zeit getrennt von ihren Familien leben, während die Frauen mit den Kindern auf ihren jeweiligen Inseln bleiben. Der Kontakt zwischen Maledivern und Urlaubern ist auf ein Minimum reduziert, um fremde, schwer mit dem Islam und althergebrachten Traditionen zu vereinbarende Einflüsse von der Bevölkerung fernzuhalten. Um den Besuchern trotzdem Einblicke in typisch maledivisches Leben zu gewähren, ist geplant, spezielle „Kulturinseln" einzurichten.

Derzeit gibt es auf den Malediven rund **90 Urlaubsinseln**, die sich über **zehn Atolle** verteilen. Für die nächsten Jahre ist die Erschließung weiterer Atolle und Inseln geplant. Obwohl auch abgelegene Atolle touristisch erschlossen sind, liegen die weitaus meisten Ferieninseln im Zentrum der Inselgruppe: im Kaafu-Atoll (das auch als Male-Atoll bezeichnet und in Nord-Male- und Süd-Male-Atoll unterteilt wird) und im westlich davon gelegenen Ari-Atoll. In den meisten der übrigen für den Tourismus erschlossenen Atollen gibt es nur einige wenige Ferieninseln. Auf fast allen Ferieninseln befindet sich jeweils nur ein Hotel; nur 20 % der Inselfläche dürfen bebaut werden.

Für manche Atolle und Inseln werden mehrere Namen verwendet, was daran liegen kann, dass es einen verwaltungsmäßigen und einen traditionellen Namen gibt, lange und komplizierte Divehi-Namen abgekürzt werden oder die Inseln zusätzlich neue, touristisch wirksamere Namen bekommen haben; die Insel Dhiffushi beispielsweise erhielt den Namen „Holiday Island". Die divehischen Inselnamen geben teilweise Aufschluss über die Inseln. So bezeichnet „-fushi" als Endung eines Inselnamens eine große Insel nahe des Außenriffs (Beispiel: Meerufenfushi). Weitere häufige Endungen von unterschiedlicher Bedeutung sind „-finolhu" (Beispiel: Dhigufinolhu), „-huraa" (Beispiel: Kuda Huraa), „-le" (Beispiel: Male) oder „-dhoo" (Beispiel: Komandhoo).

Auf den Malediven ist die sorgfältige Auswahl der Unterkunft bzw. der Insel besonders wichtig, da man hier kaum die Möglichkeit hat, auszugehen, auswärts zu essen oder sich einfach nach einer anderen Bleibe umzusehen, wenn man sich nicht wohl fühlt.

Die **Größe** der als „Resorts" bezeichneten Ferienanlagen auf den Touristeninseln schwankt zwischen 6 und 250 Bungalows, durchschnittlich hat jedes Hotel etwa 60 bis 70 Bungalows. 1999 gab es auf den Malediven knapp 15.000 Gästebetten. Die meisten Ferienanlagen auf den Malediven gehören der 3-, 4- und 5-Sterne-**Kategorie** an. Nur einige wenige Anlagen sind internationalen Ketten angegliedert. Die Hotels sind im landestypischen Stil gebaut und bestehen aus kleinen, meist nur wenige Meter vom Strand entfernten, einstöckigen Bungalows. In einigen Resorts gibt es auch exklusive „Wasserbungalows", die auf Pfählen ins Meer gebaut sind.

Die **Ausstattung** der Bungalows reicht je nach Kategorie von einfach bis luxuriös; in den meisten sind Klimaanlagen oder Ventilatoren vorhanden. Zu den **Einrichtungen** der Resorts gehören meist mehrere Restaurants, Bars, manchmal auch Geschäfte und Diskotheken, meistens Sportmöglichkeiten und vor allem Tauch- und Surfschulen. Außer in einigen All-inclusive-Resorts muss fast überall für Tauchgänge und Sportkurse extra gezahlt werden. In einigen Resorts finden Animationsprogramme statt. Auf formelle **Kleidung** kann man in der Regel verzichten; leichte, sportliche Kleidung reicht auf den meisten Inseln aus.

Was die **Verpflegung** angeht, kann man in vielen Hotelanlagen zwischen Frühstück, Halb- und Vollpension wählen. Aufgrund oft relativ geringer Preisunterschiede empfiehlt es sich, sich vorab für Halb- oder Vollpension zu entscheiden, da man in der Regel ohnehin nicht die Alternative hat, auswärts essen zu gehen. Die meist relativ teuren Getränke müssen – außer in All-inclusive-Hotels – separat gezahlt werden. Die Restaurants der meisten Inseln bieten internationale Küche, es können jedoch auch typische maledivische Gerichte (meist mit Fisch und Curry) probiert werden.

MALE

Male, die geschäftige Hauptstadt der Malediven, liegt im Südosten des Nord-Male-Atolls. Die Bevölkerungszahl der Insel stieg in den letzten Jahren rapide an und beläuft sich heute auf etwa 75.000. Deshalb versucht man, künstlich zusätzliches Land zu gewinnen. Außerdem wurde die benachbarte Insel **Villingili**, früher eine Hotelinsel, Anfang der 90er-Jahre zum „Vorort" Males umfunktioniert. Auf einer weiteren Nachbarinsel, auf **Hulule**, liegt der internationale Flughafen. Male war seit der Islamisierung im 12. Jh. Sitz der Sultane und entwickelte sich im Laufe der Geschichte zum politischen, wirtschaftlichen und verkehrstechnischen Zentrum der Malediven. Ein Besuch Males stellt eine beliebte Abwechslung während des Urlaubs auf einer Malediveninsel dar. Je nach Entfernung werden für den halb- oder ganztägigen Ausflug – der über die meisten Reiseveranstalter vor Ort buchbar ist – Boote oder Wasserflugzeuge genutzt. Für einen Rundgang durch Male und einen Besuch der Märkte genügen ein paar Stunden Zeit. Für die Touristen sind zahlreiche Restaurants und Einkaufsmöglichkeiten vorhanden.

Die meisten Sehenswürdigkeiten Males liegen im Norden, unweit des Hafens. Die Silhouette der Stadt prägen einige moderne Hochhäuser sowie die goldene Kuppel und das über 40 Meter hohe Minarett der **Hauptmoschee**, die Platz für über 5.000 Menschen bietet. Sie ist Teil des modernen, von mehreren moslemischen Ländern finanzierten **Islamischen Zentrums**, zu dem auch die Islamische Bibliothek, eine Schule und ein Konferenzsaal gehören. In der Nähe liegt der **Sultanspark** mit Resten des ehemaligen Sultanspalastes, wo das **Nationalmuseum** mit Waffen, Schmuck, Münzen und alten Schriften untergebracht ist. Sehenswert sind außerdem die alte **Freitagsmoschee** aus dem 17. Jh., der **Präsidentenpalast**, der **Heilige Schrein** des Mönches, der die Malediven zum Islam bekehrte, und ein **Denkmal** für den Nationalhelden, der die Portugiesen besiegte. An den Hafen schließt das Basarviertel mit malerischen Gassen, Teestuben und bunten **Märkten** (Fischmarkt, Holzmarkt, Obst- und Gemüsemarkt) an.

NORD-MALE-ATOLL

Das Nord-Male-Atoll, in dem auch Male liegt, hat eine Ausdehnung von knapp 70 Kilometer Länge und etwa 40 Kilometer Breite. Insgesamt gibt es hier etwa 50 Inseln, von denen derzeit acht von Einheimischen bewohnt und 27 für den Tourismus erschlossen sind. Die Touristeninseln konzentrieren sich aufgrund der Nähe zu Male und zum Flughafen auf den südöstlichen Bereich des Atolls; Norden und Westen sind noch unberührter. Man findet im Nord-Male-Atoll Resorts aller Größenordnungen und Kategorien, vor allem aber Hotels im 4- und 5-Sterne-Bereich mit komfortabler Ausstattung und zahlreichen Sportmöglichkeiten. Obwohl das Nord-Male-Atoll eines der touristischsten Atolle ist – hier nahm der Tourismus in den 70er-Jahren seinen Anfang – konnte es eine schöne Unterwasserwelt und gute Tauchgründe bewahren. Der Transfer vom Flughafen zu den meisten Touristeninseln des Nord-Male-Atolls wird mit dem Schnellboot durchgeführt und dauert zwischen 15 und 60 Minuten. Nur auf nördlichere Inseln wird teilweise geflogen.

Einige über deutsche Reiseveranstalter buchbare Inseln des Nord-Male-Atolls sind: das 1972 als erste Insel erschlossene und nach einer Renovierung wieder sehr hochwertige und beliebte **Kurumba** (fünf Kilometer vom Flughafen); Farukolhu Fushi, die relativ große **Club-Med-Insel** mit umfangreichem Animationsprogramm (zwei Kilometer vom Flughafen); Furanafushi mit dem luxuriösen **Full Moon Beach Resort** (acht Kilometer vom Flughafen); die als **Paradise Island** bekannte Insel Lankanfinolhu, auf der die deutsche Hotelkette LTI ein Resort unterhält (zwölf Kilometer vom Flughafen); die lebhafte, ebenfalls recht hochwertige Insel **Bandos**, auf der sich eine Dekompressionskammer befindet (acht Kilometer vom Flughafen); die im Zentrum des Atolls gelegene, kleine und ruhigere Insel **Baros** (15 Kilometer vom Flughafen); die kleine, exklusive Insel **Banyan Tree** (15 Kilometer vom Flughafen); das weiter nordöstlich gelegene **Kuda Huraa** mit einer überaus luxuriösen Hotelanlage der Hotelkette Four Seasons (16 Kilometer vom Flughafen); das recht große **Kanifinolhu** mit großem Sportangebot (19 Kilometer vom Flughafen); eine der größten Inseln des Nord-Male-Atolls, **Meerufenfushi** (Meru), in dessen unmittelbarer Nachbarschaft die Fischerinsel Dhiffushi liegt (knapp 40 Kilometer vom Flughafen).

SÜD-MALE-ATOLL

Süd-Male-Atoll und Nord-Male-Atoll sind durch einen fünf Kilometer breiten, 1.000 Meter tiefen Kanal getrennt. Das etwa 35 Kilometer lange und knapp 20 Kilometer breite Süd-Male-Atoll ist noch etwas ursprünglicher als das Nord-Male-Atoll. Hier liegen 30 Inseln, von denen nur drei von Einheimischen bewohnt sind, während 16 Inseln für den Tourismus erschlossen sind, die meisten bereits seit Ende der 70er- bzw. Anfang der 80er-Jahre. Bis auf wenige Ausnahmen liegen die Ferieninseln, von denen die meisten der 3- und 4-Sterne-Kategorie angehören, relativ dicht beieinander im Südwesten des Atolls. Das Süd-Male-Atoll ist ein besonders gutes Tauchrevier, in dem man oft Großfische zu sehen bekommt. Der Transfer vom Flughafen zu den hier gelegenen Touristeninseln erfolgt meist per Schnellboot (Dauer 30 bis 90 Minuten). Es gibt jedoch auch auf einer Insel einen Hubschrauberlandeplatz, zu dem man innerhalb von 15 Minuten fliegen kann.

Einige bei deutschen Urlaubern besonders beliebte Inseln dieses Atolls sind: die Insel Velassaru im Norden, direkt am Vaadhoo-Kanal, mit dem recht exklusiven Resort **Laguna Beach** (elf Kilometer vom Flughafen); im Nordosten folgt mit **Embudhu** eine etwas einfachere, aber sehr beliebte Touristeninsel (elf Kilometer vom Flughafen); im Westen des Atolls liegt **Dhigofinolhu**, das mit der Nachbarinsel **Veligandu** und einer weiteren kleinen Insel durch Stege verbunden ist (25 Kilometer vom Flughafen); weiter südlich liegen **Biyaadhoo** und **Villivaru**, zwei Inseln der gehobenen Mittelklasse, die nur durch einen Kanal voneinander getrennt sind, mit guten Hausriffen (30 Kilometer vom Flughafen); noch weiter südlich bietet **Kandooma Fushi** nahe der Einheimischeninseln besonders gute Tauchmöglichkeiten (gut 30 Kilometer vom Flughafen).

ARI-ATOLL / RASDU-ATOLL

Das ARI-ATOLL (Arifu-Atoll) liegt etwa 40 Kilometer westlich des Kaafu-Atolls und umfasst auf einer Ausdehnung von etwa 90 Kilometer Länge und gut 30 Kilometer Breite gut 100 Inseln; etwa 20 sind Fischerinseln, 27 Urlaubsinseln. Zum Ari-Atoll gehört das knapp zehn Kilometer nördlich gelegene, kleine RASDU-ATOLL mit zwei Ferieninseln und einer Fischerinsel. Die Touristeninseln, von denen viele der gehobenen Mittelklasse angehören, wurden fast alle in den 80er-Jahren erschlossen und bieten sehr guten Komfort. Anders als im Kaafu-Atoll liegen die Ferieninseln verstreut und konzentrieren sich nicht auf ein bestimmtes Gebiet innerhalb des Atolls. Aus diesem Grund kann man sich hier der Zivilisation noch etwas ferner fühlen. Die Tauchgründe des Ari-Atolls gehören zu den besten der Malediven. Der Transfer vom Flughafen zum Ari-Atoll wird mit Schnellbooten oder per Flug durchgeführt und dauert – abhängig von der genauen Lage der Insel und des Transportmittels – zwischen 30 Minuten und vier Stunden.

Beliebte Touristeninseln im Ari- und im Rasdu-Atoll sind: die einsamen, im Süden des Atolls gelegenen Schwesterinseln Dhiffusi und Guraidu, auf denen die deutsche Hotelkette LTI die gehobenen Resorts **Holiday Island** und **Sun Island** unterhält (knapp 100 Kilometer vom Flughafen); im Südwesten liegt **Rangali** mit einem exklusiven Resort der Hotelkette Hilton (95 Kilometer vom Flughafen); etwas weiter östlich befindet sich die kleine, luxuriöse Insel **Mirihi** (90 Kilometer vom Flughafen); nicht weit von hier liegt mit **Angaga** eine relativ junge Touristeninsel mitten im Südteil des Atolls (gut 80 Kilometer vom Flughafen); im nördlichen Zentrum des Atolls befindet sich die kleine Insel **Fesdu**, die für ihre besonders üppige tropische Vegetation bekannt ist (65 Kilometer von Flughafen); östlich davon liegt **Ellaidhoo** mit einem Mittelklasseresort und besonders guten Tauchmöglichkeiten (55 Kilometer vom Flughafen); im Nordwesten des Ari-Atolls folgen die Inseln **Nika** mit einem der hochwertigsten Resorts der Malediven (jedes der 26 Zimmer hat einen Privatstrand) und **Velidu** mit besonders schönem Strand (beide rund 75 Kilometer von Flughafen); im Rasdu-Atoll liegen **Kuramathi**, die größte Touristeninsel der Malediven, mit drei Resorthotels, sowie das kleinere und ruhigere **Veligandu** (beide gut 50 Kilometer vom Flughafen).

WEITERE TOURISTENATOLLE

In jüngerer Zeit wurden auch einzelne Inseln abgelegenerer Atolle touristisch erschlossen. Die am häufigsten in deutschen Veranstalterkatalogen enthaltenen werden nachfolgend genannt:

Das etwa 100 Kilometer nördlich des Ari-Atolls gelegene, fast gänzlich unberührte **BAA-ATOLL** mit 82 Inseln (darunter 14 Einheimischeninseln). Hier gibt es neben einem der exklusivsten Resorts der Malediven auf der südöstlichen, relativ großen Insel **Soneva Fushi** vier weitere, neue Ferieninseln. Der Transfer vom Flughafen zum Baa-Atoll erfolgt per Flug und dauert eine knappe Stunde.

Nördlich des Kaafu-Atolls liegt das ebenfalls noch sehr ursprüngliche **LHAVIYANI-ATOLL** in etwa 130 Kilometer Entfernung zum Flughafen. Hier gibt es gut 60 Inseln, von denen fünf bewohnt und weitere fünf für den Tourismus erschlossen sind, die bekannteste darunter ist **Kuredu** mit einem einfacheren Resort. Der Transfer vom Flughafen erfolgt per Flug und dauert eine knappe Stunde.

Vereinzelt findet man auch Angebote für weitere, sehr ruhige Atolle: das **FELIDU-ATOLL** und das **MEEMU-ATOLL**, südlich des Kaafu-Atolls mit jeweils nur zwei Ferieninseln; das „jüngste" Touristenatoll, das **NILANDU-ATOLL** südlich des Ari-Atolls mit drei Ferieninseln; das sehr abgeschiedene, südlich des Äquators gelegene **ADDU-ATOLL**, das südlichste aller Atolle mit nur einer Ferieninsel, die früher den Briten als Luftwaffenstützpunkt diente.

THAILAND

1.) ***Ein junges Paar, das als Rucksacktouristen schon zahlreiche Fernreisen in alle Welt gemacht hat, plant für den kommenden Winter eine zwei- bis dreiwöchige Reise nach Thailand. Sie erkundigen sich bei Ihnen über Flugmöglichkeiten dorthin.***

a) *Erteilen Sie den Kunden neben den Anreiseinformationen bitte auch Auskünfte über die Möglichkeiten des Reisens „auf eigene Faust" innerhalb des Landes (einschließlich Sicherheitslage) und über die entsprechenden Verkehrsmittel.*

b) *Das Paar möchte zunächst einige Tage in Bangkok verbringen und sich die Stadt und ihre Umgebung anschauen. Welche Sehenswürdigkeiten bzw. Aktivitäten sollten sie dort auf keinen Fall verpassen?*

c) *Da ihre Kunden Fans von beschaulichen, kleinen Inseln mit schönen Stränden und wenig Tourismus sind, erkundigen sie sich bei Ihnen, ob sie in diesem Zusammenhang in Thailand wohl auf ihre Kosten kommen werden. Erteilen Sie den Kunden die Auskunft und nennen Sie gegebenenfalls entsprechende Inseln bzw. Inselgruppen; erwähnen Sie dabei auch deren Lage und ihre Erreichbarkeit.*

2.) ***Der Kunde, für den Sie bereits zwei Reisen nach Mexiko gebucht haben, möchte zur Abwechslung im darauf folgenden Jahr über Weihnachten eine kombinierte Studien- und Badereise nach Asien unternehmen. Interessieren würden ihn mehrere asiatische Länder. Warum empfehlen Sie Thailand als „Einstieg" für Asienreisende?***

a) *Machen Sie dem Kunden konkrete Vorschläge zum Verlauf einer Studienreise. Welche thailändische Region eignet sich besonders gut für kulturelle Besichtigungen? Nennen Sie Ausgangs- und Zielort sowie Höhepunkte und Attraktionen einer Reise durch diese Region und geben Sie an, wie viel Zeit für die von Ihnen vorgeschlagene Reise eingeplant werden sollte.*

b) *Nach der Rundreise möchte der Kunde einen mindestens einwöchigen Strandurlaub in gepflegter Atmosphäre verbringen, Wassersport treiben und eventuell Tagesausflüge in die nähere Umgebung unternehmen. Schlagen Sie für den Anschlussaufenthalt alternativ zwei beliebte Badeziele mit guter touristischer Infrastruktur und Hotels mit Clubcharakter vor. Beschreiben Sie die beiden Urlaubsziele, ihre geographische Lage sowie Anreise- und Ausflugsmöglichkeiten.*

c) *Nennen Sie auch die Flughäfen, von denen aus der Kunde zurück nach Deutschland fliegen kann. Wie lange dauert der Transfer vom jeweiligen Badeort dorthin und mit welchem Verkehrsmittel erfolgt er?*

d) *Welche Informationen geben Sie dem Kunden zum Thema Impfvorschriften und Gesundheitshinweise?*

6.2 THAILAND

Thailand (früher: **Siam**) umfasst gut 513.000 qkm und liegt in **Südostasien**, zwischen dem 5. und 21. Grad nördlicher Breite. Es bildet das Zentrum **Hinterindiens**, nur ein schmaler Landstreifen erstreckt sich südwärts bis zur Mitte der langen **Malaiischen Halbinsel**. Thailand grenzt im Norden und Nordwesten an Myanmar, im Nordosten und Osten an Laos – das Grenzgebiet zu Myanmar und Laos wird als „**Goldenes Dreieck**" bezeichnet –, im Südosten an Kambodscha und im Süden an Malaysia. Zwischen der Malaiischen Halbinsel und der Südostspitze Hinterindiens schneidet der **Golf von Siam**, ein Nebenmeer des Südchinesischen Meeres, das wiederum Randmeer des Pazifiks ist, tief ins Land ein. Im Westen der Malaiischen Halbinsel grenzt Thailand an die **Andamanensee**, ein Randmeer des Indischen Ozeans. Thailands Küstenlinie beträgt insgesamt gut 2.600 Kilometer.

Hauptstadt des Königreichs Thailand ist das am Golf von Siam gelegene **Bangkok**. Mit etwa zehn Millionen Einwohnern im Ballungsraum ist Bangkok die größte Stadt Thailands und eine der größten Städte Südostasiens. Insgesamt leben in Thailand knapp 61 Millionen Menschen.

LANDSCHAFTLICHE GROSSRÄUME

Den **NORDEN** und **WESTEN** Thailands dominiert **Bergland** mit bis zu 2.600 Meter hohen Gebirgsketten. Zwischen den bewaldeten Gebirgszügen, die auch die Grenze zu Myanmar bilden, verlaufen Täler und Beckenlandschaften. Im Nordwesten liegt der höchste Berg des Landes, der knapp 2.600 Meter hohe **Doi Inthanon**.

Das **ZENTRUM** Thailands nördlich des Golfs von Siam nimmt **Tiefland** ein; hier liegt die fruchtbare Schwemmlandebene des Flusses Menam. Der etwa 1.000 Kilometer lange **Menam Chao Phraya**, der in einem weiten Delta in den Golf mündet, ist der längste Fluss des Landes. Sein ausgedehntes Becken bildet den Kernraum Thailands. An der gebirgigeren Ostküste des Golfs von Siam liegen schöne Buchten und Strände.

Den **OSTEN** Thailands bildet das hügelige Hochland des **Khorat-Plateaus**. Die von bis zu 1.300 Meter hohen Bergen umgebene Hochebene ist durchschnittlich 200 Meter hoch.

Den **SÜDEN** des Landes auf der **Malaiischen Halbinsel**, die Thailand mit Myanmar, Malaysia und Singapur teilt, dominieren im Westen Gebirge und Steilküsten, im Osten Küstenebenen und Strände. Den Küsten sind viele Inseln vorgelagert, darunter die größte thailändische Insel **Phuket**.

Thailand hat **tropisches Klima** mit ganzjährig hohen Temperaturen (Jahresmittel: 30 Grad, nur in den Bergen ist es kühler). Wie in ganz Südostasien wird das Klima vom **Monsun** beeinflusst. Der halbjährlich die Richtung wechselnde, tropische Wind bringt entweder kühle und trockene oder heiße und feuchte Luft und ist für die jahreszeitliche Verteilung der Niederschläge „verantwortlich". Zur Zeit des Monsunwechsels im Frühjahr und Herbst kann es zu tropischen Wirbelstürmen (Taifunen) kommen. Die **Hauptregenzeit** mit sehr hoher Luftfeuchtigkeit fällt auf die Monate Mai/Juni bis September/Oktober; die tropischen Schauer setzen jedoch oft erst nachmittags ein. Am heißesten ist es mit etwa 35 Grad Celsius in der „Vormonsunzeit" (März bis Mai). Am „kühlsten" und trockensten sind die Monate November bis Februar mit Temperaturen um 30 Grad. Niederschlag und Temperatur nehmen von Norden nach Süden hin zu. Norden, Nordosten und Zentralregion sind im Winter trocken, während es im Südosten und Süden das ganze Jahr über regnet, im Winter jedoch weniger als im Sommer.

Die beste **Reisezeit** für Thailand ist die Trockenzeit von November bis Februar, wenn auch Temperatur und Luftfeuchtigkeit am niedrigsten sind. Das Ende der Regenzeit (August bis Oktober) ist ebenfalls keine schlechte Reisezeit. Dann ist die Vegetation besonders üppig, es kann jedoch Hochwasser auftreten. Klimatische „Ausnahme“ Thailands bildet – aufgrund abweichender Windverhältnisse – der Osten der Malaiischen Halbinsel. Hier ist die Hauptregenzeit von Oktober bis Dezember/Januar, auch die weiteren Monate bis Mai sind recht feucht. Deshalb fährt man in den Osten der Malaiischen Halbinsel am besten zwischen Mai/Juni und August/September.

Ab dem 9. Jh. n. Chr. wanderte aus Südchina der Volksstamm der Thai nach Siam ein und gründete kleine Fürstentümer. Zu dieser Zeit herrschten hier bereits seit Jahrhunderten die **Mon** mit einem indisch und buddhistisch geprägten Königreich sowie die mächtigen **Khmer** aus Kambodscha.

Im 13. Jh. gewannen die Thai die Oberhand. Im nördlichen Zentralthailand wurde mit **Sukhothai** das erste **Thai-Königreich** gegründet. Das Reich mit der gleichnamigen Hauptstadt konnte seinen Machtbereich schnell ausdehnen. In der folgenden Zeit entwickelten die Thai eine buddhistisch geprägte Kultur mit eigenem Alphabet. In Nordthailand entstanden Königreiche mit den Städten Chiang Rai und Chiang Mai.

Ab Mitte des 14. Jh. erlangte mit **Ayutthaya** in Zentralthailand ein neues Königreich für über 400 Jahre die Vormachtstellung in Siam. Die gleichnamige, prachtvolle Hauptstadt, deren Einwohnerzahl allmählich auf über eine Million anstieg, war damals die reichste und mächtigste Metropole Südostasiens. Im Laufe des 16. Jh. kamen im Zuge der Kolonialisierung Südostasiens als erste **Europäer** Portugiesen nach Siam und knüpften – wie nachfolgende europäische Nationen – Handels- und Diplomatiebeziehungen zu dem Land. Siam schaffte es jedoch als einziges Land in Süd- und Südostasien, nie europäische Kolonie zu werden. Nach jahrhundertelangen Konflikten und monatelanger Belagerung unterwarf Burma (heute Myanmar) 1767 das blühende Reich Ayutthaya. Die prächtige Hauptstadt wurde von den Burmesen vollständig zerstört, wobei bedeutende historische Dokumente und Kunstwerke verloren gingen.

Es gelang den Thai unter General Taksin aber schon bald, die Burmesen zu vertreiben. Taksin gründete bereits 1768 ein neues siamesisches Königreich mit der Hauptstadt Thonburi. Sein Nachfolger, der erste Herrscher der heute noch regierenden, sehr angesehenen **Chakri-Dynastie**, war der Begründer der neuen Hauptstadt Bangkok, die sich schnell zum bedeutenden Machtzentrum entwickelte. Im 19. Jh. wurden die seit Ende des 17. Jh. abgebrochenen Kontakte zu Europa wiederaufgenommen und Verbindungen zu den USA geknüpft. Darauf folgten verschiedene Modernisierungen und Reformen in Bezug auf Wirtschaft, Bildung und Infrastruktur nach westlichem Vorbild, die auch im Laufe des 20. Jh. fortgesetzt wurden.

Im ersten Weltkrieg kämpfte das Land an der Seite der Alliierten. 1932 wurde Siam nach einer Revolution von einer absolutistischen in eine **konstitutionelle Monarchie** umgewandelt. Seit 1939 heißt der Staat nicht mehr Siam, sondern Thailand. Im zweiten Weltkrieg kämpfte Thailand auf der Seite der Japaner, näherte sich nach Kriegsende jedoch schnell wieder den Westmächten an. In den 60er- und 70er-Jahren diente es als US-Militärstützpunkt. In den folgenden Jahrzehnten gab es verschiedene Staatsstreiche und Militärputschs in Thailand, gegen Ende des 20. Jh. jedoch trat eine gewisse Stabilisierung der Demokratie ein. Das Königshaus genießt nach wie vor sehr großes Ansehen im Land. Majestätsbeleidigung – auch durch Ausländer – wird hart bestraft.

Die fast 61 Millionen Menschen zählende **Bevölkerung** Thailands besteht zu etwa 80 % aus Thai, die in vier verschiedene Völker unterteilt sind; das größte Volk sind die Siamesen. Die bedeutendsten Minderheiten sind Chinesen, Malaien und Inder. Im Norden sind etwa 500.000 zu Bergvölkern gehörige Menschen ansässig, die unter anderem von den Mon und Khmer abstammen. In Thailand leben auch zahlreiche Flüchtlinge aus Laos, Vietnam und Kambodscha.

Die **Bevölkerungsdichte** von 118 Einwohnern/qkm variiert innerhalb des Landes stark. Während zehn Prozent der Bevölkerung in Bangkok leben – Slums und Ballungsraum eingerechnet wohl wesentlich mehr –, sind die nördlichen Berggegenden nur sehr dünn besiedelt. Die Landflucht aus armen ländlichen Gebieten nach Bangkok nimmt ständig zu, was zu starker Slumbildung führt. Trotz staatlicher Bemühungen um Geburtenkontrolle liegt die Bevölkerungswachstumsrate hoch.

Trotz der Annäherung an westliche Verhältnisse ist die soziale Versorgung in Thailand unzureichend, etwa 30 % der Bevölkerung leben am Rande der Armutsgrenze. Ein großes Problem der thailändischen Gesellschaft sind die Prostitution und ihre Folgen.

Thailand hat mit Thailändisch, früher als Siamesisch bezeichnet, eine eigene **Sprache**, die mit dem Chinesischen verwandt ist, jedoch eine eigene Schrift hat, deren Ursprünge aus Indien stammen. Die einzelnen Thai-Völker sprechen Dialekte, die sechs Bergvölker haben jeweils ihre eigene Sprache.

Da die übliche Geschäftssprache in Thailand Englisch ist, können sich Touristen zumindest in den Städten und Touristengebieten mit Englisch meist gut verständigen.

Über 90 % der Bevölkerung gehören dem **Buddhismus** an, der in Thailand Staatsreligion ist. Es herrscht jedoch Glaubensfreiheit. Die Religion spielt für die meisten Thai eine außerordentlich wichtige Rolle. Zu den zahlreichen buddhistischen Riten und Gepflogenheiten gehört, dass die meisten Männer für eine gewisse Zeit als Mönche leben. Diese in safrangelbe Gewänder gekleideten jungen Männer sind fast schon zu „Symbolen" des Buddhismus geworden. Besucher sollten beim Betreten von Tempeln – die oft zugleich Klöster sind – stets angemessene, ausreichend bedeckende Kleidung tragen und auch sonst auf buddhistische Moralvorstellungen Rücksicht nehmen. Dazu gehört, auf FKK sowie größeren Körperkontakt zwischen den Geschlechtern in der Öffentlichkeit zu verzichten.

Die verbleibende kleine Minderheit der Bevölkerung besteht hauptsächlich aus Moslems (Malaien), aber auch aus Hindu und Christen. Einige Bergvölker sind Anhänger von Naturreligionen.

Besondere **Impfungen** sind für Thailand bei Einreise aus Europa nicht vorgeschrieben, es werden jedoch Impfungen gegen Hepatitis A und bei Individualreisen unter schlechten hygienischen Bedingungen auch gegen Typhus empfohlen. Das Risiko einer Malariainfektion besteht nur regional. Bangkok, die Badeorte und Chiang Mai in Nordthailand sind malariafrei, während in den Grenzgebieten zu Myanmar, Laos und Kambodscha ein hohes Infektionsrisiko besteht.

Thailand liegt in der **Zeitzone** MEZ +6. Da es in Thailand keine Sommerzeit gibt, beträgt die Zeitdifferenz während der europäischen Sommerzeit eine Stunde weniger.

Neben zahlreichen buddhistischen, politischen und weiteren Feiertagen und Festivitäten, die es in Thailand gibt, ist ein sehr wichtiges Fest das Mitte April stattfindende thailändische Neujahrsfest („**Songkran**"). Wichtige **Feiertage** in Thailand hängen mit dem König zusammen, z. B. der 5. Dezember, der Geburtstag des Königs, und der 5. Mai, der Tag seiner Krönung.

Thailand gilt als sehr gastfreundliches Land, dessen Bewohner den Besuchern stets freundlich und aufgeschlossen begegnen; daher der Beiname „**Land des Lächelns**". Es wird den Reisenden empfohlen, sich dieser Sitte des Lächelns weitgehend anzupassen, da beim Auftauchen von Problemen so wesentlich mehr erreicht werden kann als durch lautstarkes Demonstrieren des Ärgers. Für die Thai verliert derjenige, der seine Missstimmung zeigt, das Gesicht.

Häufig besuchen Touristen spezielle **Veranstaltungen**, in deren Rahmen man die Aufführung verschiedener, traditioneller Tänze (darunter „Bambusstangentanz" und „Fingernageltanz") oder Thai-Theater (Kombination aus Musik, Tanz, Gesang und Pantomime) sehen kann.

Zu den typischen Produkten des thailändischen **Kunsthandwerks** gehören Holzschnitzereien und Webwaren, vor allem die berühmte Thai-Seide. Die schönen, preiswerten Stoffe kann man gleich bei einem der zahlreichen **Maßschneider** günstig verarbeiten lassen.

Thailand ist in den letzten Jahren und Jahrzehnten zu fragwürdiger Berühmtheit als eines der internationalen Hauptreiseziele für **Sextourismus** gekommen. Ursprung dieser Entwicklung war die hiesige Stationierung des US-Militärs in den 60er- und 70er-Jahren. Da eine entsprechend große Nachfrage vorhanden ist – Schätzungen zufolge kommt mindestens die Hälfte aller männlichen Besucher nicht zuletzt aus diesem Grund nach Thailand –, hat sich in Bangkok und bestimmten Touristengebieten eine regelrechte Massenprostitution etabliert, deren Hintergrund soziale und wirtschaftliche Probleme sind. Im Zuge der Landflucht kommen viele Menschen – vor allem aus den strukturschwachen, armen Gebieten des Nordens – nach Bangkok, um ihr Glück zu versuchen. Unter den Frauen finden organisierte Schlepperbanden schnell Opfer, die sie zur Prostitution überreden oder auch zwingen. Für viele der Frauen ist dies die einzige Möglichkeit, sich selbst und ihre Familien zu ernähren. Besonders erschreckend ist, dass auch zahlreiche Kinder und Jugendliche gezwungen sind, sich zu prostituieren (obwohl sexueller Missbrauch von Minderjährigen in Thailand sowie auch in Deutschland, selbst wenn im Ausland begangen, strafbar ist). Zu den gravierenden Problemen, die sich aus der Prostitution und dem Sextourismus ergeben, gehört, dass die Frauen und natürlich auch die Kinder aufgrund der strengen Moralvorstellungen der Thai kaum die Möglichkeit haben, in ein „normales" Leben zurückzukehren. Bedenklich ist vor allem auch der gesundheitliche Aspekt: **AIDS** gilt in ganz Thailand und gerade unter den Prostituierten neben verschiedenen Geschlechtskrankheiten als besonders verbreitet.

In Thailand werden Besitz von und Handel mit **Drogen** sehr streng bestraft. Dies ist nicht zuletzt darauf zurückzuführen, dass Thailand versucht, seine Drogenprobleme und den „Drogentourismus" in den Griff zu bekommen. Das Goldene Dreieck ist eines der weltgrößten Opiumanbaugebiete, die Regierung fördert hier jedoch Programme zum Anbau alternativer Produkte.

Zu den **ökologischen Problemen** Thailands gehören die für das gesamte Weltklima bedenkliche Abholzung des tropischen Regenwalds und die starke Umweltverschmutzung im Raum Bangkok.

Eine große Rolle spielen in Thailand die indischen **Elefanten**, von denen heute noch Tausende hier leben. Früher das Wappentier Thailands, war der Elefant lange Zeit ein unentbehrliches Arbeitstier im Dschungel. Heute werden Elefanten, die bei den Thai als Glücksbringer gelten, auch im Tourismus genutzt. Es gibt vielerorts die Möglichkeit, Vorführungen, Elefantenfeste und Elefantenschulen zu besuchen sowie Dschungeltouren auf dem Elefantenrücken zu unternehmen. Vielerorts gibt es Produkte aus Elfenbein zu kaufen, für die jedoch – wie für alle Produkte aus Tierarten, die dem Artenschutzabkommen unterliegen, sowie für mehr als eine Buddhafigur – **Ausfuhrverbot** besteht.

Der *FLUGVERKEHR* spielt die größte Rolle im **internationalen Reiseverkehr** nach Thailand. Ab Frankfurt gibt es täglich mehrere direkte Linienflüge nach Bangkok (BKK) mit LH und Thai Airways International (TG). An einigen Wochentagen bietet ab Frankfurt auch Royal Brunei Airlines (BI), die in Bangkok einen Zwischenstopp auf dem Weiterflug ins Sultanat Brunei macht, direkte Verbindungen an. LH und TG fliegen auch mehrmals pro Woche ab München nonstop nach Bangkok. Außerdem gibt es – teilweise jedoch nur in der Wintersaison – von verschiedenen deutschen Flughäfen aus Charterflüge nach Bangkok und zur Insel Phuket (HKT). Nonstop-Flüge zwischen Deutschland und Thailand dauern rund elf Stunden; Charterflüge haben teilweise Zwischenlandungen.

Bangkok ist ein wichtiges Drehkreuz in Asien und bildet für Reisende aus Deutschland das Tor nach Thailand und in die Nachbarländer, in die weniger interkontinentale Flugverbindungen bestehen. Ab Bangkok gibt es sehr gute Weiterflugverbindungen in andere südostasiatische Länder sowie nach Australien/Neuseeland. Auch **innerhalb Thailands** ist das Flugnetz sehr gut ausgebaut. Thai Airways und die private Fluggesellschaft Bangkok Airways (PG) verbinden Bangkok mit Städten im ganzen Land sowie mit den Inseln Phuket und Koh Samui. In Verbindung mit einem Langstreckenticket kann man – jedoch nur im Heimatland – den recht günstigen „Visit Thailand Airpass“ kaufen.

STRASSENVERKEHR

Das **Straßennetz** ist fast überall in Thailand recht gut ausgebaut und umfasst alle Teile des Landes. Touristen ist ein Grenzübertritt mit dem Pkw nur im Süden erlaubt, sodass Reisende durch mehrere Länder Südostasiens problemlos mit dem **Mietwagen** von Thailand nach Malaysia gelangen können. Internationale und nationale Mietwagenfirmen sind in fast allen größeren Städten und touristischen Gebieten vorhanden. Oft ist es möglich, ein Fahrzeug mit ortskundigem Chauffeur zu mieten. In Thailand herrscht Linksverkehr, es gelten bis auf wenige Ausnahmen die international üblichen Verkehrsvorschriften. Beschilderungen sind meist in Thai und in Englisch vorhanden. Der Pkw-Verkehr in Thailand konzentriert sich stark auf den Großraum Bangkok, wo etwa die Hälfte aller Fahrzeuge zugelassen ist. Entsprechend chaotisch ist der Verkehr in Bangkok, dem täglich der Verkehrsinfarkt droht. Deshalb wird Touristen dringend davon abgeraten, in Bangkok mit dem Mietwagen zu fahren und Fahrzeuge außerhalb der Innenstadt zu übernehmen. Nachtfahrten sollten aus Sicherheitsgründen vermieden werden. Im Nahverkehr werden häufig „Tuk-Tuks“ (dreirädrige Motorrikschas), „Songthaeos“ und „Pick-ups“ (preisgünstige Sammeltaxis) genutzt.

Das **Busnetz** in Thailand ist ganz hervorragend, Busse stellen das wichtigste, beliebteste und billigste Verkehrsmittel des Landes dar. Neben staatlichen Linienbussen verschiedener Kategorien gibt es mehrere private Busunternehmen, die komfortable, klimatisierte Busse betreiben. Von Bangkok aus gelangt man per Bus in alle Teile des Landes. Eine Busfahrt von Bangkok ins gut 700 Kilometer entfernte Chiang Mai im Norden dauert z. B. rund zehn Stunden (Flug eine Stunde).

BAHNVERKEHR

Thailand hat ein recht gutes Bahnnetz, das über zwei Linien von Bangkok aus in Richtung Norden, eine in den Osten und eine in den Süden verfügt. Die südliche Bahnlinie führt durch Malaysia bis zur Südspitze der Malaiischen Halbinsel, Endstation ist Singapur. Auf der Strecke Bangkok–Kuala Lumpur–Singapur (und zurück) verkehrt neben normalen Regelzügen der berühmte Luxuszug „Eastern & Oriental–Express“ (Fahrtdauer 40 Stunden mit zwei Übernachtungen im Zug; reguläre Züge benötigen etwa die Hälfte der Zeit). Die regulären Züge, von denen die meisten mehrere Wagenklassen haben, fahren relativ langsam und brauchen für die meisten Strecken mehr Zeit als Busse (Bangkok–Chiang Mai etwa 14 Stunden). Sie bieten jedoch – vor allem Nachtzüge mit Schlaf- und Liegewagen, für die frühzeitige Reservierung empfohlen wird – recht guten Komfort. Auch die Bahn ist in Thailand nicht teuer, obwohl für Express- und Schnellzüge Zuschlag gezahlt werden muss. Im Land können Besucher, die mehrere Zugfahrten unternehmen, eine recht günstige Netzkarte kaufen.

SCHIFFSVERKEHR

Das ganze Jahr über – Ausnahme kann die Regenzeit mit gefährlichen Strömungen sein – bestehen gute **Fährverbindungen** von Südthailand zu den vorgelagerten Inseln sowie von Bangkok zu den Badeorten an der östlichen Golfküste und von dort zu kleinen Inseln im Golf von Thailand. Innerhalb des Landes spielt auch die **Binnenschifffahrt** auf den großen Flüssen Menam Chao Phraya und Mekong, der mit über 4.000 Kilometern längste Fluss Südostasiens, dessen thailändischer Teil im Grenzgebiet zu Laos verläuft, eine große Rolle.

Im Rahmen von **Kreuzfahrten** durch Fernost sind die am häufigsten angelaufenen thailändischen Häfen Bangkok (bedeutendster Hafen des Landes), Pattaya, Phuket und Ko Samui.

In großen Städten und touristischen Badeorten gibt es zahlreiche **Übernachtungsquartiere** aller Kategorien und Preisklassen, darunter einige der luxuriösesten Asiens. Teilweise sind die Hotels internationalen Ketten angeschlossen. Während ältere Hotels oft groß und klotzig gebaut sind, orientieren sich die neueren Gebäude eher an landestypischer Bauweise (Bungalows aus natürlichen Materialien oder einstöckige Holzpfahlbauten). Sehr günstige Hotels in Bangkok oder Pattaya sind manchmal auch gleichzeitig eine Art Bordell; in den Hotelausschreibungen wird teilweise in verschlüsselter Form wie „Hotel nicht geeignet für Familien“ darauf hingewiesen. Auch außerhalb touristischer Zentren findet man fast überall Hotels verschiedener Kategorien oder private, meist recht günstige „Guest houses“, die in der Regel jedoch wenig Komfort bieten.

Zur großen touristischen Beliebtheit Thailands trägt vor allem die tropische und teilweise noch recht ursprüngliche **Landschaft** bei, die von tropischem Regenwald mit üppiger Vegetation (ideal für Dschungeltouren) über hohe Gebirge bis hin zu **Traumstränden** reicht und teilweise in Nationalparks und Naturreservaten geschützt ist. Sehr abwechslungsreich ist auch die Fauna.

Die Strände und Inseln, von denen einige pauschaltouristisch sehr gut erschlossen sind, sowie das ganzjährig warme Klima ziehen zahlreiche **Badeurlauber** und **Wassersportler** an. Auch für weitere Sportarten wie Golfen sowie für Bergwandern und Trekking bestehen sehr gute Möglichkeiten. Viele deutsche und örtliche Reiseveranstalter bieten Trekkingtouren im gebirgigen Norden Thailands an.

Sehr viele Besucher machen organisierte oder individuelle **Rundreisen** durch Thailand (oder verbinden eine solche mit einem Badeurlaub), in deren Rahmen neben der abwechslungsreichen Landschaft auch die interessante **Kultur** Thailands mit historischen Stätten und Tempeln erkundet wird. Die meisten Studienreisen beginnen in Bangkok und führen von dort über die Königsstädte in den Norden, wo man auch Einblicke in das Leben von Bergstämmen gewinnen kann.

Viele Reisende nutzen Thailand als Ausgangspunkt bzw. Station einer großen **Südostasien-Tour** (die oft auch Länder wie Myanmar, Laos, Kambodscha und Vietnam umfasst, die ab Mitteleuropa am besten über Bangkok erreichbar sind) oder als Zwischenstopp (**Stopover**) auf der Reise von Europa nach Australien/Neuseeland (oft ohne Aufpreis möglich). Sehr beliebt sind auch Reisen, die die asiatischen Metropolen Hongkong, Singapur und Bangkok sowie eventuell einen anschließenden Badeaufenthalt in einem thailändischen Badeparadies kombinieren.

Gerade in diesem Zusammenhang – aber natürlich auch als allgemeiner Attraktionsfaktor – ist zu erwähnen, dass die **Metropole Bangkok** und die großen Badeziele mit ihren bunten Märkten (darunter auch Nachtmärkte), Einkaufszentren und Geschäften als **Einkaufsparadiese** gelten, wo man unter anderem günstig Textilien und Schmuck kaufen kann. Weit verbreitet sind billige Imitationen exklusiver Designerware wie Kleidung, Schmuck und Uhren, deren Einfuhr nach Deutschland jedoch aus urheberrechtlichen Gründen verboten ist. Viele Geschäfte übernehmen die Organisation des Versands schwerer oder sperriger Waren nach Deutschland.

Immer beliebter werden – nicht nur unter überzeugten Anhängern des Buddhismus – Touren nach Thailand, in deren Rahmen man buddhistische Klöster besuchen und dort für kurze Zeit am täglichen Leben oder an **Meditationskursen** in englischer Sprache teilnehmen kann.

Wichtige Attraktionsfaktoren Thailands sind für bestimmte Zielgruppen nicht zuletzt die **Vergnügungsviertel**, die oft Ziele des internationalen „Sextourismus“ darstellen. Das negative und etwas zwielichtige Image, unter dem das Reiseland Thailand aus diesem Grund leidet, ist jedoch kaum gerechtfertigt, da sich die Massenprostitution auf bestimmte Orte und Viertel beschränkt.

Thailand rangierte 2000 mit fast 9,6 Millionen Besuchern auf der internationalen Rangliste der Reiseländer auf Rang 20 und war somit eines der beliebtesten Urlaubsziele in Südostasien. Viele Touristen kommen aus anderen asiatischen Ländern, aber auch bei deutschen Reisenden ist Thailand seit Jahren ein beliebtes Reiseziel.

Der **Tourismus** brachte Thailand 2000 Einnahmen von über 7 Milliarden US-Dollar (international Rang 19) und ist eine bedeutende Devisenquelle und ein wichtiger Wirtschaftszweig des Landes. **Hauptreiseziele** sind Bangkok, der Golf von Thailand sowie die Inseln Phuket und Ko Samui.

Weitere wichtige **Wirtschaftsfaktoren** sind Landwirtschaft (wichtigstes Produkt ist Reis, für den Thailand einer der weltgrößten Produzenten ist) und Industrie (Nahrungsmittel- und Textilindustrie im Großraum Bangkok). An Rohstoffen besitzt Thailand vor allem Zinn, Erdgas und Braunkohle. Für asiatische Verhältnisse gilt Thailand als wirtschaftlich recht starkes Land, es muss sich jedoch von einer schweren Finanz- und Währungskrise, die Asien Ende der 90er-Jahre erschütterte, erholen. Im Jahr 2000 betrug das Bruttosozialprodukt in Thailand 2.000 US-Dollar pro Einwohner.

Abgesehen von Sextourismus, Prostitution und den Schwierigkeiten, die sich diesbezüglich für Touristen, die unvorsichtig sind, ergeben können, gibt es keine allgemeinen **Probleme**, deretwegen von einer Thailand-Reise abgeraten wird. Das Auswärtige Amt weist jedoch darauf hin, dass in den Grenzgebieten zu Kambodscha und Myanmar und in einsamen Gebieten des Nordens, die oft auf Trekkingtouren besucht werden, ein Sicherheitsrisiko besteht. Zu Vorsicht wird auch Touristen – insbesondere alleinreisenden Frauen – in den südlichsten Teil Thailands geraten.

6.2.1 STUDIENREISE VON BANGKOK IN DEN NORDEN

In diesem Kapitel werden die bedeutendsten Stationen einer Rundreise von der Hauptstadt in den meist etwas kühleren und trockeneren Norden beschrieben. Es gibt natürlich auch Rundreisen, in deren Rahmen zusätzliche, seltenere Ziele besucht bzw. weitere Abstecher und Umwege gemacht werden. Höhepunkte einer solchen Reise sind neben der Metropole Bangkok die alten Königsstädte mit ihren zahlreichen, prachtvollen Tempeln, malerische Tropenlandschaften und das Kennenlernen der Kulturen der im Norden ansässigen Bergvölker.

BANGKOK

Die außerordentlich lebhafte, ständig wachsende Stadt Bangkok liegt nahe der Mündung des Menam in den **Golf von Thailand** und ist in jeder Hinsicht das Zentrum des Königreichs sowie eine der bedeutendsten Metropolen Asiens. Bangkoks thailändischer Name „Krung Thep“ bedeutet „Stadt der Engel“. Nachdem Bangkok Ende des 18. Jh. Thonburi, einen heutigen Stadtteil am anderen Ufer des Flusses **Menam Chayo Phraya** als Hauptstadt abgelöst hatte, wuchs es schnell und entwickelte sich zu einem internationalen Handelszentrum. Heute nimmt Bangkok mit seinen zahlreichen Stadtvierteln eine Fläche von etwa 1.600 qkm ein und gilt als Stadt mit großen Entfernungen, in der Besucher es nicht leicht haben, sich zu orientieren.

Die kontrastreiche Metropole ist auf faszinierende Weise sowohl von westlicher Modernität als auch von alten Traditionen und **400 Tempeln** – deshalb der Beiname „Stadt der Tempel“ – geprägt. Im 20. Jh. mussten viele **Klongs**, als Verkehrswege dienende Kanäle der Stadt, modernen Autostraßen weichen, auf denen heute ständiges Verkehrschaos herrscht. Für Stadtbesichtigungen stehen Busse, Taxis, Boote, Flusstaxis und, vor allem für kürzere Strecken, Tuk-Tuks zur Verfügung. Wegen des starken Straßenverkehrs kommt man per Boot meist am schnellsten voran. Neben interessanten Sehenswürdigkeiten, von denen nachfolgend einige erwähnt werden, bietet Bangkok Museen, Kulturveranstaltungen, Einkaufs-, Unterhaltungs- und Ausflugsmöglichkeiten und das bekannte Nachtleben, das sich nicht nur aufs Rotlichtmilieu beschränkt.

ALTSTADT

Als Zentrum der Metropole gilt die Altstadt zwischen östlichem Flussufer und „Klong Krung Kasem“. Hier befinden sich die bedeutendsten Sehenswürdigkeiten Bangkoks, es gibt jedoch auch außerhalb des Zentrums interessante Tempel und Baudenkmäler.

Südlich des Königsplatzes „Sanaam Luang“, der das Herz der Altstadt bildet, liegt die bekannteste Attraktion der Stadt: der von einer zwei Kilometer langen, weißen Mauer umgebene **Große Palast** mit dem prachtvollen Tempel **Wat Phra Kaeo** („Tempel des Smaragd-Buddha“). Die sowohl außen als auch innen prächtig ausgestattete Tempelanlage mit farbigen Dächern und goldenen Türmen stammt aus dem Jahr 1782. Zum Wat (Thai-Wort für Tempel- oder Klosteranlage) gehören verschiedene Bauten. Die am meisten besuchten sind „Chedi“ (hoher, nach oben spitz zulaufender Tempelturm, in dem Buddha-Reliquien aufbewahrt werden) und „Bot“ (zentrales Tempelgebäude), wo sich ein etwa 70 Zentimeter hoher Smaragd-Buddha, das Nationalheiligtum Thailands, befindet. Beeindruckend sind auch die Gebäude des Großen Palastes, die aus den verschiedenen Epochen der Chakri-Dynastie stammen. Der Königspalast dient heute nicht mehr als Residenz des Monarchen und kann teilweise besichtigt werden. Zentrales Gebäude ist der Ende des 19. Jh. errichtete „Chakri Maha Prasad“, ein Palast italienischer und siamesischer Bauweise, der für Staatsempfänge genutzt wird.

Südlich der beeindruckenden Palastanlage liegt mit **Wat Pho** („Tempel des liegenden Buddha") der größte und älteste Tempel Bangkoks. Hauptattraktion des äußerst kunstvoll gestalteten Tempels ist eine im Bot befindliche, 45 Meter hohe und 12 Meter lange vergoldete Buddha-Statue, deren liegende Position den Eingang ins Nirwana, einen Zustand frei von Leiden und Begierden, symbolisiert. Dem Tempel ist eine Schule für traditionelle Thai-Medizin angeschlossen. Am anderen Flussufer bildet der Tempel **Wat Arun** („Tempel der Morgenröte") aus dem frühen 18. Jh. ein Wahrzeichen Bangkoks. Der mit Porzellanstücken verkleidete Tempel hat fünf bis zu 80 Meter hohe Prangs (weitere Form eines Tempelturms, dessen Spitze von einer Kuppel gebildet wird). Nördlich des Großen Palastes ist das **Nationalmuseum**, das sich mit Geschichte und Kultur Thailands befasst, neben weiteren Tempeln und Kultureinrichtungen besonders sehenswert.

Interessant sind im alten Teil der Stadt auch das indische Viertel **Pahurat** mit einem großen Sikh-Tempel sowie die **Chinatown** mit bunten Märkten und Ladenstraßen. In der Nähe liegt das Heiligtum **Wat Treimitr** („Tempel des goldenen Buddha"), das eine 3,5 Meter hohe, unschätzbar wertvolle Buddhastatue aus fünf Tonnen massivem Gold aus dem 13. Jh. beherbergt. Nördlich von Chinatown erstreckt sich der einzige Hügel Bangkoks, der etwa 70 Meter hohe, hervorragende Aussichten über die Stadt bietende **Goldene Berg** mit einem weiteren Tempel.

Östlich der Altstadt kann man eine **Schlangenfarm** besichtigen, in der Schlangenserum hergestellt wird. In der Nähe liegen die **Thompson Häuser**, benannt nach ihrem Begründer, der die thailändische Seidenindustrie aufbaute. Die sieben schönen, alten Häusern, die aus der Gegend von Ayutthaya nach Bangkok gebracht worden waren, dienen heute als Museum.

GESCHÄFTS- UND TOURISTENZENTRUM / MÄRKTE

Südöstlich der Altstadt folgt das GESCHÄFTS- UND TOURISTENZENTRUM Bangkoks. Nahe dem Fluss liegen hier um die **Silom Road** und die **Sukhumvit Road** zahlreiche Hotels – darunter das luxuriöse, traditionsreiche **Hotel Oriental**, das selbst eine Sehenswürdigkeit ist –, Reisebüros, Botschaften, Geschäfte, Einkaufszentren sowie Büro- und Bankhochhäuser. Auch ein Großteil des Nachtlebens mit Bars und Diskotheken spielt sich in dem westlich geprägten, modernen Stadtteil ab. Bekannt für sündiges Nachtleben ist besonders die **Patpong Road** („Bangkoks Reeperbahn").

Zu den guten Einkaufsmöglichkeiten Bangkoks gehören die vielen MÄRKTE. Eine besondere Attraktion hier stellen **Schwimmende Märkte** (Floating Markets) dar. Bunte und besonders beliebte „normale" Märkte sind der **Amulettmarkt** in der Altstadt (hier wird mit „magischen Dingen" gehandelt), die **chinesischen Märkte** und die zahlreichen **Nachtmärkte**.

UMGEBUNG

Ab Bangkok werden häufig **Klong-Fahrten** mit dem Boot unternommen, beispielsweise durch den ruhigeren, ursprünglicheren Stadtteil Thonburi und weiter nach außerhalb, vorbei an ausgedehnten Reisfeldern und Mangrovenwäldern. Auch Touren nach Ratchaburi und Damoen Saduak, zu größeren, weniger touristischen **Schwimmenden Märkten** sind sehr beliebt. Der Großraum Bangkok bietet auch verschiedene Freizeit- und Vergnügungsparks sowie das Freilichtmuseum **Ancient City** (Nachbildungen thailändischer Baudenkmäler) und den **Dusit Zoo**. Weitere Ausflugsziele sind **Rosegarden** (eine Parklandschaft, in der ein thailändisches Dorf nachgebildet ist und thailändische Kultur mit Musik und Tanz vorgestellt wird), die größte **Krokodilfarm** der Welt und die alte Stadt **Nakhon Pathom**, wo der – mit gut 120 Meter Höhe – höchste buddhistische Bau der Welt zu sehen ist. Eine weitere Touristenattraktion ist die durch den gleichnamigen Film berühmt gewordene „Brücke am Kwai" in der Nähe von **Kanchanaburi**. In dieser Gegend kann man – meist mehrtägige – Dschungeltouren, auch mit dem Floß oder auf dem Elefantenrücken, unternehmen. Die genannten Ziele liegen bis zu gut 100 Kilometer von Bangkok entfernt.

BANG PA IN / AYUTTHAYA

Diese beiden etwa 60 bzw. 80 Kilometer nördlich von Bangkok gelegenen Ziele kann man ebenfalls im Rahmen von Tagesausflügen per Bus, Bahn oder Boot besuchen. Auf Studienreisen von Bangkok nach Nordthailand werden sie meist als erste Stationen genutzt. Auch auf Studien- und Rundreisen werden häufig (Teil-)Strecken dieser ersten Etappe per Schiff zurückgelegt.

Bang Pa In, auf einer Insel im Menam Chao Phraya gelegen, diente den Königen von Ayutthaya ab dem 17. Jh. als Sommerresidenz; nachdem das weiter entfernte Bangkok Hauptstadt geworden war, verlor Bang Pa In an Bedeutung, wurde jedoch Ende des 19. Jh. „neu entdeckt" und mit einigen westlichen Elementen renoviert. Dem heutigen König dient Bang Pa In zwar nicht mehr als Residenz, es finden hier jedoch häufig Staatsempfänge statt. Zu besichtigen sind die von Mauern umgebenen Palastanlagen, ein thailändischer Pavillon, ein schöner Park mit Seerosenteichen, ein buddhistischer Tempel, Statuen verschiedener Könige und Königinnen sowie ein Observatorium.

Etwa 20 Kilometer nördlich von hier liegt, in einer vom Menam und weiteren Flüssen umgebenen Ebene, **Ayutthaya**, einer der Höhepunkte einer Thailand-Rundreise und eine der bedeutendsten Ruinenstädte Asiens. Die Größe der alten Hauptstadt Siams übertraf bei weitem die der heutigen, gleichnamigen Stadt mit gut 50.000 Einwohnern. Von der Blütezeit der prachtvollen Metropole während des 14. bis 18. Jh. zeugen Hunderte von – teils restaurierten – Ruinen von Tempeln, Palästen, Forts und Buddhastatuen. Man kann sich hier einen guten Eindruck von der legendären einstigen Schönheit Ayutthayas verschaffen. Zu den wichtigsten Sehenswürdigkeiten gehören der bedeutendste Tempel „Wat Phra Si Sanphet" mit drei erhaltenen Chedis, viele weitere, noch heute sehr verehrte Tempel, die Ruinen eines der drei Königspaläste (davor liegt eine 20 Meter lange Buddhafigur) und das Nationalmuseum, in dem Kostbarkeiten und Kunst aus der alten Königsstadt aufbewahrt werden. Nur wenige Kilometer von Ayutthaya entfernt liegt der einzige authentische **Elefantenkral** Thailands, in dem die Tiere seit Jahrhunderten gezähmt und vorgeführt werden.

KHAO YAI / LOPBURI

Die Weiterfahrt erfolgt häufig über **Saraburi**, in dessen Nähe man im Wallfahrtsort **Phra Buddhabat** einen Tempel, der einen Schrein mit Buddhas Fußabdruck enthält, besichtigen kann.

Von Saraburi aus wird manchmal ein Abstecher in den etwa 100 Kilometer nordöstlich gelegenen und etwa 200 Kilometer von Bangkok entfernten **Khao Yai Nationalpark** unternommen. Da hier mindestens eine Übernachtung eingeplant wird, dauert eine Rundreise mit diesem „Umweg" entsprechend länger. Attraktion des über 2.000 qkm großen Khao Yai Parks sind die äußerst vielfältige Landschaft mit undurchdringlichem Dschungel, Wasserfällen, Flüssen und Bergen sowie die artenreiche Tierwelt mit Tigern, Elefanten, Leoparden, Bären, Affen und über 300 Vogelarten.

Ohne Umweg ist es von Saraburi nicht weit zur nächsten kulturell bedeutenden Rundreisestation, der Provinzhauptstadt **Lopburi**, gut 150 Kilometer von Bangkok. Die Stadt wurde vermutlich bereits im 5. Jh. n. Chr. gegründet und war mehrere Jahrhunderte lang Hauptstadt eines Mon-Königreichs. Im 11. Jh. eroberten die Khmer, deren Architektur- und Kunststil Lopburi maßgeblich prägte, die Stadt. Schließlich übernahmen auch hier die Thai die Vormachtstellung, Lopburi wurde Mitte des 15. Jh. Teil des Königreiches Ayutthaya und im 17. Jh. dessen zweite Hauptstadt. Sehenswürdigkeiten Lopburis, dessen alte Siedlung im heutigen Zentrum liegt, sind der Königspalast aus dem 18. Jh. und die Ruinen des – von zahlreichen Affen „bewohnten" – Kala-Tempels (Hinduheiligtum aus dem 10. Jh.) sowie des Phra Prang Sam Yot („Tempel der Drei Türme"). In der Gegend des einige Kilometer entfernten **Singburi** liegt ein Heiligtum mit der wohl größten Buddhastatue Thailands, einem 40 Meter langen, liegenden Buddha.

PHITSANOLUK / SUKOTHAI / LAMPANG

Auf der Weiterreise in den Norden wird häufig **Nakhon Sawan**, etwa 240 Kilometer nördlich von Bangkok, als Station für Mittagessen oder Übernachtung genutzt. Die Stadt mit einem beliebten, bunten Markt liegt am Zusammenfluss zweier Flüsse zum Menam Chao Phraya.

Rund 380 Kilometer nördlich von Bangkok liegt im Norden der Zentralebene **Phitsanoluk** mit etwa 100.000 Einwohnern. Phitsanoluk war eine bedeutende Stadt im Königreich Sukhothai und kam mit diesem zusammen im 15. Jh. Ayutthaya zu. Die meisten alten Sehenswürdigkeiten wurden durch ein Feuer vernichtet. Hauptattraktion ist heute der am Fluss gelegene Tempel Wat Mahathat mit einer zentralen, sitzenden Buddhastatue aus dem 14. Jh., die als besonders großartig gilt.

Ein weiterer kultureller Höhepunkt folgt mit **Sukothai** etwa 60 Kilometer nordwestlich. Die kleine, neue Stadt Sukhothai liegt 12 Kilometer entfernt von den Ruinen der alten, vermutlich im 6. Jh. n. Chr. gegründeten Stadt, die vom 13. bis 15. Jh. Hauptstadt des ersten Thai-Königreichs war. Antike Gebäudereste im 70 qkm umfassenden „Sukhothai Historical Parc“ und das angeschlossene Museum vermitteln einen Eindruck von der einstigen Pracht der Stadt. Das weitläufige Gelände umfasst mehrere Seen, Baudenkmäler und Tempel, von denen einige zuvor hinduistische Heiligtümer der Khmer waren. Mittelpunkt der alten Stadt ist der Wat Mahathat („Königstempel“), das wichtigste Heiligtum mit mächtigen Säulen, die einen großen, sitzenden Buddha umringen.

Häufig wird auf der Weiterfahrt Richtung Norden das etwa 50 Kilometer entfernte **Sri Satchanalai** besucht, die zweite Residenzstadt des Reiches Sukhothai mit sehenswerten Ruinen der alten Stadt. Sukhothai hatte noch eine dritte Königsstadt, das etwa 70 Kilometer südwestlich der alten Hauptstadt gelegene **Kamphaeng Phet**, das seltener auf pauschalen Rundreisen besucht wird.

Nächste Station auf dem Weg nach Chiang Mai ist oft **Lampang**, 600 Kilometer von Bangkok, in einer von Bergen und Wäldern umgebenen Ebene gelegen. Das auf eine Gründung der Mon im 7. Jh. zurückgehende Lampang wurde im 16. Jh. für längere Zeit von Burmesen in Besitz genommen. Heute ist es ein gemütliches Städtchen, in dem Pferdewagen zu den üblichen Transportmitteln gehören. Sehenswürdigkeiten sind Tempel im nordthailändischen und burmanischen Stil, der ganz eigene Elemente aufweist. Etwa 50 Kilometer nordöstlich von Lampang liegt ein **Elefantencamp**, in dem die Tiere ausgebildet und trainiert werden. Hierher werden häufig Abstecher unternommen.

CHIANG MAI

Nächste Station ist häufig **Lamphun** (etwa 70 Kilometer von Lampang), ein ruhiges Städtchen, das vor langer Zeit Hauptstadt eines kleinen Mon-Königreichs war. Aus dieser Zeit stammt die Attraktion Lamphuns, der Tempel Wat Phrathat Haripunchai mit über 50 Meter hohem Chedi.

Nach rund 25 Kilometern folgt das auf keiner Rundreise fehlende **Chiang Mai**, mit etwa 1,5 Millionen Einwohnern zweitgrößte Stadt Thailands sowie wirtschaftliches und touristisches Zentrum des Nordens. Die in einem von hohen Bergen umgebenen, fruchtbaren Tal gelegene Stadt ist oft die Endstation der Rundreisen, von wo der Rückflug nach Bangkok angetreten wird. Chiang Mai wurde im 13. Jh. als Hauptstadt des nordthailändischen Königreichs Lanna gegründet, fiel im 16. Jh. an Burma, kam im 18. Jh. dem Königreich Siam zu und erlebte von da an eine bis heute andauernde wirtschaftliche Blüte. Hier entwickelte sich ein ganz eigener Kunststil, von dem zahlreiche sehenswerte Tempel geprägt sind. Chiang Mai teilt sich in die von Wassergräben umgebene Altstadt mit alten Stadttoren und die östliche, moderne Stadt. Die Stadt bietet gute Einkaufsmöglichkeiten, unter anderem auf dem beliebten Nachtmarkt. Abends wird Touristen häufig ein traditionelles Essen (Kantoke) mit von Bergstämmen aufgeführter Folklore geboten.

Etwa 15 Kilometer nordwestlich der Stadt befindet sich der 1.600 Meter hohe Berg **Doi Suthep**, der hervorragende Aussichten über Chiang Mai gewährt. Um den Berg wurde ein gleichnamiger Nationalpark mit schönen Wanderwegen eingerichtet. Unterhalb des Gipfels thront der berühmteste Tempel Nordthailands, der Wat Phra That Doi Suthep aus dem 14. Jh., zu dem 300 Stufen und eine Seilbahn führen. In einem goldenen Chedi wird hier eine Buddhareliquie aufbewahrt. Auf dem Berg liegt auch der Phuping Palast, die nordthailändische Sommerresidenz des Königs. Einige Kilometer weiter stellt **Hmong Hilltribe Village**, ein Dorf des von Mongolen abstammenden Bergvolkes Meo, ein beliebtes Ausflugs- und Übernachtungsziel dar.

ZIELE UM CHIANG MAI

Die nähere und weitere Umgebung von Chiang Mai bietet zahlreiche Ausflugs- und Besichtigungsziele. Die Stadt stellt auch eine ideale Ausgangsbasis für Trekking in die Berge des Nordens dar. Es wird dringend geraten, Trekkingtouren nur mit erfahrenen Führern zu unternehmen.

In einigen Dörfern der näheren Umgebung kann man sehr gut das für Nordthailand typische Kunsthandwerk, Töpferware, Stoffe, Papierschirme etc. einkaufen. Die Orte **Bo Sang** und **San Kamphaeng** wenige Kilometer östlich der Stadt gehören zu den bekanntesten dieser Dörfer.

Im etwa 20 Kilometer nördlich von Chiang Mai gelegenen **Mae Rim** kann man ein weiteres Elefantencamp, in dem die Tiere für ihre Arbeit ausgebildet werden, besuchen.

Knapp 100 Kilometer südwestlich von Chiang Mai bietet der **Nationalpark Doi Inthanon** – der mit seiner Dschungellandschaft den höchsten Berg des Landes umgibt – eine schöne Landschaft mit besonderer Flora und Fauna, Wasserfällen und Bergstammdörfern.

Ein interessanter Ausflug führt ins gut 350 Kilometer nordwestlich von Chiang Mai gelegene **Mae Hong Son** (auch per Flug erreichbar). In dieser ursprünglichen Gegend ist der Padong-Stamm ansässig, zu dem „Langhalsfrauen" gehören, die aus Tradition schwere, goldene Ringe um den Hals tragen, der somit „verlängert" wird. Der Ort bietet mehrere Tempel im burmesischen Stil.

GOLDENES DREIECK

In einigen Thailand-Rundreisen ist das – von Chiang Mai gut 200 Kilometer entfernte – „Goldene Dreieck" bereits enthalten, der interessante Abstecher in das Opiumanbaugebiet kann aber auch als separate, etwa dreitägige Tour ab Chiang Mai gebucht werden. Nach einer Fahrt durch hohe Berge mit dichtem Dschungel erreicht man das gebirgige Grenzgebiet, in dem der Fluss Mekong Thailand, Laos und Myanmar trennt. Häufige Rundreisestationen hier sind die Provinzhauptstadt **Chiang Rai** (in der alten Stadt wurde im 15. Jh. der heute in Bangkok befindliche Smaragd-Buddha gefunden), **Mae Salong** (ein Bergdorf, in dem Chinesen aus Kuomintang ihre Kultur pflegen), der nördlichste Ort Thailands **Mae Sai** an der Grenze zu Burma und das direkt im Dreiländereck gelegene **Chiang Saen**. Dort kann man ein Opiummuseum besichtigen sowie Boots- und Floßtouren auf dem Mekong unternehmen. In dieser Gegend werden auch häufig die Bergdörfer hier ansässiger Volksstämme besucht (empfehlenswert nur mit sprach- und ortskundigem Führer). Es besteht die Möglichkeit, von Chiang Rai zurück nach Bangkok zu fliegen oder auf dem Landweg nach Chiang Mai zurückzukehren. Der Rückweg nach Chiang Mai verläuft häufig über **Doi Angkhang** (eine Berglandschaft, in der das Königshaus Projekte mit landwirtschaftlichen Alternativen zum Opiumanbau fördert) und das herrlich oberhalb einer Schlucht gelegene **Chiang Dao** (70 Kilometer nördlich von Chiang Mai), wo man eine Orchideen- und Schmetterlingsfarm sowie einen 14 Kilometer tiefen Höhlentempel mit Buddhastatuen besichtigen kann.

6.2.2 BADEURLAUB

Zu den wichtigsten Anziehungspunkten Thailands gehören seine Küsten und Inseln mit tropischen Stränden. Internationale Badeziele liegen an den **Küsten** des Golfs von Thailand sowohl südöstlich als auch südwestlich von Bangkok und auf den Inseln **Phuket** und **Ko Samui**. Gerade unter den Ferienorten auf dem Festland sind einige schon seit Jahrzehnten pauschaltouristisch erschlossen und als sehr lebhaft und abwechslungsreich bekannt. Andere Ziele eignen sich sehr gut für Ruhesuchende und Strandfanatiker. In letzter Zeit wurden einige der zahlreichen, noch recht ursprünglichen, **kleinen Inseln** westlich der Malaiischen Halbinsel für den internationalen Tourismus erschlossen. Man ist jedoch sehr darum bemüht, diesen Inseln trotzdem ihre Ursprünglichkeit zu bewahren. Individualtouristen können außerdem ganz unberührte Küsten mit kleinen Orten, Stränden und Inseln „entdecken". Die meisten Strände bieten auch sehr gute Voraussetzungen für die verschiedensten Arten von Wassersport, einige Inseln mit vorgelagerten Korallenriffen sind hervorragende Tauchreviere.

ÖSTLICHE GOLFKÜSTE

Die auch als „**Thailändische Riviera**" bezeichnete Ostküste des Golfs von Thailand beginnt nur wenig östlich von Bangkok, bei der Mündung des Menam. Sie verläuft über mehr als 500 Kilometer in einem südöstlichen Bogen bis zur Grenze zu Kambodscha. Die Verkehrsanbindung dieses Urlaubsgebiets an die Hauptstadt ist mit einer autobahnähnlichen Schnellstraße und guten Busverbindungen ausgezeichnet; von Bangkok nach Pattaya verkehren auch Schiffe und Schnellboote.

Nur wenig südlich der Provinzhauptstadt **Chonburi**, in der eine 34 Meter hohe, sitzende Buddhastatue zu sehen ist, und knapp 100 Kilometer entfernt von Bangkok liegt der erste größere Badeort **Bang Saen**, der mehr von Thailändern als von ausländischen Touristen besucht wird. Der Ort wird vor allem an den Wochenenden stark frequentiert und ist dann teilweise sogar überfüllt. Zu seinen Attraktionen gehören neben einigen Tempeln und den Stränden ein Freizeitpark, ein Aquarium, ein Golfplatz und ein in einem Naturschutzgebiet gelegener Zoo.

Zentrum des internationalen Tourismus an der östlichen Golfküste ist das äußerst lebhafte **Pattaya** (50.000 Einwohner), der größte Ferienort Südostasiens. Pattaya liegt etwa 150 Kilometer südöstlich von Bangkok – seinem internationalen Zielflughafen – und ist von dort in gut zwei Stunden erreichbar. Pattaya, ursprünglich ein kleiner Fischerort, wurde in den 70er-Jahren des 20. Jh. zum Ferienzentrum für in Vietnam stationierte US-Soldaten ausgebaut. Da eine entsprechende „Nachfrage" vorhanden war, begann damals die Entwicklung zum Ziel für Sextouristen. Noch heute gilt Pattaya als das Vergnügungszentrum Thailands, wo besonders viele allein reisende Herren Urlaub machen. Der an einer fünf Kilometer langen Bucht gelegene Ort ist jedoch sehr bemüht, sein Image zu ändern und auch für Paare und Familien attraktiver zu werden. Das Stadtbild prägen Hochhäuser, die nur durch die lebhafte Uferstraße vom schmalen, gut besuchten Stadtstrand getrennt sind; tropischen Traumstrand darf man hier nicht erwarten. Wegen der umstrittenen Wasserqualität und sehr flachem Wasser eignet sich der Strand zwar nicht allzu gut zum Schwimmen, es bestehen aber gute Möglichkeiten, Wassersport (Wasserski, Surfen, Segeln, Hochseeangeln, Parasailing) zu treiben. In Pattaya gibt es unzählige Hotels – von der billigen „Absteige" bis zum Luxushotel der Spitzenklasse in der ruhigeren, südlichen **Royal Cliff Bay** –, internationale Restaurants, Geschäfte, deren Einkaufsmöglichkeiten mit denen Bangkoks konkurrieren können, Bars, Diskos, Kabaretts und Nachtclubs. Abgesehen von den einschlägigen Vergnügungen, für die der „Strip", der alte Dorfkern im Südteil der Stadt bekannt ist, hält Pattaya auch ein breites „normales" Freizeitprogramm bereit: besondere Veranstaltungen wie Autorennen, Thaiboxen, Konzerte, Kinos, Märkte, Golf und Kart-Bahnen sowie weitere Sportmöglichkeiten. Bis auf einige wenige Tempel bietet Pattaya kaum Sehenswürdigkeiten.

Knapp 10 Kilometer südlich von Pattaya schließt sich der etwas ruhigere Ort **Jomtien** an. Hier gibt es einen 14 Kilometer langen, lebhaften Strand, der sich ebenfalls gut für Wassersport eignet. Weitere schöne Strände liegen in der Umgebung beider Orte.

Ab Pattaya und Jomtien kann man zahlreiche Ausflüge unternehmen. Die nähere Umgebung bietet den Park „Mini Siam“ mit Nachbildungen berühmter thailändischer Bauwerke, „Nong Nooch Village“ ähnlich wie der Rosegarden bei Bangkok, ein Elefantencamp, einen dem König gewidmeten, von Landschaftsgärten umgebenen Tempel sowie verschiedene Freizeitparks. Für Urlauber, die einen reinen Pattaya-Aufenthalt gebucht haben, sind natürlich auch Touren nach Bangkok sehr interessant. Großer Beliebtheit erfreuen sich vor allem aber auch Tagestouren zur vorgelagerten, nach ihrer Hauptinsel benannten **Ko-Lan-Inselgruppe**. An den schönen Stränden der noch recht unberührten Koralleninseln kann man gut schwimmen und tauchen.

Südöstlich von Pattaya, etwa 220 Kilometer und vier Autostunden von Bangkok entfernt, folgt nach kleinen Fischerdörfern und einsamen Buchten der Ferienort **Rayong**. Rayong gilt als wesentlich ruhiger als Pattaya und eignet sich so auch gut für erholungssuchende Urlauber. In der Umgebung dieses Ortes liegen lange Strände wie **Ban Phe** und **Mae Rim** mit Hotels, die teilweise auch in den Katalogen einiger weniger deutscher Reiseveranstalter zu finden ist. Rayong vorgelagert ist die Insel **Ko Samet**, die häufig auf (Tages-)Ausflügen – auch ab Pattaya – besucht wird. Die touristisch erschlossene Insel – es gibt jedoch kaum internationalen Pauschaltourismus – wurde zum Naturschutzgebiet erklärt und bietet eine üppige Vegetation sowie schöne, feine Strände.

Östlich von Rayong folgt eine ruhige Gegend ohne internationale Badeorte. Sehenswert sind hier die in üppig grüner Landschaft gelegenen Städte **Chanthaburi** und **Trat**, 200 bzw. 275 Kilometer von Pattaya entfernt. Beide Städte sind bedeutende Fundorte von Edelsteinen, wo man auch Minen besichtigen kann. Trat, dem einige recht ursprüngliche Inseln wie **Ko Chang** vorgelagert sind, liegt nur wenige Kilometer von der Grenze zu Kambodscha entfernt.

SÜDTHAILAND

Unter dem Oberbegriff „Südthailand“ werden hier die wichtigsten internationalen Badeziele im thailändischen Teil der **Malaiischen Halbinsel** (westliche Golfküste und Küste am Indischen Ozean) sowie die touristisch am besten erschlossenen **Inseln** Thailands beschrieben. Am Rande werden auch von dort häufig besuchte Ausflugsziele erwähnt.

Aufgrund des höheren Niederschlags ist Südthailands Vegetation noch üppiger als im Norden, vielerorts gibt es breite, von Kokospalmen gesäumte Traumstrände; einige Tropenlandschaft sind in Nationalparks geschützt.

Die Ausdehnung der Malaiischen Halbinsel zwischen Bangkok im Norden und der Grenze zu Malaysia im Süden beträgt etwa 1.500 Kilometer, die Ost-West-Ausdehnung 30 bis 230 Kilometer. Die Verkehrsanbindung Bangkoks an Südthailand ist mit – teilweise bis nach Malaysia und Singapur führenden – Bus- und Bahnverbindungen sowie einigen Flugverbindungen sehr gut. Die Bahnstrecke verläuft entlang der Ostküste der Malaiischen Halbinsel.

WESTLICHE GOLFKÜSTE (OSTKÜSTE DER MALAIISCHEN HALBINSEL)

Etwa 170 Kilometer südwestlich von Bangkok, an der Westküste des Golfs von Thailand, liegt **Phetchaburi**, eine alte, von Bergen umgebene Provinzhauptstadt. Sehenswert in und um das malerische Städtchen sind ein Königspalast aus dem 19. Jh., Tempel und Tropfsteinhöhlen, von denen einige – wie die bekannteste **Khao Luang** – als buddhistische Kultstätten verehrt werden.

Phetchaburi und der westlich gelegene, landschaftlich reizvolle **Kaeng Krachan Nationalpark** sind auch beliebte Ausflugsziele von den südlich gelegenen, internationalen Badeorten Cha Am und Hua Hin. Das kleinere, ruhige **Cha Am** hat eigentlich „nur" schöne Hotels, Strände und einige Geschäfte zu bieten. Auch auf den etwa 25 Kilometern zwischen Cha Am und Hua Hin erstrecken sich kilometerlange Strände, die optimal für Strandwanderungen geeignet sind. Obwohl auch **Hua Hin** noch ohne allzu großen touristischen Rummel à la Pattaya ist, geht es hier etwas lebhafter zu als in Cha Am. An den weitläufigen Stränden erstrecken sich mehrere Großhotels verschiedener Kategorien, im alten Stadtkern findet man zahlreiche Restaurants, Geschäfte und Märkte. Hua Hin, das zu Beginn des 20. Jh. als Ort der königlichen Sommerfrische „auserkoren" wurde, ist Thailands ältestes Seebad; noch heute dient der hier gelegene Palast der königlichen Familie als Sommerresidenz. Sehenswürdigkeiten Hua Hins sind – neben Tempeln – der schön restaurierte Bahnhof aus den 20er-Jahren und das einige hundert Meter entfernte, direkt am Strand gelegene Railway Hotel im Kolonialstil (heute gehört es der Hotelkette Sofitel an). Die auch bei Thais beliebte Urlaubsregion, die sich allmählich in Richtung Süden ausdehnt – knapp 20 Kilometer von Hua Hin liegen einige Resorthotels bei **Pranburi** –, bietet mehrere Golfplätze und zahlreiche weitere Sportmöglichkeiten. Das Urlaubsgebiet liegt 200 bis 250 Kilometer südlich des internationalen Zielflughafens Bangkok; die Transferdauer beträgt drei bis vier Stunden.

Südlich dieses Urlaubsgebiets liegt eine vom Tourismus unberührte, idyllische Gegend mit Bergen, Regenwäldern, Kokosplantagen, kleinen Fischerdörfern, schönen Buchten und der Küste vorgelagerten Inseln. Nach etwa 250 Kilometern gelangt man zum Ort **Chumphon** mit malerischem Fischerhafen. In diesem Gebiet erreicht die Malaiische Halbinsel ihre engste Stelle am Isthmus von Kra; ab hier erstreckt sich Thailand auch bis zur Westküste der Malaiischen Halbinsel. Nach weiteren knapp 200 Kilometern folgt in schöner Tropenlandschaft die Stadt **Surat Thani** (50.000 Einwohner), die hauptsächlich wegen ihres Hafens Ban Dong, dem Tor zur vorgelagerten Insel Ko Samui und ihren Nachbarinseln, von touristischer Bedeutung ist.

Auch die Küste des Festlands südlich von Surat Thani ist pauschaltouristisch nicht erschlossen. Nach etwa 150 Kilometern folgt die bereits im 2. Jh. gegründete Stadt **Nakhon Si Thammarat** mit zahlreichen kulturell bedeutsamen Sehenswürdigkeiten. Den Höhepunkt der landschaftlich schönen Umgebung bildet der **Nationalpark Khao Luang**. Etwa 200 Kilometer weiter südlich liegen **Hat Yai**, die größte Stadt Südthailands, und das Seebad **Songkhla**. Aufgrund der Nähe zu Malaysia – die Grenze liegt etwa 50 Kilometer entfernt – ist dieses Gebiet bereits recht malaiisch geprägt.

KO SAMUI

Ko Samui ist mit knapp 250 qkm Fläche die drittgrößte Insel Thailands und die größte Insel des nordöstlich von Surat Thani gelegenen, aus etwa 80 meist unbewohnten Inseln bestehenden **Ang-Thong-Archipels**. Die Insel, mit deren pauschaltouristischer Erschließung erst Ende der 80er-Jahre begonnen worden war (zuvor war sie ein Paradies für Rucksacktouristen gewesen), hat etwa 40.000 Einwohner. Ihre Hauptstadt Nathon liegt an der nördlichen Westküste. Hier legen die mehrmals täglich verkehrenden Fähren aus dem etwa 80 Kilometer entfernten Surat Thani (Fahrtdauer je nach Schiffsart zwei bis fünf Stunden) und aus Bangkok (Fahrtdauer etwa 15 Stunden) an. Ko Samui hat auch einen Flughafen (USM), der ab Bangkok – ebenfalls mehrmals pro Tag – angeflogen wird (Flugdauer etwa eine Stunde). Die Transferdauer vom im Nordwesten gelegenen Flughafen Ko Samuis zu den meisten Badehotels beträgt etwa eine halbe Stunde.

Obwohl sich auch auf Ko Samui in den letzten Jahren der Pauschaltourismus stark etabliert hat, gilt ein Großteil der Insel immer noch als relativ ursprünglich und mit wunderbaren Stränden als gut geeignet für erholsamen, ruhigen Bade- und Sporturlaub (gute Wassersportmöglichkeiten) ohne ausschweifendes Nachtleben.

Das von bis über 600 Meter hohen Bergen durchzogene Inselinnere ist dicht bewaldet und wenig erschlossen. Die Besiedlung und Kultivierung (große Kokos- und Obstplantagen) beschränkt sich größtenteils auf die Küstengegenden. Von **Nathon**, das zahlreiche Geschäfte, Restaurants, Banken, Reisebüros und weitere touristische Einrichtungen bietet, führt eine 50 Kilometer lange Ringstraße um die Insel, vorbei an malerischen Dörfern und traumhafter Tropenlandschaft: Strände, Steilküsten, bizarre Felsformationen, Palmen-, Laub- und Regenwälder.

Während die Westküste touristisch weniger erschlossen ist, erstrecken sich die schönsten STRÄNDE der Insel mit ganz hellem, feinem Sand an der Ostküste. Hier, vor allem am sechs Kilometer langen **Chaweng Beach** und dem südlichen **Lamai Beach**, liegen die meisten Hotels. Die Touristenunterkünfte, meist Bungalowdörfer, sind sehr gut in die Landschaft eingefügt; die Gebäude dürfen nicht höher sein als die Wipfel der umliegenden Palmen. Durch die große Hotel- und Gästezahl wirkt gerade Chaweng Beach mittlerweile trotzdem recht voll. In Chaweng Beach und vor allem in Lamai Beach, dessen Strand nicht ganz so feinsandig ist wie Chawengs, sind in den letzten Jahren viele Diskotheken, Bars, Restaurants und kleine Läden entstanden. Beide Orte wachsen immer noch stetig.

Ruhigere Badeorte mit Hotels folgen mit **Chengmon Beach** und **Ya Noi Bay** nördlich von Chaweng. Mehrere luxuriöse Resorts liegen im Norden der Insel in **Tongsay Bay**, **Choeng Mon Beach** und **Mae Nam Beach**. Die Strände sind hier zwar nicht ganz so weitläufig, dafür aber leerer als im Osten. Im Nordosten Ko Samuis befinden sich weitere Buchten mit schönen Stränden, darunter der **Big Buddha Beach**, der nach einer auf einer Klippe thronenden, hohen Buddhastatue benannt wurde, und der auch bei Thais beliebte **Bophud Beach**. Auch im Süden und Westen der Insel gibt es einige wenige, ruhige Ferienanlagen verschiedener Kategorien.

Auf INSELRUNDFAHRTEN kann man – neben dem bereits erwähnten „Big Buddha" – Wasserfälle bewundern und das nicht weit von hier entfernte Wat Khunaraam besuchen, ein Heiligtum, das die Mumie eines buddhistischen Mönchs enthält, bei dessen Leiche der Verwesungsprozess ausblieb.

Beliebte AUSFLÜGE führen von Ko Samui zu ursprünglichen **Nachbarinseln** wie dem nahen Ko Phangan und in den nach dem Archipel benannten **Ang-Thong-Nationalpark**, der sowohl über als auch unter Wasser wunderschöne Landschaften bietet.

Eine längere Tour führt aufs FESTLAND, wo in der Umgebung von **Surat Thani** ebenfalls beliebte Ausflugsziele liegen: **Chaiya**, wichtige Stadt eines frühen südostasiatischen Königreichs, ein buddhistisches Meditationszentrum und eine Schule, in der Affen das Pflücken von Kokosnüssen lernen. Weiteres beliebtes Ausflugsziel auf dem Festland ist der große **Khao Sok Nationalpark**, in dem Tierbeobachtungen und Dschungelwanderungen unternommen werden können.

KÜSTE DES INDISCHEN OZEANS (WESTKÜSTE DER MALAIISCHEN HALBINSEL)

Thailands Anteil an der recht gebirgigen Westküste der Malaiischen Halbinsel beginnt am etwa 50 Kilometer breiten Isthmus von Kra. Der erste größere Ort folgt nach etwa 80 Kilometern mit dem chinesisch und portugiesisch geprägten Hafenstädtchen **Ranong**. Besonderheit der Stadt sind heiße Quellen, die sie zu einem Thermalbad machen. Ranong, das nur durch einen schmalen Einschnitt des Meeres von der Südspitze Myanmars getrennt ist, sind zahlreiche Inseln vorgelagert.

Weiter südlich folgt eine ruhige und recht dünn besiedelte Gegend mit schönen Stränden, die pauschaltouristisch kaum erschlossen ist. Nur in der gut 200 Kilometer entfernten, ursprünglichen Gegend des wunderschönen **Khao Lak Nationalparks** und seinen Stränden gibt es einige wenige, auch in den Katalogen deutscher Reiseveranstalter enthaltene Hotels. Sie werden über den Zielflughafen Phuket angeboten (Transferdauer etwa 90 Minuten).

Mehr internationalen Tourismus gibt es knapp 100 Kilometer weiter südlich, auf der Insel Phuket, dem von dort auf Ausflügen häufig besuchten, nahen Festland, auf weiteren, kleinen Inseln sowie in der Provinzhauptstadt **Krabi**. Diese kleine Hafenstadt, in deren Umgebung sich recht beliebte, aber dennoch nicht allzu touristische Badeorte entwickelt haben, liegt auf dem Festland, rund 150 Kilometer östlich von Phuket; die Transferdauer vom Flughafen Phuket beträgt zwei bis drei Stunden. Die langen, weißen Strände Krabis säumen phantastische Felsformationen. Am **Ao Nang Beach** gibt es zahlreiche Mittelklasseunterkünfte (meist Bungalowdörfer) und in **Phra Nang Beach** ein Hotel der Luxusklasse. Attraktion dieser Gegend ist der „Muschelfriedhof" von **Susan Hoi**, wo bei Ebbe Millionen Jahre alte Ablagerungen von Süßwasserschnecken sichtbar sind. Krabi ist ein hervorragender Ausgangsort für Ausflüge zu den – auch von Phuket aus gut erreichbaren – vorgelagerten Inseln mit ihrer farbenprächtigen Unterwasserwelt.

Die Gegend südlich von Krabi bis zur malaiischen Grenze ist wiederum wenig berührt vom internationalen Tourismus und recht ruhig. Diesem Küstenstreifen sind ebenfalls zahlreiche Inseln vorgelagert, deren südlichste Langkawi politisch bereits zu Malaysia gehört.

PHUKET

Als größte thailändische Insel liegt das landschaftlich sehr reizvolle Phuket (Fläche etwa 550 qkm, rund 150.000 Einwohner) vor der Westküste der Malaiischen Halbinsel, in der Nähe vieler kleinerer Inseln. Eine knapp 700 Meter lange Brücke, die Phuket mit dem Festland verbindet, ermöglicht die problemlose Anreise per Mietwagen oder Bus. Die Entfernung nach Bangkok beträgt knapp 900 Kilometer, die Fahrtdauer etwa zehn Stunden. Phuket besitzt auch einen internationalen Flughafen (HKT, zweitgrößter Flughafen Thailands), zu dem es täglich mehrere Verbindungen ab Bangkok (Flugdauer etwa eine Stunde), direkte Charterflugverbindungen ab Deutschland und Flüge in andere asiatische Länder gibt. Die Transferdauer vom im Norden Phukets gelegenen Flughafen zu den Badehotels beträgt 30 bis 60 Minuten. In vielen Veranstalterkatalogen werden Rundreisen durch den Süden Thailands angeboten, die in Phuket beginnen und enden, es gibt aber auch Rundreisen von Phuket nach Koh Samui oder von Phuket nach Bangkok (bzw. umgekehrt).

Phuket hatte bereits im 19. Jh. große wirtschaftliche Bedeutung als Handelshafen sowie aufgrund großer Zinnvorkommen, Bodenschätze und blühender Landwirtschaft. Seit den 70er-Jahren des 20. Jh. hat sich die Insel zu einem der bedeutendsten Urlaubsziele Thailands entwickelt, das seinen Besuchern neben Massentourismus und Vergnügungen à la Pattaya auch ruhige Strände, hervorragende Sportmöglichkeiten, darunter Tauchen und Golfen, und exklusive Hotels bietet. Die schönsten Strände konzentrieren sich auf die Westküste; die flachere Ostküste ist von Mangrovenwäldern gesäumt, das Landesinnere prägen Plantagen, Reisfelder, Dörfer und Zinnminen.

An der Südostküste Phukets liegt die gleichnamige Hauptstadt, in der fast die Hälfte der Inselbevölkerung lebt. Das im 19. Jh. gegründete, in einer Bucht gelegene **Phuket-Stadt** ist stark geprägt vom Einfluss chinesischer Einwanderer, die im 19. Jh. – angelockt durch Bodenschätze – auf die Insel kamen. In den von Kolonialstilbauten gesäumten Straßen der Insel findet man auch einige Häuser, denen der Einfluss der Portugiesen, die hier Handelsniederlassungen unterhielten, anzusehen ist. Neben diesem außergewöhnlichen sinoportugiesischen Architekturstil sind in der lebendigen Stadt mit guten Unterhaltungs- und Einkaufsmöglichkeiten verschiedene Tempel und der alte Gouverneurspalast sehenswert. Etwas außerhalb liegen ein interessantes Aquarium (am Cape Panwa mit dem gleichnamigen Hotel) und „Thai Village", wo Folklore aufgeführt wird.

Das touristische Zentrum Phukets ist der in einer schönen Bucht gelegene **Patong Beach** an der Westküste. Der 15 Kilometer von der Hauptstadt entfernte Ort hat einen langen und sehr lebhaften Strand. In Patong Beach gibt es zahlreiche, auch recht große Hotels, Restaurants, Geschäfte und ein breites Wassersportangebot sowie ein Nachtleben, das dem Pattayas mit Nachtclubs, Bars und Amüsierbetrieben nur wenig nachsteht. Außerhalb von Patong geht es gemäßigter zu.

Etwas ruhigere und ebenfalls schöne STRÄNDE südlich von Patong, im Südwesten und Süden Phukets, sind **Karon Beach**, **Kata Beach**, **Nai Harn Beach** und **Rawai Beach**. In Karon Beach bzw. Nai Harn Beach findet man meist hochwertige bzw. luxuriöse Hotels. Das gerade für junge Leute gut geeignete Kata Beach bietet viele Tauchschulen, Unterkünfte der Mittelklasse (mehrere Großhotels) und einen Club Med. Noch ruhiger sind nördlich von Patong die kleineren Strandorte **Kamala Beach** und **Surin Beach** mit Hotels verschiedener Kategorien; beide sind jedoch nicht allzu gut zum Schwimmen geeignet. An der Nordwestküste folgt **Bang Tao Beach** mit mehreren Luxushotels und einem Golfplatz. Nördlich von hier liegen weitere schöne Strände wie der **Nai Yang Beach**, die als Naturschutzgebiet noch sehr ursprünglich und touristisch kaum erschlossen sind. Es ist zu beachten, dass das Baden an der Westküste Phukets von April bis Oktober aufgrund des Monsuns durch starke Strömungen sehr gefährlich sein kann.

Auch außerhalb von Phuket-Stadt bietet die Insel einige SEHENSWÜRDIGKEITEN, darunter verschiedene Tempel. In der Nähe der alten Hauptstadt **Thalang** im Norden liegen ein Denkmal, das an den Freiheitskampf gegen die Burmesen im 18. Jh. erinnert, und der **Khao Phra Taeo-Nationalpark**, in dem der letzte Regenwald Phukets und zahlreiche Tierarten geschützt sind. Auf Ausflügen in den Süden wird – vor allem zum Sonnenuntergang – gerne **Laem Promthep Cape**, der südlichste Punkt der Insel besucht, vom dem aus man schöne Aussichten über die Strände genießen kann. Besonderheit des ebenfalls im Süden gelegenen **Ban Rawai** sind hier lebende „Seezigeuner", Nachfahren eines indonesischen Nomadenvolkes.

FESTLAND UND INSELN UM PHUKET

Von Phuket aus kann man verschiedene interessante Ausflüge unternehmen. Eines der beliebtesten Ausflugsziele liegt auf dem FESTLAND: **Phang Nga**, die an einer Bucht gelegene Küstenprovinz nördlich von Phuket; die Entfernung hierher beträgt knapp 100 Kilometer. Phang Nga ist wie Krabi bekannt für seine einzigartige Küsten- und Insellandschaft mit Kalksteinfelsen, die teilweise mehrere hundert Meter aus dem Meer ragen. Sehr häufig werden Boots- und Segeltouren durch die grandiose Bucht unternommen. In diesem Gebiet mit kleinen Inselchen liegt auch der bekannte, nach einem hier gedrehten Film benannte „James-Bond-Felsen".

Weitere Bootsausflüge führen zu den INSELN **Ko Phi Phi** auf halbem Weg zwischen Phuket und Krabi und **Ko Lanta** südlich von Krabi. Die wunderschönen, noch recht ursprünglichen Inseln sind optimale Tauch- und Segelreviere und mittlerweile auch in kleinem Rahmen in einigen Veranstalterkatalogen enthalten. Die Transferdauer vom Flughafen Phuket zu den Phi Phi Inseln beträgt gut drei Stunden, nach Ko Lanta etwa fünf Stunden. Vor allem die Phi-Phi-Inseln, deren Strände zu Thailands schönsten Fotomotiven gehören, erfreuen sich immer größerer Beliebtheit.

Von Phuket aus werden auch Ausflüge zu den etwas weiter entfernten, nordwestlich gelegenen Inselgruppen **Similan** und **Surin** unternommen. Auf den Inseln, die unter Naturschutz stehen und ebenfalls hervorragende Tauchgründe bieten, gibt es so gut wie keine Hotels.

SINGAPUR / BALI / AUSTRALIEN

Ein Ehepaar mittleren Alters hat seit vielen Jahren gespart, um sich eine längere Reise nach Sydney zu dort lebenden Verwandten gönnen zu können. Um bei dieser Gelegenheit noch mehr von der Welt kennen zu lernen, aber auch um den langen Flug nach Australien etwas zu „entzerren", möchten die Kunden auf dem Hin- und Rückflug jeweils einige Tage Zwischenaufenthalt einlegen. Nach eingehender Beratung hat sich das Ehepaar dafür entschieden, auf dem Hinflug in Bali, auf dem Rückflug in Singapur zu unterbrechen. Der Aufenthalt in Australien soll etwa sechs Wochen betragen.

a) *Nennen Sie zwei weitere Reiserouten, die Sie den Kunden für den Weg nach Australien alternativ vorgeschlagen hatten (jeweils mit einem Städte- und einem Badeziel).*

b) *Einen genauen Reisetermin haben die Kunden noch nicht festgelegt. Sie möchten von Ihnen beraten werden, welche Reisezeit klimatisch am besten für die Ziele passen würde.*

c) *Welche Fluggesellschaften bieten die günstigsten Flugverbindungen zwischen Deutschland und den entsprechenden ausgewählten Zielen? Wie verlaufen die Verbindungen und wie lange dauern die jeweiligen Flüge? Zwischen welchen Zeitzonen sind die Kunden unterwegs?*

d) *Wie viel Zeit planen Sie für BALI ein, wenn die Kunden eine Kurzrundreise über die Insel unternehmen und einige Tage am Strand verleben wollen? Beschreiben Sie kurz die Besonderheiten der Kultur Balis und die bedeutendsten Sehenswürdigkeiten der Insel. In welchem Teil der Insel findet man die meisten Badehotels und welchen Ferienort empfehlen Sie den Kunden, wenn sie großen Wert auf Einsamkeit, schönen Strand und eine gehobene Hotellerie legen?*

e) *In Sydney, dem Zielflughafen in AUSTRALIEN, werden die Kunden von ihren Verwandten abgeholt. Da diese jedoch nicht die ganzen sechs Wochen lang frei haben, möchten die Kunden die Stadt und ihre Umgebung auch auf eigene Faust entdecken und fragen Sie nach den bedeutendsten Sehenswürdigkeiten und interessantesten Ausflugszielen und mit welchen Verkehrsmitteln sie diese erreichen können.*

f) *Da Ihre Kunden neben Sydney auch die berühmtesten Landschaften Australiens kennen lernen wollen, kommen für sie auch ausgedehnte, mehrtägige Ausflüge infrage. Welche Ziele nennen Sie als Höhepunkte einer Australienreise und wie sind diese von Sydney aus erreichbar? Ist es möglich, solche Ausflüge (Anreise, Besichtigungsprogramm und Unterkunft) bereits vorab für die Kunden aus dem Programm eines deutschen Reiseveranstalters zu buchen?*

g) *Wie viel Zeit planen Sie für den Stopover in SINGAPUR auf dem Rückweg ein? Nennen Sie die Unterschiede der Stadt zu anderen beliebten Stopover-Metropolen in Südostasien.*

h) *Welches sind die bedeutendsten Attraktionsfaktoren, Sehenswürdigkeiten und Ausflugsmöglichkeiten, die Singapur zu bieten hat?*

6.3 SINGAPUR

Der **südostasiatische Stadtstaat** Singapur liegt im **Südchinesischen Meer**, einem Randmeer des Pazifiks, auf dem 1. Grad nördlicher Breite. Singapur besteht aus einer gleichnamigen Hauptinsel und rund 50 kleinen, meist unbewohnten Inseln. Die Hauptinsel nimmt etwa 90 % der Gesamtfläche von etwa 640 qkm ein. Singapur erstreckt sich südlich von Malaysia: Die Hauptinsel schließt an die Südspitze der **Malaiischen Halbinsel** an, mit der sie durch zwei – etwa einen Kilometer lange – Dämme verbunden ist. Westlich von Singapur verläuft die **Straße von Malakka**, eine Meerenge, die sowohl die Malaiische Halbinsel von der indonesischen Insel Sumatra als auch den Indischen Ozean vom Pazifik trennt.

In der Republik Singapur (internationale Schreibweise: Singapore), einem Staat im Commonwealth, leben rund 4 Millionen Menschen.

Etwas mehr als die Hälfte der Fläche der Hauptinsel ist bebaut, wobei der Inselsüden der am dichtesten besiedelte Teil ist und das Zentrum Singapurs bildet. Die Inselmitte Singapurs ist leicht hügelig – die höchste Erhebung stellt ein hier gelegener, gut 160 Meter hoher Granithügel dar –, die Küstenlinie weitgehend flach. Den Süden und Osten nimmt ebenes Schwemmland ein, durch dessen Aufschüttung und Trockenlegung weiteres Land gewonnen wurde. Singapur weist mehrere kleine Seen und maximal 15 Kilometer lange Flüsse auf, darunter der **Singapore River**. Dicht von tropischem Regenwald bewachsen ist nur noch ein relativ kleines Gebiet Singapurs, jedoch bilden verschiedene Naturschutzgebiete und Parks „grüne Oasen".

Durch die Lage innerhalb der Tropen, fast direkt am Äquator, hat Singapur feucht-heißes, **tropisches Klima**. Jahreszeitliche Temperaturschwankungen gibt es kaum. Die Tagestemperatur in Singapur beträgt im Durchschnitt etwa 30 Grad, oft ist es mittags jedoch wesentlich heißer, nachts kühlt es nur unwesentlich ab. Die Hitze ist aufgrund sehr hoher Luftfeuchtigkeit von durchschnittlich 85 %, teilweise aber sogar über 90 %, für Mitteleuropäer oft schwer zu ertragen. Es gibt in Singapur keine ausgesprochene Regen- und Trockenzeit; man muss das ganze Jahr über mit kurzen, heftigen Schauern rechnen. Der meiste Niederschlag jedoch fällt – wie in ganz Südostasien beeinflusst durch den **Monsun** – in den Wintermonaten, vor allem von November bis Januar.

Obwohl in Singapur das ganze Jahr über **Reisezeit** ist, sollten insofern die Wintermonate nach Möglichkeit ausgespart werden.

Ab dem 7. Jh. n. Chr. entwickelte sich in Singapur ein von der indonesischen Insel Sumatra beeinflusstes Fürstentum mit einer **Handelsstation**, die durch den großen Naturhafen zu großer Blüte kam. Ab dem 14. Jh. wurde Singapur von rivalisierenden Herrschern aus Siam und Java zerstört und galt jahrhundertelang als Piratennest.

Zu Beginn der europäischen Kolonisierung Südostasiens war die Insel eher unbedeutend, bis 1819 der britische Gouverneur Raffles hier eine Handelsstation auf dem Seeweg von China nach Indien und Europa gründete. Ab diesem Zeitpunkt wuchs die Stadt sehr schnell an und gewann rasch an Bedeutung. 1824 ging die bis dahin malaiische Insel in den Besitz der **Briten** über und entwickelte sich zu einem ihrer wichtigsten Handels- und Militärstützpunkte sowie zum Verwaltungssitz weiterer britischer Besitzungen in Südostasien. 1867 wurde Singapur offiziell britische Kronkolonie und konnte seine hervorragende wirtschaftliche Position weiter ausbauen.

Während des zweiten Weltkriegs wurde Singapur für drei Jahre von Japan erobert, nach dem Krieg wurde es – auf Wunsch der Bevölkerung – wieder britische Kronkolonie. Nach kurzer Zugehörigkeit zu **Malaysia** erlangte Singapur 1965 seine **Unabhängigkeit**, erlebte einen weiteren Aufschwung und gilt heute als wirtschaftlich und politisch sehr stabiler Staat.

Das rund vier Millionen Menschen zählende ethnische Bevölkerungsgemisch Singapurs kam durch mehrere Einwanderungswellen aus verschiedenen – vor allem asiatischen – Ländern während der letzten beiden Jahrhunderte zustande. Die größte Volksgruppe Singapurs, nämlich etwa 77 % der **Bevölkerung**, stellen Chinesen dar, deren junge Generation recht westlich orientiert ist, rund 14 % sind Malaien, 8 % Inder. Den kleinen Rest bilden ganz unterschiedliche Nationalitäten, darunter auch Europäer. Die verschiedenen Ethnien leben in Singapur meist sehr harmonisch zusammen.

Die **Bevölkerungsdichte** von fast 5.900 Einwohnern/qkm gehört zu den höchsten der Welt.

Die soziale Lage sowie das Gesundheits- und Bildungswesen in Singapur sind – besonders für einen südostasiatischen Staat – sehr gut. Die Arbeitslosenquote liegt mit etwa 2 % sehr niedrig, der Lebensstandard der Bevölkerung Singapurs ist hoch.

Singapur hat mehrere offizielle **Landessprachen**: Mandarin (die Hochsprache des Chinesischen), Malaiisch, Tamil und Englisch. Englisch dient auch als Geschäfts- und Verwaltungssprache und wird von den meisten Einwohnern Singapurs zumindest als Zweitsprache gesprochen.

Insofern kommen Touristen in Singapur mit Englisch ganz hervorragend zurecht. Die Chinesen sprechen neben Mandarin und die Inder neben Tamil auch verschiedene Dialekte.

So vielfältig wie die Zusammensetzung der Bevölkerung sind auch die in Singapur vertretenen **Religionen**. Die meisten Einwohner, nämlich etwa 56 %, sind Buddhisten oder Taoisten (Anhänger einer dem Buddhismus nahe stehenden, fernöstlichen Philosophie), etwa 16 % Moslems (darunter die meisten Malaien), rund 5 % Hindu oder Sikhs (die meisten Inder). Etwa 12 % der Bevölkerung gehören dem Christentum an, darunter auch viele Chinesen. Die verbleibende Minderheit besteht aus Konfuzianern (Anhänger einer chinesischen Staats- und Morallehre), Juden und Angehörigen weiterer Glaubensgemeinschaften.

Singapur liegt in der **Zeitzone** MEZ +7. Da es in Singapur keine Sommerzeit gibt, beträgt der Zeitunterschied während der europäischen Sommerzeit nur sechs Stunden.

Der **Nationalfeiertag** in Singapur ist der 9. August, der Tag der Unabhängigkeit. Hier werden auch viele religiöse Feiertage und Feste der unterschiedlichen Glaubensgemeinschaften gefeiert. Weitere besonders bedeutende Feste sind das Singapore-Food-Festival und das chinesische Neujahrsfest.

Da Singapur stolz darauf ist, eine sehr sichere und saubere Stadt zu sein, und dies bleiben will, gibt es verschiedene **Verbote**, an die sich auch Touristen halten müssen. Dazu gehört unter anderem, dass keinerlei Abfälle auf die Straße geworfen werden dürfen. Vielerorts gilt Rauchverbot, außerdem besteht Einfuhr- und Verkaufsverbot von Kaugummi. Bei Missachtung dieser und weiterer Verbote drohen hohe Bußgeldstrafen.

Da die **Hygiene** in Restaurants aller Kategorien und auch in Garküchen strengen Kontrollen unterliegt, ist es in Singapur – im Gegensatz zu vielen anderen asiatischen Metropolen – unbedenklich, auch in Straßenimbissen zu essen.

Drogenbesitz und **Drogenhandel**, auch von kleinsten Mengen, ist in Singapur strengstens verboten und steht teilweise sogar unter Todesstrafe.

Zwischen Frankfurt und Singapur (SIN) besteht reger *FLUGVERKEHR.* LH und die nationale Fluggesellschaft Singapore Airlines (SQ) unterhalten täglich direkte Linienflüge von Frankfurt nach Singapur. Mehrmals pro Woche gibt es auch Direktflüge mit der indonesischen Fluggesellschaft Garuda Indonesia (GA) und der australischen Fluggesellschaft Qantas (QF), die hier auf Flügen in ihre Heimatländer zwischenlanden. Direktflüge von Frankfurt nach Singapur dauern zwölf bis vierzehn Stunden.

Singapur ist eine wichtige Drehscheibe für den Flugverkehr zwischen Europa und Australien/Neuseeland und ein bedeutendes **Drehkreuz in Fernost** sowie im südostasiatischen Flugverkehr. Flüge zu einigen asiatischen Zielen führt die renommierte Singapore Airlines mit der Tochtergesellschaft Silk Air (MI) durch.

STRASSENVERKEHR / BAHNVERKEHR / SCHIFFSVERKEHR

Der **Stadtverkehr** in Singapur ist sehr gut organisiert. Neben zahlreichen Taxis gibt es ein hervorragend ausgebautes öffentliches Verkehrssystem mit U-Bahn und Bussen. Pkw müssen für Fahrten in der Innenstadt zu bestimmten Zeiten bezahlen bzw. benötigen eine Sondergenehmigung. So wird das sonst in vielen asiatischen Großstädten übliche Verkehrschaos vermieden. Bei Touristen sind für kleinere Stadtrundfahrten Fahrradrikschas (Trishaws) beliebt.

Mit dem Festland ist Singapur durch zwei Dämme verbunden, deren Straßen auch von **Linienbussen** nach Malaysia und Thailand genutzt werden. Es ist möglich – jedoch auch relativ teuer – in Singapur Leihwagen anzumieten. Für Touren nach Malaysia ist es aufgrund günstigerer Preise empfehlenswert, mit öffentlichen Verkehrsmitteln nach Johor Bahru aufs Festland zu fahren und erst dort einen Wagen anzunehmen.

Über einen der Dämme besteht auch eine **Bahnverbindung** zwischen Singapur und Malaysia. Es gibt gute Zugverbindungen aufs Festland, vor allem in die malaiische Hauptstadt Kuala Lumpur, die in etwa sieben Stunden mit dem Zug erreichbar ist. Touristisch sehr interessante Bahnfahrten, die in Singapur beginnen bzw. enden sind Touren mit dem berühmten Luxuszug „Eastern & Oriental-Express“, der regelmäßig die Strecke von Singapur über Kuala Lumpur nach Bangkok bzw. umgekehrt befährt (➔ Kapitel 6.2 Thailand).

Singapur besitzt einen der größten und bedeutendsten Häfen der Welt, der als bedeutender Warenumschlagplatz und als Asiens Zentrum für **Kreuzfahrten** gilt. Viele Kreuzfahrten durch Südostasien und Fernost bzw. zwischen Asien und Australien machen hier Station bzw. beginnen und/oder enden in Singapur.

Fähren verbinden Singapur mit umliegenden kleinen Inseln und mit Zielen in Indonesien und Malaysia. Es bestehen zahlreiche Möglichkeiten zu Hafenrundfahrten und organisierten Schiffsausflügen auf dem Meer oder auf dem Singapore River.

In Singapur gibt es zahlreiche **Übernachtungsquartiere** aller Kategorien und Preisklassen, von denen viele hochwertig bis luxuriös sind und teilweise großen, internationalen Ketten angehören. Auf einigen der bewohnten, kleineren Inseln sind Hotels und Pensionen vorhanden, die auch für einen Badeaufenthalt geeignet sind, während auf der Hauptinsel vorwiegend Stadthotels liegen. Sofern Hotels nicht über einen deutschen Reiseveranstalter gebucht wurden, kommt zu den Zimmerpreisen in der Regel noch die Mehrwertsteuer hinzu, ebenso in Restaurants.

Singapur ist mit ausgezeichneten Flugverbindungen in alle Welt, guter Verkehrsinfrastruktur zu Lande und hervorragenden touristischen Einrichtungen ein idealer **Ausgangsort** für Reisen in weitere südostasiatische Länder, vor allem nach Malaysia und Indonesien. Die meisten Besucher verbringen vor bzw. nach Rundreisen einige Tage – durchschnittlich drei bis vier Tage – in Singapur, dessen stark westlich orientierte Modernität und extreme Sauberkeit einen eigenartigen, reizvollen Kontrast zu den meisten anderen südostasiatischen Ländern darstellt.

Die Stadt ist mit Hongkong und Bangkok häufig auch **Station** einer Tour durch die Metropolen Südostasiens, an die oft ein Badeaufenthalt, z. B. auf Bali oder in Thailand, angeschlossen wird. Sehr viele Reisende nutzen Singapur auch als interessante Zwischenstation (**Stopover**) auf der Reise von Europa nach Australien/Neuseeland. Flugunterbrechungen sind bei Fluggesellschaften, die ohnehin eine Zwischenlandung in Singapur machen, oft ohne Aufpreis möglich. Passagiere der Singapore Airlines können im Rahmen des SIA-Stopover-Programmes für einen mehrtägigen Aufenthalt in Singapur günstige Hotelübernachtungen über die Fluggesellschaft buchen.

Mit interessanten **Sehenswürdigkeiten**, der – aufgrund des bunten Bevölkerungsgemischs – vielfältigen Kultur und hervorragenden, teilweise recht günstigen **Einkaufs-** sowie guten **Unterhaltungsmöglichkeiten** bietet sich Singapur jedoch auch als Ziel für eine eigene, mehrtägige Städtereise an. Zum Entspannen von Sightseeing und Shopping stehen zahlreiche **Landschafts-** und **Freizeitparks** zur Verfügung. Wer nicht die ganze Zeit in der Stadt verbringen möchte, kann ein paar Tage auf der – in nur wenigen Minuten erreichbaren – Insel Sentosa ausspannen, wo auch zahlreiche Sportmöglichkeiten zur Verfügung stehen. Weitere Möglichkeit für einen kurzen „Badeabstecher" stellt die indonesische Insel Bintan dar, die in weniger als einer Stunde von Singapur aus per Schiff angefahren wird. Für Abwechslung und abenteuerliche Tropenatmosphäre können **Ausflüge** in den nahen Dschungel Indonesiens und Malaysias sorgen.

Die Besucherzahlen Singapurs sind in Anbetracht der geringen Größe des Stadtstaates enorm: 2000 kamen fast 7 Millionen Touristen hierher (international Rang 21). Diese Zahl liegt weit über der des großen Nachbarn Indonesien. Singapurs Einkünfte aus dem **Tourismus** beliefen sich 2000 auf gut 6 Milliarden US-Dollar (international Rang 22).

Der Tourismus ist ein wichtiges Standbein der blühenden Wirtschaft Singapurs, das zu den 20 reichsten und zu den am höchsten technisierten Staaten der Erde zählt. Das Bruttosozialprodukt Singapurs betrug 2000 24.740 US-Dollar pro Einwohner. Da hier keine natürlichen Ressourcen vorhanden sind und kaum Landwirtschaft betrieben werden kann, ist Singapur auf den Handel angewiesen, der mit dem riesigen Hafen der bedeutendste **Wirtschaftszweig** des Landes ist. Wichtige Industrien sind Schiffsbau, Elektronik- und Kommunikationsindustrie. Darüber hinaus ist Singapur einer der führenden Kapital- und Finanzplätze in Asien.

Für die **Umwelt** wird in Singapur viel getan. Es wurde bereits erwähnt, dass die Verkehrspolitik vorsieht, den Verkehr in der Innenstadt einzudämmen und öffentliche Verkehrsmittel zu fördern, um Luftverschmutzung und Lärm zu reduzieren. Auf Sauberkeit und Hygiene wird großer Wert gelegt. Auch Touristen werden gebeten, sich entsprechend zu verhalten.

SEHENSWÜRDIGKEITEN

Einen guten Überblick über Singapur und die vorgelagerten Inseln hat man vom **Mount Faber**, einem etwa 120 Meter hohen, im äußersten Süden der Stadt nahe dem **Hafen** gelegenen Hügel, auf dem ein prächtiges Herrenhaus aus den 20er-Jahren prangt. Auf einem Ausflug hierher kann man feststellen, dass Singapur – selbst im von modernen Wolkenkratzern geprägten Verwaltungs- und Geschäftszentrum – eine sehr grüne Stadt ist. Die Wohnviertel in Singapurs Zentrum wurden bei der Stadtgründung im 19. Jh. nach der ethnischen Zugehörigkeit der Bevölkerung aufgeteilt. Neben einem Kolonialviertel entstanden ein chinesisches, ein indisches und ein arabisches Viertel; östlich des Stadtzentrums gibt es auch ein malaiisches Viertel. Überall im Stadtzentrum und auch außerhalb kann man Gotteshäuser der verschiedenen Religionen bewundern, darunter vor allem bedeutende buddhistische Heiligtümer. Außerhalb der Innenstadt gibt es neben Wohn- und Industriegebieten verschiedene Natur- und Freizeitparks, darunter Singapurs berühmten Zoo. Der relativ ursprüngliche, grüne Norden der Insel ist von Landwirtschaft geprägt.

KOLONIALVIERTEL

Guter Ausgangspunkt für Sightseeing im Kolonialviertel Singapurs ist das Wahrzeichen der Stadt, die im gleichnamigen Park, an der Mündung des Singapore River gelegene Statue des **Merlion**. Der etwa acht Meter hohe Merlion ist ein Fabelwesen mit dem Kopf eines Löwen, das ein indonesischer Prinz im 14. Jh. hier gesehen haben will und dem Singapur (Stadt des Löwen) seinen Namen verdankt. Im Hintergrund des Merlion Parks liegt um den **Raffles Place** der Business District Singapurs mit modernen, bis knapp 300 Meter hohen Wolkenkratzern, von deren Spitze aus man schöne Aussichten auf die Stadt und den Hafen hat.

Es sind jedoch auch alte Gebäude erhalten, darunter das als Postamt genutzte **Fullerton Building** und imposante Kolonialgebäude am anderen Ufer des Flusses wie das **Parliament House** aus dem Jahr 1827 und das palastartige **Empress Place Building**, heute Museum. Da der Brite Raffles an diesem Uferabschnitt Singapur erstmals betreten haben soll, gibt es ihm zu Ehren hier zwei Denkmäler: Eine große, bronzene **Raffles-Statue** ziert das strahlend weiße Kolonialgebäude **Victoria Memorial Hall and Theatre**, eine weiße Statue steht direkt am Ufer und markiert die **Raffles Landing Site**. Unweit liegen weitere Kolonialgebäude wie der **Supreme Court** und die **City Hall** sowie Singapurs größte Kirche **St. Andrew´s Cathedral** aus dem Jahr 1863 und die älteste Kirche **Armenian Church** von 1837.

In der Nähe der Kathedrale stellt das traditionsreiche, luxuriöse **Raffles Hotel**, das seit der Kolonialzeit als – heute nostalgische – Institution gilt, ein weiteres Wahrzeichen Singapurs dar. Diese Gegend eignet sich mit großen, modernen Shopping Malls auch gut zum Einkaufen.

Westlich der Kolonialgebäude und der Kathedrale liegt **Padang**, eine große Grünfläche, die bereits seit der Kolonialzeit für Großveranstaltungen aller Art, unter anderem für die alljährliche Unabhängigkeitsfeier, genutzt wird. Am Rande des Platzes befinden sich verschiedene elitäre Clubs. An Padang schließen sich Parks sowie das moderne Kongress- und Veranstaltungszentrum **Suntech City** und weitere Einkaufszentren an.

In östlicher Richtung kann man die Stadtbesichtigung mit dem Erklimmen des **Fort Cunning Hill** im gleichnamigen Park fortsetzen. Auf dem Hügel, der den Malaien als heilig gilt, siedelte sich Raffles an und errichtete eine Festungsanlage, von der heute noch wenige Reste erhalten sind. Im Fort Cunning Park liegt der älteste Friedhof Singapurs aus dem Jahr 1822, um den Festungshügel herum befinden sich verschiedene **Museen**, darunter das Nationalmuseum, und sehenswerte Tempel wie der prachtvolle hinduistische **Sri Thandayuthapani Temple**.

ORCHARD ROAD

Nördlich des Fort Cunning beginnt die mehrere Kilometer lange Orchard Road, „Hauptstraße" und touristisches Herz der Stadt mit unzähligen Geschäften – darunter über 30 moderne **Einkaufszentren** –, Restaurants, Hotels und Bürogebäuden, in denen auch viele touristische Unternehmen ihren Sitz haben. Die Einkaufsmöglichkeiten und die Auswahl hier sind überwältigend; der weit verbreitete Ruf Singapurs als Paradies für Schnäppchenjäger entspricht jedoch – zumindest hier – oft nicht mehr der Realität. Die beliebte Einkaufsmeile und ihre Umgebung, beispielsweise der **Peranakan Place**, stellen jedoch sowohl tagsüber als auch abends – viele Einkaufszentren sind bis in die Nacht hinein geöffnet – auch für „Nichtkäufer" eine hervorragende Möglichkeit zum Bummeln und Flanieren dar.

Unter den zahlreichen Hotels der Orchard Road ist das **Goodwood Park Hotel** besonders erwähnens- und sehenswert, das um die Jahrhundertwende herum im Stil einer Rheinburg erbaut worden ist und bis zum ersten Weltkrieg als Treffpunkt der deutschen Gemeinde Singapurs diente.

In einer gut bewachten Parkanlage nahe der Orchard Road befindet sich der Präsidentenpalast namens **Istana**, um die Orchard Road herum liegen auch einige recht alte, teilweise schön restaurierte Häuser.

Von „anstrengenden" Shoppingtouren ausruhen kann man in den berühmten, Mitte des 19. Jh. angelegten **botanischen Gärten** Singapurs, die am nordwestlichen Ende der Orchard Road – bereits am Rand der Innenstadt – liegen. In der etwa 52 Hektar großen Parkanlage gibt es neben Arealen tropischen Regenwalds auch Blumengärten und Wiesen, weiterhin ist ein Orchideengarten mit über 60.000 Orchideenpflanzen angeschlossen.

WATERFRONT

Auch am als Waterfront bezeichneten Ufer des Singapore River kann man sich in zahlreichen Restaurants, Straßencafés und Kneipen vom Sightseeing und Shopping erholen. Die Waterfront war früher das Handelszentrum und diente den Schiffen als Ladeplatz; heute ist sie mit ihrer Uferpromenade auch als Zentrum eines bunten und regen Nachtlebens beliebt. Als besonders schön gelten hier die Straßenzüge **Boat Quay** und **Clarke Quay**, deren verfallene Häuser und Lagergebäude in den 80er-Jahren von Grund auf renoviert und zu einem Unterhaltungsviertel umgestaltet wurden.

Der unter Denkmalschutz stehende Boat Quai verläuft bis zum Raffles Place. Von hier erreicht man schnell den Beginn des eigentlichen Hafenviertels, wo – südlich des Merlion – am **Clifford Pier** zahlreiche Boote und typisch chinesische Dschunken für Hafenrundfahrten und Schiffsausflüge bereitstehen. Auch in dieser Gegend gibt es verschiedene Einkaufszentren und Märkte.

CHINATOWN / ARAB STREET / LITTLE INDIA

Südlich schließt an den Business District mit CHINATOWN das größte ethnische Viertel Singapurs an. Nach gründlicher Renovierung präsentiert sich dieses Viertel sehr sauber und farbenfroh. Das ursprüngliche, exotische Flair des Stadtteils ist daher zwar nicht mehr so augenfällig, kann aber – wie zahlreiche alte chinesische Traditionen – auf Streifzügen durch kleine Gassen und weniger belebte Straßen durchaus noch entdeckt werden. Deshalb wird Singapurs Chinatown häufig als „China für Anfänger" bezeichnet. Typisch für Chinatown sind bunte **Shophouses**, in denen Waren aller Art angeboten werden, und Garküchen mit verlockenden Gerüchen (wie die meisten Märkte mittlerweile häufig in großen Komplexen untergebracht). Hier gibt es auch zahlreiche – nicht nur buddhistische – Tempel und Heiligtümer, darunter den ältesten chinesischen Tempel **Thian Hock Keng**, den ältesten hinduistischen Tempel **Sri Mariamman** und die **Al Abrar Moschee**.

Nördlich des Kolonialviertels liegt der von einem Fluss durchzogene, arabische Stadtteil ARAB STREET (Kampung Glam), das kleinste ethnische Viertel, das nach seiner Hauptstraße benannt wurde. Hierher zogen in den Anfangszeiten der Stadt nicht nur Araber – die meist als Händler nach Singapur kamen – sondern auch andere Moslems wie Malaien und Pakistani. Das lebhafte Stadtviertel mit engen Gassen ist auch nach einer Teilrenovierung noch sehr arabisch geprägt, die Straßenzüge wirken wie ein großer Basar. In den zahlreichen Geschäften kann man unter anderem Lederwaren, Schmuck und Textilien erstehen; Handeln und Feilschen ist hier absolut üblich. Es gibt viele Moscheen, von denen Muezzines zum Gebet rufen, darunter die **Sultansmoschee** mit einer goldenen Kuppel, das islamische Zentrum Singapurs. Nur von außen besichtigen kann man den etwas heruntergekommenen **Sultanspalast** aus dem 19. Jh., den der malaiische Herrscher hier errichten ließ, nachdem er Singapur an die Briten verkauft hatte. In dieser Gegend liegt die **Bugis Street**, die für ihr unterhaltsames Nachtleben bekannt ist. Während die Straße früher einen etwas zweifelhaften Ruf hatte, gilt die neue Bugis Street mit Restaurants, Kneipen und Märkten heute als „harmlose" Imitation der alten Straße.

LITTLE INDIA, das indische Viertel Singapurs, erstreckt sich nordwestlich des arabischen Viertels. In dem nach Gewürzen duftenden Stadtteil leben viele der zahlreichen Inder Singapurs. Auch Little India wurde im Laufe der letzten Jahre renoviert, und es entstanden – wie in Chinatown – neue Komplexe, in denen sich Geschäfte, Märkte und Restaurants angesiedelt haben. Dennoch ist das Viertel, in dem vor allem Frauen nach traditioneller indischer Art und Weise – in Saris – gekleidet sind, geprägt von Verkaufsständen, die die Hauptstraße **Serangoon Road** säumen. Hier kann man vor allem Gewürze, indische Lebensmittel, Schmuck und Stoffe erstehen. In dem Viertel sind auch zahlreiche, sehr farbenprächtige Hindutempel wie der **Srinivasa Perumal Temple**, aber auch Kultstätten anderer Religionen vorhanden, darunter der buddhistische **Temple of 1000 Lights** mit der Statue eines 15 Meter hohen, sitzenden Buddhas.

PARKS

Singapur bietet zahlreiche Parks, die teilweise einfach grüne Oasen sind, teilweise aber auch gute Unterhaltungs- und Freizeitmöglichkeiten bieten. Ein sehr beliebtes Ausflugsziel ist der nördlich des Zentrums gelegene **Zoologische Garten**, der mit weitläufigen Freigehegen als einer der schönsten Zoos der Welt gilt. Einzigartig hier sind Nachtsafaris: Auf einem 40 Hektar großen Gelände gibt es einen Nachtzoo, in dem nachtaktive Tiere leben, die Menschen sonst kaum zu sehen bekommen.

Ebenfalls nördlich der Innenstadt liegt das Naturreservat **Bukit Timah**, das größte und ursprünglichste Schutzgebiet Singapurs, in dem man auf Spazierwegen ein großes Areal tropischen Regenwalds erkunden kann. Das Dschungelgebiet, im dem auch Singapurs höchste Erhebung liegt, ist Lebensraum zahlreicher Tier- und Pflanzenarten.

Gerade für Familien interessant sind die Themenparks Singapurs wie **Haw Par Villa**, wo man Einblicke in die chinesische Mythologie gewinnen kann, oder **Tang Dynasty City**, der einer chinesischen Stadt nachempfunden ist. Tang Dynasty City liegt im westlichen Industriegebiet Jurong, einem trockengelegten Sumpf. Hier gibt es auch einen **Chinesischen Garten**, einen **Japanischen Garten**, die Porzellanmanufaktur **New Ming Village**, den **Bird Park** mit Tausenden von Vögeln aus aller Welt und die Krokodilfarm **Crocodile Paradise**.

Ein weiterer Park liegt an der Ostküste, die man auf einer Fahrt durch Wohnviertel wie das malaiisch geprägte Geylang und das noble Katong erreicht. Der **East Coast Park** erstreckt sich über mehrere Kilometer entlang der Küste und umfasst Sportanlagen, einen Wildwasserpark und zahlreiche Seafood-Restaurants am künstlichen Strand.

SENTOSA ISLAND

Eine beliebte Tour, die von den meisten Singapur-Touristen unternommen wird, führt nach Sentosa Island, einer drei qkm Fläche umfassenden, nur 500 Meter von der Hauptinsel entfernten kleinen Insel, die den Briten als Militärfestung diente und heute eine Freizeit- und Vergnügungsinsel mit hervorragender Infrastruktur ist. Vor allem an Wochenenden, wenn auch die Bevölkerung Singapurs Ausflüge macht, ist hier sehr viel Betrieb. Sentosa ist ab Singapur per Bus, der über eine Brücke fährt, Fähre oder Seilbahn ab dem Mount Faber in wenigen Minuten erreichbar. Monorail und Busse bilden ein hervorragendes Verkehrssystem zwischen den Attraktionen der Insel.

Ausgangspunkt auf der Hauptinsel ist jeweils das direkt am Ufer gelegene **World Trade Center**, das selbst auch Vergnügungszentrum mit Ausstellungen, Geschäften, Restaurants etc. ist. Auf Sentosa können zahlreiche Freizeitparks wie **Fantasy Island** (ein Wasserpark), **Volcano Land** (wo ein künstlicher Vulkan ausbricht), **Butterfly Park** (mit Tausenden von Schmetterlingen und Insekten) und **Underwaterworld** (Asiens größtes Aquarium) besucht werden. Außerdem kann man Interessantes über Singapurs Geschichte im Museum **Images of Singapore** erfahren, Reste der alten **Festungsanlage** besichtigen, am künstlichen **Central Beach** baden und Golf spielen.

Grünanlagen, Spaziergänge durch den Dschungel auf dem **Nature Walk** und luxuriöse Resorthotels – in denen man natürlich auch mehrere Tage verbringen kann – bieten sich für Ruhepausen an. Für das leibliche Wohl der Sentosa-Besucher ist unter anderem durch das **Sentosa Food Centre** hervorragend gesorgt.

AUSFLÜGE

Ab Singapur können viele abwechslungsreiche Ausflüge unternommen werden. Hier werden nur Ziele genannt, die sich für Tagesausflüge eignen.

KLEINE INSELN

Die zahlreichen ursprünglicheren kleinen Inseln Singapurs, die meist gute Bademöglichkeiten bieten, sind mit Fähren und Ausflugsbooten erreichbar. Einige kleine, unbewohnte Inseln haben keinerlei touristische Infrastruktur. Unter den touristischeren Inseln Singapurs sind besonders **Kusu Island**, das etwa sieben Kilometer südlich der Hauptinsel liegt, und das nicht weit von hier entfernte **St. John´s Island** zu erwähnen. Auf den – vor allem im Vergleich zu Sentosa – ruhigen Inseln gibt es schöne Badestrände. Auf Kusu kann man einen taoistischen Tempel besichtigen, auf St. John´s, wo es viele Camping- und Picknickplätze gibt, bestehen gute Wandermöglichkeiten.

MALAYSIA

Ein weiterer Tagesausflug führt über den als „Causeway" bezeichneten Damm auf das Festland von Malaysia. Im äußersten Süden Malaysias liegt die lebhafte Stadt **Johor Bahru** (einfache Fahrtdauer ab Singapur gut 30 Minuten). Hier vermischen sich moderne Züge mit dörflichem und kolonialem Charakter, es gibt sehenswerte Gebäude, darunter Moscheen, Sultanspalast und Museen, gute Einkaufsmöglichkeiten und Restaurants. Auch in umliegenden Fischerorten findet man sehr gute Seafood-Restaurants und Bademöglichkeiten an Stränden, die von Singapur bis zu etwa 100 Kilometer entfernt liegen.

Ein kulturell sehr interessanter Ausflug – einfache Fahrtdauer ab Singapur etwa drei Stunden – führt nach **Malakka** an die Westküste Malaysias. Nach der Stadt ist die Meerenge zwischen der Malaiischen Halbinsel und der indonesischen Insel Sumatra benannt. Malakka wurde im 13. Jh. gegründet und entwickelte sich im Laufe der Jahrhunderte zu einem bedeutenden Handelsplatz und zur von allen europäischen Nationen begehrten Kolonie. Obwohl häufig Tagesausflüge von Singapur nach Malakka angeboten werden, ist die Fülle der Sehenswürdigkeiten der alten Stadt nur schwer an einem Tag zu bewältigen.

INDONESIEN

Häufig werden auch Tagesausflüge nach Indonesien unternommen. Die südöstlich von Singapur gelegenen Inseln **Bintan** und **Batam** mit schönen Stränden haben sich aufgrund der nur kurzen Fährüberfahrt ab Singapur (Batam 30 Minuten, Bintan 60 Minuten) zu beliebten Badezielen entwickelt, wo viele Besucher auch mehrere Tage verbringen.

6.4 INDONESIEN

Indonesien, der größte Inselstaat der Erde, besteht aus über 17.000 Inseln und liegt mit einer Landfläche von über 1,9 Millionen qkm sowie einer Meeresfläche von 5,1 Millionen qkm in **Südostasien**. Die Inseln, von denen etwa 6.000 bewohnt sind, erstrecken sich mit einer Ost-West-Ausdehnung von über 5.000 Kilometern zwischen dem **Indischen Ozean** und dem **Pazifik** zu beiden Seiten des **Äquators**, zwischen dem 6. Grad nördlicher und dem 11. Grad südlicher Breite. Der Indische Ozean trennt Indonesien von seinem südlichen Nachbarn Australien.

Hauptstadt und größte Stadt der aus rund 30 Provinzen (darunter zwei mit Sonderautonomie) bestehenden Republik Indonesien ist **Jakarta** mit über neun Millionen Einwohnern, im Nordwesten der zentralen Insel Java gelegen. In Indonesien leben etwa 210 Millionen Menschen.

INSELN

Die zahlreichen Inseln Indonesiens werden in vier Hauptgruppen unterteilt.

Der größte Teil der Landfläche entfällt auf die **GROSSEN SUNDAINSELN: Sumatra** im äußersten Westen, **Java**, **Borneo** und **Sulawesi**. Sumatra wird durch die Meerenge „Straße von Malakka“ von der Malaiischen Halbinsel (Malaysia und Singapur) getrennt. An der größten indonesischen Insel Borneo haben mit Malaysia und dem Sultanat Brunei weitere Staaten Anteil, der größte Teil Borneos gehört jedoch unter dem Namen „Kalimantan“ zu Indonesien.

Östlich von Java erstrecken sich die **KLEINEN SUNDAINSELN**, die die vielen Inseln zwischen **Bali** im Westen und **Timor** im Osten umfassen; dazu gehört unter anderem auch **Lombok**.

Zwischen Timor, Sulawesi, der australischen Nordküste und der im Osten folgenden Insel Neuguinea erstrecken sich die **MOLUKKEN**.

Im äußersten Osten Indonesiens liegt die Insel **NEUGUINEA**. Zu Indonesien gehört jedoch nur die westliche Hälfte Neuguineas namens „Irian Jaya“, den östlichen Teil der zweitgrößten Insel der Welt nimmt der Nachbarstaat Papua-Neuguinea ein.

NATURRAUM

Die indonesische Inselkette – früher vermutlich Landbrücke zwischen Asien und Australien – ist großenteils gebirgig und weist zahlreiche, teilweise noch aktive **Vulkane** auf. Der höchste Berg Indonesiens befindet sich mit dem 5.030 Meter hohen **Puncak Jaya** auf der Insel Neuguinea. Die hohen Gebirge werden gerade auf größeren Inseln häufig von Senken unterbrochen. An die meisten Küsten schließen sich fruchtbare Schwemmland- und Tieflandgebiete an. Der längste Fluss des Landes ist der 1.150 Kilometer lange **Kapuas** auf Borneo.

Etwa zwei Drittel Indonesiens sind bewaldet. Einige Inseln – vor allem Sumatra, Sulawesi und Borneo – umfassen immens große tropische Regenwälder, andere Inseln Monsunwälder. In höheren Lagen wachsen vielerorts Bergwälder. Fauna und Flora Indonesiens weisen innerhalb des Landes Unterschiede auf: Die westlichen Inseln sind geprägt von asiatischen Pflanzen- und Tierarten, die östlichen Inseln von australischen. Die „Grenze“ dazwischen bildet die so genannte **Wallace-Linie**, die zwischen Bali und Lombok sowie zwischen Borneo und Sulawesi verläuft.

Ganz Indonesien hat feucht-heißes, **tropisches Klima**. Das Wetter ist hier – typisch für Südostasien – maßgeblich vom tropischen **Monsunwind** beeinflusst. Aufgrund der großen Ausdehnung des Landes und der unterschiedlichen geographischen Gegebenheiten der Inseln gibt es in Indonesien jedoch kein ganz einheitliches Klima. Allgemein kann gesagt werden, dass die durchschnittlichen Niederschlagsmengen mit kurzen, heftigen Schauern (oft am Nachmittag) das ganze Jahr über sehr hoch sind und die **Hauptregenzeit** auf den Südsommer (November bis April) fällt. Zwischen und auf den einzelnen Inseln gibt es regionale Unterschiede, was Stärke und Dauer der Regenfälle angeht. Der Norden und Osten sind im Allgemeinen etwas niederschlagsärmer als der Rest. Die Durchschnittstemperatur beträgt außer in kühleren Höhenlagen ganzjährig tagsüber um 30 Grad Celsius, nachts kühlt es nur unwesentlich ab. Auch die hohe Luftfeuchtigkeit von 80 bis 90 Prozent ist das ganze Jahr über etwa gleich.

Indonesien kann das ganze Jahr über bereist werden, als beste **Reisezeit** und Hochsaison gilt jedoch die auf unseren Sommer fallende Trockenzeit (April/Mai bis September/Oktober).

In den vorchristlichen Jahrtausenden wanderten **asiatische Völker** vom nördlichen Festland nach Indonesien ein. Etwa seit der Zeitenwende wurde Indonesien stark von **Indern**, die der Handel hierher brachte, beeinflusst. Während der folgenden Jahrhunderte wurden auf den Großen Sundainseln buddhistisch und hinduistisch geprägte Königreiche gegründet, die teilweise zu großer Bedeutung kamen und ihren Machtbereich über viele Jahrhunderte hinweg auch auf das übrige Südostasien ausdehnten. Besonders mächtig war um das 13. Jh. herum das Reich „Majapahit" auf Java.

Nicht zuletzt durch arabische Händler breitete sich ab dem 13. Jh. der **Islam** in Südostasien aus und erreichte – verstärkt im 15. Jh. – auch Indonesien. Hier wurden verschiedene Sultanate gegründet, in denen indische und islamische Elemente verschmolzen. Nur Bali blieb hinduistisch.

Im Zuge der **europäischen Kolonisierung** Asiens kamen im 16. und 17. Jh. portugiesische, spanische, britische und holländische Seefahrer nach Indonesien. Ein großer Anziehungspunkt des Landes war sein einträglicher Gewürzhandel (noch heute bezeichnet man die Molukken auch als Gewürzinseln). Zu Beginn des 17. Jh. übernahmen die Holländer die führende Rolle in der Region und Indonesien wurde für mehrere Jahrhunderte **niederländische Kolonie**. Den holländischen Kernraum bildete die Insel Java, wo 1618 Jakarta (unter dem damaligen Namen Batavia) gegründet wurde. Im Laufe der folgenden Jahrhunderte gingen verschiedene Aufstände und Widerstandsbewegungen von der unterdrückten und ausgebeuteten indonesischen Bevölkerung aus, die die Kolonialmacht niederschlug.

Während des zweiten Weltkriegs endete die niederländische Kolonialherrschaft mit dem Eindringen der **Japaner**, die das Land drei Jahre lang bis zum Kriegsende 1945 besetzt hielten.

Nach der Niederlage Japans erklärte Indonesien seine **Unabhängigkeit**. Die Niederländer, die die Herrschaft in Indonesien wieder übernehmen wollten, erkannten die Souveränität des Staates erst nach schweren Auseinandersetzungen an. Nur Irian Jaya, der westliche Teil der Insel Neuguinea, blieb weitere 20 Jahre lang unter holländischer Herrschaft. Noch heute hat Irian Jaya einen administrativen Sonderstatus, obwohl es zur Republik Indonesien gehört. In den folgenden Jahren und Jahrzehnten hatte der junge Staat mit verschiedenen wirtschaftlichen, sozialen, politischen und religiösen Problemen zu kämpfen. Es kam zu diversen blutigen Putschversuchen und Aufständen. Ein großes Problem in jüngster Zeit betraf die Insel Timor, die bis Mitte der 70er-Jahre in eine indonesische West- und eine ehemals portugiesische Osthälfte aufgeteilt war. Nach einem grausamen Bürgerkrieg wurde Osttimor trotz eines UN-Vetos von Indonesien annektiert. Schwere Unruhen, Unabhängigkeits- und Widerstandsbestrebungen dominierten die Region, bis Osttimor schließlich im Mai 2002 ein unabhängiger Staat wurde.

Mit etwa 210 Millionen Einwohnern ist Indonesien eines der bevölkerungsreichsten Länder der Erde. Die **Bevölkerung** des Landes besteht aus etwa 350 ethnischen und kulturellen Gruppen. Etwa 90 % der Menschen – vorwiegend die Bewohner der westlichen Inseln – stammen von Völkern malaiischen Ursprungs ab. Ein großer Teil der Bevölkerung der östlichen Inseln ist melanesisch-polynesischen Ursprungs.

Zu den ethnischen **Minderheiten** Indonesiens gehören neben den Ureinwohnern auch Chinesen (die als wirtschaftlich sehr einflussreich gelten), Inder und Araber.

Die **Bevölkerungsdichte** von durchschnittlich 110 Einwohnern/qkm variiert auf den einzelnen Inseln ganz erheblich. Fast zwei Drittel der Bevölkerung leben auf der Insel Java, deren Fläche nur etwa 6 % Indonesiens einnimmt. Auch Bali, Lombok sowie Teile Sumatras und Sulawesis sind recht dicht besiedelt. Im Gegensatz dazu sind andere Inseln, darunter der Westteil Neuguineas und Kalimantan, äußerst dünn besiedelt. Die indonesische Regierung hat verschiedene Projekte initiiert, die die Umsiedlung großer Bevölkerungsteile in weniger dicht besiedelte und strukturschwache Gebiete zum Ziel haben. Landflucht und Bevölkerungswachstumsrate in Indonesien sind sehr hoch.

Die Gesellschaftsstruktur in Indonesien ist stark geprägt von festgelegten Hierarchien. Einer relativ kleinen Oberschicht, die die wesentlichen Positionen im Land besetzt, steht eine große, relativ arme Bevölkerungsmehrheit gegenüber. Der Mittelstand ist nur sehr klein.

Die **Landessprache** Indonesiens heißt „Bahasa-Indonesisch" und ist eine Sprache malaiischen Ursprungs mit lateinischer Schrift, die im ganzen Land gesprochen wird. Daneben haben die vielen ethnischen Gruppen jeweils ihre eigene Sprache, die zum Teil wiederum in einzelne Dialekte zerfällt. Während der ältere Teil der Bevölkerung häufig noch Niederländisch spricht, ist die bedeutendste Fremdsprache der jüngeren Generation sowie Geschäftssprache Englisch. Touristen kommen in Indonesien mit Englisch meist gut zurecht.

In Indonesien herrscht Religionsfreiheit. Die Menschen gehören ganz verschiedenen Glaubensrichtungen an, die Mehrheit der Bevölkerung (etwa 87 %) bekennt sich jedoch zum Islam, der hier liberaler praktiziert wird als in den meisten arabischen Staaten. Somit ist Indonesien die größte moslemische „Gemeinde" der Welt.

Weitere hier vertretene **Religionen** sind das Christentum (durch die portugiesische und niederländische Kolonialzeit), der Hinduismus (sehr stark auf der fast vollständig hinduistischen Insel Bali vertreten) und der Buddhismus. Vor allem in abgelegeneren Gebieten spielen verschiedene Naturreligionen, deren Elemente zum Teil auch in die in Indonesien vertretenen Weltreligionen eingeflossen sind, eine große Rolle. Religiöse Konflikte zwischen den Anhängern der einzelnen Glaubensrichtungen sind in Indonesien relativ selten.

Deutsche Staatsbürger, die einen Urlaub in Indonesien verbringen möchten, benötigen für die **Einreise** einen noch mindestens sechs Monate gültigen Reisepass. Ein Visum wird bei einem touristischen Aufenthalt bis zu 60 Tagen nicht benötigt. Voraussetzung ist jedoch, dass die Einreise über bestimmte Grenzübergänge, Flughäfen und Häfen („legale Einreiseorte") erfolgt. Sonderregelungen bezüglich der Einreise bestehen für Irian Jaya in Westpapua sowie Aceh in Nordsumatra (die beiden Sonderbezirke). Reisende dorthin benötigen eine Sondergenehmigung. In Irian Jaya gibt es Gebiete, die gar nicht von Touristen besucht werden dürfen.

Besondere **Impfungen** sind für Indonesien bei Einreise aus Europa nicht vorgeschrieben, es werden aber Impfungen gegen Hepatitis A und bei Individualreisen auch gegen Typhus empfohlen. Das Risiko einer Malariainfektion besteht nur regional, vor allem in von Touristen selten besuchten ländlichen Gebieten (in Irian Jaya auch in Stadtgebieten), aber auch auf der Insel Lombok. Die von Touristen häufig besuchten Gebiete Javas und Balis sind weitgehend malariafrei.

Indonesien erstreckt sich über drei **Zeitzonen**. Die westlichen Inseln, darunter Sumatra und Java, befinden sich in der als „Westzone" bezeichneten Zeitzone MEZ +6, in der „Zentralzone" MEZ +7 liegen große Teile von Borneo und Sulawesi sowie die Kleinen Sundainseln, die „Ostzone" MEZ +8 umfasst die Molukken und Irian Jaya.

Da es in Indonesien keine Sommerzeit gibt, beträgt der Zeitunterschied während der europäischen Sommerzeit jeweils eine Stunde weniger.

Neben verschiedenen religiösen Feiertagen unterschiedlicher Glaubensrichtungen, darunter vor allem moslemische Feste, wird in Indonesien der 17. August, der Tag der Unabhängigkeit, als **Nationalfeiertag** begangen.

Als Gäste in einem vorwiegend islamischen Land sollten Touristen Rücksicht auf für sie fremde, religiös bedingte **Traditionen und Moralvorstellungen** nehmen (➔ Kapitel II.).

Auf Bali ist beim mehrtägigen **hinduistischen Neujahrsfest** – das meist im März oder April stattfindet – mit starken Einschränkungen im Servicebereich zu rechnen. Geschäfte, Restaurants und sogar der Flughafen sind geschlossen, die Hotelanlagen sollten nicht verlassen werden.

Sehr häufig besuchen Touristen spezielle **Veranstaltungen**, in deren Rahmen man die Aufführung traditioneller Tänze, der typisch indonesischen Kunst des Schattenspiels (dessen Thema oft alte religiöse Legenden sind), des Puppenspiels (mit flachen, bemalten Holzfiguren) oder auch von Pantomime (wobei die Akteure Masken tragen) sehen kann. Besonders berühmt sind die Tänze und die Gamelan-Musik (mit vielen Schlaginstrumenten und Flöten) der hinduistischen Insel Bali. Hier werden auch häufig spezielle Tanzvorführungen für Touristen in Hotels veranstaltet.

Schattenfiguren und Masken sowie Batik- und Schmuckarbeiten gelten als typisches **Kunsthandwerk** Indonesiens und werden häufig als Souvenirs gekauft.

In Indonesien werden Besitz von und Handel mit **Drogen** sowie **Glücksspiel** streng bestraft.

Der *FLUGVERKEHR* hat für die Anreise nach Indonesien die größte **internationale** Bedeutung. Ab Frankfurt gibt es mehrmals wöchentlich Linienflüge nach Jakarta (JKT bzw. Airportcode CGK) mit LH und der indonesischen Fluggesellschaft Garuda Indonesia (GA). Diese Flüge haben meist einen Zwischenstopp, in der Regel in Singapur. GA fliegt ab Frankfurt auch – ebenfalls mit Stopp – zum internationalen Flughafen von Denpasar (DPS) auf Bali. Weiterhin bestehen zu beiden Zielen und zu weiteren indonesischen Flughäfen gute Umsteigeverbindungen über andere südostasiatische Städte (Singapur, Bangkok und Hongkong). Direktflüge zwischen Deutschland und Indonesien dauern etwa 15 Stunden.

Auch für Reisen **innerhalb des Landes** spielt das Flugzeug aufgrund der Verteilung Indonesiens über verschiedene Inseln eine große Rolle. Das nationale Flugnetz der Garuda sowie weiterer, kleinerer Fluggesellschaften ist gut ausgebaut und verbindet vor allem Jakarta mit größeren Städten verschiedener Inseln. Garuda Indonesia bietet Passagieren aus dem Ausland auf Inlandsflügen Vergünstigungen, unter anderem in Form von Airpässen, an.

STRASSENVERKEHR / BAHNVERKEHR

Ein dichtes **Straßennetz** weisen vor allem die Inseln Java, Bali und Sumatra auf, während andere Inseln – beispielsweise Borneo – ein eher schlecht erschlossenes Straßennetz haben. Die Fahrbahnen sind jedoch auch auf den Inseln mit dichtem Straßennetz außerhalb von Ballungszentren häufig schmal und von Schlaglöchern durchsetzt. In Indonesien besteht Linksverkehr; es gelten prinzipiell die international üblichen Verkehrsregeln, die jedoch oft nur wenig Beachtung finden. Touristen, die einen **Leihwagen** nehmen möchten, wird aus diesem Grund empfohlen, ein Auto einschließlich ortskundigem Chauffeur anzumieten.

Das **Busnetz** in Indonesien beschränkt sich bis auf wenige Ausnahmen – wie auf der Strecke von Java zum benachbarten Bali, wo Busse auf die Fähre auffahren – jeweils auf einzelne Inseln und ist je nach Zustand des Straßennetzes unterschiedlich gut ausgebaut. Neben einfacheren Bussen staatlicher Unternehmen gibt es auch komfortablere Fernreisebusse privater Firmen.

Ein **Bahnnetz** gibt es in Indonesien nur auf den Inseln Java und Sumatra. Besonders gut sind die Verbindungen auf Java, wo auch Expresszüge verkehren. Es gibt drei verschiedene Beförderungsklassen, wobei die höchste Wagenklasse in der Regel nur in Expresszügen angeboten wird; in den Fahrpreisen für die 1. Klasse sind bereits Mahlzeiten enthalten. Die Fernzüge sind reservierungspflichtig.

SCHIFFSVERKEHR

Ein wichtiges Verkehrsmittel im Inselstaat Indonesien sind Schiffe. Zwischen vielen Inseln besteht regelmäßiger **Fährverkehr**. Die bedeutendsten Häfen des Landes sind Jakarta und Surabaya, beide auf der Insel Java gelegen.

Im Rahmen von **Kreuzfahrten** durch die indonesische Inselwelt, Südostasien oder auch bei einer Tour „Fernost mit Australien" sind die am häufigsten angelaufenen Häfen außerdem Padang (Sumatra), Semerang (Java), Padang Bay und Benoa (beide Bali), Lembar (Lombok), Ujung Pandang und Pare Pare (beide Sulawesi).

In großen Städten und touristischen Gebieten, vor allem auf Bali, gibt es zahlreiche **Übernachtungsquartiere** aller Kategorien und Preisklassen, von denen einige ganz hervorragend – mitunter auch luxuriös – ausgestattet sind und teilweise großen, internationalen Ketten angehören. In einigen Resorthotels auf Bali wird der „All-inclusive-Service" angeboten, bei dem sämtliche Mahlzeiten, Getränke und teils auch Sportangebote bereits im Übernachtungspreis enthalten sind. Außerhalb touristischer Zentren sind die Unterkünfte kleiner, eher einfach ausgestattet und preisgünstiger. Häufig findet man auch private Gästehäuser (als Losmen oder Wismas bezeichnet), die ganz unterschiedlichen Komfort aufweisen. Sofern Hotels nicht über einen deutschen Reiseveranstalter gebucht wurden – was vor allem bei den hochwertigeren Unterkünften wegen günstigerer Preise empfehlenswert ist –, muss noch Mehrwertsteuer einkalkuliert werden.

Für die im Laufe der letzten Jahre stark angestiegene Beliebtheit Indonesiens als Reiseland ist vor allem die vielerorts noch sehr ursprüngliche, von üppiger Flora und artenreicher Fauna geprägte **Landschaft** „verantwortlich", die von dichtem Urwald über hohe Vulkanberge und weite Reisfelder bis hin zu Traumstränden reicht.

Zur Erkundung des Urwalds sind Dschungeltouren (teilweise mit Bootsfahrten auf Flüssen) sehr beliebt, die von zahlreichen örtlichen Reiseveranstaltern als eine Art **Abenteuerurlaub** organisiert werden, vor allem auf Sumatra, Borneo und Irian Jaya. Je nach Geschmack können diese Touren mehr oder weniger auch in Form von Wander- oder Trekkingurlaub durchgeführt werden.

Ein interessanter Anziehungspunkt Indonesiens ist auch die enorm große **kulturelle Vielfalt**, die durch die verschiedenen Völker, historischen Epochen und Machthaber des Landes entstanden ist. Aufgrund der einzigartigen Mischung malaiischer, chinesischer, indischer, islamischer und europäischer Kultur zieht das Land viele **Rund- und Studienreisende** (pauschal und individuell) an. Hauptziele von Studienreisen sind die Inseln Java und Bali. Studienreisen durch Indonesien beginnen bzw. enden häufig in Jakarta oder in Denpasar, haben meist ein bis zwei Inseln als Ziel (Bali + Lombok, Bali + Java, Java + Sumatra, Java + Sulawesi etc.) und dauern etwa eine Woche. Je nach Route gibt es auch kürzere bzw. längere Touren. Ausführlichere Rundreisen über mehrere Inseln – die seltener angeboten werden – sind natürlich wesentlich zeitaufwendiger. In entlegenen Gebieten ursprünglicher Inseln kann man oft Eindrücke vom Leben der Urwaldvölker gewinnen.

Sehr viele Touristen kommen nach Indonesien jedoch nicht zuletzt wegen des ganzjährig warmen Klimas, das zahlreiche **Badeurlauber** und **Wassersportler** anzieht. Das als Badeparadies geltende touristische Zentrum des Landes bilden die Insel Bali und das benachbarte Lombok, aber auch weitere Inseln werden allmählich pauschaltouristisch erschlossen.

Viele Reisende nutzen Indonesien als Etappe auf einer großen **Südostasien-Tour** oder als Zwischenstation (**Stopover**) auf der Reise von Europa nach Australien oder Neuseeland. Stopps sind bei vielen Fluggesellschaften ohne oder nur gegen geringen Aufpreis möglich. Sehr beliebt ist auch die **Kombination** eines Badeurlaubs auf Bali mit der Metropole Singapur (➔ Kapitel 6.3).

Indonesien lag im Jahr 2000 auf der Rangliste der weltweiten Reiseländer mit gut 5 Millionen internationalen Gästen auf Platz 31. Ein Großteil der Reisenden kam aus Australien, Neuseeland und Japan, aber auch bei Deutschen ist Indonesien (vor allem Bali) sehr beliebt. 2000 brachte der **Tourismus** dem Land Einnahmen von gut 5,7 Milliarden US-Dollar (international Rang 23).

Der Fremdenverkehr ist einer der wichtigsten **Wirtschaftszweige** Indonesiens neben Landwirtschaft (wichtige Produkte sind Reis, Kaffee, Tee), Rohstoffgewinnung und -verarbeitung (großer Reichtum an Erdöl, Erdgas, Nickel und anderen Bodenschätzen) sowie Industrie (Nahrungsmittel-, Maschinenbau- und Textilindustrie auf Java). Das Bruttosozialprodukt betrug 2000 in Indonesien 570 US-Dollar pro Einwohner.

Etwas gebremst wurde die positive Entwicklung des Tourismus in Indonesien durch bereits erwähnte **Probleme** wie politische Unruhen in Großstädten, ständig schwelende Konflikte auf der Insel Timor und durch die Zunahme von Gewalt- und Eigentumsdelikten im gesamten Land. Aufgrund des ethnisch-religiösen, politischen und sozialen Spannungspotenzials kann es jederzeit zu gewalttätigen Auseinandersetzungen kommen, weshalb vom Auswärtigen Amt in den letzten Jahren generell zu erhöhter Vorsicht und Umsicht geraten wurde.

Seit einem **Terroranschlag** auf der Insel Bali im Oktober 2002, dessen Hintergründe noch ungeklärt sind, der aber vorrangig gegen Ausländer gerichtet war und die Sicherheitslage in Indonesien verschärft hat, empfiehlt das Auswärtige Amt bis auf weiteres, touristische Reisen nach Indonesien nicht anzutreten.

Neben den für Großstädte und touristisch bedeutsame Gebiete typischen **ökologischen Nachteilen** wie Zersiedlung, Abwasser- und Müllentsorgung hat Indonesien mit weiteren Umweltproblemen zu kämpfen. Dazu gehören vor allem die für das gesamte Weltklima bedenkliche Abholzung des tropischen Regenwalds sowie die extrem starke Luftverschmutzung durch Industrie- und Verkehrsabgase in den Großstädten.

BALI

Bali, die bislang für den Tourismus bedeutsamste und wohl auch berühmteste Insel Indonesiens, ist die westlichste der **Kleinen Sundainseln**. Sie liegt zwischen Java im Westen (kürzeste Entfernung zwei Kilometer) und Lombok im Osten (Entfernung etwa 30 Kilometer) und umfasst eine Fläche von etwa 5.500 qkm. Die Insel, deren Hauptstadt **Denpasar** im Süden liegt, hat fast drei Millionen Einwohner. Die Besiedlung und auch die Urlaubsgebiete konzentrieren sich vorwiegend auf den fruchtbaren Süden, die recht steile Nordküste und vor allem der Westen sind nur dünn besiedelt.

Balis üppig grüne **Landschaft** ist geprägt von Vulkanbergen (hauptsächlich in der Mitte der Insel; die höchste Erhebung, die als „Heiliger Berg" gilt, misst knapp 3.200 Meter), ausgedehnten Reisterrassen sowie Plantagen, Regenwäldern, Seen und Flüssen. Die Küsten werden von herrlichen Stränden gesäumt, denen teilweise Korallenriffe vorgelagert sind.

Die beste **Reisezeit** für die etwa acht Breitengrade südlich des Äquators gelegene Tropeninsel Bali stellt die Trockenzeit zwischen April/Mai und September/Oktober dar. Als besonders ideal gelten die Monate Juli und August, die regenreichsten Monate sind Dezember bis Februar.

Neben einer ganz eigenen, mystischen Kultur und exotischer Landschaft bietet Bali zahlreiche weitere **Attraktionsfaktoren**. Dazu gehören malerische, teilweise mitten im Dschungel gelegene Dörfer, bunte Märkte sowie gute Unterhaltungsmöglichkeiten in Denpasar und den Touristenorten. Es gibt Hotels aller Kategorien – unter denen die hochwertigen häufig auch Fitness- bzw. Wellnessprogramme bieten – sowie sehr gute Bade- und Sportmöglichkeiten, darunter Tauchen und weitere Wassersportarten sowie mehrere Golfplätze.

DIE KULTUR DER INSEL

Bali, das häufig auch als „**Insel der Götter und Dämonen**" bezeichnet wird, ist sehr stark vom **Hinduismus** geprägt. Im Gegensatz zu den übrigen Inseln Indonesiens konnte hier der Islam nie Fuß fassen. Hauptgrund dafür ist, dass Bali nach dem Vordringen des Islam in die Inselwelt Indonesiens und dem Zusammenbruch der hinduistischen Königreiche Zufluchtsort vieler Hindus war. Die Insel wurde unter dem hinduistischen Adel aus Java in verschiedene kleine Reiche aufgeteilt, bildete aber dennoch eine religiöse und kulturelle Einheit.

Noch heute gibt es auf Bali das für den Hinduismus typische Kastensystem mit vier verschiedenen Kasten, wobei der niedrigsten Kaste die Mehrheit der Bevölkerung angehört. Es werden auch zahlreiche hinduistische Feste und Zeremonien begangen. Aufgrund der Lage abseits anderer Hindukulturen entwickelte sich auf der Insel unter dem Einfluss von Buddhismus und Naturreligionen eine ganz eigene Kultur bzw. Religion, die als „**Hindu-Dharma**" bezeichnet wird. Diese ist geprägt von speziellen Riten (wie Hahnenkampf, Prozessionen und Opfergaben), Tänzen und Theater (dazu gehören die berühmten Tempeltänze und das Schattenspiel), Musik, Totenkult, eigenem Festkalender (Touristen können fast immer einem Tempelfest beiwohnen), dem Glauben an Götter und Dämonen sowie gute und böse Geister, an Magie und Wiedergeburt. Die Balinesen gelten als lebensfroh und gastfreundlich und haben einen ausgeprägten Gemeinschaftssinn.

Da die Götterverehrung in der Hindu-Dharma-Religion – zu der sich etwa 95 % der Balinesen bekennen – einen außerordentlich hohen Stellenwert einnimmt, existieren hier Tausende von **Tempeln** (Pura). Abgesehen von Haustempeln gibt es in fast jedem Ort mindestens drei Dorftempel, in denen religiöse Zeremonien stattfinden. Der Aufbau der reich verzierten Tempel, die unterschiedlichen Gottheiten geweiht sind, ist immer ähnlich: Die offen gebauten, von Mauern umgebenen Anlagen werden durch ein zweigeteiltes Tor betreten, innen gibt es durch Tore verbundene Höfe, die ebenerdig oder terrassenförmig angeordnet sind. In der Anlage selbst befinden sich zahlreiche Plätze, Altäre, Schreine und als „Merus“ bezeichnete Pagoden; je mehr Pagoden ein Tempel hat, desto bedeutender ist die Gottheit. Götterbildnisse gibt es grundsätzlich nicht. Mit Ausnahme der bedeutendsten Heiligtümer, der neun „Staatstempel“, werden die Tempel jeweils nur von bestimmten Gemeinschaften, Berufs- oder Dorfgruppen, unterhalten und genutzt.

HÄUFIG BESUCHTE STATIONEN EINER BALIREISE

Für eine Studien- bzw. Rundreise durch Bali gibt es vielfältige Möglichkeiten: per Bus, Mietwagen (mit und ohne Chauffeur) und Jeep, individuell oder in einer Gruppe. Die Dauer der Rundreisen beträgt meist vier bis fünf Nächte; es gibt jedoch auch längere oder kürzere Touren. Bei manchen Veranstaltern sind sogar auch schon von Deutschland aus Tagesausflüge buchbar.

Bei ausführlicheren Rundreisen über mehrere Inseln wird Bali vor allem mit den Nachbarinseln Java und/oder Lombok kombiniert. Bali-Rundreisen beginnen bzw. enden in der Hauptstadt Denpasar mit dem internationalen Flughafen (DPS) oder in den Badeorten, wenn Gäste vor oder nach der Rundreise hier ein Hotel gebucht haben.

Die beliebtesten Badeziele liegen im Süden der Insel, der durch Denpasar geographisch vom Rest der Insel „abgetrennt“ ist. Zu den großen Feriengebieten gehört auch die karge Halbinsel Bakit Badung im äußersten Süden.

DENPASAR

Die gut 300.000 Einwohner zählende Stadt Denpasar (früherer Name Badung) im südlichen Landesinneren Balis hat sich im Laufe der letzten Jahrzehnte zum Verkehrsknotenpunkt und zur geschäftigen, lauten Metropole entwickelt. Für einen Besuch Denpasars muss jedoch nicht allzu viel Zeit eingeplant werden. Zu den wichtigsten Sehenswürdigkeiten der Hauptstadt gehört – neben weiteren Museen und Kunstzentren – das **Bali-Museum**, das in einem prächtigen Gebäude im traditionellen balinesischen Tempelstil untergebracht ist. Hier sind archäologische Funde und Volkskunst aus verschiedenen Epochen ausgestellt. In direkter Nachbarschaft zum Museum liegt die aus weißen Korallen erbaute Tempelanlage **Pura Jagatnatha**, ein der obersten Gottheit gewidmeter Staatstempel. Denpasar bietet gute Einkaufsmöglichkeiten auf mehreren Märkten, darunter auch ein Nachtmarkt und das große Marktgebäude **Pasar Badung**. Im **Konservatorium** kann man einen Eindruck von der harten Ausbildung der Tempeltänzer gewinnen.

BADEZIELE IN SÜD-BALI / AUSFLUGSZIELE

Die im Rahmen von Pauschalreisen angebotenen BADEZIELE im Süden Balis haben sich seit den 60er-Jahren teils aus Fischerdörfern, teils als reine Urlaubersiedlungen entwickelt. Mittlerweile sind sie mit zahlreichen Hotels, Restaurants, Diskotheken und Einkaufsmöglichkeiten teils regelrechte Zentren des Massentourismus geworden. Die Transferdauer vom Flughafen Denpasar zu den Badeorten des Südens beträgt 10 bis 30 Minuten.

Die touristische Hochburg mit teilweise sehr klotzigen Hotelbauten ist **Kuta**, an der Küste südwestlich von Denpasar gelegen. Kuta ist mit dem Nachbarort **Legian** zu einem großen Ferienzentrum zusammengewachsen und dehnt sich inzwischen auch auf das nördliche **Seminyak** aus, wobei Legian und Seminyak noch etwas ruhiger sind. Der schöne, aber ausgesprochen lebhafte Strand von Kuta ist vor allem bei Surfern sehr beliebt.

Etwas ruhiger, gediegener und der Bauweise des Landes besser angepasst ist der Badeort **Sanur** an der Küste östlich von Denpasar. Strand und Bademöglichkeiten sind in der hiesigen Lagune jedoch nicht ganz so gut wie im Westen.

Ein weiteres beliebtes Touristenziel ist der luxuriöse, künstlich angelegte Ort **Nusa Dua**, im Osten der südlichen Halbinsel Bukit Badung gelegen. Die meisten der noblen Hotels des Ortes mit schönem Strand haben weitläufige, tropische Gartenanlagen. Nördlich von Nusa Dua befinden sich – das als Ferienort relativ junge – **Tanjung Benoa** und der bedeutende Hafen Benoa, wo Kreuzfahrtschiffe anlegen und Boote zur Nachbarinsel Lombok sowie zur vorgelagerten Insel Serangan abfahren. Der Flughafen Balis liegt – wie der kleine, aufstrebende Badeort **Jimbaran** mit schönem Sandstrand und meist sehr hochwertigen Hotels – am Beginn der Halbinsel.

Ein beliebtes, in der Nähe der Badeorte gelegenes AUSFLUGSZIEL befindet sich im äußersten Südwesten der Halbinsel Bukit Badung: das aus weißen Korallen gebaute Felsheiligtum **Pura Luhur Ulu Watu**.

Ein weiterer, häufig von den Badeorten aus unternommener Ausflug führt an die Westküste, wo sich etwa 30 Kilometer entfernt von Denpasar eines der Wahrzeichen Balis befindet: der ganz einsam auf einer kleinen Felseninsel im Meer gelegene, Meergottheiten und Dämonen gewidmete Tempel **Pura Tanah Lot** aus dem 16. Jh. Der Tempel mit seinen Schreinen und eigenwilligen Konturen bietet besonders im Sonnenuntergang einen spektakulären Anblick. Pura Tanah Lot ist häufig auch erste Station einer längeren, in Denpasar beginnenden Rundreise durch Bali.

ZENTRAL-BALI (UBUD UND UMGEBUNG)

Nördlich der Hauptstadt erstrecken sich im zentralen Teil der Insel, an den sich das Hochland der Vulkanberge anschließt, die berühmten, ausgedehnten Reisterrassen Balis. Interessant ist diese Region auch, weil es hier zahlreiche sehenswerte, teilweise sehr alte Tempelanlagen gibt.

Etwa eine Autostunde nördlich von Denpasar erreicht man das Städtchen **Ubud**, das der Mittelpunkt einer Gegend ist, die als Kultur- und Kunstzentrum Balis gilt und mit Touristenunterkünften, Restaurants und Geschäften auch touristisch recht gut entwickelt ist. Aus diesem Grund dient Ubud auf vielen Rundreisen als erste Übernachtungsstation. Auf dem Weg hierher, in **Batubalan**, **Celuk**, **Batuan** und **Mas**, sowie in der Stadt selbst liegen zahlreiche Werkstätten, in denen man balinesischen Künstlern – darunter Maler, Holzschnitzer, Silberschmiede und Bildhauer – bei der Arbeit zusehen kann. Die Gegend ist weiterhin bekannt für Tanzvorführungen und Schattenspiele. Sehenswert in Ubud selbst sind – neben Kunstmuseen und Galerien in großer Zahl – Palast und Tempel einer einheimischen Fürstenfamilie und eine Tempelanlage, die der Göttin der Künste geweiht ist. In der Nähe des Städtchens gibt es einen Vogel- und einen Reptilienpark.

Ubud bietet auch ein sehr interessantes Umland. Dazu gehört das etwa fünf Kilometer östlich gelegene Dorf **Bedulu**, im 11. Jh. Hauptstadt eines bedeutenden Reiches. Bekannt ist Bedulu auch durch die Goa Gajah, eine als „Elefantengrotte“ bezeichnete Höhle. Das vermutlich aus dem 11. Jh. stammende, dem Elefantengott geweihte – außen mit phantastischen Reliefs und innen mit Felszeichnungen verzierte – Heiligtum wurde lange von hinduistischen Mönchen bewohnt. Sehenswert im Ort selbst ist ein der hinduistischen Dreieinigkeit gewidmeter Terrassentempel.

Nordöstlich von Ubud liegen die in Felswände eingehauenen Königsgräber (Felsencandis) von **Gunung Kawi**, das bereits im 8. Jh. gegründete Quellenheiligtum bei **Tampaksiring** und der Ort **Bangli**. Attraktion hier ist der Pura Kehen („Tempel des Schatzhauses"), ein großer und bedeutender, terrassenförmig an einen Berg gebauter Tempel, der im 11. Jh. angelegt wurde. Das Heiligtum ist mit chinesischem Porzellan geschmückt.

Südwestlich von Ubud, nur gut zehn Kilometer vom Tempel Tanah Lot und 15 Kilometer von Denpasar entfernt, liegt **Mengwi** mit der zweitgrößten Tempelanlage Balis. Der an einem Lotussee gelegene Wassertempel Pura Taman Ayun aus dem 17. Jh. dehnt sich über vier Ebenen aus und gilt mit zahlreichen Schreinen als eines der schönsten Heiligtümer der Insel.

Sangeh nordwestlich von Ubud ist bekannt für einen als heilig geltenden Affenwald (hiervon gibt es mehrere auf Bali), wo zahlreiche der kleinen, teilweise diebischen und aggressiven Tiere leben.

HOCHLAND

Der Weg in den Norden Balis führt ins Gebirge, zum Vulkan **Gunung Batukau**, mit 2.300 Meter der zweithöchste Berg der Insel. Auch hier, im faszinierenden, fruchtbaren Hochland der Vulkane, wird viel Landwirtschaft (Anbau von Reis, Kaffee, Kakao, Kokosnüssen, Gewürzen) betrieben. Im Dschungel zu Füßen des Berges befindet sich der Bergtempel **Pura Luhur Batukau**, ein bedeutendes Heiligtum aus dem 11. Jh. Unweit des Vulkans liegen Bergdörfer, die phantastische Aussichten bieten. Übernachtet wird bei Zwischenstopps in dieser Gegend häufig in **Pacung**.

Weiter nördlich liegt **Bedugul** nahe dem 1.200 Meter hohen, vulkanischen Bergsee **Bratan**. Da es hier immer etwas kühler ist als an der Küste, hat sich Bedugul mit dem See, guten Wassersport-möglichkeiten und einer grünen Umgebung zum attraktiven Erholungsort entwickelt. Beliebtes Fotomotiv hier ist Pura Ulun Danu, ein sich über das Seeufer und zwei kleine Inseln erstreckender Tempel, der der Reis- und Wassergöttin gewidmet ist. Ein weiterer Seeort ist **Candi Kuning** mit einem botanischen Garten und einem schönen Markt.

Das letzte Stück Weg an die Nordküste erfolgt von Bedugul entweder direkt oder über westlich verlaufende, wunderbare Ausblicke gewährende, einsame Bergstraßen, beispielsweise über den Ort **Papuan**. Diesen Weg nehmen auch Touristen, die in den Westen Balis fahren.

WEST-BALI

Der westliche Teil Balis ist nur wenig erschlossen und wird deshalb kaum im Rahmen von Touristenreisen besucht. Abgesehen von **Gilimanuk** an der Westspitze gibt es hier nur wenige nennenswerte Siedlungen. In dem von Denpasar etwa zwei bis drei Stunden Autofahrt entfernten Ort legen die Fähren nach Java ab (Überfahrtsdauer 30 bis 60 Minuten).

Den größten Teil des Inselwestens nimmt der etwa 700 qkm große **Bali-Barat-Nationalpark** ein. In dem hügeligen, teilweise von dichten Wäldern bedeckten Nationalpark, der vor allem als Vogelparadies gilt, leben zahlreiche Tierarten. Der Westteil des Parks kann auf Tagesausflügen mit speziellem Führer besichtigt werden; zum Westen gehört auch eine vorgelagerte Insel mit Korallengärten, die ein sehr gutes Tauch- und Schnorchelrevier bildet Der Ostteil des Parks ist nur schwer zugänglich. Man benötigt für einen Besuch des Parks eine Genehmigung.

NORD-BALI

Reicher an Sehenswürdigkeiten und touristischen Attraktionen ist wiederum der Norden Balis. Es gibt hier jedoch kaum große Badeorte, der Norden wird vorwiegend auf Rundreisen besucht. Während heute der Süden das bedeutendste Gebiet Balis ist, war dies in Kolonialzeiten der Norden; hier lag damals die Hauptstadt mit Verwaltungszentrum und Hafen. Die Landschaft im Norden der Insel ist rauer, die hohen Vulkanberge – deren Ausbrüche weite Lavafelder im Nordosten hinterließen – fallen vielerorts steil zum Meer ab. Obwohl auch der Norden so weit wie möglich landwirtschaftlich genutzt wird, gibt es hier kaum Reisfelder. Die Temperaturen im Norden sind etwas höher als im Süden, die durchschnittlichen Niederschläge jedoch geringer.

Auf vielen Rundreisen wird der Küstenort **Lovina** als Übernachtungsstation genutzt. Lovina stellt meist die westlichste Etappe an der Nordküste dar. Das Städtchen hat sich zu einem – jedoch noch relativ ruhigen – Urlaubszentrum mit zahlreichen Touristenunterkünften entwickelt. Wer hier mehrere Tage verbringt, kann schöne Ausflüge in die Umgebung unternehmen: zu einem buddhistischen Kloster, einem kleinen Wasserfall oder zu heißen Quellen. Lovina bietet auch einen kilometerlangen dunklen Strand mit guten Tauchmöglichkeiten.

Etwa zehn Kilometer entfernt liegt das koloniale **Singaraja**, die größte Stadt des Nordens und bis in die 50er-Jahre des 20. Jh. Hauptstadt Balis. Die Attraktion Singarajas ist eine Bibliothek mit wertvollen Schriften; als sehr stimmungsvoll gilt hier der Nachtmarkt.

Einige Kilometer nordöstlich folgt in **Sangsit** der Tempel Pura Beji aus dem 15. Jh., dessen Stil sich von dem südlichen etwas unterscheidet. Der der Fruchtbarkeitsgöttin geweihte Tempel ist mit besonders vielen kunstvollen Figuren verziert. Ebenfalls einem Fruchtbarkeitsgott gewidmet ist der nur wenige Kilometer entfernte Tempel von **Kubatambahan**.

Einige Rundreisen führen weiter entlang der Nordküste in Richtung Osten, die meisten Touren verlaufen jedoch durch das Landesinnere in Richtung Südosten.

NORDOST-BALI

Auf der Fahrt ins Landesinnere erreicht man, rund 30 bis 40 Kilometer entfernt von der Küste, die Orte **Penusilan** (in der Nähe liegt auf gut 1.700 Meter das höchste Heiligtum der Insel), **Kintamani** und **Penelokan**. Besonders von Penolakan aus hat man einen phantastischen Blick auf den nahe gelegenen **Gunung Batur**, einen gut 1.700 Meter hohen Berg. Der noch aktive Vulkan, der den Balinesen heilig ist (das entsprechende Heiligtum befindet sich in Kintamani), liegt inmitten eines Kraters von 12 Kilometer Umfang. Bei mehreren Ausbrüchen im 20. Jh. wurden schwere Schäden und Zerstörungen in den umliegenden Dörfern angerichtet. Dazu gehört auch **Batur**, dessen Standort aus diesem Grund „verlegt" wurde. Der Vulkan wird häufig von Touristen – am besten in Begleitung eines ortskundigen Führers – bestiegen. Als besonders reizvoll gilt es, den Sonnenaufgang vom Gipfel aus zu bewundern. Einen Teil des Kraters nimmt der malerische **Batursee** ein, an dessen östlichem Ufer im Dörfchen **Trunyan** balinesische Ureinwohner („Bali Aga") leben. Am östlichen Kraterrand liegt ein über 2.000 Meter hoher Berg.

Südöstlich liegt mit dem 3.142 Meter hohen **Gunung Agung** der höchste und heiligste Berg Balis, der von den Balinesen als Sitz der Götter und der Seelen der Verstorbenen angesehen wird. Aus diesem Grund liegt zu Füßen des Berges das bedeutendste Heiligtum der Insel, das auch als „Muttertempel" bezeichnete **Pura Besakih** aus dem 10. Jh. Der beeindruckende Tempelkomplex in phantastischer Lage – etwa 900 Meter hoch – besteht aus zahlreichen Einzelkomplexen. Dazu gehören drei Haupttheiligtümer, die verschiedenen Gottheiten gewidmet sind und von alten Fürstenfamilien und Dorfgemeinschaften unterhalten werden, sowie über 200 Bauwerke.

In Besakih findet neben weiteren hinduistischen Festen alle hundert Jahre das wichtigste Fest der Balinesen statt, das einer „Reinigung des Universums“ dienen soll. Dieses Fest war für 1963 geplant, musste jedoch wegen des Ausbruchs des Vulkans während der Vorbereitungen verschoben werden; letztendlich fand es 1979 statt. Zahlreiche Menschen kamen bei der Naturkatastrophe zu Tode oder wurden verletzt, jedoch blieben der Tempel selbst und die Menschen, die sich in ihm befanden, unversehrt, da der Lavastrom aus unerklärlichen Gründen den Muttertempel aussparte.

OST- UND SÜDOST-BALI

Von Besakih aus führen die meisten Rundreisen weiter in Richtung Südosten und steuern – wie diejenigen, die entlang der Küste verlaufen – den Küstenort **Candi Dasa** als Übernachtungsstation an. In Candi Dasa hat die touristische Infrastruktur in den letzten Jahren eine enorme Entwicklung durchgemacht. Obwohl Strand und Bademöglichkeiten nicht allzu gut sind, lohnt sich ein mehrtägiger Aufenthalt in dem Ort aufgrund guter Ausflugsmöglichkeiten. Dazu gehören malerische Reisterrassen und mit **Teganan** eines der wenigen Dörfer, in denen die vorhinduistische Bali-Aga-Kultur erhalten geblieben ist. In der Umgebung liegt auch die Stadt **Amlapura** (früherer Name Karangasem), die im 17. und 18. Jh. ein bedeutendes Fürstentum war. Davon zeugen heute noch die Reste und Ruinen prachtvoller Paläste und naher Wasserschlösser.

Südlich von Candi Dasa liegt im schönen Küstendorf **Padang Bai** ein wichtiger Hafen, von dem Fähren nach Lombok abgehen und wo häufig große Kreuzfahrtschiffe anlegen. Unweit von hier befindet sich in **Kusamba** mit der „Goa Lawah“ (Fledermaushöhle, wegen der zahlreichen, als heilig angesehenen Tiere, die hier leben) eine weitere Attraktion, die den Balinesen als Unterweltheiligtum gilt.

Auf den meisten Rundreisen beginnt nun die letzte Etappe zurück nach Denpasar bzw. zu den Ferienorten des Südens, wo viele Urlauber einen Badeaufenthalt anschließen. Die Fahrt verläuft meist durch das Landesinnere, über die Gegend von Ubud, teilweise mit Umwegen über im Abschnitt „Zentral-Bali“ beschriebene Sehenswürdigkeiten.

Auf der Strecke wird oft auch die sehenswerte alte Königsstadt **Klunkung** (anderer Name Semarapura) besichtigt, in deren Gegend die emigrierten Majapahit-Herrscher aus Java Ende des 15. Jh. ihren Herrschaftssitz einrichteten. Manche Rundreisen führen auch direkt vom etwa 20 Kilometer nördlich gelegenen Besakih nach Klungkung. Die Stadt war bis zur Zerstörung durch die Holländer Anfang des 20. Jh. das kulturelle Zentrum der Insel. An diese Zeit erinnert die Hauptattraktion der Stadt, die reich mit Deckenmalereien verzierte Gerichtshalle, ein Überbleibsel des prächtigen Palastes. Die direkte Entfernung für die Rückfahrt von Klungkung nach Denpasar beträgt etwa 40 Kilometer.

AUSFLÜGE

Ein- oder mehrtägige Ausflüge, in deren Rahmen man Bali verlässt, führen auf die Nachbarinseln *JAVA* (häufig in die im Süden der Insel gelegene Metropole **Yogjakarta**, die als kulturelles Zentrum Javas gilt) und LOMBOK, wo es ebenfalls Pauschaltourismus gibt (im Vergleich zu Bali steckt dieser jedoch noch in den Kinderschuhen) sowie auf Bali *VORGELAGERTE INSELN*.

7. AUSTRALIEN

Australien nimmt als einziger Staat der Welt einen ganzen **Erdteil** ein. Es erstreckt sich zwischen dem 10. und 43. Grad südlicher Breite. Aufgrund der isolierten Lage auf der südlichen Erdhalbkugel, südöstlich von Asien, wird Australien auch „Down under“ genannt. Der kleinste der Kontinente erstreckt sich zwischen **Indischem Ozean** im Westen und **Pazifik** im Osten und verfügt über mehr als 30.000 Küstenkilometer. Das Meer trennt Australien von seinen Nachbarn. Im Norden liegen Indonesien und Papua-Neuguinea, östlich kleine Südsee-Inselstaaten und südöstlich Neuseeland. Der Staat Australien umfasst eine Fläche von 7,68 Millionen qkm auf einer Ausdehnung von etwa 3.900 Kilometer Nord–Süd sowie etwa 4.500 Kilometer West–Ost und bildet das sechstgrößte Land der Erde. Zu Australien gehören zahlreiche Inseln, die größte darunter ist **Tasmanien** im äußersten Süden.

Das weite Land Australien weist abwechslungsreiche, oft noch ganz ursprüngliche und nur dünn besiedelte Landschaften auf, die in zahlreichen Reservaten und Nationalparks geschützt sind. Aufgrund der isolierten Lage entwickelte sich auf dem Inselkontinent eine einzigartige Flora und Fauna, darunter Eukalyptusbäume und Akazien, Kängurus und Koalas. Der Großteil des als **Outback** bezeichneten weiten Binnenlandes ist wüstenhaft und siedlungsfeindlich. Im Südosten Australiens liegen der höchste Berg, der knapp 2.230 Meter hohe **Mount Kosciusko**, und der längste Fluss des Landes, der gut 2.700 Kilometer lange **Darling**.

Australien ist eine parlamentarische Monarchie im Commonwealth mit acht Bundesstaaten und Territorien; außerdem bilden einige kleine Inseln Außenterritorien. Hauptstadt des Landes ist **Canberra**, die größte Stadt bildet **Sydney** mit knapp vier Millionen Einwohnern; beide Städte liegen im Südosten Australiens. In Australien leben nur rund 19 Millionen Menschen.

Im auf der Südhalbkugel gelegenen Australien verlaufen die Jahreszeiten entgegengesetzt zu denen in Europa. Je nach genauer Lage herrscht in Australien **tropisches**, **subtropisches** oder **gemäßigtes Klima**. Insgesamt gesehen ist Australien der trockenste aller Kontinente, nur die östliche Küstenebene ist ein an Niederschlag relativ reiches Gebiet. Sydney liegt etwa auf dem 33. Grad südlicher Breite (was auf der Nordhalbkugel etwa der Breitenkreislage Israels entspricht), in den Subtropen, und weist ein nahezu mediterranes Klima auf. Die meisten Niederschläge fallen hier im Herbst, im schwülen Hochsommer steigt das Thermometer nicht selten auf 40 Grad an, im milden, feuchten Winter kann es in den Höhenlagen der nahen Berge Frost und Schnee geben.

Die beste **Reisezeit** für Sydney stellen Frühjahr, Sommer und Frühherbst, also die Monate von Oktober bis März dar. Die Sommer können sehr heiß und gelegentlich auch feucht und schwül sein, ein Bad im Meer sorgt jedoch für Abkühlung.

Bis ins 16. Jh. lebten in Australien ausschließlich als **Aborigines** bezeichnete dunkelhäutige Ureinwohner, die von asiatischen Völkern abstammen. Die Aborigines bildeten über 500 verschiedene Nomadenstämme – mit unterschiedlichen Sprachen, eine Schrift gab es nicht – und waren Jäger und Sammler, die im Einklang mit der Natur in festen Traditionen lebten. Die Ureinwohner glaubten an Naturgottheiten, die nach ihren Vorstellungen für die Entstehung der Welt während der „Traumzeit“ verantwortlich waren. Auf ihren Wanderungen durch das große Land folgten sie ganz bestimmten Wegen, den „Traumpfaden“.

Nach der Kolonisierung Südostasiens kamen erstmals Europäer auf den isolierten Erdteil, der wegen seiner späten **Entdeckung** häufig auch als „fünfter Kontinent" bezeichnet wird. Nicht ganz klar ist, welche europäische Nation die erste in Australien war – infrage kommen Portugiesen, Holländer und Briten. Wegen der Feindseligkeit der Bewohner und der fehlenden Aussichten auf lukrative Handelsbeziehungen blieb Australien jedoch während der folgenden Jahrhunderte für die Kolonialmächte eher uninteressant.

Erst in der zweiten Hälfte des 18. Jh. besiedelten und kolonisierten die **Briten** Australien, nachdem James Cook 1770 als erster Europäer in der grünen, fruchtbaren Küstengegend Südostaustraliens gelandet war. Nachdem die USA 1776 ihre Unabhängigkeit erlangt hatten, suchte Großbritannien nach neuen Gebieten, in die Strafgefangene abgeschoben werden konnten. Das ferne Australien bot sich an und so wurde 1788 mit etwa 450 freien Briten und 700 Gefangenen die erste britische **Strafkolonie** gegründet, aus der sich die heutige Stadt Sydney entwickelte. Weitere Kolonien an den australischen Küsten folgten, die Bevölkerungszahl stieg stetig an. Bis Mitte des 19. Jh. kamen zahlreiche Sträflinge, denen nach Ableisten der Strafe Land zur Bewirtschaftung und zur Schafzucht zur Verfügung gestellt wurde, sowie freie Siedler nach Australien. Ab Beginn des 19. Jh. konnten die Siedler auch ins unwegsame Landesinnere vordringen. Hierbei wurden – wie zuvor in den Küstengebieten – Aborigines verdrängt, verfolgt oder sogar getötet, viele starben auch an eingeschleppten Krankheiten. Durch die Kultivierung des Landes wurde außerdem das ökologische Gleichgewicht erheblich durcheinander gebracht. Die Kolonie Australien kam jedoch schnell zu Wohlstand, vor allem als um 1850 **Goldfunde** im Südosten gemacht wurden. Bald darauf folgten weitere große Einwanderungswellen, 1860 hatte Sydney bereits fast 100.000 Einwohner.

Nachdem den meisten australischen Kolonien bereits zuvor weitgehende Autonomie gewährt worden war, erlangte das Land als australische Föderation 1901 **Unabhängigkeit**, blieb aber vom britischen Empire beeinflusst. Um die folgende Rivalität der Städte Sydney und Melbourne um den Hauptstadtstatus zu beenden, wurde mit Canberra eine „Retortenstadt" im südöstlichen Landesinneren, zwischen Sydney und Melbourne, als Hauptstadt gegründet; zunächst war Melbourne Hauptstadt gewesen. Australien kämpfte in beiden Weltkriegen an der Seite Großbritanniens und erlitt große Verluste.

In der **zweiten Hälfte des 20. Jh.** erlebte Australien, das sich stark an Großbritannien und den USA orientierte, einen weiteren wirtschaftlichen Aufschwung. Weitere drei Millionen Menschen – vor allem Europäer – wanderten in das Land ein. In den 60er-Jahren erhielten die Aborigines, deren ursprüngliche Zahl von mehreren hunderttausend Menschen inzwischen sehr stark dezimiert war, offiziell rechtliche Gleichstellung. In jüngster Zeit strebt das absolut westlich orientierte Australien an, Republik zu werden und sich so ganz von Großbritannien zu lösen. Noch heute ist die britische Königin das offizielle Staatsoberhaupt Australiens.

Rund 95 % der etwa 19 Millionen Menschen zählenden Bevölkerung Australiens stellen Weiße dar. Die meisten davon sind britischer und irischer Abstammung, im **multikulturellen** Australien sind jedoch auch Menschen aus fast allen anderen europäischen Ländern vertreten, vor allem aus Italien, Griechenland und Deutschland. Die verbleibende Minderheit der Bevölkerung besteht aus Aborigines und Asiaten. Man rechnet damit, dass der Anteil der Asiaten durch Einwanderung künftig stark ansteigen wird; bis in die 70er-Jahre des 20. Jh. durften nur Weiße nach Australien einwandern.

Die **Bevölkerungsdichte** Australiens gehört mit etwa 2,5 Einwohnern/qkm zu den niedrigsten der Welt. Während weite Landstriche im Landesinneren unbesiedelt sind, konzentriert sich die Besiedlung auf die Küstengroßstädte, vor allem auf das südöstliche Australien. Hier lebt etwa ein Drittel der Bevölkerung des Landes, im Ballungsraum Sydney ein Fünftel. Noch immer ist Australien ein Einwanderungsland, was steigende Bevölkerungszahlen zur Folge hat.

Das Sozial- und Bildungssystem in Australien ist sehr gut und sorgt dafür, dass die Einwohner sozial weitgehend abgesichert sind. Soziale Probleme bringt jedoch die Benachteiligung der **Aborigines** (die etwa 1,5 % Anteil an der Gesamtbevölkerung haben), die zwar rechtlich nicht mehr besteht, praktisch aber zum Alltag gehört. Viele Nachkommen der Ureinwohner, die von den Briten im 18. und 19. Jh. aus ihren angestammten Gebieten vertrieben, vernichtet oder in speziellen Reservaten gewaltsam missioniert wurden, bilden heute soziale Randgruppen. Da die Sozialstruktur der Aborigines, die sich über Jahrtausende hinweg gebildet hatte, von den Weißen weitgehend zerstört wurde, leben heute nur noch einige Hundert als Nomaden nach althergebrachten Traditionen im Landesinneren; in jüngster Zeit kehrten jedoch einige zu dieser Lebensform zurück. Viele Aborigines führen ein recht armseliges Leben an den Stadträndern und in Reservaten. Obwohl sich immer mehr weiße Australier der Problematik bewusst werden und für eine Verbesserung eintreten, sind die Aborigines in Bezug auf Bildungsstand, Arbeitslosenquote, medizinische Versorgung und Wohnverhältnisse noch immer benachteiligt.

Die **Landessprache** in Australien ist Englisch mit einigen Eigenheiten in Bezug auf Ausdrücke und Aussprache, die sich vom britischen oder auch amerikanischen Englisch unterscheiden. Der australische Dialekt, in dem viele Wörter einfach abgekürzt werden, wird als „Strine" bezeichnet. Obwohl viele der Einwanderer und auch die Ureinwohner weiterhin ihre eigenen Sprachen sprechen, ist Englisch die einzige Sprache, die offiziell von Bedeutung ist. Touristen kommen also mit Englisch in Australien perfekt zurecht.

Britische Kolonialherren und europäische Einwanderer brachten die christliche **Religion** mit nach Australien. Heute gehören etwa 70 % der Bevölkerung unterschiedlichen christlichen Konfessionen an; die meisten sind Anglikaner und Katholiken. Minderheiten bekennen sich zu anderen Weltreligionen, die meisten Aborigines glauben an Naturreligionen, knapp zehn Prozent der Bevölkerung sind konfessionslos.

Abgesehen von neuseeländischen Staatsbürgern benötigen alle Nationalitäten für die **Einreise** nach Australien ein Visum. Das reguläre Besuchervisum, für das ein – mindestens für die geplante Aufenthaltsdauer – gültiger Reisepass Voraussetzung ist, ist ein Jahr gültig und berechtigt zur mehrmaligen Einreise mit jeweils drei Monaten maximaler Aufenthaltsdauer. Deutsche und Staatsangehörige vieler weiterer europäischer Staaten haben seit 1997 die Möglichkeit, mit einem elektronischen, nicht sichtbaren Visum (**ETAS** = Electronic Travel Authority System) einzureisen, das durch Reisebüros und die meisten Australien anfliegenden Fluggesellschaften ausgestellt werden kann. Die Erteilung des – im Gegensatz zum regulären Sichtvermerk – kostenlosen Besuchervisums erfolgt über die CRS, beispielsweise über START/Amadeus (AMA-Maske; die notwendige Eingabe lautet „TIETAR").

Besondere **Impfungen** sind für die Einreise von Mitteleuropa nach Australien nicht vorgeschrieben; Australien ist malariafrei. Bei einem Aufenthalt in den tropischen Gebieten und Wüsten Australiens sind die für solche Gebiete üblichen Hinweise zu beachten.

Die **medizinische Versorgung** in den australischen Küstengebieten und vor allem in Sydney ist ausgezeichnet. Auch in entlegenen Gebieten des Outbacks ist eine ausreichende Versorgung durch „Flying doctors", die im Notfall mit Kleinflugzeugen anreisen, gewährleistet.

In Australien ist es ganz besonders wichtig, sich nicht zu stark der Sonne auszusetzen bzw. auf sehr guten Sonnenschutz zu achten, da hier die Sonneneinstrahlung besonders intensiv und die schädliche UV-Strahlung aufgrund der angegriffenen **Ozonschicht** sehr hoch ist. Sonnenbrände und -allergien sind sehr häufig, Hautkrebserkrankungen kommen in Australien besonders oft vor. Zum optimalen Schutz gegen gefährliche Sonnenstrahlen gehören Cremes mit hohem Schutzfaktor, Kopfbedeckungen und Kleidung mit langen Ärmeln sowie Sonnenbrillen. Man sollte keine zu langen Sonnenbäder nehmen und die Sonne vor allem zur Mittagszeit meiden.

Nach Australien ist die **Einfuhr** von Lebensmitteln, Pflanzen und Tieren nicht oder nur in Ausnahmefällen erlaubt. So soll das Einschleppen von hier bisher – aufgrund der isolierten Insellage – nicht vorhandenen Krankheiten vermieden werden. Aus Angst vor fremden Insekten werden bei Ankunft in Australien Flugzeuge vor der Öffnung der Türen innen mit Sprühmittel desinfiziert.

Australien erstreckt sich über mehrere **Zeitzonen**. Westaustralien unterliegt der „Western Standard Time“ MEZ +7, in Zentralaustralien gilt „Central Standard Time“ MEZ +8,5, Ostaustralien einschließlich Sydney liegt in der Zeitzone „Eastern Standard Time“ MEZ +9. Bis auf Westaustralien und wenige weitere Gebiete hat Australien von Oktober bis März Sommerzeit. Während Reisende aus Mitteleuropa zu dieser Zeit in den Gebieten mit australischer Sommerzeit ihre Uhren also um eine weitere Stunde nach vorne stellen müssen, beträgt der Zeitunterschied zu allen australischen Gebieten während der europäischen Sommerzeit eine Stunde weniger als oben angegeben.

Wichtiger **Feiertag** in Australien ist der „Australia Day“ am 26. Januar, der Tag an dem 1788 die erste Siedlung gegründet wurde. 1988 gab es aus diesem Anlass eine große 200-Jahr-Feier. Neben den großen christlichen Festen werden in Australien – mit regionalen Unterschieden – zahlreiche weitere Anlässe zum Feiern genutzt.

Außer in besseren Hotels und Restaurants ist das Geben von **Trinkgeld** in Australien eher unüblich. Kleine „tips“ werden natürlich trotzdem gerne angenommen.

Maß- und **Gewichtseinheiten** werden in Australien nach dem auch in Deutschland gebräuchlichen metrischen System, die Temperaturen in Grad Celsius angegeben.

Führend im *FLUGVERKEHR* von Deutschland nach Australien ist die australische Fluggesellschaft Qantas (QF), die – teilweise sogar täglich – direkte Linienflüge von Frankfurt nach Sydney (SYD) und Melbourne (MEL) anbietet. Aufgrund der großen Distanz zwischen Europa und Australien können diese Flüge jedoch nicht ohne Stopp durchgeführt werden, sondern haben Zwischenlandungen, in der Regel in Bangkok oder Singapur, wo man bei den meisten Tarifen ohne Aufpreis Stopovers machen kann. Weitere – vor allem asiatische – Fluggesellschaften bieten ebenfalls sehr gute Umsteigeverbindungen nach Sydney sowie zu anderen internationalen Flughäfen in ganz Australien. Lufthansa fliegt Australien derzeit selbst nicht an, bietet aber in Zusammenarbeit mit den Kooperationspartnern Thai Airways (TG), Singapore Airlines (SQ) und Ansett Australia (AN) gute Umsteigeverbindungen an.

Die übliche und schnellste **Route** für Flüge von Europa nach Australien führt über Asien (EH = Eastern Hemisphere). Die Flugdauer beträgt auf dieser Route einschließlich Zwischenlandungen bzw. Umsteigezeit in der Regel zwischen 18 und 25 Stunden, je nach Verbindung und genauem Ziel (Frankfurt–Sydney 21 bis 23 Stunden). Es besteht jedoch auch die Möglichkeit, mit amerikanischen Fluggesellschaften oder Air Newzealand (NZ) von Europa aus über Atlantik und Pazifik (AP = Atlantic–Pacific) nach Australien zu fliegen. Für diese Flugvariante müssen in der Regel mindestens zwei Zwischenlandungen (in den USA, auf Hawaii, in der Südsee und/oder in Neuseeland) einkalkuliert werden. Die Flugdauer von Frankfurt nach Sydney auf dieser Route beträgt inklusive Zwischenlandungen etwa 30 Stunden. Ein Vorteil dieser Flugroute ist die höhere zulässige Freigepäckmenge, da auf der AP-Route für das Gepäck das „Piece-concept" gilt.

Der Flughafen von Sydney, der als bedeutendster internationaler Airport Australiens gilt, liegt etwa zehn Kilometer südlich der Innenstadt. Er ist ein wichtiges Drehkreuz für den **Inlandsverkehr** sowie für den Flugverkehr nach Südostasien, Neuseeland und zu den Südseeinseln. Aufgrund der großen Distanzen spielt das Flugzeug für Reisen innerhalb Australiens eine sehr große Rolle, das Flugnetz ist ganz hervorragend ausgebaut. Qantas und Ansett Australia sind die bedeutendsten Fluggesellschaften im Binnenflugverkehr, außerdem gibt es zahlreiche kleinere und regionale Airlines sowie „Lufttaxis". Für Reisende aus Übersee bieten Airpässe der QF und AN („Australia Explorer Pass", „Boomerang Pass", „G´Day Air Pass"), die vom Prinzip her den US-amerikanischen Airpässen gleichen, günstige Flugmöglichkeiten innerhalb Australiens, teilweise auch einschließlich Neuseeland und Südsee. Bei manchen Fluggesellschaften können Inlandsflüge kostenlos oder gegen günstige Aufpreise („Add-on") in das Langstreckenticket eingebaut werden.

STRASSENVERKEHR

Individualreisende, die nicht von öffentlichen Verkehrsmitteln abhängig sein möchten, haben natürlich auch die Möglichkeit, Australien auf eigene Faust mit Mietfahrzeugen zu bereisen. Australiens **Straßennetz** ist in den Küstenbereichen, vor allem im Südosten, sehr gut ausgebaut, während es im Outback teilweise nur Schotter- oder Naturpisten gibt. Es ist zu beachten, dass in Australien Linksverkehr herrscht. Die Höchstgeschwindigkeit beträgt auch auf den autobahnähnlichen Highways und Freeways 100 bis 110 km/h. Aufgrund häufigen Wildwechsels im Outback (beispielsweise Kängurus) wird geraten, hier stets besonders vorsichtig und nicht nach Einbruch der Dunkelheit zu fahren. Außerdem sollten Reservebenzin und ausreichend Wasser und Proviant mitgenommen werden, je nach genauem Fahrtgebiet kann ein Allradfahrzeug sinnvoll sein.

Neben **Mietwagen**, die fast immer Klimaanlage haben, werden **Campmobile** als Leihfahrzeuge angeboten, die vor allem für große Strecken und einsame Gegenden nützlich sind. Sie sind in der Regel gut ausgestattet mit Kühlschrank, Kochgelegenheit, Waschbecken, Dusche/WC und natürlich Schlafplätzen. Internationale und nationale Vermieter sind in und um Sydney sowie in fast allen Landesteilen zu finden. Meist ist es wesentlich günstiger, Leihfahrzeuge im Voraus über deutsche Reiseveranstalter zu buchen. In den Veranstalterpreisen für die Fahrzeuge sind oft schon Steuern und Vollkaskoversicherung sowie teilweise zusätzliche Leistungen (Flughafenzuschläge oder Gebühr für weitere Fahrer) enthalten. Häufig ist ein bestimmtes Mindestalter zur Anmietung eines Fahrzeugs Voraussetzung. Ferner ist es ratsam, im Besitz einer Kreditkarte zu sein, da ansonsten eine hohe Summe an Bargeld als Kaution hinterlegt werden muss. Einwegmieten sind fast immer möglich, teilweise jedoch nur gegen Aufpreis. Man sollte die großen Entfernungen in Australien nicht unterschätzen und „nur" Tagesetappen von höchstens 300 Kilometern fahren.

Zwischen den großen Städten Australiens, jedoch nur selten in Nationalparks, gibt es sehr gute und preiswerte Verkehrsverbindungen mit komfortablen **Linienbussen**, die von mehreren großen und kleinen Privatunternehmen betrieben werden. Die meisten großen Busunternehmen bieten günstige Passsysteme für das ganze Land oder bestimmte Regionen an; beim Busunternehmen Greyhound ist außerdem ein kombinierter Bus-/Bahnpass erhältlich.

Innerhalb des Landes kann man auch mit der **Bahn** fahren. Hier besteht für Touristen aus Übersee ebenfalls die Möglichkeit, schon im Heimatland landesweit oder regional gültige, günstige Bahnpässe zu kaufen. Das Bahnnetz ist vor allem im Osten, Südosten und Südwesten Australiens sehr gut ausgebaut. Eine 4.000 Kilometer lange Strecke, die man in drei Tagen bewältigt, führt quer durch den Kontinent von Sydney nach Perth und wird von einem komfortablen Zug namens „Indian Pacific“ befahren. Auf großen Strecken verkehren weitere, bequeme Fernzüge mit drei Wagenklassen, Schlafwagen und Restaurants. Es empfiehlt sich, für den Bahnfernverkehr – wie für Fernlinienbusse – so früh wie möglich im Voraus zu reservieren. Zwischen Sydney und zahlreichen Großstädten bestehen gute Zugverbindungen. Die Fahrtdauer von Sydney nach Melbourne beispielsweise beträgt gut zehn Stunden, nach Canberra etwa vier Stunden.

Sydney mit seinem ausgezeichneten Naturhafen wird häufig von internationalen Kreuzfahrtschiffen angelaufen bzw. dient als Ausgangs-/Endpunkt von **Kreuzfahrten** entlang der australischen Küste, nach Neuseeland oder durch die Südsee-Inselwelt. Von Sydneys Hafen verkehren auch regelmäßig **Fähren** zu vorgelagerten Inseln sowie Ausflugsboote.

Die meisten touristischen **Unterkünfte** in Australien haben einen guten Qualitätsstandard und verfügen oft über Fernseher, Telefon und Klimaanlage. Vor allem in Sydney, aber auch in anderen Großstädten sowie in touristischen Gebieten findet man Unterkünfte aller Kategorien und Preisklassen, darunter preiswerte Hotels für Rucksacktouristen („Backpacker Hostels“). Einige Hotels gehören internationalen oder australischen Hotelketten (wie Flag Choice) an. Für manche Ketten kann man bereits in Deutschland Hotelgutscheine kaufen, ohne konkrete Reservierungen vornehmen zu müssen. Ansonsten gilt in der Regel unabhängig von der Anzahl der Personen, die das Zimmer bewohnen, ein fester Zimmerpreis; Einzelbelegung ist also recht teuer. Zu diesem Preis kommt, sofern nicht im Voraus über einen deutschen Reiseveranstalter bezahlt wurde, eine Steuer hinzu (in Sydney derzeit 10 %). Es ist nicht üblich, dass im Übernachtungspreis Frühstück enthalten ist.

An Stadträndern, in ländlichen Gebieten und um Nationalparks findet man häufig gut ausgestattete Motels, Privatunterkünfte („Bed & Breakfast“), Landgasthöfe („Country pubs“) und Bauernhöfe („Farm Stay“) mit Übernachtungsmöglichkeiten. In Erholungsgebieten, vor allem an den Stränden, gibt es auch zahlreiche Urlaubshotels (Resorts) und Ferienwohnungen bzw. -häuser. Es empfiehlt sich, für Hauptreisezeiten möglichst frühzeitig zu buchen.

Eine große Rolle spielt im weitläufigen Australien das **Campen**. Auch in entlegenen Gebieten sowie in oder um Nationalparks findet man Campingplätze unterschiedlichen Komforts, die mit Campmobilen oder Zelten genutzt werden können. Außerhalb ausgewiesener Campingplätze sollte nicht gezeltet werden.

Sydney ist häufig (erste) **Station auf einer Rundreise** durch das große, abwechslungsreiche Land Australien. Ein längerer Besuch der Stadt lohnt sich jedoch alleine wegen der wunderschönen Lage direkt am Pazifik, in der Nähe von Bergen und weiteren ursprünglichen Landschaften. Zu Sydneys großen Vorteilen gehören auch das angenehme Klima und das „leichte Lebensgefühl“ der Sydneysider, von dem man leicht angesteckt wird. Reisende aus Deutschland unternehmen einen Besuch Sydneys aufgrund der langen und relativ teuren Anreise allerdings meist nicht als reinen Städtetrip, sondern machen – teilweise sehr ausgedehnte und weite – mehrtägige **Ausflüge**, um mehr von dem Land „am anderen Ende der Welt“ kennen zu lernen.

Rund- und Studienreisen durch Australien werden häufig auch in **Kombination** mit Besichtigungen in Stopover-Städten wie Bangkok, Hongkong und Singapur und Zielen in Neuseeland sowie Badeaufenthalten in der Südsee durchgeführt.

Die australische Metropole Sydney bietet ihren Besuchern ein großes **kulturelles Angebot** mit Oper, Theatern und Museen (zu den Höhepunkten einer Reise nach Sydney gehört der Besuch der berühmten Oper), sehr gute **Einkaufs-** und **Unterhaltungsmöglichkeiten** sowie ein abwechslungsreiches **Nachtleben**. Anlässlich der Olympischen Spiele, die im Sommer 2000 in Sydney stattfanden, wurde die Infrastruktur der Stadt optimiert.

Je nach Jahreszeit wird ein Besuch Sydneys häufig mit einem **Badeaufenthalt** an den Stränden der Umgebung oder in der Gegend des Great Barrier Reef an der tropischen Nordostküste verbunden. Die meisten Strände bieten sehr gute Möglichkeiten für Wassersport, das Great Barrier Reef – mit einer Ausdehnung von über 2.000 Kilometer das größte Korallenriff der Welt – ist ein „Mekka“ für Tauchsportler. Sydneys Umgebung bietet auch gute Voraussetzungen für andere **Sportarten** wie Wandern, Golfen und im Winter gar Skifahren in den Australischen Alpen.

In Sydney und ganz Australien ist es auch gut möglich, einen interessanten Einblick in die mystische Kultur der **Aborigines** zu gewinnen.

Im internationalen Vergleich war die Besucherzahl Australiens 2000 mit knapp fünf Millionen zwar eher niedrig (international Rang 33), die Einkünfte aus dem Tourismus von rund acht Milliarden US-Dollar (international Rang 12) lagen im Verhältnis dazu jedoch sehr hoch.

Ein Grund für diese Besonderheit des **Tourismus** ist sicherlich die isolierte Lage Australiens und die damit verbundene weite Anreise aus Europa und Nordamerika – wo die reisefreudigsten Urlauber herkommen –, die zwar große Massen an Besuchern „verhindert“, jedoch bewirkt, dass die meisten Reisenden sich längere Zeit im Land aufhalten und entsprechend hohe Ausgaben zustande kommen. Die wichtigsten **Reiseziele** Australiens sind neben dem bedeutendsten Einreiseort Sydney und weiteren Großstädten der als Wahrzeichen Australiens geltenden Ayers Rock im so genannten Roten Zentrum des Landes, die Strände des Great Barrier Reef an der tropischen Nordostküste und interessante Naturparks um das nördliche Darwin.

Obwohl viele (Rund-)Reisen nach Australien auch als Pauschale inklusive Flug und Transfers angeboten werden, bucht man für das große Land doch meist Einzelbausteine. Grund hierfür ist, dass die Reisemöglichkeiten nach – je nach Fluggesellschaft können auf dem Weg ein bis mehrere interessante Stopps eingelegt werden – und in Australien so vielfältig sind, dass Besucher sich ihre Tour bzw. eventuell anschließende Badeaufenthalte am liebsten selbst zusammenstellen. Da die individuellen Reisewünsche oft nicht mit vorgefertigten Touren übereinstimmen, bieten sich die flexiblen Buchungsmöglichkeiten der Bausteinprogramme vieler deutscher Reiseveranstalter an.

Der Tourismus ist ein bedeutender Wirtschaftsfaktor und eine wichtige Devisenquelle für Australien, besonders für den Südosten und Sydney. Für die kommenden Jahre wird ein weiterer touristischer Boom prognostiziert, wozu sicherlich auch die Olympischen Spiele Sydney 2000 beitrugen. Weitere wichtige **Wirtschaftsfaktoren** Australiens, das zu den Ländern mit dem höchsten Lebensstandard der Welt gehört, sind Landwirtschaft (vor allem Viehzucht, Getreide und Zuckerrohranbau) und Bergbau (Australien ist eines der rohstoffreichsten Länder der Welt). In jüngster Zeit nahm – vor allem im Südosten – auch die Industrie zu, vor allem Nahrungsmittel-, Maschinen- und Stahlindustrie. In Sydney hängen sehr viele Arbeitsplätze vom Sektor Handel, Banken und Dienstleistungen ab. Das Bruttosozialprodukt betrug in Australien im Jahr 2000 20.240 US-Dollar pro Einwohner.

SYDNEY

Sydney liegt an der Südostküste Australiens im viertgrößten Bundesstaat **New South Wales**. Mit über 5.000 qkm Fläche (einschließlich Vororten) und knapp vier Millionen Einwohnern ist es die größte Stadt Australiens. Sydney, Hauptstadt von New South Wales und älteste Stadt Australiens, bildet das wirtschaftliche, industrielle und kulturelle Zentrum Australiens und gilt als dessen heimliche Hauptstadt. Die weitläufige, großzügige Metropole direkt am Pazifik – beiderseits der zerklüfteten, 27 Kilometer langen **Port Jackson Bay** – ist eine bedeutende Hafenstadt mit großem Naturhafen. In der Nähe liegen weitere Buchten und schöne Strände. Das grüne Hinterland Sydneys bietet abwechslungsreiche Landschaften. Eine der spektakulären, in **Nationalparks** geschützten Landschaften sind die bis zu 1.200 Meter hohen **Blue Mountains** mit Wasserfällen, Eukalyptuswäldern und Canyons. Das etwa 100 Kilometer westlich von Sydney gelegene Gebirge ist Teil des an der Ostküste verlaufenden Gebirgszuges **Great Dividing Range**, dessen südlichster Teil oft als „Australische Alpen“ bezeichnet wird. Jenseits des Gebirges beginnt das Outback.

Innerhalb des Stadtgebiets von Sydney steht ein gutes öffentliches Verkehrssystem mit Zügen, Bussen, Fähren, der Hochbahn „Monorail“ und einer U-Bahn zur Verfügung. Auch Taxis und Wassertaxis sind vorhanden. Umliegende Orte, Strände und Sehenswürdigkeiten sind ebenfalls in das System der öffentlichen Verkehrsmittel integriert. Das Straßennetz Sydneys ist gut erschlossen; Stadtteile nördlich und südlich der Hafenbucht sind durch die berühmte „Harbour Bridge“ (ein Wahrzeichen Sydneys), Fähren und Tunnel miteinander verbunden. Für Erkundungen innerhalb Sydneys empfiehlt es sich aufgrund des starken Verkehrs und angesichts der guten Alternativen, die öffentliche Verkehrsmittel bieten, nicht unbedingt, mit dem Mietwagen zu fahren. Trotz der großen Ausdehnung Sydneys kann man sich auch zu Fuß einen guten Eindruck von den wichtigsten Sehenswürdigkeiten der Innenstadt verschaffen. Auf touristische Belange ausgerichtet ist der Sydney Explorer Bus, der eine insgesamt 18 Kilometer umfassende Strecke mit allen wichtigen Sehenswürdigkeiten befährt. Von Sydneys zentralem Busbahnhof, einem wichtigen Verkehrsknotenpunkt, kann man in alle Teile des Landes gelangen.

SEHENSWÜRDIGKEITEN

HAFEN

Noch heute ist der Hafen, im 18. Jh. Keimzelle Sydneys, das Herz der Stadt. Hier erstreckt sich die weltberühmte Skyline der Metropole mit dem Opernhaus und der Harbour Bridge vor dem Hintergrund von Wolkenkratzern. Einen guten Ausgangspunkt für Sightseeing stellt das in der Bucht Sydney Cove gelegene Hafenzentrum am **Circular Quai** dar. Der Circular Quai – mit dem **Customs House** (Zollhaus) als einzigem erhaltenen alten Gebäude – ist hier der Verkehrsknotenpunkt, an dem zahlreiche Fähren und Busse ankommen und die Uferpromenade mit ihrem regen, bunten Leben beginnt. Die Promenade führt um Sydney Cove herum, wo sich an der Ostspitze der Bucht, auf einer Landzunge, das Wahrzeichen der Stadt erhebt, das imposante, 1973 fertig gestellte und durch seine eigenwillige Architektur weltberühmt gewordene **Sydney Opera House**. Das elfenbeinfarbene Dach der Oper aus Keramikfliesen erinnert an hohe, aufgeblähte, ineinander greifende Segel oder auch an Muscheln. Das Gebäude, dessen Inneres im Rahmen von Führungen besichtigt werden kann, dient nicht nur als Opernhaus, sondern auch als Kulturzentrum mit Konzertsälen, Theatern und Kinos und ist Heimstätte eines Symphonieorchesters und einer Ballettgruppe.

Das Opernhaus bildet zusammen mit der **Harbour Bridge**, die auf der gegenüberliegenden Seite der Sydney Cove beginnt, ein außerordentlich beliebtes Fotomotiv. Die Brücke wird aufgrund ihrer Form häufig mit einem Kleiderbügel („coathanger") verglichen. Die 1932 erbaute, fast 1.150 Meter lange und knapp 50 Meter breite Stahlbrücke verbindet das Zentrum Sydneys mit den Stadtteilen nördlich der Port Jackson Bay. Die acht Autospuren, zwei Bahnlinien sowie Fußgänger- und Radwege umfassende Brücke ist – trotz eines unter der Bucht verlaufenden Tunnels – mit täglich 200.000 passierenden Fahrzeugen ständig überlastet. Einer der Brückenpfeiler bietet eine knapp 90 Meter hohe Aussichtsplattform, von der man einen spektakulären Blick über den Hafen genießen kann. Im Inneren des Pfeilers informiert eine Ausstellung über die Geschichte der Brücke.

Um mehr von der Jackson Bay und dem enormen Hafen Sydneys – der einschließlich der Seitenarme etwa 250 Kilometer Küstenlinie und mehrere kleine Inseln umfasst – zu sehen, empfiehlt es sich, eine **Hafenrundfahrt** ab dem Circular Quai oder eine Tour zur ehemaligen Gefängnisinsel **Fort Denison** zu unternehmen.

ALTSTADT / DOWNTOWN

Unweit des Hafens in der Port Jackson Bay liegen die historische Altstadt und das Stadtzentrum Sydneys mit kolonialen Bauten, modernen Gebäuden und dem Geschäftszentrum.

Südlich der Harbour Bridge hat man über einen Park direkten Zugang in die am Westufer der Sydney Cove gelegene ALTSTADT namens „The Rocks", Australiens älteste Siedlung. Das über lange Zeit hinweg als düster geltende Stadtviertel wurde in den 70er-Jahren aufwendig renoviert und ist heute ein vor allem bei Touristen sehr beliebtes Einkaufs- und Kneipenviertel. Boutiquen, Geschäfte und Restaurants prägen auch das **Argyle Centre**, einen in der südlichen Altstadt gelegenen Komplex ehemaliger Lagerhäuser. Den Rundgang durch die Altstadt mit ihren schönen Gebäuden und engen Gassen beginnt man am besten beim **Rocks Visitors Centre**, das über die Geschichte des Viertels informiert. In der gleichen Straße, der **George Street**, liegt auch Australiens ältestes Gebäude, das **Cadmans Cottage**. Rocks bietet außerdem verschiedene interessante Museen und Ausstellungen, Kirchen und das **Sydney Observatory** auf dem gleichnamigen Hügel, dem höchsten der Stadt. An die Anfänge der Stadt und ihre Bewohner (Siedler, Soldaten, Sträflinge) erinnert die Plastik „First Impressions" am **Rock Square**.

Weitere alte Gebäude liegen südlich des Circular Quai in DOWNTOWN, in und um den knapp 30 Hektar großen **Royal Botanic Garden**. Der im frühen 19. Jh. angelegte Park schließt sich direkt an das Opernhaus an und dehnt sich entlang dreier Buchten aus. Der botanische Garten umfasst neben schönen Grünanlagen und seltenen Pflanzen auch ein großes, pyramidenförmiges Gewächshaus mit Regenwald und die in die Bucht ragende Landspitze „Mrs. Macquaries Point", von der aus man spektakuläre Ausblicke auf Sydneys Skyline hat. Auf dem Gelände des Parks befindet sich das **Government House**, der ehemalige Gouverneurssitz von New South Wales, im südlichen Teil „Domain" liegt mit der **Art Gallery of New South Wales** das bedeutendste Kunstmuseum Australiens; hier kann man unter anderem Kunst der Aborigines bewundern. Der entlang des botanischen Gartens bis zum **Hyde Park** verlaufende Prachtboulevard **Macquarie Street** wird von prachtvollen **Kolonialgebäuden** wie dem Konservatorium, der Staatsbibliothek, dem Parlament, dem Sydney Hospital, Kasernen und der ältesten anglikanischen Kirche **St. James Church** gesäumt. Östlich des Hyde Parks liegen die katholische **St. Mary´s Cathedral** und das **Australian Museum**, das sich auch mit der Lebensweise der Aborigines befasst.

Der Mittelpunkt des modernen Geschäftszentrums Sydneys (Central Business District) mit Bank-, Büro- und Geschäftshochhäusern sowie zahlreichen Einkaufspassagen liegt westlich der Macquarie Street. Hier wurden um den **Martin Place** eine Fußgängerzone und ein Amphitheater – in dem um die Mittagszeit die unterschiedlichsten Veranstaltungen stattfinden – angelegt.

Das höchste Gebäude der Stadt und der gesamten südlichen Hemisphäre stellt mit 325 Metern der in dieser Gegend gelegene **Sydney Tower** dar, der sich über einem mehrstöckigen Einkaufszentrum erhebt. Von der über 300 Meter hohen Aussichtsplattform des Turms hat man eine hervorragende Sicht auf die Stadt und ihre Umgebung, bei gutem Wetter sogar bis zu den Blue Mountains. Weitere bedeutende Bauwerke dieses Viertels sind das von einer großen Kuppel überwölbte **Queen Victoria Building** aus dem 19. Jh., in dem ein riesiges Einkaufszentrum untergebracht ist – das häufig als schönstes der Welt bezeichnet wird –, und die ebenfalls viktorianische **Town Hall**.

WEITERE STADTVIERTEL

Südwestlich der genannten Attraktionen erstrecken sich weitere sehenswerte Stadtviertel, wo teilweise auch einige Gruppen der multikulturellen Bevölkerung Sydneys in ethnischen Vierteln zusammenleben. Dazu gehört die lebhafte **Chinatown**, der Stadtteil der chinesischen Bevölkerung Sydneys, deren Großteil zu Zeiten des Goldrausches nach Australien kam. In das Viertel mit zahlreichen chinesischen Restaurants sowie exotischen Geschäften und Lebensmittelmärkten gelangt man durch bunte, pagodenförmige Tore.

In Richtung Hafenbucht geht Chinatown beinahe fließend in den Stadtteil **Darling Harbour** über, bis vor einiger Zeit ein verrufenes Hafengebiet, das in der zweiten Hälfte des 20. Jh. seine wirtschaftliche Bedeutung einbüßte und schließlich mit enormem Aufwand zu einem großen „Freizeitzentrum" ausgebaut wurde. Zwischen den beiden Stadtteilen liegen der liebevoll gestaltete Chinesische Garten, das Sydney Entertainment Centre (ein großer Kulturveranstaltungsort), das Powerhouse Museum (das sich mit Wissenschaft und Technologie beschäftigt) und ein Kulturzentrum der Aborigines. Das Zentrum von Darling Harbour – das durch Fähren und die Monorail mit Downtown verbunden ist – bildet das futuristische Einkaufszentrum „Harbourside Festival Marketplace". Weitere Attraktionen hier sind das Aquarium, das als eines der größten der Welt gilt, das National Maritime Museum, ein Messegelände und ein Freizeitpark.

Nur wenig östlich von Downtown liegt der Stadtteil **King´s Cross**, ein etwas anrüchiges Amüsierviertel, das aber mit zahlreichen preiswerten Hotels, Kneipen wie dem Hard Rock Café und guten Restaurants auch als Treffpunkt für Rucksacktouristen gilt. Weitere östlich des Zentrums gelegene Stadtteile wie **Elizabeth Bay** und **Vaucluse** sind als exklusive Wohnviertel bekannt, in denen prächtige Villen aus der Kolonialzeit besichtigt werden können. Südlich von King´s Cross liegt **Paddington**, wo noch viele schöne Wohnhäuser im viktorianischen Stil stehen. Die hier gelegene, lebhafte Oxford Street ist für ein reges Nachtleben bekannt.

Mit der Fähre oder über die Harbour Bridge erreicht man in wenigen Minuten **Nord-Sydney**, wo vor allem der reizvoll gelegene Taronga Zoo und der Luna-Freizeitpark beliebte Ausflugsziele sind.

Ein „Stadtviertel" besonderer Art stellt das knapp 15 Kilometer westlich des Stadtzentrums, in der Homebush Bay gelegene **Olympische Dorf** dar, das für die Olympischen Spiele im Sommer 2000 konzipiert wurde. Das knapp 85 Hektar große Gelände beherbergt das Olympiastadion, diente als Unterkunftsort für die Sportler und als Austragungsort von etwa der Hälfte der Wettkämpfe.

STRÄNDE

Wie bereits erwähnt, bietet Sydney zahlreiche stadtnahe Strände, an denen auch sehr viel Wassersport getrieben wird. Der berühmteste Strand ist der 1,5 Kilometer lange **Bondi Beach** östlich des Zentrums, nahe der Südspitze der Hafenbucht (South Head) gelegen. Bondi Beach gilt als Paradebeispiel für australische Strandkultur und erfreut sich großer Beliebtheit.

Von Bondi Beach, das an englische Seebäder erinnert und zahlreiche Restaurants, Cafés und Kneipen bietet, führt ein Küstenweg zum ebenfalls beliebten Strand von **Bronte**. Südlich folgen weitere schöne, unterschiedlich lange und auch ruhigere Strände.

In Nord-Sydney, an der Nordspitze der Hafenbucht (North Head), liegt mit **Manly** ein weiteres bekanntes und traditionsreiches Seebad direkt an einem piniengesäumten, etwa zwei Kilometer langen Sandstrand mit Promenade. Manly ist per Fähre in etwa 15 bis 30 Fährminuten vom Circular Quai, aber auch auf dem Landweg erreichbar. Besonders erwähnenswert unter den guten Unterhaltungsmöglichkeiten des Ortes ist der Freizeitpark „Ocean World".

Zwischen Manly und dem nördlichsten Badeort **Palm Beach** liegen weitere schöne Strände und exklusive Vorstädte.

AUSFLÜGE

TAGESTOUREN

Beliebte Ausflugsziele für Sydneysider und Touristen stellen die Nationalparks, Naturschutzgebiete und landschaftlichen Schönheiten der Umgebung im Umkreis von 100 bis 200 Kilometern dar; darunter werden hier nur einige erwähnt. Abgesehen von natürlichen Sehenswürdigkeiten gibt es jedoch auch weitere Attraktionen in der Umgebung, die Ausflügler anziehen.

SÜDLICH VON SYDNEY

20 Kilometer südlich des Zentrums und nahe dem Flughafen liegt der **Botany Bay National Park** an der gleichnamigen, historischen Bucht. Hier betrat James Cook 1770 erstmals Ostaustralien, woran mehrere Monumente und ein kleines Museum am „Captain Cooks Landing Place" erinnern. Heute ist die Umgebung der Bucht – die ihren Namen der großen Pflanzenvielfalt verdankt, die die Pioniere hier vorfanden – geprägt von Industriezentren. Im Norden der Botany Bay liegt Sydneys größte Aborigines-Siedlung.

Südlich der Botany Bay folgt der **Royal National Park**, der älteste Nationalpark Australiens, mit Stränden, spektakulärer Klippenlandschaft, Picknickplätzen und guten Wandermöglichkeiten.

NÖRDLICH VON SYDNEY

Ein weiterer recht ursprünglicher Nationalpark, der **Ku-ring-gai Chase National Park**, liegt etwa 30 Kilometer nördlich des Zentrums und westlich von Palm Beach. Der Park erstreckt sich auf einem von Flüssen durchzogenen Sandsteinplateau und ist geprägt von Wäldern und Heiden. Flora und Fauna des Parks sind sehr vielfältig; hier leben auch Koalabären. Neben guten Wander- und Bademöglichkeiten stellen uralte Aborigines-Felszeichnungen die Attraktion von Ku-ring-gai Chase dar. In der Nähe des Parks liegt ein weiteres Naturschutzgebiet mit Koalas und Kängurus.

Ein weiteres Ausflugsziel ist das 80 Kilometer nördlich von Sydney gelegene Freilichtmuseum **„Old Sydney Town"**, wo das Leben der ersten weißen Siedler in Australien lebensnah nachgestellt ist.

Etwa 100 Kilometer weiter im Landesinneren liegt **Hunter River Valley**, ein Weingebiet, in dem man Weinproben unternehmen, Weingüter besichtigen und in sehr guten Restaurants essen kann.

WESTLICH VON SYDNEY

Etwa 25 Kilometer westlich von Sydney liegt **Parramatta**, die zweitälteste Siedlung Australiens mit vielen historischen Gebäuden. Auf der Weiterfahrt gen Westen gelangt man zum großen, häufig mit Disneyland verglichenen Freizeitpark **Australia´s Wonderland**, zu dem auch der **Australian Wildlife Park** mit großem Tiergehege gehört.

100 Kilometer westlich von Sydney erstreckt sich mit den **Blue Mountains**, die größtenteils im gleichnamigen, ausgedehnten Nationalpark geschützt sind, eine der bedeutendsten Attraktionen Ostaustraliens. Das bis zu 1.200 Meter hohe Gebirge verdankt seinen Namen dem bläulichen Schimmer, der hier aufgrund ätherischer Öle, die zahlreiche Eukalyptusbäume freisetzen, bei warmem Wetter in der Luft hängt. Die Blue Mountains verhinderten lange Zeit das Vordringen der Siedler ins Landesinnere. Mit Wäldern, tiefen Schluchten und Wasserfällen sind sie ein sehr gutes Wandergebiet und bieten beste Voraussetzungen für verschiedene Sportarten, darunter Drachenfliegen und Reiten. Größter Ort der Blue Mountains ist das über 1.000 Meter hoch gelegene Katoomba, in dessen Umgebung „The Three Sisters" (drei riesige Felsnadeln) und die „Wentworth Falls", fast 300 Meter hohe Wasserfälle, liegen. Mehrere Aussichtspunkte wie der „Echo Point" bieten wunderschöne Panoramen. Man kann das Gebirge auch auf Fahrten mit einer Seilbahn und der Scenic Railway, deren Verlauf als steilste Eisenbahnstrecke der Welt gilt, erkunden.

MEHRTÄGIGE AUSFLÜGE / RUNDREISESTATIONEN

ROTES ZENTRUM

Für die meisten Besucher gehört zu einer Australienreise der Besuch des wohl berühmtesten Wahrzeichens des Landes. Im Roten Zentrum, das seinen Namen der Farbe verdankt, die in diesem Gebiet dominiert, liegt – ziemlich genau in der Mitte des Kontinents – im **Uluru National Park** der legendäre **Ayers Rock**. Der Ayers Rock ist ein 600 Millionen Jahre alter, gewaltiger, an einen Drachenrücken erinnernder Monolith, der sich inmitten einer flachen, kargen Landschaft erhebt. Der Umfang des Felsens beträgt 9 Kilometer, die Fläche 3 qkm, die Höhe knapp 350 Meter. Den hier seit Jahrtausenden lebenden Aborigines, denen dieses Land 1985 überstellt wurde, gilt der „Uluru", wie der Fels in ihrer Sprache heißt, als Zufluchtsstätte und Heiligtum, an dem die Traumpfade zusammenlaufen. Aus diesem Grund werden Besucher gebeten, den Ayers Rock nicht zu besteigen; gegen eine Umwanderung, für die man mehrere Stunden braucht, ist nichts einzuwenden. Einen besonders spektakulären Anblick bietet der weithin sichtbare Ayers Rock bei Sonnenaufgang und Sonnenuntergang, da dann ständig die Schattierung seiner roten Farbe wechselt. Etwa 20 Kilometer entfernt vom Ayers Rock befinden sich ein kleiner Touristenort mit Besucherzentrum und ein Resort mit Hotels verschiedener Kategorien, das harmonisch in die Landschaft integriert wurde.

Eine weitere Attraktion des Nationalparks ist die Felsformation **Olgas**, etwa 35 Kilometer westlich des Ayers Rock gelegen. Das Olga-Massiv besteht aus 36 bis zu 550 Meter hohen Felskuppen und nimmt eine Fläche von 36 qkm ein. Dieses Gebiet, das weniger von Touristen frequentiert wird als Ayers Rock, eignet sich gut zum Wandern und zur Tierbeobachtung.

Viele Touristen mit Ziel Uluru National Park fliegen zum Ayers Rock (AYQ, Flugdauer ab Sydney drei bis vier Stunden) oder ins etwa 450 Kilometer entfernte Alice Springs (ASP), das eine gute Ausgangsbasis für Pkw-, Bus- und Flugtouren durch das Rote Zentrum darstellt.

Es gibt aber auch Linienbusverbindungen und Rundreisen, bei denen man mit dem Bus von der Küste durch das Outback hierher fährt, beispielsweise auf einer Tour vom Süden (Adelaide) in den Norden (Darwin) des Kontinents. Beide Städte sind jeweils rund 1.500 Kilometer von Alice Springs entfernt.

NORDEN

Weitere Natursehenswürdigkeiten liegen im tropischen Norden („Top End“) des Kontinents. Dieser gehört wie das Rote Zentrum zum Bundesstaat Northern Territory, dessen Hauptstadt und größte Stadt mit etwa 80.000 Einwohnern **Darwin** an der Nordküste ist. Zum internationalen Flughafen von Darwin (DRW), das meistens die Ausgangsstation für Besichtigungen im Norden bildet, gibt es gute Flugverbindungen aus allen Teilen des Landes.

Als Hauptattraktion des Gebiets gilt – neben zahlreichen weiteren Naturschutzgebieten – der 20.000 qkm umfassende **Kakadu National Park**, der größte Nationalpark Australiens. Der gut 250 Kilometer östlich von Darwin gelegene Nationalpark bietet eine sehr artenreiche Flora und Fauna (Regen-, Mangroven- und Eukalyptuswälder), äußerst vielfältige Landschaften (Savanne, Canyons, Wasserfälle, Flüsse) und uralte Zeugnisse der Aborigines-Kultur in Form von Felszeichnungen.

Viele Besucher zieht auch das Städtchen **Katherine** an (350 Kilometer südlich von Darwin), in dessen Umgebung weitere Nationalparks und Naturreservate, darunter die steilen Schluchten des **Katherine Gorge**, liegen.

GREAT BARRIER REEF

Ideale Erholungsmöglichkeiten nach strapaziösen Rundreisen durch das weite Land Australien bieten die Strände und über 1.000 Inseln – touristisch erschlossen sind jedoch nur weniger als 30 – des Great Barrier Reef. Das 2.000 Kilometer lange Korallenriff liegt im Nordosten des Kontinents, im Bundesstaat Queensland.

Man erreicht diese tropische Gegend ab Sydney auf einer Fahrt entlang der Pazifikküste in Richtung Norden über **Brisbane**, die Hauptstadt von Queensland, oder per Flug aus allen Teilen des Landes zum internationalen Flughafen von **Cairns** (CNS), dem Zentrum der Nordostküste. Wie bereits erwähnt ist das Great Barrier Reef das größte Korallenriff der Welt und eines der besten Tauchreviere weltweit. Es ist durch einen 350.000 qkm großen Meeresnationalpark geschützt.

IV. LITERATURVERZEICHNIS

ATLANTEN / LEXIKA / NACHSCHLAGEWERKE

ADAC Lexikon Alle Länder unserer Erde. Daten Fakten Reisetips (1998). ADAC Verlag München und Verlagshaus Stuttgart in der Verlagsgruppe Bertelsmann GmbH, München.

ADAC Skiatlas Alpen (1997) (1999). ADAC Verlag, München.

Alle Länder unserer Erde (1994). Verlag Das Beste GmbH, Stuttgart.

Begriffsbestimmungen – Qualitätsstandards für die Prädikatisierung von Kurorten, Erholungsorten und Heilbrunnen (hrsg. v. Deutschen Heilbäderverband e.V. und Deutschen Tourismusverband e.V.) (1998[11]). Bonn.

Columbus Reiseführer (1998/1999[7]). Columbus Press Ltd., Braunschweig.

Columbus World Travel Atlas (1997[4]). Columbus Press Ltd., London.

Compendium of Tourism Statistics 2002 Edition. World Tourism Organization (WTO), Madrid.

Der Große ADAC Alpenführer (1992). ADAC Verlag München und Verlag Fink-Kümmerly + Frey, Ostfildern.

Deutsche Heilbäder und Kurorte (hrsg. v. Deutschen Bäderverband e.V.) (1992). Flöttmann Verlag, Gütersloh.

Die Kur in Deutschland (hrsg. v. Deutschen Bäderverband e.V.) (1997[6]). Flöttmann Verlag, Gütersloh.

Dietl, Winfried/Meluhn, Wolfgang (2000): Diemel´s Welt Lexikon und Reisehandbuch. Diemel Verlag Dietl & Meluhn, München.

dtv-Atlas Weltgeschichte (2000). Deutscher Taschenbuchverlag GmbH & Co KG, München.

Eichler, Horst (1999): Geographisches Hand- und Lesebuch. Verlag Touristbuch, Hannover.

Fakten und Zahlen zum deutschen Reisemarkt (Sonderausgabe zur ITB 2002). DRV, Frankfurt.

Fischer Weltalmanach 2003. Fischer Taschenbuchverlag GmbH, Frankfurt.

Freyer, Walter (1995): Tourismus – Einführung in die Fremdenverkehrsökonomie. R. Oldenbourg Verlag, München.

Füth, Günter (1993): Reiseverkehrsgeographie. Verlag DRV Service GmbH, Frankfurt.

Großer Weltatlas (o. J.). Naumann & Göbel Verlagsgesellschaft, Köln.

Grundwissen Geschichte (1985). Ernst Klett-Verlag, Stuttgart.

Harenbergs Weltreport. Länder Städte Reiseziele. Band 1–3 (1990). Harenberg Lexikon-Verlag, Dortmund.

Haywood, John (1999): Weltgeschichtsatlas. Könemann Verlagsgesellschaft mbH, Köln.

Herder Lexikon Geographie (1978). Verlag Herder, Freiburg im Breisgau.

JRO Weltatlas (1989). JRO Kartographische Gesellschaft, München.

Lebensraum Erde. Reihe System Erde (1991). Time Life Verlag, Amsterdam.

Microsoft Encarta Weltatlas (1996). Microsoft Corporation [CD-Rom].

Panzram, Heinz (1982): Internationaler Reisewetterführer. Otto Maier Verlag, Ravensburg.

Ritter, Wigand/Frowein, Michael (1997): Reiseverkehrsgeographie. Verlag Dr. Max Gehlen, Bad Homburg vor der Höhe.

Schneider, Christoph (1997): Faktenlexikon Erde. Wilhelm Heyne Verlag, München.

Schülerduden. Die Geographie (1997). Duden-Verlag, Mannheim u.a.

Smart, Ninian (2000): Atlas der Weltreligionen. Könemann Verlagsgesellschaft mbH, Köln.

Stock, Martin/Zucchi, Herbert/Bergmann, Hans-Heiner/Hinrichs, Klaus (1995): Watt. Lebensraum zwischen Land und Meer. Verlag Boyens & Co, Heide.

TIP Touristik Informationsprogramme. Verlagsgruppe J. Fink, Ostfildern [PC-Version].

Westermann Lexikon Europa (1995). Westermann-Verlag, Braunschweig.

INTERNETADRESSEN

www.abis-int./convalp.htm – Informationen zur Alpenkonvention
www.australia.com – Homepage des australischen Fremdenverkehrsamtes
www.auswaertiges-amt.de – Homepage des Auswärtigen Amtes
www.census.gov – Homepage des U.S. Bureau of the Census, Washington
www.daenemark.dt.dk – Homepage des dänischen Fremdenverkehrsamtes
www.deutschland-tourismus.de – Homepage des DTV
www.fur.de – Homepage der Forschungsgemeinschaft „Urlaub und Reisen"
www.ipanema.com – Informationen zum brasilianischen Karneval
www.nayak.ch – Informationen zur Korallenbleiche auf den Malediven
www.tourspain.es/aleman/marcoa.htm – Homepage von Tourespana
www.usembassy.de – Homepage der Botschaft der USA in Deutschland
www.visitmaldives.com – Homepage des maledivischen Fremdenverkehrsministeriums

UNTERLAGEN VON FREMDENVERKEHRSÄMTERN[1]

Ägyptisches Fremdenverkehrsamt: Ägypten Kultur & Baden.
Australian Tourist Commission: Reiseführer.
Baden-Württemberg: Bodensee Oberschwaben.
ENIT: Reiseführer zu den Seen Oberitaliens.
Garuda Indonesia: Bali.
Griechische Fremdenverkehrszentrale: Griechenland 99. Allgemeine Informationen. Kykladen. Dodekanes. Korfu. Ionische Inseln. Rhodos. Kreta. Athen. Peloponnes.
Harzer Verkehrsverband e.V.: Der Harz – Immer ganz oben.
Israelisches Fremdenverkehrsamt: Aller Anfang war hier. Ihr nächster Urlaub Israel. Das Tote Meer.
Kenya Tourist Office: Kenya Jambo. Tourism Statistics Kenya.
Mecklenburg-Vorpommern–Touristeninformation: Reisehandbuch.
Mexikanisches Verkehrsamt: Mexiko Schlüssel. Mexiko – Viel mehr als Urlaub.
Münchner Fremdenverkehrsamt: Traumstadt München.
New South Wales Tourism: Sydney.
Niedersachsen: Die Nordsee – sieben Inseln, eine Küste. Die ostfriesischen Inseln.
Schleswig-Holstein: Meer und Mehr.
Schweizer Bahnen: Swiss Travel System. Die schönsten Alpenzüge.
Singapore Tourism Board: Singapore. Kurzführer Singapore.
Thailändisches Fremdenverkehrsamt: Urlaubstips. Kurz & bündig. Tropeninseln und Seebäder. Phuket & Küste der Andamanensee. Pattaya & östliche Golfküste. Insel Samui & Golf von Siam.
Tourespana: Spanien. Balearen. Kanarische Inseln. Andalucia. Städte. Madrid.
Tourismusverband München-Oberbayern: Oberbayern.
Tourismusverband Sächsische Schweiz: Traumtage Tagträume an der Elbe.
Türkische Fremdenverkehrszentrale: Türkei. Antalya und die Mittelmeerregion. Izmir und die Ägäische Region. Die südägäische Region. Istanbul und die Marmararegion.

---

[1] Es wurden die zum Zeitpunkt des Verfassens jeweils aktuellsten Ausgaben verwendet.

REISEFÜHRER[1]

ADAC-REISEFÜHRER, ADAC-Verlag München

Andalusien. 1997.
Gardasee. 1994.
Italienische Adria. 1997.
Italienische Riviera. 1997.
Rom. 1994.
Peloponnes. 1996.
Berlin. 2000.
Oberbayern. 1996.
Brasilien. 1998.

ADAC Tourset Deutschland, Österreich, Schweiz.

APA-GUIDES / VIVA-GUIDES, RV Reise- und Verkehrsverlag

Apa Guide Spanien. Berlin. 1992.
Apa Pocket Guide. Kreta. Berlin. 1994.
Apa Pocket Guide. Sydney. Berlin. 1993.

Viva twin Guide. Sydney. München. 1996.

Viva Guide Australien. Berlin. 1994.

BAEDEKER ALLIANZ REISEFÜHRER, Verlag Karl Baedeker, Mairs Geographischer Verlag, Ostfildern

Mallorca / Menorca. 1997.
Andalusien. 1992.
Frankreich. 1994.
Paris. 1990.
Französische Atlantikküste. 1998.
Italien. 1989.
Toskana. 1996.
Rom. 1998.
Ischia, Capri, Procida. 1997.
Sizilien. 1998.
Griechenland. 1995.
Kykladen. 1997.
Athen. 1998.
Türkei. 1993.
Istanbul. 1997.
Israel. 1991.
Ägypten. 2000.
Deutschland 2000. 2000.
Sylt. 1998.

[1] Die Anordnung der Regionen entspricht ihrem Erscheinen im Text.

Mecklenburg-Vorpommern. 1995.
Hamburg. 2000.
Berlin. 1998.
Dresden. 1991.
Harz. 1994.
Schwarzwald. 1994.
Schweiz. 2000.
Tessin. 1994.
Österreich. 2000.
Wien. 1991.
Salzburger Land / Salzkammergut. 1995.
Kopenhagen. 1992.
Mexiko (o.J.). 7. Auflage
Karibik. 1990.
Brasilien. 1997.
Kenia / Kilimanjaro / Serengeti. 1998.
Südafrika. 2000.
Thailand (o.J). 4 Auflage.
Malaysia / Singapur / Brunei. 2000.

DUMONT-BUCHVERLAG, Köln

Dumont extra. Mallorca. 1998.
Dumont extra. Costa del Sol. 1998.
Dumont extra. Ägypten. 1998.
Dumont extra. München. 1998.
Dumont extra. Sydney. 1998.

Dumont Kunst-Reiseführer. Lombardei und Oberitalienische Seen. 1999.
Dumont Kunst-Reiseführer. Rom. 1996.
Dumont Kunst-Reiseführer. Golf von Neapel und Kampanien. 1999.
Dumont Kunst-Reiseführer. Sizilien. 1992.
Dumont Kunst-Reiseführer. Heiliges Land. 1996.
Dumont Kunst-Reiseführer. Ägypten. 1997.
Dumont Kunst-Reiseführer. Schleswig-Holstein. 1997.
Dumont Kunst-Reiseführer. Mecklenburg-Vorpommern. 1996.
Dumont Kunst-Reiseführer. Bodensee. 1998.
Dumont Kunst-Reiseführer. Allgäu. 1997.
Dumont Kunst-Reiseführer. Oberbayern. 1996.
Dumont Kunst-Reiseführer. Bern – Stadt und Kanton. 1996.
Dumont Kunst-Reiseführer. Wallis. 1986.
Dumont Kunst-Reiseführer. Graubünden. 1978.
Dumont Kunst-Reiseführer. Tirol. 1981.
Dumont Kunst-Reiseführer. Mexiko. 1998.
Dumont Kunst-Reiseführer. Bali. 1983.

Dumont Richtig Reisen. Paris. 1997.
Dumont Richtig Reisen. Süditalien. 1998.
Dumont Richtig Reisen. Sizilien. 1995.
Dumont Richtig Reisen. Rhodos, Kos und Dodekanes. 1999.
Dumont Richtig Reisen. Türkei. 1998.
Dumont Richtig Reisen. Deutsche Ostseeküste. 1993.
Dumont Richtig Reisen. Wien. 1995.

Dumont Richtig Reisen. Von Bangkok nach Bali. 1984.
Dumont Richtig Reisen. Indonesien. 1996.
Dumont Richtig Reisen. Australien. 1995.

Dumont Reisetaschenbuch. Côte d´Azur. 1992.
Dumont Reisetaschenbuch. Schwarzwald. 1998.
Dumont Reisetaschenbuch. Vierwaldstätter See und Zentralschweiz. 1999.
Dumont Reisetaschenbuch. Tessin. 1999.
Dumont Reisetaschenbuch. Graubünden. 1999.
Dumont Reisetaschenbuch. Kärnten. 1994.
Dumont Reisetaschenbuch. Yucatan/Chiapas. 1997.
Dumont Reisetaschenbuch. Kenia. 2000.
Dumont Reisetaschenbuch. Kapstadt und die Kapprovinz. 2000.
Dumont Reisetaschenbuch. Ostaustralien. 1995.
Dumont Reisetaschenbuch. Kykladen. 1990.
Dumont Reisetaschenbuch. Istanbul. 1997.
Dumont Reisetaschenbuch. Türkische Westküste. 1996.
Dumont Reiseführer. Guadeloupe und Martinique. 1997.

HAYIT-REISEFÜHRER, Pfützner Verlag, München

Urlaubsberater Dänemark, Kopenhagen. 1990.
Urlaubsberater Ibiza und Formentera. 1990.
Urlaubsberater Malediven. 1990.

KNAUR´S REISEFÜHRER, Verlag Droemer Knaur, München

Knaur´s Kulturführer in Farbe. Barcelona und Katalonien. 1990.
Knaur´s Kulturführer in Farbe. Kreta. 1995.

Knaur´s Kreuzfahrtführer. 1990.

Thomas-Cook-Reiseführer. Bali und Java mit Lombok. 1996.

MARCO POLO REISEFÜHRER, Mair Geographischer Verlag, Ostfildern

Menorca. 1997.
Mallorca. 1992.
Ibiza mit Formentera. 1997.
Lanzarote. 1993.
Fuerteventura. 1994.
Gran Canaria. 1992.
Teneriffa, Gomera und Hierro. 1997.
La Palma. 1995.
Barcelona. 1991.
Costa del Sol / Granada. 1997.
Paris. 1993.
Französische Atlantikküste. 1999.
Mailand / Lombardei. 1995.
Emilia-Romagna. 1999.

Italienische Adria. 1999.
Toskana. 1997.
Rom. 1992.
Sizilien. 1997.
Ionische Inseln / Korfu. 1997.
Griechische Inseln – Ägäis. 1994.
Kreta.1992.
Athen. 1993.
Griechenland Festland. 1996.
Türkei. 1997.
Istanbul. 1998.
Türkische Mittelmeerküste. 1998.
Israel. 1999.
Ägypten. 1997.
Sylt. 1991.
Amrum/Föhr/Pellworm/Nordstrand/Halligen. 1994.
Ostfriesische Inseln. 1994.
Ostseeküste Schleswig-Holsteins. 1992.
Dresden. 1997.
Berner Oberland / Bern. 2000.
Oberitalienische Seen. 1996.
Wien. 1991.
Dänemark. 1997.
Kopenhagen. 1999.
New York. 1993.
Florida. 1993.
Kalifornien. 1997.
Mexiko. 1997.
Karibik / Große Antillen. 1992.
Karibik / Kleine Antillen. 1992.
Brasilien. 1995.
Südafrika. 1992.
Malediven. 1999.
Thailand. 1992.

POLYGLOTT REISEFÜHRER, Polyglott Verlag, München

Spanien. 1996.
Mallorca. 1998.
Ibiza + Formentera. 1999.
Costa Brava, Katalonien. 1996.
Andalusien. 1999.
Der große Polyglott Reiseführer Frankreich. 1991.
Paris. 1999.
Bretagne. 1995.
Südfrankreich. 1996.
Côte d´Azur. 1998.
Italien. 1993.
Lago Maggiore, Comer See, Luganer See. 1996.
Venedig. 1999.
Venetien-Friaul. 1996.
Italienische Riviera. 1996.
Florenz. 1996.

Elba. 1996.
Toskana. 1995.
Polyglott Apa Guide Toskana. 1999.
Rom. 1999.
Golf von Neapel. 1997.
Sizilien. 1996.
Süditalien. 1992.
Griechenland. 1995.
Korfu, Ionische Inseln. 1997.
Rhodos. 1999.
Griechische Inseln. 1991.
Peloponnes. 1997.
Kreta. 1995.
Türkei. 1997.
Istanbul. 1998.
Türkische Mittelmeerküste. 1995.
Israel. 1995.
Ägypten. 1999.
Polyglott Autoreisebuch Deutschland. 1996.
Der große Polyglott Deutschland. 1994.
Nordseeküste Schleswig-Holsteins. 1995.
Ostfriesische Inseln. 1996.
Schleswig-Holsteinische Ostseeküste. 1997.
Rügen. 1996.
Hamburg. 1995.
Berlin. 1999.
Sachsen. 1995.
Harz. 1996.
Schwarzwald. 1997.
München. 1995.
Bodensee. 1996.
Romantische Straße. 1997.
Oberbayern. 1996.
Zürich, Luzern, Zentralschweiz. 1997.
Schweiz. 1993.
Bern, Berner Oberland. 1991.
Westschweiz, Wallis. 1991.
Österreich. 1991.
Wien. 2000.
Salzburg Stadt und Land. 1999.
Tirol. 1995.
Kärnten. 1996.
Der große Polyglott Dänemark. 1989.
Kopenhagen. 1999.
New York. 1995.
Florida. 1995.
Kalifornien. 1995.
USA. Der Westen 1995.
USA. Der Südwesten 1996.
Mexiko. 1996.
Yucatan. 2000.
Karibische Inseln. 1995.
Brasilien. 1996.
Kenia. 1994.

Südafrika. 1997.
Malediven. 1996.
Thailand. 1995.
Singapur. 1996.
Indonesien. 1996.
Bali. 1995.
Australien. 1996.

REISE-KNOW-HOW, Reise-Know-how-Verlag

Rom und Umgebung. Bielefeld/Brackwede. 1999.
Israel, palästinensische Gebiete, Ostsinai. München. 1999.
Ägypten individuell. Hohenthann. 1999.
Salzburger Land / Salzkammergut. Hohenthann. 1999.
Tirol Handbuch. Rappweiler. 1999.
Der Kreuzfahrtführer. Ein Handbuch für optimale Seereisen. Bielefeld. 1998.
Durch Afrika Band 2. Bielefeld. 1992.
Australien. Rappweiler. 2000.

VISTA POINT VERLAG, Köln

Vista point pocket guide. Südafrika. 1998.
Vista point pocket guide. Australien.1998.

Vista point Info guide. Gardasee. 1996.

SONSTIGE REISEFÜHRER

Abenteuer und Reisen. Mexiko entdecken und erleben (1999). Mair´s Geographischer Verlag, Ostfildern.
Afrika, Mauritius, Seychellen, Vorderer Orient (1998). Ullstein Verlag, Berlin.
Bali Insider´s Guide (1989). Verlag Kümmerly + Frey, Bern.
Der große BLV-Naturführer Nordsee und Ostsee (1999). BLV, München.
Deutsche Ostseeküste (1997). Motorbuch Verlag, Stuttgart.
Goldstadt Reiseführer Kreta (1995). Goldstadt Verlag, Pforzheim.
Kunst- und Kulturführer San Francisco, Los Angeles und Umgebung (1981). Verlag Kohlhammer, Stuttgart.
Mallorca & Menorca Reiseführer und Reisekarte (1996). Könemann Verlagsgesellschaft, Köln.
Südafrika Reiseführer und Reisekarte (1996). Könemann Verlagsgesellschaft, Köln.
Merian live. Yucatan (1999). Verlag Gräfe und Unzer, München.
Nelles Guide Malediven (1998). Verlag Nelles, München.
Reisehandbücher. Oberbayerische Seen (1996). Michael Müller Verlag, Ebermannstadt.
S & B Reiseführer Thailand (1990). Verlag Scheuble & Baumgartner, Stühlingen.
Stefan Loose Travel Handbücher. Bali, Java, Lombok, Singapore (1995). Verlag Loose, Berlin.
Tauchen und Reisen. Malediven (1998). Delius Klasing Verlag Edition Nagelschmidt, Bielefeld.
USA Nationalparks (1994). GEO Center Verl.-Vertrieb, München.

HILDEBRANDS URLAUBSKARTEN

Hildebrand´s Urlaubsatlas Band I, II. K + G Karto + Grafik Verlagsgesellschaft mbH, Frankfurt.
Hildebrand´s Citymaps. K + G Karto + Grafik Verlagsgesellschaft mbH, Frankfurt.

VERANSTALTERKATALOGE

Airtours-Kataloge.
Ameropa-Katalog: Glacier-Express und mehr.
Disneyland California: Die Top-Highlights.
DER Tour-Kataloge.
Dr. Tigges-Kataloge.
Interchalet Katalog: Frankreich.
Olimar-Kataloge: Toscana/Mittelitalien, Golf von Neapel/Sizilien/Sardinien.
Rovos Rail: Train Safaris.
SAA-Tours-Katalog.
Seetours Seereisen. 1999.
Studiosus-Kataloge.
TUI-Kataloge.
Walt Disney World Resort-Broschüre: Die Top-Highlights.

FAHR- UND FLUGPLÄNE

DER Traffic. Autofähren in Europa.
Broschüre Reisewege Skandinavien.
Fährplan Greek Travel Routes Summer 1999.
Inlands- und Auslandskursbuch der DB.
Fahrpläne der Touring/Eurolines.
OAG Pocket Flight Guide Europe, Africa, Middle East. March 2000.

Weitere Angaben über Anreise, Reisemöglichkeiten innerhalb des Landes, Fahr- bzw. Flugzeiten sind dem START/Amadeus-System entnommen.

V. SUCHWORTVERZEICHNIS